Knaurs
Kulturführer
in Farbe
Berlin

Knaurs
Kulturführer
in Farbe
Bodensee und
Oberschwaben

Knaurs
Kulturführer
in Farbe

Knaurs
Kulturführer

Knaurs
Kulturführer
in Farbe
Dänemark

Knaurs
Kulturführer
in Farbe
Frankreich

Knaurs
Kulturführer
in Farbe
Elsaß

Knaurs
Kulturführer
in Farbe
Paris
und Ile de France

Knaurs
Kulturführer
in Farbe
Großbritannien
und Irland

Knaurs
Kulturführer
in Farbe
London
und Umgebung

Knaurs
Kulturführer
in Farbe
Holland

Knaurs
Kulturführer
in Farbe
Italien

Knaurs
Kulturführer
in Farbe
Heiliges Land

Knaurs
Kulturführer
in Farbe
Jugoslawien

Knaurs
Kulturführer
in Farbe
Österreich

Knaurs
Kulturführer
in Farbe
Kärnten

Knaurs
Kulturführer
in Farbe
Tessin

Knaurs
Kulturführer
in Farbe
Spanien

Knaurs
Kulturführer
in Farbe
Andalusien

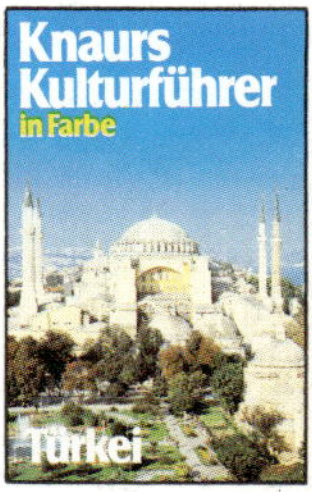
Knaurs
Kulturführer
in Farbe
Türkei

Droemer
Knaur

Jacques-Louis Delpal

KNAURS KULTURFÜHRER IN FARBE FRANKREICH

Über 860 farbige Fotos und Skizzen
sowie 20 Seiten Karten

Droemer Knaur

Übersetzer: Dr. Jörg Eickenbusch, Renate Nickel, Dr. Eva Rapsilber, Dr. Brigitte Regler, Dr. Albin Rohrmoser, Dr. Christa Svoboda

Idee: Redaktionsbüro Harenberg (Schwerte)
Für Hinweise auf Veränderungen und Ergänzungen ist die Redaktion dankbar
Zuschriften an Droemer Knaur Verlag, Postfach 800480, 8000 München 80
Umschlaggestaltung: Franz Wöllzenmüller
Karten und Grundrisse: ste b.e.r.a.d.
Reproduktion: Cromolitho, Mailand
Satz und Druck: Appl, Wemding
Aufbindung: Großbuchbinderei Sigloch, Künzelsau
Printed in Germany
ISBN 3-426-26015-8
17 16 15 14 13

VORWORT

Frankreichs Kultur- und Baudenkmäler – das gilt für Stadt und Land in gleicher Weise – sind vielfältig und abwechslungsreich wie sein Klima und seine Landschaften. Sie spiegeln eine lange bewegte Geschichte wider, der große Dynastien, berühmte Königs- und Fürstenhäuser und schließlich fünf Republiken ihren Stempel aufgeprägt haben. Sie legen Zeugnis ab von der Entwicklung der großen Baustile und der Verbundenheit mit lokalen Traditionen. Die Geschichte Frankreichs, die Sitten und Auffassungen früherer Generationen lassen sich wie in einem offenen Buch an den stolzen Kathedralen, den schlichten Kirchen, den romantischen Festungen, den Herrensitzen, den Palästen und den schönen Landsitzen ablesen.
Zu dem Können der Handwerker – unbekannte Genies oder berühmte Architekten – gesellt sich die Kunstfertigkeit der Maler, Innenarchitekten, Bildhauer, Glasbläser und Schreiner, die Baudenkmäler und Museen ausgestattet haben. Paris in seiner Stellung als Hauptstadt nimmt allein Tausende von Meisterwerken aus allen Epochen für sich in Anspruch, doch sind auch die bisweilen kaum beachteten Reichtümer in der Provinz nicht zu unterschätzen. Ein Großteil von ihnen wurde in den Großstädten gesammelt, doch besitzen auch zahllose kleine Städte Kunstschätze.
Frankreich ist übersät von prächtig ausgestatteten Kirchen und Schlössern, es ist aber auch das Land der Museen, die heute entrümpelt sind und keineswegs nur als triste Aufbewahrungsstätten von Kunstwerken betrachtet werden können.
»Knaurs Kulturführer Frankreich«, der sich vor allem auf die baulichen und kulturellen Aspekte konzentriert, stellt – und das bedeutet schon viel – das »Wesentliche« dar. Natürlich kann nicht alles aufgeführt werden, doch haben wir uns auch nicht nur auf die rein touristischen Sehenswürdigkeiten beschränkt und sind oft dem Pfad wißbegierig Lernender gefolgt. Obwohl die Fülle des Themas Beschränkungen erforderlich machte, bieten wir dem Leser notwendige historische Bezüge, versuchen Tendenzen herauszustellen und auch die Umgebung miteinzubeziehen.
Wie in »Knaurs Kulturführer Deutschland«, »Knaurs Kulturführer Österreich« und »Knaurs Kulturführer Italien« stehen auch in diesem Band die Farbabbildungen gleichrangig neben dem Text. Mehr als 800 Kirchen, Schlösser, Burgen, Theater, Museen und Meister-

werke der Kunst sind farbig abgebildet, dazu 60 Grundrisse und Lagepläne. Analog zu den Vorgängerbänden sind die Artikel alphabetisch nach Orten geordnet.
Die Brücke zwischen Orten, die geographisch benachbart sind, in diesem Buch jedoch durch das Alphabet getrennt werden, schlägt der Kartenteil Seite 410ff. Er führt alle behandelten Orte auf und bietet einen Überblick darüber, welche Orte in der Nachbarschaft eines Zielpunktes liegen und deshalb vielleicht zusätzlich in einen Reiseplan einbezogen werden sollten. Bei jedem Ort ist die Einwohnerzahl angegeben, darunter das Departement, seine Nummer und der Verweis auf die Karte (S. 426 □ O 14: Seite 426, Planquadrat O 14).
Innerhalb der Artikel werden die Sehenswürdigkeiten der einzelnen Orte in der Regel in dieser Reihenfolge vorgestellt: Zuerst sakrale Bauten, dann profane Bauten, besonders wichtige allgemeine Sehenswürdigkeiten, schließlich Museen, Theater, weniger bedeutende Sehenswürdigkeiten (jeweils unter der Rubrik: »Außerdem sehenswert«) und Zielpunkte in der nächsten Nachbarschaft (Umgebung).
Die einzelnen Sehenswürdigkeiten sind jeweils fett gedruckt. Dahinter ist bei größeren Orten die genaue Straßenbezeichnung vermerkt. Im Anhang finden sich drei Register. Im ersten werden – in alphabetischer Reihenfolge – die wichtigsten Fachausdrücke erklärt. Das zweite führt die bedeutendsten Künstler auf, deren Werke in diesem Kulturführer besprochen sind. Und zwar finden sich hier diejenigen Künstler, deren Namen im fortlaufenden Text mit einem Sternchen (*) versehen sind. Und schließlich faßt ein Verzeichnis diejenigen Orte, Schlösser, Klöster und Kirchen zusammen, die unter der Rubrik »Umgebung« bei einem anderen Stichwort behandelt sind.

A

Abbeville 26600 Ew
80 Somme S. 410 □ I 2

Der Umschlagshafen an den Ufern der Somme wurde während der Kämpfe im Mai 1940, in deren Verlauf sich General de Gaulle an der Spitze seiner Panzer auszeichnete, stark verwüstet, nach dem Krieg jedoch mit Umsicht wiederaufgebaut.

Ehem. Kollegiatkirche Saint-Vulfran (im Zentrum): Zwei quadratische Türme und eine hohe reich skulptierte Fassade (15. Jh.). Die herrlichen Renaissance-Türflügel des Hauptportals wurden von pikardischen Ebenisten liebevoll skulptiert.

Außerdem sehenswert: Die alte *Manufaktur* des Rames, die städt. *Bibliothek* mit ihrem karolingischen Evangeliar, das Boucher de Perthes, dem »Vater der Vorgeschichte« gewidmete *Museum* und das *Château de la Bagatelle* (18. Jh.) erinnern an die Vergangenheit. Das am Ortsausgang in Richtung Paris gelegene Lustschloß eines Industriellen aus dem 18. Jh. ist geschmackvoll mit Tafelwerk und Möbeln ausgestattet. Seine Fassade aus roten Ziegeln und weißen Steinen bildet mit dem französischen Park eine anmutige Einheit. Zu erwähnen sind noch drei schöne Stadtpaläste (17. und 18. Jh. Rue du Maréchal Foch).

Agde 11800 Ew
34 Hérault S. 424 □ K 15

Die Kais der aus einer phönizischen Siedlung entstandenen Stadt Agde erstrecken sich an den Ufern des Hérault in 4 km Entfernung vom Mittelmeer. Sie bewahrt noch einige Ruinen aus ihrer griechisch-römischen Vergangenheit und mehrere alte Häuser. Die Ende des 12. Jh. erbaute Kathedrale *Saint-Étienne* hat mit ihren Pechnasen und massivem quadratischen S-Turm noch Befestigungscharakter. Die meisten Fenster des großen Mittelschiffs mit Spitzbogengewölbe wurden im 17. Jh. vergrößert. Im Gewölbe eine Öffnung, durch die die Wächter aus dem Wehrgang in das Kircheninnere gelangen konnten. – Aus schwarzer Lava wurde auch das *Rathaus* (17. Jh.) erbaut. – Die oft umgebaute Kirche *Saint-Sever* hat noch eine polygonale Apsis aus dem 15. Jh. Im Inneren befindet sich der holzgeschnitzte *Saint-Christ,* ein wundertätiges Prozessionsbild. Das *Musée agathois* enthält Ausgrabungen aus der Umgebung sowie alte Trachten, Hauben, Ausstellungsstücke der sakralen Kunst und andere Sammlungen. – In der Nähe von Agde entstand das touristische Zentrum *Cap d'Agde.* Die von Richelieu geplante, unvollendete Mole sollte die Insel Brescou mit ihrem Fort aus dem 17. Jh. mit dem Festland verbinden.

Agen, Museum, Venus du Mas

Agen	35900 Ew
47 Lot-et-Garonne	S. 423 □ G 13

In der fruchtbaren Umgebung der modernen Stadt an der Garonne werden vor allem Gemüse und Obst (berühmt sind die Pflaumen von Agen) angebaut. In der Renaissance zog der Ort viele Gelehrte an. – Die alte, vornehmlich aus dem 11. und 12. Jh. stammende Kollegiatkirche *Saint-Caprais* wurde nach der Revolution zur Kathedrale erhoben. Chor und auch Querschiff sind romanisch. Die an Cahors erinnernde halbrunde Apsis ist von wohlproportionierten Kapellen umgeben. Über dem kurzen gotischen Langschiff war zweifellos eine Reihe von Kuppeln vorgesehen, die nicht mehr zur Ausführung kamen. Das reichhaltige *Museum* wurde in Renaissance-Bauten untergebracht. Es enthält franz. und ausländische Keramiken, Fayencen des aus der Gegend gebürtigen Bernard Palissy, eine bemerkenswerte Goya-Sammlung, impressionistische Gemälde. Die *Venus du Mas* aus griechischem Marmor wurde von einem Bauern auf dem Feld entdeckt. Auf dem *Pont Canal* (19. Jh.) überquert der Garonne-Seitenkanal den Fluß. Die *Jakobinerkirche* (13. Jh.) ist nach Art der Dominikaner mit zwei Schiffen ohne Apsis angelegt. Die kleine Kapelle *Notre-Dame-du-Bourg* (13.–15. Jh.) hat einen Glockengiebel im Toulousaner Stil. Haus aus dem 13. Jh. in der Rue du Puits du Saumon.

Umgebung Moirax (9 km südl.): Die alte Propsteikirche *Notre-Dame de Moirax* (Ende des 11. Jh.) bewahrt noch ihre romanische Anlage, doch wurde sie mit Kreuzgewölben und einem bizarren Glockenturm ausgestattet. Das Tafelwerk geht auf das 17. Jh. zurück. – **Aubiac** (9 km südwestl.): Die kleine aber harmonische Kirche *Sainte-Marie* ist den mit Rundziegeln bedeckten Häusern des Dorfes gut angepaßt. Das romanische Meisterwerk (dessen Chor jedoch vorromanische Bestandteile aufweist) geht auf das 12. Jh. zurück. Der Turm über dem Chor zeigt noch karolingische Einflüsse.

Aigle (L')	10300 Ew
61 Orne	S. 410 □ G 5

Saint-Martin: Der ursprünglich romanische Bau ist mit Elementen der Gotik und Renaissance (12., 15. und 16. Jh.) ausgeschmückt. Ein herrlicher Turm im Flamboyant-Stil läßt den einfachen Turm aus dem 12. Jh. in den Hintergrund treten. Bedeutendes Retabel des Hauptaltars von 1656, Glasmalereien aus der Epoche des Max Ingrand*.

Saint-Jean-Baptiste. Die romanische Kirche wurde in der Renaissance völlig umgestaltet. Sie enthält einen Hauptaltar Ludwigs XIII. und interessante Statuen. Das in den Wirtschaftsbauten des von dem berühmten Architekten

Hardouin-Mansart* erbauten Schlosses (17. Jh.) untergebrachte *Musée Juin 1944* erinnert an den Kampf um die Normandie.

Aigueperse	2680 Ew
63 Puy-de-Dôme	S. 420 □ J 10

Der Geburtsort des Kanzlers Michael de l'Hospital (1506–1573) und die ehemalige Hauptstadt des Herzogtums Montpensier (die berühmteste Regentin war im 17. Jh. die ausgelassene Grande Demoiselle) war Etappe der franz. Könige bei ihrer Rückkehr aus Italien. Die ehem. *Sainte-Chapelle* des Schlosses ist noch mit Holztäfelungen geschmückt: im Inneren zwei weiße Marmorstatuen (16. Jh.): der Jungfrau und Ludwigs XII. – Von der Kirche *Notre-Dame* sind aus dem Ende des 13. Jh. nur Chor und Querschiff erhalten. Eine von einem Renaissance-Turm flankierte Grabkapelle wurde in der Ecke zwischen südlichem Querschiff und Hauptschiff (16. Jh.) hinzugefügt. Im Inneren eine schöne *Geburt* des Benedetto Ghirlandajo* (15. Jh.). – Am *Glockenturm* (18. Jh.) über dem Rathauseingang holzgeschnitzte Figuren; im Hof des ehem. *Ursulinenklosters* (17. Jh.) erhebt sich eine Statue des Kanzlers Michael de l'Hospital.

Umgebung: Château de la Roche (3 km nordwestl.): Die über Aigueperse gelegene Burg aus dem 12. und 13. Jh. (Wachturm und quadratischer Bergfried) war im 16. Jh. Wohnsitz der Familie de l'Hospital. Der Ehrenhof ist dreiseitig von Bauten umgeben und wird auf der vierten von einer Balustrade abgeschlossen (16. Jh.). Im Inneren reiches Mobiliar und Aubusson-Wandteppiche. Ein Turmsaal ist dem Kanzler de l'Hospital gewidmet, von dem Ronsard sagte: »Zierde unseres Frankreich ... an Gerechtigkeit und Wahrhaftigkeit ist er allen Jahrhunderten voraus.« – **Château d'Effiat** (5 km nordöstlich): Das 1627 vom Marquis d'Effiat, Marschall von Frankreich, errichtete Schloß hat ein pilastergeschmücktes Herrenhaus mit hohen Dächern. Am Haupteingang befindet sich das Wappen des Marschalls.

Aigues-Mortes, Türme mit Mauer

Aigues-Mortes	4530 Ew
30 Gard	S. 425 □ L 14

Die verschlafene Stadt liegt inmitten von Lagunen und Salinen. Die Gründung geht auf den Hl. Ludwig zurück, der sich hier zu seinem Kreuzzug von 1248 und der unheilvollen Expedition gegen Tunesien (1270) einschiffte. Er ließ den jetzt versandeten Hafen anlegen und die 37 m hohe *Tour de Constance* mit herrlicher Aussicht erbauen. Sein Sohn, Philipp der Kühne, befahl die Errichtung der von zwanzig Türmen flankierten Mauern. Die Kirche *Notre-Dame des Sablons* stammt aus dem 13. Jh.

Aïnhoa	540 Ew
64 Pyrénées-Atlantiques	S. 422 □ D 15

Sehenswert sind in dem Dorf nahe der spanischen Grenze, das einst eine originell angelegte Bastide war, vor allem die baskischen Häuser: Einige sind ganz im Stil des Lambourd (ein kleines Küstengebiet), andere sehen Wohnbauten der Basse-Navarre ähnlich. Die ursprünglich romanische Kirche wurde später umgebaut. Das Schiff weist die für die Gegend charakteristischen Galerien auf. Das am Eingang des alten Friedhofs gelegene Totendenkmal wurde baskischen Gräbern nachgebildet.

Aire-sur-l'Adour	7000 Ew
40 Landes	S. 422 □ F 14

Das ehem. römische *Adura* war ein alter Bischofssitz. Die seit dem 11. Jh. mehrmals umgebaute ehem. *Kathedrale* hat ein Hauptschiff mit interessanten romanischen Details aus dem 15 Jh., aus dem auch der größte Teil der Innenausstattung stammt. – Das *Rathaus* befindet sich im früheren bischöflichen Palais aus dem 16. und 17. Jh. – Die Kirche *Sainte-Quitterie* in der Vorstadt Mas-d'Aire stammt aus dem 17. und 18. Jh.: *Christus* von Poussin*, skulptierte Kapitelle im Chor, merowingischer Sarkophag in der Krypta.

Umgebung: Geaune (14 km südwestl.): Kirche aus dem 15. Jh. mit eindrucksvollem Torglockenturm. – **Vielle-Tursan** (7 km von Geaune): Teilweise aus dem 12 Jh. stammende Kirche.

Airvault	2500 Ew
79 Deux-Sèvres	S. 418 □ F 8

Airvault an der Grenze des Haut-Poitou und der Gatiné erstreckt sich am Ufer des Thouet, über den eine alte Brücke führt. Hier befand sich das in der 2. Hälfte des 10. Jh. gegründete Domherrenstift der Augustiner.

Saint-Pierre: Die wie ihre Nachbarin in Saint-Jouin-de-Marnes im Stil des Haut-Poitou erbaute Kirche ist ein ty-

Aïnhoa, Baskisches Dorf

Aire-s.-l'A., Portal der Kirche

Airvault, Fassade der Kirche

pisches Beispiel regionaler Klosterbauten. Sie vereint den romanischen Stil des Poitou (12. Jh.) mit dem von Angers (13. Jh.). Der Schmuck der Fassade, deren Dreiecksgiebel von strebepfeilerartigen Säulen umrahmt wird, fiel weitgehend dem Vandalismus zum Opfer (stark beschädigte Reste des *Cavalier poitevin*): Schöne, halb versunkene Vorhalle als Narthex. Den quadratischen Turm krönt ein hoher steinerner Helm (13. Jh.). Das dreischiffige romanische Langhaus wird von einem halbrunden Chor abgeschlossen und ist im gotischen Stil von Angers überwölbt. Die Pfeilerkapitelle sind mit Pflanzen, Ungeheuern und kleinen Szenen geschmückt. Die recht grob gearbeiteten Konsolenstatuetten beiderseits der das Gewölbe tragenden Halbsäulen stellen Ungeheuer dar. Das mit neun Statuetten geschmückte romanische *Grabmal* in der Kapelle des nördlichen Querschiffs enthält die sterblichen Überreste des ersten Abtes von Airvault. Von der ehem. *Propstei* sind nur der Kapitelsaal (12. Jh.) und einige Arkaden des Kreuzganges erhalten.

Außerdem sehenswert: Die engen Straßen führen zu *Schloßruinen* aus Granit auf einem Hügel. Von der *Umwallung* sind nur drei quadratische Türme erhalten.

Aix (Île d') 210 Ew
17 Charente-Maritime S. 418 □ E 10

Gegenüber von La Rochelle liegt eine flache, 3 km lange Insel mit niedrigen weißen Häusern, deren Straßen von Tamarisken und Stockrosen erfüllt sind. Die Insel Aix verdankt ihren Ruhm einem illustren Gast. Hier hielt Napoleon sich 1815 auf, ehe er sich den Engländern ergab. Das von Vauban befestigte Dorf, zu dem man über eine Zugbrücke gelangt, wurde wie eine Stadt angelegt. Straßen mit geschichtlichem Namen – Rue Marengo, Rue Napoléon, Place d'Austerlitz – schneiden sich im rechten Winkel. Im Haus des Ortskommandanten, der Unterkunft des Kaisers, wurde das *Musée Napoléon* eingerichtet. Zehn Räume enthalten Erinnerungsstücke an den Kaiser (Porträts, Waffen, Kleidung, verschiedene Dokumente). – Das *Muséum Africain* besitzt die schöne Trophäensammlung des Barons Courgaud. Nebenan Exemplare der afrikanischen Tierwelt, u. a. das Dromedar, auf dem Napoleon während seines Feldzuges in Ägypten ritt.

Aix-en-Provence	114000 Ew
13 Bouches-du-Rhône	S. 425 □ M 14

Elegante oder moosüberwachsene Brunnen, Patrizierhäuser aus rotgelbem Stein, grüne Schatten des Cours Mirabeau, eine Museums-Kathedrale. »Die schönste Stadt Frankreichs nach Paris!«, nannte sie der vielgereiste Präsident de Brosses. Der Name kommt wie der von Aix-les-Bains von aquae (= Bäder). Als der römische Konsul Caius Calvinius Sextius am Fuße des Gebirges Sainte-Victoire ein Militärlager gründete, waren seine Thermalquellen schon berühmt. Aix, das 1481 zur französischen Krone kam und bald Sitz des provencalischen Parlaments wurde, ist die Geburtsstadt des Moralisten Vauvenargues, der Maler Jean-Baptiste Van Loo, François Granet und Paul Cézanne, von Emile Zola und Darius Milhaud. Graf Mirabeau wurde hier 1789 zum Vertreter des Dritten Standes gewählt.

Cours Mirabeau (Hôtel Maurel de Ponteves, 17. Jh., Vaterhaus von Cézanne): Die prächtige Platanenallee mit Patrizierhäusern, deren Fassaden von Karyatiden und Atlanten geziert sind, trennt den Stadtteil aus Mittelalter und Renaissance von den planmäßig angelegten Vierteln aus dem 18. Jh. Die Kathedrale beherrscht den aus verschiedenen Epochen stammenden ältesten Stadtteil: Nahe der barokken Fassade des *Hôtel de Ville* (17. Jh.) erhebt sich ein mittelalterlicher Wachturm, in dessen Renaissanceaufbau eine astronomische Uhr (1661) enthalten ist. Mit seinen engen

Ile d'Aix, Musée Napoléon

Aix-en-P., Fontaine de la Rotonde ▷

Aix-en-P., Pavillon Vendôme

Aix-en-P., Pavillon Vendôme

ruhigen Straßen macht der Stadtteil Saint-Sauveur im Herzen des alten Aix noch einen mittelalterlichen Eindruck. Das ehem. *Erzbischöfliche Palais* aus dem 17. und 18. Jh. enthält prachtvolle Gobelins.

Kathedrale Saint-Sauveur: Die Kirche mit romanischem Kreuzgang weist noch Teile aus der Romanik auf, ein Hauptgebäude aus dem 13. und 14. Jh., Seitenkapellen aus dem 14. und 15. Jh. und ein Baptisterium aus dem 4. und 5. Jh., dessen Kapitelle noch aus der Römerzeit stammen. Fassade mit großem Hauptportal (1510), dessen Türflügel (Propheten und Sibyllen) die Gotik mit der Renaissance vereinen. Im Schiff hängen Wandteppiche, die zu Beginn des 16. Jh. für die Kathedrale von Canterbury geschaffen wurden. Der Flügelaltar *Le Buisson ardent* (Der brennende Dornbusch) wurde 1476 im Auftrag des Königs René von Anjou von Nicolas Froment, einem Meister der provencalischen Schule, geschaffen, der florentinische mit niederländischen Stilelementen vereinte. Das nahegelegene reizende *Musée du Vieil-Aix* enthält Fayencen aus Moustiers, alte provencalische Weihnachtskrippen und seltsame Marionetten.

Sainte Marie-Madeleine: Die inmitten alter Häuser und eleganter Stadtpaläste gelegene Kirche stammt aus dem 17. Jh. Sie enthält die berühmte, um 1440 von einem unbekannten Meister geschaffene Mittelpartie eines *Verkündigungs-Triptychons*.

Museen: Das weiträumig angelegte, rechtwinklige *Quartier Mazarin* wurde ab 1646 im Auftrag des Erzbischofs Michael Mazarin, Bruder des Kardinals, erbaut.

Das **Musée Paul-Arbaud** erinnert an einen Sammler, der seine Schätze der

Aix-en-Provence, Stiftung Vasarely

Stadt vermachte: Manuskripte, Inkunabeln, Gemälde und Zeichnungen, Möbel, Fayencen.

Das **Musée Granet** trägt den Namen des Davidschülers François Granet* und gehört mit seinem Selbstbildnis Rembrandts* (1665) und einem Großteil des Graphischen Werkes von Cézanne* zu den bedeutendsten Provinzmuseen. Die Gemäldegalerie enthält italienische und holländische Meister (17., 18. und 19. Jh.). Neben der Skulpturenabteilung gibt es noch eine archäologische Abteilung (keltoligurische Skulpturen, die aus dem nahen *oppidum d'Entremont,* einer von den Römern zerstörten Stadt stammen) sowie eine »Galerie zeitgenössischer Kunst«.

Die nahe gelegene Kirche **Saint-Jean-de-Malte** (Rue Cardinale) wurde im 13. Jh./14. Jh. vom Malteserorden errichtet.

Fondation Vasarely: In der von Victor Vasarely angeregten, 1975 eingeweihten Stiftung treffen sich vor allem Künstler und Soziologen. Vasarelys Werke sind im *Jas de Bouffan* (Schäferei der Winde), einem beliebten Motiv Cézannes, ausgestellt.

Cézanne und die Sainte-Victoire: Wie sein Jugendfreund Zola, der ihn in seinem Roman *l'Œuvre* beschrieb, stammte Cézanne aus Aix, wo er auch 1906 sein einsames Leben beschloß (beim Malen im Freien war er von einem Gewitter überrascht worden und wurde ohnmächtig heimgebracht). Das langgestreckte Kalkgebirge Sainte-Victoire gehörte zu seinen beliebtesten Motiven. – Das *Atélier Cézanne* an der Avenue gleichen Namens enthält noch einige persönliche Gegenstände des Malers.

Umgebung: Vauvenargues (14 km nördl. der Sainte-Victoire): Das über

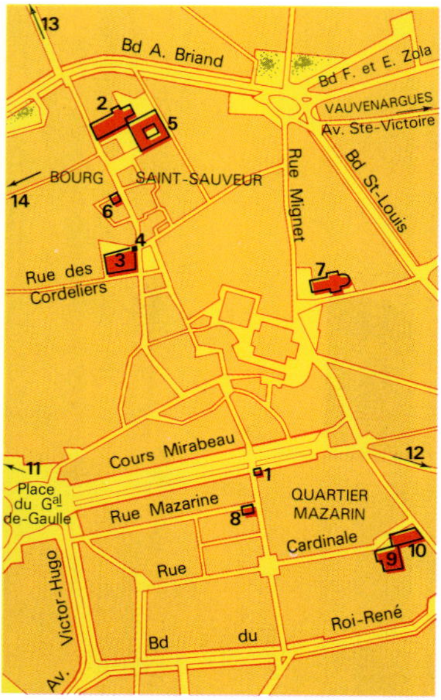

Aix-en-Provence 1 Hôtel Maurel de Pontevès **2** Kathedrale Saint-Sauveur **3** Rathaus **4** Tour communale **5** Ehemaliger Bischofspalast **6** Musée du Vieil-Aix **7** Kirche Sainte-Marie-Madeleine **8** Musée Paul-Arbaud **9** Musée Granet **10** Kirche Saint-Jean-de-Malte **11** Stiftung Vasarely **12** Sainte-Victoire **13** Atelier Cézanne **14** Pavillon Vendôme

einer Schlucht gelegene Schloß aus dem 16. und 17. Jh. hatte zwei berühmte Bewohner, den Schriftsteller und Moralisten Vauvenargues (18. Jh.) und Picasso, der es 1958 erwarb. Das Grab Pablo Picassos auf der Terrasse kann von den zahllosen Besuchern ohne Sondergenehmigung nicht besichtigt werden.

Aqueduc von Roquefavour (14 km westlich): Eine schöne Nachbildung des Pont du Gard aus dem 19. Jh. In 4 km Entfernung malerische Schloßruine des Dorfes **Ventabren**.

Les Milles (6 km südwestlich): Beachtenswert in Les Milles ist das Schloß von Lenfant, das aus dem 18. Jahrhundert stammt und in einem schönen Park liegt.

Aix-les-Bains

73 Savoie — 22 120 Ew — S. 421 □ N 10

Der Name Aix-les-Bains (aquae = Bäder) bezieht sich auf die seit der Antike berühmten Thermalquellen. – Das als »gesellschaftlicher Treffpunkt der Romantik« im 19. Jh. berühmte Heilbad besitzt noch den *Campanus-Bogen,* die Reste eines Grabmals aus dem 3. oder 4. Jh. – Im alten *Schloß der Marquis d'Aix,* dessen interessantester Teil aus dem 16. Jh. stammt, befindet sich das Bürgermeisteramt. Ein »Tempel der Diana« benanntes römisches Bauwerk enthält das *Musée lapidaire* mit Antiquitäten aus Aix und der Umgebung. – Das *Musée Faure* besitzt Fayencen, Erinnerungsstücke an Lamartine und eine schöne Sammlung impressionistischer Gemälde.

Umgebung: Le Bourget-du-Lac (9 km südl.): Das alte Dorf entwickelte sich zu einem Erholungsaufenthalt und Jachtsportzentrum. Vom 11. bis 13. Jh. war Le Bourget Residenz der Herzöge von Savoyen. Die einst Cluny unterstellte Schloßpropstei geht auf das Jahr 1030 zurück (erhalten ist noch ein zweistöckiger Teil des Kreuzganges). Die über einer vorromanischen Krypta befindliche Propsteikirche wurde mehrmals umgebaut. Im Inneren ein sehr ausdrucksvoller Fries aus dem 13. Jh.

Ajaccio → Corse

Albi

81 Tarn — 49 500 Ew — S. 423 □ I 14

Eine mächtige Kathedrale, ein befestigter Bischofspalast, schöne Fachwerkhäuser und enge Gassen, Treppen und Wölbungen und hängende Gärten – die Hauptstadt der ehem. Provinz Languedoc könnte in der Lom-

Le Bourget-du-Lac, Empore der Kirche

bardei liegen. Der burgartige Charakter von Kirche und Bischofssitz zeugt von der kirchlichen Macht im Lande der Katharer: Im 13. Jh. wurde die Albigenser Ketzerei durch einen unerbittlichen Kreuzzug grausam ausgerottet.

Kathedrale Sainte-Cécile: Die herrliche Kirche steht anstelle einer älteren Kathedrale, deren Kreuzgang jetzt einen Garten ziert. Der 1282 begonnene Bau zog sich über zwei Jahrhunderte hin. Das festungsartige Langhaus, dessen Höhe um so mehr beeindruckt, als es nicht von Strebebögen abgestützt wird (die Strebepfeiler sind Teil der Mauermasse), wird von einem mächtigen Glockenturm beherrscht, dessen quadratischer Unterbau in ein Achteck übergeht (die oberen Stockwerke stammen aus dem 15. Jh.). An der Apsis lehnt ein minarettähnlicher ehem. Wachturm. Das zwischen Turm und Langhaus gelegene, reich geschmückte

Albi 1 Kathedrale Sainte-Cécile **2** Palais de la Berbie **3** Musée Toulouse-Lautrec **4** Kollegiatkirche Saint-Salvi **5** Maison Enjalbert **6** Hôtel de Reynès

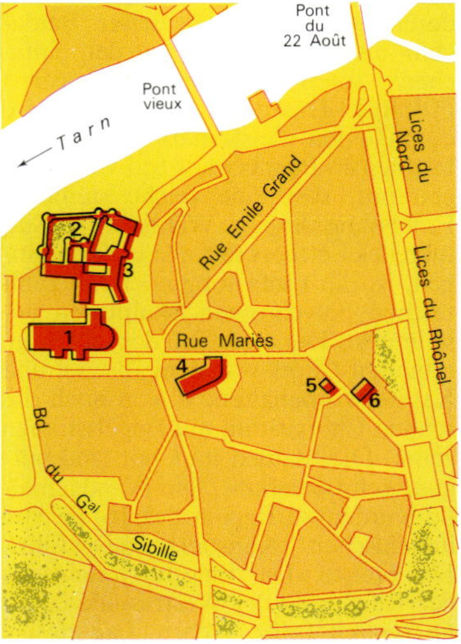

Albi, Kathedrale Sainte-Cécile

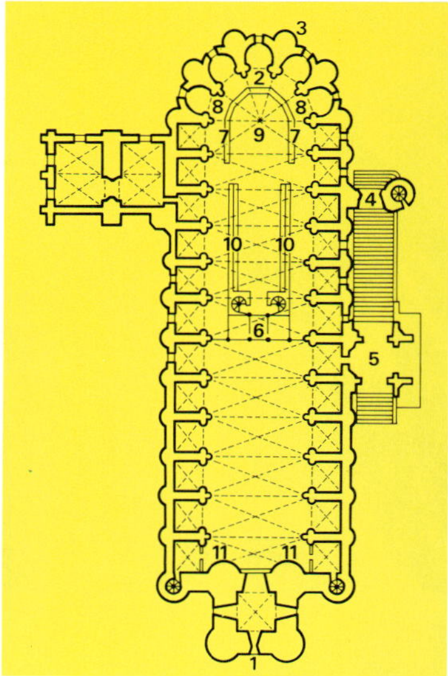

Albi, Kathedrale Sainte-Cécile 1 Bergfried **2** Apsis **3** Ehemaliger Wachturm **4** Portail de Dominique de Florence **5** Baldachin **6** Lettner **7** Chorabschluß **8** Chorumgang **9** Chor **10** Chorgestühl **11** Fresko vom Jüngsten Gericht

Portal des Dominique de Florence* stammt vom Beginn des 16. Jh. Eine Treppe führt zur südlichen Vorhalle, deren überreich gemeißelter Baldachin aus weißem Stein mit den einfachen roten Ziegeln kontrastiert (16. Jh.). Das hohe Langhaus wird durch einen meisterhaft gearbeiteten Lettner im Flamboyant-Stil vom Chor getrennt, den eine reiche steinerne Einfassung umgibt. Während die Statuen des Lettners fast alle verlorengingen, ist die Einfassung noch mit zahlreichen polychromen Skulpturen geschmückt. Der erste Teil des im 15. Jh. erbauten Chors war dem Bischof und Kapitel vorbehalten, wovon noch das schöne Chorgestühl mit Engelsstatuen zeugt. Die Statuen im Chor sind burgundisch beeinflußt. Die Wandgemälde wurden zu Beginn des 16. Jh. von italienischen Künstlern ausgeführt. Das Fresko »Das Jüngste Gericht« an der Rückwand der Westfassade ist eine typisch franz. Arbeit. Die riesige Komposition wurde (20 m × 15 m) im 17. und 18. Jh. beschädigt, doch sind noch Originaldarstellungen von Paradies und Hölle erhalten.

Palais de la Berbie (das romanische Wort *besbié* heißt »Bischof«): Der von einem hohen Turm beherrschte festungsartige Palast stammt aus dem 13., 14. und 15. Jh. Die Terrassen über dem Tarn wurden im 17. Jh. zu einem Spazierweg umgestaltet. Im Inneren schöne Ehrentreppe, Kapelle aus dem 13. Jh., im 17. Jh. restauriert (farbige Stukkaturen, Gemälde), prachtvolle Gemächer mit bemerkenswerten Plafonds.

Musée Toulouse-Lautrec (im Palais de la Berbie): Der verkrüppelte Maler fröhlicher Bälle und verräucherter Kaffeehäuser wurde 1864 in Albi geboren. Neben Gemälden, Zeichnun-

Albi, Portal der Kathedrale ▷

gen, Lithographien und Plakaten von Henri Toulouse-Lautrec sind zahlreiche Werke seiner Zeitgenossen zu sehen (Rodin*, Bourdelle*, Maillol*, Despiau*, Utrillo*, Marquet*, Rouault*, Touchages*, Vuillard*, Vlaminck*, Matisse* u. a.).

Ehem. Kollegiatkirche Saint-Salvi: Im 13. Jh. auf einem älteren Bau errichtet, im 15. Jh. umgestaltet. Aus der romanischen Zeit sind noch Kapitelle und kleine Apsiden am Chor erhalten. Der Glockenturm (Unterbau aus dem 11. Jh. und Obergeschoß aus dem 14. Jh.) hat ein Wachtürmchen, die Tour de la Gâche (von *gachole* = Wachhäuschen). Der Kreuzgang wurde 1270 neu errichtet.

Außerdem sehenswert: Der über den Tarn führende Pont-Vieux stammt aus dem 11. Jh., wurde jedoch oft restauriert. Albis Straßen sind von malerischen Häusern umsäumt, mit offenen Obergeschossen, die zum Trocknen des Korns bestimmt waren. Die *Maison Enjalbert* stammt aus dem 16. Jh., desgleichen das *Hôtel de Reynes* mit großem Bossenwerkportal. Das Rathaus (Toulouser Renaissance) stammt aus dem 16. Jh. – Auf der Place Lapérouse das Denkmal des in Albi geborenen berühmten Seefahrers (1741–1788).

Alençon	34700 Ew
61 Orne	S. 414 □ G 5

Die alte normannische Stadt gilt als »Hauptstadt der Spitzen«. Die feinen zauberhaften Klöppelarbeiten wurden von den Nonnen und ihren Schülerinnen hergestellt. Im *Musée-école dentellière* werden die etwa zwölf zur Herstellung einer Alençonspitze nötigen Phasen sorgfältig erklärt. Das Gewerbe wurde von Heinrich IV. und Colbert, dem Minister Ludwigs XIV., gefördert, der hier eine Manufaktur schuf.

Notre-Dame d'Alençon: Ende des 14. bis Anfang 16. Jh. erbaut, hat die Kirche eine in den oberen Teilen reich verzierte Vorhalle (1506–1508). Das hohe durch ein Triforium aufgelockerte Mittelschiff ist auf etwas überladene Weise spätgotisch überwölbt. Orgel aus dem 16. Jh., seltsame Kanzel von

Albi, Musée Toulouse-Lautrec

Alençon, Notre-Dame, Schiff ▷

1536, hohe Glasfenster aus dem 16. Jh. In der ersten Kapelle des linken Seitenschiffs wurde Thérèse Martin, die spätere Hl. Theresa, getauft. Die Sammlungen des schönen *Maison d'Ozé,* deren Dach von Bleispitzen überragt wird (15. Jh.), sind hauptsächlich dem alten Alençon gewidmet. Einige Straßen des Viertels, z. B. die Rue du Mans, bewahren noch ihren alten Charakter.

Rathaus: 18. Jh.; enthält ein eklektisches *Museum,* in dem vornehmlich das 17., 18. und 19. Jh. vertreten sind (Restout*, Philippe de Champaigne*, Géricault*, Courbet*, Boudin*). In Schaukästen sind Spitzen aus Alençon und anderen Orten ausgestellt (16.–19. Jh.). – Gegenüber der *Präfektur* aus Ziegeln und Granit im Louis-XIII-Stil, dem Geburtshaus der Hl. Theresa, liegt die ehem. Intendantur (17. Jh.). Ruinen des von Herzog Jean I. erbauten Schlosses (1385 bis 1415).

Umgebung: Saint-Céneri-le-Gérei (13 km südwestl.): Die auf einem Hügel über der Sarthe gelegene reizvolle romanische Kirche enthält noch Fresken aus dem 14. Jh., die im vergangenen Jh. recht plump restauriert wurden.

Aleria → Corse

Alès

44 160 Ew
30 Gard
S. 425 □ L 13

Die Stadt liegt zwischen dem trockenen Garriguen-Gebirge und der fruchtbaren grünen Auvergne in einer Biegung des Gardon. Die alte Zitadelle wurde im Jahre 1688 von Vauban errichtet.

Die **Kathedrale Saint-Jean** erhebt sich in der engen Altstadt nahe am Fluß. Sie vermischt Stile aus verschiedenen Jahrhunderten: Der größte Teil des Baus stammt vom Ende des 18. Jh., die romanische Westfassade hat eine gotische Vorhalle. Unter der Spitzbogenwölbung zieren einige interessante Gemälde das Querschiff, darunter die *Himmelfahrt Mariä* von Mignard* (18. Jh.).

Musée du Colombier: Das Museum wurde in den restaurierten Bauten des Schlosses du Colombier eingerichtet: Es besitzt eine Reihe bemerkenswerter Bilder aus dem 16., 17. und 18. Jahrhundert, darunter ein schönes Triptychon von Jean Bellegambe* (um 1470–1534).

Alise-Sainte-Reine

710 Ew
21 Côte-d'Or
S. 415 □ L 17

Eine monumentale Statue des Vercingetorix auf dem Gipfel des Mont Auxois erinnert daran, daß sich hier Galliens Schicksal entschied. Alise-Sainte-Reine verdankt seinen Namen dem von Cäsar belagerten gallischen Stützpunkt und der Hl. Regina, der viele Wunder zugeschrieben werden. Die beiden Ortsteile liegen am Fuße des Hügels, auf dem die Gallier sich verschanzt hatten. Die sehr alte restaurierte Kirche *Saint-Léger* geht auf das 8. Jh. zurück. Das von Napoleon III. gegründete *Musée Alésia* enthält Funde, die Ausgrabungen verschiedener Epochen zutage förderten, insbesondere Statuetten und Münzen.

52 v. Chr. war Alésia das Waterloo der Gallier. Der Averner Vercingetorix hatte die Führung eines großen Aufstandes gegen die römischen Eindringlinge übernommen. Nachdem seine Kavallerie vom Gegner in die Flucht geschlagen worden war, zog er sich in das Oppidum von Alésia zurück. Cäsar umgab es mit verschanzten Lagern und wußte die Entsetzung durch eine Hilfsarmee zu verhindern: Den beiden »contre-vallations«, Verteidigungslinien gegen Ausfälle der Belagerten, entsprach eine »circonvallation«, die die Nachhut der Römer schützte. Die gallischen Reiter konnten diese Blok-

Alise-Sainte-Reine, Ausgrabungen von Alésia

kade nicht verhindern. Nachdem alle Ausfallversuche fehlgeschlagen waren, ergab sich Vercingetorix Cäsar. Nach sechsjähriger Gefangenschaft wurde er in Rom erdrosselt. Das gallische Oppidum wurde eine gallo-römische Stadt, die in der Merowingerzeit wohl von den Bewohnern verlassen wurde. Die Ausgrabungen im 19. Jh. verursachten viele Polemiken, denn manche Spezialisten wollten nicht glauben, daß es sich um das wirkliche Alésia handelte (was inzwischen jedoch durch neuere Forschungen gesichert ist).

Ausgrabungen von Alésia: Die Spuren der im Auftrag Cäsars bei der Belagerung Alésias unternommenen Arbeiten sind für den Laien kaum erkenntlich, doch ist der Plan der gallo-römischen Stadt deutlich sichtbar. Die Ausgrabungen haben bedeutende Reste (Unterbau von Häusern und Läden, Tempel, Theater, Straße, merowingischer Kirche aus dem 7. Jahrhundert und gallischer »Hütten«) zutage gefördert.

Umgebung: Flavigny-sur-Ozerain (12 km über Laumes südöstlich): Die Entstehung des auf einem bewaldeten Höhenzug liegenden mittelalterlichen Dorfes geht auf eine Abtei zurück, in der die Reliquien von Regina, der Hl. Königin, aufbewahrt wurden. Von den Klosterbauten sind noch karolingische Krypten und Gebäude aus dem 13. Jh. erhalten. Die aus dem 13. Jh. stammende Kirche Saint-Genès wurde im 15. und 16. Jh. umgebaut (schönes Chorgestühl, 15. Jh.).

Ambert	8100 Ew
63 Puy-de-Dôme	S. 420 □ K 11

Der ruhige Ort am Ufer der Dore galt seit dem 15. Jh. als »Papiermacherstadt«. In den gewundenen Straßen

Amboise, Kapelle Saint-Hubert

befinden sich einige Häuser aus dem 15. und 16. Jh. sowie ein seltsames Bürgermeisteramt in Rotundenform aus dem 19. Jh., das der Kornhalle von Paris nachgebildet wurde.

Saint-Jean: Die Kirche (Ende 15., Anfang 16. Jh.) aus Granit gehört der Spätgotik und Renaissance an (Kapelle Sacré Cœur und Glockenturm). Der ehem. Haupteingang der Kirche lag im Süden: Davon zeugt das feingeschmückte Portal mit Inschriften beiderseits des Mittelpfeilers. Die für die ausgehende Gotik charakteristischen Pfeiler ohne Kapitelle im Inneren tragen zur Eleganz des Langhauses bei. Die erste Kapelle des Umgangs links enthält eine *Pieta* aus dem 16. Jh., die von den Bewohnern der Stadt verehrt wird.

Umgebung: Moulin Richard de Bas (5,5 km östlich): Die Kunst der Papierherstellung wird hier noch nach Verfahren des 14. Jh. ausgeübt. In der einzigen noch tätigen Mühle von ehemals dreihundert wird das Papier handgeschöpft. Das im ersten Stock gelegene *Musée du Papier* zeigt die Geschichte dieses Handwerks sowie Möbel und Gebrauchsgegenstände.

Ambierle

1420 Ew
42 Loire
S. 420 □ K 10

Der auf halbem Wege zwischen den granitenen Anhöhen der Madeleine-Berge und dem weiten Becken der Roanne gelegene Ort staffelt sich von Weinbergen umgeben an den Flußhängen. Er wird von den Bauten der ehemaligen Kluniazenser Propstei beherrscht. Die im 15. Jh. errichtete Kirche ist ein schönes Beispiel der Flamboyant-Gotik, das elegante, sehr hohe Mittelschiff wird von Pfeilern mit feingearbeiteten Kapitellen gestützt. In den schmalen Chorfenstern herrliche Glasmalereien aus dem 15. Jh. (in der Mitte Christus zwischen Heiligen in Lebensgröße). – Die *Kreuzigung*, ein herrlicher sechsflügeliger Altar, 1466 bei einer Werkstatt in Brüssel bestellt, vereinigt flämischen Realismus mit feinem Kolorit. Die Stifter auf den Flügeln werden Roger van der Weyden* oder einem seiner Schüler zugeschrieben. Das *Musée forézian* veranschaulicht die Lebensweise des Forez: Genaue Nachbildung von Innenräumen, Darstellung alter Handwerke, Trachten, Bräuche, Aberglauben.

Amboise

10670 Ew
37 Indre-et-Loire
S. 414 □ H 7

Eine Insel inmitten der Loire, ein hochgelegenes helles Schloß, alte Häuser und eine schattige Promenade – das Bild von Amboise gehört zu den reizvollsten des Tales. Die Geschichte der Stadt ist noch älter als die des Schlosses, denn die riesigen, in den Fels gehauenen Gewölbe tragen den Namen »Greniers de César«. Nach-

Amboise, Schloß

dem die Könige von Frankreich Amboise 1434 den Vasallen des Grafen von Anjou konfisziert hatten, begannen sie die Burg zu einem größeren Schloß auszubauen. Franz I., der sich hier besonders gern aufhielt, holte 1516 Leonardo da Vinci hierher. Das »Universalgenie« der Renaissance verbrachte in Amboise seine letzten Lebensjahre und verstarb 1519 im Clos-Lucé.

Schloß: Das trotz der im 19. Jh. erfolgten Zerstörungen noch elegante und eindrucksvolle Schloß Amboise, einer der beliebtesten Aufenthalte der Könige von Frankreich, liegt, von hohen Mauern gestützt, zwischen dem Loiretal und dem Tal der Amasse. Seine Terrasse wurde in einen Garten umgewandelt. – Die *Kapelle Saint-Hubert,* ein reichverziertes Juwel aus der Gotik, stammt aus dem letzten Jahrzehnt des 15. Jh. und enthält angeblich die Gebeine Leonardo da Vincis. Auf dem Türsturz des herrlichen Portals sind der Hl. Christophorus mit dem Jesuskind und der vor einem Hirsch kniende Hl. Hubertus dargestellt, das Tympanon zeigt eine Madonna mit Kind zwischen Karl VIII. und Anne de Bretagne. Der Flamboyant-Schmuck im Innenraum ist außergewöhnlich reich. – Das *Logis du Roi* am Loire-Ufer ist ein gotischer Bau aus dem Ende des 15. Jh. Die Fenster der schönen *Salle des Etats* öffnen sich zum *Balcon des Conjurés,* wo 1560 zahlreiche protestantische Verschwörer gehenkt wurden. Die beiden gewölbten Schiffe wurden nach dem Umbau wiederhergestellt, den man für den in Frankreich gefangengehaltenen algerischen Emir Abd el-Kader, der im Logis wohnte, vorgenommen hatte. Die spiralförmige, befahrbare Auffahrt in der dem Logis gegenüberliegenden Tour des Minimes und der auf der Stadtseite liegenden Tour Hurtault war für Equipagen und Karossen bestimmt. Von der Terrasse hat man einen herrlichen Blick auf das Loiretal und die Türme von Tours. Die im Westen von Türmchen flankierte *Aile Louis XIII-François I* enthält in mit Aubusson-Teppichen behängten Sälen noch schöne Möbel der Gotik und Renaissance sowie Bildnisse der Familie d'Orléans.

Saint-Denis: Die alte benediktinische Propsteikirche (12. Jh.) stammt aus der romanischen Epoche, hat jedoch typisch angevinische Stilelemente (feine Rippen und Buckelwölbungen). Im 16. Jh. wurde dem südlichen Querschiff ein zweites angefügt. Viele der Kapitelle sind neueren Datums, abgesehen von den bizarren Darstellungen tierköpfiger Personen im ersten Joch des Hauptschiffes. In einer Mauernische steht eine realistische Grabstatue aus Marmor (16. Jh.), die »Ertrunkene« soll die Züge einer Mätresse Franz I., der frivolen Frau eines gefälligen Bankiers, tragen (Marie Gaudin, die »schöne Babou«).

Clos-Lucé: Dieses Landhaus aus dem 15. Jh. war ein Geschenk Franz I. an den berühmten Maler, Ingenieur und Erfinder Leonardo da Vinci. Hier arbeitete er noch bis an sein Lebensende, entwarf für den König ein Kanalisierungssystem der Loire und vielleicht auch die Pläne von Chambord. Zu besichtigen sind sein Sterbebett und von der IBM-Gesellschaft geschaffene Modelle nach seinen Zeichnungen (z. B. Wasserhebewerk, Ventilationssystem, Winde, Prototyp des Radschaufeldampfers u. a.).

Außerdem sehenswert: Das *Postmuseum* in der Mitte der Stadt zeigt die Geschichte der Post seit der Postillone. Bemerkenswert sind auch das *Maison de Pages* aus dem 15. Jh., die kreuzgewölbte Salzhalle aus der gleichen Zeit und der einst zur Stadtumwallung gehörige Uhrenturm.

Umgebung: Pagode von Chanteloup: (3 km am Waldrand): Der im 18. Jh. im Auftrag von Minister Choiseul errichtete Turm, in dem chinesische und Rokokoelemente sich vereinen, ahmt eine »Londoner Pagode« nach. Die sechs Stockwerke werden nach oben immer kleiner, so daß der Eindruck einer Pyramide entsteht. Die Aussicht von ihrer Spitze erstreckt sich von Blois bis Tours.

Amiens, die Kathedrale

Amiens, Museum, Gemälde, 16. Jh.

Ambronay
01 Ain | 1270 Ew | S. 421 □ M 10

Eine im 9. Jh. gegründete Benediktinerabtei machte Ambronay berühmt. Ihre Ruinen sind immer noch eindrucksvoll. Die Türstürze der im 13. und 14. Jh. errichteten Kirche *Sainte-Marie* sind mit Themen aus dem Leben der Jungfrau und der Auferstehung der Toten geschmückt. In einer linken Seitenkapelle befindet sich eine schöne Pieta des 15. Jh. Die Kapelle *Sainte-Catherine* im Inneren des gotischen Baus enthält das Grabmal des Abtes Jacques Mauvoisin (15. Jh.), der zur Restaurierung der Kirche beitrug. Im Chor schön gearbeitete Fenster (15. Jh.). Der Kapitelsaal wurde in rein gotischem Stil restauriert. Der unter einer Galerie mit Wetterdach liegende Kreuzgang hat schöne Maßwerkfenster.

Amiens
80 Somme | 136000 Ew | S. 410 □ I 3

Die seit dem Mittelalter als Textilstadt – Velours von Amiens – bekannte Hauptstadt der Pikardie war starkem Wandel unterworfen. Mit 104 m Höhe überragt die Tour Perret den großen Campus des Universitätszentrums und ein ganz aus Glas und Beton errichtetes Kulturhaus. Durch den Krieg erlitt Amiens großen Schaden, doch blieben die reichhaltigen Sammlungen des *Musée de Picardie* erhalten. In der Unterstadt, wo die träge Somme sich in viele Nebenarme verzweigt, findet man immer noch den *Marché sur Eau,* den Markt auf dem Wasser, zu dem lange schwarze, kiellose Boote Gemüse und Obst aus nahegelegenen Gärtnereien bringen. Unter den noch erhaltenen Stadtpalästen sind die *Maison du Sagittaire* (16. Jh.) sowie das *Hôtel des Trésoriers de France* (17. Jh.) zu erwähnen.

Kathedrale Notre-Dame: Die Kriege haben dieses glorreiche Zeugnis christlichen Glaubens nicht zerstören können: Die 145 m lange, im Querschiff 70 m breite und an der Wölbung 43 m hohe Kathedrale ist ein Juwel gotischer Baukunst. Sie beeindruckt nicht nur durch ihre Ausmaße, sondern mehr noch durch Einheitlichkeit und Proportionen. Im reinsten Spitzbogenstil des 13. Jh. erbaut, ist sie die gotische Kathedrale par excellence. Die Bauarbeiten begannen 1220, das Schiff wurde 1236, der Chor 1268 vollendet. In Form eines lateinischen Kreuzes anstelle eines älteren romanischen Baus errichtet, ist die von einem 112 m hohen Turm überragte Kathedrale mit 126 Pfeilern das Werk kühner Techniker. Ein breiter Vorplatz bietet eine gute Übersicht des Gesamtbildes.

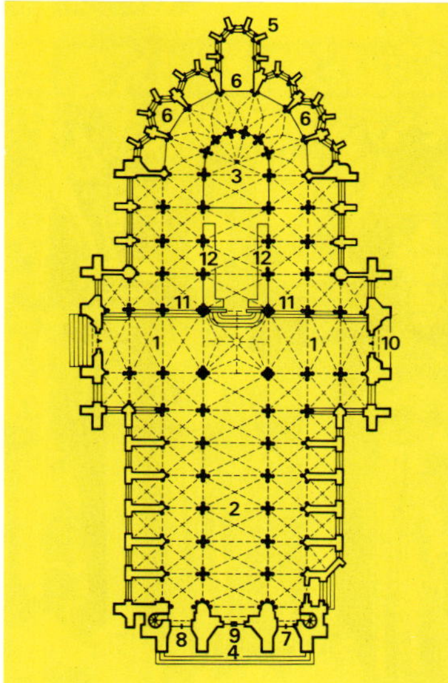

Amiens, Kathedrale Notre-Dame **1** Querschiff **2** Langhaus **3** Chor **4** Vorplatz **5** Apsis **6** Kapellenkranz **7** Portail de la Vierge **8** Portail de Saint-Firmin **9** Portail du Beau-Dieu d'Amiens **10** Portail de la Vierge dorée **11** Gitter **12** Chorgestühl

Fassade: Die verschiedenen Geschosse der um 1236 vollendeten prachtvollen Westfassade stehen in einem harmonischen Verhältnis zueinander. Über

Amiens, Kathedrale Notre-Dame, Königsgalerie, Detail

drei tiefen, von massiven Strebepfeilern getrennten und mit plastischen Bogenwölbungen versehenen Portalen verläuft eine durchbrochene Passage, die von 22 Kolossalstatuen bekrönt ist, die Galerie der Könige. Darüber, zwischen den Fenstern der Türme, liegt die mit feinem Maßwerk verzierte Rose unter einer Türmergalerie. Das rechte Portal ist der Jungfrau gewidmet, das Linke dem Hl. Firmin, dem Schutzherrn der Pikardie. Am Mittelpfeiler des Hauptportals eine Christusstatue, *Le beau Dieu d'Amiens,* im Giebelfeld das Jüngste Gericht. Während die Toten alle Qualen der Hölle erleiden, scheint Christus nur Liebe und Anmut zu verkörpern. Die unteren Teile der drei Portale sind mit Flachreliefs in Form von »Kleeblättern« versehen. Am linken Portal Bilder des Tierkreises und Arbeiten der Monate. Mit seiner reichen Bauplastik bietet Amiens ein besonders reichhaltiges »ikonographisches Programm«. Am Portail de la Vierge Dorée steht die Statue der Jungfrau; ihre Vergoldung ist zwar abgegangen, doch lächelt sie immer noch mit sehr weiblichem Charme dem Jesuskind zu.

Inneres: Das herrliche Eisengitter trennt Chor und Schiff, der seltsame weinende Engel vom Grabmal eines Domherrn und die 110 eichenen Stühle des Chors gehören zu den wertvollsten Kunstschätzen der beliebten Kathedrale.

Außerdem sehenswert: Beachten sollte man auch die ehemalige *Prämonstratenser-Abtei,* die einen Klassizistischen Kreuzgang aus dem 17. Jh. hat. Weiter die *Alte Vogtei* (spätgotisch).

Musée de Picardie: Im Erdgeschoß Säle mit ägyptischen, griechischen und römischen Antiquitäten. Im ersten Stock eine Hauptattraktion des Museums: 15 Gemälde vom *Puy Notre-Dame d'Amiens,* einer Bruderschaft,

Amiens, Kathedrale, Detail

die vom 14. bis 18. Jh. ihren Sitz in der Kathedrale hatte und dort jedes Jahr Wettbewerbe für Dichtung und Malerei veranstaltete. In der nördlichen Gemäldegalerie insbesondere Werke französischer Meister des 18. Jh., Fragonard*, La Tour*, Boucher* u. a., sowie Skulpturen von Puget*, Houdon, Pigalle*. In den Sälen des Museums sind ferner Italiener (Tiepolo*), Holländer (Frans Hals*, van Goyen*) und Spanier (El Greco*) vertreten. Dazu kommen Meister der zeitgenössischen Kunst: Matisse*, Vuillard*, Lurçat*, Rouault* u.a.

Umgebung: Picquigny (10 km nordwestlich): Die eindrucksvollen Ruinen des Schlosses der Vertreter des Bischofs von Amiens beherrschen das Tal der Somme. Die solide Mauer aus dem 14. Jh. umschließt einen massiven Wehrturm. Reizende Renaissance-Bauten. Kollegiatkirche Saint-Martin mit Laternenturm aus dem 15. Jh.

Ancenis

6790 Ew
44 Loire-Atlantique
S. 413 □ E 7

Den Bau des Schlosses verdankt Ancenis seiner strategischen Bedeutung über der Loire an der östlichen Grenze des alten Herzogtums Bretagne. Es wurde Ende des 10. Jh. errichtet. Erhalten sind noch eine von mächtigen Rundtürmen mit Wasserspeiern versehene Ausfallpforte, eine gewölbte Galerie und ein Renaissance-Flügel sowie einige Pavillons aus dem 17. Jh.

Die nahegelegene Kirche *Saint-Pierre-et-Saint-Paul* (15. und 16. Jh., sehr restauriert) enthält noch Taufbrunnen und einen schönen Baldachin aus dem 18. Jh.

Ancy-le-Franc

1240 Ew
89 Yonne
S. 415 □ L 7

Das von 1546 bis 1622 für die Clermont-Tonnerre wahrscheinlich nach Entwürfen Sebastiano Serlios um einen quadratischen Hof erbaute Schloß Ancy läßt nichts von seinen charmanten Innenräumen erahnen: Das mit Eckpavillons versehene Viereck aus grauem Stein wirkt fast nüchtern. Der robuste, strenge Bau umschließt ein Meisterwerk der Renaissance, die mit Galerien versehene *Cour carrée.* An der Innenfassade steht die Devise der ersten Besitzer, einer Familie, die sich durch den Kauf der Grafschaft Tonnerre ruinierte: »Si omnes ego non.« (»Wenn alle dich verleugnen, ich nicht.«) Dieser Spruch spielt auf die Treue eines Ahnherrn dem Papst gegenüber an. Die Wandtäfelungen, die Fresken der *Salle des Nudités* und der *Chambre de Diane,* die herrlichen Plafonds und Möbel machen Ancy zu einem Kunstgewerbemuseum. Die Kapelle ist mit Täfelungen versehen, die im 16. Jh. kunstvoll bemalt wurden. Die Malereien der sog. *Galerie de Pharsale* stellen Cäsars Sieg über Pompeius dar. Die ihr gegenüberliegende *Galerie des Sacrifices* ist in Camaieu bemalt. Louvois, der das Schloß erwarb, jedoch selten besuchte, ließ die hufeisenförmig angelegten Wirtschaftsgebäude errichten (Ausstellungen zeitgenössischer Kunst). Die reizende *Folie* (Lusthaus), die hinter dichten Bäumen versteckt ist, stammt von 1761.

Andlau 1950 Ew.
67 Bas-Rhin S. 417 □ O 5

Das typisch elsässische Dorf am Rande eines Vogesentals entstand um ein im 9. Jh. von der Gemahlin Karls des Dicken gegründetes Kloster. Die ehem., Ende des 17. Jh., Anfang des 18. Jh. neuerbaute Abtei bewahrt noch romanische Teile: die mächtige Vorhalle, das reichverzierte Portal, das mit altertümlichen Skulpturen und Friesen versehen ist, die große zweiteilige Krypta, teils um 1050, teils um 1080 entstanden. Eine archaisch wirkende Statue stellt den Bären der Hl. Richardis dar: Der Überlieferung zufolge soll im Mittelalter im Hof der Abtei ein Meister Petz gehalten worden sein. Die Klosterbauten stammen aus dem 17. und 18. Jh. und schließen einen beachtenswerten Brunnen aus dem 15. Jahrhundert ein.
Das Dorf Andlau ist noch reich an alten Häusern.

Anet 1800 Ew
28 Eure-et-Loir S. 410 □ H 5

Das Schloß Anet wurde ab 1548 für Diane de Poitiers, der Witwe des Louis de Brézé und Favoritin Heinrichs II. erbaut: Der König finanzierte die von Philibert Delorme* unternommenen Bauarbeiten. Das schöne in der Revolution als Staatsgut verkaufte Schloß im Grünen wurde teilweise zerstört. Erhalten sind nur ein Flügel und die Kapelle. Das herrliche monumentale Eingangsportal wird von einer Bronzegruppe bekrönt, die einen von Hunden gehetzten Hirsch darstellt. In einem Halbrund befindet sich ein Abguß der berühmten *Nymphe von Fontainebleau,* die von dem großen italienischen Bildhauer Benvenuto Cellini* für das Schloß Fontainebleau geschaffen wurde (das Original befindet sich im Louvre).

Anet, Schloß

Angers	143 000 Ew
49 Maine-et-Loire	S. 413 □ F 7

Angers mit seinen breiten Avenuen und Parks scheint von seiner über der Maine gelegenen, von trockenen Gräben umgebenen Burg für die Ewigkeit geschützt. Die von neuen Vierteln umgebene Stadt, deren Helligkeit mit dem Grau des Stadtkerns kontrastiert, profitierte stets von ihrer Lage am Schnittpunkt der Land- und Wasserwege.

Die Römer erbauten Thermen, Zirkus und Amphitheater, die Verteidigungsanlagen wurden im 3. Jh. errichtet. Angers war lange in Besitz von Erbgrafen, deren einer, Geoffroy, seinen Hut mit einem Ginsterzweig schmückte: Der Name Plantagenet blieb seinen Nachkommen erhalten. Durch Heiraten wurden die angevinischen Fürsten mächtige Herrscher über England, die Normandie und fast den ganzen Westen des heutigen Frankreich. Dieses Reich brach im Hundertjährigen Krieg zusammen. Der letzte Nachkomme, der gute, schwache König René, vermachte Anjou Frankreich (er starb 1480).

Schloß: Kurzfristig von 1230 bis 1240 erbaut. Die dicke Mauer, in der dunkle Schieferblöcke mit hellem Sandstein wechseln, wird von 17 massiven 60 bis 70 m hohen Rundtürmen flankiert, die im Auftrag Heinrichs III. teilweise abgetragen wurden (die Bürger von Angers hatten die völlige Schleifung verlangt, die der Gouverneur jedoch hinauszögerte). Das außen streng und abwehrend wirkende Schloß macht im Inneren einen völlig anderen Eindruck: Im Hof elegante Gebäude aus dem 15. Jh.; die Kapelle *Sainte-Genèvieve,* deren schöne Wölbungen mit skulptierten Schlußsteinen versehen sind; Logis royal, Logis du Gouverneur, das an die Ringmauer angebaut und im 18. Jh. restauriert wurde.

Die Wandteppiche: Die außerdem mit einem alten Glasgemälde geschmückte Kapelle enthält flämische Werke der Teppichwirkkunst aus den letzten Jahren des 15. Jh. mit Themen der Passion und der Auferstehung. Das Meisterwerk, die riesige *Tenture de l'Apocalypse* befindet sich in einer halb unterirdischen modernen Galerie. Der zwischen 1373 und 1380 von dem Pariser Nicolas de Bataille* nach Zeich-

Angers, Schloß, Luftbild

Angers, Apokalypse, Detail

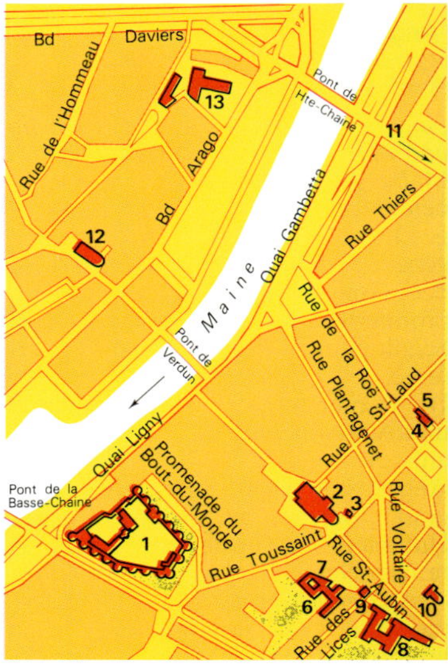

Angers 1 Schloß **2** Kathedrale Saint-Maurice **3** Maison d'Adam **4** Logis Pincé **5** Musée Turpin de Crissé **6** Logis Barrault **7** Musée des Beaux-Arts et David d'Angers **8** Präfektur **9** Tour Saint-Aubin **10** Kirche Saint-Martin **11** Kirche Saint-Serge **12** Kirche de la Trinité **13** Hopital Saint-Jean

nungen des Malers Hennequin de Brügge gewirkte »beau Tapis« wurde während der Revolution konfisziert und zerteilt. Die Administration verkaufte ihn 1843. Zu drei Vierteln konnte er wieder zusammengesetzt werden. Dargestellt ist in rot-blauen Farben die Apokalypse Johannis (ursprünglich maß der Teppich 168 m).

Kathedrale Saint-Maurice: Das elegante romanisch-gotische Gebäude aus dem 12., 13. Jh. befindet sich am oberen Ende einer großen Treppe und hat noch ein schönes skulptiertes Portal, dessen Türflügel aus dem 17. Jh. stammen. Im Tympanon herrscht Christus in Majestas von Evangelistensymbolen umgeben, Engel und apokalyptische Figuren bevölkern die Rundbögen. An den Nebenpfeilern Gestalten aus dem Alten Testament. Das einzige Schiff mit bauchigen Spitzbogenwölbungen wird links von schönen Glasfenstern aus dem Ende des 12. Jh. erhellt, die des Chors entstanden (13. Jh.) zwischen 1230 und 1260. In die schöne Rose des linken Querschiffarms wurden Fenster aus dem 15. Jh. eingelassen.

Hinter der Kathedrale neben dem alten Bischofspalast befindet sich die *Maison d'Adam,* ein seltsames Haus aus dem 15. Jh., mit fein ausgearbeiteten Konsolen.

Das *Logis Pincé* (Rue Lepneveau) wurde ab 1523 von Jean Pincé, einem Patrizier aus Angers, errichtet. Es beherbergt die eklektischen Sammlungen des *Musée Turpin de Crissé,* vornehmlich orientalische Werke, Masken und japanische Drucke. Antiquitäten, Elfenbein- und Emailgegenstände aus dem Mittelalter.

Das *Musée Barrault* hat in Sälen, in denen sich Katharina von Medici und die Gouverneure von Anjou aufhielten, das *Musée des Beaux Arts* und *David d'Angers* untergebracht. An der einen Seite Gemälde und Skulpturen, insbesondere von Philippe de Champaigne*, José de Ribera*, Jordaens*, Watteau*, Fragonard*, Tiepolo*, Ingres*, Delacroix*, Corot*, Houdon*, Rodin* und Rude*, auf der anderen Werke des Bildhauers Pierre Jean David, genannt David* d'Angers (1788–1856). Statuen, Büsten, Flachreliefs Medaillons und zahlreiche Zeichnungen.

Präfektur: Sie befindet sich in meist im 17. Jh. zum großen Teil neuerrichteten Abteibauten, die jedoch noch Teile aus dem 12. Jh. enthalten (unter einer modernen Galerie noch schöne romanische Bogengänge). Die Tour *Saint-Aubin* aus der Mitte des 12. Jh. diente der Abtei als Wachturm. Die Kirche *Saint-Martin* stammt aus dem 11. und 12. Jh. (reizende Kapelle des Anges im gotischen Stil von Angers, 13. Jh.). Kirche *Saint-Serge* aus dem 11. und 13. Jh. (Chor im Stil von Angers) und 15. Jh. (Schiff).

Im Stadtteil *de la Doutre* (am anderen Ufer) liegt die malerische Place de la Laiterie, von restaurierten Häusern aus dem 15. Jh. umrahmt.

Die einst zum Kloster gehörige Kirche *L'église de la Trinité* aus dem 12. Jh. hat zwei romanische Portale. Das *Hôpital Saint-Jean* wurde von 1180 bis 1210 erbaut. Die Wände des kühn im Stil von Angers überwölbten Krankensaals sind mit zehn Teppichen der Tapisserie du Chant du Monde behangen, einer allegorischen sog. »kosmischen« Komposition des 1966 verstorbenen Malers Jean Lurçat* (der die letzten Kartons noch nicht vollendet hatte). Das mit Allegorien und Symbolen überhäufte Werk wurde zwischen 1957 und 1966 in der Manufaktur der Gobelins hergestellt. Der Kreuzgang besteht noch aus zwei Galerien aus dem 12. Jh. und einer Renaissance-Galerie, die Kapelle stammt vom Beginn des 13. Jh. (Reste von Wandmalereien).

Angers, Schloß, Porte du Châtelet

Der in früheren Zeiten als Weinkeller benutzte *Grenier Saint-Jean* hat auch heute noch seinen schönen Dachstuhl.

Angles-sur-l'Anglin

580 Ew
86 Vienne
S. 419 □ H 9

40 m über dem Anglin auf einem steilen Vorsprung drängen sich die alten Häuser am Fuße der eindrucksvollen Ruinen des mittelalterlichen Schlosses. Wie Chauvigny zeugt es von der weltlichen Macht der Bischöfe von Poitiers und wurde im 18. Jh. verlassen. Die Ruinen der im Mittelalter so mächtigen Festung erstrecken sich 180 m lang über einer Schlucht. Die einzelnen Teile, rechteckiger Bergfried, Mauer mit Rundtürmen, Logis und Kapellen gehören verschiedenen Epochen an (12. bis 15. Jh.). Von der alten Abtei *Sainte-Croix* sind nur eine selt-

sam verstümmelte Fassade und ein Kirchenjoch aus dem 12. und 13. Jh. erhalten. Im Friedhof ein Hosiannakreuz aus dem 15. Jh. Kürzlich wurden flußabwärts im Fels Höhlungen mit wertvollen prähistorischen Skulpturen entdeckt.

Angoulême 50500 Ew
16 Charente S. 419 □ G 10

Über dem Vorgebirge zwischen den Tälern der Charente und der Anguienne gelegen, wird Angoulême von seiner massiven weißen Kathedrale beherrscht. Die Hauptstadt der Charente wurde zur Römerzeit Aquitanien einverleibt, vom Hl. Ausone und danach dem berühmten Hl. Cybard (nach dem in der Gegend etwa zwanzig Kirchen benannt wurden) zum Christentum bekehrt, im 13. Jh. befestigt, durch die Religionskriege heimgesucht und gelangte endlich unter Marguerite d'Angoulême, der kunstsinnigen Schwester Franz' I., die sich mit einem Hofstaat von Künstlern und Gelehrten umgab, zu Wohlstand.
Das Stadtbild vermengt Aspekte des Ancien Régime, ruhige, von schönen Patrizierhäusern umgebene kopfsteingepflasterte Straßen mit den weniger typischen einer Industriestadt von mittlerer Bedeutung.

Das heutige Angoulême teilt sich in eine Adel und Bürgertum vorbehaltene Oberstadt und eine Unterstadt »l'houmeau«, in der Balzac seinen Helden der *Illusions perdues* zur Welt kommen ließ. Der über dem Charente-Tal gelegene Boulevard des remparts hat noch zahlreiche runde und quadratische Türme.
Von dem Schloß der Grafen von Angoulême ist nur der Teil erhalten, den der Architekt Abadie im vergangenen Jahrhundert zu einem Rathaus im neogotischen und Renaissancestil umbaute. Tour Lusignan (13. Jh.) und die runde Tour de Valois, in der Marguerite d'Angoulême das Licht der Welt erblickte.

Kathedrale Saint-Pierre (12. Jh.): Die Skulpturen der Fassade gehören zu den schönsten der romanischen Kunst Westfrankreichs. Die reiche Ikonographie und die plastische Qualität der von der Hand verschiedener Bildhauer

Angoulême, Kathedrale, Portal

Angles-s.-l'A., Schloßruinen ▷

Angoulême, Fassade der Kathedrale

stammenden Figuren zeugen von der religiösen Inbrunst des Mittelalters. Im Auftrag von Girard, des päpstlichen Legaten, der den Neubau der Kathedrale in die Wege leitete, drang die bisher auf die Tympanons der Portale beschränkte Skulptur nun über die gesamte Fassade. Dargestellt sind Themen der Himmelfahrt und des Jüngsten Gerichts: Nach dem Apostelzug, der die siegreiche Kirche verkörpert, führen Engel zu einem von den vier Evangelistensymbolen umgebenen Christus in Majestas. Es folgen die Auserwählten und Verdammten, unter denen man den reichen Prasser erkennt, dessen Gesicht von einer Schlange zerbissen wird. Das sehr nüchterne Hauptschiff ist, wie in der Gegend oft üblich, mit Kuppeln bedeckt, deren Herkunft nicht bekannt ist (nach allgemeiner Ansicht ist diese Bauart aus dem Orient nach Aquitanien gelangt).
Erstmals tauchen derartige Kuppeln im 11. Jh. in Cahors auf. Der päpstliche Legat Girard, der diese Kirche gründete, soll sie auf seinen Reisen in der damals im Bau befindlichen Kathedrale von Perigueux entdeckt haben. In jener Zeit, in der Kreuzgewölbe noch unbekannt waren, konnte ein so weiter Raum nur mit Kuppeln bedeckt werden. Obwohl der Gesamteindruck recht kalt wirkt, ermangelt er doch nicht der Erhabenheit. Die über einem Tambour errichtete Mittelkuppel stammt von Abadie, der die Kathedrale von 1866 bis 1885 restaurierte. Er stellte auch den fünfstöckigen Turm wieder her, dessen oberstes Geschoß bemerkenswerte, reich skulptierte Fenster aufweist.

Saint-André: Die Kirche hat noch eine Vorhalle aus dem 12. Jh. (Schiff aus dem 15. Jh.). Das Hospital besitzt eine interessante Kapelle.

Museen: Das *städtische Museum* im alten Bischofssitz (12. Jh., im 15. Jh. restauriert) enthält verschiedene Sammlungen (Vorgeschichte, romanische Kunst, Gemälde aus dem 17., 18. und 19. Jh. u. a.).
Das *Museum der archäologischen Gesellschaft* stellt im Garten interessante Skulpturen aus und im Inneren Antiken aus der Umgebung.

Umgebung: Saint-Michel (5 km westlich): Die kleine Kirche dieser Vorstadt hat eine seltsame baptisterienförmige Anlage (12. Jh.). Der oktogonale Bau, in dessen Ecken halbrunde Apsiden eingelassen sind, ist von einer Rippenkuppel mit Laterne bekrönt. Sehenswert die Skulpturen am Portal und an den Bogengängen der Seitenapsiden. Im Tympanon besiegt der Hl. Michael den Drachen: Diese Darstellung, eine der ausdrucksvollsten des Erzengels, wurde mit vollendeter Meisterschaft von einem Künstler geschaffen, der sich auf der Wallfahrt befand. Die Kirche, die nach der Chronik »die Armen Christi empfangen« sollte, lag an der berühmten und reich frequentierten Wallfahrtsstraße nach Santiago de Compostela.

Anjony (Schloß)

15 Cantal S. 420 ☐ N 12

Die auf einem Felsen über dem Doire-Tal gelegene Festung aus dem 15. Jh. hat ihre Stileinheit fast völlig bewahrt. Der große rechteckige Bergfried wird von vier Ecktürmen verstärkt. In einem der Ecktürme befindet sich die Kapelle, die ganz mit Fresken ausgemalt ist. Sie stellen Leben und Passion Christi dar. In einer der Nischen befindet sich die Statue der Notre-Dame d'Anjou, eine schwarze Madonna im auvergnatischen Stil. Der untere Flügel wurde im 18. Jh. hinzugefügt. Das Herrenhaus im zweiten Geschoß der Festung enthält Fresken aus dem 16. Jh. mit einer Darstellung der neun Ritter und schönes Mobiliar (Anfang 17. Jh.). Auch in den beiden anderen Sälen sind noch Möbel, Gemälde und Wandteppiche zu finden. In einer der Nischen steht Notre-Dame d'Anjou, eine Statue im auvergnatischen Stil.

Annecy, Palais de l'Îsle

Annecy

53020 Ew
74 Haute-Savoie S. 421 ☐ N 10

Am Ufer eines reizvollen Sees gelegen, geht Annecy auf prähistorische Pfahlbauten zurück, deren Reste in der Nähe der kleinen Insel des Cygnes gefunden wurden. Die gallo-römische Siedlung an der Straße von Vienne nach Genf wurde beim Einfall der Barbaren aufgegeben. Nachdem sich zuerst die Grafen von Genf und nach ihnen die Bischöfe hier niedergelassen hatten, gewann Annecy an Bedeutung. Es wurde Hauptstadt der im 15. Jh. in das Herzogtum von Savoyen eingegliederten Grafschaft und Sitz der durch die Reformation aus Genf vertriebenen Klöster. Der Hl. Franz von Sales lebte hier von 1602 bis zu seinem Tode. Er ruht zusammen mit der Hl. Jeanne de Chantal, die mit ihm den Orden der Salesianerinnen gründete, in der Basilika. Im Alter von 16 Jahren begegnete Jean-Jacques Rousseau in Annecy Mme de Warens.

Schloß: Der über der Stadt gelegene Bau wurde vom 12. (Tour de la Reine) bis zum 17. Jh. errichtet. Das Vieux Logis stammt aus dem 14., die Logis du Nemours und Neuf aus dem 16. Jh. Im Schloß wurde ein Museum eingerichtet.
Das *alte Annecy* liegt um den Thiou, einen kanalisierten Ausläufer des Sees. *Maison de Sales* (mit schönem schmiedeeisernem Balkon von 1668), Arkadenhäuser der Rue Pasquier, teilweise aus dem 12. Jh. stammendes *Palais de l'Îsle*. Die Kirche *Saint-Maurice* wurde im 15. Jh. von Dominikanern gegründet (auf einem Pfeiler Fresko aus dem 16. Jh., *Kreuzabnahme* von Pourbus d. Ä.*). Die nahe gelegene Kirche *Saint-François* aus dem 17. Jh. gehörte zum ersten Kloster der Salesianerinnen. – *Kathedrale Saint-Pierre*

(1520–1535): Das hohe, querschifflose Langhaus ist nördlich orientiert. Hier sang Rousseau als Chorknabe. Ein großer Turm (72 m) beherrscht die *Basilika de la Visitation* (beendet 1930), deren in den Fels gehauene Krypta die bemalte Holzstatue einer wundertätigen Jungfrau besitzt (16. *Jh.)*. – *Sainte-Bernadette-d'Albigny* wurde von dem zeitgenössischen Architekten Maurice Novarina* (1963) aus Beton, Glas und Holz errichtet.

Umgebung: Annecy le Vieux (2,5 km nordöstlich): Kirche mit Glockenturm aus dem 12. Jh., berühmte 1796 gegründete Glockengießerei. – **Schloß Menthon-Saint-Bernard** (10 km südöstlich): Malerisches Herrenhaus mit Türmen aus dem 13. und 15. Jh. – **Schloß Montrottier** (über Lovagny 10 km): Das von einem Wachturm aus dem 15. Jh. beherrschte mittelalterliche Gebäude wurde im 19. Jh. teilweise umgebaut. Im Museum verschiedenartige Sammlungen der Académie florimontane, einer 1610 gegründeten Literatengesellschaft.

Antibes	55670 Ew
06 Alpes-Maritimes	S. 426 □ O/P 14

Die von Griechen gegründete Stadt hat am Meer Befestigungen aus dem 16. Jh. Der südländisch anmutende Ort, in dem Maupassant 1885 *Sur l'Eau* schrieb und der Schriftsteller Jacques Audiberti (1899–1966) geboren wurde, gleicht einem Museum: Das *Musée archéologique* in der Bastei *Saint-André* enthält Erinnerungen an das antike Antipolis, am Cours Massena findet man Reste aus der Römerzeit. Die ehem. Kathedrale stammt aus dem 17. Jh., hat aber noch romanische Teile und einen Glockenturm aus dem 12. Jh.

Schloß Grimaldi und Musée Picasso: Das nüchterne Schloß der Grimaldi aus dem 14. und 15. Jh. enthält gallorömische Steinfragmente sowie eine bedeutende Picassosammlung (Zeichnungen, Gemälde, Wandteppiche, Skulpturen, Keramiken). Auf der Terrasse mit schöner Aussicht befinden sich Statuen von Germaine Richier*.

Bonne-Fontaine, Schloß

Außerdem sehenswert: Am Cap d'Antibes liegen die Kapelle *Notre-Dame-de-la-Garoupe* (13.–16. Jh.), die nach 1944 restauriert wurde und Fresken von Emile Colin enthält, und die von einem exotischen Garten umgebene Villa des Botanikers Thuret. In La Batterie du Graillon befindet sich ein *Musée naval et napoléonien,* das besonders der Rückkehr von Elba gewidmet ist.

Antrain	1650 Ew
35 Ile-et-Vilaine	S. 413 □ E 5

Zwischen Couesnon und Loisance in einer hügeligen Landschaft gelegen, bewahrt Antrain in seinen steilen Gassen noch einige Häuser aus dem 15. und 16. Jh. Vom romanischen Bau der Kirche *Saint-André* ist nur noch ein von Strebepfeilern flankiertes Rundportal erhalten. Die sog. »Frauenpforte« im Süden hat ein seltenes Tympanon mit Satteldach. Das einschiffige Innere zeichnet sich durch ein Kreuzgewölbe aus, das über der Vierung erhöht ist.

Umgebung: Schloß Bonne-Fontaine (2 km südlich): In einem Park mit jahrhundertealten Bäumen gelegen, in dem Herzogin Anne Gericht gehalten haben soll, weist dieses Schloß (1547) mit seinen runden Türmen, Zinnen, Schießscharten und Pechnasen noch Befestigungscharakter auf. – **Château du Rocher-Portail** (10 km südöstl.): In der Nähe von Saint-Brice-en-Coglès am Ufer eines Sees gelegen, der seine Gräben speist, zeigt dieser Wohnsitz mit der schönen Rundbogengalerie des linken Flügels und der eleganten Steinbalustrade anstelle der ehem. Zugbrücke Merkmale der klassischen Renaissance.

Apt

11 270 Ew
84 Vaucluse
S. 425 □ M 14

Die kleine hügelumgebene Stadt war einst römische Siedlung und bis zur Revolution Bischofssitz. Seit dem Mittelalter werden hier kandierte Früchte hergestellt (Mme de Sévigné nannte sie »Konfitürenkessel«). Die ehem. Kathedrale *Sainte-Anne* geht im wesentlichen auf das 12. Jh. zurück, hat jedoch durch Restaurierungen im 14. und 15. Jh. ihren romanischen Charakter eingebüßt. Die von einer oktogonalen Kuppel bekrönte *Kapelle Sainte-Anne* war 1660, als Anna von Österreich hier vor den Reliquien ihrer Schutzheiligen betete, noch nicht vollendet (Reliquiar über dem Altar). Unter dem Chor liegt eine romanische und vorromanische Doppelkrypta. Zu dem reichen Kirchenschatz gehört der berühmte »Schleier der Hl. Anna«, ein orientalisches Gewebe aus dem 11. Jh.

Umgebung: Saignon (4 km südöstlich): In diesem von einem Felsen beherrschten Dorf mit schönem Ausblick verbirgt sich eine romanische Kirche aus dem 12. Jh., deren Fassade aus dem 16. Jh. stammt. Der nüchterne Bau (Schmuckformen befinden sich nur am Chor) war die Abteikirche eines vermutlich vor dem 10. Jh. gegründeten Klosters.

Arbois

4090 Ew
39 Jura
S. 421 □ N 8

Zwischen berühmten Weinhängen gelegen, bietet das Städtchen an der Cuisance ein malerisches Bild. Hier verbrachte Pasteur seine Kindheit, sein wohlerhaltenes Vaterhaus ist noch zu besichtigen. Die Kirche *Saint-Just* ist an ihrem ockerfarbenen Glockenturm zu erkennen, den eine Zwiebelkuppel krönt. Im Inneren eine gotische Jungfrau mit Kind. An der *Place de la Liberté* einige interessante Arkadenhäuser (18. Jh.). Von der alten Brücke über die Cuisance hat man einen Blick auf die Mauertürme. In einer Grotte ist noch die Quelle der Cuisance zu besichtigen.

Arbresle (L')

4020 Ew
69 Rhône
S. 420 □ L 10

Der kleine Ort mit altem Stadtkern an der Grenze des Beaujolais und der Berge des Lyonnais besitzt noch patinabedeckte Häuser, die um eine Kirche aus dem 13. und 15. Jh. mit schönen Glasfenstern liegen (Mittelalterliche Schloßruinen am äußersten Ende des Hügels).
An einem Hang des Brevenne-Tals in 2 km Entfernung zeugt ein kubistischer Glockenturm von Le Corbusiers* nüchternem »Betonstil« (1957–1959). Der *Couvent de la Tourette,* in strengen Horizontalen und Vertikalen erbaut, beherbergt die religiösen Zentren »Thomas More« und »Albert le Grand«.

Arc-et-Senans, Ehemalige königliche Saline (Ledoux)

Arc-et-Senans 1230 Ew
25 Doubs S. 421 □ N 8

Arc-et-Senans trat mit der Errichtung seiner Saline in die Geschichte ein. Es gibt Architekten, die sich damit begnügen, Bauten zu errichten, und andere, die auch die Welt neu erbauen wollen. Ein solcher war Claude-Nicolas Ledoux* (1736–1806). Sein monumentalstes Werk, die ehemalige königliche Saline (vgl. Abb. oben), war mehr als eine schöne architektonische Anlage.

Hinter dem mit sechs dorischen Säulen versehenen Eingangsportal liegt eine andere Welt, die Idealstadt, in der funktionelle Raumaufteilung, strenge geometrische Formen, Anlage und Ausstattung der Gebäude seine Auffassung vom Leben des Menschen, seiner Arbeit und Freizeitgestaltung widerspiegeln. Arc-et-Senans symbolisiert den Wunsch, eine bessere Welt zu schaffen. Der Salzabbau wurde Ende vorigen Jahrhunderts eingestellt, doch ist die von Ledoux nicht ganz vollendete Anlage noch erhalten. Das Schöne mit dem Nützlichen vereinend, sind Bauten halbkreisförmig angeordnet, die verschiedenen Werkstätten weisen zum Mittelpunkt, in dem das von zwei Salzlagern umrahmte Direktorengebäude steht. Diese tempelähnliche Manufaktur zeugt von antiker Nostalgie und einem seltsamen Modernismus.
Die wenigen Bauten der künftigen »Neustadt«, die Claude-Nicolas Ledoux nicht vollenden konnte, sollen einer Art »Zukunftsmuseum« gewidmet werden, eine Verwendung, die der Architekt gewiß aus vollem Herzen gebilligt hätte.

Aregno → Corse

Argenton-Château, Portal der Kirche St-Gilles

Argentan 16770 Ew
61 Orne S. 410 □ G 5

Die Geburtsstadt Fernand Legers hat durch Zerstörungen im August 1944 viel von ihrem Charakter verloren.

Durch langwierige Rekonstruktionen (viele Teile wurden praktisch neu errichtet!) konnte man die elegante Kirche *Saint-Germain* (15.–17. Jh.) retten. Bemerkenswert ist die seitliche Vorhalle im Flamboyant-Stil, die in den recht originell angelegten Innenraum führt. Die Kapelle des nahegelegenen *Schlosses* aus dem 14. Jh. bewahrt noch ein hübsches Tor aus dem 15. Jh. Die *Tour Marguerite* (15. Jh.) ist ein Rest der ehem. Umwallung, die restaurierte Kirche *Saint-Martin* (16. Jh.) hat im Chor noch schöne Glasfenster aus dem 15. und 16. Jh. und ein Renaissance-Triforium aus der gleichen Epoche.

Umgebung: Interessante Kirchen finden sich in **Écouché** (9 km südwestlich; Renaissance-Bau) und **Saint-Christophe-le-Jajolet** (10 km südlich; Wallfahrten hierher am letzten Sonntag im Juli) mit schöner flämischer Grablegung der Jungfrau. Das nahe gelegene Schloß **Sassy** (18. und 19. Jh.) wurde aus Terrassen mit drei Etagen errichtet.

Argenton-Château 1140 Ew
79 Deux-Sèvres S. 418 □ F 8

An der östlichen Grenze des vendeeischen Bocage gelegen, wird Argenton-Château von den Ruinen seiner Mauern beherrscht. Die Stadt liegt am Zusammenfluß von Argenton und Ouère inmitten einer felsigen Szenerie. Das alte Schloß war der Wohnsitz des Chronisten und Freundes Ludwigs XI. Philippe Commynes. Erhalten sind nur die Außenmauern und eine Kapelle, in deren romanischer Apsis sich ein Fresko befindet.

Saint-Gilles: Im 11. Jh. gegründet und im 15. vergrößert, verdankt die Kirche ihren Ruhm dem romanischen Westportal im Stil der Fassaden von Saintonge (zum Beispiel die Abbaye aux Dames von Saintes). Die Archivolten des einzigen Bogens stellen für diese Gegend übliche Themen dar: Ein Medaillon haltende Engel, Kampf der Tugenden und Laster aus der Psychomachie (ein Gedicht des Prudentius aus dem 4. Jh.), Kluge und Törichte Jungfrauen ein anderes bei den Bildhauern beliebtes Thema, endlich Apostel, Tierkreiszeichen und Monatsdarstellungen. Die reich skulptierten Ecksteine zwischen Rundbogen und Karnies zeigen links das üppige Festmahl des reichen Prassers und rechts die zur Hölle Verdammten, während die Erwählten sich ausgelassen in Abrahams Schoß gruppieren.

Argenton-s.-C., Saint-Benoît

Argenton-sur-Creuse

6420 Ew
36 Indre
S. 419 □ H 9

Die alten schiefergedeckten Häuser dieser bescheidenen Stadt im Süden des Berry säumen die Flußufer. Von der alten Brücke hat man einen Blick auf ihre zahlreichen schönen Loggien und Galerien.

Die jenseits der Brücke gelegene Kapelle *Saint-Benoît* (15. und 16. Jh.) ist mit einer Madonna mit Kind geschmückt (15. Jh.). Die malerische Rue de la Coursière führt durch die Oberstadt zur Wallfahrtskapelle *Notre-Dame des Bancs,* die im 15. Jh. umgestaltet wurde und von einer riesigen vergoldeten Statue der Notre-Dame d'Argenton (19. Jh.) bekrönt wird.

Umgebung: Saint-Marcel (2 km im N): Der alte Ort liegt am rechten Creuse-Ufer an der Stelle der gallorömischen Stadt *Argentomagus,* von der bedeutende Reste gefunden worden (im kleinen *Musée du prieuré* ausgestellt). Die Kirche aus dem 11. und 12. Jh. hat einen massiven Glockenturm, enthält schöne Statuen aus dem 16. Jh. sowie ein Fresko aus dem 15. Jh. Der Kirchenschatz besitzt zwei Schreine, einer aus skulptiertem Holz (12. Jh.), der andere aus vergoldetem Kupfer mit Limoges-Emails dekoriert (14. Jh.), sowie Reliquienarm und -büste des Hl. Marcel, die aus dem 14. Jh. stammen.

Arles

50040 Ew
13 Bouches-du-Rhône
S. 425 □ L 14

Die griechische, römische, mittelalterliche und typisch provencalische Stadt, die Châteaubriand als »Freilichtmuseum« bezeichnete, ist von banalen modernen Bauten umgeben. In Arles sind alle Epochen, von der ältesten kelto-ligurischen Kultur bis zur Zeit

Arles, Arena, Luftbild

der im Musée Réattu reich vertretenen Photographie zu finden. Die Stadt, in der van Gogh zwischen seinen Wahnsinnsanfällen unablässig malte, ist eine wahre »archäologische Fundgrube«, deren Ruinen und Baudenkmäler von einer langen Geschichte zeugen. Arles (von *Arlath* = Stadt im Sumpf) war Niederlassung der Griechen von Marseille, dann römische Kolonie. Das wohlhabende »kleine Rom« der Gallier war seit dem 4. Jh. religiöser Mittelpunkt, wurde öfters von Kaiser Konstantin aufgesucht und spielte nach der Gründung Konstantinopels die Rolle einer zweiten Hauptstadt. Die Stadt wurde oft belagert und war zur Zeit des Heiligen Römischen Reiches die Hauptstadt eines burgundisch-provencalischen Königreichs. 1481 wurde die Stadt zusammen mit der Provence von Frankreich annektiert. Die Gründung des Muséon Arlaten durch Mistral und die literarische Schule der Dichter von Félibrige

Arles 1 Musée Réattu **2** Muséon Arlaten **3** Rathaus **4** Kirche Saint-Trophime **5** Kreuzgang **6** Arenen **7** Theater **8** Notre-Dame-la-Major **9** Alyscamps **10** Saint-Honorat **11** Vorchristl. Archäol. Museum **12** Archäol. Museum christl. Zeit **13** Themen

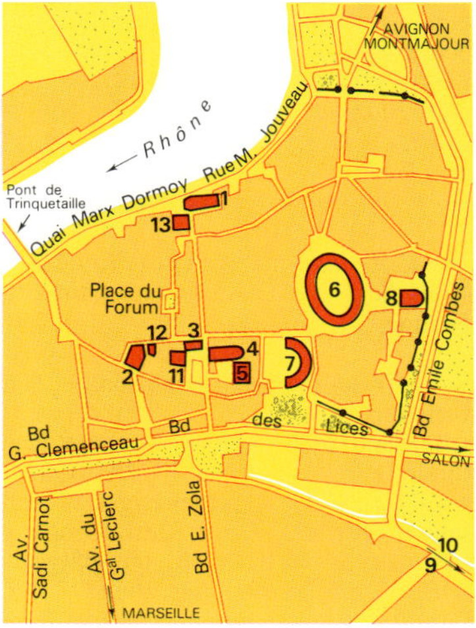

Arles, Alyscamps

machten sie zum geistigen Mittelpunkt der Provence.
Die im Herzen des alten Arles gelegene *Place de la République* wird von einem ägyptischen Obelisken aus Granit beherrscht, der aus einem römischen Zirkus stammt.
Das *Rathaus* aus dem 16. Jh. (rückwärtige Fassade) und 17. Jh. ist um einen Turm von 1555 errichtet, der eine als *bronzener Mann* bezeichnete Statue des Mars trägt.
Die *Place du Forum* mit der Statue Mistrals liegt an der Stelle eines antiken Forums.

Saint-Trophime mit Kreuzgang: Ein von der Antike beeinflußter romanischer Bau. Die dreischiffige ehem. Kathedrale geht auf das 11. Jh. (Querschiff) und 12. Jh. (hohes enges Mittelschiff) zurück. Chor und Umgang stammen aus dem 15. Jh., die spätgotische Königskapelle aus dem 17. Jh. Das Portal mit einem Tympanon, dessen Christus in Majestas von den Evangelistensymbolen umgeben ist, liegt vor einer Fassade aus der Karolingerzeit. Es scheint ein eigenständiges Bauwerk zu sein, eine Art Triumphbogen, dessen bemerkenswerte Plastiken vor allem das Leben Christi und das Jüngste Gericht veranschaulichen. Den Eingang der Kirche bewachen die Hll. Petrus und Johannes (links) und die Hll. Paulus und Andreas (rechts). Rechts von dem Portal ist über dem Jünger Jacobus d. Ä. und dem Hl. Philipp eine Prozession nackter Verdammter dargestellt, die von Teufeln in die Hölle getrieben werden. Dieser Komposition entspricht auf der anderen Seite der friedliche Zug der Auserwählten. Die gesamten Darstellungen vereinen sich zu einer Art steinernem Buch, in dem einst die Wallfahrer lasen, die sich in Arles versammelten, um von hier nach Santiago da Compostela aufzubrechen.
Der *Kreuzgang,* einer der schönsten der Provence, ist halb romanisch, halb gotisch (12. und 14. Jh.) und besitzt noch interessante Kapitelle.

Die Arena und das Theater: In dem riesigen ovalen Bau, der zweifellos aus dem 2. Jh. stammt, finden heute Stierkämpfe und folkloristische Darbietungen statt. Das im 12. Jh. mit Festungstürmen versehene Amphitheater wurde im Mittelalter durch die verschiedenartigsten Anbauten in eine Festung verwandelt. Das trotz seines Verfalls sehr eindrucksvolle antike Theater stammt aus der Epoche des Augustus. Hier fand man die berühmte *Venus d'Arles* (Louvre) sowie andere, heute teilweise im Musée lapidaire befindliche Skulpturen.

Notre-Dame-la-Major: Die Kirche stammt aus dem 14., 16. und 17. Jh., der Turm aus dem 19. Jh. Hinter der »Major« sieht man Reste römischer Mauern (1. Jh. v. Chr.).

Les Alyscamps und Saint-Honorat: Die heidnische und christliche Totenstadt,

Arles, Kreuzgang St-Trophime ▷

die Dante, van Gogh und Gauguin faszinierte, hat die Form einer langen Allee mit leeren oder beschädigten Gräbern. Der Name kommt von *Campi elissi* (elysische Gefilde). Die von einem achteckigen Glockenturm beherrschte Kirche Saint-Honorat enthält noch Teile aus der Karolingerzeit. Das romanische Portal und die Apsis über der Krypta wurden im 12. Jh. restauriert.

Die Museen von Arles: Wurde die ortsübliche Sammlerleidenschaft durch Mistrals Bemühungen gefördert? Arles ist eine Museenstadt, in der von gallo-römischen Antiquitäten bis zu Picasso alle Epochen vertreten sind.

Die reichen Sammlungen des *Musée lapidaire Païen* befinden sich in einer seltsamen, im Stil der Mittelmeergotik erbauten Kirche aus dem 17. Jh. (Antiquitäten, die im Stadtteil von Trinquetaille, dem Theater, Forum und den Alyscamps gefunden wurden).
Eine große Jesuitenkapelle (ebenfalls aus dem 17. Jh.) enthält die Sarkophage des *Musée lapidaire chrétien* vorwiegend aus der konstantinischen Epoche (4. Jh.). Von hier aus hat man Zugang zu den langen unterirdischen Galerien *(Kryptoportikus)* die im 1. Jh. als Lagerräume und Kornspeicher dienten. Die ehemalige »Place des hommes«, das Forum, war jahrhundertelang der lebendige Mittelpunkt der Stadt. Reste eines kapitolinischen Tempels, zu dem die beiden korinthischen Säulen gehört haben sollen, die sich an der Ecke eines Hotels befinden, sind erhalten.
Das Denkmal des Mistral (1969) ist mit einem Medaillon ausgestattet, auf dem Mireille dargestellt ist, die Stäbe des Gitters ahmen die Form der Dreizacks nach, die von Viehhirten der Camargue gebraucht wurden.

Das *Musée Réattu* ist in zwei nebeneinanderliegenden Gebäuden aus dem 15. Jh. untergebracht, die in der Nähe der unter Konstantin errichteten Thermen liegen. Es enthält sehr vielfältige Sammlungen von holländischen Seestücken aus dem 18. Jh. bis zu Photographien von Man Ray*, Richard Avedon und Lucien Clergue*, zahlreiche moderne Werke und eine Reihe kleiner Zeichnungen von Picasso*. Der Name des Museums geht auf den arlesischen Maler Jacques Réattu* zurück (1760–1833), von dem verschiedene Werke ausgestellt sind.

Das *Museon Arlaten* wurde von dem großen provencalischen Dichter Frédéric Mistral gegründet, der 1904 den Nobelpreis erhielt. Es ist in einem gotischen Adelshaus aus dem frühen 16. Jh. untergebracht und bietet Einblick in die provencalische Volkskunst und Volkskunde. Neben einer authentischen Hütte aus der Camargue sind Kostüme und Möbel zu sehen.

Umgebung: Montmajour (5 km nordöstl.): Die mächtige auf einem pinienbestandenen Hügel gelegene Abtei (die Anlage wird von dem 1369 erbauten 26 m hohen Abtturm überragt) befindet sich über einem Sumpfgebiet, das die Mönche im Mittelalter trokkenzulegen versuchten. Die im 10. Jh. gegründete Benediktineranlage wurde zu einem berühmten Wallfahrtsort, während der Revolution verwüstet, verkauft und dann wieder restauriert. Abteikirche und Kreuzgang stammen aus dem 12. Jh. Die eleganten verfallenen Gebäude des 18. Jh. sind das Werk von Pierre Mignard*, eines Neffen des berühmten Malers. – **Fontvieille** (»alter Brunnen«) schlummert (9 km nordöstl.) inmitten windzerzauster Pinienhaine, Windmühlen, Zypressen und silbergrauer Olivenbäume. Hier lebt die Provence von Alphonse Daudet (1840–1897), an den »Le Moulin de Daudet« mit einem kleinen Museum erinnert. Die Mühle läßt fast an den lügenhaften Bericht des Schriftstellers glauben: »Von hier schreibe ich Ihnen, bei weit geöffneter Tür, inmitten der guten Sonne . . .« Die *Lettres de mon Moulin* betitelten Novellen wurden allerdings in Paris geschrieben, doch wohnte Daudet oft in dem nahe gelegenen Schlößchen Montauban.

Arras, Place des Héros

Arnay-le-Duc 2370 Ew
21 Côte-d'Or S. 420 □ L 8

In der noch von alten Umwallungen geschützten Stadt kämpfte Heinrich v. Navarra gegen die kath. Truppen des Herzogs von Mayenne. Neben alten Häusern ist noch die Kirche Saint-Laurent (15./16. Jh.) mit Kassettendekke und Tonnengewölbe erhalten, hinter der sich der Turm einer ehem. Ritterburg erhebt. Das Flüßchen Arroux entspringt einem Brunnen mit romanischer Fassung.

Arras 45930 Ew
62 Pas-de-Calais S. 411 □ J 2

Trotz der ständigen Erweiterung durch moderne Gebäude zeigt Arras noch die prunkvollen Bauten seiner einstigen Glanzzeit. In keiner anderen Stadt Nordfrankreichs bilden wiedererbaute und erneuerte Häuser und Denkmäler eine so harmonische Gesamtansicht: Die alte Hauptstadt des Artois zeugt noch von dem ungeheuren wirtschaftlichen und industriellen Aufschwung, den sie seit dem Mittelalter erlebte, doch auch von dem Geschmack seiner »echevins« (Schöffen), die sie zwei Jahrhunderte lang umsichtig weiterplanten.

Plätze: Ihr Stolz sind mit Recht die Plätze: Die *Grand'Place* und die *Place des Héros,* die der prachtvolle 75 m hohe spätgotische Turm des *Hôtel de ville* beherrscht (ab 1922 wieder aufgebaut), vereinen sich zu einem herrlichen Gesamtbild flämischer Architektur. Die hohen schmalen Häuser sind alle mit Treppengiebeln und Voluten versehen. Um die Plätze führt unter Säulenarkaden eine Fußgängergalerie. In der Unterstadt ist die sehr originelle *Place Victor Hugo* zu erwähnen.

Arras, Abtei Saint-Vaast

Abtei Saint-Vaast: Die nach vielen Verwüstungen im 18. Jh. neu errichtete Abtei Saint-Vaast zählt zu den vollkommensten Schöpfungen des klassischen Klosterbaus. Strenge und Nüchternheit der Formen bilden einen Ausgleich zu den riesigen Dimensionen des Bauwerkes. Die Abteikirche wurde im 18. Jh. neu errichtet und zur Kathedrale erhoben. Das riesige Gebäude beeindruckt durch seinen monumentalen, nüchternen Stil und eine Kolossaltreppe. Die Kloster- und Wirtschaftsgebäude der Abtei sind nicht weniger eindrucksvoll, desgleichen der große Kreuzgang, sparsam mit wenigen Kapitellen, Girlanden und Rosen geschmückt, ist trotz seiner Ausmaße (50 m Seite) sehr harmonisch. In einem Teil des Palais Saint-Vaast befindet sich das *Museum,* dessen Sammlungen und Jahresausstellungen die Tradition der »Kunststadt Arras« fortführen (das Wort *arazzi* wurde Synonym für alte Wandteppiche). Zu den schönsten Stücken gehören die Totenmaske einer jungen Frau (Marmor 14. Jh.), elegante Porzellanarbeiten aus Arras und einige Werke von Corot*, die *Beisetzung Phocions* von Poussin* und *Die Heiligen Frauen heben den Leichnam des Hl. Stefan auf* von Corot*.

In der Nähe der Rue des Rapporteurs das *Geburtshaus Robespierres.* In der modernen Kirche *Notre-Dame-des-Ardents,* deren Name an eine durch Einwirken der Jungfrau zum Erlöschen gebrachte Epidemie erinnert, ein Reliquienschrein aus dem 14. Jh.

Auf der *Place Victor-Hugo* in der Unterstadt befindet sich eine interessante Pyramide von 1779.

Umgebung: Les Crêtes du Sacrifice (im Norden): Während des Ersten Weltkrieges wurden die nahe gelegenen Hügel Schauplatz erbitterter Kämpfe, die Tausenden das Leben kosteten. Daran erinnern noch das Denkmal für gefallene Kanadier in Vimy sowie die Basilika Notre-Dame und ihr Beinhaus.

Arthous (Abtei)

40 Landes S. 422 □ E 14

Die einsam gelegene Abtei wurde 1160 von den Prämonstratensern gegründet und bildete eine Etappe auf dem Wege nach Santiago de Compostela. Einige Zeit wurde sie als Farmgebäude benutzt und war vor der Restaurierung sehr heruntergekommen. Schöne Außendekoration von Apsis und Kapellen, interessantes *Musée archéologique* in den Klosterbauten (prähistorische Werkzeuge, Pferdeskulptur aus dem Magdalénien, Mosaike, Einbaum).

Umgebung: Hastingues (4 km nordwestl.): Von den Engländern 1305 errichtete Bastei, die im 16. Jh. wieder aufgebaut wurde. Alte Wohnbauten von Interesse.

Assy (Kirche)
74 Haute-Savoie S. 421 □ O 10

Die Einweihung der Kirche von Assy 1950 war ein bedeutendes Datum der zeitgenössischen religiösen Architektur. Sie ist das Werk von Maurice Novarina*, eines Architekten aus Savoyen, der mit den Stileigenschaften dieser Gegend wohl umzugehen wußte, aber auch dem Neuen gegenüber sehr aufgeschlossen war. U. a. schuf er auch Sainte-Bernadette von Annecy und das Olympische Dorf von Grenoble. In Assy zeigte er sich architektonisch nicht als Neuerer, erfand jedoch neue Dekorationen. Für den Bau haben einige der bedeutendsten zeitgenössischen Künstler gearbeitet: Fernand Léger* (Fassadenmosaik), Marc Chagall* (Ausmalung des Baptisteriums), Lurçat* (Wandteppiche im Chor), Bazaine* und Rouault* (Glasfenster), Germaine Richier* (Christus), Matisse* (Keramiken), Braque* (Flachrelief), Bonnard*, *(Der Hl. Franz von Sales besucht ein Asyl)*, Lipchitz* (Skulpturen).

Aubazine 640 Ew
19 Corrèze S. 419 □ H 11

Das Dorf drängt sich am Fuß der Kirche, die an die von Saint-Étienne d'Aubazine gegründete Abtei erinnert. Sie wurde mit den Klosterbauten im 12. Jh. im reinsten Zisterzienserstil errichtet. Auf Schmuckformen wurde außen und auch im Innenraum Verzicht geleistet. Das im 18. Jh. dreier Joche beraubte Schiff hat ein von schönen Pfeilern gestütztes Tonnengewölbe. Der achteckige Turm über der Vierung wird von einer Pendentifkuppel getragen. Der strenge Geist des Hl. Bernhard findet sich auch in den Grisaillefenstern (12. Jh.), deren einziger Schmuck die Bleifassungen sind. Im linken Arm des Querschiffs befindet sich ein bemerkenswerter Sakristeischrank, ein sehr einfach gearbeitetes Eichenmöbel (12. Jh.), im rechten das

Assy, Kirche, Glasfenster von Rouault

Grabmal des Hl. Étienne (13. Jh.) in Form eines Reliquienschreins.

Von den Klostergebäuden (heute ist darin ein Waisenhaus untergebracht) sind noch der romanische Kapitelsaal, der lange Korridor, auf den sich die Mönchszellen öffneten, und eine große Küche vorhanden.

Aubenas 12 040 Ew
07 Ardèche S. 425 □ L 12

Die herrlich über einem Hügel des Ardèchebeckens gelegene Hauptstadt des Bas-Vivarais hat noch schöne Renaissance-Häuser (der Turm des dem Schloß gegenüberliegenden *Maison des Chimères* ist mit herrlichen Wasserspeiern geschmückt). Das Schloß aus dem 12. und 15. Jh. wurde im 17. und 18. Jh. umgebaut. Die vielfarbigen, glasierten Dachziegel kontra-

stieren mit der Strenge der Festung (in der heute das Rathaus untergebracht ist). Die Fassade ist von Rundtürmen mit Pechnasen flankiert. Wachturm, Wehrturm und Hof aus der Renaissance.
Die ehemalige Benediktinerkapelle *Saint-Benoît*, ein elegantes sechseckiges Gebäude aus dem 18. Jh., enthält das Grabmal des Marschalls Ornano und seiner Gemahlin (17. Jh.), das von den genuesischen Brüdern Orsolini geschaffen wurde.

Umgebung: Largentière (16 km südwestl.): Das Ausbeuten der Silberminen vom 10. bis 15. Jh. erklärt den Namen dieser malerischen Stadt mit überwölbten Passagen. Man betritt sie durch die nüchterne Porte des Récollets, dem Rest der alten Ringmauer (außerdem sind noch einige Mauerstücke und die Tour de l'Argentière erhalten). Zwischen der Altstadt und dem im 19. Jh. restaurierten nüchternen Schloß aus dem 15. Jh. liegt die Kirche *de l'Assomption* (13. Jh.), in deren Apsis sich ein karolingischer Sarkophag befindet.

Aubeterre-sur-Dronne

420 Ew
16 Charente
S. 419 □ G 11

Obwohl Aubeterre im Departement der Charente liegt, gehört es landschaftlich bereits zum Périgord. Der kleine Ort mit eng gewundenen Gäßchen liegt über einem Mäander der Dronne auf einem weißen Kreidefelsen, dem sie ihren Namen verdankt (*alba-terra* = weiße Erde). Von der mit drei Toren versehenen befestigten Umwallung, die einst die Stadt umgab, sind noch ein großer runder Turm, die Tour Saint-Jean und das von Pechnasen bekrönte quaderförmige Stadttor erhalten.

Saint-Jean: Die in den Fels unterhalb des Schlosses gehauene Kirche erinnert an das Höhlenheiligtum von *Saint-Emilion*. Das tonnengewölbte weite Schiff (19 m hoch) öffnet sich auf eine tiefer gelegene Apsis, in der sich ein aus einem einzigen Stein bestehendes Monument befindet, dessen Säulenbündel und Arkaturen an die Grabeskirche in Jerusalem erinnern. Achteckige Pfeiler trennen das Hauptschiff von dem einzigen Seitenschiff der Kirche, dessen Westseite durch eine zum Schloß offene Galerie gebildet wird.
Bei Ausgrabungen wurden in der Mitte des Hauptschiffs ein Taufbecken und mehrere Gräber freigelegt. Die Kirche, ursprünglich wohl für die Reliquien vom Heiligen Grab bestimmt, die der damalige Schloßbesitzer Pierre II de Castillon vom Kreuzzug mitbrachte, wurde in der Revolution als Salpeterfabrik benutzt, um für die Armeen der Republik Schießpulver herzustellen.

Saint-Jacques: Die alte Abteikirche, ein Bau aus dem 12. Jh., hat eine romanische Fassade im Stil von Saintonge. Die vier Bogenrundungen des Portals sind mit Pflanzenmotiven geschmückt.

Einige Häuser mit Holzgalerien in der Altstadt verdienen besondere Beachtung: Der Zinnenturm des alten Klarissenklosters, der Apostelturm und sein Logis (15., 16. und 17. Jh.), das Logis des Cordeliers (17. Jh.) und das Minoritenkloster mit seinem schönen Kreuzgang, der aus dem 17. Jahrhundert stammt.

Aubigny-sur-Nère

5470 Ew
18 Cher
S. 415 □ I/J 7

Aubigny rühmt sich noch seiner schönen Fachwerkhäuser. Im alten Schloß der Stuarts (15. und 16. Jh.) ist heute das Rathaus untergebracht, die im wesentlichen aus dem 13. Jh. stammende Kirche ist nach der Kathedrale von Bourges das sehenswerteste gotische Gebäude des Haut-Berry.

Umgebung: Château de la Verrerie (11 km südöstl.): Das nahe an einem

Aubusson, Wandteppich von Saint-Saens (Mobilier National)

Teich am Rande eines friedlichen Dorfes gelegene Schloß aus dem 15. und 16. Jh. enthält Möbel und Wandteppiche sowie Klagefiguren aus Alabaster, die zu dem während der Revolution zerstörten Grabmal des Jean de Berry gehörten.

Aubigny, Schloß de la Verrerie

Aubusson	6900 Ew
23 Creuse	S. 419 □ I 10

Vor einer Szenerie grünender Hügel drängt eine Überfülle alter Häuser ihre Dächer und Türmchen um die engen Straßen: Das am Zusammenfluß der Creuse und der Bauze gelegene Aubusson mit seinen zahlreichen alten Häusern und engen Gäßchen ist ein »Musterbeispiel« charmanter Kleinstädte Mittelfrankreichs. Ihren Ruhm verdankt die Stadt jedoch dem künstlerischen Handwerk, denn seit dem 15. Jh. ist sie der unbestrittene Mittel-

punkt der Wandteppich-Wirkereien. Die im 16. und 17. Jh. blühende Kunst der »basselisse« (Wandteppiche) geht auf importierte Flandrische Wirkereitechniken zurück. Die Stadt wurde im 18. Jh. Wohnsitz verschiedener Maler, die eine Kunstschule gründeten und die Teppichwirkermeister ausbildeten. Unter Leitung von Pierre de Saiglière, François Chapelle, Jean Palisson und Picon de Laubart entstanden in Aubusson »verdures« (Landschaften), Jagd- und Fischereiszenen nach Motiven flämischer Bilder und berühmter Maler, wie François Boucher. Die Revolution machte der Entwicklung ein Ende.
Im 19. Jh. wurden neue Werkstätten eingerichtet, doch gelangte die Teppichwirkerei erst mit der Ankunft von Jean Lurçat* (1937), dem zahlreiche zeitgenössische Künstler folgten, zu neuem Ruhm. Die schönsten modernen Stücke werden von Juli bis Oktober im Rathaus, der École nationale des arts décoratifs und den Galerien der Grande-Rue ausgestellt.

Außerdem sehenswert: Die *Maison du Vieux Tapissier* (16. Jh.), in der man Erinnerungen an die Teppichwirkkunst zusammengetragen hat, ist der malerische Wohnsitz einer Weberfamilie. Die mit einem Eckturm versehene *Maison Vallenet* hat eine Fassade aus dem 16. und eine zweite mit eleganten Balkonen aus dem 18. Jh. Der Uhrturm (16. Jh.) über der alten Terrade-Brücke ist ein alter Wachturm des Schlosses.
Die dreischiffige Kirche *Sainte-Croix* (17. Jh.) enthält ein Reliquiar des Hl. Kreuzes (13. Jh.), eine Holzbüste des Hl. Barbaire (17. Jh.) sowie einen nach Raffaels *Vision Konstantins* geschaffenen Wandteppich.

Auch	22 560 Ew
32 Gers	S. 423 □ G 14

Die am Ufer des Gers gelegene typisch gascognische Stadt wird von einer der letzten gotischen Kathedralen (neben der von Orléans) beherrscht. Die 1489 begonnene und 1548 geweihte *Sainte-Marie* wurde erst im 17. Jh. von Architekten vollendet, die sich dem Originalstil nur mit Mühe anpaßten. Die hoch über dem Tal gelegene Kathedrale ist wegen ihrer leuchtend rotvio-

Auch, Sainte-Marie, Renaissance-Gestühl

letten Glasfenster berühmt (Chor 1507–1513). Das Eichengestühl im Renaissance-Stil wurde um 1520 skulptiert und weist die gleiche Ikonographie wie die Glasfenster auf. Der plastische Schmuck der Schranke aus Stein und Marmor, die den Chor vom Querschiff trennt, stammt vom ehem. Lettner.
In dem alten Bischofssitz aus dem 18. Jh. ist die Präfektur untergebracht, während eine alte Kapelle die eklektischen Sammlungen des *Musée d'art et d'archéologie* beherbergt. Das Lyzeum befindet sich in dem Gebäude des ehem. Jesuitenkollegs aus dem 16. Jh. Die Tour des Prisons und die Reste der Officialité stammen aus dem 14. Jh.

Aulnay

17 Charente-Maritime — 1510 Ew — S. 418 □ F 10

Saint-Pierre d'Aulnay: Die an der Kreuzung zweier präromanischer Straßen, deren eine von Angers nach Saintes führte, errichtete Kirche gehört zu den großartigsten romanischen Bauten von Poitou. Die warmen Farben des Steins und die Vollkommenheit der Bauplastiken tragen zur Harmonie dieses Heiligtums aus dem 12. Jh. bei, das eine Etappe der Wallfahrtsstraße nach Santiago de Compostela bildete. Der klassisch einfache Grundriß hat die Form eines lateinischen Kreuzes: Langhaus mit Seitenschiffen, Querschiff und Apsiden, Chor und halbrunde Apsis. Die bemerkenswert gestalteten Kapitelle bilden ein bewundernswürdiges bauplastisches Ensemble: Elefanten, Samson und Dalilah, Abels Opfer. Die Bogenskulpturen des Südportals veranschaulichen den Reichtum der mittelalterlichen Bilderwelt: Neben dem Bestiarium befinden sich einunddreißig (!) Motive der Apokalypse und von kleinen Atlanten getragene Apostel und Propheten. Die von dicken Strebepfeilern gestützte Westfassade hat an den Ecken zwei Laternen, in denen einst das Fanal für die Wallfahrer brannte. In den Bogen des Hauptportals findet man die im Poitou beliebten Darstellungen: Tierkreiszeichen, Kluge und Törichte Jungfrauen, Tugenden und Laster, das Mystische Lamm von Engeln verehrt. Ein reiches Laubdekor umrahmt an den beiden Seitenarkaturen links die Kreuzigung Petri, rechts Christus zwischen Petrus und Paulus. Am harmonisch gestalteten Chorhaupt ist besonders der skulptierte Schmuck im orientalischen Stil zu bemerken, der das Mittelfenster der Apsis hervorhebt.

Auray

56 Morbihan — 10250 Ew — S. 412 □ C 7

Die am Ufer des Loch gelegene bretonische Stadt besitzt einen malerischen Hafen und das Quartier Saint Goustan mit Häusern aus dem 15. Jh. Die solide auf vier Pfeilern errichtete Brücke stammt aus dem 17. Jh. Die Renaissance-Kirche *Saint-Gildas* am rechten Ufer hat einen mit einer Laterne bekrönten zweistöckigen Glockenturm. Neben dem eleganten Südportal sind ein Hauptaltar mit sehr schönem Retabel aus dem 17. Jh. und moderne Glas-

Aulnay, Kirche, Südportal, Detail

Auray, Kirche St-Gildas

Auray, Alte Häuser

fenster mit der Legende des Hl. Gildas zu erwähnen. Die Kapelle des Père Eternel hat ein schönes geschnitztes Gestühl aus der Kartause von Auray (in der die 1795 erschossenen Royalisten beigesetzt sind).

Umgebung: Sainte-Avoye (4 km südöstl.): Das für Morbihan typische Dorf besitzt eine interessante Renaissance-Kapelle, deren skulptierter und bemalter Holzlettner Christus mit den zwölf Aposteln darstellt. – **Sainte-Anne d'Auray** (8 km nördl.): Seit dem Tagelöhner Yves Nicolazic 1623 die Mutter der Jungfrau erschien, entstand hier ein bedeutender bretonischer Wallfahrtsort (großer Gnadenerlaß am 25. und 26. Juli). Von den alten Bauten ist nur der Kreuzgang (1640) erhalten, über dessen Arkaden kleine Fenster liegen. Im rechten Querschiff der Basilika (19. Jh.) steht die vergoldete Holzstatue der Hl. Anna. In ihren Sockel ist ein Teil des Gesichtes der Originalstatue eingebettet, die während der Revolution verbrannt wurde. Daneben zahlreiche Gaben und Votivgeschenke, eine von Anna von Österreich gestiftete Reliquie der Heiligen. Im Kirchenschatz eine Reihe volkstümlicher Votivgemälde, deren älteste aus dem 17. Jh. stammen.

Aurillac	30 260 Ew
15 Cantal	S. 419 □ I 12

Die Siedlungsgebiete der modernen Stadt reichen über das Tal hinaus bis auf die Hügel, doch hat die alte Hauptstadt der Hoch-Auvergne noch ihre alten Stadtviertel mit hübschen Häusern am Ufer der Jordanne bewahrt. – Aurillac war ursprünglich wohl eine gallo-römische Domäne, die einem gewissen Aurelius gehörte. Der erste Stadtkern

Aurillac, Saint-Géraud ▷

entstand um eine im 10. Jh. von dem auvergnatischen Grafen Géraud gegründete Abtei. Zu ihren Klosterschülern gehörte Gerbert, der künftige »Papst des Jahres Tausend« Sylvester II., dessen von David d'Angers geschaffene Statue sich am nördlichen Ende der Promenade du Gravier erhebt.

Saint-Géraud (15., 16. und 17. Jh.): Das anstelle der ersten Abteikirche errichtete Gebäude bewahrt noch romanische Teile: Bogenreihen im südlichen Querschiffarm, zwei schöne Kapitelle aus dem 12. Jh. nahe am Eingang. In der Kapelle Saint-Géraud in die Mauer eingelassene skulptierte Fliesen sowie ein seltsames Kapitell (Samson), das einen Schrein trägt. – Von der Abtei ist nur die alte *Hostellerie* erhalten, ein Haus mit romanischen Arkaturen und fein gearbeiteten Kapitellen.

Kapelle von Aurinques (Ende 16. Jh.): Die Kapelle erinnert an die Religionskriege. Sie wurde nach einem der Jungfrau zugeschriebenen Sieg über die Hugenotten errichtet. Der Bau, in dem noch die runde Form eines Stadtturms zu erkennen ist, enthält drei Gemälde aus dem 18. Jh., auf denen die Schlacht von 1581 und die jährliche Gnadenprozession dargestellt sind.

Notre-Dame des Neiges: Die ehem. Franziskanerkapelle (14. Jh., im 17. Jh. restauriert) enthält noch eine sehr verehrte Schwarze Madonna. Die Sakristei mit einem auf zwei Pfeilern ruhenden Rippengewölbe war einst Kapitelsaal des Klosters. Sie führt zu einer eleganten Kapelle (15. Jh.). In der Kirche befinden sich zahlreiche Kunstschätze.

Außerdem sehenswert: Die *Maison des Consuls* (16. Jh.), ein restaurierter Renaissance-Bau, beherbergt das *Musée du Vieil-Aurillac.* Im Dekor des Portals befinden sich Teile des Stadtwappens: An die Wallfahrten nach Santiago de Compostela erinnernde Jakobsmuscheln und Lilien. In den Rues de la Coste und d'Aurinques sind alte Stadtpaläste erhalten. Hie und da entdeckt man hinter einem wappengeschmückten Giebel eine monumentale Treppe und einen eindrucksvollen Innenhof (insbesondere im Hôtel de Noailles). Das in einem Flügel des Schlos-

Aurillac, Place d'Aurinques

Aurillac, Kapelle d'Aurinques

ses Saint-Étienne (19. Jh., Turm aus dem 11. Jh.) installierte *Maison des Volcans* enthält *Vulkanologische Sammlungen* und ein Lehrerseminar. Das *Musée J. B. Rames* (2. Etage des Uhrenhauses) beherbergt die Sammlungen des Geologen Aurillac (Naturgeschichte, Gesteinskunde, Flora) und die Nachbildung eines Innenraums aus dem Cantal. Das *Musée Hippolyte de Parieu* (3. Etage) zeigt Werke heimischer Künstler sowie Skulpturen und Gemälde der französischen und holländischen Schulen.

Autun	17500 Ew
71 Saône-et-Loire	S. 420 □ L 8

Die alte »Schwester und Nebenbuhlerin Roms« scheint von ihrer Kathedrale, eine der schönsten Frankreichs, für die Ewigkeit beschützt. Autun – das antike *Augustodunum* – wurde in unserer Zeitrechnung von Rom gegründet. Die Sieger über die Gallier, die mit den in der Gegend ansässigen Ädui auf gutem Fuß standen, gründeten hier eine große, von einer 6 km langen Ringmauer umgebene Stadt, von der noch Reste, insbesondere die Tore d'Arroux und Saint-André, erhalten sind. Die Stadt, die anstelle von Bibracte trat, stand an Bedeutung nur hinter Lyon zurück. Sie war für ihre Schulen »écoles meniennes« (Moentana = Laubengänge, unter denen der Unterricht stattfand) berühmt. Autun wurde bald christianisiert und später dem Herzogtum Burgund einverleibt. Talleyrand, einer der größten französischen Diplomaten, war hier vor der Revolution Bischof.

Kathedrale Saint-Lazare: Bedeutende Kirche mit berühmtem Tympanon und prächtigen Kapitellen. Saint-Lazare wurde im Laufe der Jahrhunderte »verkleidet«, bewahrt im Inneren jedoch seinen romanischen Charakter noch fast ganz. Der Bau wurde 1120 begonnen und konnte 1146 die Reliquien des Hl. Lazarus aufnehmen. Nachdem ein Unwetter den Turm zerstört und den Chor beschädigt hatte, wurden im 15. und 16. Jh. bedeutende Wiederaufbauarbeiten durchgeführt. Kardinal Rolin ließ den kühnen steinernen Turmhelm errichten, der sich ohne Holzgestühl bis in 77 m Höhe erhebt. Die Domherren machten es sich

Autun, Tympanon des Portals der Kathedrale

Autun, Geburt des Meisters von Moulins. Rechts: Kapitell aus St-Lazare

zur Ehre, besonders reich verzierte Kapellen zu stiften, die etwas mit dem nüchternen Langhaus kontrastierten. Im 18. Jh. wurde das Gotteshaus einer recht mißlungenen Erneuerung unterzogen, das prunkvolle Grab des Hl. Lazarus zerstört, der Chor hinter Marmor verborgen, das Tympanon mit Gips überzogen. Im 19. Jh. leitete Viollet-le-Duc* die Wiederherstellungsarbeiten.

Portal und Tympanon: Vor der von Türmen (19. Jh.) überragten Fassade aus dem 12. Jh. liegt ein großes Hauptportal mit einem berühmten, ursprünglich vielfarbigen Tympanon, das 1130–1140 von Gislebertus* ausgeführt wurde. Ein hieratischer Christus in Majestas beherrscht Szenen des Jüngsten Gerichts mit zahlreichen Figuren in Flach- oder Hochrelief. Die Skulpturen reichen über den Türsturz und die äußeren Bögen hinaus: Umrahmt wird das Tympanon von Medaillons, auf denen u. a. Jahreszeiten und Zeichen des Tierkreises dargestellt sind. Die Kapitelle der drei Säulen an jeder Seite sind mit Szenen ausgestattet. Eines auf der linken Seite zeigt den Wolf und den Kranich der Fabel Äsops, die La Fontaine zu *Der Wolf und der Storch* inspirierte.

Langhaus und Chor: Das mit einer Spitztonne überwölbte 23 m hohe Schiff aus fünf Jochen ist ein ideales Beispiel der romanischen Kunst von Burgund. Es wurde nach dem Vorbild von Cluny errichtet und verdankt seinen besonderen Charakter den Kannelierungen der Pfeiler und Arkaturen der oberen Galerien: Die Erbauer von Saint-Lazare waren vielleicht von dem Dekor des alten romanischen Portals von Arroux beeindruckt. Die Kapitelle stellen Szenen des Alten und Neuen Testaments, Blattwerk und Palmetten-

Autun, Museum ▷

Autun, Musée Rolin, Liegende Eva

dekors dar. Die Seitenschiffe sind von Kapellen umsäumt, von denen eine links das prachtvolle *Martyrium des Hl. Symphorien* von Ingres* enthält. Die Reliquien des Hl. Lazarus befinden sich in einem kleinen verglasten Schrein unter dem Hauptaltar. Rechts vom Chor sind die Orantenstatuen des Präsidenten des burgundischen Parlaments Pierre Jannin (1623 gestorben) und seiner Frau zu sehen. Im Kapitelsaal aus dem 16. Jh. sind Kapitelle von Querschiff und Chor untergebracht, die dort durch Kopien ersetzt wurden.

Musée Rolin: Das in einem Anbau des ehem. Hôtel Rolin und einem Haus aus dem 19. Jh. untergebrachte Museum enthält Sammlungen verschiedenster Art: Ausgrabungsfunde von Bibracte, herrliche romanische Skulpturen, viele Gemälde, schöne Möbel. Die schöne *liegende Eva* aus dem 12. Jh. schmückte einst einen Türsturz der Kathedrale. Die reizvolle Gestalt, die sich von dem Apfel abzuwenden scheint, wird Gislebertus* zugeschrieben. Die ernste anmutige Madonna von Autun aus bemaltem Stein stammt vom Ende des 15. Jh. Neben ihr die Geburt des Maître de Moulins* (um 1480), einem Gemälde, auf dem der kniende Kardinal Rolin zu sehen ist.

Der aus dem MA stammende ehem. Bischofssitz wurde im 18. Jh. vollkommen umgebaut. Das Lyzeum Bonaparte, in dem der künftige Kaiser und Lazare Carnot erzogen wurden, ist ein ehem. ab 1709 erbautes Jesuitenkolleg (Gitterwerk von 1772), die benachbarte Kirche stammt aus der Mitte des 18. Jh. Außer den Toren Saint-André und d'Arroux sind noch verschiedene gallo-röm. Bauten erhalten: Ein großes, stark rest. Theater aus dem 1. Jh., ein »außerhalb der Mauern« gelegener, sog. Janustempel, wahrscheinlich ebenfalls aus dem 1. Jh., und in 1 km Entfernung eine seltsame Pierre de

Auxerre, Yonne und Kathedrale

Couhard benannte Pyramide (wahrscheinlich ein Grabmal).

Umgebung: Mont-Beuvray (24 km westlich): Auf diesem Berggipfel des Morvan lag einst die Akropolis der Ädui, den Römern verbündete Gallier, denen Cäsar ihre Allianz mit Vercingetorix vergab. Das befestigte Lager, das zu Beginn unserer Zeitrechnung nach Autun verlegt wurde, war von einer 5 km langen Mauer aus getrockneten Ziegeln umgeben. Auf diesem Hügel, auf dem bei Ausgrabungen Fundamente gallischer Häuser entdeckt wurden, arbeitete Cäsar an seinen Kommentaren zum gallischen Krieg. – **Château de Sully** (15 km nordöstlich): Für Mme. de Sévigné war es das »Fontainebleau von Burgund«. Das prachtvolle Gebäude, in dem Mac Mahon das Licht der Welt erblickte, stammt aus dem 16. und 17. Jh., der Schloßhof ist ein Meisterwerk der zweiten Renaissance.

Auxerre	40 000 Ew
89 Yonne	S. 415 □ K 7

Die von modernen Stadtvierteln umgebene Präfektur des Departements Yonne hat ihr altes Stadtbild noch innerhalb der beiden Ringmauern bewahrt, von denen sie im Verlauf ihrer Entwicklung nacheinander umschlossen wurde (an ihrer Stelle verlaufen heute die Boulevards). Zunächst existierte hier eine bescheidene keltische Siedlung, dann entstand eine gallo-römische Stadt, der Geburtsort des Hl. Germain. Erst wurde Auxerre von Grafen, dann von Bischöfen regiert. Als Besitz des Herzogtums Burgund kam es nach dem Tode Karls des Kühnen an Frankreich. Auxerre erinnert noch an Restif de la Bretonne, den Schöpfer von *Monsieur Nicolas* und *Paysanne Pervertie,* der 1734 im nahe gelegenen Sacy geboren wurde und hier als Druckerlehrling arbeitete.

Auxerre, Kathedrale Saint-Étienne

Uhrturm / Tour Gaillarde (Ende des 15. Jh.): Er gehörte zu den mittelalterlichen Befestigungen und trägt eine Uhr aus dem 17. Jh., deren Zifferblätter Stunden, Sonnen- und Mondbewegungen anzeigen. In der Nähe wohnte im 18. Jh. ein Gerichtsvollzieher, Maître Roussel, der das Vorbild zu der lächerlichen, verblüffenden Gestalt des Liedes *Cadet-Roussel* abgab. – Das *Rathaus* (18. Jh.) ist von alten Häusern umgeben.

Kathedrale Saint-Étienne: Ab dem 5. Jh. wurden hier nacheinander vier Kathedralen erbaut. Die 1215 begonnene Saint-Étienne ersetzte einen romanischen Bau, von dem noch die Krypta erhalten ist. Die Arbeiten wurden bis ins 16. Jh. fortgesetzt, doch wurde der südliche Glockenturm nicht vollendet.
Außenbau: Die reichgeschmückte Hauptfassade wurde von den Hugenotten verwüstet. Im Tympanon des Hauptportals (13. und 14. Jh.) herrscht Christus, während die Klugen und Törichten Jungfrauen die Seitenpfeiler schmücken. Ein seltsames kleines Flachrelief zeigt Aristoteles, der auf dem Rücken Alexanders Geliebte trägt (es handelt sich um eine wenig glaubwürdige Sage). Am linken Portal (14. Jh.) schöne Darstellungen der Genesis, der Erschaffung des Menschen, des irdischen Paradieses und der Sintflut sowie Krönung der Jungfrau. Das rechte Portal (13. Jh.) berichtet von der Geschichte Davids und Bathsebas. Südliches Seitenportal aus dem 14., nördliches aus dem 15. Jh.
Inneres: Das hohe Schiff aus dem 14. Jh. hat Wölbungen aus dem 15. Jh. Das Querschiff (14. Jh.) wird von schönen Fensterrosen (16. Jh.) erhellt. Der überaus elegante Chor (1215 bis 1234) enthält unter dem Altar ein Flachrelief des Hl. Étienne und ein Denkmal des Bischofs Nicolas Colbert (18. Jh.). Das Gestühl wurde im Auf-

Auxerre, Kathedrale, Tympanon

Auxerre, Kirche Saint-Germain

trag des Bischofs Jacques Amyot (1539 gestorben), der als Büste dargestellt ist, neu gearbeitet. Der Umgang von vollendeter Anmut stammt aus dem 13. Jh. Die in satten Farben erstrahlenden *Glasmalereien* (13. Jh.) sind leider nicht mehr vollständig. Sie veranschaulichen dreihundertfünfzig Themen der Bibel und christlicher Legenden. In der Krypta (11. Jh.) sind noch Fresken. Der Kirchenschatz enthält vor allem Goldschmiedearbeiten, Grubenschmelzemails aus dem 12. und 13. Jh. und Stundenbücher.

Kirche Saint-Germain: Die ehem. Abteikirche (die 1277 begonnenen Arbeiten wurden erst zu Beginn des 15. Jh. abgeschlossen) ist durch eine 1811 erfolgte Beschädigung von ihrem romanischen Glockenturm (12. Jh.) abgetrennt worden. In der schmucklosen Oberkirche sind Steinfragmente ausgestellt. Unter dem gotischen Bau bilden zwei übereinanderliegende Krypten ein halb unterirdisches Labyrinth, dessen wichtigste Teile auf das 9. Jh. zurückgehen. Die »Confession« ist jedoch noch älter. Dieses Heiligtum hat noch Fresken, die drei Episoden aus dem Leben des Hl. Étienne darstellen (9. Jh.). Eine umgebaute Rotunde karolingischen Ursprungs und eine andere aus dem 13. Jh. Ein Fresko der Kapelle Saint-Laurent zeigt die *Anbetung der Könige* (9. Jh.). Das in einem alten Stadtpalast untergebrachte *Musée Leblanc-Duvernoy* zeigt Möbel, die einst Soufflot gehörten (der große Architekt stammte aus der Gegend), Fayencen, schöne Wandteppiche.

Avallon

8800 Ew
89 Yonne
S. 415 □ K 7

Die Altstadt liegt auf einem Hügel über dem grünen Cousintal. Einst gallo-römische Siedlung, dann Hauptstadt einer Grafschaft, wurde die Stadt im Mittelalter stark befestigt. Aus dieser Zeit sind noch Umwallungen, Türme und Basteien erhalten. Porte de l'Horloge aus dem 15. Jh.

Saint-Lazare: Apsis und Kapellen der über einer tiefen Schlucht gelegenen alten Kollegiatkirche stammen vom 11. und 12. Jh. Die beiden in der Fassade erhaltenen Portale sind schöne Beispiele des burgundisch-romanischen Stils, wurden jedoch während der Revolution und der Religionskriege stark beschädigt. Das Hauptschiff (Mitte 12. Jh.) entspricht dem Typus von Vezelay. Vom rechten Seitenschiff gelangt man in die Kirche *Saint-Pierre* (15. Jh.).

Musée de l'Avallonnais: Das kleine Museum beherbergt eklektische Sammlungen und ein *Miserere* von Rouault*.

Avignon, Brücke Saint-Bénezet

Avignon	93 000 Ew
84 Vaucluse	S. 425 □ M 13

4300 m mit Zinnen versehene Stadtmauern umschließen die alte Papststadt, ihre Kirchen und Museen, Plätze und Gäßchen, den prachtvollen Palast, den der Chronist Froissart als »schönstes und mächtigstes Haus der Welt« bezeichnete. Als wesentliche Etappe einer Provencereise bietet das ehem. Lehen des Heiligen Stuhls den Anblick seiner alten Mauern in der »Farbe trockenen Laubes« und seiner Kunstwerke, doch ist es auch Mittelpunkt lebendiger, zeitgenössischer und manchmal avantgardistischer Kultur: Das 1947 von Jean Vilar geschaffene Festival zeigt Theater-, Ballett- und Kinovorführungen.
Seinen vergangenen Ruhm verdankt Avignon den Päpsten, die hier im 14. Jh. residierten, denn ihnen gehörte das Comtat Venaissin. Die zwar prachtvolle, aber auch übelriechende Stadt (Petrarca nannte sie »Kloake der Erde«) wurde, durch zahlreiche Gebäude geschmückt, zu einer der »Hauptstädte« Europas, in der Prälaten, Gesandte, Künstler, Kaufleute und Bankiers verkehrten. Nachdem die Päpste endgültig wieder nach Rom zurückgekehrt waren, blieb Avignon bis zu seiner Annektierung durch Frankreich (1789) ein vernachlässigter päpstlicher Besitz. Die Päpstliche Mauer (14. Jh.) ist immer noch eindrucksvoll, wenn auch ihre Gräben zugeschüttet wurden. Sie schützte die Stadt nicht nur vor bewaffneten Banden, sondern auch vor den Hochwassern der Rhône, deren schneller Lauf gegen die vier noch bestehenden Pfeiler des *Pont Saint-Bénezet* (12. Jh.) drückte, des »Pont d'Avignon« (mit romanisch-gotischer Kapelle), auf den sich das berühmte Lied bezieht.
Die *Place de l'Horloge* im Herzen der Stadt wird von einem Turm (1354) beherrscht, der nachträglich einen Glokkenstuhl erhielt. Der automatische Stundenschläger wurde im 19. Jh. er-

setzt, das Original befindet sich im Musée lapidaire. Der im 15. Jh. angelegte und im 19. Jh. vergrößerte Platz liegt an der Stelle eines antiken Forums. Die *Place du Palais* wird vom Hôtel des Monnaies (1619) und dem *Petit Palais* eingenommen. Die einstige Residenz der Bischöfe (14. und 15. Jh.) beherbergt jetzt ein *Musée d'art du Moyen Age* mit Gemälden und Skulpturen (12. bis 14. Jh.).

Papstpalast / Palais des Papes: Der prachtvolle, festungsartige Wohnsitz der Päpste ist ein großartiges Beispiel der gotischen Architektur im 14. Jh.

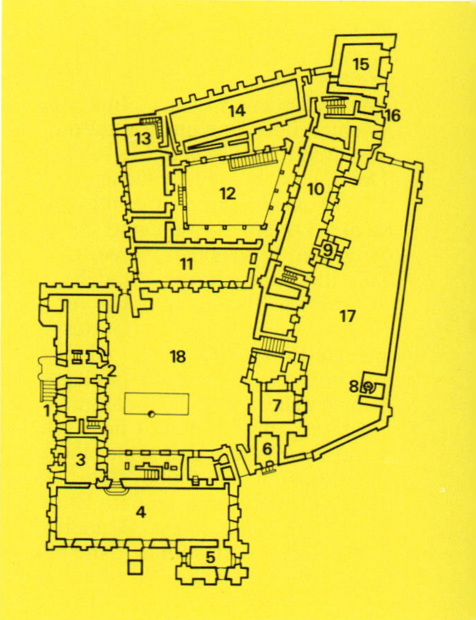

Avignon, Papstpalast 1 Eingang **2** Flügel der Großen Würdenträger **3** Tour de la Gâche **4** Großer Audienzsaal **5** Tour Saint-Laurent **6** Tour de la Garde-Robe (Chambre du Cerf) **7** Engelsturm **8** Tour du Jardin **9** Tour Saint-Jean **10** Flügel des Konsistoriums **11** Flügel des Konklave **12** Kreuzgang des Alten Palastes **13** Tour de la Campane **14** Chapelle de Benoît-XII **15** Tour de Trouillas **16** Tour de la Glacière **17** Gärten Urbans V. **18** Ehrenhof des Neuen Palastes

Avignon, Papstpalast

Das aus dem *Alten Palast* und dem *Neuen Palast* bestehende Gebäude wurde ab 1334 in weniger als fünfunddreißig Jahren errichtet. Benedikt XII., Clemens VI. und Innozenz VI. wachten über Bau und Gestaltung dieses architektonischen Meisterwerkes. Der Palast, der eine Fläche von über 15000 qm einnimmt, beeindruckt mit seinen hohen Türmen und den allen Angriffen trotzenden Mauern. »Man hält ihn eher für die Zitadelle eines asiatischen Tyrannen, als für den Wohnsitz eines Vikars Gottes«, bemerkte Prosper Mérimée: Als Inspektor historischer Bauten beklagte der Schriftsteller den Vandalismus der Soldaten, die den Palast im 19. Jh. so verwüstet hatten, daß seine Wiederinstandsetzung ein halbes Jahrhundert beanspruchte. Am großen Ehrenhof liegen der von Papst Benedikt XII. (1334–1338) errichtete Alte Palast und der von seinen Nachfolgern erbaute luxuriösere Neue Palast. Die Verbindung zwischen den beiden Gebäuden bildet das sog. *Hirschzimmer.* In den beiden Kapellen im *Tour Saint-Jean* sieht man Fresken (um 1343) von Matteo Giovanetti da Viterbo.

Notre-Dame-des-Doms: Die Kathedrale, an der eine vergoldete Jungfrau aus Blei aus dem 19. Jh. auffällt, hat viel von ihrer romanischen Gestalt verloren. Die von Simone Martini* geschaffenen Malereien des Portals (1341) wurden abgelöst und im Grand Tinel, einem Saal des Palastes, untergebracht. Von einem herrlichen, in der Provence einmaligen Laternenturm beherrscht, enthält Notre-Dame einen marmornen Sitz (12. Jh.), der als Papstthron diente. Eine Seitenkapelle beherbergt das Grabmal (1345) von Papst Johannes XXII., ein schönes, spätgotisches Werk, das in der Revolution stark beschädigt wurde. Zu bemerken ist die runde Form einer der südlichen Seitenkapellen (1680).

Avignon, Pieta von Villeneuve-lès-Avignon (Louvre)

Außerdem sehenswert: In Avignon gibt es noch zahlreiche alte Häuser, vor allem im Stadtviertel *de la Banasterie* um die Kapelle *des Pénitents noirs* (17. Jh.) und die Kirche *Saint-Pierre* (1358–1525, schöner Glockenturm vom Ende des 14. Jh.). Die Kirche *Saint-Symphorien* erhielt ihr heutiges Aussehen im 17. Jh., die Fassade gehört jedoch noch dem 15. Jh. an. Der Kreuzgang *des Carmes* und *Saint-Jean-le-Vieux* stammen aus dem 14. Jh., die nahegelegene *Chapelle de la Visitation* mit Kuppel aus dem 17. Jh. Die große, elegante, ab 1325 im Stil der Mittelmeergotik erbaute Kirche *Saint-Didier* enthält in einer ihrer Kapellen den Altar Notre-Dame-du-Spasme, den König René 1478 bei dem Bildhauer Francesco Laurana* bestellte. Hinter Saint-Didier das Hôtel Berton de Crillon (1625) mit skulptierter Fassade und einem mit Kieseln aus der Rhône gepflasterten Hof. Unter den vielen anderen Kirchen und Kapellen ist insbesondere *Saint-Agricol* zu erwähnen, zu der eine breite Treppe führt. Im 14. Jh. im gotischen Stil erbaut, wurde sie anschließend oft umgeändert: Die Fassade stammt aus dem Ende des 15. Jh., der Glockenturm aus dem 16. und 17. Jh. Im rechten Seitenschiff eine interessante Grabkapelle (1703–1707). Am Ende dieses Seitenschiffes *Altar der Doni* (1525), Werk des burgundischen Bildhauers Imbert Boachon*.

Museen: *Musée Calvet* (Rue Joseph Vernet): Ein luxuriöser Stadtpalast (18. Jh.) mit schönen Eisengittern beherbergt das reiche Museum, das zu Beginn des 19. Jh. durch einen sehr eklektischen Sammler gegründet wurde, Esprit Calvet. In der Gemäldegalerie sind Werke aller Epochen zu sehen; von P. Bruegel* bis Vasarely*; flämische, französische, spanische, italienische und holländische Schule, Hubert Robert*, David*, Géricault*, Co-

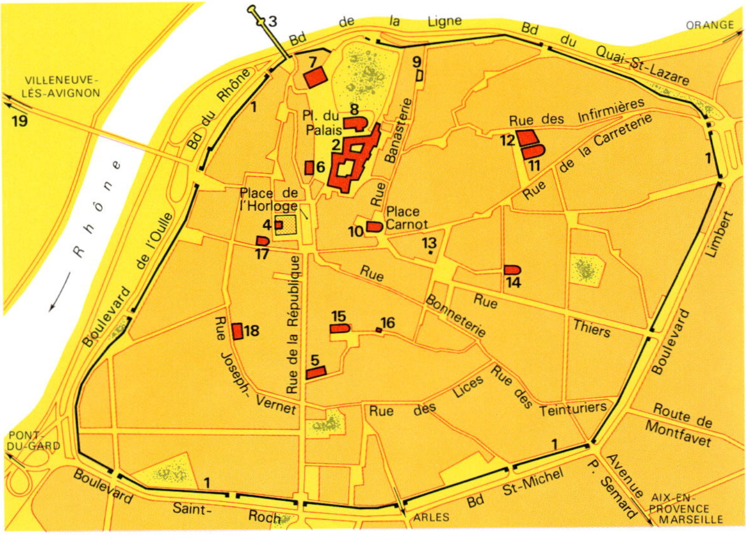

Avignon 1 Stadtmauer **2** Papstpalast **3** Brücke Saint-Bénezet **4** Bergfried **5** Musée lapidaire **6** Hôtel des Monnaies **7** Petit Palais (mittelalterliche Kunst) **8** Kathedrale Notre-Dame-des-Doms **9** Kapelle des Pénitents-Noirs **10** Kirche Saint-Pierre **11** Kirche Saint-Symphorien **12** Kreuzgang des Carmes **13** Saint-Jean-le-Vieux **14** Kapelle de la Visitation **15** Kirche Saint-Didier **16** Hôtel Berton de Crillon **17** Kirche Saint-Agricol **18** Musée Calvet **19** Ehem. Stiftskirche Notre-Dame

rot*, Manet*, Toulouse-Lautrec*, Renoir*, Cézanne*, Modigliani*; desgleichen griechische und gallo-römische Antiquitäten und eine herrliche Sammlung von Kunstschmiedearbeiten. – Das benachbarte *Musée lapidaire* ist in der alten Kapelle eines Jesuitenkonvents aus dem 17. Jh. untergebracht: Venus von Pourrières, der menschenfressende Löwe, genannt *Tarasque de Noves,* Werke verschiedener Epochen bis zur Renaissance: der »transi« (Statue der Leiche) des 1402 verstorbenen Kardinals de la Grange ist von erschreckendem Realismus.

Umgebung: Villeneuve-lès-Avignon (2 km rechtes Ufer): Lange Zeit bildete die Rhône die Grenze zwischen Avignon, der Papststadt, und Villeneuve, der von Philippe le Bel gegründeten Stadt des Languedoc. Seinen Namen trägt noch ein mächtiger Turm von 1302. Die gotische Kirche *Notre-Dame* enthält mehrere Gemälde aus dem 17. Jh.; eine herrliche lächelnde Jungfrau in Elfenbein aus dem 14. Jh. ist in der Sakristei zu sehen. – Durch eine monumentale Pforte aus dem 17. Jh. gelangt man in die Kartause *Val de Bénédiction* (1356 gegründet). Der liebevoll restaurierte Komplex umfaßt Gebäude aus verschiedenen Epochen (der große Kreuzgang aus dem 14. Jh. wurde im 17. und 18. Jh. erneuert). Die hinter einer Vorhalle aus dem 17. Jh. liegende *Kirche* besteht aus zwei Schiffen (14. Jh.). Der teilweise eingefallene Bau ist mit einer akustischen Einrichtung versehen: Amphoren und Löcher sollen den Schall auffangen. – Das *Fort Saint-André* beherrscht den Mont Adaon: Die ab 1362 von den franz. Königen erbaute Festung umschloß ein Kloster und ein Dörfchen, die heute verfallen sind.

Avignon, Hôtel des Monnaies

Avranches

50 Manche | 10140 Ew | S. 413 □ E 5

Der herrlich gelegene Garten *Jardin des Plantes* und die *Plateforme* bieten Aussicht auf den märchenhaften Mont-Saint-Michel. Der ehem. Bischofssitz, jetzt Sous-Préfecture, zeigt noch einige malerische Ruinen aus dem 15.Jh. – Das *Musée Avranchin* besitzt eine reiche Sammlung von Manuskripten aus der Abtei Mont St-Michel. Die Basilika *Saint-Gervais* stammt teilweise aus dem 18.Jh. – Das *Patton-Denkmal* steht auf amerikanischem Boden (Erde und Bäume wurden aus den USA hergebracht).

Azay-le-Ferron

36 Indre | 1310 Ew | S. 419 □ H 8

In dem Schloß am Rande der rauhen Brenne sind Renaissance-Bauten und klassische Pavillons zu sehen. Die franz. Gärten sind von einem Park mit jahrhundertealten Bäumen umgeben. Im Inneren sind Säle im Empire- und Restaurationsstil, von den Brüdern Jacob signiertes Mobiliar, ein schöner Wandteppich aus Flandern, dekorative Malereien der Genueser Schule und kunstgewerbliche Gegenstände zu bewundern.

Azay-le-Rideau

37 Indre-et-Loire | 2740 Ew | S. 414 □ G 7

Der Name des Schlosses, das anstelle einer mittelalterlichen Festung errichtet wurde, geht auf Ridel d'Azay, einen Edelmann des 13. Jh., zurück. Das Meisterwerk der Renaissance in der Touraine wurde 1518–1527 von einem Finanzmann erbaut, dessen Gemahlin die Arbeiten überwachte. Es ist von Wasser und Grün umrahmt und wurde von Balzac beschrieben: »Als ich einen Hügel hinaufgestiegen war, bewunderte ich zum erstenmal . . . diesen in Facetten geschliffenen Diamanten, vom Indre gefaßt, auf von Blumen verdeckten Pfählen montiert.« Das in einem Park über dem verbreiterten Fluß gelegene Schloß wurde von Franz I. konfisziert, gefiel Ludwig XIII., beherbergte vielleicht Ludwig XIV. und gewiß Friedrich-Karl von Preußen (im Jahre 1870, für die Franzosen eine unangenehme Erinnerung). Azay-le-Rideau war ein »moderner« Bau, aus einer Zeit, in der man begann, angenehme Wohnbauten den unbequemen Burgen vorzuziehen: Die Pechnasen spielten nur noch eine dekorative Rolle, aus den Wehrtürmen wurden Türmchen, die ganzen Verteidigungsanlagen wurden aufgegeben. Die Silhouette hat noch gotischen Charakter, doch in dem Bestreben nach harmonischer Symmetrie ist der italienische Einfluß zu erkennen. Der schönste Schmuck der Fassade ist die Treppe mit geraden Absätzen unter einem Tonnengewölbe, die zur Zeit der steilen Wendeltreppen eine Neuerung bedeutete.

Das mit dem Siegel der Claude de France und Franz I. (ihre Embleme Hermelin und Salamander finden sich unter den Fenstern) versehene Schloß enthält ein *Musée de la Renaissance* mit Wandteppichen, Gemälden und Kunstgegenständen.

Azay-le-Rideau, Schloß ▷

B

Baccarat	5560 Ew
54 Meurthe-et-Moselle	S. 417 □ N 5

Kleinstadt, von der aus die Truppen des Generals Leclerc im November 1944 in das Elsaß eindrangen. Baccarat verdankt seine Berühmtheit der bedeutenden Kristallfabrikation, die hier 1764 gegründet wurde. Ein Museum mit alten und modernen Beständen erinnert an diesen Produktionszweig.

Neben einem Turm spiegelt sich die **Kirche Saint-Rémy** im Wasser der Meurthe. Dieser schlichte Bau mit schönem Maß stammt aus den 50er Jahren dieses Jahrhunderts.

Bailleul	13500 Ew
59 Nord	S. 411 □ J 1

Am Rande Flanderns zwischen Lille und Dünkirchen gelegener Ort mit

Bailleul (76), Schloß

charakteristischen Giebelfassaden aus gelbem Ziegelmauerwerk. Vom Kriegerdenkmal aus Blick über die weite Ebene. Vom Normanneneinfall (882) bis herauf in unsere Zeit (1944) war der Ort immer wieder Opfer von Kriegen. Rathausturm und Rathaus in Formen der flämischen Renaissance erneuert, die auch den Neubau der Kirche beeinflußte.
Im *Musée Benoit de Puydt* finden sich Beispiele der Keramik und Spitzenerzeugnisse von Bailleul, Steingutware, Tapisserien und Möbel Flanderns als Zeugnisse der regionalen kunsthandwerklichen Produktion.

Bailleul (Schloß)

250 Ew
76 Seine-Maritime
S. 410 □ G 3

Der mit Statuen besetzte Park umgibt eines der bezauberndsten Renaissanceschlösser der Normandie, das um die Mitte des 16. Jh. von einer Familie errichtet wurde, deren Ahnen bereits an der Eroberung Englands teilgenommen hatten. Der harmonische Bau von schlichter Eleganz ist nur an seiner Hauptfassade reicher geschmückt. Bemerkenswerte Ausstattung mit Möbeln, ausgezeichneten Tapisserien und Bildern.

Balleroy

710 Ew
14 Calvados
S. 413 □ F 4

Das an der weiten Hauptstraße des Marktes gelegene Schloß ist ein Frühwerk des F. Mansart*, das er 1626 im Alter von 28 Jahren begann. Das ein wenig farblose und nüchterne Äußere steht im Kontrast zur einst reichen Innenausstattung. Erhalten hat sich davon die von F. Mignard* gemalte Ausstattung (Decke, Porträts) des Salon d'honneur, dem die reiche Verwendung von Gold und Purpur feierliches Gepräge verleiht.

Barbezieux

5500 Ew
16 Charente
S. 418 □ F 11

Im Herzen des Weinbaugebietes von Cognac gelegene Hauptstadt der »Kleinen Champagne«. An einer Esplanade das gegen Ende des 15. Jh.

Balleroy, Schloß

von Marguerite de la Rochefoucauld errichtete Schloß.

Umgebung: Manoir (Landsitz) **du Maine-Giraud** (Gemeinde von Champagne-de-Blanzac, 18 km): Eigentümer dieses bescheidenen Landsitzes des 15. Jh. war der Dichter Alfred de Vigny, der sich sein Arbeitszimmer im Hauptturm eingerichtet und dort in einer Nacht seinen »La mort du loup« verfaßt hatte.

Barcelonnette	3250 Ew
04 Alpes de Haute-Provence	S. 426 □ O 13

Im Herzen der Ubaye gelegener Ort, der sich lange Zeit Barcelonne nannte. Bevor es an die Grafen von Savoyen fiel, gehörte es zum Besitz der Grafen der Provence. Die seit 1713 zu Frankreich gehörige Ansiedlung mit zahlreichen prächtigen Villen in ihrer Umgebung verdankt ihre Entstehung den sog. »Barcelonnettes« (aus Amerika rückgewanderte, reich gewordene Emigranten). Der Ort hat sich seine Anlage als befestigter Platz mit Resten der Befestigungsmauern, einen Turm des 15. Jh. und die Überreste eines Dominikanerklosters bewahrt. Das Rathaus beherbergt ein *Musée de préhistoire et d'antiquités.*

Bar-le-Duc	20600 Ew
55 Meuse	S. 416 □ M 5

Mit den Häusern des 16. und 17. Jh. an der Rue du Bourg, an der Rue des Ducs-de-Bar und an der Place Saint-Pierre (manche mit Statuen ausgestattet) sowie mit den schönen städtischen Herrschaftshäusern der Renaissance, von denen eines als Gerichtsgebäude dient, hat sich die Stadt einen bemerkenswert ursprünglichen Charakter erhalten. Hauptdenkmal der Unterstadt ist die Kirche *Notre-Dame.* Der aus verschiedenen Jahrhunderten stammende Bau (Chorpartie 13. Jh., Schiff 14. Jh.) ist seinem Charakter nach gotisch. Ein hölzerner Christus des berühmten lothringischen Bildhauers L. Richier* und ein Flachrelief (Madonna; 16. Jh.) zählen zu den bemerkenswerten Ausstattungsstücken. Das alte *Collège Gilles-de-Trèves* (1574) besitzt einen großen rechteckigen Hof mit gedecktem, von einer kannelierten Pilastergliederung getragenem Umgang, der mit einer reizvollen Steinbalustrade der Renaissance nach oben hin geschlossen wird. Das ausgedehnte Schiff der einschiffigen Kirche von *Saint-Antoine* schließt mit einer Apsis im 5/8-Schluß und enthält 1962 entdeckte Fresken des 14. Jh. Die am höchsten Punkt der Oberstadt gelegene Kirche *Saint-Étienne* stammt aus dem 14. Jh. darin das Grabmal des René de Chalon (1545), ein Hauptwerk des L. Richier, das den Künstler als überscharfen Beobachter zeigt. – Im Alten Schloß das *Musée du Barrois* mit einer interessanten archäologischen Sammlung.

Barneville-Carteret	2010 Ew
50 Manche	S. 413 □ E 4

Das Seebad liegt in reizvoller Umgebung, in der Landsitze und burgartig wirkende Bauernhöfe mit Gehölzen abwechseln. *Saint-Germain,* die Kirche von Barneville, hat im Laufe der Jahrhunderte ihr romanisches Aussehen verloren. Der sie flankierende Turm mit Befestigungscharakter wurde über einem Fundament des 12. Jh. errichtet. In der Kirche sind mehrere figürliche Kapitelle zu sehen. Der kleine Hafen von Carteret verdankt seine Befestigung der strategisch wichtigen Lage gegenüber den englischen Inseln. Sie besteht nur mehr aus armseligen Resten militärischer Baulichkeiten, an die in *Une vieille maîtresse* des Barbey d'Aurevilly erinnert wird (als Kind verbrachte der große Schriftsteller des vergangenen Jh. seine Ferien in einem Wohnsitz des 18. Jh., dem Herrensitz von Carteret).

Bar-le-Duc, Saint-Étienne, Grabmal ▷

Umgebung: Portbail (7 km südlich): Im Bereich dieser Gemeinde wurden zahlreiche gallo-römische Funde gemacht; überdies entdeckte man die Reste eines Baptisteriums des 6. Jh. Die von einem mächtigen, im 15. Jh. verstärkten Turm beherrschte Kirche stammt in ihrem Kern aus dem 11. Jh. Mönche der Abtei von Lessay haben sie an der Stelle einer römischen Villa errichtet, deren Bodenheizanlage dabei entfernt worden ist.

Bar-sur-Aube

10 Aube — 7260 Ew — S. 415 □ L 6

»Ich bin in einem Land von Bächen und Flüssen, in einem Winkel der talreichen Champagne geboren«, schrieb der Philosoph Gaston Bachelard (1884–1962), der ein Sohn dieser kleinen Siedlung von Vallage war. Die Kirche *Saint-Pierre* (Ende 12. Jh.) ist ein Bau im Stile der burgundischen Gotik mit einem von einem Kapellenkranz umgebenen Chor. Die Kirche wird von einer hölzernen Galerie (14. Jh.) flankiert. Aus dem 14. Jh. stammt auch die farbig gefaßte Steinstatue der Madonna, der *Vierge au bouquet,* im Innern der Kirche. Die alte Kapelle des Schlosses der Grafen von Bar, die Kirche *Saint-Maclou* (Ende 12. Jh.), besitzt einen seltenen Vorhallen-Turm, der zur ehemaligen Befestigungsanlage gehörte. Charakteristisch für die Skulptur der Champagne vom Anfang des 16. Jh. ist eine farbig gefaßte, steinerne Figurengruppe, welche als die *Erziehung der Jungfrau Maria* bezeichnet wird und die zu den Kostbarkeiten der Spitalskapelle gehört.

Umgebung: Abtei von Clairvaux (15 km südlich): Die berühmte Zisterzienserabtei (12. Jh.; 1792 aufgehoben und zerstört), deren erster Abt der Hl. Bernhard war, ist seit 1802 Zuchthaus.

Bar-sur-Seine

10 Aube — 3450 Ew — S. 415 □ L 6

Das am Fluß gelegene Städtchen hat eine bewegte Geschichte: Belagerungen und Brände zerstörten die Burg der Grafen von Bar, eine mächtige Be-

Bar-sur-Aube, Vorhalle von Saint-Pierre

festigung, von der sich nur mehr der Uhrturm erhalten hat. Einzelne schöne Renaissancehäuser in Holz-, Ziegel- und Fachwerkbauweise begegnen zuweilen.
In der zwischen 1505 und 1628 errichteten Kirche *Saint-Étienne* vereinigt sich der Flamboyant-Stil mit der Renaissance. Großartige Fenster des 16. Jahrhunderts.

Bassac

16 Charente — 510 Ew — S. 419 □ F 10

Das von einem der Herren von Jarnac gegen 1002 gegründete Kloster wurde von einer benediktinischen Gemeinschaft übernommen, welche die noch heute bestehende Abtei erbaute (12. Jh.). Der 38 m hohe romanische Turm besitzt vier (jeweils zurückgesetzte) Geschosse und ist einer der bemerkenswertesten Türme der Charente. Der romanische Bau wurde im 15. Jh. an der Fassadenseite verstärkt. Der einschiffige Bau mit geradem Chorschluß wurde im 17. Jh. eingewölbt. Den weiten Mönchschor hat man im 18. Jh. wiedereingerichtet. Das schöne Adlerpult sowie die geschnitzten Chorstühle sind Gemeinschaftsarbeit der Benediktinermönche und einheimischer Künstler.

Bassoues

32 Gers — 510 Ew — S. 423 □ G 14

Das auf einem Höhenrücken gelegene Dorf verdankt die Entstehung des großartigen Bergfrieds Arnaud Aubert, Erzbischof von Auch im 14. Jh. Das in Baumasse und Gestaltung eindrucksvolle Bauwerk mit einer Höhe von rund 42 m wurde 1371 vollendet. Ein Tor im ersten Stock weist noch auf den ursprünglichen, nicht vom Erdgeschoß her zugänglichen Eingang. Die Räume bis einschließlich des zweiten Stockwerks sind mit spitzbogigen Gewölben versehen, zwischen drittem und viertem Stock ist eine Decke eingezogen. Der Bergfried schirmt die im Südosten gelegene, aber weitgehend zerstörte Burg ab.

Die Basilika *Saint-Fris* mit Sarkophag des gleichnamigen, 732 ermordeten Heiligen.

Bassac, Kloster

Bastia → Corse

Bastie d'Urfé

42 Loire S. 420 □ L 10

Honoré von Urfé schrieb seinen Schäferroman *L'Astrée*, mit dem er großen Erfolg hatte, am Anfang des 17. Jh. In ihm ruft er die Erinnerung an die Ufer eines Baches von Forez wach. Einer seiner Vorfahren hatte im vorangehenden Jh. aus einem einfachen Landsitz des 15. Jh. eines der schönsten Renaissancebauwerke von Forez entstehen lassen. Der bemerkenswerteste Teil des *Schlosses* ist die doppelte Loggia, die den rechten Flügel des Ehrenhofes bildet. Glanzstück der Wohnräume ist die *Chambre peinte* mit großartig gestalteter Decke. Schöne Tapisserien von Aubusson mit Szenen aus dem Roman *L'Astrée.* In Nachahmung italienischer Vorbilder Muschelgrotte, die durch hervorragende Gitter in Form von Weinspalieren verschlossen ist. Ausgestattet ist sie mit Karyatiden aus Muscheln und Kieselsteinen und mit Mosaiken aus farbigem Sand. Die Kapelle mit stuckiertem Gewölbe enthält einen Altar mit vier Flachreliefs aus weißem Marmor und einer Reihe großer sehenswerter Tafeln der italienischen Schule.

Baugé

4000 Ew

49 Maine-et-Loire S. 413 □ F 7

In dem stillen Landstädtchen in waldreichem Gebiet mit schönen, von Ginster und Heidekraut überwucherten Lichtungen haben sich Bürgerhäuser des 16., 17. und 18. Jh. erhalten. Das Rathaus ist in dem 1430 erneuerten *Schloß* untergebracht (eleganter Treppenturm; kleines Museum mit Fayencen, Waffen und alten Münzen). Das im 17. Jh. gegründete *Spital* hat sich seine ursprüngliche Apotheke mit schönen Holzvertäfelungen, mit einer Ausstattung aus Steinguttöpfen, Kräutertiegeln, Glas- und Zinngefäßen erhalten. In der Kapelle geschnitzter und vergoldeter Tabernakel des 17. Jh. In der Kapelle der *Filles du Cœur de Marie* wird ein Reliquiar des 13. Jh. aus Konstantinopel aufbewahrt, das aus einem Kreuz mit zwei Querbalken und

Baugé, Schloß

zwei Gekreuzigten aus Gold und Edelsteinen besteht und welches Partikel des wahren Kreuzes Christi enthalten soll. Es diente den Herzögen von Anjou als Wappen, jedoch nennt man es heute »Kreuz von Lothringen«!

Baume-les-Messieurs 200 Ew
39 Jura S. 421 □ M 8

Die Abtei wurde im 6. Jh. in einer reizvollen Landschaft gegründet. Einer ihrer Äbte, Bernon, zog von hier mit einigen Mönchen aus, um Cluny (910) zu gründen. Das klösterliche Leben florierte bis 1793, verfiel dann aber, nachdem die Mönche zu »Herren« geworden waren, die weniger auf die benediktinische Regel als auf den Erwerb von Reichtümern und weltlicher Macht achteten. – Vom *Klosterbau* sind teilweise erhalten der Keller des 13. Jh., der Wohnbau aus dem 15. und 17. Jh. und der Hof; vom Kreuzgang besteht nur mehr der Brunnen. Heute ist hier ein *Museum* des jurassischen Kunstgewerbes untergebracht. – Die *Abteikirche* romanischen Ursprungs wurde mehrmals umgestaltet (13. und 15. Jh.): Bemerkenswert ihr langgestrecktes Schiff mit mächtigen Arkaden, das Portal mit segnendem Gottvater, gute Grabsteine und ein Flügelaltar flämischer Herkunft im Chor.

Baux-de-Provence (Les) 370 Ew
13 Bouches-du-Rhône S. 425 □ L/M 14

Horstartiger Sitz mächtiger Adeliger bis ins 15. Jh., dessen Mauern geschleift wurden. Les Baux (von baou = Felsklippe) zählt zu den großen provencalischen Sehenswürdigkeiten. Der ruinenhafte Komplex harmoniert großartig mit der sonnenverbrannten landschaftlichen Umgebung. Mit seinen Renaissance-Wohnhäusern (Haus der Manville und Haus der Porcelets) wirkt das sehenswerte Dorf wie ein aufpolierter Edelstein.
Den Platz beherrscht der Renaissanceturm der Kirche *Saint-Vincent.* Die Kirche mit romanischen Schiffen des 12. Jh. ist mit ihren südlichen Kapellen teilweise in den Felsen gehauen (16. und 17. Jh.) Zeitgenössische Glasfenster von Max Ingrand*. Nebenan die

Baume-les-Messieurs, Abteikirche

Baux-de-Provence, Schloßruinen

Bayeux, Apsis der Kathedrale

Kapelle der »Penitents Blancs« (17. Jh.), in der seit der Restaurierung Wechselausstellungen gezeigt werden. Die Rue du Trencat, in den Felsen gehauen, führt zum *Musée lapidaire* im Turm von Brau (14. Jh.). Außerhalb des Dorfes die Ruinen der Burg, die von einem Bergfried des 13. Jh. beherrscht werden.

Bavay	4100 Ew
59 Nord	S. 411 ☐ K 2

Der Marktflecken hätte außer einem von einem Wachturm des 16. Jh. flankierten Rathaus nichts zu bieten, wären nicht 1942 die imposanten römischen Ruinen des antiken *Bagacum,* einer der großen Städte des römischen Belgiens, entdeckt worden. Als Hauptstadt der Nervier erlitt diese Handelsstadt am Ende des 3. Jh. ihren Niedergang. Das ausgedehnte städtische Areal von 25 000 m^2 (2. Jh.) und seine drei Stadtmauern wurden ergraben: Pfeiler und Bogenstellungen, Reste von Werkstätten und Thermen. Im Westen des Ausgrabungsfeldes liegen drei Terrassen, von denen eine offensichtlich unter der Erde gelegen war und sich als dreischiffiges, rechteckiges Gebäude rekonstruieren läßt.

Im *Museum* reiche Sammlung von Gebrauchsgegenständen wie zum Beispiel Bronzen, Töpfer- und Glaswaren.

Bayeux	14 600 Ew
14 Calvados	S. 413 ☐ F 4

Die alte Hauptstadt des Bessin, die durch ihren Wandteppich und ihre Kathedrale berühmt ist, besitzt ein bemerkenswertes Museum, einige Fachwerkhäuser und schöne Stadthäuser des 18. Jh.

Bayeux, Ausschnitt des Teppichs

Teppich von Bayeux: Technisch fälschlich als Teppich oder Tapisserie von Bayeux bezeichnet, da es sich um Stickerei mit farbigen Wollfäden auf graubraunem Leinen handelt. Nach den Vorzeichnungen von einem oder mehreren Entwerfern illustrierten Handwerker sorgfältig mit der Nadel die Geschichte der Eroberung Englands durch Wilhelm den Eroberer sowie die der Eroberung unmittelbar vorangehenden Ereignisse. Das 70 m lange, aber nur 0,50 m hohe Band schildert wie eine Art »stillstehender Film« in einzelnen Abschnitten und mit außerordentlichem Aufwand an Figuren (202 Pferde, 52 Hunde, 505 andere Tiere, Bauten und Schiffe) die Geschehnisse und gilt als hervorragendes kulturgeschichtliches Zeugnis seiner Zeit. Diese gewaltige, friesartige Stickerei war an den Pfeilern der Kathedrale aufgehängt und zur Schau gestellt gewesen. Die Farben dieses im letzten Drittel des 11. Jh. entstandenen Werkes haben sich erstaunlich frisch erhalten.

Kathedrale: An der Stelle von Vorläuferbauten über einem ursprünglich römischen Tempel 1077 begonnen, im 12. Jh. im gotischen Stil weitergeführt und erst im 15. Jh. vollendet (Seitenkapellen 14. Jh., mächtiger Vierungsturm 15. Jh.). Rein romanisch ist vor allem die riesige Krypta, romanisch sind auch die Westtürme. Während die Westfassade in ihrer relativ bescheidenen Gestaltung die Pracht des Hauptschiffes keinesfalls erahnen läßt, zeigt die Südflanke den Reichtum einer voll erblühten Gotik: Balustraden, Fialen, Strebebögen und ein reichgeschmücktes *Portal*, dessen Tympanon dem Hl. Thomas Becket gewidmet ist. Der Vierungsturm des 15. Jh. endet in einem überfein durchgestalteten Oktogon. Das 19. Jh. rettete ihn durch eine kostspielige Erneuerung des Unterbaus vor dem sicheren Einsturz. Im

Bayeux, Kathedrale, Südportal

harmonischen und lichten Hauptschiff treffen Romanik (Arkadenzone) und Gotik unmittelbar aufeinander. Reiche, kleinteilige skulpturale Ausstattung. Die stark ausgebesserten Vierungspfeiler sind im Kern romanisch. Der großartige gotische Chor (1230) wird von Gittern des 17. und 18. Jh. abgeschlossen. Renaissancechorgestühl, Hochaltar im Stil Ludwigs XVI. von Caffieri*. Die Krypta (11. Jh.) mit bemerkenswerten Kapitellen. Im Kapitelsaal, einer eleganten gotischen Bauschöpfung des 12. Jh., hat sich der Boden des 15. Jh. mit glasierten Ziegeln erhalten.

Musée Baron Gérard: Bemerkenswerte Fayencen von Rouen, alte Porzellane von Bayeux und Valognes, Tapisserien, Spitzen von besonderer Feinheit und Skulpturen. Neben Werken lokaler Meister frühe Italiener und Niederländer sowie französische Malerei des 17. bis 19. Jh.

Umgebung: Abtei von Mondaye (10 km südlich): Alte Prämonstratensergründung, die im 18. Jh. wiedererrichtet wurde. In der Abteikirche große Himmelfahrtsdarstellung aus Terrakotta und Orgelgehäuse mit guten Skulpturen. – **Château de Brécy** (13 km östlich): Origineller Schloßkomplex vom Ende des 17. Jh. mit harmonischer Terrassenanordnung. – **Creully** (14 km östlich): Kirche vom Übergang von Romanik zur Gotik mit Turm des 17. Jh., Schloß des 11. Jh. mit zahlreichen Umbauten bis ins 17. Jh.

Bayonne

42570 Ew
64 Pyrénées-Atlantiques
S. 422 □ D 14

Halb gascognisch, halb baskisch bewahrte sich die am Rande des Baskenlandes gelegene Stadt ihre steinernen Zeugen einer langen Vergangenheit. Sie nannte sich *Lapurdum* in gallo-römischer Zeit und wurde im Mittelalter zu *Baiona.* Reichtum brachten der Stadt ihre Seeräuber im 17. und 18. Jh., ihren Ruf verdankte sie den »faures«, den Waffenschmieden (sie erfanden das Bajonett, das die französische Armee übernahm). – Die Stadt besteht aus dem *Grand Bayonne* rund um die Kathedrale und dem *Petit Bayonne*, der Neustadt außerhalb der urspünglichen Mauern, das aber von einer eigenen Ummauerung geschützt wird. Teile der alten Befestigungen haben sich noch erhalten, das *Château Vieux*, eine starke mittelalterliche Festung in der Du Guesclin gefangengehalten worden war, und die *Remparts de Vauban* (Wälle des Vauban) vom Ende des 17. Jh., das *Château Neuf* (Ende 15. Jh.) und die *Porte de Mousserolles* (18. Jh.)

Kathedrale Sainte-Marie oder Notre-Dame: Über einem römischen Tempel errichtet und im 19. Jh. mit spitzen Turmhelmen ausgestattet. Einziges wichtiges gotisches Bauwerk, das in dieser Region bis ins 13. Jh. zurückreicht. Zwei Feuersbrünste waren An-

Bayonne, Kreuzgang der Kathedrale Notre-Dame

laß zu Umbauten, die sich bis ins 15. Jh. hinzogen. Das Schiff mit seiner kühnen Gewölbekonstruktion wurde im 14. Jh. errichtet. Eines der schönsten Fenster der Kathedrale entstand 1531 und ist in der nördlich gelegenen Kapelle des Hl. Hieronymus untergebracht. In der Sakristei hat sich ein Doppeltor erhalten, das zeitgleich mit der Apsis entstand (13. Jh.) und ursprünglich zum Kreuzgang hinausführte. Die Kathedrale liegt im Herzen von Grand Bayonne, dessen alte Gassen sich ein eigenes Gepräge bewahrt haben.

Museen: Das in einem Kloster des 16. Jh. untergebrachte *Musée basque et de la tradition populaire* mischt Anekdotisches mit Ernsthaftem. Es bietet die beste Einführung in das Land der Basken! Sehr gut angeordnet, führt es die Geschichte dieses so eigenartigen Landes vor Augen. Es zeigt die für die Region typischen scheibenförmigen Grabsteine und sog. »makhilas« (Gehstöcke die zugleich als Waffe dienen) aus Mispelholz.

Musée Bonnat: Es verdankt seine Sammlungen dem Maler Léon Bonnat* (geboren 1833 in Bayonne). Er hat eine Sammlung von Werken, die z. T. von außerordentlicher Qualität sind, zusammengebracht: Neben Botticelli*, Van Dyck*, Rubens*, Hals*, Rembrandt*, El Greco*, Goya*, Turner* und anderen zeigt das Museum auch Werke des Künstlers selbst und Elfenbeintäfelchen des 14. Jh. Die Graphiksammlung des Museums ist besonders reichhaltig.

Bazas

5250 Ew

33 Gironde

S. 422 □ F 13

Der Ort ist malerisch auf einem Hügel gelegen. Die um die ehem. Kathedrale angeordnete Siedlung hat als Zentrum

Bazas, Kathedrale St-Jean-Baptiste

einen von unregelmäßigen Arkaden gerahmten Platz. Bemerkenswert das in einem alten Wohnhaus untergebrachte Syndicat d'initiative (Touristenbüro) und das Rathaus mit klassischer Fassade. Neben der Kathedrale alter Friedhof mit schöner Aussicht. Die *Porte Gisquet,* ein von zwei Türmen des 15. Jh. flankierter Torbau, führt zu den Befestigungsanlagen, von denen sich nur mehr Reste erhalten haben.

Kathedrale: Die den Hauptplatz abschließende Kathedrale ist dem Hl. Johannes dem Täufer geweiht, von dem sie eine Reliquie bis zur Französischen Revolution besessen haben soll. Einst Hauptstadt der Vasaten, von denen sich der Name Bazas ableitet, wurde ihr erster Bischof bereits unter Chlodwig eingesetzt. Sie blieb Bischofssitz bis zum Ende des Ancien Régime. Die ehem. Kathedrale, eines der schönsten religiösen Bauwerke Aquitaniens, wurde 1233 an der Stelle eines romanischen Heiligtumes begonnen, umgestaltet und vergrößert im 16. und 17. Jh., 1725 mit einem merkwürdigen Dreiecksgiebel versehen. Die Fassade ist außergewöhnlich reich mit Statuen versehen und wird so geradezu zu einem Museum mittelalterlicher Bilderwelt. Das dreifache Portal stammt aus dem 13. Jh. Im Mittelportal die Darstellung Christi als König; die Seitenportale sind der Hl. Maria und dem Hl. Petrus gewidmet. Die Portalwölbungen sind vollständig mit Figuren ausgeschmückt (am Mittelportal Heilige, Märtyrer und Engel; rechtes Portal mit den Tierkreiszeichen, der Wurzel Jesse, Szenen aus dem Neuen Testament und musizierenden Engeln; linkes Portal mit dem Leben von Adam und Eva, den Klugen und Törichten Jungfrauen). Das im 13. Jh. errichtete, unmittelbar danach aber bereits veränderte helle Schiff hat sich seinen gotischen Charakter erhalten.

Beaufort, Kirche

Beaugency, Tour de César

Bazouges-sur-le-Loir	1240 Ew
72 Sarthe	S. 413 □ F 7

Marktflecken mit einem teilweise bis in das 16. Jh. zurückreichenden Hausbestand und einer schönen Kirche, deren Turm in seiner Kernsubstanz aus dem 12. Jh. stammt. Von der Brücke aus Blick auf das Schloß (16. Jh.). Die beiden Hauptgebäude im 17. Jh. verändert, Kapelle spätes 16. Jh.

Beaufort-en-Vallée	4050 Ew
49 Maine-et-Loire	S. 413 □ F 7

In einer fruchtbaren Gartenlandschaft gelegenes Städtchen mit einem 1346 erneuerten Schloß und dem unter König René 1455 errichteten Turm. Die Kirche aus dem 15. Jh. besitzt einen Glockenturm aus der Renaissance (1542) und einen Schnitzaltar aus dem 17. Jh. Einige historische Wohnhäuser und ein kleines Museum zählen zu den weiteren Sehenswürdigkeiten.

Beaugency	6510 Ew
45 Loiret	S. 414 □ I 6/7

1429 befreite Jeanne d'Arc die kleine Stadt von den Engländern, ihre Befestigungen ließ Condé schleifen. Die Protestanten steckten sie 1567 in Brand, 1944 wurde sie bombardiert. Trotz dieser Schicksalsschläge haben sich mehrere alte Wohnhäuser und die malerische Brücke mit ihren 22 Bogen (6 davon aus dem 16. Jh.) erhalten. Im Stadtzentrum die Place du Martroi mit einer schlichten Kirche des 11. Jh. und einem Holzhaus des 15. Jh. In der Rue du Puits-de-l'Ange die *Maison des Templiers* (Haus der Tempelherren) mit einer charakteristisch romanischen Fassade (12. Jh.). An das *Rathaus* an-

Beaugency, Luftbild von der Stadt und der Loire

gebaut ein Renaissance-Wohnhaus, das im 19. Jh. restauriert worden war. Unterhalb der Fenster des ersten Stockwerks das Wappen Franz I. (Salamander), das Wappen von Beaugency und der Familie der Longueville. Im Ratssaal 8 wertvolle Stickereien des 17. Jh.

Notre-Dame: Ehem. Abteikirche des 12. Jh., im 17. Jh. restauriert. Mit hölzernen Scheingewölben der Zeit um 1660 ausgestattet. Das 1940 zerstörte Seitenschiff wiederhergestellt. In dieser Kirche fanden die Konzile von 1104 (Exkommunikation Philipps I.) und von 1152 (Auflösung der Ehe zwischen Ludwig VII. und Eleonore von Aquitanien) statt. Linker Hand der Kirche der *Cäsarenturm* aus dem 11. Jh. Dem großartigen Rechtecksturm, der unter den Religionskriegen stark gelitten hat, fehlt die abschließende Bekrönung. Die Gewölbe der fünf Geschosse sind 1840 eingestürzt. Er bildet den Rahmen des 5. Aktes von Victor Hugos »Marion Delorme«.

Schloß und Museum: Von Dunois errichtet, war der Bergfried ursprünglich durch einen gedeckten Gang in das Schloß eingebunden. Der Hauptwohntrakt steht in Verbindung mit einem Turm des 14. Jh. Im Schloß untergebracht ein *Museum*, das Kleidungsstücke, Trachtenhauben, Hausrat und verschiedene Denkwürdigkeiten zeigt.

Umgebung: Meung-sur-Loire (7 km nordöstlich): Großer Markt mit Schloß des 13. Jh., erneuert unter Ludwig XIV., unter dem Herrn von Jarente im 18. Jh. vergrößert, der hier ein annehmbares Leben im Exil verbrachte. Kirche *Saint-Liphard* aus dem 13. Jh. mit massivem Glockenturm (11. und 12. Jh.), der mit hellgrauen Steinschindeln gedeckt ist. Der Ort ist Heimat des Jean de Meung, der hier den berühmten, ein halbes Jahrhundert frü-

Beaulieu, Tympanon am Südportal der Kirche

her durch Guillaume de Lorris begonnenen allegorischen *Roman de la Rose* vollendete.

Beaulieu-sur-Dordogne 1710 Ew
19 Corrèze S. 419 □ I 12

Die Gründung der Abtei an einer urkundlich als *bellus locus* (= beau lieu) bezeichneten Stelle geht auf Raoul de Turenne, Erzbischof von Bourges, zurück (855). Um sie herum entwickelte sich die schmucke Kleinstadt mit schönen alten Bauwerken und einem statuetten- und konsolengeschmückten Renaissance-Haus.

Saint-Pierre: Bedeutender Bau im romanischen Stil von Limoges, berühmt wegen seines Südportals, das zu den Hauptwerken der romanischen Skulptur zählt. Blickpunkt des mächtig sich öffnenden Torbaus ist das Tympanon mit der großartigen Darstellung des Jüngsten Gerichts, das von der Gestalt Christi (mit weit ausgebreiteten Armen) beherrscht wird. Der Türsturz ist von Ungeheuern und Schimären besetzt, der Mittelpfeiler von drei Prophetengestalten. Der Innenraum der Kirche folgt dem Typus der sog. Pilgerkirchen: Das Hauptschiff mit einem Tonnengewölbe mit Gurtbogen, über den Seitenschiffen eine Galerie von sich zum Hauptschiff hin öffnenden Emporen, der Chor mit Chorumgang mit radial ausstrahlenden Umgangskapellen. Als kostbarsten Schatz besitzt die Kirche eine Madonna des 12. Jh. aus Holz (mit getriebenem Silberblech verkleidet) und ein Armreliquiar der Hl. Felizitas aus Silber, vergoldet.
Von den alten *Klosterbaulichkeiten* (auf der Place des Pères) besteht noch der Kapitelsaal (12. Jh) mit schönen Kapitellen. Abseits am Flußufer gelegen die *Büßerkapelle* (12.–15. Jh.) mit romanischer Apsis.

Beaulieu-sur-Mer

4270 Ew
06 Alpes-Maritimes
S. 426 □ P 14

Überraschung bereitet die auf einen ins Meer vorgeschobenen Felsen gebaute *Villa Kerylos*, Rekonstruktion einer griechischen Villa, die zum größten Teil durch Unterlagen im Museum von Neapel ermöglicht wurde.

Beaumont

1320 Ew
24 Dordogne
S. 419 □ G 12

Beaumont, das zum Teil sein mittelalterliches Aussehen verloren hat, besitzt eine schöne, restaurierte Kirche des 13. und 14. Jh. Die an der Straße nach Bergerac gelegene Burg stammt aus dem 15. und 16. Jh.

Beaumont-de-Lomagne

4100 Ew
82 Tarn-et-Garonne
S. 423 □ H 14

Der Ort hat sich seine große Markthalle, eine beachtenswerte Zimmermannsleistung des 16. Jh., erhalten. Die wehrhafte Kirche, ein Ziegelbau des 13. und 15. Jh., wird von einem beachtenswerten Turm tolousanischen Typs beherrscht.

Beaune

20 000 Ew
21 Côte-d'Or
S. 420 □ L 8

Die von Befestigungswerken und Boulevards umgebene Stadt liegt im Herzen Burgunds. Dem Wandel der Zeit zum Trotz hat sich Beaune sein Gepräge erhalten. Diese ehrwürdige Herzogsresidenz ist reich an schönen alten Wohnbauten, besonders in der Rue de Lorraine. Hauptanziehungspunkt für den Fremden sind jedoch das Hôtel-Dieu, das berühmte Bürgerspital mit seinen farbfrohen Dächern, weiters Notre-Dame, eine Kollegiatkirche romanischen Ursprungs, die in der Gotik weitgehend erneuert wurde, und die Residenz der Herzöge von Burgund, in der sich das Weinmuseum befindet.

Hôtel-Dieu: Seine dem Flämischen entliehene Pracht verdankt dieses »Armenhaus« dem außerordentlich reichen Kanzler Nicolas Rolin, der den burgundischen Herzögen Johann ohne Furcht und Philipp dem Guten diente und der den Bau um die Mitte des 15. Jh. errichten ließ. An Ordensschwestern übertragen, diente dieses Spital der Krankenpflege bis zum Ende des 2. Weltkriegs. Seither ist es einem Spitalneubau als Museum angegliedert. Zu dem Spital gehören Weingärten, die als »des Hospices de Beaune« bezeichnet werden und die verstreut in den besten Weinbauzonen der Côte de Beaune liegen. Am dritten Sonntag im November zieht die Weinversteigerung Käufer aus aller Welt an. Das äußerlich bescheidene Hôtel-Dieu ordnet sich um einen großartigen und malerischen Hof an. Baukörper mit mächtigen Dächern, hohen Dachluken, hölzerner Galerie und alten Brunnen. Glasierte, mehrfarbige Dachziegel bilden ein geometrisches Muster und folgen damit einer im 15. Jh. im Burgundischen beheimateten Tradition.
Eine im Stil des 15. Jh. erneuerte Einfriedung aus Holz trennt den Krankensaal von einer restaurierten Kapelle. Im Plattenboden und an den Wänden erscheint die geheimnisvolle Devise »seul«, was mit »Einzigartiger Stern« zu übersetzen ist, womit Kanzler Rolin eine Huldigung an seine zweite Gemahlin Guigone darbrachte. Die Küchen sind in ihrem Kamin mit einem automatischen Bratspieß des 17. Jh. versehen. Die sich zum zweiten Hof hin öffnende Apotheke wurde im 18. Jh. wieder mit Steinguttöpfen von Nevers, mit Bronzemörsern und Zinngeräten ausgestattet. Die Führungen schließen mit dem Saal des Hl. Ludwig, aus dem man nach Entfernung der Krankenbetten ein Museum gemacht hat. Kanzler Nicolas Rolin gab 1443 das hervorragende Polyptychon mit

Beaune, Dach des Hôtel-Dieu ▷

dem Jüngsten Gericht bei Rogier van der Weyden* in Auftrag. Es ist ein Hauptwerk der flämischen Malerei des 15. Jh., das dem Genter Altar des Jan van Eyck zur Seite zu stellen ist. Durch die Spaltung der Flügel ergab sich die Möglichkeit der Darstellung des Altars in seinem geöffneten und zugleich in seinem geschlossenen Zustand. Die Haupttafel zeigt Christus als Richter des Jüngsten Gerichts zusammen mit dem Hl. Michael als Seelenwäger. Unter den Beisitzern des Gerichts glaubt man (letzte Reihe links) die Porträts des Kanzlers Rolin, des Herzogs Philipp des Guten und des Papstes Eugen IV. sowie der Gemahlin (rechts) Rolins zu erkennen. Im Vergleich zu den Mitgliedern des Gerichts sind die Auferstehenden (die Gerechten werden links durch ein Tor in den Himmel, die Verdammten rechts zur Hölle geführt) in einem kleineren Maßstab dargestellt.
Weiters sind im Hôtel-Dieu Möbel, Tapisserien und die ursprünglichen Festtapeten der »Chambre des pauvres« zu sehen.

Kollegiatkirche Notre-Dame: Ein Portalvorbau des 14. Jh. verstellt die Fassade der Kirche, die während der Gotik stark verändert wurde, ohne ihre romanische Substanz zu verlieren, mit der sie zu einem guten Beispiel der Cluniazenser Architektur zählt (im Innern erinnert der Bau an Saint-Lazare in Autun). Am Anfang des 12. Jh. begonnen und im 13. Jh. fertiggestellt, nötigte ein Brand (1273) zu Umbauten. Die Vorhalle wurde zwischen 1332 und 1348 errichtet, die Kapellen im 14. und 15. Jh. (Chapelle de Bouton im 16. Jh.). Viollet-le-Duc führte in den Jahren nach 1860 die wichtigste Restaurierung des Baus durch. Die barbarische Verstümmelung der Portalzone während der Französischen Revolution schonte wenigstens die schönen Fenster des 15. Jh. Im rechten Eck die vom Domherrn Bouton gestiftete Kapelle mit hübscher Renaissancedekoration. Vierungsturm aus dem 12. und 13. Jh. mit Turmhelm des 16. Jh.
Innenausstattung: Von den Kapitellen sind nur einige der rechten Reihe mit figuralen Darstellungen versehen. Die Bouton-Kapelle ist auch am Außenbau geschmückt. Freskenausstattung in der Kapelle Saint-Léger (zweite Kapelle links), davon am besten erhalten

Beaune, Apotheke des Hôtel-Dieu

Beaune, Polyptychon des Hôtel-Dieu ▷

Discedite a me maledicti in ignem eternum qui paratus est diabolo et angelis eius

Beaune, Wandteppich mit dem Leben der Hl. Jungfrau

die *Auferweckung des Lazarus.* Ihr Schöpfer ist der für den burgundischen Hof tätige flämische Maler P. Spicre* (1470–73). Rechts vom Hochaltar schlecht erhaltene thronende Madonna des 12. Jh., die stilistisch von der Auvergne beeinflußt ist. Im Chor Bildteppiche aus der Zeit um 1500, die in 19 Abschnitten das Marienleben von der Geburt über den Marientod bis zur Krönung schildern. Ein Portal des 12. Jh. im rechten Querhaus führt zu einem Flügel des ehem. Kreuzgangs, von dem aus man den Kapitelsaal (13. Jh.) betritt.

Hôtels des Ducs – Weinbaumuseum von Burgund: Nach dem Anschluß Burgunds an Frankreich Sitz des Königs. In dem um einen unregelmäßigen Hof angeordneten bemerkenswerten Bauwerk (14., 15. und 16. Jh.) führt eine reiche Sammlung die Geschichte des Weinbaus und des Weins von der Antike bis zum beginnenden 20. Jh. vor Augen. Die Besichtigung beginnt im Gärkeller des 14. Jh. mit riesigen alten Keltern (18. und 19. Jh.) und endet im Saal des französischen Weins vor einem bacchantischen Teppich von Lurçat*.

Musée des Beaux-Arts – Kunstmuseum: In einem Teil des als Rathaus verwendeten alten Ursulinenklosters untergebracht, zeigt das Museum zahlreiche Gemälde, vor allem solche des Malers F. Ziem (1821–1911), der als lokaler Vertreter des Impressionismus zu Unrecht wenig bekannt ist. Neben Zeugnissen des alten Beaune und archäologischen Funden umfaßt es auch einen Saal »Marey«, der dem aus Beaune stammenden Arzt und Physiologen dieses Namens gewidmet ist, einem Pionier der Chronophotographie (1892), der einen wichtigen Beitrag zur Entwicklung des Films geleistet hat.
An der Stelle des 1790 abgebrochenen

alten Rathauses befindet sich heute die Place Monge mit der Statue des Gaspard Monge von Rude*. Die Figur des aus der Gegend stammenden Landvermessers blickt auf mehrere Renaissancevillen: Mit der Nr. 9 die sog. Villa Rochepot, die gegen 1522 vom Tuchhändler Jean Pétral errichtet wurde (gotische Fassade, Renaissancehof). Der hohe Turm reicht in seiner unteren Partie ins 13. Jh. zurück und wurde im 14. Jh. vollendet (Glocke von 1407). In der *Rue de Lorraine* mehrere schöne Stadthäuser des 16. bis 18. Jh. In Fortsetzung dieser Straße in Richtung Dijon und bereits in den Weinbergen gelegen die Kirche *Saint-Nicolas* mit Vorhalle des 15. Jh. und Turm und Portal aus der Romanik (13. Jh.).

Beauregard (Schloß)

41 Loir-et-Cher S. 414 □ H 7

Am Rand des Waldes von Russy gelegen, beherrscht das Jagdschloß das Tal des Beuvron. Der alte Jagdsitz reicht zurück ins 16. Jh., wurde jedoch im 18. und 19. Jh. umgebaut (die mit Fresken geschmückte Kapelle während des ersten Kaiserreiches vernichtet). Im ersten Stock die *Galerie des portraits* mit einer Serie von 363 Porträts darunter die von 15 franz. Königen. Unterhalb der Porträtserie eine von Jean Mosnier* aus Blois gemalte Täfelung (königliche Wappen und Devisen). Bemalte Balkendecke und Fliesenboden mit einem Heer von Infanteristen und Reitern in Uniformen der Zeit Ludwigs XIII. Das »Cabinet des Grelots« verdankt seinen seltsamen Namen dem Wappen der Familie der Thier (Grelots-Schellen), welche die Kassettendecke schmücken. Weiters ist der Raum mit schöner Täfelung und mit Malereien des 16. Jh. auf Holz ausgeschmückt.

Beauvais

57000 Ew
60 Oise S. 410 □ I 4

Hauptstadt der Gallier (Bellovaques), die durch die Römer zerstört und im Mittelalter wiedererrichtet worden war. Schwere Zerstörungen während des 2. Weltkriegs haben zur Erneuerung der Innenstadt rings um die unbeschädigt gebliebene, unvollendete ge-

Beauregard, Porträtgalerie im Schloß

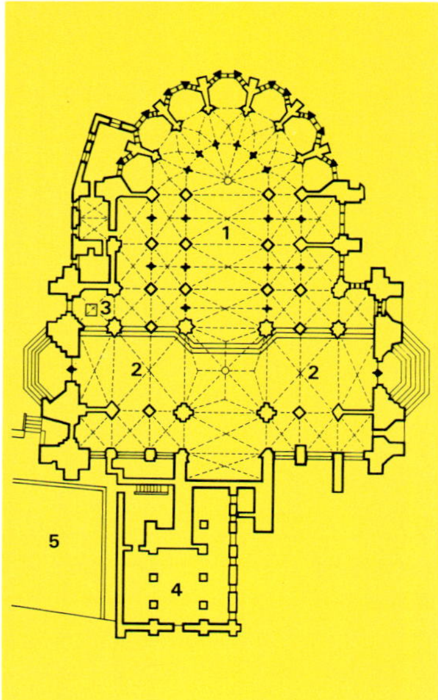

Beauvais, Kathedrale Saint-Pierre 1 Chor **2** Querschiff **3** Astronomische Uhr **4** Basse-Oeuvre (ursprüngl. Kathedrale) **5** Kreuzgang

Beauvais, Kathedrale, Chor

waltige Kathedrale geführt. Das gotische bischöfliche Palais beherbergt heute ein sehenswertes *Museum* (Archäologie, Skulptur und Malerei). Die auf einer Anhöhe am Zusammenfluß zweier Flüßchen gelegene Stadt bewahrt sich das Andenken an Jeanne Hachette, die 1472 die Bewohner der Stadt so mitzureißen verstand, daß die 80000 Soldaten Karls des Kühnen die Belagerung aufgeben mußten. Wenig Ruhm lud der Bischof von Beauvais, Pierre Cauchon, auf sich, der sich mit den Feinden Frankreichs (Engländer und Burgunder) verbündete und Jeanne d'Arc auf den Scheiterhaufen schickte. Die traditionsreiche und berühmte Tapisseriemanufaktur fiel dem 2. Weltkrieg zum Opfer.

Kathedrale: Bau von staunenswerten Ausmaßen, bei dem, ähnlich dem Dom in Köln, der Chor um so bedeutender ist, da der Rest unfertig blieb. Das Heiligtum wäre gewiß das Glanzstück gotischer Architektur geworden, hätten seine kundigen Bauhüttenleiter ihr gewaltiges Programm zu Ende zu führen vermocht. Trotz der enormen Größe und Höhe wollten sie dem Bauwerk außergewöhnliche Leichtigkeit verleihen, schufen dabei die Gewölbe so kühn, daß diese 1284 einstürzten. Der Wiederaufbau unter Hinzufügung neuer Pfeiler wurde von Guillaume de Roye und von Aubert d'Aubigny geleitet. 1324 fertiggestellt, wurden die Fenster mit schmalen Scheiben ausgestattet, von denen sich noch Teile erhalten haben. Das Querschiff wurde im 1. Drittel des 16. Jh. vollendet. Über den Vierungspfeilern entstand um die Mitte des 16. Jh. ein Vierungsturm, auch er von so großer Kühnheit, daß er mit seinen 153 m – damals das höchste Bauwerk der Erde – schließlich einstürzte (1573) und das Querschiff mit seinen flamboyanten Fassaden schwer beschädigte. Es fehlte nicht nur an Geld zum Wiederaufbau, auch der Bau des Langhauses unterblieb. Saint-Pierre blieb das gewaltigste aller Kirchenfragmente. Die Kathedrale mit ihrer schwindelerregenden Gewölbehöhe von 48 m hat sich interessante Fenster und eine reiche Serie von Bildteppichen aus der Zeit des 15.–17. Jh. bewahrt. Die astronomische Uhr stammt aus dem 19. Jh. und ist mit ihren über 90000 Teilen eine der größten der Welt. Am Gelände, welches das Schiff einnehmen sollte, erhebt sich die *Basse Œuvre*, eine Kirche des 10. Jh. (in Wirklichkeit ist es das Schiff der Vorläuferkathedrale).

Saint-Étienne: Das einschiffige Langhaus und das Querhaus der Romanik sind mit einem flamboyanten Chor aus dem 1. Drittel des 16. Jh. zusammengebaut. Im nödlichen Querschiff schöne romanische Fensterrose.

Beauvais, Kathedrale, Astronomische Uhr

Bec-Hellouin, Le (Abtei)	440 Ew
27 Eure	S. 410 ☐ G/H 4

Ein mächtiger Turm mit zierlicher Bekrönung macht auf die berühmte Abtei von Bec-Hellouin aufmerksam, die von Bäumen verdeckt an einem Bach gelegen ist. Das von Ritter Hellouin gegründete Kloster wurde um 1073 an diesen Ort verlegt. Das im Mittelalter bedeutende religiöse Zentrum verfiel und wurde sehr spät von den Mönchen der Kongregation von Saint-Maur wieder instand gesetzt. Ein Großteil der erhaltenen Gebäude ist dem Wiederaufbau in der 1. Hälfte des 18. Jh. zu verdanken, so das alte Refektorium, das als Abteikirche dient. Während der Französischen Revolution aufgelassen, im 19. Jh. geplündert, hätte man das Kloster beinahe geschleift. Eine umfangreiche Restaurierung aber gab ihm seine Schönheit weitgehend zurück. Zu den ältesten Resten zählen der alte Turm Saint-Nicolas (1467) und der alte Kapitelsaal (12. und 13. Jh., Ausschmückung 18. Jh.). Der im 17. Jh. wiedererrichtete Kreuzgang wurde von Guillaume* de la Tremblaye reich ausgestattet. Die neue Ab-

Bec-Hellouin, Abtei

teikirche enthält eine elegante steinerne Madonna des 13. Jh. und einen Sarkophag mit den sterblichen Resten des Gründers Hellouin.

Belfort

54490 Ew
90 Territoire de Belfort
S. 417 □ O 7

Im Zentrum einer Senke zwischen Jura und Vogesen (»Burgundische Pforte«) als typische strategische Schwachstelle Frankreichs war die Stadt allen Invasionen offen. Das Genie Vauban machte daraus einen fast uneinnehmbaren Platz. Auf einem Felsen 67 m über der Stadt liegt die Burg des 13. Jh., die im 17. Jh. in eine Zitadelle umgewandelt wurde und den Kern eines ausgeklügelten Befestigungssystems bildete, das man am Ende des 19. Jh. zugunsten der Ausdehnung der Stadt schleifen mußte. Übriggeblieben ist lediglich die *Porte de Brisach*, die einst einen Doppelwall überragte und Zugang zur Zitadelle gab, welche heute das *Historische Museum* beherbergt. An den Felsen angeschmiegt symbolisiert der gewaltige Löwe aus Vogesen-Sandstein von Bartholdi* (1875 bis 1880) die »Kraft der Verteidigung«. Im Stadtbereich kontrastiert die nüchterne äußere Architektur der massiven und feierlichen Basilika *Saint-Christophe* (18. Jh.) mit einer anmutigen Innenausstattung. Ein Fries mit Engelköpfen entfaltet sich entlang des Schiffes, ein zartes Schmiedeeisengitter, akzentuiert durch vergoldete Partien, schließt den Chor ab. Im Museum befindet sich eine Sammlung mit Fundstücken der regionalen Archäologie.

Bellême

1840 Ew
61 Orne
S. 410 □ G 5

Die Häuser des 17. und 18. Jh. gruppieren sich auf einem Bergvorsprung. Zwei erneuerte Türme erinnern noch an die alten Verteidigungsanlagen. Die Kirche Saint-Sauveur (16. und 17. Jh.) beherbergt einen bedeutenden Altar mit einer von Oudry* d. Ä. gemalten Transfiguration Christi und Holzvertäfelungen aus der Zeit Ludwigs XV.

Umgebung: Sainte-Gauburge (40 km nordwestlich): Das *Musée des Arts et Traditions populaires du Perche* ist in einem alten Klostergebäude (14.–16. Jh.) untergebracht.

Bellou

130 Ew
14 Calvados
S. 410 □ G 4

Anmutiger Herrensitz (16. und 17. Jh.) in einem Park, einst von Wassergräben umgeben. Flankiert von quadratischen Türmen und Türmchen bauen sich die hölzernen Fassadenelemente über dem Steinfundament auf. Der nahegelegene bescheidene Landsitz von Chiffretot entstand im 17. Jahrhundert.

Bénisson-Dieu (La)

360 Ew
42 Loire
S. 420 □ K 9/10

Im Tal der Teysonne unterhalb einer kleinen Ortschaft gelegen, erinnert die Abteikirche noch an ein wichtiges Zisterzienserkloster mit dem ursprünglichen Namen »La Bénédiction de Dieu«. Nur noch der Stein des ehemaligen Brunnens zeugt davon und die Abteikirche mit dem 51 m hohen Turm (15. Jh.). Glasierte mehrfarbige Ziegel steigern den Charme der Kirche, deren siebenjochiges Schiff romanisch ist (Ende 12., Anfang 13. Jh.) wie auch das linke Seitenschiff, von dem zwei Joche zu einer Sakristei umgebaut wurden. Das rechte Seitenschiff ist von einer gotischen Restaurierung des 15. Jh. geprägt; Marienkapelle aus dem 17. Jh. mit Malereien, die von Italien inspiriert sind, und einer Marmormadonna, die 1637 in Genua entstand. Bemerkenswert eine Figurengruppe (Anna Selbdritt, Ende 15. Jh.).

Belfort, Löwe ▷

Bergerac, Museum, Delfter Fayence

Monbazillac, Schloß

Bergerac	27 560 Ew
24 Dordogne	S. 419 □ G 12

Heimat des Philosophen Maine de Biran und des Schauspielers Mounet-Sully, hat aber mit dem Skeptiker und Freigeist Cyrano de Bergerac nichts zu tun (sein Name leitet sich von einer Familienbesitzung im Val-d'Oise her). Am westlichen Rand des Périgord an der Dordogne gelegen, hat der Verkehrsknotenpunkt einen Großteil seiner alten Bauwerke und sein Schloß verloren, hat sich aber ein sehr malerisches altes Viertel bewahrt. Die enge Grande-Rue führt zu einer stark restaurierten gotischen Kirche, die in einer Kapelle zwei interessante Gemälde aus dem 14. Jh. bewahrt. Das *Musée du tabac* im Rathaus belehrt umfassend über das »Nikotin-Kraut« und das gefährliche Vergnügen des Rauchens vom 15. Jh. bis heute (die Region produziert Tabak). Die *Maison du vin* ist in einem Kloster des 12., 15. und 17. Jh. untergebracht.

Umgebung: Monbazillac (6 km südlich): Das auf beiden Ufern der Dordogne sich erstreckende Weinbaugebiet von Bergerac besitzt mit dem erst 1550 über einem Rechtecksgrundriß in gotischer Tradition errichteten Landsitz einen Anziehungspunkt. Die Weinbaugenossenschaft von Bergerac hat in dem Schloß ein reizvolles Museum eingerichtet (Möbel, Bücher, Druckgraphik, Werkzeug und Weinkultur).

Bergues	4 480 Ew
59 Nord	S. 411 □ J 1

Militärarchitektur bestimmt den Charakter von Bergues: Türme, von denen einige aus dem Mittelalter stammen, Bastionen, Kanäle in der Funktion von

Wassergräben, ein paar monumentale, mit Skulpturen geschmückte Tore (Porte de Cassel). – Von der ehem. Abtei *Saint-Winoc* (11. Jh.) existieren nur noch Reste: ein Tor des 18. Jh. und zwei Türme. Der elegantere davon (Tour Pointue) wurde 1815 erneuert. Der 1944 zerstörte Ratsturm galt als der schönste Frankreichs; seine Rekonstruktion aus »Sandziegeln« ist schlichter, aber weitgehend getreu (quadratischer, 47 m hoher Turm mit oktogonalem Aufsatz). Mit ihren stillen Gassen und Kanälen bewahrt sich die typisch flämische Stadt den Charakter einer anderen Zeit, so z. B. der von 1629 bis 1633 erbaute »Mont-de Piété« (Pfandleihhaus), ein Gebäude, das den Wohlstand von Bergues widerspiegelt. Im Inneren das *Städtische Museum* mit einigen guten Gemälden der flämischen und der franz. Schule, außerdem reiche Sammlung von Zeichnungen des 16. und 17. Jh.

Umgebung: Hondschoote (10 km östlich): Einst Zentrum der Kammgarnindustrie (Herstellung von Serge) mit ursprünglich an die 28000 Einwohnern (heute sind es nur mehr an die 3000). Bemerkenswert das *Renaissance-Rathaus*, der hohe Kirchturm des 16. Jh. und die *Nordmolen*, eine vielleicht auf 1127 zurückreichende Windmühle. – **West-Cappel** (7 km südlich): Die Kirche des 16. Jh. enthält großartige geschnitzte Holztäfelungen des 17. und 18. Jh. – **Esquelbecq** (20 km südlich): Bemalte, elegante Häuser, eine Hallenkirche des 16. Jh. mit drei Giebeln aus verschiedenfarbigem Ziegelwerk, ein großartiges, aus Ziegeln erbautes Schloß feudalen Charakters, das von einem sechseckigen Turmaufsatz überragt wird. Vom Ufer der Yser zeigt das Dorf seinen typisch flämischen Charakter.

Bernay	10530 Ew
27 Eure	S. 410 □ G 4

Die nach ihrer Auflassung und dem damit verbundenen Verfall wiederhergestellte Abteikirche von Bernay stammt aus dem 11. Jh. und wurde im 15. und 17. Jh. umgestaltet. Kühner kreuzförmiger Bau mit schönem südlichem Querhausarm. Die Kirche Sainte-Croix aus dem 14. und 15. Jh. bewahrt Kunstgegenstände und Grabsteine aus der Abtei Bec-Hellouin; monumentales Retabel des 17. Jh. am Hochaltar. Die Basilika Notre-Dame de la Couture (15. Jh.) ist mit ihrer Madonnenfigur (15. Jh.) Ziel von Wallfahrten.

Besançon, Palais Granvelle

Umgebung: Beaumesnil (13 km südöstlich): Stolz der Landschaft von Ouche ist das zur Zeit Ludwigs XIII. gebaute Schloß mit den Gärten in der Art des Le Nôtre.

Broglie: (19 km südöstlich): Riesiges Schloß, das im 17. Jh. weitgehend ausgebaut wurde und das nicht besichtigt werden kann. Beachtenswerte romanische Kirche.

Besançon, Porte Rivotte

Besançon	119 860 Ew
25 Doubs	S. 417 □ N 7

Die Hauptstadt der Franche-Comté, die sich zu einem ökonomischen, geistigen und künstlerischen Mittelpunkt entfaltete, hat durch ihre Lage an einer Schleife des Doubs, malerischen Charakter. Durch ihre Lage, aber auch durch ihre Geschichte hat sie sich Schätze einer langen, fruchtbaren und blühenden Vergangenheit bewahrt. Sitz eines Erzbischofs und einer Universität und gilt als Zentrum der französischen Uhrenindustrie im Jura. An das römische »Vesontio« erinnern noch zahlreiche Spuren.
In dieser Kunststadt lebt das Andenken an eine Reihe berühmter hier geborener Männer fort: Victor Hugo (1802) und die Brüder Lumière (1862 und 1864).

Festung: Die Festung auf einer 118 m hohen felsigen Erhebung über dem Doubs bezeugt die strategische Bedeutung von Besançon. Die Zufahrtsstraße bietet entlang der Umwallung schöne Ausblicke. Die raffinierte Befestigungstechnik geht auf ein Konzept des Festungsarchitekten Vauban zurück: Drei aufeinanderfolgende »Fronten« versperren mit ihrer Breite den Gipfel des Hügels, um damit dem Angreifer besser Widerstand leisten zu können. Gegenwärtig frei von Militär, dient sie als *Musée Agraire, Musée du Folklore Comtois, Musée de la Résistance et de la Déportation, Musée d'Histoire Naturelle*. Außerdem: *Aquarium* und *Parc Zoologique*.

Alt-Besançon: Die sehenswerte Altstadt besitzt zahlreiche Zeugnisse ihrer Entwicklung von der römischen Zeit über die alte Reichsstadt »Bisanz« bis zu den Stadthäuser des 16.–18. Jh. Die Grande-Rue (Nr. 140: Geburtshaus von V. Hugo) ist teilweise Fußgänger-

Besançon, Porte Noire

Besançon, Präfektur

zone und folgt einer antiken Trasse. Auf dem *Square archéologique A. Castan* Reste eines Wasserreservoirs, das ein Aquädukt speiste, von dem heute noch die Wasserrinnen sichtbar sind.
In der Nähe der Kathedrale die *Porte de Mars,* Porte Noire genannt (2. Jh. n. Chr.): Mit ihren Skulpturen und dem zweigeschossigen Aufbau erinnert sie an die Pracht römischer Triumpharchitektur. Das *Palais Granvelle* wurde 1534 bis 1540 vom Vater des Kanzlers Granvelle Karls V., des Kardinals und späteren Erzbischofs von Besançon erbaut. Die strenge Fassade kontrastiert zu dem schönen Säulenhof.
Im Obergeschoß des Palastes das *Musée d'histoire et d'ethnographie de la Franche-Comté* (Geschichte und Volkskunde). Das Wandbild Karls V. erinnert daran, daß Besançon gegenüber dem franz. gewordenen Burgund damals dem Reich angehörte.
Aus dem 16. Jh. stammt die großartige *Porte Rivotte.* Von zwei Rundtürmen flankiert, bildet sie einen Teil der alten Stadtbefestigung. Auf dem Vorbau findet sich das Wappen Ludwigs XIV., der die Stadt 1674 eroberte.
Das ehem. *Palais des intendants,* heute Sitz der Präfektur, hat Victor Louis* erbaut. Das im 18. Jh. entstandene Gebäude weist auf eine Blütezeit der Stadt hin. Die mit Pilastern gegliederte Fassade wird mit einem Giebel abgeschlossen. Im Inneren großartige Treppenanlage mit geschmiedetem Geländer.
Im *Hôpital Saint-Jacques* vollständig erhaltene Apotheke des 18. Jh. und ein prachtvolles schmiedeeisernes Gitter.

Kathedrale: Bau des 11.–13. Jh. mit Ost- und Westapsis. Chor 18. Jh. Im Bau mischt sich Romanisches (starke Viereckpfeiler) auf ideale Weise mit Gotischem (Oberzone mit Gewölben). Bedeutende Ausstattungsstücke: Ma-

Bessans, Kapelle St-Antoine

donna mit Jesukind und Heiligen, ein Werk des Fra Bartolomeo* von 1518. Die *Rose de Saint-Jean* (4. Jh.) ist ein bemerkenswerter römischer Rundaltar aus Marmor. Im Uhrturm beachtenswerte astronomische Uhr der Zeit um 1860.

Musée des Beaux-Arts: (Untergebracht in einem adaptierten Getreidespeicher): Der moderne Ausbau trägt auf kluge Weise der Beschäftigung mit den ausgestellten Werken Rechnung. Bedeutende Gemälde von Lucas Cranach*, Bronzino*, Tintoretto*, Peter Paul Rubens*, Jacob Jordaens*, Zurbarán*, Francisco de Goya*, Gustave Courbet*, Pierre Bonnard* und Pierre Auguste Renoir*. Bedeutendes graphisches Kabinett.

Städtische Bibliothek mit zahlreichen Manuskripten, Wiegendrucken und kostbaren Buchausgaben des 16., 17. und 18. Jh.

Bessans	250 Ew
73 Savoie	S. 421 □ N 11

Das von den Bergen eingeschlossene Dorf wurde nach dem 2. Weltkrieg neu gebaut, 1957 von einem schweren Hochwasser der Arc heimgesucht. Die Kirche des 17. Jh. mit einem Christus von Jean Clappier* (lokaler Künstler des 17. Jh., der zahlreiche Votivgaben und Werke in naiver und reizender Manier malte und schnitzte, von denen sich noch manche in den Kapellen der Gegend befinden). Die bescheidene Kapelle *Saint-Antoine* mit Fassadenmalereien, die in realistischer Weise Allegorien der Tugenden und Laster darstellen (stark beschädigt). Im Inneren Darstellungen des Lebens Christi. Die Datierung der Kapelle ist umstritten: 14. oder 16. Jh.?

Besse-en-Chandesse	1770 Ew
63 Puy-de-Dôme	S. 420 □ J 11

Auf einer Höhe von 1000 m im Hochtal der Couze, am Südabhang des Mont-dore gelegenes Dorf mit Resten mittelalterlicher Befestigungsanlagen (Altes Schloß und ein als Tour de prison bezeichneter Rundturm). Der Ort bietet ein malerisches Ensemble mit Häusern, die zum Teil aus dem 15. und 16. Jh. stammen. Eine charakteristische Note ergibt die Verwendung von Dachziegeln aus schwarzem Lavagestein. Bemerkenswert ist das *Hôtel de la Reine Margot* mit gotischem Portal.

Saint-André: Die Kirche ist ein »gebirglerischer«, gedrungen wirkender, teilweise noch romanischer Bau (Schiffe und Vierung 12. Jh., Chor mit Apsis 16. Jh.). In ihr befinden sich bedeutende Blattwerkkapitelle, z. T. mit allegorischen Darstellungen, wie sie in der auvergnatischen Kunst bevorzugt wurden. In den hervorragenden Chorstühlen findet sich diese Kunst fortgeführt.

Besançon, Muséum (Cranach) ▷

Beynac-et-Cazenac, Gesamtansicht

Béthune 28300 Ew
62 Pas-de-Calais S. 411 ☐ J 2

Wichtiger Flußhafen in einem Bergbaugebiet, dessen Kohlevorkommen an Bedeutung verloren hat. Einer alten, auf die Pestepidemie von 1188 zurückreichenden Tradition entsprechend tragen die Barmherzigen Brüder des Saint-Éloi die Verstorbenen aller Gesellschaftsschichten zu Grabe, und zwar unentgeltlich. Auf der Grand-Place stehen die schmalen Häuser aufs dichteste aneinandergedrängt und erzeugen so mit ihren zahlreichen Giebeln ein malerisches Bild. Großartiger *Stadtturm* des 14. Jahrhunderts aus Sandstein mit einer Höhe von 47 m.

Umgebung: Lillers (13 km westlich): Neben einigen Häusern des 17. Jh. einziges noch bestehendes romanisches Haus Nordfrankreichs (im 17. Jh. stark verändert). Auf die Zeit von 1120–1150 zurückgehende romanische Kollegiatkirche *Saint-Omer* mit bemerkenswertem Innenraum: Lichter, weiter Bau, der mit einem Chorumgang ausgestattet ist. Dreigeschossiges Schiff mit Holzdecke. Der »Christus vom Blutwunder« stammt aus dem 12. Jh.

Olhain (15 km südlich): Erneuerte Festung von 1407 in gutem Erhaltungszustand. Halbkreisförmiger Vorhof, von dem aus man über eine Zugbrücke in den Kern der Verteidigungsanlage mit einem zylindrischen Bergfried gelangt.

Beychevelle (Schloß)
33 Gironde S. 418 ☐ E 11

Im Herzen des Weinbaugebiets von Médoc an der Gironde gelegenes Schloß aus der Zeit Ludwigs XV., das 1757 stark erneuert wurde und in dessen Kellern beste Bordeaux-Weinsorten lagern.

Beynac-et-Cazenac 410 Ew
24 Dordogne S. 419 ☐ H 12

Die kühn am Steilabfall zur Dordogne hingebaute malerische Burg schützt das am Flußufer gewachsene Dorf, das einst als Anlegeplatz der Flußschifffahrt diente.

Burg: Die Burg mit ihrem strengen Bergfried stammt aus dem 14. und 15. Jh. In dem sonst völlig leeren Bauwerk gewölbter Hauptsaal und Oratorium mit Fresken des 15. Jh. Vom Zugangsweg schöne Aussicht.

Manoir de Fayrac (am gegenüberliegenden Ufer der Dordogne): Der schöne Herrensitz stammt aus dem 15./16. Jahrhundert.

Schloß de Marqueyssac: Das ansehnliche Schloß aus dem 18. Jahrhundert

Beychevelle, Schloß

liegt zwei Kilometer südöstlich von Beynac-et-Cazenac.

Schloß Les Milandes: Beachtenswerter Renaissance-Bau aus dem 15. Jahrhundert. In diesen Räumen richtete Josefine Baker ihr allenthalben bekanntes Heim für ihre internationale Kindergemeinschaft ein.

Béziers	85700 Ew
34 Hérault	S. 424 □ J 15

Malerische Stadt und Mittelpunkt des Weinbaus, die aus der römischen Militärkolonie *Biterrae Septimanorum* hervorging und die während der Albigenserkriege fast vollkommen zerstört wurde. Die Oberstadt war vor den Römern bereits in prähistorischer Zeit besiedelt. Die Alleen Paul-Riquet tragen den Namen des Mannes aus Béziers, der den Canal des Deux-Mers (17. Jh.) schuf. Sie führen zu einer aussichtsreichen Gartenanlage, dem Plateau des Poètes mit seinen zahlreichen Dichterbüsten. Das Rathaus mit seinem Turm stammt aus dem 18. Jh. Die *Église de la Madelaine*, romanischen Ursprungs, wurde während der Gotik, aber vor allem im 18. Jh. stark verändert. Auf ihre ursprüngliche Form gehen nur noch die Apsis und die südliche Flanke zurück. Der gotische Chor (13. Jh.) der teilweise romanischen Basilika *Saint-Aphrodise* liegt über einer romanischen Krypta, die als Grabstätte des ersten Bischofs der Stadt gedient hatte. Ein gallo-römischer Sarkophag wird als Taufbecken verwendet.

Saint-Nazaire: Die festungsartige ehem. Kathedrale ist auf einer Anhöhe gelegen und dem Saint-Nazaire geweiht. Sie stammt vom Ende des 13. Jh. (Chor, Querhaus) und aus dem 14. Jh. (Schiff und Fassade). Beson-

Béziers, Kirche St-Nazaire

Billom, Gitter an der Kirche

ders am Turm sind noch Spuren einer früheren romanischen Kirche zu finden. Die Fassade mit großem Rosenfenster, am Portal die bemerkenswerte Darstellung der triumphierenden Kirche und der zerschmetterten Synagoge (14. Jh). An der Apsis interessante Dekoration des 18. Jh. In einer alten Kapelle des 15. Jh. mit schöner sternförmiger Wölbung ist die Sakristei untergebracht.

Museen: Im Haus Fabrégat das *Musée des Beaux-Arts* mit einer Anzahl griechischer Vasen und zahlreichen Gemälden aus der Zeit des Übergangs vom Mittelalter zur Renaissance, darunter ein Porträt von Hans Holbein d. J.*, ferner Werke von Dominicain*, G.-F. Cipper*, Giuseppe Bonito*, Goya* (Pieta) und Delacroix* (junger Märtyrer, inspiriert von Zurbarán). – In der ehem. Dominikanerkirche das *Musée du vieux Biterrois* mit Denkmälern der Geschichte von Béziers, volkskundliche und kunstgewerbliche Sammlung, Weinbaugeschichte. Beachtenswerte meeresarchäologische Funde vom Cap d'Age.

Saint-Jacques: Romanischer Bau des 12. Jh., der nur mehr an der Apsis deutlich erkennbar ist, während der übrige Kirchenbau durch spätere Veränderungen klassische Züge angenommen hat. Die *Pont-Vieux* stammt aus dem 13. Jh., die *Pont-Neuf* aus dem 19. Jh.

Billom	3960 Ew
63 Puy-de-Dôme	S. 420 □ K 10

Am Schnittpunkt der Ebene von Limagne und der Granitplateaus von Livradois gelegenes mittelalterliches Städtchen, das auf eine reiche Vergangenheit zurückblickt. Bereits unter Karl dem Großen genannt, war Billom

Biot, Panorama

Sitz der ersten Universität der Auvergne und zählte bis zu 2000 Studenten. Bis zur Mitte des 16. Jh. blieb es wichtiges Bildungszentrum. Aus dieser Zeit stammt das schöne Haus *Du Chapitre* mit seinem dreiteiligen Tor (15. Jh.), das Haus *de l'Échevin* (= Schöffe; 15. Jh.), das Haus *du Bailli* (16. Jh.) und der mit einem hölzernen Turmhelm bekrönte *Ratsturm* (16. Jh.). Das *Quartier médiéval* gibt eine gute Vorstellung mittelalterlichen Städtebaus: Schmale Gassen mit Kieselsteinen gepflastert ohne Trottoir und gesäumt von dichtgedrängten Häusern, die eine unregelmäßige Front bilden. Die *Rue des Boucheries* (= Metzgergasse) ist die malerischste. Die Kirche *Saint-Cerneuf* mit romanischem Chor. Chorumgang, Krypta, die drei Schiffe und das Querhaus sind im 13. Jh. in gotischen Formen erneuert worden. Chorabschluß mit schönem romanischem Gitter. Der Chor mit seinem Umgang und den radial ausstrahlenden Kapellen ist möglicherweise in dieser Form der älteste der Auvergne.

Biot	2750 Ew
06 Alpes-Maritimes	S. 426 □ O 14

Auf einer beherrschenden Anhöhe über dem Tal der Brague gelegen und um einen arkadengesäumten Platz des 13. und 14. Jh. angeordnetes Städtchen. Kirche romanischen Ursprungs (schöne Altäre, darunter der mit der Rosenkranzmadonna von Louis Bréa*). In der Hauptstraße Kapelle Saint-Anne (1580) und Uhrturm (17. Jh.).

Umgebung: Musée national Fernand Léger (2 km): Eröffnet 1960. In dem nüchternen und weitläufigen Museumsbau wird die Entwicklung des großen normannischen Malers (1881–1955) vorgestellt. Als einer der

Kubisten interessierte er sich auch für die Buchdruckerkunst, für Wandgestaltung, Glasfenster und für die Teppichkunst. Seine vielfältige Tätigkeit wird hier dokumentiert. Auf Betreiben der Witwe Nadia Léger errichtet, wurde der Bau als ein Beispiel funktioneller Architektur der Obhut des Staates übertragen. Eine mehrfarbige, nach einem Projekt Légers für das Stadion von Hannover hergestellte Keramik schmückt den Eingang.

Blanc (Le)	8020 Ew
36 Indre	S. 419 □ H 9

An der Grenze von Brenne und Poitou gelegen, entwickelte sich das Städtchen um eine Festung des 12. Jh., mit der die Furt über die Creuse beschützt wurde. Die Kirche *Saint-Cyran* ist ein schlichtes romanisches Bauwerk (nicht mehr als Kirche in Verwendung). In der Kirche *Saint-Étienne* (17. Jh.) Altar mit korinthischen Säulen. Bemerkenswertes Reliquienkästchen aus Kupfer, vergoldet mit Limousiner Email-Arbeiten (13. Jh.). Im unteren Teil des Städtchens die Kirche *Saint-Génitour*. Chor mit Apsis aus dem 12. Jh., Schiff und Querschiff 13. Jh., der romanische Glockenturm 12. Jh. Bemerkenswerte romanische Kapitelle.

Blasimon, Abtei

Blasimon	780 Ew
33 Gironde	S. 418 □ F 12

Das Dorf stand im Schatten der ehem. weitgehend zerstörten Abtei, die dem Saint-Maurice geweiht war. Die Abteikirche mit ihrer eleganten, schmalen Fassade (Turm des 15. oder 16. Jh.) aus dem späten 12 Jh. wurde 1793 schwer beschädigt, doch verschonten ihre Zerstörer die Portalanlage mit ihrer großartigen skulpturalen Ausstattung.

Blaye	4300 Ew
33 Gironde	S. 418 □ F 11

Auf einem felsigen Plateau gelegenes, befestigtes Städtchen mit einer von Vauban 1685–1688 verstärkten und vollendeten Zitadelle. Die Befestigungsanlagen umschließen die Straßenzüge, Plätze und Parkanlagen zur Gänze und geben damit dem Dorf einen etwas melancholischen Charakter. Mit den Festungen auf der Insel Paté und dem Fort Médoc bildet die Zitadelle ein umfassendes Verteidigungssystem. 1814 fand die einzige Belagerung statt. Die Kirche von Blaye (das gallo-römische *Blavia*) stammt aus dem 17. Jh.

Blesle	860 Ew
43 Haute-Loire	S. 420 □ J 11

Anziehender Marktflecken in der Nähe der »Gorges de l'Allagnon« (Flußeinschnitt in den Gneis, dahinter die orgelpfeifenartigen Basaltfelsen) mit Resten der Befestigungen des 13. Jh. Die ehem. Abteikirche Saint-Pierre aus dem 11. und 12. Jh. mit kurzem Schiff, breitem Querhaus mit einem aus karolingischer Zeit stammenden Portal und weitem Chor des 12. Jh. Besonderes Interesse darf die plastische Ausstattung des Außenbausbeanspruchen (Kapitell eines Chorfensters mit der Darstellung der Frau mit den Schlangen; phantastische Tierdarstellungen an der Archivolte des großen Fensters an der Querschiffs-Nordwand u. a.).

Blois	52000 Ew
41 Loir-et-Cher	S. 414 ☐ H 7

Von der Pont Gabriel (1717–1724) aus schöner Blick über das auf zwei Hügeln an der Loire gelegene Blois, eine Stadt von hoher historischer und künstlerischer Bedeutsamkeit. Sein berühmtes Schloß erinnert an eine große Zeit des Val de Loire. Die Geburtsstadt von Ludwig XII. (1462), Denis Papin (1647) und Augustin Thierry (1795) regte zahlreiche Dichter an.

Blois war der Sitz einer – vor allem während des 11. und 12. Jh. – mächtigen Grafschaft mit eroberungslustigen Herren und erhält seine besondere Bedeutung als mächtiger Brückenkopf. Im 14. Jh. wurde das Lehen durch den Bruder Karls VI., den Herzog Ludwig von Orléans, erworben. Sein unehelicher Sohn, der mutige Dunois, verteidigte das Schloß während der letzten Phase des Hundertjährigen Krieges bis zur Befreiung Karls von Orléans, des Erben von Blois. Nach der Rückkehr aus langjähriger englischer Gefangenschaft heiratete Karl von Orléans, der Prinz-Poet, Marie de Clèves. Sie schenkte dem damals Einundsiebzigjährigen einen Sohn, den zukünftigen Ludwig XII. Aus dessen Ehe mit Anne de Bretagne stammt eine Tochter, die Franz I. zur Frau nahm, der in Blois residierte: Unter anderem empfing er dort Kaiser Karl V. 1576 beruft Heinrich III. die General-Ständeversammlung im Schloß ein: Die Erlässe zugunsten der Protestanten wurden aufgehoben, was die Bürgerkriegssituation verstärkte. Ein Aufstand gegen das Königtum in Paris führte zu einer zweiten Versammlung der Generalstände in Blois (1588). Nach dem Tod Heinrichs geriet das Schloß als königliche Residenz in Vergessenheit. Von 1617 bis 1619 bewohnte es die dorthin verbannte Maria de Medici. Gaston

Blois, Gesamtansicht

d'Orléans strebte einen Neubau des gesamten Schlosses an, aus Geldmangel wurde aber nur der südwestliche Flügel ersetzt. Nach seinem Tod (1660) verlor das Schloß seine Bedeutung. Eine radikale Restaurierung der Zeit von 1843 bis 1870 behob die durch die Revolution entstandenen Schäden. Schwere Schäden entstanden dann wieder im Zweiten Weltkrieg.

Schloß und Museum: Auf einer leichten Anhöhe errichtet, besteht das Schloß aus vier sehr unterschiedlichen Baugruppen: Die älteste (13. Jh.) enthält die »Salle des États« (farbige Ausstattung 19. Jh.); nach Ludwig XII. benannter nordöstlicher Flügel mit dem Haupteingang, erbaut zwischen 1498–1503; der nach Franz I. benannte nordwestliche Flügel stammt aus der Renaissance (1515–1524); der nach Gaston d'Orléans benannte südwestliche Flügel (gegenüber dem Eingang) wurde von François Mansart* im 17. Jh. errichtet. Das bemerkenswerte architektonische Ensemble ist so gut wie gar nicht mit Möbeln ausgestattet. So ruft eine Besichtigung den Eindruck der Leere und Kälte hervor. Nach Süden geöffneter Ehrenhof. An die 1508 dem Saint-Calais geweihte Kapelle (ihr Schiff abgebrochen, die Fenster modern) ist eine unter Ludwig XII. entstandene Galerie angefügt. Im Südosten der Schloßterrasse der Tour du Foix, Teil der ursprünglichen mittelalterlichen Befestigung.

Flügel Franz' I. und seine Außenfassade: Der in großartigen Renaissance-Formen errichtete Baukörper mit dem um 1520 entstandenen Treppenturm ist der berühmteste Teil des Schlosses. Seine von der Place Victor-Hugo aus sichtbare Außenfassade besteht aus zwei reizvollen Loggiageschossen, über denen eine Galerie den Abschluß bildet, Die hofseitige Fassade ist reich ornamentiert: Balustrade mit den Wappen von Franz I. und Claude de France; über den Dachfenstern Kinderstatuen; Salamander (das königliche Emblem) zwischen den von Pilastern gerahmten Fenstern. Die ursprüngliche Fassadenmitte (heute verkürzt) nimmt der achteckige durchbrochene Turm mit der Grand Escalier ein, der bei königlichen Empfängen als eine Art von Tribüne diente. – Eine Besichtigung beginnt im ersten Stock, und zwar in den Appartements de la reine (Wohnung der Königin), welche

Blois, Schloß, Flügel Ludwigs XII.

Blois, Treppe Franz' I. ▷

Blois, Ausschnitt, Fassade

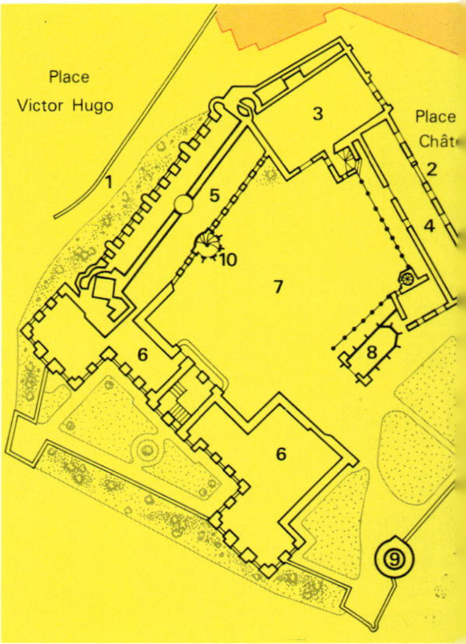

Schloß von Blois **1** Auffahrtsrampe **2** Eingang **3** Salle des Etats **4** Nordostflügel Ludwigs XII. **5** Nordwestflügel Franz' I. **6** Südwestflügel Gaston d'Orléans **7** Ehrenhof **8** Kapelle Saint-Calais **9** Tour du Foix **10** Große Treppe

im 19. Jh. durch Duban* erheblich restauriert wurden. Im Großen Saal originale Prunkkamine und Türumrahmungen aus der Zeit Franz' I. Das »Kabinett« ist zur Gänze mit arabeskengeschmückten Geheimkästchen ausgekleidet (Decke und Kamin gänzlich erneuert), die mit einer Fußmechanik zu öffnen sind. Im zweiten Obergeschoß das Appartement Heinrichs III., in dem der König 1588 Herzog Heinrich von Guise ermorden ließ. *Salle des États:* Sie verbindet den Flügel Franz' I. und den Flügel Ludwigs XII. Aus dem 13. Jh. stammend, gehört sie noch der mittelalterlichen Burg an. In diesem Saal gaben die Grafen von Blois Audienzen und Feste und saßen zu Gericht. Der 30 m lange und 12 m breite Raum ist mit den von Rubens entworfenen Gobelins (Leben Alexander des Großen) des 17. Jh. ausgestattet. Den Namen erhält er von den 1576 und 1588 hier versammelten Generalständen.

Flügel Ludwigs XII. und die Museen: Spätgotisches Bauwerk. Im Erdgeschoß der Hoffront Arkadengang, der beidseitig durch Treppentürme mit Wendeltreppen abgeschlossen wird. Hoffassade mit ornamentalem, von der italienischen Renaissance inspiriertem Dekor bereichert. Eine Bereicherung bedeutet auch die wechselweise Verwendung von rotem Ziegel und hellem Haustein. Das über den Tieren zu findende Stachelschwein mit den Initialen L (Ludwig) und A (Anne de Bretagne) ist das Emblem Ludwigs XII. Im Erdgeschoß befindet sich das *Musée des arts religieux* (Museum sakraler Kunst), im oberen Geschoß das *Musée des beauxarts* mit zwei Fresken aus der Zeit Ludwigs XII., eine seltene Serie von Seidenmalereien aus dem 16. Jh., Werke der flämischen und der holländischen Schulen und des 19. Jh. (Ingres*, David*, Isabey*); gute

Blois, Schloß, Ausschnitt, Kamin ▷

Blois, Schloß, Innenraum im Flügel Franz' I.

Sammlung von Tapisserien, Möbeln, Tafelgeschirr, gestickten Kostümen. In den vier Sälen des Erdgeschosses gute Sammlung von Kultgegenständen.
Flügel des Gaston d'Orléans: Der Klassizismus dieses Baukörpers steht in keinem besonders glücklichen Kontrast zu dem Flügel Franz' I. Erbaut wurde dieser Teil durch François Mansart* nach 1635. Unvollendet geblieben, enthält dieser Flügel heute eine öffentliche Bibliothek mit über 80000 Bänden. Die Errichtung dieses Flügels hatte den Abbruch eines Teils des von Franz I. errichten Flügels zur Folge und bewirkte dadurch die unausgewogene Position der Grand Escalier, der Haupttreppe.

Musée Robert-Houdin: Jean Eugène Robert-Houdin war der berühmteste Zauber- und Verwandlungskünstler des 19. Jh. In unmittelbarer Nähe des Schlosses steht sein Haus mit einer Sammlung von Objekten, die an ihn, der Goldschmied, Stukkateur und Zauberkünstler zugleich war, erinnern.

Saint-Nicolas: Die einstige Abteikirche wurde im 12. und 13. Jh. errichtet und ist die interessanteste Kirche von Blois. Romanik und Gotik verbinden sich in ihr auf glückliche Weise. Die nüchterne Fassade wird von zwei Türmen flankiert, die im 19. Jh. die schlanken Turmhelme aufgesetzt bekamen. Über der Vierung zylindrische, spitzbogig gewölbte Vierungskuppel auf Pendentifs. Die Kapitelle sind teilweise mit figuralen Szenen ausgestattet, teilweise reine Blattkapitelle.

Saint-Louis: Vom ursprünglichen Gebäude des 16. Jh. existieren nur mehr die Westfassade und die Apsis. Der dazwischenliegende Baukörper wurde im 17. Jh. in gotisierender Form erneuert. Über dem Unterbau (12. Jh.) des die Stadt überragenden Turms und

Blois, Kathedrale Saint-Louis

den zwei Turmgeschossen (16. Jh.) Kuppel mit Laterne (17. Jh.). Die von 1928 an freigelegte Krypta nimmt Schiff und Apsispartie einer möglicherweise ins 10. Jh. zurückreichenden Vorläuferkirche ein.

Der hinter der Kathedrale gelegene bischöfliche Palast dient heute als Rathaus. Von hier gelangt man in die Unterstadt mit ihren urspr. erhaltenen Straßenzügen und malerischen Wohnhäusern: Das sog. Haus des Denis Papin in der Rue Pierre-de-Blois stammt aus dem 15. Jh. In der Rue des Papegaults Renaissance-Häuser. In der Rue du Puits Châtel die Fontaine-des-Élus. Nächst der Rue Denis-Papin, Rue Saint-Honoré, das großartige *Hôtel d'Alluye* mit einem Hof, dessen italienische Galerien mit den Medaillons der 12 Cäsaren und des Aristoteles geschmückt sind. Vom Zentrum abgelegen die Basilika *Notre-Dame-de-la-Trinité*, die 1939 vollendet wurde.

Bonaguil (Schloß)

47 Lot-et-Garonne S. 423 □ H 12

Bérenger de Roquefeuil ließ diese, auf einem Bergrücken gelegene mächtige Schloßanlage, Wahrzeichen einer verspäteten mittelalterlichen Gesinnung, noch am Ende des 15. Jh. errichten, zu einer Zeit, als man bereits herrschaftliche Landsitze und komfortable Residenzen baute. Die inmitten einer prachtvollen Landschaft gelegene »Burg«, mit dem Beinamen »Chateau fou« (wunderliches Schloß), wurde 1520 vollendet: Ein Jahr zuvor hatte Franz I. den Bau von Chambord beschlossen! Das Schloß mit rund 350 m langer, von 13 Türmen und Türmchen besetzter Mauer wurde niemals belagert, ist aber ein Hauptwerk militärischer Baukunst. Der Ehrenhof im Herzen des Schlosses ist von Bauwerken aus der Mitte des 15. Jh. umgeben, welche zu dem bescheidenen Schloßbau gehören, den der Vater Bérengers errichtete.

Bonifacio → Corse

Bonneval 4900 Ew
28 Eure-et-Loir S. 414 ☐ H 6

Das an einer über die Loir führenden alten Brücke gelegene Dorf besitzt mit seiner Notre-Dame eine Kirche aus dem 13. Jh., zwei gotische Häuser, Reste einer alten Abteikirche und einer ehem. Befestigungsanlage.

Bonnieux 1380 Ew
84 Vaucluse S. 425 ☐ M 14

Alte Enklave der Grafschaft der Provence. Die alten Befestigungsmauern und Türme haben sich noch erhalten. Hübscher Marktflecken, dessen Gassen und kleinen Plätze den Lubéron flankieren und sich gegen einen Hügel hinaufziehen, der von der noch teilweise romanischen »vieille église«, der »alten Kirche«, bekrönt wird (12. u. 15. Jh.). Die jüngere »église neuve« mit gemalten Passionsszenen aus dem 16. Jh.

Bonaguil, Schloß

Umgebung: Lacoste (16 km westlich): Einst von ketzerischen Waldensern besiedelt, gehörte das sich stufenartig aufbauende Dorf der berühmten Familie de Sade. Das Zentrum beherrscht der Gemeindeturm (17. Jh.), und das hohe Mauerwerk einer ausgedehnten Burg, welche im 18. Jh. der Familie de Sade gehörte, überragt den Ort. – **Ménerbes** (8 km westlich) mit malerischen Schloßruinen oberhalb des Ortes und Kirche aus dem 14. Jh.

Bordeaux 226300 Ew
33 Gironde S. 418 ☐ F 12

Mit dem Atlantik über eine majestätische Wasserstraße, der Garonne, verbunden, erhebt sich vor der weiten Flußschleife die »Grand Façade«, die großartige Front des Fluß- und Seehafens Bordeaux: Die Hauptstadt Aquitaniens ist eines der schönsten und weitläufigsten Beispiele der Stadtbaukunst Europas im 18. Jh. Die »cité des Chartrons« (Weinhändler) ist zu einer modernen Großstadt, zum Kern eines wichtigen städtischen Gemeinwesens geworden, wobei das großartige Aussehen erhalten blieb, das die königlichen Verwalter unter Ludwig XV. und unter Ludwig XVI. der Stadt aufgeprägt haben. Während das moderne Bauen in Beton vor allem das Gesicht der neuen Viertel von Mériadeck und Lac bestimmt, wird der vornehme Stadtkern einer Restaurierung unterzogen, der sein Aussehen den Architekten und Städteplanern der Zeit vor der Revolution verdankt, unter ihnen vor allem dem berühmtesten, Victor Louis* (1731–1802). Das von Ausonius besungene *Burdigala* erlebte unter englischer Herrschaft (1154–1453) eine besondere Blütezeit, die sich noch an den wenigen mittelalterlichen Bauwerken ablesen läßt, welche das

18. Jh. verschonte. Damals schleifte man die Befestigungen und legte die Grundlagen für eine großzügige Stadtplanung.
Die Umgestaltung der Stadt im 18. Jh. prägte nicht nur den städteplanerischen Aspekt, sondern auch die Einzelarchitektur bis in die Details. Überall dominiert ein leuchtendes Hellblau, das bewunderswert gut auf den hellen Stein abgestimmt ist: Reinigung und Restaurierung haben ergeben, daß dies die ursprüngliche Farbe der historischen Monumente ist. Stolz auf seine Bauwerke, auf seine kulturellen und universitären Aktivitäten, ist das zweitausendjährige Bordeaux eine weitläufige Stadt, die es abseits der ascialen Straßenzüge Schritt für Schritt zu entdecken gilt. Nicht nur das »vieux Bordeaux«, die historische Stadt, sondern auch die Neustadt verdient Interesse: Ein ehrgeiziges Programm hat alte Sumpflandschaft umgestaltet (das *Quartier du lac* mit der von Francisque Perrier* entworfenen Ausstellungshalle; das *Quartier de Mériadeck,* wo eines der wichtigsten städtebaulichen Unternehmen in Frankreich der siebziger Jahre verwirklicht wird). Den besten Blick auf die »Grand Façade« des vom 18. Jh. geprägten Bordeaux bietet die Pont de Pierre, die mit ihren 17 Bögen 1822 errichtet wurde. Einen völlig andersgearteten Panorama-Blick bietet die kühne Anlage der Pont d'Aquitaine, die zwischen 1960 und 1967 errichtet wurde (1589 m lang).

Place und Hôtel de la Bourse: Die ehem. Place Royal wurde in ihrer geschlossenen Eleganz 1728 von Jacques Gabriel* begonnen und von seinem Sohn Jacques Anges Gabriel fertiggestellt (von ihm die Concorde und Ecole militaire in Paris). Der Platz wird von der Douane (Zollamtsgebäude), von dem eindrucksvollen Pavillon mit dem Marinemuseum und der 1749 vollendeten Börse gesäumt. Das im Zweiten Weltkrieg beschädigte und gut wiederhergestellte riesige Börsengebäude war während des Zeitabschnitts des Handels mit den »Inseln« das Herz des Geschäftslebens. Schöne gemeißelte Giebel von Pierre Vernet*

Bordeaux, Hôtel de la Bourse

Bordeaux, Hôtel Rabe, Detail ▷

und Claude Francin* schmücken den Außenbau. Im Innern ein großer Saal mit prunkvollen Schmiedeeisengittern, eine Prunktreppe und die luxuriös ausgestatteten Salons der Chambre de commerce (Handelskammer). Von der Börse zum Grand Théâtre führt der *Cours du Chapeau-Rouge,* der anstelle der Gräben der mittelalterlichen Befestigungsanlagen gebaut wurde und von prächtigen Palästen gesäumt ist.

Grand Théâtre: Von 1773 bis 1780 auf einem Platz mit Überresten aus gallo-römischer Zeit von Victor Louis* (sein Hauptwerk) erbaut. Die Hauptfront gegen die Place de la Comédie mit großartiger korinthischer Kolonnade, Peristyl mit Kolossalstatuen der Musen und Göttinnen. Die Prunkstiege, welche als Vorbild für die der Pariser Oper diente, wird durch eine Kuppel erhellt. Ein riesiger Lüster aus 13824 Bergkristallstücken sorgt für die Ausleuchtung des perfekt gebauten Halbrunds des Theatersaals. Deckengemälde nach dem ursprünglichen Werk von Robin* von 1918. Nahe des Grand Théâtre beginnt die *Allées de Tourny.* Grabungsarbeiten für ein Parkhaus förderten hier umfangreiche Überreste des gallo-römischen Burdigala zutage.

Hôtel de Ville (Rathaus): Die Eleganz des 18. Jh. wird an der *Place Gambetta* deutlich, wo sie ihren sichtbarsten Ausdruck an dem 1772 bis 1781 von Erzbischof Prinz von Rohan erbauten erzbischöflichen Palais findet. In dem großartigen Bauwerk ist heute das Stadtgemeindeamt untergebracht. Erbaut wurde es durch die Architekten Étienne* und Bonfin*. Im Inneren großartige Treppenanlage und Salons mit feiner Täfelungsarbeit.

Vieux Bordeaux (Altstadt): Etwas ungenau wird die Gegend um die Kirche *Saint-Pierre* (14. und 15. Jh.; stark re-

Bordeaux, Grand Théâtre

Bordeaux, Kathedrale St-André

stauriert) und die zwischen der Börse und der Place de la Monnaie so bezeichnet. Gemeint ist jenes Gebiet, das sich durch die Restaurierungsarbeiten verwandelt hat und sich vom »Bordeaux des Intendants« abhebt: Das Labyrinth malerischer Straßen hat sich einen mittelalterlichen Aspekt erhalten. Gotik und Renaissance bestimmen das Aussehen der im 16. Jh. erbauten *Porte Cailhau.* Die bei der Pont de Pierre gelegene *Porte des Salinières* wurde zwischen 1750 und 1755 errichtet, das gegenüberliegende halbrunde Haus stammt aus der Zeit Ludwigs XV. Die aus derselben Zeit stammende *Porte de la Monnaie* führt zu Straßen aus einem anderen Zeitalter. Die schöne Kirche *Saint-Michel* (14.–16. Jh.) wird von einem freistehenden, hohen und schönen Turm aus dem 15. Jh. beherrscht. Über einer Krypta mit gotischer Wölbung errichtet, bietet er großartigen Ausblick über die Stadt. Am Rande der Altstadt steht die *Grosse-Cloche,* ein Torbau des 13. und 15. Jh., in dem die Stadtglocke untergebracht ist und der infolgedessen jedem Einwohner der Stadt besonders teuer ist. Uhrwerk von 1795; schmiedeeiserne Geländersäule des 18. Jh.

Saint-André: Vom Ausmaß her fast mit der Notre-Dame in Paris vergleichbares Bauwerk, das sich noch seinen romanischen Grundriß und einige Elemente dieser Epoche erhalten hat. Erbaut im 13. und 14. Jh., besitzt die Kathedrale eine schöne gotische Apsis, aber eine bescheidene kahle Fassade (da sie an die Stadtmauer stieß, war sie nie als Schauseite gedacht gewesen). Das schönste Tor ist die Porte royale aus dem 13. Jh. mit bemerkenswertem Statuenschmuck. Der isoliert stehende *Tour Pey-Berland* aus dem 15. Jh. dient einer höchst ungleichwertigen Kolossalstatue des 19. Jh. (Notre-Dame d'Aquitaine) als Sockel.

Bordeaux, Tour de la grosse Horloge

Bordeaux, Porte Cailhau

Saint-Seurin: Ehem. Kollegiatskirche, deren Torpartie und Krypta aus dem 11. Jh. stammen. Erneuert im 12., 13. und 14. Jh. und dabei mit zahlreichen Kapellen ausgestattet (Fassade 19. Jh.). Oratorium gewölbt; in der Krypta Steinfragmente und bemerkenswerte Sarkophage. – Die Kirche *Sainte-Croix* stammt aus dem 12. Jh., im 13. Jh. erneuert. Durchgreifende Restaurierungen des 19. Jh. haben sie unglücklicherweise völlig entstellt. Sie besitzt noch gute Kapitelle. – Vom gallo-römischen *Burdigala* hat sich mit Ausnahme des *Palais Gallien,* ein stark entstelltes großes Amphitheater des 3. Jh., kaum Nennenswertes erhalten.

Museen: Das *Musée des Beaux-Arts* ist am Rathauspark gelegen und besitzt eine reiche Sammlung von Werken des 19. und 20. Jh.: Delacroix*, Corot*, Odilon Redon*, Matisse*, Vlaminck*, Lhote*; außerdem Bilder von Perugino*, Veronese*, Murillo*, Rubens* und von Frans Hals*. Von den einheimischen Meistern ist der 1875 in Bordeaux geborene Albert Marquet* vertreten. – Das bedeutende *Musée d'Aquitaine* befindet sich in Übersiedlung an den Cours Pasteur. Mit mehr als 600000 Objekten präsentiert das Museum die Geschichte, die Kunst und die volkskundliche Tradition der Region. Die Prähistorische Sammlung zählt zu den bedeutendsten Frankreichs. – Das *Musée des Arts décoratifs* (Kunstgewerbemuseum) ist in einem eleganten Palais des 18. Jh. sehr geschickt untergebracht. In den schönen Salons des Hauses ist eine Auswahl von Möbeln, Fayencen, Glas, Schmiedeeisen und Messinggeschirr untergebracht. Ferner ist ein Salon aus einem Haus eines Bordeauxer Großkaufmanns eingebaut. Der heimische Künstler Victor Louis* ist mit seinem Werk vertreten. – Das kleine *Musée de la Marine* ist in einem Anbau eines Palais an einer Ecke der Place de la

Bourse untergebracht. Dieses Museum dokumentiert die Geschichte der Hafenstadt Bordeaux und zeigt interessante Schiffsmodelle.

Boulogne-sur-Mer

49300 Ew
62 Pas-de-Calais S. 410 □ I 1

Erster Fischereihafen Frankreichs und der Europäischen Gemeinschaft (EG). Boulogne ist eine lebhafte und farbige Stadt. Auf der einen Seite liegt das dunstige, perlmuttfarbene Meer, auf der anderen die amphitheaterartig ansteigende Stadt.

Notre-Dame: Über der Stadt gelegen die Basilika Notre-Dame, welche 1827–1866 erbaut wurde. Sie steht an der Stelle der ehem. Kathedrale, von der nur mehr die ausgedehnte romanische Krypta existiert. Klassizistischer Bau mit mächtiger Kuppel und einem sie überragenden Turm. Das eindrucksvolle Ensemble erreicht eine Höhe von 100 m! Die Oberstadt liegt in einem mit Wällen umgebenen Viereck mit vier Toren (13. Jh.), das eine Ausdehnung von rund 400 m Länge und 325 m Breite hat. Das Rathaus (1734) im südlichen Teil mit einem Bergfried aus grauem Stein (11. und 13. Jh.). In der Ostecke ist die Anlage durch die Burg von 1231 verstärkt, ebenso von einer sich vorschiebenden Bastion. Lohnender Rundgang mit Blicken auf Hafen und Meer. Bedeutende *Bibliothèque municipale* mit Manuskripten, von denen einige aus dem 9. Jh. stammen; reiche Sammlung von Inkunabeln. Museum mit bedeutender geologischer und prähistorischer Abteilung; besonders bemerkenswert ist die Sammlung griechischer Vasen (großartige attische Amphore mit der Darstellung von Ajax' Selbstmord).
An den Toren von Boulogne steht die Säule der Grande Armée, die an den großen Traum Napoleons von der Eroberung Englands gemahnt. »Kaiserliche Stadt, wenn's so wäre«, schreibt Sainte-Beuve über Boulogne, wo er 1804 geboren wurde.

Boumois (Schloß)

49 Maine-et-Loire S. 413 □ F 7

Großartiger Herrensitz aus hellem Tuffstein, der sich mit seiner eleganten Silhouette von den umliegenden Feldern abhebt. Boumois stammt aus der Zeit des 15. und 16. Jh.; trotz des ein wenig militärisch anmutenden Charakters ist es in erster Linie Lustschloß, dessen Architektur den Übergang vom flamboyanten Stil zur Renaissance widerspiegelt. Mächtiger Rundturm mit einer Bekrönung des 17. Jh.; Taubenhaus mit 1800 Taubenschlägen (sie können dank einer geschickten Anordnung von drehbaren Leitern rasch gereinigt werden). Im letzten Krieg wurde das von Wassergräben umgebene Schloß im Besitz der Familie Dupetit-Thouars beschädigt. Eines als Marineoffizier während des Ägyptenfeldzugs (1798) an Bord der *Tonnant* gefallenen Familienmitgliedes wird durch zahlreiche Erinnerungsstücke an die Schlacht bei Aboukir gedacht.

Bourbon-l'Archambault

2600 Ew
03 Allier S. 420 □ J 9

Die Archambault, die ersten Herren von Bourbon, leiten ihren Namenszusatz von dem dem keltischen Wassergott Borvo geweihten und bereits von den Römern geschätzten Thermalbad ab. Den Ort beherrschen die Ruinen der *Burg* der Herzöge von Bourbon (im 14. Jh. erneuert), von deren ursprünglich 24 Türmen sich nur die drei mächtigsten erhalten haben. Die mit einer Wendeltreppe ausgestatteten Türme sind durch Zwischenmauern miteinander verbunden. Der Turm »Quinquengrogne« ist der Rest der Ummauerung des unteren Hofes.

Saint-Georges: Erbaut im 12. Jh., im 15. und im 19. Jh. (Chor) teilweise erneuert; schlichte Fassade mit einem tympanonlosen Portal, die Bogenläufe mit Eierstab, Perlstab und Palmettenfries geschmückt. Während die kanne-

lierten Pilaster burgundischen Einfluß erkennen lassen, zeigen die Kapitellformen der Innenausstattung Einfluß der Auvergne. Bemerkenswert sind die Kapitelle mit Musizierenden, mit dem Jüngsten Gericht und das mit der Luxuria. Bemerkenswert auch die Statue einer Thronenden Madonna aus dem 14. Jh. und drei im Pfarrhof untergebrachte großartige Reliquiare.
Im ehem. Thermalbad, dem späteren königlichen Quartier, ist heute der Fremdenverkehrsverein untergebracht. Weiters beherbergt der Bau ein kleines Museum *(Musée d'archeologie, d'histoire et d'ethnographie)*. Im ersten Stock die *Madonna de Vernouillet* (14. Jh.). Die farbig gefaßte Holzfigur ist ein gutes Beispiel für den auvergnatischen Typus der feierlich-strengen Madonnendarstellung, deren Ausführung ziemlich grob bleibt.

Bourdeilles	650 Ew
24 Dordogne	S. 419 □ G 11

Am Rande der Ortschaft, am Dronne, liegt das Schloß von Bourdeilles, das aus zwei verschiedenartigen Baukomplexen besteht: Der ältere Teil stammt aus dem 13. Jh. und ist heute Ruine. Im 16. Jh. ließ Jacquette de Montbron, Schwägerin des Abtes und Schriftstellers Brantôme, nach ihren Plänen ihre Residenz hinzufügen, welche heute ein hervorragend möbliertes Ensemble bildet. Die reiche Renaissance-Ausstattung ist eine Stiftung der Familie Santiard-Bulteau, die sich das kleine Oratorium des 15. Jh. zur Grabstätte erwählt hat.

Bourg-en-Bresse	45000 Ew
01 Ain	S. 421 □ M 9

Im Herzen der sanften Hügellandschaft der Bresse steht der Geburtsort des Astronomen Lalande und des Historikers Edgar Quinet. Hinter den modernen Beton-, Glas- und Stahlfronten liegt versteckt die Altstadt mit

Bourbon-l'Archambault, St-Georges

einigen alten Gebäuden (Haus an der Ecke Rue Gambetta und Basch; Maison des Gorrevod in der Nähe des Justizgebäudes). Als Bourg im 16. Jh. vorübergehend Bischofssitz wurde, entstand ab 1505 die Kathedrale, die aber erst im 17. Jh. vollendet wurde. Das große Bauwerk, dessen Glockenspiel Westminster imitiert, beherbergt ein schönes Chorgestühl aus dem 16. Jh.

Umgebung: Kirche und Kloster von Brou (1 km südöstlich vom Zentrum): Margarete von Österreich, die Enkelin Karls des Kühnen, Statthalterin von Flandern und Witwe Philiberts des Schönen, Herzogs von Savoyen, dem die Grafschaft Bresse gehörte, ließ die Kirche und das Kloster erbauen und entsprach damit einem Wunsch ihrer Schwiegermutter Marguerite de Bourbon. Die Bauarbeiten am Kloster wurden 1506 begonnen. Die Kirche selber wurde zwischen 1513 und 1532 von dem Brüsseler Baumeister Louis Van Bodeghem* errichtet. Die drei berühmten Grabmäler von Brou wurden 1510 bei Michel Colombe* in Auftrag gegeben, aber er starb bereits nach Vollendung der Entwürfe. Sie wurden von einer Handwerkergruppe unter Leitung von Jean Van Roome* ausgeführt, genannt Jean de Bruxelles. Conrad Meyt bekam den Auftrag für die großen Statuen der Fürstengräber. Das Chorgestühl wurde von einheimischen Handwerkern unter der Leitung von Pierre Berchod ausgeführt. – *Kirche:* Das Priorat von Brou ist ein spätgotischer Bau im brabantischen Stil. Es wurde im 18. Jh. leicht umgebaut, zeichnet sich äußerlich nur durch sein Westportal aus (im Tympanon erscheinen Margarete von Österreich und Philibert der Schöne, die von ihren Namenspatronen dem Herrn vorgeführt werden). Der Hl. Nicolas de Tolentin, dem der Bau geweiht ist, ist am Pfeiler dargestellt. Das helle Kirchenschiff wird durch einen reich verzierten *Lettner* vom Chor getrennt. – *Chorgestühl:* Ein Meisterwerk der Handwerkskunst, mit Szenen aus dem Alten und Neuen Testament. Die 74 ausnehmend wirkungsvoll gestalteten Stühle reichen über zwei Joche im Chor. – *Grabmäler:* Sie erinnern an die Grabmäler der ehem. Chartreuse de Champmol in Dijon. Das Grabmal von Marguerite de Bourbon befindet sich in einer Grabnische rechts, das von Philibert dem Schönen in der Mitte des Chors. Es besteht aus zwei Liegefiguren (der Fürst in Prunkrüstung und als nackter Leichnam) und ist mit Statuetten in einer komplexen Anordnung von Nischen verziert. Das Grabmal Margaretes von Österreich unter einem verschwenderisch verzierten Baldachin ist noch reicher ausgestattet. Auch hier zwei überlagerte Liegefiguren: ein idealisiertes Bildnis für die offizielle Darstellung und eine menschlichere, bewegende Gestalt. Das sehr manieriert wirkende Grabmal ist von deutsch-flämischen Einflüssen geprägt. – *Glasfenster:* Sie imitieren großenteils Vorbilder aus Brüssel. Eines erinnert an einen Kupferstich Dürers* (Himmelfahrt), die obere Partie (Der Sieg Christi) erinnert an Tizian*. Es befindet sich in der Kapelle Margaretes von Österreich links im Chor, in dem auch ein eigenartiges Retabel der Sieben Freuden Mariens steht.

Brou, Empore der Kathedrale

Brou, Grabmal, Detail

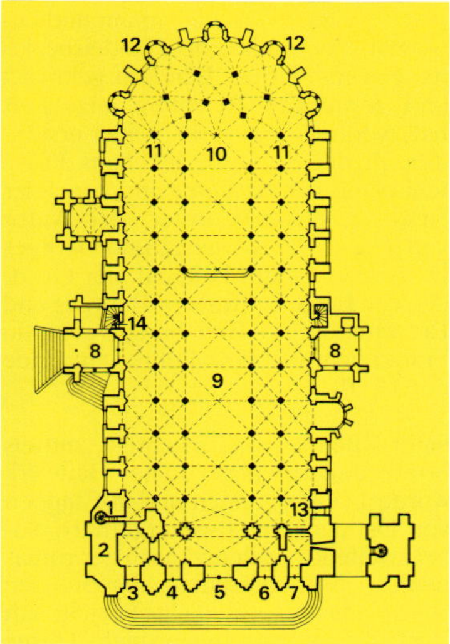

Bourges, Kathedrale Saint-Étienne 1 Treppe **2** Nordturm **3** Portail Saint-Guillaume **4** Portail de la Vierge **5** Portail du Jugement Dernier **6** Portail Saint-Étienne **7** Portail Saint-Ursin **8** Seitenportale **9** Langhaus **10** Chor **11** doppelter Chorumgang **12** Kapellenkranz **13** Astronomische Uhr **14** Krypta

Bourges

80 400 Ew

18 Cher

S. 419 □ I 8

Wahrzeichen der Stadt ist die Kathedrale *Saint-Étienne,* mit ihren beiden mächtigen Fassadentürmen, eine der schönsten Frankreichs. Rund um sie gruppiert sich die Altstadt mit ihren Häusern und Stadtsitzen des 15. und 16. Jh., die zahlreiche Schriftsteller faszinierte: »Ganz Paris zählt nicht so viel wie die Kathedrale von Bourges« (Balzac). »Diese riesige Kathedrale erfüllt ihren Sinn vollkommen. Der Besucher, der zwischen ihren Pfeilern herumirrt, ist von Ehrfurcht ergriffen: Er fühlt die Nichtigkeit des Menschen in Gegenwart des Göttlichen« (Stendhal). »Das großartige, leichte, vielfältige, dichte, strotzende, aufblühende Produkt des Spitzbogens« (Victor Hugo). Bourges selbst wurde schon vor dem 19. Jh. von den Schriftstellern besungen. Julius Cäsar, der die Stadt 52 v. Chr. als das gallische *Avaricum* einnahm, nannte sie »beinahe die schönste Stadt Galliens«. Im 16. Jh. notiert ein Chronist: »Diese Stadt entfaltet sich unter einem großartigen Aspekt, denn sie wächst auf wie ein regelmäßiger Berg, der in der Kathedrale mit dem mächtigen Turm gipfelt und so dem Anblick einer Pyramide seine Vollendung gibt.« Als Kunststadt hat Bourges an nahezu allen Zeitaltern teil, ebenso wie an der Geschichte Frankreichs (dessen Hauptstadt sie von 1422 bis 1437 war). Mehrmals belagert, empfing sie Päpste, Könige, den Hl. Thomas Becket, Karl VII., Johanna von Orléans, Calvin, Ludwig XIV. und Don Carlos im Exil. Sitz einer Universität seit 1463, im Mittelalter ein Zentrum der Christenheit, reich geworden dank der Tuchfabrikation. Jacques Coeur, der um 1395 hier geboren wurde und sich sein prunkvolles Palais erbauen ließ, bleibt der »grand homme« der Stadt: Bankier Karls VII., einfallsreicher Geschäftsmann und Diplomat, der zahlreiche Handelsbeziehungen mit fernen Ländern geknüpft und gewaltigen Reichtum angehäuft hat, wodurch ihm viele Neider erstanden. Zu den Schülern des ehem. Jesuitenkollegs zählen unter anderen Jules Sandeau, Alain-Fournier, der Autor von *Der große Kamerad,* und Georges Bernanos. Joseph Lakanal, der Gründer der Ecole centrale in Bourges und Reformator des Erziehungswesens in Frankreich, war dort Lehrer am Ende des 18. Jh.

Saint-Étienne: Das mächtige, mittels Strebepfeilern abgestützte Bauwerk wurde 1192 begonnen und in Etappen von Ost nach West weitergeführt, wobei zweifellos nach und nach der romanische Vorläuferbau abgebrochen wurde (das ursprüngliche Projekt sah zwei symmetrisch angeordnete Türme mit spitzen Turmhelmen vor, deren Ausführung unterblieb). Die 1324 geweihte Kathedrale wurde im 15. und 16. Jh. mit zwischen den Strebepfeilern eingebauten Seitenkapellen ausgestattet. Im linken Turm Wendeltreppe mit 406 Stufen, die im 16. Jh. erneuert wurde. Vom Turm prächtige Aussicht über die Stadt und die weite Landschaft des Berry.

Portale der Westfassade: Die großartige Fassade mit den fünf reich geschmückten Portalen wurde im 13. Jh. geplant, im 14. Jh. verändert (Herzog Jean de Berry ließ damals die großen Fensteröffnungen ausbrechen). 1562 wurden zahlreiche Skulpturen durch die Protestanten stark beschädigt, manche überhaupt zerstört. Die beiden linken Portale wurden im 16. Jh. wiederhergestellt: Das erste, an dem sich noch skulpturale Teile des 13. Jh. erhalten haben, ist dem Leben der Mutter Gottes geweiht, das zweite Saint Guillaume (Wilhelm), der von 1200 bis 1206 Erzbischof von Bourges war. Das großartige Mittelportal stammt vom Ende des 13. Jh. Es zeigt im Tympanon die außerordentlich schöne Darstellung des *Jüngsten Gerichts.* Die folgenden Portale, das des Saint Étienne, Patron der Kathedrale, und das des Saint Ursin, des ersten Bischofs von Bourges, stammen aus der Mitte des 13. Jh. Die Figuren an den Türpfeilern sind modern.

Seitenportale: In Vorhallen des 13. Jh. romanische Portale (Ende 12. Jh.) mit Torflügeln des 15. Jh.

Bourges, Mittelportal der Kathedrale

Innenraum und Krypta: Das in seiner Schlichtheit erhabene, aufstrebende, lichte Hauptschiff ohne Querhaus erweitert sich im Chor. Prachtvolle Glasfenster, besonders bedeutend die des 13. Jh. (Chor, Chorumgang, Radialkapellen). Im zweiten rechten Seitenschiff die turmartige astronomische Uhr von 1423, die ursprünglich an dem im 18. Jh. zerstörten Lettner errichtet worden war. Die Hallenkrypta mit ausgeklügeltem Wölbungssystem, dessen Pfeiler sich nach oben hin im doppelten Chorumgang fortsetzen. In dieser Unterkirche des 12. Jh. das Grabmal des Herzogs Jean de Berry (um 1430), von dem sich nur die Platte mit der Liegefigur aus Marmor erhalten hat. Weiters eine Grablegung des 16. Jh. und Reste des Lettners. Bodenplatten mit Rissen der Werkmeister der Kathedrale.

Grange des dîmes, Zehent-Speicher (in der Rue des Trois-Maillets): 13. Jh. Hier wurden die Naturalabgaben an das Kathedralkapitel gesammelt und gelagert. Im Erdgeschoß hat sich das gotische Gewölbe erhalten. Die Zimmermannsarbeit des 1. Stocks stammt aus dem 17. Jh.

Palais Jacques-Coeur: Der prunkvolle Stadtsitz des berühmten Finanzmannes wurde 1443 bis 1451 auf dem Fundament der gallo-römischen Stadtmauer erbaut. Dieser Wohnsitz eines außerordentlich reichen Bürgers ist eines der bedeutendsten Beispiele der Profanarchitektur am Ausgang des Mittelalters. Erbaut in einer Zeit der heraufkommenden Renaissance, ordnet sich das unregelmäßige Viereck des Palastkomplexes um einen malerischen Ehrenhof. Die spielerisch leichte Ostpartie steht einer Westpartie von festungsartigem Charakter gegenüber. Der Palast diente sowohl als repräsentative Residenz als auch als Lagerhaus des Jacques Coeur: Den Empfangsräumen, der Galerie mit den mit seltsamen, plastischen Friesen verzierten Kaminen, der mit einem Deckengemälde (1488) ausgestatteten Hauskapelle und den für die Wohnkultur im späten Mittelalter typischen Zimmern stehen entgegen der Tresorraum des Finanziers, der Dachraum als Lager kostbarer Waren und der Taubenschlag, den einst die Brieftauben behausten, welche die Verbindung zwischen Bourges und den fernen Handelsniederlassungen des Bankiers-Ge-

Bourges, Kathedrale, Krypta

Bourges, Kathedrale

Bourges, Palais Jacques-Cœur

schäftsmannes aufrechterhielten. Das Palais, das noch heute mit den Familiensymbolen seines Erstbesitzers (Herz und Muschel) geschmückt ist, enthält zahlreiche Kunstwerke (Nachbildung des Grabmals des Herzogs Jean de Berry mit den originalen Pleurants (Klagefiguren). – Das sog. *Haus des Jacques Coeur* in der Rue d'Auron war in Wirklichkeit das Haus seines Schwiegervaters.

Hôtel Lallemant: Das von der Rue Bourbonnoux her zugängliche, großartige Kaufmannshaus stammt in seinem wesentlichen Bestand aus dem beginnenden 16. Jh. Die Fassade des Haupttrakts ist von der aufkommenden Renaissance geprägt (Fensterteilungen folgen noch gotischer Tradition). Erbaut an der Stelle, an der einst die gallo-römische Stadtmauer vorbeiführte, enthält das Stadthaus heute das Musée d'art decoratif (Kunstgewerbemuseum), das neben Möbeln, Tapisserien, Emaille, Keramik und Glas auch eine Spielzeugsammlung, afrikanisches und orientalisches Kunsthandwerk und Handarbeiten des 19. Jh. enthält.

Hôtel Cujas und Musée de Berry: Reizender, gegen 1515 von einem Florentiner Kaufmann errichteter Renaissance-Wohnsitz, den 1585 der große Rechtsgelehrte Jacques Cujas erwarb. Als Museum präsentiert es das Leben im Berry seit der vorrömischen Zeit.
Bourges, als eine Art von Freilichtmuseum, vereint unzählige Häuser und Stadtsitze von Interesse (das Hôtel Pelvoysin stammt aus dem 15. Jh., aus dem 16. Jh. das Haus der Königin Blanche; das Gericht ist in einem Kloster des 17., die Präfektur in einem Stadthaus des 18. Jh. untergebracht usw.). Die von spitzgiebeligen Häusern aus dem 15. und 16. Jh. gesäumte *Rue Mirebeau* hat sich ihren mittelalterlichen Charakter erhalten. Die malerischsten Straßen des alten Bourges

laufen auf einem Platz zusammen, den ein Ensemble von Holzhäusern auszeichnet, von denen einige mit Skulpturen (15. Jh.) geschmückt sind. Rest einer 1799 zerstörten Kollegiatkirche ist die Porte Ursin aus dem 11. Jh., welche mit Skulpturen geschmückt ist, die Themen altfranz. Versdichtung und Monatsdarstellungen illustrieren. In einem nach dem letzten Weltkrieg errichteten, ziemlich massiven Bau ist das Haus der Kultur (Maison de la culture) als kulturelles Zentrum der Stadt untergebracht. Es war eines der frühesten Beispiele solcher, vielfältigen kulturellen Aktivitäten dienenden Baulichkeiten in Frankreich (Schauspiel, Konzert, Tanz, Ausstellungen, Diskothek, Bibliothek). Der *Jardin des Près-Fichaux* wurde vom Landschaftsarchitekten Paul Marguerita* in jener sumpfigen Gegend errichtet, wo sich im 16. Jh. die Reformierten abseits vom Alltagsleben versammelten, um die Psalmen des Marot zu singen.

Bourgueil

3620 Ew
37 Indre-et-Loire — S. 414 □ G 7

Bourgueil ist von Weingärten umgeben, die einen milden, fruchtigen Wein liefern, und wird von seiner romanischen Kirche *Saint-Germain* beherrscht, die im 12. Jh. entstand: Luftige Chorpartie im Stil von Anjou; an der Fassade hat sich eine vorromanische Giebelpartie erhalten. – Von einer im 10. Jh. gegründeten Benediktinerabtei, die bei Rabelais erwähnt wird, steht noch das Prioratsgebäude (18. Jh.), eine Partie des Kreuzgangs (15. Jh.), das sog. Château abbatial (»Abtsschloß«) des 17. Jh. und der bemerkenswerte Keller aus dem 13. Jh. Heute von Ordensschwestern besiedelt.
Beim nahegelegenen Dorf Chevrette die Höhlen der Dive Bouteille, die in bescheidenem Maß an die berühmten Latomie von Syrakus erinnern. In einem ehem. Steinbruch mit verfallenen Wölbungen alte Kelter und Küferwerkzeug.

Brancion

71 Saône-et-Loire — S. 420 □ L 9

Adlerhorstartige Lage der Ortschaft mit sehr glücklich renovierten alten Häusern. Über ihnen die 1150 geweihte Kirche, deren Ausgewogenheit und Schlichtheit den zisterziensischen Einfluß verrät (Fresken aus dem 14. Jh.). Die eindrucksvollen Ruinen der Burg mit mächtigem Bergfried aus dem 10. Jh. (Fundamente), dem 14. und 15. Jh.

Brantôme

2030 Ew
24 Dordogne — S. 419 □ G 11

An der Dronne gelegenes, reizvolles Städtchen des Perigord Vert, dessen Geschichte lange Zeit die Geschichte der wichtigen und uralten Abtei bildet, von der die Tradition zu berichten weiß, daß Karl der Große sie gegründet und dort die Reliquien eines der »Unschuldigen Kinder« deponiert habe. Eine seltsame Persönlichkeit, der am Anfang des 17. Jh. verstorbene Autor der heiteren und berühmten Erzählung *Vies des dames galantes,* Pierre Bourdeille, war als Abt von Brantôme nicht allzu dynamisch, nachdem er zuvor lange im Krieg gestanden hatte. Die Baulichkeiten der Abtei haben durch die Restaurierungen des 19. Jh. nicht gewonnen. Heute sind in ihnen das Gemeindeamt, die Schule und ein kleines Museum mit prähistorischen Funden und Gemälden (hervorgehoben seien Arbeiten des lokal für den Perigord bedeutenden Malers Fernand Desmoulin*) untergebracht. Die übermäßig restaurierte Abteikirche ist im Innern kalt und seelenlos. Die hervorragende Statue der Notre-Dame-du-Reclus aus dem 17. Jh. wurde 1977 gestohlen. Die Diebe haben jedoch die beiden zeitgleichen geschnitzten Relieftafeln im Chor unberührt gelassen. Die in Grotten ausgehöhlte, die Kirche beherrschende Felswand trägt den 35 m hohen seltsamen Turm. Er stammt aus der ersten Hälfte des

11. Jh. und ist stilistisch für den Perigord völlig ungewöhnlich. Im Untergeschoß enthält er einen niedrigen, kuppelartig gewölbten Raum.

Bressuire	18000 Ew
79 Deux-Sèvres	S. 418 □ F 8

Wichtiges landwirtschaftliches Zentrum, wie sich schon an seinem ausgedehnten Marktplatz ablesen läßt. Hauptort des Vendée, das 1794 Schauplatz der blutigen Auseinandersetzung zwischen den »Blauen« Republikanern und der katholischen königlichen Armee war.

Notre-Dame: Die Feuersbrunst im März 1794 verschonte die Pfarrkirche, deren Schiff des 12. Jh. mit einem Gewölbe vom angevinischen Typus eingewölbt ist. Portale und Kapitelle sind romanisch. Der Rechteckschor stammt aus dem 15. Jh. Die Häuser der Stadt überragt der 56 m hohe elegante Glockenturm, der an jenen von Tours erinnert. Im 16. Jh. erbaut, erhielt er durch die im 17. Jh. aufgesetzte Turmhaube renaissance-artigen Charakter.

Brantôme, Abteikirche

Burg: Hinter dem Ort haben sich Teile der Burg Beaumont-Bressuire erhalten, die von einer doppelten Mauer mit 48 halbrunden Türmen umgeben war.

Brest	175000 Ew
29 Finistère	S. 412 □ A 5

In außergewöhnlicher Hafenlage gelegene Stadt, deren Altstadt durch die Bombardements der Alliierten zerstört worden war. Übriggeblieben ist lediglich die majestätische Burg (12.–17. Jh.), die an der Stelle einer römischen Befestigung errichtet wurde. Heute beherbergt sie die Marinepräfektur und ein interessantes *Musée naval* (im Tour Paradis) mit Gemälden, Modellen und verschiedenen Gegenständen zur Geschichte der Marine vom 16. Jh. bis heute. Östlich der Burg befindet sich der auf den alten Stadtgräben angelegte berühmte *Cours Dajot* mit prachtvollem Blick auf den Handelshafen und auf den Kriegshafen Laninon. Zum Stadtteil Recouvrance führt über den Mündungsarm des Penfeld die aussichtsreiche Zugbrücke Pont de Recouvrance – auch Pont National genannt – die mit 64 m Höhe die bedeutendste Zugbrücke Europas ist. Im Tour Tanguy (14. Jh.) das »Musée du vieux Brest« (Stadtmuseum).

Briançon	11500 Ew
05 Hautes-Alpes	S. 421 □ O 12

In den Dauphiné-Alpen nahe zur Provence hin gelegen, ist Briançon mit 1326 m Seehöhe das höchstgelegene Städtchen Europas. Außerdem ist es durch seine totale Befestigung durch den Festungsbaumeister Vauban (Ende 17. Jh.) einer der merkwürdigsten Orte in den Alpen.
Die Befestigung der Altstadt ist Teil eines geschlossenen Verteidigungssystems, das die Täler der Durance und der Guisane beherrscht. Briançon ist

Ausflugszentrum für eine Reihe nahegelegener Ski-Orte. Die Sehenswürdigkeiten der Stadt selbst befinden sich innerhalb seiner Ummauerung. Mit dem Bau der Kirche *Notre-Dame* zeigt sich der große Militärarchitekt Vauban* auch anderen Aufgaben gewachsen. Die Kirche des frühen 18. Jh., in der Oberstadt gelegen, wurde als Ersatz für die durch den Ausbau der Befestigungen zerstörte Vorgängerkirche errichtet, von der zwei abgewitterte Steinlöwen im Profil als Portalwächter übernommen wurden. Die kühle, von strenger Majestät geprägte Kirche Notre-Dame ist mit interessanten Gemälden (17. und 18. Jh.), mit polychromierten Statuen, mit lebhaften, teilweise vergoldeten Altären und einem schönen polychromierten Holzkruzifix des 17. Jh. ausgestattet. Die Grande-Rue, eine mittelalterliche Verkehrsader, besitzt offene Kanalrinnen (gargouilles), die das Wasser in den Durance ableiten. Parallel dazu die Petit-Gargouille, ebenfalls mit einem Rinnsal ausgestattet.

Umgebung: Die typischen Dörfer der Region haben sich ihre alten Kirchen und Kapellen (besonders bemerkenswert Villard, Saint-Pancrace, Prelles, Saint-Martin-de-Queyrières) erhalten.

L'Argentière-la-Bessée (16 km westlich): Dieser kleine Industrieort lebt heute von der Aluminiumproduktion, doch sein Name erinnert noch daran, daß hier ursprünglich Silberminen ausgebeutet wurden. Auf einem Fels über dem Durance die Kapelle Saint-Jean, Überbleibsel eines befestigten Platzes des 12. Jh. Auf einer Anhöhe eine Kirche des 15. Jh. mit Fresken des 16. Jh.

Bricquebec

3200 Ew
50 Manche
S. 413 □ E 3

Im Herzen des Marktfleckens Burgruine mit stolzem Bergfried, die durch die polygonale Ummauerung ein eigenständiges Ensemble bilden. Interessantes Beispiel mittelalterlicher Militärarchitektur des 14. Jh. Im ursprünglichen Eingang, dem Uhrturm, kleines Museum lokaler Geschichte und Architektur. Anstelle des strengen Schlosses bewohnten die Schloßherren, die Familie der Estouteville, das von ihnen im 16. Jh. errichtete Château des Galleries, eine reizende Renaissance-Residenz in prachtvoller Lage.

Brienne-le-Château

4150 Ew
10 Aube
S. 411 □ L 5

Über dem Ort liegt eine Burg des 17. Jh., die an der Stelle einer mittelalterlichen Festung in ziemlich eintöniger Form errichtet wurde. Unmittelbar nach ihrer Zerstörung im Juni 1940 wurde die Kirche *Saint-Pierre et Saint-Paul* wieder instand gesetzt. Ihr Umgangschor und die radial ausstrahlenden Kapellen gehören dem Flamboyant-Stil (16. Jh.) an. Bemerkenswerte Langhausfenster des 16. Jh.
Der junge Napoleon war 1779–84 in Brienne-le-Château Schüler der Militärschule.

L'Argentière, Saint-Jean

Brignoles

83 Var — 10500 Ew — S. 425 □ N 12

Ehemaliger römischer Straßenknotenpunkt, Wiege der Parrocel (Maler-Dynastie). Die Kirche stammt aus dem 15. und 16. Jh. Im ehemaligen *Palais de Comtes de Provence* (13. Jh.) befindet sich ein kleines Regionalmuseum mit dem Sarkophag de la Gayole (3. Jh.), dem ältesten frühchristl.-gallischen Monument.
In *La Celle* (2,5 km) finden sich Reste eines Benediktinerklosters, das der Legende nach als verschwenderisch galt.

Brioude

43 Haute-Loire — 8450 Ew — S. 420 □ K 11

Beherrschende Lage in der Ebene des Allier; wichtiger landwirtschaftlicher Marktplatz. Jahrhundertelang hielten hier die Pilgerscharen, um am Grab des Saint-Julien, einem Martyrer des 4. Jh., zu beten.

Basilika Saint-Julien: Größte romanische Kirche der Auvergne, Ende 11. Jh. und Ende 12. Jh. errichtet. Dieses Hauptwerk der Romanik ist bemerkenswert wegen seiner schlank aufsteigenden Chorpartie, deren Gliederung an die großen Kirchen der Basse-Auvergne gemahnt. Die Chorumgangskapellen sind mit schönen Fenstern ausgestattet, deren Bogen auf Säulchen ruhen. Ihre Kapitelle sind mit Sirenen, Drachen, Hähnen, die menschlichen Köpfen gegenübergestellt sind, ausgestattet, Motive, typisch für die romanische Symbolsprache (ein Sünder z. B. wird zum Tier). Der Innenraum vereinigt Weite, Mächtigkeit und Harmonie der Farbgebung. Der Schönheit der Polychromierung des Steins entspricht die Differenziertheit der großartigen Kapitelle, der Reichtum der Fresken, deren bedeutendstes sich im ersten Geschoß der Vorhalle befindet. Frische, Poesie, Freiheit in der Zeichnung beweisen das Talent der auvergnatischen Künstler. Weitere bemerkenswerte Kunstwerke der Kirche sind die Madonna mit dem Vögelchen, vergoldete Holzstatue des 14. Jh. und ein aussätziger Christus (15. Jh.), der aus einem Leprosenhaus der Umgebung stammt.

Brioude, Basilika St-Julien

Brissac, Schloß

Brissac	1760 Ew
49 Maine-et-Loire	S. 413 □ F 7

»Ein neues halbfertiges Schloß in einem alten halbverfallenen Schloß«, nannte einer der Herzöge von Brissac seine schöne Residenz. Tatsächlich haben sich mittelalterliche Teile an diesem von 1614 bis 1621 von Charles II. de Cossé-Brissac umgebauten Schloß erhalten. Sein Bauherr war Marschall von Frankreich. Er stand auf der Seite der Liga, jedoch gab er Paris an Heinrich IV. zurück (das von diesem zum Herzogtum erhobene Gebiet ist heute noch im Besitz der Familie). Mit einer Fassade gegen das kleine Dorf Brissac, mit der anderen gegen den von der Aubance durchflossenen großen und schönen Park hin ausgerichtet. Der Ostflügel mit schlankem, überkuppeltem Pavillon im Stile Heinrichs IV., von zwei mächtigen, mit Pechnasenkränzen (Masculi) ausgestatteten Türmen vom Vorgängerbau des 15. Jh. eingefaßt. Der langgestreckte Nordflügel endet in einem steil aufragenden, fünfgeschossigen Pavillon von 1621. Die reiche Ausstattung des Schlosses hat sich erhalten. Die mit reichen Täfelungen und bemalten Deckenbalken ausgestatteten Prunkräume bewahren den Charakter des 16. Jh. und sind noch mit guten Möbeln eingerichtet. Unter den zahlreichen Familienporträts das originelle Bildnis der thronenden Madame Clicquot (Große Galerie im 1. Stock), der wegen ihrer Geschäftstüchtigkeit berühmt-berüchtigten »Champagner-Witwe« (in Wilhelm Buschs »Frommer Helene« als Witwe Klicko). Im Südturm Kapelle mit Marmorreflief von einem der fruchtbarsten Bildhauer der 1. Hälfte des 19. Jh., dem aus der Gegend stammenden David* d'Angers.

Brive-la-Gaillarde	54800 Ew
19 Corrèze	S. 419 □ H 11

Tor zwischen Périgord und Quercy, mit schönen, von Häusern in Quaderstein gesäumten Geschäftsstraßen, beherrscht von der Kirche Saint-Martin und von langweiligen Vorstädten umgeben. Heimat des Kardinals Dubois (Regent während der Minderjährigkeit Ludwigs XV.). Die Stadt Brive verdankt ihren Beinamen »la Gaillarde« der Tollkühnheit ihrer Bewohner während verschiedener Belagerungen. Die stark veränderte Kirche *Saint-Martin* (Turmspitze 19. Jh.) stammt aus dem 12. Jh. Aus dieser Zeit sind auch die figuralen romanischen Kapitelle des Querhauses, der Chorpartie und die Konsolen am Kranzgesims des Außenbaus. Die Schiffe sind gotisch. In der Sakristei mehrere Reliquiare, darunter als bedeutendstes das der »elftausend Jungfrauen« aus dem 14. Jh., aus getriebenem Kupfer, ziseliert und vergoldet. Brive hat sich eine Reihe von Häusern mit Türmchen und mit Skulpturen erhalten, die im 15. und 16. Jh. errichtet worden waren (Rue des Échevins), das Collége des pères doctrinaires (Kirchenväter) in einem Bau des 17. Jh. Im *Hôtel Labenche* (16. Jh.) ist heute die Stadtbibliothek untergebracht. Arkadenhof mit einer Serie von Büsten geschmückt. In einem eleganten Bau des

Brive-la-Gaillarde, Hôtel Labenche

16. Jh. befindet sich das *Musée Ernest-Rupin,* das eine bedeutende prähistorische Sammlung, eine Sammlung mittelalterlicher Skulptur und eine Gemäldesammlung enthält. Ein Raum ist der Lokalgeschichte vorbehalten.

Brou → Bourg-en-Bresse

Brouage

440 Ew
17 Charente-Maritime S. 418 □ E 10

Einst am Meer gelegene Hafenstadt, die, längst versandet, inmitten einer Sumpflandschaft gelegen ist und ihre ursprüngliche Bedeutung verloren hat. Bereits im Mittelalter gab das aus dem Meer gewonnene Salz der Stadt ihren Reichtum. Ein die Stadt mit dem Meer verbindender Kanal war so gebaut, daß er durch Hochseeschiffe benutzt werden konnte. 1555 Befestigung durch Jacques de Pons. Die Stadt, zwischen den Protestanten und den Katholiken in den Religionskriegen umkämpft, blieb katholisch und königlich. Richelieu rüstete hier zur Belagerung von La Rochelle (1628): Nach der Verstärkung der Befestigungen wurde der Ort zu einem der wichtigsten der Atlantischen Küste. Rapider Verfall zugunsten von Rochefort. Die Befestigungsanlagen (1630–1640) sind als Bindeglied zwischen den Renaissance-Befestigungen und der von Vauban gebauten Festungsarchitektur ein gutes Beispiel für diesen Zweckarchitekturtyp des 17. Jh. Sie sind als Viereck mit einer Seitenlänge von 400 m erbaut. An den Ecken und in der Mitte der Flanken Wachtürme, die mit Kuppeln bekrönt sind. Von den Toren besonders erwähnenswert die Porte Royale mit den Wappen Frankreichs und Navarras. Im Inneren der Anlage haben sich noch einige militärische Zweckbauten aus der Zeit Richelieus erhalten (Schmieden und Magazine).
In Brouage hielt sich die schwermütig gewordene Marie Mancini, die Nichte des Kardinal Mazarin, zwangsweise auf, nachdem sie der Onkel aus Gründen der Staatsräson dem in sie verliebten jungen Ludwig XIV. entrissen hatte, der die Infantin von Spanien zu heiraten hatte. In Brouage wurde der Gründer von Québec, Samuel Champlain, 1570 geboren.

Bussy-Rabutin (Schloß)

21 Côte-d'Or S. 416 □ L 7

Das elegante Schloß spiegelt die Träume und den Haß einer seltsamen Persönlichkeit des 17. Jh.: Roger de Bussy-Rabutin war infolge eines durch die Verbreitung seiner höchst indiskreten *Histoire amoureuse des Gaules* entstandenen Skandals auf seine Landgüter verbannt worden. Der Schriftsteller-Soldat tröstete sich über seine Vertreibung vom Hofe, indem er seinen Besitz mit außerordentlich persönlichen Malereien ausstatten ließ (Die eher rauhe mittelalterliche Burg wurde im 16. und 17. Jh. entscheidend verschönert). Bussy-Rabutin inspirierte die Künstler zu den unglaublichen Gemälden auf Holztafeln, die sich im Cabinet des devises befinden. Sie beschäftigen sich in verschlüsselter Weise mit seinem Leben und denunzieren die Frivolität einer seiner Ex-Geliebten. Weiters Ansichten alter Schlösser und Festungen. Im »Nobelstock« Salon der berühmten Kriegshelden (65 Porträts berühmter Militärs, darunter das des Bussy-Rabutin). Die prächtig ausgestattete Chambre du comte ist mit Porträts der Hofdamen und der Comtesse ausgestattet. Eine weitere Darstellung des Bussy-Rabutin im Turmsaal (Salle de la Tour dorée), die ihn als Begleiter von Ludwig XIII. und Ludwig XIV., von berühmten Persönlichkeiten und den Schönen der Zeit zeigt.
Im nahegelegenen Dorf *Bussy-le-Grand,* romanische Kirche des 12. Jh. Apsispartie im 17. Jh. erneuert. Hier, in diesem Dorf, wurde einer der bedeutenden Generäle Napoleons geboren: Andoche Junot, 1771.

C

Cadillac

33 Gironde — 3350 Ew — S. 422 □ F 12

Das alte, 1280 gegründete Bollwerk, das sich stufenförmig über der Garonne entfaltet, hat sich seine Verteidigungsanlagen des 14. Jh. in seinen wesentlichen Zügen noch erhalten (Porte de la mer, Uhrturm). Den Mittelpunkt bildet der von Arkaden gesäumte Platz im Südwesten – »à cornières« bezeichnet. Die von Weingärten umgebene Stadt besitzt eine ehemalige Kollegiatkirche vom Ende des 15. und 16. Jh., deren Fassade und Glockenturm 1866 erneuert wurden. Im Innern schöner Retabel des 17. Jh., den der Herzog von Épernon stiftete. An die Kirche seitlich angebaut die Grabkapelle der Herzogsfamilie (1606). Das darin untergebrachte Mausoleum war während der Revolution zerstört worden. Überreste davon sind in der Burg untergebracht, die Bronze der Fama im Louvre. – *Schloß:* Dieses bedeutende Bauwerk wurde zu Beginn des 17. Jh. vom Herzog von Épernon, Louis de Nogaret de la Valette, errichtet, welcher einer der Gefährten des »roi femme«, Heinrichs III., war. Er trug dazu bei, Katharina von Medici als Regentin zu installieren, und stieß sich an Armand Jean du Plessis Richelieu (wie Ludwig XIII., Ludwig XIV. und Mazarin war auch der Kardinal Gast im Schloß).

Cadouin (Abtei)

24 Dordogne — S. 419 □ G/H 12

Eleonore von Aquitanien, Blanca von Kastilien und der Hl. Ludwig zählen zu den zahllosen Pilgern, die nach Cadouin kamen, um das hl. Leichentuch zu verehren. Diese Reliquie zog zahlreiche fromme Besucher in die im 12. Jh. gegründete Abteikirche, bis 1933 eine wissenschaftliche Studie bewies, daß dieses »Leichentuch Christi«

Cadouin, Kreuzgang

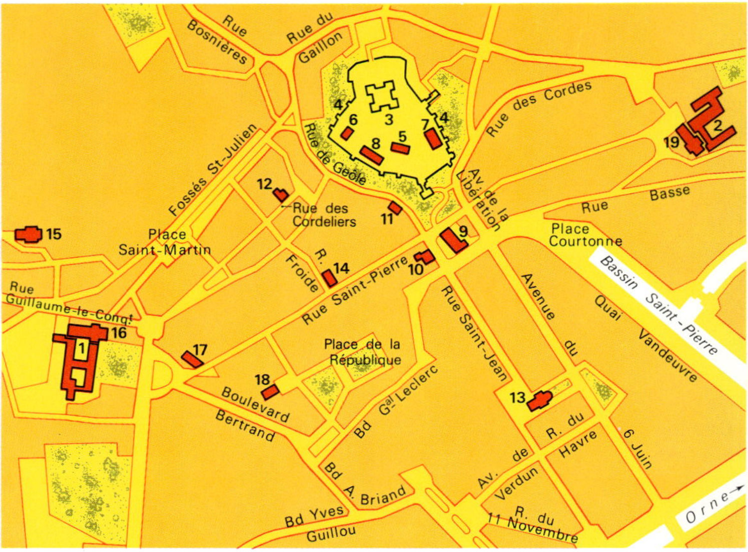

Caen **1** Abbaye aux Hommes **2** Abbaye aux Femmes **3** Schloß **4** Wälle **5** Kapelle Saint-Georges **6** Salle de l'Echiquier **7** Musée des Beaux-Arts **8** Musée ethnographique et régionaliste **9** Kirche Saint-Pierre **10** Hôtel d'Escoville **11** Maison des quatrans **12** Hôtel de Colomby **13** Saint-Jean **14** Saint-Sauveur **15** Saint-Nicolas **16** Saint-Étienne **17** Vieux-Saint-Étienne **18** Notre-dame de la Gloriette **19** La Trinité

im 11. Jh. gewebt worden ist, was aus einer kaum sichtbaren Inschrift mit einer Anrufung Allahs hervorgeht. Verbunden mit der großartigen Abteikirche der Zisterzienser ist eine Klosteranlage, an der Bauleute verschiedener Jahrhunderte gebaut haben (Kapitelsaal des 12. Jh., Kreuzgang der späten Gotik und der Renaissance aus dem 15. und 16. Jh.). Die hervorragende Abteikirche zeigt, daß ihre Architekten und Werkleute die für den Kirchenbau vorgeschriebene Zisterzienser-Regel sehr frei interpretierten. Sie wurde 1154 geweiht. Die vom Hl. Bernhard, einem der Väter von Citeaux, so heftig abgelehnte Skulptur erscheint sowohl an einigen Elementen des Außenbaus, als auch an rund 20 Kapitellen. Die mächtige, von Strebpfeilern abgestützte Fassade ist mit Arkaden geschmückt und verrät den Einfluß der Saintonge. Die Kirche wird von einem merkwürdigen Glokkenturm beherrscht.

Caen	122800 Ew
14 Calvados	S. 413 ☐ F 4

Die Geschichte erwähnt die Stadt seit dem 11. Jh., seit Wilhelm der Eroberer sich in die schöne landschaftliche Lage verliebte. Der Herzog ließ ein Mönchskloster errichten, seine Gemahlin das Nonnenkloster. Um beide wurden Ansiedlungen errichtet, die später zusammengeschlossen wurden. Zur Residenz des Herzogs erwählt, wurde Caen auch von seinen Nachfolgern bevorzugt. Der französische König Philippe Auguste nahm die Stadt ein, die Engländer besetzten sie, verschönerten sie und gründeten 1432 eine Universität.

Schloß und Museen: Die Stadt beherrschend, die zwischen den beiden großen Klosteranlagen gelegen ist, verschwand das Schloß selbst gleichsam zwischen seinen Zubauten. Eine Bom-

Caen. Altes Mönchskloster. Alt-St-Étienne und Notre-Dame de la Gloriette

bardierung hatte viel zerstört. Nach dem Krieg wurde eine wichtige Restaurierung unternommen. Die mächtige Festung, gegründet von Wilhelm dem Eroberer, ist umgeben von Bollwerk aus dem 12., 14. und 15. Jh. (Stadttor von 1440). Die Mauern umschließen ein Ensemble verschiedenster Gebäude: Kapelle des Hl. Georg, mit einem romanischen Schiff, dem Saal de l'Echiquier, der Logis der Statthalter im 17. Jh. war. Der moderne und nüchterne Bau des *Museums der Schönen Künste* stammt von 1960 und erscheint wie maßgeschneidert für die außergewöhnliche Bildergalerie, die unter anderem Werke von Roger van der Weyden*, Tintoretto*, Rubens*, Courbet* und Boudin* zeigt. Das Völkerkunde- und Regionalmuseum ist in den ehemaligen Räumen des Statthalters untergebracht und präsentiert Volkskunde, Brauchtum und Regionalgeschichte der Normandie vor der Industrialisierung.

Saint-Pierre/St. Peter: Im 13. Jh. begonnen, vollendet in der Mitte des 15. Jh. Diese Mischung aus einer gotischen und einer Renaissance-Kirche weist einen Chor auf, der gar närrisch gespickt ist mit Zinnen und Traufrinnen. Der stark hervorspringende Glockenturm, ein oft nachgebildetes Werk des 14. Jh., wurde 1944 von einer Granate getroffen, aber völlig identisch wiedererrichtet. Sehr schlicht und zurückhaltend im Innern scheint Saint-Pierre sich im Dekor in Richtung auf den Chor zu zu steigern: Die Apsis ist verschwenderisch ornamentiert, die Kapellen des Chorumgangs sind sehr zart gearbeitet. Die nach dem Krieg wiedererrichtete Fassade des nahen *Hotel d'Escoville* kündet kaum von dem reizenden Innenhof, der durch seinen italienischen Einfluß (16. Jh.) geprägt ist. Sehenswert auch das *Maison des Quatrans* (Rue de la Geôle, 16. Jh.) und das *Hotel Louis XIII des Colomby* (Rue des Cordeliers).

Caen, Abtei La Trinité

Caen, St-Pierre

Saint-Jean: Diese Kirche aus dem 14. und 15. Jh., zu Kriegsende stark getroffen, scheint ein wenig schief zu stehen. Ein Abrutschen des Terrains verursachte die Neigung der Fassade und verhinderte auch die Fertigstellung des Vierungsturms.

Saint-Sauveur/Erlöserkirche: Diese seltsam uneinheitliche Kirche fügt zwei Kirchenschiffe, eines aus dem 14. Jh. und eines aus dem 15. Jh., zusammen. Eine geheimnisvolle Stiege, die von der Rue Froide sichtbar ist, führt nirgendwohin: Ohne Zweifel endete sie einst an einer jetzt verschwundenen Tribüne.

Saint-Nicolas: Dieser eigentümliche Bau wurde zu Ende des 11. Jh. von den Mönchen des Männerklosters errichtet und bildet mit dem melancholischen Friedhof ein romantisches Ensemble. Der seitliche Fassadenturm stammt aus dem 15. Jh.

Saint-Étienne: Die alte Kirche geht in ihrem ursprünglichen Bestand auf Wilhelm den Eroberer und den Abt Lanfranc, Prior von Bec-Hellouin, der später Erzbischof von Canterbury wurde, zurück. Die Klosterkirche verbindet auf selten glückliche Art das Romanische ihrer Entstehungszeit (11. Jh.) mit dem Gotischen. Im 13. Jh. war sie von einem talentierten Baumeister »Maitre Guillaume« vergrößert worden: Er ersetzte den einfachen Chor durch einen weiteren Raum, ohne jedoch die Gesamtharmonie zu stören. Die bemerkenswerte Fassade von Saint-Étienne ist in ihrer Komposition eine der schönsten der Romanik: Der normannische Typus inspirierte durch Jahrhunderte hindurch so manchen Architekten. Ganz verschieden davon erscheint der Chor mit seinen schönen Bögen und kleinen Glockentürmchen. Das hohe Kirchen-

Caen, Türme von St-Étienne

schiff ist schlicht und klar in der Architektur. Im Querschiff findet die romanische Bauzeit ihre Vollendung. Der älteste gotische Chor der Normandie beherbergt ein Chorgestühl des 17. Jh. und einen Hochaltar von 1772.

Altes Mönchskloster: Nächst Saint-Étienne. Gegenwärtig ist in dem Konvent das Bürgermeisteramt von Caen untergebracht. Unter dem Mönchs-Architekten Guillaume de la Tremblaye* im 18. Jh. wiederaufgebaut, verfügt das ehem. Kloster über mehrere holzgetäfelte Säle (Sprechzimmer, Refektorium, Kapitelsaal). Das gotische Wachzimmer gibt noch eine Vorstellung vom Klosterbau des 13. Jh. Von der Kirche Alt-Saint-Étienne existiert nichts mehr außer dem Chor und dem Vierungsturm (15. Jh.). Zwischen 1684 und 1689 erbaut ist die nahe *Notre-Dame de la Gloriette,* eine eher theatralische Kirche, die die römische Il Gesu imitiert.

La Trinité/Dreifaltigkeitskirche: Zwischen 1060 und 1130 errichtet, ist die Trinité fast zur Gänze romanisch. Sie ist weniger imposant als Saint-Étienne, aber reicher geschmückt. Ein vollendetes Beispiel der Romanik ist die zur Hälfte unterirdische Krypta unter dem Chor mit den gedrungenen Pfeilern und den skulptierten Kapitellen.

Cagnes-sur-Mer

29530 Ew
06 Alpes-Maritimes
S. 426 □ P 14

Am Meerufer gelegener Ort, dessen malerische ältere Viertel wie an eine Bergspitze gelehnt erscheinen. Die Geschichte von Haute-Cagnes ist eng verbunden mit jener der Festung, die zu Beginn des 14. Jh. von Rainier de Grimaldi erbaut wurde. Im 17. Jh. verbessert und des öfteren restauriert, wurde sie 1939 Eigentum der Stadt, die darin 2 Museen einrichtete. Die Altstadt mit ihrem verzweigten Netz an Gäßchen ähnelt einem mittelalterlichen Versteck.

Schloßmuseum: Um einen schönen Renaissance-Hof gelegen. Die gewölbten Säle des Erdgeschosses stammen aus dem Mittelalter und beherbergen das *Musée de l'olivier.* Im 1. Stock befinden sich die Exponate des 17. Jh.: der Plafond des Festsaals

Cagnes-sur-Mer, Schloßmuseum

ist 1620 von Jean-Baptiste Carlone*, einem Mitglied der großen italienischen Künstlerfamilie, ausgemalt worden. Das *Musée d'àrt moderne méditerranéen* zeigt in den ehem. Privatgemächern der Grimaldi in 2 Stockwerken vor allem Werke von Kisling*, Carzou* und Chagall*. Die unterhalb des Schlosses gelegene Kapelle *Notre-Dame-des-Protections* ist mit Fresken des 16. Jh. ausgestattet, die das Gewölbe und die Apsiswand überziehen. Die Kirche *Saint-Pierre* ist zum Teil gotisch.

Musée Renoir: 1907 kaufte der damals 60jährige Pierre Auguste Renoir* den Besitz Colettes, um in den Olivengärten ein einfaches Haus zu bauen, das er bis zu seinem Tod (1919) bewohnte. In den Ateliers im Innern des Hauses sind einige Werke und persönliche Gegenstände des Künstlers ausgestellt.

Umgebung: Villeneuve-Loubet (4 km): Das *Musée de l'àrt culinaire* (Museum der Kochkunst) ist im Geburtshaus des großen Kochkünstlers und Theoretikers der franz. Küche Auguste Escoffier (1847) eingerichtet und zeigt neben den persönlichen Erinnerungsstücken an den Meister eine Dokumentation der Gastronomie vor der »nouvelle cuisine«.

Cagnes-sur-Mer, Schloßportal

Cahors	22 000 Ew
48 Lot	S. 423 □ H 13

Die Hauptstadt der Quercy liegt auf einer Halbinsel, die durch die Flußschlinge des Lot entstand, und wird auf der anderen Seite des Flusses von im Halbkreis angeordneten Hügeln abgeschirmt (auf dem seit dem 13. Jh. schiffbaren Lot konnten die Weine aus der Region nach Bordeaux transportiert werden). Aus dem gallo-römischen *Divonax Cadurcorum* wurde *Cadurca,* das sich in der Folge zu Cahors wandelte. Es ist die Geburtsstadt des Papstes Johannes XXII. (1245), des Dichters Clement Marot (1496) und des Politikers Leon Gambetta (1838). Die städtische Architektur ist durchschnittliches 19. und 20. Jh., jedoch ist sie nicht durch den zeitgenössischen Betonbau zerstört worden.

Pont Valentré: Die Silhouette der Valentré-Brücke ist berühmt. Seit 1308 ist sie wie eine militärische Anlage über den Lot gespannt. Sie wird von 3 Türmen bewacht, die ehemals durch Fallgitter und Tore verschlossen waren und in deren mittlerem die Wache stationiert war. Der zentrale Turm wird auch »Tour du diable« (Teufelsturm) genannt. Der Teufel soll dem Baumeister beim Bau der Brücke geholfen, seine Seele jedoch nicht dafür bekommen haben. – In der Valentré-Brücke kommt auch der merkwürdige Brunnen der Kartäuser zum Vorschein.

Saint-Étienne: Die Kathedrale ist dem Hl. Stephanus geweiht. Mitten im alten Cahors wölbt diese mächtige Kathedrale ihre Kuppel. Der unharmonische Bau wurde Ende des 11. Jh. begonnen, das großartige Portal (jetzt im Norden) wurde 1130 skulptiert. Mehrere Umbauten wurden im 13. und 14. Jh. vorgenommen, während die

schwere, »befestigte« Fassade vollendet wurde. Zu Beginn des 16. Jh. entstand der gotisch-flamboyante Kreuzgang. Mehrere Veränderungen fanden dann wieder im 17. Jh. statt (Erhöhung des Bodenniveaus, neuer Hochaltar, Rosettenfenster).
Romanisches Portal: Dieses bemerkenswerte Portal befand sich ursprünglich im Westen, ist aber im 13. Jh. von dort auf die Nordseite der Kathedrale versetzt worden. Die Statuen und die Anbringung des Tympanons unter dem tiefen Bogen zitiert Moissac. Eine reich geschmückte Fassade, betont durch schlanke Bogenstellungen, umgibt das Außenportal unter den Grimassenköpfen des Kranzgesimses. An der Archivolte kriechen sonderbare, gelängte Figuren, die in Kampfszenen verwickelt sind. Als ein typisches Werk der Plastik von Quercy ist das Tympanon geteilt: Mehrere Szenen umrahmen das Mittelfeld mit dem Himmelfahrts-Christus, der von zwei Engeln umgeben ist, den Aposteln und der Jungfrau Maria. Die übrigen Reliefs stellen das Martyrium des Hl. Stephanus dar. Über Christus erscheinen Engel auf Wolken.

Innen: Von zwei Pendentif-Kuppeln überdeckt, kontrastiert das klare Hauptschiff mit dem durch Malerei geschmückten und durch Glasfenster erhellten Chor. Die Fresken der westlichen Kuppel (gegen 1320) deckte man im 19. Jh. ab. Sie waren lange Zeit übertüncht gewesen und zeigen die Steinigung des Hl. Stephanus, seine Peiniger und acht Propheten.

Kreuzgang: Seit seiner Restaurierung gilt der Kreuzgang als ein schönes Beispiel für die gotische Architektur der flamboyanten Phase. Hier befindet sich am Pfeiler der NW-Ecke eine reizende Muttergottesstatue mit langem geflochtenem Haar.

Maison de Roaldès: Nahe der Kathedrale am Quai Champollion befindet sich dieses Gebäude aus dem 15. Jh., das zwei ungleiche Fassaden aufweist: Die eine aus Holz mit dem Balkon unter dem Dach, die andere vertritt mit ihrer typischen Ornamentierung den Stil von Quercy gegen 1500.
Das alte Cahors zwischen diesem Haus, der Kathedrale, dem Korso Gambetta und dem Lot ist teilweise recht malerisch.

Cahors, Tympanon an der Kathedrale

Saint-Barthélemy (im oberen Teil der Altstadt): Der Bau stammt hauptsächlich aus dem 16. Jh. Die Architektur ist mit dem schönen Glockenturm sehr harmonisch abgestimmt, jedoch im Inneren des spitzbogig gewölbten Schiffes durch eine ungeschickte Ausschmückung eher häßlich. Die Emails des modernen Taufbeckens in der 1. linken Kapelle zeigen Papst Johannes XXII., der nahe dieser Kirche geboren und getauft wurde.
Nahe Saint-Barthélemy ragen die Überreste einer Residenz aus dem 14. Jh. auf, das sog. *Palais de Jean XXII,* das vom Bruder des Papstes erbaut worden ist. Ein zinnenbewehrter Turm erreicht die Höhe von 32 Meter.

Barbacane: Das kleine Schloß ist Teil der Verteidigungsanlage des 14. Jh. (unterstützt vom Lot versperrte sie innen die Stadt). Der nahe *Tour Saint-Jean* ist sonderbarerweise in seiner ganzen Höhe offen.
Die alte bischöfliche Residenzstadt Cahors verfügt über ein kleines Museum, das die Geschichte der Stadt und ihrer bedeutenden Bewohner sowie eine archäologische Sammlung und eine Gemäldegalerie bietet.

Calais	78720 Ew
62 Pas-de-Calais	S. 410 □ I 1

Bedeutendster franz. Hafen für den Reiseverkehr nach England, dessen Stolz es ist, »der Schlüssel zu Frankreich« zu sein. Seit 1944 ist die Stadt mit großem Geschick und viel Geschmack wiederaufgebaut worden; das Rathaus und seinen Turm mit 75 m Höhe hat man im flämischen Stil des 15. Jh. wiedererrichtet.
Auf den Spuren der Vergangenheit findet man in Calais einen Wachturm aus dem 13. Jh., der bis 1848 einen Leuchtturm ersetzen mußte, ferner die Apsiskapelle der *Notre-Dame* (1631). Ein modernes *Museum* (1865) zeigt die *Gregorsmesse* eines flämischen Primitiven, Dokumente zur Lokalgeschichte, die die ständigen Streitigkeiten Calais mit England bezeugen, sowie Beispiele aus der Tüll- und Spitzenindustrie, die der Stadt den Wohlstand sichern. Das Denkmal der *Bürger von Calais* (1895) bleibt der Schatz und die Besonderheit der Stadt. Rodin* hat mit großem Realismus den Gang der 6 Bürger von Calais in Bronze verdeutlicht, die dem König von

Calais, Denkmal der Bürger von Calais, Ausschnitt

Cambrai, Kathedrale Notre-Dame

England den Schlüssel überreichen wollten, um ein Massaker unter den Einwohnern zu vermeiden (1346). Das Denkmal im Herzen der Stadt, die erst 1558 wieder von den Franzosen zurückerobert wurde, drückt in den gequälten Gestalten das ganze Drama der zur Unterwerfung gezwungenen stolzen Bürger von Calais aus.

Calvi → Corse

Cambo-les-Bains	4080 Ew
64 Pyrénées-Atlantiques	S. 422 □ D/E 14

Reizender Ort mit baskischem Klima, der von großen Bäumen halb verdeckt ist. Cambo bewahrt die Erinnerung an Edmond Rostand, den Dichter des *Cyrano de Bergerac* und des *L'Aiglon.* Zwischen Bergen ließ er 1903–1906 die geräumige *Villa Arnaga* errichten, eine Nachahmung der Labourdinischen Architektur (Labourd ist einer der baskischen Distrikte). Zwischen Park und französischem Garten gelegen, vereint dieses Gebäude auch im Innern die verschiedensten Stile auf eine bizarre Art. Zahlreiche Erinnerungsstücke an den Schriftsteller und seine Freunde werden hier gezeigt.

Cambrai	41 000 Ew
59 Nord	S. 411 □ J 2

Cambrai ist eine der ältesten Städte Frankreichs und liegt im Zentrum eines landwirtschaftlich reichen Landstrichs. Ein spanisches holzgeschnitztes Haus (1595), schöne Gebäude des 17. oder 18. Jh. und das Notre-Dame-Tor mit seinen Diamantquadern machen den Reiz der Stadt aus, die übrigens auch einige schöne Beispiele der religiösen Baukunst aufweist.
Die alte Klosterkirche von *Saint-Sepulcre, Notre Dame,* wurde mehrmals restauriert, wobei jedoch immer ihr klassischer Stil berücksichtigt wurde (Anfang 18. Jh.). In ihr befindet sich ein Denkmal Bischof Fénelons von David d'Angers* (1826) und 8 große Grisaillen. Die Kapelle des *Jesuitenkollegs* (1692) weist eine reiche Barockfassade auf und beherbergt ein bemerkenswertes Provinzmuseum für sakrale Kunst.
Saint-Géry: Nüchtern, klassisch, beeindruckend durch seine Kuppel, seine wunderbaren Emporen in rotem und schwarzem Marmor (1635) und eine großartige Grablegung von Rubens*.

Städtisches Museum: Stark unterschiedliche Sammlungen, die von der einheimischen religiösen Fayence bis zu Bildern der Holländer, Flamen, Spanier, Italiener und Franzosen reichen. Wichtig ist die archäologische Abteilung mit den Funden aus der Umgebung: Plastiken, darunter die *Frau, an einer Säule lehnend,* ein Werk des 12. Jh. Interessant sind auch die Bilder der französischen Modernen.

Umgebung: Abtei von Vaucelles (11 km südlich): Die Abtei wurde 1131 gegründet. Ruinen berichten noch heute von der einst größten Zisterzienserkirche (13. Jh.).

Cannes	70 280 Ew
06 Alpes-Maritimes	S. 426 □ O 14

Weltberühmt für seine Lage an der Cote d'Azur, seine Casinos, Paläste, die beiden Yachthäfen, sein Festival und den Treffpunkt des Showbusineß (das Midem). Der ehem. kleine Fischerhafen verfügt auch über ein malerisches altes Viertel und ist erst im 19. Jh. dank eines englischen Politikers namens Lord Brougham zu einem bedeutenden Ort geworden. Der Engländer verliebte sich 1834 in diesen »schönsten Himmel der Welt« (Prosper Mérimée) und erbaute hier eine Villa, die viele seiner Freunde anlockte. Bald konnte das neue Viertel »Quartier anglais« genannt werden.
Das alte Cannes ist durchzogen von geraden Straßen, Stiegen und Durchgängen, die alle am Abhang des Suquet entlanglaufen. An der Spitze des Hügels ist der 22 m hohe *donjon* errichtet (1070 begonnen, nicht vor 1385 fertiggestellt). Neben dem Turm liegt das *Musée de la Castre*, das eine archäologische Sammlung des Mittelmeerraums beherbergt. Der alte Hafen am Fuße des Suquet bewahrt die Erinnerung an Guy de Maupassant, der hier sein Boot vor Anker legte und zahlreiche Anregungen für seine Erzählungen »Auf dem Wasser« erfuhr.

Umgebung: Lérins-Inseln (20–30 Min. mit dem Schiff): Insel **Sainte-Marguerite** mit der Festung, in welcher der rätselhafte »Mann mit der eisernen Maske« (17. Jh.) und der Ex-Marschall Bazaine, der Besiegte von 1870, eingesperrt waren. – Die Insel **Saint-Honorat** ist kleiner und mit Pinien, Eukalyptus und Zypressen bewaldet. Auf ihr liegt eine berühmte Abtei, Nachfolge des Klosters, das zu Ende des 4. Jh. vom Hl. Honorat gegründet

Cannes, St-Honorat

worden sein soll. Die alten Bauelemente sind in jene des 19. Jh. eingefügt (kleines *Lapidarium*). Das alte befestigte Kloster, das »Schloß«, ist auf der Anhöhe gelegen. Seine Baugeschichte geht auf das 10. Jh. zurück (mehrere Umbauten). Der Kreuzgang stammt aus dem 14. Jh.

Carcassonne	46 350 Ew
11 Aude	S. 423 □ I 15

Stark befestigter Ort in der Weinbaugegend der fruchtbaren Aude. Mit seinem zinnenbedeckten Mauerwerk und seinen Türmen bietet Carcassonne den großartigen Anblick eines Meisterwerks der mittelalterlichen Befestigungsarchitektur – ein wenig »korrigiert« im 19. Jh. von Viollet-le-Duc*. Der Kern der Stadt ist die Oberstadt, die von schier endlosen Mauern umfaßt wird.

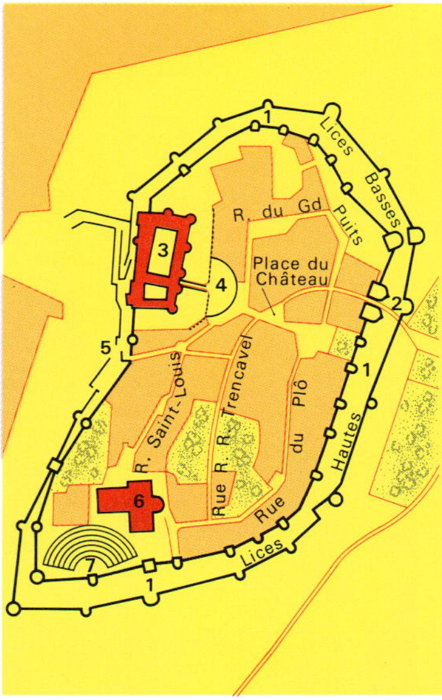

Innenstadt von Carcassonne 1 Doppelte Stadtmauer **2** Porte narbonnaise **3** Château Comtal **4** Barbacane **5** Porte d'Aude **6** Kirche Saint-Nazaire **7** Grand théâtre

Carcassonne, Kirche St-Nazaire

Die obere Altstadt ist lediglich durch 2 Tore, die *Porte narbonnaise*, eine imposante Öffnung, die seinerzeit der Verteidigung diente und die *Porte d'Aude* zugänglich. Die Baumeister des Mittelalters konnten die Mauern der gallo-römischen Zeit wiederverwenden und sie verstärken. Die Verbindung zwischen Toulouse und dem Mittelmeer beherrschend und kontrollierend, wurde Carcassonne oftmals belagert oder auch eingenommen, sei es von den Westgoten, den Sarazenen oder den Kreuzfahrern des Simon de Montfort. Die Stadt, die ihre Befestigung im wesentlichen im 13. Jh. erfuhr, verlor im 17. Jh. ihre strategische Bedeutung, als Roussillon an Frankreich angeschlossen wurde.

Chateau Comtal/Schloß der Grafen: Eine mächtige Bastei im Innern einer Zitadelle, von den übrigen Befestigungsanlagen abgeschnitten. Das Schloß war im 12. Jh. eingerichtet worden. Seit den Zeiten Ludwig des Hl. war das Schloß durch eine riesige Schießscharte, einen weiten Graben und mächtige Türme verteidigt worden. Im 19. Jh. wurde es von Viollet-le-Duc* restauriert.

Saint-Nazaire: Diese Basilika, deren Westfassade von Viollet-le-Duc mit einiger Phantasie wiederhergestellt wurde, vereint ein schlichtes romanisches Kirchenschiff des südlichen Typus (11. u. 12. Jh.) mit einem gotischen Querschiff sowie dem gleichzeitigen Chor (Ende 13., Anfang 14. Jh.). In den Chor fällt das Licht durch hohe Glasfenster in blauen Farbtönen (13. und 14. Jh., sie zählen zu den bemerkenswertesten ganz Südfrankreichs).

Unterstadt: Die Unterstadt unterscheidet sich von der Altstadt mit ihren alten Häusern in den vielfach gewundenen Gassen vor allem durch ihre

Carcassonne, Panorama

regelmäßige Anlage, deren Zentrum die von Ludwig dem Hl. gestiftete Bastion am anderen Ufer der Aude ist. In diesem Teil Carcassonnes befindet sich das *Musée des Beaux-Arts,* in dem zahlreiche Gemälde (Jordaens*, Van Goyen*, Chardin*, Rigaud*, Marquet*, Max Ernst*, Dali* u. a.) hängen und auch Keramik ausgestellt ist.
Die Kathedrale *Saint-Michel* aus dem 13. Jh. (vielfach restauriert) bewahrt eine Schatzkammer mit Stücken der sakralen Goldschmiedekunst und zahlreiche Werke Jacques Gamelins*, eines Malers, der 1738 in Carcassonne geboren wurde.

Carennac 390 Ew
46 Lot S. 419 □ I 12

Malerischer Ort an der Dordogne mit alten Bollwerken, die sich in einem wehrhaften Tor öffnen. Die Häuser aus braunen Ziegeln umgeben die alte *Prieuré-doyenné,* wo Fénelon zwischen 1681 und 1695 residierte (schöne Ausschmückung des Prunkzimmers). An der kleinen romanischen Kirche *Saint-Pierre* ist die Vorhalle bemerkenswert, deren Portal aus dem 12. Jh. an jene von Beaulieu und Moissac erinnert. Grablegung des 16. Jh. Der Kreuzgang weist eine romanische Galerie sowie drei weitere in gotisch-flamboyanten Stil auf.

Cargèse → Corse

Carnac 3730 Ew
56 Morbihan S. 412 □ C 7

Aus der Silhouette des alten Städtchens Carnac hebt sich der Glockenturm der Kirche *Saint-Cornély* aus

Carnac, Alignements (Steinreihen) der Menhire

dem 17. Jh. Die nördliche Vorhalle der Kirche mit ihren dorischen Säulen ist von einem majestätischen Steinbaldachin bedeckt. Im Innern ist im Stuck des Gewölbes das Leben des Kirchenheiligen dargestellt. Die Einrichtung ist von einem oft fast erdrückenden Reichtum.
Nicht weit entfernt, am Weg nach La Trinité sur Mer, befindet sich das *Musée Miln-Le Rouzic* mit einer schönen Sammlung prähistorischer Objekte.

Megalith-Feld: Mit Tausenden von verstreuten Menhiren, die in Reihen (alignements) oder in Kreisen (cromlechs) stehen, seinen Dolmen und Tumuli bildet das berühmte Megalith-Ensemble von Carnac ein einzigartiges prähistorisches Freilicht-Museum, das von Heidekraut und Stechginster stark angegriffen wird. Diese stummen Zeugen der fast noch unbekannten Zivilisation des Neolithikums verleiten in ihrer Weitläufigkeit zu langem Herumschlendern und veranlassen die Wissenschaft zu immer neuen Interpretationen. Wenn man gemeinhin die Begräbnisfunktion der Tumuli, der Vertiefungen und auch der Alleen gelten läßt, so behalten die Menhire doch ihr Geheimnis.

Alignements: Hinsichtlich der Gestirne dienen die »alignements« gemeinhin der Vorausschau der Sonnenfinsternis; die Mané-Er-Grah von Locmariaquer setzt dafür eine allgemeine Mondmarkierung fest. Unter den heimischen »alignements« (Steinreihen), darunter auch das wunderbare Ensemble von Kerzerho (Gemeinde d'Erdeven), ist jenes von Carnac das bedeutendste. In drei unterschiedliche Gruppen geteilt, ist es möglich, daß sie vom Dörfchen Kerlescan bis nach Ménec (4 km) eine einzige Linie (alignement) gebildet haben. Die Gruppe von Kerlescan besteht aus 555 Menhiren von geringer Höhe und einem »crom-

Carnac, Megalithen

lech« von 39 Steinen. Jener von Kermario vereint in 10 Parallelreihen 1029 Menhire von mehr als 6 m Höhe in westlicher Richtung. Die »alignements« von Menec, das Carnac am nächsten liegt, umfassen insgesamt 1099 Menhire, auf 11 Reihen aufgeteilt. Ein abschließender Halbkreis von 70 Menhiren ist leider zum Teil durch die Häuser der Ortschaft verdeckt.

Tumulus Saint-Michel (Hünengrab); Eine Kapelle, dem Hl. Michael geweiht, und ein kleiner Kalvarienberg auf der Anhöhe bezeichnen die Stelle des Grabhügels, der 125 m lang und 60 m breit ist und mehrere Innenräume aufweist. Schmuck und Waffen, die bei den Grabungen gefunden wurden, sind ins Musée Miln-Le Rouzic gebracht worden.

Umgebung: Locmariaquer (13 km östlich): Die kleine Gemeinde gegenüber dem Golf von Morbihan verfügt über einige bemerkenswerte Megalithe, die sich auf ihrer Gemarkung befinden. Auf einem nahe gelegenen Feld liegt der größte bekannte Monolith, der Menhir Mané-Er-Grah (oder Men-Er-Hroëch), dessen Gesamtlänge mehr als 20 m beträgt und der in 5 Teilstükke gebrochen ist. Hinter ihm erstreckt sich die Table des Marchands (Tisch der Kaufleute), ein langer Dolmen, der zur Hälfte unter den Resten eines Grabhügels liegt. Die Ritzzeichnungen im Innern scheinen ein Beil, Getreideähren und die Sonne darzustellen. Der Dolmen von Mané-Lud ist eine Platte von geringer Höhe, mit Stützen, die mit stilisierten Motiven dekoriert sind. Auf einer von ihnen erscheinen Zeichen, die als Versuch, ein Gesicht wiederzugeben, interpretiert werden – oder es handelt sich um die Flugspur eines Vogels. Auf einem anderen glaubt man Boote mit Ruderern erkennen zu können.

Carpentras	24210 Ew
84 Vaucluse	S. 425 □ M 13

Ehemalige Hauptstadt der reichen Grafschaft Venaissin, die heute bei den Gourmands wegen ihrer Berlingots und ihrer Konditorwaren bekannt ist. Carpentras gehörte bis zur Revolution zu Saint-Siège. Wohlhabend und der Gunst des Papstes sicher, breitete sich die Stadt über die Grenze ihrer ersten Wälle aus, die im 14. Jh. durch eine neue Mauer verstärkt wurden.

Saint-Siffrein: Seit 1404 vom Erzbischof von Arles an der Stelle des alten romanischen Domes erbaut, dessen Gründung dem Hl. Siffrein zugeschrieben wird (Mauerreste im Chor sichtbar). Das Südportal, *Porte juive* (Judentor), stammt aus dem Ende des 15. Jh. Über dem Portal findet sich die rätselhafte Darstellung »Boule aux rats« (Rattenkugel) genannt. Das Kircheninnere mit dem weiten Hauptschiff, den flankierenden Seitenkapellen und dem kleineren polygonalen Chor bezeugt in bemerkenswerter Weise den gotischen Stil des Südens. Der Chor war von dem Landmann Jacques Bernus* ausgeschmückt worden, einem Künstler der provencalischen Schule aus dem Ende des 17. Jh. und dem Beginn des 18. Jh.
Das *Palais de justice* (Justizgebäude) befindet sich im alten Bischöflichen Palais (Mitte des 17. Jh.), dem Werk eines Architekten aus Avignon. Der Großteil seiner prächtigen Originalausstattung ist noch erhalten: Malereien, hervorragende Holztäfelungen und die skulptierte Decke im Prunkzimmer des Bischofs. Die *Synagoge* zählt zu den ältesten Frankreichs: Sie wurde zu Ende des 14. Jh. erbaut, im 18. Jh. umgebaut, dann restauriert.
Das *Hôtel-Dieu* (Krankenhaus) mit schöner Fassade und einer sehenswerten Apotheke, deren mit Apothekerzeichen bemalte Kästen eine schöne Sammlung an Fayencen von Monstiers beinhalten. Der arg verstümmelte *Triumphbogen* aus dem 1. Jh. war einst der Zugang zur gallo-römischen Stadt. Die *Porte d'Orange* öffnet sich in einem hohen Turm und ist noch ein Rest der Befestigung aus dem 14. Jh. Carpentras hat einige interessante Museen: *Musée des Beaux-Arts,* das das Volkskundemuseum (Volkskunst, Handwerkskunst, Votivbilder) und ei-

Carpentras, Kathedrale St-Siffrein, ein Ausschnitt der Porte juive

ne Gemäldegalerie enthält, angefügt das *Musée Sobirats* (Kunstgewerbe) und das *Lapidarium,* das in der Barockkapelle untergebracht ist.

Carrouges (Schloß)	750 Ew
61 Orne	S. 414 □ G 5

Wie ein Wächter über die alte Grenze zwischen der Normandie und Maine liegt das riesige Schloß aus Granit-Mauerstein inmitten seiner Gräben nahe den Wäldern von Ecouves und Andaine. Trotz seiner Umbauten bewahrt es die rauhe Schönheit eines Wehrbaus (großteils 15. Jh.), dem der Turm mit den Pechnasen, fertiggestellt im 14. Jh., einen besonderen Akzent verleiht. Obwohl es den Anschein erweckt, daß das Schloß ständig in Kriegsbereitschaft war, verfügt es doch über luxuriöse Räumlichkeiten aus der Zeit der Renaissance und des Klassizismus. Das elegante Eingangsschlößchen (Herrenhaus) stammt aus dem 16. Jh. Der alte Wohnsitz der Geistlichkeit im Schloß dient heute als Empfangszimmer und als Büro des Nationalparks Normandie-Maine.

Cassel	2340 Ew
59 Nord	S. 411 □ J 1

Die Stadt, die sich gegen Süden hin öffnet, ist auf einem Plateau errichtet. Im Zentrum, die *Grand-Place.* Auf beiden Seiten dieses weiten, gepflasterten und leicht abschüssigen Platzes bezeugen einige Gebäude das frühere Cassel. An der Ostseite beeindruckt die dreischiffige Kollegiatkirche *Notre-Dame* (1298). Ein Drei-Fassadengiebel und ein mächtiger quadratischer Turm bilden einen gotischen Massivbau. Damit kontrastiert die *Jesuitenkirche* (1687), deren Stein- und Ziegelbau in aller Lebhaftigkeit der barocken Form dahinter sichtbar wird. An der Südseite befindet sich das *Hôtel de la Noble cour:* Die Fassade aus Stein mit Dreieck- und Bogengiebeln über den Fenstern, einem hohen Dach, das mit den zahlreichen Dachfenstern wie getüpfelt erscheint, mit seitlichen Stufengiebeln und einem von grauen Marmorsäulen eingefaßten Renaissance-Portal geben diesem Bau des 16. und 17. Jh. seine Eleganz. Das Innere ist bezaubernd – vor allem die mit einer Holzvertäfelung aus der Zeit Ludwigs XV. ausgestatteten Archivräume. Es sind hier ein *Geschichts-* und ein *Volkskundemuseum* untergebracht (Urkunden, Fayencen, flämische Möbel). Wenn man die Gand-Place verläßt und bis zum Gipfel des Hügels hochsteigt, gelangt man zu einem Park, der anstelle des ehem. Feudalschlosses angelegt wurde. Das *Castel Meulen* (18. Jh.), eine Windmühle an der Esplanade, gibt Zeugnis von einer altüberlieferten Tätigkeit. Von hier aus ein beeindruckender Blick über Flandern. General Foch verfolgte 1914/15 von diesem Platz die Schlacht von Yser.

Umgebung: Hazebrouck (13 km südlich): Die Stadt in der Ebene war einst die verwaltungsmäßige Hauptstadt des Flandre Maritime. Die Kirche von *Saint-Éloi* ist mit einem schönen Ziegelturm von 1532 ausgestattet, innen

Carrouges, Schlößchen

Castres, Thujengarten von Le Nôtre beim ehem. Bischofspalast*

ist sie reich geschmückt mit einer Vertäfelung und einem hübschen Gitter aus dem 18. Jh. Man beachte auch die prächtige Seitenfassade des rechten Schiffs eines alten Augustinerklosters (1616), einem ausgedehnten Bau in flämischem Stil, der ein *kunsthistorisches und volkskundliches Museum* aufgenommen hat: Die Prozessions-Riesen (»Geants«) stehen hier neben einigen interessanten Geweben und Textilien des 16., 17. und 19. Jh.

Castellane	1230 Ew
04 Alpes de Haute-Provence	S. 426 ☐ O 14

Eingebettet in einen Kreis eher bescheidener Berge wird Castellane von der Kapelle Notre-Dame (1703) beherrscht. Der alte Ortsteil hat sein Zentrum in der Rue du Mitan. Außergewöhnlich genug ist die Kirche *Saint-Victor,* die aus dem 12. Jh. stammt: Ein Turm und ein Tor erinnern an die lange Stadtmauer aus dem 17. Jh.

Castres	47 500 Ew
81 Tarn	S. 423 ☐ I 14

Eine Industriestadt, die sich an beiden Ufern des Agout ausbreitet. Castres bewahrt eine alte Tradition der Textilverarbeitung und ist wichtiges Zentrum des Tuchhandels. Die Stadt ist ursprünglich am rechten Ufer entstanden, wo die Römer ein Lager errichtet hatten. Sie erreichte im 11. Jh. ihre Unabhängigkeit, wurde Opfer der Religionskriege und Heimat für viele Hugenotten. Ihr Zentrum bildet heute die Place Jean-Jaurès. Die hervorragende Goya-Sammlung im ehem. Bischofspalast (Musée Goya) - Vermächtnis eines hiesigen Malers des 19. Jh. - umfaßt eine Serie aus dem graphischen Zyklus *Caprices* (1790) und das berühmte Bild *Junte des Philippines* (gegen 1814). - Die Kathedrale *Saint-Benoit* erhebt sich über den Grundmauern einer Abtei aus dem 9. Jh. Diese riesige Barockkirche wurde zu Ende des 17. und zu Beginn des 18. Jh. errichtet, blieb aber unvollendet. Ihre Ausstattung besteht aus Marmorskulpturen aus dem Ende des 17. Jh. und Gemälden des 18. Jh., die aus einem Kartäuserkloster stammen. - Die Kirche *Notre-Dame de la Platé* ist in der Mitte des 18. Jh. umgearbeitet worden.

Cateau (Le)

8790 Ew
59 Nord
S. 411 □ K 2

Der Maler Henri Matisse* wurde im Jahre 1869 hier geboren: Das Museum bewahrt einige seiner Zeichnungen und Druckgraphiken auf, es enthält außerdem Werke zeitgenössischer Künstler (Gromaire*, Dunoyer de Segonzac*, Herbin*). Auf der Grande-Place steht ein Turm von 1705, ganz im Einklang mit dem *Rathaus* aus der Renaissance. Das alte *Palais der Erzbischöfe von Cambrai* weist klassische Linien und volle Harmonie der Perspektive seines Gartens auf. Die Kirche *Saint-Martin* (die ehem. Benediktinerklosterkirche Saint-André) aus dem 17. Jh. besitzt eine reich geschmückte Barockfassade.

Caudebec-en-Caux

2730 Ew
76 Seine-Maritime
S. 410 □ G/H 3

Notre-Dame: Von Häusern umgeben, die nahezu ohne jeglichen Geschmack nach den Zerstörungen des Krieges wiedererrichtet worden sind, steht die mit einem steinernen Spitzenmuster verkleidete Kirche da. Von Heinrich IV. wurde dieses schöne Beispiel für den Flamboyant-Stil voll leichter Eleganz »die schönste Kapelle« des Königreichs genannt. Der Bau wurde 1426 begonnen und fast während der ganzen Regierungszeit Franz' I. weitergeführt. Die Turmspitze, in Form einer Tiara 50 m emporspringend, das große Portal und die beiden letzten Joche des Schiffs wurden in der Zeit zwischen 1490 und 1539 errichtet. Dies erklärt eine gewisse Ausgewogenheit zwischen Renaissance und der Übersteigerung des flamboyanten gotischen Stils. Ohne Querschiff und über einem regelmäßigen Grundriß wird die Kirche, durch elegante Triforien aufgelokkert, gleichsam schwerelos. Bemerkenswert sind im Innern der sonderbar in die Achse des Kirchenschiffs, hinter den Hochaltar gesetzte Pfeiler, die skulptierte Steinempore der hervorragenden Orgel und die erstaunliche Grabkapelle, in der große Figuren den unter einem verzierten Baldachin liegenden Christus umgeben (16. Jh.).

Castres, Goya-Museum, Selbstporträt

Im Norden der Kirche ein schönes altes Haus und Reste von zwei Türmen der alten Stadtmauer. Am Place Thomas-Basin (der Bischof, der die Rehabilita-

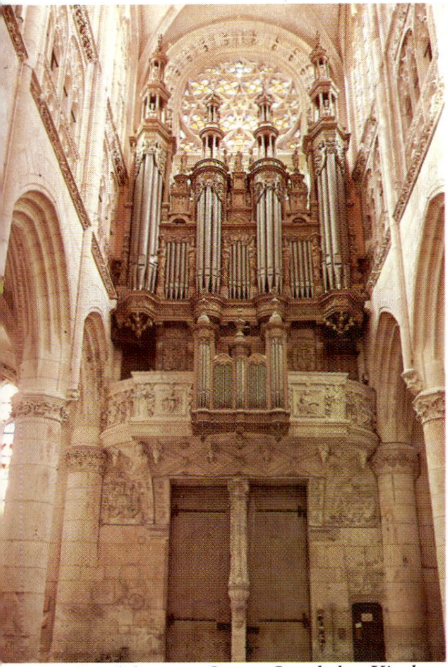

Caudebec-en-Caux, Orgel der Kirche

tion Jeanne d'Arcs betrieb, war aus Caudebec) ein schönes altes Haus des Templerordens, das heute ein *Heimatmuseum* beherbergt.

Umgebung: Pont de Brotonne (1 km stromaufwärts): Ein kühnes Werk (1977 eröffnet) von einer Gesamtlänge von 1278 m, wobei die Brücke selbst von Seilen gehalten wird. – Die Kirche **Sainte-Gertrude** (3 km nordwestlich), 1519 geweiht, in flamboyantem Stil, mit schönem Steintabernakel. – **Villequier** (4 km stromabwärts): In schöner Landschaft auf der Höhe eines Plateaus liegt die *Domaine von Villequier,* ein Schloß, das zu einem Hotel umfunktioniert ist. Hier bietet sich ein außergewöhnlicher Blick über das Tal der Seine, wo Leopoldine Vacquerie, die Tochter Victor Hugos, sich am 4. September 1843 ertränkte. Diese Tragödie inspirierte den Dichter zu seinen tiefst empfundenen Gedichten der *Contemplations (Pauca meae).* Der große Familiensitz Charles Vacqueries, der mit seiner jungen Frau umkam, wurde in ein *Museum* umgewandelt. Hier wird in Erinnerungsstücken und Möbeln das Leben des Privatmanns, des Schriftstellers und Politikers Hugo wachgehalten. In der Kirche dominiert das Grabmal des jungen Paares. Der Bau selbst stammt aus dem 12., 14. und 15. Jh., weist stukkierte Gewölbe auf und zwei schöne Glasfenster des 16. Jh.

Cavaillon

84 Vaucluse — 25 500 Ew — S. 425 □ M14

Cavaillon wurde zur römischen Kolonie mit Namen Cabellio, von der noch wichtige Spuren erhalten sind (der doppelte römische Bogen aus dem Beginn des 1. Jh., der sich jetzt am Hügel Saint-Jacques befindet). Die Stadt baut sich um den weiten Corso Gambetta auf, an dessen Ende sich ein Tor des 18. Jh. befindet, das sich ehemals auf die Stadtwälle hinaus öffnete. Die reizende Kapelle von 1755, ehemals zu einem alten Spital gehörend, ist heute das regionale *archäologische Museum* mit seinen Funden aus prähistorischer Zeit.
Die zwischen 1770 und 1774 erbaute *Synagoge* ist innen stukkiert und in der Zeit Ludwigs XV. vertäfelt und mit Rocaille-Gittern versehen worden. Sie ist eine der schönsten Synagogen Frankreichs. Im Untergeschoß ist das *Musée israélite comtadin* untergebracht, mit einigen Erinnerungsstükken an die wichtigsten jüdischen Gemeinschaften von Cavaillon.

Notre-Dame und Saint-Véran: Zwischen 1115 und 1125 aufgebaut ist er 1251 durch Papst Innozenz IV. eingeweiht worden. Trotz Umbau und Restaurierung blieb die Kirche einer der interessantesten romanischen Kirchenbauten der Provence. Man sollte sich ein wenig mit dem Äußeren des Baus beschäftigen, vor allem mit dem

Cavaillon, Triumphbogen

Cavaillon, Kathedrale Notre-Dame

Cellefrouin, Abtei St-Pierre

schönen Fries mit den verschiedenen Motiven, der an der Nord- und Südseite entlangläuft. Im Innern läßt die Kirche ungeachtet der späteren Hinzufügungen ihre romanische Struktur erraten. Das reiche Mobiliar ist im 16., 17. und 18. Jh. hinzugekommen. Der kleine Kreuzgang bewahrte seine reizende Schlichtheit.
Die Kapelle *Saint-Jacques* – auch sie romanischen Ursprungs – beherrscht Cavaillon von der Anhöhe des Caveau, einem alten gallischen Oppidum (befestigte Siedlung).

Cellefrouin	590 Ew
16 Charente	S. 419 □ G 10

Die Klosterkirche *Saint-Pierre* ist im 11. Jh. von Frouin, dem Herren des Ortes, erbaut worden, der auch dem Kloster seinen Namen verlieh. Eine Erhöhung des Bodens im 18. Jh. (die Pfeiler sind nun 1,30 m versenkt) verfälscht die schönen Proportionen der klar gestalteten Fassade, die durch schmale Arkadenbögen und Strebe-Säulchen gegliedert ist. Das eher dürftige Innere besteht aus einem Schiff, das durch Gewölbebogen geteilt ist, begleitet von Seitenschiffen. Keine Skulptur schmückt die Kapitelle des Kirchenschiffs; nur an der rechten Seitenschiffmauer befindet sich ein Kruzifixus. Inmitten des Dorffriedhofs ist noch die Totenleuchte zu beachten, die aus einem Bündel von 8 Säulen besteht, die von einem konischen Schuppendach überdeckt werden.

Céret	5990 Ew
66 Pyrénées-Orientales	S. 424 □ J 6

Kleine katalanische Stadt, umgeben von einem schattigen Corso. Céret bewahrt noch einige seiner alten Vertei-

Châalis, Ehemalige Abteikirche

digungsanlagen, verfügt über eine Kirche aus dem 18. Jh. und ist stolz darauf, Aristide Maillol* damit beauftragt zu haben, das *Kriegerdenkmal* für 1914–18 auszuführen. Die ruhige, von Obstgärten umgebene Stadt bezauberte zu Beginn des Jahrhunderts Fauvisten und Kubisten, die sich hier gerne aufhielten. Das *Musée d'art moderne,* vom Maler Pierre Brune begründet, vereint Werke von Matisse*, Braque*, Picasso*, Juan Gris*, Dufy*, Chagall* u. a. Ein Saal ist dem katalanischen Bildhauer Manolo* gewidmet.

Cerisy-la-Forêt

920 Ew
50 Manche
S. 413 □ F 4

Die alte *Klosterkirche* von Cerisy richtet ihre stolze verstümmelte Silhouette am Waldrand empor. Diese im 19. Jh. um mehrere Joche verkürzte Kirche aus dem 11. Jh. lehnt sich an große romanische Architekturen des goldenen Zeitalters in der Normandie an (Caen, Boscherville, Lessay). Beeindruckend die Apsis mit den dreistöckigen Fenstern und das Chorgestühl (14. Jh.).

Châalis (Abtei)

60 Oise
S. 411 □ J 4

Nachdem die Abtei von Châalis während der Revolution verkauft worden war, wurde sie geplündert und aufgeteilt. Spuren bezeugen noch heute die Größe der im 12. Jh. gegründeten Zisterzienserstiftung, die auch ein sehr wohlhabendes Kloster war, da ihr der Wald von Ermenonville zugehörte. Vorhanden sind noch ein Trakt des Klosters (13. Jh.), die Kapelle (13. Jh.), deren Fresken, die Mitte des 16. Jh. von Primaticcio* ausgeführt wurden, und der Wohnsitz des prunkliebenden Abtes, der von Jean Aubert, dem Architekten der Stallungen von Chantilly (1740) erbaut wurde. In diesem Gebäude ist das *Museum* untergebracht, das bemerkenswerte Sammlungen aufweist, die dem Institut de France von Madame Jacquemart-André vermacht wurden: ägyptische und gallo-römische Altertümer, Gemälde verschiedener Schulen (Tafel von Giotto*), Plastiken, Möbel der Renaissance des 18. Jh., Tapisserien und Erinnerungsstücke an Jean-Jacques Rousseau.

Umgebung: Ermenonville (3 km südlich): Der Ort weist eine *Kirche* aus dem 16. Jh. mit einem Chor des 13. Jh. auf. Das reizende *Schloß* Ludwigs XV. stammt von 1760. Von viel Wald umgeben, bewahrt Ermenonville das Andenken an Jean-Jacques Rousseau: Er war Gast des Gutsbesitzers, des Marquis de Girardin. Krank und bejahrt lebte der Schriftsteller in einem heute verschwundenen Pavillon. 1778 wurde er in dem wunderschönen Park beerdigt, auf der Insel Peupliers, am äußersten Ende eines großen Teiches. Der schöne Garten ist nach dem Geschmack des 18. Jh. bearbeitet und voller phantasievoller Baulichkeiten.

Chaise-Dieu (La)	910 Ew
43 Haute-Loire	S. 420 □ K 11

Casa Dei, Maison de Dieu, Haus Gottes ... schließlich Chaise-Dieu. Der berühmteste Kirchenbau der Auvergne, die Notre-Dame du Puy, stimmt in seiner mächtigen und strengen Silhouette mit der Rauheit des Hochplateaus in ihrer Umgebung überein. Die Schaffung dieses Heiligtums in 1000 m Höhe geht auf das 11. Jh. zurück. Robert de Turlande, Domherr von Brioude, hatte diesen verlassenen Ort gewählt, um hier ein Kloster zu errichten. Bei seinem Tod zählte die Abtei 300 Mönche, und zahlreiche Prioreien in Frankreich, Spanien und Italien waren ihr unterstellt. Die jetzige Kirche ist im 14. Jh. von Papst Klemens VI. wiederaufgebaut, einem ehem. Mönch von Chaise-Dieu. Die Fassade ist streng und von zwei quadratischen Türmen flankiert, die von runden Umgängen bekrönt sind. Der Blick in das riesige Langhaus mit drei Schiffen gleicher Höhe (Hallenkirche) wird durch eine große Empore in flamboyanten Stil unterbrochen: Sie bewahrt noch den alten Schmuck und altes Mobiliar.

Ermenonville, Grabmal Rousseaus

La Chaise-Dieu, Fresko

Der Chor weist drei schöne Chorstühle, aus Eichenholz geschnitzt (14. und 15. Jh.), auf und eine schöne Serie flandrischer Tapisserien des 16. Jh. Im nördlichen Seitenflügel das bekannteste Ausstattungsstück der Kirche: In einer Länge von 26 m defilieren Papst, König, Adelige, Bürger und Künstler, alle gefolgt von ihren Gerippen, vorbei. Dieser *Totentanz* des 15. Jh. bedeckt im ganzen drei temperabemalte Tafeln. Vom Kreuzgang des 14. Jh. bestehen noch zwei Läufe. Der Klementinen-Turm (14. u. 15. Jh.) hinter dem Chor der Kirche wurde als rechteckiger Turm mit Pechnasen zu Verteidigungszwecken gebraucht.

Chalais	2540 Ew
16 Charente	S. 418 □ F 11

Die Stadt an der Grenze der Charente ist vor allem durch die wichtigen Kälbermärkte sehr bekannt. Das mächtige Schloß (14. Jh., umgebaut im 16. und 18. Jh.) wirkt ein wenig rauh unter seinem spitzen schiefergedeckten Dach – es beherrscht die ganze alte Stadt. Es ist ein Besitz der Talleyrand-Périgord und hat einen hohen rechteckigen Turm mit Pechnasen und eine noch funktionsfähige Zugbrücke, über die man den inneren Hof erreicht.

Saint-Martial: Die Kirche wurde während der Religionskriege verwüstet und ist teilweise wieder aufgebaut (1629). Sie besitzt eine interessante romanische Fassade mit reichem Skulpturenschmuck und ein Portal mit vier Bogenreihen mit Schmuckformen, die sich am Maurischen inspirieren.

Châlons-sur-Marne	55700 Ew
51 Marne	S. 415 □ L 4

In den schattigen Alleen der Stadt predigte schon der Hl. Bernhard den Kreuzzug. Die alten Häuser mit den vorspringenden Mauerteilen bieten einen malerischen Anblick, während die Bauten des 17. und 18. Jh. eine reiche und prunkliebende Zeit bezeugen. Im *Hôtel des gouverneurs de Châlons* ist die Städtische Bibliothek untergebracht (zahlreiche Miniaturen und wertvolle Bucheinbände). Das alte *Hôtel de l'Intendance de*

Chalais, Kirche Saint-Martial, Seitenarkaden, Detail

Champagne, dem Stil Ludwigs XVI. nahestehend, mit seiner klaren Architektur und dem gehauenen Girlandenschmuck, beherbergt die städtische Verwaltung. Am Ausgang der Stadt ist die Porte Sainte-Croix zu sehen, ein Triumphbogen, der zu Ehren von Marie Antoinettes Einzug errichtet wurde (als sie nach Frankreich kam, um den Dauphin zu heiraten). Das *Musée municipal* verfügt über eine bemerkenswerte Sammlung von Hindu-Gottheiten, das *Goethe-Schiller-Museum* vereint persönliche Erinnerungsstücke an die beiden großen Dichter.

Saint-Étienne: Das Übereinanderliegen verschiedener Stile ist evident, wenngleich ein harmonischer Eindruck bestehen bleibt. Der schöne romanische Turm (12. Jh.) ist ein Rest des vorangegangenen Dombaus. Das schmale und hohe Kirchenschiff offenbart eine sehr reine Gotik. Über den Triforien bilden die Fenster eine wahre Mauer aus Glas, die das Hauptschiff mit den 9 Jochen (27 m hoch) mit Licht überfluten. Von dem prächtigen Ensemble der Glasfenster aus dem 12. bis 16. Jh. setzen sich jene des nördlichen Querarms (13. Jh.) deutlich ab. – Die Kirche *Saint-Pierre* ist reich ausgestattet.

Notre-Dame-en-Vaux: Trotz der Zerstörungen durch die Revolution ist diese alte Stiftskirche eine der schönsten Bauten des 12. Jh. in der Champagne. Ihre romanische, ein wenig schmucklose Fassade mit den zwei schlanken hochaufgeschossenen Türmen richtet sich am Ufer des Kanals von Mau auf. Die Pfeiler mit romanischen Kapitellen tragen noch immer Emporen, aber die Anfänge einer primitiven Gotik scheinen bereits in der Bauart des spitzbogig gewölbten Schiffes und dem Kleeblattchor auf. Der Schule der Champagne folgend, trennt eine Säulenreihe die Apsiskapelle vom Umgang. Wunderbare Glasfenster aus dem Anfang des 16. Jh. 1978 ist das *Musée du cloitre de Notre-Dame-en-Vaux* eröffnet worden: Es zeigt die Reste des sehr schönen Bauensembles des 12. Jh., die im Zuge einer minutiösen und schier endlosen Ausgrabung hervorgebracht worden sind. Das Museum führt auf den alten Kreuzgang (1759) hinaus, der zerstört war und nun in einen Garten umgewandelt ist. Hier sind Plastiken, Kapitelle und Säu-

Châlons-sur-Marne, Kirche Notre-Dame-en-Vaux

len aufgestellt, die abgesägt worden waren, um als Grundmauer für den neuen Kreuzgang zu dienen. Die Archäologie hat die einzelnen Stücke genau nachgeprüft: Einige Statuen sind in 7 oder 8 ungestalte Blocks zerschnitten gewesen.

Saint-Alpin: Bis auf das Jahr 1136 zurückgehend, ist die Kirche im Laufe der Jahrhunderte mehrmals umgestaltet und restauriert worden. Prächtige Glasfenster aus dem 16. Jh., worunter eine Serie mit Grisaillen gegen 1530 ausgeführt wurde. Schöne Malereien auf Holz.

Saint-Jean: St. Johannes ist die älteste Kirche Chalons', ihr Schiff stammt aus dem 11. Jh. Die in einem Winkel nach außen vorspringende Chapelle des Arbalétriers ist von einer flamboyanten Balustrade bekrönt.

Umgebung: Notre-Dame-de-l'Épine (10 km östlich): Auf sonderbare Weise ragt die Steinspitze dieser Kirche in die weite Ebene. Ab 1410 erbaut, orientiert sie sich deutlich an Reims und schmückt sich mit einem verschwenderischen flamboyanten Dekor. Im Innern reiche Empore und Renaissance-Mobiliar.

Chalon-sur-Saône	60500 Ew
71 Saône-et-Loire	S. 421 □ L/M 8

Diese lebhafte und dynamische Stadt geht auf sehr frühen Ursprung zurück, um dann zum bedeutendsten Hafen der »Gaulois eduens« zu werden, die über Morvan herrschten. 1477 mit der Bourgogne französisch geworden, verdankte es dieser Zeit viel von seiner Ausdehnung bis zum Kanal im Zentrum, der zwischen 1783 und 1792 auf Anregung von Ingenieur Gauthey aus Chalon gegraben wurde. Chalon ist Vaterstadt von Nicephore Niepce, des Erfinders der Photographie. Er wurde 1765 in der Rue de l'Oratoire geboren. Seine ersten Apparate sind im modernen *Musée de la photographie* ausgestellt.

Alt-Chalon: Die Altstadt von Chalon mit ihrem mittelalterlichen Charakter gewinnt einen Teil ihres Charmes aus der Einrichtung einer Fußgängerzone (schöne alte Häuser in der Rue Châte-

Châlons-sur-Marne, Kathedrale St-Étienne, Rose am südlichen Querschiff

let, Rue und Place Saint-Vincent). Dieses Viertel breitet sich zu Füßen der unharmonischen Kirche *Saint-Vincent* aus, dem ehem. Dom, der im vergangenen Jahrhundert mit einer eher kläglichen neugotischen Fassade ausgestattet worden ist. Dieser zusammengestückelte Bau stammt – was seine ältesten Teile anbelangt – aus dem 11. und 12. Jh. Er ist jedoch umgestaltet und vergrößert worden im 14., 15. und 16. Jh. Die Kapellen im rechten Seitenschiff sind mit erstaunlichen Steinschranken geschlossen. Eine der Kapellen weist Tapisserien aus dem 16. Jh. auf.

Musée Denon: Diesem angenehmen und reichhaltigen Museum verlieh der Chaloner Vivant Denon, Pionier der Ägyptologie, Organisator des Louvre, gefördert von Bonaparte, seinen Namen. Die vielschichtige Sammlung bietet wichtige Grabungsfunde, Malerei (Altarblatt des Hl. Balise, gegen 1500, Triumph der Amphitrite von Luca Giordano*, das Porträt eines Negers von Theodore Gericault*) sowie verschiedene Kunstgegenstände. Das Museum ist in einem alten Konvent des 17. Jh. untergebracht, den seit dem letzten Jahrhundert eine neoklassizistische Fassade schmückt.

Chamalières-sur-Loire

480 Ew
43 Haute-Loire — S. 420 □ K 11

Einige Häuser am Flußufer und eine der reinsten romanischen Kirchen der Haute-Loire. Das Hauptinteresse an diesem eher nüchternen und geschlossenen Kirchenbau erweckt der Chor: Das Halbkuppel-Gewölbe ist von ungewöhnlichen Proportionen. Die plastische Ausgestaltung beschränkt sich auf das nördliche Seitenportal (Kampf der Giganten und Helden), auf das wunderbare Taufbecken mit den Propheten, einem seltenen romanischen Stück, das von vier Statuen gestützt wird. In der Nordmauer führt eine Tür zum Garten mit Resten eines schlichten Kreuzgangs.

Chambéry

54 020 Ew
73 Savoie — S. 421 □ N 10

Die ehem. Hauptstadt des Herzogtums Savoyen wurde im 2. Weltkrieg durch Bombenangriffe und dann 1946 durch einen schrecklichen Brand zerstört. Trotzdem verfügt der Ort immer noch über einen malerischen und ungewöhnlichen alten Stadtkern, der durch durchschnittliche moderne Wohnbauten getarnt erscheint: In den schlanken Arkaden der Rue Boigne (19. Jh.) und im Schloß gibt es geheimnisvolle Passagen, versteckte Gallerien – alles ein scheinbares Gewirr mittelalterlicher Enge. Die kurze Rue Boigne führt in die Rue Basse-du-Château, die eine der distinguiertesten der Stadt war und in das Schloß hineinführte.

Saint-François: Die alte Klosterkapelle, 1779 zum Dom geweiht, stammt aus dem 15. Jh. Sie öffnet sich in einem schönen flamboyanten Portal, das an der Innenseite völlig mit Scheinarchitektur von Vicario* (19. Jh.) ausgestattet ist. Die Schatzkammer zeigt schöne Stücke religiöser Kunst und ein byzantinisches Diptychon. Im alten Erzbischöflichen Palast, an der Seite des Doms, ist das *Musée savoisien* untergebracht mit einer wichtigen lokalen Sammlung. Der Getreidespeicher am Place du-Palais-de-Justice ist als *Musée des Beaux-Arts* eingerichtet: Frühe Savoyer Meister, ein schönes Porträt von Paolo Uccello*, die Serie Kinderspiele von Tizian*, eine Hl. Jungfrau von Guerchin* und mythologische Szenen von Watteau*.

Schloß der Herzöge von Savoyen: 1295 von einem Grafen von Savoyen für die ersten Herren von Chambéry gekauft. Das Schloß macht auf sich aufmerksam durch einen Turm mit feinen Wachthäuschen und ist mehrmals umgebaut, vergrößert und restauriert worden. Die ältesten Teile stammen aus dem 13., 14. und 15. Jh. In dem ganzen Gebäudekomplex isoliert ragt

Chambéry, Krypta von Lémenc

Chambéry, Jesuitenkirche

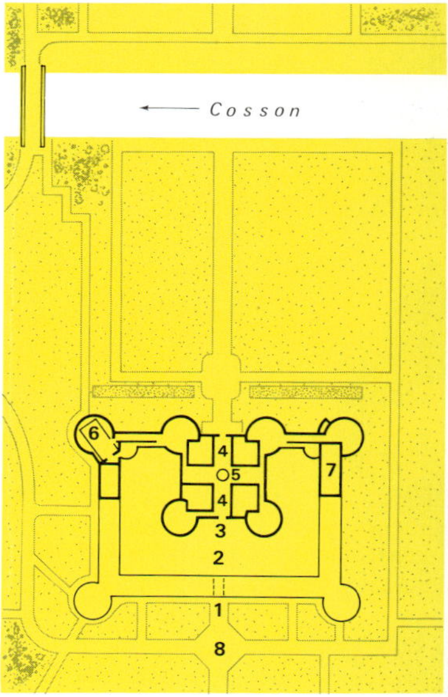

Schloß von Chambord **1** Porte Royale (Eingang) **2** Ehrenhof **3** Bergfried **4** Gardesaal **5** Große Treppe **6** Kapelle im Nordwestturm **7** Zimmerflucht Franz I. **8** Place d'Armes

die *Sainte-Chapelle* mit ihrer glücklichen Lösung einer Jesuiten-Fassade aus dem 18. Jh. hervor, dahinter ein Schiff und ein gotischer Chor aus dem Anfang des 15. Jh. Die Apsis wird beleuchtet durch schöne Glasfenster des 16. Jh. und ist von Vicario* in Trompe l'oeil bemalt (1831).

Kirche von Lémenc: Eine in Windungen steigende Straße führt zur Kirche von Lémenc, deren Krypta eine vorromanische Rotunde aufweist (das darüberliegende Kirchenschiff stammt aus dem 15. und 16. Jh.). Die Kirche ist an Ort und Stelle des alten *Lemencum* errichtet worden. Mme. de Warens wurde hier 1762 beerdigt.

Umgebung: Les Charmettes (2 km auf der Avenue de la Grande-Chartreuse): Das große Landhaus in dem kühlen Tal gelegen, bewahrt das Andenken an Jean-Jacques Rousseau und Mme. de Warens, die hier zwischen 1735 und 1741 lebten. Das Oratorium erscheint auch heute so, wie es von der frommen und wollüstigen Geliebten des Dichters eingerichtet worden war, der Rest ist Rekonstruktion.

Chambord (Schloß)	220 Ew
41 Loir-et-Cher	S. 414 □ H 7

Inmitten seiner bewaldeten Umgebung taucht dieses größte aller Loire-Schlösser als blendendes und phantastisches Gebäude vor dem Besucher auf. Schon ab den ersten schönen Tagen im Jahr von Touristen belagert, zählt Chambord gemeinsam mit Versailles und Mont Saint-Michel zu den größten Anziehungspunkten französischer Architektur. Chambord beherrscht mit seinen riesigen Ausmaßen und dem Reichtum an Türmchen, Giebeln, Glockentürmchen und Kaminen eine ausgedehnte Lichtung.

Chambord, Luftaufnahme des Schlosses

Das Schloß versetzt einen durch seine Dimensionen in Erstaunen: 154 m × 117 m, 440 Einzelbauteile, angefügt noch die berühmte Stiege, deren beide geschraubte Läufe sich nie begegnen, 14 weitere große Stiegen und 70 weniger wichtige. Aus dem erhabenen Wirrwarr des Daches springen 800 Kapitelle und 365 Kamine hervor! 1519 beschloß Franz I. den Bau des Schlosses, denn er liebte die Jagd im Walde, er wollte hier berühmte Gäste empfangen und schließlich ein würdiges Denkmal seiner selbst hinterlassen. 1800 Arbeiter werkten an dieser gewaltigen Baustelle, die noch unter Heinrich II., Karl IX. und Heinrich III. weiterbestand. Wenn man das Schloß besichtigt, vermißt man eine gewisse Großzügigkeit bei den einzelnen Appartements, ist man überrascht über die Unbequemlichkeit, die 1539 Karl V. kaum tangierte: Dieser prächtige Steinkoloß war ja erbaut worden, um gesehen und bewundert zu werden, weniger, um bewohnt zu werden. Franz I. übernachtete hier einige Male während seiner letzten Lebensjahre, als die Maurer noch arbeiteten – das einzigartige Wildbret hatte ihn angezogen. Ludwig XIV. vergaß mitunter Versailles Chambords wegen, wo Molière zum erstenmal seinen *Monsieur de Pourceaugnac* und den *Bourgois gentilhomme* im Salle des Gardes aufführte, der zu einem Theater umgewandelt worden war.

König Stanislaus von Polen und der Marschall von Sachsen bewohnten das Schloß, das bald ein Opfer des Vandalismus der Revolution wurde. Napoleon schenkte es Marschall Berthier . . . Das Militär aber konnte das riesige Schloß nicht erhalten und bot es zum Kauf an. Dank einer Sammelaktion wurde es Eigentum des Grafen von Bordeaux, des letzten Repräsentanten des ältesten Zweiges der Bourbonen, der den Titel eines Grafen von Chambord annahm. Er vermachte das ziem-

Chambord, Laterne der Wendeltreppe

lich verfallene Schloß der Familie Bourbon-Parma. Im Verlauf eines langen Prozesses nutzte der Staat sein Vorkaufsrecht. Wichtige Restaurierungen wurden 1950 vorgenommen: Die alten Gräben sind wieder ausgehoben worden, und ein Jagdmuseum wurde in diesem erhabenen Gebäude, das innen jedoch nur wenig ausgestattet ist, eingerichtet. Die Schraubbewegung der großen Wendeltreppe mit ihrem doppelten Umlauf beginnt im Zentrum der Salle des Gardes, beide Läufe kreuzen sich immer wieder und laufen schließlich in einer 32 m hohen Laterne aus. Diese »piece maitresse« von Schloß bietet eine feenhafte Terrasse, die gleichsam eine Miniaturstadt ist, von dem übrigen Gebäude scheinbar völlig losgetrennt. Diese vor Überfluß strotzende Esplanade diente als Aussichtsplatz und bot Gelegenheit für eine Promenade, wenn der Hof in Chambord weilte: Von hier hat man einen wunderbaren Blick über das grüne Gewoge des Waldes. Im Erdgeschoß des Turms (im wesentlichen 1533) befindet sich das bemerkenswerte große Vestibül (die alten Räume der Wache). Ein Saal nahm die Prunkwagen auf, die ganz unnützerweise für den Grafen von Chambord bestellt wurden, und ein anderer die »Jagden Franz' I.« (Tapisserien des 16. Jh. und Trophäen). Im 1. Stock befinden sich verschiedene Appartements. Im 2. Stock sind Waffen und Graphiken untergebracht. Obwohl das ganze Schloß nur spärlich eingerichtet ist, gibt es doch Tapisserien und Gemälde (Clouet*, Mignard*) und Erinnerungsstücke an den Grafen von Chambord, der der letzte legitime Thronanwärter Frankreichs war.

Die unter Heinrich II. begonnene Kapelle im NW-Turm wurde unter Ludwig XIV. von Mansart* fertiggestellt. Ihre Ausstattung stammt aus der Zeit Ludwigs XV.

300 Meter vom Schloß entfernt versteckt sich eine kleine Ansiedlung in den Bäumen des Waldes von Chambord (5434 ha), dem nationalen Jagdrevier, das von 32 km langen Mauern eingeschlossen ist. Seine »Gäste« sind ca. 1000 Wildschweine, 500 Rehe und Hirsche, die auch der Aufzucht in den übrigen Wäldern Frankreichs dienen.

Champ-de-Bataille (Schloß)

27 Eure S. 410 □ H 4

In ländlicher Umgebung steht am Waldrand ein Schloß aus hellem Stein und ehemals rosa Ziegeln. Es hat seinen Namen von einer Schlacht erhalten, die zwischen Rebellen und Truppen des Herzogs der Normandie, Guillaume Longue-Epée, geschlagen worden war. Das zwischen 1680 und 1701 erbaute und während der Revolution verwüstete Schloß ist wieder in den Besitz der Familie d'Harcourt, einer der ältesten der Normandie, zurückgefallen. Es hat all seine Noblesse wiedererhalten, ist mit viel Geschmack eingerichtet und mit zahlreichen Kunstgegenständen ausgestattet wor-

Champ-de-Bataille, Schloß

den. Seine beiden Flügel sind um einen weiten Hof angelegt, der sich durch ein schönes Tor zum Park hin öffnet.

Umgebung: Le Neubourg (4 km): Kirche *Saint-Paul* aus dem 15. Jh., mit schöner Innenausstattung und Figuren aus dem 17. und 18. Jh. Reste eines Schloßbaus, das seinerzeit die Könige von Frankreich und die Herzöge der Normandie feierlich aufnahm: Hier wurde die erste französische Oper aufgeführt »Toison d'Or« (Das Goldene Vlies), dessen Libretto Pierre Corneille geschrieben hatte.

Champ-sur-Marne	5060 Ew
77 Seine-et-Marne	S. 411 □ J 4

Die elegante Residenz wurde durch den Architekten Jean-Baptiste Bullet* zu Anfang des 18. Jh. erbaut. Von den Gästen des reichen Armeelieferanten, der die Vollendung der Arbeiten finanziert hatte – denn der erste Besitzer, in Konkurs gekommen, war auf der Treppe vor Schreck gestorben, als man gekommen war, ihn zu verhaften –, wurde das Schloß von Champ nur das »entzückende Palais« genannt. Das Schloß wurde 1757 von der Marquise de Pompadour gemietet, während man den franz. Garten anlegte: Die Favoritin des Königs verschwendete ein Vermögen, um das luxuriöse Gebäude noch zu verschönern. – Heute ist das Schloß Staatseigentum.

Chancelade	2420 Ew
24 Dordogne	S. 419 □ G 11

Die Anlage von Chancelade ist im Grünen versteckt, nahe dem kleinen Flüßchen Beauronne, das sich im Périgord Vert schlängelt. Chancelade umfaßt eine romanische Kapelle Saint-Je-

Chantilly, Schloß, Westfassade

an, eine schöne romanische *Klosterkirche,* die ein wenig den Kirchen der Charente ähnelt (12. Jh., umgebaut im 16. Jh.), verschiedene Klostergebäude und die reizende Abtsunterkunft (16. Jh.). – Ein *Diözesanmuseum* bietet kirchliche Gefäße, Reliquiare, Plastiken und mehrere Gemälde, darunter auch eine *Verspottung Christi* von Georges de la Tour*.

In der nahen prähistorischen Fundstätte von *Raymonden* wurde das Skelett des Menschen von Chancelade und verschiedene Objekte gefunden, das heute im Museum von Périgueux ausgestellt ist.

Chantilly	10520 Ew
60 Oise	S. 411 □ J 4

Das erstaunliche Kleinod der Ile de France, das Schloß von Chantilly, ist wie in einem Schmuckkästchen aus Wasser und Grün eingebettet. Geplant und angelegt wurde es von Le Nôtre*, dem von Ludwig XIV. bevorzugten Gartenarchitekten und Landschaftsmaler, der auch den Park für den Grand Condé entworfen hat. Die prächtigen *Grandes Ecuries* (Stallungen), vom Architekten Jean Aubert* seit 1719 erbaut, erleben jede Saison die wichtigen Pferderennen im Hippodrom. Dieser edle und riesige Palast der Pferde, den Gérard de Nerval mit einer Basilika verglich, führt zu der Anlage, die auf einer Insel inmitten eines Teiches, der durch die Nonette gebildet ist, errichtet wurde. Das Schloß von Chantilly besteht aus zwei Gebäuden, dem klaren »authentischen« und dem anderen »spektakulären«, aber völlig rekonstruierten.

Petit Château: Auch *Capitainerie* genannt. Das Kleine Schloß ist von Jean Bullant*, einem von Italien sehr beeinflußten Architekten, erbaut, wenn-

gleich auch in französischer Tradition bewohnbar gemacht. Er baute dieses Schloß Mitte des 16. Jh. für Anne de Montmorency, die Gefährtin Franz' I. Dieses jetzt mit dem Grand Chateau verbundene kleine charmante Palais ist in einem nahezu unversehrten Zustand erhalten.

Grand Château: Das Große Schloß ist 1880 nach den Plänen des Architekten Daumet* wiederaufgebaut worden (das alte Gebäude war während der Revolution zerstört worden). Die Wiedererrichtung war durch den Herzog von Aumale finanziert worden, einem Sohn des Louis Philippe, dem der letzte Condé Chantilly vermacht hatte. Das ursprüngliche Grand Château war von Ludwig II Condé erbaut worden, einem hervorragenden General aus der Zeit Ludwigs XIV., auch der Große Condé genannt.

Musée Condé: Der Herzog von Aumale, Sieger von Abd el Kader in Algerien, ein großer Gegner Napoleons III. und lange Zeit in England im Exil lebend, war ein fanatischer Kunstbegeisterter. Nachdem er das Schloß von Chantilly wieder errichtet hatte, häufte er hier den Großteil seiner Kunstwerke an. Er schenkte seine Sammlung dem Institut de France, dem sie auch heute angehört. Diese Sammlung ist der Grundstock des überreichen Musée Condé, das in den beiden Zwillingsschlössern untergebracht ist und unvergleichliche Schätze besitzt: der außergewöhnliche *Rosa-Diamant* aus dem Gemmenkabinett, Gemälde und Miniaturen in dem »Sanktuarium« benannten Saal (Raffael*, Filippino Lippi* und Miniaturen des Jean Fouquet* von 1455), Werke von Memling*, Piero di Cosimo*, Botticelli*, Nattier*, Mignard*, Greuze*, Ingres*, Vertäfelungen und Handschriften, darunter das berühmte Stundenbuch *Très riches Heures du Duc de Berry*.

Chantilly, Kreuzigung von Memling

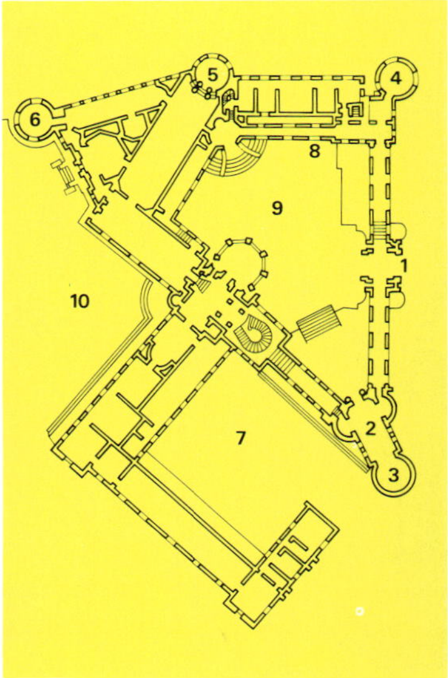

Schloß von Chantilly, Musée Condé **1** Eingang **2** Kapelle **3** Kapellenturm **4** Tour du Connétable **5** Tour Senlis **6** Tour du Trésor **7** Kleines Schloß **8** Großes Schloß **9** Ehrenhof **10** Parterre de la volière

Park, Maison de Sylvie, Hameau, Jeu de paume: Der ausgedehnte Park von Chantilly wird von der Nonette durchquert, die jedoch Le Nôtre zwang, sich etwas vornehmer zu präsentieren: Er veränderte sie zu einem *Grand Canal,* und zu einem Arm davon, den *Canal de la Manche,* der sich nach der Geometrie der französischen Parterres ausrichtet. In großem Kontrast dazu stehen die Wasserspiele des englischen Gartens . . . Gegenüber einem reizenden Garten errichtete Le Nôtre das hübsche *Maison de Sylvie,* das vom Grand Condé wiedererrichtet wurde und vom Herzog von Aumale mit einer zusätzlichen Rotunde ausgestattet worden war. Der Name des Hauses bezieht sich auf die schöne Marie-Felice Orsini, die Frau eines Montmorency, der 1632 geköpft worden war. Der Dichter Théophile de Viau flüchtete nach Chantilly, obwohl er riskieren mußte, hier arretiert zu werden. Er schrieb hier seine allzu lasziven Werke und gab seiner Gönnerin den Beinamen »Sylvie« und widmete ihr seine Gedichte. Das *Hameau* (Bauerndorf) ist mit seinen reizenden Häuschen ein Vorläufer von jenem des Trianon in Versailles. Das *Jeu de paume* (Ballspielsaal) aus der Mitte des 18. Jh. nahm einige interessante Merkwürdigkeiten des Museums auf.

Chaource

970 Ew
10 Aube
S. 415 □ L 6

Diese Burg an der Stelle einer alten karolingischen Stadt läßt noch heute den Umriß der alten rundum laufenden Stadtmauer erraten, die die Stadt schützte. Die Kirche von *Saint-Jean-Baptiste,* das sog. ›Musée d'art troyen‹, verbindet Gotik (Chor des 13. Jh.) und Renaissance (S-Portal). In ihr ist vor allem eine expressive Grablegung mit 8 Personen von 1515 interessant, die der Schule des Meisters der Hl. Martha*, dem sog. Meister von Chaource zugeschrieben ist, sowie außergewöhnliche Fresken, die den Stammbaum der Marie de Vauldrey, der Gönnerin der Pfarre, darstellen.

Chapaize	130 Ew
71 Saône-et-Loire	S. 420 □ L 9

Alte Priorei. Die schöne Kirche von Chapaize stammt aus dem 11. Jh., die Apsis ist im 12. Jh. geglückt umgearbeitet worden. Ein mächtiger Vierungsturm, geprägt von einem lombardischen Bandmuster, beherrscht die ganze Kirche. Dieser charakteristische Glockenturm sitzt über einer Achteck-Trompenkuppel.

Charité-sur-Loire (La)	6500 Ew
58 Nievre	S. 420 □ J 8

Eine seltsame und gespenstische Abtei nächst der Loire, wo sich die Häuser bereits in das Seitenschiff (das Hauptschiff ist schon verschwunden) eingenistet haben ... Das im 11. Jh. von Cluny gegründete Kloster La Charité-sur-Loire mit 200 Mönchen hatte über 50 Filialen unter sich und war eine wichtige Station auf der Pilgerstraße nach Compostela. Das Kloster litt sehr unter dem Hundertjährigen Krieg, unter den Religionskriegen und wurde zur Zeit der Revolution verlassen. Die Kirche erscheint auch heute noch sehr weitläufig, wenngleich sie schon lange so verstümmelt ist. Victor Hugo schrieb: »In La Charité-sur-Loire, nächst Bourges, gibt es eine romanische Kirche, die an Größe und Reichtum der Architektur mit den berühmtesten in Europa wetteifern kann – aber sie ist eine halbe Ruine.« *Notre-Dame de la Charité* war ehemals die größte Kirche Frankreichs nach Cluny und ist in mehreren Stufen – zu Ende des 11. und in den ersten Jahrzehnten des 12. Jh. – erbaut worden. Brände verwüsteten sie im 13. und im

Chaource, Südportal der Kirche

La Charité-sur-Loire, Kirche Notre-Dame, Chor

La Charité-sur-Loire, Kirche Notre-Dame, Detail

16. Jh. So zur Ruine geworden, wurde das Schiff im 17. Jh. nicht wieder aufgerichtet, man begnügte sich vielmehr mit einer verkürzten Kirche mit nunmehr vier Jochen, dem Querschiff und dem Chor. Die Notre-Dame erscheint deshalb wie in zwei Teile geschnitten: Der romanische Turm und die alte Fassade mit dem Hauptportal sind von der jetzigen Kirche durch einen malerischen kleinen Platz getrennt, der die Stelle des ehemaligen Kirchenschiffs einnimmt. Am Fuß des Turms ist das Tympanon eines Portals angebracht: Dieses sehr eigenständige romanische Werk gibt für viele Interpretationen Anlaß, so könnte z. B. die Hl. Jungfrau, die Ordensregeln von Cluny Christus überreichend, dargestellt sein. Die jetzige Kirche zeigt ein Querschiff von riesigen Ausmaßen, einen majestätischen Triumphbogen und einen faszinierenden romanischen Chor. Die reiche Ornamentik der Kapitelle vereint die verschiedensten Motive. Im Chor haben Ausgrabungen die Spuren einer bescheidenen Kirche des 11. Jh. zutage gebracht.

Charleville-Mézières

Charleville-Mézières	64000 Ew
08 Ardennes	S. 415 ☐ L 3

Charleville hat Arthur Rimbaud nicht festhalten können – der 1854 hier geboren wurde –, pflegt aber dennoch das Andenken an diesen berühmtesten Dichter der sog. *poètes maudits*. Seine Büste beherrscht heute den Platz, den er einst verspottete. Der Quai, an dem er wohnte und wo er *Bateau Ivre* schrieb, trägt seinen Namen. In der *Vieux Moulin*, am Wasser gelegen, sind das *Musée de l'Ardenne* und das *Musée Rimbaud* untergebracht.

Der *Place Ducale* mit seinem Kranz typischer hoher Ardennen-Dächer wird schon angekündigt durch die Ziegel- und Steinfassaden, die durch dieses

Charleville-Mézières, Place Ducale

Material einen bestimmten Rhythmus erhalten. Von diesem Traum Charles von Gonzaga (1580–1637), dem Kreuzpunkt der Hauptstraßen, besteht ein Ensemble von 23 Pavillons aus rosa Ziegeln und mit Steinketten im Stil Ludwigs XIII. Sie stehen in den Arkaden einer langen überdeckten Galerie, die einen Großteil des Place Ducale umläuft.

Mézières: Bayard führte 1521 hier eine siegreiche Schlacht. 1590 baute man eine Zitadelle. Erst Invasionen und Bombenangriffe haben die Befestigungen des 16. Jh. bezwingen können. Nur noch ihre W-Front ist übrig. Hier und da ein Wohnturm, deren mächtigster der Königsturm ist. Die Präfektur steht mit ihrer klassischen Nüchternheit in klarem Gegensatz zu den flamboyanten Schmuckverzierungen der Kirche *Notre-Dame del l'Espérance* und dem schönen Renaissance-Turm.

Charlieu

42 Loire

5000 Ew

S. 420 □ L 9

Kleine malerische Stadt an der Grenze des Industriegebiets Roannais und des mit romanischen Kirchen übersäten Brionnais, am Rande der Bourgogne. Diese Handelsstadt mit den großen Viehmärkten wuchs ursprünglich um ein Kloster auf, das im 10. Jh. die cluniazensische Ordensregel annahm. Ihr Name kommt von *carus locus* (= lieber, teurer Ort). Von der Benediktinerabtei blieben einige Klostergebäude stehen und ein Kreuzgang, in dem jetzt Ausstellungen und Konzerte stattfinden, sowie der berühmte Narthex der zerstörten Klosterkirche, deren Grundmauern freigelegt sind. Dieser Narthex aus dem 12. Jh. weist noch das schöne Portal des zerstörten Schiffs auf (2. Hälfte 11. Jh.). An seiner Nordseite ist der Narthex mit Figuren (gegen 1130/40) geschmückt, die

Charroux, Turm der Abtei

Charroux, Kirchenmuseum

von einem geschickten Meißel verschwenderisch gestaltet wurden. Ein anonymer Künstler gestaltete die Tympana mit szenischen Bildern.
Am Stadtrand von Charlieu ragt das *Kloster des Cordeliers* auf, das aus dem 13. Jh. stammt. Der große Kreuzgang ist aus dem 14. und 15. Jh., die Klosterkirche mit ihrem einzigen Schiff ist vorwiegend Ende des 14. Jh. errichtet worden.

Charroux	1640 Ew
86 Vienne	S. 419 □ G 10/11

Aus dem weiten Himmel über den Dächern ragt ein schlanker, mächtiger Turm, der an die Großartigkeit und die riesigen Ausmaße der alten *Abtei von Saint-Sauveur* gemahnt. Das zu Ende des 7. Jh. gegründete Kloster genoß die Protektion Karls d. Gr., woraus man auch Vorteile zu gewinnen wußte. Wichtige historische Daten sind mit dieser kolossalen Kirche verknüpft: Konzil von 879, das den Paix de Dieu (Gottesfrieden) festlegte, die Weihe der neuen Kirche 1096 durch Papst Urban II. (er predigte in Frankreich den 1. Kreuzzug). Zahlreiche Reliquien (darunter ein Splitter vom Kreuz Christi) zogen Pilgerscharen an. Kupferstiche und Ausgrabungen ermöglichten es, den Plan der riesigen Abtei mit 126 m Länge zu rekonstruieren. Dieser nahm die Probleme der Einfügung eines Kreisgrundrisses – den des Hl. Grabes in Jerusalem – in die traditionelle Entwicklung des lateinischen Kreuzes auf: Die gesamte Architektur entstand um das Sanktuarium, von einem Turm beherrscht. Die Kirche bestand aus einem Schiff mit 9 Jochen, dem ein Narthex vorgestellt ist, einem Querschiff mit ausgerichteten Kapellen und der Apsis mit kreisförmig angeordneten Apsidiolen. Im Kapitelsaal ist ein Museum eingerichtet, das wertvolle romanische Bischofsstäbe aus Elfenbein zeigt, Werke der gotischen Goldschmiedekunst, und schöne Skulpturen des 13. Jh. (vom großen Westportal). – Charroux weist

Chartres, Kathedrale Notre-Dame

auch eine Vielzahl alter Hallen und alter Häuser auf.

Chartres	41250 Ew
28 Eure-et-Loir	S. 410 □ H 5

Zauberhafte Kathedrale in der weiten fruchtbaren Ebene der Beauce, die ihre spitzen Türme unvergleichlich über die Dächer des alten Chartres in den Himmel reckt. Sie ist berühmt für ihre Architektur, ihre Statuen und ihre Glasfenster. Sie zieht jedes Jahr ca. drei Millionen Touristen an, diese »Akropolis von Frankreich«, wie Rodin die Hochebene betitelte, in der sich das Wunder aus Stein erhebt. »Es ist in Chartres«, schreibt Emile Male, »wo der enzyklopädische Charakter der mittelalterlichen Kunst am deutlichsten zum Ausdruck kommt.« Die Kathedrale ist der sichtbar gewordene Gedanke des Mittelalters selbst: Es fehlt hier nichts wirklich Wesentliches. Ihre Tausende von Figuren, gemalt oder in Stein gehauen, bilden ein in Europa einzigartiges Ensemble.

Geschichte der Notre-Dame: Chartres ist das antike *Autricum,* eine wichtige Stadt der gallischen Karnuten. Sie breitete sich zur gallisch-römischen Zeit aus, wurde 1286 von Philipp dem Schönen der Krone Frankreichs einverleibt. Während des Mittelalters erreichte die Stadt eine gewisse Wohlhabenheit, war von den Religionskriegen verschont, obgleich es 1568 von den Hugenotten belagert worden war und 1591 von Heinrich von Navarra eingenommen wurde. Seit dem 4. Jh. entstanden mehrere Vorgängerbauten der jetzigen Kathedrale. 1020 abgebrannt, wurde der Bau des 9. Jh. von Abt Fulbert nach einem großzügigen Plan wieder errichtet. Sein Nachfolger konnte am 17. Oktober 1037 die Einweihung vornehmen. Die Arbeiten setzten sich

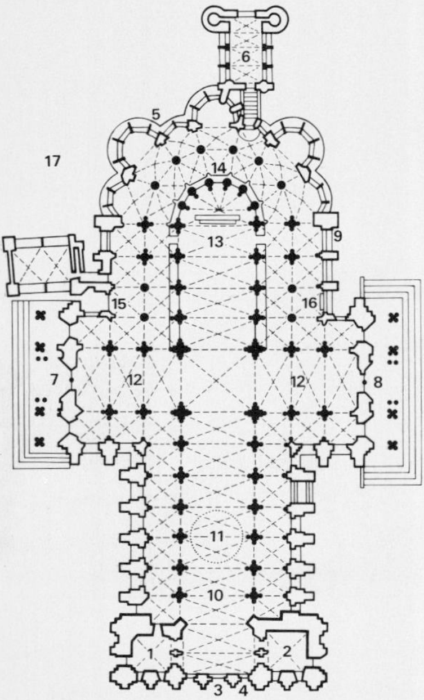

Chartres, Kathedrale Notre-Dame
1 Neuer Glockenturm
2 Alter Glockenturm
3 Königsportal
4 Königsgalerie
5 Apsis
6 Kapelle Saint-Piat (Kirchenschatz)
7 Nordportal
8 Südportal
9 Zugang zur Krypta
10 Langhaus
11 Labyrinth
12 Querschiff
13 Chor
14 Chorabschluß
15 Notre-Dame du pilier
16 Notre-Dame de la Belle-Verrière
17 Gärten des Bischofssitzes

mit dem Clocher Neuf (nach seinen Fundamenten der älteste) und dem Clocher Vieux sowie dem Portal Royal bis ins 12. Jh. fort. Ein neuerlicher Brand von 1194 ließ nichts außer der Fassade und den Türmen stehen. Rasch wurde der Rekonstruktionsbau unter einem unbekannten Baumeister durchgeführt: Die Weihe der wiedererrichteten Kathedrale fand im Oktober 1260 statt. Die folgenden Abänderungen des 14., 15. und 16. Jh. verfälschten ihr Aussehen nicht besonders (einzig die nunmehr flamboyante Turmspitze veränderte die Silhouette). Das 18. Jh. zerstörte mehrere Glasfenster und verunstaltete den Chor. Ein Brand (1836) vernichtete den Dachstuhl, wo man nun ein Gebälk aus Metall anbrachte. Kürzlich war eine Restaurierung der berühmten Glasfenster nötig, die sich deformiert hatten und unter einer geheimnisvollen »Glaskrankheit« litten.

Außen: Notre-Dame wird vom *Clocher-Neuf,* dem Nordturm, überragt, der 1134 begonnen und dem zu Beginn des 16. Jh. die Spitze aus Flamboyant-Maßwerk aufgesetzt wurde, und dem *Clocher Vieux* im Süden (begonnen gegen 1145). 1145/50 entstand auch das prächtige, dreitorige *Königsportal* der Westfassade: ein Beispiel der frühesten gotischen Plastik mit den stark gelängten »Säulenfiguren« im Gewände (alttestamentliche Vorboten Christi). Die Themen des übrigen figürlichen Schmuckes sind (rechts) Maria und Jesu Menschwerdung, (links) Himmelfahrt Christi, (Mitte) Majestas Domini: Christus in der Mandorla mit den 4 Evangelistensymbolen. Die Teile über dem Portal stammen aus dem 12. Jh., Rose und Obergeschoß aus dem 13. Jh. Die seit 1250 erbaute sogen. Königsgalerie verbindet die beiden Türme. Im Giebel, den eine Christusfigur bekrönt, befindet sich eine Statue der Jungfrau Maria. Die Vorhallen des südlichen und nördlichen Querschiffs sind eine wunderbare Ergänzung des 13. Jh., ihnen sind Freitreppen vorgestellt. Sie sind

Chartres, Säulenstatuen

Chartres, Glasfenster

Chartres, Kathedrale, Glasfenster ▷

mit reichem Figurenschmuck ausgestattet, der im Süden noch reicher ist als im Norden (die Südseite wurde zuerst fertig). Während der Fächer der Strebebögen über dem Garten des Bischofs weitergeführt ist, zeigt sich der Chor noch durch die im 14. Jh. angefügte Kapelle Saint-Piat verlängert.
Innen: Etwas düster – trotz der blauen Beleuchtung durch die Glasfenster – baut sich die Kathedrale über einem Grundriß des lateinischen Kreuzes mit einem Schiff mit Seitenschiffen, einem weiten Querschiff und einem großen Chor mit doppeltem Umgang und Radialkapellen auf. Der Bau ist 130 m lang und 37 m hoch (Glockentürme: 103 und 112 m), die Breite (Querschiff mit Vorhallen) mißt 76,80 m.
Glasfenster: Die phantastischen Glasfenster nehmen eine Gesamtfläche von mehr als 2000 m^2 ein. Die Fenster, deren leuchtendes Blau noch durch das direkte Licht gesteigert wird, bilden ein unvergleichliches Ensemble des 12. und 13. Jh. (drei Westfenster, gegen 1150 angebracht, waren schon in der vorangegangen Kathedrale montiert und vom Brand von 1194 verschont). Die große Fensterrose der Westfassade stellt das *Jüngste Gericht* dar. Jenes im Norden, »Rose von Frankreich« genannt und von Blanche von Kastilien und dem Hl. Ludwig gestiftet, verherrlicht die Hl. Jungfrau. Das Glas zur Rechten zeigt Christus. Das großartige helle Fenster (das zweite) im südlichen Umgang hebt sein Blau vom Rot des Grundes stark ab und stellt die Jungfrau Maria dar. Es wird auch *Notre-Dame de la Belle Verriere* genannt (Mitte 12. Jh., Fassung von 1200). Die Namen der Meister dieser Fenster sind unbekannt.
Chor: Die üppig geschmückte Chorumfassung wurde 1514 begonnen, als noch der flamboyante Stil vorherrschte, und wurde im wesentlichen gefaßt, als schon die Renaissance aufkam (einige Elemente sind später entstan-

Chartres, Kathedrale, Chorschranken

den). Diese von Jehan de Beauce* entworfene Schranke von unendlicher Schönheit zeigt auf mehr als 80 m Länge 40 Szenen: 200 Figuren begleiten den außerordentlich fein gearbeiteten Steindekor.

Die *Chapelle Saint-Piat,* ein eher kurioses Anhängsel, bietet für die bemerkenswerte Schatzkammer Platz (Fragmente der alten Empore, religiöse Goldschmiedekunst, das »Hl. Hemd« von Notre Dame, das in Wirklichkeit ein Schleiertuch ist). Die 110 m lange Krypta, die größte Frankreichs, stammt aus dem Anfang des 11. Jh.

Rund um die Kathedrale: »Ohne seine Kathedrale«, so schreibt René Héron de Villefosse, »wäre Chartres nicht mehr Chartres. Aber die Stadt bleibt bestehen mit all ihren Sonderheiten, ihren schmalen Gassen mit den alten Namen, den Holzhäusern oder ihren Giebeln.« Die Kirche *Saint-Aignan* lehnt sich an die alten Stadtwälle an: Sie ist ganz im Renaissancestil erbaut. Die Kirche *Saint-Pierre* in der Unterstadt stammt aus dem 12. und 13. Jh., ihr massiver Turm jedoch aus dem Anfang des 11. Jh. Dieser Bau mit den sehenswerten Glasfenstern des 14. Jh. war einst die Kapelle der Benediktinerabtei. Die Kirche *Saint-André* aus dem 12. Jh. ist heute stark verändert. Zu den weiteren Sehenswürdigkeiten der Stadt zählen mehrere mittelalterliche Häuser, das schöne *Hôtel Montescot* (Anfang 17. Jh.) und ein alter Speicher aus dem 13. Jh. sowie der *Cellier de Loens.*

Das *Musée de Chartres* ist im Bischofspalast aus dem 17. und 18. Jh. untergebracht. Es sind zahlreiche Gemälde ausgestellt, darunter ein Porträt von Molière und Kunstgegenstände, die aus Chartreser Kirchen kommen. Die flämischen Wandteppiche, eine Tapisserie-Serie mit der Geschichte Moses, war z. B. einst im Chor des Domes angebracht.

La Chapelle-Glain, Schloß de la Motte-Glain

Châteaubriant	13230 Ew
44 Loire-Atlantique	S. 413 □ E 7

Als Außenposten an der bretonischen Grenze überwacht Châteaubriant ein großes Gebiet mit Ländereien des Mer Cerné mit Wäldern und Teichen. Sein im Laufe des 11. Jh. erbautes Feudalschloß gehörte nacheinander den Familien der Chateaubriant, Dinan und Laval. Nach der Schleifung durch franz. Truppen (1488) bestand es nur mehr aus einigen Bollwerken, dem befestigten Tor, einem mächtigen Turm und der kürzlich restaurierten Kapelle. 1533 unternahm Jean de Laval, der Gouverneur der Bretagne, den Bau eines eleganten Renaissance-Palastes mit einem von vielen ornamentierten Fensterluken durchbrochenen Dach. Von gänzlich anderem Stil ist die Galerie, die sich in Arkaden mit einer dorischen Säulenreihe und flachen Bögen öffnet.

Saint-Jean-de-Béré: Ende 11. Jh. von Benediktinern gegründet, liegt diese Kirche heute in der Vorstadt. Sie ist aus schönem rötlichem Sandstein erbaut. An der südlichen Fassade steht die sehenswerte ländliche, von einem Schutzdach überdeckte Kanzel mit den beiden Reliefs der *Verkündigung* und *Heimsuchung*. Die Vorhalle stammt aus dem 15. Jh. Im Innern befinden sich drei Steintafeln des 17. Jh., die nur teilweise fertiggestellt sind.

Umgebung: Château de la Motte-Glain (18 km südöstlich): Zu Ende des 15. Jh. wurde in einiger Entfernung des Ortes La Chapelle-Glain dieser großzügige halbbefestigte Herrensitz von Pierre de Rohan erbaut. Noch immer hallen in ihm die Schritte seiner berühmten Besucher, der Herzogin Anne und Charles VIII. wider. Über einem sehr klassischen Grundriß ist das Schloß mit einem Wohntrakt und zwei Seitenflügeln errichtet. Südlich liegt das imposante Eingangsschlößchen mit einem zweistöckigen Mittelbau, der von zwei Pulvertürmen flankiert ist. – **Abtei de La Meilleraye-de-Bretagne** (21 km südlich): Im Spiegel eines Teiches vermengen sich der klare Tuffstein der Klostergebäude aus dem 18. und 19. Jh. sowie der rote Sandstein der romanischen Vorhalle, die durch die Zisterzienser im 12. Jh. erbaut wurde. Heute wird das Kloster von Trappisten geführt. Obwohl im 14. und 15. Jh. umgearbeitet, bewahrt die Klosterkirche die durch die Ordensregeln auferlegte Strenge.

Châteaudun	16000 Ew
28 Eure-et-Loir	S. 414 □ H 6

Über dem träg dahinfließenden Loir liegt auf einem Plateau die Stadt Châteaudun, die im 18. Jh. ihre regelmäßige Anlage erfuhr. Nach dem Brand 1723, der die Stadt verheerte, wurde sie zum großen Teil wiederaufgebaut. Zahlreiche Häuser fielen auch den Flammen von 1870 zum Opfer, als die Preußen Feuer gelegt hatten, um sich zu rächen. Ein neuerlicher Brand während des letzten Krieges beschädigte 1940 die Sous-Präfektur. Châteaudun gehörte den Grafen von Blois, Ludwig von Orléans (dem Bruder Charles' V. und Vater von Dunaois, dem Gefährten der Jeanne d'Arc), dem Prinzen Charles von Orléans.

Schloß: Steil über dem Loir liegt das bemerkenswert gut restaurierte Schloß. Es stammt aus verschiedenen Stilepochen, vorwiegend aus dem 15. und 16. Jh. Der stolze Bau wird von einem imposanten Rundturm aus dem 12. Jh. beherrscht, weist einen beachtlichen konischen Aufbau und ein Gebälk aus dem 15. Jh. auf. Die *Sainte-Chapélle* im flamboyanten Stil des 15. Jh. verfügt über 15 sehr schöne Statuen. Die Kirche lehnt sich an ein Gebäude des 15. Jh. an, das der »Flügel des Dunois« genannt wird. Es ist ein strenger Bau, der aber nichtsdestoweniger die Sorge um gewissen Komfort spüren läßt. Der Nordflügel, nach Longueville benannt, stammt aus dem Anfang des 16. Jh. und wird von einer imposanten Grundmauer gestützt, die Gebäudeseite geht hier talwärts. Der Dekor des unvollendet gebliebenen Wohntrakts ist vom flamboyanten Stil

Châteaudun, Schloß

der Gotik und der Renaissance geprägt.

Saint-Madeleine: Sie grenzt an die alten Wälle und ist die älteste Kirche, da sie bis ins 12. Jh. zurückgeht (schönes Portal und romanische Krypta). Zwischen diesem 1940 zusammengestürzten Gebäude und dem Schloß breitet sich die alte Stadt aus.
Kirche *Saint-Valérien:* Gekennzeichnet durch den Glockenturm des 15. Jh., der von einer gekrümmten Spitze gekrönt wird. Die Kirche stammt aus dem Ende des 12. und dem Beginn des 13. Jh. Das Südportal mit dem flachen Bogen hat ein dreipassiges Tympanon. Die weite *Allerheiligen-Kapelle* ist zur Mitte des 16. Jh. errichtet worden. Die Kapelle *Notre-Dame du Champdé* am Stadtrand wurde Ende des vergangenen Jahrhunderts zerstört – mit Ausnahme der flamboyanten Fassade (gegen 1520), die heute den Eingang zum Friedhof bildet. Das *Museum* vereint die verschiedenen Sammlungen (prähistorische, ethnologische, mineralogische und mittelalterliche Plastik) und stellt auch zahllose ausgestopfte Vögel, Eier und Nester aus. Die am rechten Loir-Ufer gelegene Kirche *Saint-Jean-de-la-Chaine* ist romanischen Ursprungs, aber im 15. Jh. umgebaut und 1506 mit einem mächtigen Turm versehen worden. Nach der Brücke *Saint-Médard* stromaufwärts kommt die Kapelle *Notre-Dame de la Boissiere* aus dem 13. Jh., die ein Rest der alten Ordenspfründe ist.

Château-Gaillard
27 Eure S. 414 □ H 4

Die Mäander der Seine überwachend liegen die mächtigen Mauern des Château-Gaillard dominierend über dem Ort Andelys, wo der große Maler Nicolas Poussin 1594 geboren wurde. Die riesige Zitadelle wurde von Richard Löwenherz in nur zwei Jahren Bauzeit errichtet (1196–98), um Rouen gegen das Vordringen der Truppen von Philipp August zu unterstützen. »Voilà un château gaillard«, soll der Erbauer ausgerufen haben. Sie hatte den Ruf einer uneinnehmbaren Festung. Die Franzosen, gegen die Engländer anstürmend, bemächtigten sich im Oktober 1203 ihrer nur aus Verse-

Château-Gaillard, Ruinen und die Seine

Château-Gontier, Landschaft

hen. Das Schloß wurde 1603 mit Ausnahme des Donjon geschleift, der erst später niedergerissen wurde. Es sind jetzt nur mehr Ruinen vorhanden, jedoch spiegeln diese imposanten Reste gut den Grundriß eines Hauptwerkes der militärischen Architektur wider.

Saint-Sauveur: Die gotische Kirche von Petit-Andely stammt aus dem Ende des 12. Jh. (Chor) und aus dem Anfang des 13. Jh. Die Grundmauern der Vorhalle sind aus dem 15. Jh.

Notre-Dame (in Grande-Andely): Die Kirche verfügt über ausgezeichnete Glasfenster des 16. Jh.

Musée Nicolas-Poussin (Rue Sainte-Clotilde): Das Museum besitzt ein berühmtes Gemälde *Coriolan, durch die Tränen seiner Mutter gerührt.*
Bei dem nahen Ort Noyers hat man Reste eines römischen Theaters ausgegraben.

Château-Gontier	8310 Ew
53 Mayenne	S. 413 □ F 6

Die alte Stadt Château-Gontier liegt über der Mayenne. Sie ist ein wichtiges Zentrum als Viehmarkt, was auch die modernen Hallen und die riesigen Jahrmarktsfelder, auf denen das Vieh zu Tausenden aufgetrieben wird, bezeugen. Steil abfallend erstreckt sich die alte Stadt am rechten Ufer. Sie wird beherrscht von der Kirche *Saint-Jean,* die im 11. Jh. errichtet wurde und mit einem Querschiff, einer schönen Krypta, deren Netzgewölbe von mächtigen Säulen getragen wird, ausgestattet ist.

Außerdem sehenswert: Das kleine *Museum* von Château-Gontier zeigt Antiquitäten, Plastik und Malerei. Am linken Ufer erhebt sich die *Trinitäts-Kirche* aus dem 17. Jh., die einst Kapelle des Ursulinen-Klosters war. Die alte Kapelle *Notre-Dame* stammt aus der Romanik.

Châteaumeillant	2430 Ew
18 Cher	S. 419 □ I 9

Am Rande des großen Marktfleckens, der über einer gallischen Siedlung angelegt ist, liegt *Saint-Genès,* ein schöner romanischer Bau. Die Kirche trägt den Namen des Heiligen, der hier den Glauben gepredigt hat. Die wichtige Kirche stammt zum Großteil aus der ersten Hälfte des 12. Jh. (Glockenturm modern). Das Heiligtum besitzt einen interessanten Chor mit Apsidiolen, der von außen leider nur schwer zugänglich und zu sehen ist. Darin sind zahlreiche schöne Kapitelle mit figürlichen Darstellungen enthalten.

Châteauneuf	70 Ew
21 Côte-d'Or	S. 415 □ L 7

Châteauneuf, das heute die Autostraße und den von Pappeln gesäumten Kanal nach Bourgogne bewacht, überblickte und beherrschte einst die Verbindungsstraße Dijon–Autun. Die Befestigung und die Burg bieten ein erstaunliches Panorama und haben selbst einen weiten Blick in die Ebene: Dieses Adlernest ist eines der malerischsten überhaupt. Im 12. Jh. war das Schloß neuerbaut (»neuf«) und erfuhr erst zwischen 1460 und 1493 einige wichtige Umbauten. Der reizende Wohntrakt ist von einem Graben umgeben und von dicken Mauern und massiven Türmen geschützt. Da sie wenig bewohnt war, blieb die Burg mit ihren alten Gäßchen, Häusern und Hallen sehr pittoresk.

Umgebung: Château de Commarin (6 km nördlich): Ein Wachtposten aus anderer Zeit ist das bezaubernde Schloß inmitten von Grün. Seine beiden stämmigen Türme aus dem 14. Jh. beschützen die Flügel aus dem 17. und 18. Jh.

Châteauroux, Schloß Raoul

Châteauroux	53270 Ew
36 Indre	S. 419 □ I 8

Im Herzen dieser großen Stadt des Departements Indre erhebt sich das Château Raoul (15. Jh.) über einer Befestigung des 10. Jh. Heute befindet sich darin die Präfektur. Das Schloß blickt auf ein altes Viertel, von dem noch das Portal des Vieille Prison (16. Jh.) erhalten ist. In einem schönen Gebäude des 18. Jh., das ehemals General Bertrand, dem treuen Gefährten Napoleons, gehörte, ist das *Musée Bertrand* untergebracht. Hier sind zahlreiche Erinnerungsstücke an die Kaiserzeit (Waffen, Dokumente etc.), Keramik, Gemälde und Zeichnungen des 15. bis 19. Jh. zu sehen. Die Kirche *Saint-Martial* weist die Stile verschiedener Epochen auf: Das Hauptschiff (15. Jh.) ist abgeschlossen von einem Chor aus dem 13. Jh., der Glockenturm gehört der Renaissance an.

Château-Thierry, Wälle, Teilansicht

Umgebung: Alte Abtei de Déols (4 km): Die hohe Spitze des schönen romanischen Kirchenturms steht wie ein Signal für die Vorstadt von Châteauroux. Die Abtei war einst eine der mächtigsten des Königreichs.

Château-Thierry	13380 Ew
02 Aisne	S. 411 □ K 4

In der kleinen Stadt alten Ursprungs, die die östliche Grenze der Isle de France markiert, wurde 1621 Jean de La Fontaine als Sohn eines wohlhabenden Kaufmanns geboren. Der Hauptplatz und eine Straße tragen den Namen des berühmten Fabeldichters, dessen Leben und Werk im *Musée municipal* heraufbeschworen werden. In diesem Geburtshaus La Fontaines sind daneben noch verschiedene Kunstwerke ausgestellt. Von seiner alten Stadtmauer hat Château-Thierry noch einen Turm und zwei Tore erhalten sowie einige ehrwürdige Gebäude. Das *Vieux Château,* auf einem Hügel und von Mauern und heute noch bestehenden Türmen befestigt, hat einem Park Platz gemacht.

Châtellerault	37070 Ew
86 Vienne	S. 419 □ G 8

Touronischer Schiefer und Ziegel aus Poitou verraten schon an den Dächern die Grenzstadt zwischen zwei Regionen. Dieses Vaterland René Descartes' hat ganz das Aussehen eines Grenzbezirks. Die Stadt ist eine Gründung des Mittelalters. Airaud, der Graf von Poitou, errichtete im 10. Jh. das Schloß, von dem der Ort seinen Namen *castellum airaldi* erhielt und wovon sich auch Châtellerault ableitet.

Pont Henri IV. (Ende 16., Anfang 17. Jh.): Diese weite Brücke wurde auf Befehl der Katharina von Medici errichtet und von Charles Androuet du Cerceau*, einem Mitglied der berühmten Architektenfamilie (sein Onkel erbaute die Pont-Neuf in Paris), vollendet. Die sieben Steinbögen haben eine Gesamtlänge von 144 m, die Brücke ist 21 m breit und von mächtigen schiefergedeckten konischen Türmen flankiert. Einst waren sie durch einen zentralen Pavillon verbunden, der den Aufgang zur Brücke bewachte.

Saint-Jacques: Die Kirche stammt aus dem 12. und 13. Jh., Turm und Fassade sind in der Neo-Romanik des 19. Jh. entstanden. Der Chor und die beiden Querschiffe haben ihre Gewölbe original erhalten, das Schiff wurde im 13. Jh. mit einem Gewölbe ausgestattet. Die südliche Seitenkapelle verfügt über ein schönes Gewölbe. Im Presbyterium sind noch zwei interessante romanische Kapitelle vorhanden (Emmausjünger, Opfer Abrahams), im linken Querschiff eine Holzstatue des Hl. Jakobus aus dem 17. Jh., die daran erinnert, daß die Kirche Jakobsweg nach Santiago gelegen war. Im

Châtellerault, Kirche Saint-Jacques, Kapitelle

Nordturm befindet sich eines der ältesten Glockenspiele Frankreichs.

Hôtel Sully: Wurde im 16. Jh. für den Humanisten Gaspard d'Auvergne, den ersten Übersetzer des »Principe« von Machiavelli, erbaut. Es ist bekannter unter dem Namen *Maison des Sibylles,* den es nach dem Schmuck der Fassade und des Innenhofes erhalten hat (Medaillons mit der alternierenden Darstellung der Propheten und der Sibyllen). – Das reizende *Maison Descartes* wurde von dem Großvater und dem Vater des Philosophen, der hier seine ersten Kindheitsjahre verbrachte, bewohnt.

Musée municipal: Das Museum ist in einem Flügel des von Jean d'Harcourt im 15. Jh. erbauten Schlosses untergebracht. Hier residierte einst Franz I., und hier wurden die üppigen Feste seiner Nichte Jeanne d'Albret gefeiert. In dem Museum sind Erinnerungsstücke aus der Geschichte von Châtellerault zu sehen. – Das *Musée de l'automobile* ist in einer alten Waffenfabrik eingerichtet. Unter den Serienerzeugnissen und verschiedenen Prototypen gibt es hier ein altes Dampf-Automobil, Fahrräder, Motorräder und eine schöne Sammlung von Plakaten.

Châtel-Montagne	500 Ew
03 Allier	S. 420 □ K 10

Die *Notre-Dame,* eine Kirche aus dem 12. Jh., blickt über das weite Panorama der bourbonischen Berge. Die Klarheit ihrer Linien harmoniert mit der Reinheit des Materials. Dieser von der Fassade her ein wenig herb wirkende Bau aus Granit wird durch die großen Arkaden der Strebepfeiler rhythmisiert. Er ist dreischiffig und hat Umgangskapellen, die charakteristisch für die Auvergner Schule sind.

Châtel-Montagne, Kirche

Châtillon-sur-Seine, Bronzevase v. Vix

Châtillon-sur-Seine	7370 Ew
21 Côte-d'Or	S. 415 □ L 6

Die an die Champagne grenzende Stadt der Bourgogne wird von den Armen der Seine quasi umschlungen und vereint heute zwei einst getrennte Städte. Châtillon wird von *Saint-Vorles* bewacht, einer aus dem 11. Jh. stammenden romanischen Kirche, die bemerkenswert ist, auch wenn sie mehrmals umgebaut wurde. Sie sitzt gewissermaßen auf einem Sockel, wo sie vor Überschwemmungen der Seine sicher ist, und vereint in ihrer Architektur den karolingischen Grundriß mit den Neuerungen der frühen romanischen Kunst. Die Kirche *Saint-Nicolas,* zu großen Teilen aus dem 12. Jh., nimmt das Schema des Zisterzienserbaus der Abtei von Fontenay wieder auf (im 16. Jh. vergrößert).

Museum und Schatzkammer de Vix: Dieses beachtliche Museum von Châtillon ist in einem eleganten Renaissance-Bau untergebracht, der auf wunderbare Weise vom Krieg verschont geblieben ist. Die gallo-römische Sammlung (Figuren und unzählige Gegenstände des täglichen Gebrauchs) verblaßt neben dem einzigartigen *Trésor de Vix* (Schatz von Vix), der 1953 am Mont Lassois entdeckt wurde, einem isolierten Hügel, an dessen Fuß der kleine Ort Vix liegt (7 km von Châtillon). Eine winzige Erhöhung deutete den überwachsenen Tumulus an. Grabungen brachten eine Grabkammer zutage, deren Decke wohl eingesunken, die jedoch nie entheiligt worden war. Eingerichtet gegen 500 v. Chr., bewahrte das Grab das Skelett einer Prinzessin mit all ihrem Schmuck, dem Rest eines Wagens, verschiedenen Gegenständen und der großartigen *Vase von Vix.* Dieser enorme Krater ist 1,64 m hoch und wiegt mehr als 200 kg. Er ist ein Mei-

CRATÈRE EN BRONZE

Chaumont, Grablegung (15. Jh.)

sterwerk der Kupferschmiedekunst und wunderbar verziert. Er wurde sehr wahrscheinlich von Bronzemeistern gearbeitet, die sich in griechischen Kolonien in Süditalien niedergelassen hatten. Die riesige Vase bezeugt damit eine wichtige und sehr alte Handelsbeziehung.

Chaumont	29000 Ew
52 Haute-Marne	S. 416 □ M 6

Die Stadt liegt am Rande eines Plateaus über wunderschönen grünen Tälern. Das landschaftliche Relief wird betont durch ein Viadukt, das das tiefe Tal der Suize überspannt (52 m hoch). Von der alten befestigten Stadt, der einstigen Residenz des Grafen der Champagne bis 1329, sind noch der Turm von *Hautefeuille*, ein beeindruckender Donjon des 11. und 12. Jh. und einige Originalhäuser mit ihren Ziegeldächern und hervorspringenden Treppenläufen erhalten. Die Basilika *Saint-Jean-Baptiste* ist eine interessante Architektur in gotischem und Renaissance-Stil. Im Innern sind erwähnenswert die Skulpturen von Bouchardon* und eine ergreifende Grablegung in polychromiertem Stein aus dem 15. Jh.

Umgebung: Vignory (22 km nördlich): Die Kirche *Saint-Étienne* zeigt in ihrer Größe und Einfachheit ein schönes Ensemble des in karolingischer Tradition erbauten Kirchenschiffs und des bereits romanischen Chors.

Chaumont-sur-Loire	780 Ew
41 Loir-et-Cher	S. 414 □ H 7

Chaumont-sur-Loire, Schloß

Die Festung ist düster, wenn der Himmel sich bedeckt, wird jedoch zu einem strahlenden Schloß, wenn die

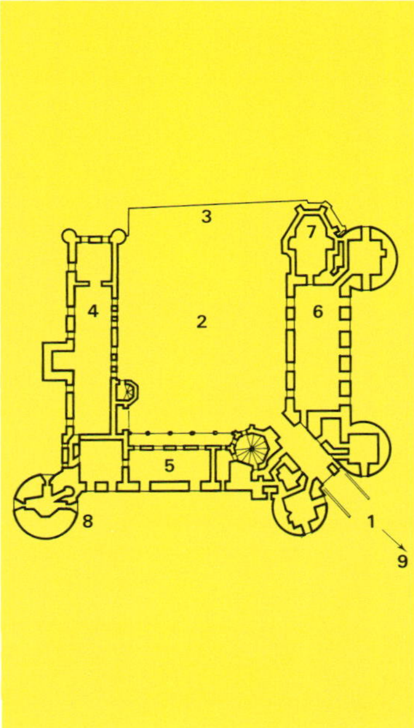

Schloß von Chaumont-sur-Loire **1** Eingang **2** Ehrenhof **3** Terrasse **4** Westflügel **5** Südflügel **6** Ostflügel **7** Kapelle **8** Tour d'Amboise **9** Stallungen

Sonne das Weiß der Wände noch erhellt. Chaumont überblickt und bewacht wie Amboise das weite Tal der Loire. Es wurde von Charles d'Amboise, seinen Söhnen und Enkeln seit 1466 an der Stelle einer alten zerstörten Festung erbaut. Königin Katharina von Medici kaufte das Schloß, zwang jedoch ihre Exrivalin Diana von Poitiers, es im Tausch gegen Chenonceau zu nehmen. Der ehemaligen Maitresse Heinrichs II. gefiel es nicht sehr, und sie bewohnte es auch wenig: Nur ihre Initiale »D« ließ sie in den runden Kamin eingravieren. Es wurde im 19. Jh. stark restauriert, von den Broglies mit prächtigen Pferdeställen ausgestattet und schließlich 1938 vom Staat angekauft. Die drei Wohntrakte reihen sich um einen Innenhof, der sich in einer Terrasse gegen die Loire öffnet. Die historischen Teile des Schlosses sind geschmackvoll eingerichtet: Speisesaal (flämische Tapisserien des 16. Jh., Renaissance-Möbel), Saal der Wache, das Zimmer der Diane de Poitiers, das Beratungszimmer (sehr schöne italienische Fayence-Fliesen, flämische Tapisserien aus dem Ende des 16. Jh.), das Zimmer der Katharina von Medici. Die Kapelle stammt mit Ausnahme

Chauvigny, Kapitell der Kirche Saint-Pierre

des Gewölbes (17. Jh.) aus dem 15. und 16. Jh. Im angrenzenden Turm befindet sich ein Raum, in dem der Florentiner Astrologe Ruggieri an seinen Mysterien gearbeitet hat. In den »Quatre étoiles« der Pferde, in den Stallungen, sind englische Graphiken, Reitpeitschen und Zaumzeug ausgestellt. Der alte Taubenschlag beherbergte einige Zeit eine Töpferei.

Chauvigny	6690 Ew
86 Vienne	S. 419 □ G 9

Chauvigny sitzt auf einem abrupt vorspringenden Felsen – diese außergewöhnliche strategische Position erklärt auch die vier Seite an Seite stehenden Befestigungen. Das riesige *Château baronnial* deckt den Abhang gegen Osten. Es gehörte seit dem 11. Jh. den Bischöfen von Poitiers, denen hier die Lehensherrschaft zukam. Es besteht noch aus einem Donjon und Wällen, auf welchen die Grundmauern des Neuen Schlosses aufgebaut wurden, eines Wohntraktes, der im 14. Jh. angefügt wurde. Das *Château d'Harcourt* wurde von den Grafen de Châtellerault am östlichen Abhang während des 13. bis 15. Jh. errichtet. Es weist heute noch mächtige Bollwerke mit einem Eingangsschloß auf. Das dritte Schloß, *de Mauleon* genannt, besteht nur mehr aus der Ruine um die Kirche. Das vierte, *Château de Beaumont,* im Nordosten, hat einen riesigen quadratischen Turm, den Donjon von Gouzon.

Saint-Pierre: Im 11. und 12. Jh. von den Bischöfen von Poitiers gegründet, zeigt sich die alte romanische Klosterkirche aus grauem Stein von einem Glockenturm überragt, der zwei hohe Arkadenreihen aufweist. Die Kapitelle der mittleren Etage leiten bereits zum gotischen Stil über. Die zeitlich gestaffelte Errichtung der Kirche über mehr als 100 Jahre geht konform mit der Bauzeit des Turms. Bemerkenswert ist die Ausgeglichenheit von Apsis und Apsidiolen und der Chor, der durch den Reichtum seines plastischen Schmucks verschönt wird: die Bogenrundungen mit geometrischem Muster, die Sparrenköpfe der Rahmungen mit skulptierten Masken. Das Kirchenschiff ist von hohen schmalen Seitenschiffen begleitet, die allein das Hauptschiff erhellen. Die Säulen sind

Chauvigny, Kirche Saint-Pierre, Ausschnitte eines Kapitells

Chenonceau, Luftansicht der Anlage

mit Palmettenkapitellen geschmückt. An Saint-Pierre sollte vor allem der Chor interessieren. Die Übermalung des 19. Jh. hebt die außergewöhnlichen Kapitelle hervor: Symbolhaftes, aber auch Freude am Derb-Grotesken drücken sich hier in voller Freiheit aus. Orientalismen prägen diese romanische Kunst, die ihren Weg wohl über importierte Elfenbeinarbeiten und Stoffe genommen haben.

Notre-Dame: Die Kirche aus dem 11. und 12. Jh. ist in der Unterstadt gelegen. Dieser bescheidene Bau weist eine oktogonale Trompenkuppel auf, die auf Arkaden mit hübsch skulptierten Kapitellen aufrastet. Im Inneren sind auch Fresken des 15. Jh. mit der allegorischen Darstellung der Menschheit, die ihr Kreuz trägt.

Umgebung: Inmitten des merowingischen Friedhofs der Kirche Saint-Pierre-les-Églises (2 km südlich) ragt der einfache vorromanische Kirchenbau auf. Die Apsis stammt aus dem 9. oder 10. Jh. und ist mit Fresken geschmückt, die als die ältesten der Poitou angesehen werden.

Chenonceau (Schloß)

37 Indre-et-Loire S. 414 □ H 7

Das Schloß von Chenonceau liegt über dem Cher und ist von außergewöhnlicher Eleganz in seiner Mischung der Ausgewogenheit der Renaissance und der Noblesse des aufkommenden Klassizismus, der noch ohne Strenge ist. Es ist sehr gut restauriert und zieht Menschenmassen an, die auch den nahen kleinen Ort beleben, dessen Name Chenonceaux sich mit »x« schreibt. 1513 kaufte Thomas Bolier, der Finanzverwalter der Normandie, den Grund um Chenonceau, um in der Folge seiner Frau Katherine

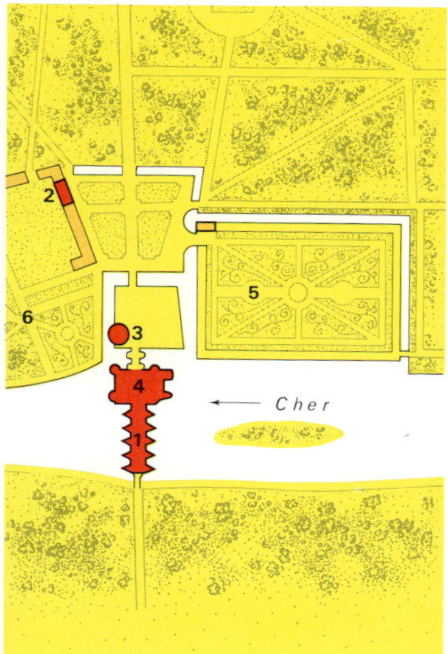

Schloß von Chenonceau **1** Große Galerie **2** Wachsmuseum **3** Bergfried **4** Schloß Bohier **5** Gärten der Diane de Poitiers **6** Gärten der Katharina von Medici

Briconnet die Bauarbeiten an dieser großzügigen Residenz überwachen zu lassen. Sein Sohn, ruiniert, gab es schließlich an Franz I., der hierher kam, um zu jagen. Heinrich II. erbte das Schloß und bot es seiner Favoritin Diane de Poitiers an, von der er sich zeitlebens nicht trennte. Die von dem Besitz begeisterte einflußreiche Maitresse des Königs vertraute den Weiterbau Philibert Delorme* an (er war gleichzeitig der Architekt vom Schloß d'Anet), es entstand die Konstruktion der Brückenbögen über den Cher in der Verlängerung des Hauptgebäudes. Diane de Poitiers verschwendete ein Vermögen für die Verschönerung des Schlosses. Nach dem Tode Heinrichs II. rächte sich dessen Gattin Katharina von Medici an ihrer Rivalin, indem sie sie zu einem Tausch des Schlosses gegen jenes von Chaumont zwang. Sie rief Philibert Delorme zurück, der, während der Park entstand, über den Bögen einen gedeckten Gang errichtete und Pferdeställe baute. Das Schloß sah rauschende Feste – dann trat Ruhe ein: Die nach Heinrich III. verwitwete Königin Louise von Vaudémont verlebte hier ihre Trauerzeit bis 1601. Danach ging Chenonceau von Hand zu Hand. Jean Jacques Rousseau war Gast der Mme. Dupin, der Frau eines reichen Generals, und wohnte hier am Ufer des Cher, während er verhätschelt und verzärtelt wurde. Das Schloß, das von der Revolution verschont geblieben war, wurde 1813 von der Familie Menier (Schokolade!) gekauft und während des großen Krieges in ein Militärhospital umgewandelt.

Eine schöne Platanen-Allee führt zum Schloß, das über dem fließenden Wasser liegt. Die nach den Angaben Philibert Delormes gebauten Wirtschaftsgebäude rechts beinhalten heute das *Musée de cire,* das die große Zeit Chenonceaus und Frankreichs zwischen 1518 und 1918 dokumentiert. Rechts der Terrasse, bei den Gärten der Dia-

ne de Poitiers und jenen der Katharina von Medici, steht der Donjon.
Über den Grundmauern einer alten Mühle erhebt sich das *Château Bohier,* ein großer viereckiger Bau im Stil der ersten Renaissance. Die *Große Galerie* – 60 m lang und 2 Stockwerke hoch – ruht auf fünf Bögen der Brücke über den Cher. Wie viele der Loire-Schlösser war auch Chenonceau wenig eingerichtet, denn der Hof zog mit Tapisserien, Truhen, dem ganzen Silber und auch oftmals den Möbeln um. Bei der Schloßbesichtigung entdeckt man auch das Porträt der Diane de Poitiers von Primaticcio*, drei Grazien von Van Loo*, Werke von Jordaens*, Veronese*, Rubens*, Rigaud*, Mignard* etc. Der Saal Franz' I. ist am reichsten dekoriert und ausgestattet.

Cherbourg

50 Manche — 32410 Ew — S. 413 □ E 3

Im Norden der Halbinsel Cotentin liegt Cherbourg an dem tief eingebuchteten Golf, von dem aus man nicht das Meer sehen kann: Ein riesiger *Deich* begrenzt die Reede und schützt so auch vor den wütenden Stürmen aus der Manche. Dieses Meisterwerk ist bis zur Mitte des 19. Jh. nicht fertiggestellt gewesen – und ist doch schon zu Lebzeiten Ludwigs XVI. begonnen worden. Die Montagne de Roule über der Stadt sind von einem Fort bewacht, in dem die Deutschen 1944 den englisch-amerikanischen Angriffen widerstanden. Hier ist das *Musée de la guerre et de la libération* untergebracht, das die Besetzung der Region und das Kriegsgeschehen dokumentieren soll. Vom Krieg, der Cherbourg zerstört hatte, ist die Kirche *de la Trinité* geblieben, die vorwiegend aus dem 15. Jh. stammt. Das *Musée des Beaux-Arts* vereint drei reiche Gemäldesammlungen und besitzt unter anderem einzigartige Werke Millets* (der aus einem nahen Ort stammt). Der interessante Park Emmanuel-Liais – von einem ehemaligen Bürgermeister der Stadt gegründet – ist berühmt für seinen exotischen Bestand. Im Haus von Emmanuel-Liais, des Naturalisten und Astronomen, ist ein *Museum für Naturwissenschaft, Prähistorie und Völkerkunde* mit zahlreichen bemerkenswerten Exponaten untergebracht.

Cherbourg, Schloß von Tourlaville

Cheverny, Luftaufnahme des Schlosses

Cheverny 720 Ew
41 Loir-et-Cher S. 414 □ H 7

Das am Waldrand der geheimnisvollen Sologne liegende Schloß wurde in den dreißiger Jahren des 17. Jh. erbaut. Das vornehme Gebäude besteht aus einem Mitteltrakt, der hoch und schmal ist und durch zwei Flügel mit den beiden großen viereckigen Pavillons verbunden ist, deren Runddächer »a l'imperiale« Laternen tragen. Die Wirtschaftsgebäude, von welchen man annimmt, daß sie noch Reste einer alten Burg von 1510 seien, liegen links vom Haupteingang. Darin ist ein Jagdmuseum mit einer Trophäensammlung eingerichtet – das *Musée de Vénerie*. Im nahen Hundezwinger ist auch heute noch eine Meute untergebracht, die seit 1825 Eigentum der Familie de Vibraye ist. Das Schloß erlebt noch zahlreiche Hetzjagden, die jeden Winter in dem Gebiet organisiert werden. Die »Trompes de Cheverny« künden dann die verschiedenen Etappen und Zeitabschnitte dieses blutigen »Sports« an. Während die prächtigen Königsschlösser Blois und Chambord eigentlich ohne Funktion sind, ist diese Residenz immer bewohnt gewesen und bewahrt auch noch die intakte Innenausstattung. Im Erdgeschoß befindet sich die von Jean Mosnier* sonderbar dekorierte Vertäfelung; wir begegnen diesem Maler des 17. Jh. auch wieder in Beauregard; der luxuriös ausgestattete Große Salon zeigt Gemälde des 17. und 18. Jh., beachtliches Mobiliar und Sessel Ludwigs XV., der Kleine Salon ist mit flandrischen Tapisserien bedeckt, die von Teniers inspiriert scheinen und ebenfalls reizvoll eingerichtet. Eine große und majestätische Treppe führt in der Mitte des Gebäudes zu den oberen Wohnräumen (Gemälde von Mosnier, Tapisserien, prunkvolles Königszimmer).

Chinon 8000 Ew
37 Indre-et-Loire S. 419 □ G 8

Chinon liegt an der Kreuzung der Straßen von der Touraine, von Anjou und Poitou und ist eine interessante mittelalterliche Stadt. Die stolzen Ruinen des hohen Schlosses liegen über den Weinbergen, die den einst von Rabelais so sehr geschätzten »vin de taffe-

tas« hervorbringen, und an der anderen Seite über der Vienne. »Chinon, kleine Stadt, große Berühmtheit«, so sagt man. Armand Lanoux schrieb viel lyrischer: »In Chinon ist die Geschichte so spürbar, daß man jeden Augenblick erwartet, in einem Gäßchen einen geharnischten Schildknappen auftauchen zu sehen, einen Aussätzigen mit seiner Schelle oder einen pfeifenden Pagen, der die Nase hoch in der Luft trägt.« Dank einer durchdachten Restaurierung hat die Stadt ihren mittelalterlichen Charakter erhalten. Chinon ist über einem gallischen Oppidum und einem römischen Castrum erbaut, war einst Lehen der Plantagenets und sah hier 1189 Heinrich II. von England sterben und vielleicht auch Richard Löwenherz (1199). 1429 empfing Chinon Jeanne d'Arc. Chinon ist die Heimatstadt François Rabelais': Der Dichter ist 1494 am Gut La Devineriere geboren und verbrachte seine Kindheit in der Stadt, wo sein Onkel Advokat war. Er ließ sich von Land und Leuten seiner Umgebung inspirieren: Gargantua und Pantagruel, Gargamelle und Bruder Jean sind in ihrer Maßlosigkeit so ausgeglichen wie die Kinder dieses Landes.

Alt-Chinon: Die Stadt erstreckt sich am rechten Ufer der Vienne, die von einer Brücke überspannt wird, deren Pfeiler zum Teil noch aus dem 12. Jh. stammen. Nur 11 km von der Atomzentrale Avoine entfernt, scheint Chinon mit seinen gepflasterten Straßen und mittelalterlichen Häusern dieser Zeit irgendwie entkommen zu sein. Giebel, Türmchen, Mauervorsprünge – die *Rue Voltaire* und die *Grand Carroi* (Carrefour) lassen eine Zeit fern unserem 20. Jh. erstehen. Das *Maison des États-Généraux,* ein großes Gebäude aus dem 15. Jh., erhielt seinen Namen nach den Versammlungen von 1427 und 1428, die Karl VII. hier einberufen hatte. Die Legende will, daß Richard Löwenherz hier gestorben ist. Das schöne Haus, das heute Museum ist, stellt eine Sammlung von Möbeln und Kunstgegenständen der Societé du Vieux Chinon aus wie auch ein Ganzporträt von Rabelais, wie Delacroix* ihn sich vorgestellt hatte. Die ehem. alte Klosterkirche *Saint-Mexme* geht auf das 10. Jh. zurück. Die Kirche *Saint-Étienne* stammt aus dem Ende des 15. Jh., *Saint-Maurice* aus dem 12. und 16. Jh. (Schiff und Chor im Stil von Angers).

Chinon, Schloß

Schloß: Das Schloß von Chinon hebt sich an einem Steilhang gegen drei Seiten ab und bedeckt nur einen winzigen Bergvorsprung. Es besteht aus drei verschiedenen Festungen: dem geschleiften *Fort Saint-Georges,* dem *Château de Milieu* mit dem schönen Pavillon de l'Horloge (12.–15. Jh.) und dem *Château du Coudray,* dessen Türme aus dem 12. Jh. (Tour de Moulin) und 13. Jh. stammen.
Über der Stadt liegen auch die Reste der Vieux Logis, der königlichen Residenz, wo Heinrich II. Plantagenet starb und wo Karl VII. Jeanne d'Arc empfing. Der Jungfrau ist das *Museum* im ein wenig schwerfälligen Tour de l'Horloge gewidmet. An der Spitze dieses hohen Turms befindet sich in einer hölzernen Laterne eine alte Glokke, die »Marie Javelle« genannt.

Citeaux

21 Côte-d'Or S. 420 □ M 8

Inmitten von Eichen und Buchen stehen nurmehr Mauerreste der berühmten Abtei (gegründet 1098), in die der Hl. Bernhard 1112 eintrat. In Citeaux und Clairvaux entstand die strenge Regel des neuen Zisterzienserordens, der in schärfster Konkurrenz zu Cluny stand. Die Zisterzienserreform verbreitete sich durch über 1000 Tochterklostergründungen über ganz Europa: »Töchter« waren neben Clairvaux u. a. Pontigny und Fontenay.

Civray

86 Vienne 3110 Ew S. 419 □ G 9

Saint-Nicolas: Die kleine Handelsstadt an den Ufern der Charente liegt an der Grenze zwischen Haut Poitou und Angoumois. Unter den romanischen Bauten der Poitou nimmt Saint-Nicolas (12. Jh., restauriert im 19. Jh.) einen bevorzugten Platz ein. Die Proportionen sind harmonisch, der oktogonale Glockenturm ist zugleich die Laterne für das Sanktuarium. Die historisierende Fassade jedoch ist es, die sie so bekannt gemacht hat. In einen rechteckigen Riß eingeschrieben, setzt sie sich aus sechs Arkaden zusammen, zwei Stockwerke durch ein Kranzgesimse getrennt. Ein narratives Programm zieht sich über die gesamte

Civray, Kirche St-Nicolas, Statuen vom Tympanon

Civray, Kirche, musizierender Engel

Struktur: In den Bogenrundungen des Hauptportals sind die traditionellen Themen der Poitou angebracht: Majestas Christi, Kluge und Törichte Jungfrauen, Himmelfahrt, die Tierkreiszeichen und die Arbeiten der Monate. Im Stock ist die linke Arkade mit einer Reihe musizierender Engel besetzt, die den »Reiter von Poitou« umkreisen, von dem nur mehr das zerstörte Pferd vorhanden ist. Rechts sieht man neun Statuen, die ganz verschieden gedeutet werden: Isoliert ein sitzender Bischof, als Hl. Nikolaus bezeichnet, und verschiedene andere Gestalten, Männer und Frauen, die Heilige oder Apostel sein könnten.

Hôtel de la Prévoté (Ende 15. Jh.), auch *Maison Louis XIII* genannt, zur Erinnerung an die Durchreise des jungvermählten Paares Ludwig XIII. und Anna von Österreich. Reizendes gotisches Tor und Renaissance-Fenster.

Clamecy

58 Nièvre — 6150 Ew — S. 416 □ K 7

Als noch der Wald von Morvan die Stuben der Pariser heizte, war die Stadt ein wichtiger Hafen. Clamecy ist die Heimat des Dichters Romain Rolland, der 1916 den Nobelpreis erhielt. Die alte Stadt, von dem ziselierten Turm von *Saint-Martin* bewacht, ist malerisch und hat noch zahlreiche alte Häuser erhalten. Die Kirche Saint-Martin stammt im wesentlichen aus dem 13. und 14. Jh., gehört aber ganz dem flamboyanten Stil an – die Fassade und der viereckige Turm von Anfang des 16. Jh. sind prächtig dekoriert. Im gerade geschlossenen Chor, der ohne Querschiff ist, ist eine Empore von Viollet le Duc* eingestellt worden. Das *Museum* im eleganten Hôtel des Duc de Bellegarde des 16. Jh. zeigt schöne Fayencen und die Geschichte der Holz-Schiffahrt.

Clères

76 Seine-Maritime — 1090 Ew — S. 410 □ H 3

Ein typisch normannisches Feenschloß, das viel von seiner Erscheinung den wichtigen Restaurierungen verdankt – es hat jedoch auch noch »wirklich alte« Teile aus dem Mittelalter und der Renaissance bewahrt. Das Schloß erhebt sich jetzt inmitten eines zoologischen Gartens, wo die Vögel und Tiere in halber Freiheit leben. Ein wahres Eden, wie es Colette nannte, die Clères einige Zeilen in ihrer Lyrik widmete. Nahe dem Tiergarten ist ein *Musée de l'automobile, des moteurs et des motos* eingerichtet (Panzer neben heroischen Klapperkisten).

Clermont-Ferrand

63 Puy-de-Dôme — 154 950 Ew — S. 420 □ J 10

Die historische Hauptstadt der Auvergne, Universitätsstadt und Industriezentrum, lehnt an eine vulkanische

Gebirgskette der Puys an und wird von dem berühmtesten Berg, dem Puy de Dôme, gleichsam beschützt. Nacheinander hat die alte Rivalin von Riom Satellitenstädte und Vororte annektiert, bis sie nun eine große Stadt bildet, die sich gegen Osten und Norden ausbreitet und auch Montferrand miteinschließt, mit dem es eine lange gemeinsame Vergangenheit verbindet. Clermont, das alte *Nemetum,* Augustus zu Ehren *Augustonemetum* genannt, wurde in Friedenszeiten des Römischen Reiches zu einer blühenden Stadt. Die Stadt nahm Heilige und Gelehrte auf (Hl. Austremoine, der die erste Kirche der Auvergne gründete, und Gregor von Tours, den ersten Chronisten des Mittelalters). Im Mittelalter war die Stadt bischöflich, und von Urban II. wurde 1095 von hier aus beim Konzil der 1. Kreuzzug gepredigt. Vor den Stadttoren baute sich ein Rivale, Montferrand, auf, der von der Monarchie sehr favorisiert wurde, um die bischöfliche Herrschaft in Clermont zu brechen. Erst 1731 wurde Montferrand mit Clermont zusammengeschlossen. Die Stadt, in der Blaise Pascal 1623 geboren wurde, bewahrt eine seiner berühmtesten Erfindungen in einem der Museen auf.

Alt-Clermont: Die alten Straßen im Herzen von Alt-Clermont bewahren ihren ehem. Charakter und verdienen es, daß man sich hier ein wenig aufhält und vor allem hinter die strengen Fassaden in die reich geschmückten Innenhöfe sieht. Hier zeigt sich Clermont als eine Stadt der verborgenen Kunstschätze! Die Rue Pascal (sie war einst die »Rue nobles«), die Rue du Port und die Rue des Chaussetiers zeigen Fassaden mit skulptierten Toren, Fenstern und Balustern des 15., 16. und 17. Jh. Bemerkenswert ist das *Hôtel Vachier-Fontfreyde* (Nr. 17) in der Rue du Port mit den schönen Schmiedeeisen-Balkonen und einer gotischen Tür mit Wappen im Hof. Man durchquert einen gewölbten Durchgang und erreicht den 2. Innenhof des *Hôtel Ribeyre* (Nr. 19), welches unter Ludwig XV. erbaut wurde

Clermont-Fd, Fontaine d'Amboise

(über dem Tor ein in Lava feinst gearbeiteter Henkelkorb), und hält vor der Fassade aus dem 16. Jh. des Hauses Nr. 23. Das *Hôtel de la Vilatelle* (Nr. 38) zeigt ein majestätisches Portal. Die Rue Pascal verfügt über mehrere düstere Fassaden, die Höfe und Gärten verbergen (Renaissance-Stiege im *Hôtel de Champflour,* Nr. 21). Der Hof des *Hôtel Savaron* in der Rue des Chaussetiers stammt aus dem 16. Jh., ist in seinem Entwurf aber noch gotisch. Der Treppenturm öffnet sich in einer schön skulptierten Tür mit »Wilden Männern«.

Fontaine d'Amboise: Dieser reizende Steinbrunnen aus der Renaissance steht auf der Place de la Poterne. Er verfügt in seinem Aufbau über drei Bassins, kleine nackte Figuren, die Wasser versprühen, und einen behaarten Herkules an der Spitze.

Notre-Dame-du-Port: Die Basilika stammt aus dem 11. und 12. Jh., ist,

Clermont-Ferrand, Notre-Dame-du-Port, Ausschnitt vom Chor

mächtig und ernst. Sie ist eine der großartigsten romanischen Bauten der Auvergne. Die Häuser, die die Kirche an allen Seiten umschließen, verbergen die bewundernswerte Anlage des Chors, dessen plötzliche Entdeckung eine Überraschung bedeutet. Nicht der dunkle Stein von Volvic, der Clermont so verdüstert, ist hier verwendet, sondern der warme Aprikosen-Ton des Sandsteins, mit der Patina der Jahre versehen. – *Chor:* In dem Kapellenkranz und dem oktogonalen Turm wird der Raum immer leichter, der dem ganzen Ensemble Ehrfurcht gebietet. Über den Mauergiebeln, wo die Dächer der Kapellen anschließen, findet sich ein reich verziertes Mauerwerk, das mozarabischen Einfluß widerspiegelt.

Südliche Seitenfassade: Wie das Innere des Schiffs in Joche unterteilt, wobei die durch große flache Bögen untereinander verbundenen Strebebögen den inneren Pfeilern entsprechen. Im 4. Joch öffnet sich ein Tor von einem in der Auvergne sehr verbreiteten Typus: weite rechteckige Türöffnung mit scharfkantigem Türsturz, halbkreisförmiges Tympanon. Am Türsturz von links nach rechts: Anbetung der Könige, Darbringung im Tempel, Taufe Christi. Im Tympanon: Majestas Christi, der thronende Christus zwischen zwei Seraphim. Dieses Relief, zu Ende des 12. Jh. ausgeführt, kündigt bereits die Gotik an.

Innen: Jenseits der niedrigen Gewölbe des ziemlich archaischen Narthex richten sich die von schönen Korbkapitellen gekrönten Pfeiler des Hauptschiffs auf. Das Tonnengewölbe des Schiffs weist keine hohen Fenster auf. Nach dem Vorbild der Auvergne sind die Tribünen mit den Rippengewölben über den hohen und sehr schmalen Seitenschiffen eingebaut und halten dort den Seitenschub der Gewölbe. Sie öffnen sich in drei Pässen gegen das Mittelschiff. Die Vierung öffnet sich in

Clermont-Fd, Schwarze Madonna

Notre-Dame, Pietà

drei Bögen und ist von einer Trompenkuppel überdeckt. Der lichte und herrlich angeordnete Chor ist durch acht schlanke Säulen vom Chorumgang getrennt, die die ältesten und schönsten Kapitelle der Kirche tragen (gegen 1150–1160). Diese vier Kapitelle sind ohne Zweifel demselben Bildhauer Robertus* zuzuschreiben, der eines davon signiert hat. Obwohl die Oberfläche wie mit Figuren überhäuft aussieht, bezeugen die Kapitelle doch viel Ordnung und Symmetrie. Man kann den Kampf der Tugenden und Laster erkennen, die Verkündigung, den Sündenfall und die Himmelfahrt Mariens. – Die *Krypta* liegt unter dem Chor, dessen Grundriß sie wiederholt. Hier befindet sich die »Schwarze Madonna«, eine Kopie des verschwundenen byzantinischen Originals, das die Pilgerscharen des 13. Jh. anlockte.

Kathedrale: Nach dem Besuch der Notre-Dame-du-Port erscheint die Kathedrale im Gegensatz zu ihr ergreifender in den Formen und im Material. Ungerechterweise ist sie von den Brüdern Goncourt, die sie »Kathedrale der Kohlenarbeiter« nannten, mißachtet worden. Sie ist aus dem Stein von Volvic gebaut, der ihr solch ein düsteres Aussehen gibt. Ihre Vorgängerbauten waren eine Basilika des 5. Jh. und eine karolingische Kirche, von der noch die Krypta und der Chor erhalten sind. 1248 wurde der Grundstein zur jetzigen Kathedrale gelegt. Der Bau zog sich über Jahrhunderte hin und fand sein Ende erst mit den Türmen und dem Portal des Viollet-le-Duc* im 19. Jh. – *Außen:* Die interessantesten Bauteile sind wohl die Fassaden der Querschiffe und die unvollendeten Türme des 14. Jh. Einzig der Turm des nördlichen Querschiffs ist fertig, jedoch ohne Spitze »La Bayette« genannt. – *Innen:* Die widerstandsfähige Lava von Volvic erlaubte es, die Pfeiler dünner zu machen und die Gewölbe kühn in einer Höhe von 30 m anzusetzen – über einer Reihe von Glasfenstern. An den Fronten der Querschiffe sind zwei Fensterrosen des 14. Jh. angebracht, die jene der Notre-Dame von Paris imitieren. Der Chor wird in den Umgangskapellen durch herrliche Glasfenster aus dem Ende des 13. Jh. erhellt, deren Medaillons und Tafeln zum Teil der Werkstätte der Sainte-Chapelle in Paris zugeschrieben werden. Dargestellt sind das Leben Christi, Leben Mariens und der Heiligen, welchen die Kapelle einst gewidmet war. Die in die Sakristei führende schöne Tür des Chorumgangs stammt aus dem 14. Jh., sie ist von Weinblatt-Ornament eingerahmt. In mehreren Kapellen befinden sich noch Reste der Fresken aus dem 13. und 14. Jh. Hinter dem Hochaltar steht der wunderbare österliche Kerzenleuchter aus vergoldetem Kupfer, der durch seine Größe überrascht (18. Jh.). In der Krypta befindet sich ein schöner christlicher Sarkophag des 4. Jh. aus weißem Marmor.

Weitere Zeugen der reichen christlichen Vergangenheit sind zahlreich in Clermont verstreut: Die *Kapelle de Beaurepaire,* von den Cordeliers erbaut, ist ein Bau der Übergangszeit der Romanik zur Gotik (flache Bögen mit bereits gotischem Ornament). – *Kapelle de la Visitation* aus dem 13. Jh. mit Grabsteinen aus dem 13. und 14. Jh. – *Kirche des Cordeliers* aus dem 13. Jh.; sie ist heute Departement-Archiv. – *Kirche Saint-Genis-des Carmes* (14. und 15. Jh.), einzige Kirche in Clermont in flamboyantem Stil. Sie ist einschiffig mit einer schönen Apsis. – In der *Kapelle des Carmes-Dèchaux* (18. Jh.) befindet sich ein schöner skulptierter Sarkophag des 4. Jh., der heute als Altartisch dient.

Museen: *Musée naturel,* der vulkanische Park. – *Musée Lecoq,* mit einer reichen mineralogischen, botanischen und zoologischen Sammlung, die sich auf die Umgebung bezieht. – *Musée du Ranquet* im alten Hôtel Fontfreyde, genannt *Maison des architectes,* einem schönen Renaissance-Bau mit interessanten Emails. Darunter auch ein sehr seltenes Reiseköfferchen aus dem 14. Jh., schöne mittelalterliche Plastik, Textilien und Möbel des 18. Jh. Der Saal Pascal stellt ein Exemplar der berühmten Rechenmaschine aus, die der Autor der *Pensées* erfand, um seinem

Clermont-Ferrand, Fresken der Kathedrale

Vater zu helfen (siehe Rouen). – Das *Musée du Bargoin* ist der Urgeschichte gewidmet, der keltischen und der gallo-römischen Archäologie (Skelett von Cheix).

Alt-Montferrand: Die alte Stadt, auf der leichten Anhöhe erbaut, ist der bereits verfallende ehem. Rivale von Clermont, hat sich aber ihren mittelalterlichen Charakter bewahrt. Montferrand, zu Ende des 12. Jh. wiederaufgebaut, folgt in der Anlage den typischen Siedlungen der France d'Oc (zwei große Straßen treffen im rechten Winkel aufeinander und teilen die Stadt so in vier gleiche Teile). Die Stadt verfügt über zahlreiche adelige und auch bürgerliche Häuser des 15. Jh. Unter den schönen Wohnbauten finden sich: *Hôtel Fontfreyde* (16. Jh.), auch *Maison de Lucrece* genannt. Es ist sehenswert wegen des Innenhofes mit der schönen Tür des Treppenturms, den Porträtmedaillons an der Balustrade der Galerie. Sehenswert außerdem: *Hôtel de Lignat* (16. Jh.), auch *Maison du Notaire* genannt, mit einem schönen von der italienischen Renaissance beeinflußten Portal; das *Maison de l'Apothicaire* mit den Konsolenfiguren (den Apotheker mit der Klistierspritze und seinen Patienten darstellend). Das *Hôtel d'Albiat* zeigt eine Tür mit der Darstellung von Zentauren. – Die Kirche *Notre-Dame-de-la-Prosperité* wurde zu Ende des 13. Jh. begonnen, im 15. und 16. Jh. vergrößert und mit einem reichen Portal in flamboyantem Stil an der Westfassade und einer darüber eingesetzten schönen Fensterrose ausgestattet.

Clermont-Ferrand, Fensterrose der Kathedrale

Clermont-Ferrand, Vieux Montferrand

Cléry-Saint-André	2020 Ew
45 Loiret	S. 414 □ I 6/7

Der auf der Route der Loire-Schlösser liegende Marktflecken wird überragt von der hellen, aber kühlen Architektur der Basilika *Notre-Dame,* die in flamboyantem Stil erbaut wurde und das Grab Ludwigs XI. birgt. An der

Cléry, Basilika, Grabmal Ludwigs XI.

linken Seite befindet sich ein rechteckiger Turm des 14. Jh. und der einzige Rest des Kirchenvorgängerbaus, der von den Engländern im Hundertjährigen Krieg zerstört wurde. Die Kirche ist in ihrem Innern ernst und elegant. Die fehlenden Triforien zwischen den Arkaden und den Fenstern geben dem Raum eine gewisse Weite. 1889 wurde die königliche Grabkammer aufgelöst, in der sich der Schädel und die Gebeine von Ludwig XI. und von Charlotte von Savoyen, seiner zweiten Frau, befanden. Der König starb 1483 und hatte zu Lebzeiten eine tiefe Verehrung für die Jungfrau Maria empfunden sowie eine Vorliebe für Cléry, wo er sein Grab noch »ausprobierte«. Der Sieger über Karl den Kühnen wollte nicht gemeinsam mit seinen Vorgängern in der königlichen Gruft in Saint-Denis begraben sein: »Er war anders und wollte fürderhin in seiner Kirche, der Notre-Dame in Cléry, sein.« Das *Grab* befindet sich unter der letzten Arkade des Kirchenschiffs. Ein Marmortisch, über vier Säulen aufgebaut, trägt die Figur des Königs, der zu Maria betet. Der Orléaner Michel Bourdin* führte das Grab 1622 aus (die ursprüngliche Figur des Königs war von den Protestanten zerstört worden). An der Seite schließt ein Gewölbe die Grabstätte des Tanguy du Chatel ein, der im Krieg 1477 an der Seite des Königs getötet worden war; rechts schützt eine Steinplatte die Urne, die das Herz Karls VIII. birgt. Die Kapelle *Saint-Jacques* im südlichen Seitenschiff verfügt über Holzstatuen des Hl. Jacques (16. Jh.) und des Hl. Sebastian (17. Jh.) sowie über eine Steinfigur der Jungfrau Maria aus dem 17. Jh. Die weitere Ausstattung macht deutlich, daß Cléry eine Station auf der Pilgerstraße nach Compostella war. In der benachbarten Kapelle aus dem 15. Jh. ruht der Held Dunois, der Waffengefährte Jeanne d'Arcs, mit seinen Anverwandten. In der Mitte des Chors wird der moderne Hochaltar überragt von der Eichenfigur der so sehr verehrten Notre-Dame von Cléry. Sie wurde im 16. Jh. nach einem Modell jener Madonna erneuert, die die Hugenotten verbrannt hatten.

Cluny

71 Saône-et-Loire — 4340 Ew — S. 420 □ L 9

Einst war der monumentale Glockenturm von Eau-Benite der feste Turm der Christenheit. Er ist ein Denkmal des Glaubenseifers und der mittelalterlichen Kunst, aber auch der Dummheit und des Vandalismus: Er überragt das Gerippe einer riesigen Kirche, deren wunderbaren Bau man systematisch abgebaut hat. Die Revolution hat diesem traditionsreichen Kloster das Leben geraubt. Es wurde verkauft und in aller Stille bis 1823 als Steinbruch genutzt. Trotz des Protestes der gesamten Gemeinde und des Innenministers wurde die Demolierung weiterbetrieben und dabei auch noch Sprengstoff verwendet. 1944 zerstörten verirrte Bomben die letzten Zeugen der Anlage: Etwa 30 Häuser wurden in Cluny, der kleinen Stadt, die um die Abtei entstanden war, vernichtet.

»Mutter der westlichen Zivilisation«, nannte Viollet-le-Duc* das Kloster, dessen Erzäbte alle Heilige waren. Cluny entstand 910. Wilhelm von Aquitanien, Graf der Auvergne, von Velay und Macon, hatte den Mönchen ein bewaldetes Gebiet angeboten. Diese Handvoll Mönche, die nach der Regel des Hl. Benedikt lebten, waren von der Jura hierher gekommen, von dem weisen Bernon geführt. Eine Klausel der Schenkungsurkunde sah vor, daß die Abtei exemt sei, eine andere bestimmte, daß die Mönche ihre Äbte wählen konnten, ohne auf auswärtige Interventionen Rücksicht nehmen zu müssen. Dank jener frei gewählten Äbte verfügte Cluny über seine Macht und eine verschwenderische fruchtbare Ausstrahlung. Der Ruhm der Abtei verbreitete sich seit dem 10. Jh. mit dem Hl. Odon, dem Nachfolger des Hl. Bernon, einer diplomatischen und asketischen Persönlichkeit. Ihm folgten: St. Aymard, St. Mayeul, St. Odilon, St. Hugo, Pierre le Venerable. Sie führten Cluny zum Höhepunkt, indem sie aus Cluny das Zentrum der Kirche im 11. und 12. Jh. machten. Der Abstieg begann Ende des 12. Jh. und verstärkte sich mit der Herrschaft der Ordenspfründe: Die prunkliebenden Äbte des 16., 17. und 18. Jh. schätzten Cluny nur mehr wegen seiner Festivitäten.

Klosterkirche: Die einstige Klosterkirche ist heute nur mehr ein Phantomgebilde aus Stein, seine Reste aber sind beeindruckend und grandios. Es sind jene des Baues Cluny III., der Kirche des Hl. Hugo: Sie wurde 1088 begonnen und 1135 fertiggestellt, als Pierre le Venerable (der Ehrwürdige) Abt von Cluny war. Als das größte Heiligtum der Christenheit vor dem Bau von St. Peter in Rom folgte sie auf Cluny I, der ersten Kapelle, die aber von Cluny II zu Ende des 10. Jh. dem Erdboden gleichgemacht worden war. Cluny II bestand in Teilen weiter noch bis

Cluny, Glockenturm

in das 18. Jh. Die 3. Klosterkirche wurde von der christlichen Welt wegen ihrer Dimension und ihrer Ausstattung bewundert. Sie übte einen beträchtlichen Einfluß aus, so daß sich eine richtige Schule der cluniazensischen Architektur entwickelte. Die Baumeister inspirierten sich hauptsächlich am Grundriß des lateinischen Kreuzes, an dem überragenden Aufbau der Arkadenbögen über einem falschen Triforium und hellen Seitenschiffen, einer Kreuzkuppel über Trompen. Unter die Nachfolgebauten von Cluny III reihen sich ein: Paray-le Monial, ebenfalls von Hugo erbaut, Saint-Lazare von Autun, Semur-en-Brionnais, Notre-Dame de Beaune, La Charité-sur-Loire und zahllose kleinere Kirchen.

Mit einer Länge von 187 m und einer Höhe der Gewölbe bis 30 m war diese außergewöhnliche Kirche riesengroß. Heute steht davon nur noch ungefähr der zehnte Teil. Sie wird überragt von dem mächtigen Glockenturm de l'Eau Benite (Weihwasserturm), dessen Reste es möglich machen, die Regeln der cluniazensischen Baureform zu verstehen.

Kloster: Es besteht aus mehreren Teilen des im 18. Jh. wiederaufgebauten Klosters. Der Grenier-Farinier, der Getreidespeicher der Mönche aus dem 13. Jh., lehnt sich an den massiven Tour du Moulin, den Mühlenturm aus dem 12. Jh., an. Er besteht aus einem großen, sehr niedrig gewölbten Saal, der als Keller diente, und einem wie ein Schiffskiel gedeckten Saal, dessen Gebälk ein sehr schönes Beispiel gotischer Schreinerarbeit darstellt. In diesem Gebäude finden sich zwei große Modelle, die die Fassade und den Chor von Cluny III zeigen, 10 Kapitelle mit geschichtlichen Darstellungen aus der zerstörten Abtei.

Musée Ochier: In dem Palais abbatial, dem Palast der Äbte, aus dem 15. Jh. untergebracht, vereint dieses Museum interessante romanische Bruchstücke und Dokumente, die das alte Aussehen der Abtei und verschiedener Objekte, die den Mönchen von Cluny gehörten, wieder aufleben lassen. Die Bibliothek verfügt über ca. 4000 Bände.

Ort Cluny: Mehrere Objekte, die einst zur Abtei gehörten, erscheinen noch im Ort: der Wohnsitz der Äbte des 16. Jh., auch »Palais d'Amboise« genannt, im öffentlichen Park; der Tour Fabry aus dem 14. Jh. über dem Gestüt, der Tour des Fromages aus dem 11. und 12. Jh. Dank des Wohlstandes, der von der Abtei herrührt, besitzt Cluny schöne Wohnhäuser aus romanischer Zeit. Die Kirche *Notre-Dame,* heute verstümmelt und schmucklos, geht auf das 13. Jh. zurück. Die Kirche *Saint-Marcel* mit einem Schiff aus dem 17. Jh. hat einen romanischen Chor und eine romanische Apsis und wird von einem oktogonalen Glockenturm überragt. Die Kapelle des *Hôtel Dieu* verfügt über wichtige Reste eines unvollendet gebliebenen Mausoleums aus dem Anfang des 18. Jh.

Umgebung: Berzé-le-Châtel (7 km südöstlich): Ein wichtiges Feudalschloß inmitten des Winzerdorfes. Es war einst Sitz der alten Baronie der Maconnais. – **Berzé-la-Ville** (11 km südöstlich). Bevorzugter Ruheplatz des

Berzé-le-Châtel, Schloß

Hl. Hugo. Berzé war ländliche Pfründe von Cluny. Die alte Priesterkapelle, deren Mauern mit Arkadenbögen geschmückt sind, stammt aus dem Anfang des 12. Jh. Dieses auf einer Anhöhe liegende, eher bescheidene Bethaus verfügt über verblüffende Wandmalereien, die die Virtuosität eines cluniazensischen Künstlers verraten. Durch Tünche bis ins 19. Jh. bedeckt, haben sie ihre ganze Intensität und eine außerordentliche Frische bewahren können. Mit ihrer Hilfe kann man sich die malerische Ausschmückung von Cluny III vorstellen. Die Fresken in der Apsis zeigen einen segnenden Christus in der Mandorla, begleitet von Aposteln, Märtyrern und Heiligen.

Cognac

16 Charente — 22600 Ew — S. 418 □ F 10

Die inmitten von Weingärten gelegene Stadt an den Ufern der Charente erlebte unter den Valois eine brillante Epoche. Der 1494 im Schloß von Cognac geborene Franz I. verlebte hier mit seiner Schwester Marguerite d'Angoulême einen Teil seiner Jugend. Von den geschliffenen Festungswällen besteht nur noch die *Porte Saint-Jacques* aus dem 15. Jh. (die beiden Zwillingstürme bewachten einst die heute verschwundene Brücke). Das leider sehr entstellte *Schloß* vermag aber immer noch das goldene Jahrhundert der Valois heraufzubeschwören. An seiner Fassade, die gegen die Charente gerichtet ist, klebt der »Balkon des Königs«, der von Stützen in Form von zwei goldenen Salamandern getragen wird, die die Embleme Franz I. sind. Der Wohnsitz des Gouverneurs mit dem oktogonalen Treppenturm stammt von Jean de Valois. Der Salle de Garde, Louis de Savoie gewidmet, ist von einem schönen spitzbogigen Gewölbe bedeckt.

Saint-Léger: Jede Epoche hat an diesem Bau ihre stilistischen Merkmale hinterlassen. Die Front ist romanisch, die große Rosette stammt aus dem 15. Jh.

Altstadt: Die von mikroskopisch kleinen Pilzen (die von den Alkoholdünsten erzeugt werden) geschwärzten Häuser säumen die Straßen des alten

Cognac, Porte Saint-Jacques

Cognac, Weinkeller

Cognac, Fachwerkhaus

Cognac. Fachwerkhäuser an der Hauptstraße, das Hôtel de Javrezac (16. Jh.) und Hôtel de la Madeleine mit dem schönen Portal mit einem Salamander sind in der Rue Madeleine. Die Rue Saunier ist von Häusern der Renaissance und des Klassizismus gesäumt (Hôtel de la Gabelle, Hôtel Brunet du Bocage).

Musée municipal: Das Museum verfügt über einen interessanten Grundstock alter Malerei (Lot und seine Töchter von Jan Metsys*, Adam und Eva von Franx Floris*). Neben schönen französischen Möbeln gibt es auch eine Sammlung von Gallé*-Gläsern. Eine weitere Abteilung beschäftigt sich mit der Ortskunde von Cognac, der Geschichte der Stadt und den Dingen, die damit in Verbindung stehen.

Umgebung: Kirche von Châtre (5 km): Dieser reizende romanische Bau, den die Augustiner im 12. Jh. verschönerten, liegt ganz einsam am Talgrund. Die Fassade in romanischem Stil weist einen schönen viellappigen Bogen im Hauptportal auf, das Schiff ist von einer Reihe von Pendentifkuppeln bedeckt, ist elegant und zurückhaltend geschmückt.

Collioure

66 Pyrénées-Orientales — 2510 Ew — S. 424 □ J 16

Das malerische Collioure liegt an einem sehr hübschen Platz am Fuße der letzten Erhebung der Albères. 1905 ist es von Matisse* und Derain* entdeckt worden, Dufy*, Marquet*, Juan Gris* und zahlreiche moderne Maler haben die Stadt immer wieder besucht. Der reizende Mittelmeerhafen ist durch ein mittelalterliches Schloß, das im 17. Jh. umgebaut worden war, geschützt. Es steht an einem Punkt, wo es den Hafen in zwei Buchten teilt. – Die *Kirche*

Collioure, Gesamtansicht

vom Ende des 17. Jh. hat als Glokkenturm einen alten Leuchtturm mit einer rosa Kuppel. Im Innern befinden sich neun interessante Gemälde.

Colmar	67 400 Ew
68 Haut-Rhin	S. 417 □ O 6

Der Schriftsteller Georges Duhamel erklärte Colmar einfach zur »schönsten Stadt der Welt«. Sie öffnet ihre Fenster auf Operettenstraßen, liegt zwischen zwei Wäldern und liebäugelt noch mit den letzten Ausläufern der Vogesen.
Colmar gibt nicht vor, Paris oder Rom oder gar Venedig in den Schatten stellen zu können (wenn auch eines seiner Viertel sich so weit versteigt, sich »Klein-Venedig« zu nennen); es ist nur ganz einfach eine hübsche, bezaubernde, liebenswerte und sehr familiäre Stadt, eine Stadt, deren malerische Gäßchen oft von besonderen Gebäuden gesäumt werden.
Moderne Bauten haben hier das Mittelalter, die Renaissance und das 18. Jh. nicht verdrängen können. Eine mustergültige Erneuerung der Bezirke Tanneur, Poissonnerie und Herse ist im elsässischen Stil durchgeführt und symbolisiert die Annäherung an die Vergangenheit und Tradition. Die Gemeinde von Colmar zog es wohl einen Moment in Erwägung, die alten schäbigen Häuser zu zerstören, jedoch hat sich der gute Geist in Colmar durchgesetzt und es so gefügt, daß die modernen Häuser an die Peripherie der Stadt gebaut wurden. Außer Frage stand es, daß die Häuser des 19. Jh. in ihrer stupiden Gleichheit erneuert werden sollten.
Über das Tal von Munster und in geringerem Ausmaß auch über jenes von Kaysersberg gebietend, hat sich Colmar durch die einst schiffbare Ill zu einer ansehnlichen Stadt entwickelt. Die

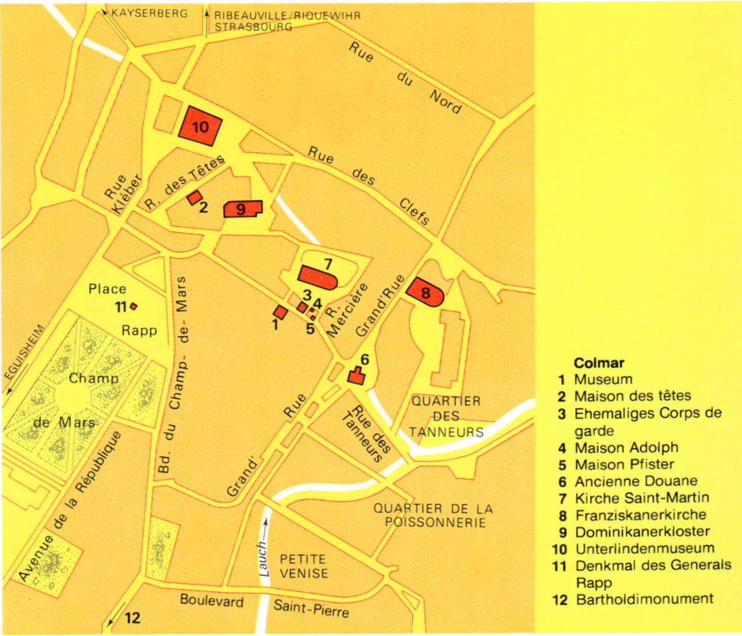

früheren Colmarer, die noch zahlreiche Wasserarme kannten, genossen den großen Vorzug, sich direkt im Schiff über den Rhein bis nach Amsterdam befördern zu lassen. Der Name der *Villa Columbaria* erinnert noch an die gallo-römische Siedlung. Colmar war schon immer wegen seiner Lage begehrt, besonders aber zu Ende des 12. Jh. von den Bischöfen von Straßburg. Der Stauferkaiser Friedrich II. erhob Colmar 1226 zur Freien Reichsstadt. Seit 1354 bis ins 17. Jh. mit den 9 anderen elsässischen Reichsstädten zur Dekapolis verbündet, war Colmar blühend und mit Freiheiten gesegnet; seit 1360 besaß es eine städtische Verfassung. Im Dreißigjährigen Krieg zersplitterte das Heilige Römische Reich Deutscher Nation, 1648 erhielt Frankreich die Oberhoheit über das Elsaß. Im Rahmen der Reunionspolitik Ludwigs XIV. wird Colmar 1672 endgültig von Frankreich annektiert. Das Geschick des Elsaß teilend, gehörte die Stadt von 1871-1918 und von 1940-1945 zum Deutschen Reich. Als 1944/45 ein Feuerregen die Weingärten und einige Ansiedlungen zerstörte, blieb Colmar verschont.

Aus Colmar stammt Frédéric Auguste Bartholdi* (1834-1904), dessen Geburtshaus heute ein Museum ist, das ihm, dem Bildhauer des »Löwen von Belfort« in Paris und der Freiheitsstatue in New York, gewidmet ist.

Altstadt: Die Anzahl der alten Häuser ist endlos. Beim Bummeln entdeckt man unter anderen das *Maison des têtes* (1609) mit seinem luftigen Volutengiebel, die alte *Corps de garde* mit dem leichten Renaissance-Balkon, das *Maison Pfister* (1537), das *Maison zum Kragen* (»à la Collerette«) und die Gebäude in der Rue Marciere. Die Alte Zollstation (»Ancienne Dou-

Colmar, Madonna im Rosenhag

Colmar, Klein-Venedig

ane«) ist das schönste von ihnen und stammt aus dem 15. und 16. Jh. Von den schnellen Wassern der kleinen Lauch ganz abgearbeitet scheinen die Häuser des typischen – renovierten – Viertels *Tanneurs* eher Spielzeug mit etwas Wirklichkeitscharakter zu sein. Die flachen Schiffe der Gemüsehändler gehen hier nicht mehr vor Anker, seit es die Markthallen aus dem 19. Jh. gibt. Aber die restaurierten Viertel der Fischhändler und jenes Klein-Venedig behielten ihren Charme vergangener Zeiten.

Saint-Martin: An den Chor von Saint-Martin schmiegt sich ein verlassenes Storchennest. Die sich rar machenden stelzbeinigen Zugvögel haben auch das wichtigste religiöse Denkmal des Oberelsaß schon vergessen. Einst Stiftskirche, vereint Saint-Martin die lokale Architektur-Tradition mit den neuen Strömungen der Ile de France. Sie wird zum Zeugen der Übergänge von der Romanik zur Gotik. Gegen 1250 an der Stelle eines vorher dort bestehenden Gebäudes begonnen, wurde die Kirche im wesentlichen gegen 1375 vollendet. Die abgebrannte Spitze des Glockenturms wurde zu Ende des 16. Jh. durch eine Laterne ersetzt. In beigem Rosa und verblichenem Rot nuancierend weist Saint-Martin interessante Portale (die schönsten Skulpturen befinden sich am Portal Saint-Nicolas) auf. Die durch zahlreiche Glasfenster aus dem 15. und 16. Jh. erhellte Kirche verfügt im Innern über eine kürzlich überholte Orgel des 18. Jh., eine Pieta aus derselben Zeit, vor der ständig Kerzen brennen, und über eine große Kreuzigung des 14. Jh.

Weitere Kirchen: Die alte *Kirche der Franziskaner* wurde einst geteilt, so daß eine Seite von den Protestanten, die andere von den Katholiken benutzt wurde. Sie stammt aus dem

Colmar, Kreuzgang im Museum Unterlinden

14. Jh. – Aus dem 14. und 15. Jh. stammt auch die gotisch-rheinische *Kirche des Dominikanerkonvents,* die durch außergewöhnlich schöne Glasfenster aus dem 14. Jh. erleuchtet wird. Dieser stark restaurierte, hochgestreckte Bau weist eine »Jungfrau im Rosenhag« von Martin Schongauer* (1473) auf, eine der Jungfrauen im Garten, die die rheinischen Maler so sehr zu malen liebten. Die oberen und unteren Passagen waren einst von Vandalen abgeschnitten worden und die Tafel selbst war 1972 gestohlen worden. Im darauffolgenden Jahr fand man sie in Lyon wieder, 500 Jahre nach ihrer Entstehung ...

Musée d'Unterlinden: Das prächtige Museum ist im alten Dominikanerkloster untergebracht und gilt als eines der reichsten und angesehensten in Frankreich. Hier sind Meisterwerke angehäuft, die mit perfektem Geschmack präsentiert werden. Die verschiedenen Sammlungen sind um einen Kreuzgang mit Doppelarkaden angelegt. Vom Paläolithikum bis Picasso*, Vasarely*, Georges Mathieu* (romanische und gotische Plastik, mittelalterliche Malerei, Volkskunst, Möbel, Eisen, Spielzeug, Puppen und Automaten usw.). Die alte Kapelle ist insbesondere Martin Schongauer* gewidmet, der gegen 1450 in Colmar geboren wurde, und Matthias, genannt Grünewald*, der vielleicht Schüler des Vorgenannten war. Ersterer war sowohl Maler als auch Graphiker. Von Grünewald befindet sich der aufwühlende, in starker Farbigkeit gehaltene *Isenheimer Altar* hier. Der einst zum Zeichen der Trauer während der Karwoche geschlossene riesige Altar breitet sich in drei großen Tafeln aus und kann in seiner ganzen Pracht bewundert werden.

Umgebung: → Éguisheim, → Kaysersberg, → Ribeauvillé, → Riquewihr.

Colmars 310 Ew
04 Alpes de Haute-Provence S. 426 □ O 13

Seit dem 17. Jh. bewahrt Colmars sein Aussehen mit der Mauerumfassung, die von Türmen flankiert ist. Bergauf liegt das Fort de Savoie und bergab liegt das Fort de France. Die Seitenschiffe und die Sakristei der gotischen Kirche sind in die Verteidigungsanlagen miteinbezogen.

Combourg 4720 Ew
35 Ille-et-Vilaine S. 413 □ E 5

Das Schloß, in dem François René de Chateaubriand weilte, richtet seine mächtige Silhouette gegen das friedliche Combourg mit seinem Teich. Im 11. Jh. errichtet, im 14. und 15. Jh. umgebaut, wurde das Schloß im 18. Jh. Besitz der Familie des berühmten Schriftstellers. Hohe Mauern, Zinnen und Umgänge charakterisieren diese Festung mit dem einfachen Grundriß. Die Gebäude sind im Viereck angeordnet und von runden Türmen flankiert: zu den schönsten zählen jener »du More« aus dem 11. Jh. und der »du Croise« aus dem 15. Jh. Das im 19. Jh. stark veränderte Innere des Schlosses hat nur wenig von seiner ursprünglichen Anordnung bewahrt. Der alte Archivraum und ein Raum des Dichters, »eine Art isolierte Zelle am obersten Ende eines Treppenturms« (Tour de Chat = Katzenturm), sind zu einem Museum mit verschiedenen Erinnerungsstücken umgewandelt worden. Die lebendigsten Zeugen des Familienlebens der Chateaubriands an diesem Ort sind die unvergeßlichen Seiten aus den *Memoires d'Outre-Tombe,* die sich auf die Jahre 1784–86 beziehen.

Umgebung: Château de Lanrigan (5 km östlich): Dieser Ansitz aus dem 16. Jh. ist zum großen Teil aus Granit erbaut. Er vereint harmonisch den flamboyanten Stil mit Renaissance-Elementen und steht in starkem Kontrast zu der militärischen Strenge des Schlosses von Combourg. Ein oktogonaler Treppenturm ist durch eine mit einem Steindach überdeckte Galerie mit dem Wohntrakt verbunden. Die Fassade mit arkaturengeschmückten Toren wird von dem hohen Schiefer-

Combourg, Schloß

dach überragt, das von Dachluken durchlöchert ist.

Commercy 6920 Ew
55 Meuse S. 416 □ M 5

Die kleine am linken Ufer der Maas (Meuse) gelegene Stadt vereint sehr gut seine Industrie mit der ganz nahen Waldlage.
Die Kirche *Saint-Pantaléon,* ein Bau des 16. Jh., der im 19. Jh. gründlich umgebaut worden war, verfügt über zwei Bilder Girardets*. Das *Museum* im Hôtel de Ville zeigt interessante Sammlungen von Keramik, Elfenbein, vor allem aus dem 16. Jh.
Der Krieg hat die Stadt nicht verschont, 1944 verbrannte das Schloß aus dem 18. Jh., in dem der abgesetzte König von Polen, Stanislaus I., so gerne wohnte. Heute endlich beginnt es gleichsam aus seinen Ruinen wieder aufzuleben. Die Säulen, die dreieckigen Ziergiebel der Fassade und die großen Arkaden der Wirtschaftsgebäude bilden mit dem gegenüberliegenden halbrunden Platz ein großartiges architektonisches Ensemble.

Compiègne 40 720 Ew
60 Oise S. 411 □ J 4

Ein wenig zusammengedrängt erstreckt sich Compiège am Rande eines riesigen Hochwaldes und am Ufer der Oise, die sich in der Nähe mit der Aisne vereint. Seit Karl der Kahle hier einen Palast erbaute und im 9. Jh. eine Abtei gründete, wurde dieser Ort von den Königen geliebt. Die ersten Kapetinger jagten hier. Und auf ihrer Rückkehr von der Krönung in Reims verabsäumten die Könige es nie, hier vorbeizukommen, so wie Karl VII. es 1429 getan hat, als er von Jeanne d'Arc begleitet wurde. Im darauffolgenden Jahr war die Jungfrau hier gefangengenommen worden, als sie den Truppen von Compiègne zu Hilfe kam. Sie ging ihren Weg ins Gefängnis, durch die Prozesse bis zum Scheiterhaufen ... Glücklich, dem Pomp und der Disziplin von Versailles zu entfliehen, befahl Ludwig XV. Jacques Gabriel* und später dessen Sohn Jacques Ange Gabriel*, das alte Schloß Karls V. durch ein modernes Palais zu ersetzen. Das alte, mehrmals umgebaute und vergrößerte Schloß wurde

Compiègne, Luftansicht

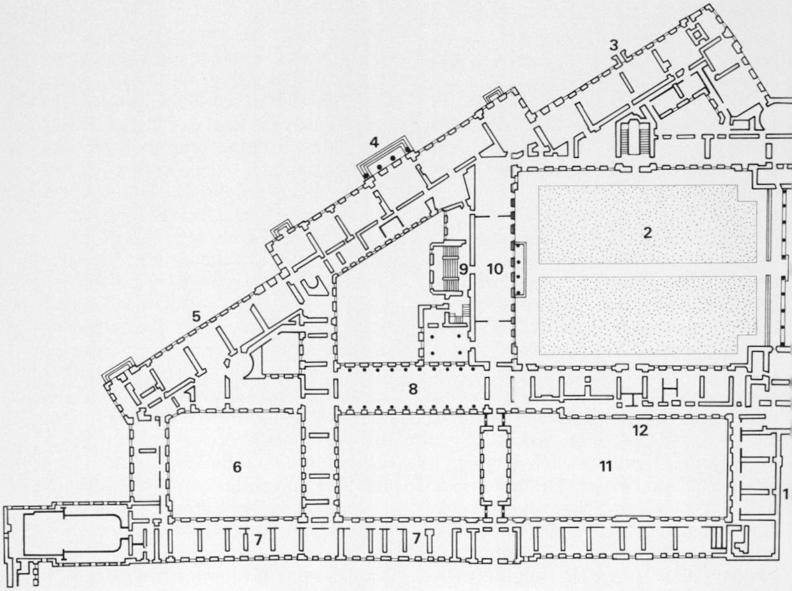

Schloß vom Compiègne **1** Eingang **2** Ehrenhof **3** Räume Marie-Antoinettes **4** Großer Wohnraum des Königs und des Kaisers **5** Großer Wohnraum der Kaiserin **6** Orangerie **7** Automuseum **8** Ballsaal **9** Ehrentreppe **10** Gardesaal **11** Cour de la régie **12** Musée du second-empire **13** Musée de l'Impératrice

im 18. Jh. niedergerissen, was Ludwig XIV. zu dem Ausspruch veranlaßte: »In Versailles hab ich gewohnt wie ein König, in Fontainebleau wie ein Edelmann, in Compiègne wie ein Bauer.« Das von Ludwig XVI. erst vollendete und von Napoleon verschönerte Schloß konnte dieser Laune nicht mehr entsprechen. Auch Napoleon III. und Kaiserin Eugénie bereitete es Vergnügen, und so erlebte das Schloß eine prächtige Epoche.

Sehenswürdigkeiten: Manchmal läßt das Schloß ganz die interessante Stadt vergessen. Das *Hôtel de Ville,* ein schönes Haus in flamboyantem Stil, ist dermaßen restauriert, daß man zögert, es noch alt zu nennen. Es war unter Ludwig XII. erbaut (in einer Nische eine moderne Reiterstatue von ihm) und ist von einem hohen Belfried überragt, der mit seinem von vier Glockentürmchen flankierten Schieferturm in den Himmel hineinsticht. Am Ansatz des Daches erscheinen die »Picantins«, drei Stundenschlägerfiguren (zu allen Viertel- und vollen Stunden). Das Hôtel de Ville hat ein ungewöhnliches und faszinierendes Museum aufgenommen, das *Musée de la figurine historique,* in dem ca. 90000 kleine Sol-

daten aus allen Epochen vor den Besuchern paradieren. In der Nähe befindet sich die alte, sehr beschädigte Abtei *Saint-Corneille* und die Kirche *Saint-Jacques* aus dem 13. (Chor und Querschiff) und dem 14. und 15. Jh. Die Kirche *Saint-Antoine* in der Stadt ist aus dem 13. und dem 16. Jh.
In dem Hôtel Songeon, einem Gebäude im Stil des Directoire, nahe der Oise ist das *Musée Vivenel* untergebracht, das den Namen des Architekten des 19. Jh. trägt, der ein Spender der wichtigen Sammlungen war. Es zeigt Antiquitäten aus den Jahrhunderten seit dem Mittelalter (Skulpturen, Elfenbein, Email, Porzellan, Malerei, Zeichnungen). Der *Tour de Beauregard* ist ein Donjon des 12. Jh.

Schloß: Großer dreiseitiger Bau, der ohne Phantasie angeordnet ist. Die lange Fassade mit den großen Appartements ist gegen Garten und Park gewendet. Außen klar und nüchtern, innen jedoch luxuriös eingerichtet: Holztäfelung, Tafeln von Oudry* oder Girodet*, Gemälde von Natoire*, Tapisserien, Skulpturen, Bronzen, Porzellane, Kristalluster, Seidenstoffe. Der reizende Spielsalon Marie Antoinettes ist in seinem Zustand der Vorrevolutionszeit wiederhergestellt. Quer durchläuft ein heller Vorhang den Raum, der von einer erstaunlichen Durchsichtigkeit ist. Die Seiden mit dem Stockrosenmuster sind in Lyon angefertigt. Der weitläufige Ballsaal ist für die Hochzeit Napoleons mit Marie Louise adaptiert, die Decke ist mit Siegesszenen des Kaisers ausgemalt. Der Maréchaux-Flügel, in dem die besonderen Gäste logierten, ist heute das *Musée du Second Empire:* Hier gedenkt man Napoleons III. und der Kaiserin Eugénie und ihrer Umgebung, die alle in zahllosen Gemälden vorgestellt werden.

Musée de la Voiture, Wagenmuseum: 1927 im jetzt glasüberdeckten Hof der Küchen untergebracht. Gezeigt wird eine große Anzahl von Reisewagen aus der Zeit Ludwigs XV., Galawagen von der Mitte des 18. Jh. bis zum *Ja-*

Compiègne, Wachturm

Compiègne, Museum du Second Empire, Kaiserin Eugénie mit Hofdamen

Concarneau, Ville Close

mais Contente (von 1899, mehr als 100 km/h), die Berliner der spanischen Könige und das Citroën-Automobil der Croisière Noire (1924), der Bus Madeleine-Bastille und die erste Postkutsche mit Dampfbetrieb. Den wunderbaren »quatre roues« und dem Dreirad von Dion-Bouton fügt sich noch eine wichtige Sammlung von Rädern an. Draisinen von 1817, das »Grad bi« mit dem riesigen Vorderrad, das erste Fahrrad!

Park: Der Petit Parc geht bis ins 18. Jh. zurück und wurde unter Napoleon I. angelegt. Er wird umgeben von dem Grand Parc, der bereits wieder Teil des Waldes ist.
Eine Anekdote berichtet, daß der Kaiser den langen und weiten Ausblick von der *Berceau de l'impératrice* anlegen ließ, um Marie Louise, der Tochter Franz' I. von Österreich, eine Erinnerung an die Gärten von Schönbrunn zu geben.

Concarneau	19000 Ew
29 Finistère	S. 412 □ B 6

Der drittwichtigste Fischereihafen nach Boulogne und Lorient, Concarneau, ist an der Mündung des Moros gelegen und auf einer felsigen Insel errichtet. Der Ort verfügt über einen stark befestigten Platz. Die Mauern mit den mächtigen Bollwerken aus dem 14. Jh. sind im 17. Jh. von Vauban* ergänzt worden. Die *Ville Close* ist mit dem Festland durch zwei Brükken – ehemals Zugbrücken – verbunden. Ein Tor mit dem eleganten Uhrturm der Stadt öffnet sich gegen die Hauptstraße, die Rue Vauban. – Das *Fischereimuseum* berichtet von der Geschichte des Hafens und den verschiedenen Fischarten; die bekanntesten Arten sind lebend in Aquarien ausgestellt. Auf dem kleinen Platz Saint-Guénolé steht ein Haus aus dem 17. Jh., in dem sich heute der Sitz des

Gouverneurs befindet. Nach der Porte au Vin erstreckt sich der Hinterhafen mit dem Marktplatz.

Umgebung: La Forêt-Fouesnant (9 km westlich): In der Mitte der Burg ragt die kleine kirchliche Enklave des 16. Jh. auf, die »Anse de la Forêt«. Die Kirche wird von einem spitztürmigen Glockenturm überragt und öffnet sich in einer Vorhalle, die mit alten Statuen des Hl. Rochus und des Hl. Königs Mélar ausgestattet ist. In der Taufkapelle von 1628 (aus Holz) befindet sich ein Taufbecken, das aus einem Granitblock gehauen ist. In der Nähe liegt die reizende Burg *manoir du Stang* aus dem 16. Jh., die heute ein Hotel ist. Die Gebäude mit den Türmchen bilden einen rechten Winkel, die Fassade und der Giebel aus Granit zeigen zahlreiche Fensteröffnungen. An jenem der »Gerbieres« Renaissance-Schmuck. – **Fouesnant** (13 km westlich): Bekannt für seinen Cidre (Apfelwein). Die Gemeinde Fouesnant ist stolz darauf, eine der schönsten Trachten der Bretagne zu besitzen. Das Kriegerdenkmal befindet sich nahe der romanischen Kirche aus dem 12. Jh., die im 18. Jh. umgebaut worden ist. Sie hat ein Schiff mit 5 Jochen und wird von unpassenden Fenstern erhellt. Die Kapitelle des Querschiffs sind mit geometrischen und phantastischen Motiven geschmückt (Grotesken, Eckmasken usw.). Die außerhalb des Ortes gelegene Kapelle *Sainte-Anne* ist ein liebliches Kleinod, in dem jährlich ein Ablaß (26. Juli) gewährt wird. Dieses kleine Heiligtum (1685) ist neben all den zahlreichen Kapellen der Bretagne ein bißchen naiv und einfach geblieben. Der durchbrochene Glockenturm wird von zwei Türmen flankiert. Die von einem Ziergiebel gekrönte Fassade zeigt in einer Nische eine Heiligenstatue.

Conches-en-Ouche	3780 Ew
27 Eure	S. 410 □ H 4

Das auf einem Vorsprung gelegene

Conches, Kirche Ste-Foy, Glasfenster

und von den Wassern des schnellen Rouloir umspülte Conches nannte sich einst Chastillon: Die Burg änderte im 11. Jh. ihren Namen, als die normannischen Krieger von Spanien zurückkehrend, hierher die Reliquie der Hl. Foy brachten. Die Stadt entwickelte sich um die Kirche, die der Hl. Foy geweiht war, und um die Benediktinerabtei. Die flamboyante Kirche *Sainte-Foy* mit dem erneuerten Dach stammt aus dem 15. und 16. Jh. Bemerkenswert sind die Renaissance-Glasfenster. Die Chorfenster sind 10 m hoch und können ohne Zweifel Romain Buron* zugeschrieben werden. In Conches findet man auch einige sehr schöne Fachwerkhäuser aus dem 15. und 16. Jh. Ein weiter Garten, der von einer Feudalmauer umgeben ist, wird von einem bereits sehr verfallenen Stadtturm aus dem 12. Jh. und Rundtürmen geprägt. Von der alten Abtei existieren noch einige romanische Arkaden und Reste der gotischen Kirche.

Condom 8080 Ew
32 Gers S. 423 □ G 13

In der Armagnac (vorzüglicher Alkohol!) mit ihren ständig sich erneuernden Weitblicken gelegen, ist das Condomois ein Land der Schlösser, der reizenden Kirchen und schön gelegenen Ortschaften. Die gemütliche kleine Stadt Condom war bis zur Revolution Bischofssitz. Die Häuser reihen sich zu einer ansprechenden Gruppe rund um den Dom des 16. Jh. und das flamboyante Kloster mit seinem bemerkenswerten Rippengewölbe. Am Ausgang der Ortschaft »Fleurance« liegt die Kirche von Pradau mit dem romanischen Portal des 12. Jh. Die alte Kapelle der Cordeliers aus dem 14. Jh. ist zu Ende der sechziger Jahre unseres Jahrhunderts zerstört worden.

Umgebung: Larressingle (6 km westlich): Es ist das »kleine Carcassonne von Gers«. Der Ort – um die Ruinen eines Schlosses geschart, das einst Besitz der Bischöfe von Condom war – ist fast gänzlich von einer Stadtmauer eingeschlossen. – **La Romieu** (11 km nordöstlich): Die einfache Burg ist mit ihren alten Häusern um einen Arkadenhof gelegen. Das beachtliche Ensemble von Kirche und Kreuzgang wird von starken Türmen bewacht. In ihrer Einfachheit ist die mächtige und ernste gotische Kirche elegant. Der Kreuzgang aus dem 14. Jh., der sich an die Kirche anschließt, hat sein Obergeschoß verloren. Das nahe *Château de Madirac* stammt aus der Zeit um 1580.

Larressingle, Panorama

Confolens 3200 Ew
16 Charente S. 419 □ G 10

Die in einer Landschaft von Eichen und Kastanien gelegene Hauptstadt der Charente, Confolens, hat ihren Namen von ihrer geographischen Lage am Zusammenfluß der Vienne und des malerischen Flüßchens Goire. Die schöne alte Granitbrücke stammt aus dem 15. Jh. und ist 172 m lang: Leicht gebogen wie ein Eselsrücken, war sie einst eine Zugbrücke, die von drei – jetzt zerstörten – Türmen verteidigt worden war. Ebenfalls aus Granit gebaut ist die Kirche Saint-Barthélemy mit der nüchternen Fassade und dem interessanten Portal mit flachem Bogen, der von Säulen mit archaischen Kapitellen eingerahmt wird. Das Portal wird gekrönt von einem skulptierten Band, dem Lamm Gottes und den Evangelistensymbolen.

Altstadt: Von der Verteidigungsanlage der Stadt blieb nicht viel, nur der mächtige eckige Stadtturm, der die Fachwerkhäuser aus dem 15. und 16. Jh. überragt. Die ansteigenden Gäßchen führen zur Kirche *Sainte-Maxime.* Die alte Pfarrkirche mit den beiden spitzbogig gewölbten Schiffen stammt zum großen Teil aus dem 15. Jh. Am Ende Ende der Rue du Soleil befindet sich das *Manoir des seigneurs de Confolens,* ein Gebäude aus dem 15. Jh. mit zwei Giebeln, das von einem großen Treppenturm mit einem Renaissance-Tor flankiert wird. Das alte *Hôtel d'Assier des Brosses* (18. Jh.) öffnet sich zur Straße hin.

Confolens, Gesamtansicht

Umgebung: Lesterps (8,5 km): Bemerkenswert ist das Kloster Saint-Pierre (11. Jh., Gewölbe des Schiffs aus dem 17. Jh.) wegen seiner Turmvorhalle, die sehr an karolingische Konstruktionen erinnert. Sie ist 43 m hoch, hat vier Stockwerke und wird von Säulen, Pfeilern und eleganten Bogenreihen unterteilt.

Conques	430 Ew
12 Aveyron	S. 423 □ I 12

An einem jähen Abhang des ansonsten geraden Tales drängen sich die alten Häuser um den Chor der berühmten Wallfahrtskirche. Der Reliquienkult des Mittelalters machte aus dem einsamen Ort ein religiöses Zentrum.

Abtei Sainte-Foy: Die Kirche stammt aus dem 11. und 12. Jh., besitzt einen zentralen Glockenturm aus dem 14. Jh. und Fassadentürme aus dem 19. Jh. An der zerstörten Fassade öffnet sich das Westportal mit dem berühmten Tympanon mit der polychromierten Darstellung des Jüngsten Gerichts. 180 Figuren reihen sich um die zentrale Person Christi, dessen Rechte sich zu den Auserwählten erhebt und dessen Linke nach unten zu den Verdammten hinzeigt. Zahlreiche Inschriften kommentieren die realistischen und anekdotischen Szenen, die die ganze Begeisterung eines romanischen Bildhauers ausdrücken. Ein Umgang erlaubte es den Pilgern, um den Chor zu schreiten, wo die Reliquie der Hl. Foy gezeigt wurde. In der Vierung im Norden des riesigen Querschiffs befindet sich eine sehr schöne plastische Gruppe, eine Verkündigung, deren Stil mit jenem des Portals identisch ist. Die Fresken an den Mauern der Sakristei stellen das Leben der Hl. Foy dar und stammen aus dem 15. Jh.

Conques, Abtei Ste-Foy

Cordes, Ort

Schatzkammer: Anhäufung von Edelsteinen, Emails und wertvoll gearbeiteten Metallen. Sie ist ohne Zweifel eine der beispielgebenden Schatzkammern des mittelalterlichen Frankreich. Hier befindet sich eine Serie von hervorragenden Reliquien, die berühmte Figur *Majesté de sainte Foy* (10. Jh.) in Holz und von Blattgold bedeckt, mit einem Überfluß an wertvollen Steinen, Emails und Perlen geschmückt.

Cordes	1070 Ew
81 Tarn	S. 423 □ I 13

Cordes ist eine Gründung (1222) vom Grafen von Toulouse, Raymond VII. Der Großteil der vier Wälle dieser wunderbar in der Landschaft gelegenen und völlig in die Umgebung integrierten Stadt ist erhalten geblieben. An der Grenze zu Albi gelegen, ist Cordes mit seinen Türmen, Schießscharten und den prächtigen Bauten eine der größten Sehenswürdigkeiten des französischen Südens. Ganz Cordes scheint ein einzigartiges Beispiel für die profane gotische Architektur zu sein. Die *Porte de l'horloge* stammt aus dem 16. Jh. Eines der schönsten Gebäude ist das von Viollet le Duc* restaurierte Bürgermeisteramt: das *Maison du Grand Fauconnier,* so benannt nach den Falken im Fassadenschmuck. Die steinerne Pfeilerhalle (1352) besitzt einen Brunnen von mehr als 100 Metern. Die seit 1460 erbaute Kirche *Saint-Michel* verfügt noch über einen rechteckigen Chorabschluß und das kleine Querschiff eines Vorbaus (Altäre aus dem 17. Jh.). Das Maison du Grand Écuyer (14. Jh.) ist heute *Musée Yves Brayer**. Die Kapelle *Saint-Crucifix,* am Weg nach Bounazel gelegen, stammt aus dem 16. Jh. (Täfelung, Stuck, Gemälde des 18. Jh.).

Conques, Majesté von Ste-Foy

Cormatin

580 Ew
71 Saône-et-Loire S. 420 □ L 9

In der etwas banal und kühl wirkenden Kirche aus dem 19. Jh. findet sich eine Pieta aus dem 15. Jh., ein burgundisches Werk auf Goldgrund. Das luxuriöse Renaissance-Schloß wurde seit 1600 in einem weitläufigen Park, der von der Grosne bewässert wird, erbaut. Heute ist das Schloß um einen Flügel verkürzt, im Inneren großartig ausgestattet (Decken, bemalte Täfelungen, schönes Mobiliar, Bilder von Nattier* und Mignard*). Lamartine war hier öfters zu Gast gewesen.

Cormery

1110 Ew
37 Indre-et-Loire S. 419 □ G 7

Einst war die kleine Stadt von einem Befestigungswerk eingeschlossen, von dem heute noch Reste vorhanden sind. Sie ist rund um eine Abtei gewachsen, die 791 durch den Abt von Saint-Martin von Tours gegründet wurde – eine Niederlassung, die ursprünglich völlig einsam in den Wäldern und Wiesen der Indre lag. Von dieser Klostergründung besteht noch vor allem der Turm Saint-Jean (15. Jh.) und der mächtige Turm *Saint-Paul,* der Glockenturm der bedeutenden Klosterkirche des 11. Jh., die während der Revolution zerstört wurde. Zusammengesetzt aus einer erdgeschossigen Vorhalle, einer hohen Kapelle und dem Belfried trägt dieser Bau sonderbarste Ornamentik an der Westfassade, die vom Zahn der Zeit schon sehr angegriffen ist (Bienenkorb, Rosen, Relief). Das Refektorium aus dem 13. Jh. grenzt daran an. Das nahe Priesterhaus mit dem eleganten Treppenturm stammt aus dem 15. Jh.

Notre-Dame-du-Fougeray: Diese abseits gelegene Kirche geht auf das Jahr 1150 zurück. Sie verfügt über eine sehr harmonische Apsis in einem für die Gegend ungewöhnlichen Stil. Ihr Glockenturm, viel zu nieder und untersetzt, scheint unproportioniert: 1358 wurde er zum Teil von den Engländern zerstört. Das Innere der Notre-Dame erscheint ausgeglichen und herb. In den Chorbögen befinden sich geheimnisvolle Figuren.

Corse/Korsika

275000 Ew
20 S. 427 □ Q/R 17/18/19

»Montagne dans la mer« (Gebirge im Meer) – Korsika ist nicht nur eine große Insel, sondern durch die extreme Gegensätzlichkeit seiner Landschaften und durch seine charakteristischen Eigenheiten eine ganz eigene Welt, die einen besonderen Reiz ausübt. Seit 1975 in zwei Departements geteilt, ist Korsika durch zahlreiche offene Buchten, die das Land bogenförmig ausschneiden, und durch die tief in das Land eingeschnittenen Fjorde eng mit dem Meer verbunden. Der Küstenstreifen erstreckt sich über 80 km. Das Gebirge steigt mit dem Mont Cinto bis 2707 m hoch. Die ganze Insel ist vom Duft der Macchie erfüllt. Korsika bietet wunderbare Landstriche und Ausblicke, aber auch Erinnerungen an eine lange Vergangenheit. Seit dem Neolithikum bevölkert, hatte es auch die Megalithkulturen gekannt, war von den Phöniziern bevölkert, die im 6. Jh. Alalia gründeten, das spätere Aléria. Langsam siedelten sich auch die Römer zwischen 260 und 162 v. Chr. hier an, gegen den Widerstand der Bergbewohner. 552 wurde Korsika mit dem byzantinischen Reich vereint und gehörte in der Folge dem Papst, den Pisanern und den Genuesen. Frankreich faßte hier vorübergehend 1553, 1737 und 1747 Fuß. Der berühmte Pascal Paoli gründete hier Mitte des 18. Jh. eine Universität. Er widerstand mutig den französischen Truppen, wurde jedoch 1769 an der Ponte Nuovo geschlagen. Im selben Jahr wurde in Ajaccio Napoleon Bonaparte geboren, der künftige Kaiser von Frankreich.

Ajaccio (50240 Ew; Westküste): An einem wunderbaren Golf gelegen

Ajaccio, Zitadelle

wird die Geburtsstadt Napoleons auch »La Blanche« (die Weiße) genannt, wenn auch die alten Häuser und Fassaden des Hafens eher einen grauen Farbton widerspiegeln, ein Braun, Okker und Rosa. Die alte Stadt ist nahezu schmucklos nach einem rechteckigen Anlageschema aufgebaut. Der Dom mit seinen geglückten Proportionen, in dem Napoleon getauft wurde, stammt aus der zweiten Hälfte des 16. Jh. Darin sind vor allem eine schmerzensreiche Maria von Delacroix*, Fresken des 17. Jh. und genuesische Plastiken aus dem 18. Jh. sehenswert. Die Zitadelle stammt noch aus dem 16. Jh.

Museen: Ein Palais des 2. Kaiserreichs beherbergt das *Musée Fesch,* das dank des Mäzenatentums von Kardinal Joseph Fesch, einem Onkel Napoleons, zu Anfang des 19. Jh. eingerichtet wurde. Das Museum ist streckenweise sehr gut ausgestattet, vor allem mit Gemälden italienischer Meister des 14. bis 18. Jh. Zu den schönsten zählt

Ajaccio, Porträt Bonapartes

die *Mystische Hochzeit der Hl. Katharina* des Umbriers Nuzy* (14. Jh.), *Die Jungfrau mit der Girlande* von Sandro Botticelli* (1470), eine *Madonna mit zwei Heiligen* von Cosme Tura* (15. Jh.), eine *Leda* von Veronese* und *Der Mann mit dem Handschuh* von Tizian* (zwei Hauptwerke des 16. Jh.) sowie Ansichten von Venedig aus dem 18. Jh. Die königliche Kapelle ist Grabstätte mehrerer Familienmitglieder der Bonapartes. – Das *Musée Napoléonien* ist im Rathaus untergebracht. Es vereint in seiner Schausammlung verschiedene Erinnerungsstücke an den Kaiser und seine Verwandten (zahlreiche Porträts), dazu Münzen und Medaillen, die in einem kleinen Kabinett gezeigt werden. Die *Maison Bonaparte* wendet ihre einfache Fassade zur Place Letitia (Vorname der Mutter Napoleons). Die 1923 von Prinz Victor-Napoleon dem Staat vermachte Casa Buonaparte ist zu einem Museum umgewandelt worden. In ihm werden zahlreiche Gegenstände und Dokumente, die den Kaiser und seine Familie betreffen, gezeigt. Man kann das Geburtszimmer Napoleons besichtigen und auch das sehr einfache Zimmer, das er in seiner Jugend bewohnt hat. Im 2. Stock findet sich eine Darstellung der Genealogie der Bonapartes.

Umgebung: Château de la Punta (13 km nordwestlich): Abkömmlinge eines gegnerischen Diplomaten der Napoleon-Ära – die Familie Pozzo di Borgo – bauten dieses Schloß aus dem Steinmaterial, das von den 1871 niedergebrannten Tuilerien aus Paris stammte. Das jetzt reich mit Stoffen und Gemälden ausgestattete, schön möblierte Schloß ist nur ein Abklatsch eines der traumhaften Pavillons der zerstörten Residenz.

Aléria (2560 Ew; Ostküste): Der Ort ist 4 km vom Meer gelegen. Ausgrabungen auf einem Plateau haben die Reste einer römischen Siedlung über einer griechischen ans Tageslicht gebracht. Das *Musée Jérôme Carcopino* ist in einem alten genuesischen Fort untergebracht und berichtet in seiner

Ajaccio, Place Maréchal-Foch

Schausammlung von der Geschichte Alérias, stellt Keramiken, Bronzen, Töpfe und Vasen aus.

Aregno (530 Ew; Nordwesten): Die fremdartige und schöne *Dreifaltigkeitskirche* ist ein romanischer Bau im pisanischen Stil aus dem 12. Jh., dessen farbige Steine ein unregelmäßiges Schachbrettmuster ergeben. Die hochgestreckte Fassade ist mit Blendarkaden und mit sonderbaren Figuren geschmückt. Im Innern der Kirche sind zwei Fresken interessant: die 4 Kirchenväter (1458) und der Hl. Michael als Drachentöter (1449).

Bastia (52 160 Ew; Ostküste): Die größte Stadt Korsikas mit mehr als 50 000 Einwohnern ist eine kleine aktive Metropole. Die großen schweren Schiffe bleiben im modernen Hafen, der alte Fischereihafen bietet noch einen Hauch St. Tropez. Er ist eingerahmt von den hohen grauen Häusern

Bastia, Hafen und Kirche St-Jean-Baptiste

und Gebäuden mit Arkaden (1958 sehr einfühlsam restauriert) von einem der besten zeitgenössischen Architekten, Fernand Pouillon*. Die etwas vom Kai zurückgesetzte Kirche *Saint-Jean-Baptiste* beherrscht mit ihren beiden Türmen das Hafenbecken. Sie stammt aus dem 17. und 18. Jh. und weist einen reichen, überladenen Dekor auf. Die beiden Kapellen in der Nähe *Saint-Roch* und *Immaculée Conception*, sollte man wegen ihrer Innenausstattung aus dem 17. Jh. besuchen.

Das Viertel des alten Hafens wird *Terra Vecchia* genannt, wie das Viertel um die Zitadelle *Terra Nova* heißt. Die Verteidigungsbauten, einst im 14. und 15. Jh. von den Genuesen errichtet, verbinden die zahlreichen alten Häuser, die alte Kirche *Sainte-Marie* (einst Dom) und den alten Gouverneurspalast, der aus dem Ende des 15. Jh. stammt. In der Kirche *Sainte-Marie* befindet sich die bewundernswerte Silberstatue der *Himmelfahrt Mariens*, ein Goldschmiedewerk aus dem 18. Jh. von einem sienesischen Künstler. Hinter der ehem. Kathedrale duckt sich die Kapelle *Sainte-Croix* aus dem 16. Jh., die prächtig im Stil Ludwigs XV. ausgeschmückt ist. In einer Nische wird der *Christ des Miracles* verehrt, der 1428 von Fischern im Meer gefunden worden war. – Das *Ethnographische Museum* im Palast des Gouverneurs berichtet von der Geschichte und den Traditionen der Insel sowie von ihrer Geologie. Der große Turm ist der älteste Teil der Festung Bastiglia, nach der die Stadt benannt ist.

Bonifacio (2130 Ew; Südküste): Bonifacio hängt über dem Meer, das den Steilhang ständig weiter aushöhlt, und erstreckt sich auch entlang eines belebten Kais an dem Fjord. Die hochgelegene historische Stadt wird von mächtigen Mauern umgeben, die durch eine noch heute vom Militär be-

Bonifacio, Ort

Cargèse, Kirche

setzte Zitadelle fortgesetzt werden. – Die sehr umgestaltete Kirche *Sainte-Marie Majeure* geht auf das Jahr 1200 zurück. Der über einer tiefen Zisterne gelegene Vorhof oder die *Loggia* werden überragt von dem eleganten Glockenturm. Das Innere der Kirche verdeckt durch barock-klassizistische Formen die noch romanischen Elemente.

Calvi (2820 Ew; Nordwestküste): Calvi, die Hauptstadt einer gebirgigen und fruchtbaren Region, der Balagne, ist seit langem ein wichtiger Hafen. Der Sandstrand ist während der Sommermonate sehr belebt und wird von einer mächtigen Zitadelle überwacht, deren Mauern und Bastionen ein halbzerstörtes Viertel umgeben (die Befestigungen wurden im 16. Jh. von den Genuesen errichtet). Die Kirche *Saint-Jean-Baptiste* wurde im 16. Jh. umgebaut und zum Dom erhoben. Darin befinden sich ein Taufbecken von 1568 und ein interessantes Polyptychon aus dem 15. Jh., dessen Mitteltafel aber fehlt, sowie ein *Wundertätiger Christus* aus Ebenholz aus derselben Epoche. Die Kanzel von 1757 ist hübsch ornamentiert. Die aus Sevilla stammende sehr alte Rosenkranzmadonna besitzt eine komplette Garderobe. Sie wird zu den Festtagen verschieden gekleidet. Das *Oratorium Saint-Antoine* aus dem 15. Jh. gehörte einst einer Bruderschaft, heute sind religiöse Kunstwerke darin aufbewahrt, von welchen ein Elfenbein-Christus aus dem 16. Jh. hervorzuheben ist. Die Kirche *Sainte-Marie Majeure* stammt zum Teil aus dem 18. Jh.

Umgebung: Algajola (15 km östlich): Dieser Hafen, dessen Gründung den Phöniziern zugeschrieben wird, ist von einer Zitadelle des 17. Jh. bewacht. Die zum Teil befestigte Kirche *Saint-Georges* weist eine Kreuzabnahme des 17. Jh. auf, deren Schöpfer vermutlich Guerchin* ist.

Corte, Zitadelle

Cargèse (910 Ew; Westküste): Von oben her blickt der Ort über das Meer und seinen kleinen Hafen. Die beiden einander gegenüberliegenden Kirchen stammen aus dem 19. Jh.: eine katholische und eine orthodoxe Kirche (die Burg nahm im 18. Jh. viele griechische Familien auf).

Corte (5050 Ew; im Landesinnern): Das alte und ein wenig schmucklose Corte ist die historische Hauptstadt der Insel. Eine wichtige Straßenverbindung beherrschend, wird der Ort von einer im 15. Jh. wiedererrichteten Zitadelle beschirmt. Eine abschüssige Straße, mit Geröll gepflastert und in einer Treppe endend, führt in das alte Viertel mit dem Zentrum der Place Gaffori (Gaffori war ein korsischer General, dessen Haus 1750 vergebens von den Genuesen belagert worden war). Die Kirche *Annonciation* bietet eine Fassade des 17. Jh. und interessante Innenausstattung.

Filitosa (Westküste): Etwas abgelegen vom Golf von Propriano in der sanften hügeligen Landschaft von Valinco liegt die prähistorische Stadt Filitosa auf einer Halbinsel zwischen einem Fluß und einem Bach. Die von der Zeit abgenutzten rätselhaften Menhire rühren von einer Kultur des 2. Jahrtausends vor Christus her. Sie begleiten die mächtigen Monumente der torrenischen Epoche, die sich zwischen 1500 und 1000 v. Chr. entwickelte. Ein Museum stellt die ausgegrabenen Objekte aus.

Mariana (Ostküste): Auf einer alten römischen, jetzt verlassenen Siedlung südlich von Bastia stehen zwei bemerkenswerte Kirchen. Einfach und doch sehr harmonisch ist die Kathedrale – *La Canonica* genannt – im pisanischen Stil des 12. Jh. Sehr nüchtern, fast nackt wirkt die Kirche in ihrem Innern, dessen drei Schiffe durch rechteckige Pfeiler geteilt sind und die

Murato, Kirche Saint-Michel

La Porta, Kirche und Dorf

durch Schießscharten-Fenster erhellt werden. Die 300 m entfernte Kirche *San Parteo* wurde im 11. und 12. Jh. erbaut. Sie war die Kapelle des Friedhofs.

Morosaglia (1020 Ew; im Landesinnern): In der Nähe dieses Ortes in der Castagniccia – einer Region nahe von Bastia – befindet sich das Haus, in dem Paoli 1725 geboren wurde, und eine romanische Kirche.

Murato (650 Ew; im Norden): Die 1 km vom Ort entfernte romanische Kirche im Nebbio stammt aus dem 12. Jh. und überrascht durch ihre Originalität: Die Mauern sind (in regelmäßigem Wechsel) aus weißem und grünem Stein (eine Art Serpentin) erbaut; eine ungewöhnliche Turm-Vorhalle und bizarre Skulpturen, die selbst Spezialisten nicht deuten konnten.

Porta (La) (450 Ew; im Landesinnern): Der winzige Ort liegt ganz im grünen Ozean der Kastanien verborgen – die Region nennt sich Castagniccia – und wird von einem hohen goldenen Kampanile (1720) beherrscht, der zu einer Barockkirche aus der Mitte des 17. Jh. gehört. Dieser sehr harmonische Bau verfügt über eine kleine Orgel von 1780.

Porto-Vecchio (780 Ew; Ostküste): Eine Stadt mit festen Häusern, die zu einem Badeort geworden ist und noch einen Teil seiner genuesischen Befestigung erhalten hat. Die Kirche und der quadratische Glockenturm stammen aus dem 19. Jh.

Saint-Florent (1360 Ew; Nordküste): Saint-Florent ist über einer römischen Stadt errichtet, von der nur mehr winzige Reste existieren. Es ist heute ein angenehmer kleiner Hafen und Badeort. 1 km von der Ortsmitte liegt die ehem. Kathedrale von Nebbio, die ei-

Cos d'Estournel, Schloß und Weinberg

nes der wichtigsten romanischen Bauwerke von Korsika ist (zusammen mit der Canonica in Mariana). Sie wird zwischen 1125–40 datiert und ist aus weißem Kalkstein erbaut. Die verlängerte Kirche, deren Fassade und Chor von Blendarkaden belebt werden, verfügt über interessante Kapitelle.

Sartène (4810 Ew; im Landesinnern): Hierher hat Prosper Mérimée seinen Mateo Falcone verlegt – er selbst entdeckte die Insel erst 10 Jahre, nachdem er die Novelle geschrieben hatte. Sartène kann als die korsischste der korsischen Städte bezeichnet werden. Sie besitzt außer ihren hohen Häusern keine große Architektur und ist doch im Endeffekt mit ihren winkeligen Gäßchen, den Stiegen und Bogengängen, recht typisch.

Corte → Corse

Cos d'Estournel

33 Gironde S. 418 □ E11

Das Médoc der Schlösser verfügt über einige wirklich »historische« Bauten, darunter das elegante Beychevelle. Viel von seinem Reiz aber verdankt es den ungewöhnlich großen Ansitzen des 19. Jh. die über die üppigen berühmten Weingärten herrschen. Nächst *Saint-Estèphe,* einem Marktflecken ohne besondere Merkmale, aber mit einer Kirche aus dem 18. Jh., liegt der etwas befremdliche Wohnsitz *Cos d'Estournel,* der seine Türmchen wie Pagoden oder von orientalischen Palästen inspiriert gegen den fahlen Girondeser Himmel streckt. Er war im vergangenen Jh. von seinem Besitzer errichtet worden, der heimischen Wein gegen orientalische Pferde eintauschte. Der Architekt des »Schlößchens« soll von der Residenz des Sultans von Sansibar inspiriert gewesen sein.

Couches	1570 Ew
71 Saône-et-Loire	S. 420 □ L 8

Die Weinberge klettern bis an den alten malerischen Ort, der im verführerischen Tal der Vielle gelegen ist, das sehr viele Zeugen der Vergangenheit aufzuweisen hat (eine sehr stark umgebaute Kirche, ein mittelalterlicher Turm, 17. Jh.). Als wollte es die Wegverbindung Autun-Chalon kontrollieren, so liegt das gewaltige Schloß, das aus mehreren Teilen zusammengefügt ist: Ein mächtiger eckiger Donjon. Türme und Kapellen aus dem 15. Jh.

Coucy-le-Château-Aufriq	1120 Ew
02 Aisne	S. 411 □ K 3

Der mächtige Herr von Coucy, Enguerrand III., schrieb hier an einem natürlich gelegenen Verteidigungspunkt gewissermaßen seinen Willen in Stein nieder. Von 1230 bis 1242 ließ er die kolossale Festung, die für lange Zeit den schönsten Donjon Europas hatte (er ist im 1. Weltkrieg zerstört worden), errichten. Zur gleichen Zeit machte er Coucy zu einem befestigten Ort, indem er eine mächtige Mauer bauen ließ und Wälle, die von Türmen flankiert sind. Die berühmte *Porte de Laon* bezeugt noch heute die Bedeutung des Verteidigungssystems, ebenso die Ruine des Schlosses. Es ist auf einem Vorgebirge erbaut, das hier ein natürliches unregelmäßiges Vieleck bildet und an jedem Eck mit einem mächtigen Rundturm befestigt ist, der die Dimensionen eines Donjon hat. Dieses wunderbare Ensemble verdient einen Besuch: Die Räume der Wache mit den Spitzbogengewölben und die unteren Räume der Türme sind noch intakt. Der Keller ist bemerkenswert gut erhalten.

Coulommiers	12000 Ew
77 Seine-et-Marne	S. 411 □ J 5

Einst ein wichtiger Markt, hat Coulommiers heute einem Käse seinen Namen gegeben; einer Sorte Brie, dessen Format aber verkleinert wurde, um den Transport zu erleichtern. Die heute industrialisierte Stadt mit einem großen Wachstum bewahrt noch eine

Coulommiers, Haus der Templer

Ruine und die Kapelle eines Schlosses aus dem 17. Jh. in einem angenehmen Park. Die Kapelle ist ein kleines *Musée d'archéologie et d'histoire locale* (ein archäologisches und Heimatmuseum). Inmitten eines modernen Ensembles besteht noch eine *Commanderie de Templiers* mit einer einfachen gotischen Kapelle.

Coupesarte

60 Ew
14 Calvados
S. 410 □ G 4

Dieser reizende Ansitz ist typisch für das Land der Auge. Der Fachwerkbau aus dem 16. Jh., auf Steinschichten und Ziegeln aufrastend, ist glücklich restauriert worden. Die Wassergräben spiegeln das Ständerwerk und die vorspringenden Dächer wider.

Umgebung: Schloß von Grandchamp-le-Château (3,5 km über Saint-Julien): Dieser fremdartige Bau des 16. und 17. Jh. vereint den Stil Ludwigs XIV. (im Haupttrakt) mit dem Fachwerkbau der Gegend (der Eckpavillon ist einer der höchsten Ständerwerkbauten der Normandie).

Courances (Schloß)

91 Essonne
S. 429 □ J 5

Das Schloß von Courances aus dem 16. und 17. Jh. verdankt viel seinen großen Bäumen, den Kanälen und Bassins, seiner wahrhaft angenehmen Verbindung von Grün und Wasser. Das nüchterne Schloß aus Ziegel und Sandstein ist Ende des 19. Jh. mißbräuchlich umgebaut worden, konnte aber seine ehemalige Hauptlinie wiederfinden, obgleich an der Fassadenseite noch eine Kopie der Stiege von Fontainebleau angefügt ist. Hinter dem Gebäude erstreckt sich ein Park, den Le Notre entworfen hat.

Coutances

11 950 Ew
50 Manche
S. 413 □ E 4

Coutances gilt als die »religiöse Hauptstadt« des Cotentin. Ihr Kennzeichen sind die Vierungstürme (mit Laternenaufbau) der bemerkenswerten Kathedrale. Der Name der Stadt erinnert an den römischen Herrscher Constance Chlore (den Bleichen), der

Courances, Luftaufnahme des Schlosses

die Stadt auch befestigt hat: Sein Name hat sich dann zu Cotentin gewandelt. Coutances hat sehr unter den Bombenangriffen des Jahres 1944 gelitten, die Kirchen haben jedoch diese Zeit mehr oder weniger beschädigt überlebt.

Kathedrale: Sie ersetzt einen romanischen Bau, von dem sie noch Reste bewahrt. 1218 begannen die Bauarbeiten an der Kirche, die im wesentlichen Mitte des 13. Jh. fertiggestellt war: Die Seitenkapellen und die Apsiskapelle stammen aus dem 14. Jh. Der Bau hat wenig Schmuck und ist im Innern von einer perfekten Harmonie, die das Resultat der Vergrößerung eines romanischen Baues ist: Die Baumeister brachten ihre Adaptierungsarbeiten in einer verschwenderischen Geschicklichkeit an. Der Mittelturm – auch Le Plomb genannt – ist einer der schönsten Laternentürme der Normandie. Die zwei großen Pfeiler, die ihn tragen, sind im Original romanisch, aber in der Gotik verändert worden. Das Schiff ist über dem Grundriß des Vorgängerbaus errichtet, der Chor ist frei angefügt: Von einer großen Klarheit der Linien, wirkt er noch größer. In der Axialkapelle, die sich gegen den Umgang öffnet, befindet sich die sehr verehrte Statue der Notre-Dame-de-Coutances aus dem 14. Jh.

Saint-Pierre: Mächtiger Turm aus dem 15./16. Jh. mit Laternenaufbau der gleichen Bauart.

Crépy-en-Valois	10920 Ew
60 Oise	S. 411 □ J 4

Die ehem. Hauptstadt von Valois rankt sich eine Anhöhe hoch, die von Befestigungsmauern eingefaßt ist. Die im vergangenen Jahrhundert sehr beschädigte Kirche *Saint-Thomas* hebt sich auch heute noch mit ihrem spitzen Turm aus dem 15. Jh. aus der Stadt heraus. Von dem *Schloß* verblieb nur wenig, einige Restbestände sind im *Musée du Valois et de l'archerie* aufbewahrt (hier gibt es alles Wissenswerte über Bögen und Armbrust zu sehen). Vor den Ruinen einer sehr alten Abtei steht die stark erneuerte, jedoch noch original romanische Kirche *Saint-Denis.*

Coutances, Gewölbe der Laterne

Creusot (Le)	35 500 Ew
71 Saône-et-Loire	S. 420 □ L 8

Die große arbeitsame Stadt liegt in einer hügeligen und bewaldeten Gegend. Le Creusot hat sich um eine Verhüttungs-Anlage entwickelt, die 1836 durch die Brüder Schneider gegründet worden war. Das *Écomusée de la communauté urbaine Le Creusot/Montceau-les-Mines* ist ein Museum der Vergangenheit und der Gegenwart, der Menschen, seiner Arbeit und seines Milieus, es ist aber auch ein Zentrum für Forschung und der menschlichen Begegnung.

Crèvecœur-en-Auge, Schloß

Crèvecœur-en-Auge	600 Ew
14 Calvados	S. 410 □ G 4

Der kleine befestigte Ort wird von einem Bogen des großen Grabens eingefaßt. Ein schönes ländliches Ensemble gruppiert sich aus einem Pförtnerhäuschen des 15. und 16. Jh., einer Kapelle, die wahrscheinlich auf das 12. Jh. zurückgeht, und einer Fachwerk-Meierei mit einem erwähnenswerten Taubenschlag des 15. Jh. Das Schloß wurde von den Brüdern Conrad und Marcel Schlumberger* hervorragend restauriert, die sich auch ein elektrisches System für Erdöl-Bohrungen ausgedacht hatten. Ohne Zweifel ist es paradox, daß hier in dem schönen alten Ansitz der Auge ein *Museum* in einem Gebäude untergebracht ist, das ein Farblaboratorium zeigt, Material für Bohrungen und verschiedene Apparate (mit einem audiovisuellen Programm).

Umgebung: Cambremer (4,5 km). Mit einer Kirche aus dem 11. und 12. Jh., zu großen Teilen romanisch.

Culan	1160 Ew
18 Cher	S. 419 □ I 9

Aus einer recht wilden Vegetation wächst plötzlich die mächtige Festung von Culan empor. Sie liegt an den steilen Ufern des Arnon über einer mittelalterlichen Brücke und ist zum größten Teil im 15. Jh. von einem Mitstreiter der Jeanne d'Arc, der sie hier nach der Niederlage von Orléans aufnahm, wiederaufgebaut worden. Noch heute hat das Schloß seine drei Türme bewahrt. Die Hoffassade, von drei eckigen Treppentürmen flankiert, ist mit hohen Dachfenstern geschmückt. Im Innern des Schlosses sind gotische Kamine und schöne Tapisserien zu besichtigen (Aubusson, Flandern).

Cunault

49 Maine-et-Loire S. 413 □ F 7

Die alte Pfarrkirche *Notre-Dame-de-Cunault* (oder Cunaud) ist eine der schönsten Kirchen des Loire-Tals. In die Nordmauer ist der starke und elegante Glockenturm eingestellt, der Chor ist sehr harmonisch. Im Innern ergibt sich eine bewundernswerte Perspektive; die Kapitelle sind sehenswert. Einst war die aus Tuffstein erbaute Kirche das Ziel vieler Pilgerreisen. Der Bau wurde während der Revolution verlassen. Prosper Mérimée erkannte 1838 die Bedeutung der Kirche und bestand auf ihrer Restaurierung. Die Notre-Dame stammt im wesentlichen aus der 2. Hälfte des 12. Jh., ihr Aufbau setzte sich aber bis zu Beginn des 13. Jh. fort (drei Westjoche). Der massive Glockenturm aus einer Vorgängerkirche wurde beibehalten. Das westliche Gewölbe des Schiffes scheint in der Mitte des 13. Jh. entstanden zu sein. Das Tympanon des Westportals weist eine schöne Figurengruppe auf (Madonna mit Kind und Engel), die gegen 1200 bis 1210 ausgeführt worden war. Das lange und hohe Kirchenschiff (drei gleich hohe Schiffe; Hallenkirche) ist von großer Einheitlichkeit und scheint von den Bauten des Poitou übernommen. Sehenswert sind die mehr als 200 Kapitelle. Hie und da erscheinen auch noch Reste des alten gemalten Dekors. Im Kircheninnern befinden sich eine Pieta, u. a. ein schönes Chorgestühl aus dem 16. Jh., ein Reliquienkästchen aus Holz, skulptiert und polychromiert (aus dem 13. Jh.) und eine Figur der Hl. Katharina (15. Jh.). Vor der Kirche befindet sich ein reizendes Wohnhaus aus der Zeit Franz' I.

Umgebung Gennes (3 km nordwestlich): Die Kirche *Saint-Vétérin* ist zum großen Teil im 13. und 14. Jh. auf einem Abhang mit zahlreichen merowingischen Gräbern wiederaufgebaut worden. Reste der Gebäude aus dem 11. und 12. Jh. sind noch vorzufinden. Die Kirche *Saint-Eusèbe* zeigt noch vorromanische Mauerteile: Sie stammt aus dem 11. (Chor und Querschiff) und aus dem 12. (Glockenturm) sowie aus dem 15. Jh. (Turmspitze und Kirchenschiff). – In **Trèves** (1 km) ist eine sehenswerte Kirche aus dem 12. und 15. Jh.

Cunault, Notre-Dame, Tympanon am Westportal

D

Dabo

3010 Ew
57 Moselle

Das Dorf mit seinen weit verstreut in Wäldern und Wiesen liegenden Weilern, das im 19. Jh. durch Kriege verwüstet wurde, wird von einem hohen Felsen mit einer neuromanischen Kapelle (19. Jh.) beherrscht, die dem Hl. Leo geweiht ist. Dieser in Eguisheim geborene Heilige, der unter dem Namen Leo IX. zum Papst gekrönt wurde, gehörte zur mächtigen Herzogsfamilie der Dabo, die im Elsaß beträchtlichen Einfluß besaß.

Dampierre-sur-Boutonne

390 Ew
17 Charente-Maritime
S. 418 □ F10

Schloß: In der ersten Hälfte des 16. Jh. auf einer Insel in der Boutonne erbaut. Rechteckige Anlage des Wohnkomplexes, flankiert von zwei mächtigen

Dampierre-sur-Boutonne, Schloß

Türmen mit durchbrochenen Mauervorsprüngen. Bemerkenswerte Fassade mit zwei übereinanderliegenden Galerien, die durch einen in Stein gehauenen Fries von Laub- und Blattwerk getrennt werden. Eine Besonderheit stellen ihre steinernen Kassettendecken mit den verschiedensten Schlußsteinen dar. Die Decke der ersten Galerie dürfte die Hauptsehenswürdigkeit des Schlosses sein. Jede der 93 Kassetten zeigt ein anderes Motiv, darunter auch die Monogramme von Henri II., Katharina di Medici und Diane de Poitiers. Im Inneren finden sich zwei schöne Kamine und ein Festsaal des 16. Jh. mit bemalten Deckenbalken.

Dax	19110 Ew
40 Landes	S. 422 □ E 14

Schon in der Römerzeit war Dax bekannter Thermalbadeort. Der Name leitet sich vom lateinischen *aquae* ab. Dax ist heute das zweitwichtigste Thermalbad Frankreichs. Besonders reizvoll ist seine schöne Lage am Rande von großen Waldungen. Die heißen Quellen der Chalosse und der Schlamm des Adour werden hauptsächlich zur Behandlung von rheumatischen Erkrankungen verwendet. Im historischen Zentrum der Stadt steigt die dampfende *Fontaine Chaude* auf, die heiße Quelle, die nach einer Schutzgöttin der römischen Siedlung auch Néhé-Quelle genannt wird. Ein hoher Säulenbogen, im toskanischen Stil erbaut, erhebt sich hinter der Fontaine, oft kaum zu erkennen, da er ganz in ihren Dampf eingehüllt ist. Die Spuren der Römer finden sich noch in Teilen der gallo-römischen Umwallung aus dem 4. Jh., die bis zum vorigen Jahrhundert fast völlig intakt geblieben war, bis der Stadtrat sich im Zuge der Modernisierung der Stadt entschloß, sie abzureißen.

Kathedrale Notre Dame: Im 17. Jh. im Klassizistischen Stil neu erbaut. Das Portal aus dem 13. Jh. ist ein Rest der ehem. Kirche.

Museum von Borda: Es befindet sich in einem der seltenen alten Häuser von Dax, dem Hôtel de Saint-Martin d'Agès, und enthält hauptsächlich historische und heimatkundliche Zeugnisse

Dax, Kirche Saint-Paul-lès-Dax, Apsisfries

dieser Gegend; Kunst, Volkstradition, Vergangenheit und Gegenwart der Stierkämpfe (Dax besitzt auch eine Arena).

Saint-Paul-lès-Dax: Am anderen Ufer des Adour gelegen, wird die Kirche von einem Turm aus dem 15. Jh. überragt. Sie besitzt einen bemerkenswerten romanischen Chor (12. Jh.) mit einem Fries verschiedenster weltlicher und religiöser Szenen und mit unterschiedlichsten Reliefs, teilweise schlicht, teilweise aber bereits fein durchgearbeitet.

Die	4060 Ew
26 Drôme	S. 421 □ M12

Die »Clairette de Die«, ein weißer Schaumwein, ähnlich dem Asti Spumante, machte dieses von Steilhängen umgebene Städtchen bekannt. Das antike *Dea Augusta* hat noch gallo-römische Reste: die *Stadtmauer* im NO, errichtet aus Überresten antiker Denkmäler, die *Porte Saint-Marcel*, ein beschädigter Triumphbogen mit Teilen aus dem 3. Jh. und andere Steinfragmente aus der Römerzeit, die sich im *Musée municipal* befinden.

Kathedrale Notre-Dame: Ehemals romanisch (12. und 13. Jh.); Südmauer und ein Portal sind noch erhalten. Von den Hugenotten zerstört, zur Zeit der Restauration im 17. Jh. wieder aufgebaut.

Rathaus: Es beherbergt ein Mosaik aus dem 12. Jh.

Abtei Valcroissant: (6 km südöstlich): Die Ruinen aus dem 12. Jh. in schöner landschaftlicher Lage.

Dieppe	25720 Ew
76 Seine-Maritime	S. 410 □ H 3

Ein befestigtes Schloß überrragt die Stadt von der Steilküste aus. Dieppe gilt als wichtiger Passagier-, Handels- und Fischerhafen und als führendes Seebad der Normandie.Es liegt an der Mündung der Arques, wo die Wikinger einst mit ihren Drachenschiffen landeten. Die Stadt kam durch unternehmungsfreudige Reeder zu

Dieppe, Fischerhafen

Reichtum, wie etwa Jean Ango, der von Franz I. sehr protegiert wurde. Durch ihre Initiative wurden immer wieder mutige Seeleute auf gewagte Meeresfahrten in alle Teile der Welt geschickt, um den Handel auszubauen. Abraham Duquesne, der große Admiral Ludwigs XIV., wurde hier im Jahre 1610 geboren. Trotz großer Zerstörungen während des letzten Krieges blieben die beiden schönen Kirchen zwischen zahlreichen alten Häusern erhalten, ebenso ein Tor der alten, nicht mehr vorhandenen Stadtmauer. Die Stadt wird von der Grande-Rue durchzogen, der belebten Hauptverkaufsstraße. Ihren Mittelpunkt bildet die kleine dreieckige Place du Puits-Salé mit einem modernen Brunnen und einer hübschen normannischen Fassade.

Saint-Jacques: Eine ursprünglich romanische Kirche, die jedoch im Zuge der Kämpfe zwischen Philippe Auguste und Richard Löwenherz zerstört und Ende des 13., Anfang des 14. Jh. durch die heutige Kirche ersetzt wurde. Reiner Gotikbau, teilweise Spätgotik mit einem Renaissance-Chor des 16. Jh. In der Westfassade fein ausgearbeitete Rosette, darüber ein reich verzierter Turm. Das verwitterte Südportal auf der Seite der Rue Sainte-Catherine stammt noch aus der Frühgotik (Stützpfeiler noch von der romanischen Kirche).

Inneres: Schiff und Chor aus dem 13. und 14. Jh., Chorschranken aus dem 19. Jh., gute Imitation des Flamboyant-Stils. In der Kapelle Sacré-Cœur befindet sich ein anmutiges Gewölbe im Renaissance-Stil. Die Abschlußmauer der Schatzkammer ist in Stein gehauen und mit fast exotischen Ornamenten verziert.

Saint-Rémy: Diese imposante und originelle Kirche hat schon sehr unter der Zeit gelitten. Errichtet im 16. und 17. Jh. in zwei Abschnitten, unterbrochen durch die Religionskriege. Die Fassade ist im Stil Ludwigs XIII. aufgeführt, der mittlere Glockenturm stammt aus dem 18. Jh.

Altes Schloß und Museum: Das Vieux Château, im 15. Jh. in Sandstein und Kiesel wiedererbaut, hatte einst die Aufgabe, die Stadt gegen die Engländer zu verteidigen, die sie im Jahre 1420 eingenommen haben. Trotz vie-

Dieppe, Kirche Saint-Jacques

Arques-la-Bataille, Kirche St-Pierre

ler Umbauten ist es noch ein einheitliches Gebäude, das die Vorhalle einer zerstörten gotischen Kirche mit einschließt.

Es birgt ein ansprechend gestaltetes *Museum* mit künstlerischen und historischen Zeugnissen der Gegend: Werke von Malern, die diesen Küstenstrich liebten (Isabey*, Boudin*, Pissarro*, Blanche* und manch anderer Künstler des 19. Jh.), schöne Schiffsmodelle, Möbel und Stücke der religiösen Goldschmiedekunst. Besondere Beachtung verdient das *Elfenbein von Dieppe:* Hauchdünne, feinst ziselierte Elfenbeinschnitzereien, die an zarteste Spitze erinnern. Viele schöne Gebrauchsgegenstände wie etwa Weihrauchgefäße, Tabakraspeln oder Kompaßgehäuse sind ausgestellt, dazu rein dekorative Stücke. Die Werke dieses Museums stammen in der Hauptsache von Meistern des lokalen Kunsthandwerks der letzten drei Jahrhunderte.

Der bekannte Komponist Camille Saint-Saëns hat Dieppe besonders geschätzt und wird in diesem Museum in hohen Ehren gehalten.

Umgebung: Arques-la-Bataille (6 km südöstlich): Der Ort liegt im grünen Tal der Arques. Die Kirche *Saint-Pierre et Saint-Paul* ist spätgotisch, 1515 begonnen, jedoch erst im 17. Jh. fertiggestellt (schöne Empore von 1540). Das *Schloß* stammt aus dem 11. Jh., wurde später umgestaltet und ist heute nur noch als Ruine am Fuße eines eindrucksvollen Schloßturms erhalten. Am Saum des Forêt d'Arques erinnert ein Obelisk von 1877 an den Sieg Heinrichs IV. gegen die Truppen der Liga (1589).

Offranville (7,5 km südwestlich): In der gotischen Kirche findet man eine Gedenktafel an die Opfer des Ersten Weltkrieges, die von Jacques Emile Blanche* gestaltet wurde. Er bewohnte das Landschlößchen von Tôt (18. Jh.).

Schloß von Miromesnil (8 km südlich): Schloß aus dem 16. und 17. Jh. inmitten eines schönen Buchenwaldes. Erbaut in rotem Ziegelstein, aufgegliedert durch helles Gestein. Man sagt, daß die Eltern von Guy de Maupassant das Schloß gemietet haben sollen. Es könnte demnach sein, daß Maupassant 1850 nicht in Fécamp, sondern hier geboren wurde. Sicher ist jedoch nur, daß er in der Nähe, in Tourville-sur-Arques, getauft wurde.

Dieppe, Musée des Beaux-Arts, Modell aus Elfenbein

Courbons, Weiler

Dijon, Burgundische Dächer

Digne	14890 Ew
04 Alpes-de-Haute-Provence	S. 425 ☐ N 13

Digne liegt im provencalischen Voralpenland. Viele Täler führen von hier aus sternförmig in die Berge. Die Stadt liegt an der Route Napoléon und ist heute bekannt durch ihren wichtigen Markt für den Lavendelverkauf. Sie hat Präfektur und Bischofssitz. 1944 wurde Digne bei einem schweren Luftangriff sehr beschädigt und hat dadurch viele Zeugnisse ihres sehr alten Ursprungs verloren.
Die Anlage der Stadt gliedert sich in zwei Teile: Der untere Teil, die Ville Basse, wird von der reißenden Bléone durchflossen, der obere Teil, die Ville Haute, liegt am Hügel Saint-Jérôme mit seiner doch beachtenswerten Kirche aus dem späten 15. Jahrhundert, die nach mehrmaliger Unterbrechung der Bauarbeiten erst im 19. Jahrhundert fertiggestellt werden konnte.

Kathedrale Notre-Dame: Im Jahre 1200 begonnen, 1330 fertiggestellt mit großem Mittelschiff von fast zisterziensischer Strenge. Schönes Deckengewölbe, mittelalterliche Wandmalereien. Der Sockel eines Turms scheint aus der Karolingerzeit zu stammen. Eine Verbindung zu Karl dem Großen ist jedoch nicht beweisbar.

Umgebung: Courbons (6 km nordwestlich): Ein halbverfallenes Bergdorf mit einer romanisch-gotischen Kirche aus dem 14. Jh.

Dijon	150210 Ew
21 Côte-d'Or	S. 416 ☐ M 7

Dijon ist eine Stadt mit eigenem Charakter. »Diese schöne Stadt!«, soll Franz I. ausgerufen haben, als er Dijon zum erstenmal sah und beeindruckt war von der großen Anzahl ihrer

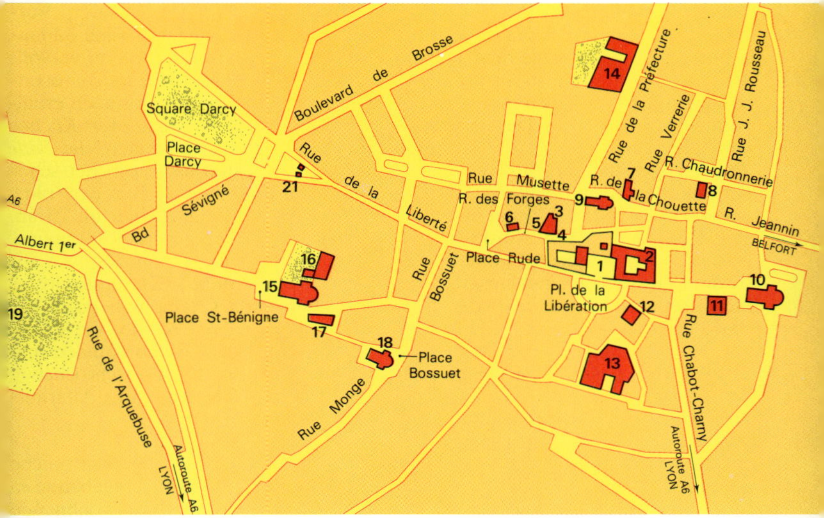

Dijon **1** Herzogpalast **2** Musée des Beaux-Arts **3** Hôtel Chambellan **4** Hôtel de Jean Maillard **5** Hôtel Aubriot **6** Hôtel Morel-Sauvegrain **7** Hôtel de la Vogüé **8** Maison des cariatides **9** Kirche Notre-Dame **10** Kirche Saint-Michel **11** Börsen-Museum Rude **12** Musée Magnin **13** Justizpalast **14** Hôtel Bouhier de Lantenay **15** Kathedrale Saint-Bénigne **16** Archäologisches Museum **17** Kirche Saint-Philibert **18** Kirche Saint-Jean **19** Jardins de l'Arquebuse **20** Chartreuse de Champmol (Psych. Klinik) **21** Porte Guillaume

Kirchtürme, die wie die Stacheln eines Igels aufragten. Die Stadt vereint auf harmonische Weise Vergangenheit, Gegenwart und Zukunft. Das *historische Zentrum* ist ausgesprochen gepflegt, Grünanlagen und Fußgängerzonen lockern die Innenstadt auf. Der Pflege der Kunst- und Kulturdenkmäler stehen auf der anderen Seite der Ausbau der *Lebensmittelindustrie* sowie andere industrielle Aktivitäten gegenüber. Besondere Bedeutung hat der *Weinbau* der Côte de Nuits in unmittelbarer Nähe von Dijon.

Vor dem 10. Jh. war Dijon ein recht bescheidenes Städtchen und kam erst als Hauptstadt des Herzogtums Burgund zu Reichtum: unter den »Grands Ducs« aus dem Hause Valois (Philipp der Kühne, Johann der Gute, Philipp der Gute, Karl der Kühne). Nach dem Tode Karls (1477) fiel die Stadt und ein Teil des Burgundischen Reiches an Frankreich und stärkte die Macht von König Ludwig XI. Der andere Teil des blühenden Reiches, das bis an die Nordsee reichte, kam durch Karls Tochter Maria, die Maximilian (I.) von Österreich heiratete, an Habsburg. Das historische Zentrum von Dijon zeugt mit seinem Reichtum an Museen und Gebäuden heute noch von der großen Geschichte der Grands Ducs. Es besitzt noch ein weitgehend unverfälschtes Stadtbild mit pittoresken Häusern des Mittelalters, prachtvollen Gebäuden des 17. und 18. Jh. und reich ausgestatteten Kirchen. Im letzten Jahrhundert blieb es verschont von Modernisierungen durch Straßenbegradigungen und die Anlage von großen Boulevards. Ebenso unterblieb der Bau moderner Betongebäude im Bereich der alten Kulturdenkmäler, deren Mittelpunkt der riesige Palais des Ducs darstellt. Einst Palast der Herzöge, diente er später als Residenz des Königs, heute als Bürgermeisteramt und Museum der Schönen Künste.

Palais des ducs: Dieser Palast der Herzöge von Burgund verdankt seine bauliche Einheit und Größe dem 17. und 18. Jh. Ursprünglich stand an seiner Stelle ein *Schloß,* dessen Bau 1360 begonnen worden war und von dem noch der hohe Turm, die *Tour Philippe le Bon* (fertiggestellt im 15. Jh.), erhalten blieb sowie die mittelalterlichen *Küchen.* Am Ende des 17. und in der ersten Hälfte des 18. Jh. wurde der Palast zu seiner heutigen Größe ausgebaut. Jules Hardouin-Mansart* war nicht der einzige Architekt, der diese Aufgabe übernahm, aber er kann als der Hauptverantwortliche angesehen werden, nach dessen Plänen vorgegangen wurde.
Die großen Gebäudekomplexe sind um drei Höfe herum angeordnet. Der größte von ihnen befindet sich genau gegenüber des Platzes der Befreiung. Diese große *Cour d'Honneur* steht in Verbindung mit der *Cour de Flore*, die von den beiden Festsälen *Salle des États* und *Salle de Flore* begrenzt wird. Eine aufwendige *Treppe,* die 1735 von Jacques Gabriel* geschaffen wurde, führt zur Salle des États, die im 19. Jh. neu ausgestaltet wurde. Von hier aus erreicht man die Salle de Flore, deren Ausgestaltung die Prinzen von Condé verherrlicht. Im Stil Ludwigs XV. wurde die *Kapelle der Auserwählten* erbaut. Auf der anderen Seite des Ehrenhofs kommt man zur *Cour de Bar,* die eine schöne *Treppe* und die *Galerie de Bellegarde* aus dem 17. Jahrhundert besitzt.

Musée des Beaux-Arts: Das Museum ist in einem aus dem 19. Jh. stammenden Flügel des Palais des Ducs untergebracht und kann sich in seiner Bedeutung in gewisser Weise mit dem Louvre messen. Riesige Sammlungen großer Meisterwerke aller Epochen und Kunstrichtungen (Malerei, Skulptur, Möbel, Wandteppiche, Goldschmiedekunst), vor allem Skulpturen des aus Dijon stammenden Bildhauers Rude* und des Burgunders Pompon* (einer der größten Tierdarsteller), weiterhin Gemälde der Rheinischen und Schweizer Schule sowie flämische und italienische Meister (Rubens*, Veronese*, Tizian*, Reni*). Eine Sammlung zeitgenössischer Malerei vervollständigt das Ganze. Die Innenausstattung der Säle ist zum Teil noch erhalten. Man sieht die *fürstlichen Küchen* mit ihren großen Kaminen, die *Salle des Gardes,* einen ausgesprochen schönen Saal mit einem Kamin des franz. Flamboyant-Stils und einer im 16. Jh. hinzugefügten Renaissance-Tribüne. Hier stehen herrliche Einzelstücke aus dem berühmten Kartäuserkloster Chartreuse de Champmol, das 1792 schlimm verwüstet wurde: die Grabstätten von Philipp dem Kühnen und Johann dem Unerschrockenen (15. Jh.), zwei bedeutende Altaraufsätze.

Stadtzentrum: Viele mittelalterliche Häuser und schöne Prachtgebäude in der Umgebung des Palais. Lohnende Häuserfassaden in der *Rue des Forges:* Hof des Hôtel Chambellan, Ende 15. Jh.; Hôtel de Jean Maillard, 17. Jh., reich verziert; Hôtel Aubriot, 18. Jh., stark restauriert; Hôtel Morel-Sauvegrain, 15. Jh., ebenfalls renoviert; in der *Rue de la Chouette*: Hôtel de Vogue, Anfang 17. Jh., mittelalterliches Haus mit Arkaden; in der *Rue Chaudronnerie*: Maison des Cariatides aus der Renaissance-Zeit; schließlich die gesamte *Rue Verrerie*, eine Straße mit mittelalterlichem Charakter.

Notre-Dame: Von der Rue Musette in der Fußgängerzone aus hat man einen ausgezeichneten Blick auf die monumentale Fassade dieser eigenartigen, schönen Kirche aus dem 13. Jh. Die Turmuhr erinnert an die Familie Jaquemart, die dort die Stunden anschlägt: Vater Jaquemart wurde 1383 in Courtrai, einer aufständischen Stadt, von Philipp dem Kühnen gefangengenommen. In Dijon fand er später seine Frau, die ihm zwei Kinder schenkte. Die Kirche Notre-Dame fällt besonders ins Auge durch ihre zahlreichen *Wasserspeier*, die aus der Fassade hervorragen. Sie wurden zum

Grabmal des Johann Ohnefurch.

Dijon, Musée des Beaux-Arts, Retabel

großen Teil im 19. Jh. nach alten Vorlagen nachgearbeitet. Die Portale wurden während der Revolution sehr stark beschädigt. – *Das Innere* der Kirche ist harmonisch, wird von sehr schönen *Glasfenstern* aus dem 13. Jh. beleuchtet und birgt eine schwarze Madonna aus dem 12. Jh., die als Schutzherrin von Dijon verehrt wird.

Saint-Michel: Die reich verzierte *Renaissance-Fassade* der Kirche Saint-Michel ist besonders auffallend und läßt ein Renaissance-Kirchenschiff im Innern erwarten. Doch das Äußere täuscht: Die Fassade wurde einem herrlichen spätgotischen Kirchenschiff angebaut, was sich durch die Weiterentwicklung des architektonischen Geschmacks während der Bauzeit der Kirche erklären läßt (Ende 15. bis Mitte 16. Jh.). Es lohnt sich, diese eigenartige, originelle Fassade genauer zu betrachten: Sie ist ausgesprochen harmonisch gegliedert und besitzt ein originelles Portal mit einem Tympanon von Nicolas de Lacour* (1551).

Andere Museen: Die ehem. Kathedrale *Saint-Étienne* beherbergt jetzt das *Musée Rude.* Hier sind die Reproduktionen all der Werke von François Rude (1784 in Dijon geboren) gesammelt, die nicht im Musée des Beaux-Arts ausgestellt sind. Das bekannteste ist der »Auszug der Freiwilligen von 1792«, ein riesiges Hochrelief, das sich als Original am Arc de Triomphe in Paris befindet. – Das *Musé Magnin* ist in einem Privathaus aus dem 12. Jh. untergebracht, das der Städtebauer Auguste Perret* ausgebaut hat. Maurice Magnin hat dort eine erlesene Sammlung verkannter Künstler der alten Zeit und vor allem Gemälde der »kleinen Meister« zusammengetragen. Ebenso findet man viele Arbeiten berühmter Künstler (Giambattista Tiepolo*, Vouet*, Bustache Le Sueur*, Nicolas Poussin*).

Dijon, Fassade von St-Michel

Dijon, Place François-Rude

Justizpalast: Eine reiche Innenausstattung zeichnet dieses Gebäude des 16. Jh. aus: Die Decken, Gesimse und Täfelungen sind besonders schön gearbeitet. Sehenswert ist die große Wandelhalle, wo sich einst ganz Dijon zusammenfand, um die Neuigkeiten des Tages zu diskutieren.

Die Präfektur ist in einem besonders schönen Gebäude untergebracht, dem *Hôtel Bouhier de Lantenay.* Sie zählt zu den prunkvollsten Residenzen in der Umgebung des Palais des Ducs und stammt aus dem 18. Jh. Ähnliche Bauwerke findet man in der Umgebung der Kathedrale.

Kathedrale Saint-Bénigne: Das Volk des Mittelalters verehrte diesen legendären Heiligen Benedikt und belegte ihn mit allen Tugenden. Er gilt als einer der ersten Evangelisatoren Burgunds. Sein Grab wurde zum Ziel vieler Pilger, und bald wurde ein Kloster gegründet. Der einflußreiche Abt Wilhelm von Volpiano errichtete Anfang des 11. Jh. ein schönes, romanisches Gebäude, dessen Rundbau noch teilweise als Krypta erhalten ist. Die heutige Kathedrale wurde im Jahre 1280 begonnen. Unter der Apsis befindet sich ein dunkles Untergeschoß, das während der Revolution zugeschüttet, Mitte des letzten Jh. jedoch wieder freigelegt wurde.

Abtei Saint-Bénigne, Archäologisches Museum: Mit dem Anwachsen der alten Stadt kamen auch die Abtei und der sie umgebende Vorort zur vollen Blüte. Seitlich der Kathedrale finden wir noch Reste des Klosters, in denen heute ein ungewöhnliches Archäologisches Museum untergebracht ist. In dem gotischen, ehemaligen Schlafsaal befinden sich romanische, gotische und Renaissance-Skulpturen. Im romanischen Kellergewölbe wird eine interessante Sammlung gallo-römischer Votivtafeln aufbewahrt, die an der

Dijon, Mosesbrunnen

Quelle der Seine aufgefunden worden sind.

Saint-Philibert: In unmittelbarer Nähe von Saint-Bénigne findet sich diese romanische Kirche mit einem Turm des 15. Jh. Das Hauptportal stammt aus dem 13. Jh., das Südportal aus der ausgehenden Romanik. Das Innere wirkt sehr dunkel und wird gelegentlich zu vorübergehenden Ausstellungen verwendet.

Saint-Jean: Auch diese Kirche ist ganz in der Nähe gelegen. Bossuet wurde hier 1627 getauft. Sie ist teilweise zerstört und all ihres Schmuckes beraubt worden. Bemerkenswert sind die schönen Häuser, die der Apsis dieser Kirche am Platz Bossuet gegenüberliegen. Am Schnittpunkt der Rue Bossuet mit der Rue de la Liberté befinden sich ein schönes Renaissance-Gebäude und ein Wohnhaus des 15. Jh. mit pittoresken Giebeln.

Mosesbrunnen: Anstelle der früheren Kartause von Dijon wurde heute am Rand der Stadt, in der Nähe der schönen *Gärten des Arquebuse*, die psychiatrische Klinik gebaut. Hier findet man noch einige Reste dieses *Klosters von Champmol*, das von Philipp dem Kühnen gegründet wurde. Vor allem ist der Mosesbrunnen hervorzuheben, eigentlich eine Kreuzigungsgruppe, die sich in einem Hof des Klosters befunden hatte. Die oberen Partien fehlen; der noch bestehende Sockel zeigt mächtige Statuen von Moses, David, Jeremias, Zacharias, Daniel und Jesaja. Sie stammen von dem großen Niederländer Claus Sluter* aus den Jahren 1395–1404.

Dinan	14150 Ew
22 Côtes-du-Nord	S. 413 □ D 5

Dinan liegt auf einer schroff abfallenden Hochfläche, nahe der Mündung der Rance. Die alte Stadt ist umgeben von ihren ehem. Befestigungsmauern und lädt zu einem lohnenden Rundgang ein, der den Besucher in die malerischen Hauptstraßen mit ihren hübschen Häusern aus dem 15. und 16. Jahrhundert führt. Hier finden sich herrschaftliche Wohngebäude mit Säulengängen, Torbogen, Vorhallen und Erkern. Hervorzuheben ist die *Rue du Jerzual*, die zum alten Hafen führt, weiterhin die Rue du Petit-Fort und die Rue de la Cordonnerie. Ein 60 m hoher *Glockenturm* aus dem 15. Jh. steht in der Rue de l'Horloge. Der Turm, dessen Uhrwerk von dem Deutschen Hamzer stammt, besitzt vier Glocken. Die wichtigste von ihnen trägt den Vornamen ihrer Stifterin Anne von Bretagne. Weiterhin sehenswert ist das *Hôtel de Kératy* aus dem 16. Jh., das in der Gemeinde Lanvollon ursprünglich erbaut worden ist, später aber nach Dinan transferiert wurde, um vor dem Einsturz bewahrt und restauriert zu werden. Es beherbergt heute den Verkehrsverein. In der Rue Haute-Voie finden wir das *Hôtel Beaumanoir* (Anfang 16. Jh.)

mit einem prachtvollen Portal aus derselben Zeit, neben welchem sich ein seltsamer kleiner Treppenturm erhebt. An der Place des Merciers steht das sog. *Haus der Mutter Pourcel*, das im Inneren eine besonders schöne hölzerne Wendeltreppe aus dem 16. Jh. aufweist. Das ehem. *Benediktinerkloster* in der Rue de Léhon stammt aus dem 18. Jh. und wurde noch vor der Französischen Revolution zu einem Kolleg umgebaut. Sein bekanntester Schüler war damals François René Chateaubriand, der seinen kurzen Besuch jedoch bald durch seine Flucht von dort beendete. Auch heute ist in diesem Gebäude noch ein Gymnasium untergebracht. Von den ursprünglichen Gebäuden besteht außer der von der Schule benutzten Kapelle noch ein kleiner Teil des Klosters und der alte Chorraum der Nonnen mit einer mit Fresken bemalten Decke.

Schloß: Das Schloß von Dinan ist eigentlich kein Schloß im herkömmlichen Sinn, sondern eher eine Ansammlung verschiedenster Befestigungsanlagen, die durch eine Ringmauer miteinander verbunden sind. Es befindet sich ganz in der Nähe der *Porte Saint-Louis* (17. Jh.), die mit der *Porte du Guichet* den Südzugang zur Stadt bildete. Ein 34 m hoher Wachturm, der *Donjon de la Duchesse Anne* (14. Jh.), aus zwei aneinandergesetzten Türmen gebildet, überragt die Gesamtanlage und ist auf dem Rundweg zu erreichen. Er beherbergt ein interessantes *historisches Museum*, das die alten Kopfbedeckungen dieser Gegend, die bekannten »coiffes«, viele verschiedene alte Maße und eine in Holz geschnitzte Innenausstattung mit volkstümlicher Bildkunst zeigt. Neben dem Donjon erhebt sich der sehr viel massivere *Wehrturm Tour de Coëtquen* aus dem 15. Jh. Die Maueröffnungen und Schießscharten lassen den Schluß zu, daß dieser Turm hauptsächlich zu Verteidigungs- und Kampfzwecken verwendet wurde.
Bemerkenswert ist, daß die Schutzwälle der gesamten alten Stadt mit ca. 15 Türmen noch gut erhalten sind. Die

Dinan, Basilika, Kapitell

Tour de Sainte-Catherine bietet einen herrlichen Ausblick auf den Hafen und den Englischen Garten der Stadt.

Basilika Saint-Sauveur: Die ursprünglich romanische Kirche wurde im 15. und 16. Jh. im spätgotischen Stil wiederaufgebaut. Die Fassade aus dem 12. Jh. ist mit Statuen geschmückt, die leider während der Religionskriege teilweise zerstört wurden. Das Hauptportal weist einen Tympanon aus dem 19. Jh. auf, darüber stehen zwei Skulpturen, ein geflügelter Löwe und ein geflügeltes Pferd. Man findet sehr lebendige Kapitelle mit seltsamen Motiven aus der Fabelwelt. Rechts vom mittleren Bogengang stellt ein Kapitell eine Frau dar, die eine Kröte stillt. Das Innere der Kirche birgt einen Hochaltar des 18. Jh., Taufbecken auf Karyatiden aus dem 12. Jh. im linken Seitenschiff und ein Glasfenster des 15. Jh., das die vier Evangelisten darstellt. Ein Kenotaph mit dem Herzen von Du

Guesclin, der in dieser Gegend geboren ist, befindet sich im linken Arm des Querschiffs.

Altes Franziskanerkloster: Es steht am Franziskanerplatz (Place des Cordeliers), der von schönen Häusern aus dem 16. Jh. umgeben ist. Ein Spitzbogenportal führt zu den Klostergebäuden (15. Jh.), die heute eine Schule beherbergen. Das gotische Kloster mit seinem von Wachtürmchen gesäumten Innenhof und einem schönen Kapitelsaal lohnen einen Besuch.

Saint-Malo: Die Kirche wurde im 15. Jh. begonnen, jedoch erst im 19. Jh. fertiggestellt. Der eigenartige Glockenturm des Querschiffs scheint nicht ganz zu dem sonst harmonischen Ganzen zu passen. Von der Südseite aus kann man das rechte Querschiff durch ein schönes Renaissance-Portal betreten. Im Inneren schöne Arkadenbalustrade, die die Galerie schmückt. Am Ende des Kirchenschiffs steht ein modernes Weihwasserbecken, das von einem Grimassen schneidenden Teufel getragen wird.

Umgebung: Léhon (1,5 km südlich): Dieses kleine Dorf am Rance-Ufer besaß einst eine Priorei mit einem *Kloster* (17. Jh.) wovon heute noch das gotische Refektorium und die Kapelle erhalten sind. Man findet dort altes Chorgestühl, Holzmalereien sowie einen schönen Weihwasserkessel. Auf einem Hügel in der Nähe erheben sich die Ruinen des mittelalterlichen *Schlosses* (12. Jh.) der Seigneurs de *Dinan.* – **Schloß von Bourbansais** (15 km östlich): Etwas abseits des Fleckens Pleugueneuc führt eine herrliche Buchenallee zu dem Schloß. Es ist von einer mäßig hohen Mauer umgeben, besitzt zwei im rechten Winkel zueinander stehende Wohngebäude mit runden Türmchen, die erst später angebaut worden sind (16.–18. Jh.). Seitlich befinden sich die Dependancen aus dem 18. Jh. und eine Kapelle. Das große Grundstück mit seinem gepflegten französischen Garten, mit Sphinx-Statuen und großen Vasen aus dem 18. Jh. wurde von seinem Besitzer als Zoo eingerichtet.

Dissay, Schloß

Dissay	1750 Ew
86 Vienne	S. 419 ☐ G 9

Schloß: Diese Festung wurde am rechten Ufer des Clain von Pierre d'Amboise, dem Bischof von Poitiers, errichtet. Sie weist einen rechteckigen Grundriß mit Ecktürmen und einem vorgebauten Eingang mit Zugbrücke auf. Die Treppe des Nordwestturms öffnet sich zu einem herrlichen Spitzbogengewölbe. Der Nordostturm umschließt die Kapelle mit reich verzierten Steinplatten und feinen Wandmalereien, die den Brunnen der Barmherzigkeit darstellen: Das Kreuz des Erlösers im Gegensatz zu dem vom Menschen begangenen Bösen symbolisiert durch die Sünder Adam, David Manasse und Nebukadnezar.

Dives-sur-Mer, Kirche

Dives-sur-Mer	5870 Ew
14 Calvados	S. 410 □ G 4

Der ehem. Hafen, in dem Wilhelm der Bastard (der spätere Wilhelm der Eroberer) im Jahre 1066 die Flotte sammelte, mit der er später England angreifen sollte, ist inzwischen versandet. Das einstige römische *Portus Divae* hat sich von einer Hafenstadt eher in eine kleine Industrie- und Handelsstadt verwandelt. Ein riesiges Industriezentrum hat sich an der Küste angesiedelt, das von dem Badeort Cabourg aus bestens sichtbar ist.

Notre Dame: Die ursprünglich romanische Kirche wurde im 14. und 15. Jh. umgebaut und erweitert.

Markthallen: Die »Halles« sind ein bemerkenswertes Bauwerk ganz in Holz (15./16. Jh.) reich gedeckt mit roten Ziegeln.

Dol-de-Bretagne	5040 Ew
35 Ille-et-Vilaine	S. 413 □ E 5

Eine mächtige Kathedrale überragt den kleinen Ort Dol, der auf den Ausläufern eines sumpfigen, einst vom Meer überschwemmten Gebietes gelegen ist. Der Hl. Samson gründete im 6. Jh. hier ein Kloster, das nach und nach zwischen dem 9. und 12. Jh. zum Bischofs- und Erzbischofssitz heranwuchs. Seit der Revolution gehört es zum Bistum von Rennes. Das Städtchen besitzt noch seine alten Befestigungsmauern.

Kathedrale Saint-Samson: Die ehem. romanische Kirche wurde von den Engländern zerstört. Die heutige Kathedrale aus dem 13. Jh. besitzt drei ungleiche Türme, wovon einer unvollendet blieb. Zwei Spitzbogenportale schmücken die Südfassade. Das eine, Bischofsportal genannt, und das zwei-

Dol-de-Bretagne, Chorgestühl

te, das im 14. Jh. in Verlängerung des rechten Querschiffs hinzugefügt wurde. Das 21 m hohe Hauptschiff ist in drei Etagen aufgegliedert: Hohe Fenster mit kleinen Galerien, ein zierliches Triforium und große Arkaden mit Doppelsäulen. Im Chorraum finden sich 80 Chorstühle (in Eichenholz geschnitzt, 14. Jh.), in der Chorhaube noch ein schönes Glasfenster des 13. Jh. (Darstellung der Hl. Margarete, Abrahams, Christi und der ersten Bischöfe von Dol). Im Querschiff steht eines der ersten bretonischen Monumente des italienischen Renaissance-Stils: das Grabmal des Bischofs Thomas James.

Grande-Rue des Stuarts: Diese Hauptstraße des Ortes sollte wegen ihrer alten Häuser und Villen aufmerksam durchschritten werden: Eines der ältesten Häuser Frankreichs ist die *Maison des Plaids* oder *des Palets* aus dem 12. Jh. mit fein gehauenen romanischen Bogen, auf denen die Fassade ruht.

Das *Historische Museum* von Dol ist in der Maison de la Guillotière aus dem 15. Jh. untergebracht und zeigt vor allem alte Statuen von bretonischen Heiligen.

Umgebung: Schloß des Ormes (6 km südlich): Die alte Residenz der Bischöfe von Dol befindet sich unweit des Ortes Épiniac in einer hübschen Umgebung, wirkt selbst jedoch etwas nüchtern. Sie besitzt ein schönes spätgotisches Portal (15. Jh.) und zwei Pavillons aus dem 16. und 18. Jh., die das schlichte Wohngebäude umgeben. – **Schloß von Landal** (14 km südöstlich): Es wurde bereits im Mittelalter errichtet und im 19. Jh. teilweise erneuert. Das Wohngebäude wird von vier Türmen mit spitz zulaufenden Dächern umrahmt (zwei davon stammen aus dem 15. Jh.). Die befestigte Mauer kann auf einem Rundweg begangen werden. – *Kapelle:* Die Kapelle des nahegelegenen Ortes soll aufgrund eines Gelübdes einer Dame von Landal erbaut worden sein. Ein schönes gemeißeltes Portal führt in das einschiffige Gebäude. Am Beginn des Chorraums erhebt sich ein von drei Arkaden durchbrochener bemerkenswerter Giebelturm.

Dole	28380 Ew
39 Jura	S. 421 □ M 8

Dole liegt über dem rechten Ufer des Doubs und war die ehemalige Hauptstadt der Freigrafschaft Burgund (Franche-Comté). Die Stadt bewahrte vor allem im Umkreis der Kathedrale Notre-Dame ihren mittelalterlichen Charakter mit einem Labyrinth enger gewundener Gäßchen, mit herrlichen Brunnen und ehrwürdigen Häusern des 15. bis 18. Jh.

Das Geburtshaus von Louis Pasteur (1822–1895) wurde als *Museum* eingerichtet.

Basilika Notre-Dame: Die imposante

Kirche überragt die Stadt und steht im Herzen des alten Dole. Der 74 m hohe Glockenturm diente einst als Wehr- und Wachturm. Die Kirche ist im Flamboyant-Stil im 16. Jh. erbaut. Im Inneren finden sich eine in buntem Marmor gehauene Kanzel aus dem 17. Jh. sowie eine herrliche Orgelempore mit einem Renaissance-Säulengang in rotem Marmor. Schöne Statuen verschiedener Apostel sind im Chorraum aufgestellt und schmücken außerdem den Triumphbogen der Heiligen Kapelle.

Kapelle du Collège de l'Arc: Besonders bekannt wegen ihrer Renaissance-Vorhalle (1582), deren Überbau, eine Loggia im italienischen Stil, reich mit Geländersäulen und -figuren geschmückt ist.

Hôtel-Dieu: Ein schönes Gebäude (17. Jh.), dessen Hauptfassaden von einem durchgehenden Balkon unterteilt werden. Dieser endet in einem Ecktürmchen (1686).

Außerdem sehenswert: Der *Justizpalast* mit Kloster und Brunnen (18. Jh.), das *Hôtel Froissard* (hat schöne Fenstergitter und einen prachtvollen Innenhof) und die friedliche Place aux Fleurs.

Domfront

61 Orne — 4350 Ew — S. 413 □ F 5

Die Stadt ist auf einem schmalen Felsenkamm errichtet. Manche Häuser wurden in die Überreste der Befestigungsmauern hineingebaut. Vom alten Schloß besteht nur noch ein Teil des Wachturms aus dem 11. Jh., der heute in einem schönen Garten liegt und von dem sich ein herrlicher Rundblick bietet.
Etwas abseits, über der Schlucht der Varenne, erhebt sich die Kirche *Notre-Dame-sur l'Eau* (etwa 1020), die im 12. Jh. umgebaut und im 14. Jh. wegen eines Straßenbaus wertvolle Teile eingebüßt hat. Sie erstrahlt dennoch sehr

Dole, Collège de l'Arc, Ausschnitt

schön in hellem Granit normannischen Stils. Im Innern Statuen, Grabsteine und ein düsterer romanischer Altar. Während der Restaurationsarbeiten kamen Fresken aus dem 12. Jh. zum Vorschein. Die Kirche war von den Benediktinern von Lonlay errichtet worden. Dieses Kloster, 9 km nordwestlich gelegen, existiert nicht mehr; lediglich das romanische Querschiff und der gotische Chor der Abtei sind heute noch zu sehen.

Domme

24 Dordogne — 890 Ew — S. 419 □ H 12

Ein altes, von Philipp dem Kühnen befestigtes Städtchen, hoch über der Dordogne gelegen. Viele Wälle sind noch erhalten, dazu Türme und Tore. Das interessanteste Tor, die Porte des Tours, diente vermutlich als Behausung für die Wachtposten. Die Stadt selbst weist noch viele alte Häuser auf. Die *Maison du Gouverneur* (16. Jh.) liegt den alten Markthallen gegenüber, hinter deren dicken Steinpfeilern man den Eingang zu unterirdischen Gängen, den sogenannten Grottes du Jubilé, findet.

Kirche: Sehr schlicht; von den Protestanten zerstört, im 17. Jh. nach Originalplänen wiederaufgebaut.

Museum: Recht bescheiden. Es zeigt jedoch eine der alten Küchen, wie sie im Périgord üblich waren.

Umgebung: Castelnaud (8 km westlich): Flußabwärts von Domme, hoch über einer Schleife der Dordogne gelegen, befindet sich gegenüber der mächtigen Festung von Beynac das *Schloß* von Castelnaud. Während der Revolution heiß umkämpft, wurde es später restauriert. – **Schloß Les Milandes** (6 km westlich von Castelnaud): Es stammt aus der Gotik und der Renaissance-Zeit. Eine schöne Kapelle und herrliche, große Ländereien gehören zu diesem Besitz. Die berühmte Tänzerin Josephine Baker ließ sich hier mit ihren 12 Adoptivkindern verschiedener Rassen nieder (seit 1949). Aufgrund der enormen Unterhaltskosten mußte sie jedoch 1969 das Schloß endgültig aufgeben.

Domrémy-la-Pucelle	220 Ew
88 Vosges	S. 416 □ M 5

Das Städtchen ist als Geburtsort der Johanna von Orléans (Jeanne d'Arc) in die Geschichte eingegangen (* 1412).

Kirche: Sie stammt aus dem 15. Jh. und wurde später umgebaut. Im Inneren befindet sich das Taufbecken, über dem – so die Chronik – die Hl. Johanna getauft wurde.

Geburtshaus der Jeanne d'Arc: Dieses für die damalige Zeit typische Bauernwohnhaus besitzt winzige Zimmer. Besonders auffallend sind die ausgesprochen dicken Mauern. Über dem Eingang die Waffen der Jeanne d'Arc.

Museum: Neben dem Geburtshaus der Jeanne d'Arc liegt dieses ihr gewidmete Museum.

Domme, Alte Markthalle

Basilika du Bois-Chenu: 1,5 km vom Ort entfernt befindet sich am Fuße eines Hügels, am Waldrand des Bois-Chenu, diese Basilika, die in der *Krypta* eine hölzerne Statue der Jungfrau von Bermont aus dem 15. Jh. birgt. Vor der Kirche schöner Blick über das Land.

Douai	44 660 Ew
59 Nord	S. 411 □ J 2

Ehemalige Parlaments- und Universitätsstadt im Zentrum des industriellen Nordens Frankreichs. Trotz eigener Industrie bewahrte das Städtchen seinen bürgerlichen Charakter mit vielen schönen Bürgerhäusern aus dem 18. Jh., so etwa die *Maison du Dauphin* (schmiedeeiserner Balkon) und das frühere *Hôtel d'Aoust* (Innenfassade mit Statuen geschmückt). Schöne sakrale Bauwerke wie die Kirche *Notre-Dame* (gotisches Sandsteingebäude mit einem Schiff aus dem 18. Jh.) oder die Stiftskirche *Saint-Pierre* (von 1735–1750 neu aufgebaut mit einem hohen Turm aus dem 16. Jh. und einem reich ausgestatteten Inneren). Ein Teil der Umwallungen dieser einst befestigten Stadt ist noch erhalten: Aus dem 14. Jh. stammt die *Porte d'Arras*, die von zwei großen, runden Türmen aus derselben Zeit flankiert wird. Vor diesem alten Tor ist noch die Zugbrükke zu sehen. Ein zweites, gut erhaltenes Tor ist die *Porte de Valenciennes* aus dem 15. und 16. Jh., die einen schönen Wachsaal mit Spitzbogengewölbe besitzt.

Rathaus und Glockenturm: Auf einem bekannten Gemälde von Corot* sind diese beiden Gebäude in schöner Komposition festgehalten. Das Rathaus besitzt eine z. T. noch erhaltene gotische Fassade aus dem Jahre 1463. Der gotische *Beffroi* mit seinem 40 m hohen Glockenturm wurde 1380 errichtet und seit 1475 nicht mehr verändert oder umgebaut. Die feinen Steinziselierungen an seiner Spitze und das schöne Geläut geben ihm eine gewisse heitere Note.

Museum: Es enthält einige Kunstschätze, die in einem Renaissance-Gebäude (ehem. Kartause) neben einem kleinen Kloster aus dem 16. Jh. untergebracht sind. Besonders sehenswerte

Domrémy, Haus der Jeanne d'Arc

Douai, Wachturm

Werke: Ein Bacchus in Bronze; verschiedene Gemälde von Veronese* und Carrache* und das Polyptychon, ein Altarbild von 1510, die Dreieinigkeit darstellend, das von dem 1470 in Douai geborenen Jean Bellegambe* stammt.

Ausgrabungen: In der Nähe der Place Saint-Amé wurden 1976 Ausgrabungen begonnen, die manche Spuren der *Merowinger* zum Vorschein brachten. Ein Teil eines hölzernen Gebäudes wurde freigelegt, das die Residenz eines der ersten Grafen von Flandern gewesen sein soll.

Dourdan

7420 Ew
91 Essonne S. 410 □ I 5

Dieses kleine alte Städtchen war einst befestigt und gilt seit dem Mittelalter als wichtiger Markt für den Getreidehandel. Inzwischen hat es sich zu einem Industrie- und Handelszentrum ausgeweitet. Es ist der Geburtsort von Hugues Capet, dem Begründer der Dynastie der Kapetinger. Bis zum 17. Jh. wurde diese Stadt von vielen Kriegen heimgesucht.

Saint-Germain: Die aus dem 12. und 13. Jh. stammende Kirche wurde mehrfach umgebaut. Fassade aus dem 14. und 15. Jh., rechts und links zwei ungleiche, mit Schiefer gedeckte Türme. Hinter dem Altar der Grabstein des Dichters und Schriftstellers Jean-François Regnard, der 1709 in Dourdan starb.

Schloß: Etwa 1220 von Philippe Auguste errichtet, mit altem Wachturm. Eine Besonderheit stellt das kleine *volkskundliche Museum* dar.

Dournazac

1010 Ew
87 Haute-Vienne S. 419 □ H 10

Dieser Ort ist vor allem wegen seiner alten Burganlage sehenswert.

Schloß von Montbrun: Dieses stark befestigte Granitbauwerk wurde im 12. Jh. angelegt. Wohnhaus und Wälle stammen aus dem 15. Jh. Die Wassergräben, Aussichtstürme und vor allem der hohe Wehrturm zeugen von der Bedeutung dieser oft umkämpften, auch häufig eingenommenen Burganlage.

Schloß von Lambertie: Hübsches restauriertes Schloß der Renaissance-Zeit, heute umgebaut als Herberge für Ferienkolonien.

Draguignan

21210 Ew
83 Var S. 426 □ O 14

Der mittelalterliche Ort liegt auf einem Hügel aus Kalkgestein. Im Zentrum befindet sich ein malerischer Marktplatz mit hübschen Springbrunnen. Von der ursprünglichen Stadtanlage sind erhalten geblieben: Aus dem 12. Jh. *zwei Tore* der *Befestigungsmauer*; aus dem 15. Jh. ein *Wachturm* und ein freistehender, schmiedeeiserner *Campanile*, erbaut als Ersatz für den großen Wehrturm, den Ludwig XIV. zerstören ließ als Strafe für die aufständische Stadt und die Fronde des Hochadels.

Bischofsresidenz: In der alten Sommerresidenz der Bischöfe von Fréjus (18. Jh.) ist eine große *Bibliothek* mit Manuskripten und wertvollen Erstlingsdrucken zu sehen. Im selben Gebäude ist das *Museum* untergebracht. Es zeigt Gemälde von David Téniers*, Gigoux*, Parrocel*, weiterhin gallo-römische Funde sowie Fayencen aus Moustiers und auch aus andere Sammlungen.

Umgebung: *Einsiedelei von Saint-Hermentairé* (5 km südwestlich von Draguignan): Eine romanische Kapelle mit gotischem Portal. Daneben befinden sich Reste gallo-römischer Thermen.

Douai, Wachturm, Gemälde von Corot

Dreux, Kapelle St-Louis

Dreux	33090 Ew
28 Eure-et-Loir	S. 410 □ H 5

Das alte, von den Galliern gegründete Städtchen liegt an der Blaise, die sich hier in mehrere Arme teilt. In der Mitte der Stadt erhebt sich der *Beffroi*, ein viereckiger Wachturm aus dem 16. Jh. (Grande-Rue), auf den im 17. Jh. ein Glockenturm aufgesetzt wurde. Die Stadt selbst war oft hart umkämpft und mußte vielen Besetzungen standhalten.

Kapelle Saint-Louis: Diese Kapelle erhebt sich auf einem Hügel im NW der Stadt. Sie wurde Anfang des 19. Jh. erbaut und sollte das kleine »Saint-Denis« für die Angehörigen der Familie von Orléans werden. Zur Zeit von Louis-Philippe wurde sie dann fertiggestellt und tatsächlich als Grabstätte des Hauses Orléans verwendet, wovon die schönen Grabdenkmäler im Innern zeugen. Die Kapelle besitzt einige sehenswerte Glasfenster, die z. T. von Ingres* stammen.

Saint-Pierre: 15. bis 17. Jh; häufig zerstört und wiederaufgebaut. Das Hauptportal im Flamboyant-Stil ist nur noch teilweise erhalten. Im Innern schönes Orgelgehäuse von 1644, interessante Statuen und einige Glasfenster des 16. und 17. Jh.

Museum: Es ist in einer ehem. Kapelle untergebracht und vor allem der *Lokalgeschichte* gewidmet. Unter anderem findet man ein schönes Gemälde von Monet*, *Die Glyzinien.*

Dunkerque/Dünkirchen	82680 Ew
59 Nord	S. 411 □ I 1

Vor dem Krieg besaß Dünkirchen (Kirche in den Dünen) noch ein ty-

Dünkirchen, Hafen

pisch flämisches Stadtbild aus dem 17. und 18. Jh. Im 2. Weltkrieg, vor allem nach den Angriffen 1944, blieb davon nur noch ein Trümmerfeld übrig. Wenig ist von den früheren Bauwerken erhalten geblieben. Der Wiederaufbau brachte eine Modernisierung der ganzen Stadt: neue Wohngebäude, Fabrikanlagen auf dem Wasser und ein hochmoderner Hafen, der an Größe seinesgleichen suchen kann.

Museum: Interessante Gemälde der flämischen und holländischen Schule.

Saint-Éloi: Im Zentrum gelegen. Spätgotische Kirche mit fünf Schiffen, heute restauriert. Großer, viereckiger, alleinstehender Glockenturm (15. Jh.), lange Zeit als Wach- und Wehrturm benutzt. In der Nähe ist die Statue des 1651 in Dünkirchen geborenen Jean Bart zu finden: ein schönes Werk von David Angers*, das den Krieg überdauert hat.

Turm von Leughenaer: Ein achteckiger Turm, der einzige, noch bestehende von 28 Wehrtürmen aus dem 14. Jh. Er steht in der Nähe der Fischhalle Minck am alten Hafen.

Durtal	3250 Ew
49 Maine-et-Loire	S. 413 □ F 7

Durtal ist ein kleines Städtchen und liegt sehr hübsch in der Nähe eines großen Waldes am Loire-Ufer. Eine schöne Straße, die der alten Stadtmauer entlangläuft, führt zur *Porte Verron,* einem Tor aus dem 15. Jh., das den Zugang zum Schloß öffnet.

Schloß: Es stammt aus der Zeit Heinrichs IV. und Ludwigs XIII. Einige Gebäude der alten Befestigungsanlage sowie zwei *Wachtürme* aus dem 15. Jh. erhalten. Im ehem. Saal der Schildwache ist ein *Museum* untergebracht.

E

Écouen	4490 Ew
95 Val-d'Oise	S. 411 □ J 4

Der Name von Jean Bullant*, einer der großen Renaissance-Baumeister Frankreichs, ist mit der Geschichte dieses Ortes und seines Schlosses eng verknüpft. Er starb in Écouen im Jahre 1578. Sein Schaffen wurde stark von Philibert Delorme* beeinflußt, mit dem er eng zusammenarbeitete. Sein Stil zeigt ebenfalls italienische Züge.

Schloß von Écouen: Dieses Bauwerk ist eines der harmonischsten und gilt als typisch für die Baukunst von Jean Bullant. Jean Goujon*, einer der bekanntesten Innenausstatter, hat hier gewirkt. Das Schloß wurde Mitte des 16. Jh. anstelle einer ehem. Festung für den Konnetabel von Montmorency errichtet. Es ist ein sehr schönes Beispiel der franz. Renaissance-Baukunst zur Zeit Heinrichs II. Die Gebäude sind um einen viereckigen Innenhof herum angeordnet. Einer der Flügel

Écouen, Schloß

wurde im 19. Jh. hinzugefügt. Von der ursprünglichen Einrichtung des Schlosses blieb noch einiges erhalten, so z. B. die Innenausstattung des Ehrensaals mit einem besonders schönen Kamin in buntem Marmor sowie verschiedene andere bemalte Kamine. – Das Schloß beherbergte lange Zeit ein Erziehungsheim der Ehrenlegion, wurde jedoch nach gründlichen Restaurationen zu einem großen Museum umgestaltet.

Musée de la Renaissance: Die im Schloß ausgestellten Sammlungen stammen im wesentlichen aus dem unerschöpflichen Kunstschatz des Musée Cluny in Paris. Es handelt sich dabei vor allem um wertvolle Wandteppiche, Skulpturen verschiedener Künstler, um Gemälde, Möbel, Goldschmiedearbeiten und Emailschmuck.

Kirche: Sie stammt aus dem 16. und 17. Jh. Sehr schöne Renaissance-Glasfenster. Moderne Fassade.

Umgebung: Luzarches (11 km nördlich): Größeres Dorf; Heimat des Baumeisters Robert* von Luzarches, der im 13. Jh. die Pläne zur Kathedrale von Amiens schuf. *Kirche* romanischen Ursprungs, vor allem noch erkennbar an der Apsis und im Chorraum; Fassade im Renaissance-Stil. – Das nahe gelegene *Schloß von Champlâtreux* stammt aus dem 18. Jh.

Écouis

710 Ew
27 Eure
S. 410 □ H 4

Das kleine normannische Dorf ist vor allem durch seine alte Stiftskirche aus dem 14. Jh. bekannt geworden.

Kollegiatkirche: Das düstere Gebäude mit dem großen Kirchenschiff wurde von einem Gutsherrn dieser Gegend errichtet, der Finanzaufseher unter Philipp dem Schönen war. Zwei Jahre nach Beendigung der Bauarbeiten wurde der Bauherr im Jahre 1315 am Galgen von Montfaucon aufgehängt. Die Kirche birgt wertvolle Kunstschätze, zum größten Teil ebenfalls aus dem 14. Jh., einige aus späterer Zeit: Schöne Statue von *Notre-Dame d'Écouis* (14. Jh.), eine wunderschöne Statue der *Hl. Agnes* mit langem, welligem Haar (14. Jh.) und ein ausdrucksvoller *Ecce Homo* aus dem 15. Jh. Im Chorraum ein Renaissance-Chorgestühl eines normannischen Künstlers.

Éguisheim

1460 Ew
68 Haut-Rhin
S. 417 □ O 6

Papst Leo IX., vorheriger Graf von Egisheim, wurde hier im Jahre 1002 geboren. Das kleine, malerische Dorf ist eines der hübschesten in den elsässischen Weinbergen. Seine runde Form zeugt von einstigen Umwallungen, die das Dorf schützten.

Die »drei Schlösser«: Diese drei Ruinen überragen das Städtchen und haben viele Künstler zu Bildern und Gravuren angeregt. Die Burgen entstanden zu Beginn des Mittelalters und erinnern an die Dynastie von Egisheim.

Écouis, Kollegiatkirche, Langschiff

Embrun, St-Étienne, Réal

Embrun 4560 Ew
05 Hautes-Alpes S. 426 □ O 12

Die kleine, alte Stadt liegt hoch auf einem Hügel, Le Roc genannt. Der Ort hat sich zu einem recht bekannten Badeort entwickelt, insbesondere seit die Wasserversorgung durch den Stausee von Serre-Ponçon erfolgt. Embrun, dessen Name sich von dem ehem. *Ebrodonum* ableitet, war seit dem 4. Jh. bis ins 18. Jh. Erzbistum. Seine Erzbischöfe besaßen die Titel der Prinzen des Heiligen Römischen Reiches Deutscher Nation. Einige sehenswerte Gebäude blieben dem Ort erhalten: Ein altes Franziskanerkloster, der ehem. Erzbischöfliche Palast, ein Donjon aus dem 12. Jh., *Tour Brune* genannt, sowie die Kirche Saint-Étienne, vormals Kathedrale.

Saint-Étienne: Die Kirche wurde im ausgehenden 12. Jh. erbaut, trägt jedoch schon deutliche gotische Züge. Sie besitzt als Besonderheit eine herrliche Vorhalle, *Réal* genannt. Die beiden rosa Säulen, die sie tragen, ruhen auf Löwen. Einer von ihnen hält ein Kind, der andere einen Hund. Weiter hinten bilden zwei gebückte Atlasfiguren den Sockel für zwei Säulenbündel. Im Tympanon ist Christus mit den Symbolen der vier Evangelisten dargestellt. Die schöne Rosette in der Fassade ist mit Glasfenstern des 15. Jh. geschmückt.
In der *Schatzkammer* sind wertvolle religiöse Kunst- und Gebrauchsgegenstände zu sehen.

Épernay 29560 Ew
51 Marne S. 411 □ K 4

Der Ort ist bekannt durch seine Weinberge und seine ausgezeichneten Champagnerkellereien, die in die umliegenden Hügel eingebaut sind.

Notre-Dame: Ein im 19. Jh. wiedererrichtetes Gebäude, in das man das Renaissance-Portal der alten Kirche und die Renaissance-Fassade einbaute, die das Palais der Luise von Savoyen schmückte.

Museum: Es zeigt eine Sammlung aus der *Vorgeschichte* und Archäologie dieser Gegend. Vor allem aber legt es besonderes Gewicht auf die Informationen zur *Champagnerherstellung* und *-pflege.*

Épinal 39340 Ew
88 Vosges S. 417 □ N 6

Épinal liegt an der Mosel, die hier noch recht reißend ist. Es ist von Wäldern umgeben und war wegen seiner strategisch wichtigen Lage schon sehr frühzeitig eine befestigte Anlage. Die Stadt wurde im 10. Jh. gegründet und hatte einst große Bedeutung. Vom alten Schloß, das den Ort überragte, existieren nur noch die Ruinen, die in ei-

Épinal, Basilika Saint-Maurice, Grablegung

nem wunderschönen waldähnlichen Park gelegen sind.

Das Zentrum des Ortes bildet die großartig angelegte *Place des Vosges* mit ihren zahlreichen arkadengeschmückten Häusern. Eines von ihnen ist besonders bemerkenswert, da es noch eine sehr schöne Renaissance-Loggia besitzt.

Basilika Saint-Maurice: Die Kirche vereinigt mehrere Stilepochen. Der mächtige Turm stammt aus dem 12. und 13. Jh., das Hauptschiff, nach burgundischem Stil in drei Etagen erbaut, aus dem 13. Jh. und der lange, gotische Chor aus dem 14. Jh. In der Westfassade befindet sich das »Portal der Bürger«, hoch gewölbt, mit vormals reicher Dekoration, die jedoch in der Revolutionszeit stark beschädigt wurde. *Im Inneren* findet man eine sehr fraulich gestaltete *Madonna* (15. Jh.) und eine *Grablegung* im rheinischen Stil (16. Jh.).

Notre-Dame-au-Cierge: Am linken Moselufer wurde 1958 diese moderne Kirche erbaut. Farbige Glasfenster im Chor und ein kupfernes Portal mit Emailarbeiten hellen dieses düstere Betongebäude auf.

Musée départemental des Vosges: Das Museum zeigt archäologische Funde aus dieser Region und die Volkskunst des Landes. Es stellt eine reiche Sammlung von Zeichnungen und Gemälden aus, darunter ein 1661 von Rembrandt* gemaltes Bild der Jungfrau Maria und das großartige Werk von Georges de La Tour*: Der Dulder Hiob wird von seiner Frau getadelt.

Musée international de l'Imagerie: In diesem bekannten Museum sind die berühmten *Bilderbogen von Épinal* zu sehen, naive kolorierte Darstellungen, die früher der Unterrichtung des Volkes dienten. Die *Imagerie Pellerin* zeigt in verschiedenen Ateliers die

Espalion, Pont-Vieux

Maschinen und Techniken, die damals zur Herstellung dieser Bilderbogen nötig waren.

de von Philippe de Champaigne*, Lar gillière*, Mignard* und Oudry* z sehen.

Époisses (Schloß)	700 Ew
21 Côte-d'Or	S. 415 □ L 7

Diese riesige Schloßanlage wird von breiten Gräben umgeben, die inzwischen trocken liegen. Sie besitzt eine mächtige doppelte Wehrmauer und stellt mit ihrer Kirche, den verschiedenen Wohngebäuden und dem hübschen Taubenschlag eine richtige kleine in sich abgeschlossene Siedlung dar (16. Jh.). Einige Teile dürften aus noch älterer Zeit stammen. Im *Inneren* des Schlosses Möbel aus dem 17. Jh. Besichtigungsmöglichkeit des Zimmers der Madame de Sévigné und des Schlafraums von Heinrich IV., als er nach der Schlacht von Arnay-le-Duc hier nächtigte. Außerdem sind Gemäl-

Espalion	4420 Ew
12 Aveyron	S. 424 □ J 12

Sehr hübsch gelegenes Städtchen i Tal des Lot. Die aus dem 13. Jh. stam mende *Brücke* und die *alten Häus* am Flußufer sind noch Teil des histor schen Stadtbildes. Das schöne Renai sance-Schloß beherbergt heute da volkskundliche *Museum Joseph-Va let.* Neben vielen Kunstgegenstände die aus dieser Region stammen, zei es eine sehr schöne Sammlung ve schiedenster Weihwasserbecken. 1 km südöstlich vom Zentrum liegt d Kirche *Saint-Hilarian de Perse,* ei kleine romanische Kirche des 11. Jah hunderts, die ein reizvolles Tympano aufweist.

txassou, Galerien im Langschiff

Étampes, Tour Guinette

Espelette	1190 Ew
64 Pyrénées-Atlantiques	S. 422 □ D 14

Einen hübschen Anblick bieten die rei umherlaufenden baskischen Ponys, die auf den Anhöhen über Espeette weiden. Es ist ein kleiner baskischer Ort mit vielen Wohnhäusern, deen Baustil für diese Gegend typisch st. Der Name Espelette leitet sich von *spelet a eta* ab, was soviel wie »bewaldeter Ort« bedeutet.
m alten *Schloß* sind heute Rathaus und Kloster untergebracht. Die *Kirche* Anfang 12. Jh.) spiegelt die Bauweise les Baskenlandes wider: massiver Turm; dreistöckige Empore, in Holz geschnitzt. Schöner *Friedhof* mit baskischen Grabdenkmälern.

Umgebung: Itxassou (4 km westlich): Kleines Dorf, an dem schönen *Engpaß Pas de Roland* gelegen, der der Sage nach durch einen Schwertstreich eines tapferen Begleiters Karls des Großen entstanden sein soll. Die Ortschaft entstand aus zwei verschiedenen Siedlungen, eine Konstellation, wie man sie häufig in dieser Gegend findet. Die *Kirche* stammt aus dem 17. Jh. und ist im baskischen Stil einschiffig mit geschnitzten Emporen und bemalter Decke erbaut.

Étampes	19000 Ew
91 Essonne	S. 410 □ I 5

Das malerische Städtchen liegt in einem Tal, das von der Chalouette und der Juine durchflossen wird. Hugues Capet, der Begründer der Dynastie der Capetinger, hat die Stadt annektiert. Seine Familie hielt sich sehr gern und häufig in dieser Gegend auf. Étampes besitzt noch viele schöne Gebäude, die von seiner Vergangenheit zeugen: Die *Tour Guinette,* ein alter

Wachturm aus dem 12. Jh., das Haus der Diane de Poitiers und das der Anne de Pisseleu und viele andere prachtvolle Wohngebäude aus der Gotik und Renaissance. Erwähnenswert ist auch das *Rathaus,* in dem ein lokal-geschichtliches *Museum* untergebracht ist.

Die Stadt beherbergte die Königin Ingeburg während ihres Zwangsaufenthaltes, den ihr Philipp August auferlegt hatte. Nachdem sie von ihm verschmäht worden war, wollte er sie verstoßen, was ihm jedoch wegen des Widerstandes des Papstes nicht ohne weiteres durchführbar erschien. So mußte sie hier in Étampes in Verbannung leben.

Eine andere Episode aus der Geschichte der Stadt steht in Zusammenhang mit dem katholischen Glaubenskämpfer Ravaillac, dessen Wahnidee, den etwas zu protestantisch denkenden Heinrich IV. ermorden zu müssen, an einer Kreuzigungsgruppe am Eingang von Étampes neue Impulse erhalten haben.

Notre-Dame-du-Fort: Sie besitzt noch eine romanische *Krypta,* über der sich der Chorraum der unregelmäßigen, oftmals umgebauten Kirche des 12. und 13. Jh. erhebt. Sie besitzt außerdem noch einen auffallenden romanischen *Glockenturm,* ein aus der Mitte des 12. Jh. stammendes Südportal, das an Chartres erinnert, und im Chor sehr schöne *Glasfenster* die aus dem 16. Jh. stammen.

Étampes, Notre-Dame-du-Fort

Saint-Basile: Der größte Teil der Kirche stammt aus dem 15. und 16. Jh. Lediglich das Portal in der Westfassade, der mittlere Glockenturm und das Querschiff sind romanischen und frühgotischen Ursprungs. In der Nähe befindet sich die Kirche *Saint-Gilles.* Sie wurde von Ludwig VI. 1123 gegründet und ebenfalls im 15. und 16. Jh. umgebaut. Die Kirche *Saint-Martin* liegt am Ortsausgang. Bemerkenswerter Chorumgang mit kleinen Kapellen und vielen Grabsteinen.

Umgebung: Morigny (3 km nördlich): Die jetzige *Pfarrkirche* gehörte zur ehem. Benediktinerabtei. Sie hat einen viereckigen Turm aus dem 13. Jh. Im *Palais des Abbés* findet sich eine prähistorische Sammlung. – **Chamarande** (10 km nördlich): Düsteres *Schloß,* von François Mansart* im 17. Jh. erbaut. Es liegt in einem großen Park, der von der Juine und vielen Kanälen durchflossen wird. – **Farcheville** (11 km östlich): *Festung* aus dem 13. Jh. mit Gräben und Schutzwällen. Abgesehen von einem Teil des Hauptgebäudes (17. Jh.) hat sie ihren mittelalterlichen Charakter bewahrt. – **Méréville** (16 km südlich): *Schloß* aus dem 17./18. Jh. mit romantischem Park, der durch Parzellierungen sehr verkleinert wurde. Erbauer war ein reicher Finanzier zur Zeit Ludwigs XVI.

Étretat

Étretat	1530 Ew
76 Seine-Maritime	S. 410 □ G 3

Der Ort ist weniger wegen seiner kunsthistorischen oder architektonischen Bedeutung sehenswert als viel mehr wegen der *schönen Küstenlandschaft* des Pays de Caux: Steile Klippen, von natürlichen Torbogen durchbrochen, und frei stehende Felsen prägen die bizarre Landschaft, die viele Künstler anregte: den Dichter Guy de Maupassant und vor allem viele Maler wie Delacroix*, Boudin*, Isabey*, Jongkind*, Courbet*, Monet*, Vallotton* und Matisse*. Der erste Maler, der seine Staffelei in der Nähe des kleinen Hafens aufgestellt haben soll, um die reizvolle Landschaft auf seine Leinwand zu bannen, war Isabey in den Jahren 1840 und 1850. Die berühmte »Welle« von Courbet wurde hier gemalt und hängt heute im Louvre. An bemerkenswerten Gebäuden finden wir im Ort die romanisch-gotische *Kirche,* die zur Abtei von Fécamp gehörte, außerdem einige alte, malerische Häuser.

Eu	8600 Ew
76 Seine-Maritime	S. 410 □ H 2

Alte gallo-römische Hafenstadt, an der Bresle gelegen. Später war Eu im Besitz verschiedener französischer Adelsfamilien und wurde zum Sitz derer von Orléans.

Schloß: Ein mächtiger Bau in Stein und Ziegel mit hohen Dachfenstern, die die schiefergedeckten Dächer durchbrechen. Es wurde im Jahre 1578 von Henri de Guise begonnen, von eben jenem, der auf Befehl Heinrichs III. in Blois ermordet wurde. Das Schloß wurde später von Mademoiselle de Montpensier weiter ausgebaut, dann in der Revolution stark beschädigt und erst im 19. Jh. durch Louis-Philippe restauriert und umgebaut. Nachdem es 1902 durch einen Brand zerstört worden war, wurde es größtenteils wiedererrichtet. Gegenwärtig ist das Bürgermeisteramt darin untergebracht sowie ein kleines bescheidenes *Museum.*

Musée Louis-Philippe: Kleines lokalgeschichtliches Museum, das im Schloß untergebracht ist. Es bewahrt Erinnerungsstücke an die verschiedenen Besitzer des Schlosses auf, berichtet von der Geschichte des Ortes Eu und zeigt kostbare Trophäen, die der Prinz von Orléans gesammelt hat. Sehenswert ist das Zimmer der Made-

Eu, St-Laurent, Grablegung (15. Jh.)

moiselle de Montpensier, in dem noch die Originalausschmückung des 17. Jh. erhalten ist.

Saint-Laurent: Diese ehemalige Kollegiatkirche (12. und 13. Jh.) ist zu Ehren eines irischen Erzbischofs, des Hl. Laurence O'Tool, erbaut worden, der 1181 in Eu gestorben ist. Schönes Beispiel der normannischen Gotik, die im 15. Jh. umgebaute Apsis ausgenommen. Im *Inneren:* Chor und Querschiffe haben Emporen; auf marmornen Pfeilern stehen Urnen oder Epitaphe. Der Schrein vor dem Hochaltar birgt die Reliquien des Hl. Laurence O'Tool. Am Beginn des Chorumgangs findet man in einer kleinen Kapelle eine Grablegung des 15. Jh.
Krypta: Grabstätten der Grafen von Eu (Geschlecht der Artois) sowie einige schöne gotische Statuen (Ende 13. Jh.).

Évreux	46270 Ew
27 Eure	S. 410 □ H 4

Diese ehem. gallo-römische Siedlung wurde im Jahre 892 von normannischen Piraten verwüstet und auch in den späteren Jahrhunderten oftmals angegriffen, überfallen und niedergebrannt. Die deutschen Bombenangriffe im Juni 1940 und die der Amerikaner im Juli 1944 haben die Stadt so zerstört, daß sie ganz ihren Charakter verlor. Lediglich die Reste der ehem. *Umwallung,* die man auf einem Spazierweg entlang der Iton sehen kann, blieben noch erhalten, ebenso ein alter *Wehrturm* von 1490.

Kathedrale Notre-Dame: Ein bemerkenswertes Bauwerk, das im 2. Weltkrieg sehr beschädigt, jedoch inzwischen recht gut restauriert wurde. Die Kirche mit dem fein ziselierten Turm vereint die Stilrichtungen des 12. bis zum 17. Jh.: Das Langhaus ist romanisch, die Westfassade wurde in der Renaissance-Zeit angefügt, der originelle Turm, die *Tour Gros-Pierre* genannt, stammt aus der Zeit Ludwigs

Évreux, Wehrturm

XIII. Im *Inneren* fällt der große Reichtum an Glasfenstern ins Auge, die vor allem die Kapellen der Apsis schmükken. Sie stammen zum größten Teil aus dem 11. bis 16. Jh. Ebenfalls bemerkenswert sind die Holzschnitzereien: wunderbare Holzschranken vor den Kapellen, eine sehr schön gearbeitete Holztür am Chorumgang aus dem 16. Jh. und ein kunstvoll geschnitztes Chorgestühl aus dem 18. Jh., das hinter hübschen Gittern aus derselben Zeit steht.

Ehem. Bischöfliches Palais, Museum: Der Palast ist im franz. Flamboyant-Stil Ende des 15. Jh. erbaut. Heute ist ein sehr schönes *archäologisches Museum* darin untergebracht. Es zeigt neben der interessanten archäologischen Abteilung Gemälde, Möbel und Fayencen. In einem Saal im 2. Stock sind viele Gemälde des 19. Jh. ausge-

Évreux, Kathedrale

stellt; neben einigen Frühimpressionisten auch Bilder von Impressionisten. Hervorzuheben sind insbesondere die Werke von Goya*, Guillaumin* und Boudin*.

Saint-Taurin: Dem Hl. Taurin, Begründer des Bistums von Évreux im 4. oder 5. Jh., ist diese einstige Klosterkirche aus dem 11., 12. und 14. Jh. geweiht. Schönes, rein romanisches Querschiff, Fassade aus der Zeit Ludwigs XV. Besonders sehenswert: Der *Reliquienschrein* des Hl. Taurin, schönste Goldschmiedekunst aus dem 13. Jh. (Zur Besichtigung sich bitte ans Pfarrhaus wenden).

Excideuil

1660 Ew

24 Dordogne — S. 419 □ H 11

Der Ort ist vor allem durch die Geschichte seines Schlosses bekanntgeworden.

Schloß: Die Reste dieses großartigen Schlosses liegen, von Grün eingerahmt, auf einem Felsvorsprung. Es war Sitz vieler Dynastien, die alle zum Wachstum und Ausbau der Anlage vom 11. bis zum 16. Jh. beigetragen haben. Unter der Familie Talleyrand konnten die im 18. Jh. notwendig gewordenen Restaurierungen nicht mehr durchgeführt werden. Die heutigen Überreste stammen aus dem 14. Jh. und der Renaissance.

Kirche: Von den Benediktinern im 12. Jh. errichtet, mehrfach ausgebrannt und größtenteils im 16. Jh. wiedererstellt. Südportal mit wunderbarer Flamboyant-Ornamentik. Im *Inneren* eine *Pieta* des 16. oder 17. Jh. und ein reichgeschmückter Altaraufsatz des 17. Jh.

Eyzies-de-Tayac (Les)

890 Ew

24 Dordogne — S. 419 □ H 12

Das Tal der Vézère, wo sich Les Eyzies befindet, ist, ebenso wie das Tal der Beune, bekannt durch seine vorgeschichtlichen Höhlenmalereien, die sich in den Kalkfelsen und Grotten fanden (siehe auch *Montignac*). Les Eyzies wurde deshalb auch als »Hauptstadt der Vorgeschichte« be-

Évreux, Kirche St-Taurin, Schrein des Hl. Taurin

zeichnet. An Bauwerken im Ort selbst sind die befestigte Kirche von Tayac aus dem 12. Jh. und das *Schloß* zu nennen.

Kirche von Tayac: Die Kirche wirkt düster, besitzt jedoch eine gewisse Eleganz. Sie wurde im 12. Jh. erbaut und hat noch heute den Charakter einer Festung. Die Fassade und die Apsis verbergen Unterschlupfmöglichkeiten, die der Verteidigung der Kirche dienten.

Schloß und Prähistorisches Museum: Dieses ehem. *Schloß* der Herren von Beynac, in halber Höhe in einen Felsen eingebaut (10.–11. Jh., später restauriert), ist heute zum *Musée National de Préhistoire* umgestaltet. Es zeigt die Ausgrabungen und Funde aus dieser Gegend und gibt eine ausgezeichnete Einführung in die Vorgeschichte und die Entwicklung menschlicher Kunst und Kultur von der Steinzeit einschließlich der Höhlenmalerei. Eines der bekanntesten Kunstwerke ist das Flachrelief der *Venus von Laussel* (etwa 24 000 v. Chr.). Auf der Terrasse vor dem Museum steht eine Statue des urgeschichtlichen Menschen.

Grotte de Font-de-Gaume: Über dem Tal der Beune wurde im Jahre 1901 diese Grotte mit Höhlenmalerei entdeckt. Sie ist über einen schmalen Weg zugänglich und zeigt unzählige Tierdarstellungen (Büffel, Mammuts, Rentiere und andere), die z. T. auch eingraviert und in Ocker und Schwarz hervorgehoben sind. Das Entstehungsdatum dürfte um das 10. Jahrtausend v. Chr.

Grotte de Combarelles: Aus derselben Zeit stammen die etwa 300 Tierzeichnungen dieses schmalen Höhlenganges, der drei Tage vor der Grotte de Font-de-Gaume entdeckt wurde. Von Interesse ist auch noch der *Abri du Cap-Blanc,* ein Unterschlupf unter einem Felsen, der ein Skulpturenfries von Tieren und Tierköpfen als Hochrelief birgt.

Roc de Tayac: Dieser ausgehöhlte Felsen liegt im Tal der Vézère und ist über eine Treppe zugänglich. Während des Hundertjährigen Krieges waren diese Höhlen befestigt und dienten als Unterschlupf. Heute ist ein kleines *Museum der Höhlenkunde* darin untergebracht.

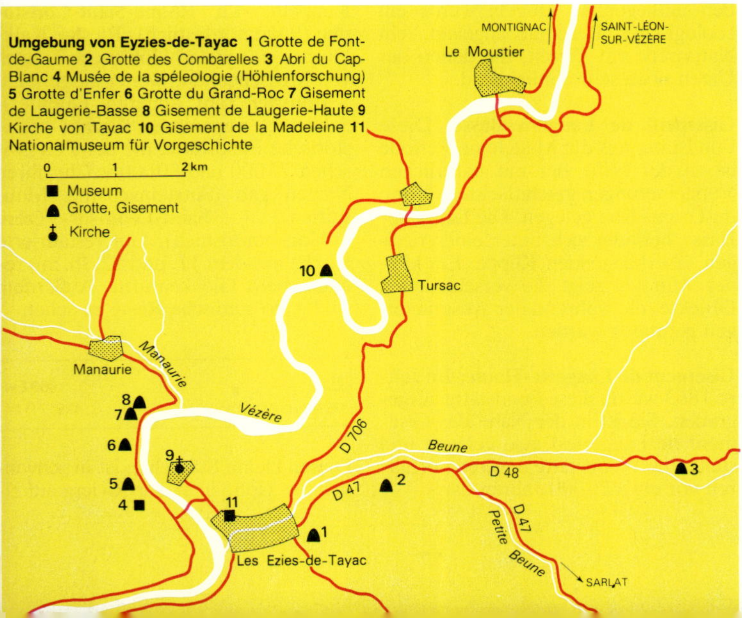

Umgebung von Eyzies-de-Tayac **1** Grotte de Font-de-Gaume **2** Grotte des Combarelles **3** Abri du Cap-Blanc **4** Musée de la spéléologie (Höhlenforschung) **5** Grotte d'Enfer **6** Grotte du Grand-Roc **7** Gisement de Laugerie-Basse **8** Gisement de Laugerie-Haute **9** Kirche von Tayac **10** Gisement de la Madeleine **11** Nationalmuseum für Vorgeschichte

St-Léon-sur-Vézère, Kirche

Les Eyzies, Kirche von Tayac

Gorge d'Enfer: Das kleine Tal ist reich an Schlupfwinkeln, die frühgeschichtliche Zeugnisse aufweisen. Hier und auf den umliegenden Hügeln wurde ein zoologisches Reservat angelegt, ein Naturpark mit Tieren, die denen der Urzeit noch sehr ähnlich sind.

Gisement de Laugerie-Basse: Diese Fundstätte aus der Madeleine-Periode ist in der Nähe der mit natürlichen Versteinerungen geschmückten Grotte du Grand-Roc gelegen. Die Laugerie-Basse befindet sich unter einer riesigen, überhängenden Klippe. Ein kleines *Museum* zeigt die verschiedenen Objekte, die während der Ausgrabungen gefunden wurden.

Gisement de Laugerie-Haute: Im Jahre 1863 wurde diese Fundstätte ausgegraben. Sie ist in der Nähe des Gisement de Laugerie-Basse gelegen und stellt eine Wohnstätte unserer Vorfahren vor etwa 20000 Jahren dar.

Umgebung: Tursac (5,5 km nordöstlich): Befestigte romanische Kirche mit Wehr-Glockenturm und vielen Kuppeln. – **La Roque-Saint-Christophe** (9 km nordöstlich): Riesige Kalkklippen mit vielen Höhlen, z. T. auch von Menschenhand weiter ausgehöhlt. – **Moustier** (am anderen Flußufer): Schlichte, romanische Kirche; prähistorische Fundstätte, die der Zeit zwischen 75000 und 80000 v. Chr. ihren Namen gab (Altsteinzeitstufe Moustérien). – **Saint-Léon-sur-Vézère** (14 km nordöstlich): Gut restaurierte Kirche aus dem 11. und 12. Jh. mit romanischem Glockenturm. Außerdem sind gallo-römische Reste zu sehen.

Èze	1860 Ew
06 Alpes-Maritimes	S. 426 □ P 14

Dieses kleine Städtchen ist in schwindelnder Höhe über der Riviera auf ei-

Èze, Ansicht vom Dorf

nem überhängenden Felsen gelegen. Man genießt einen herrlichen Blick auf das Meer. Èze besitzt alte, z. T. recht gut restaurierte Häuser, winzige verträumte Sträßchen und winkelige idyllische Passagen.

Schloß: Die Familie Riquier, Herren von Èze, hat dieses Schloß, von dem heute nur noch die Ruinen existieren, im 14. Jh. erbaut. Im Jahre 1706 wurde es zerstört.

Kirche: Sie stammt aus dem 18. Jh. und birgt einen schönen *Taufstein* aus dem 15. Jh. sowie eine *Statue,* die die Himmelfahrt Mariens darstellt und ebenfalls aus dem 15. Jahrhundert stammt.

Kapelle der Pénitents-Blancs: Kleine Kapelle aus dem 14. Jh. In der Nähe, oberhalb des Dorfes, befindet sich eine exotische Gartenanlage mit Fettpflanzen und Kakteen.

Èze, Blick über die Riviera

F

Falaise 8360 Ew
14 Calvados S. 413 □ F 4

Schloß: Von den verheerenden Zerstörungen des Jahres 1944 blieb das *Schloß*, das im 11. Jh. hoch auf Sandsteinfelsen erbaut wurde, zum großen Teil verschont. 1027 wurde hier Wilhelm der Eroberer geboren. Die heutigen Schloßgebäude wurden unter Wilhelms Sohn erbaut. Die Ringmauer besitzt viele Wehrtürme aus dem 13. Jh. und einen mächtigen Wachturm.

Falaise, Schloß

Trinité: Die Kirche stammt aus dem 13., 16. und 17. Jh., wurde jedoch während des 2. Weltkrieges sehr zerstört. In ihrem heutigen Aussehen überwiegt der spätgotische Stil.

Saint-Gervais: Eine nochmals umgebaute Kirche (13., 15., 16. Jh.), die Ende des 12. Jh. begonnen wurde. Der rechte Teil des Hauptschiffs ist noch romanischen Ursprungs.

Notre-Dame de Guibray: Die romanische Kirche liegt etwas außerhalb von Falaise. Die Innenräume wurden im Laufe der Zeit stark verändert.

Faou (Le) 1510 Ew
29 Finistère S. 412 □ B 5

Die kleine Stadt liegt zwischen Brest und Quimper und war einst florierende Hafenstadt. Sie besitzt noch heute sehenswerte alte Häuser aus dem 16. Jh. mit schönen Schieferfassaden.

Kirche: Ebenfalls aus dem 16. Jh. stammt die Kirche des Ortes, die einen hohen Glockenturm mit breitem Umgang besitzt, auf den eine Kuppel mit vier kleinen Laternen aufgesetzt ist. Die mittelalterliche *Vorhalle* mit klei-

Le Faou, Altes Haus

Le Faouët, Kapelle St-Fiacre, Detail

nen Steinbänken ist mit Apostelfiguren ausgeschmückt.

Umgebung: Abtei von Landévennec (18 km westlich): Reste dieser ältesten bretonischen Abtei findet man auf der kleinen Halbinsel Landévennec an der Mündung des Aulne. Heute befindet sich in den seit 1958 wiedererrichteten und gut restaurierten Gebäuden ein Benediktinerkonvent. Nach der Zerstörung der ersten Kirche aus dem 5. Jh. wurde im 10. und 11. Jh. die *Klosterkirche* erbaut, die heute nur noch als *Ruine* mit einigen frühromanischen und romanischen Teilen besteht. Die drei Apsiden sind noch recht gut erhalten. Eine fünfbogige Vorhalle soll aus der Karolingerzeit stammen. Im *Innern* finden sich bemerkenswerte Kapitelle mit geometrischen Ornamenten. Bei Ausgrabungen konnten die ehem. Grundrisse der Klostergebäude vollständig rekonstruiert werden.

Faouët (Le)	3150 Ew
56 Morbihan	S. 412 □ C 6

Der Ort liegt inmitten einer schönen bretonischen Landschaft. Er besitzt aus dem 16. Jh. weiträumige *Markthallen* mit einem hübschen achteckigen Glockentürmchen. Bekannt sind die *Kirche* aus dem 16. Jh. und eine Vielzahl von *Wallfahrtskapellen* in der Umgebung.

Umgebung: Kapelle Saint-Fiacre: Diese 3 km südlich des Ortes gelegene Kapelle stammt aus dem 15. Jh. und wird von einem Giebelglockenturm mit zwei danebenstehenden Treppentürmchen überragt. Im Inneren findet man einen fein ziselierten, prächtigen, in Holz geschnitzten *Lettner* von 1480 mit verschiedensten sakralen und profanen Themen. Biblische Szenen finden sich neben den Darstellungen der Todsünden. Diese sehr phantasierei-

Le Faouët, Kapelle St-Fiacre, Bunte Statuen

chen Motive verdienen Beachtung: Die Trunkenheit wird symbolisiert durch einen Mann, der einen Fuchs ausspeit; der Diebstahl ist personifiziert durch einen Bauer, der Äpfel pflückt; die Unzucht ist verkörpert durch eine Liebesszene. Beachtenswert sind auch die Schlußpfeiler, die die Empore tragen. Sie zeigen verschiedene Engelsmotive und Tierdarstellungen realer oder mythischer Art. Die Glasfenster im Chor und in den Querschiffen stammen aus dem 16. Jh. – **Kapelle Sainte-Barbe:** Sie liegt 2,5 km nordöstlich von Le Faouët auf einem Felsen über der Ellé. Über eine große Treppe ist sie erreichbar. Am ersten Treppenabsatz schafft ein steinerner Brückenbogen eine Verbindung zum Gebetssaal Saint-Michel. Die hier angebrachten Eisenringe sollen von den Pilgern benutzt worden sein, die diesen gefährlichen Pilgerweg zur Rettung ihrer Seelen, aber unter Einsatz ihres Lebens genommen haben. Der Chorraum und das Gewölbe sind noch im Flamboyant-Stil erbaut, die Glasfenster stammen aus der Renaissance. Im Inneren befinden sich in Stein gehauene Bildtafeln und schöne Statuen. – **Kapelle Saint-Nicolas:** Die schlichte, kleine Wallfahrtskirche mit dem kleinen Glockenturm und Treppentürmchen liegt 6 km nordöstlich von Le Faouët. Im Inneren steht ein *Renaissance-Lettner,* der fast bäuerlich und humorvoll die Legende des Hl. Nikolaus erzählt (Darstellung in bemaltem Holz). – **Kapelle Saint-Sébastien:** 4 km nördlich von Le Faouët findet man diese Kapelle mit der interessanten Apsis, die auf Pfeilern ruht, welche in verschiedenen Wasserspeiern enden. Im Inneren schöne Skulpturen mit Jagdszenen und Motiven des täglichen Lebens sowie ein das ganze Kirchenschiff durchziehender Balken aus dem 16. Jh. – **Kernascléden:** Der Ort liegt etwa 14 km östlich von Le Faouët und besitzt eine der schönsten

Fécamp, Kirche La Trinité, Laterne

Fécamp, La Trinité, Tod Mariens

Kirchen der bretonischen Gotik. – Die *Notre-Dame* wurde 1453 fertiggestellt. Sie besitzt in der Südfassade eine zarte Rosette sowie eine sehr schöne Vorhalle mit Statuen der Hll. Apostel. Wunderbare Fresken des 15. Jh., die das Leben Christi und der Jungfrau Maria darstellen, schmücken das steinerne Gewölbe und die oberen Teile der Wände. Eine riesige, nicht mehr sehr gut erhaltene Tafel im rechten Querschiff stellt einen Totentanz und die Hölle dar, in der die verdammten Seelen gekocht, gebraten oder auf Ästen aufgespießt werden.

Fécamp	21 870 Ew
76 Seine-Maritime	S. 410 □ G 3

Fécamp liegt am Ende eines kleinen Tals zwischen steilen Felswänden im Pays de Caux. Es ist eine bekannte Hafenstadt und ein vielbesuchter Badeort und war einst Heimathafen vieler großer Fischerboote. Diese Seestadt entbehrt nicht eines gewissen Charakters. Sie ist Heimatstadt des Schriftstellers Jean Lorrain, vielleicht auch von Guy de Maupassant, sicher aber die Geburtsstadt von zwei Herzögen der Normandie.

Fécamp wird von der *Abteikirche* eines ehedem sehr einflußreichen Klosters überragt. Dieses wurde im Jahre 660 gegründet und zählte den bekannten Wilhelm von Volpiano zu seinen Äbten, der dem Kloster die Kirchenreform von Cluny auferlegte, wie er es auch bei dem Kloster Saint-Bénigne von Dijon getan hatte. Einige spärliche Reste dieser Abtei von Fécamp haben die Revolution überstanden, so die alte Mühle der Mönche (Gebäude im Stil Ludwigs XVI.), die heute das Rathaus beherbergt. Von dem *Schloß*, das die Herzöge der Normandie im 10. Jh. begonnen hatten, sind nur noch geringe Spuren erhalten.

Fécamp, Bénédictine

Klosterkirche Trinité: Diese schlichte, große Kirche der ehem. Abtei wurde 1175–1220 anstelle eines Vorgängerbaus errichtet, der vom Blitz in Brand gesteckt worden war. Sie ist im normannischen frühgotischen Stil erbaut: Hohes, dunkles Kirchenschiff mit kleinen Emporen, riesiger Mittelturm und, später erneuert, eine schöne Fassade im Stil Ludwigs XV. Im rechten Seitenschiff steht eine ausdrucksvolle Gruppe, die den *Tod Mariens* darstellt (1495); daneben ein Tabernakel von 1420. Der Stein mit dem »Engelsfuß« soll die Fußspuren des heiligen Gottesboten erhalten haben, als er im Jahre 943 Guillaume Longue-Épée erschienen ist. Im Chorraum befindet sich ein schönes Chorgestühl, ein Hochaltar des 18. Jh. sowie ein Renaissance-Altar. Die etwas abseits gelegene *Marienkapelle* des späten 15. Jh. birgt einen marmornen Tabernakel des 16. Jh. und einen modernen Reliquienschrein. – In der *Chapelle du Sacré-Cœur* (links vom Chor) befindet sich das Grabmal Wilhelms von Volpiano (17. Jh.), der 1031 starb.

Saint-Étienne: Der spätgotische Bau, der in der Nähe des Hafens liegt, wurde im 19. Jh. größtenteils erneuert.

Musée Municipal: Das Museum ist in einem schönen Gebäude des 18. Jh. untergebracht und zeigt verschiedenste Sammlungen: Archäologie, Fayencen, Dokumente der Heimatgeschichte des Pays de Caux sowie vor allem eine *Gemäldegalerie* mit Porträts aus dem 16. Jh., Skizzen von Delacroix* und Monet* und mit verschiedenen Gemälden anderer Meister.

Musée de la Bénédictine: Das interessante ehem. Schloßgebäude aus dem 19. Jh. mit verzierten Giebeln, Spitzdächern und Dachreitern war lange Zeit die Herstellungsstätte des berühmten *Klosterlikörs von Fécamp*

Fécamp, Musée de la Bénédictine

Fécamp, Ruinen von Valmont

(»Bénédictine«). Heute geschieht dies in den modernen Fabriken von Tourville-les-Ifs. Der extravagante Palast de la Bénédictine vereint in seinen sog. gotischen und Renaissance-Sälen sehr reiche und verschiedenartige Sammlungen von Kunstwerken. Zu den bekanntesten Werken dieses ungewöhnlichen Museums zählen ein mehrteiliges Altarbild der Kölner Schule, um 1500 gemalt, und ein Triptychon aus der Werkstätte des Meisters von Frankfurt* (Ende des 15., Anfang des 16. Jh.). Zu den Sammlungen gehören außerdem sehr schöne Möbel, römische Lampen, Gold- und Kunstschmiedearbeiten und Werkzeug zur Faßherstellung (wie Reifzwingen und ähnliches). Als Besonderheit bietet das Museum Informationen über die Herstellung des Klosterlikörs, der von den Mönchen im 16. Jh. erfunden worden war und auch heute noch aus 27 ausgewählten Kräutern und Gewürzen bereitet wird.

Umgebung: Abtei von Valmont (11 km östlich): Eine im 12. Jh. gegründete, im 17. Jh. umgebaute Abtei, deren Kirche heute nur noch als Ruine existiert. Die noch erhaltene *Marienkapelle,* ein Renaissance-Kleinod, birgt interessante Skulpturen, die Germain Pilon* zugeschrieben werden, sowie Glasgemälde aus dem 16. Jh. – Nahebei liegt das **Schloß der Sires d'Estouteville** mit einem viereckigen Wachturm aus der Zeit Wilhelms des Eroberers. Es besitzt ein Renaissance-Wohngebäude.

Fénelon (Schloß)

24 Dordogne S. 419 □ H 12

Ein großes mit zwei Ringmauern befestigtes *Schloß* überragt auf einem Hügel das Tal der Dordogne. Es ist eine mächtige Trutzburg, im Stil des Périgord erbaut, mit wuchtigen Fensteröff-

La Ferté-Alais, Glockenturm

nungen und Pechnasen zur Verteidigung. Dieses noch immer herrschaftlich anmutende Gebäude war 1651 Geburtsstätte des späteren »Bischofs von Cambrai«, François de Salignac de La Mothe-Fénelon. Das Schloß bewahrt bis heute verschiedenste Erinnerungsstücke an diesen liberalen Prälaten auf.

Fère-en-Tardenois	3010 Ew
02 Aisne	S. 411 □ K 4

Der Ort besitzt eine *Kirche* aus dem 15. und 16. Jh. mit sehenswerten Holzschnitzereien (17. Jh.) im Inneren und sehr schöne *Markthallen* aus dem 16. Jh. mit wunderbarem Gebälk, das auf Steinsockeln ruht. Weiter nördlich liegen die Ruinen eines *befestigten Schlosses* (13. Jh.) mit sieben Wehrtürmen. Im 16. Jh. wurde diese ehem. Trutzburg zum Lustschloß umgebaut. Leider verlor es durch diesen Umbau, der es von Grund auf verschönern sollte, sehr viel von seinem ursprünglichen, kriegerischen Charakter. Auf einem beeindruckenden *Viadukt* befinden sich die Reste einer in der Renaissance aufgesetzten Galerie.

Ferté-Alais (La)	1950 Ew
91 Essonne	S. 410 □ I 5

Der Name dieses kleinen Ortes »Forteresse d'Adélaïde« (Trutzburg der Adelaïde) erinnert an eine ehem. Schloßherrin. Die Burg existiert nicht mehr. Die romanisch-gotische Kirche (11./12. Jh.) jedoch überragt noch immer das Dorf mit ihrem schönen *Glockenturm*, dessen Spitze im 17. Jh. erneuert wurde. Im Inneren befinden sich einige sehenswerte Kapitelle sowie Mobiliar aus einer ehem. Abtei.

Ferté-Bernard (La)	9130 Ew
72 Sarthe	S. 414 □ G 6

Die Geburtsstadt zweier berühmter Männer liegt in dem fruchtbaren Tal des Huisne. Jehan de Beauce*, einer der großen Meister der Kathedrale von Chartres, und der Schriftsteller Robert Garnier (16. Jh.) wurden hier geboren.

Notre-Dame-des-Marais: Im 15. und 16. Jh. entstanden; schöner Chor und wertvolle Glasfenster aus dieser Zeit; schöner Orgeltisch aus dem 16. Jh.

Außerdem sehenswert: Die *alte Markthalle* mit schöner Zimmermannsarbeit, die heute als großer Festsaal verwendet wird, das *Festungstor Porte Saint-Julien,* das als letzter Zeuge der Befestigungsmauer dieser Stadt noch erhalten blieb; ebenso einige *alte Häuser* im Stadtinneren und ein *Aquädukt* aus dem 15. Jh., der noch immer den Brunnen auf der Place Carnot speist.

La Ferté-Bernard, Glasfenster

La Ferté-Milon, Schloßruinen

Ferté-Milon (La) 1690 Ew
02 Aisne S. 411 □ J 4

Das alte, ehemals befestigte Städtchen ist Geburtsort von Jean Racine (1639).

Schloß: Die Ruinen der alten Burg sind noch zu sehen, außerdem einige Teile des im 14. Jh. zum Schloß umgestalteten Gebäudes. Besonders eindrucksvoll ist die hohe, lange *Fassade,* in deren Mitte zwei Türme den Eingang flankieren, der von einem prachtvollen Flachrelief geschmückt wird (Krönung der Jungfrau Maria, 15. Jh.).

Notre-Dame: Ein romanisches Kirchenschiff (12. Jh.) wird durch einen Renaissance-Chor erweitert. Die *Marienkapelle* besitzt (über dem Altar) ein schönes Glasfenster aus dem 16. Jh.

Figeac 10080 Ew
46 Lot S. 423 □ I 12

Der sehenswerte Teil von Figeac liegt auf dem rechten Ufer des Célé. Der Ort besitzt kleine *malerische Gäßchen* und *mittelalterliche Häuser* mit Türmchen und Erkern: In der Rue Balène die Maison d'Auglanat (15. Jh.), in der Rue E. Zola die Maison Murat mit herrlichen gotischen Fenstern und auf der Place Champollion die Maison Anglade mit hübschem Türmchen und herrlichem schmiedeeisernem Balkon. Viele der Häuser sind mit einer Art offenem Speicherraum, »soleilho« genannt, ausgestattet.

Saint-Sauveur: Ursprünglich Teil einer Abtei des 11. Jh., viele Male (im 13., 14., 17. und 19. Jh.) umgebaut.

Notre-Dame-du-Puy: Oberhalb der Stadt auf dem Hügel des Mont-Viguier

Figeac, Kirche St-Sauveur

gelegen. Im 12. Jh. entstanden, hat auch diese Kirche viele Umbauten im 14. und 17. Jh. erfahren. Romanische Apsis, gotisches Hauptschiff. – Im Inneren: Großes Altarbild im Chorraum (17. Jh.), die Himmelfahrt und Krönung Mariens darstellend.

Hôtel de la Monnaie: Wohnhaus aus dem 13. Jh., in der damals im Quercy üblichen Bauweise noch erhalten. Heute birgt es ein kleines *Heimatmuseum;* u. a. gibt es auch Informationen über den 1790 in Figeac geborenen Ägyptologen Jean-François Champollion.

Filitosa → Corse

Flavigny-sur-Ozerain → Alise-Sainte-Reine

La Flèche, Kapelle St-Louis

Flèche (La)

72 Sarthe — 14450 Ew — S. 413 □ F 7

La Flèche liegt am rechten Ufer des Loir und ist heute Handels- und Industriestadt. Heinrich IV. verbrachte hier seine Jugend.

Prytanée militaire: Heute *Militärschule,* einst ein von König Heinrich IV. gegründetes *Jesuitenkolleg,* das u. a. auch von René Descartes besucht wurde. Riesige Gebäude des 17. und 18. Jh.

Kapelle Saint-Louis: Ein äußerlich düsterer Bau, der die Urnen von Heinrich IV. und Maria di Medici birgt. Im Inneren ist die Kapelle barock ausgestaltet.

Kapelle Notre-Dame-des-Vertus: Diese kleine Kapelle, die der Muttergottes geweiht ist, ist romanischen Ursprungs. Im Inneren ist sie mit schönen Renaissance-Holzschnitzereien geschmückt.

Flers 20460 Ew
61 Orne S. 413 □ F 5

Die normannische Stadt wurde im Krieg weitgehend zerstört. Als einziges altes Bauwerk blieb das *Schloß* aus dem 16. und 18. Jh. erhalten, in dem heute ein *Heimatmuseum* untergebracht ist, das vor allem über die lokale Textilindustrie informiert.
Die moderne *Kirche Saint-Germain* besitzt schöne zeitgenössische Glasfenster.

Fleury-en-Bière 330 Ew
77 Seine-et-Marne S. 411 □ J 5

Das hübsche Städtchen besitzt ein mächtiges *Schloß* aus dem 16. und 18. Jh., das von einer starken Mauer umgeben ist: Schönes Hauptgebäude mit regelmäßiger Fassade sowie große Nebengebäude, die um einen imposanten Innenhof angeordnet sind. Die jetzige Gemeindekirche war die *Kapelle* der ehem. Burg.

Foix 9560 Ew
09 Ariège S. 423 □ H 15

Das alte von Bergen umgebene Städtchen gehörte einst den Grafen von Foix in der Grafschaft Béarn und wurde erst mit der Thronbesteigung des von Béarn stammenden Heinrich IV. mit der Krone vereinigt. Im Stadtkern finden sich zahlreiche alte *Fachwerkhäuser* des 15. und 16. Jh.

Schloß: Von der Befestigung auf einem mächtigen Felsen existieren nur noch drei Wehrtürme und der frei stehende Rundturm, in dem das regionale *Museum* von Ariège untergebracht ist: Vorgeschichte, Geschichte der Region, Volkskunst und -tradition sind dargestellt.

Saint-Volusien: Diese ehem. Klosterkirche besitzt einen befestigten Chor, sehr schönes *Chorgestühl* aus dem 15. Jh. und eine *Krypta,* der man nach-

Fleury-en-Bière, Schloß

sagt, sie sei ein von Karl dem Großen begründetes Gebetshaus gewesen.

Folgoët (Le)	2220 Ew
29 Finistère	S. 412 □ B 5

Dieser kleine Ort wurde durch seine *Kirche* bekannt, die seit dem 15. Jh. zur *Wallfahrtsstätte* geworden ist. Ein Wunder am Grab des Salaün, genannt »Fou du Bois« (Waldnarr), soll Anlaß zu diesen Wallfahrten gewesen sein (8. Sept.). Er wurde nach seinem Tode reich belohnt dafür, daß er während seines armseligen Lebens in großer Frömmigkeit die Gottesmutter verehrt hatte: Eine wunderbare Lilie mit Blütenblättern, auf denen in Goldbuchstaben ein Ave Maria eingeschrieben war, wuchs aus seinem Grab.

Notre-Dame: Die Kirche wurde im 14./15. Jh. dort erbaut, wo das Wunder des Salaün geschehen sein soll. Die imposante Fassade dieses spätgotischen Bauwerks zeigt auf eine weite Esplanade hinaus und wird von zwei Türmen überragt, von denen einer unvollendet blieb. Der *Nordturm* weist eine durchbrochene Galerie auf und verjüngt sich zu einer steinernen Spitze mit vier kleinen Türmchen. Der Südturm wurde nicht fertiggestellt. Zur Südseite hin öffnet sich ein reich verziertes *Portal*. Die *Vorhalle* der im Westen gelegenen *Chapelle de la Croix* (Kreuzkapelle) birgt wertvolle Skulpturen. Die Chorhaube und das Kirchenschiff mit seinem Spitzbogengewölbe erhalten ihr Licht von einer schönen *Fensterrose*. – Im Inneren steht ein prachtvoller *Lettner* aus Granit (15. Jh.). Hinter der Kirche die Quelle des Salaün mit einer Marienstatue.

Musée lapidaire: Das Museum zeigt schöne Statuen und Fragmente einer Kreuzigungsgruppe, die aus dem Jahre 1543 stammt.

Umgebung: Schloß von Kerjean (14 km nordöstlich): Renaissance-Schloß (16. Jh.), in der Nähe des Dorfes Saint-Vougay gelegen, eines der schönsten Schlösser dieser Gegend. Eine befestigte Ringmauer schützt die Wohngebäude, deren Seitenflügel mit dem Haupthaus eine rechteckige Anlage mit großem Innenhof bilden.

Foix, Schloß

Fontainebleau, Schloß

Schöner Brunnen mit Steinbaldachin und eine Kapelle aus der Spätgotik und Renaissance. Im Inneren des Schlosses befindet sich ein kleines Museum, das vornehmlich Möbel und Statuen zeigt.

Fontainebleau	16640 Ew
77 Seine-et-Marne	S. 411 □ J 5

Schloß Fontainebleau: Über Jahrhunderte hinweg war dieses Schloß Residenz der französischen Herrscher. Von Napoleon erhielt es den Beinamen »Haus der Jahrhunderte«. Eine Anzahl sehr verschiedenartiger Gebäude des 16. bis 19. Jh., die um mehrere Höfe herum angeordnet sind, zeugt von den häufigen Um- und Anbauten, die das Schloß immer wieder erfahren hat.

An die gepflegten Parks des Schlosses grenzen die weiten Wälder von Fontainebleau an, in denen schon die Könige aus dem Kapetingergeschlecht ihren Reit- und Jagdfreuden nachgingen. Sie machen das Schloß zu einer ihrer Residenzen, die sie regelmäßig besuchten. Der Letzte der Kapetinger, Philipp der Schöne, wurde hier geboren und verstarb auch in Fontainebleau. Eine Legende erzählt, daß der Name Fontainebleau von einem Hund der königlichen Meute übernommen worden sei, der sich in den Wäldern verirrt haben soll. Wahrscheinlicher dürfte jedoch die Erklärung sein, daß der Name sich von Fontaine-Belle-Eau ableitet, was soviel heißt wie Quelle des schönen Wassers.

Das Schloß selbst wurde von jedem der Herrscher auf seine Weise geprägt. Der Hauptteil des heutigen Palastes stammt von Franz I., der die ehem. mittelalterliche Residenz abreißen ließ und Rosso* und Primatice*, die besten italienischen Maler und Stukkateure mit dem Bau des neuen Schlosses be

ıuftragte. Die sich daraus entwickelnde »Schule von Fontainebleau« beeinlußte mit ihrem franz.-italienischen Stil manchen Künstler. Heinrich II. ınd Catharina di Medici setzten das Werk Franz I. fort und ließen durch ıamhafte Architekten wie Philibert Delorme* und Jean Bullant* den Bau ıach neuen Plänen vergrößern. Heinich IV. ließ die Gebäude beträchtlich erweitern (Cour des Offices und Cour les Princes) und legte den Park an. Während seiner Regierungszeit enttand eine zweite Schule von Fontaineıleau mit starkem flämischem Einfluß. Ludwig XIII. setzte das vom Vater begonnene Werk fort, Ludwig XIV. hingegen hielt sich mehr in Versailles auf ınd ließ lediglich den Park von Fontainebleau durch Le Nôtre* umgestalten owie die Gemächer für seine Favoriin Madame de Maintenon einrichten. Ludwig XV., Ludwig XVI., Napoleon ınd Louis-Philippe bewohnten das Schloß in der darauffolgenden Zeit. Es wurde zeitweilig zum Mittelpunkt des höfischen Lebens. Zu bestimmten Zeiten übernahm es die Rolle der Hauptstadt Frankreichs. Die Hochzeit von Ludwig XV. mit Maria Leczinska wurde dort abgehalten und Jean-Jacques Rousseau wurde im Schloß empfangen, wo er die erste Aufführung seines »Devin du village« im Jahre 1754 inszenierte. Das Schloß mußte jedoch auch als »Gefängnis« für Papst Pius VII. dienen, der es gewagt hatte, Napoleon zu exkommunizieren. Hier war es auch, wo Napoleon seine Abdankung unterzeichnete und 1814 den Abschied von den »Soldaten der alten Garde« nahm.

Äußeres: Das von Gärten umgebene Schloß ist um eine Reihe von Höfen angeordnet und öffnet sich mit seinem Haupteingang zum Platz des Generals de Gaulle hin. Der erste Hof trägt den Namen *Cour du Cheval Blanc* oder *Cour des Adieux* (Hof des weißen

Pferdes oder Abschiedshof): Er wurde lange Zeit von der Statue eines weißen Gipspferdes geschmückt. Die Bezeichnung Abschiedshof erhielt er, weil Napoleon von hier aus zur Insel Elba abgereist war. Der Hof wird zur Rechten vom Gebäudeflügel Ludwigs XV., zur Linken vom Flügel Franz' I. begrenzt. Dem Eingang gegenüber steht das Hauptgebäude mit der bekannten hufeisenförmigen *Freitreppe,* die um 1630 von Jean Androuet du Cerceau* geschaffen wurde. Der zweite Hof, die *Cour de la Fontaine* (Brunnenhof), öffnet sich zum Karpfenteich und dem schönen Park hin. Man erzählt sich, daß in diesem Teich hundertjährige Fische leben sollen. Über der Cour de la Fontaine erhebt sich die Galerie von Franz I. Die Begrenzung des Hofes bilden die Schloßflügel der Königinmutter und der Flügel de la Belle Cheminée (Schöner Kamin). Vom Brunnenhof aus führt die *Goldene Pforte,* die in einen kleinen Pavillon von 1528 eingelassen ist, zum nächsten Innenhof. Sie ist mit schönen, inzwischen restaurierten Gemälden geschmückt und besitzt in ihrem Tympanon das Salamander-Emblem von Franz I. Betritt man durch diese Pforte die *Cour Ovale,* so sieht man zur Linken die königlichen Gemächer und zur Rechten die mächtigen Seitenflügel des Ballsaales. Im Anschluß daran befinden sich die Gebäude aus der Zeit Heinrichs IV., die rechtwinkelig um die *Cour des Offices* angeordnet sind.

Etwas abseits, im Norden des Schlosses, erstreckt sich der *Jardin de Diane* (Diana-Park) unter den Fenstern der großen Appartements Napoleons I. Auf der anderen Seite des Palastes breitet sich der Englische Garten aus, der im 19. Jh. eine Neugestaltung erfahren hat. In den Parks befinden sich große Wasserbassins.

Inneres: Es empfiehlt sich eine Besichtigung der *Kleinen Appartements* im Erdgeschoß und der *Großen Appartements* Napoleons I. im ersten Stock, die eine wunderschöne Empire-Einrichtung zeigen.

Weitere Sehenswürdigkeiten: Die *Galerie Franz' I.,* von Rosso* geschaffen, der große *Ballsaal* mit Stukkaturen von Primatice*, der schöne *Ratssaal* und die Gemächer der Marie-Antoinette, weiterhin der *Große Saal* mit herrlichen *Wandteppichen* aus der Zeit Ludwigs XIV. sowie verschiedene be-

Fontainebleau, Schloß, Galerie Franz' I.

merkenswerte Museen, darunter ein *Chinesisches Museum,* das hauptsächlich orientalische Kunstgegenstände zeigt, die während des zweiten Kaiserreichs aus China nach Frankreich gebracht wurden.

Fontaine-Henry

360 Ew

14 Calvados

S. 413 □ F 4

Der Ort Fontaine-Henry dürfte vor allem wegen seines Schlosses bekannt geworden sein.

Schloß: Ende des 15., Anfang des 16. Jh. wurde dieses mittelalterliche Schloß zu einem zierlichen Gebäude mit fein gearbeiteten Steinornamentik umgebaut. Das Innere birgt schöne Möbel und eine kleine *Gemäldesammlung.* Die aus dem 13. Jh. stammende *Kapelle* zeigt Spuren der Renaissance-Zeit.

Umgebung: *Kirche von Thaon* (1 km): Bäuerliches Kunstwerk des 11. und 12. Jh. Die romanischen Seitenschiffe sind im 18. Jh. leider abgerissen worden.

Schloß von Fontainebleau **1** Eingang **2** Cour du Cheval Blanc **3** Flügel Ludwigs XV. **4** Flügel Franz' I. **5** Treppe **6** Galerie Franz' I. **7** Flügel der Königinmutter **8** Flügel de la Belle Cheminée **9** Cour de la Fontaine **10** Porte Dorée **11** Cour ovale **12** Ballsaal **13** Cour des Offices **14** Cour des Princes **15** Jardin de Diana **16** Englischer Garten **17** Parterre **18** Bassin du Tibre **19** Park, Kanal **20** Treille du Roi **21** Appartements Napoleons I. **22** Salle du Conseil **23** Thronsaal **24** Appartements von Marie-Antoinette **25** Salle des Tapisseries **26** Musée chinois **27** Jeu de Paume **28** Kapelle de la Trinité **29** Karpfenteich

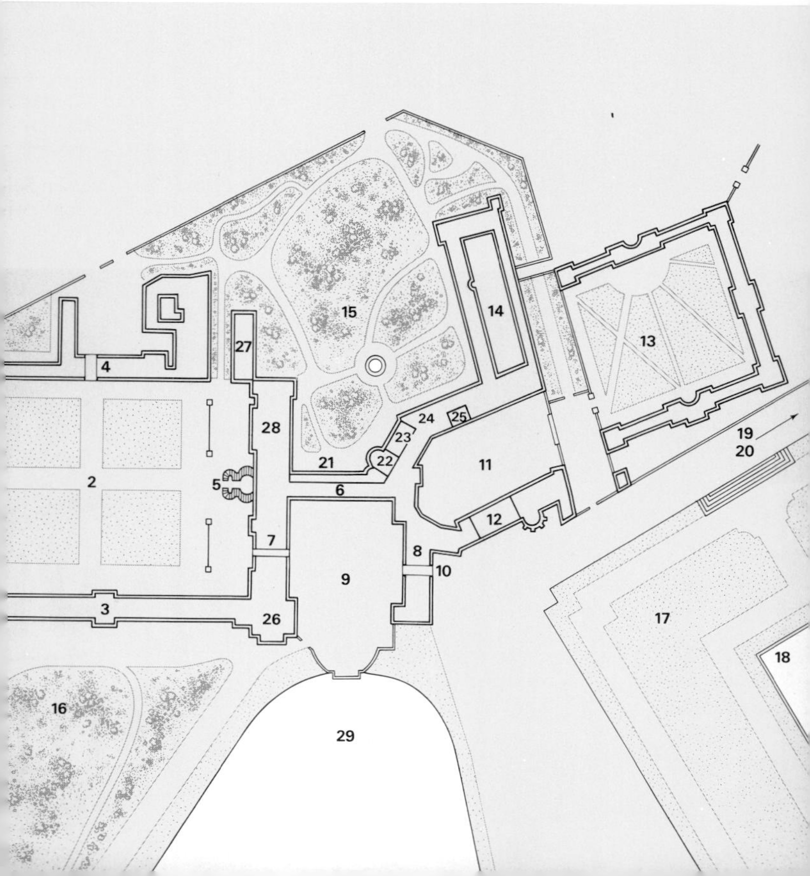

Fontenay (Abtei)

21 Côte-d'Or S. 415 □ L 7

In einem Wald idyllisch gelegen, findet man dieses Kloster, das die weißen Mönche 1118 auf diesem stillen Fleckchen Erde gründeten. Der Hl. Bernhard, wichtigster Denker des Zisterzienser-Ordens, machte Fontenay zur Tochterabtei der Klöster Clairvaux und Cîteaux. Bis zum 15. Jh. gedieh die Abtei. Von dieser Blütezeit sind heute noch mannigfache Zeugnisse zu sehen. Danach jedoch folgte ein gewaltiger Niedergang, der zum Verkauf der Klostergebäude während der Revolution führte. Die Kirche wurde zu einer Papierfabrik umgebaut. Erst im Jahre 1906, nachdem die ganze Anlage von einem Mäzen aus Lyon aufgekauft worden war, wurde sie von diesem wieder restauriert und in das historische Denkmal von heute verwandelt.

Klostergebäude: Die riesige Klosteranlage besteht aus einem *Gästetrakt,* in dem die Zisterzienser Pilger und Besucher beherbergten, weiterhin aus einer *Bäckerei* mit einem runden Schornstein aus dem 13. Jh., einem schönen *Taubenhaus* des 17. Jh. und den verschiedenen Gebäuden der Mönche selbst. Dazu zählen der ausgesprochen schöne, elegante, durch Säulen gestützte *Kapitelsaal,* das alte *Skriptorium* (Schreib- und Lesesaal), der *Kreuzgang* und der aus dem 14. Jh. stammende riesige *Schlafsaal* der Mönche, der im 15. Jh. eine prachtvolle Kastanienholzdecke erhielt. Im Keller befindet sich eine kleine *Schmiede.* Die Mönche verarbeiteten die spärlichen Eisenvorkommen der Gegend. Daneben liegt das ehem. *Gefängnis,* worin die kleinerer Delikte für schuldig Befundenen inhaftiert wurden.

Abteikirche: Sie wurde im 12. Jh. erbaut, ist heute jedoch allen Schmuckes beraubt. Sie birgt als einziges die lächelnde Statue der *Madonna Notre-Dame de Fontenay* (Ende 13. Jh.).

Fontenay-le-Comte

14560 Ew

85 Vendée S. 418 □ E/F 9

Fontenay erstreckt sich zu beiden Seiten des Flusses Vendée. Es liegt zwi-

Fontenay, Abtei

schen dem großen Sumpfgebiet »Marais mouillé« und dem schönen Wald von Vouvant. Heute ist es Handelsstadt und kann auf eine große kunsthistorische und geistige Blütezeit während der Renaissance zurückblicken. Die Devise der Stadt, die auf ihrem Brunnen geschrieben steht, bezeugt die intellektuelle Bedeutung, die man Fontenay-le-Comte beimaß: »Brunnen und Quelle der schöngeistigen Kunst.« Im Jahre 1520 kam Rabelais hierher, um sich dem Studium der griechischen Sprache und Literatur zu widmen. Fontenay ist heute Hauptstadt des Bas-Poitou.
Es lohnt sich, in den ruhigen Straßen von Fontenay, vor allem in der Umgebung der Kathedrale, die schönen Wohnhäuser anzusehen. In der Rue du Pont-aux-Chèvres ist der *Sitz der Bischöfe* von Maillezais (16./17. Jh.) und das *Hôtel de Villeneuve-Escaplon* mit einem sehenswerten Portal im Stil Ludwigs XIII.; an der Place Belliard das *Haus des Generals Belliard* und fünf *Wohnhäuser* mit dreieckigen Giebeln, unter Heinrich IV. gebaut.

Notre-Dame: Die Kirche ist durch ihren hohen spitzen Kirchturm weithin sichtbar und erinnert an die Kathedrale von Luçon. Notre-Dame ist zum größten Teil im spätgotischen franz. Flamboyant-Stil erbaut (15. Jh.) und erfuhr im 16. Jh. eine gründliche Restauration. Etwas zurückgesetzt unter einer weiten Spitzbogenarkade steht das schöne *Hauptportal,* das selbst wie eine riesige Flamboyant-Arkade wirkt. Die untere Partie ist durch einen mittleren Steinpfeiler unterteilt, der eine sehr fein gearbeitete Madonnenstatue des 19. Jh. trägt. Die Klugen und die Törichten Jungfrauen sind in den Portalwölbungen placiert. Die *Chapelle de la Vierge* (Marienkapelle) im Innern stellt mit ihren kleinen Säulen ein besonders schönes Kunstwerk der Renaissance in der Vendée dar. Der Innenschmuck der Kirche stammt größtenteils aus dem 18. Jh. Über der Kanzel ist eine schöne allegorische Figurengruppe bemerkenswert: Die Religion drückt die Irrlehre zu Boden.

Schloß von Terre-Neuve: Ein hübsches Wohngebäude aus der Renaissance, von dem Dichter Nicolas Rapin Ende des 16. Jh. erbaut und später immer schöner ausgestattet. Eindrucksvolle Fassade mit Statuen der neun

Fontenay-le-Comte, Schloß von Terre-Neuve

Fontevraud, Luftansicht der Abtei

Musen. Im Inneren bemerkenswerte Kamine, künstlerisch reich ausgestaltete Kassettendecken und Holztäfelungen aus dem 16. Jh. sowie kostbares Mobiliar der Stilepoche Ludwigs XV. und Ludwigs XVI.

Fontaine des Quatre-Tias: Dieser Brunnen von 1542 stellt eine Besonderheit dar: Franz I. stiftete die Armaturen mit seinem Salamander-Emblem.

Fontevraud	1050 Ew
49 Maine-et-Loire	S. 419 □ G 8

Fontevraud (der Name des Ortes wurde lange Zeit Fontevrault geschrieben) liegt in einer bewaldeten Gegend an der Grenze zu den drei Regionen Anjou, Touraine und Poitou. Das kleine Dörfchen nimmt sich im Gegensatz zu der riesigen *Abtei* mit ihren Relikten aus der Römerzeit recht bescheiden aus. Sie stellt eine richtige kleine Stadt für sich dar. Von 1804 bis zum Beginn der sechziger Jahre unseres Jahrhunderts mußten die Klostergebäude als Gefängnis dienen, was vor allem dem Haupthaus großen Schaden zufügte. Glücklicherweise blieben die anderen Gebäude größtenteils einigermaßen erhalten und wurden auch durch eine gründliche Restauration wiederhergestellt.

Die mächtige und außergewöhnliche Abtei wurde zu Beginn des 12. Jh. von dem Theologen Robert d'Abrissel gegründet. Der Grund, auf dem sie errichtet wurde, gehörte damals zur Diözese von Poitiers. Nach 1101 wurde der Baubeginn durch die großzügigen Stiftungen und Unterstützungen der Grafen von Anjou und anderer Gutsherren möglich. Die Organisation innerhalb des Klosters wurde einer originellen Regelung unterstellt: Die Kommunitäten der Männer und der Frauen

waren der Führung einer Äbtissin unterstellt. Die Mönche übten die Funktion von Kaplänen aus und kümmerten sich um die äußeren Belange des Klosters.
Unter dem Schutz der Dynastie der Plantagenêts (angevinische Familie, die in England regierte) wurde die Abtei zu voller Blüte gebracht. Sie verdankte zu der Zeit viel seiner Äbtissin Marie-Madeleine Gabrielle de Rochechouart de Mortemar, der Schwester von Madame de Montespan. Ihrer großen Verdienste wegen wurde sie wohl auch die »Königin der Äbtissinnen« genannt.

Klosterkirche Notre-Dame-de-Fontevraud: Die Kirche wurde im 12. Jh. in zwei Abschnitten erbaut: Chor, Chorumgang, Querschiff und mittlerer Glockenturm wurden bis 1119 fertiggestellt, der Bau des großen Langschiffes mit seinen fünf Kuppeln wurde jedoch erst im Jahre 1128 abgeschlossen. Die Kirche ist Grabstätte vieler Angehöriger der Plantagenêts und birgt außerdem die Grabstatuen von Heinrich II. und seiner Gemahlin sowie die ihrer Nachkommen Richard Löwenherz und Isabelle d'Angoulême.

Kloster: Die großen Gebäudekomplexe mit dem schönen *Kapitelsaal* und *Kreuzgang* wurden im 16. Jh. wiedererbaut und vereinen den Flamboyant- und Renaissance-Stil mit dem Klassizismus. Eigenartiges *Küchengebäude* mit vielen kleinen Kaminen, die sich alle in der Mitte zu einem Hauptkamin vereinigen. Der achteckige Grundriß der Küche wird im ersten Stock durch eine geschickt angelegte Bogenkonstruktion vollkommen verändert (vgl. auch Abb. oben).

Saint-Michel: Die Dorfkirche ist von einer Holzgalerie auf steinernen Säulen umgeben und besitzt ein Kirchenschiff aus dem 13. Jh. Im Inneren sind verschiedene Kunstwerke aus der ehemaligen Abtei sowie ein prächtiger Hochaltar des 17. Jahrhunderts zu finden.

Fontevraud, Dächer der Küchenräume

Abtei von Fontevraud **1** Eingang **2** Chor **3** Chorumgang **4** Querschiff **5** Grabstatuen Heinrichs II. und Eleonores **6** Großer Kreuzgang **7** Kreuzgang Saint-Benoît **8** Kapitelsaal **9** Küchen **10** Refektorium **11** Kapelle Saint-Lazare

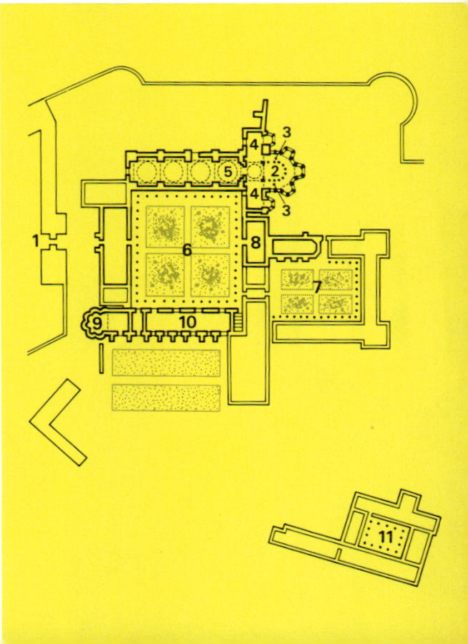

Fontgombault	310 Ew
36 Indre	S. 419 □ H 9

Der kleine Ort auf dem rechten Ufer der Creuse verdankt seine Berühmtheit einer prachtvollen romanischen Benediktinerabtei, die im 11. Jh. gegründet wurde und seit 1945 wieder mit Benediktinern besetzt ist.

Klosterkirche: Sie wurde im Laufe der Jahrhunderte immer wieder beschädigt, jedoch im 19. Jh. von Grund auf restauriert. Von der ursprünglichen Kirche blieben ein reich verziertes Portal, der weite Chor mit doppelten Seitenchören und ein Chorumgang mit fünf Apsiden erhalten.
Von den ehemaligen Klosteranlagen sind nur noch ein Kreuzgang und der Speisesaal (beide 15. Jh.) vorhanden.

Forcalquier	3230 Ew
04 Alpes-de-Haute-Provence	S. 425 □ N 13

Der Ort ist am Fuße einer Anhöhe gelegen, auf der die spärlichen Reste der ehem. Zitadelle sowie eine kleine moderne Kapelle stehen. Von hier aus genießt man einen herrlichen Ausblick. Der Ort selbst birgt noch einige Kunstschätze.

Forcalquier, Kirche Notre-Dame

Ehem. Kloster: Es befindet sich auf der Place du Bourguet und beherbergt heute das Bürgermeisteramt und ein kleines archäologisches *Museum.*

Ehem. Kathedrale Notre-Dame: Der Bau wurde Ende des 12. Jh. begonnen. Die Kirche konnte 1372 geweiht werden. Sie besitzt ein romanisches Schiff mit einem gotischen Chor.

Franziskanerkloster: Es stammt aus dem 13. und 14. Jh. und wurde sehr gut restauriert und wieder eingerichtet.

Umgebung: Mane (3,5 km): Ein recht großes Dorf, das von Hügeln umgeben ist. Auf einer der Anhöhen sind die Reste der mittelalterlichen *Festung* zu finden. Der Ort besitzt eine Kirche aus dem 16. Jh., alte Wohnhäuser, schöne Brunnen und ein *Klostergebäude* des 17. Jh. Ganz in der Nähe befinden sich das ehemalige Priorat *Notre-Dame-de-Salagon* mit einer bemerkenswerten romanischen Kirche und das zierliche *Schloß von Sauvan* (18. Jh.) mit hübschen Möbeln.

Fougères	26600 Ew
35 Ille-et-Vilaine	S. 413 □ E 5

Fougères zählt zu den besterhaltenen befestigten Städten und ist schon durch seine besonders reizvolle Lage ein großer Anziehungspunkt. In seinen hügeligen Gäßchen findet man einige alte Häuser, in denen sich Chateaubriand, Alfred de Musset, Gustave Flaubert, Victor Hugo und Balzac aufgehalten haben. Victor Hugo wurde hier zu seinem Werk *Quatre-vingt-treize* inspiriert, und Balzac soll hier die Anregungen für seinen Roman *Les Chouans* gefunden haben. Von der Stadtmauer existiert noch ein Stadttor, die schöne *Porte Notre-Dame,* flankiert von zwei Türmen aus dem 14. und 16. Jh.

Schloß: Die riesige Schloßanlage wurde im 11. Jh. erbaut und bis zum 15. Jh. immer wieder umgebaut und erweitert. Von der Place aux Arbres aus erscheint sie wie eine ganze Reihe von Wehrmauern und Umwallungen mit 13 Türmen. Der Eingang befindet sich im Osten unter dem viereckigen *Turm La Haye-Saint-Hilaire* (13. Jh.) und führt zur ersten Wehrmauer, die Avancée genannt. Auf dem großen Innenhof, heute begrünt, standen einst die Hauptgebäude. Auf dem höchsten Punkt der Anlage befinden sich die *Tour Mélusine* (14. Jh.) und die *Tour du Gobelin* (12. und 14. Jh.) und der im 12. Jh. zerstörte *Donjon.* Die Südflanke des Gebäudekomplexes wurde im 15. Jh. durch zwei Türme verstärkt, die miteinander die Form eines Hufeisens bilden: die *Tour Surienne* und die *Tour Raoul.*

Saint-Sulpice: Sie liegt südlich des Schlosses und ist zwischen dem 15. und 18. Jh. entstanden. Im Inneren sind schöne Schnitzereien und Gemälde (18. Jh.) zu finden. Die Seitenka-

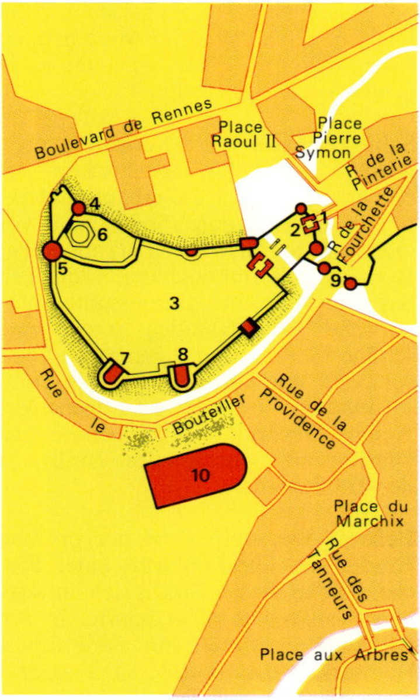

Schloß von Fougères **1** Eingang **2** Tour La Haye-Saint-Hilaire **3** Hof **4** Tour du Gobelin **5** Tour Mélusine **6** Bergfried **7** Tour Surienne **8** Tour Raoul **9** Porte Notre-Dame **10** Kirche Saint-Sulpice

Fougères, Schloß und Wälle

pellen bergen spätgotische Steinaltäre. Die Entstehungszeit der Marienstatue Notre-Dame des Marais kann nicht genau festgelegt werden.

Saint-Léonard: Saint-Léonard wurde anstelle einer alten romanischen Kirche im 15. und 16. Jh. erbaut, im letzten Jh. noch stark verändert, was vor allem an der Fassade zu erkennen ist. Romanisch ist nur noch der untere Teil des Glockenturms. Interessante spätgotische Seitenfassaden sowie eine schöne Galerie und eigenartige Wasserspeier am nördlichen Seitenschiff. Im Inneren Gemälde von Eugène und Achille Devéria* (19. Jh.) und einige Glasfensterfragmente des 16. Jh. in der Taufkapelle.

Beffroi: Ein Beffroi ist der profane Bruder des Glockenturms einer Kirche. Solche Türme finden sich im Norden Frankreichs recht häufig. In der Bretagne existieren nur zwei dieser Bauwerke: der Beffroi in Fougères und der in Dinan. Der im 14. Jh. erbaute Turm von Fougères ist aus Granit, im unteren Teil viereckig, weiter oben achteckig angelegt und besitzt einen feinen Flamboyant-Schmuck mit kleinen Wasserspeiern.

Umgebung: Forêt de Fougères: Großer Wald mit vielen Höhlen und imposanten Megalith-Monumenten: Dolmen, u. a. der *Dolmen de la Pierre-Courcoulée* und der *Dolmen de la Pierre-du-Trésor.* Ein riesiger unterirdischer Saal, die *Celliers de Landéan* (12. Jh.), soll einst als Geheimversteck den Herren von Fougères gedient haben.

Fougères-sur-Bièvre
600 Ew
41 Loir-et-Cher
S. 414 □ H 7

Schloß: Von der ersten Burganlage erhielt sich nur der viereckige Donjon. 1470 wurde die Burg unter einem Schatzmeister Ludwigs XI. neu erbaut, jedoch nicht in Renaissanceformen, sondern als von Wehrtürmen flankierte Festung. Im 16. Jh. durchbrach man die Mauern, um Fenster einzusetzen. Das Innere ist nicht mehr möbliert. Bemerkenswert sind die großen Kamine und eine hölzerne Decke in Form eines umgekehrten Schiffskiels.

Fréjus
28520 Ew
83 Var
S. 426 □ O 14

Julius Caesar gründete etwa 50 v. Chr. das damalige Forum Julii (Marktplatz des Julius). Kaiser Augustus baute die Hafenanlagen zum römischen Kriegshafen aus. Im 2. Jh. n. Chr. begann dann der Niedergang der Stadt, und der Hafen versandete. Erst im 16. Jh. gelangte die Stadt durch die Unterstützung Heinrichs II. als Bischofssitz zu neuer Blüte. Da der Hafen nicht mehr verwendbar war, wurde er während der Revolution verkauft und die Anlagen eingeebnet.

Römischer Teil der Stadt: Die verschiedensten Überreste lassen auf die Bedeutung der damaligen Hafenstadt schließen: Eine riesige *Arena* (erstes Amphitheater in Gallien, das 10000 Zuschauer faßte), von der heute nur noch ein Teil der Galerien erhalten ist, weiterhin ein *Tor* der ehem. Befestigungsanlage, die Ruinen eines *Aquädukts* sowie ein Arkadenbogen der Thermen, die *Porte d'Orée* genannt. Das Landzeichen der Hafeneinfahrt, die *Lanterne d'Auguste,* stammt nicht aus der Römerzeit, sondern aus dem Mittelalter.

Bischofssitz: Die gesamten bischöflichen Gebäude, die Kathedrale, das Kloster, die Taufkapelle und das Bischofspalais waren einst von einer Befestigungsmauer im Zentrum der Stadt umgeben.

Kathedrale: Die Ende des 10. Jh. erbaute, später oftmals veränderte Kirche läßt trotz allem noch den für dies

Fougères, Kirche St-Sulpic

Fréjus, Kathedrale, Taufkapelle

Fréjus, Kathedrale

Gegend typischen frühgotischen Stil erkennen. Das *Gewölbe* und die *Vorhalle* stammen aus dem 13. Jh., das Außenportal aus dem 16. Jh. Im Innern schönes Chorgestühl des 15. Jh. und ein sehenswerter Altaraufsatz von Jacques Durandi* (1450), der über der Sakristeitür angebracht ist.

Kloster: Das Gebäude war ehemals zweistöckig. Die sehr einfachen Gewölbe der Galerien wurden im 14. Jh. durch eine bemalte Holzdecke verdeckt. In den angrenzenden Räumen befindet sich heute das *Archäologische Museum* mit den gallo-römischen Funden dieser Gegend. Daneben ist die *Taufkapelle* zu sehen, eine der ältesten und schönsten Frankreichs (4. oder 5. Jh.).

Umgebung: Saint-Raphaël (2 km): Dieser hübsche Badeort war schon zur Römerzeit Sommerfrische von Fréjus. Er besitzt eine romanische *Kirche* des 12. Jh. und ein *Museum,* das archäologische Funde vom Grund des Meeres, insbesondere Amphoren, zeigt.

G

Ganagobie 50 Ew
04 Alpes-de-Haute-Provence S. 425 □ N 13

Die Aussicht des Klosters gleicht fast einer Vogelperspektive. Bis zur Revolution, in der es verwüstet wurde, gehörte es dem Kluniazenserorden. Nach Restaurierung wird es heute von Benediktinern bewohnt. Die im romanischen Stil der Provence erbaute Kirche Notre-Dame (12. Jh.) öffnet sich durch ein zierlich ausgeschmücktes Portal, über das ein von Evangelistensymbolen und Engeln umgebener Christus wacht; auf dem Türsturz erscheinen die Apostel. Die Apsis und ein Teil der Kapellen sind mit sehr schönen, orientalisch beeinflußten Mosaiken aus dem 12. Jh. geschmückt. Der Kreuzgang im strengen Zisterzienserstil erinnert an den von Montmajour. Wie das Refektorium wurde er im 12. Jh. restauriert. Vom Kapitelsaal und einer in einen Ofen umgewandelten Wärmstube sind noch Reste vorhanden. Gegenüber der Propstei eine Hütte aus luftgetrockneten Ziegeln.

Gannat 6360 Ew
03 Allier S. 420 □ J 10

An der Sprachgrenze der langue d'oïl und der langue d'oc gelegen, bewahrt Gannat noch einen Teil seiner Befestigungen und seines Schlosses mit vier Ecktürmen, in dem das *Museum* untergebracht ist (zahlreiche Pergamente, kostbares Evangeliar aus dem 11./12. Jh.). Die Kirche *Sainte-Croix* wurde in der Gotik (Schiff) neu errichtet und bis zum 17. Jh. umgebaut (Chorhaupt, Umgang, Glockenturm); interessante romanische Reste (nördlicher Teil der Apsis). Auf einem seltsamen Kapitell außen an der Apsis ist eine bemerkenswerte Geburt Christi dargestellt.
Die Kirche *Saint-Étienne* aus dem 11. und 12. Jh. hat eine tonnengewölbte Vorhalle und einen Glockenturm (15. Jh.). Im Innern Holzaltäre aus dem 17. Jh.

Gap 28140 Ew
05 Hautes-Alpes S. 425 □ N 12

Die halb alpine, halb provencalische Etappe der *Route Napoléon* gehört historisch zum Dauphiné, ist aber mehr mit dem Süden verbunden. Die neugotische Kathedrale stammt aus dem letzten Jahrhundert. – Das *Musée departemental* am Rande eines schönen Parks besitzt sehr verschiedenartige Sammlungen (vor allem Fayencen von Moustiers) und beherbergt das Grabmal von Lesdiguières, dem mutigen Anführer der Protestanten, der sich

Schloß de la Bussière

kurz vor seinem Tode (1627) zum Katholizismus bekehrte.

Gerberoy	110 Ew
60 Oise	S. 410 □ I 3

Das einst befestigte hübsche alte Dorf liegt auf einem Hügel zwischen der Ile-de-France und der Normandie. Der saubere, blumengeschmückte Ort wird von einer im 15. Jh. neu erbauten Kollegiatkirche beherrscht. An den gepflasterten steilen Straßen zahlreiche Fachwerkhäuser. Von dem alten Schloß ist nur ein Turm erhalten.

Gien	14600 Ew
45 Loiret	S. 415 □ J 7

Die Stadt war eine wichtige Etappe am Beginn der *Route Jacques Cœur* (ein Weg, der über Schlösser und Herrenhäuser bis nach Bourges führte). Im Juni 1940 wurde sie durch deutsche Truppen verwüstet. Die kleine Stadt wurde aus Ziegeln, hellen Steinen und Schiefer errichtet. Sie wird von einem großen Schloß beherrscht, dem gegenüber eine harmonische, nüchtern moderne *Kirche* liegt, deren Betongerüst mit Millionen Ziegeln verkleidet ist. Das Jeanne d'Arc, die sich 1429 in Gien befand, gewidmete Gotteshaus wird von Glasfenstern des zeitgenössischen Künstlers Max Ingrand* erhellt. Sie beherbergt einen interessanten, von einer örtlichen Fayencewerkstatt geschaffenen Kreuzweg. Die restaurierte Steinbrücke geht auf das 16. Jahrhundert zurück.

Schloß, Internationales Jagdmuseum: Das 1940 stark beschädigte und wohlrestaurierte Schloß wurde Ende des 15. Jh. von Anne de Beaujeu, der Tochter Ludwigs XI., erbaut. Das elegante, außen mit rautenförmigen Ziegeln verkleidete Schloß beherbergt ein bemerkenswertes Jagdmuseum mit Kunstwerken, Waffen aus allen Epochen und allerlei Trophäen. Alles steht in Beziehung zur Jagd, die eindrucksvolle Entenflinte, Kaliber 37, Tierskulpturen, Keramiken, Gemälde von François Desportes und Jean-Baptiste Oudry, Stiche und Knöpfe von Jagdkostümen. In einem Saal befinden sich etwa fünfhundert Geweihe. Das außergewöhnliche Museum wurde 1952 eröffnet.

Umgebung: Schloß de la Bussière (12 km nordöstlich): Das elegante Schloß, erste Etappe der *Route Jacques Cœur,* spiegelt sich in einem von Ludwig XIV. angelegten See. Der schöne, nach den Religionskriegen teilweise neu errichtete Bau hinter einer bedeutenden Zehntscheune aus der Epoche Ludwigs XIII. mit zahlreichen Wirtschaftsbauten in einem von Le* Nôtre angelegten Park beherbergt ein herrliches *internationales Fischereimuseum.* Neben hübschen Möbeln, Porträts, Stichen und Lithographien enthält es die unterschiedlichsten Gegenstände

Gien, Jagdmuseum, Trophäensaal

(schöne glasierte Krüge aus dem Iran, mit Karpfen geschmückte chinesische Teller, Fische aus Silber, seltene Stiche des 16. und 17. Jh., die Motive der Fischerei und Fische darstellen). Beim Besuch entdeckt man eine bemerkenswerte Küche aus Ziegeln (16. Jh.), in der sich ein monumentaler Kohleofen aus dem 19. Jh. befindet sowie Fischpfannen, Fischteller und verschiedene fischförmige Backmodel.

Gimont 2870 Ew
32 Gers S. 423 □ G 14

Die von Toulouse nach Auch führende Straße durchquert diesen alten Ort unter einer riesigen Halle aus dem 16. Jh. Daneben das *Musée cantonal* mit vorgeschichtlichen Fossilien und Gegenständen aus der gallo-römischen und mittelalterlichen Epoche. Die im Stil der Mittelmeergotik errichtete Kirche *Notre-Dame* stammt aus dem 15. und 16. Jh., wurde aber umgebaut. In einer Kapelle ein kleines Triptychon aus dem 16. Jh.

In **Cahuzac** am anderen Ufer der Gimone am Fuße des Gimont erhebt sich eine Kirche aus dem 16. Jh., die Ziel einer Wallfahrt zu Unserer Lieben Frau ist.

Gisors 8070 Ew
27 Eure S. 410 □ I 4

Gisors, das während des letzten Krieges stark zerstört und dann ohne Neuerungssinn, aber auch ohne geschmackliche Fehler neu aufgebaut wurde, zeigt noch eindrucksvolle Reste einer alten *Festung:* Die an der Grenze der Normandie gelegene Hauptstadt des Vexin hatte große strategische Bedeutung. Das auf einem

Hügel gelegene Schloß umgibt einen noch höher stehenden Donjon. Anstelle der ehemaligen königlichen Residenz befinden sich jetzt blühende Wiesen, erhalten ist jedoch noch die einfache von runden und dreieckigen Türmen flankierte Umwallung. Der andere Donjon, *Tour du Prisonnier* am Haupteingang, wurde von Philipp August errichtet. Sein Name stammt von den seltsamen Basreliefs, die einen düsteren Saal schmücken, der als Kerker diente: Die Heiligengestalten, religiösen Szenen und andere Motive wurden wahrscheinlich als Zeitvertreib von Gefangenen skulptiert.

Saint-Gervais et Saint-Protais: Nach schrecklichen Zerstörungen im Juni 1940 galt die herrliche Kirche als verloren. Durch mühsame, getreue Wiederaufbauarbeiten wurde sie wiederhergestellt. Die im 13. Jh. begonnene und im wesentlichen Ende des 15. Jh. erbaute Kirche vereint geschmackvoll Gotik und Renaissance. Die bedeutende Fassade aus dem 16. Jh. wird von zwei Türmen beherrscht, deren einer nicht vollendet wurde. Interessante Skulpturen am Hauptportal und kleinen rechten Seitenportal. Der schmucklose untere Teil des nördlichen Turms kontrastiert mit einem reichgeschmückten Oberbau, in dem die Spätgotik vorherrscht, wenn auch einige Medaillons von den neuen Einflüssen der Renaissance zeugen. Das an Einzelheiten reiche Nordportal stammt von 1520. Das Langhaus mit Pfeilern ohne Kapitelle kontrastiert etwas mit dem aus der frühesten Bauzeit stammenden Chor. Im südlichen Seitenschiff bemerkenswerte skulptierte Pfeiler; in den Kapellen zahlreiche Kunstwerke.

Gordes

84 Vaucluse

1570 Ew

S. 425 □ M 14

Die 1944 von den Deutschen zerstörte und von den Einwohnern verlassene Stadt verdankt ihre Auferstehung Vasarely*: Dieser Vorläufer der kinetischen und optischen Kunst nahm sich des Ortes an, der bereits André Lhote* und Chagall* bezaubert hatte.

Schloß, fondation Vasarely: Das im 16. Jh. anstelle einer älteren Festung erbaute Schloß gehört zu den wenigen

Gisors, Donjon

Gordes, Gesamtansicht

erhaltenen Renaissance-Bauten der Gegend. Der Maler Vasarely restaurierte es, um hier ein didaktisches Museum unterzubringen, das sein Werk von »der graphischen Periode« bis zu den »universellen Strukturen« veranschaulicht. Das alte, um einen steilen Hügel liegende Dorf hat noch Häuser aus dem 16. Jh. Die große klassische Kirche enthält verschiedene Retabel aus dem 17. Jh.

Umgebung: Musée du vitrail (Moulin des Bouillons, 3 km): Das Museum enthält eine schöne Sammlung alter Dokumente über Geschichte und Technik der Glasmalerei.

Abtei von Sénanque (4 km westlich von Gordes): Die sich in die hüglige Landschaft einfügende Abtei nach Zisterziensergrundriß wurde 1147/48 gegründet. Der Name kommt von *sana aqua*. Die strenge Kirche konnte wegen der Enge des Tals nicht östlich orientiert werden. Sie wurde 1160 errichtet, das Langhaus mit bemerkenswertem Spitztonnengewölbe stammt von 1180. Der Kreuzgang wurde in verschiedenen Bauabschnitten erhoben, was seine unterschiedlichen Kapitelle erklärt. Der ursprünglich mit einer Holzdecke versehene Kapitelsaal soll erst im 15. Jh. überwölbt worden sein. Im Saal der Mönche sind noch zwei Kamine erhalten, bei denen die Ordensbrüder Manuskripte kopierten. Das 1544 von den Waldensern in Brand gesteckte und geplünderte Kloster wurde während der Revolution verlassen und erst 1854 wieder bezogen. Das Refektorium diente im 19. Jh. als Kapelle. Hier sieht man den Stammbaum von Citeaux und verschiedene bemerkenswerte Skulpturen. Im alten Farmgebäude, wo sich eine Bücherei befindet, ist eine *ständige Ausstellung* über die Sahara untergebracht.

Gordes, Abtei von Sénanque

Gourdon

4730 Ew

46 Lot

S. 423 □ H 12

Die auf einem von einer rötlichen Kirche beherrschten runden Hügel gelegene alte Stadt hat ihre Umwallungen verloren: An deren Stelle liegt jetzt ein ringförmiger Boulevard, »le Tour de ville«. Im Hundertjährigen Krieg blieb Gourdon Frankreich treu und wurde von einer sehr alten Festung beschützt, die von den Engländern verbrannt, dann wieder aufgebaut und im 17. Jh. geschleift wurde. (Sie lag oben auf dem Hügel auf einer Terrasse, von der man einen weiten Rundblick auf die Landschaft Bouriane hatte.) Die noch mittelalterlich wirkende, von Häusern aus dem 14. bis 16. Jh. umsäumte *Rue du Majou* führt zu dem im 17. Jh. neu erbauten Rathaus und der Kirche *Saint-Pierre.* Die ganz zu Anfang des 14. Jh. begonnene und danach etwas umgebaute Kirche wendet ihre hochtürmige Fassade auf einen reizvollen Platz mit Bogengängen. Neben der *Porte du Majou* (14. Jh.) erhebt sich die einst an den Wällen gelegene Kapelle Notre-Dame-du-Majou. Die alte außerhalb der Stadt gelegene Kapelle *Notre-Dame-des-Neiges* geht im wesentlichen auf das 16. Jh. zurück (die Apsis allerdings ist um einiges älter). Die kleine Kirche enthält außerdem

Gourdon, Kirche St-Pierre

einen wunderbaren Brunnen sowie einen Altar aus den letzten Jahren des 17. Jh.

Die 2 km von Gourdon entfernten Galerien der **Grotten von Cougnac** sind mit Felsmalereien (Steinböcken, Elefanten- und Menschendarstellungen) sowie erstaunlichen Naturformen versehen.

Gournay-en-Bray	6430 Ew
76 Seine-Maritime	S. 410 □ H 3

Die kleine im südlichen Bray gelegene Stadt wurde während des letzten Krieges stark beschädigt. Hier wird der »Petit Suisse«, ein im 19. Jh. erfundener Weißkäse, hergestellt. Gournay, eine unpersönliche Handelsstadt, besitzt ein interessantes, wenn auch restauriertes Bauwerk: Die auf das 12. und 13. Jh. zurückgehende ehemalige Kollegiatkirche *Saint-Hilbert* bewahrt noch schöne romanische Kapitelle.

Umgebung: Saint-Germer-de-Fly (7 km südöstlich): Die große teilweise restaurierte Kirche hat ein rein frühgotisches Langhaus. Einst war sie Abteikirche eines Benediktinerklosters. Die reinen Linien des Gebäudes erinnern an die vom Hl. Ludwig errichtete Sainte-Chapelle. Sie wird von einer feingebildeten Fensterrose und fünf weiten Fenstern erhellt (von den Glasmalereien des 13. Jh. sind nur wenige erhalten).

Grand	520 Ew
88 Vosges	S. 416 □ M 6

In dem kleinen am Rande der Champagne gelegenen Dorf findet sich eine der bedeutendsten archäologischen Ausgrabungsstätten Frankreichs. Die Kirche und die Kapelle *Saint-Hilaire,* beide aus dem 15. Jh., lassen nicht vergessen, daß Grand an der Stelle einer gallo-römischen Stadt erbaut wurde, deren Thermen, Kanalisationsnetz, Basilika, Tempel und Theater (hier war erst die Kultstätte des gallischen Gottes der Heilkunde Grannus und dann die Apolls) von einer großartigen römischen Stadtplanung zeugen. Die im 19. Jh. begonnenen Ausgrabungen haben ein herrliches römisches Mosaik aus dem 3. Jh. sowie die eindrucksvollen Ruinen eines der weiträumigsten Amphitheater der römischen Welt ans Tageslicht gebracht.

Grande-Chartreuse	
38 Isère	S. 421 □ N 11

Das Kloster vor der schön gelegenen Feste Grande-Chartreuse wurde 1084 vom Hl. Bruno, dem Stifter des Kartäuserordens, gegründet. Es wurde im 12. Jh. durch einen Bergrutsch zerstört, fiel mehrmals den Flammen zum Opfer, wurde jedesmal wieder aufgebaut und war während der Revolution und dann vom Beginn unseres Jahrhunderts an bis 1941 von den Mönchen verlassen. Als kontemplativer, völlig von der Außenwelt abgeschlossener Orden lebten die Kartäuser in einer eigenen Welt. Die Besucher haben nur Zutritt zu dem *Musée de la Carrière,* das in den restaurierten Gebäuden aus dem 16. und 18. Jh. untergebracht ist, in denen die Laienbrüder unter Aufsicht eines Paters lebten. Die Reihe der Säle erläutert und veranschaulicht Geschichte, Lebensweise und Liturgie der Kartäusermönche (Photos, großes Modell der Kartause, Nachbildung einer Einsiedelei). In der Kirche aus dem 12. Jh. befinden sich Werke von Le Sueur und seiner Werkstatt über das Leben des Hl. Bruno und ein Triptychon vom Ende des 14. Jh. Die außerhalb des Museums gelegene Kapelle Saint-Sauveur ist die Nachbildung einer Kapelle der Grande-Chartreuse.

Grand-Pressigny (Le)

1260 Ew
37 Indre-et Loire S. 419 □ G/H 8

Das reizvoll am Hang des Claisetals gelegene Dorf wird von bedeutenden Ruinen eines Schlosses überragt: Mächtiger rechteckiger Bergfried (12. Jh.), achteckiger Turm (16. Jh.), elegantes Hauptgebäude aus der Renaissance, in dem sich das bemerkenswerte *Musée préhistorique* befindet. Etwa 10000 übersichtlich angeordnete Stücke bilden eine Sammlung paläolithischer Werkzeuge, die zu den reichsten der Welt gehört.

Umgebung: Descartes (11 km nordwestlich): Diese kleine Stadt gilt als Geburtsort des berühmten Philosophen (»Ich denke, also bin ich«). Im Hause seiner Großmutter befindet sich ein kleines *Museum:* Wenn auch nicht absolut sicher ist, daß es sich um das Geburtshaus des René Descartes handelt, auf jeden Fall wurde er 1595 in der Kirche *Saint-Georges,* einem romanischen Bau des Poitou (11. bis 12. Jh.), getauft.

Grande-Chartreuse, Kloster

Granville

13280 Ew
50 Manche (Ärmelkanal) S. 413 □ E 4/5

Der ehem. auf einem felsigen Vorgebirge nistende Korsarenstützpunkt Granville besitzt noch seine von Wällen umgebene alte Oberstadt: Zutritt bietet das *Große Tor* mit Zugbrücke. Über die Geschichte der Stadt informiert das *Musée du vieux Granville,* das außerdem Möbel, Fayencen, interessante Kupfer- und Zinngegenstände, Kopfbedeckungen und Kostüme zeigt. Die Kirche *Notre-Dame* stammt aus dem 15., 17. und 18. Jh. (der Mittelturm wurde nachweislich 1593 errichtet). Das Bauwerk in rosa Granit, der von den Chausey-Inseln stammt, enthält eine alte hochverehrte Marienstatue. Der am Rande der Unterstadt gelegene Garten Christian Dior erinnert daran, daß der weltbekannte Couturier 1905 in Granville geboren wurde.

Grasse 34390 Ew
06 Alpes-Maritimes S. 426 □ O 14

Grasse ist seit dem 13. Jh. »Hauptstadt der Parfümerie« und liegt etwas vergessen am Ausgang der *route Napoléon.* Wer durch die schmalen Gassen schlendert, sieht den typischen Platz *aux Aires* mit seinen Häusern aus dem 18. Jh., seinen Arkaden und seinem Brunnen, den durch den Markt belebten Platz *aux Herbes* und den Platz *du Petit-Puy,* der von einem viereckigen Turm aus dem 12. Jahrhundert und der ehemaligen Kathedrale beherrscht wird.

Kirche Notre-Dame: Die alte, Ende des 12. Jh. erbaute, im 17. und 18. Jh. restaurierte Kirche zeugt vom Beginn der provençalischen Gotik und zeigt lombardische Einflüsse. Im Inneren über der Sakristeitür befindet sich eines der seltenen religiösen Gemälde Honoré Fragonards* *Die Fußwaschung.* Ein schönes, auf Holz gemaltes Triptychon aus dem 15. Jh. wird Bréa* zugeschrieben, des weiteren wird die ehemalige Kathedrale von einer *Mystischen Hochzeit der Heiligen Katharina* (17. Jh.) und drei Gemälden von Peter Paul Rubens* (1601) geschmückt.

Grasse, Kirche Notre-Dame

Musée d'art et d'histoire de Provence: Es ist bekannter als *Musée Fragonard* und befindet sich im ehem. Stadtpalast Cabris, den Mirabeaus Schwester im 18. Jh. erbauen ließ. Hier findet man Werke des aus Grasse gebürtigen Malers Jean Honoré Fragonard (1732–1806), kostbare Dokumente heimischer Geschichte, Kunstgegenstände aus der Provence. Außerdem einen archäologischen Saal mit zahlreichen bemerkenswerten Exponaten und eine reichhaltige Bibliothek, daneben Keramiksammlungen, Eisenschmiedearbeiten und Möbel.

Grenoble 165710 Ew
38 Isère S. 421 □ N 11

Das Vorgebirge des Massivs der Grande-Chartreuse, das mächtige Kalkbollwerk von Vercors und die Spitzen der Gebirgskette von Belledonne bilden den Hintergrund Grenobles, das sich in der Isère-Ebene erstreckt. Die in den letzten Jahren stark angewachsene Universitäts- und Industriestadt war der Geburtsort von Henry Beyle, Stendhal genannt (1783). Dem alten Stadtkern und Stadtviertel Saint-Laurent entsprechen zahlreiche ultramoderne Gebäude und Anlagen: Das von Maurice Novarina* entworfene Rathaus, in dem sich verschiedene zeitgenössische Kunstwerke befinden, das kühne *Eisstadion* der Architekten Junillon* und Demartini*, deren Ringbahn von einer Komposition Vasarelys* geschmückt wird, das riesige, 1967/68 nach den Plänen André Vogenskis erbaute *Kulturhaus,* das *Olympische Dorf,* die neue Stadt (*Villeneuve*), die Kongreßhalle und das Universitätsgelände. Das einstige römische *Gratianopolis* war seit dem 17. Jh. Hauptstadt der Dauphiné. Anläßlich der *Olympischen Winterspiele* von 1968 wurde die Stadt neu geplant. Der moderne Trend stammt nicht von gestern, denn Stendhal schrieb bereits 1838: »Man könnte meinen, alle Häuser von Grenoble seien während der letzten zwanzig Jahre neu erbaut worden ... Der Bürgermeister arbeitet täglich zwölf Stunden.«

Die **Place Grenette,** eine belebte Fußgängerzone, ist der Mittelpunkt Grenobles: Der Name stammt von einem alten Kornspeicher. Die ebenfalls den Fußgängern vorbehaltene *Grand-Rue* ist von alten Häusern umsäumt, in denen der Philosoph Condillac 1715, der Politiker Casimir Perier (1777) und der Maler Ernest Hébert* (1817) das Licht der Welt erblickten. Durch Nr. 20 gelangt man in das Haus von Stendhals Großvater, dessen Arkadenhöfe aus dem 17. Jh. stammen. Das Geburtshaus Henry Beyles befindet sich in der Rue Jean-Jacques Rousseau.

Saint-André: Liegt an einem gefliesten Platz, auf dem sich eine Bronzestatue Bayards (19. Jh.) erhebt. Die im 13. Jh. gegründete Kirche wurde im 15. Jh. erweitert. Ehemals gehörte sie zum Palais des Dauphins und beherbergt jetzt das Grabmal Bayards: Der berühmte »Ritter ohne Furcht und Tadel« wurde um 1475 in der Umgebung von Grenoble geboren.

Justizpalast: Dieses alte Parlamentsgebäude der Dauphiné vom Ende des 15. und 16. Jh. aus weißen und blaugrauen Steinen wurde im vergangenen Jahrhundert vergrößert. Die schönen Wandtäfelungen stammen von dem deutschen Künstler Paul Jude* (16. Jh.). Die Decke des feierlichen Audienzsaales wurde 1668 nach Entwürfen Antoine Le* Pautres von einem heimischen Holzschnitzermeister geschaffen.

Jardin de ville: Sein von Stendhal erwähntes Weinspalier überschattet eine hinter dem Wohnsitz seines Großvaters gelegene Terrasse. Reste einer römischen Mauer.

Kathedrale Notre-Dame: Sie geht auf das 12. und 13. Jh. zurück, wurde aber im Verlauf der Zeit entstellt und von Häusern mit banaler moderner Fassade umgeben. Im Innern eine Monstranz aus dem 15. Jh. Der Brunnen der Drei Stände erinnert an den 7. Juni

Grenoble, Justizpalast

Grenoble, Krypta der Kirche St-Laurent

des Jahres 1788, der als Anfangsdatum der Französischen Revolution gelten kann.

Saint-Laurent, La Bastille: Dieses malerische alte Stadtviertel erstreckt sich am rechten Ufer der Isère, wo sich ursprünglich die Stadt der Allobroger befand.

Saint-Laurent: Die Kirche geht auf die romanische Zeit zurück, wurde jedoch im 16. und 17. Jh. restauriert. Unter der Kirche liegt eine Krypta, früher eine merowingische Kapelle, zu deren Bau gallo-römische Materialien verwendet wurden. Hinter Saint-Laurent erheben sich ein von Vauban* errichtetes Tor (17. Jh.) und Militärbauten des 19. Jahrhunderts, die allerdings inzwischen zu Wohnhäusern umgebaut wurden.
Das Kloster Sainte-Marie d'En Haut wurde 1619 vom Hl. Franz von Sales und der Hl. Jeanne de Chantal gegründet: Hier befindet sich jetzt das *Musée Dauphinois* (siehe: »Wichtigste Museen«). Zum alten Fort der Bastille führt vom linken Ufer der Isère eine Drahtseilbahn. Seine »Kasematten« beherbergen ein *Musée des voitures anciennes,* das sich des Besitzes einiger »alter Kisten« rühmt.

Wichtigste Museen: Das 1870 am Place de Verdun errichtete *Musée des Beaux-Arts* zählt zu den ersten der Provinz. Es enthält Gemälde, Skulpturen und Zeichnungen, darunter: *Jesus heilt eine Kranke* von Veronese*, *Ansicht von Venedig* von Canaletto*, *Der Doge überquert den Markusplatz* von Bonnard*, *Bildnis des Paul Poiret* von Derain*. Das Museum besitzt zahlreiche Werke vom Ende des 19. Jh. und von zeitgenössischen Meistern: Monet*, Sisley*, Renoir*, Signac*, Vlaminck*, Matisse* (Les Aubergines), Miro*, Ernst*, Tanguy*, Mathieu* und Raysse*.

Musée Dauphinois: Im restaurierten Kloster Saint-Marc d'En Haut zeigt dieses Museum alle Aspekte des kulturellen Erbes der Dauphiné.
Das *Musée Stendhal* im alten Stadtpalast Lesdiguières zeigt zahlreiche Dokumente aus der Kindheit und Jugend Henry Beyles in Grenoble.
Das *Musée Hébert* im ehemaligen Wohnhaus des Grenobler Malers Ernest Hébert aus dem 19. Jh. stellt dessen Werke aus.

Gros Bois (Schloß)

94 Val-de-Marne S. 429 □ J 5

Das Ende 16. Jh. errichtete und zu Beginn des 17. Jh. von Charles de Valois sehr geschickt restaurierte Schloß ging von einem Besitzer zum anderen. Unter dem Direktorium gehörte es Barras, dann Marschall Berthier, Fürst von Wagram, einem Generalmajor des Empires, der den Kaiser jedoch bei der Rückkehr von der Insel Elba desavouierte. Berthier möblierte und schmückte Gros Bois in luxuriöser Weise, stattete es mit Porträts, Skulpturen, Büchern, Karten und Schlachtplänen aus: von der Ausstattung des 16. Jh. ist gerade noch der Speisesaal erhalten, im übrigen ist das Schloß ein wahres Empire-Museum, in dem besonders die Möbel von Jacob* und die Gemälde von Gros* hervorzuheben sind.

Umgebung: Brie-Comte-Robert (8 km südöstl.): Der wichtige Markt an der Brie bewahrt von seinem mittelalterlichen Schloß nur sehr kümmerliche Reste. Die restaurierte Kirche *Saint-Etienne* aus dem 13. Jh. hat am Chorhaupt eine Fensterrose mit ursprünglichen Glasmalereien.

Guebwiller

10930 Ew
68 Haut-Rhin S. 417 □ O 6

Die alte Weinbauernstadt am Saum eines Tales, das seit langer Zeit den passenden Namen »Le Florival« trägt, besitzt noch verschiedene alte Häuser. Das Rathaus ist in einem schönen Patrizierbau aus dem 16. Jh. untergebracht.
Die Kirche *Saint-Léger,* die ihre warme Färbung dem im Elsaß häufig verwendeten roten Sandstein verdankt, geht auf das 12. und 13. Jh. zurück. Anschließend wurde sie öfters umgebaut. Die Fassade mit den beiden steinernen Turmhelmen, der nach den Seiten offenen Vorhalle und dem rautenbedeckten Giebel macht einen gelungenen Gesamteindruck. Stilistisch vereint die Kirche Einflüsse der burgundischen und lombardisch-rheinischen Kunst.
In der Kirche des im 13. Jh. gegründeten *Dominikanerklosters* finden regelmäßig künstlerische Veranstaltungen statt: Das Schiff ist der Rahmen sommerlicher Musikfestspiele, der Chor beherbergt das *Musée du Florival.* Die große Kirche *Notre-Dame* in der Unterstadt stammt aus dem 17. Jahrhundert.

Umgebung: Murbach (4,5 km nordwestlich): Obgleich von der teilzerstörten Abteikirche nur noch Chor und Querschiff erhalten sind, gehört sie doch zu den schönsten romanischen Monumenten im Elsaß. Das ehem. benediktinische Gotteshaus aus dem 12. Jh. wurde im 17. Jh. von den Truppen des Herzogs von Weimar verwüstet. Die Ruinen beeindrucken noch durch Gestalt und Ausmaße. Die von zwei mächtigen Türmen beherrschte Fassade bewahrt in den oberen Teilen noch einige Skulpturen (Phantasiefiguren, kleine belebte Szenen). Im Inneren befinden sich zwei Grabmäler.

Lautenbach (6 km nordöstlich): Die alte inmitten eines ruhigen Dorfes gelegene Kollegiatkirche geht auf das Ende des 16. und auf das 17. Jh. zurück. Auch sie wurde in Sandstein erbaut und hat eine bemerkenswerte romanische Vorhalle. Im Gesims des Portals eine seltsame Szene, die nach landläufiger Interpretation einen Ehebruch darstellt.

Guérande, Kirche St-Aubin

Guérande	7560 Ew
44 Loire-Atlantique	S. 413 □ D 7

Die kleine, im Schutz ihrer Befestigungen auf einem Hügel gelegene Stadt Guérande beherrscht das »weiße Land«, die Salinen, die einst seinen Wohlstand brachten. Die Umwallungen haben zehn massive Türme und zwei Stadttore, in deren bedeutendstem, dem von zwei mit Pechnasen versehenen *Tor Saint-Michel* (15. Jh.), das *Musée du vieux Guérande* untergebracht ist, das Kunst und Überlieferungen der Gegend zeigt.

In die im Mittelpunkt der Stadt gelegene Kirche *Saint-Aubin* (12.–15. Jh.) gelangt man durch ein spätgotisches Doppelportal. Im Schiff sind noch einige schöne romanische Pfeiler mit skulptierten runden Kapitellen erhalten, von denen drei die Schrecken der Hölle zeigen. Der Chor, den schöne Glasmalereien über das Leben verschiedener Heiligen schmücken, und das Querschiff stammen aus dem 13. Jahrhundert.

Guéret	14800 Ew
23 Creuse	S. 419 □ I 9

Die ehem. Hauptstadt der Grafschaft Marche im Norden des Limousin liegt vor einem Mittelgebirge. Das *Hôtel des Moneyroux* (15. und 16. Jh.) ist ein eleganter zweiflügliger Renaissance-Bau mit einem hübschen Treppenturm. Das in einem Stadtpalast des 17. Jh. installierte *Städtische Museum* zeigt Wandteppiche von Aubusson, gallo-römische Altertümer, Kunstgegenstände aus der Umgebung, einen bemerkenswerten Saal mit Goldschmiedearbeiten sowie eine herrliche Sammlung von Limoges-Emails, Keramiken und Fayencen.

Guermantes	240 Ew
77 Seine-et-Marne	S. 411 □ J 4

Basin und Oriane de Guermantes, berühmte Gestalten aus »Auf der Suche nach der verlorenen Zeit«, haben nichts mit dem zu Beginn des 17. Jh. errichtetem Schloß zu tun, das später restauriert und mit einem nach Plänen Le* Notres angelegten Park umgeben wurde. Als Proust den Salon des Herzogs und der Herzogin beschrieb, war Guermantes ihm noch unbekannt: Ihm hatte nur der weiche, klangvolle Name gefallen. Das im 19. Jh. fragwürdig restaurierte Schloß, das Robert de Cotte* und Mansart* verschönten, enthält noch eine prachtvolle Innenausstattung. Die »schöne Unnütze« benannte Galerie wurde nach Robert de Cottes* Entwürfen angelegt.

Umgebung: Ferrières-en-Brie (3,5 km südlich): Das im 19. Jh. von Baron Rothschild vollständig restaurierte Schloß mit dem weiten Park war während der Belagerung von 1870 Auf-

Guillestre, Portalvorhalle der Kirche

Lampaul-Guimiliau, Notre-Dame

enthalt Bismarcks und der französischen Unterhändler. Die Kirche geht auf das 13. Jh. zurück.
Jossigny (6,5 km östlich): Das von einem Park umgebene Schloß im Stil Ludwigs XV. wurde Mitte des 18. Jh. errichtet: Hier vermengen sich Formen des Klassizismus und Rokoko, doch die Dächer erinnern an chinesische Pagoden.

Guillestre	1470 Ew
05 Hautes-Alpes	S. 426 □ O 12

Als Etappe der touristischen Alpenstraße am Waldrand von Queyras gruppiert diese kleine Stadt ihre Schieferdächer unter der Tête du Cugulet (2517 m). Sie besitzt noch Reste von Befestigungen und alte Häuser. Die Kirche (16. Jh.) hat eine Vorhalle (*réal*), deren rosa Säulen wie in Embrun auf liegenden Raubtieren ruhen.

Umgebung: Mont-Dauphin (4 km nordwestlich): Ein einsames Dorf mit rötlichen Befestigungsbauten nach den Plänen von Vauban* (17. Jh.).

Guimiliau	700 Ew
29 Finistère	S. 412 □ B 5

Der kleine friedliche Ort in der Nähe der Arrée-Berge besitzt eines der wunderbarsten *Enclos paroissiaux* (Pfarrbezirke) der Bretagne. Die für die christliche Kunst der Bretagne charakteristischen monumentalen Baugruppen haben in allen Dörfern die gleiche Gesamtanlage. Den um einen Friedhof gruppierten ummauerten Bezirk betritt man durch eine manchmal verschwundene Triumphpforte, den Eingang in das ewige Leben. Im Beinhaus, zuerst Teil der Kirche, dann gesondertes Gebäude, wurden wieder ausgegrabene Skelette aufbewahrt, um so dem Platzmangel der Grabstätten abzuhelfen: Schließlich wurde es zur Totenkapelle. Der Kalvarienberg, eine herrliche granitene Bildhauerarbeit, hat seinen Ursprung in den christianisierten Menhiren und dem einfachen Straßenkreuz. Seine Anordnung wird im Verlauf der Jahrhunderte immer wuchernder, monumentaler und komplexer.

Der Kalvarienberg von Guimiliau (1581): Der achteckige Sockel mit vier Eckvorsprüngen trägt einhundertundachtzig Personen des Alten und Neuen Testaments. Der Fries stellt Szenen aus dem Leben Christi in bewußt anachronistischen Kostümen dar. Das Ganze wird von einem einzigen Kreuz beherrscht, die Kreuze der Schächer gingen verloren. Ein Altar wird von der Statue des Gründers der Diözese von Léon bekrönt. Die Grabkapelle datiert von 1648. An ihrer mit ionischen Säulen und kleinen Rundbögen geschmückten Fassade lehnt eine Predigerkanzel.

Saint-Miliau: Das Südportal der Kirche aus dem 16. und 17. Jh. hat mit Statuetten geschmückte Bogenrundungen. Über dem dreieckigen Giebel erhebt sich die Statue des Heiligen, dem das Gebäude geweiht ist. Die Vorhalle enthält Statuen der Apostel, einen von zwei Karyatiden umrahmten Christus und einen mit einem feinskulptierten Baldachin überdachten Weihwasserbehälter. In der Kirche befindet sich noch ein schönes Gestühl. Das Taufbecken im rechten Seitenschiff hat einen geschnitzten eichenen Baldachin (1675), über dem sich eine auf gedrehten Säulen ruhende Kuppel mit zwei Laternen befindet: Die Orgeltribüne und die Kanzel aus dem 17. Jh. sind ebenfalls reich dekoriert.

Umgebung: Lampaul-Guimiliau (3,5 km westlich): Das *Enclos paroissial* gehört wie das von Guimiliau zu den ausgedehnten Baugruppen, die man von Saint-Thégonnec bis Daoulas beiderseits des Elorntals findet. Der nüchterne Kalvarienberg aus dem 17. Jh. hat ein Kruzifix in Form eines Schächerkreuzes. Die rundbogige monumentale Hauptpforte (1669) trägt eine Balustrade, auf der sich drei Kreuze erheben. Das Beinhaus (1667) enthält einen Trinitätsaltar und Statuen des Hl. Rochus und des Hl. Seba-

Guimiliau, Kalvarienberg (16. Jh.), Ausschnitt

stian. Das Schiff der mit einem heraustretenden Glockenturm versehenen Kirche *Notre-Dame* wird von der flachen Apsis (17. Jh.) durch einen Triumphbalken (16. Jh.) getrennt. Unter dem von der Jungfrau und dem Hl. Johannes umgebenen Christus sieht man polychrome Szenen aus der Passion (Schiffsseite) und der Verkündigung (Chorseite). Außer einem Baptisterium mit Baldachin und Orgel (17. Jh.) enthält die Kirche sechs schöne Altäre aus der gleichen Epoche. Eine Kreuzabnahme von 1530 mit sechs aus einem einzigen Eichenblock geschnitzten Personen und eine bemalte Grablegung (1676) sind von ausdrucksvollem Realismus.

Guingamp

9500 Ew

22 Côtes-du-Nord

S. 412 □ C 5

Mit seinen Umwallungen und einer geschleiften Burg bewahrt Guingamp am Ufer der Trieux, noch altmodischen Charme. Auf der von schönen alten Häusern umgebenen Place du Centre befindet sich ein Renaissance-Brunnen »La Plomée« mit drei übereinanderliegenden steinernen Becken.

Notre-Dame-du-Bon-Secours: Aufgrund mehrerer Umbauten besteht die Basilika aus einem gotischen Nordteil und einem Renaissance-Südteil. Im 14. und 15. Jh. anstelle einer Kapelle erbaut (von der noch die großen romanischen Vierungsbögen erhalten sind), wird die Kirche von einem Hauptturm (13. Jh.) beherrscht, dessen Helm kürzlich restauriert wurde. Das Westportal mit den fein skulptierten Archivolten ist eines der frühesten Zeugnisse der Renaissance in der Bretagne. Die Vorhalle der Nordseite bildet eine offene Kapelle, in der sich Notre-Dame-du-Bon-Secours befindet, ein Gnadenbild, das am Vorabend des ersten Julisonntags mit einer Fackelprozession geehrt wird.

Umgebung: Abtei Sainte-Croix (1,5 km südlich): Von der Kirche des 12. Jh. sind nur die Kapelle des Querschiffs und Chors erhalten. Gegenüber erhebt sich die alte Propstei (16. Jh.), aus deren sechseckigem Turm ein kleineres Türmchen hervorkragt. – **Kapelle Notre-Dame** (2 km westlich): Die hübsche gotische von 1507 bis 1521 erbaute Kapelle erhebt sich in der Mitte des Dorfes Grâces. Die Querbalken sind mit satirischen (Saufszenen) und phantastischen Skulpturen versehen. – **Kapelle von Avaugour** (10 km südöstlich): Die im 16. Jh. erbaute Kapelle enthält ein interessantes holzgeschnitztes Gestühl und einige Apostelstatuen. – **Kapelle Notre-Dame-du-Tertre** (14 km östlich) in Château-Laudren. Hier ist vor allem die Innenausstattung zu beachten: Außer einer Alabastermadonna (15. Jh.) und dem schönen Retabel (16. Jh.) des Hauptaltars besitzt sie sechsundneunzig im 15. Jh. auf rotgoldenem Grund ausgeführte Malereien: Im Stil mittelalterlicher Miniaturen veranschaulichen sie an den Wänden des Chors Episoden aus dem Alten und Neuen Testament. Eine Reihe weiterer Gemälde in einer Nebenkapelle berichten vom Leben der Heiligen Marguerite und des Heiligen Fiaker.

Guingamp, N.-D.-du-Bon-Secours

H

Haguenau 24 950 Ew
67 Bas-Rhin S. 417 □ P 4

Das im 12. Jh. in der Nähe einer von Friedrich dem Einäugigen, Vater Friedrich Barbarossas, erbauten Burg gegründete Siedlung Haguenau gilt als eine der ersten elsässischen Städte des Mittelalters. Von einem großen Wald umgeben, wirkt es heute als einnehmende moderne Stadt, deren sehenswerte Kirchen, alte Häuser und Messen an die bewegte Vergangenhei erinnern.

Haguenau, Kirche St-Georges

Die auf das 12. und 13. Jh. zurückgehende, 1945 beschädigte und wiede restaurierte Kirche *Saint-Georges* verbindet romanischen und gotischen Sti (Querschiff, Vierungsturm, polygonal Apsiden und Seitenkapellen stamme aus dem 12. bis 14. Jh.): Sie besitzt di beiden ältesten Glocken des ganze Elsaß.

Die Kirche *Saint-Nicolas* wurde End des 12. Jh. gegründet, ihre jetzige Gestalt geht jedoch mehr auf das 13. Jh zurück. Die wertvollen Wandtäfelungen (18. Jh.) stammen aus der ehem Abtei Neubourg.

Musée historique: Vorgeschichte, römische Kultur, Geschichte der kaiserlichen Stadt: Das Museum berichte von Haguenaus Vergangenheit: Ausgrabungen, heimische Kunstwerke, religiöse Goldschmiedekunst, ab 1489 i der Gegend gedruckte Bücher, Münzen u. a.).

Elsässisches Museum: Das kleine i der ehem. Kanzlei des 15. Jh. untergebrachte reizvolle Museum zeigt ge schmackvolle Sammlungen der Volks kunst, Möbel, Darstellungen alte Handwerke, religiöse Gegenständ (»canivets«, fein ausgeschnittene be malte Bilder), Kostüme, Kopfbedekkungen, Zinnarbeiten, Töpferware Volksbilderkunst.

Hambye
1320 Ew
50 Manche
S. 413 □ E 4

Abtei Hambye: Die noch erhabenen Ruinen der ehem. Abtei Hambye haben eine romantische Lage. Die im 12. Jh. von wenigen Mönchen gegründete religiöse Stiftung verfiel im 17. Jh. und wurde während der Revolution verkauft. Die trotz ihrer Schäden noch eindrucksvolle Abteikirche aus dem 12. und 13. Jh. beeindruckt durch ihre Höhe. Bei der Führung durch die Anlagen werden verschiedene ehemalige Klostergebäude gezeigt, darunter ein Empfangszimmer aus dem 17. Jh. und ein gotischer Kapitelsaal.

Harcourt
930 Ew
27 Eure
S. 410 □ H 4

Schloß: Harcourt erinnert an Harulf, den Namen einer berühmten französischen Adelsfamilie (eine Abkürzung des lateinischen *curtis* = Domäne). Das nach Ausbruch der Revolution zerstörte Schloß wurde durch beträchtliche Restaurierungen wiederhergestellt und ist jetzt Eigentum der französischen Landwirtschaftsakademie. Es wurde nachweislich Ende des 14. Jh. anstelle älterer Festungsbauten errichtet und gegen 1700 an der Ostseite restauriert. Von der noch mit Türmen versehenen mittelalterlichen Umwallung sind nur Teile erhalten. Das Schloß liegt inmitten eines herrlichen Parkwaldes, der nach der Französischen Revolution von Louis Delamare, dem Vorläufer der modernen Forstwirtschaft, geschaffen wurde (verschiedene Bäume aus dem vergangenen Jahrhundert sind inzwischen zu Riesen geworden).

Hautecombe (Abtei)
73 Savoie
S. 421 □ N 10

Die bedeutende Abtei, deren Formen sich in den stahlgrauen Wassern des von Lamartine besungenen Sees von Bourget spiegeln, wurde im 12. Jh. durch Kluniazensermönche gegründet und im 18. und 19. Jh. stark restauriert. Nach der Revolution wurde die Abtei in eine Fayencemanufaktur um-

Harcourt, Schloß

Hautecombe, Abtei

gewandelt, dann von dem sardinischen König Karl-Felix erworben und war im Jahre 1860 im Abtretungsvertrag von Savoyen an Frankreich Gegenstand eines speziellen Zusatzparagraphen.

Abteikirche: Von den Restauratoren des 19. Jh. teilweise »nachempfunden«, hat die überreich ausgeschmückte Abteikirche von den Zisterziensern nur noch den Grundriß: Der Hl. Bernhard, der strenge Gründer von Citeaux, hätte diesen Überfluß an Stukkaturen und Marmor sicher getadelt, der der Neigung der Romantik für die »Troubadourgotik« entsprach. Unter den zahlreichen Skulpturen der Kirche ragen eine bedeutende Gruppe in Carraramarmor aus dem vergangenen Jahrhundert, Königin Marie-Christine als Beschützerin der Künste und der Armen darstellend, und die im rechten Querschiff aufgestellte Pieta hervor. Eine Predella im Querschiff zeigt eine anmutige Verkündigung aus dem 15. Jh. In der Nähe des kleinen Hafens ist noch eine einfache Scheune aus dem 12. Jh. erhalten, sie enthielt die Schiffe der Mönche und diente als Lagerraum.

Hautefort

24 Dordogne — 1140 Ew

S. 419 □ H 11

Das von französischen Gärten und einem wundervoll gepflegten Park umgebene Schloß wurde 1968 durch einen Brand zerstört und historisch getreu wieder aufgebaut. Das umfangreiche Gebäude, in dem 1836 der perigordische Romanschriftsteller Eugène Le Roy zur Welt kam (der Schöpfer von *Jacquou le Croquant,* dt. *Jakob der Rebell,* war Sohn des Schloßverwalters), stammt hauptsächlich aus dem 17. Jh., enthält jedoch noch ältere Teile: Unterbauten der beiden Rundtürme und Souterrains stammen aus dem

Haut-Kœnigsbourg, Schloß

10. und 11. Jh., Portierhaus und Wehrgang aus dem 16. Jh. Dem Feuer entging die herrliche, Ende 16. oder Anfang 17. Jh. konstruierte Kuppel aus Kastanienholz, die den Turm des Westflügels mit dem des Ostflügels in Einklang brachte, wo sich die Kapelle mit dem Altar befindet, vor dem Karl X. in Reims gekrönt wurde.

Hauterives 1080 Ew
26 Drôme S. 421 □ M 12

Die ruhige Stadt besitzt einen Palast, der die Surrealisten begeisterte und auf Veranlassung von André Malraux als historisches Monument klassifiziert wurde. Der Landbriefträger Ferdinand Cheval (1836–1934) brauchte etwa dreißig Jahre, um seinen Traum zu verwirklichen; auf seinen Dienstgängen sammelte er Kiesel und schuf daraus phantastische Architekturen, die mit einer ganzen Vegetation aus Zement, Zinnen und Türmchen überladen sind.

Haut-Kœnigsbourg (Schloß)
67 Bas-Rhin S. 417 □ O 6

Die ursprgl. staufische, in der Spätgotik erneuerte Burg (15. Jh.), die seit dem 17. Jh. als Ruine lag, wurde 1899 Kaiser Wilhelm II. geschenkt. Er ließ die Burg 1900–08 z. T. genau rekonstruieren, z. T. frei historisierend nachbauen (vgl. die ähnliche Wiederherstellung von Carcassonne).

Havre (Le) 217 250 Ew
76 Seine-Maritime S. 410 □ G 3

Als zweitgrößter Hafen Frankreichs nach Marseille ist Le Havre eine Industriestadt, die sich weit ins Hinterland erstreckt. Die Gründung geht auf Franz I. zurück: 1517 befahl er Admiral Guillaume de Bonnivet, an einem »sicheren und angemessenen Ort« einen Hafen zu schaffen. Im Auftrag Richelieus vergrößert und in dem Colberts von Vauban* umgestaltet, hat der Hafen ständig an Bedeutung zugenommen. Le Havre ist die Geburtsstadt des Schriftstellers Bernardin de Saint-Pierre (1737), des Dichters und Bühnenschriftstellers Casimir Delavigne (1793), des Komponisten Arthur Honegger (1892), der Maler Orthon Friesz* (1897) und Raoul Dufy* (1877) und des Präsidenten Coty (1882). Der Maler Eugène Boudin* hatte hier ein Papier- und Rahmengeschäft: Er entdeckte das Talent des jungen nach Le Havre zugezogenen Künstlers Claude Monet*.

Das alte Le Havre der Vorkriegszeit mit seinen Bordellen und altersschwachen malerischen Häusern ist verschwunden. Die ständigen Bombardierungen hinterließen nur Ruinen, und der Architekt Auguste Perret* rekonstruierte die Stadt in hochmodernem Stil, jedoch ohne Rücksicht auf ihren Charme. Der Schachbrettgrundriß des 16. Jh. wurde unter Berücksichtigung des Verkehrs in größerem Maßstab beibehalten.

Saint-Joseph: Die Kirche, ein quadratischer Bau aus Eisenbeton, aus dem wie eine Rakete ein schwindelnd hoher achteckiger Glockenturm aufsteigt (106 m), ist von außen nur mäßig anziehend. Die Schönheit des Kircheninneren beruht auf der Höhe des Baues und der wechselnden Beleuchtung durch geschickt angebrachte Glasfenster.

Auguste Perret entwarf auch den großartig angelegten weiten *Rathausplatz*. Das etwa 100 m lange Rathaus wird von einem siebzehnstöckigen Betonturm beherrscht. Hinter diesem Gebäude überrascht der Glockenturm einer interessanten modernen Kirche, das Werk von Henri Colbose* (1964). Die Rue de Paris war im 18. Jh. die schönste Hauptstraße von Le Havre und dient heute dem Durchgangsverkehr. Nach dem Krieg wurde sie völlig neu gestaltet (unter anderem mit Arkaden versehen). Der riesige zeitgenössische Börsenpalast aus grauem Granit enthält eine große von Nicolas Pierre Untersteller* dekorierte Vorhalle.

Le Havre, Museum, Monet ›Nymphéas‹.

▽ *Abtei Graville.* *Stadtplan von 1583*

La Porte
Gettee
La Mer
Partye de Océane

Le Havre, Kirche St-Joseph

Le Havre, St-Joseph, Oktogon

Musée des Beaux Arts: Das exemplarisch funktionelle, sehr gut erleuchtete Museum aus Glas, Aluminium und Stahl wurde 1961 von André Malraux eingeweiht. Seine außerordentlich reichhaltigen eklektischen Sammlungen reichen vom 16. Jh. bis in unsere Epoche. Eine große Rolle spielen die Vorimpressionisten und Impressionisten, die Sammlungen von Zeichnungen und Gemälden des Malers Eugène Boudin* bilden fast ein eigenes Museum (Werke von 1853 bis 1893). Das Museum besitzt wohlausgewählte Bilder der Fauves, eine Sammlung Dufy* und andere zeitgenössische Werke.

Musée de l'ancien Havre: Ganz anders dieses Museum, das in einem vom letzten Krieg verschonten holzgetäfelten Haus (17. Jh.) untergebracht ist. Es zeigt die ältere Geschichte der Gegend und die große Vergangenheit der Stadt: Schiffsmodelle, Aquarelle, Stiche, Fayencen. Sein wichtigstes Besitztum ist der Brief Franz I., der den Ba der Stadt anordnet.

Weitere Kirchen: Die Kirche *Saint François* aus dem 17. Jh. ist ein Relik aus einem ehemals malerischen Stadt viertel. – Die Kathedrale *Notre-Dam* im Stil der Gotik und Renaissanc (Ende 16., Anfang 17. Jh.) wurde teil weise zerstört, dann wieder aufgebau Der nahegelegene Justizpalas (18. Jh.) wurde historisch rekonstru iert, um das Museum für Naturge schichte aufzunehmen. Die vom Zer trum entfernt liegende ehem. *Abt Graville* geht auf den Anfang de 12. Jh. zurück, wurde aber oft umge baut. Die Fassade der im letzten Krie stark beschädigten, weiträumigen ro manischen Abteikirche wurde durc einen romanischen Vierungsturm en stellt. Ihre Kapitelle sind mit Figuren darstellungen geschmückt. – D *Propsteimuseum* bezieht sich auf d Geschichte der Gründung und zei steinerne Fragmente und Statuen sowie zahlreiche Modelle alter Wohnbauten.

Sainte-Adresse: Das benachbarte Sainte-Adresse, jetzt ein Vorort der Großstadt, wurde im letzten und zu Beginn unseres Jahrhunderts von zahlreichen Malern besucht (Jongkind*, Monet*, Bazille*, Dufy*, Marquet*).

Umgebung: Harfleur (6 km östlich): Der bis zu seiner Verschlammung im 16. Jh. bedeutende Hafen kündigt sich von weitem durch den spitzen Turm seiner schönen spätgotischen Kirche *Saint-Martin* (15./16. Jh.) an. Das Rathaus befindet sich in einem Schloß aus Stein und Ziegeln (17. Jh.). – **Montivilliers** (13 km nordöstlich): Der Ort ist um ein Kloster entstanden und gehört jetzt zu den weiteren Vororten Le Havres. Montivilliers wird von den beiden Türmen seiner ehem. Abteikirche aus der zweiten Hälfte des 11. Jh. und vom Beginn des 12. Jh. beherrscht. Das schöne, Notre-Dame geweihte Gebäude wurde im 15. Jh. durch eine an der linken Seite angebaute gotische Kirche vergrößert.

Herbault

880 Ew
41 Loir-et-Cher — S. 414 □ H 7

Das von einem herrlichen Wald umgebene reizende Schloß Herbault liegt in dem kleinen Tal der Bonne Heure. Zu dem im 19. Jh. restaurierten und von den jetzigen Besitzern gut instand gehaltenen Herrenhaus aus Ziegeln und Tuffstein (Renaissance) führt eine Platanenallee. Wirtschaftsbauten aus dem 17. Jh.

Hesdin

3250 Ew
62 Pas-de-Calais — S. 410 □ I 2

Die kleine Stadt an der Canche besitzt eine gotische Kirche aus dem 16. Jh. mit Renaissance-Portal und Gestühl aus dem 18. Jh. Das elegante Rathaus am Place d'Armes stammt vom Ende des 16. Jh.

Honfleur

9130 Ew
14 Calvados — S. 410 □ G 4

Die wechselnde atmosphärische Stimmung der Geburtsstadt Eugène Boudins* (1824) wurde oft von den Impressionisten dargestellt: seit Richard Bonington* (19. Jh.) war sie immer wieder ein beliebtes Motiv. Im Gegensatz zu Le Havre, von dem es durch die breite Seinemündung getrennt ist, hat Honfleur noch sein malerisches altes Stadtbild bewahrt: der alte Hafen, die Holzkirche, die ehrwürdigen Wohnhäuser, die steilen Straßen – seit der Geburt von Alphonse Allais (1855), der dort als Kind Baudelaire begegnete, hat es sich kaum verändert.

Vieux Bassin (altes Hafenbecken): Gestern gemalt und heute photographiert, wurde es von dem großen Seemann Abraham Duquesne geschaffen und blieb mit seinen hohen schiefergedeckten Häusern und seiner *Lieutenance,* einem Kastell mit Türmchen, in dem der Leutnant des Königs wohnte (zum Kastell gehört ein altes Festungstor), das Symbol Honfleurs. Die bescheidene gotische Kirche aus dem 14. und 15. Jh., *Saint-Etienne,* beherbergt das *Musée du Vieux-Honfleur.* Zu ihm gehören auch Holzhäuser und ein altes Herrenhaus mit Werken der Volkskunst, mit Fayencen sowie mit Nachbildungen normannischer Werkstätten und Wohnstuben. In der Nähe erheben sich noch zwei alte Salzspeicher aus dem 17. Jh., in deren soliden Holzbauten zeitgenössische Ausstellungen stattfinden. Die im 17. Jh. im Stil Ludwigs XIV. neu erbaute Kirche *Saint-Léonard* besitzt einen achteckigen Glockenturm.

Sainte-Catherine: Der ursprüngliche Holzbau aus dem 15. Jh. hat zwei parallele Langhäuser (die beiden Chöre wurden im 19. Jh. neu errichtet). Die Zwillingsschiffe sind mit umgekehrten

Honfleur, Inneres der Kirche Ste-Catherine

Kielgewölben bedeckt. Die Orgel stammt aus dem 18. Jh., die Balustrade aus dem 16. Jh. Im rechten Chor ein Altar aus dem 18. Jh., im linken ein Jordaens* zugeschriebener *Christus am Ölberg* von 1654. Der ebenfalls aus Holz errichtete freistehende Glockenturm, den Claude Monet* malte, ist mit Kastanienholzschindeln bedeckt. Die nahegelegenen Straßen bewahren noch ihr altes Gesicht (Erik Satie wurde 1866 in der Rue Haute geboren).

Musée Eugène Boudin: Das in einem ehem. Nonnenkloster untergebrachte und durch neue Säle bereicherte Museum wurde von dem heimischen Maler Alexandre Dubourg* geschaffen. Einige ältere Maler treten hinter der reichen Sammlung der Künstler, die Honfleur und Umgebung im 19. und zu Beginn des 20. Jh. malten, zurück (die ersten in Honfleur verliebten Maler wohnten in dem alten Landgasthof der *Ferme Saint-Siméon,* an desse[n] Stelle jetzt ein Luxushotel steht). A[n] der Spitze von ihnen ist der aus Saint Léonard stammende Eugène Boudin zu erwähnen. Neben ihm sind Jong kind*, Isabey*, Daubigny*, Monet und zahlreiche weniger bekannt Künstler ausgestellt, die in Honfleu gemalt haben.

Côte de Grâce: Auf der grünen, schö gelegenen Ebene von Grâce malt Othon Friesz* an einem tragischen Ju nitag 1940 den Brand, der die Öltank von Le Havre verwüstete. Die Kapell *Notre-Dame-de-Grâce* aus dem 17. Jh ist das Ziel von Wallfahrten.

Houdan	2870 Ew
78 Yvelines	S. 410 ☐ H

Die einst sehr belebte Kleinstadt i landwirtschaftlicher Mittelpunkt ge blieben (Hühnerzucht). Aufgrund der strategischen Lage wurde Houdan befestigt, davon zeugen noch der riesige, in ein Wasserschloß umgewandelte Wehrturm aus dem 12. Jh. und drei Türme aus dem 16. Jh. Die Fassade und das Schiff der *Kirche* aus dem 15. und 16. Jh. zeichnen sich durch Flamboyan-Gotik aus, das Chorhaupt ist im Renaissance-Stil erbaut. Die Wölbung im Inneren ist mit großen Schlußsteinen geschmückt.

Hyères	35870 Ew
83 Var	S. 425 □ N 15

Hyères ist ein Badeort mit endlosen Straßen, Jachthafen, »Palmenstadt« und herrlichen Gärten. Die Kirche *Saint-Louis* ist ein einfaches Gebäude aus dem 13. Jh., in der Ludwig IX. bei der Rückkehr von seinem ersten Kreuzzug betete (1254). – Die im 16. Jh. erbaute Kirche *Saint-Paul* enthält noch einige schöne Reste der älteren romanischen Kirche: Im Inneren zahlreiche gemalte Exvotos. Daneben ein schönes bemaltes Renaissance-Haus.

Umgebung: Von der Kapelle **Notre-Dame-de-Consolation** (3 km) hat man einen herrlichen Blick auf die Halbinsel Gien und die Hyères-Inseln (Porquerolles, Port-Cros und Le Levant). Der moderne Bau enthält eine sehr alte Marienstatue, die besonders am 15. und 16. August verehrt wird.

Honfleur, Vieux Bassin

Houdan, Wehrturm aus dem 12. Jh.

I

Ile-Bouchard (L') 1730 Ew
37 Indre-et-Loire S. 419 □ G 8

Einst Kanalhafen an der Vienne, bewahrt der von Obstgärten umgebene Ort den Namen des Gründers einer seit langem zerstörten Festung (sie befand sich auf einer Insel). Die romanischen Teile der bescheidenen Kirche *Saint-Gilles* gehen auf das Ende des 11. und den Anfang des 12. Jh. zurück. Die Ruinen der Propstei *Saint-Léonard* erheben sich auf dem linken Ufer der Vienne. Von der Propsteikirche des 11. Jh. ist nur die von einem Umgang mit Kapellenkranz umgebene Apsis erhalten. Besonders zu erwähnen sind die skulptierten Kapitelle: sehr schönes Blattwerk und Szenen aus dem Leben Christi.

Umgebung: Tavant (3 km westlich): Die wahrscheinlich vom Beginn des 12. Jh. stammende Kirche *Saint-Nicolas* hat zwar eine interessante Architektur und Skulptur, berühmt aber sind die Krypta und die im darüberliegenden Chor erhaltenen Wandmalereien. In der Halbkuppel herrscht der von Evangelistensymbolen und Engeln umgebene Christus: Im Gewölbe erscheinen eine Verkündigung an die Hirten, eine Verkündigung an Maria und eine Geburt. Die mit großen Rundpfeilern versehene Krypta wurde ehemals durch ein kleines Fenster nur etwas erhellt. Trotzdem schmückten die Künstler sie mit seltsamen, ausdrucksvollen Fresken, deren reiche Ikonographie kaum verständlich ist. Leicht sind Christus, Maria, der Hl. Petrus, Adam und Eva und die Unzucht zu erkennen, der Schlangen in den Busen beißen, doch bei den anderen Gestalten weiß man nicht recht, was sie symbolisieren.

Issoire 13650 Ew
63 Puy-de-Dôme S. 420 □ J/K 11

Die alte Stadt mit ihren engen Straßen am Eingang der Cevennen besitzt nach Brioude die größte romanische Kirche der Auvergne: *Saint-Austremoine* (12. Jh.) liegt im Mittelpunkt des Ortes an einem riesigen Platz, der einen Blick auf ihr herrliches Chorhaupt bietet. Mit ihrer dreistöckigen Anordnung ist sie ein vollkommenes Beispiel auvergnatischer Kunst und ist mit reichen Einlegearbeiten in polychromer Lava ausgestattet. Das originellste Dekor ist ein Tierkreis, der sich von einer Kapelle zur anderen fortsetzt. Obgleich der Bau im 19. Jh. in schreienden Farben getüncht wurde, bewahrt das Innere noch seine ganze Majestät. Unter den mit Bildszenen versehenen Kapitellen sind die des Chors hervorzuheben: Ihr ikonographisches Programm ist der Passion gewidmet. Di-

Issoire, Kapitell der Kirche

Issoudun, Kapelle St-Roch

Krypta entspricht dem Grundriß des Chors und ist die größte und schönste der Auvergne.

Issoudun	15950 Ew
36 Indre	S. 419 □ I 8

Durch ihre Lage inmitten des Berry wurde die Stadt Schauplatz der erbittertsten Fehden zwischen Philipp August und Richard Löwenherz. Von ihrer alten Festung ist noch die *Tour Blanche* erhalten, ein von Richard Löwenherz erbauter Turm aus dem 12. Jh., und ein altes Stadttor (12. und 16. Jh.). Die Kirche *Saint-Cyr* (15. und 16. Jh.) hat ein breites Langhaus ohne Querschiff, dessen flacher Chor von herrlichen Glasmalereien erhellt wird (16. Jh.). Im *Hôtel Dieu* (Hospital) aus dem 12. und 16. Jh. ist heute das *Musée de l'hospice de Saint-Roch* untergebracht: Sein weiter Hof ist von Bauten aus verschiedenen Epochen umgeben. Die Kapelle enthält noch Teile ihrer alten Dekors, darunter zwei Stammbäume Jesse. Im Museum eine schöne Fayencensammlung aus Nevers.

JK

Joigny
89 Yonne

10890 Ew
S. 415 □ K 6

Joigny, ein altes verschlafenes Städtchen mit malerischen Winkeln liegt auf einem Hügel über der in großen Mäandern dahinfließenden Yonne. Obwohl die Gegend geologisch und historisch zur Champagne gehört, scheint sie eher burgundisch zu sein. Als gastronomische Zwischenstation zwischen dem Norden und dem Süden Frankreichs (dank dem Restaurant La Côte Saint-Jacques) lockt sie die Besucher des ehemaligen Großherzogtums an, während sie auf den Reisewegen der Champagne kaum erwähnt wird. Der Name Joigny kommt von *Jauniacus* oder *Joviniacum,* doch soll man sich von diesen lateinisch klingenden Namen nicht täuschen lassen, denn die Römer waren an diesem Ort kaum interessiert. Die Stadt vergrößerte sich erst spät um ein Kloster und eine Festung herum.

Ihre Einwohner nennen sich gelegentlich »Maillotins«, in Erinnerung an die »maillets« (Hammer), mit denen die Aufständischen sich im 15. Jh. bewaffneten, um das Schloß zu erstürmen und den Grafen zu töten. Im Jahre 1530 brannte die Stadt bei einer verheerenden Feuersbrunst fast vollständig ab, doch blieben glücklicherweise einige schöne Bauten erhalten.

Joigny, Kirche St-Jean

Saint-André: Diese recht ungewöhnliche »Doppelkirche« wurde im 16. Jh. vergrößert und umgebaut, von dem entstellten Schiff ist nur eine alte Mönchskapelle erhalten. Sie wird von zwei Glasmalereien erhellt (15. Jh.), bewahrt eine bemalte Marienstatue aus der gleichen Epoche, ein Grab aus dem 13. Jh. und eine Pieta aus dem 15. Jh. Der Rest einer englischen Leiter, die noch an der Mauer zu sehen ist, erinnert an die schreckliche Belagerung von 1429.

Saint-Jean: Das durch eine Mauer ungeschickt von der Apsis getrennte Hauptschiff der Kirche (16. Jh.) hat eine schöne Kassettenwölbung, die Ende des 16. Jh. von einem heimischen Künstler geschaffen wurde. Das rechte Seitenschiff enthält eine Grablegung aus dem 16. Jh. und das Grabdenkmal mit der liegenden Darstellung einer 1187 verstorbenen Gräfin. Der nach dem großen Brand geplante Neubau des Schlosses wurde nicht vollendet: Von ihm zeugt nur ein Pavillon in der Nähe von Saint-Jean. Das aus dem 11. oder 12. Jh. stammende *Tor Saint-Jean* ist ein Rest der alten Festung, ihr gegenüber erhebt sich ein großes Holzhaus, das sicherlich aus dem 16. Jh. stammt.

Saint-Thibault: Zwischen 1490 und 1529 am Ende der gotischen Epoche erbaut, wurde diese Kirche durch den Brand stark beschädigt und teilweise neu errichtet. Ihr quadratischer Turm stammt aus dem 18. Jh. In Saint-Thibault vermischen sich der Flamboyant- und der Renaissance-Stil mit einer Spur Klassizismus. In ihrem von der Achse des Langhauses seltsam abweichenden Chor befinden sich mehrere Kunstwerke, darunter eine herrliche lächelnde Madonna aus dem 14. Jh. An der Place du Pilori vor Saint-Thibault ein seltsames restauriertes Haus aus dem 16. Jh. Joigny hat seine mittelalterliche Umwallung verloren, von der nur noch ein Holztor (13. Jh.) erhalten ist.

Jmgebung: Saint-Cydroine (4 km östlich): Als ehemaliges Priorat steht die legant und schlicht wirkende Kirche n der Stelle, an der vermutlich im . Jh. der Hl. Cydroine oder Cydoine nthauptet wurde. Ganz in der Nähe eginnt der zwischen 1775 und 1834 rbaute Canal de Bourgogne, der mit einer Länge von 242 km die Verbinung zwischen Seine und Rhône herellt.

aint-Aubin (4 km nordwestlich): Die irche aus dem 12. Jh. hat durch Umauten viel von ihrem ursprünglichen harakter verloren.

Josselin	2990 Ew
56 Morbihan	S. 413 ☐ D 6

Am Hang eines Hügels am rechten Ufer der Oust erhebt sich ein berühmtes Schloß, das seit dem 15. Jh. Eigentum der Familie Rohan war. Die alte Festung wurde oft restauriert, doch bewahren die Außenfassade mit ihren hohen, von Schilderhäusern bekrönten Türmen und der mit Pechnasen versehene Verbindungsteil noch die mittelalterliche Wehrhaftigkeit. Das im Ehrenhof befindliche Herrenhaus (15. Jh.) ist ein Meisterwerk der Flamboyant-Architektur. Doppelbögen, Säulchen, Blattwerk, Krabben und Kreuzblumen ziehen sich bis zu den mit zehn herrlichen doppelstöckigen Giebelfenstern versehenen Dächern, deren Ansatz von einer zierlichen, durchbrochenen Galerie verdeckt wird.

Basilika Notre-Dame-du-Roncier: Von einigen Resten des im 12. Jahrhundert errichteten Heiligtums abgesehen, ist diese spätgotische Kirche im Flamboyant-Stil errichtet. Von der in den Dornen entdeckten Statue der

Josselin, Schloß

Jouarre, Abtei

Jumièges, Ruinen der Abtei

Schwarzen Madonna aus dem 9. Jh. existiert nur noch ein Fragment. Der Mittelpfeiler eines doppeltürigen Westportals ist mit einer reizvollen Madonna unter Baldachin aus dem 15. Jh. geschmückt. Die schmiedeeiserne Kanzel des Schiffes (18. Jh.) ist das Werk eines heimischen Eisenschmieds. Die Kapelle Sainte-Marguerite enthält ein majestätisches Grabmal aus schwarzem Marmor, auf dem die in weißen Marmor skulptierten Gestalten des Konnetabels Olivier de Clisson, Herr von Josselin, und seiner Gemahlin liegen.

Umgebung: Guéhenno (10 km südwestlich): Der kleine Ort besitzt den einzigen großen Kalvarienberg des Morbihan. 1550 errichtet, während der Revolution zerstört und im 19. Jh. restauriert, besitzt er ein doppeltes mit Flachreliefs geschmücktes Gesims. Die vier Prophetenstatuen wurden bei der Restaurierung hinzugefügt. Der Sockel zeigt Passionsszenen. Auf den Querbalken des Mittelkreuzes stehen die Statuen der Jungfrau und de Hl. Johannes, an den Stamm schmieg sich die Gestalt Jesse: Die Gliedmaßen der Schächer sind gekrümmt. Auf de nebenstehenden modernen Säule mi den Passionswerkzeugen sitzt ei Hahn (Verleugnung Petri). Das au drei Sälen bestehende Beinhaus stell das Grab Christi dar. Zwei heilig Frauen begeben sich zu dem von römi schen Legionären bewachten Eingang

Jouarre	2670 Ew
77 Seine-et-Marne	S. 411 ☐ J 4/5

Die alte Abtei ist noch immer von Benediktinern bewohnt, doch wurde i einem der Gebäude aus dem 18. J das Rathaus untergebracht. Ein unter setzter Turm aus dem 12. Jh. (Renaissance-Wölbungen) war früher Glok

Jumièges, Luftaufnahme des Ortes mit der Abtei

kenturm einer romanischen Kirche. In ihm ist das kleine Museum der Mönche enthalten. Ein kleines Gebäude hinter der Pfarrkirche, in dem das *Musée briard* untergebracht ist, bedeckt eine Krypta aus dem 7. Jh., bei der es sich in Wirklichkeit um zwei halb in die Erde versenkte Kapellen, Saint-Paul/Saint-Ébrégisile und Saint-Adon handelt. Der mit wiederverwendeten gallo-römischen Kapitellen ausgestattete Bau enthält interessante Sarkophage. Die Pfarrkirche wurde im 15. Jh. neu errichtet und das Schiff im 16. Jh. weitgehend umgebaut. Mit alten und neuen Glasmalereien versehen, enthält sie vor allem bemerkenswerte Schreine (die ältesten stammen aus dem 12. Jh.) und eine steinerne Statue von Notre-Dame de Jouarre (16. Jh.). Die umgebaute *Kirche von la Ferté sous-Jouarre* hat noch einen Turm aus dem 14. Jh. Das Rathaus der kleinen Stadt ist ein bizarrer moderner Bau.

Jumièges	1470 Ew
76 Seine-Maritime	S. 410 □ H 3/4

Abtei: Eingestürzte Gewölbe, Türme ohne Helm, leere Fenster – gewiß nur Ruinen, doch zeugen sie von der großen romanischen Kunst der Normandie. Die ehem., im 11. Jh. erbaute Abteikirche Notre-Dame ist zwar größtenteils eingestürzt, doch besticht sie noch durch ihre klaren Formen (ihre Zerstörung war nicht das Werk der Zeit, sondern der Menschen, die sie nach ihrem Verkauf als nationales Besitztum während der Revolution stückweise abtrugen). Von der großen, im 7. Jh. vom Hl. Philibert gegründeten Abtei sind noch mehrere Gebäude aus verschiedenen Epochen erhalten: Die ebenfalls teilweise zerstörte Kirche Saint-Pierre (vorromanische Teile, der Rest aus dem 13. und 15. Jh.), der seiner Gewölbe beraubte Kapitelsaal und die romanisch-gotischen »Kellereien«.

Kaysersberg, Kirche

In der aus dem 17. Jh. stammenden Wohnung des Abtes befindet sich ein *Steinmuseum.* Die auf einem Hügel gelegene Kirche *Saint-Valentin* vereint ein romanisches Langhaus mit einem Renaissance-Chor.

Jumilhac-le-Grand

1540 Ew
24 Dordogne
S. 419 □ H 11

Der an der limousinischen Grenze des Périgord gelegene Ort wird von einem bedeutenden Schloß überragt, das größtenteils aus dem 14. Jh. stammt und in der Renaissance sowie dem 17. und 18. Jh. umgebaut wurde. Das große romantische Feudalbauwerk mit unregelmäßigem Grundriß ist von hohen Dächern bedeckt. Das ehem. Kreuzritterschloß ging von einer Hand in die andere. Der Sage zufolge soll hier eine leichtfertige Schloßherrin von ihrem Ehemann für immer mit ihrer Spindel eingeschlossen worden sein. Die ursprünglich romanische, stark restaurierte Schloßkapelle hat einen schönen Vierungsturm.

Kaysersberg

2940 Ew
68 Haut-Rhin
S. 417 □ O 6

Die im 13. Jh. erstmals erwähnte Stadt gehörte seit 1354 zur Dekapolis, dem Bund elsässischer Reichsstädte. Strategisch wichtig gelegen und heftig umkämpft, überstand sie den letzten Krieg dennoch unzerstört. Unter einer sehr ausgedehnten Schloßruine gelegen, umsäumen ihre prächtigen Wohnbauten eine endlos lange Hauptstraße. Als Geburtsstadt Albert Schweitzers (1875–1965) hat Kaysersberg dem Arzt, Pastor und Musiker, der 1952 den Friedensnobelpreis erhielt, ein kleines Museum gewidmet. Die Kirche geht auf das 12. Jh. zurück. Wegen bedeutender Umbauten hat sie ihre ursprüngliche Anlage eingebüßt, doch sind noch ein skulptiertes Portal und Kapitelle im romanischen Stil erhalten. Im Inneren eine große Kreuzigungsgruppe (15. Jh.) und ein sehr schöner Altar aus dem 16. Jh., von einem Kolmarer Künstler ausgeführt sowie ein Heiliges Grab aus der gleichen Epoche. Kaysersberg hat noch seine befestigte Brücke aus dem 15. und 16. Jh. bewahrt. Sein Rathaus ist in einem charmanten Renaissance-Bau untergebracht. Das Museum rühmt sich einer »aufklappbaren Jungfrau« aus dem 14. Jh., deren Körper aus zwei Flügeln besteht, auf deren Rückseiten Engel gemalt sind; außerdem zahlreiche Gegenstände der Volkskunst und religiösen Kunst.

L

Labastide-d'Armagnac	810 Ew
40 Landes	S. 422 □ F 13

Die ehem. königlich englische Befestigung (Ende 13. Jh.) ist um einen typischen Arkadenplatz angelegt. Der Überlieferung zufolge soll Heinrich IV. nach diesem Vorbild den Pariser Place des Vosges angelegt haben. Die mit breitem Turm versehene *gotische Kirche* stammt aus dem 15. Jh. Sie enthält eine Pieta aus dem 16. Jh. und einen vergoldeten Altar im Stil des 17. Jh., hinter den ein illusionistisches »Retabel« gemalt ist. Die kleine, den Radfahrern gewidmete und von vielen Teilnehmern der Tour de France verehrte Kapelle *Notre-Dame du Géou* steht auf den Grundmauern eines römischen Tempels.

Labrède	1770 Ew
33 Gironde	S. 422 □ F 12

Am Rand des großen Waldgebiets des Landes und des Weinbaugebiets der Graves spiegelt sich die Silhouette einer mittelalterlichen Festung in ihren breiten Wassergräben.

Schloß: Der Besitzer des umgebauten gotischen Schlosses, das noch seinen Wachturm aus dem 13. Jh. bewahrt, war der Autor von *L'Esprit des Lois* (er wurde in der nahen Pfarrkirche getauft). Montesquieu verbrachte seine Kindheit in Labrède und kehrte immer wieder gern dahin zurück. Hier verbrachte er seine Zeit über seinen Schriften und widmete sich seinen Weinbergen sowie dem Parlament von Bordeaux. Den Besuchern des Schlosses wird vor allem das Arbeitszimmer und Schlafzimmer des Hausherrn gezeigt, sowie die große gewölbte Bibliothek (die meisten Manuskripte Montesquieus wurden vor dem letzten Krieg verkauft, doch unter den Tausenden von Bänden, die der gelehrte Weinbauer und seine Nachfahren zusammentragen haben, befinden sich noch einige äußerst kostbare Dokumente).

Lagny-sur-Marne	16300 Ew
77 Seine-et-Marne	S. 411 □ J 5

Die einst befestigte große Marktstadt Lagny ist heute Teil der »Neustadt« von Marne-la-Vallée. Die ehem. Abteikirche *Notre-Dame-des-Ardents-et-Saint-Pierre* im 13. Jh. über älteren Sakralbauten begonnen, besitzt eine sehr durchschnittliche Fassade mit Glokkenturm. Da die Arbeiten bald wegen Geldmangels abgebrochen werden mußten, besteht die Kirche eigentlich nur aus dem herrlichen Chor. In der Kapelle hinter dem Altar soll Jeanne

Lamballe, Stiftskirche Notre-Dame, Südportal

d'Arc ein Kind wieder zum Leben erweckt haben. Der Name Notre-Dame-des-Ardents erinnert an »mal des ardents« (das heilige Feuer), eine ehemals in Frankreich herrschende schmerzhafte Blatterrose, die wahrscheinlich durch die Verwendung schlechten, mit Roggen versetzten Mehls entstand. Die von alten Häusern umgebene Place de la Fontaine schmückt ein hübsches Becken aus dem 12. Jh. (mit Bronzefiguren aus dem 16. Jh.). Die Kirche Saint-Furcy hat eine spätgotische Fassade.

Lagrasse

610 Ew
11 Aude
S. 424 □ J 15

Zwischen kahlen Hügeln zieht sich Lagrasse durch das Becken des Orbieutales um eine zur Karolingerzeit gegründete Abtei. Von ihr sind Gebäude aus verschiedenen Epochen erhalten, die von einem großen Wehrturm aus dem 16. Jh. überragt werden (der große Kreuzgang stammt aus dem 18. Jh., der kleine aus dem 11. und 13. Jh.). Das Dorf besitzt eine Kirche aus dem 14. Jh. und mehrere alte Häuser. Es ist durch eine hochgewölbte mittelalterliche Brücke mit der Abtei verbunden.

Lamballe

10078 Ew
22 Côtes-du-Nord
S. 413 □ D 5

Das Städtchen Lamballe war einst Hauptstadt der Grafschaft Penthièvre und ist heute wegen seiner Märkte und Zuchtgestüte berühmt. Auf einem Hügel erhebt sich das mächtige Schiff der Kollegiatkirche *Notre-Dame* (13.–14. Jh.), die dem einst auf Befehl Richelieus geschleiften Schloß als Kapelle diente. Das Nordportal wird von zwanzig Säulchen mit hübschen Kapitellen umrahmt, ein schöner holzgeschnitzter Lettner (15. Jh.) schließt den südlichen Umgang des Chors. – *Saint-Martin:* Als ehem. Propsteikirche im 11. Jh. erbaut, zeichnet sie sich durch ihren Turmhelm (17. Jh.) und ein kleines hölzernes Wetterdach über ihrer Seitenpforte aus (16. Jh.). Im Langhaus sind noch romanische Teile erhalten. Die von einem achteckigen Turm überragte Kirche *Saint-Jean* (15. Jh.) enthält ein interessantes Flachrelief aus dem 18. Jh.

Umgebung: Schloß de la Hunaudaye (14 km östlich): Das inmitten von Wäldern gelegene Schloß (14. Jh.) zeugt trotz 1793 erfolgter Neubauten noch von seiner großen Vergangenheit. Die efeubedeckten Wälle sind von Gräben und Türmen umgeben. Reste von Rundbögen, Treppen, eine Reihe Pechnasen erzielen einen außergewöhnlichen Eindruck.

Landerneau	15530 Ew
29 Finistère	S. 412 □ B 5

Der Hafen im Mündungsgebiet von Cornouaille und Léon verdankt seinen Ruhm dem alten Brauch des Polterabends. Die Wiederheirat einer Witwe verursachte so viel öffentlichen Lärm, daß es zu dem Sprichwort kam: »Das wird in Landerneau Krach machen.« Die Stadt mit ihren zwei Kirchen liegt beiderseits des Elorn, über den die malerische, von Häusern aus dem 16. Jh. flankierte Brücke de Rohan führt. *Saint-Hourdan* am rechten Ufer zeichnet sich durch einen Turm mit Kuppel und eine Renaissance-Vorhalle (1604) aus. – *Saint-Thomas de Cantorbéry* hat einen schönen Glockenturm mit drei übereinanderliegenden Balkonen. Die Querbalken im Innern sind mit reizvollen ländlichen Szenen geschmückt.

Umgebung: Pencran (3 km südlich): Die kleine Gemeinde Pencran besitzt einen interessanten *Enclos Paroissial* (umfriedeten Kirchplatz) aus dem 16. Jh., dessen monumentale Pforte

Landerneau, Kirche

mit drei Laternen und einer Treppe versehen ist. Der Kalvarienberg aus dem Jahre 1521 besitzt die drei üblichen Kreuze mit Personen. Die Querbalken in der Mitte tragen den Hl. Johannes und eine Hl. Frau. Am Schnittpunkt des Stammes eine rührende Pieta und die kniende Hl. Magdalena. Das Tympanon im Südtor des Beinhauses (1594) ist mit einer Geburt Christi geschmückt. An den Seiten von feinskulptierten Baldachinen überdachte Apostelfiguren. Im Inneren skulptierte Querbalken und eine bemalte holzgeschnitzte Kreuzabnahme (1517). – **La Roche-Maurice** (5 km nordöstlich): Der über dem Elornetal gelegene ehem. Friedhof des Dorfes zeichnet sich vor allem durch sein 1639 erbautes *Beinhaus* aus. Schöne Rundbogenarkaden auf Säulen und Pilastern ruhen auf den skulptierten Feldern des Unterbaus, die verschiedene Gesellschaftsklassen darstellen. Über dem Weihwasserbecken droht der mit einem Pfeil bewehrte Tod. In der Kirche aus dem 16. Jh. trennt ein eleganter Lettner den von einem alten Glasfenster erhellten Chor vom Langhaus. – **La Martyre** (10 km östlich): Das dem Märtyrer Salomon (Salaun), dem 874 ermordeten Herrscher der Bretagne, und Notre Dame gewidmete *Enclos Paroissial* bildet eine sehr schöne Gruppe, zu der man durch eine von einem kleinen Kalvarienberg bekrönte Triumphpforte gelangt (16. Jh.). Das 1619 errichtete Beinhaus weist eine Karyatide mit halbnacktem Frauenkörper auf. Auf einem Spruchband steht in bretonischer Sprache: »Der Tod, das Jüngste Gericht, die kalte Hölle, bei dem Gedanken muß der Mensch zittern . . .« Die Vorhalle der Kirche weist noch Skulpturen aus dem 15. Jh. auf. Eine leider beschädigte Geburt im Tympanon zeigt eine liegende Jungfrau, die unter Josephs erstaunten Blicken das Kind säugt. In dem etwas uneinheitlich wirkenden Innenraum sind Holztäfelungen und Malereien des 16. Jh. zu sehen. – **Ploudiry** (11 km östlich): Rivalitäten zwischen Nachbargemeinden führten in dieser Gegend zur Entstehung zahlreicher Enclos Paroissaux. Die weniger bekannte Baugruppe von Ploudiry hat ein schönes Beinhaus, dessen Medaillons den Totentanz darstellen. In der 1665 errichteten Kirche befinden sich ein Renaissance-Gestühl, zwei Altäre aus dem 17. Jh. und ein Weihwasserbecken aus der gleichen Epoche. Die Glasmalereien in der Apsis stellen die Kreuzigung dar.

Langeais	3900 Ew
37 Indre-et-Loire	S. 414 □ G 7

Kleines altes Städtchen. Rabelais soll sich dort aufgehalten haben.

Schloß: Langeais wird beherrscht von einem der schönsten Schlösser des Loiretals. Dieser Bau, der um 1460 errichtet wurde, erscheint von außen mächtig und nüchtern wie eine mittelalterliche Festung, im Innern jedoch einfach und elegant, im Stil der beginnenden Renaissance. Das wehrhaft gebaute Schloß, das im Auftrag Ludwigs XI. erbaut wurde und in dem Karl VIII. die junge Anne de Bretagne heiratete, ist mit prächtigen Möbeln ausgestattet. An den Wänden hängen

Langeais, Schloß, Fassade zum Hof

kostbare Gobelins aus Flandern und Aubusson. Die *Innenausstattung* wurde sehr gut im Stil des ausgehenden 16. Jh. restauriert. Im *Gardesaal* steht ein riesiger Kamin, dessen eingemeißelter Dekor den Wehrgang des Schlosses darstellt.

Kirchen: Die *Pfarrkirche Saint-Jean-Baptiste* bewahrt romanische Elemente, wurde aber im letzten Jh. umgebaut. Die stark beschädigte Kirche *Saint-Laurent* stammt offenbar aus dem Ende des 11. Jh.

Umgebung: Cinq-Mars-la-Pile (5 km östlich): Zwei dicke Türme, Wassergräben und eine schöne Steinbrücke erinnern an das *Schloß* des Marquis de Cinq-Mars, der mit 22 Jahren wegen einer Verschwörung gegen Richelieu enthauptet wurde. Im Dorf mit seinen teilweise in die Felsen gebauten Häusern steht eine *Kirche* romanischen Ursprungs (Apsis Ende 11., Anfang 12. Jh.).

Langres

52 Haute-Marne — 11420 Ew — S. 416 □ M 6

Langres – früher Festungsstadt und sehr alter Bischofssitz – am Rand einer Hochebene, gewährt von den instandgesetzten Befestigungsanlagen aus einen Blick weit in die Ferne. Die heutige Hauptstadt, des Departments Haute-Marne basiert auf dem antiken *Andematunum* (ein umgebautes gallisches Tor ist erhalten). Hier wurde Diderot 1713 geboren. Der Bau der strengen Kathedrale *Saint-Mammès* wurde 1141 begonnen und in der zweiten Hälfte des 12. Jh. vollendet, als sich die Gotik durchzusetzen begann. Diesem Werk aus burgundischer Romanik und Gotik wurden im 18. Jh. eine Fassade und Türme aufgesetzt, die sich an der Antike orientierten; die *Kapelle von Amoncourt* stammt von 1549. Die *Kirche Saint-Martin* geht auf das 13. Jh. zurück; sie wird von einem Turm aus dem 18. Jh. beherrscht (schöne Christusfigur aus dem 16. Jh. am Hauptaltar). **Museen:** Im *Museum Saint-Didier* sind gallisch-römische Funde, mittelalterliche Skulpturen und Gemälde zu sehen. Im *Stadthaus du Breuil de Saint-Germain*, das zum Teil aus dem ausgehenden 16. Jh. stammt, ist ein weiteres Museum untergebracht, in dem verschiedene Sammlungen gezeigt werden (Diderot).

Lannion

22 Côtes-du-Nord — 16840 Ew — S. 412 □ C 5

In dem kleinen Städtchen am Steilufer nahe der Mündung des Léguer steht noch ein altes Viertel mit malerischen Häusern. Eine eindrucksvolle Treppe mit etwa 400 Stufen führt auf die Anhöhe zur *Kirche von Brélévenez*, die im 12. Jh. von den Tempelherren errichtet und im gotischen Stil umgebaut wurde. Sie enthält einige schöne Retabeln aus dem 17. Jh. und eine Grablegung aus dem 18. Jh. (Krypta).

Umgebung: Kapelle von Kerfons (7 km südöstlich): Auf dem Marktplatz grenzt eine Kreuzigungsgruppe aus dem 15. Jh. an eine T-förmig ge-

Lannion, Hausfassade

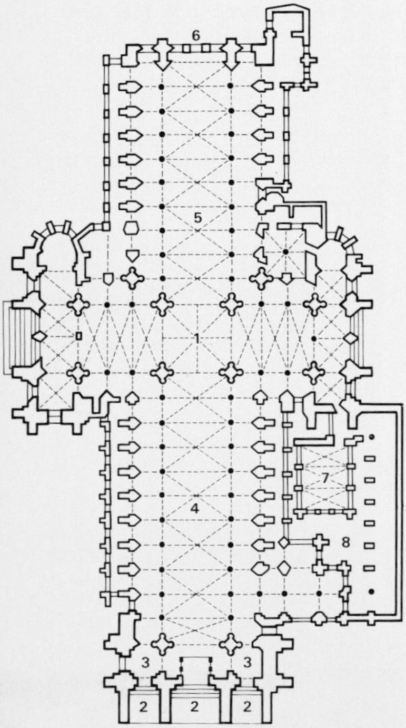

Laon, Kathedrale Notre-Dame
1 Laternenturm
2 Portale
3 Türme
4 Langhaus
5 Chor
6 Apsis
7 Kapitelsaal
8 Kreuzgang

baute Kapelle, die im 15. und 16. Jh. errichtet wurde. Ein zierlicher holzgeschnitzter und bemalter Lettner (Ende des 15. Jh.) trennt den Chor mit seinen Glasfenstern aus dem 16. Jh. ab. – **Schloß von Tonquédec** (10 km südöstlich): Auf einem Felsvorsprung gelegen, beherrscht diese Festung aus dem 15./16. Jh. das weite Tal des Léguer. Obwohl sie 1622 auf Befehl Richelieus geschleift wurde, wirkt sie noch heute beeindruckend mit ihren von Türmen flankierten Festungswällen und ihrem mächtigen Bergfried, in dem noch Kamine erhalten sind.

Laon	27800 Ew
02 Aisne	S. 411 □ K 3

Laon mit den fünf in den Himmel ragenden stolzen Türmen seiner Kathedrale liegt auf einem Sockel über der Ebene. Die alte Stadt, in der der Hl. Remigius und die Brüder Le Nain geboren wurden, hat eine interessante Geschichte. »In Laon ist alles schön«, rief Victor Hugo aus, »die Kirchen, die Häuser, die Umgebung, alles.«

Kathedrale Notre-Dame: Im Ausmaß und der verschwenderischen Fülle ihrer Formen scheint diese Kirche, die zwischen 1155 und 1235 erbaut wurde, eine Stadt in der Stadt zu sein. Gestützt auf das romanische Erbe, gingen die Erbauer darüber hinaus und strebten nach mehr Raum, mehr Höhe und mehr Licht. Obgleich die Kathedrale romanische Überreste aufweist – wie die 40 Meter hohe Laterne über der Vierung –, erscheint Notre-Dame von Laon als großer Durchbruch der Gotik. – Schon die Vorderansicht beeindruckt in ihrer Größe und Harmonie (gegliedert durch Rundbögen und skandiert durch die strenge Aufteilung der Flächen). Drei tiefe Portale mit Spitzdach und Skulpturen in den Giebeln stehen vor kleinen Arkaden. Sie umrahmen die wunderbar verzierten Türen und dargestellten Figuren, die zum größten Teil mehrmals restauriert wurden. Die von zwei großen Fenstern

Laon, Kathedrale

eingerahmte Rose darüber wird überragt von einer Bogenwerkgalerie, auf der eine Statue Unserer Lieben Frau über die Stadt wacht. Auf beiden Seiten erheben sich bis zu einer Höhe von 56 Metern die Türme, die zu den schönsten der Welt gehören. Zu ihrer einzigartigen Wirkung mit durchbrochenen Strukturen, mit Ecktürmchen und schwereloser Architektur tragen auch die riesigen Ochsen bei, die an den Seiten aufgestellt wurden. Sie stehen dort, so sagt man, in Erinnerung an ein Ochsengespann, durch das während der Bauarbeiten Wunder geschehen sein sollen.

Der Innenraum erfüllt das Versprechen der Westfassade. Der Chor ist beinahe ebenso lang wie das Schiff. (Vier Geschosse, große Arkaden auf starken, zylindrischen Pfeilern, Galerien, Blendtriforium, hohe Fenster); an der Decke dominieren sechsfach aufgeteilte Gewölbe. Die flache Apsis wird von einer Rose und drei lanzettförmigen Durchbrüchen mit bemalten Fenstern aus dem 13. Jh. durchbrochen. Die Schatzkammer enthält eine Ikone aus dem 12. Jh. mit einer Darstellung des Hl. Antlitzes sowie Wandteppiche aus dem 17. Jh. Der Kapitelsaal führt zu einem zierlichen Kreuzgang.

Saint-Martin: Anfang des 12. Jh. wurde im Bourg eine Prämonstratenserabtei und die Kirche Saint-Martin mit langem Schiff und dicken Türmen über dem Querschiff gegründet. Sie wurde nach dem 2. Weltkrieg restauriert. Die hohe Fassade, die Ende des 13. Jh. umgebaut wurde, mit drei Portalen und einem riesigen Fenster. Im Hauptgiebel ein Hochrelief des Hl. Martin, der seinen Mantel teilt. Der Innenraum wirkt kahl. Dem viereckigen Chor mit flacher Apsis fehlen die Seitenschiffe, dem Langschiff die Galerie und das Triforium. Neben den Liegefiguren der Jeanne de Flandre und eines

Seigneur de Coucy steht in einer Kapelle ein ergreifender barmherziger Heiland. Die Klostergebäude aus dem 17. und 18. Jh., das Abthaus, das Kloster und die Gärten befinden sich noch heute neben der Kirche.

Altstadt: Die Oberstadt liegt im Schutz der Zitadelle und ihres mächtigen Festungswalls mit seinen Türmen und Wehrgängen. Sie ist an drei befestigten Bauten aus dem 13. Jh. offen: an der Porte d'Ardon, de Soissons und des Chenizelles. In den gewundenen Gassen und auf den malerischen Plätzen mit Häusern aus allen Epochen kann man Türmchen, verzierte Giebel, Wachtürme, zylindrische Kamine oder auch eine riesige Toreinfahrt entdekken. In der Innenstadt um die Kathedrale bilden das Hôtel-Dieu mit seinem gotischen Saal und der Bischofspalast, heute Sitz des Gerichts (mit einer zweigeschossigen Kapelle aus dem 12. Jh.) eine geglückte Einheit mittelalterlicher Architektur. Im Festungsviertel steht das Hôtel du Petit-Saint-Vincent mit Türmchen vom Anfang des 16. Jh.

Museum: Besonders interessante archäologische Sammlung von Vasen, Amphoren und griechischen Figuren. Das Diptychon auf der Fensterseite stammt vom Meister* des Stundenbuches von Rohan und gilt mit seinen kühn kontrastierenden Farben als eines der Hauptwerke europäischer Kunst im 15. Jh. Im Garten des Museums steht an der Stelle eines Friedhofs der Templer eine eigenartige achteckige Grabkapelle mit Kuppel und romanischen Fenstern aus dem 12. Jh. Im Innern eine beeindruckende Skulptur eines Leichnams von Guillaume de Harcigny.

Laon, Kathedrale Notre-Dame

Bibliothek: Ihre Miniaturen – einige stammen aus dem 8. und 9. Jh. – sind weltberühmt. Ein gallo-römisches Mosaik, das bei den Grabungen in diesem Gebiet gefunden wurde, stellt Orpheus dar.

Lapalisse	3600 Ew
03 Allier	S. 420 □ K 9

Marschall La Palice zeichnete sich in Italien durch seine Tapferkeit aus, bevor er der Nachwelt durch seine berühmten Binsenwahrheiten *(lapalissades)* bekannt wurde. Sie entstammen einem Lied, das seine Soldaten 1525 bei seinem Tod in Pavia gesungen hatten: »Eine Viertelstunde vor seinem Tod war er noch am Leben.« Damit wollte man ausdrücken, daß er sich bis zum Ende tapfer geschlagen hatte. Das stadtbeherrschende Schloß gehört noch heute seinen Nachkommen. Von der ursprünglichen Festung sind noch die Festungstürme erhalten (12. und 13. Jh.), die die Wallmauern markieren. Der Wohntrakt, von florentinischen Handwerkern im Stil der italienischen Renaissance im 15. und 16. Jh. erbaut, ist prächtig ausgestattet. Im goldenen Salon mit seiner reich verzierten vergoldeten Kassettendecke hingen flandrische Gobelins aus dem 15. Jh. Sie wurden aber gestohlen. Heute sind nur noch zwei der Serie der Neuf Preux erhalten. In der Kapelle sind schöne Grabsteine aufgestellt.

Larchant 510 Ew
77 Seine-et-Marne S. 414 □ J 6

Larchant – heute ein großes Dorf – war früher eine bedeutende Festungsstadt und vermutlich Geburtsort des Hl. Mathurin. Er soll dort Mitte des 3. Jh. geboren worden sein und wurde in einer Kapelle beigesetzt, die zu einem berühmten Wallfahrtsort wurde. Etwa an der Stelle dieser Grabkapelle steht, überragt von einem Turm mit Portalvorbau, dessen Spitze im 17. Jh. einstürzte, die Kirche *Saint-Mathurin* aus dem 12. (Chor), 13. und 14. Jh. Sie enthält Statuen und eine Retabel aus dem 15. Jh. Noch heute kommen Pilger zum Hl. Mathurin, der früher Schutzheiliger der Irren war.

Lascaux → Montignac

Lassay-les-Châteaux 2600 Ew
53 Mayenne S. 413 □ F 5

Das *Schloß* von Lassay mit runden oder halbrunden Türmen liegt auf einem Granitfelsen an der Stelle einer Befestigung, die von Karl VII. geschleift wurde. Es wurde von Jehan de Vendôme ab 1458 wieder wehrhaft aufgebaut und dabei mit Zugbrücke am Eingang, zahlreichen Schießscharten und einer 2,60 m dicken Wallmauer versehen.

Lautenbach → Guebwiller

Lauzun 940 Ew
47 Lot-et-Garonne S. 423 □ G 12

Das *Schloß* geht auf das 15. Jh. zurück, wurde im 16. und 17. Jh. vergrößert und im letzten Jh. vollendet. Es besitzt sehr bemerkenswerte Renaissance-Kamine, ist jedoch vor allem interessant wegen einer der erstaunlichsten Persönlichkeiten am Hof Ludwigs XIV., der 1633 hier geboren wurde: Der Herzog von Lauzun, ein ehrgeiziger, brillanter und skrupelloser Höfling gewann die Gunst des Sonnenkönigs, und wußte die Grande Mademoiselle zu verführen, wurde später in die Bastille geworfen. Er ließ zwischen dem alten Schloß und dem Renaissancetrakt den Kuppelpavillon errichten, aber seine Hofintrigen und Händel mit der Staatsgewalt ließen ihm kaum Zeit, im Schloß zu wohnen.

Umgebung: Eymet (6,5 km nordwestlich): Alte Befestigung aus dem 13. Jh. mit Arkadenplatz; Reste eines mittelalterlichen Schlosses.

Laval 51 230 Ew
53 Mayenne S. 413 □ F 6

Die hübsche Stadt des Bas-Maine, Wiege des Aufstands der Chouans während der Revolution, ist sowohl stolz auf ihre Schlösser und alten

Lassay-les-Châteaux, Schloß

Laval, Pont Vieux

Laval, Notre-Dame d'Avénières

Stadtviertel als auch darauf, Geburtsort einiger berühmter Persönlichkeiten zu sein. In der ehem. Festungsstadt wurden Ambroise Paré (1517), Henri Rousseau*, der »Zöllner« (1844), Alfred Jarry (1873) und der Alleinsegler Alain Gebrault (1893) geboren. Laval – heute Präfektur von Mayenne und Bischofssitz – liegt beiderseits des Flusses, der dem Departement seinen Namen gab. Hübscher Blick vom Pont-Neuf auf eine malerische sattelförmige gotische Brücke und die Kais (alte Waschboote), auf das alte Laval und die beiden Schlösser. In den mittelalterlichen Vierteln findet man schöne Erker- und Renaissancehäuser *(Maison du grand veneur)* und Stadthäuser aus dem 18. Jh. Die *Grande-Rue*, die auf die Kais der Mayenne führt, hat sich ihre mittelalterliche Prägung bewahrt und war Zentrum des Widerstands gegen die Engländer, die Anfang des 15. Jh. praktisch die Herren des Maine waren.

Schlösser: Die Fassade des *Nouveau Château* oder *Galerie des comtes de Laval*, in dem sich heute das Gericht befindet, stammt aus der Renaissance. Das Schloß wurde Mitte des 16. Jh. erbaut und im letzten Jh. durch einen Pavillon erweitert. Im Schutz eines 45 m hohen zylindrischen Turms und überragt von Mauerwerk, steht das *Vieux Château*, an dem vom 12. bis zum 16. Jh. gebaut wurde. Sein ältester Teil ist ein nach Osten vorgebauter Saal, genannt »Crypte du donjon«. Das Alte Schloß mit seinen beiden rechtwinklig abgelegten Wohntrakten wirkt zur Talseite sehr streng, während die Front zum Hof reiche Renaissance-Ornamentik aufweist. Im Erdgeschoß des Wohntrakts ist das *Musée Henri-Rousseau* untergebracht, das aber nur ein Gemälde des berühmten Malers der Naiven besitzt, daneben aber auch andere Werke naiver Malerei enthält. In dem 32 m langen Ehrensaal mit Holzgewölbe im ersten Stock

Laval, Altes Schloß, Ausschnitt

stehen interessante mittelalterliche Skulpturen und Liegefiguren. Auch Wandmalereien des 15. Jh. sind zu sehen. In zwei Sälen werden Schmiedearbeiten und Messinggeräte ausgestellt. In der romanischen Kapelle ist ein *Musée lapidaire* untergebracht. Der Bergfried mit seinem wunderbaren Fachwerkabschluß wurde ebenfalls in ein Museum umgewandelt, in dem die Geschichte des Schlosses und Bilder von Malern des 19. Jh. aus Laval gezeigt werden. – Sehenswert ist die im 11. Jh. erbaute Porte Beucheresse, die zur Stadtmauer gehörte und im 15. Jh. erneuert wurde. Sie wird von zwei dicken runden Türmen flankiert. Im Turm rechts wurde Henri Rousseau geboren.

Kathedrale: Die Kirche de la Trinité ist romanischen Ursprungs, wurde aber im letzten Jh. umgebaut und zur Kathedrale erhoben. Mit ihrem Kreuzrippengewölbe, einem Lang- und einem Querschiff wurde sie im 15. Jh. stark erweitert und ständig umgebaut, doch haben sich einige originale Elemente aus dem Ende des 11. Jh. erhalten. Sie besitzt ein großes Retabel aus dem 17. Jh., eine Verherrlichung der Dreieinigkeit und ein schönes Antwerpener Triptychon des 16. Jh.

Basilique Notre-Dame d'Avénières (flußaufwärts am Kai der Mayenne an der Pont-Vieux): Romanische Apsis und ein im 19. Jh. restaurierter Turm. Am Eingang zum Schiff dieser im 11. und 12. Jh. erbauten Kirche stehen zwei beeindruckende bemalte Holzstatuen (Christus der Auferstandene und der Hl. Christophorus), im nördlichen Querschiff eine Pieta aus dem 15. Jh. und ein Holztriptychon, ein Geschenk Jeanne de Lavals, der Frau des guten Königs René.

Außerdem sehenswert: Die Kirche *Notre-Dame des Cordeliers* stammt vom Ende des 14. Jh., wurde umgebaut. Die Kirche *Saint-Martin* stammt aus dem ausgehenden 11. Jh., *Saint-Vénéran* auf dem linken Ufer besitzt ein schönes Portal im Flamboyant-Stil. 2 km nördlich des Stadtzentrums steht die Kirche von Pritz, *Notre-Dame*, frühromanischen Ursprungs. Sie wurde umgebaut und im 11. und 12. Jh. erweitert. Neben Wandmalereien, vor allem im Osten (11. Jh.), am Triumphbogen (13. Jh.) und im Chor, enthält sie auch zahlreiche Skulpturen.

Umgebung: Abbaye de Clermont (16 km südwestlich): Vom Hl. Bernhard um 1150 gegründet. Die nüchterne und helle Abteikirche dieser »Schwester von Clairvaux« aus der 2. Hälfte des 12. Jh. hat sich erhalten. Es steht auch ein Gebäude, das früher den Laienbrüdern diente.

Lavardin	490 Ew
41 Loir-et-Cher	S. 414 □ H 7

Altes malerisches Dorf an dem Loir. Lavardin besaß früher ein mächtiges

Schloß, dessen schwer einnehmbarer, teilweise zerstörter Bergfried die Ruinen beherrscht (die Festung wurde unter Heinrich IV. geschleift). Die Kirche *Saint-Genest* weist erste romanische Ansätze auf (11. Jh.) und besitzt bemerkenswerte Wandmalereien aus dem 12. bis 16. Jh., u. a. einen Baum Jesse und die Taufe Jesu; die ältesten sind im nördlichen Seitenschiff des Chors zu sehen.

Umgebung: Montoire (2,5 km westlich): In dem stillen, kleinen Städtchen an der Loir, in dem sich im Oktober 1940 Marschall Pétain und Hitler trafen, sind Ruinen eines Schlosses erhalten sowie einige alte Häuser und eine Kapelle aus dem 11. Jh. Sie gehörte zu einem Kloster, dessen Prior der Dichter Ronsard war. Das teilweise zerstörte Gebäude enthält Fresken aus dem 12. und 13. Jh.

Lavaudieu
230 Ew
43 Haute-Loire
S. 420 □ K 11

In diesem malerisch in einem Tal gelegenen Dorf sind Überreste einer schönen romanischen Abtei erhalten, die im 12. Jh. von Benediktinern gegründet und später von adligen Stiftsdamen bewohnt wurde. Die bescheidene Kirche ist mit einem zweistöckigen Turm aus rotem Sandstein ausgestattet. Bemerkenswerter kleiner Kreuzgang, der eine Etage Galerien aus Holz aufweist; Refektorium mit schönem Fresko aus dem 13. Jh.

Lavaur
7670 Ew
81 Tarn
S. 423 □ I 14

Kleine Stadt an der Straße von Toulouse nach Castres. Die ehem. Festungsstadt mit ihrem zerstörten Schloß war bis zur Revolution Bischofssitz. Sie besitzt eine Kirche im gotisch-südfranz. Stil, an der sich in Anlehnung an ein früheres Bauwerk romanische Elemente erhalten haben. Diese Kathedrale, die dem Hl. Alanus geweiht war, stammt aus dem 13., 15. und 16. Jh. Auf einem kleinen romanischen Turm befindet sich ein Stundenschläger aus bemaltem Holz mit einer Mechanik aus dem Jahr 1523. Unter einem später errichteten achteckigen Turm verbirgt sich das alte Portal im Flamboyant-Stil. Die spätgotische Grabnische einer Kapelle weist eine bemerkenswerte Pieta aus dem 18. Jahrhundert auf.

Layrac
2510 Ew
47 Lot-et-Garonne
S. 423 □ G 13

Kleine Stadt der Gascogne mit einem Kloster. Layrac empfing 1096 Papst Urban II., der die wahrscheinlich noch unvollendete Kirche weihte (sie wurde im 12. Jh. fertiggestellt). Das Haus, in dem 1572 die Königin von Navarra, Jeanne d'Albret, wohnte, steht heute noch.

Lectoure
3790 Ew
32 Gers
S. 423 □ G 13

Lectoure, diese erstaunliche kleine Akropole, war von Festungswällen umgeben, von denen noch Reste erhalten sind (eine gallo-römische Stadtanlage befand sich in der Ebene). Die imposante ehemalige Kathedrale *Saint-Gervais et Saint-Protais* mit ihrem hohen Turm ist ein komplexes Bauwerk aus dem 12. und 13. Jh. (sie war eine romanische Kuppelkirche), muß aber 1472 teilweise zerstört und von einem Baumeister aus der Touraine wiederaufgebaut worden sein. Bedeutende Anbauten und Ausschmükkungen kamen zwischen dem 16. und 18. Jh. hinzu. Die Spitze des 45 m hohen Glockenturms wurde vor der Revolution abgetragen. Das hohe und breite Längsschiff wird durch einen großen Triumphbogen vom Chor getrennt. Die ehem. prächtig ausgestat-

Lavaur, Kirche, Pieta

tete Kathedrale enthält in einer Kapelle des Chorumgangs eine Aufnahme Mariens in den Himmel aus Marmor, ein manieristisches Werk aus dem 18. Jh. Der frühere *Bischofspalast* (heute Rathaus) stammt aus der 2. Hälfte des 17. Jh.: ein majestätischer Bau mit einer äußerst geschickt angelegten Treppe in der großen Vorhalle. Über die geschichtliche Vergangenheit Lectoures legen das Stadtbild mit seinen alten Häusern, Straßen, Brunnen und Türmen sowie ein an gallisch-römischen Funden reiches *Museum* Zeugnis ab.

Umgebung: Fleurance (11 km südlich): Die Stadt wurde nach dem Grundriß einer Befestigung im 13. Jh. gegründet. Sie besitzt eine *gotische Kirche* aus dem 14. (Fassade) und 15. Jh., die im 16. Jh. umgebaut und mit einem Wehrgang umgeben wurde. Der berühmte Glasmaler der Gascogne, Arnaud*de Moles, schuf drei Glasfenster im Chor. – **Schloß von Gramont** (14 km östlich): Dieses ursprünglich mittelalterliche Schloß über dem Tal der Arrats besitzt einen schönen Renaissance-Flügel (doppeltes Ehrenportal mit geschnitztem Giebel). Es wurde mit geschmackvollen Möbeln eingerichtet.

Lessay

1330 Ew

50 Manche

S. 413 □ E 4

Dorf mit berühmtem Landwirtschaftsmarkt. Lessay verdankt seine Entstehung einer Abtei, die im 11. Jh. von Mönchen aus dem fernen Bec-Hellouin gegründet wurde. Die schöne Abteikirche, die zum großen Teil aus dem Ende des 11. Jh. stammt, wurde im 2. Weltkrieg von den Deutschen gesprengt. Der eingestürzte Laternenturm und die zusammengefallenen Gewölbe wurden vorbildlich restauriert. Die helle Kirche, zeitgleich mit Cérisy-la-Forêt, wurde mit den Originalsteinen im alten Stil wieder aufgebaut, aber ihr fehlt die Patina der Zeit. Die modernen Glasfenster zeigen Motive alter irländischer Handschriftenilluminationen.
Ein Gebäude aus dem 18. Jh., ein nüchterner Zweckbau, ist Teil eines Klosters, das Maurinermönche wieder aufgebaut hatten.

Lille

171680 Ew

59 Nord

S. 411 □ J 1

Zu Beginn des 18. Jh. berichtete ein Reisender: »Lille ist das Paris der Niederlande.« Ab dem 11. Jh. blühte »L'Isle« unter ihren tatkräftigen und weitblickenden Kaufleuten schnell auf. Häufige Belagerungen, die Revolution und der industrielle Aufschwung im 19. Jh. haben die Stadt manchmal stark in Mitleidenschaft gezogen. Heute nimmt Lille in dieser dicht bevölkerten Region eine dominierende Stellung ein. Im neuen Lille-Est wird im Städtebau nach praktischen humanen Lösungen gesucht. In der Altstadt kommt durch Renovierung und Sanierung altes Kulturgut wieder neu zum Vorschein – zum großen Teil das Werk einheimischer Handwerker.

Kirchliche Bauten: Als Handelsstadt besitzt Lille keine überragende religiöse Architektur.

Saint-Maurice, an der vom 14. bis zum 19. Jh. gebaut wurde, gibt mit ihrer fünfgiebeligen Fassade und ihrem gezackten Turm ein schönes Beispiel einer für den Norden typischen Hallenkirche ab. Die fünf gleich hohen Schiffe, die hohen Säulen und das feingeäderte Gewölbe wirken einheitlich. Die Kapelle des barmherzigen Heilands enthält einen gegeißelten Christus, eine sehr realistisch gehaltene Holzstatue (16. Jh.).

Die Kirche *de la Madeleine*, ein Rundbau, von deren Umgang Kapellen abgehen, besitzt ein wunderbar gearbeitetes schmiedeeisernes Gitter im Chor. Die silberne Tabernakeltür gilt als ein Meisterwerk des einheimischen Goldschmieds Baudoux*. La Madeleine

Lille, Porte de Paris

Lille, Grand-Théâtre

mit einem 50 Meter hohen Turm, der zwischen 1675 und 1713 erbaut wurde, ist äußerst restaurierungsbedürftig. Die Kirche *Saint-André* aus der ersten Hälfte des 18. Jh. weist eine prächtige Kanzel (1763), eine Tabernakeltür aus getriebenem Silber und Marmorbüsten der Hll. Peter und Paul auf, die sich in ihren ausdrucksvoll bewegten Formen in den barocken Innenraum einfügen.

Militärische Bauten: Durch seine strategisch wichtige Lage hatte Lille eine ereignisreiche Geschichte. Zuerst im Besitz der Grafschaft Flandern, dann des Herzogtums Burgund, wurde es spanisch, bevor es mit Frankreich vereint wurde. Als umkämpfter Ort mußte es früh für seine Verteidigung sorgen.

Von den ältesten Befestigungsanlagen sind noch die *Noble Tour* (1459) erhalten, ein abgetragener Bergfried. Die zwischen 1610 und 1622 erbauten *Portes de Roubaix* und *de Gand* fügen sich harmonisch in diesen Verteidigungskomplex ein.

Die *Zitadelle*, auf Initiative Ludwigs XIV. nach der Einnahme der Stadt 1667 erbaut, wurde zur »schönsten und vollendetsten des ganzen Königreichs«. Dieses Meisterwerk militärischer Architektur von Vauban bildet ein regelmäßiges Fünfeck mit Bastionen und Halbmond. Der Bau wirkt wie eine Stadt in der Stadt, eigenständig und uneinnehmbar. Die Ziegelmauern mit Steinabschluß, die monumentale *Porte Royale* mit ihren Voluten verleihen dieser Kriegsanlage eine eigenartige harmonische Schönheit.

Seit Lille über seine Festungswälle hinausgewachsen ist, bildet die *Porte de Paris* einen zwangsläufigen Zugang zur Innenstadt: Dieser Triumphbogen, der von Simon Vollant* Ende des 17. Jh. zum Ruhm Ludwigs XIV. er-

Lille, Musée des Beaux-Arts (›Das Konzert im Ei‹ von Bosch)

baut wurde, nimmt sich dadurch nur noch prachtvoller aus. Das große Motiv über dem Rundbogen (die Siegesgöttin krönt Ludwig XIV.), die Darstellung von Mars und Herkules und anderer berühmter Gestalten aus der Mythologie, tragen zur Würde des Ganzen bei.

Zivilbauten: Die Eleganz der architektonischen Anlage Lilles unterstreicht ihren Anspruch als Stadt der Künste. Es entstand eine eigenständige Bauweise, deren Entwicklung immer durch den Gesetzgeber und dessen Wunsch nach Harmonie gelenkt wurde. Selbst die Anfang des 20. Jh. errichteten Monumentalbauten des Grand Théâtre, des neuen Palais de la Bourse und des Hôtel de Ville fügen sich harmonisch in die geschlossene Innenstadt ein.

Vom *Palais Rihour,* der Residenz der Herzöge von Burgund, ist nur eine Kapelle und ein prächtiger Treppenturm erhalten. Diese fürstliche Residenz mit ihren riesigen Ausmaßen geht letztlich auf das Ende des Mittelalters zurück.

Das *Hospice Comtesse,* das zu Recht als eines der schönsten Bauwerke Lilles angesehen wird, enthält einen Krankensaal mit Deckengebälk und Spitzbogenfenstern (15. Jh.). In den Gebäuden mit ihrer heute noch reichen ursprünglichen Innenaustattung (Küche mit Fayencekacheln aus dem Lille des 17. Jh., Raum der Äbtissin mit Originalmöbeln) sind jetzt das *Musée d'Arts et Tradition populaires* in der Atmosphäre flämischer Interieurs untergebracht.

Aus der ersten Hälfte des 17. Jh. sind noch einige Bauten erhalten, u. a. das *Maison des Vieux Hommes* (1624) mit seinen Grundmauern aus Sandstein und seiner Ziegel- und Steinfassade. Das Haus von Gilles de la Boe (1636 ist reicher verziert. Diese Neigung zur Stuckarbeit erreicht einen Höhepunkt in der *Ancienne Bourse:* 24 im Viereck angeordnete Häuser mit Innenhof und Arkadengalerie. Ein gemeißeltes Dekor von Karyatiden, Girlanden und Medaillons belebt die Mauern in der für den flämischen Barock charakteristischen Art. Es existieren auch noch einige Häuser, deren Fassade wie eine Skulptur bearbeitet wurden, wie das *Beauregard* (1687). Das ehem. *Hospice Saint-Sauveur* mit seinen Bogengalerien, seinen Fenstern mit Wandpfeilern und seinen Girlanden gehört noch der Generation der »Steinschneider« an.

Unter dem franz. Einfluß stellte sich die Ordnung wieder her: das Hôtel d'Avelin (1777) wie auch das Hôtel de Wambrechies zeugen von der wiedergefundenen Strenge. Seit 1969 partizipiert der Beton- und Glasturm des Justizgebäudes an dieser Strenge: Die Skulpturen an den Wänden des Wartesaals und die prächtigen modernen Wandteppiche vermitteln schillernde Lebendigkeit.

Musée des Beaux-Arts: Es ist eines der reichsten der Provinz, untergebracht in einem Palais aus dem 19. Jh. Hier finden sich Jean Bellegambe*, Bruegel d. Ä.* und Hieronymus Bosch* aus Flandern, Tizian*, Tintoretto* und Veronese* aus Italien, außerdem Rubens*, Goya*, Watteau* und die Impressionisten. Bedeutende Sammlung von Zeichnungen (prachtvolle Werke Raffaels), Skulpturen, Goldschmiedearbeiten, Elfenbeinarbeiten, Keramiken, Messinggeräte und Münzen aus Flandern.

Umgebung: Hem (10 km nordöstlich): Die kleine Stadt birgt einen bescheidenen modernen Bau, der sich ganz in die ländliche Umgebung einfügt: Die Kapelle Sainte-Thérèse de l'Enfant Jésus (1958) ist ein klarer, der modernen Liturgie entsprechender Kirchenraum. Eine Glaswand von Manessier* suggeriert dem Betrachter einen Aufstieg zum Licht.

Lillebonne, Amphitheater

Lillebonne	10220 Ew
76 Seine-Maritime	S. 410 □ G 3

Einst Hauptstadt des gallischen Stammes der Kaleten, war Lillebonne das gallo-römische *Juliobona*, ein blühender Fluß- und Seehafen, der durch die zunehmende Versandung an Bedeutung verlor.

Nahe dem Rathaus, in dem ein kleines *Musée d'antiquités* eingerichtet ist, wurden beeindruckende Reste eines *Amphitheaters* gefunden, das auf das 1. Jh. n. Chr. zurückgeht (es wurde im 2. Jh. umgebaut, diente bei barbarischen Einfällen als Verschanzung, später als Steinbruch). Die Kirche *Notre-Dame* mit ihrem hohen Turm aus dem 16. Jh., der im 19. Jh. leicht verändert wurde, enthält ein interessantes Alabasterrelief (16. Jh.) und ein wieder eingesetztes Chorgestühl aus dem 17. Jh. Das noch heute stolze Schloß, von Wilhelm dem Eroberer begonnen, wurde im 12. Jahrhundert wiederaufgebaut.

Umgebung: Tancarville (13 km westlich): Als ein Meisterwerk moderner Technik überspannt diese 1969 eingeweihte Brücke in einem Bogen die breite Seinemündung (über 1 km von einer Verankerung zur anderen). Von einem hohen Kreidefelsen über dem durch die Gezeiten breiter gewordenen Fluß erinnert das *Schloß* mit seinem Bergfried aus dem 12. Jh. und dem im 18. Jh. erbauten »Château neuf« an die Vergangenheit.

Limoges	141 830 Ew
87 Haute-Vienne	S. 419 □ H 10

Auf der Westseite des Massif Central ist Limoges als Knotenpunkt zwischen Auvergne, Loire und Garonne nach Aquitanien ausgerichtet, mit dem es auch Geschichte und Wirtschaft verbinden. Die Hauptstadt des Limousin, Verwaltungs-, Universitäts- und Kulturzentrum, erfährt einen seit dem 19. Jh. andauernden Aufschwung, in dem sich die Stadt stark ausbreitete. Das alte Limoges mit seinen Gassen, Türmen und Museen zeugt von einer reichen geschichtlichen Vergangenheit. Bei archäologischen Grabungen entdeckte man Reste einer großen römischen Stadtanlage. Bei Einfällen der Barbaren flüchteten sich die Bürger hinter ihre Festungswälle am »Puy Saint-Étienne«, wo später die Kathedrale stehen sollte. Der Hl. Martial brachte das Christentum nach Limoges; sein Grab auf einem frühchristlichen Friedhof am Rand der Stadt wurde der Mittelpunkt einer zweiten Siedlung, genannt »Château«. Die zwei unabhängigen Gemeinden wurden Ende des 18. Jh. zusammengelegt und bilden das heutige Limoges. Die Stadt verdankt ihre Berühmtheit der im Mittelalter florierenden Emailkunst und der immer noch sehr produktiven Porzellanindustrie. – Zwei mittelalterliche sattelförmige Brücken überspannen

Limoges, St-Étienne, Portal St-Jean

die Vienne: *Pont Saint-Étienne* aus dem 13. Jh., ein schönes Zeugnis bürgerlicher Gotik, und *Pont Saint-Martial* (Ende des 12. Jh.) auf den Resten einer Römerbrücke. Sie führt zu der malerischen Rue de la Boucherie.

Kathedrale Saint-Étienne: Krypta und Fundament des Turms lassen auf eine 1013 erbaute romanische Kirche schließen. Die gotische Kathedrale wurde 1273 begonnen; die Arbeiten wurden bis Mitte des 16. Jh. fortgesetzt und am Ende des 19. Jh. wieder aufgenommen (die drei letzten Joche im Schiff und die Vorhalle).
Die *Außenansicht* erinnert in ihrer Klarheit und Eleganz an den Norden, dessen Einfluß sich Mitte des 13. Jh. im Süden bemerkbar machte. Saint-Étienne besitzt nicht die Größe der Kathedralen Nordfrankreichs, aber besticht durch seine ausgewogenen Proportionen. Der romanische Teil des 62 m hohen Turms enthält ein Por-

Limoges, Nationalmuseum

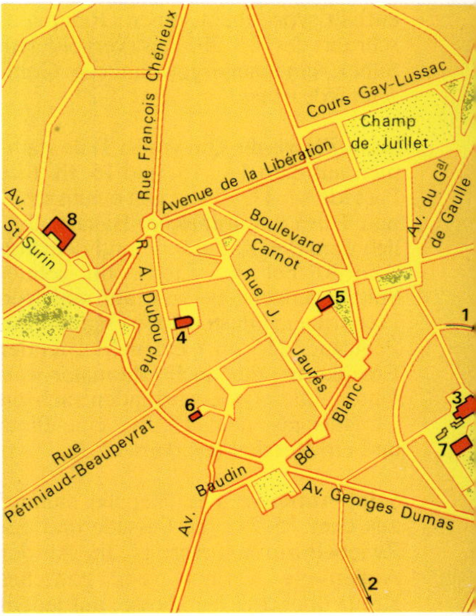

Limoges **1** Brücke Saint-Étienne **2** Brücke Saint-Martial **3** Kathedrale Saint-Étienne **4** Kirche Saint-Michel-des-Lions **5** Kirche Saint Pierre du Queyroix **6** Kapelle Saint-Aurélien **7** Stadtmuseum **8** Musée national Adrien-Dubouché

tal und zwei Etagen, die bei Abstützungsarbeiten im 14. Jh. verkleidet wurden. Die oberen Geschosse wurden 1242 erbaut, 30 Jahre vor der Ausführung der gotischen Kirche. *Portal Saint-Jean:* Es wurde zwischen 1515 und 1530 erbaut und vereint die ganze Fülle des Flamboyant-Stils. Die Türflügel im Renaissance-Stil stellen Episoden aus dem Leben des Hl. Étienne und des Hl. Martial dar. Zwischen der ersten und zweiten Galerie entfaltet sich eine vielverästelte Rose. *Innenraum:* Trotz der verschiedenen Bauabschnitte wirkt das Bauwerk erstaunlich einheitlich. Die aus Granit erbaute Kathedrale besitzt einen kreuzförmigen Grundriß, einen Chor mit drei Jochen, Chorumgang und Kapellen. Die fünf Jochgewölbe des Schiffes sind mit Seitenschiffen und Seitenkapellen ausgestattet. Die gebündelten Säulen der Pfeiler wirken leicht und schwungvoll. Der Lettner aus Kalkstein im hinteren Schiff gehört zu den schönsten Kunstwerken der Renaissance im Limousin. In der Apsis bedeutende Glasmalerei aus dem 15. Jh. Im Umgang stehen drei Grabsteine von Raynaud de la Porte (aus dem ersten Drittel des 14. Jh.), vom Bischof Bernard Brun, ein interessantes Beispiel für die Skulptur im 14. Jh., und das Mausoleum von Jean de Langeac (16. Jh.), das in Anlehnung an die Kupferstiche Dürers mit Szenen aus der Apokalypse versehen ist.

Kirche Saint-Michel-des-Lions: Sie verdankt ihren Namen den beiden Löwen am Eingang aus gallo-römischem Stein. Der Bau der Kirche, mit dem 1364 begonnen wurde, zog sich bis ins 16. Jh. hin. Der schlanke, 68 m hohe Turm ragt über die Stadt; er ruht auf einem viereckigen Sockel mit drei achteckigen Geschossen darüber, gekrönt von einer Kugel aus Metall. Die Grundmauer des Nordportals ist im Flamboyant-Stil gehalten. Die Kirche enthält vor allem einen Reliquienschrein des 13. Jh. aus vergoldetem Silber, eine außergewöhnliche Goldschmiedearbeit.

Saint-Pierre-du-Queyroix: Teile stammen aus dem 14., 15. und 16. Jh. Ihre Fassade wird flankiert von einem schönen Turm limousinischer Bauart, ähnlich dem der Kathedrale und dem von Saint-Michel des Lions. Ihr solides Spitzbogengewölbe ruht auf massiven Pfeilern, ein Glasfenster ist signiert mit Pénicaud* (15. Jh.), einem Meister der Emailkunst, der auch Glasmaler war. Unter anderen Gegenständen auch ein Christus aus dem 13. Jh., eine Pieta und ein Retabel aus dem 17. Jh.

Saint-Aurélien: Die Kapelle stammt aus dem 15. Jh., die Fassade und der Zwiebelturm aus dem 17. Jh. An der Außenseite verläuft ein gotisches Kreuz über drei Geschosse; auf jedem ist unter einem Baldachin eine Apostelgruppe dargestellt. Der Reiz dieser kleinen Kirche liegt in ihren Verzierungen und Vergoldungen im Innern (Retabel, Statuen aus vergoldetem Holz aus dem 17. und 18. Jh., Schrein und Hauptreliquiar des Hl. Aurelian).

Stadtmuseum: Es ist im ehem. Bischofspalast (18. Jh.) untergebracht. Mehrere Säle sind einer bedeutenden Emailsammlung aus dem Limousin gewidmet (300 Stücke). Grubenschmelz aus dem Mittelalter, bemaltes Email aus der Renaissance, aber auch neuere Stücke. In den Werkstätten des Limousin wurde diese schon seit dem Altertum bekannte Kunst ab dem 12. Jh. immer mehr vervollkommnet. Limoges war auf Grubenschmelz spezialisiert (das Email, stark gefärbtes Glas, wurde in Vertiefungen einer Kupferplatte eingetragen). Neben ägyptischer Kunst und einer Gesteinssammlung aus dem Limousin werden auch Gemälde gezeigt.

Musée national Adrien-Dubouché: Es enthält nach dem Musée national de Sèvres die reichste Porzellansammlung Frankreichs. Alle Arten und Techniken sind hier vertreten (antike Töpfereien, chinesische Vasen, franz. und ausländisches Porzellan). In dem nach seinem Begründer benannten Museum, das im 19. Jh. eingerichtet wurde, werden etwa 10000 Stücke gezeigt. Es informiert über die Geschichte des Porzellans, das in Limoges seit

Limoges, Museum, Emailkästchen

Limoges, Email, 16. Jh

ENEAS
VENVS
ASCANIVS

dem Ende des 18. Jh. hergestellt wird (die Hersteller benutzten hierbei das Kaolin, das in dem 40 km entfernten Gebiet von Saint-Yrieux gefunden wurde).

Lisieux	25440 Ew
14 Calvados	S. 410 □ G 4

Die Hauptstadt des an Landsitzen reichen Auge empfängt Hunderttausende von Pilgern, die kommen, um Thérèse Martin, die »Kleine Hl. Therese« zu verehren, die im hiesigen Karmeliterkloster lebte und 1897 mit 24 Jahren starb. Lisieux war im Altertum Hauptstadt der Lexovier; das Stadtbild wurde durch Bombardierung im letzten Weltkrieg zerstört.

Saint-Pierre: Die ehem. Kathedrale, die im Krieg verschont blieb, steht – im Stil Ludwigs XIII. – neben dem Bischofssitz, der heute Gerichtsgebäude ist. Die große Kirche mit den ungleich hohen Fassadentürmen, dem von einer Laterne gekrönten Vierungsturm und mächtigen Strebepfeilern wurde zum größten Teil zwischen 1170 und 1175 erbaut; weitere Arbeiten zogen sich bis ins 15. Jh. hin. Die Fassade und der Nordturm stammen aus dem 13. Jh., der Südturm von 1579 ist romanische Imitation. Betritt man Saint-Pierre im Süden durch die sog. Paradiespforte, wirkt sie im Innern wie ein robuster, weiter und strenger Bau früher Gotik. Der Chor mit seinem Gestühl aus dem 14. Jh. gehört dem normannisch-gotischen Stil an und erinnert an die berühmte Kathedrale von Canterbury. Eine Kapelle ist der Hl. Therese geweiht, die hier ihre Vision hatte (1887).

Saint-Jacques: Die Kirche wurde restauriert, wird aber nicht mehr als Kirchen-, sondern als Ausstellungsraum benutzt. Das im Krieg zerstörte Bauwerk im Flamboyant-Stil lag mitten im alten Lisieux, wo nur wenige Häuser unzerstört blieben. – *Karmel:* Das Kloster, in dem Thérèse de Lisieux 1890 den Schleier nahm, als Karmeliterin lebte und starb. Die Heilige ruht in einem Schrein in einer Kapelle aus dem letzten Jh., die über und über mit Exvotos behängt ist. In dem Reliquienraum sind ihre Kindheit und ihr Leben dargestellt.

Lisieux, Basilika Sainte-Thérèse 1 Vorplatz **2** Kampanile **3** Langhaus **4** Chor **5** Kreuzweg

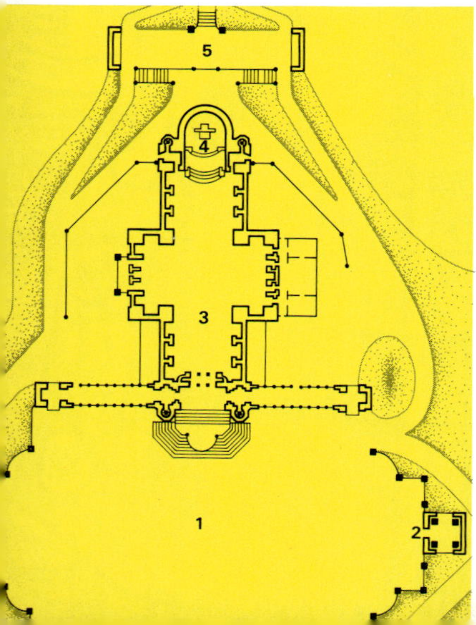

Lisieux, Basilika

Basilika Sainte-Thérèse: Hinter einem solide gebauten, unvollendet gebliebenen Kampanile liegt die mächtige marmorne Pilgerkirche mit ihren Mosaiken auf einem Hang über Lisieux. Sie wurde 1929 begonnen, und, obwohl die Bauarbeiten bei Kriegsausbruch schon weit fortgeschritten waren, erst 1960 vollendet. Das große Schiff und der eindrucksvolle Chor ruhen auf einer großen dreischiffigen Krypta. Das Kloster nördlich davon zeigt eine Ausstellung über den Karmel.

Museen: Ein altes Fachwerkhaus beherbergt das *Musée du vieux Lisieux*, das die Geschichte der Stadt und der Provinz Auge darstellt. Das kleine *Musée des merveilles de la mer* zeigt Tausende seltener Muscheln, die ein ehem. Mesner gesammelt hat.

Umgebung: Saint-Germain-de-Livet (6,5 km südlich): Der zum Teil in Fachwerk erbaute entzückende Landsitz liegt in ein Tal eingebettet und stammt aus dem 15. und 16. Jh. In dem Feenschloß sind Lithographien, alte Möbel, Porzellan und Gemälde zu sehen.

Lisores

250 Ew
14 Calvados
S. 410 □ G 4

In diesem Gebiet des Auge, in dem Camembert und normannischer Käse hergestellt werden, erinnert Lisores an den großen Maler der Moderne, Fernand Léger*, dessen Familie hier wohnte. Das *Musée aux champs*, eine zum Ausstellungsraum umgebaute Scheune, hält die Etappen seiner Laufbahn fest und zeigt verschiedene seiner Werke. Den Giebel ziert ein großes Mosaik, *La fermière et la vache*, das nach einer seiner Gouachen ausgeführt wurde. Für eine nahe gelegene kleine Kapelle entwarf Léger mehrere Glasfenster.

Loches

6730 Ew
37 Indre-et-Loir
S. 419 □ H 8

Loches war im Mittelalter eine große Befestigungsanlage, die im Hundertjährigen Krieg immer wieder abwechselnd von den Engländern und den Franzosen eingenommen wurde. Loches empfing 1429 Jeanne d'Arc, er-

Saint-Germain-de-Livet, Schloß

Loches, Porte des Cordeliers

Loches, Kirche St-Ours

lebte die Liebe Karls VII. zu Agnès Sorel, diente als Gefängnis für Gegner Ludwigs XI. und empfing Ludwig XII. Die *Tour Saint-Antoine*, ein Glockenturm aus dem 16. Jh., steht als Wachturm nahe der *Porte des Cordeliers* (15. Jh.), die den Zugang von Beaulieu her kontrollierte. Die Grande-Rue mit ihren alten Häusern führt zum Renaissance-Rathaus neben der Porte Picoys (15. Jh.). Folgt man der steilen Rue du Château, gelangt man zur Chancellerie und zum Maison du centaure; erstere stammt aus der Regierungszeit Heinrichs II., letzteres aus der seines Vaters Franz I.

Festungswall, Schloß, Bergfried: Die mächtige *Porte Royale* aus dem 13. und 15. Jh. mit ihren Schießscharten bietet den einzigen Zugang zu dem großen Komplex, der von zwei Kilometer langen Mauern umgeben ist. Sie ist gleichzeitig der Eingang zum *Musée du terroir et du folklore* und zum *Musée Emmanuel-Lansyer** (einem Maler des 19. Jh., von dem neben Kupferstichen und Radierungen von Delacroix* und anderen Kunstgegenständen mehrere Gemälde zu sehen sind). An der Nordseite der Festung liegt der *Logis Royal* mit seinen beiden in sich kontrastierenden Bauten: Ein feudaler Trakt mit einem hohen Turm, der wohl aus der Zeit Karls VII. stammt; ein anderer unter Ludwig XII. erbauter Abschnitt ist eleganter und reicher verziert. In diesem Schloß befindet sich das Grabmal von Agnès Sorel (der Stein wurde 1793 beschädigt und wieder restauriert) und das *Betzimmer* der Anne de Bretagne mit reichen Verzierungen. – Auf der gegenüberliegenden Seite der Befestigungsanlagen erhebt sich der riesige *Bergfried* aus dem 11. Jh., ein romanisches Bauwerk, neben dem Ludwig XI. die Tour Neuve und den Martelet, die legendären Kerker, in denen er seine Gegner gefangenhielt, errichten ließ. Der Kardinal

Loches, Portal an der Kirche St-Ours

Jean Balue, Bischof von Evreux, schmachtete dort zehn Jahre in einem Eisenkäfig, weil er den Bruder des Königs zum Aufruhr bewegen wollte. Unter Ludwig XII. wurde der Herzog Milan Ludovico Sforza eingekerkert: 1500 in Navarra gefangengenommen, starb er 1508 in dem Augenblick, als er befreit werden sollte.

Saint-Ours: Eine ehem. Stiftskirche, die Unserer Lieben Frau geweiht war. Sie trägt seit der Revolution den Namen des Abtes, der das erste Kloster in Loches gründete.
Portalvorbau und Portal: Sie stammen im wesentlichen aus dem 11. und 12. Jh., wurden im 14. und 15. Jh. umgebaut und im letzten Jh. stark restauriert. Der große Vorbau aus der zweiten Hälfte des 12. Jh. hat ein wunderbares romanisch wirkendes Portal, obwohl es zu einer Zeit gebaut wurde, in der in der Touraine die Gotik schon erste Ansätze zeigte. Ohne Tympanon und in aquitanischem Stil Wölbstein für Wölbstein gemeißelt, ist es mit Palmetten, Tieren, phantastischen Ungeheuern und Personen ausgeschmückt. Über der Wölbung eine Anbetung der Weisen (die in der Revolution beschädigt wurde) mit einer großen Jungfrau Maria als Majestät, die das Jesuskind zeigt, in der Mitte. Einzelne Säulenstatuen am Portal hatten offensichtlich vorher einen anderen Standplatz. Der Portalvorbau mit Spitzbogengewölbe enthält einen seltenen runden Weihwasserkessel, einen ehem. gallo-römischen Altar.
Inneres: Hinter dem Portal mit dem nicht zusammenpassenden Dekor steht der älteste Teil der Kirche, der Unterbau eines Turms, der als Vorhalle dient (Tonnengewölbe, archaische Kapitelle). Das Langhaus, das von den Seitenschiffen abgetrennt ist, die offensichtlich in romanischer Zeit noch nicht existierten und durch Arkaden angefügt wurden, ist von seltsamen hohlen achteckigen Pyramiden überdacht (diese Abdeckungsform stammt von den Kuppeln Aquitaniens). Die Pyramiden, auch »dubes« genannt, wurden im 12. Jh. erneuert. Die Vierung wird gekrönt von einer achteckigen Kuppel mit Gewölbekappen, auf der der Vierungsturm ruht. Auf diesen wurde ein spitzer Turm mit vier Ecktürmen gesetzt. Das linke Seitenschiff stammt aus dem 14. und 15. Jh., das rechte aus dem Ende des 12. Jh., wurde aber im letzten Jahrhundert qualitätvoll restauriert.
Krypta: Dieses kleine Gewölbe unter der südlichen Chorkapelle enthält ein bemerkenswertes Fresko aus der zweiten Hälfte des 12. Jh., das den Hl. Brice darstellt.

Umgebung: Beaulieu-lès-Loches (1 km, auf dem rechten Ufer der Indre): Beaulieu verdankt dem Grafen von Anjou, Foulques Nerra, die Gründung einer bedeutenden Abtei (1004). Bei einem Sturm wurde die Kirche schwer beschädigt und Mitte des 11. Jh. wiederaufgebaut. Ihr Hauptturm fiel in der Revolution zusammen, die südliche Mauer des Längsschiffs mußte einem Platz weichen. Der Bau ist nur noch ein schwacher, wenn auch beeindruckender Abglanz seiner einstigen Größe und wird beherrscht von einem sehr schönen romanischen Turm aus dem 12. Jh. Er steht neben einer zerstörten Mauer, deren Ausmaße eine Vorstellung von der früheren Größe der Abteikirche geben (in ihrer heutigen Form ist sie das Ergebnis des im 15. Jh. erfolgten Ausbaus der letzten Joche des romanischen Schiffs). Nahe der Kirche steht das ehem. *Logis des abbés* mit Außenkanzel. Die Kirche *Saint-Laurent* stammt aus dem Ende des 12. Jh. Sie hat einen schönen romanischen Turm und ein interessantes Kreuzrippengewölbe.

Locronan	690 Ew
29 Finistère	S. 412 □ B 6

Am Rand eines Granitmassivs drängen sich die Häuser Locronans um die Grand' Place, einem wunderbar erhaltenen Meisterwerk der bürgerlichen Architektur des 16. und 17. Jh. Umgeben von schönen Häusern, deren Fenster mit Skulpturen und Zierleisten versehen sind, erhebt sich die Kirche *Saint-Ronan* (15. Jh.) mit ihrem hohen Turm, dessen Spitze fehlt. Daneben steht die Chapelle du Pénity (16. Jh.) mit reich verziertem Portalvorbau. Im Innern eine Gruppe von sechs Engeln, die die Liegefigur des Schutzheiligen der Pfarrei tragen, eine bemerkenswerte Kreuzabnahme aus buntem Stein und eine Grablegung aus dem 16. Jh. Die Kanzel aus dem 17. Jh. ist mit Medaillons verziert, auf denen das Leben des Hl. Ronan dargestellt ist. Die Schatzkammer enthält eine Monstranz Ludwigs XIII., einen Reliquienschrein des 16. Jh. und einen gotischen Kelch.

Umgebung: Manoir de Moëllien (2 km nordwestlich): Bezaubernder Landsitz aus dem 17. Jh. mit einem monumentalen Portal. Die unvollendete Renaissancefassade wird flankiert von einem gewaltigen viereckigen Turm mit

Locronan, Kirche Saint-Ronan

drei Geschossen. – **Kerlaz** (6 km südwestlich): Das kleine Dorf besitzt ein Pfarrhaus mit Renaissance-Portal von 1558, einen Kalvarienberg von 1645 und ein Beinhaus. Kirche aus dem 16. und 17. Jh. mit einigen kleinen Statuen.

Lons-le-Saunier	20830 Ew
39 Jura	S. 421 □ M 8/9

In dieser hübschen Stadt, in der 1760 Rouget de l'Isle geboren wurde, gibt es zwei Kirchen von einigem Interesse. *Saint-Désiré*, die zum Teil im 11. Jh. erbaut wurde, weist ein romanisches Längsschiff und einen gotischen Chor auf (17. Jh.) mit einer schönen Grablegung aus dem 15. Jh. Die *Franziskanerkirche* ist mit bemerkenswerten Holzschnitzereien des 17. Jh. ausgestattet. Unter den Arkaden der Rue de Commerce (16. und 17. Jh.) spürt man

Lons-le-Saunier, Kirche St-Désiré, Grablegung (15. Jh.)

den Reiz der Stadt. Ein schmiedeeisernes Gitter schließt den Ehrenhof des Hospitals aus dem 18. Jh. ab; im Innern schöne Sammlung von Apothekertöpfen.
Das *Museum*, das im wesentlichen der Frühgeschichte gewidmet ist, enthält einen erstaunlichen neun Meter langen Einbaum aus dem Neolithikum, der am Lac de Chalain gefunden wurde.

Lorient	72000 Ew
56 Morbihan	S. 412 □ B/C 6

Die Stadt liegt an der Mündung von Blavet, Scorff und Ter. Der Hafen, den die Ostindische Gesellschaft im 17. Jh. gegründet hatte, wurde im 2. Weltkrieg fast völlig zerstört. Von der Altstadt sind außer einigen Häusern am Quai des Indes am Eingang des Arsenals zwei Pavillons aus der Zeit Ludwigs XV. und die Tour de la découverte, die von zwei Pulvermühlen flankiert wird, erhalten. In einer dieser Mühlen ist das *Musée naval* untergebracht, das eine interessante Porzellansammlung der Indischen Gesellschaft besitzt.

Ganz in der Nähe steht der moderne Beton- und Granitbau der Kirche *Notre-Dame-de-Victoire* (oder Saint-Louis) mit einem hohen Kampanile. Über ihrem viereckigen Schiff erhebt sich eine Kuppel. Die kahle Fassade schmücken bunte Glasfenster, interessante Fresken und ein bemerkenswerter Kreuzweg.

Umgebung: Hennebont (10 km nordöstlich): Auf dem Steilufer des Blavet liegt Hennebont mit seinem befestigten Stadtkern, der Ville-Close, die man durch die Porte Broërec (13. Jh.) erreicht und die bei den Luftangriffen der Alliierten zerstört wurde. Innerhalb der Befestigungsanlagen haben sich nur einige wenige Häuser aus dem 16. und 17. Jh. erhalten. An einem Platz in der Nähe steht die Kirche *Notre-Dame-du-Paradis* (16. Jh.) mit viereckigem, spitzem Turm aus der Spätgotik. Der hohe Portalvorbau im gleichen Stil ist mit schönen Nischen ausgestattet. Galerien, Fialen und Laternen entlasten die Strebepfeiler und die Obergeschosse. Glasfenster von dem zeitgenössischen Künstler Max Ingrand*, interessante Orgel aus dem 17. Jh.

Port-Louis (17 km südlich): Die Ende des 16. Jh. auf einer Halbinsel erbaute *Zitadelle* von Port-Louis beherrscht den Eingang der Reede von Lorient. Ein *Musée naval* berichtet über die Marinegeschichte vom 16. Jh. bis zur Gegenwart.

Loudun	8040 Ew
86 Vienne	S. 419 □ G 8

Loudun liegt auf einem Hügel, umgeben von Straßen, an denen man die Linienführung der Festungswälle erkennt. Die altertümliche Stadt mit ihren gewundenen Gassen und schönen Hôtels (17. und 18. Jh.) war im Mittelalter sehr wohlhabend. Im 17. Jh. wurde der Ort von der undurchsichtigen Affäre Urbain Grandier aufgestört: Er wurde beschuldigt, Nonnen behext zu haben, und mußte deshalb auf dem Scheiterhaufen sterben. Loudun ist der Geburtsort von Théophraste Renaudot, der 1631 die erste Zeitung druckte. Die *Tour carrée* aus dem 11. Jh. wurde auf Befehl Richelieus zerstört, das Schloß geschleift.

Die Kirche *Saint-Hilaire du Martray* stammt aus dem 14. Jh.; an ihrer Südseite schließt sich eine schöne spätgotische Kapelle an (auf Holz gemaltes Altargemälde, vielleicht von Gérard* de Bruges). Vom dazugehörigen Karmelkloster ist noch ein sehr schöner Kapitelsaal aus dem 18. Jh. erhalten.

Die Kirche *Saint-Pierre du Marché* hat ein schönes Renaissance-Portal aufzuweisen.

Das *Musée Charbonneau-Lessay* zeigt die Geschichte Louduns, Antiquitäten, Waffen und einheimische Trachtenhauben, Holzschuhmacherwerkzeuge, verschiedene Kultgegenstände und ein aufschlußreiches Modell der frühen Stadt.

Loudun, Tour carrée

Loudun, Glasfenster aus St-Hilaire

Lourdes 17870 Ew
65 Hautes-Pyrénées S. 422 □ F 15

Lourdes – das Tor zu den Pyrenäen – war früher ein umkämpfter Festungsort des Herzogs von Bigorre, heute ist es Hauptort der Marienverehrung. Die Pilger-, aber auch Geschäftsstadt (Andenken und religiöse Artikel) verdankt ihre Berühmtheit Bernadette Soubirous, der Tochter eines armen Müllers, der hier 1858 mehrmals die Jungfrau Maria erschienen ist. Die Erscheinungsgrotten, in denen eine bis dahin unbekannte Quelle entsprang, waren bald von Besuchern überfüllt. Die Kirche gestattete die Marienverehrung und die Stadt ist heute Ziel der größten Pilgerwallfahrten auf der Welt.

Die **Basilique du Rosaire**, die *Krypta* und die *Basilique supérieure* stammen aus dem letzten Drittel des 19. Jh. und zeugen von der Vorliebe der Epoche für romanobyzantinischen und neugotischen Stil. Die unterirdische *Basilique Saint-Pie X*, die vom späteren Papst Johannes XXIII. geweiht wurde, bietet in ihren gewagten Spannbetongewölben etwa 20000 Pilgern Platz. – Bernadette (1844–1879), die 1933 heiliggesprochen wurde, ist ein ganzes *Museum* gewidmet.

Schloß: Auf einer Felsspitze gelegen, erfuhr das alte Schloß mehrere Umbauten und Erweiterungen, bevor es im 17. Jh. Gefängnis und später Kaserne wurde. In ihm ist ein bedeutendes *Musée pyrénée* eingerichtet, in dem Volkskunst, Trachten, Möbel, Fauna etc. der Pyrenäen und des Béarn gezeigt werden.

Umgebung: Saint-Savin (16 km südlich): Einst bedeutender religiöser Mittelpunkt des Bigorre. Der Ort beherrscht ein weites Tal und liegt etwa 3 km von dem Urlaubsort *Argelès-Gazost* entfernt (Thermalbad). Die *Kirche*, die zu einem Benediktinerkloster gehörte, stammt aus dem 10. und 11. Jh. Ihr wehrhaftes Äußeres bekam sie im 14. Jh. Im Tympanon des romanischen Portalvorbaus der Fassade erscheint eine Christusfigur im kirchlichen Ornat – eine äußerst seltene Darstellungsart. Die Kirche besitzt einen bemerkenswerten Weihwasserkessel mit Karyatiden (»cageots« genannt, nach den mittelalterlichen Parias, die als leprakrank galten) und eine Orgel, deren Gehäuse aus dem 15. Jh. mit drei beweglichen Masken verziert ist. Sie öffnen beim Spielen der Orgel Mund und Augen. Im früheren Kapitelsaal ist ein kleines *Musée d'art religieux* mit interessanten Ausstellungsstücken aus dem kirchlichen Leben untergebracht.

Lourmarin 690 Ew
84 Vaucluse S. 425 □ M 14

Das Schloß von Lourmarin liegt auf einem Hügel neben dem über den Hang sich hinziehenden Dorf. Hier wurde 1775 der Erfinder Philippe de Girard geboren (kleines Museum in seinem Geburtshaus), und hier hielt sich auch Albert Camus auf, der 1960 auf dem Friedhof beigesetzt wurde. Das

Lourdes, Basilika

Louviers, Kirche Notre-Dame, Grablegung

Schloß, lange Zeit unbewohnt und Zufluchtsstätte für Landstreicher, wurde vor dem Krieg von einem Industriellen aus Lyon restauriert und der Akademie von Aix übergeben. In den verschiedenen Baustilen, die seine ruhmreiche Zeit widerspiegeln, umfaßt es im großen ganzen zwei Teile: Das Château vieux, das gegen Ende des 16. Jh. wiederaufgebaut wurde (Wendeltreppe von 1542, sehr schöne Kamine), und den Renaissance-Bau im Westen. Die mit Kacheln und Gemälden ausgeschmückten Zimmer sind mit alten spanischen und provencalischen Möbeln eingerichtet.

Umgebung: Cucuron (7 km nordöstlich): Unter den Trümmern seines mittelalterlichen Schlosses liegen die Reste einer noch früheren Siedlung. Es sind noch Teile der alten Verteidigungsanlagen sowie Häuser aus dem beginnenden 17. Jh. erhalten. In der romanisch-gotischen Kirche steht das riesige Retabel, das Mazarins Nichte für ein Kloster in Aix 1661 in Auftrag gegeben hatte. – **Ansouis** (5 km östlich von Cucuron): Die prächtige Residenz der alten Familie de Sabran beherrscht das stufenförmig angelegte Dorf: Im Norden gleicht sie einer Festung, ist aber sonst von einladendem Äußeren. Die *Chambre des Saints* erinnert an Elzéar de Sabran und Delphine de Signes, die 1299 heirateten und in absoluter Askese lebten. – **La Tour-d'Aigues** (5 km südöstlich von Ansouis): Das Schloß wurde zwischen 1555 und 1571 wiederaufgebaut, brannte im 18. Jh. und wurde in der Revolution zerstört. Erhalten sind eine antik verzierte Tür (wahrscheinlich eine Arbeit des piemontesischen Architekten und Ingenieurs Ercole* Nigra), zwei Pavillons und ein Bergfried aus dem 13. Jh., der umgebaut wurde und zum Teil eingestürzt ist. Die Kirche *Notre-Dame* ist zum Teil romanisch (Schiff mit Tonnengewölbe). Der Chor stammt vom

Louviers, Kirche, Jungfrau Maria

Luçon, Kreuzgang der Kathedrale

Anfang des 13. Jh. Im 16. und 17. Jh. wurden Umbauten vorgenommen.

Louviers 18300 Ew
27 Eure S. 410 □ H 4

Die alte Stadt mit ihren Tuchmanufakturen und den weiten Ginsterfeldern in der Peripherie wurde während des letzten Krieges stark zerstört. Es stehen noch einige alte Häuser und die Kirche mit ihrem imposanten Turm. Sie weist Mauerreste aus dem 13. Jh. auf, wurde aber im wesentlichen Ende des 15. und im 16. Jh. erbaut. Überreiche Verzierungen an der Südseite, in den Seitenschiffen Glasfenster aus dem 15. und 16. Jh. Sie enthält zahlreiche Kunstwerke (Statuen und Grabmäler aus dem 15. Jh., eine bäuerliche Pieta des 16. Jh., eine Geburt Jesu und Anbetung der Könige aus dem 17. Jh. von dem einheimischen Maler Jean Nicolle*. – Das *Musée municipal* stellt unterschiedliche Sammlungen aus (vor allem Fayencen aus Rouen), informiert über Geschichte und Herstellung der Tuche. – Am Ufer der Eure sind noch Reste eines Klosters aus dem 17. Jh. erhalten.

Luçon 9000 Ew
85 Vendée S. 418 □ E 9

Mit dieser reizenden Bischofsstadt ist der Name Richelieus verbunden. Luçon ist heute nicht mehr Sitz des »elenden« Bistums, von dem der junge Bischof bei seiner Einsetzung sprach, sondern eine von der Geschichte geprägte Handelsstadt.

Kathedrale Notre-Dame: Der 1121 geweihte Bau weist verschiedene Stile auf. Aus der romanischen Zeit existiert nur noch der Nordgiebel des

Querschiffs mit schöner Fassade im Stil des Poitou. Als die frühere Abteikirche 1317 zur Kathedrale erhoben wurde, wurde sie umgebaut: Das dreigeschossige Schiff stammt aus dem 14. Jh. Die vier Chorbögen im beginnenden Flamboyant-Stil wurden im 15. Jh. vollendet. Der Kreuzgang ist eine schöne Leistung des 16. Jh. In den Religionskriegen wurde die Kathedrale verwüstet, während des ganzen 17. Jh. mit der klassischen Fassade des Architekten Leduc, genannt Toscane*, wiederaufgebaut. Der 85 m hohe spitze Turm, dessen Grundstein 1828 die Duchesse de Berry gelegt hatte, wurde bei einem Sturm zerstört und im folgenden Jahr genauso wiedererrichtet. Die Kapelle des Ursulinenklosters aus dem 17. Jh. besitzt eine bemalte Holzdecke und ein Retabel aus weißem Marmor.

Umgebung: Saint-Michel-en-l'Herm (15 km südlich): Die Abtei besitzt einen schönen Kapitelsaal (11. und 15. Jh.), der durch einen Gang vom Wärmeraum getrennt ist. Der Abtstrakt, der Mönchsflügel und das Refektorium wurden von Toscane* im 17. Jh. gestaltet. In der Abtei wird eine schöne Trachtenhaubensammlung aus der Vendée gezeigt.

Lude (Le) — 4090 Ew
72 Sarthe — S. 414 □ G 7

Das Schloß, in dessen Park eine spektakuläre Ton- und Lichtschau abläuft, steht über dem Loir auf dem Grund und Boden einer ehemaligen Festung. Es wird von vier runden Türmen flankiert, die keinen militärischen Zweck zu erfüllen hatten. Das Schloß mit seiner wunderbaren Gartenterrasse und einem großen Park wurde Ende des 15. und im 16./17. Jh. erbaut. Die schöne Renaissance-Fassade stammt von 1529/30. Das reich möblierte Schloß birgt ein Betzimmer mit Wandmalereien aus dem 16. Jh. und wertvollen Wandbehängen. In der Altstadt steht ein Haus der Renaissance-Zeit.

Lunéville, Uhr (Kirche)

Die Kirche Saint-Vincent (der Chor ist aus dem 12. Jh.) hat ein elegantes Kreuzrippengewölbe.

Lunéville — 22580 Ew
54 Meurthe-et-Moselle — S. 417 □ M 5

Diese Kleinstadt ist vor allem das Werk der Herzöge von Lothringen, die sich hier aufhielten. Dank begabter Bauherren bekam der Ort im 18. Jh. das Aussehen einer königlichen Stadt mit Schloß und Park. Durch das Hofleben wurden auch berühmte Persönlichkeiten wie Diderot und Voltaire angezogen.

Schloßmuseum: Ein weiter Ehrenhof steigt allmählich zu einem breiten Mitteltrakt empor. Das Schloß erinnert in seiner prachtvollen Gliederung stark an Versailles. Boffrand*, ein Schüler Mansarts, leitete ab dem Jahre 1702

Lusignan, Glockenturm der Kirche

die Bauarbeiten. Auf der Gartenseite ein prächtiger Park aus dem 18. Jh. mit Terrasse, Baumgruppen, Blumenrabatten und Wasseranlagen. Im Innern des Schlosses ist eine sehr einheitliche Ausstellung über die Pharmazie zu sehen (18. Jh.): Die blendendweißen, reich verzierten Töpfchen, in denen die Arzneien aufbewahrt wurden, bieten die beste Gelegenheit, die Fayence-Herstellung von Lunéville zu bewundern.

Saint-Jacques: Die Fassade, die von zwei zylindrischen Türmen mit Kuppel und Statue eingerahmt wird, erstrahlt in reinstem Rokoko, dessen Maßlosigkeit durch die riesige Uhr im Giebel noch gesteigert wird. Die Kirche wurde zwischen 1730 und 1747 von den Architekten Hêrè und Boffrand errichtet und enthält prachtvolles Rokokomobiliar und bemerkenswerte Holztäfelungen, die aus dem 18. Jh. stammen.

Lusignan

86 Vienne — 2780 Ew — S. 419 □ G 9

Lusignan liegt mit seinen alten Häusern und den Ruinen seiner Befestigungsanlagen auf einem Hang über der Vonne. Die kleine Stadt erinnert an jene Familie gleichen Namens, die 400 Jahre über Jerusalem und Zypern herrschte – und an die Fee Melusine: Der Sage nach soll sie das Schloß in einer Nacht erbaut haben. Es stammt aus dem 18. Jh., ist aber zerstört. Auf der Promenade de Blossac kann man noch Überreste davon sehen.

Notre-Dame-et-Saint-Junien: Die Kirche stammt aus dem 11. und 12. Jh. Der gedrungene Turm mit vielen kleinen Säulchen ruht auf einer Kuppel mit Gewölbekappen. Die Kapitelle im Innern sind mit Pflanzenmotiven, Schnörkeln und springenden Tieren ausgeschmückt. Auf dem Portal der Sakristei ist die Darstellung eines Gladiatorenkampfes zu sehen.

Luxeuil-les-Bains

70 Haute-Saône — 10110 Ew — S. 417 □ N 6

Die Heilkraft seiner Wasser und der Bekehrungseifer des Hl. Kolumban, des Gründers einer berühmten Abtei aus dem 6. Jh., haben diese kleine, an Wechselfällen der Geschichte reiche Stadt geprägt.

Die dreischiffige Basilika *Saint-Pierre*, ein gotischer Bau, wurde im 13. Jh. begonnen. Sie enthält ein Chorgestühl aus der Renaissance (1545) und eine grandiose Orgel (1617). Der Kreuzgang aus rosa Sandstein stammt aus dem 14. und 15. Jh. Alte Gebäude geben Luxeuil sein charakteristisches Gepräge: Das Haus von Franz I. mit Renaissance-Arkaden, das *Hôtel du cardinal Jouffroy* mit gemeißeltem Balkon, das *Hôtel des Echevins*, dessen Wachtürmchen und ein Stadtturm mit einer zierlichen Loggia im reinsten Flamboyant-Stil kontrastieren. In die-

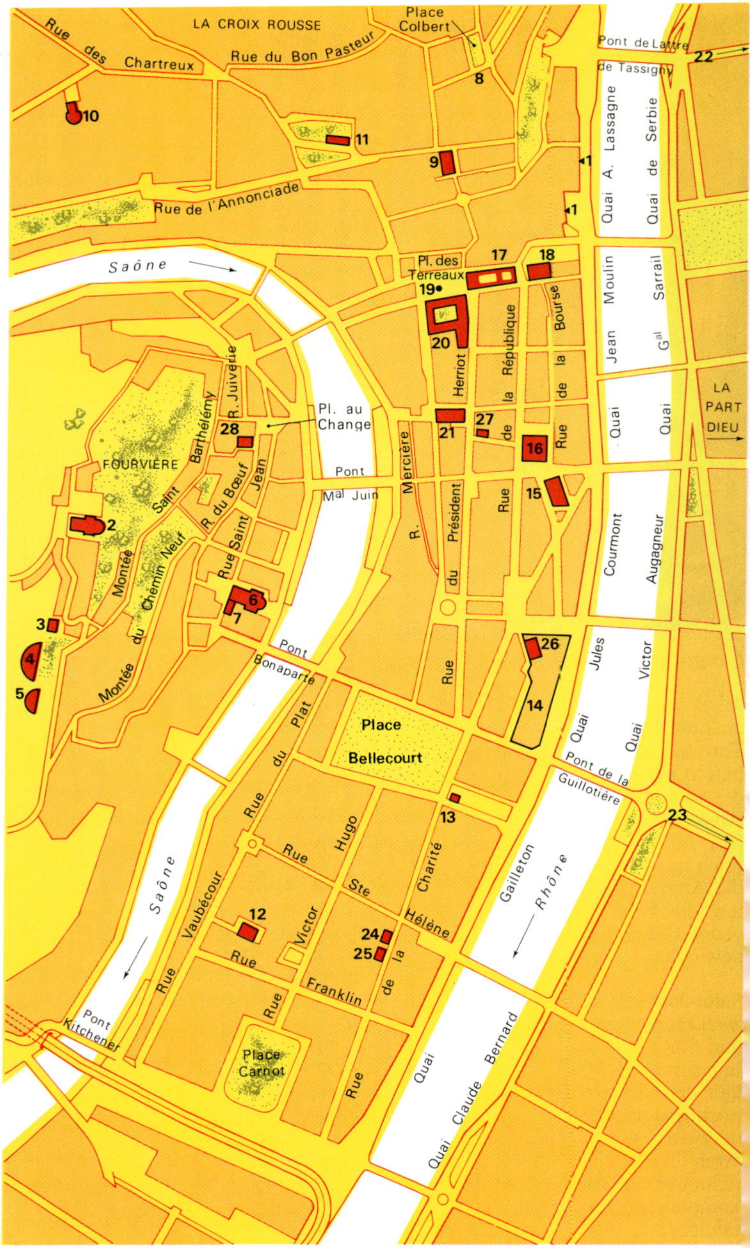
LA CROIX ROUSSE
Rue des Chartreux
Rue du Bon Pasteur
Place Colbert
Rue de l'Annonciade
Pont de Lattre de Tassigny
Quai A. Lassagne
Quai de Serbie
Saône
Pl. des Terreaux
Quai Jean Moulin
Quai Gal Sarrail
Rue de la République
Rue de la Bourse
Rue Président Herriot
LA PART DIEU
R. Juiverie
Pl. au Change
FOURVIÈRE
Rue Saint Jean
R. du Bœuf
Montée Saint Barthélemy
Montée du Chemin Neuf
Pont Mal Juin
R. Mercière
Quai Courmont
Quai Augagneur
Quai Jules Courmont
Quai Victor Augagneur
Pont Bonaparte
Place Bellecourt
Rue du Plat
Pont de la Guillotière
Rue Victor Hugo
Rue Ste Hélène
Rue de la Charité
Quai Gailleton
Rhône
Saône
Rue Vaubécour
Rue Franklin
Pont Kitchener
Place Carnot
Quai Claude Bernard
1
2
3
4
5
6
7
8
9
10
11
12
13
14
15
16
17
18
19
20
21
22
23
24
25
26
27
28

sem Haus ist ein interessantes *Museum* mit verschiedenen Grabfiguren, Gemälden von Courbet* und Vuillard* untergebracht.

Luynes	2610 Ew
37 Indre-et-Loir	S. 414 □ G 7

Ein einladender Ort mit teilweise in den Felsen gebauten Häusern an den Hängen der Loire. Luynes war ein bedeutender Lehenssitz. Der kleine Ort mit seinen alten Häusern und Markthallen wird überragt von einem *Schloß*, das im 13. Jh. wiederaufgebaut, danach mehrmals umgebaut und erweitert wurde. In der Nähe von Luynes sind die imposanten Reste eines römischen Aquädukts zu sehen.

Lyon	454010 Ew
69 Rhône	S. 421 □ M 10

Lyon liegt am Zusammenfluß von Saône und Rhône. Hier stehen sich wie Symbole die »sainte colline« von Fourvière mit ihren geschichtlichen Bauwerken und der ultramoderne Stadtteil La Part-Dieu mit dem hohen Turm einander gegenüber. Die Heimat des Kritikers Guignol (die berühmte Marionette wurde Anfang des 19. Jh. von Laurent Morguet geschaffen) ist eine kulturell sehr lebendige Stadt (Konzerte im Maurice-Ravel-Saal, Opernaufführungen, Theaterspielzeit, Théâtre national populaire in Villeurbanne, hochmoderne Stadtbibliothek, zahlreiche Museen usw.). Daneben verfügt sie über eine berühmte Gastronomie.

Geschichte: Lucius Muniatus Plancus, ehem. Zenturio bei Caesar, wurde vom römischen Senat beauftragt, am Zusammenfluß der Saône und der Rhône eine Niederlassung zu gründen (43 v. Chr.). Die antike Stadt breitete sich auf dem Hügel von Fourvière aus, wurde zur Hauptstadt der Gallier, in der früh das Evangelium verkündet wurde. *Lugdunum* verlor durch die Einfälle der Barbaren seine Bedeutung, gewann aber nach ein paar Jahrhunderten wieder an Einfluß. 1312 wurde die Stadt von der franz. Krone annektiert. Reicher und dichter besiedelt als Paris, wurde es im 16. Jh. eines der bedeutendsten Banken- und Handelszentren, hatte Gelehrte, große Bibliotheken und Ärzte. Rabelais, der ab 1532 am Hôtel-Dieu arbeitete, veröffentlichte hier *Pantagruel* und *Gargantua*, traf Maurice Scève, Louise Labbé, den Kalvinisten Clement Marot, der vor der Kirche Saint-Jean öffentlich Abbitte tat.
Lyon breitete sich zuerst auf dem rechten Saône-Ufer aus, später auf der Halbinsel und schließlich auf dem anderen Rhône-Ufer. Im 18. Jh. führten Michel Perrache* und Jean-Antoine Morand* wichtige städtebauliche Arbeiten durch. In den 60er und 70er Jahren dieses Jh. wurde die Stadt umstrukturiert, manche Viertel, z. B. La Part-Dieu, völlig verändert.
Lyon besitzt eine Metro, profitiert von einem nahegelegenen internationalen Flughafen und vorzüglichen Straßen-, Auto- und Eisenbahnverbindungen und ist damit ein bedeutendes französisches Industrie- und Handelszentrum.

Stadtviertel und Traboules: Lyon erstreckt sich heute zu beiden Seiten der Saône und Rhône, wobei das Zentrum gewöhnlich »La Presqu'île« genannt wird. Auf dem rechten Saône-Ufer do-

Lyon **1** Eingang zu den Traboules **2** Basilika Notre-Dame **3** Musée gallo-romain **4** Theater **5** Odéon **6** Primitialkirche Saint-Jean **7** Manécanterie **8** Cour des Voraces (traboule) **9** Kirche Saint-Polycarpe **10** Kirche Saint-Bruno-les-Chartreux **11** Amphithéâtre des Trois-Gaules **12** Kirche Saint-Martin d'Ainay **13** Glockenturm **14** Hôtel-Dieu **15** Kirche Saint-Bonaventure **16** Palais du commerce et de la Bourse **17** Rathaus **18** Grand théâtre **19** Fontaine de Bartholdi **20** Palais Saint-Pierre (Museum der Schönen Künste) **21** Kirche Saint-Nizier **22** Parc de la Tête d'Or **23** Musée de la photographie **24** Musée des Arts Décoratifs **25** Musée historique des tissus (Seidenmuseum) **26** Musée des hospices civils **27** Musée de l'imprimerie et de la banque **28** Musée historique de Lyon et Musée de la marionette (Stadtgeschichte und Marionettensammlung)

Lyon, Rathaus

Lyon, Notre-Dame-de-Fourvière

miniert der Hügel von Fourvière über dem pittoresken alten Lyon. *La Croix-Rousse*, ehem. Hochburg der Seidenweber, erhebt sich mit hohen Häusern über der stattlichen Häuserfront der Presqu'île. Die Stadt hat sich weit über das linke Rhône-Ufer hinaus vergrößert, das regelmäßig angelegte Viertel Brotteaux steht heute in unmittelbarer Nachbarschaft mit dem futuristischen Komplex von *La Part-Dieu*. Typisch für Lyon, zumindest für die Altstadt und La Croix-Rousse, sind die *Traboules*, labyrinthartige Gänge, Höfe und Treppen abseits der Straßen (Das Wort kommt vom lateinischen *transambulare*).

Fourvière: Ist von Rom geprägt und besitzt die Basilika Notre-Dame. Das vorbildlich angelegte gallo-römische Museum (siehe Museen) zeigt einen beeindruckenden Komplex: Ruinen eines Theaters, das kurz vor unserer Zeitrechnung gegründet wurde, und eines Odeons aus dem 2. Jh. neben weiteren Überresten. – Die Basilika *Notre-Dame* wurde 1872 von dem einheimischen Architekten Pierre Bossan* begonnen und im wesentlichen 1896 fertiggestellt. Romanische und byzantinische Stilelemente mischen sich in ihr. Sie ist überreich mit Marmor, Mosaiken, Bronze und Gold ausgestattet. Huysmans hielt sie für barbarisch und asiatisch . . . Neben der riesigen Kirche verschwindet beinahe eine kleine *Kapelle* des 18. Jh., in der zwei romanische Kapitelle eines früheren Baus wieder verwendet wurden.

Altstadt von Lyon: Der von der Renaissance geprägte Stadtteil unterhalb von Fourvière wurde in großem Stil restauriert. Die Rue Saint-Jean ist die Hauptstraße dieses Viertels mit seinen Gassen, Türmchen, Portalen, Treppen und Innenhöfen. Nr. 37 *Hôtel du Chamerrier* mit Spitzbogen aus dem 16. Jh., das herrliche *Demeure des Vi-*

Lyon, Bartholdibrunnen

stes (Nr. 29, aus dem 15. Jh.). Durch ein prächtiges Portal gelangt man in den Hof von Nr. 16 und zur *Tour Rose*, die die Rue Bœuf beherrscht. In der Rue de Gadagne steht das beeindruckend schöne *Hôtel de Gadagne*, in dem die *Musées historiques et de la marionette* (siehe Museen) untergebracht sind. An der Place du Change Nr. 2 fällt die Fassade des *Maison Thomassin* aus dem 14. Jh. auf (Hof mit Wendeltreppe aus dem 16. Jh. und für das Viertel typische Galerien). Die Rue Juiverie mit stattlichen Häusern: *Hôtel Paterin* oder *Maison Henri IV* (Nr. 4) aus dem 16. Jh., *Hôtel Bullioud* (Nr. 8), dessen Galerie mit Gewölbekappen Philibert Delorme* 1536 erbaut hat.

Primatialkirche Saint-Jean: Sie weist vom romanischen bis zum Flamboyant-Stil reichende Elemente auf. Im 12. Jh. begonnen, wurde sie im 15. Jh. fertiggestellt, im 16. Jh. weiter verschönert, litt aber dann unter den Religionskriegen und der Revolution. An den Sockeln der Portale sind auf zahlreichen Flachreliefs unterschiedliche Ereignisse dargestellt. Sie erinnern an die Seitenportale der Kathedrale von Rouen.
Inneres: Trotz der sich über hundert Jahre hinziehenden Bauarbeiten wirkt das Hauptschiff einheitlich. Bei den Kapellen des Seitenschiffs fällt die in Gotik und Renaissance gehaltene Kapelle der Bourbonen auf (Ende 15. Jh.). Der Chor und die Apsis, die ältesten Teile der Kirche (im wesentlichen aus dem 13. Jh.), lassen provencalische Einflüsse vermuten, sind aber überwiegend von burgundischer Romanik geprägt. In der Apsis ist die ehem. *cathedra* der Erzbischöfe zu sehen, daneben ein Fries aus weißem Marmor mit rotem Zement überzogen sowie Glasfenster aus dem 13. Jh. – *Astronomische Uhr:* Dieses 10 m hohe Riesenspielzeug stammt wahrscheinlich aus dem 14. Jh. und wurde mehrmals repariert. Um 12, 13, 14 und 15 Uhr drehen sich an ihr Figuren im Kreis. – *Manécanterie* und *Schatzkammer:* Neben Saint-Jean steht auf dem Platz die *Manécanterie* (Chorschule) mit ihrer streng mittelalterlichen Fassade. Sie wurde Ende des 11. oder Anfang des 12. Jh. stark umgebaut. In einem Saal ist die Schatzkammer der Kathedrale zu besichtigen mit sehr schönen Goldschmiedearbeiten.

La Croix-Rousse: Ist Fourvière der »Hügel des Gebets«, so ist Croix-Rousse der »Hügel der Arbeit«. Das *Maison des canuts*, von einer Arbeitergenossenschaft gegründet, berichtet von den Arbeitern in den Seidenwebereien, die im 19. Jh. in diesem Viertel angesiedelt wurden (das Haus ist Museum und Laden zugleich). La Croix-Rousse liegt teils oben auf der Hochebene, teils zieht es sich an einem Steilhang bis zur Presqu'île hinunter. Hier laufen die strengen und dunklen *Traboules.* Der markanteste Weg beginnt an der Place Colbert, Nr. 9, bei dem berühmten *Cour des Voraces.* Die Kirche *Saint-Polycarpe* stammt wie *Saint-Bruno-les-Chartreux* (die Kuppel schuf Soufflot*) aus dem 17. und 18. Jh. Wenig beeindruckend, aber für Fachleute interessant sind die Ruinen des *Amphithéâtre Trois-Gaules*, wo seit 1968 gegraben wird (Rue des Tables-Claudiennes, Square de Jardin-des-Plantes).

La Presqu'île: Das Viertel zwischen Bahnhof und Autobahnkreuz von Perrache und dem Zusammenfluß von Saône und Rhône bietet keine besonderen Sehenswürdigkeiten. Der Teil zwischen den labyrinthartigen Betonbauten des Centre d'échanges und La Croix-Rousse kann aber als der eigentliche Stadtkern betrachtet werden: seine langen Fußwege, die riesige und majestätische *Place Bellecour*, die Kirchen, Museen und zahlreichen Geschäfte. Die Kirche *Saint-Martin d'Ainay* steht in einem ruhigen Viertel, das früher durch einen Wasserarm von der Presqu'île getrennt war. Die ehem. Abteikirche und jetzige kleine Basilika wurde 1107 von Papst Pascal II. geweiht. Der romanische Bau, der im

Lyon, Seidenmuseum

Lyon, Gallo-römisches Museum

19. Jh. in seinem Äußeren leicht umgebaut wurde, beherbergt in der Vierung vier dicke monolithische Säulenschäfte, die vom Altar der Gallier in La Croix-Rousse stammen. – *Place Bellecour:* Mit 310 m auf 200 m ist es der große Platz Lyons. Heinrich IV. gab den Räten der Stadt den Rat, diese große Esplanade anzulegen. Ludwig XIV. erklärte sie zur nicht bebaubaren Zone. Mit den Häuserreihen im Stil Ludwigs XVI. (die im Osten und Westen im 18. Jh. wiederaufgebaut wurden) behält der Platz den Grundriß des 18. Jh. bei. Die in der Revolution zerstörte Reiterstatue Ludwigs XIV. wurde 1852 von Martin Desjardins* wieder aufgestellt. Vor dem riesigen Hôtel des Postes ragt ein Turm hoch, einziges Überbleibsel eines Krankenhauses aus dem 17. Jh. – *Hôtel-Dieu:* Es liegt in unmittelbarer Nähe der Place Bellecour; das imposante Gebäude besitzt aus dem 17. Jh. den sog. Petit-Dôme, ist aber im wesentlichen das Werk Soufflots*, der 1741 mit dem Wiederaufbau begann. Der Grand-Dôme, den der Architekt des Pariser Pantheon entworfen hatte, brannte 1944 ab, wurde aber stilgetreu wiederaufgebaut.

Saint-Bonaventure: Die Kirche an der Place des Cordeliers wurde zwischen 1330 und 1471 von Franziskanern erbaut. Sie wirkt in ihrer ausgewogenen Gliederung kühl. Am Eingang berichten Wandbehänge vom Leben des Hl. Bonaventura (dem Kardinal Jean Fidanza), der 1274 in Lyon starb. Die Kapellen wurden von der Bruderschaft der Handwerker im 15. und 17. Jh. errichtet. Gegenüber der Kirche erhebt sich der majestätische Bau des Palais du commerce und de la Bourse, verschnörkelte Bauten des letzten Jh.

Hôtel de Ville: Hardouin-Mansart*, der 1702 mit der Restaurierung der städtischen Bauten beauftragt wurde, trug durch beträchtliche Umbauten viel zu ihrer Verschönerung bei. Von der Place de la Comédie her gelangt man auf zwei schöne Höfe, die durch ein Peristyl abgetrennt sind; dieses wird von Türmen mit Kuppeln und Laternen eingerahmt. Am Eingang des Vestibüls mit seiner kühn gewölbten Decke sind alte Gewichtssteine eingemauert. Zwei Plaketten erinnern an die Entstehung der Résistance durch Jean Moulin und die Befreiung Lyons. Im Rathaus sind Salons mit Deckengemälden von Thomas Blanchet* (17. Jh.) und ein kleines *Musée Edouard Herriot* zu besichtigen (ehem. Bürgermeister der Stadt und bedeutender Politiker, der 1957 starb). Hinter dem Rathaus liegt das *Grand Théâtre* (oder die Oper), die hier im 19. Jh. erbaut wurde, nachdem ein von Soufflot* entworfenes Theater abgebrannt war. Fassade und Turm des Rathauses liegen an der Place des Terreaux mit der riesigen *Fontaine de Bartoldi*, die 1889 auf der Weltausstellung gezeigt wurde und eine Allegorie der Flüsse, die ins Meer fließen, darstellt. Eine andere Seite des Platzes wird von dem *Palais Saint-Pierre*, einer ehemaligen Abtei aus dem 16. Jh., abgegrenzt, in dem das Musée des Beaux-Arts untergebracht ist (siehe Museen).

Saint-Nizier: Schöne spätgotische Kirche (14., vor allem 15. Jh.), die der Überlieferung nach an der Stelle eines im 2. Jh. von dem Hl. Pothinus erbauten Oratoriums steht. Dieser erlitt zur gleichen Zeit wie die Hl. Blandin den Märtyrertod. Die Fassade (Mittelportal) mit zwei spitzen Türmen ist im Stil der Renaissance erbaut, der linke Turm stammt aus dem 15., der rechte aus dem 19. Jh. Im rechten Querschiff steht eine Statue der Notre-Dame-des-Grâces von Antoine Coysevox*. Zu Lebzeiten von Rabelais hieß die Place des Jacobins noch Place de Confort. Sie ist mit einem Marmorbrunnen aus dem Jahr 1880 ausgestattet, der die Statuen von 4 einheimischen Künstlern trägt: vom Architekten Philibert Delorme*, dem Radierer Gérard Audran*, dem Bildhauer Guillaume Coustou* und dem Maler Hippolyte Flandrin*. Die ursprünglich aus dem Mittelalter stammende *Rue Mercière* hat ihren ausgeprägten Renaissance-Charakter bewahrt.

La Part-Dieu: Diese Stadt in der Stadt wurde auf dem linken Rhône-Ufer erbaut, ein bemerkenswerter Plan Louis Pradels, dem Bürgermeister und großen Unternehmer Lyons (gestorben 1967). La Part-Dieu und das Musée gallo-romain, die seine ausgeprägte Vorliebe für Beton veranschaulichen, lassen andere städtebauliche Mißgriffe vergessen. Der riesige moderne Komplex erscheint auf den ersten Blick verwirrend mit seinen überlagerten Ebenen, Terrassen und Galerien. Er enthält einen Verwaltungsbau, ein Rathaus, einen Konzertsaal, eine bedeutende Bibliothek und ein groß angelegtes keimfreies und klimatisiertes Einkaufszentrum aus Marmor mit Wasserspielen (dieses Geschäftebabel mit übereinandergelagerten Galerien nimmt eine Fläche von etwa 100000 m² ein).

Parc de la Tête-d'Or: Ein goldener

Lyon, Seidenmuseum

Christuskopf soll dort vor langer Zeit vergraben und nie wieder gefunden worden sein. Die prächtigen Gitter (ein Rosenbusch) wurden um 1900 von Joseph Bernard* geschmiedet.

Wichtigste Museen: Die Anzahl der Museen Lyons nimmt ständig zu. Neu sind das *Musée gallo-romain* in Fourvière und ein *Musée de la photographie*, das im ehem. Wohnhaus der Brüder Lumière, Rue du Premier-Film, eingerichtet wurde (die Brüder Auguste und Louis Lumière wurden zwar in Besançon geboren, lebten aber in Lyon, verbesserten die Photographie und wurden Erfinder des Kinos). – *Musées de la Presqu'île. Musée des arts décoratifs* (30, Rue de la Charité): In einem Hôtel des 18. Jh., das von Soufflot* entworfen wurde, zeigt dieses Museum vor allem schöne Möbel, Wandbehänge, Porzellan, Waffen, Silbergegenstände. – *Musée historique des tissus:* Es befindet sich unmittelbar daneben, ebenfalls in einem Haus aus dem 18. Jh., und berichtet über Geschichte und Techniken der Weberei, stellt zahlreiche Stoff- und Farbenarten vor (Lyon war die Heimat der Seidenweber und der Geburtsort Joseph-Marie Jacquards, der Anfang des 19. Jh. einen mechanischen Webstuhl erfand. Die Stadt war Zentrum der Seidenweberei, bevor man hier Kunstfasern herstellte). – *Musée des Hospices Civils:* Hôtel-Dieu. Dieses Museum im Petit-Dôme erinnert an die Verdienste Lyons um die Medizin. Es enthält zahlreiche Kunstgegenstände. – Musée de l'imprimerie et de la banque (13, Rue de la Poulaillerie): Das geschmackvoll eingerichtete Museum in einem Hôtel des 16. Jh. berichtet über die beiden wichtigen Geschäftsbereiche Lyons. Prächtige Holzschnitt- und Kupferstichsammlung. – *Musée des Beaux-Arts* (im Palais Saint-Pierre, Place des Terreaux): Im Kreuzgang dieses ehem. Klosters stehen Statuen von Rodin* und Bourdelle*. Das Museum präsentiert seine sehr unterschiedlichen Sammlungen in etwa 80 Sälen. Es enthält vor allem Malerei des 19. und 20. Jh. (Géricault*, Delacroix*, Ingres*, Daubigny*, Corot*, Courbet*, Manet*, Renoir*, van Gogh*, Gauguin*, Marquet*, Dérain*, Vlaminck*, Dufy*, Ernst*, Masson*, Man Ray* u. a.). Auch zahlreiche Gemälde von Malern Lyons, vor allem die eigenartigen Bilder von Louis Jannot* (1814 bis 1892). – *Musées du Vieux-Lyon et de Fourvière. Musée de la civilisation gallo-romaine* (17, Rue Cléberg): Der Betonbau dieses vorbildlich eingerichteten Museums, dessen Fensterseite auf die archäologischen Grabungen zeigt, fügt sich vollkommen in seine antike Umgebung ein (Architekt Bernard Zehrfuss*). Originell aufgeteilt, zeigt es eine reiche Sammlung von Statuen, Sarkophagen, Mosaiken Inschriften und Gebrauchsgegenständen Zwei berühmte Einzelstücke: der *gallische Kalender von Coligny* und die *Claudischen Tafeln* mit einer Rede des Kaisers Claudius, der aus Lyon stammte. – *Musée historique de Lyon et musée de la marionette:* Dieses Doppelmuseum ist in einem der schönsten Häuser des alten Lyon untergebracht (16. Jh.). Das historische Museum reicht vom Mittelalter bis zur Gegenwart, zeigt Funde von Kirchen und Klöstern, Möbel, Porzellan, alte Stiche von Lyon, Erinnerungen an die Revolution und das Empire. Im ersten Stock sind Guignol und seine Marionetten zu sehen.

M

Mâcon

39130 Ew
71 Saône-et-Loire S. 421 □ M 9

Die Stadt gehört historisch zu Burgund, ist in ihrer Art jedoch eigenständig und stolz darauf, einst Hauptstadt einer größeren Grafschaft gewesen zu sein. Sie liegt an der Saône, wo die gallischen Äduer einst einen Hafen errichtet hatten. Sie ist mehr mit Lyon verbunden – wohin Fluß, Straße, Autobahn und Eisenbahn führen – als mit Dijon. Die in einer bergigen Gegend mit zahlreichen romanischen Kirchen und Herrensitzen gelegene Geburtsstadt von Alphonse Lamartine (1790) hat einen besonderen Charakter, obwohl »große Denkmäler« fehlen (viele alte Bauten, wie z. B. das ehem. Karmeliterkloster, wurden sinnlos abgerissen). Das Rathaus befindet sich in einem prachtvollen Wohnhaus des 18. Jh.; das Hospiz de la Charité hat eine schöne ovale von Soufflot entworfene Kapelle und eine alte Küche.

Vieux Saint-Vincent ist der Überrest einer während der Revolution zerstörten Kathedrale (romanisches Narthex mit einem Tympanon des Jüngsten Gerichts, das deutlich die Entwicklung zur Gotik zeigt). An der *Place aux Herbes* erhebt sich ein hohes *Renaissance-Haus,* das mit zahlreichen mittelalterlich wirkenden Figuren ansprechend verziert ist.

Hôtel Sénecé und Musée Lamartine (Rue Sigorne): Das schöne Patrizierhaus Hôtel Sénecé aus dem 18. Jh. enthält ein doppeltes Museum: Auf einer Seite reiche Sammlungen »angewandter Kunst«, auf der anderen ein wahres »Heiligtum Lamartine« mit zahlreichen Dokumenten über den Schriftsteller und Politiker, der sich sein Leben lang mit dem Mâconnais verbunden fühlte (er wurde in der nahegelegenen Rue de la Barre Nr. 5 geboren).

Musée municipal des Ursulines (Rue des Ursulines): Das in einem Kloster vom Ende des 17. Jh. untergebrachte eklektische Museum zeigt alle Epochen von der Steinzeit *(solutréen)* bis heute. Die gut angeordneten Stücke veranschaulichen die Vorgeschichte des südlichen Burgund, insbesondere die berühmten Funde von Solutré und die gallo-römische Vergangenheit des Mâcon.

Umgebung: Saint-André-de-Bâgé (8 km östlich): Die alte, einsame Propstei vom Anfang des 12. Jh. zeigt den Stil der Kluniazenser. Im nahegelegenen Dorf **Bâgé-le-Châtel** findet man Reste der Verteidigungsanlagen und des Schlosses. – **Circuit Lamartine:** Der vielgereiste Politiker Alphonse de Lamartine, der das Mâconnais, wo er seine Kindheit verbrachte, sehr liebte, und dort begraben werden sollte, huldigte ihm in seinen *Harmonies.* – **Château de Monceau** (7,5 km nordöstlich): Dieses von Weinbergen umgebene Gebäude aus dem 12. Jh. hatte der Schriftsteller ererbt. Er liebte die Hagebuchenlaube und zog sich in das Lusthaus zurück, um dort seine *Histoire des Girodins* zu schreiben. – **Bussières** (11 km westlich): Als Kind wurde Lamartine dort von dem Pfarrer und dem Vikar unterrichtet. Letzterer war das Vorbild zur Hauptperson des *Jocelyn.* – **Milly-Lamartine** (12 km westlich): Der in Mâcon geborene Schriftsteller behauptete, in diesem charmanten Ort, den er während seiner Kindheit oft besuchte, das Licht der Welt erblickt zu haben. Das von seinem Großvater erbaute Haus ist noch erhalten. Lamartine war untröstlich, als er dieses Haus verkaufen mußte, »dessen Mauern wie ein Lebewesen atmeten« ... – **Saint-Point** (25 km westlich): Lamartine, seine Frau und Tochter ruhen in dieser bescheidenen Kirche beim Friedhof in einer neugotischen Gruft. Das alte Landhaus von Saint-Point wurde von dem Schriftsteller im romantischen Stil »mittelalterlicher« umgebaut, als es je zuvor war. Das in einem großen Park liegende Gebäude enthält zahlreiche Erinnerungen an Lamartine. Die Landschaften der Gegend sind in *Le tailleur de pierre de Saint-Point* beschrieben, zu dem Lamartine von einem heimischen Kunsthandwerker inspiriert wurde.

Magny-en-Vexin

4070 Ew
95 Val-d'Oise
S. 410 □ I 4

Die ehem. Poststation auf der Strecke Paris – Rouen ist heute ein landwirtschaftliches Zentrum mit ehrwürdigen Häusern und eleganten Stadtpalästen (in einem derselben aus der Zeit Ludwigs XVI. ist das Bürgermeisteramt untergebracht). Die *Kirche* aus dem 15. Jh. wurde im 16. Jh. weitgehend im Renaissance-Stil umgebaut. Im Innern interessanter Taufbrunnen (1534, rechtes Seitenschiff), drei schöne Statuen, die das Grabmal ehem. Feudalherren schmückten (17. Jh., rechtes Querschiff), und eine hübsche Alabastermadonna (16. Jh., über dem Altar).

Umgebung: Schloß Alincourt (4 km nördlich): Der einsame, malerische

Magny-en-Vexin, Kirche

Bau im Grünen – nur bedingt zu besichtigen – weist Stilelemente vom 15. bis 17. Jh. auf. – **Villarceaux** (10 km südwestlich): In einem großen Park liegen zwei Schlösser: Das größere ist ein reizender Bau aus der Zeit Ludwigs XV., den man von der Straße aus sieht, der andere, genannt »Ninon de Lenclos«, ist ein Herrenhaus aus dem 15. Jh. (in den Wirtschaftsgebäuden aus dem 16. Jh. befindet sich ein Restaurant). Die Zimmer sind noch so erhalten wie zur Zeit, als die frivole Ninon von einem Marquis de Villarceaux geliebt wurde. – **Ambleville** (7 km westlich): Gegenüber einer modernen Kirche, die ein Jusepe de Ribera* zugeschriebenes Gemälde enthält, erhebt sich inmitten schöner Gärten ein teilweise aus der Renaissance stammendes Schloß.

Maillezais

850 Ew
85 Vendée — S. 418 □ F 9

Im 10. Jh. war Maillezais eine richtige Stadt inmitten undurchdringlicher Sümpfe. Heute erhebt sich der Kalkberg mit den großartigen Ruinen der ehem. Abtei Saint-Pierre (11. bis 14. Jh.), in der Rabelais sich aufhielt, nur noch über Wiesen. Die Ruinen der Abteikirche sind von befestigten Umwallungen umgeben. Der Haupteingang im Westen wurde zugemauert. Ausgrabungen haben den Grundriß von Gesamtanlage und Einzelbauten ins Licht gebracht: Dormitorium, Refektorium und achteckige Küche. Das Portal der interessanten romanischen Pfarrkirche ist mit Kapitellen geschmückt, auf denen phantasievoll ein Bestiarium dargestellt ist.

Maintenon

3310 Ew
28 Eure-et-Loir — S. 410 □ H 5

Das von modernen Vierteln umgebene nette Städtchen liegt in einem Tal an der Mündung des Eure in die Voise. Das Schloß, das Ludwig XIV. seiner prüden, schönen Favoritin schenkte, erinnert an Françoise d'Aubigné, Marquise de Maintenon: Die arme Witwe des Dichters Scarron (und Enkelin des protestantischen Dichters Agrippa d'Aubigné) war die Nachfolgerin der Mme. de Montespan, die der Sonnenkönig nach dem Tod der Königin Marie-Thérèse ehelichte.

Schloß: Das anstelle einer mittelalterlichen Burg, von der nur ein starker Turm erhalten war, erbaute Schloß wurde im Auftrag eines reichen Schatzmeisters zur Zeit der Renaissance geschaffen. Der Besitz wurde 1674 an Mme. de Maintenon verschenkt, die Vergrößerungen vornehmen ließ, und kam schließlich an die Familie Noailles. Er wurde im 19. Jh. zu stark renoviert und durch Bombardierungen im letzten Krieg schwer beschädigt: Die »Monuments historiques« nahmen Renovierungen vor, während die Besitzer die Gemächer neu einrichteten. Seine Renaissance-Fassade erhebt sich vor einem Ehrenhof, und ein langgestrecktes, im Auftrag der Mme. de Maintenon errichtetes Gebäude verbindet es mit einer Kapelle im spätgotischen Stil. Durch

Maillezais, Portal der Kirche

ein Gewölbe unter dem Schloß gelangt man vom Ehrenhof in einen zweiten Hof. Diesen Eingang beschützte einst eine Zugbrücke. Zu besichtigen sind die Wohnräume der Mme. de Maintenon, in denen sich ihr Bildnis von Mignard* befindet (das ihrer Rivalin, Mme. de Montespan, ist von Largillière*). Um das Schloß liegt ein weiter Park, dessen Kanäle von Eure und Voise gespeist werden.

Aquädukt: »Während das Schloß etwas an einen Abenteuerfilm denken läßt«, schrieb Héron de Villefosse, »könnte der Aqueduc im Hintergrund . . . fast die Rolle des Pont du Gard übernehmen.« Der im Auftrag Ludwigs XIV. begonnene, unvollendete, durch Bomben beschädigte Aquädukt ist von wildem Wein überwachsen: Er sollte das Wasser des Eure bis zu den Gärten von Versailles leiten, doch wurden die Arbeiten im Jahre 1688 eingestellt.

Umgebung: Gallardon (12 km südöstlich): Das alte an der Grenze von Hurepoix und der Beauce gelegene Dorf wird von der Ruine eines wegen seiner Form »Schulter des Gallardon« genannten Wachturmes beherrscht. Die ehem. Propstei liegt an einem kleinen, malerischen Platz, die Kirche *Saint-Pierre* aus dem 11. und 13. Jh. wurde im 15. und 16. Jh. umgebaut. Neben romanischen Teilen (vornehmlich das Portal) ist sie vorwiegend im gotischen Stil erbaut. Der Chor mit Umgang zeigt den Einfluß von Chartres.

Maisons-Laffitte	23490 Ew
78 Yvelines	S. 428 □ I 4

Der Ferienaufenthalt spielt wegen seines Hippodroms eine bedeutende Rolle im Pferderennsport. Der Schloßpark wurde im letzten Jahrhundert aufgeteilt: Ein Teil ist Spaziergängern und Reitern vorbehalten, der andere besteht aus Baugrundstücken (die Bewohner müssen sich immer noch nach den Pachtbedingungen von 1834 richten). Zum Schloß, einstiger Besitz des Bankiers und Staatsmannes Jacques Laffitte, der Bankrott machte, gehören nur noch geringfügige Gartenanlagen.

Schloß: Das Meisterwerk des François Mansart* aus warmgetöntem Stei

Maintenon, Luftaufnahme des Schlosses und der Stadt

wurde 1642–1651 für den mächtigen René de Longueil, Präsident des Par-laments von Paris, erbaut. Das zum Empfang des Königs bestimmte Schloß – er hatte dort »Wohnrecht« – beherbergte Ludwig XIV., Ludwig XV. und Ludwig XVI., die Königinnen und Favoritinnen und den Schriftsteller Voltaire. Der Bruder Ludwigs XVI. und künftige Karl X., der Graf von Artois, kaufte es während der Revolution und schuf den Rennplatz. Das Schloß wurde an Marschall Lannes verkauft, der hier Napoleon empfing, und kam 1818 in den Besitz des damals enorm reichen Laffitte, der La Fayette, Benjamin Constant, Thiers, Arago u. a. hierher eingeladen hat. Vor dem Gebäude befindet sich ein schönes Gitter, das aus einem pikardischen Schloß stammt. Die majestätische Ehrentreppe ist von einer prachtvollen Kuppel bedeckt. *Die Wohnung des Königs* im ersten Stock ist eine weite Prunkgalerie mit Musikertribüne. Das im 18. Jh. umgestaltete *Gemach des Königs* (wie auch das des Grafen Artois und der Sommerspeisesaal) wurde fast genau im ursprünglichen Stil wiederhergestellt.

Malesherbes

45 Loiret — 3840 Ew — S. 415 □ J 6

Die von Wäldern umgebene friedliche Kleinstadt besitzt eine Kirche aus dem 12. und 13. Jh., die in der Folge umgestaltet wurde. Das Schloß wurde im 18. Jh. an der Stelle eines älteren erbaut, in dem die schöne und junge Henriette d'Entraygues, die Geliebte Heinrichs IV., wohnte. Es wurde von dem Kanzler Guillaume de Lamoignon, Vater des toleranten Malesherbes (Minister Ludwigs XVI., der die Enzyklopädisten schützte, den König vorm Konvent verteidigte und während des Terrors hingerichtet wurde), erneuert. In der Kapelle befindet sich das Grabmal des Admirals Entraygues und seiner Gemahlin. Das liegende Paar kehrt einander den Rücken: Man erzählt, der Admiral habe seiner Frau ihre Untreue auch nach dem Tode nicht vergeben.

Malle (Schloß)

33 Gironde — S. 422 □ F 12

Das geschmackvolle Schloß an der Grenze der Weingebiete *Sauternes* und *Graves* wurde im 17. Jh. für ein Mitglied des Parlaments von Bordeaux erbaut. Es zeigt den Einfluß Italiens und zeichnet sich durch eine bemerkenswerte Innenausstattung aus.

Malmaison (Schloß)

92 Hauts-de-Seine — S. 428 □ I 5

Mala mansio, schlechtes Haus . . . Der aus dem Mittelalter überlieferte Name bezeichnet die große, aber wenig originelle Residenz, die unter dem Konsulat durch eine Veranda und zwei Flügel vergrößert wurde. Das einfach gebaute Schloß erinnert an Napoleon, die Kaiserin Josephine und deren Freunde: Als der künftige Kaiser noch Erster Konsul war, fanden hier fröhli-

Malmaison, Das Bett Josephines

Manosque, Porte Saunerie

che Feste statt. Nach der Scheidung blieb es Eigentum der eigenwilligen Kreolin (sie starb 1814). Vor seiner endgültigen Verbannung hielt sich Napoleon 1815 hier einige Tage auf ... Das Schloß wurde verkauft, von Napoleon III. neu erworben, wieder verkauft und in der Belle epoque durch einen Bankier, der es dem Staat schenkte, vorm Verfall bewahrt.
Das bedeutende *Musée napoléonien* enthält Erinnerungsstücke an den Kaiser, insbesondere an Josephine (Möbel, Bildnisse und verschiedene Gemälde, Musikinstrumente, darunter die Harfe der Kaiserin, Kanne und Gießbecken der Salbung, schöne Porzellane, den sog. Tisch von Austerlitz, auf dem der gekrönte Kaiser, umgeben von Bildnissen der Marschälle, dargestellt ist).
Der **Pavillon Osiris** enthält Erinnerungen an Sankt Helena (Kleider, Eisenbett, Rechnungsbuch, Totenmaske des verbannten Kaisers). Der *Pavillon des voitures* in den einstigen Stallungen enthält ein aus Österreich mitgebrachtes Fahrzeug der Marie-Antoinette und die *Opale,* mit denen Josephine nach Unterzeichnung des Scheidungsvertrages nach Malmaison zurückkehrte.

Schloß Bois-Préau: Es gehörte Josephine und wurde 1929 von den amerikanischen Besitzern dem franz. Staat vermacht. Es gehört zum Musée von Malmaison und zeigt Erinnerungen an den König von Rom, Gemälde und Skulpturen sowie zahlreiche Gegenstände, die sich auf den Kaiser und seine Umgebung beziehen.

Manosque

19 140 Ew
04 Alpes-de-Haute-Provence
S. 425 □ N 14

Die von Boulevards anstelle der ehem Umwallungen umgebene Geburtsstadt des Jean Giono (1895–1970) hat ihre Charme bewahrt. Erhalten sind zwei alte Tore: die Porte Saunerie (14. Jh und die Porte Soubeyran mit einem schmiedeeisernen Glockenturm. Die Rue-Grande führt zu der stark restaurierten romanischen Kirche *Saint-Sauveur* (Glockenturm 16. Jh., Seitenschiff 17. Jh.) und dann zu dem in einem Wohnsitz aus dem 18. Jh. untergebrachten Rathaus. Die gotische Apsis der Kirche *Notre-Dame* scheint aus dem 13. Jh. zu stammen, die Kreuzgewölbe von Haupt- und Seitenschiffe wurden erst im 16. oder 17. Jh. errichtet. In einer Kapelle, der ein Sarg als Altar dient, befindet sich eine Jungfrau mit Kind aus schwarzem Holz.

Mans (Le)

151 240 Ew
72 Sarthe
S. 414 □ G

Nahe der anwachsenden, aktiven Stadt finden Mitte Juni die »24 Stunden« eines der berühmtesten Autorennen statt. Die alten Stadtviertel staffeln sich nahe der majestätischen romanisch-gotischen Kathedrale. Die bedeuten den Ruinen einer gallo-römischen Mauer (3. und 4. Jh.) an der Sarthe beweisen, daß die alte Hauptstadt der Provinz Maine ursprünglich eine bedeutende antike Stadt keltischen Ursprungs war. Ihre Geschichte kennt viele Aufstände und Belagerungen, 1793 litt sie unter den blutigen Kämpfen zwischen Vendeern und Republikanern und wurde während des letzten Krieges stark beschädigt. Heute ist sie von modernen Stadtvierteln und Industriegebieten umgeben. Stadtmitte ist die Place de la République mit der Kirche der *Visitation* (18. Jh.). Unter den zahlreichen alten Bauten ist das Renaissance-Haus zu erwähnen, das der Dichter Paul Scarron (Gatte der künftigen Mme. Maintenon) bewohnte, das sog. *Haus der Reine Bérengère* (15. und 16. Jh.), die Häuser der *Deux-Amis* und von *Adam und Eva,* das *Hôtel de Vignoles.* Im *Palast der Grafen von Maine* (18. Jh.) ist heute das Rathaus untergebracht.

Kathedrale Saint-Julien: Der herrliche, dem ersten Bischof von Le Mans (3. Jh.) gewidmete Bau scheint, von den Strebebogen getragen, in der Höhe an Schwerkraft zu verlieren. Die Fassade, das schöne Portal mit Säulenstatuen und das skulptierte Tympanon der Südpforte sind romanisch. Die Gotik zeigt sich in dem kunstvollen Chor (1217–1254) und dem mit riesigen Glasfenstern ausgestatteten Querschiff (1310–1430). Neben dem schillernden Farbspiel der vom 12. bis 15. Jh. eingesetzten Fenster erscheint das tiefe Rot und Blau der Fenster über dem Triforium (13. Jh.). Die Taufkapelle im linken Querschiff vor dem Umgang enthält zwei schöne Renaissance-Werke, das Grab des Grafen von Maine, des Bruders des »guten Königs« René, und das Denkmal des Diplomaten Guillaume du Bellay, eines Cousins des Pléjade-Dichters, der Memoiren schrieb. Die in der Achse gelegene Kapelle Notre-Dame-du-Chevet wird von Glasmalereien aus dem 13. Jh. erhellt und von einem Gitter aus dem 17. Jh. abgeschlossen.

Gegenüber der rechts von einem 4,5 m

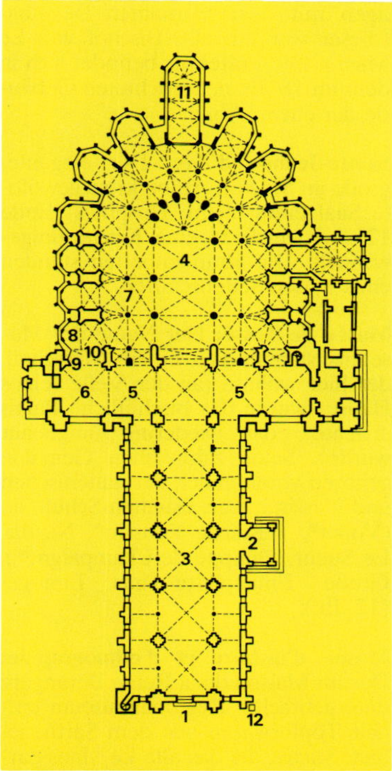

Le Mans, Kathedrale Saint-Julien **1** Eingang **2** Portal **3** Langhaus **4** Chor **5** Querschiff **6** Linker Querschiffarm **7** Chorumgang **8** Kapelle des Fonts **9** Grabmal eines comte du Maine **10** Grabdenkmal Guillaumes du Bellay **11** Notre-Dame du Chevet **12** Menhir

hohen Menhir aus rosa Sandstein flankierten Fassade befindet sich das stark restaurierte Hôtel du Grabatoire, der Wohnsitz des Bischofs. Die Place des Jacobins bietet einen schönen Blick auf die Apsis.

Notre-Dame-de-la-Couture: Diese komposite Abteikirche eines Klosters war von bebauten Feldern umgeben. Der Bau aus dem 11. Jh. (Säulen des Chors und Krypta) bis 16. Jh. hat ein Kreuzgewölbe im Stil von Anjou. Vor der Fassade aus dem 13. Jh. ein sehr schönes Portal. Vor der Kanzel eine schöne Madonnenskulptur von Germain Pilon* (1571). Zu besichtigen ist das Schweißtuch eines der sieben Heiligen mit dem Vornamen Bertrand (dieser war um 600 Bischof von Le Mans). Die Präfektur befindet sich in dem im 18. Jh. neuerrichteten Gebäude der ehem. Abtei.

Sainte-Jeanne d'Arc: Der elegante, große im Stil von Anjou kreuzgewölbte Saal eines ehem. Hospitals (Ende 12. Jh.) wurde in eine Kirche umgewandelt. Die Krankenbetten standen einst in den Seitenschiffen.

Musée de Tessé: Der Name des Museums stammt von einem Marschall, der hier wohnte (an der Stelle seines Hauses wurde das bischöfliche Palais errichtet, das wiederum umgebaut wurde). Seine zahlreichen Gemälde gehören vornehmlich der italienischen und klassisch französischen Schule an (Vouet*, Eustache Poussin*, Nicolas Le Sueur, Philippe de Champaigne*). Große Emailplatte aus Limoges (12. Jh.).

Musée d'histoire et d'ethnographie: Das im Maison de la Reine Bérangère untergebrachte Regionalmuseum enthält Töpferwaren aus dem Sarthegebiet, Stiche, die das alte Le Mans darstellen, und kunstgewerbliche Gegenstände.

Umgebung: Abtei Notre-Dame-de-l'Épau (4 km südöstlich): Die von Bérangère, der Witwe von Richard Löwenherz, im 13. Jh. gegründete Abtei wurde nach ihrer Zerstörung durch einen Brand im 14. Jh. wieder aufgebaut. Im Innern der Kirche das Grabmal der Königin.

Mantes-la-Jolie	42410 Ew
78 Yvelines	S. 410 □ I 4

Das hübsch am Rande einer hügeligen Landschaft gelegene Mantes ist dank Auto- und Eisenbahn von Paris aus leicht zu erreichen. Im letzten Krieg wurde es stark zerstört und hat sich seitdem zum Industrieort entwickelt. Die Stadt, die Wilhelm der Eroberer im Sturm nahm, wobei er am Tag nach dem Sieg durch Zufall tödlich verletzt wurde, war bis ins 15. Jh. immer ein Streitobjekt zwischen Franzosen und Engländern. Heinrich IV. schwor hier dem Protestantismus ab, wodurch er sich Frankreichs Königskrone sicherte.

Le Mans, Haus von Adam und Eva

Le Mans, Kathedrale, Südportal

Kollegiatkirche Notre-Dame: Die große schöne Kirche, die zur Zeit der Notre-Dame von Paris entstand (Ende 12., Anfang 13. Jh.) wurde von Corot* gemalt, der außerdem noch viele andere Ansichten von Mantes schuf. Die einst von einer befestigten Umwallung umgebene Kirche hat das Ausmaß einer Kathedrale und wurde im letzten Jahrhundert stark restauriert. Die Fassade hat drei Portale, deren mittleres, das schönste, aber nicht höchste, im letzten Drittel des 12. Jh. geschaffen wurde. Es ist der Jungfrau gewidmet: Auf dem Querbalken sind unter der skulptierten Marienkrönung des Tympanons ihr Tod und ihre Auferstehung dargestellt. Das rechte ist im Gegensatz hierzu mit einem spitzen, reich verzierten Giebel versehen (um 1300). Das älteste, linke Portal weist noch einen sehr archaischen Stil auf.
Inneres: Das hohe, helle Schiff wird von der hübschen Fassadenrose (12. Jh.) und von restaurierten oder modernen Glasfenstern erhellt. Die rechteckige Kapelle von Navarra, deren Wölbungen ein Mittelpfeiler abstützt, hat hohe Fenster und geht auf die Mitte des 14. Jh. zurück (rechts vom Chor). Die vier reizendenKöniginnenstatuen stammen aus einem Kreuzgang, der während der Revolution zerstört wurde.

Turm Saint-Maclou: Der Turm vom Anfang des 16. Jh. war einst der Glockenturm einer Kirche, die den Verwüstungen der Revolution zum Opfer fiel.

Die außerhalb der Stadt gelegene *Kirche von Gassicourt* geht auf das 12. und 13. Jh. zurück. Die Vierung der alten Kluniazenser-Propsteikirche wird von einem romanischen Glokkenturm mit Satteldach beherrscht.

Umgebung: Schloß von Rosny-sur-Seine (6 km westlich): Das um 1600 von Sully aus Ziegeln und Stein wieder aufgebaute Schloß war unvollendet geblieben: Im 19. Jh. wollte die Herzogin von Berry den Bau vollenden, doch die hinzugefügten Teile waren so häßlich, daß man sie meist zugunsten weiterer Neubauten wieder abtrug. Das in einem reizvollen Park, in dem der bedeutende Agronom Olivier de Serre Tausende von Maulbeerbäumen für die Seidenraupenzucht angepflanzt hatte, gelegene Schloß im Stil Lud-

Mantes-la-Jolie, ›Schloß Rosny-sur-Seine‹ von Corot (Louvre)

Mantes, Notre-Dame, Langschiff

Marmoutier, Kirche

wigs XIII. enthält ein reiches Mobiliar von Jacob*, schöne Wandteppiche, Gemälde und Stiche. Der große »Salon des tapisseries« genannte Salon der Herzogin ist ein schönes Beispiel des Restaurationsstils.

Mariana → Corse

Marmoutier

67 Bas-Rhin — 1950 Ew — S. 417 □ O 5

Die mächtige, strenge, einer Festung gleichende Kirche von Marmoutier besitzt ein Westwerk, das zu den Meisterwerken der romanischen Kunst des Elsaß zählt. Die ehem. Abteikirche beeindruckt vor allem durch ihre ausgewogene, solide Erscheinung. Die monumentale Fassade vor dem gotischen Schiff und Chor (Rekonstruktionen des 13. Jh.) soll zwischen 1150 und 1160 erbaut worden sein. Der dreitürmige mit Arkaden und Lisenen strukturierte Bau ist nur mit wenigen seltsamen Skulpturen geschmückt: In der Spitze der Giebel hocken meditierende Personen, ein Löwe läßt vor einer Skulptur aus verschlungenen Köpfen die Zunge heraushängen (das Motiv soll eine dreiköpfige keltische Seherin darstellen). Die mit feingearbeiteten Kapitellen geschmückte Vorhalle überdacht ein Portal mit leerem Tympanon und eleganten Säulchen. Dahinter befindet sich ein von Haupt- und Seitenschiffen abgesonderter Narthex, der jedoch mit ihnen in Verbindung steht. Im Inneren eine schöne Orgel aus dem 18. Jh.

Marseille

13 Bouches-du-Rhône — 903140 Ew — S. 425 □ M 15

In der drittgrößten Stadt Frankreichs erzählen antike Ruinen eine Geschichte, die um 600 v. Chr. beginnt . . . Gestern noch war sie Pforte zum Orient, heute ist sie »Europahafen des Südens«. Die Geschichte Marseilles be gann mit der Ankunft der Phönizier in iner natürlichen Hafenbucht, die heu-e vom Vieux Port eingenommen wird. ie gründeten ein bedeutendes Han-lelszentrum, von dem aus sie zur Er-berung Galliens aufbrachen. Das rei-he *Massilia* wurde im 2. Jh. zum chutz gegen kelto-ligurische Stämme nit Mauern umgeben. Diese Umwal-ung hinderte Julius Cäsar, die Stadt m Sturm zu nehmen: Der Sieger von lesia mußte sie aushungern. Trotz-lem bewahrte Massilia eine gewisse Jnabhängigkeit. Die Stadt wurde bald hristlich und blieb, unter der Herr-chaft von Bischöfen und Grafen ste-end, von der merowingischen und ka-olingischen Regierung ziemlich unab-ängig. Erst nach dem Tod König Re-iés kam sie Ende des 15. Jh. zu Frank-eich. Von Festungen bewacht, die im luftrag Ludwigs XIV. erbaut waren, ntwickelte Marseille seinen Seehan-lel bis zur großen Pest von 1720. Eine Gruppe von Freiwilligen machte das on Rouget-de-l'Isle geschaffene Kriegslied während der Revolution ekannt: *Le Chant de guerre aux ar-nées de frontière* erhielt bald den Na-nen »Marseillaise«. Beim Zusammen-bruch des Empires hatte Marseille praktisch seine Bedeutung verloren, doch gelangte es mit der Eroberung Algeriens und der Eröffnung des Suez-kanals zu neuer Blüte. Trotz starker Zerstörungen während des letzten Krieges bewahrt die Stadt des Marius noch die malerischen Aspekte einer al-ten Mittelmeerstadt. Da durch den Zusammenbruch der Kolonialreiche viele Märkte verlorengingen, mußte Marseille hart um seine Zukunft rin-gen. Es bildet eine Art südliches »Ge-genstück« zum Hafen von Rotterdam und sucht durch Ansiedlung zahlrei-cher Industrien die große Wirtschafts-krise der letzten Jahre zu überwinden. Landschaftlich schön gelegen und weit ausgedehnt, gruppiert Marseille sich um den malerischen Alten Hafen und die berühmte *Canebière* – deren ur-sprünglicher Name »chénevière« an

Marseille 1 Notre-Dame-de-la-Garde **2** Kathedrale Notre-Dame-de-la-Major **3** Ancienne Major **4** Vieille charité **5** Rathaus **6** Basilika Saint-Victor **7** Fort Saint-Jean **8** Fort Saint-Nicolas **9** Musée des Beaux-Arts **10** Muséum d'histoire naturelle **11** Musée Gro-bet-Labadié **12** Schloß Borély – Archäolog. Museum **13** Musée Cantini **14** Musée des docks romains **15** Musée du Vieux Marseille **16** Musée de la Marine (Börse) **17** Schloß d'If.

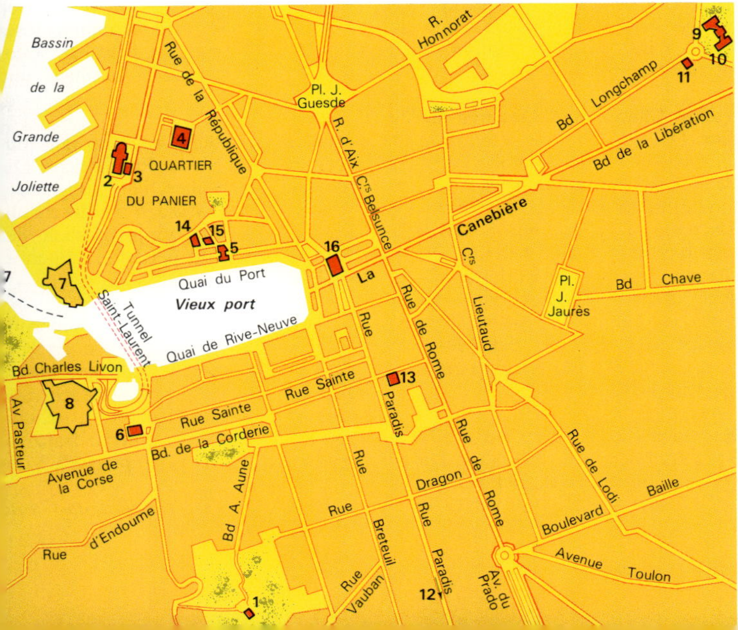

das Hanfseilerhandwerk erinnert. Es breitet sich nach allen Seiten bis auf die Kalkhöhen aus und bildet über dem glitzernden Mittelmeer einen Halbmond. Die im Krieg stark beschädigte Altstadt liegt um den Hafen, die Alte Kathedrale oder *La Major* und die Vieille Charité. Über die Stadt wacht die vergoldete Statue der Jungfrau »La Bonne Mère« auf dem Glockenturm der großen Kirche *Notre-Dame-de-la-Garde.* Der riesige marmorn verkleidete Bau im byzantinischen Stil des 19. Jh. wurde unangefochten zum Symbol Marseilles, auf das man von hier einen herrlichen Blick hat.

Die Neue Kathedrale und die Major: Die riesige kalte Kathedrale aus dem vorigen Jahrhundert beherrscht mit ihrem Prunk die *alte Major,* die teilweise abgerissen wurde, um der Kirche Platz zu machen (die völlige Zerstörung wurde nur durch heftige Proteste verhindert). Die im 11. Jh. gegründete, im 12. Jh. neugebaute und danach umgestaltete Kirche ist innen sehr viel interessanter als außen. Über dem großen Schiff erhebt sich eine weite achteckige Kuppel auf Trompen; hohes Querschiff und mit Blendarkaden versehene Apsis. Trotz ihrer Beschädigungen ist die ehem. Kathedrale noch ein schönes Beispiel provençalisch-romanischer Kunst.

Vieille Charité und Quartier du Panier: Das altertümliche Viertel du Panier nahe der Kathedrale über den Becken der Joliette und des Alten Hafens erinnert noch an das ehemalige Marseille mit seinen von hohen Häusern umrahmten Gäßchen und Durchgängen. Das Meisterwerk Pierre Pugets*, die *Vieille Charité,* ein Krankenhaus aus dem 17. Jh., wurde geduldig wieder aufgebaut. In der Mitte der Anlage eine Kapelle mit ellipsenförmiger Kuppel.

Rathaus: Das teilweise neu erbaute Rathaus blickt auf den Alten Hafen. Der harmonische Barockbau (Mitte des 17. Jh.) ist das Werk von Gaspard Puget*, des Bruders des Architekten der Charité.

Basilika Saint-Victor: Die nahe dem Südufer des Alten Hafens gelegene Basilika war die Wehrkirche einer mächtigen Abtei, die im 9. Jh. die Benediktinerregel übernahm und Besitzungen bis in Spanien und Syrien hatte. Ihr Name geht auf einen römischen Offizier zurück, der im 13. Jh. den Märtyrertod starb. Der komplexe Bau besteht aus einer hohen, recht nüchternen Kirche (13. und 14. Jh.) und einem Labyrinth tiefer, düsterer Krypten, deren älteste Teile aus dem 5. Jh. stammen. Die aus verschiedenen Epochen stammenden, im Mittelalter umgebauten »Katakomben« geben den Archäologen Probleme auf. Ihre komplizierte Anlage vereint ein weites Atrium (einst im Freien) und verschiedene Kapellen. Von ihnen führt ein Durchgang zur kleinen Grotte Saint-Victor, in der der Märtyrer begraben sein soll. In den Krypten befinden sich mehrere Sarkophage (2. oder 3. bis 5. Jh.), die Reste eines Mosaiks und einer Wandmalerei, verschiedene Fragmente von Steinskulpturen und eine »schwarze Madonna« aus bemaltem Nußbaum aus dem 13. oder 14. Jh. Im Inneren der im 14. Jh. befestigten Oberkirche, die noch ein schmuckloses Portal aus dem 12. Jh. bewahrt, befinden sich skulptierte Sarkophage und Reliquien.

Museen: Marseille ist eine der museenreichsten Städte Frankreichs: Die reichen eklektischen Sammlungen der verschiedenen Museen veranschaulichen die fernste Vergangenheit der Stadt wie auch die neuesten zeitgenössischen Forschungen.

Musée des Beaux-Arts: Die Neueröffnung ist für 1980 vorgesehen. Es ist in einem Flügel des im 19. Jh. errichteten Palais Longchamp untergebracht und enthält flämische (Rubens*), italienische (Pérugin*, Bassano*), französische (Philippe de Champaigne*, Vou-

Marseille, Notre-Dame-de-la-Garde

Marseille, Hafenansicht 1754, von Joseph Vernet (Marinemuseum, Paris)

et*, Largillière*, Chardin*) und provençalische Werke. Reich vertreten ist der Marseiller Architekt, Bildhauer und Maler Pierre Puget* (1620–1694) mit Originalwerken und Abgüssen. Neben zwei Kompositionen von Puvis* de Chavannes über das Thema Marseille stellt das Museum zahlreiche Gemälde aus dem 19. und Beginn des 20. Jh. und eine schöne Serie von Daumier* aus. Das *Museum für Naturgeschichte* (Museum d'histoire naturelle) ist in dem anderen Flügel des Palais de Longchamp untergebracht und veranschaulicht vor allem Flora und Fauna der Provence. Darunter befindet sich ein Aquarium.

Musée Grobet-Labadié (140 bd de Longchamp): Der reich möblierte und ausgestattete Wohnsitz eines Sammlers vom Beginn unseres Jahrhunderts zeigt mittelalterliche Gemälde und Skulpturen, Werke der Renaissance, Wandteppiche (16. bis 18. Jh.), Eisenschmiedewaren, Gemälde (Murillo* Daubigny*, Greuze*).

Schloß Borély: Archäologisches Museum, Musée lapidaire (Parc Borély) Das große, prunkvolle Schloß aus dem 18. Jh. ist nach seinen ersten Besitzern benannt. Bedeutende Sammlungen mittelmeerischer Archäologie, insbesondere ägyptische Funde, Hunderte von antiken Keramiken, die herrliche Stiftung Feuillet de Borsat (vorwiegend französische Zeichnungen aus dem 18. Jh.). Das in einem Nebengebäude untergebrachte Musée lapidaire zeigt Funde von der »Erde« und aus dem »Meer«.

Musée Cantini (19 Rue de Grignan) Das reizvolle, in einem Haus aus dem 17. Jh. untergebrachte Museum besitzt Fayencen aus Marseille und der Provinz (seltene Stücke aus dem 17. und 18. Jh.), zeigt jedoch, wie das Centre Pompidou, auch Werke zeitgenössi

Marseille, Fort Saint-Jean

scher Kunst von Vieira* da Silva, Arman*, Raysse* und César*.

Musée des Docks Romains/Museum der römischen Docks (28 Place Vivaux): Die Ruinen der römischen Docks, auf die man bei Abbruch des Hafenviertels stieß, wurden in das Erdgeschoß des modernen Baus miteinbezogen. Riesige Krüge, die als Vorratsgefäße dienten; Töpfe, Reste antiker Schiffe, die von Tauchern gefunden wurden.

Museum des alten Marseille (Rue de la Prison): Das Museum ist in einem Haus des 16. Jh., dessen Fassade aus Quadern in Diamantform besteht, untergebracht. Schöne provençalische Möbel, alte Weihnachtskrippen, Gemälde, Stiche, eine Veranschaulichung der Spielkartenproduktion.

Marinemuseum (Börse): Es zeigt die Vergangenheit Marseilles als Hafenstadt und veranschaulicht die Entwicklung der Schiffahrt seit der Zeit der Phönizier. Zahlreiche Modelle.

Auf einer kahlen Insel vor der Küste von Marseille befindet sich das befestigte Gefängnis, in dem Alexandre Dumas seine berühmte Romanfigur, den *Grafen von Monte Christo,* einschloß.

Martainville (Schloß) 510 Ew

76 Seine-Maritime S. 410 □ H 3/4

Das Schloß aus Stein und Ziegeln bildet mit seinen Nebengebäuden und dem Taubenschlag ein harmonisches Bild und zeugt vom Reichtum des Kaufmanns, der es zwischen 1485 und 1510 erbauen ließ. In der Küche mit gotischem Kamin, den Sälen und Schlafgemächern ist das *Musée folklorique de Haute Normandie* unterge-

Martel, Kirche St-Maur

bracht (Töpfe, Haushaltsgegenstände, Gläser, alte Möbel).

Umgebung: Ry (9 km nordöstlich): Das stille Dorf im Crevontal wird von einer Kirche aus dem 12. und 14. Jh. beherrscht, die ein seltenes, holzskulptiertes Renaissance-Portal hat (italienisch beeinflußtes Dekor). Sein Ruhm ist jedoch eher literarischer Natur, denn die Flaubertspezialisten sehen das Dorf als Vorbild des Ortes Yonville-l'Abbaye in *Madame Bovary*. Hier soll der Schriftsteller die Vorbilder von Emma und M. Homais entdeckt haben. – **Schloß Vascueil** (3 km südöstlich von Ry): In dem robusten Herrenhaus hielt sich der Historiker Jules Michelet auf, der hier arbeitete und an den noch viele Gegenstände erinnern. Das in seiner heutigen Gestalt aus dem 14., 15. und 16. Jh. stammende Schloß ist von einem Park und einem schönen französischen Garten umgeben.

Martel

1450 Ew
46 Lot
S. 419 □ H 12

Die mittelalterlich wirkende Stadt soll im 8. Jh. von Karl Martel gegründet worden sein. Das Stadtwappen enthält drei Hämmer – die Waffen des Gründers –, doch nichts erinnert an den fränkischen Krieger, der die Sarazenen besiegte. Ihr Ursprung soll erst auf das 11. Jh. zurückgehen. Die große, auf einem hohen Glockenturm mit Bekrönung aus dem 16. Jh. beherrschte Kirche *Saint-Maur* wurde zu Beginn des 14. Jh. erbaut. Das Tympanon des Portals stammt von einem älteren romanischen Heiligtum: Die Glasmalereien der kleeblattförmigen Fenster des Chors stammen aus dem 16. Jh. Im Mittelpunkt von Martel liegen Markthallen aus dem 16. Jh. und das große, mit einem Glockenturm versehene *Hôtel de la Raymondie,* das etwa zwischen 1280 und 1330 erbaut wurde. Rathaus aus dem 14. Jh., Häuser aus dem 14. und 16. Jh.

Maubeuge

35380 Ew
59 Nord
S. 411 □ K 2

Die an der Sambre gelegene Industriestadt wurde nach dem Brand von 1940 geschickt wieder aufgebaut. Das neue Stadtbild ist harmonisch und ansprechend: Die moderne Fassade der Kirche *Saints-Pierre-et-Paul* ist mit einem von Lurçat entworfenen Mosaik geschmückt. Der zoologische Garten liegt an der von Vauban* befestigten Umwallung. Von den älteren Bauten ist noch die eindrucksvolle *Porte de Mons* – drei Wölbungen unter einem Vorbau mit Giebel – erhalten sowie die barocke Kapelle des Jesuitenkollegiums (17. Jh.), in den Bauten aus Ziegeln und Stein des Damenstifts (18. Jh.) ist ein *Museum* untergebracht. Die Originalwerke des Jan Gossaert*, genannt Mabuse, eines Meisters der flämischen Schule, der im 15. Jh. in Maubeuge geboren wurde sind hier leider nicht ausgestellt, hingegen sind einige Gemälde von Van Dyck und Coypel* zu sehen sowie interessante Dokumente zur lokalen Geschichte.

Umgebung: Im Norden von Maubeuge erstreckt sich das Avesnois, eine gartenartige Landschaft mit Flüssen, Wäldern und Tälern. **Avesnes-sur-Helpe** (18 km südlich) ist die Hauptstadt dieser kleinen »nördlichen Schweiz«: Eine alte malerische Stadt mit steilen Straßen und hohen Schieferdächern ... Der Bocage wird noch von einigen alten Basteien beherrscht; das Rathaus ist aus bläulichem Stein (18. Jh.), die Kollegiatkirche *Saint-Nicolas* (1535) ein schönes Werk der ausgehenden Gotik. Über der Hallenkirche erhebt sich ein robuster Glockenturm. – **Solre-le-Château** (18 km südöstlich): Der Platz des kleinen stillen Ortes ist von bemerkenswerten Bauten umgeben. In den ehem. Markthallen, einem schönen Ziegelbau mit Arkaden (1574), ist das Rathaus untergebracht. Die etwas zurückgelegene *Kirche* (Anfang 16. Jh.) hat einen soliden quadratischen Glockenturm, den ein schöner Helm aus malvenfarbigem Schiefer mit amüsantem Zwiebelturm bekrönt. Im Inneren interessantes Gestühl und Glasmalereien aus dem 16. Jh. – **Sars-Poteries** (17 km südöstlich): Das *Musée du verre* zeigt »bousilles«, vielfarbige Gegenstände mit extravaganten Formen, die damals von den Glasbläsern in ihrer Freizeit als Spielerei hergestellt wurden. – **Ramousies** (28 km südöstlich): Die überraschend prunkvolle Kirche enthält als besonderes Renommierstück einen herrlichen Altar aus dem 16. Jh.

Mauléon-Licharre

4240 Ew

64 Pyrénées-Atlantiques

S. 422 ☐ E 15

Die baskische Stadt nahe des Béarn hat noch einige bereits recht baufällige Häuser und ein verfallenes Schloß. Das Hôtel d'Andurain am rechten Ufer der Gave verschwindet unter seinem riesigen Dach im Stil von Béarn: Der nüchterne Wohnsitz stammt vom Beginn des 17. Jh. Im nahe am Fluß gelegenen Friedhof befindet sich eine sechseckige Kapelle, die einst den Chor einer Kirche aus dem 15. Jh. bildete.

Gotein, Kirche

Umgebung: Hospital Saint-Blaise (13 km nordöstlich): Das dem Hl. Blaise geweihte Hospiz am Rande des Baskenlandes war für Pilger auf dem Weg nach Compostela bestimmt. Erhalten ist noch eine seltsame, elegante *Kirche* aus dem 12. Jh., die den Einfluß des Mudejarstils zeigt. – **Gotein** (3,5 km südlich): Die Kirche hat eine Vorhalle mit Wetterdach (16. Jh.) und einen für die Gegend typischen Glockenturm. – **Sainte-Engrâce** (33 km südöstlich): Die beachtenswerte Kirche versteckt sich einsam im Grund eines Tales vor einem nur schwer besteigbaren Pyrenäenpaß. Der romanische Bau gehörte zu einem Kloster aus dem 11. Jh.

Mauriac, Portalvorbau der Basilika

Mauriac
15 Cantal — 4090 Ew — S. 419 □ I 11

Mauriac im Herzen einer weiten, wiesenbedeckten Ebene im Nordwesten von Cantal gruppiert seine Häuser aus schwarzer Lava um eines der wichtigsten romanischen Denkmäler der Hochauvergne. Die Basilika *Notre-Dame-des-Miracles* geht auf das 12. Jh. zurück. Die von zwei Türmen flankierte Westfassade hat ein schönes Portal, dessen Tympanon mit einer leider beschädigten Himmelfahrt Christi geschmückt ist. Der Christus in Mandorla ist von zwei lebensvollen Engeln umgeben, das Bogeninnere schmücken Tierkreiszeichen und Monatsarbeiten. Die Skulpturen sind zweifellos das Werk von Bildhauern aus dem Languedoc. Im schlichten Innenraum sind nur die Kapitelle des Querschiffs skulptiert. Bemerkenswerter Taufbrunnen aus dem 12. Jh.

Mayenne
53 Mayenne — 11980 Ew — S. 413 □ F 6

Auf zwei Hügeln oberhalb der Ufer der Mayenne gelegen, verdankt die Stadt ihr Bestehen einer mittelalterlichen Burg, um die viel gekämpft wurde. Von der im 15. Jh. neu erbauten mächtigen Festung sind heute nur noch Ringmauern, Türme und ein Wohnbau erhalten. Obwohl die Stadt 1944 schwer bombardiert wurde, sind noch verschiedene Patrizierhäuser aus dem 17. und 18. Jh. zu sehen (Rathaus 1660–1690). Die nach dem Krieg restaurierte Kirche *Notre-Dame* hat eine teilweise romanische Fassade, ein gotisches Schiff und Querschiff, während Seitenschiffe und Turm aus dem 17. Jh. stammen. Im Inneren eine anmutige Holzstatue der Notre-Dame-des-Miracles.

Meaux
77 Seine-et-Marne — 41980 Ew — S. 411 □ J 4

Die Stadt entstand aus dem gallischem Oppidum Meldi, an das noch der Name erinnert. Der große Bossuet war hier Bischof. Obwohl Meaux immer größer wurde, hat es mit dem alten Stadtviertel um die Kathedrale, den hundertjährigen Bäumen und ihren Kanälen, die der engen Schleife der Marne folgen, noch ihren alten Charakter bewahrt.

Kathedrale Saint-Étienne: Die im 12. Jh. begonnene, im wesentlichen Ende 12., Anfang 13. Jh. errichtete und erst im 16. Jh. vollendete Kathedrale zeugt von der Entwicklung des gotischen Stils und bewahrt die Erinnerung an den »Adler von Meaux«. Die in weichem Kalkstein erbaute Fassade mußte restauriert werden. Sie ist von zwei Türmen umrahmt, deren einer, die schieferverkleidete »Tour noire«, unvollendet blieb. Auf dem linken Portal (Ende 14. Jh.) ist das Leben Johannes des Täufers dargestellt; das mittlere (13. Jh.) ist dem Jüngsten

Meaux, Tympanon am linken Portal der Westfassade der Kathedrale

Gericht gewidmet; das rechte, ebenfalls aus dem 13. Jh., der Jungfrau. Das an der rechten Seite gelegene Portal Saint-Étienne ist eine Nachbildung des südlichen Seitenportals von Notre-Dame Paris. Das innere der Kirche ist hell und hoch (32 m bis zur Wölbung). Es enthält über einem spätgotischen Bogen eine Orgel aus dem 17. Jh. und das Grabmal Bossuets, auf das eine schwarze Marmortafel vor dem Chorgestühl hinweist. Die Porte Maugarni (15. Jh.) links vom Chor trägt den Namen eines Banditen, der dort 1372 gehenkt wurde; diese Hinrichtung auf kirchlichem Boden erregte große Entrüstung. Bei Ausgrabungen unter dem Chor stieß man auf die Reste einer älteren Kirche.

Altes Kapitel, ehem. Bischofssitz: Das alte Kapitel, der malerische Wohnsitz der ehem. Domherren, stammt aus dem 12. Jh.: Einer der Säle, der als Sakristei dient, ist durch einen Durchgang mit der Kathedrale verbunden. Der ebenso alte, aber im 17. Jh. stark restaurierte Bischofspalast beherbergt das *Musée Bossuet* und verschiedene Sammlungen (Vorgeschichte, Geschichte der Umgebung, Gemälde, Apothekergefäße aus dem 17. Jh.). Der Garten, in dem Bossuet wandelte, wurde von Le* Nôtre angelegt. Er liegt über den ehem. Ringmauern mit Resten einer gallo-römischen Umwallung. Im Hintergrund versteckt liegt Bossuets »Arbeitskabinett«.

Meillant

18 Cher — 660 Ew — S. 420 □ J 8

Das sowohl elegante, leichte wie auch prachtvolle Schloß stammt vom Ende des 15. und Anfang des 16. Jh. Bauherren waren Karl I. und Karl II. von Amboise wie auch Kardinal Georges d'Amboise, der die Arbeiten persönlich überwachte. Die Westseite macht noch einen mittelalterlichen Eindruck, während spätgotische Fassade und Löwenturm schon die ersten Stilelemente der Renaissance aufweisen. Das von zahlreichen Türmchen und hohen Dächern bekrönte Schloß enthält einen riesigen Waffensaal, den sog. Hirschsaal, und luxuriös möblierte Prunkgemächer. Im Hof befindet sich eine reizende Kapelle, deren Altar von einem zu Beginn des 16. Jh. geschaffenen, vielfarbigen Retabel im rheinischen Stil bekrönt wird.

Umgebung: Saint-Amand-Montrond (9 km südlich): Die romanische Kirche *Saint-Amand,* deren Seitenkapellen vom Beginn des 15. Jh. stammen, hat interessante Kapitelle, teils mit szenischen Darstellungen. Im ehem. Hôtel Saint-Vic befindet sich ein kleines Museum. – Siehe: **Noirlac.**

Melle	4400 Ew
79 Deux-Sèvres	S. 418 □ F 9

Das wegen der nahegelegenen Silberbleiminen von den Karolingern als staatliche Münze erwählte ehem. *Metullum* ist eine an romanischen Denkmälern reiche Kleinstadt. Im Mittelalter war Melle nach Poitiers die zweite Etappe auf dem Weg nach Compostela, was die Zahl bedeutender Bauten in einem so kleinen Ort erklärt.

Saint-Hilaire: Sie stammt aus dem 12. Jh. und hat ein sehr schönes gestaffeltes Chorhaupt. Der von einem hohen, quadratischen Glockenturm mit Säulchen beherrschte Bau beeindruckt durch sein formales Gleichgewicht. Das reich ausgestattete nördliche Seitenportal ist von zahlreichen »poitevinischen Reitern« bekrönt, deren Darstellung an verschiedenen Kirchen der Gegend zu vielen Kontroversen führte (heute glaubt man, es handelt sich um den über das Heidentum triumphierenden Kaiser Konstantin). Die nüchterne, monumentale Hauptfassade ist eine der ausgeglichensten Schöpfungen des Haut-Poitou. Das von einer Spitztonne überwölbte Schiff enthält schöne Säulen mit szenengeschmückten Kapitellen (eine Wildschweinjagd gab Anlaß zu einer besonders interessanten Komposition). Im Innenportal des rechten Seitenschiffs sind die

Meillant, Schloß

Skulpturen der Bodenrundungen zu erwähnen.

Saint-Pierre: Die schön proportionierte Kirche aus dem 12. Jh. erhebt sich am südlichen Ende der Stadt auf einer mit Bäumen bepflanzten Terrasse. Im ockerfarbigen Kalkstein der Gegend erbaut, vereint sie einen eindrucksvollen, nüchternen Innenraum (interessante Kapitelle) mit einer reichen Außengestaltung. Wie bei Saint-Hilaire wurde an dem sichtbarsten Seitenportal der meiste dekorative Aufwand getrieben.

Saint-Savinien: Der Bau aus dem 12. Jh. ist das bescheidenste Gotteshaus von Melle. Aus der ehem. Schloßkapelle wurde eine Kollegiatkirche, die von 1801 bis 1926 als Gefängnis diente. Das schöne Westportal der einschiffigen Kirche ist für Poitou außergewöhnlich und erinnert eher an den Stil des Limousin: Tympanon und Querbalken, auf dem ein Christus in Majestas zwischen zwei Löwen erscheint, werden von Säulen gestützt.

Umgebung: Celles-sur-Belle (7 km östlich): Die im 16. Jh. von den Protestanten zerstörte Kirche *Notre-Dame* wurde im Stil des 15. Jh. neuerrichtet. Ihr eigenartiges, romanisches Portal, das zum Narthex führt, gehörte zur ersten Abteikirche. Die kleeblattförmigen Bögen zeugen von orientalischem Einfluß.

Melun	37010 Ew
77 Seine-et-Marne	S. 411 □ J 5

Melun, eine der beiden Hauptstädte des Brie – die andere ist Meaux – ist eine wichtige Handelsstadt. Die wie Paris auf einer Seine-Insel gegründete Altstadt geht auf die gallo-römische Epoche zurück. Sie war Aufenthalt der Kapetingerkönige, die hier eine Residenz hatten. Die aus der ersten Hälfte des 16. Jh. stammende Kirche *Saint-Aspais* ist noch von der Gotik beeinflußt. Ein Medaillon am Chorhaupt erinnert an die Entsetzung der Stadt durch Jeanne d'Arc im Jahr 1430. Das nahegelegene Rathaus ist in einem Renaissance-Bau untergebracht, dessen linker Teil im 19. Jh. vergrößert wurde. Im Hof erhebt sich die Statue des humanistischen Bischofs Amyot, der

Melle, Kapitelle der Kirche St-Pierre

Melun, Kirche Notre-Dame

1513 in Melun geboren wurde. Die im ersten Drittel des 11. Jh. auf der Insel erbaute Kirche *Notre-Dame* wurde anschließend mehrmals umgebaut (Schiff mit gotischem Gewölbe, Renaissance-Fassade). Im Innern eine *Kreuzabnahme* von Jordaens* und eine Primatice zugeschriebene *Errettung des Moses.*

Im Vorort **Dammarie-les-Lys** sind die Ruinen der Abtei von Lys zu finden, einer im 13. Jh. gegründeten Zisterzienserabtei.

Menars	470 Ew
41 Loir-et-Cher	S. 414 □ H 7

Die Domäne von Menars wurde 1760 von Mme. de Pompadour, der berühmten Mätresse Ludwigs XV., erworben. Sie beauftragte Jacques Ange Gabriel*, das vor mehr als einem Jahrhundert begonnene Schloß fertigzustellen. Die Marquise verstarb im April 1764, als gerade die Innendekoration des Erdgeschosses fertiggestellt war. Menars kam in Besitz ihres Bruders, des Marquis de Marigny. Dieser berief Soufflot*: Der Baumeister des Pantheon beendete den Bau nach den Plänen Gabriels und stattete die schönen über der Loire gelegenen Terrassengärten mit reizvollen kleinen Bauten aus. Das während der Revolution beschädigte, geschickt restaurierte Schloß hat eine schöne Innenausstattung im Stil des 18. Jh.

Mende	10410 Ew
48 Lozère	S. 424 □ K 12

Die zwischen der kahlen Hochebene der Mende und dem Lot gelegene alte Stadt mit Häusern aus Granit hat noch die runde Form ihrer mittelalterlichen Festungsmauer. Von den Befestigungsbauten ist wenig erhalten. Über den Lot führt die auf Bogen ruhende Brücke Notre-Dame (14. Jh.).

Kathedrale: Der überraschend große Bau ist eines der weiträumigsten Gotteshäuser der südlichen Gotik. Die hinter einer 1900 neu erbauten Vorhalle liegende Fassade wird von zwei Türmen umrahmt. Der schönste, der »Clocher des évêques« (16. Jh.), ist 84 m hoch. Die schöne Fassadenrose (17. Jh.) wurde von einem Baumeister geschaffen, der auch für Albi arbeitete. Die außergewöhnlich reiche Innenausstattung stammt fast ganz aus dem 17. Jh.: skulptiertes Gestühl, Wandteppiche von Aubusson, bemerkenswerte Orgel. In der Chorkapelle eine schwarze Madonna aus dem 12. Jh., die von den Kreuzzügen aus dem Heiligen Land mitgebracht worden sein soll. Die Kathedrale besaß eine riesige 20 Tonnen schwere Glocke, die von den Protestanten eingeschmolzen wurde. Nur der 2 m hohe Klöppel ist noch erhalten (links vom Eingang). Das *Musée Ignon-Fabre* ist u. a. der gallo-römischen Epoche und der Volkskunst von Lozère gewidmet.

Mende, Chorgestühl der Kathedrale

Menton 25 110 Ew
06 Alpes-Maritimes S. 426 □ P 14

Steile Hänge und blühende Hügel, eine bogenförmige Bucht: Hier endet die Côte d'Azur an der italienischen Grenze ... Die malerisch gestaffelte Stadt gruppiert sich um die enge *Rue Longue,* die von Häusern aus dem 16. und 17. Jh. umrahmt wird. An dem kleinen reizvollen Platz Saint-Michel stehen sich zwei Gotteshäuser gegenüber: *Saint-Michel* (17. Jh.) verbirgt seine reiche Innenausstattung hinter einer Barockfassade. Die *Kapelle der weißen Büßer* ist von Statuen aus dem 18. Jh. übervölkert. Das *Museum Jean Cocteau** wurde nach Anweisungen des Dichter-Malers in einer alten Bastei des Hafens installiert und enthält verschiedene seiner Werke. Der *Garten des Colombières* wurde von Ferdinand Bac* angelegt, einem in die Gegend verliebten Landschaftsmaler.

Umgebung: Auf der Höhe liegen die sehenswerten Dörfer **Sainte-Agnès, Gorbio, Castellar** (malerische Straßen, überwölbte Passagen und Schloßruinen).

Méry-sur-Oise 4710 Ew
95 Val-d'Oise S. 410 □ I 4

Das der neuen Stadt Cergy-Pontoise benachbarte Méry bewahrt noch seine Kirche (15.–16. Jh.) und sein prachtvolles, im 18. Jh. restauriertes Schloß, das von einem Garten umgeben ist, an dessen Anlage Buffon mitwirkte.

Umgebung: Abtei du Val (4 km östlich): Auf einem Privatgrundstück am Rande des Waldes von l'Isle-Adam stehen noch die Ruinen einer großen Zisterzienserabtei, die im letzten Jahrhundert abgerissen wurde (Bauten aus dem 12., 13. und 17. Jh.).

Mesnières-en-Bray 630 Ew
76 Seine-Maritime S. 410 □ H 3

Das dem von Écouen ähnliche, geräumige und geschmackvolle Schloß von Mesnières ist von starken Türmen flankiert, deren Pechnasen nur noch eine dekorative Rolle spielen. Dieser Renaissance-Bau ist eine adlige Residenz und keine Festung. Der im 15. Jh. errichtete Bau hatte ursprünglich einen quadratischen Grundriß.

Umgebung: Neufchâtel-en-Bray (6 km nordwestlich): Die kleine Stadt, deren malerische Fachwerkhäuser dem Krieg zum Opfer fielen, hat jetzt einen modernen Charakter (das neue Theater ist ein Werk von Paul Auzelle*; das Rathaus wurde 1954 mit einem von Calka* skulptierten riesigen Frauenkopf ausgestattet). Die 1940 beschädigte und teilweise restaurierte Kirche hat noch einen Chor aus dem 13. Jh. und ein Schiff aus dem 16. Jh. Im Innern ein Heiliges Grab aus vielfarbigem Stein von 1491.

Metz 111 060 Ew
57 Moselle S. 417 □ N 4

Die Ursprünge der Geburtsstadt Verlaines (1844 geboren) reichen weit zurück. Die Stadt war seit dem 6. Jh. ein bedeutendes Kulturzentrum und galt lange als Hauptstadt. Aufgrund ihrer Lage an der deutsch-französischen Grenze war sie vielen Kämpfen ausgesetzt: Belagerungen und Schlachten fügten ihr tiefe Zerstörungen zu. Als eine der Hauptstädte Lothringens muß Metz jetzt mit den harten Bedingungen der Industrialisierung fertig werden. Die in einem Winkel zwischen dem östlichen Arm der Mosel und der in diesen einmündenden Seille gelegene Stadt bewahrt noch viele Erinnerungen an die Vergangenheit.

Kathedrale Saint-Étienne: Dieses seltsame Gotteshaus entstand im 13. Jh. durch die Verbindung zweier verschieden orientierter, aber faktisch nebeneinanderliegender Kirchen. Die heutige Kapelle Notre-Dame ist der ehemalige Chor von Notre-Dame-de-la-Ronde, deren Portal an der linken Südseite sich durch ihre Skulpturen auszeichnet. Doch haben spätere Umbauten (das Schiff stammt aus dem 13. und 14. Jh., das Querschiff aus dem 15. Jh., der Chor vom Beginn des 16. Jh.) und die Verwüstungen der Revolution dem harmonischen Eindruck nicht geschadet.
Äußeres: Das schöne Bauwerk beeindruckt vor allem durch die harmonisch aufeinander abgestimmten Seitenfassaden, die jeweils mit einem Turm versehen sind. Der Turm des Kapitels links und der »Tour de mutte« genannte Stadtwachturm sind aufeinander abgestimmt.
Inneres: Der erstaunlich helle Innenraum hat einen überhöhten Chor, ein mit vielen Fenstern und einem Sterngewölbe versehenes Querschiff und ein Mittelschiff, das zu den herrlichsten Schöpfungen der Gotik zählt. Mit seinen über 40 m hohen Gewölben gehört es zu den höchsten Frankreichs. Die geringe Höhe der Seitenschiffe und die überraschenden Ausmaße der Fenster verstärken noch diesen Eindruck. Über dem Triforium läuft ein skulptierter Fries um das ganze Gebäude. Die Gesamtfläche der Fenster beträgt fast 7000 m². Diese »Laterne Gottes« wurde vom 13. bis 20. Jh. von anonymen wie bekannten Glasmalern geschaffen: Herman* de Munster (14. Jh.) und Valentin Bousch* (16. Jh.), dazu die moderneren Künstler Villon*, Bissière* und Chagall*. Auch wenn die Ausstattung nicht überreich ist, enthält sie doch bemerkenswerte Stücke: ein antikes Becken aus Porphyr, einen marmornen Bischofsthron aus der Merowingerzeit, eine kleine hängende Orgel aus dem 16. Jh. In der Krypta eine schöne polychrome *Grablegung* aus dem 16. Jh. Im Kirchenschatz: Ring des Hl. Arnoult, Mantel Karls d. Gr. (12. Jh.) aus purpurner, goldgestickter Seide.

Metz, Kathedrale, Fenster von Chagall

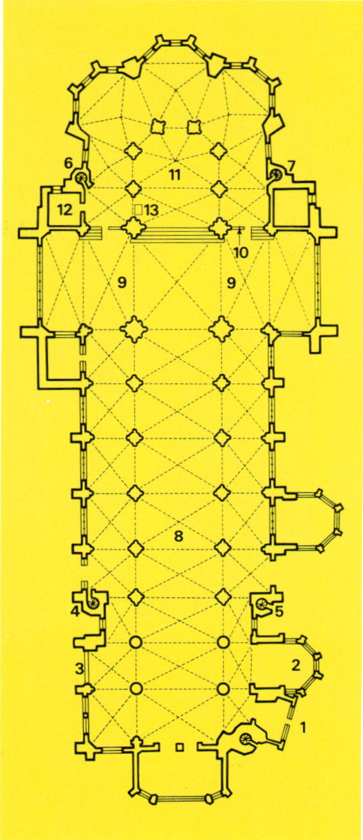

Metz, Kathedrale Saint-Étienne 1 Eingang (Portail de la Vierge) **2** Kapelle Notre-Dame **3** Portail de Notre-Dame de la Ronde **4** Tour du chapitre **5** Tour de Mutte (Wachturm) **6** Tourelle de la Boule d'Or **7** Tourelle de Charlemagne **8** Langhaus **9** Querschiff **10** Krypta **11** Chor **12** Sakristei **13** Bischofsthron

Weitere Kirchen: Die ehemalige Bischofsstadt aus dem 11. Jh. bewahrt noch zahlreiche Kirchen. Die berühmteste und angeblich älteste Frankreichs ist *Saint-Pierre-aux-Nonnains.* Die ursprüngliche römische Basilika (4. Jh.) wurde im 7. Jh. umgebaut und ist seitdem verfallen. Erhalten ist nur das Schiff mit hohen Arkadenbogen; ihm gegenüber liegen die Ruinen vermutlich römischer Thermen. Das achteckige Schiff der sehr originellen *Templerkapelle* (Ende 12., Anfang 13. Jh.) führt zu einem quadratischen Chor, den eine halbrunde Apsis verlängert. Die im 13. Jh. begonnene ehemalige *Abteikirche Saint-Vincent* wurde im 18. Jh. durch Anbau einer sehr wuchtigen Fassade vollendet. Der dreischiffige gotische Innenraum hat wundervolle Proportionen. Die im 13. Jh. auf einer gallo-römischen Mauer errichtete elegante gotische Kirche *Saint-Martin* bildet dazu einen starken Kontrast. Dem niedrigen, düsteren Narthex entspricht ein überaus hohes, helles Schiff, das von einem Chor verlängert wird (16. Jh.). Die Pluralität der Stile verleiht *Saint-Eucaire* (12. bis 15. Jh.) einen besonderen Charakter. Der Bau ist halb romanisch (herrlicher quadratischer Glockenturm), halb gotisch (Seitenkapellen mit Kreuzgewölben). – *Saint-Maximin* (12. und 18. Jh.) hat ein schönes Barockportal. *Saint-Clément* (17. und 18. Jh.) einen dreischiffigen Innenraum. Die Kirche *Sainte-Thérèse-de-l'Enfant Jésus* ist ein moderner Betonbau.

Militärarchitektur: Die Tour Camoufle (15. Jh.) war einst Teil der Befestigungsbauten. Die berühmte *Porte des Allemands* (13. und 15. Jh.) ähnelt einer kleinen Burg.

Zivilarchitektur: Das herrliche *Hôtel de Saint-Livier,* von dem ein Teil noch aus dem 12. Jh. stammt, hat eine zinnenbekrönte Fassade; im Innenhof eine Renaissance-Loggia und ein Brunnen. – Die 1457 erbaute *Scheune von Chevremont* diente zur Aufbewahrung des städtischen Korns: Ihr hohes Dach, der Zinnenkranz und die mächtigen runden Säulen unter dem Dachstuhl wirken sehr eindrucksvoll. Die Fassade des *Justizpalastes* (1778) ist von einem großen Portal mit Trophäen geschmückt. Zur Vornehmheit des Baues trägt auch das mit schmiedeeisernen Arbeiten geschmückte Treppenhaus bei. In den alten Häusern über Laubengängen an der *Place Saint-Louis* (einige gehen auf das 14. Jh. zurück) hatten einst die Geld-

Metz, Kathedrale, Portal Notre-Dame

Metz, Archäologisches Museum

wechsler ihre Läden. An der *Place d'Armes* gegenüber der Kathedrale liegen das Rathaus und das Wachthaus. Die Gesamtanlage ist das Werk von Jacques François Blondel* (1705–1774), der den Platz mit »der Strenge der Militärarchitektur« gestalten wollte.

Museum: Im ehemaligen Kloster Petits-Carmes befinden sich heute das *Musée d'histoire naturelle,* das *Musée des Beau-Arts* und das *Musée d'archéologie gallo-romaine.* Das gallo-römische archäologische Museum, das zum Teil in den Resten der römischen Thermen untergebracht ist, enthält außer Skulpturen besonders wertvolle gallo-römische sowie merowingische Fundstücke aus der Umgebung. Das Kunstmuseum besitzt eine außergewöhnliche Gemäldegalerie mit Werken der größten europäischen Schulen vom 15. bis 20. Jh.: Bilder von Largillière*, Rigaud*, Nattier*, Greuze*, François Clouet*, Corot*, Delacroix*, Dürer*, Tizian*, Rembrandt*, Van Dyck*, Lucas Cranach*, Correggio*.

Gegenüber liegt der ehemalige städtische Speicher, *Grenier de la ville* aus dem 15. Jh.

Millau	21910 Ew
12 Aveyron	S. 424 □ J 13

Die inmitten kahler Kalkebenen mit Schluchten und Höhlen am Zusammenfluß des Tarn und der Dourbie gelegene Stadt gilt seit dem Mittelalter als »Hauptstadt der Lederhandschuhfabrikation«. Obwohl die Launen der Mode und die wirtschaftlichen Umstellungen Millau viel Schaden zufügten, ist es immer noch Mittelpunkt der Weißgerberei und Handschuhfabrikation (dazu kommt noch die Möbelfabrikation). Die Herstellung von Kera-

Milly, Kapelle Saint-Blaise

miken, einst eine Spezialität des antiken *Condatomag* und der mittelalterlichen Stadt, gehört hingegen der Vergangenheit an.

Der 50 m hohe gotische **Wachturm** gehörte zum ehemaligen Rathaus. Seine quadratische Basis geht auf das 12. Jh. zurück, der achteckige Oberbau stammt aus dem 17. Jh. Die mit einem Empire-Brunnen geschmückte malerische Place du Maréchal-Foch hat noch ihre alten Laubengänge. Auf einem Kapitell der hier »couvert« genannten östlichen Galerie befindet sich eine schlecht lesbare romanische Inschrift. Sie bedeutet: »Achte auf das, was du tust.« Um den Platz erstreckt sich ein Labyrinth alter Straßen.

Notre-Dame: Die aus der Romanik stammende Kirche wurde während der Revolutionskriege stark beschädigt und im 17. Jh. umgebaut. Apsis-Fresken 1939 von Jean Bernard.

Museum: Auf zwei Bogen über dem Tarn steht eine Mühle (15. Jh.), in der sich ein Museum befindet. Ausgestellt sind vor allem Töpferwaren aus den gallo-römischen Werkstätten von Graufesenque (in der Nähe des heutigen Millau gelegen, exportierte es seine Produkte im 1. Jh.).

Milly-la-Forêt

91 Essonne — 3490 Ew — S. 414 □ J 5

Die kleine, uralte Stadt, in der Jean Cocteau* (1963) starb, liegt am Rande des Waldes von Fontainebleau. Die gotische Kirche mit schönem Glokkenturm stammt im wesentlichen aus dem 15. Jh., doch sind noch Teile aus dem 12. Jh. erhalten. Im Süden der Stadt erhebt sich die Kapelle *Saint-Blaise-des-Simples,* ein von Jean Cocteau ausgestatteter ursprünglich romanischer Bau, der dessen Grabmal enthält. Der Name der kleinen Kirche erinnert an die medizinischen Kräuter (»simples«), die um Milly angebaut wurden.

Mirepoix

09 Ariège — 3270 Ew — S. 423 □ I 15

Die Bastei aus dem 13. Jh., die bis zur Revolution Bistum war, gruppiert sich auf klassische Weise um einen Platz mit »couverts« (Lauben) und Fachwerkhäusern. Die im 14. Jh. begonnene *ehem. Kathedrale* wurde erst im letzten Jahrhundert mit Kreuzgewölben vollendet. Der schöne Glockenturm und das gotische Schiff stammen vom Beginn des 16. Jh.

Moissac

82 Tarn-et-Garonne — 11 760 Ew — S. 423 □ H 13

Diese stille Stadt der Gascogne inmitten von Gärten und Weinbergen verdankt ihren Ruhm der schönen Abteikirche mit herrlichem skulptiertem

Moissac, Kreuzgang der Abtei

Moissac, Detail vom Südportal

Portal und Kreuzgang: Moissac gilt über die Landesgrenzen hinaus als erhabener Ort der Romanik.

Abteikirche: Die große Kirche wurde zu Beginn des 11. Jh. begonnen, aber nach Einsturz von Kuppel und Schiff im 15. Jh. neu errichtet. Vorhalle mit Glockenturm, die der Zerstörung entgingen, scheinen um 1120 erbaut worden zu sein. Das kunstvoll gestaltete monumentale Portal zeugt von byzantinischem Einfluß, mehr aber noch von der Ursprünglichkeit einer Werkstatt von »ymagiers«, deren Stil später nachgeahmt wurde. Der unnahbare, zeitlose, majestätische Christus des Tympanons ist von Apokalypsensymbolen umgeben. Rosen schmücken Querbalken und Pfeiler, auf deren verschiedenen Seiten wilde Tiere dargestellt sind. Auf den Nebenpfeilern sind die Hll. Paulus, Jeremias, Petrus und Jesaia vertreten, dazu kommt ein reiches plastisches Dekor (Bänder, Palmetten, Bestiarien, Gravuren). Der mittlere Teil soll von 1115 stammen, die seitlichen Skulpturen (Leben der Jungfrau und Kindheit Christi) werden etwas später, bis 1130, angesetzt. Links wird auf die fleischlichen und geistigen Sünden hingewiesen. Die beiden Statuen über den Säulen am Bogenansatz stellen Abt Roger (Prior der Abtei, als die Skulpturen vollendet wurden) und den Hl. Benedikt oder einen anderen Abt dar. Der massive *Narthex* vom Ende des 11. Jh. ist mit skulptierten Kapitellen (Blattwerk, wilde Tiere) und der Darstellung einer Löwenbändigung geschmückt. Im Kontrast zu diesem reichen Gesamtbild wirkt die einfache Kirche auf den Besucher fast enttäuschend.

Im Innern eine Pieta und eine Flucht nach Ägypten aus dem 15. Jh., eine Grablegung aus bemaltem Holz (Teil des Grabmals eines 1485 verstorbenen Abtes) und über dem Altar ein herrlicher gekreuzigter Christus aus dem

Moissac, Arkadengalerie des Kreuzgangs der Abtei

12. Jh. Die Chorschranke stammt aus dem 16. Jh. und das Gestühl aus dem 17. Jh.

Kreuzgang: Er ist einer der schönsten der Romanik (1100 geweiht) und umgibt mit seinen offenen, holzgedeckten Galerien einen großen Klosterhof. Auf den Eckpfeilern Standbilder der Apostel. Die restaurierten Kapitelle sind romanisch (Blumen, Bestiarien, Szenen aus dem Alten und Neuen Testament); die gotischen Arkadenverzierungen wurden denen des 13. Jh. nachgebildet. In den Kapellen des Kreuzganges beachtenswerte Skulpturenfragmente.

Palais abbatial und Musée moissageais: Der ehem. Palast der Äbte, ein großer mittelalterlicher Bau, besitzt noch eine romanische und eine gotische Kapelle: Das Treppenhaus stammt aus der Epoche Ludwigs XIII. Im Innern ein Kunstgewerbemuseum, das interessante Exponate, insbesondere Keramiken, Kostüme, Gebrauchsgegenstände, Werkzeuge und Eisenwaren zeigt.

Alt-Moissac: Die von ihrer Abteikirche in den Hintergrund gedrängte Stadt besitzt noch einige interessante alte Häuser (17. und 18. Jh.). Die an der Stelle einer gallo-römischen Villa errichtete Kirche *Saint-Martin* geht auf das 7. Jh. zurück. Im Innern befinden sich schöne Wandgemälde aus dem 15. Jh.

Monaco (Monte-Carlo)	23000 Ew
Principauté de Monaco	S. 426 □ P 14

Der kleine, in die Côte d'Azur eingekapselte souveräne Staat ist von Frankreich unabhängig ... Das Fürstentum Monaco hat seine hohen modernen Bauten kühn über dem Hafen

Monaco, Felsen und Monte-Carlo

und das dem Meer abgewonnene Land gestaffelt. Die Enklave, die einst der Republik Genua unterstand, war ein Zankapfel zwischen Guelfen (Parteigängern des Papstes) und den kaiserfreundlichen Ghibellinen. Den Grimaldi gelang es, sich den Besitz von Zitadelle und »Fels« zu sichern und die Autonomie des Fürstentums zu wahren, das nur vorübergehend (1793–1814) zu Frankreich gehörte. Trotzdem mußten sie ihrem mächtigen Nachbarn Menton und Roquebrune abtreten, deren Bewohner mit großer Mehrheit für den Anschluß an Frankreich gestimmt hatten. Ende des 19. Jh. wurde das Fürstentum zum weltweit bekannten Zentrum der Glücksspieler.

Alt-Monaco: Die Altstadt erstreckt sich auf dem »Felsen« mit engen Gäßchen und bunten Fassaden. Das weit ausgedehnte *Fürstenschloß* enthält noch Reste (13. und 14. Jh.) der Grimaldi-Feste. Die Wohnbauten stammen aus dem 15., 16. und 17. Jh. Die großen Empfangsgemächer sind mit zahlreichen Gemälden ausgestattet: Holbein*, Bruegel d. Ä.*, Philippe de Champaigne*, Jean-Baptiste Van Loo* und Bonnat*. In der Kathedrale (19. Jh.) ein schönes aus 18 Feldern bestehendes Altarbild (um 1500) von Louis Bréa*.

Ozeanographisches Museum (Avenue Saint-Martin): Der riesige majestätische und kalte Bau wurde zu Beginn des Jahrhunderts im Auftrag des an Meereskunde interessierten Fürsten Albert I. erbaut. Außer dem reichhaltigen Aquarium enthält es vielfältige ozeanographische Sammlungen bis in die neueste Zeit.

Monte-Carlo ist der moderne Teil des Fürstentums auf dem Plateau von Spélugues (Grotten). Das prunkvolle Spielcasino (1878–1879) ist das Werk von Charles Garnier*, der auch die Pariser Oper schuf.

Monastier-sur-Gazeille (Le)
1970 Ew
43 Haute-Loire S. 420 □ K 12

Eine Gedenktafel erinnert an den Aufenthalt des englischen Romanschriftstellers Stevenson im 19. Jh. Der Autor der *Schatzinsel* wählte Monastier zum Ausgangspunkt der *Cevennenreise auf einem Esel*. Seinen Ruhm verdankt der Ort jedoch der Benediktinerabtei. Die im 11. Jh. gegründete und im 15. Jh. umgebaute Abteikirche beeindruckt durch die schöne Polychromie ihres Mauerwerks, insbesondere um den Haupteingang. Im Inneren bilden ein spätgotischer Chor, ein kreuzgewölbtes Schiff und ein romanisches Querschiff fast eine Einheit. Im Kirchenschatz ist eine sehr wertvolle Reliquienbüste besonders zu erwähnen.

Moncontour 1150 Ew
22 Côtes-du-Nord S. 412 □ C 5

Die auf einem Berg zwischen zwei Tälern gelegene Kleinstadt war früher befestigt. Obwohl die Ringmauern unter Ludwig XIII. geschleift wurden, sind einige Teile noch wohlerhalten. Die von einigen Fachwerkhäusern und Wohnsitzen aus dem 18. Jh. umgebene Kirche *Saint-Mathurin* beeindruckt vor allem durch ihren Innenraum. Sechs Glasfenster in Schiff und Chor (15. Jh.) veranschaulichen das Leben Christi und der Hll. Mathurin und Yves. Neben verschiedenen Altären, Holzschnitzereien und Gemälden aus dem 17. und 18. Jh. enthält das Gotteshaus noch ein silbernes Reliquiar des Hl. Mathurin, der Geisteskranke heilte.

Umgebung: Kapelle Notre-Dame-du-Haut (3 km südöstlich): Die kleine, abseits des Ortes Trédaniel gelegene Kapelle mit einfachem Kalvarienberg besitzt sechs seltsame Statuen von Saints-Guérisseurs (Gesundheitsheiligen), die jahrhundertelang in der Volksmedizin fast wie Ärzte fungierten. Saint-Lubin wurde bei Rheumatismus angerufen, Saint-Mamert, dessen Eingeweide offen liegen, für Koliken, Saint-Yvertin mußte bei Migräne helfen.
Schloß de la Toche-Tréby (5 km östlich von Moncontour): Das im 16. Jh. erbaute Schloß macht noch einen mittelalterlichen Eindruck, der klassische Grundriß besteht aus einem Viereck (Hauptgebäude mit zwei rechtwinkligen Flügeln, die von kuppelbedeckten Türmchen flankiert werden). Die zweitorige Pforte (für Fußgänger und Wagen) ist von zwei Türmen bewacht. Im Ehrenhof steht ein eleganter Brunnen.
Abtei von Boquen (19 km südöstlich): Die 1137 von den Zisterziensern gegründete Abtei kannte bis ins 15. Jh. großen Wohlstand. Aus dieser Zeit sind noch einige schöne Kapitelle des Kreuzgangs, die Fassade des Kapitelsaals mit Doppelfenstern (13. Jh.) sowie Chor und Querschiff der Abteikirche (12. Jh.) erhalten. Eine restaurierte Kapelle enthält eine hübsche Holzmadonna, die wohl aus dem 13. Jh. stammt.

Mondoubleau 1730 Ew
41 Loir-et-Cher S. 414 □ H 7

Das große an einem Abhang gelegene Dorf hat noch einige alte Häuser. Trotz ihres Verfalls ist die Ende des 10. Jh. errichtete Burg noch eindrucksvoll. Der sehr schiefe runde Wachturm, der »Buttertopf« genannt wird, ist 35 m hoch.

Umgebung: Schloß Saint-Agil (7 km nordöstlich von Mondoubleau): Das Schloß liegt in einem großen, von Wassergräben umgebenen Park und wurde im 18. Jahrhundert stark restauriert. Der Eingangspavillon stammt aus dem 16. Jh.

Monpazier	560 Ew
24 Dordogne	S. 423 ▢ G/H 12

Der Ort gehört zu den typischsten Befestigungsanlagen der Engländer vom Ende des 13. Jh. Mittelpunkt des schachbrettförmigen Plans ist ein großer, eleganter Platz, dessen Laubengänge alle eine unterschiedliche Form haben. Die graue und ockerfarbene Kirche wurde zur gleichen Zeit errichtet, jedoch im 15. und 16. Jh. umgebaut.

Umgebung: Schloß Biron (7 km südlich): Das Schloß, das noch bedeutender Restaurierungsarbeiten bedarf, überragt die alten Dächer des Dorfes. Es ist das Werk vieler Generationen vom 12. bis 17. Jh. Einst war es die Festung der großen Familie der Biron-Gontaut. Es besitzt noch eine schöne Renaissance-Kapelle (16. Jh.).

Montaigne (Schloß)	
24 Dordogne	S. 418 ▢ F 12

Das am Rande des Périgord gelegene Schloß war der Wohnsitz von Michel de Montaigne, der hier 1533 geboren wurde, es öfters zwischen seinen Reisen aufsuchte und schließlich hier seine letzten Lebensjahre bis 1592 verbrachte. Der Brand, der das Gebäude im vergangenen Jahrhundert verwüstete, hat den isolierten Turm am Eingang erspart: Der Autor der *Essais* hatte hier sein Schlafzimmer, sein Oratorium und seine Bücherei.

Montargis	18150 Ew
45 Loiret	S. 415 ▢ J 6

Montargis, dessen Fassaden sich im verzweigten Loing spiegeln, wird mit einiger Übertreibung »Venedig des Gâtinais« genannt. Die wenigen belebten Straßen und stillen Stadtviertel der teilweise noch malerischen Unterpräfektur des Loiret gruppieren sich

Montargis, Kirche de la Madeleine

um die *Kirche de la Madeleine.* Diese wurde durch den Brand, der 1525 die Stadt verwüstete, stark in Mitleidenschaft gezogen. An das noch erhaltene Schiff aus dem 12. Jh. wurde ein sehr schöner Chor neu angebaut, dessen Entwurf von Jacques I. Androuet* du Cerceau stammt (Ende 16., Anfang 17. Jh.). Der Turmhelm ist das Werk von Viollet-le-Duc*. Von dem früheren Schloß sind noch eindrucksvolle Mauern und Teile aus der Romanik und dem 15. Jh. erhalten. Die reizvolle Fassade eines gotischen Stadtpalastes wurde in den Garten des Rathauses verlegt.

Umgebung: Ferrières-en-Gâtinais (13 km nordöstlich): Die kleine, an einem stillen Fluß gelegene Stadt ist von steilen gewundenen Gassen durchzogen. Die Kirche *Saint-Pierre et Saint-Paul* stammt aus der 2. Hälfte des 12. und aus dem 13. Jh. (ursprüngliches Querschiff mit Kuppel). Die hinter

Montauban, Pont Vieux (13. Jh.)

Kastanienbäumen verborgene Kapelle Notre-Dame-de-Bethléem enthält einen interessanten Altar aus dem 17. Jahrhundert.

Montauban	47 430 Ew
82 Tarn-et-Garonne	S. 423 □ H 13

Die Stadt, deren Bild von rosa Ziegelbauten geprägt wird, liegt über einem Mäander des Tarn: Von dem einst befestigten *Pont Vieux* (13. Jh.) hat man einen herrlichen Blick auf die früher befestigte Hochburg des Protestantismus (wegen ihres Widerstandes gegen die Truppen Ludwigs XIII. wurden ihre Befestigungsanlagen geschleift). Die wenig industrialisierte Handelsstadt wird von Messen und »braderies« (Trödlermärkten) belebt. Zahlreiche Patrizierhäuser aus dem 17. und 18. Jh. (in der Rue de la République und der Rue de la Résistance).

Place Nationale: Der geschlossene Platz im Herzen der Stadt (nur an den Ecken öffnet er sich auf enge Straßen) macht einen ganz italienischen Eindruck. Die überwölbten Doppelgalerien und harmonischen dreistöckigen Häuser aus Ziegelstein bilden eine bemerkenswerte architektonische Einheit. Die klassische, aber nicht strenge Wirkung und die Symmetrie gehen auf seine Neugestaltung nach einem Brand zurück: Die Arbeiten wurden zu Beginn des 18. Jh. abgeschlossen.

Kathedrale: Der kalte und majestätische klassische Bau aus den letzten Jahren des 17. und dem ersten Drittel des 18. Jh. liegt hoch über der Stadt. Sein strahlendes Weiß kontrastiert mit dem Rosa der Ziegelbauten. Er ist das Werk von Robert de Cotte* und François L'Orbay*. Im recht unpersönlichen Innern befindet sich ein Gemälde von Ingres* *Das Gelöbnis Ludwigs XIII.*

Bischofspalast und Musée Ingres: Der große, den Pont Vieux und den Tarn beherrschende ehemalige Bischofspalast enthält die gut eingerichteten Säle des Musée Ingres (der Maler wurde 1780 in Montauban geboren). Im Untergeschoß, zu dem der Saal des Schwarzen Prinzen gehört (14. Jh., Rest eines zerstörten englischen Schlosses), enthält er vor allem archäologische Funde aus der Umgebung und mittelalterliche Werke: Mosaiken, Bronzen gallo-römische Gegenstände, Grabsteine, Kapitelle, Skulpturen. Der erste Stock ist Ingres* gewidmet: Gemälde, zahlreiche Zeichnungen, Erinnerungen an den Meister. Außerdem besitzt das Museum etwa vierzig Skulpturen, Zeichnungen und Aquarelle von Antoine Bourdelle* (1861 in Montauban geboren), alte Gemälde – einige aus der Privatsammlung von Ingres – und moderne Werke.

In der Nähe des Ausgangs des Pont Neuf befindet sich das bronzene *Gefallenendenkmal* (1870) von Bourdelle*. Nicht weit davon ist die aus dem 13. Jh. stammende Kirche *Saint-Jacques,* die seitdem aber weitgehend restauriert wurde, an ihrem Glockenturm aus Ziegelstein im Stil von Toulouse zu erkennen (Turmhelm 18. Jh.).

Montbard

21 Côte-d'Or — 7510 Ew — S. 415 □ L 7

Die kleine, industrialisierte Stadt war der Geburtsort des berühmten Grafen Buffon, Intendant der Gärten des Königs und vor allem Autor der umfassenden *Naturgeschichte,* der hier 1707 das Licht der Welt erblickte, einen Teil seines Lebens verbrachte und auch bestattet wurde. Als Erbe des Lehens Montbard ließ er das alte herzogliche Schloß abtragen, um hier einen Park anzulegen. Von der mächtigen Festung stehen nur noch ein hoher Wachturm aus dem 13. Jh. und ein anderer Turm, in dem der so lebendig schreibende Naturforscher seine Bibliothek untergebracht hatte.

Montauban, Musée Ingres (Bourdelle)

Montbéliard

25 Doubs — 30170 Ew — S. 417 □ O 7

Das mit zwei massiven von Laternen bekrönten Türmen (15. und 16. Jh.) versehene Schloß beherrscht die wohlhabende Industriestadt. Im Innern ein kleines Museum mit archäologischen und zoologischen Sammlungen. Da die Stadt bis 1793 dem Haus Württemberg gehörte, zeigen verschiedene von Schickhardt* geschaffene Bauten deutsches Stilgepräge. Der Pavillon de l'Horloge (17. Jh.) mit hohem, lukenversehenem Dach hat einen typischen Volutengiebel. Das Haus der Prinzen besitzt eine vierstöckige Renaissance-Fassade. Der *Temple Saint-Martin* (Anfang 17. Jh.), der zu den ältesten französischen Bauten des Protestantismus zählt, hat einen bemerkenswerten skulptierten Kassettenplafond. Die alten Markthallten stammen aus dem 16. Jh.; das Rathaus in rosa Sandstein

G
H
I
1
2
3
4
5
ENGLAND
Folkestone
Calais
Brighton
Hove
Hastings
Eastbourne
Boulogne-sur-Mer
Orientierungsort
im Text beschriebener Ort
Autobahn
Hauptstrasse
Nebenstrasse
Verbindungsstrasse
Staatsgrenze
Schiffahrtswege
freistehendes profanes Bauwerk
freistehendes sakrales Bauwerk
sonstige Sehenswürdigkeit
N
50 km
1 cm = 16 km
Le Touquet-Paris-Plage
Montreuil
Canche
Hesdin
Rue
Baie de la Somme
St-Riquier
Abbeville
Eu
Somme
Varengeville-sur-Mer
Dieppe
Arques-la-Bataille
St-Valéry-en-Caux
Offranville
Ch. de Miromesnil
Mesnières-en-Bray
Bresle
Béthune
DER KANAL
Fécamp
Cany-Barville
Valmont
Etretat
Neufchâtel-en-Bray
Ch. de Bailleul
Yvetot
Clères
Montivilliers
Harfleur
Lillebonne
Caudebec-en-Caux
St-Wandrille
Gerberoy
Gournay-en-Bray
Le Havre
Tancarville
Villequier
Rouen
Ry
Andelle
Thérain
Beauvais
Honfleur
Jumièges
St-Martin-de-Boscherville
Martainville
Vascœuil
St-Germer-de-Fly
Pont-l'Evêque
Pont-St-Pierre
Dives-sur-Mer
Pont-Audemer
Pont-de-l'Arche
Gisors
Ecouis
Le Bec-Hellouin
Château-Gaillard
Les Andelys
Ch. du Champ-de-Bataille
Cambremer
Harcourt
Louviers
Gaillon
Epte
Magny-en-Vexin
Canon
Lisieux
Le Neubourg
La Roche-Guyon
Crèvecœur-en-Auge
Bernay
Risle
Bizy
Vernon
Giverny
Vétheuil
Coupesarte
Evreux
Pontoise
St-Pierre-sur-Dives
Bellou
Lisores
Beaumesnil
Conches-en-Ouche
Eure
Mantes-la-Jolie
Seine
Touques
Dives
Maule
Anet
Rugles
Argentan
L'Aigle
Verneuil-sur-Avre
Avre
Versailles
Houdan
Montfort-l'Amaury
St-Christophe-le-Jajolet
Ecouché
Iton
Ste-Gauburge
Dreux
Dampierre-en-Yvelines
Sassy
Mortrée
Rambouillet
Ch. d'O
Sées
Ch. de Carrouges
Maintenon
Mortagne-au-Perche
Eure
Gallardon
Chartres
Alençon
St-Céneri-le-Gérei
Bellême

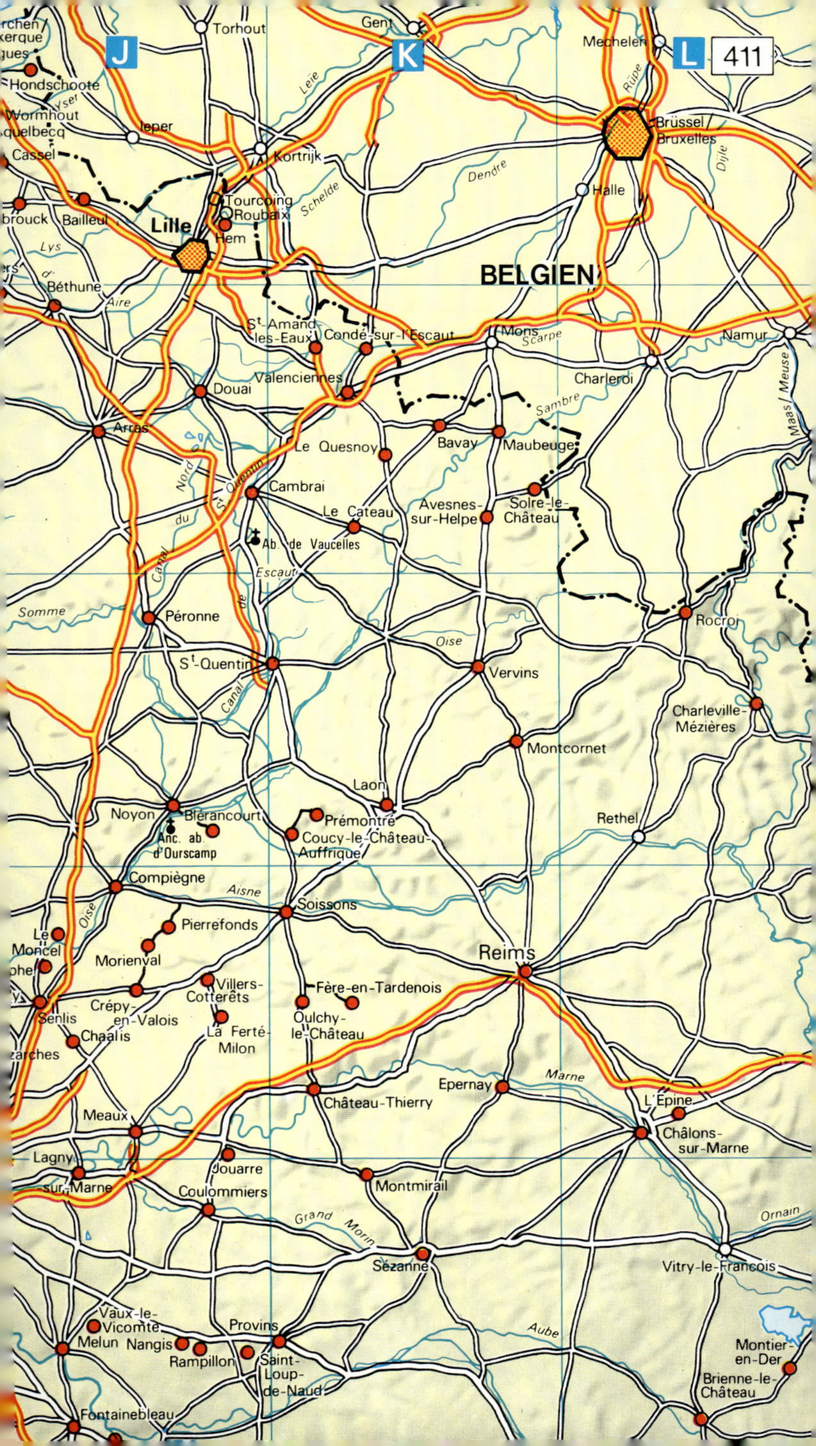
J
K
L
Torhout
Gent
Mechelen
Hondschoote
Yser
Wormhout
Ieper
Cassel
Kortrijk
Leie
Rupe
Brüssel/
Bruxelles
Dijle
Dendre
Halle
Tourcoing
Roubaix
Schelde
Bailleul
Lille
Hem
Lys
Béthune
Aire
BELGIEN
St-Amand-
les-Eaux
Condé-sur-l'Escaut
Mons
Scarpe
Namur
Charleroi
Valenciennes
Douai
Sambre
Maas / Meuse
Arras
Le Quesnoy
Bavay
Maubeuge
Nord
St Quentin
Cambrai
Le Cateau
Avesnes-
sur-Helpe
Solre-le-
Château
du
Ab. de Vaucelles
Canal
Escaut
de
Somme
Péronne
Rocroi
Oise
St-Quentin
Vervins
Canal
Charleville-
Mézières
Montcornet
Laon
Noyon
Blérancourt
Prémontré
Rethel
Anc. ab.
d'Ourscamp
Coucy-le-Château-
Auffrique
Compiègne
Aisne
Soissons
Oise
Pierrefonds
Le
Moncel
Morienval
Reims
Villers-
Cotterêts
Fère-en-Tardenois
Crépy-
en-Valois
Senlis
Chaalis
La Ferté-
Milon
Oulchy-
le-Château
Epernay
Marne
Château-Thierry
L'Epine
Meaux
Châlons-
sur-Marne
Lagny
-sur-Marne
Jouarre
Montmirail
Coulommiers
Grand
Morin
Ornain
Sézanne
Vitry-le-François
Vaux-le-
Vicomte
Melun
Nangis
Provins
Aube
Rampillon
Saint-
Loup-
de-Naud
Montier-
en-Der
Brienne-le-
Château
Fontainebleau

A
B
C
3
4
5
6
7
DER KANAL
ATLANTISCHER
OZEAN
Ile d'Ouessant
Brest
Le Folgoët
Ch. de Kerjean
Cléder
St-Pol-de-Léon
Roscoff
St-Jean-du-Doigt
Morlaix
Lannion
Tréguier
Chap. de Kerfons
Tonquédec
Lanleff
Trieux
Guingamp
Plougonven
Guerlesquin
St-Thégonnec
Landerneau
Guimiliau
La Martyre
Sizun
Elorn
Plougastel-Daoulas
Daoulas
Commana
Le Faou
Landévennec
Brasparts
Pleyben
Aulne
Baie de Douarnenez
Douarnenez
Beuzec
Cléden-Cap-Sizun
St-Tugen
Confort
Pont-Croix
Locronan
St-Vennec
Enclos de Quilinen
Quimper
Odet
Ch. de Kerdévot
Baie d'Audierne
Pont-l'Abbé
Fouesnant
St-Guénolé
Penmarc'h
Kerazan
Loctudy
Concarneau
Pont-Aven
Quimperlé
Le Faouët
Kernascléden
Scorff
Melrand
Quintin
Mûr-de-Bretagne
Pontivy
Quelven
St-Nicodème
Blavet
Hennebont
Lorient
Port-Louis
Ile de Groix
Ste-Anne-d'Auray
Auray
Carnac
Ste-Avoye
St-Gildas-de-Rhuys
Belle-Ile
Ile de Hoedic
N
50 km
1 cm = 16 km

D
E
F
Aurigny (Alderney)
Guernesey
Sercq
Jersey
BAIE DE LA SEINE
OLFE ST-MALO
Baie du Mont-Saint-Michel
Cherbourg
St-Vaast-la-Hougue
Quettehou
Bricquebec
Valognes
Ste-Mère-Eglise
Barneville-Carteret
Portbail
St-Sauveur-le-Vicomte
Lessay
Fontaine-Henry
Creully
Bayeux
Ch. de Brécy
Eglise de Thaon
Ouistreham
Cerisy-la-Forêt
Ab. de Mondaye
Balleroy
St-Lô
Caen
Torigni-sur-Vire
Coutances
Ch. de l'Angotière
Orne
Thury-Harcourt
Hambye
Vire
Granville
Ch. de Pontécoulant
Falaise
Villedieu-les-Poêles
Vire
Condé-sur-Noireau
Flers
St-Malo
St-Servan
Avranches
Ecouché
Mortain
Ch. de Montmarin
Dol-de-Bretagne
Mont-Saint-Michel
Sélune
Domfront
Ch. de la Hunaudaye
mballe
Dinan
Ch. de Landal
Bagnoles-de-l'Orne
Antrain
Ch. du Rocher-Portail
Lassay-les-Châteaux
Ch. de la Bourbansais
Combourg
Fougères
oquen
Ille
Les Iffs
Rance
Mayenne
Rennes
Champeaux
Vilaine
Mayenne
St-Léry
Ab. de Clermont
renteuc
Paimpont
Vitré
Tréccsson
Ch. des Rochers
Laval
loërmel
Vilaine
Nantes
Solesmes
Château-Gontier
St-Jean-de-Béré
Rochefort-en-Terre
Pouancé
Châteaubriant
Bazouges-sur-le-Loir
Redon
Vilaine
Le Plessis-Bourré
Durtal
Loir
à Brest
Ch. de la Motte-Glain
Baugé
Plessis-Macé
Blain
Angers
Ch. de Montgeoffroy
Maine
Beaufort-en-Vallée
Ancenis
Ch. de Serrant
Brissac
nde
Loire
Gennes
Ch. de Boumois
ule
azaire
Le Loroux-Bottereau
Cunault
Nantes
Ch. de Goulaine
Saumur
Bagneux

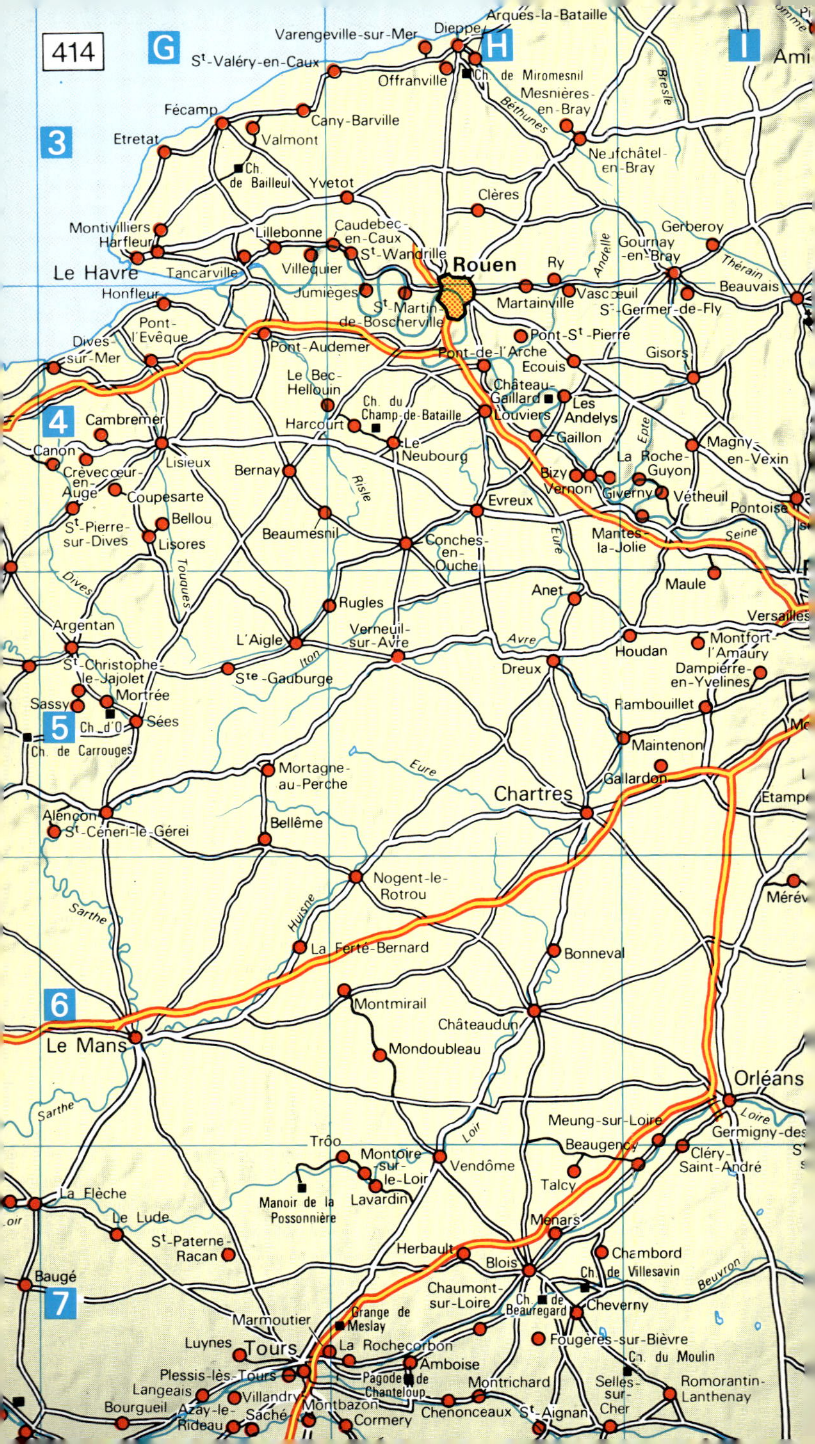
G
H
I
3
4
5
6
7
Arques-la-Bataille
Dieppe
Varengeville-sur-Mer
St-Valéry-en-Caux
Offranville
Ch. de Miromesnil
Mesnières-en-Bray
Béthunes
Bresle
Fécamp
Cany-Barville
Valmont
Etretat
Ch. de Bailleul
Yvetot
Neufchâtel-en-Bray
Clères
Montivilliers
Harfleur
Lillebonne
Caudebec-en-Caux
St-Wandrille
Gerberoy
Gournay-en-Bray
Andelle
Thérain
Le Havre
Tancarville
Villequier
Rouen
Ry
Beauvais
Honfleur
Jumièges
St-Martin-de-Boscherville
Martainville
Vascœuil
St-Germer-de-Fly
Pont-l'Evêque
Pont-St-Pierre
Dives-sur-Mer
Pont-Audemer
Pont-de-l'Arche
Gisors
Ecouis
Le Bec-Hellouin
Château-Gaillard
Ch. du Champ-de-Bataille
Les Andelys
Cambremer
Harcourt
Louviers
Gaillon
Epte
Canon
Le Neubourg
Magny-en-Vexin
Lisieux
La Roche-Guyon
Crèvecœur-en-Auge
Bernay
Bizy
Vernon
Giverny
Vétheuil
Coupesarte
Risle
Evreux
Pontoise
St-Pierre-sur-Dives
Bellou
Beaumesnil
Mantes-la-Jolie
Seine
Lisores
Conches-en-Ouche
Eure
Dives
Touques
Maule
Anet
Rugles
Versailles
Argentan
L'Aigle
Verneuil-sur-Avre
Avre
Houdan
Montfort-l'Amaury
St-Christophe-le-Jajolet
Ste-Gauburge
Iton
Dreux
Dampierre-en-Yvelines
Mortrée
Sassy
Rambouillet
Ch. d'O
Sées
Maintenon
Ch. de Carrouges
Mortagne-au-Perche
Eure
Gallardon
Chartres
Etampes
Alençon
St-Céneri-le-Gérei
Bellême
Nogent-le-Rotrou
Sarthe
Huisne
La Ferté-Bernard
Bonneval
Montmirail
Châteaudun
Le Mans
Mondoubleau
Orléans
Sarthe
Loir
Loire
Meung-sur-Loire
Germigny-des-Prés
Trôo
Beaugency
Montoire-sur-le-Loir
Vendôme
Cléry-Saint-André
Manoir de la Possonnière
Lavardin
Talcy
La Flèche
Le Lude
Ménars
St-Paterne-Racan
Herbault
Chambord
Blois
Ch. de Villesavin
Beuvron
Baugé
Chaumont-sur-Loire
Ch. de Beauregard
Cheverny
Marmoutier
Grange de Meslay
Luynes
Tours
La Rochecorbon
Fougères-sur-Bièvre
Amboise
Ch. du Moulin
Plessis-lès-Tours
Pagode de Chanteloup
Langeais
Villandry
Montrichard
Selles-sur-Cher
Romorantin-Lanthenay
Bourgueil
Azay-le-Rideau
Saché
Montbazon
Cormery
Chenonceaux
St-Aignan

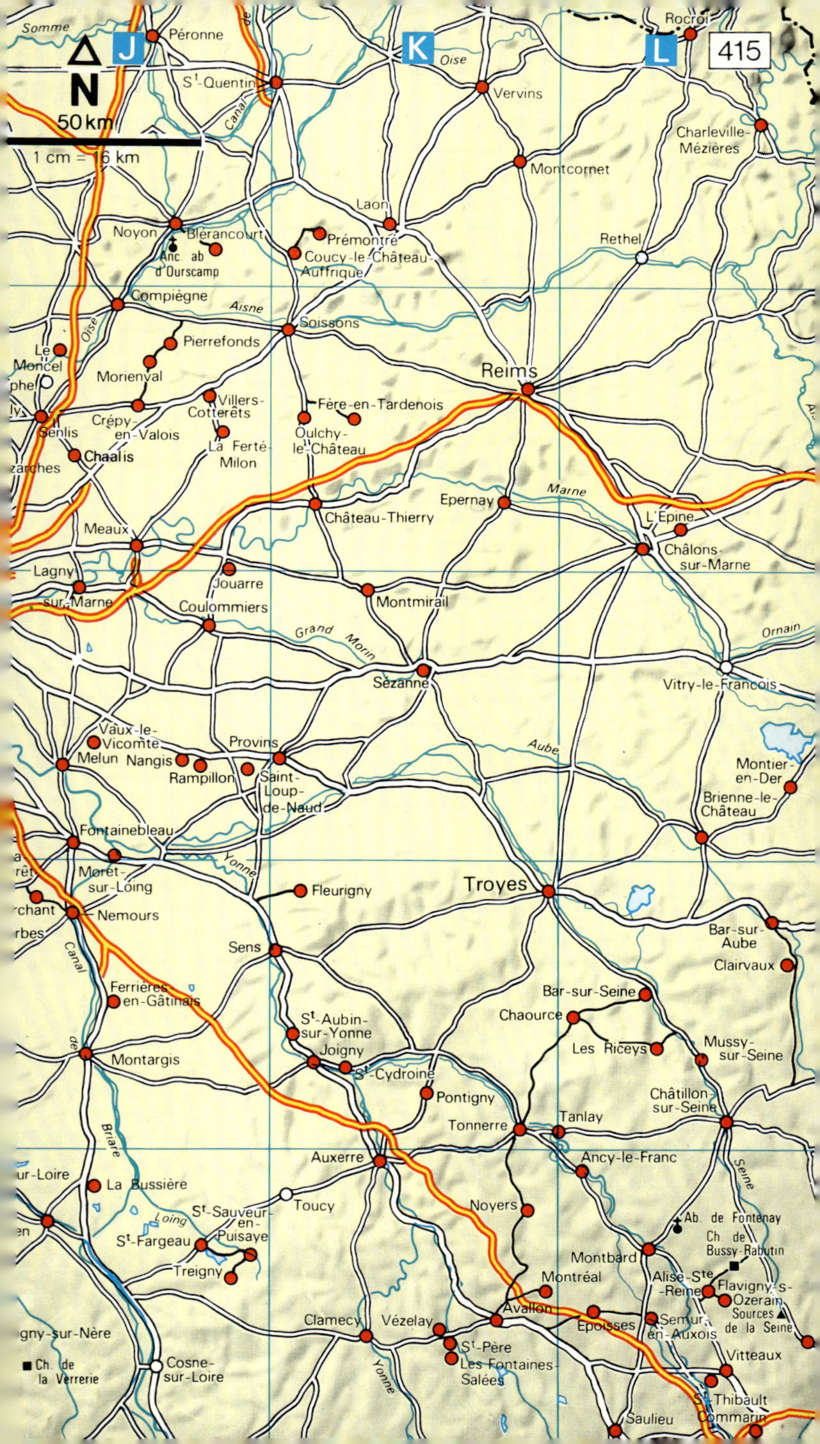
J
K
L
N
50 km
1 cm = 16 km
Somme
Péronne
St-Quentin
Canal
Oise
Vervins
Rocroi
Charleville-
Mézières
Montcornet
Laon
Noyon
Blérancourt
Anc. ab
d'Ourscamp
Prémontré
Coucy-le-Château-
Auffrique
Rethel
Compiègne
Aisne
Soissons
Pierrefonds
Le
Moncel
Morienval
Reims
Villers-
Cotterêts
Fère-en-Tardenois
Crépy-
en-Valois
Senlis
La Ferté-
Milon
Oulchy-
le-Château
Chaalis
Marne
Epernay
Château-Thierry
L'Epine
Meaux
Châlons-
sur-Marne
Lagny
-sur-Marne
Jouarre
Montmirail
Coulommiers
Grand
Morin
Ornain
Sézanne
Vitry-le-François
Vaux-le-
Vicomte
Provins
Aube
Melun
Nangis
Rampillon
Saint-
Loup-
de-Naud
Montier-
en-Der
Brienne-le-
Château
Fontainebleau
Moret-
sur-Loing
Yonne
Fleurigny
Troyes
Nemours
Bar-sur-
Aube
Sens
Clairvaux
Canal
Ferrières-
en-Gâtinais
Bar-sur-Seine
Chaource
St-Aubin-
sur-Yonne
Les Riceys
Mussy-
sur-Seine
Joigny
Montargis
St-Cydroine
Pontigny
Châtillon-
sur-Seine
Tanlay
Tonnerre
Briare
Auxerre
Ancy-le-Franc
Seine
La Bussière
Toucy
Noyers
Loing
St-Sauveur-
en-
Puisaye
Ab. de Fontenay
Ch. de
Bussy-Rabutin
St-Fargeau
Montbard
Treigny
Montréal
Alise-Ste-
Reine
Flavigny-s-
Ozerain
Sources
de la Seine
Avallon
Epoisses
Semur-
en-Auxois
Clamecy
Vézelay
St-Père
Vitteaux
Les Fontaines-
Salées
Yonne
Cosne-
sur-Loire
Ch. de
la Verrerie
St-Thibault
Commarin
Saulieu

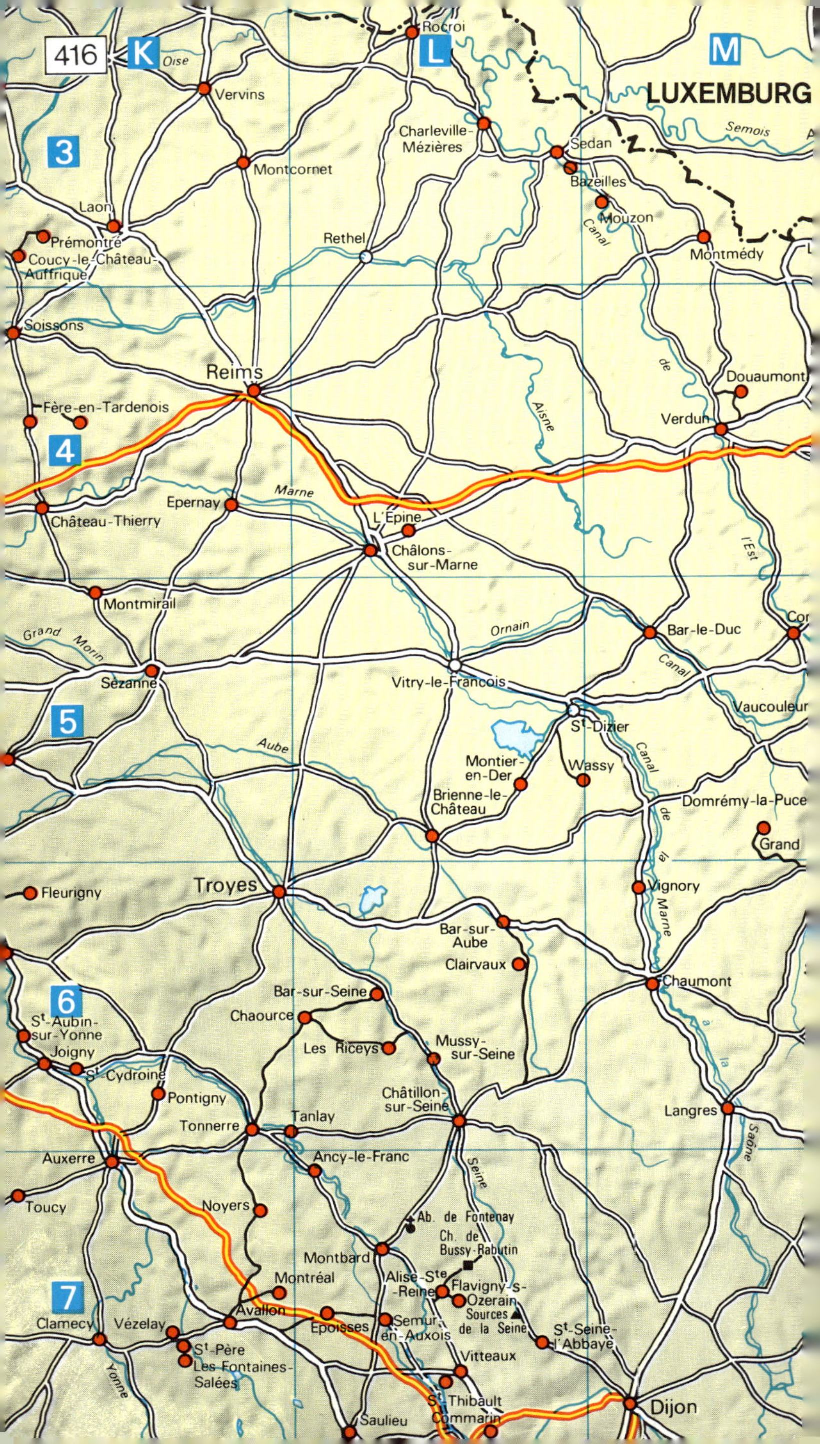
K
L
M
3
4
5
6
7
LUXEMBURG
Rocroi
Oise
Vervins
Charleville-
Mézières
Sedan
Semois
Bazeilles
Mouzon
Montcornet
Laon
Prémontré
Coucy-le-Château-
Auffrique
Rethel
Montmédy
Canal
Soissons
Reims
Douaumont
Fère-en-Tardenois
Verdun
Aisne
de
Epernay
Marne
L'Épine
Château-Thierry
Châlons-
sur-Marne
l'Est
Montmirail
Ornain
Bar-le-Duc
Grand
Morin
Sézanne
Vitry-le-François
Canal
Vaucouleur
St-Dizier
Aube
Montier-
en-Der
Wassy
Canal
Brienne-le-
Château
Domrémy-la-Puce
de
Grand
la
Troyes
Vignory
Fleurigny
Marne
Bar-sur-
Aube
Clairvaux
Chaumont
Bar-sur-Seine
Chaource
St-Aubin-
sur-Yonne
Les Riceys
Mussy-
sur-Seine
Joigny
St-Cydroine
à
Pontigny
Châtillon-
sur-Seine
la
Langres
Tonnerre
Tanlay
Saône
Auxerre
Ancy-le-Franc
Seine
Toucy
Noyers
Ab. de Fontenay
Ch. de
Bussy-Rabutin
Montbard
Alise-Ste
-Reine
Montréal
Flavigny-s-
Ozerain
Sources
de la Seine
Avallon
Clamecy
Vézelay
Epoisses
Semur-
en-Auxois
St-Seine-
l'Abbaye
St-Père
Les Fontaines-
Salées
Vitteaux
Yonne
St-Thibault
Dijon
Saulieu
Commarin

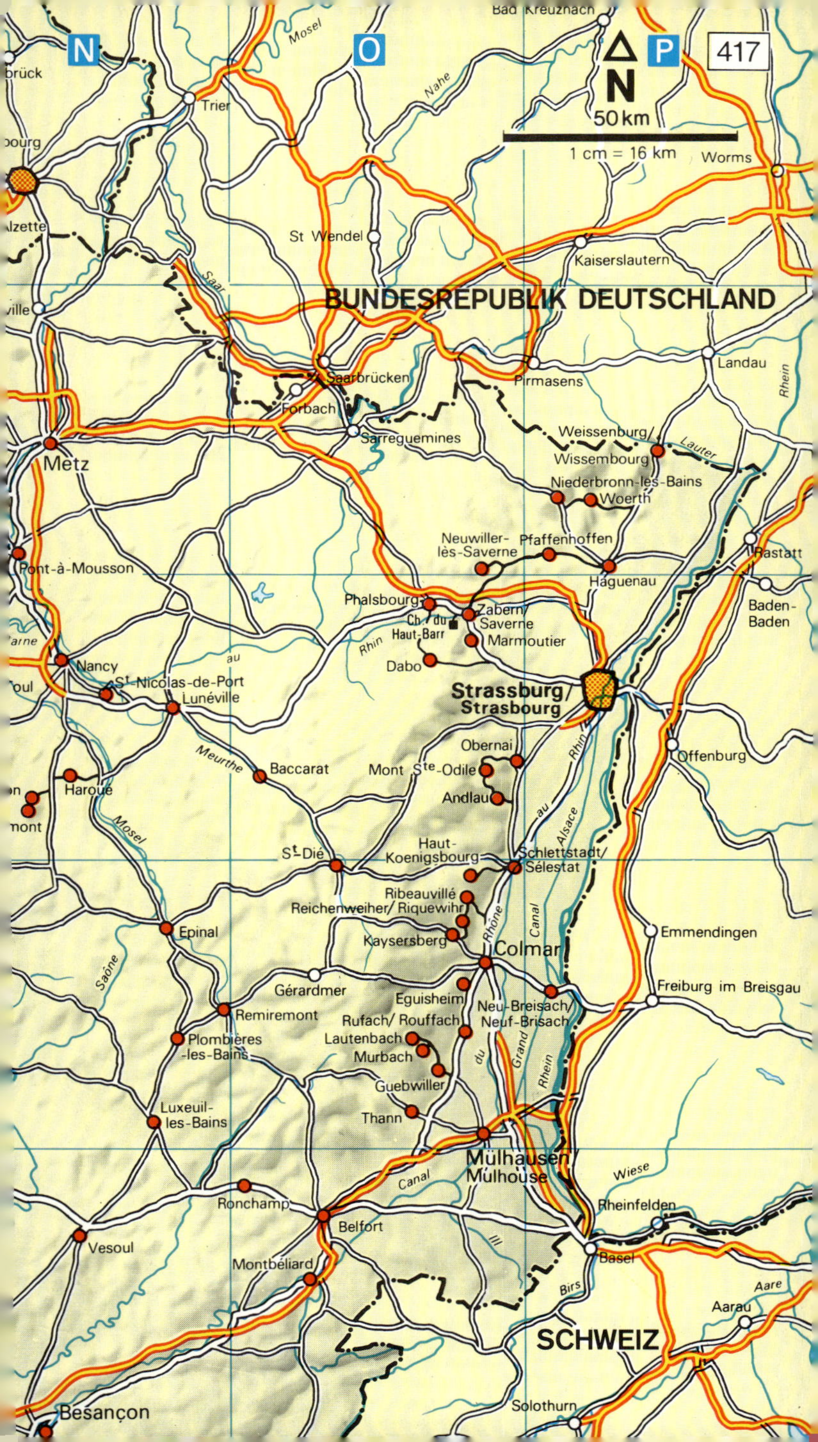
N
O
P
N
50 km
1 cm = 16 km
Bad Kreuznach
Mosel
Nahe
Trier
Worms
St Wendel
Kaiserslautern
Saar
BUNDESREPUBLIK DEUTSCHLAND
Saarbrücken
Forbach
Pirmasens
Landau
Rhein
Sarreguemines
Weissenburg/
Wissembourg
Lauter
Metz
Niederbronn-les-Bains
Woerth
Neuwiller-
lès-Saverne
Pfaffenhoffen
Rastatt
Pont-à-Mousson
Haguenau
Baden-
Baden
Phalsbourg
Ch. du
Haut-Barr
Zabern/
Saverne
Marmoutier
Rhin
au
Dabo
Nancy
St-Nicolas-de-Port
Lunéville
Strassburg/
Strasbourg
Offenburg
Obernai
Meurthe
Baccarat
Mont Ste-Odile
Andlau
Haroué
Mosel
Alsace
Haut-
Koenigsbourg
St-Dié
Schlettstadt/
Sélestat
Ribeauvillé
Reichenweiher/ Riquewihr
Rhône
Canal
Epinal
Emmendingen
Kaysersberg
Colmar
Saône
Gérardmer
Freiburg im Breisgau
Eguisheim
Remiremont
Neu-Breisach/
Neuf-Brisach
Rufach/ Rouffach
Plombières
-les-Bains
Lautenbach
Murbach
Grand
Guebwiller
Luxeuil-
les-Bains
Thann
Mülhausen/
Mulhouse
Canal
Wiese
Ronchamp
Rheinfelden
Belfort
Basel
Vesoul
Montbéliard
Birs
Aare
Aarau
SCHWEIZ
Solothurn
Besançon

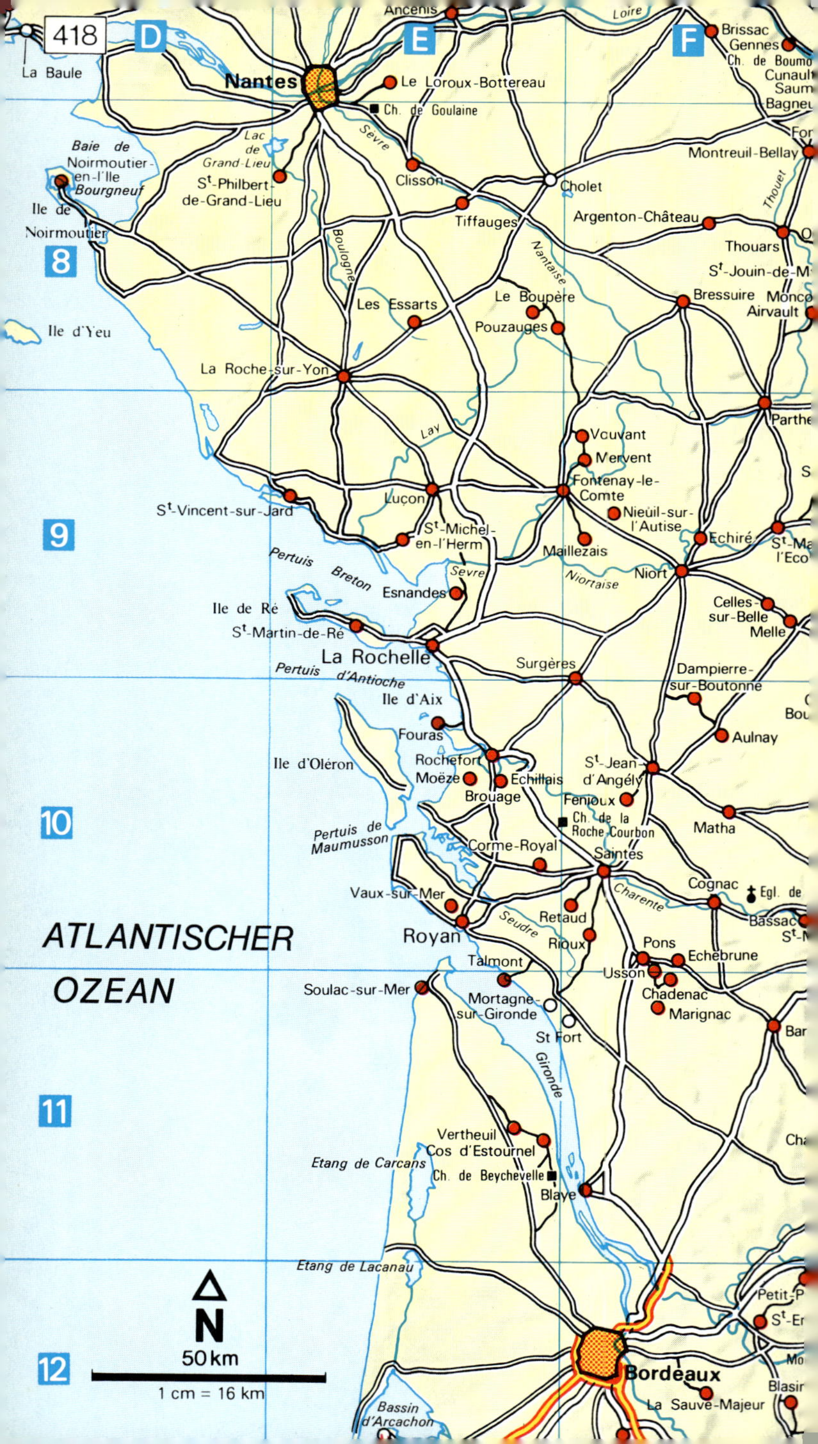
D
E
F
8
9
10
11
12
La Baule
Nantes
Ancenis
Loire
Le Loroux-Bottereau
Ch. de Goulaine
Brissac
Gennes
Ch. de Boumo
Cunault
Saum
Bagneu
Montreuil-Bellay
Baie de Noirmoutier-en-l'Ile
Bourgneuf
Lac de Grand-Lieu
St-Philbert-de-Grand-Lieu
Sèvre
Clisson
Cholet
Ile de Noirmoutier
Tiffauges
Argenton-Château
Thouet
Thouars
St-Jouin-de-M
Boulogne
Nantaise
Bressuire
Airvault
Le Boupère
Pouzauges
Les Essarts
Ile d'Yeu
La Roche-sur-Yon
Parthe
Lay
Vouvant
Mervent
Fontenay-le-Comte
Nieuil-sur-l'Autise
St-Vincent-sur-Jard
Luçon
St-Michel-en-l'Herm
Maillezais
Echiré
Pertuis Breton
Sèvre
Niortaise
Niort
Esnandes
Ile de Ré
St-Martin-de-Ré
Celles-sur-Belle
Melle
La Rochelle
Pertuis d'Antioche
Surgères
Dampierre-sur-Boutonne
Ile d'Aix
Fouras
Aulnay
Rochefort
Moëze
Echillais
Brouage
Ile d'Oléron
St-Jean-d'Angély
Fenioux
Ch. de la Roche Courbon
Matha
Pertuis de Maumusson
Corme-Royal
Saintes
Cognac
Egl. de
Charente
Vaux-sur-Mer
Retaud
Seudre
Bassac
Royan
Rioux
Pons
Echebrune
Talmont
Usson
Chadenac
Marignac
Soulac-sur-Mer
Mortagne-sur-Gironde
St Fort
Gironde
ATLANTISCHER OZEAN
Vertheuil
Cos d'Estournel
Etang de Carcans
Ch. de Beychevelle
Blaye
Etang de Lacanau
Bordeaux
La Sauve-Majeur
Bassin d'Arcachon
N
50 km
1 cm = 16 km

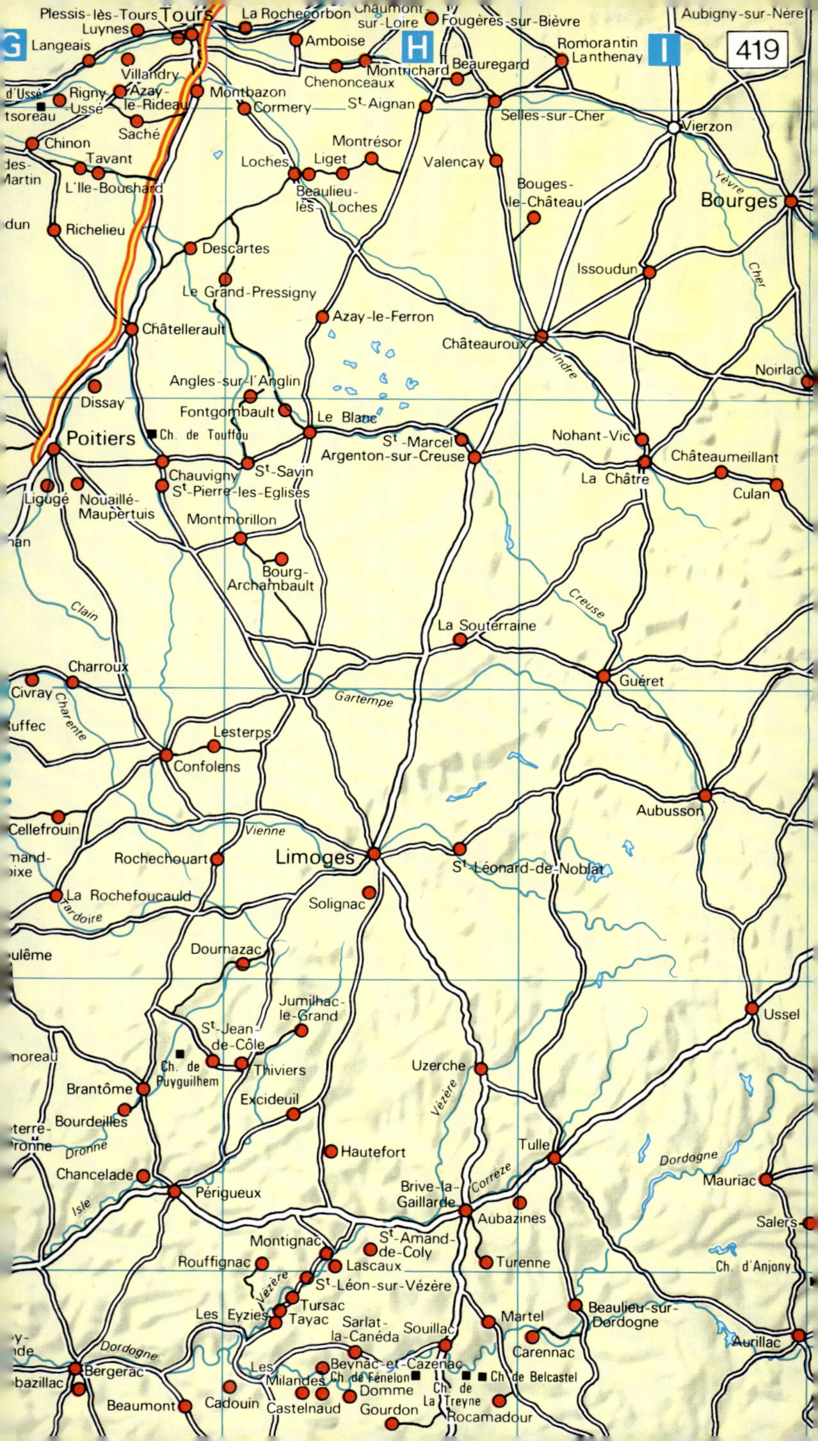
G
H
I
Plessis-lès-Tours
Tours
La Rochecorbon
Chaumont-sur-Loire
Fougères-sur-Bièvre
Aubigny-sur-Nère
Luynes
Langeais
Amboise
Romorantin Lanthenay
Villandry
Chenonceaux
Montrichard
Beauregard
d'Ussé
Rigny-Ussé
Azay-le-Rideau
Montbazon
Cormery
St-Aignan
Selles-sur-Cher
tsoreau
Saché
Vierzon
Chinon
Montrésor
Tavant
Loches
Liget
Valençay
des-Martin
L'Ile-Bouchard
Beaulieu-lès-Loches
Bouges-le-Château
Yèvre
Bourges
dun
Richelieu
Descartes
Issoudun
Cher
Le Grand-Pressigny
Azay-le-Ferron
Châtellerault
Châteauroux
Indre
Noirlac
Angles-sur-l'Anglin
Dissay
Fontgombault
Le Blanc
Poitiers
Ch. de Touffou
St-Marcel
Nohant-Vic
Argenton-sur-Creuse
Châteaumeillant
Chauvigny
St-Savin
La Châtre
Ligugé
Nouaillé-Maupertuis
St-Pierre-les-Eglises
Culan
Montmorillon
nan
Bourg-Archambault
Clain
Creuse
La Souterraine
Charroux
Guéret
Civray
Gartempe
Charente
Ruffec
Lesterps
Confolens
Aubusson
Cellefrouin
Vienne
mand-oixe
Rochechouart
Limoges
St-Léonard-de-Noblat
La Rochefoucauld
Solignac
Tardoire
oulême
Dournazac
Jumilhac-le-Grand
Ussel
St-Jean-de-Côle
Ch. de Puyguilhem
Thiviers
moreau
Uzerche
Brantôme
Vézère
Excideuil
Bourdeilles
eterre-Dronne
Dronne
Hautefort
Tulle
Dordogne
Mauriac
Chancelade
Brive-la-Gaillarde
Corrèze
Périgueux
Isle
Aubazines
Salers
St-Amand-de-Coly
Montignac
Lascaux
Rouffignac
Turenne
Ch. d'Anjony
St-Léon-sur-Vézère
Tursac
Les Eyzies
Tayac
Martel
Beaulieu-sur-Dordogne
Sarlat-la-Canéda
Souillac
Carennac
Aurillac
Dordogne
Bergerac
Les Milandes
Beynac-et-Cazenac
Ch. de Fénelon
Ch. de La Treyne
Ch. de Belcastel
bazillac
Domme
Beaumont
Cadouin
Castelnaud
Gourdon
Rocamadour

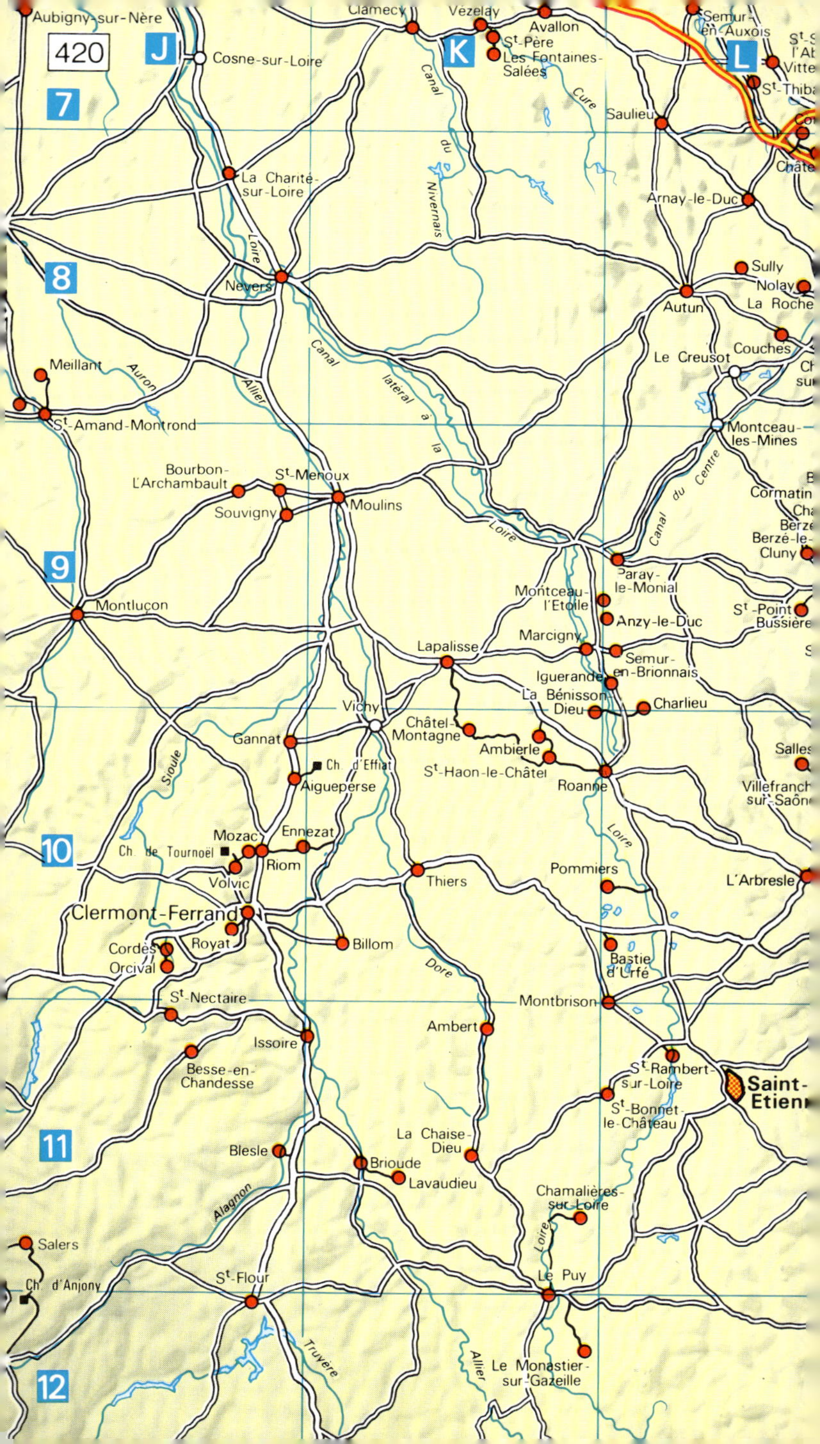
J
K
L
7
8
9
10
11
12
Aubigny-sur-Nère
Cosne-sur-Loire
Clamecy
Vézelay
Avallon
St-Père
Les Fontaines-Salées
Semur-en-Auxois
Saulieu
Cure
Canal du Nivernais
La Charité-sur-Loire
Loire
Nevers
Arnay-le-Duc
Sully
Nolay
Autun
La Roche
Couches
Le Creusot
Meillant
Auron
Allier
Canal latéral à la Loire
St-Amand-Montrond
Montceau-les-Mines
Bourbon-L'Archambault
St-Menoux
Moulins
Souvigny
Canal du Centre
Cormatin
Berzé-le-Châtel
Cluny
Paray-le-Monial
Montceau-l'Etoile
Anzy-le-Duc
Montluçon
St-Point
Bussières
Marcigny
Semur-en-Brionnais
Lapalisse
Iguerande
La Bénisson-Dieu
Charlieu
Vichy
Châtel-Montagne
Ambierle
Gannat
Ch. d'Effiat
St-Haon-le-Châtel
Roanne
Salles
Aigueperse
Villefranche-sur-Saône
Sioule
Mozac
Ennezat
Ch. de Tournoël
Riom
Volvic
Thiers
Pommiers
L'Arbresle
Clermont-Ferrand
Royat
Billom
Cordès
Orcival
Dore
Bastie d'Urfé
St-Nectaire
Montbrison
Ambert
Issoire
St-Rambert-sur-Loire
Saint-Etienne
Besse-en-Chandesse
St-Bonnet-le-Château
La Chaise-Dieu
Blesle
Brioude
Lavaudieu
Chamalières-sur-Loire
Alagnon
Salers
Ch. d'Anjony
St-Flour
Le Puy
Truyère
Allier
Le Monastier-sur-Gazeille

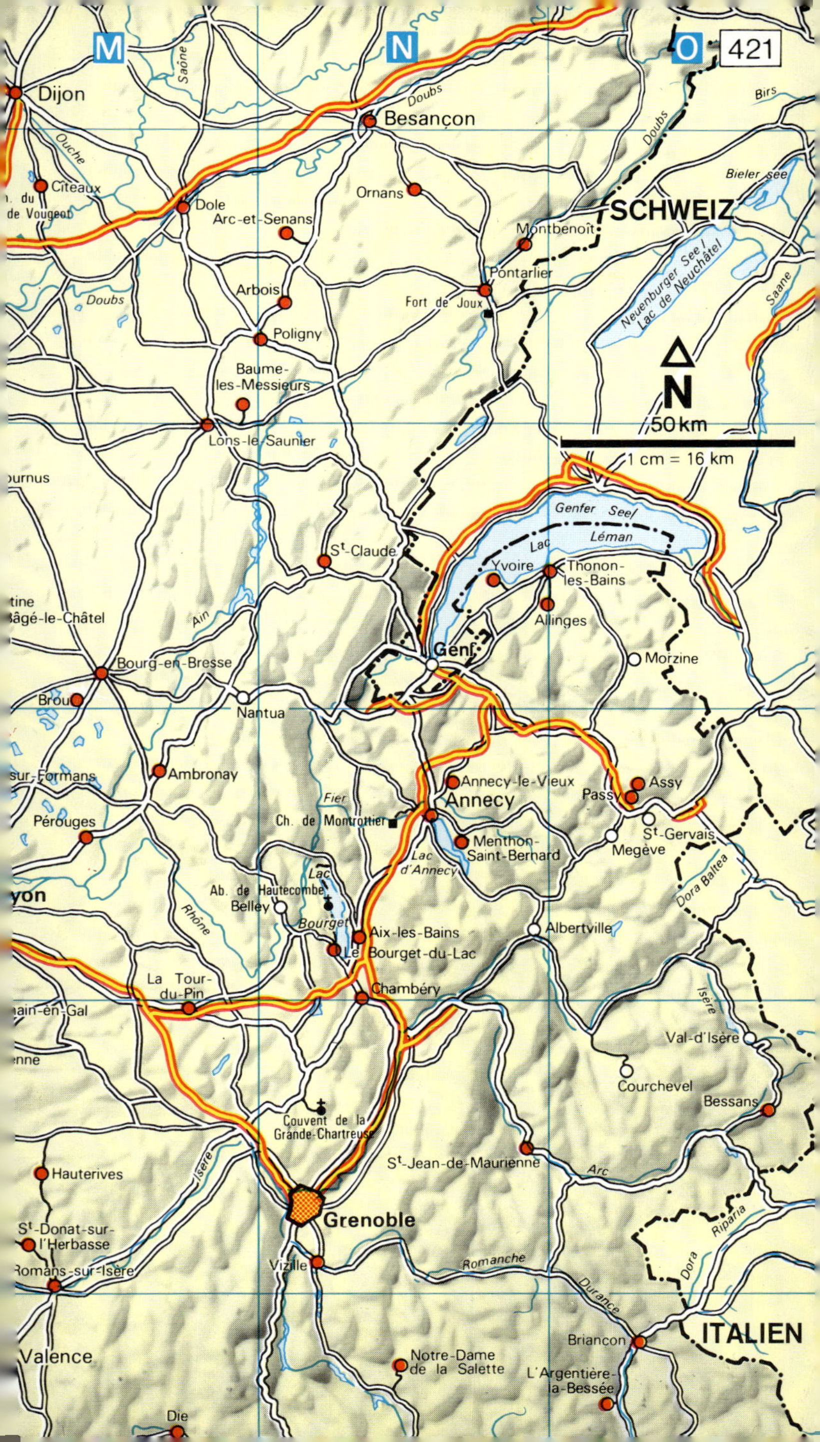
M
N
O
Dijon
Saône
Ouche
Cîteaux
Doubs
Besançon
Birs
Dole
Arc-et-Senans
Ornans
Montbenoît
SCHWEIZ
Bieler See
Pontarlier
Fort de Joux
Neuenburger See / Lac de Neuchâtel
Saane
Arbois
Poligny
Baume-les-Messieurs
Lons-le-Saunier
N
50 km
1 cm = 16 km
Genfer See/ Lac Léman
St-Claude
Yvoire
Thonon-les-Bains
Allinges
Ain
Bâgé-le-Châtel
Bourg-en-Bresse
Genf
Morzine
Brou
Nantua
Ambronay
Annecy-le-Vieux
Annecy
Passy
Assy
Fier
Ch. de Montrottier
Pérouges
Menthon-Saint-Bernard
Lac d'Annecy
St-Gervais
Megève
Dora Baltea
Ab. de Hautecombe
Belley
Lac Bourget
Rhône
Aix-les-Bains
Le Bourget-du-Lac
Albertville
La Tour-du-Pin
Chambéry
Isère
Val-d'Isère
Courchevel
Bessans
Couvent de la Grande-Chartreuse
Hauterives
St-Jean-de-Maurienne
Arc
Grenoble
St-Donat-sur-l'Herbasse
Romans-sur-Isère
Vizille
Romanche
Dora Riparia
Durance
Briançon
ITALIEN
Valence
Notre-Dame de la Salette
L'Argentière-la-Bessée
Die

D
E
F
12
13
14
15
16
N
50 km
1 cm = 16 km
Golfe de Gascogne
Bordeaux
La Sauve-Majeur
Labrède
Cadillac
Ch. de Malle
Ch. d'Yquem
Ch. de Villandraut
Ch. de Roq
Bazas
Uzeste
St-Maca
Bassin d'Arcachon
Arcachon
Etang de Cazaux
Etang de Biscarrosse
Etang d'Aureilhan
Etang de Léon
Etang de Soustons
Luxey
Sabres
Douze
Midouze
Mont-de-Marsan
Midour
Dax
St-Sever
Vielle-Tursan
Geaune
Aire-sur-l'Adour
Peyrehorade
Hastingues
Sorde-l'Abbaye
Ab. d'Arthous
Adour
Biarritz
Bayonne
Gave
Orthez
St-Jean-de-Luz
Hendaye
San Sebastian
Nive
Aïnhoa
Espelette
Cambo-les-Bains
Sauveterre-de-Béarn
Laàs
Navarrenx
L'Hôpital-Saint-Blaise
Lescar
Pau
Mauléon-Licharre
Gotein
Gave d'Oloron
Oloron-Ste-Marie
Ibos
Lourdes
Bidasoa
St-Jean-Pied-de-Port
Ste Engrâce
Saint-Savin
Pau
Pamplona
SPANIEN
Arga
Jaca
Aragon
Gallego

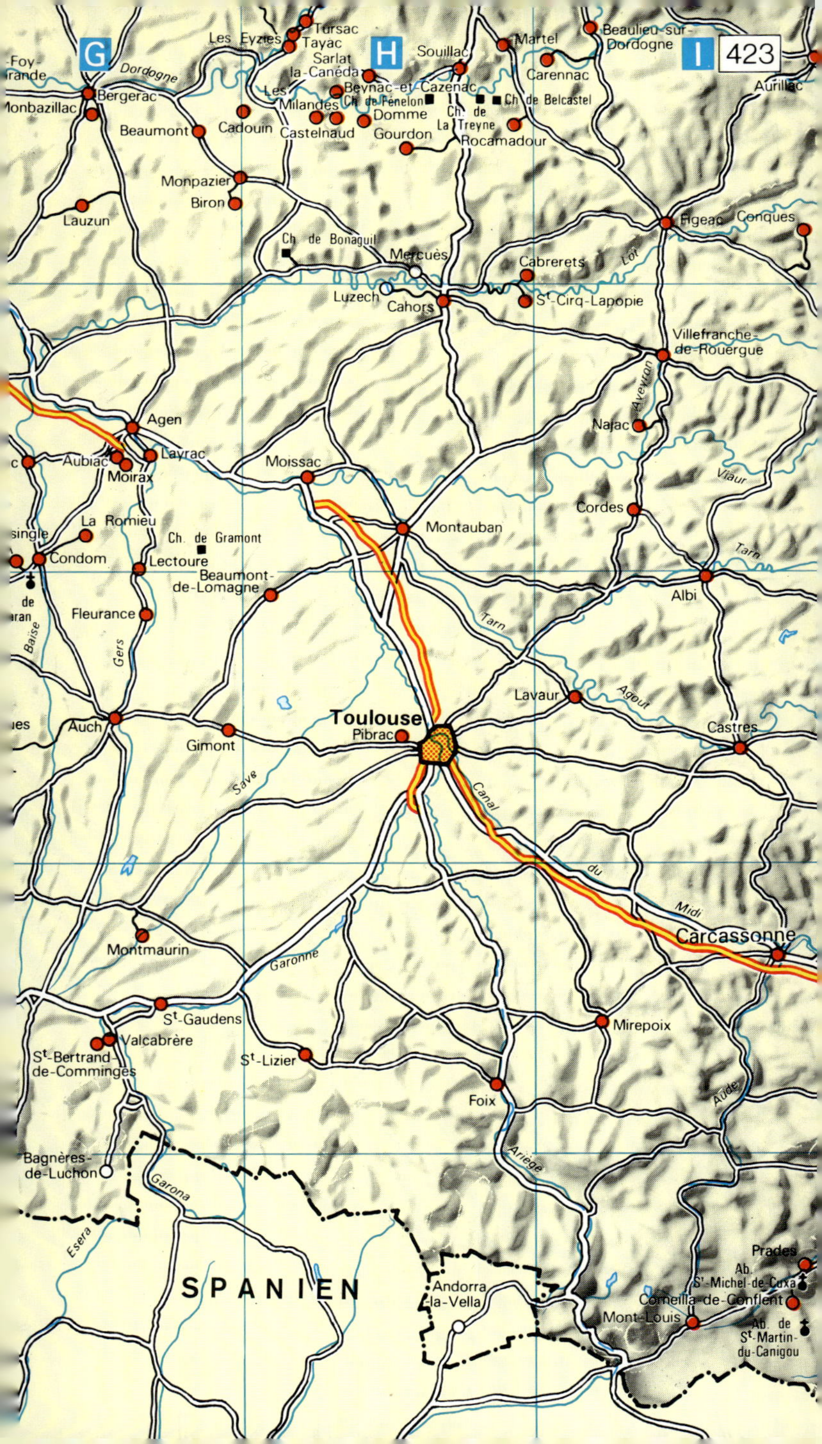
G
H
I
-Foy-
rande
Dordogne
Bergerac
Monbazillac
Beaumont
Cadouin
Les Eyzies
Tursac
Tayac
Sarlat
la-Canéda
Les
Milandes
Beynac-et-Cazenac
Ch. de Fénelon
Domme
Castelnaud
Gourdon
Souillac
Martel
Carennac
Beaulieu-sur-
Dordogne
Aurillac
Ch. de
La Treyne
Ch. de Belcastel
Rocamadour
Monpazier
Biron
Lauzun
Ch. de Bonaguil
Mercuès
Luzech
Cahors
Cabrerets
St-Cirq-Lapopie
Lot
Figeac
Conques
Villefranche-
de-Rouergue
Aveyron
Najac
Agen
Aubiac
Layrac
Moirax
Moissac
Viaur
Cordes
La Romieu
Condom
Ch. de Gramont
Lectoure
Montauban
Beaumont-
de-Lomagne
Fleurance
Gers
Baïse
Tarn
Albi
Lavaur
Agout
Castres
Auch
Gimont
Toulouse
Pibrac
Save
Canal
du
Midi
Carcassonne
Montmaurin
Garonne
St-Gaudens
Valcabrère
St-Bertrand-
de-Comminges
St-Lizier
Foix
Mirepoix
Aude
Ariège
Bagnères-
de-Luchon
Garona
Esera
SPANIEN
Andorra
la-Vella
Prades
Ab.
St-Michel-de-Cuxa
Corneilla-de-Conflent
Mont-Louis
Ab. de
St-Martin-
du-Canigou

424
I
J
K
Beaulieu-sur-Dordogne
Aurillac
Cère
Truyère
Allier
12
Figeac
Conques
Lot
Espalion
Bozouls
Mende
Villefranche-de-Rouergue
Rodez
Tarn
13
Aveyron
Najac
Viaur
Millau
Cordes
Nant
Tarn
Albi
Hérault
St-Guilhem-le-Désert
Lavaur
Agout
14
Castres
Montpellier
St-Pons
Pézenas
Orb
Sète
Bassin de Thau
Béziers
Quarante
du
Midi
Agde
Carcassonne
Narbonne
Golfe du Lion
15
Lagrasse
Ab. de Fontfroide
Etang de l'Ayrolle
Mirepoix
Aude
Salses
Etang de Leucate
Perpignan
Têt
Etang de Canet
Prades
Ab. St-Michel-de-Cuxa
Castelnou
Pr. de Serrabone
Anc. Pr. de Monastir-del-Camp
Elne
St-André
Collioure
16
Corneilla-de-Conflent
Mont-Louis
Ab. de St-Martin-du-Canigou
St-Génis-des-Fontaines
Céret
Tech

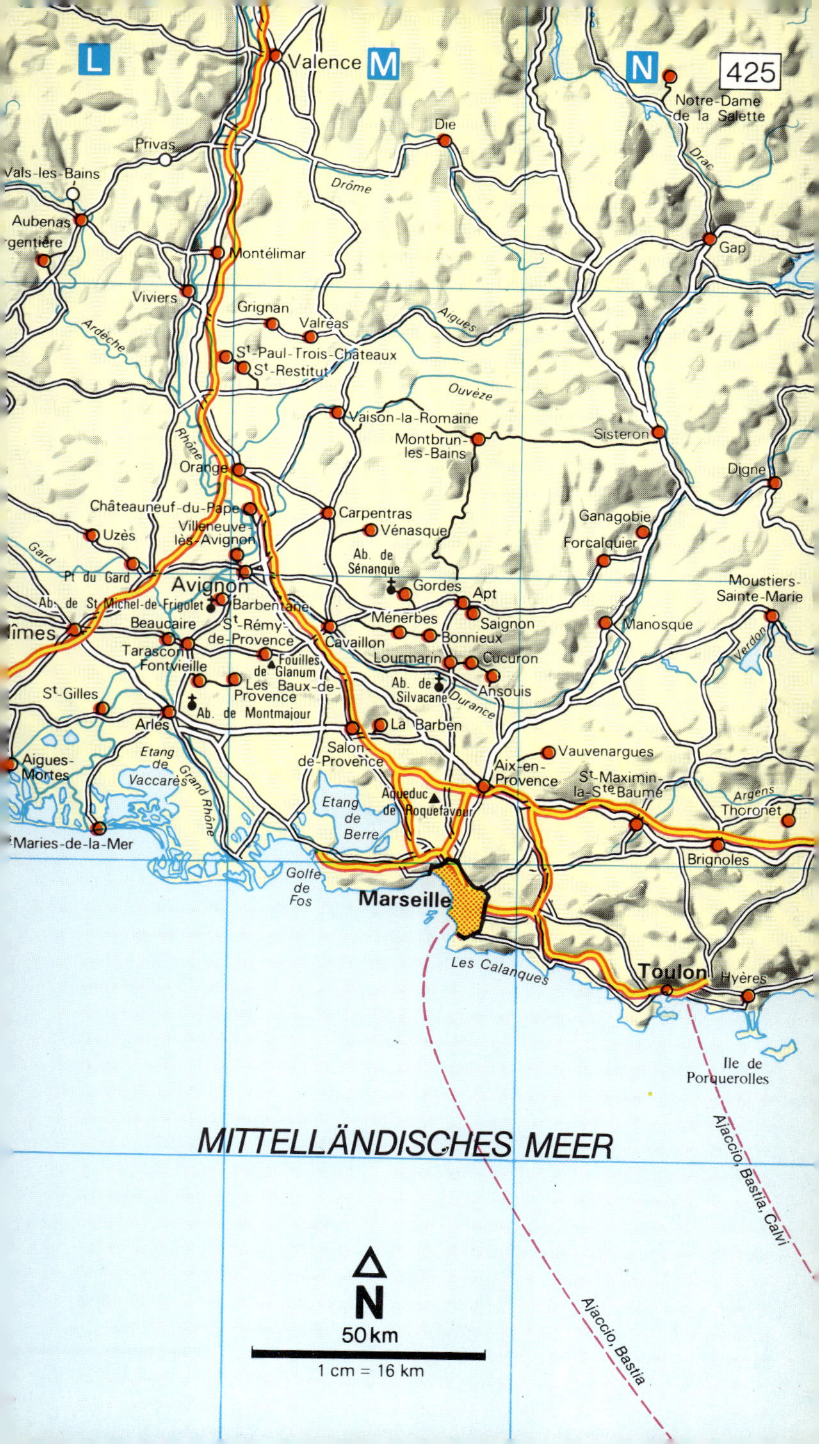
L
M
N
Valence
Notre-Dame de la Salette
Die
Privas
Vals-les-Bains
Aubenas
Drôme
Drac
Gap
Montélimar
Viviers
Ardèche
Grignan
Valréas
Aigues
St-Paul-Trois-Châteaux
St-Restitut
Ouvèze
Vaison-la-Romaine
Montbrun-les-Bains
Sisteron
Digne
Rhône
Orange
Châteauneuf-du-Pape
Carpentras
Vénasque
Ganagobie
Forcalquier
Uzès
Villeneuve-lès-Avignon
Gard
Pt du Gard
Avignon
Ab. de Sénanque
Gordes
Apt
Moustiers-Sainte-Marie
Ab. de St-Michel-de-Frigolet
Barbentane
Saignon
Manosque
Beaucaire
St-Rémy-de-Provence
Ménerbes
Bonnieux
Verdon
Tarascon
Cavaillon
Fontvieille
Fouilles de Glanum
Lourmarin
Cucuron
Les Baux-de-Provence
Ab. de Silvacane
Ansouis
St-Gilles
Ab. de Montmajour
Durance
Arles
La Barben
Aigues-Mortes
Etang de Vaccarès
Grand Rhône
Salon-de-Provence
Vauvenargues
Aix-en-Provence
St-Maximin-la-Ste-Baume
Argens
Thoronet
Aqueduc de Roquefavour
Etang de Berre
Maries-de-la-Mer
Brignoles
Golfe de Fos
Marseille
Les Calanques
Toulon
Hyères
Ile de Porquerolles
MITTELLÄNDISCHES MEER
Ajaccio, Bastia, Calvi
Ajaccio, Bastia
N
50 km
1 cm = 16 km

N
O
P
12
13
14
15
16
Notre-Dame de la Salette
Briançon
L'Argentière-la-Bessée
Mont-Dauphin
Guillestre
Embrun
Gap
Drac
Ubaye
Pinerolo
Chisone
Po
Savigliano
Saluzzo
ITALIEN
Máira
Cuneo
Stura di Demonte
Barcelonnette
Bléone
Colmars
Sisteron
Digne
Tende
Vallée des Merveilles
Ganagobie
Forcalquier
Var
Sospel
Moustiers-Sainte-Marie
Castellane
Sanct. de Laghet
Manosque
Verdon
St-Paul-de-Vence
La Turbie
Eze
Menton
Roquebrune
Monaco
Nice
Nizza
Beaulieu-sur-Mer
St-Jean-Cap-Ferrat
Villeneuve-Loubet
Villefranche
Grasse
Biot
Cagnes-sur-Mer
Baie des Anges
Antibes
Vallauris
Cannes
Iles de Lérins
Vauvenargues
St-Maximin-la-Ste-Baume
Argens
Thoronet
Draguignan
Roquebrune-sur-Argens
Fréjus
St-Raphaël
Brignoles
Golfe de Saint Tropez
Chart. de la Verne
Grimaud
St-Tropez
Toulon
Hyères
Rade d'Hyères
Ile du Levant
Ile de Porquerolles
Ile de Port-Cros
Ajaccio, Bastia, Calvi
Ajaccio, Bastia
N
50 km
1 cm = 16 km

P
Q
Marseille, Nice, Toulon
Nice, Toulon
Marseille, Nice, Toulon
17
18
19
Golfe de St-Florent
St-Florent
Bastia
Algajola
Golfe de Calvi
Aregno
Murato
Etang de Biguglia
Calvi
Mariana
Golo
Morosaglia
Corte
Golfe de Porto
Tavignano
Cargèse
Etang de Diane
Aleria
Golfe de Sagone
Alata
Ch. de la Punta
Ajaccio
Gravone
Korsika
Golfe d'Ajaccio
Taravo
Filitosa
Golfe de Valinco
Sartène
Golfe de Porto-Vecchio
Porto-Vecchio
Bonifacio
N
50 km
1 cm = 16 km

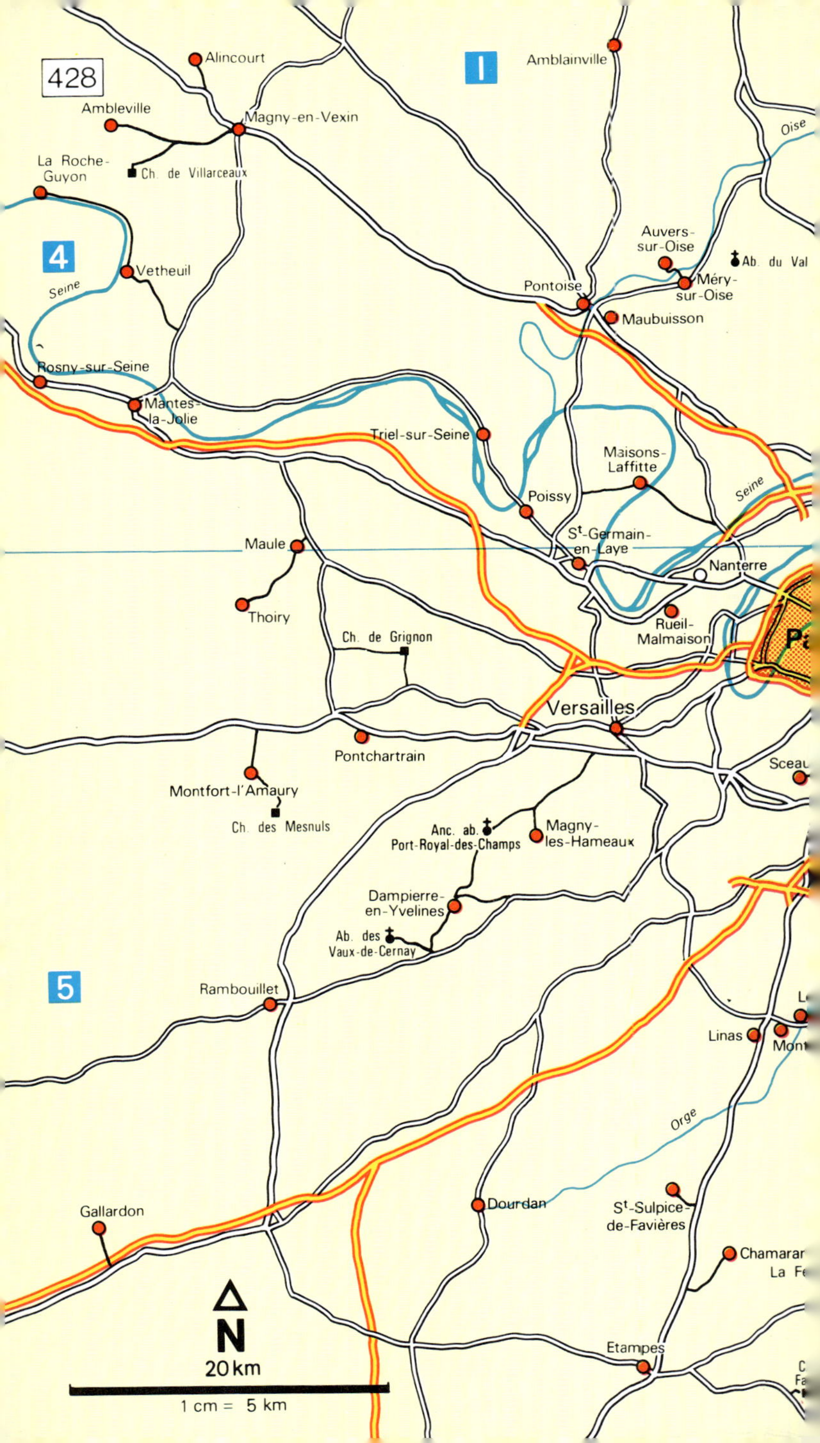
I
4
5
Alincourt
Amblainville
Ambleville
Magny-en-Vexin
Oise
La Roche-Guyon
Ch. de Villarceaux
Vetheuil
Seine
Auvers-sur-Oise
Ab. du Val
Méry-sur-Oise
Pontoise
Maubuisson
Rosny-sur-Seine
Mantes-la-Jolie
Triel-sur-Seine
Maisons-Laffitte
Poissy
Seine
St-Germain-en-Laye
Maule
Nanterre
Thoiry
Rueil-Malmaison
Ch. de Grignon
Pa
Versailles
Pontchartrain
Sceau
Montfort-l'Amaury
Ch. des Mesnuls
Anc. ab. Port-Royal-des-Champs
Magny-les-Hameaux
Dampierre-en-Yvelines
Ab. des Vaux-de-Cernay
Rambouillet
Linas
Mont
Orge
Gallardon
Dourdan
St-Sulpice-de-Favières
Chamarar
La Fe
Etampes
N
20 km
1 cm = 5 km

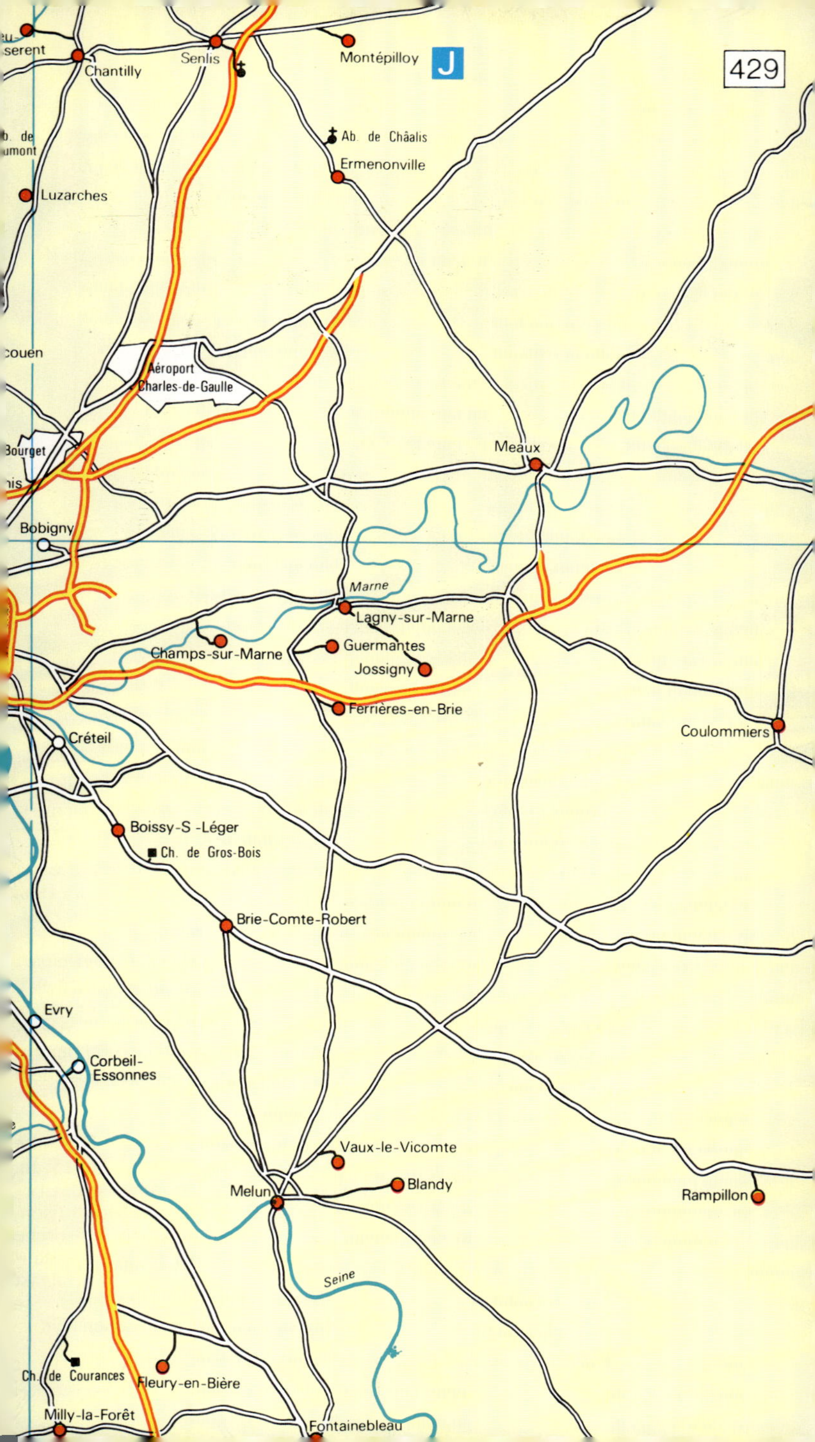
J
Chantilly
Senlis
Montépilloy
Ab. de Châalis
Ermenonville
Luzarches
Aéroport
Charles-de-Gaulle
Bobigny
Meaux
Marne
Lagny-sur-Marne
Champs-sur-Marne
Guermantes
Jossigny
Ferrières-en-Brie
Coulommiers
Créteil
Boissy-S -Léger
Ch. de Gros-Bois
Brie-Comte-Robert
Evry
Corbeil-
Essonnes
Vaux-le-Vicomte
Melun
Blandy
Rampillon
Seine
Ch. de Courances
Fleury-en-Bière
Milly-la-Forêt
Fontainebleau

Montbenoît, Chorgestühl der Kirche

ist mit einem hübschen Balkon versehen. Im Innern des Hôtel Beurnier befindet sich ein beachtenswertes historisches Museum, das Kunstobjekte und allerlei Gebrauchsgegenstände der Umgebung zeigt.

Montbenoît	180 Ew
25 Doubs	S. 421 ☐ N 8

Das bescheidene Dorf in einem malerischen abgeschiedenen Tal hat noch Reste einer interessanten Abtei. Das Schiff der *Kirche* stammt aus dem 12. Jh., Chor und Chorhaupt aus dem 16. Jh. Im Innern reichgeschnitztes Gestühl und eine marmorne Nische mit dem Abtstuhl. Die kleinen meisterhaften Skulpturen stellen symbolhafte Szenen dar. Die Kapitelle und Säulen des *Kreuzgangs* (15. Jh.) sind mit archaischen Skulpturen geschmückt.

Montbrison	12440 Ew
42 Loire	S. 420 ☐ L 10/11

Das alte Montbrison wurde auf einer vulkanischen Anhöhe am Fuß der Berge von Forez erbaut. Zahlreiche Häuser aus dem 15. Jh. und schöne Renaissance-Fassaden. Patrizierhäuser aus dem 17. und 18. Jh. drängen sich innerhalb eines Rings von Boulevards, der anstelle der ehemaligen Umwallungen liegt. Das Rathaus und der Justizpalast sind in Bauten aus dem 18. Jh. untergebracht.

Notre-Dame d'Espérance: Die alte 1226 begonnene und erst im 15. Jh. vollendete Kollegiatkirche ist das bedeutendste Bauwerk von Montbrison, das eine bemerkenswerte stilistische Einheitlichkeit aufweist. Mit Ausnahme des reich geschmückten Portals ist die Fassade (15. Jh.) sehr einfach. Sie wird von zwei quadratischen Glokkentürmen flankiert, deren rechter unvollendet blieb. Sie wurde nach dem Plan der frühesten Basiliken (ohne Querschiff und Umgang) angelegt und besitzt einen sehr eleganten Chor (13. Jh.). Im Innern das Grabmal des Gründers Guy IV de Forez.

Diana: Der Chorhaube gegenüber befindet sich der sog. »Diana-Saal«, der 1226 anläßlich der Hochzeit des Grafen von Forez errichtet wurde. Im Innern des stark restaurierten Baus ein bemalter hölzerner Plafond aus 1700 Kassetten. Daneben ein kleines Museum mit Steinsammlungen (Vorgeschichte bis Renaissance). Das Puppenmuseum enthält eine herrliche Sammlung französischer und ausländischer Puppen und deren Möbel.

Montbrun-les-Bains	480 Ew
26 Drôme	S. 425 ☐ M 12

Das alte Provencedorf sonnt sich inmitten von Lavendelfeldern auf einem Hügel, der moderne Teil (la Bourgade) erstreckt sich im Tal. Erhalten sind noch ein mittelalterlicher Wehrturm und die Ruinen einer bedeutenden Burg aus dem 14. Jh. Der Name erinnert an die heilkräftigen Quellen, die früher sehr geschätzt wurden.

Mont-de-Marsan	25350 Ew
40 Landes	S. 422 ☐ F 13/14

Die am Zusammenfluß von Douze und Midou, die sich hier zum Midouze vereinen, gelegene Stadt ist Mittelpunkt der Mitte Juli stattfindenden Magdalenenfeste mit Stierkämpfen und Kälberrennen. Während der übrigen Zeit des Jahres ist die Präfektur sehr ruhig. Malerische, von Häusern aus dem 18. Jh. umsäumte Rue des Arceaux. Der *Wachturm Lacataye* scheint der letzte Rest eines im 14. Jh. von Gaston Phoebus* erbauten Schlosses zu sein. Das im Innern befindliche Museum ist zwei Bildhauern der Gegend, Charles

Montbrison, Kirche Notre-Dame

Despiau* (1874–1946) und Robert Wlérick* (1882–1944) gewidmet.

Montélimar	27950 Ew
26 Drôme	S. 425 ☐ L 12

Die vor den Toren der Provence gelegene Stadt verdankt ihren Ruhm weitgehend einer Nougatspezialität. Aus dem ehemaligen gallo-römischen *Accusium* wurde *Montilium Adhemari*. Die Adhemar, Herren von Grignan, teilten die Stadt, um sie an den Grafen von Valence und an die Päpste von Avignon zu verkaufen. Montélimar wurde jedoch neu vereint, als beide »Stadtviertel« an die französische Krone zurückkamen.

Schloß: Die auf einer Anhöhe liegende Festung geht auf das 12. (großer Turm von Narbonne), 14. und 15. Jh. zurück. Der südliche Teil, die Zitadelle,

Montfort-l'Amaury, Kirche, Fenster

enthält einen quadratischen Wachturm mit schönen romanischen Fenstern. In der Kapelle wertvolle Fresken aus dem 12. Jh.

Das schöne Haus der »Diana von Poitiers« (es gehörte ihrem Onkel) an der Place Émile-Loubet stammt vom Beginn des 16. Jh. Die Kirche *Sainte-Croix* hat eine von den Häusern verdeckte, stark restaurierte Apsis vom Ende des 15. Jh. und einen Glockenturm aus dem 16. Jh.

Umgebung: Rochemaure (5 km westlich): Der Marktflecken, von dem Stendhal entzückt war, wird von den gewaltigen Ruinen einer Burg (13.–16. Jh.) und den Resten eines mittelalterlichen Dorfes beherrscht. – **Abtei von Aiguebelle** (17 km südöstlich): Die an der Grenze der Provence und der Dauphiné gelegene stark restaurierte Abtei besitzt noch schöne Zisterzienserbauten. Als der Hl. Berhard sie 1147 aufsuchte, waren die Bauarbeiten gerade abgeschlossen.

Montfort-l'Amaury	2320 Ew
78 Yvelines	S. 428 ☐ I 5

Die von den Ruinen ihrer geschleiften Burg beherrschte Kleinstadt ist heute ein reizvoller Ferienaufenthalt. Sie war einst der Besitz mächtiger Lehensherren und erinnert noch an zwei berühmte Besucher, Victor Hugo und Maurice Ravel (dem Musiker ist ein kleines Museum gewidmet). Die Kirche *Saint-Pierre* im Stil der Gotik und Renaissance stammt aus der Epoche Ludwigs XII. und wird von schönen Glasfenstern aus dem 16. Jh. erhellt. Durch das spätgotische Friedhofstor gelangt man zu einem Beinhaus (Ende 16., Anfang 17. Jh.). Zahlreiche alte Fachwerkhäuser.

Umgebung: Pontchartrain (10 km nordöstlich): Das sich in der Mauldre spiegelnde und von einem schönen Park umgebene Schloß wurde im 17. Jh. von François Mansart* erbaut.

Montgeoffroy (Schloß)	
49 Maine-et-Loire	S. 413 ☐ F 7

Das wohlgestaltete Schloß aus dem 18. Jh. mit zwei Türmen und einer Kapelle (16. Jh.) ist noch im Stil des Ancien régime möbliert (interessante Gemälde u. a. von Rigaud*, Pourbus* d. J. und Van* Loo). In der Geschirrkammer eine Sammlung Peitschen und Geschirre, in den Stallungen alte Wagen.

Montier-en-Der	2140 Ew
52 Haute-Marne	S. 416 ☐ M 5

Das Städtchen inmitten von Wäldern und Seen bewahrt noch die Erinnerung an eine im 7. Jh. gegründete Benediktinerabtei. Die ehem. Abteikir

Montignac, Fresko aus der Grotte von Lascaux

che, deren Schiff aus dem 10. Jh. stammte, wurde 1940 stark beschädigt, aber in ihrer ursprünglichen Gestalt wiederhergestellt. Der mit einem vierstöckigen Rundhaupt versehene, um 1220 vollendete Chor ist ein schönes Beispiel der Gotik der Champagne. In der Apsiskapelle entfaltet sich ein sehr harmonisches Kreuzgewölbe.

Montignac	3080 Ew
24 Dordogne	S. 419 □ H 11

In Montignac, einer kleinen malerischen Stadt, deren mit alten Häusern bestandene Kais noch an die Flußschiffahrt erinnern, beginnt das »prähistorische Tal« der Vézère. Die 1940 etwa 2 km von der Stadt entdeckte *Grotte von Lascaux* ist ein wahres »Museum der Höhlenmalerei«. Über 2000 m sind mit außerordentlich gut erhaltenen Malereien bedeckt, von denen manche bis 25 000 v. Chr. zurückreichen sollen. Hunderte von lebensnahen Tierdarstellungen wurden durch eine durchsichtige Kalkschicht (eine natürliche Ablagerung) und die Trokkenheit der Höhlen erhalten. Nachdem die Grotte dem Besucherstrom zugänglich gemacht worden war, kam es fast zu einer Katastrophe, als die bewundernswürdigen Darstellungen überraschend von einer geheimnisvollen Krankheit befallen wurden. Darum mußte Lascaux für das Publikum gesperrt werden. Das in den fünfziger Jahren an der Seite des Hügels entdeckte *Lager von Régourdon* (kleines Museum) enthielt ein prähistorisches Grab und eine große Anzahl Knochen von Braunbären, die vermutlich als heilig galten.

Umgebung: Le Thot (7 km südwestlich): Das in einem modernen Bau untergebrachte *Prähistorische Kunstzentrum des Thot* erklärt die Vorgeschich-

Montlhéry, Turm

te anhand zahlreicher Photographien und audiovisueller Darbietungen. Der Bau erhebt sich auf einem Hügel in 2 km Entfernung von **Thonac,** dessen bescheidene Kirche mit Glockenmauer eine romanische Jungfrau beherbergt. Das über der Vézère gelegene Schloß Thonac (16. Jh.) zeugt trotz des anmutigen Renaissance-Stils noch von mittelalterlicher Wehrhaftigkeit. – **Saint-Amand-de-Coly** (9 km östlich): Die eigenartige befestigte Kirche hat eine romantische Lage. Hier hatten sich 1575 die Hugenotten verschanzt: Zweitausend mit Artillerie ausgestattete Männer brauchten fast eine Woche, um den Widerstand zu brechen. Bei den Stürmen wurden die Klosterbauten um das Gotteshaus beschädigt. Die eigenartigste Kirche des Périgord (12. Jh., Umbauten aus dem 13. Jh.) hat eine außergewöhnliche Fassade, deren Portal mit einem sehr hohen Spitzbogen versehen ist. Der Fußboden im Innern steigt zum Chor hin an. Die sparsam geschmückte massive Kirche war einst von einem Kreuzgang und weiteren Bauten umgeben, von denen nichts erhalten blieb (die Abtei soll im 7. Jh. von Saint-Amand gegründet worden sein).

Montlhéry

3690 Ew

91 Essonne

S. 410 ☐ I 5

Der Ort, der einst mächtigen Lehensherren gehörte, ist immer noch Mittelpunkt des Gemüse- und Tomatenanbaus, doch hat er seine Eigenständigkeit verloren und ist zu einer Art Vorort von Paris geworden. Der berühmte *Turm* aus dem 13. und 14. Jh. gehörte zur ehem. Burg, deren Ringmauern völlig verfallen sind.

Umgebung: Longpont (2,5 km nordöstlich): Die Kirche *Notre-Dame* stammt aus dem 12. (romanisches Schiff) und 13. Jh. Beschädigtes Portal vom Beginn des 13. Jh. Im Innern Grabfliesen. – **Linas** (1 km südwest lich): Die Kirche aus dem 13. und 14. Jh. zieht die Pariser weniger an als die Autorennstrecke Linas-Monthléry.

Mont-Louis

66 Pyrénées-Orientales

S. 423 ☐ I 16

Das nahe von Font-Romeu, dem Megève der Pyrénäen, gelegene Mont-Louis ist vornehmlich wegen seines Sonnenenergie-Kraftwerks bekannt. Die von Vauban* entworfene Festung, die das kleine Gebiet der Cerdagne gegen Spanien verteidigte, bewahrt mit ihren Umwallungen und ihrer Zitadelle noch militärischen Charakter.

Montluçon

56 410 Ew

03 Allier

S. 420 ☐ J 9

Vieux-château: Die Ruine eines Schlosses der Herzöge von Bourbon aus dem 15. und 16. Jh. liegt an einer

Esplanade, die einen Blick auf die Stadt bietet. Ein großer zinnenbewehrter Turm neben dem rechteckigen Wohnbau ist durch eine Galerie mit dem Wehrturm verbunden, in dem das *Städtische Museum* (Geschichte, Volkskunst, Industrie, Fauna und Flora der Gegend) und das *Musée international de la vielle* untergebracht sind. Letzteres besitzt herrliche Musikinstrumente aus dem Mittelalter, die von großen Pariser Lautenmachern signiert sind.

Notre-Dame: Sie wurde im 14. und 15. Jh. an der Stelle einer romanischen Kirche erbaut und im 16. Jh. vollendet. Im Inneren: Flügelaltar (15. Jh.); zwei schöne Glasfenster aus dem 16. Jh. und eine vergoldete Holzstatue aus dem 17. Jh.

Saint-Pierre: Die von alten Häusern umgebene Kirche aus dem 12. Jh. besteht aus einem einzigen großen Schiff, das von einem weit ausladenden Querschiff abgeschlossen wird. Der Triumphbogen, der das Schiff von den Querarmen trennt, ist von engen »passages berrichons« flankiert. Hinter dem Hauptaltar ein steinernes Kreuz aus dem 16. Jh., das einst an einem Stadteingang stand. In einer der Apsiden steinerne Statue der Hl. Magdalena (15. Jh.) im Kostüm der Epoche Ludwigs XIII. Ihr Abguß befindet sich im Pariser Musée des Monuments français.

Montmaurin

31 Haute-Garonne — 190 Ew — S. 423 □ G 15

Die einst sehr bewaldeten Kalksteinberge von Montmaurin wurden früh bewohnt (in den Grotten der Umgebung Funde aus der Steinzeit). Ausgrabungen im 19. und 20. Jh. haben Montmaurins Bedeutung in der römischen Zeit nachgewiesen. Die wichtigste Entdeckung war eine riesige von etwa zweihundert Nebengebäuden umgebene Villa. Dieser seltene im 3. und 4. Jh. verschönerte Wohnsitz aus dem 1. Jh. war ebenso bequem wie luxuriös: Verschiedene Säle wurden mit warmer Luft geheizt, die Fenster waren mit Glas geschlossen, die Köche verfügten über einen Eisschrank (in den Küchen wurden zahlreiche Muscheln gefunden).

Montmédy

55 Meuse — 2210 Ew — S. 416 □ M 3

Der Ort wurde durch seine Lage auf einem steilen Berg (321 m) von Natur aus zur Festung bestimmt. Im 17. Jh. ließ Vauban* hier das Modell einer *befestigten Stadt* errichten, deren Zitadelle von Umwallungen umgeben ist, zu denen zwei Zugbrücken führen. Zu dem Verteidigungssystem gehören Basteien und unterirdische Anlagen. In der Kirche (13. Jh.) ein interessanter Grabstein aus schwarzem Marmor (16. Jh.).

Montmirail

51 Marne — 3420 Ew — S. 415 □ K 5

Die kleine, ehemals befestigte Stadt auf einem Hügel über dem Petit-Morin erinnert noch an den Kardinal de Retz, der 1613 hier geboren wurde, und an Napoleon, der hier eine seiner letzten Schlachten gewann (1814). Auf einem mit schönen Bäumen bestandenen Platz eine Kirche aus dem 14. und 16. Jh. Das im 16. Jh. begonnene Schloß wurde im 17. Jh. nach den persönlichen Anweisungen von Louvois im reinsten Stil Ludwigs XIII. fertiggestellt. Der von zwei Pavillons umrahmte Ehrenhof und sein zweifach geschwungener Perron bilden eine schöne architektonische Einheit.

Montmoreau

16 Charente — 1180 Ew — S. 419 □ G 11

Die steilen Straßen des an der Grenze der Charente gelegenen Marktfleckens führen bis zum *Schloß*, das aus dem 15. Jh. stammt. Der mit zwei Türmen versehene und mit braunen Ziegeln bedeckte solide Bau besitzt eine romanische Vorhalle mit schönen Kapitellen. Ein Durchgang verbindet sie mit der von Arkaden umgebenen runden Kapelle: Die Kapitelle sind mit phantastischen Tieren und Palmetten geschmückt.

Saint-Denis: Die Kirche wurde im 12. Jh. erbaut, die Kapelle der Jungfrau stammt aus dem 15. Jh., im 19. Jh. wurde Saint-Denis restauriert. Am interessantesten ist die schöne Fassade des Portals, die fünf Bogenwölbungen sind mit Palmetten und verschiedenen geometrischen Motiven geschmückt, die innere Bogenrundung in Kleeblattform zeugt von sicherem orientalischem Einfluß.

Umgebung: Puypéroux (8 km nördlich): Die Abteikirche Saint-Gilles geht auf das 12. Jh. zurück. Schmuckloses Äußeres mit von Kapellenkranz umgebener Apsis. Der interessanteste Teil des Innenraums ist die von schmalen Passagen umgebene achteckige Kuppel. Schöne Kapitelle.

Montmorillon	6680 Ew
86 Vienne	S. 419 □ H 9

In der kleinen reizvoll über der Gartempe gelegenen Stadt sind noch drei romanische Bauten erhalten.

Notre-Dame: Ihre zwei unterschiedlichen Teile stammen aus verschiedenen Epochen: Einer wird vom Querschiff und Chor gebildet, der andere durch das Hauptschiff. Der Chor aus dem 11. Jh. steht über einer Krypta, in der die berühmtesten Wandgemälde des Poitou erhalten sind. Sie stellen die wichtigsten Episoden aus dem Leben der Hl. Katharina dar, der diese Krypta geweiht ist, und zeugen von einem bereits fortschrittlichen Stil, so daß sie nicht vor dem 13. Jh. geschaffen sein können. Das von Arkadenverzierungen belebte Chorhaupt der Kirche besteht aus weißem Kalkstein (der quadratische Turm ist modern). Das einzige Schiff wurde im 15. Jh. mit Plantagenet-Wölbungen versehen. Die Fassade wurde im 19. Jh. erneuert.

Saint-Laurent de la Maison-Dieu: Das Hospital von Montmorillon wurde im

Puypéroux, Abteikirche, Kapitelle

Montmorillon, Krypta der Kirche

12. Jh. erbaut. Von der gegen Ende der romanischen Epoche errichteten Kirche sind noch der seitliche Glokkenturm und der im 17. Jh. restaurierte Giebel der Fassade erhalten. Der aus feinem Kalkstein ziselierte obere Fries stellt verschiedene Szenen aus der Kindheit Jesu dar. – *Oktogon:* Im Hof des ehem. Maison-Dieu erhebt sich ein seltsames Bauwerk aus dem 12. Jh. Diese Grabkapelle ist das Pendant eines anderen achteckigen Baus, der vermutlich als Wärmstube diente.

Montpellier	189 110 Ew
34 Hérault	S. 424 □ K 14

Die Stadt mit wechselhafter Geschichte, deren alte Häuser zum großen Teil aus dem 17. und 18. Jh. stammen, gehört zu den schönsten Südfrankreichs. Heute ist sie Sitz der Verwaltung des Languedoc-Roussillon. Montpellier, das ursprünglich aus zwei deutlich unterschiedenen Niederlassungen bestand, kam, nachdem es zu Aragon und dann zum Königreich Mallorca gehört hatte, schließlich zur französischen Krone. Richelieu und nach ihm Ludwig XIV. machten die Stadt zur Hauptstadt der Provinz Languedoc und förderten die Universität.

Alte Stadtpaläste: Im 17. und 18. Jh. schmückte sich Montpellier mit prächtigen Stadtpalästen in elegant klassischem Stil oder Wohnbauten von heiterem Luxus. Zu den bedeutendsten Denkmälern dieser Architektur gehören das *Hôtel de Ganges* (Präfektur), das *Hôtel de Castries* (Rue Saint-Guilhem), das herrliche *Hôtel de Saint-Côme* (Handelskammer), *Hôtel Bonnier de la Mosson* (Rue des Trésoriers-de-la-Bourse), *Hôtel de Manse* (Rue Embouque-d'Or), *Hôtel de Lunaret* (Rue des Trésoriers-de-France), das die Sammlungen der archäologischen Gesellschaft beherbergt, das *Hôtel de Sarret* (Place de la Canourgue), das *Hôtel Richer-de-Belleval* (Rathaus).

Montpellier **1** Hôtel de Ganges (Präfektur) **2** Hôtel de Castries **3** Hôtel de Saint-Côme **4** Hôtel Bonnier de la Mosson **5** Hôtel de la Manse **6** Hôtel de Lunaret **7** Hôtel de Sarret **8** Place de la Canourgue **9** Promenade du Peyrou **10** Porte du Peyrou **11** Jardin des Plantes **12** Kathedrale Saint-Pierre **13** Fontaine des Trois-Grâces **14** Esplanade **15** Musée Fabre **16** Musée Atger

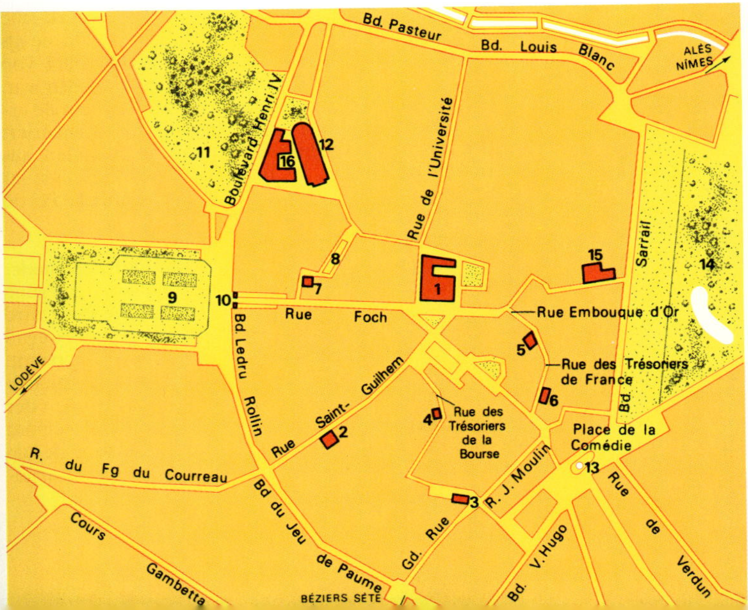

Montpellier, Promenade du Peyrou

Die bloße Aufzählung dieser schönen Patrizierhäuser entspricht einem kleinen Stadtführer: Die gesamte Altstadt besteht aus unzähligen Hôtels, deren schöne Fassaden oft Höfe und prächtige Treppen verbergen . . .

Promenade du Peyrou: Der zwischen 1689 und 1776 angelegte herrliche Spazierweg steigt in Terrassen, von denen man eine herrliche Aussicht hat, über Montpellier auf. Die Reiterstatue Ludwigs XIV. oben stammt jedoch erst aus dem Jahre 1838. Der achteckige Bau des reizvollen 880 m langen Wasserschlosses ahmt den Pont du Gard nach (18. Jh.) Die Porte de Peyrou (1691) ist das provenzalische Gegenstück der Porte Saint-Martin in Paris. – Der nahegelegene *Botanische Garten* wurde 1593 im Auftrag Heinrichs IV. von Richer de Belleval angelegt. Er wurde im 19. Jh. vergrößert und um 1950 neu angelegt. Inmitten dieser seltenen von Paul Valéry sehr geschätzten Pflanzungen steht eine Orangerie (Ende 18. Jh.).

Saint-Pierre: Die alte Klosterkirche geht auf das 14. Jh. zurück. Da sie als einziges Gotteshaus nicht völlig von den Protestanten zerstört worden war, wurde sie im 16. Jh. zur Kathedrale erhoben und im 17. Jh. restauriert (Querschiff und Apsis stammen aus dem 19. Jh.). Die Türme verleihen ihr einen festungsartigen Anblick. Portal aus dem 14. Jh.

Place de la Comédie und Esplanade: Der am Rande der Altstadt gelegene belebte marmorgepflasterte Platz wird von den Bewohnern der Stadt wegen seiner ovalen Form »Das Ei« genannt. Für ihn schuf der Bildhauer Etienne Antoine* im 18. Jh. den Brunnen der Drei Grazien. An einer Ecke beginnt die Esplanade, ein Spazierweg, der an der Stelle der ehem. Stadtmauer angelegt wurde.

Maguelone, ehem. romanische Kathedrale

Musée Fabre (Rue Montpelliéret): Das bedeutende Museum trägt den Namen seines Stifters, des aus Montpellier stammenden François-Xavier Fabre* (1766–1837), der dafür das später durch eine Galerie bereicherte Hôtel Massilian einrichtete. Das kürzlich neugeordnete Museum stellt eine große Anzahl von Gemälden, Skulpturen, Kunstgegenständen und Möbeln aus. Darunter sehr schöne Werke von Houdon* *(Der Winter, Der Sommer, Sitzender Voltaire),* Gemälde der flämischen und holländischen Schule (Téniers* d. J., Gabriel Metsu*, Jan Steen* u. a.), eine bemerkenswerte Sammlung italienischer Gemälde, Werke von Greuze*, Courbet* und Delacroix*. Der ebenfalls in Montpellier geborene Frühimpressionist Bazille* ist mit verschiedenen Bildern aus seinen letzten Lebensjahren vertreten (er fiel im Krieg von 1870). Neben Werken zeitgenössischer Kunst besitzt das Museum noch einen Annex, das Hôtel Cabrières-Sabatier-d'Espeyran, das der Stadt vermacht wurde.

Musée Atger (Rue de l'École de Médecine): Das im ersten Stock der medizinischen Fakultät untergebrachte Museum besitzt sehr schöne Zeichnungen italienischer und südfranzösischer Künstler. Sitz der medizinischen Fakultät ist seit der Revolution das im 14. Jh. gegründete ehemalige Collegium von Saint-Benoît.

Umgebung: Maguelone (16 km südlich): Die ehem. romanische Kathedrale mit schönem Portal (1178) hat einen Sarkophag aus dem 15. Jh.

Montréal	220 Ew
89 Yonne	S. 415 □ K 7

Das malerische, reizvolle alte Dorf bewahrt noch einen Teil seiner Befesti-

Montréal, Detail vom Chorgestühl der ehem. Kollegiatkirche

gungen: Montréal hatte strategische Bedeutung. Die schön auf einem Hügel gelegene, von Viollet-le-Duc* restaurierte Kollegiatkirche stammt zum großen Teil vom Ende des 12. Jh. Im Innern ein herrliches Alabasterretabel aus dem 15. Jh., verschiedene Skulpturen und ein 1522 von den Burgunder Künstlern, den Brüdern Rigolley*, ausgeführtes Gestühl mit sehr anschaulicher Darstellung von Szenen aus dem Alten und Neuen Testament.

Montrésor	470 Ew
37 Indre-et-Loir	S. 419 □ H 8

Der charmante über einem kleinen Fluß gelegene Ort war einst eine bedeutende Festung, die im 10. Jh. vom Grafen von Anjou Foulques Nerra erbaut und im 14. Jh. neu errichtet wurde. Das eigentliche *Schloß* entstand erst zu Beginn des 16. Jh. 1849 wurde es von einer polnischen Familie erworben, die es restaurieren ließ und persönlich ausgestaltete (Kunstwerke und Dokumente über Polen, Flachreliefs, auf denen die Schlacht von Sobieski dargestellt ist). Im Inneren schönes Mobiliar aus dem 19. Jh. und zahlreiche Gemälde. Die ehem. *Kollegiatkirche,* die Gotik und Renaissance vereint, stammt aus der ersten Hälfte des 16. Jh. Im Innern das Grabmal der Bastarnay, der ehem. Herren von Montrésor. In Holz erbaute Markthallen aus dem 17. Jh.

Umgebung: Kartause von Liget (5 km westlich; am Rande des Waldes von Loches): Von Montrésor kommend, sieht man zuerst das befestigte Haus mit Kapelle. Sie wurde von Heinrich II. von England gegründet und ist von der Zeit sehr mitgenommen. Das monumentale Portal und der Kreuzgang stammen aus dem 18. Jh., die Kapelle aus dem 12. Jh.

Montreuil-Bellay

3990 Ew

49 Maine-et-Loire S. 418 □ F 8

Die kleine Stadt über dem Ufer des Thouet hat einen persönlichen Charakter. Das an der Stelle eines alten römischen Lagers errichtete *Schloß* stammt zum großen Teil aus dem 15. Jh. Es besteht aus einem Châtelet, einem eigentümlich angelegten Petit-Château (Küche, vier unabhängige Wohnbauten der ehemaligen Stiftsherren) und einem schönen Château Neuf mit Türmen, Kapelle und spätgotischen Kaminen (schönes Mobiliar). Die gegenüberliegende Kirche *Notre-Dame* aus der 2. Hälfte des 15. Jh. hat ein elegantes, mit Wölbungen im Stil von Anjou bedecktes einheitliches Schiff.

Umgebung: Le Puy-Notre-Dame (7 km südwestlich): Ein einst befestigter Marktflecken mit schöner Kirche im Stil von Anjou (13. Jh.). – **Abtei von Asnières** (7 km nordwestlich): Ruinen der von den Hugenotten verwüsteten Klosterbauten, insbesondere der Abteikirche (sehr schöner Chor aus dem 13. Jh.).

Montreuil-sur-Mer

2840 Ew

62 Pas-de-Calais S. 410 □ I 2

Das Meer hat sich seit langem zurückgezogen, und der Ort liegt nun vereinsamt auf einer Hochebene über der Canche. Die einstige Festung ist von Wällen aus rosa Backstein und weißem Stein mit Türmen (16. und 17. Jh.) umgeben, um die ein schattiger Rundgang führt. In den Mauern der ab 1567 erbauten *Zitadelle* sind noch Teile des alten Schlosses erhalten, z. B. die beiden runden Türme des ehem. Eingangs (13. Jh.). Die Tour Berthe (14. Jh.) war ehemals ein Stadttor. Die Kapelle des Hôtel-Dieu in der Stadtmitte wurde zum großen Teil neu erbaut. Sie enthält eine herrliche Innenausstattung (geschmackvolle Täfelungen, vergoldeter Barockaltar mit eingelassenen Spiegeln). – Die Kirche *Saint-Saulve* wurde seit ihrer Gründung (11. Jh.) immer wieder umgebaut. Der ziemlich komposite Bau hat ein vorwiegend spätgotisches Schiff. Außer Statuen und Gemälden aus dem 18. Jh. besitzt das Gotteshaus den Schatz der Abtei von Saint-Austreberthe, zu dem ein silberbeschlagener Bischofsstab (7. oder 8. Jh.), ein besonderes Meisterwerk der Goldschmiedekunst, zählt.

Montreuil-Bellay, Schloß

Montrichard

3860 Ew

41 Loir-et-Cher S. 415 □ H 7

Die ruhige Stadt am Ufer des Cher ist von einer fruchtbaren Landschaft umgeben. Der alte Teil des Ortes bewahrt noch viel von seinem mittelalterlichen Charakter (*Maison du prêche,* 11. Jh., *Maison de l'Ave Maria,* 16. Jh., *Hôtel Jacques de Beaune,* 16. Jh.). Über der

Montrichard, Schloß Gué-Péan

Stadt ein Wachturm (12. Jh.) und Ruinen einer im Auftrag Heinrichs IV. geschleiften Burg. Die Kirche von *Nanteuil* stammt aus dem 12. (romanische Apsis und Chor), 13. und 14. Jh. Die ehem. herrschaftliche Kapelle, die Kirche *Sainte-Croix,* hat noch romanische Bestandteile.

Umgebung: Schloß Gué-Péan (11 km östlich): Dieses elegante ehemalige Jagdschloß aus dem 14. und 15. Jh. wurde von mehreren Königen, Fénelon, La Fayette und Balzac aufgesucht. Im Innern ein von Germain Pilon* geschaffener Kamin, schöne Möbel und verschiedene Kunstwerke. – **Schloß Montpoupon** (11 km südwestlich): Aus dem 15. und 16. Jh., restauriert. Es beherbergt ein Jagdmuseum mit verschiedenen Erinnerungsstücken und zahlreichen Trophäen. – **Pontlevoy** (7,5 km nordöstlich): Bedeutender Marktflecken um eine Abtei, von der noch die ehem. Abteikirche aus dem 13., 14. und 15. Jh. (Altäre aus dem 17. Jh.) und verschiedene Ruinen erhalten sind. Alte Häuser, Kirche mit Teilen aus dem 11. Jh.

Mont-Saint-Michel	110 Ew
50 Manche	S. 413 □ E 5

Ein Wunder aus Granit! Die märchenhafte Silhouette des Mont-Saint-Michel erhebt sich an der bretonischen Grenze der Normandie: Das von der Statue des Erzengels bewachte festungsartige Kloster staffelt sich pyramidenförmig auf einem Hügel, der in einer Bucht liegt. Die kunstvoll auf dem hohen Felsen angeordneten Bauten ähneln einer Traumarchitektur – und sind einem Traum entsprungen: Der Überlieferung zufolge soll der Erzengel Michael dem Bischof von Avranches, Aubert, im Traum erschienen sein und ihm befohlen haben, auf der damals Mont Tombe genannten verlassenen Insel ein Oratorium zu errichten. Der Prälat ließ sich etwas bitten, doch der Anführer der Himmlischen Heerscharen ließ nicht locker. Die erste bescheidene Kapelle wurde wohl 706 geweiht. Bald kam eine weitere Kapelle hinzu. Bald wurde der Berggipfel, auf dem sich eine kleine Anzahl Mönche angesiedelt hatte, zu einem Wallfahrtsort. 1060 wurde von dem normannischen Herzog Richard I eine große Benediktinerabtei gegründet.

Der vorromanische Bau vom Ende des 10. Jh. *Notre-Dame-sous-Terre* (Unsere Liebe Frau unter der Erde) mit einer für jene Zeit kühnen Wölbung wurde zur Krypta, um die letzten Joche einer größeren romanischen Kirche zu tragen. Weitere Krypten wurden als Unterbau für die große von 1017 bis 1144 errichtete romanische Abtei angelegt, deren Gebäude sich gefährlich an den Abhängen des ehemaligen Mont Tombe drängen. In der 2. Hälfte des 12. Jh. hatte das Kloster einen bedeutenden Abt, Guillaume de

Mont-St-Michel

Mont-St-Michel, Porte du Roi

Mont-St-Michel, Abtei

Thorigny, der Ludwig VII. und Heinrich II. zusammen empfing (die beiden Könige hatten gerade Frieden geschlossen). Nie war etwas schön oder groß genug: Im 13. Jh. wurde mit dem Bau einer gotischen Anlage begonnen, der bis ins 16. Jh. fortgesetzt wurde (nachdem der Chor der Abteikirche eingestürzt war, wurde er im 15. Jh. ganz neu errichtet). Das Châtelet, eine Art Torburg, wurde im 14. Jh. erbaut, die Ringmauern zwischen 1425 und 1440 verstärkt: Die hochgelegene Abtei wurde so zu einer Meeresfestung und konnte im Hundertjährigen Krieg französisch bleiben. Trotz der Reformbemühungen im 17. Jh. verlor das Kloster an Bedeutung, und schließlich schlug durch die Revolution seine letzte Stunde. Unter dem Ancien régime hatte es gelegentlich als »Bastille« gedient, nun wurde es, wie die Abtei Fontevraud an der Loire, zu einer Strafanstalt. Trotz der Proteste von Chateaubriand, Victor Hugo, Alfred de Vigny und Viollet-le-Duc* wurde die »Maison centrale« erst 1863 aufgehoben. Es kam zu bedeutenden Restaurierungsarbeiten, und der Turm erhielt als Bekrönung die Statue des Erzengels Michael, ein Werk eines Neffen von Rude*, Emmanuel Frémiet*, der Ende des vergangenen Jahrhunderts in hohem Ansehen stand.

Gesamtanlage: Der seltsame Ort hat nur eine einzige Straße, hingegen bilden viele Treppen, Passagen und übereinandergestaffelte Mauern ein Labyrinth, in dem man ständig von einer Epoche in die andere gelangt (die Besichtigung wird nach Stockwerken, nicht aber Epochen oder Gebäuden durchgeführt). Die Zeiten haben sich kaum geändert, seit Gustave Flaubert schrieb: »Man verirrt sich! Eine einzige Besichtigung genügt nicht, um die besondere Anlage aller dieser Bauten zu verstehen.«

Mont-St-Michel, Merveille und Kreuzgang

Verteidigungsanlagen und Dorf: Die *Porte de l'Avancée* ist das einzige Tor der Ringmauer, durch das man einen Festungshof aus dem 16. Jh. betritt (links Wachthaus von 1530, rechts zwei Steinschleudern, die den Engländern 1434 abgenommen wurden). Der weite Festungshof und die Porte du Roi führen zur engen, steilen Grande-Rue, die von Häusern aus dem 15. und 16. Jh. umsäumt ist, in denen sich meist Andenkenläden für Touristen befinden. Zwei Museen, das *Musée historial du Mont* und das *Musée historique,* enthalten Darstellungen zur Geschichte des Berges, Wachsfiguren und Dioramen. Die mit Grabsteinen aus dem 17. Jh. überladene Pfarrkirche *Saint-Pierre* stammt großenteils aus dem 15. und 16. Jh. Der Grand Legré, eine Treppe, die viele Fürsten und Prälaten bestiegen, führt zum Klostereingang, zu dem man aber auch über den in Terrassen angelegten *Jardin de la Gire* gelangt.

Abtei: Von dem ursprünglich rein romanischen Bau stürzten 1103 und 1420 bedeutende Teile ein. Später wurden noch drei Joche abgetragen. Die neugotische Fassade stammt von 1780. Das formal ausgeglichene nüchterne Schiff kontrastiert mit dem hellen, leichten Chor, der Ende des 15. Jh. im spätgotischen Stil erbaut wurde. Von außen beeindruckt der Chor durch seine kühne, schwerelose Bauweise. Eine in einem der kräftigen Strebepfeiler des Chors untergebrachte Wendeltreppe führt zu einer Brüstung mit herrlichem Ausblick. Die Abtei ruht auf Krypten, deren eine von der bereits erwähnten vorromanischen Kirche Notre-Dame-sous-Terre gebildet wird.

Merveille: Der im 13. Jh. begonnene Gebäudekomplex, eine der elegantesten Festungen, besteht aus drei Stockwerken. Im obersten befindet sich der 1228 vollendete *Kreuzgang,* eine Art

Montsoreau, Schloß

Moret-s.-L., Maison de François I.

hängender Garten, das Juwel der Merveille, daneben das etwa gleichzeitig entstandene *Refektorium,* ein durch drei hohe, schmale Fenster zauberhaft erhellter weiter Saal. Unter dem Refektorium liegt die ebenfalls im 13. Jh. erbaute *Salle des hôtes,* ein zweischiffiger Empfangssaal. Die unter dem Kreuzgang gelegene *Salle des chevaliers* besteht aus vier Schiffen. Ganz unten liegen Keller und Vorratsräume und die *Aumônerie* (Raum des Almosenpflegers). Die strenge, kalte Salle de l'Aquilon geht auf das 12. Jh. zurück.

Montsoreau	500 Ew
49 Maine-et-Loire	S. 419 □ G 8

Das an den Hängen des Loire-Ufers gelegene Schloß stammt aus dem 15. Jh. Der solide elegante Bau hat noch Festungscharakter, doch wurde er von den Bauherren sehr wohnlic angelegt. Ein hübsches 1520 angebau tes Türmchen enthält die Ehrentreppe Im Inneren das *Musée des goums,* da 1956 aus Rabat hierher verlegt wurde Es enthält Erinnerungen an die Reite Lyauteys und die Eroberung Marokkos. In der **Dame de Montsoreau** ha Dumas sehr frei ein Liebesabenteue der Schloßherrin gestaltet.

Umgebung: Candes-Saint-Martin (1, km östlich): Der praktisch mit Montsoreau verbundene Marktflecken, i dem 397 der Hl. Martin starb, besitz noch die Ruinen seiner ehemalige Verteidigungsanlagen und einen hüb schen Wohnsitz der Bischöfe vo Tours (15. Jh.). Die nüchterne, schön Kirche *Saint-Martin* stammt aus de 11. Jh. und wurde im 15. Jh. befestig Die anmutige wohlproportioniert Pforte Saint-Michel aus dem 13. Jh. i mit Wölbungen im Stil von Anjou ve sehen, die von einer Mittelsäule getra

;en werden. Die aus drei gleichhohen ›chiffen bestehende Kirche ist am Rippenansatz mit zahlreichen Statuet- en und Figürchen geschmückt.

Moret-sur-Loing 3150 Ew
77 Seine-et-Marne S. 415 □ J 5/6

)ie malerische Stadt am Ufer des .oing ist mit zwei befestigten Toren ersehen, die zu der ehemaligen mit- elalterlichen Ringmauer gehörten. Sie vurde oft von Alfred Sisley* gemalt, ler hier in seinen letzten Lebensjahren is 1899 wohnte. Moret besitzt noch ahlreiche alte Häuser, darunter das ean Goujon* und Pierre Lescot* zu- eschriebene *Maison de François I.*)ieser schöne, reich geschmückte Vohnsitz war zerlegt und in Paris neu ufgebaut worden. 1958 »kam er eim« und wurde im Hof des Rathau- es aufgestellt. Die Kirche stammt aus em 13. (Chor), 14. und 15. Jh. Im In- ern schöne Orgel aus dem 16. Jh.

Morlaix 17900 Ew
29 Finistère S. 412 □ B 5

ie an den steilen Hängen eines Tales, dem sich der Jarlot und Queffleuth ım Dossen-Delta vereinen, gelegene tadt wird von einer monumentalen veistöckigen Eisenbahnbrücke be- errscht, die 1861 auf der Strecke Pa- s–Brest erbaut wurde. Die Gäßchen n unteren Teil der Stadt sind von chönen Fachwerkhäusern und mittel- lterlichen Fleischerläden gesäumt. ie dreistöckige Fassade des schön- en Hauses, Maison de la Duchesse nne genannt, ist mit Heiligen und Ingeheuern geschmückt (15. Jh.). Im ternenbekrönten Innenhof eine herr- che holzgeschnitzte Treppe.

tädtisches Museum: Das in der alten losterkirche der Dominikaner an der lace des Jacobins untergebrachte Iuseum enthält interessante Samm- ıngen. Neben Kunst und Ethnogra-

Morlaix, Maison de la Duchesse Anne

phie des Leon auch religiöse Skulptu- ren und alte (flämische, holländische, italienische und französische) Gemälde und moderne Werke (Courbet*, Boudin*, Monet*, Bonnard*, Raffaëli*).

Saint-Mathieu (1824): Vom ursprünglichen Bau ist noch der quadratische Turm von 1548 erhalten. Auf einem Altar im linken Seitenschiff eine zu öffnende Holzfigur von Notre-Dame-du-Mur, in der sich eine Trinität befindet. Kanzel und Orgel stammen aus dem 17. Jh.

Sainte-Mélaine: Im 15. Jh. im spätgotischen Stil neuerbaut. Im Innern schöne Ausstattung: Altäre, Taufbrunnen aus geschnitzter Eiche (1660) und Orgel von 1680.

Umgebung: Plougonven (11 km südöstlich): Der in der Nähe der Arrée-Berge gelegene Ort besitzt ein Enclos

Paroissial (Kirchplatz), in dem vor allem der *Kalvarienberg* (1554) sehenswert ist. Er besteht aus zwei Etagen auf achteckigem Sockel und wird von den üblichen drei Kreuzen überragt. In der untersten Reihe tritt Saint-Yves, der Heilige der Advokaten und des Kirchspiels, zwischen dem Armen und dem Reichen auf. Die Kirche aus dem 15. und 16. Jh. besitzt einen eleganten Turm mit Helm, an dessen Seite sich ein Treppenturm befindet. Das schöne Renaissance-*Beinhaus* (1532) daneben hat Fenster mit kleeblattförmigen Arkaden. – **Guerlesquin** (21 km südöstlich): Das wenige Kilometer von Plougonven entfernte Ackerbaustädtchen gruppiert sich um einen Platz mit alten Häusern. Der in der Mitte gelegene, mit Türmchen versehene quadratische Pavillon aus dem 17. Jh. war ein ehemaliges Gerichtsgebäude. – **Saint-Jean-du-Doigt** (16 km nördlich): Ein in der Kirche seit dem 15. Jh. aufbewahrter Reliquienfinger des Hl. Johannes gab dem malerischen Dorf seinen Namen. Zu dem Enclos Paroissial führt eine spätgotische Triumphpforte. Neben dem aus drei übereinanderliegenden Schalen bestehenden Renaissance-Brunnen zwei Beinhäuser (16. und 17. Jh.) und die kürzlich durch einen Brand beschädigte Kirche mit bemerkenswertem Kirchenschatz: drei Reliquiare, ein herrlicher vergoldeter Silberkelch (16. Jh.) mit einem Email der Geburt und einem Medaillon von Franz I. Ein Silberkelch aus dem 16. Jh. wurde mit acht Emailbildern von Zeitgenossen geschmückt, darunter Ronsard und Michel de l'Hospital.

Morosaglia → Corse

Mortagne-au-Perche

4860 Ew
61 Orne
S. 410 □ G 5

»Berg auf dem Berg, der schönste Or[t] Frankreichs«, behaupteten mit einige[r] Genugtuung die ehemaligen Bewohner. Die einstige Hauptstadt des Perche und die Geburtsstadt des Philosophen Alain bewahrt noch viele Reste der Vergangenheit (alte Markthallen, alte Wohnbauten). Im Mittelpunkt de[r] Stadt liegt die Kirche *Notre-Dame* hinter einem machtvollen Fassadenturm

Plougonven, Kalvarienberg aus dem 16. Jh.

Sie wurde Ende 15. und Anfang 16. Jh. erbaut. An der Nordseite ein reichgeschmücktes Portal mit beschädigtem Giebel (schöne Türflügel). Ein Glasfenster in einer Kapelle des linken Seitenschiffs stellt den Aufbruch der Bewohner von Perche nach Kanada dar (wo sich zahlreiche Familien vor der Revolution niederließen). Die *Porte Saint-Denis* beim Chor aus dem 12. oder 13. Jh. ist ein Überrest alter Befestigungen. Sie ist der Unterbau eines Gebäudes aus dem 16. Jh. Von einem zu einem Krankenhaus umgestalteten Klarissenkloster ist noch ein einfacher Kreuzgang aus dem 15. Jh. erhalten.

Mortain

50 Manche — 2680 Ew — S. 413 □ E/F 5

Eine kleine blühende Stadt in einer besonders fruchtbaren Gegend der Normandie. Nach den Zerstörungen des letzten Krieges wurde Mortain stark modernisiert. Die ehem. Kollegiatkirche *Saint-Évroult* stammt in ihrem Kern aus dem 13. Jh., doch ist im südlichen Seitenschiff noch ein romanisches Portal mit geometrischem Dekor erhalten. Das im 12. Jh. gegründete Zisterzienserkloster, die *Abbaye blanche,* enthält romanische Teile. Die zu Beginn des 13. Jh. geweihte Kirche entspricht dem Zisterziensertypus. Das ehemalige Kloster ist heute ein Seminar und enthält eine Sammlung afrikanischer Ethnographie.

Moulins

03 Allier — 25860 Ew — S. 420 □ K 9

Die ehemalige Hauptstadt des Herzogtums Bourbon verdankt ihren Namen den zahlreichen Mühlen, die seit dem Mittelalter an der Allier in Betrieb waren. Zuerst war Moulins nur Wohnsitz der Herzöge, doch als es Ende des 15. Jh. zur Hauptstadt erhoben wurde, entstand hier ein glänzender Hof, der zahlreiche Künstler anzog. In der reizvollen, wenig ausgedehnten Altstadt drängen sich alte Häuser um die Kathedrale, den Wachturm und die Ruinen des alten Schlosses, dessen Wehrturm aus dem 15. Jh. »la mal coiffé« (»die schlecht Behütete«) heißt (was sich wohl auf das wenig zur Gesamtform passende flache Dach bezieht).

Kathedrale Notre-Dame: Die ehem. Kollegiatkirche besteht aus zwei unterschiedlichen Teilen. Der zwischen 1474 und 1507 erbaute schöne spätgotische Chor wurde im 19. Jh. durch das Schiff und die den gotischen Stil nachahmenden Türme verlängert. In den unteren Fenstern der Kapellen und des Chors Glasmalereien aus dem 15. und 16. Jh. Der Kapellenkranz ist mit vielen Erinnerungen an den glänzenden Bourbonenhof ausgestattet. Unter dem Glasfenster mit Kreuzigung sieht man eine Grablegung aus dem 16. Jh. Eine Schwarze Madonna aus dem 12. Jh. in einer der Kapellen (ein Gegenstück zu der von Le Puy) erinnert daran, daß Moulins eine Etappe auf dem Weg nach Compostela war. In der Sakristei das berühmte *Triptychon des Meisters von Moulins**, das Ende des

Moulins, Jacquemart

Moustiers, Fayencen

15. Jh. für Pierre II. von Bourbon und seine Gemahlin Anna de Beaujeu geschaffen wurde. Auf der Außenseite ist in Grisaille die Verkündigung dargestellt. Bei geöffneten Flügeln sieht man die Stifter, die Christus und der Jungfrau vorgestellt werden. Die herrliche wohlausgewogene Komposition ist vor Goldgrund ausgeführt. Daneben das sog. *Bethléem-Triptychon* aus dem 16. Jh.

Jacquemart: Ein über 20 m hoher Turm am Rathausplatz. Überdachte Galerie und Glockenturm stammen aus der Mitte des 17. Jh. Die bemerkenswerte Jacquemartfigur ist eine getreue Nachbildung des Originals aus dem 17. Jh.

Mausoleum des Herzogs von Montmorency: Das aus dem 17. Jh. stammende Grabmal befindet sich in einer Kapelle des Lyzeums Banville, das in den Bauten des ehem. Klosters de la Visitation untergebracht ist. Das prachtvolle, klassische Werk wurde von Michel Anguier* geschaffen: Neben dem Herzog und seiner Gemahlin sind die Kraft, die Freigebigkeit, der Mut und der Glaube dargestellt.

Justizpalast: Das aus rosa und schwarzem Ziegel erbaute ehemalige Jesuitenkolleg ist ein charakteristisches Beispiel der Architektur von Bourbon aus dem 17. Jh.

Musée d'art et d'archéologie: Das in einem Teil des ehem. Schlosses (Renaissance-Pavillon) untergebrachte Museum besitzt schöne Wandteppiche aus dem 16. Jh., Waffen, bedeutende Sammlungen prähistorischer und gallo-römischer Funde, Fayencen und Gemälde aus Deutschland. – **Folkloremuseum:** Nachbildungen von Innenräumen des Bourbon, Dokumente und Kostüme sind in einem schönen Haus aus dem 15. Jh. ausgestellt. – **Städtische Bibliothek:** Sie besitzt eine große Anzahl von Wiegendrucken und Stundenbüchern (13.–15. Jh.), darunter die berühmte *Bibel von Souvigny,* eine herrlich ausgemalte Handschrift aus dem 12. Jh.

Moustiers-Sainte-Marie	600 Ew
04 Alpes-de-Haute-Provence	S. 425 □ N 14

Das wegen seiner Fayencen berühmte Moustiers hat eine sehr schöne Lage am Ausgang der Schluchten des Verdon. Die im 5. Jh. um ein Kloster entstandene kleine Stadt gelangte durch ihre Fayence-Industrie, die im 17. und 18. Jh. berühmt war, zu Wohlstand. In einem kleinen *Museum* wird ihre Herstellung veranschaulicht, die schönsten Stücke sind jedoch im *Musée Cantini* (→ **Marseille**) zu finden. Im überaus malerischen alten Stadtteil erhebt sich eine *Kirche* mit lombardischem Turm, romanischem Schiff und gotischem Chor. Darüber liegt die Kapelle Notre-Dame-de-Beauvoir, die der Über-

Moulins, Kathedrale, Triptychon

lieferung zufolge von Karl dem Großen gegründet worden sein soll. Sie wurde im 12. Jh. erbaut und in der Gotik umgebaut, doch ist ihr bescheidenes romanisches Portal noch erhalten.

Mulhouse/Mülhausen	116320 Ew
68 Haut-Rhin	S. 417 □ O 6

Ein hoher, symbolischer moderner Turm überragt die große, traditionell mit der Schweiz verbundene Stadt des Südelsaß. Da die Industriestadt nach dem Krieg zum großen Teil wieder aufgebaut wurde, ist sie nicht so malerisch wie Colmar oder Altstraßburg, doch sind noch einige alte Baudenkmäler und die herrliche Place de la Réunion erhalten, dazu kommen sehr originelle Museen. Mulhouse, das 1798 für die Vereinigung mit Frankreich stimmte, gelangte durch die Herstellung von »Indiennes« (bedruckte Stoffe) zu Wohlstand. Diese Fabrikation, die sich im 18. Jh. erweiterte, machte Mulhouse zu einem kleinen kontinentalen Manchester. Die einst bedeutende Pottascheherstellung hat sehr nachgelassen, weil sie Umweltverschmutzungsprobleme aufgibt.

Place de la Réunion: Alte Szenerie im Herzen einer modernen Stadt. Die im 19. Jh. neuerbaute Kirche *Saint-Étienne* wird von sehr schönen Glasmalereien aus dem 14. Jh. erhellt. Gegenüber das Haus Mieg aus dem 15. Jh., an der Ecke der Rue Boulanger und der Place Lambert alte Häuser. Abgesehen von dem herrlichen *Rathaus* (siehe Historisches Museum) sind in Mulhouse nur wenig alte Bauten erhalten: die Kapelle *Saint-Jean* (15. und 16. Jh., Grande-Rue), zwei Türme des ehemaligen Schlosses der Bischöfe von Strasbourg, Bollwerkturm (14. Jh., Teil der ehem. Ringmauer).

Historisches Museum (Place de la Réunion): Das 1431 erbaute und Mitte des 16. Jh. nach einem Brand neu errichtete Rathaus von Mulhouse wurde von Montaigne als »ein herrlicher, ganz vergoldeter Palast« beschrieben. Auf der Fassade eine Darstellung des »Steins der Schwätzer«, der einst den Verleumdern um den Hals gehängt wurde. Im schönen Saal des Conseil de la République (1552) des Rathauses finden immer noch die Sitzungen des Stadtrates statt, doch dienen die Räumlichkeiten vornehmlich als Rahmen eines interessanten historischen Museums, das die Vorgeschichte des südlichen Elsaß, gallo-römische Funde, mittelalterliche Kunst und die Geschichte von Mulhouse vom 16. Jh. bis 1830 zeigt. Dazu Meisterwerke der Volkskunst, reizvolle Sammlungen von Spielzeug, Puppen und Marotten. In einer Scheune mit herrlichem Dachstuhl sind Ladenschilder und Wetterfahnen, Goldschmiede- und Zinnarbeiten, Ofentüren und Kamine ausgestellt.

Musée des Beaux-Arts (4 Place Guillaume Tell): Das in einem Bürgerhaus untergebrachte Museum besitzt einige interessante Gemälde, darunter ein Werk von Peter Bruegel d. J.* und Werke von Künstlern aus dem Elsaß, (Jean-Jacques Henner*, Charles Walch* und vor allem Léon Lehmann*).

Stoffdruckmuseum (Rue des Bonnes-Gens): Das reizvolle Museum veranschaulicht die Techniken des Stoffdrucks und zeigt herrliche bedruckte Stoffe mit erfindungsreichen und einfachen Mustern (18. bis 20. Jh.). Der größte Teil ist den Arbeiten aus Mulhouse gewidmet, doch auch die Manufakturen von Jouy, Nantes, Bordeaux u. a. sind gut vertreten. Von Taschentüchern, die Marie-Antoinette gehört haben sollen, bis zum bedruckten Kleid, Kaschmirschals und mit ländlichen Szenen versehenen Wandbehängen beweist das Museum, daß der Stoffdruck zu den reizvollsten Techniken des Kunstgewerbes gehört. In der Bibliothek stapeln sich riesige Bücher. Sie enthalten (seit 1833 gesammelt)

Mulhouse, Brueghel (Museum

Hunderttausende von Zeichnungen und Mustern.

Französisches Eisenbahnmuseum (2 Av.-de-A.-de-Glehn): Das außerhalb der Stadt gelegene Museum ist eine Art riesiger Bahnhof, in dem unbeweglich einst für ihre Schnelligkeit berühmte Lokomotiven, Speise- und Schlafwagen stehen. Zu den Veteranen gehören die Lokomotive Nr. 33 »Saint-Pierre« (1844, 60 km/h), die Lokomotive Nr. 5 »Sézanne« (1847, 60 km/h), der Salonwagen, der General Joffre 1914–1915 als Büro diente. Zu diesem Museum gehört ein *Feuerwehrmuseum* mit Handpumpen aus dem 18. Jh.

Murato → Corse

Mûr-de-Bretagne

22 Côtes-du-Nord — 2110 Ew — S. 412 □ C 6

Die am Rande des Sees von Guerlédan zwischen bewaldeten Tälern gelegene kleine Stadt Mûr-de-Bretagne besitzt eine moderne Kirche (1878) mit einer schönen lächelnden Madonna. Die Kapelle *Sainte-Suzanne* (17. Jh.) auf einem Nachbarhügel enthält interessante bemalte Wandtäfelungen mit Passionsszenen und einige alte Statuen. Im linken Querschiff Reste eines holzgeschnitzten Lettners.

Umgebung: Le Quillio (9 km nordöstlich): Die im 16. Jh. erbaute Kirche weist auf der Südseite ein zierliches Portal auf. Die Schnitzereien im Chor (17. Jh.) stammen aus der heute zerstörten Zistertienserabtei Bon-Repos. Auf dem Friedhof steht ein schlichter Calvaire mit einer schönen Pieta.

Mühlhausen, Rathaus, Detail

Mussy-sur-Seine

10 Aube — 1680 Ew — S. 415 □ L 6

Der kleine, von einem Seine-Arm durchflossene Ort enthält mit einigen Wohnbauten aus dem 15. und 16. Jh. und den Ruinen des Schlosses der Bischöfe von Langres noch alte Erinnerungen. Die schöne gotische *Kirche* (13. Jh.) besitzt Meisterwerke der Bildhauerkunst: einen Johannes den Täufer aus dem 14. Jh. im typischen Stil der Champagne, eine ausdrucksvolle Pieta aus dem 16. Jh., einen Hl. Michael aus der gleichen Epoche und das Grab des Guillaume de Nuss und seiner Gemahlin (13. Jh.).

N

Najac 930 Ew
12 Aveyron S. 423 □ I 13

Das Dorf liegt auf dem Grat eines bewachsenen Granitfelsens hoch über dem Aveyron. *Kirche* aus dem 13. Jh., strenge gotische Häuser aus Bruchstein, die für die königlichen Beamten gebaut wurden und teilweise aus dem 13. Jh. stammen. Ein großer Brunnen aus dem 14. Jh., dessen Becken aus einem einzigen Granitblock gehauen wurde und dessen Flächen mit Skulpturen verziert sind. Im Osten erinnern Ruinen an das ehemals mächtige Schloß, das Alphonse de Poitiers, der Bruder des Hl. Ludwig, erbauen ließ. Es war Eigentum der Krone und Symbol der Macht des Königtums im fernen Rouergue.

Nancy 112000 Ew
54 Meurthe-et-Moselle S. 417 □ N 5

Die ehem. Hauptstadt des Herzogtums Lothringen zeugt von alter und schöpferischer Kultur. Trotz des Niedergangs der Eisenindustrie, des wichtigsten Industriezweigs der Gegend, erscheint Nancy als moderne Metropole und als kulturelles Zentrum. Zu dem befestigten Marktflecken des 11. Jh., der heutigen Altstadt, kam im 16. Jh. auf Initiative der Herzöge eine schachbrettartig angelegte Neustadt hinzu. Stanislas Leszczynski, der Schwiegervater Ludwigs XV., kam nach seiner Abdankung als polnischer König Mitte des 18. Jh. nach Nancy und umgab sich als aufgeklärter Herrscher, Mäzen und Philosoph mit den fähigsten lothringischen Köpfen: dem Architekten Emmanuel Héré* (1705–1763), dem Kunstschmied Jean Lamour* (1698–1771) und dem Bildhauer Nicolas Adam* (1705–1778), dessen Wohnhaus in Nancy besichtigt werden kann. Stanislas verstand es, Städtebau und Kunst vorbildlich miteinander zu verbinden.

Baulichkeiten von Stanislas: Die glanzvollen Bauten in der Innenstadt verbinden Alt- und Neustadt und gelten als seltenes Beispiel barocken Städtebaus in Frankreich. Sie vereinen nicht nur die Grazie des 18. Jh. mit der Würde des 17. Jh., sondern entsprechen auch politischen Absichten (Verherrlichung des Fürsten) und praktischen Erfordernissen (die Ausdehnung der Stadt machte öffentliche Bauten notwendig).

Place Stanislas: Der früher *Place Royale* (des Königs Ludwigs XV.) genannte Platz wurde ab 1752 unter Leitung von Héré* angelegt. Fünf Pavillons (der größte ist das Hôtel de Ville im Süden mit dem Wappen von Stanislas im Giebel) und zwei monumentale

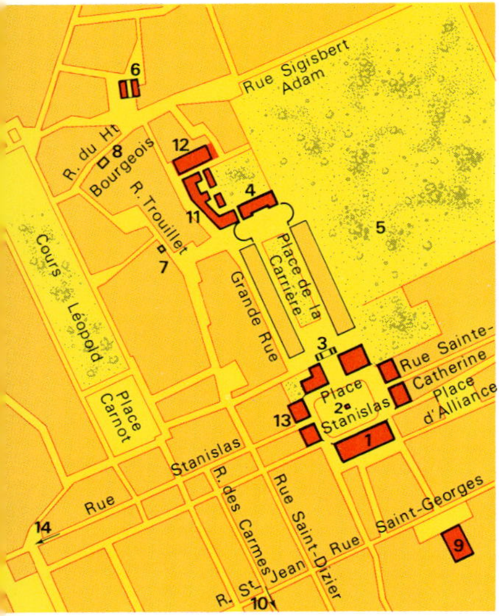

Nancy **1** Rathaus **2** Standbild von Stanislas **3** Triumphbogen **4** Palais du Gouvernement **5** Pépinière **6** Porte de la Craffe **7** Hôtel d'Haussonville **8** Hôtel de Ferrari **9** Kathedrale **10** Notre-Dame de Bon-Secours **11** Musée historique lorrain (Palais ducal) **12** Kirche des Cordeliers **13** Musée des Beaux-Arts **14** Musée de l'école de Nancy

Arkadenreihen begrenzen ein Rechteck mit abgeschrägten Winkeln. Die prächtigen Gitter von Lamour* schließen den Platz ab. Im Norden rahmen sie die Fontaine de Neptune und Fontaine d'Amphitrite, Werke des Bildhauers Guibal*, ein. In seinen Ausmaßen (124 m × 106 m) weit und maßvoll zugleich, bildet dieser Platz eine harmonische und geschmackvolle Einheit. Die Gitter, von Pilastern unterteilt und mit Akanthusblättern und Muscheln verziert und vergoldet, nehmen sich in der Gesamtanlage als vollkommen integrierte Kunstwerke aus Schmiedeeisen aus. Lamour arbeitete auch die 56 Balkons der Pavillons und das Treppengeländer am Hôtel de Ville, die als Meisterwerke eindrucksvoller Schmiedekunst gelten. Er bewahrte den Rokokostil vor barockem Übermaß.
Ein in der römischen Tradition stehender *Triumphbogen* führt auf die lange *Place de la Carrière.* Sie wurde im 15. Jh. angelegt, von Héré aber umgebaut. Die einheitlichen Fassaden der Häuser aus dem 18. Jh. gehen auf eine schattige Terrasse.
Gegenüber, auf der entgegengesetzten Seite des Triumphbogens, schließt der *Palais du gouvernement* den Platz ab. Die gerundete Kolonnade als Verlängerung des Peristyls grenzt den Ehrenhof ab.
In der Nähe liegt die **Place d'Alliance** mit der Front der ebenso harmonischen wie einfachen Hôtels des 18. Jh. die Héré 1753 als Ausgleich zu der nach Osten wachsenden Stadt baute. An das Palais du gouvernement schließt sich der Stadtpark, *La Pépinière,* an. Er wurde in den Jahren nach 1765 angelegt; hier steht ein Werk Rodins*, das dem Maler Claude Gellée, genannt Le Lorrain* (1600-1682), gewidmet ist.

Hôtels der Altstadt: Im Herzen der malerischen Altstadt, die noch heute von der Porte de la Craffe mit zwei zylindrischen Türmen (Reste von Festungswerken des 14. Jh.) bewacht wird, sind einige alte Häuser erhalten. Manche, so das *Hôtel d'Haussonville* stammen aus der Renaissance, andere so das *Hôtel de Ferrari,* aus dem 18. Jahrhundert.

Kirchliche Bauten: In der Stadt fehlen die ganz alten Kirchen. Es gibt aber einige für das 18. Jh. charakteristische Kirchen.
Boffrand* vollendete 1742 die 170[illegible] von Hardouin-Mansart* begonnene beeindruckende und gut aufgeteilte *Kathedrale.* Die als Vorbau angelegten drei Säulengeschosse und zwei hohe Türme mit kühnem Abschluß verleihen der Fassade eine imposante Vertikale. Grandios, aber maßvoll wirkt die Kathedrale im Innern: Die schmiedeeisernen Gitter der Seitenkapellen (einige von Lamour*) unterstreichen den monumentalen Aspekt der ganzen Anlage.
Ein prächtiger *Kirchenschatz* zeigt Goldschmiedearbeiten des 10. Jh. Eines der kostbarsten Stücke ist da[illegible]

Nancy, Place Stanislas, Gitter von Lamour

Evangeliar des Hl. Gauzelin, dessen gravierter Silberdeckel mit schönen Medaillons aus durchscheinendem Email verziert ist.

Notre-Dame de Bonsecours: 1738 erbaute Héré* im Auftrag von Stanislas Leszczynski die Kirche Notre-Dame de Bonsecours, der dort beigesetzt werden wollte. Die Fassade ist von der italienischen Renaissance, der Innenraum vom deutschen Barock beeinflußt. Das Bauwerk strahlt in seiner Aufgliederung bewundernswerte Einfachheit aus. Eine prächtige Innenausstattung unterstreicht die Wirkung dieser mit Marmor, Stuck und Deckengemälden ausgeschmückten Kirche. Der Grabstein von Stanislas, eine Arbeit von Vasse*, ist in kühlem Klassizismus gehalten, ganz im Gegensatz zu dem Mausoleum seiner Gattin Katharina Opalinska, einem Werk von Nicolas Adam*. Die interessante Statue von Notre-Dame de Bonsecours im hinteren Teil der Kirche ist eine erstaunliche Skulptur vom Anfang des 16. Jahrhunderts.

Musée historique lorrain: Es ist im Palais ducal untergebracht, das 1502 erbaut und Anfang des 19. Jh. sorgfältig restauriert wurde. Obwohl es zur gleichen Zeit wie die Schlösser der Loire erbaut wurde, hat es den wehrhaften Charakter einer ehemaligen Festung behalten. Kein Prunk, abgesehen von dem Portal mit dem prächtigen Wimperg im Flamboyant-Stil, an der im übrigen schmucklosen Fassade. Das Museum ist der Ethnographie und der Kunst Lothringens gewidmet. Es zeigt u. a. gallo-römische archäologische Funde, mittelalterliche Skulpturen, Gobelins des 15. und 16. Jh., Gebrauchsgegenstände, die von der Tradition der Volkskunst Zeugnis ablegen.
Eine Kostbarkeit für sich sind eine Reihe repräsentativer Werke berühm-

ter lothringischer Künstler des 17. Jh.: beinahe alle Radierungen von Jacques Callot*, Kupferstiche von Jacques de Bellange* und einige sehenswerte Gemälde, darunter die *Servante à la puce* von Georges de La Tour*.
Die heute unbenutzte Kirche *des Cordeliers* ist ein Nebengebäude des Museums. Dieses einzige Beispiel gotischer Architektur in Nancy – das Schiff stammt aus dem 15. Jh. – ist die Grabkirche der Herzöge von Lothringen. Die *chapelle ducale* über den Grabmälern beeindruckt durch ihre achteckige Form und ihre Kassettenkuppel mit Scheinrelief, die von einer zentralen Laterne überragt wird (1607). Unter den bemerkenswerten Werken dieser Museumskirche fällt der von Ligier Richier* meisterlich ausgeführte Grabstein von Philippe de Gueldre auf, der sich am Geist mittelalterlichen Christentums orientiert.

Musée des Beaux-Arts: Es steht mit seinem Giebel an der Place Stanislas und bietet einen fast vollständigen Überblick über die europäische Malerei vom Mittelalter bis zur Gegenwart. Zahlreiche bemerkenswerte Werke des 17., 18. und 19. Jh., darunter *La Mort de Charles le Téméraire à la bataille de Nancy* von Eugène Delacroix*. Das Museum besitzt eine bedeutende Sammlung moderner Malerei (insbesondere Dufy*, Utrillo* und Modigliani*).

Musée de l'École de Nancy: Der »modern style« stellte sich Ende des 19. Jh. dem herrschenden reaktionären Stil entgegen, der nur Imitationen schuf. Einige seiner Vertreter kamen aus Nancy: Émile Gallé* (1846–1904) und Louis Majorelle* (1859–1926) haben an der Erneuerung der bildenden Künste mitgewirkt und schufen Werke (Möbel, Glas- und Keramikgegenstände, Fayence), die sich in der Form an der Botanik und Insektenkunde inspirieren. »Mein Garten ist meine Bibliothek«, sagte einer der Repräsentanten der Schule, der dieses Museum gewidmet ist.

Nant	960 Ew
12 Aveyron	S. 424 □ K 13

An der Grenze zwischen Causse Noir und Causse de Larzac gelegen, grup-

Nancy, Grabmal Stanislas'

Nantes, Grand-Logis des Schlosses

pieren sich die engen Gassen dieses reizenden Städtchens um eine alte Markthalle aus dem 14. Jh. Die *Pont de la Prade* (14. Jh.) überquert die Dourbie.

Abtei Saint-Pierre: Papst Innozenz II. erhob 1135 das ehemalige Priorat von Nant zur Abtei. Damals bauten die Mönche die Kirche, deren Westportal von einem vieleckigen Turm überragt wird. Das Hauptportal wurde im 14. Jh. durch ein gotisches Portal ersetzt. Im Innern bildet das erste Geschoß eine Galerie, die von einem Rippengewölbe überdacht wird. Im Schiff stehen Pfeiler und Doppelsäulen, deren sehr schöne Kapitelle reich mit Muscheln und Schnörkeln verziert sind.

Nantes

264000 Ew

44 Loire-Atlantique

S. 413 □ E 7

Die antike Stadt *Namnetus,* die an einer Verengung der Loire und dem Zusammenfluß von Erdre und Sèvre-Nantaise gegründet wurde, verdankt ihren Aufstieg der äußerst günstigen geographischen Lage. An einer Flußmündung gelegen, war sie Angriffen von See her nicht ausgesetzt und galt als einer der sichersten Seehäfen des Königreichs, als der Überseehandel einsetzte. Nach jahrhundertelanger Rivalität mit Rennes, dem historischen und kulturellen Zentrum der Bretagne, nahm Nantes den Rang einer Industrie- und Handelsmetropole ein. Die Herzöge der Bretagne residierten in dem berühmten, 1466 von Franz II. erbauten Schloß. Hinter uneinnehmbaren Festungsanlagen verbirgt sich eine reizende Residenz mit Innenhof, in dem Lanzenstechen, Turniere, Schwänke und Mysterienspiele aufgeführt wurden. Die mächtige Stellung der Stadt erreichte ihren Höhepunkt mit dem Übersee- und Sklavenhandel. Der Goldreichtum löste städtebauliche Aktivität aus. Die Kaufleute und Reeder zogen aus den engen Gassen der mittelalterlichen Innenstadt in die Viertel um die Quai de la Fosse, wo sich riesige Lager mit Zucker, Tabak, Baumwolle, seltenen Hölzern und Gewürzen befanden. An dem Uferstreifen von Saulzaie, der heutigen Ile Feydeau, wurden in Anlehnung an venezianische Bauweise Paläste auf Pfählen

Nancy, Musée des Beaux-Arts, Delacroix, Tod Karls des Kühnen

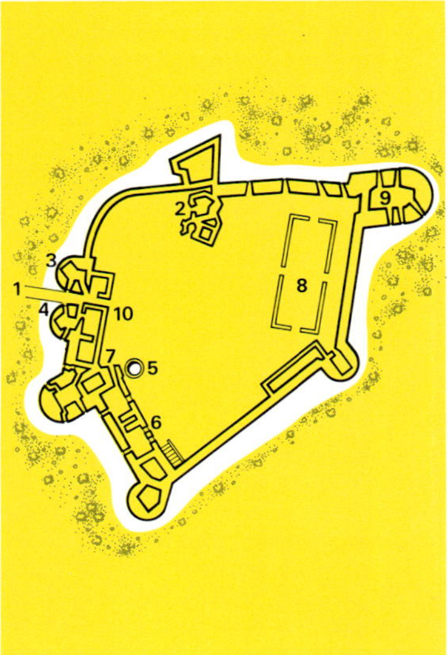

Schloß von Nantes **1** Eingang **2** Alter Bergfried **3** Tour du pied-de-biche **4** Tour de la Boulangerie **5** Brunnen **6** Grand-Logis **7** Tour de la couronne d'or **8** Bâtiment du Harnachement **9** Tour du fer à cheval **10** Bâtiment du Grand-Gouvernement

Nantes, Schloß der Herzöge

errichtet. Die Häuser der Rue Kervégan mit ihren ausgebauchten Balkons, die von Sockeln mit heidnischen oder exotischen Figuren getragen werden, zeugen von dem Hang zum Außergewöhnlichen und Spektakulären der damaligen Kaufleute. Die neuen Stadtviertel mit ihren ansehnlichen Häusern wuchsen um den Cours Cambronne, um die Place Graslin – die an die Place de l'Odéon in Paris erinnert –, um die Rue Crébillon (neben der die Passage Pommeraye, eine Ladengalerie von 1883 verläuft) und um die Place Royale, auf der ein sehr schöner Brunnen (1865) mit Statuen steht, die Nantes, die Loire und ihre Nebenflüsse darstellen.

Schloß, Museen: Das Schloß der Herzöge der Bretagne, in dem heute drei Museen untergebracht sind, ist eine imposante Festung aus der Gotik und Renaissance, die im wesentlichen im 15. Jh. an der Stelle eines ehem. Schlosses aus dem 13. Jh. erbaut wurde, von dem der Bergfried erhalten ist Zwei Türme, die Tour du pied-de-biche und die Tour de la boulangerie rahmen den Eingang mit Zugbrück aus dem 15. Jh. und davor liegende Steinbrücke aus dem 18. Jh. ein. De Innenhof ziert ein prächtiger Brunner über dessen gemeißeltem Rand sich eine schmiedeeiserne Herzogskrone erhebt. Daneben das *Grand-Logis* mi reich verzierten Dachfenstern ir Flamboyant-Stil, das von der *Tour a la couronne d'or* flankiert wird mi schönen Loggias, eine Arbeit von Mathelin Rodier*, dem Erbauer der Kathedrale. Die Nachfolger von Franz I und Anne de Bretagne fügten einig weniger interessante Anbauten wi das *Bâtiment du Harnachement* genannte Gebäude hinzu (1784).
Im *Musée des arts décoratifs* (in de Tour du fer à cheval) sind Stilmöbe Keramikarbeiten und andere Kunstgegenstände zu sehen.

Das *Musée des arts populaires et régionaux* (im Bâtiment du Grand-Gouvernement) stellt bretonische Volkskunst aus: Trachten, Fayence, Töpfereien und volkstümliche Malerei sowie typisch bretonisch eingerichtete Innenräume.
Das *Musée des Salorges* (im Bâtiment du Harnachement untergebracht) erinnert an die Seeschiffahrt der Stadt und die früheren regionalen Gewerbe, die sehr viel zum Wohlstand der Stadt beitrugen.

Saint-Pierre: Der Bau der Kathedrale wurde 1134 begonnen, aber erst 1893 mit der Errichtung der Apsis und des Kapellenkranzes beendet. Trotz Restaurierungsarbeiten nach einem Brand zeigt sie erstaunliche architektonische Einheitlichkeit. Die Fassade mit den 63 m hohen Türmen ist vor allem wegen ihrer drei Portalbogen und ihrer feingemeißelten Figuren und Darstellungen aus der Bibel bemerkenswert. Der Portalvorbau im Innern trägt die Orgelempore, zu der eine mit Säulen verzierte Wendeltreppe führt. Das Längsschiff ist von ausgewogener Gliederung, die Säulen schwingen sich ohne Unterbrechung zu den hohen Gewölben. Oberhalb der Arkaden verläuft ein elegantes Triforium. – *Querschiff:* Im rechten Querschiff steht das Grabmal von Franz II. und Marguerite de Foix, ein Meisterwerk der Renaissance von Michel Colombe* (um 1430 – um 1512). Die Statuen der Justitia, der Tugend, der Mäßigung und der Klugheit tragen die schwarze Marmortafel, auf der die Figuren aus weißem Marmor ruhen; drei Engel halten den Kopf; ein Löwe und ein Windhund, Symbole der Treue, ruhen zu ihren Füßen. In den Nischen stehen die Apostel, die Schutzheiligen und die Klagefrauen. Im linken Querschiff ist das Grabmal von General Lamoricière mit vier Eckstatuen aus Bronze, der soldatischen Tapferkeit, der Barmherzigkeit, der Geschichte und dem Glauben.
Die *Psalette* neben der Kirche, heute *Musée d'art religieux*, war ehemals Sitz eines Erzdiakonats. Das Haus mit abgerundeten Treppentürmchen betritt man durch eine Tür mit Wappen und Laube.

Nantes, Ingres, Mme. de Senonnes

Sainte-Croix: Die Kirche wurde im 17. Jh. erbaut und im 19. Jh. umgebaut. Der hohe Turm mit Glockenturm und der alten Glocke von Nantes (1663) ragt über dem ältesten Viertel der Stadt. Das Portal in romanischem Stil (1685) öffnet sich auf ein Schiff mit gotischen Fenstern. Die Kirche besitzt eine Kanzel aus dem 18. Jh., einen Altar mit Retabel und Gemälde aus derselben Zeit.

Hôtel de Ville: Die Haupt- und Nebengebäude dieses Komplexes aus dem 17. Jh. setzen sich aus drei ehemaligen Hôtels zusammen: dem Hôtel de Derval, dessen Fassade mit fünf Renaissance-Arkaden auf den Innenhof geht, dem Hôtel de Rosmadec im Stil Ludwigs XIII. mit einer Balustertreppe und dem Hôtel de Monti de

Nantes, Musée des Beaux-Arts, Courbet, Ährenleserinnen

Reze mit seinen ursprünglichen Oberfenstern.

Präfektur: Sie hat ihren Sitz in der ehem. Chambre des comtes de Bretagne (1763) und weist in der Mitte vier auf einem Mauervorsprung ruhende ionische Säulen mit dreieckigem Giebelfeld darüber auf. Im Innern führt ein doppelter Treppenaufgang in die Salle des Procureurs.

Musée des Beaux-Arts (10, Rue de Clemenceau): Es ist in einem Haus aus dem 19. Jh. untergebracht und gehört mit seinen etwa 2000 Gemälden zu den großen franz. Museen. Unter den zahlreichen Werken der italienischen Schule findet man zwei Teile der Predella des Hl. Benoit von Borgognone*, mehrere Werke von Pietro Vannucci* und Tintoretto*, zwei Guardi* aus der Karnevalsreihe und ein Canaletto*. Die flämische Schule ist vertreten durch Bruegel* und einige Landschaften von Rubens*. Das Museum besitzt drei Hauptwerke von Georges de La Tour* (*Le Joueur de vielle,* den *Songe de Saint-Joseph* und *Reniement de Saint Pierre*), den *Jeune Prince* von Le Nain*, Gemälde von Watteau*, Lancret*, Greuze*, Géricault*, Delacroix*, das berühmte *Portrait de Madame de Sénnones* von Ingres* und eines der schönsten Werke von Courbet* *Les Cribleuses de blé.* Weitere Räume sind den Impressionisten gewidmet (Monet*, Sisley* und Maufra*), modernen Malern (Dufy*, Van Dongen*, Valadon*, Vlaminck*, Rouault*, Manessier*) und Zeitgenossen (Wassily Kandinsky*, Victor Vasarely*).

Musée Dobrée (Place Jean-V.): Die archäologische Sammlung über Vorgeschichte und Antike wurde im Manoir de la Touche (15. Jh.) neu aufgestellt. Dieses im 19. Jh. von einem berühmten Sammler aus Nantes erbaute Palais enthält mittelalterliche Kunst (Elfen-

Nantes, Musée des Beaux-Arts, Dufy, Le cargo noir

beinschnitzerei, Emailarbeiten, illuminierte Handschriften, Gobelins, Skulpturen und religiöse Gemälde), Möbel des 16. und 17. Jh., ein Kupferstichkabinett mit Originalradierungen von Rembrandt* und Dürer*, Goldschmiedearbeiten aus dem 18. Jh. und einige interessante Gemälde. Im neuen Bau ist eine historische Abteilung untergebracht.

Musée d'historie naturelle (Place de la Monnaie): Es wurde Ende des 18. Jh. gegründet und 1868 in das ehemalige Hôtel de la Monnaie verlegt. Dieses moderne naturwissenschaftliche Museum besitzt bedeutende Sammlungen allgemeiner und regionaler Art, unter anderem ein Vivarium, Herbarien sowie ergänzend eine beeindruckende Bibliothek.

Musée compagnonnique: In diesem erst seit kurzem in dem eleganten Manoir de la Hautière eingerichteten Museum sind die schönsten alten Werkzeuge zu sehen.

Musée Jules-Verne (Rue de l'hermitage): Erinnert an den Dichter (1828–1905), der in dieser Stadt geboren wurde.

Umgebung: Château de Goulaine (14 km südöstlich): Außerhalb des Dorfes Haute Goulaine gelegen, besitzt das Schloß einen Festungswall mit Wassergräben. Es wurde Ende des 15. Jh. von den Herren von Goulaine erbaut und vereint in der Bearbeitung der Fassade Gotik und Flamboyant-Stil – Dachfenster mit Fialen, Wimperge, Lanzetten – mit der beginnenden Renaissance. Der Wohntrakt im Ehrenhof wird flankiert von zwei schönen abgekanteten Treppentürmen. Die Kapelle und die Stallungen (17. Jh.) vervollständigen den Bau. Die andere Fassade geht auf einen franz. Garten. – **Le Loroux-Bottereau**

(20 km östlich): Die Dorfkirche, die das Sumpfgebiet von Goulaine beherrscht, besitzt wertvolle romanische Fresken aus dem Ende des 12. Jh., die aus einer nicht mehr existierenden nahen Kapelle stammen. Sie erzählen die Legende des Hl. Gilles und Karls des Gr. Auf dem unteren Feld kniet der Kaiser und bereut den Inzest mit seiner zur Linken dargestellten Schwester Gisela. – **Clisson** (28 km südöstlich): Das heute größtenteils zerstörte Schloß, das im Besitz der Familie de Clisson, später der Herzöge der Bretagne stand, ist immer noch sehenswert. Eine Brücke führt über den Wassergraben zu dem riesigen Portal, das Herzog Franz II. gleichzeitig mit der Westseite des Baus errichten ließ (15. Jh.). Von der mittelalterlichen Festung (13. Jh.) sind nur noch die Kapelle, das Herrenhaus und die Küchen erhalten. – Garenne Lemot und Garenne Valentin: Nach ihrer Rückkehr aus Italien unternahmen der Bildhauer Lemot und die Brüder Cacault Anfang des 19. Jh. den Versuch, die Stadt Clisson, die in den Kriegen der Vendée zerstört worden war, wiederaufzubauen. Dadurch erhielt die Stadt ein erstaunlich mediterranes Aussehen. Um ihre Besitze zwischen Sèvre-Nantaise und Moine entwarfen sie Parkanlagen mit Grotten, Statuen und Tempeln, die antiken Göttern geweiht waren. – **Blain** (37 km nördlich): In der Nähe des Staatswaldes von Gâvre gelegen. Das Schloß, in dem heute eine Schule untergebracht ist, weist einen beeindruckenden Festungswall mit Wehrumgang, niedrigen Türmen und Schießscharten auf. Es wurde im 12. Jh. erbaut, erfuhr aber verschiedene Umbauten. Durch die Tour du pont-levis (16. Jh.) im Süden gelangt man zu den Gebäuden, die in ihrer Eleganz mit der abweisenden Strenge der Wehrbauten und der Tour du connétable (1380) kontrastieren.

Narbonne, Kathedrale St-Just

Narbonne	40500 Ew
11 Aude	S. 424 □ J 15

Sous-Préfecture des Departments mit altem Stadtkern und wichtiges Touristenzentrum. Der heutige Ort erinnert in nichts mehr an das antike *Narbo Martius,* einen bedeutenden Hafen, der in der frühen nachchristlichen Zeit mit Marseille konkurrierte. Seit der Zeit, in der Narbonne für Cicero »die Straße der Latinität« war, ist das Meer weit zurückgegangen. Die Stadt war früher geteilt: Der »bourg« gehörte einem Vicomte, die »cité« dem Bischof. Im 16. Jh. wurde Narbonne endgültig der franz. Krone einverleibt. Es ist Geburtsort des Sängers Charles Trenet (1913).

Palais des archevêques: Bedeutender Befestigungsbau, der dem Papstpalast in Avignon Pate gestanden haben soll. Der Palast wird von drei viereckigen Türmen aus dem 13. und 14. Jh. beschützt (der mächtige Bergfried von Gilles Aycelin trägt den Namen des Geistlichen, der ihn erbauen ließ). In diesem bemerkenswerten Bau, der eher an eine Festung als an eine Bischofsresidenz erinnert, liegt das Hôtel de Ville, das Viollet-le-Duc* im 19. Jh. erbaute. Die Passage de l'Ancre – eine befestigte Straße zwischen der Tour Martial und der Tour de la Madeleine (der älteste, 1273) – trennt das zum großen Teil romanische Palais Vieux von dem im 14. Jh. erbauten Palais Neuf. Die Gemächer des Erzbischofs beherbergen das *Musée d'art et d'histoire* (Keramiken, limousinische Emailarbeiten, Gemälde, Miniaturen). Der Kreuzgang aus dem 14. und 15. Jh. steht an der Stelle einer ehemaligen frühromanischen Kathedrale, von der allerdings nur noch der Turm erhalten ist.

Ehem. Kathedrale Saint-Just: Erbaut zwischen 1272 und 1354. Sie besteht lediglich aus einem hohen, kalten Chor, der die großen nordfranz. Bauten zum Vorbild hat (schöne Glasfenster aus dem 14. u. 15. Jh.). Das Schiff konnte nicht gebaut werden, weil die Stadträte sich weigerten, Wälle abreißen zu lassen. Die Auferstehungskapelle aus dem 15. Jh. neben der Sakristei war früher der Kapitelsaal. – Die *Schatzkammer* enthält Wandbehänge, Goldschmiedearbeiten und Elfenbeinschnitzereien.

Basilika Saint-Paul-Serge: Auf der anderen Seite des Canal de la Robine gelegen, trägt diese Kirche den Namen des ersten Bischofs von Narbonne, der dort begraben ist. Sie besitzt neben Bauteilen aus dem 12. Jh. einen hohen ausgewogenen Chor aus der ersten Hälfte des 13. Jh. Über dem Portal erhebt sich der Turm aus dem 16. Jh. Das Nordportal führt zu einem frühchristlichen Friedhof aus dem 4. Jh. (Krypta mit Sarkophagen).

Musée lapidaire: In einer nicht mehr benutzten Kirche wurden antike und mittelalterliche Funde der Stadtgeschichte gesammelt (Inschriften, Sarkophage, Stelen, Kapitelle). Notre-Dame de Lamourguier gehörte zu der berühmten Abtei Saint-Victor in Marseille.

Umgebung: Abbaye de Fontfroide (14 km südwestlich): Diese Abtei vom Ende des 11. Jh. liegt am Ausgang einer Schlucht der Corbières. Als Anhänger der Zisterzienserreform erlebte sie ihre Blütezeit im 12. und 13. Jh., verfiel unter dem Pfründensystem und wurde in der Revolution aufgelöst. Sie ist mit den drei provenzalischen Abteien von Sénanque, Silvacane und Thoronet verwandt. Die nüchterne, gut re-

Narbonne, Kathedrale St-Just, Wandbehang aus dem Kirchenschatz

Fontfroide, Abteikirche

staurierte Abtei steht beispielhaft für die architektonischen Regeln von Cîteaux: Ihre Schönheit beruht auf schlichter Eleganz und klarer Linienführung. Die südlichen Seitenkapellen wurden im 14. und 15. Jh. angebaut. In einem Saal aus dem 13. Jh. steht eine Passion aus Stein (15. Jh.). Die Klostergebäude gruppieren sich um einen Kreuzgang mit gotischen Galerien (im Gegensatz zur Kirche stammt die älteste von etwa 1250). Der Kapitelsaal mit neun Spitzbogengewölben wurde zu Beginn des 13. Jahrhunderts erbaut.

Navarrenx	1150 Ew
64 Pyrénées-Atlantiques	S. 422 □ E 14/15

Ruhiges Dorf mit einer etwa 1500 m langen Festungsmauer, die Mitte des 16. Jh. nach Entwürfen des italienischen Architekten Fabrizio Siciliano* gebaut wurde. Die für die damalige Zeit vorbildliche Befestigungsanlage wurde später von Vauban vervollkommnet. Die Tour Herrère auf der linken Seite des Sturzbaches stammt aus dem 15. Jh. und markiert den Standort der ursprünglichen Stadt, die verlegt wurde, als Henri II. d'Albret eine Befestigung plante.

Nemours	11 240 Ew
77 Seine-et-Marne	S. 414 □ J 5

Von der Brücke über die Loing geht der Blick auf die alte Stadt mit ihrer im gotischen und Renaissance-Stil erbauten Kirche, ihrem mittelalterlichen Schloß mit einzelstehendem Bergfried das im 15. und 16. Jh. umgebaut wurde. In dieser Festung mit ihren robust wirkenden Rundtürmen wurde ein *Stadtmuseum*, das beachtliche Exponate aufweist, eingerichtet.

Nérac

7660 Ew
47 Lot-et-Garonne S. 423 □ G 13

Die Hauptstadt des kleinen Ländchens Albret empfing den glänzenden Hofstaat Marguerites d'Angoulême und war protestantische Festungsstadt, als der spätere Heinrich IV. die Katholiken bekämpfte. Das *Renaissance-Schloß,* das ihm als Zitadelle diente, beherbergt heute ein kleines Museum. Die Kirche *Saint-Nicolas* (1780) ist ein Werk von Victor Louis, dem Architekten des Grand Théâtre in Bordeaux. Der reizvolle sattelförmige Pont-Vieux über die Baise stammt aus gotischer Zeit und führt ins alte Viertel von Petit-Nérac.

Neuf-Brisach/Neu-Breisach

2580 Ew
68 Haut-Rhin S. 417 □ P 6

Das verschlafene Städtchen am Rhein gehört mit seinen Wällen, Straßen und regelmäßig angelegten Plätzen, seinen Häusern aus dem 17. Jh. und der melancholischen Place d'Armes einer vergangenen Zeit an. Diese Stadt, die im letzten Krieg beschädigt wurde, ist eine Schöpfung Vaubans*, ein vollkommenes Beispiel einer Befestigungsanlage in der Ebene aus dem 17. Jahrhundert.

Nevers

47730 Ew
58 Nièvre S. 420 □ J 8

Nevers basiert auf einer in Caesars *Commentarii* erwähnten gallischen Siedlung, gehört durch Geschichte und Verwaltung zu Burgund, tendiert aber eher zu Sancerre und Bourbon. Die Stadt an der Loire verdankt der Schiffahrt viel sowie der Initiative eines seiner Herzöge, Louis de Gonzague. Um 1570 ließ er Glasbläser und Emailkünstler aus Italien kommen, die eine bis zur Revolution blühende Industrie aufbauten. Die schönsten Arbeiten

Nevers, Saint-Cyr-et-Sainte-Juliette

dieser Zeit kann man im *Musée municipal* besichtigen.
Oberhalb der Loire gelegen, hat sich Nevers trotz zahlreicher moderner Bauten an der Stadtgrenze seinen alten, ursprünglichen Stadtkern bewahrt. Die mächtige *Porte du Croux* (14. Jh.) führt in die malerische Altstadt und beherbergt das *Musée archéologique du Nivernais.*

Saint-Cyr-et-Sainte-Juliette: Diese eigenartige, trotz verschiedener Stile schöne Kathedrale wurde im letzten Weltkrieg schwer beschädigt und mußte stark restauriert werden. Die Reste einer romanischen Kathedrale (Mitte des 12. Jh.) wurden nach einem Brand mit dem gotischen Bau verbunden. Die Kirche besitzt deshalb zwei Apsiden, was für Frankreich ungewöhnlich ist. Die romanische Apsis (über einer Krypta mit einer bedeutenden Grablegung aus dem 16. Jh.) ist nach Westen durch einen großen Rundbogen geöff-

Nevers, Herzogspalast

net, in dessen Wölbung ein thronender Christus, ein verwittertes Gemälde des 12. Jh., zu sehen ist. Die Überreste der romanischen Kathedrale sind auf der entgegengesetzten Seite unter dem Chor zu finden. Die neue Kathedrale wurde in mehreren Bauabschnitten fertiggestellt: Die Arbeiten wurden Mitte des 13. Jh. begonnen, zogen sich dann aber bis ins 15. Jh. hin. Das südliche Querschiff beherbergt eine reizende, durchbrochene Renaissance-Treppe, auf der der Hl. Michael als Drachenbezwinger thront.

Palais ducal: Er wurde in der zweiten Hälfte des 15. Jh. von Jean de Clamecy* begonnen und im 16. Jh. fertiggestellt. Der graziöse und elegante Bau wird von einem runden und einem abgekanteten Turm flankiert. Der schlanke Mittelturm der Fassade enthält Flachreliefs mit der Legende des Schwanenritters (dieser deutsche Vorfahr der Familie de Clèves, die durch Heirat mit den Gonzague verwandt wurde, war Vorbild für *Lohengrin*). Östlich vom Schloß sind Reste des Château de Gloriette erhalten (16. Jh.).

Saint-Étienne: Einheitlicher Bau mit klarer Linienführung. Das ehem. Zisterzienserpriorat stammt aus der zweiten Hälfte des 11. Jh. Die Fassade, ihrer früheren Türme beraubt, ist einfach, schöne Apsis mit Kapellenkranz, im Chor mit Blattwerk und Palmetten verzierte Kapitelle. Saint-Étienne ist als romanischer Bau eine gelungene Verbindung der Einflüsse aus Burgund und der Auvergne.

Kloster Saint-Gildard: Mutterhaus de Soeurs de la Charité und Kloster Bernadette de Soubirous', der in Lourde die Heiligen Jungfrau erschienen war Sie nahm hier 1867 den Schleier und starb 1879. In einer von Pilgern au aller Welt vielbesuchten Kapelle steh ihr Sarg mit dem unverwesten Körper

Nice/Nizza	342 260 Ew
06 Alpes-Maritimes	S. 426 □ P 14

Präfektur und bedeutendes Touristenzentrum entlang der Baie des Ange mit der Promenade des Anglais. Di Stadt breitet sich mit ihren moderne Vierteln bis zur Mündung des Var un an den Hängen hinauf aus, bewahr aber ihren pittoresken mittelalterlichen Stadtkern. Nizza ist als Drehscheibe der Riviera und als Verbindungshafen nach Korsika Seebad un Kunststadt zugleich.

Die Phokäer, die sich in Marseille niedergelassen hatten, gründeten hier eine Siedlung mit dem mutmaßliche Namen Nikaia. Sie wurde von den Römern übernommen, die hier eine Verwaltungs- und Militärstadt errichteten Auf der Anhöhe von Cimiez sind heute noch Überreste dieser Siedlung z sehen.

Als es von den Barbaren zerstört worden war, wich die Stadt ans Meer au und breitete sich auf dem Rocher d

Nizza, Palais Lascaris, Treppe

château oberhalb des Hafens aus. Es gehörte zu Savoyen und kam erst nach einer Volksabstimmung 1860 zu Frankreich.
Die Engländer, die den milden Winter schätzten, trugen seit dem 18. Jh. zur Entwicklung des Fremdenverkehrs bei. Reverend Lewis Way ließ im 19. Jahrhundert »lou camin dei Angles«, einen Teil der Promenade des Anglais, errichten.
Nizza ist Geburtsort Garibaldis (1807) und zog Hector Berlioz, der hier längere Zeit am *Roi Lear* arbeitete, Théodore de Banville und Alexandre Dumas an.

Altstadt: Zwischen dem Cours Saleya und dem Rocher du château am Meer verlaufen die gewundenen Gassen, Durchgänge und Treppen des alten Nizza (hohe Häuser aus dem 17. und 18. Jh.). Der *Palais Lascaris* in der Rue Droite ist ein nach Genueser Vorbild erbauter eleganter Bau aus dem 17. Jh. mit schönem Treppenaufgang und Deckengemälden. In seinen Sälen finden Ausstellungen und Kammerkonzerte statt. Die nahe Kirche *Saint-Jacques* wurde im jesuitischen Stil nach der römischen *Gesu* in der ersten Hälfte des 17. Jh. erbaut. Die ebenfalls in der Altstadt gelegene Kathedrale *Saint-Réparate* ist ein klassischer Bau aus der Mitte des 17. Jh. In der Rue de la Poissonnerie steht die *Chapelle de l'annonciation* mit barockem Dekor (Ende 17. Jh.). Die große Kirche *Saint-Augustin,* im barocken Stil im gleichen Jh. erbaut, besitzt eine Pieta von Louis Bréa* aus Nizza. Die *Place Garibaldi* mit ihren großen Häusern mit Arkaden am Rand der Altstadt stammt aus der Mitte des 18. Jahrhunderts.

Das »Schloß«: Es stehen nur noch wenige Reste dieser 1706 zerstörten Zitadelle. Die Tour Bellanda (siehe *Musée naval*) stammt aus dem 16. Jh. Die

Nizza, Retabel aus der Kapelle de la Miséricorde

Anhöhe unterhalb des geschleiften Schlosses wurde durch die Errichtung eines Gefallenendenkmals einschneidend verändert, das 1928 von Marschall Foch eingeweiht wurde.

Cimiez und die Arenen: Die Hügel von Cimiez mit ihrer schönen Aussicht und ihren Villen bewahren bedeutende römische Funde: Amphitheater aus dem 1. und 3. Jh. (für Freiluftaufführungen), Thermen aus dem 2. und 3. Jh., ein frühchristliches Baptisterium. In der Villa des Arènes sind zwei Museen untergebracht (siehe Muséen). Eine neugotische Kirche aus dem 19. Jh. mit einem Portal aus dem 17. Jh. enthält eine *Kreuzigung* von Louis Bréa*. Vor der Kirche steht ein Kreuz aus dem 15. Jh.

Musée Masséna (35, Promenade des Anglais): Dieses Museum in einer luxuriösen Villa der Jahrhundertwende mit schönem Park besitzt bedeutende Sammlungen: Bücher, alte Meister von Nizza, Heimatgeschichte, Möbel, Keramiken, Folklore, Schmuck usw. Der Staat hat dem Museum mehrere impressionistische Werke übergeben, das u. a. zahlreiche Werke von Dufy* zeigt.

Musée des Beaux-Arts-Jules-Chéret (33, Avenue des Baumettes): Dieses interessante, zu Unrecht verkannte Museum in einem ruhigen Villenviertel ist dem Maler Jules Chéret* gewidmet, der 1932 in Nizza starb. Es besitzt italienische und flämische alte Meister, Werke von Fragonard*, Hubert Robert* und Van Loo* (Carle Van Loo stammt aus Nizza), impressionistische Gemälde (vor allem Monet*, Sisley*, Renoir*), Werke von Signac*, Dufy* und Van Dongen* sowie Keramiken von Picasso*. Eine Galerie ist Jean-Baptiste Carpeaux*, zwei weitere Säle sind der orientalischen Kunst gewidmet.

Nizza, Musée Marc Chagall, Message biblique

Musée national du Message biblique Marc Chagall (Avenue du Docteur-Ménard): In einem ultramodernen Bau mit Klimaanlage hoch über Nizza sind die 17 Kompositionen der *Message biblique* von Marc Chagall* ausgestellt; daneben 200 Vorentwürfe, Gouachen, Lithographien und Skulpturen des berühmten russischen Malers. Das Haus besitzt zudem einen Konzertsaal mit blauen Fenstern, eine Bibliothek und ein Kino. In einem Bassin ein Mosaik nach einer Zeichnung Chagalls *(Elie enlevé au ciel).*

Villa des Arènes, Musée Matisse, Musée archéologique, Cimiez: Außer Raoul Dufy* ist auch Henri Matisse* in Nizza beigesetzt, wo er 1954 starb (sein Atelier befand sich in Cimiez). Im ersten Stock der Villa wird in dreißig Bildern seine künstlerische Entwicklung aufgezeigt. Daneben sind Keramiken, Glasfensterentwürfe, Radierungen, Zeichnungen, eine Bronzefigur und persönliche Erinnerungsstücke des Künstlers zu sehen. Das archäologische Museum stellt die Ausgrabungsfunde von Cimiez aus. Die Einfriedung der Villa des Arènes enthält Überreste römischer Thermen.

Musée naval (Tour Bellanda): Im oberen Turm, den zeitweilig Berlioz bewohnte, Ausstellung von Schiffsmodellen, Hafenanlagen und Waffen. *Musée du Vieux-Logis* (59, Avenue Saint-Barthélémy): In einer alten Ölmühle ist ein bürgerliches Wohnhaus der Gotik und Renaissance eingerichtet worden mit Bildern, Glasfenstern, Skulpturen und Möbeln aus dem 15. und 16. Jh. – *Musée de malacologie* (3, cours Saleya): Alles über exotische und mediterrane Weichtiere. – *Musée d'histoire naturelle* (60, bis, Boulevard Risso): Ungewöhnliche Sammlung Tausender von Pilzformen; Darstellung der Fischarten des Mittelmeers.

Musée de Terra-Amata: Impasse de Terra-Amata. Dieses Museum an der Stelle eines Lagers von Elefantenjägern, das hier vor etwa 390000 Jahren existierte, berichtet über das vorgeschichtliche Nizza. Es zeigt den Abdruck eines rechten Fußes, wahrscheinlich eines Pitecanthropus, die Nachbildung einer Reisighütte und Steinwerkzeuge.

Umgebung: Sanctuaire de Laghet (14 km nordöstlich): Diese Kirche des 17. Jh. ist der Madonna von Laghet geweiht und besitzt eine erstaunliche Exvotosammlung, deren »bezaubernde und genaue Unbeholfenheit« Guillaume Apollinaire bewunderte. Die Barockkirche beherbergt das Abbild der Madonna mit goldbesticktem weißem Satinkleid.

Niederbronn-les-Bains	4460 Ew
67 Bas-Rhin	S. 417 □ O 4

Eine Quelle des Thermalbads soll schon in römischer, eine andere in keltischer Zeit genutzt worden sein. Das *Musée municipal* zeigt regionale Funde der gallo-römischen Zeit. Es besitzt die Nachbildung eines Wärmesystems mit unterirdischer Heizung. Das zerstörte *Schloß* von Wasenbourg, das Goethe bewundert hatte, wurde im 13. Jh. neuerbaut.

Umgebung: Woerth (10 km östlich): Denkmäler, die an die vernichtende Niederlage der Franzosen im August 1870 erinnern (der berühmte Angriff der Kürassiere von Reichshoffen fand hier in der Gegend statt).

Schloß von Fleckenstein (7 km nordwestlich von Woerth): Auf einem Vorgebirge aus rosa Sandstein liegen die Ruinen eines halb in den Felsen gebauten Schlosses, das die Franzosen 1680 zerstörten.

Nieuil-sur-l'Autise	870 Ew
85 Vendée	S. 418 □ F 9

Die ehem. *Abtei Saint-Vincent* stammt aus dem 11. Jh. und wurde im 19. Jh. restauriert. Am Rand des Sumpfgebiets gelegen, haben sich aus romanischer Zeit nur die Fassade und das

Nizza, Place Masséna

Schiff mit Seitenschiffen erhalten. Die Fassade im Stil des Poitou besticht durch ihr Dekor zwischen beiden Geschossen. Im Innern eine mit torischen Rippen verzierte Kuppel. Im Süden der Kirche steht der einzige vollständige Kreuzgang der Vendée mit vier Galerien, überdeckt von Gratgewölben. Er führt zum Kapitelsaal, dem Waschraum der Mönche und den Weinkellern.

Nîmes	134 000 Ew
30 Gard	S. 425 □ L 14

Diese Stadt des Languedoc inmitten von Heideland ist stark von römischer Zeit geprägt. Nîmes erhielt seinen Namen von der Schutzgottheit einer Quelle, *Nemausus*. Aus dem kleinen gallischen Ort machten die Römer unter Augustus eine bedeutende Siedlung *(Colonia Augusta Nemausis)*, eine der schönsten Städte des Römischen Reiches.
Eine Wehrmauer aus der frühen nachchristlichen Zeit schützte den Ort, der vor allem im 2. Jh. in voller Blüte stand und später bei Einfällen der Barbaren zerstört wurde. Nîmes gehörte zum Languedoc, bis es 1271 der franz. Krone einverleibt wurde.
Nîmes litt sehr unter den Religionswirren: Es stand auf der Seite der Albigenser, nahm an den Kreuzzügen Simon de Montforts teil (siehe Albi), erlebte die Vertreibung der Juden (sie spielten eine bedeutende Rolle) und hing im 16. Jh. dann der Reformation an.
Nîmes besaß eine Akademie, der Ludwig XIV. die gleichen Vorrechte wie der Académie française zugestand. Die Stadt verdankt ihre Berühmtheit vor allem den römischen Denkmälern, besitzt aber auch malerische Gassen um die Kathedrale sowie einige interessante alte Häuser.

Römische Baudenkmäler: Arènes: Sie ähneln denen in Arles und konnten etwa 20000 Zuschauer fassen. Dieses kurz vor unserer Zeitrechnung erbaute Amphitheater wurde im 5. Jh. zu einer Festung umgebaut, in der ungefähr 2000 Personen wohnten! Im 19. Jh. wurde es freigelegt und wird heute für Stierkämpfe benutzt.
Maison carrée: Es wurde von Agrippa, dem Schwager des Augustus, erbaut

Nîmes, Arena

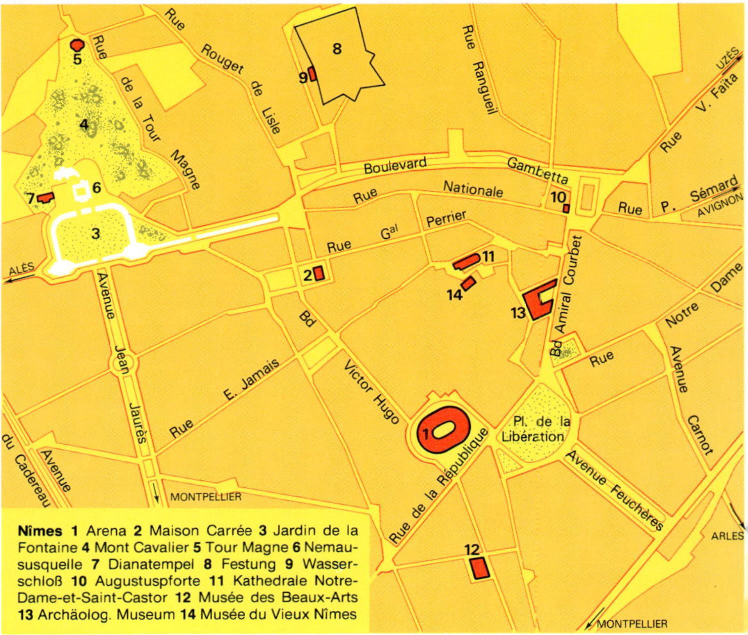

Nîmes 1 Arena **2** Maison Carrée **3** Jardin de la Fontaine **4** Mont Cavalier **5** Tour Magne **6** Nemaususquelle **7** Dianatempel **8** Festung **9** Wasserschloß **10** Augustuspforte **11** Kathedrale Notre-Dame-et-Saint-Castor **12** Musée des Beaux-Arts **13** Archäolog. Museum **14** Musée du Vieux Nîmes

und zeugt von dem griechischen Einfluß auf die römische Kunst. Rechteckig (und nicht viereckig), diente dieser Tempel aus dem 1. Jh. als Rathaus, als Wohnhaus und wäre beinahe in den Park von Versailles versetzt worden. Seit seiner Restaurierung beherbergt er das *Musée des antiques* (Kopf und Monumentalstatue von Apollo, sog. Vénus de Nîmes, Bruchstücke, Friese, Gedenksäulen).
Jardin de la Fontaine: Dieser von der *Tour Magne* (1. Jh. v. Chr.) beherrschte Park an den Zedern- und Tannenhängen des Mont Cavalier aus dem 18. Jh. enthält bedeutende römische Funde. Dort fließt die Quelle von Nemausus, in deren Nähe Reste eines sog. Dianatempels stehen. Eine Nymphe aus dem 18. Jh. hat die frühere Augustusstatue ersetzt.
Am Fuß einer Festung, dem »Fort« (17. Jh.), wurden Ruinen eines römischen Wasserschlosses gefunden. Es wurde von der berühmten Pont du Gard (siehe dort) mit Wasser versorgt. Die *Porte d'Auguste* oder *Porte d'Arles* war ehemals Teil der römischen Wehrmauer.

Notre-Dame-et-Saint-Castor: Die Kathedrale wurde im 11. Jh. erbaut und nach starken Umbauten im 19. Jh. völlig erneuert. Sie besitzt einige romanische Einzelstücke und einen Sarkophag aus dem 4. Jh.

Musée des Beaux-Arts (Rue Cité-Foulc): Im Erdgeschoß befindet sich ein großes antikes Mosaik. Das Museum enthält Werke aller wichtigen Schulen vom 16. bis zum 19. Jh. Die italienischen Gemälde aus dem 16. und 17. Jh. sind besonders interessant (sehr schönes Bild von Iacopo Bassano*, *Suzanne et les vieillards*). Es sind auch Skulpturen von Rodin* und Bourdelle* ausgestellt.

Nîmes, Tour Magne

Musée archéologique (Boulevard Amiral-Courbet): In einem ehemaligen Jesuitenkloster untergebrachtes Museum, das wichtige Sammlungen über Leben und Kunst der gallo-römischen Zeit besitzt. Die Münzsammlung enthält griechische, römische und gallo-römische sowie mittelalterliche Münzen.

Musée du Vieux-Nîmes: Es ist in der Nähe der Kathedrale im ehem. Bischofspalast aus dem 17. Jh. eingerichtet worden. Das Museum ist der Volkskunst gewidmet und zeigt Möbel, Kleidung aus dem 18. Jh., Seidenwaren, Tauromachie und provenzalische Stierkämpfe.

Niort	64000 Ew
79 Deux-Sèvres	S. 418 □ F 9

Von Norden her kommend, wirkt Niort wie eine Stadt des Südens. Die Hauptstadt von Deux-Sèvres am Rand des Sumpfgebiets von Poitou liegt an den flachen Hängen des linken Ufers der Sèvre-Niortaise. Sie geht bis auf die römische Zeit zurück, war bis Anfang unseres Jahrhunderts ein reger Flußhafen und ist heute noch ein bedeutendes Handelszentrum. Unter den neuen Industriezweigen haben sich zwei alte Gewerbe erhalten: Lederverarbeitung und Weiterverarbeitung der Engelwurz, einer aromatischen Pflanze.

Donjon/Bergfried: Ende des 12./13. Jh. Beherrscht den Quai de la Sèvre und gehörte zu einer Festung aus der Zeit der englischen Vorherrschaft. Er wurde belagert und war in den Religionskriegen von Hugenotten und Katholiken umkämpft. Unter den Bourbonen diente er als Staatsgefängnis. Der Bergfried setzt sich aus zwei großen viereckigen Türmen mit runden Ecktürmen und einem Wohntrakt zusammen (15. Jh.). Er beherbergt das *Musée d'ethnographie régionale*, das vor allem einheimische Trachtenhauben und Nachbildung bäuerlicher Wohnräume enthält.

Notre-Dame: Die Kirche stammt aus dem 15./16. Jh., wurde im 18. Jh. umgebaut und ist bemerkenswert durch die Eleganz ihres 75 m hohen Turms mit spitzem Abschluß (15. Jh.). Ge-

Nîmes, Maison Carrée

:ackte Fialen und Nischen zieren die Eckstrebepfeiler. An der Nordfassade ein fein gearbeitetes Portal im Flam-)oyant-Stil. Im Innern schöne Wand-)ehänge aus Aubusson sowie die ei-genartigen Mausoleen (17. Jh.) aus ro-:em Marmor des ehem. Gouverneurs von Niort und seiner Frau und seines Sohnes. Sie sind als Büsten dargestellt, lie aus dem Grab auferstehen. Außer-lem besitzt die Kirche ein sehenswer-:es Taufbecken im Flamboyant-Stil Anfang 16. Jahrhundert) mit Flachre-iefs und ein schön geschnitztes Chor-gestühl.

Ehem. Hôtel de Ville und Musée du pilori: In diesem befestigten Teil aus lem 16. und 17. Jh. auf einem dreiek-kigen Grundriß ist das Musée du pilori untergebracht. Es besitzt Gestein-und Münzsammlungen, regionale Ge-chichte, Ausgrabungsgegenstände der prähistorischen und gallo-römischen Zeit.

Musée des Beaux-Arts: In den Gebäu-len des ehem. Collège de l'Oratoire ind verschiedene Sammlungen ausge-stellt, darunter Wandbehänge aus dem 7. Jh., Email- und Elfenbeinarbeiten, Goldschmiedearbeiten aus dem 12. bis um 17. Jh. Die Gemälde stammen on unbedeutenderen Meistern aus lem 17. und 18. Jh. Das *Musée Taire* tellt die Geschichte des Schuhs quer lurch die Jahrhunderte dar.

Altstadt: Die alten Häuser befinden ich vor allem in und um die Rue aint-Jean. Das *Maison du gouverneur* nit gotischem Bogenwerk (15. Jh.) nd das *Hôtel d'Estissac,* ein elegantes Renaissance-Gebäude in der Rue du Petit-Saint-Jean, sind die bemerkens-vertesten Beispiele.

Umgebung: Échiré (10 km nördlich): *Schloß von Coudray-Salbart:* Diese ut erhaltene riesige Festung aus dem 3. Jh. ist trapezförmig mit sechs Tür-nen angelegt. Ein Gang verläuft durch ie dicken Zwischenfassaden. Durch ie Schießscharten konnte man in bei-en Richtungen gut schießen.

Niort, Donjon

Niort, Ehem. Rathaus

Nogent-le-Rotrou

13600 Ew
28 Eure-et-Loir
S. 414 □ H 6

Das *Schloß Saint-Jean* mit seiner stolzen Silhouette zeichnet sich über der Stadt mit ihren alten Häusern an der Huisne ab. Sein von Türmen flankierter Festungswall stammt aus dem 12. und 13. Jh., der mächtige Bergfried aus dem 11. Jh., die Herrenhäuser aus dem 15. Jh. (Musée du Perche). – Die Kirche *Notre-Dame* stammt im wesentlichen aus dem 13. Jh. Die Kirchen *Saint-Laurent* und *Saint-Hilaire* stammen aus dem 15. und 16. Jh. (letztere enthält einen Chor aus dem 13. Jh.). Im *Hôtel-Dieu* hinter der Kirche Notre-Dame stehen die Grabmäler des Herzogs und der Herzogin von Sully (17. Jh.). Das *Collège Rémy Belleau* (der Dichter der Pléiade ist in Nogent geboren) besitzt eine schöne Renaissance-Fassade. In der Rue St. Laurent steht ein Hôtel mit zwei Erkertürmchen mit zwei gemeißelten Dachfenstern. Über der Tür eine doppeldeutige Inschrift: de pierre blanche – durant février – je suis faicte 1542 (Das Haus wurde von Pierre Durand und seiner Frau erbaut).

Nogent-le-Rotrou, Schloß St-Jean

Nohant-Vic

510 Ew
36 Indre
S. 419 □ I 9

Die Landschaft des Berry und des Vallée Noire haben George Sand beim Schreiben inspiriert. Sie beschreibt diese Gegend vor allem in *La Mare au Diable* und *Petite Fadette*. Gegenüber der Kirche mit ihrem rustikalen Portal steht das »Schloß«, der große Familienbesitz, in dem George Sand bei ihrer Großmutter aufwuchs und 1876 starb. Die Innenausstattung blieb unverändert.

Zwei km nördlich steht die *Kirche von Vic* aus dem 12. Jh. Sie besitzt bemerkenswerte romanische Fresken mit biblischen Darstellungen.

Umgebung: La Châtre (6 km südlich): In dieser kleinen Stadt steht ein Denkmal von George Sand, die diese in *Histoire de ma vie* auch beschrieben hat. In dem alten Schloß aus dem 15. Jh. ist ein *Museum* über die Dichterin eingerichtet worden.

Noirlac (ehem. Abtei)

18 Cher
S. 419 □ I 18

Die sorgfältig restaurierte ehem. Abtei Noirlac ist ein vollkommenes Beispiel für die Baukunst der Zisterzienser. Sie wurde 1150 im Vallée du Cher gegründet und zeugt von dem Bemühen des Hl. Bernhard und der Architekten von Cîteaux nach Entsagung. An die einfache, helle, gut erhaltene Kirche schließt sich ein Kreuzgang mit Arkaden (13. und 14. Jh.) an, um den sich die Klostergebäude gruppieren. Der ehem. große gemeinsame Schlafsaal wurde im 17. Jh. in Einzelzellen umgebaut.

Noirlac, Kreuzgang der Abtei

Noirmoutier, Kirche

Noirmoutier-en-l'Ile

4070 Ew
85 Vendée S. 418 □ D 8

Die kleine Hauptstadt der Insel Noirmoutier war Schauplatz einer grausamen Episode der Kriege in der Vendée: der Hinrichtung von Maurice Gigost d'Elbée auf der Place d'Armes, dem Generalissimus der katholischen Armee des Königs, den die Republikaner gefangengenommen hatten. Das *Schloß* dominiert über die Place d'Armes und den Hôtels aus dem 18. Jh. Innerhalb der rechteckigen Festungsmauer (15. Jh.) steht der von vier Rundtürmen flankierte Bergfried mit *Musée municipal* (Heimatmuseum). – Die Kirche *Saint-Philibert* verbindet einen romanischen Chor mit einem gotischen Schiff und enthält zwei schöne Retabeln aus dem 18. Jh. Die Krypta aus der Merowingerzeit (11. Jh. umgebaut) war Oratorium eines vom Hl. Philibert im 7. Jh. gegr. Klosters.

Notre-Dame de la Salette

38 Isère S. 421 □ M 11

Ein großes Kreuz sitzt auf der neuromanischen Basilika, die zwischen 1861 und 1879 auf der Spitze des Mont Planeau errichtet wurde. Die vielen Exvotos zeugen von der hiesigen Marienverehrung, der ›schönen Dame‹, die 1846 zwei Kindern eines einheimischen Schäfers erschienen sein soll.

Noyers

840 Ew
89 Yonne S. 415 □ K 7

An der bezaubernden und äußerst malerischen befestigten Stadt an der Serein mit ihren Bauten aus dem 15. bis 17. Jh. scheint die Zeit vorübergegangen zu sein. Das Hôtel de Ville aus dem 15. Jh. ruht auf Fundamenten aus dem 11. Jh. und besitzt eine Fassade aus dem 18. Jh. Die Kirche *Notre-Dame* wurde von 1491 bis 1515 im Flamboyant-Stil erbaut.

Noyon	13890 Ew
60 Oise	S. 411 □ J 3

Diese friedliche Kleinstadt, in der 1509 Calvin geboren wurde, war schon 581 Bischofssitz. 768 wurde hier Karl der Gr. zum König von Neustrien gekrönt.

Die **Kathedrale Notre-Dame** ist ein schönes Beispiel frühgotischer Baukunst. Einfach und gedrungen (das romanische Erbe) wurde sie im 12. Jh. erbaut und im 13. Jh. fertiggestellt. Die mächtige Westfassade geht auf die *Place du Parvis* mit Hôtels aus dem 16. Jh. Ein dreiteiliger Portalvorbau wird von zwei massiven viereckigen Türmen aus dem 13. und 14. Jh. überragt. Die teilweise erhaltenen Nebengebäude der Domherren schließen sic direkt an die Kirche an. Der Kapitel saal stammt aus dem 13. Jh. De Kreuzgang (13. Jh.) weist einige Joch bögen auf. Die Bibliothek des Domka pitels ist ein Fachwerkbau, der etw 3000 Bände enthält (darunter da *Evangeliar von Morienval* und wun derbare Miniaturen). Spitz- un Rundbogen verleihen dem Innenraum der Kathedrale mit seiner prächtige Narthex Klarheit und Harmonie. – I der Altstadt einige vornehme Häuser u. a. ein Renaissance-Pavillon.

Umgebung: Ehem. Abtei d'Ourscam (6 km südlich): Eindrucksvolle Ruine der im 12. und 13. Jh. erbauten Kir che. Die wunderbar erhaltene *Kran kenabteilung* von 1260 ist ein gotische Meisterwerk. – **Blérancourt** (14 km südöstlich): Interessante Kirche mi Renaissance-Fassade aus dem 16. Jh. Schloßruinen aus dem 17. Jh. mit dem *Musée national de la coopératio franco-américaine.*

Noyers, Stadtmauern

Noyon, Kathedrale Notre-Dame

O

Obernai 8400 Ew
67 Bas-Rhin S. 417 □ O/P 5

Das 16. und 17. Jh. haben diese bürgerliche elsässische Kleinstadt geprägt. Der Legende nach der Geburtsort der Hl. Odilie, liegt die Stadt um die *Place du Marché* mit der alten Getreidehalle, die 1904 mit einem hübschen Brunnen versehen wurde. Das im 15. Jh. erbaute *Hôtel de Ville* wurde im 16. und 17. Jh. umgebaut. Der Wachturm aus dem 13. Jh. war früher ein Kirchturm, wie sein Name *Kappelturm* sagt. Die Kirche *Saint-Pierre-et-Saint-Paul* ist ein neugotischer Bau aus der Mitte des 19. Jh.

Obernai, Elsässisches Haus

Umgebung: Ottrott (4 km westlich): Auf einem Felsvorsprung beeindruckende Ruinen zweier mittelalterlicher Festungen. Eine von ihnen, die *Rathsamhausen,* besitzt einen großen Bergfried aus dem Anfang des 13. Jh.

Oloron-Sainte-Marie 12320 Ew
64 Pyrénées-Atlantiques S. 422 □ E/F 15

Die Aspe und die Ossau, die beide in die Oloron münden, trennen die Stadt in drei Teile. Die Unter-Präfektur basiert auf dem antiken *Iluro,* wurde von dem Dichter Jules de Supervielle besungen und erinnert an Alfred de Vigny, der hier als Hauptmann in der Garnison *Le Déluge* und den Entwurf zu seinem Drama *Cinq-Mars* schrieb (1823).

Kirche **Sainte-Marie:** Die ehem. Kathedrale (Oloron war bis zur Revolution Bischofssitz) stammt aus dem 12. Jh., wurde aber, nachdem der Chor im 14. Jh. neugebaut wurde, nach einem Brand umgebaut. Als Überbleibsel der 1102 begonnenen Kirche beherbergt der massive Turm ein roma-

Oloron-Sainte-Marie, Kirche Ste-Marie, Triptychon von der Geburt Jesu

nisches Portal aus Pyrenäen-Marmor. Eine pathetische Kreuzabnahme ist auf dem mittleren Tympanon zu sehen, unter dem sich zwei weitere Tympanas über den Türen wölben (Darstellungen von der Verfolgten Kirche und der Siegenden Kirche). In den Bogenläufen sind die Greise der Apokalypse und Szenen aus dem Alltag dargestellt. Die gefesselten Sarazenen am Türpfeiler und das Reiterstandbild von Gaston IV. (zu sehen am Gewölbe unten rechts) erinnern daran, daß der Vicomte an der Eroberung Spaniens und dem Kreuzzug teilgenommen hat.

Kirche und Viertel von Sainte-Croix: Die massive, schmucklose Kirche, die im letzten Jh. schlecht restauriert wurde, ragt über die Dächer Olorons. Sie stammt aus dem 11. Jh. und weist in der Vierung des Querschiffs eine Kuppel mit hispanomaurischem Einfluß auf (13. Jh.). Verzierte Kapitelle in der Mittelapsis, bedeutendes vergoldetes Retabel aus dem 18. Jh. im linke Querschiff. Das alte Oloron liegt übe dem Nordhang der Kirche. Die Tou de Grède ist das einzige Überbleibse des Schlosses, um das herum sich Sain te-Croix ausbreitete.

Orange

84 Vaucluse — 26500 Ew

S. 425 □ L/M 13

Als geschichtliches und landwirtschaft liches Zentrum liegt Orange an de *Via Agrippa,* der antiken Straße nac Lyon. Als keltisch-ligurische Stad *Arausio* war sie Sitz einer Legionärs kolonie, die zu Beginn der nachchrist lichen Zeit gegründet wurde und sic in der Friedenszeit des Römische Reiches entwickelte.

Die erhaltenen Denkmäler zeugen vo dem Wohlstand der *Colonia Julia Fi ma Secundanorum.* Ab dem 4. Jh. wa Orange Bischofssitz, vom 13. bis zu

Orange, Antikes Theater

18. Jh. Sitz eines Fürstentums. Dieses ging an das Haus von Nassau, das Haus von Wilhelm von Oranien, dem Statthalter der Niederlande im 16. Jh. Als Orange wieder an Frankreich kam, blieb der Titel in Holland und gab einem südafrikanischen Staat seinen Namen.

Antikes Theater: »Die schönste Mauer des Königreiches« (Ludwig XIV.) ist 38 m hoch und 103 m lang. Vor der Bühne, die früher überdacht und für die Pausen mit Vorhang versehen war, sind die Stufenreihen in den Hügel eingebaut und teilweise restauriert. 7000–8000 Zuschauer finden hier bei den seit 1869 stattfindenden berühmten antiken Spielen Platz. Nachdem das Theater im Jahre 1622 von einer Festung überbaut worden war, wurde es im 19. Jahrhundert freigelegt. Es besitzt noch eine Statue des Kaisers Augustus, die allerdings stark restauriert ist.

Triumphbogen: Erinnert an die Gründung der Stadt im 1. Jh. v. Chr., ist 19 m hoch und äußerst sehenswert. Seine Westfassade ist stark erneuert worden, die übrigen drei Seiten hingegen zeigen noch die ursprünglichen Skulpturen.

Notre-Dame: Die Kathedrale in romanisch-provenzalischem Stil wurde in den Religionskriegen stark beschädigt und im 12. und 16. Jh. wiederaufgebaut. Das Rathaus daneben stammt aus dem 18. Jahrhundert und besitzt einen schönen Wachturm von 1671 mit einem schmiedeeisernen Kampanile.

Musée lapidaire: Das Museum besitzt ein einzigartiges Dokument: Die Reste eines römischen Katasters mit dem Plan des Grundbesitzes aus dem Jahre 77 v. Chr. sowie verschiedene auf Marmor geschriebene öffentliche Urkunden.

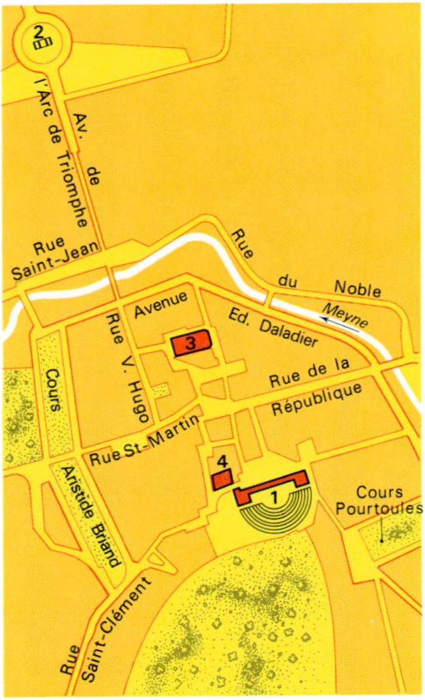

Orange **1** Antikes Theater **2** Triumphbogen **3** Kathedrale Notre-Dame **4** Musée lapidaire

Orange, Triumphbogen

Umgebung: Châteauneuf-du-Pape (13 km südlich): Schloß, das im 14. Jh. zerstört wurde. Die ehem. Sommerresidenz der Päpste in Avignon wurde während der Religionskriege von den Haudegen des Barons Adrets in Brand gesteckt, 1944 wurde der Bergfried gesprengt.

Orcival	370 Ew
63 Puy-de-Dôme	S. 420 □ K 10

Eingebettet zwischen Mont-Dôme und Mont-Dore liegt das alte Dorf um ein prächtiges romanisches Bauwerk, die Kirche *Notre-Dame*. Sie wurde im 12. Jh. wahrscheinlich nach dem gleichen Entwurf wie Notre-Dame du Port erbaut und verkörpert in ihrer Klarheit den klassischen Baustil der Auvergne: abgestufte Apsis, ungleich langes massives Mauerwerk über dem Chor. Darüber ein achteckiger Turm mit zwei Geschossen und doppelten Fenstern. Im Innenraum geht das Hauptschiff mit Tonnengewölbe in einen weiten hellen Chor über, der von acht elegant geschwungenen Säulen begrenzt wird. Die Kapitelle sind meistens mit einfachem Blattwerk verziert. Die Statue von Notre-Dame d'Orcival (12. Jh.) ist die einzige Madonna der Auvergne, die ihren Goldschmuck behalten hat. Die Krypta unter dem Chor ist nach dem gleichen Plan gebaut.

Das abseits gelegene *Château de Cordes* im Norden wurde im 15. Jh. erbaut. Sein heutiges Aussehen bekam es im 17. Jh., als die Fassaden durch hohe Fenster aufgelockert wurden. Die französischen Gärten wurden nach Plänen von Le Nôtre angelegt. Die Kapelle besitzt ein schönes Retabel aus Marmor (16. Jh.).

Orléans	110000 Ew
45 Loiret	S. 414 □ I 6

Orléans, Präfektur des Departements Loiret und Bischofssitz, wurde während des letzten Krieges stark zerstört wiederaufgebaut und um die Satellitenstadt La Source erweitert. Das frühere gallische *Genabum,* späteres römisches *Aurelianis* (daher sein Name), in dem Karl der Kahle gekrönt wurde, wurde unter den ersten Kapetingern franz. Hauptstadt und bekam 1305 eine bald berühmte Universität. 1428 wurde es von den Engländern belagert, im Jahr darauf von Jeanne d'Arc befreit. Seit 1430 huldigt die Stadt jedes Jahr seiner Retterin mit eindrucksvollen Veranstaltungen (das Fest wird als Nationalfeiertag angesehen).

Place du Martroi: Die Reiterstatue der Jeanne d'Arc (19. Jh.) beherrscht diesen Platz im Stadtzentrum. Dieses Viertel wurde von den Bomben besonders schwer getroffen. Die 1944 beschädigte und wiederaufgebaute ehem. *chancellerie* aus dem 18. Jh. und der Pavillon der Chambre de Commerce aus dem 19. Jh. rahmen die Rue Royale ein, die große, erstaunlich gut restaurierte Straße, die zum *Pont-George-V* (18. Jh.) führt. Der westliche Teil des Platzes wurde zerstört und im alten Stil wiederaufgebaut. Die nahe Kirche Saint-Pierre du Martroi brannte 1944 aus.

Das im Krieg zerstörte Viertel nahe der Place du Martroi wurde um die Place Charles-de-Gaulle umgestaltet. Aus früherer Zeit sind nur noch zwei nebeneinanderliegende Fassaden der »Porte Renard« (16. Jh.) erhalten. In der Nähe stand das Haus, in dem Jeanne d'Arc zeitweilig wohnte. Zerstört und wiederaufgebaut, wurde es nach der neuerlichen Zerstörung 1944 im alten Stil nachgebaut. In der Rue du Tabour beherbergt ein Hôtel aus dem 18. Jh. das *Centre Charles-Péguy* und das kleine *Museum,* das dem 1873 in Orléans geborenen Dichter gewidmet ist. In der Rue d'Escure sind elegante Bürgerhäuser aus dem 17. Jh. erhalten, in der Rue Sainte-Anne verdankt das Maison des oves vom Ende des 16. Jh. seinen Namen den abgerundeten Steinen der Fassade.

Kathedrale: Eine im 17. und 18. Jh. in gotischem Stil erbaute Kirche, die für Marcel Proust die häßlichste in Frankreich war. Sie wurde an der Stelle einer gallo-römischen, karolingischen und romanischen Kirche erbaut, die 1568 von den Anhängern des Prince de Condé zerstört wurde. Ihr Wiederaufbau im ursprünglichen Stil wurde 1601

Orcival, Schloß von Cordès

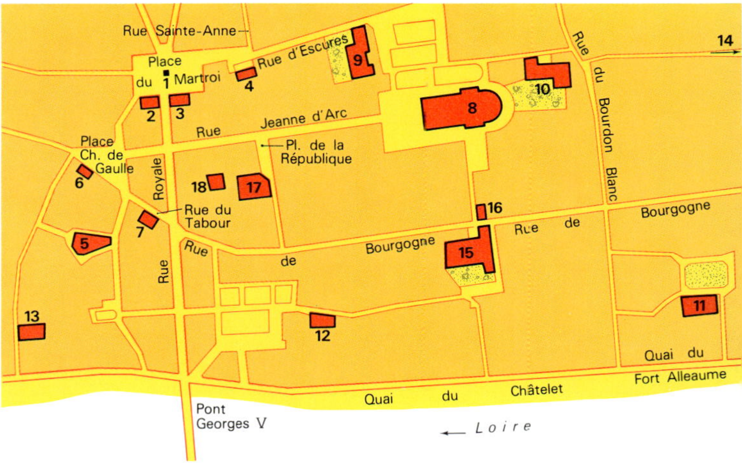

Orléans **1** Standbild der Jeanne d'Arc **2** Ehemalige Kanzlei **3** Handelskammer **4** Kirche Saint-Pierre-du Martroi **5** Kirche Saint-Paul **6** Haus, in dem Jeanne d'Arc wohnte **7** Centre Charles-Péguy **8** Kathedrale **9** Hôtel Groslot (Rathaus) **10** Ehemaliger Bischofssitz (Bibliothek) **11** Kirche Saint-Aignan **12** Kirche Saint Donatien **13** Kirche Notre-Dame-de-Recouvrance **14** Kirche Saint-Euverte **15** Präfektur **16** Salle des thèses **17** Musée des Beaux-Arts **18** Historisches Museum

begonnen. Jacques Gabriel entwarf die hohe und majestätische Westfassade, eine großartig empfundene Nachahmung. Die von einer Krone bizarr überragten Türme sind ein Werk des Architekten Trouard*. Der heutige spitze Turm stammt aus der Zeit Napoleons III. Im Innern fehlt es dieser letzten gotischen Kathedrale (die von *Auch* könnte als vorletzte angesehen werden) nicht an Würde. Der Chor ist mit einem von Gabriel* entworfenen Gestühl (1702–1706) ausgestattet. Die Apsiskapelle besitzt eine Pieta aus Marmor von Michel Boudin* (1623). Die große Orgel kommt aus Saint-Benoît-sur-Loire.

Krypta: Bei mehreren Grabungen wurden die übereinanderliegenden Reste der früheren Kirchen freigelegt, darunter die einer kleinen gallo-römischen Basilika (in den romanischen Chor eingefügt). In der Ausschachtung unter dem Chor der Kathedrale sind vor allem Sarkophage aus dem 12. und 14. Jh., die Bischofsgräber, zu sehen. Die Geistlichen wurden mit ihren geistlichen Insignien beerdigt; diese (vor allem Bischofsstäbe) sind jetzt in der *Schatzkammer* zu sehen.

Nahe der Kathedrale steht das ehem. *Hôtel Groslot* und heutige Rathaus, ein Renaissance-Bau, der Mitte des 16. Jh. erbaut und im 19. Jh. erweitert wurde. Die Statue der betenden Jeanne d'Arc an der Freitreppe ist ein Werk von Marie d'Orléans, der Tochter des Königs Louis-Philippe. Im Garten des alten Bischofssitzes ist ein Stück der alten gallo-römischen Festungsmauer zu sehen. Die Bibliothek ist in dem ehem. Bischofspalast aus dem 17. Jh. eingerichtet.

Die Nekropole *Campo-Santo,* einer der letzten großen mittelalterlicher Friedhöfe, wurde Ende 1978 trotz großer Proteste der Bevölkerung eingeebnet und zu einem Parkplatz umgebaut. Südlich der Kathedrale werden weitere Überreste der antiken Stadt ausgegraben.

Weitere Kirchen: Kirche *Saint-Aignan:* Sie wurde 1428 zerstört und unter Ludwig XI. wiederaufgebaut, in

Orléans, Luftaufnahme

Orléans, Rathaus

letzten Krieg erneut beschädigt. Sie besitzt ein großes Retabel, ein Geschenk von Ludwig XIII., und eine große romanische Krypta (Kapitelle).
Kirche *Saint-Donatien:* Vier Pfeiler aus dem 13. Jh. sind erhalten geblieben, als sie im 17. Jh. restauriert wurde.
Kirche *Notre-Dame-de-Recouvrance:* Im letzten Jh. restaurierter Renaissancebau.
Kirche *Saint-Paul:* Bei ihrer Zerstörung 1940 blieben nur ein Turm und eine Kapelle, in der Jeanne d'Arc betete, erhalten. – Kirche *Sainte-Euverte:* Sie stammt aus dem 12. Jh. und wurde stark umgebaut.

Préfecture und Salle des thèses: Die Präfektur ist in einem ehem. Benediktinerkloster des 17. Jh. untergebracht, das im 19. Jh. erweitert wurde. Die ehemalige Universitätsbibliothek gegenüber mit ihrem Spitzbogengewölbe (15. Jh.) ist unter dem Namen Salle des thèses bekannt. Jean Calvin studierte hier im Jahre 1528 die Rechte.

Musée des Beaux-Arts (Place de la République): Das *Hôtel des Créneaux* aus dem 15. und 16. Jh. mit einem Wachturm von 1448 diente bis zur Revolution als Rathaus. Es beherbergt ein Museum mit bedeutenden Porträt (Gemälden und Pastellen) und franz Werke aus dem 17. und 18. Jh. Daneben besitzt es einige italienische, flämische und holländische Werke, eine Sammlung franz. Gemälde des 19. Jh und mehrere Büsten von Houdon*.

Musée historique (Place Abbé-Desnoyers): Im *Hôtel Cabu,* einem restaurierten Renaissance-Gebäude de 16. Jh., werden gallo-römische Funde und mittelalterliche Gegenstände gezeigt. Es besitzt auch den bemerkenswerten gallo-römischen Schatz, der in Neuvy-en-Sullias, etwa 30 km von Orléans entfernt, gefunden wurde.

Ornans	4230 Ew
25 Doubs	S. 421 ☐ N 8

Zwischen einer doppelten Reihe Erkerhäuser und Pfahlbauten fließt die Loue. Das malerische Dorf wird von einigen Bauten, wie dem Hôtel de Grospain (15. Jh.) und dem Hôtel Panderet de Valonne (17. Jh.), noch verschönt. Die im 16. Jh. wiederaufgebaute Kirche *Saint-Laurent* besitzt einen Turm auf romanischen Fundamenten eines früheren Baus, der seit dem 17. Jh. von einer Kuppel mit Laterne überdeckt wird. Sie enthält Holzschnitzereien und Statuen aus dem 18. Jh. sowie eine goldgeschmiedete Reliquienbüste des Hl. Laurentius. Gustave Courbet* wurde 1819 hier geboren und verdankt dem Städtchen und seiner landschaftlichen Umgebung viele seiner Motive. Sein in ein Museum umgewandeltes Geburtshaus zeigt verschiedene Gemälde und zahlreiche Erinnerungsstücke des realistischen Malers.

Orthez	10830 Ew
64 Pyrénées-Atlantiques	S. 422 ☐ E 4

Die Hauptstadt des Béarn (von 1194 bis 1464, wurde dann von Pau abgelöst) wird von der *Tour Moncade* beherrscht, dem ehem. Bergfried eines im 13. Jh. erbauten Schlosses. Durch die Stadt, deren Bewohner in den *Memoiren* von Francis Jammes verspottet werden, fließt die Pau, über die eine befestigte Brücke aus dem 13. und 14. Jh. führt. In der Stadt stehen mehrere alte Häuser, darunter das Maison de Jeanne d'Albret (um 1500), und Ruinen des Hôtel de la Lune, in dem der Geschichtsschreiber Froissart abstieg.

Die im 15. Jh. umgebaute Kirche *Saint-Pierre* stand früher an einem Festungswall, wodurch sich die kahle Nordmauer erklärt. Sie enthält ein kaltes Gemälde von Bonnat*, *Le martyre de Saint-Denis:* ein Entwurf des Freskos im Pantheon.

Ornans, Dorf und die Loue

Ouistreham	6140 Ew
14 Calvados	S. 413 ☐ F 4

Der mit dem Badeort Riva-Bella verbundene Ort macht auf sich aufmerksam durch den Wald von Segelbootmasten und den Turm einer romanisch-gotischen *Kirche* aus dem 12. und 13. Jh. Die ganze Gegend ist stark geprägt von der Erinnerung an die Landemanöver der Alliierten im Juni 1944. Im Süden Ouistrehams nahe *Bénouville* (mit beachtenswertem Schloß aus dem 18. Jh.) erinnert das kleine Museum *Pegasus Bridge* an den Überraschungsangriff der Engländer, die die doppelte Brücke über den Kanal und die Orne besetzten, noch bevor die Deutschen sie zerstören konnten.

Ourscamp (Abtei) → Noyon

P

Paimpont 1560 Ew
35 Ille-et-Vilaine S. 413 □ D 6

Die in einem großen Waldgebiet an einem Weiher gelegene Stadt geht auf die Gründung eines Klosters aus dem 7. Jh. zurück. Die im 17. Jh. restaurierten Abteigebäude beherbergen heute das Rat- und das Pfarrhaus. Im Innern der einschiffigen *Kirche* (13. Jh.) befinden sich eine farbige Marienfigur Notre-Dame de Paimpont (17. Jh.) sowie Holzschnitzereien an Kanzel und Chorgestühl.

Umgebung: Forêt de Paimpont: Hier befindet sich der bedeutendste Rest des legendären »Forêt de Brocéliande«. Das Andenken an die Fee Morgana ist im »Tal ohne Wiederkehr« noch lebendig, in dem die ihrer Dame untreu gewordenen Ritter gefangengehalten wurden. Bei Marette soll – der Sage nach – unter einem schweren Stein der Zauberer Merlin ruhen, während im Norden das im 16. Jh. geschleifte **Château de Comper** (der Corps de logis wurde im 19. Jh. restauriert) der Fee Viviane als Residenz gedient haben soll.

Château de Trécesson (10 km südwestlich): An den südlichen Hängen des an einem friedlichen kleinen See gelegenen Waldes (Departement Morbihan) gewährt dieses elegante Schloß des 14./15. Jh. Zugang durch einen Vorhof, der von zwei Rundtürmchen mit Kegeldach flankiert wird. Die in rötlichem Stein gehaltenen, rechtwinklig angelegten Gebäude der Schloßanlage umschließen einen leider für die Öffentlichkeit nicht mehr zugänglichen Innenhof.

Saint-Léry (14 km nordwestlich): Die Kirche dieses reizvollen Ortes besitzt eine der schönsten, von kleinen Dachfenstern gekrönten Vorhallen der Gegend. Neben den Portalen mit ihren geschnitzten Türflügeln ein Flachrelief, das einen Mann zeigt, wie er vor den sieben Todsünden verschlungen wird. Im Innern das Grab des Heiligen, dem die Kirche geweiht ist, und eine Holztafel mit der Darstellung seines Todes.

Tréhorenteuc (18 km westlich): In der Nähe des »Val-sans-Retour« besitzt diese kleine Ortschaft im Morbihan eine einfache, kürzlich restaurierte Kirche, in der einst das Grab der Hl. Onenne (7. Jh.), der Schwester des Königs Judicael, lag. Der Bau ist vor allem wegen seiner Ausstattung interessant, in der sich sakrale Motive mit profanen mischen. So findet sich die Fee Morgana neben neutestamentlichen Personen auf dem Kreuzweg abgebildet. Im Kirchenschiff und in der Sakristei illustrieren verschiedene Gemälde Szenen aus der Artussage. In den Darstellungen der Chorfenster wird die Suche nach dem Heiligen Gral lebendig.

Paray-le-Monial, Basilika du Sacre-Cœur

Paray-le-Monial 12130 Ew
71 Saône-et-Loire S. 420 □ L 9

Das künstlerisch und geschichtlich bedeutsame Pilgerzentrum liegt am rechten Ufer der Bourbince in einer Wiesen- und Heckenlandschaft. Als dort ein erstes Kloster (971) gegründet wurde, war hier eine bescheidene Landpfarre, deren Kirche jedoch vom Hl. Hugo, dem großen Abt von Cluny, dem die herrliche Basilika zu verdanken ist, für zu klein erachtet wurde. Im Mittelalter erblühte die von vielen Mönchen (daher der Name) bewohnte Feste. Sie verlor dann an Bedeutung, bis Margareta-Maria Alacoque, die 1671 dem Orden der Heimsuchung beigetreten war, eine Vision hatte und unter Mitwirkung des Jesuitenpaters Claude de la Colombière die Herz-Jesu-Verehrung einführte. Diese nahm besonders im 19. Jh. zu; die kleine Stadt nahm Zehntausende von Pilgern auf (die Seherin wurde 1864 selig- und 1920 heiliggesprochen).

Basilique du Sacré-Cœur: Die alte, bewundernswerte Prioratskirche ist, nach der Zerstörung des Baus von Cluny III (→ Cluny), das vollkommenste Beispiel cluniazensischer Architektur. Dieses romanische Juwel, in dem das Licht gleichsam zum Erklingen kommt, ersetzte die ursprüngliche Kirche, von der der enge Narthex zeugen könnte. Von den Archäologen lange Zeit für ein Werk aus der Mitte des 12. Jh. gehalten, scheint der jetzige Bau zwischen 1090 und 1110 errichtet worden zu sein. Mit Ausnahme einer Kapelle in rein romanischem Stil erbaut, überstand er die Jahrhunderte, die Religionskriege und die Revolution, ohne allzu großen Schaden genommen zu haben.

Außenbau: Die herrlich proportionierte Basilika aus hellem Stein reflektiert

Paray-le-Monial, Rathaus, Fassaden, Detail

im Wasserspiegel der Bourbince das Bild des ebenerdigen alten Narthex mit seinem Kreuzgewölbe. Er steht zwischen zwei hohe, viereckige Türme gezwängt, deren einer derb und bäuerlich, der andere spielerischer und vielgestaltiger wirkt. Das in seiner vollkommenen Ausgewogenheit an die Auvergne erinnernde Chorhaupt wird von einem eleganten, mit Spitze 56 m hohen Vierungsturm überragt.
Innenraum: Die in ihrer Kargheit und dem prachtvollen Spiel von Licht und Schatten (besonders geschickte Anordnung der Fenster) überraschend wirkende Kirche wird vor allem von der cluniazensischen Höhe geprägt, die in drei Etagen Hauptschiff, Querschiff und das rechte Joch des Chors bestimmt. Der harmonische Chorumgang wurde auch »Wandelgang der Engel« genannt. Raumbezüge und Lichtwerte zählen mehr als der Skulpturenschmuck (Die Skulptur erlangt lediglich an den äußeren Süd- und Nordportalen des Querschiffs eine ge wisse Bedeutung). Die romanisch Apsidiola des rechten Querarms wur de im 15. Jh. durch eine Kapelle in Flamboyant-Stil ersetzt.
Hinter der Basilika befand sich da »Schloß« der Äbte von Cluny, vo dem nur noch das *Maison des page* zeugt. Es enthält einen Reliquien raum, die Rekonstruktion einer *Zel der Nonnen* von Mariä Heimsuchun Hier sind verschiedene Andenken a Margareta-Maria Alacoque aufbe wahrt.

Chapelle de la Visitation (Rue de l Visitation): In dieser Kapelle de 17. Jh. (stark restauriert) hatte di Nonne eine Erscheinung des »von Lie be entflammten Herzens Jesu«. Di Heilige ruht in einem vergoldeten Si berschrein.

Hôtel de ville und Tour Saint-Nicola
Das Rathaus befindet sich in eine

Paray-le-M., Basilika, Glockenturm

ungewöhnlichen und prachtvollen Renaissance-Bau, dessen goldleuchtende Steinfassade wie eine Altarwand gearbeitet und skulptiert ist: Er wurde für einen reichen Fabrikanten zwischen 1525 und 1528 erbaut. – Gegenüber der von einer Kuppel gekrönte, schwere *Turm Saint-Nicolas* (16. Jh.), ehemaliger Glockenturm einer verfallenen Kirche.

Musée eucharistique du Hiéron (Ecke Rue de la Paix, Rue Pasteur): Dieses 1890 zu Ehren Gottes und der Eucharistie gegründete Museum hat nichts mit Devotionalienkult zu tun: Es birgt Werke von hohem archäologischem und künstlerischem Rang: liturgische Geräte, Gemälde und Skulpturen, Altäre, Tabernakel, ein herrliches Tympanon aus dem ehem. Priorat von Anzy-le-Duc. – Gegenüber die Kapelle mit dem Schrein des seligen Claude de la Colombière, ein neuromanisch-byzantinisches Bauwerk.

Umgebung: Brionnais: Zwischen Paray-le-Monial und (→) Charlieu gelegen, ist das kleine Brionnais eine der reizvollsten Gegenden Westburgunds. Die hügelige Grünlandschaft ist übersät von zahlreichen außerordentlich wertvollen romanischen Kirchen. Diese Blüte ist sicher bedingt durch den einheimischen schönen Kalkstein, durch den Einfluß Clunys und der Auvergne; dennoch sind sich Fachleute noch immer nicht schlüssig über den enormen Aufschwung, der zur Blüte und Reife im Brionnais führte. – **Montceaux-l'Étoile** (7,5 km südöstlich): Einfache Kirche des 12. Jh. mit einem sehr schönen, um 1120 mit Skulpturen versehenen Portal. Angrenzend eine Kapelle aus dem 18. Jh. – **Anzy-le-Duc** (11 km über Montceaux): Die Kirche, im wesentlichen aus dem 11. Jh. stammend, erinnert an die zerstörte Abteikirche von Charlieu und ist im Innern mit Kreuzgewölben versehen. Überragt von einem sehr schönen oktogonalen Vierungsturm, verfügt sie über einen bemerkenswerten Skulpturenschmuck (Portale, Sparrenköpfe der Gesimse, Chor- und Schiffskapitelle). – **Marcigny** (24 km südwestlich): Romanische, stark überarbeitete Kirche, alte Häuser. In einem interessanten Schloß (15. Jh.), *Tour du moulin* genannt, ist ein *Regionalmuseum für Kunst und Geschichte* untergebracht. – **Semur-en-Brionnais** (5 km östlich von Marcigny): Die auf einer mit Wein und Obstbäumen dicht bepflanzten Anhöhe gelegene und dort fest verwachsene alte Stadt wird vom *Schloß* mit seinem mächtigen rechteckigen Turm überragt. Die schöne, ehem. Stiftskirche *Saint-Hilaire* vor dem reizvollen Rathaus (18. Jh.) stammt mit ihrem Querschiff und der Vierungskuppel, dem Chor und den Apsiden aus der Zeit um 1125, etwas später wurde das cluniazensisch gestufte Hauptschiff errichtet. Schöne Portale. – **Iguerande** (9 km südlich von Semur): Die auf einem Hügel gelegene Kirche *Saint-André* wurde im wesentlichen um 1100 erbaut; die Vierungskuppel und der Chor sind älter.

Paris 2 317 230 Ew
75 S. 410/411 □ I 4/5

Die Hauptstadt Frankreichs, eine sich nach allen Seiten hin ausdehnende Metropole, bildet für sich allein schon ein Departement. Sie wird von der modernen Umgehungsstraße, der Périphérique, umschlossen, welche die ovale Form der Île de la Cité des ursprünglichen Stadtkerns an der Seine nachzeichnet. 52 v. Chr. besaßen die Römer nur eine bescheidene, von Überschwemmungen bedrohte Ansiedlung für Fischer und Bootsleute. Es gelang ihnen, *Lutetia* zu einer blühenden Stadt zu erheben, die über das linke Seine-Ufer hinauswuchs, und den Berg der Hl. Genoveva, auf dem heute das Pantheon steht, zu annektieren. Der Name der gallischen *Parisier* blieb in der Ortsbezeichnung erhalten. Das Ende des 1. Jh. durch den Hl. Denis missionierte Paris wurde nach seiner Bedrohung durch die Hunnen, denen die Hl. Genoveva Widerstand bot, 508 Hauptstadt des Frankenreichs. Die Geschichte der Stadt sollte unlösbar verbunden bleiben mit einem vom königlichen Zentralismus begründeten Frankreich.

Viel verdankt die Stadt Philippe Auguste, der sie zwischen 1180 und 1210 mit einer Mauer umgab. Beachtlichen Wohlstand erlangte sie im 13. Jh. (Sainte-Chapelle, Notre-Dame, Gründung der Sorbonne). Die neuen Festungswälle Karls V. und die Bastille hielten dem Ansturm der Engländer nicht stand, die von 1420 an die Stadt etwa 40 Jahre lang besetzten. Nachdem Franz I. und Heinrich IV. die Stadt durch ihre Bauten verschönert hatten, erlitt sie im 17. und 18. Jh. eine Wachstumskrise, als neue Viertel sich in der noch grünen Landschaft heranbildeten (Marais, Palais-Royal, Entstehung der Ile Saint-Louis, Place Vendôme, Invalides, Observatorium, Gobelins, Salpêtrière). Unter Ludwig XVI. wurde ein 23 km langer Stadtwall erbaut, der von Zollschranken unterbrochen war. Die durch die Revolution in blutige Wirren gebrachte Stadt begann sich im 19. Jh. weiter zu entwickeln. Neusiedlungen drängten überall die Landschaft zurück: Baron Haussmann*, der Präfekt Napoleons III., zerschlug viel, als er die alten Viertel mit großen Verkehrsadern durchschnitt und so das heutige Stadtbild schuf. Paris gliederte sich Ende des vergangenen Jahrhunderts in die innerhalb der alten, von Thiers errichteten Befestigungsmauern liegenden Vororte ein: Auteuil, Passy, Montmartre, Belleville, La Villette, Grenelle und Vaugirard vor allem. Die Stadt wuchs zwischen den beiden Weltkriegen weiter an und modernisierte sich. Nach der Befreiung 1944 vergrößerte sie sich wiederum und bildet nun einen riesigen Komplex, an dessen Saum die jüngsten »Neustädte« entstanden sind. Die Hauptstadt hat sich zwischen 1960 und 1970 durch Neubauprogramme verändert (Maine-Montparnasse, der Komplex um die Porte Maillot, Front de Seine, ein Annex der Défense), durch die Schaffung der »Périphérique, der auf steiler Böschung verlaufenden Schnellstraße, das Kunst- und Kulturzentrum Georges-Pompidou, das neue Hallenviertel. Neben den spektakulären, jetzt stark eingeschränkten Unternehmungen hat Paris seine Bauten, vor allem durch neuen Fassadenputz, aufgefrischt, das Marais renoviert und Fußgängerzonen geschaffen. Mit seinen unzähligen Museen, Kunstgalerien, Theatern und Kinos verfügt Paris über ein sehr aktives kulturelles Leben. Auch das lange Zeit brachliegende musikalische Schaffen erhielt neuen Antrieb (Wiederaufleben von Oper, Liederabende, zahlreiche Konzertveranstaltungen des *Orchestre de Paris* und des *Ensemble orchestral de Paris*). Besonders lebhafte Anregungen gehen vom Kunst- und Kulturzentrum Georges-Pompidou aus.

DIE WICHTIGSTEN KIRCHEN

Île de la Cité

Notre-Dame: Als Kathedrale von Paris und als »historische Pfarrei Frank-

Paris, Notre-Dame von Osten

reichs« beherrscht das majestätische gotische Bauwerk, das Bischof Maurice de Sully erbauen ließ, das Herz der Stadt. Es wurde 1163 an der Stelle einer bereits in der römischen Zeit bekannten Kultstätte begonnen, stammt im wesentlichen aus dem Ende des 12. Jh. (Chor und Querschiff) und aus dem 13. Jh., hat aber im 17. und 18. Jh. verschiedene Veränderungen erfahren. Nach wüsten Plünderungen während der Revolution drohte der Kirche, in der Napoleon I. zum Kaiser gekrönt wurde (1804), 1831 der Verfall, bis Victor Hugo mit seinem Roman *Der Glöckner von Notre-Dame* das Interesse der Pariser erweckte. Viollet-le-Duc* wurde mit der umfangreichen Restaurierung betraut, die 17 Jahre dauerte.

Zwei 69 m hohe Türme rahmen die Hauptfassade vor dem jetzt wieder hergestellten Domplatz (Ausgrabung einer Krypta). Das herrliche *Portal des Jüngsten Gerichts* (1220–1230) in der Mitte wurde von Viollet-le-Duc* restauriert: Im Tympanon ist Christus als Weltenrichter von Engeln, Maria und dem Hl. Johannes umgeben. In den Wölbungen werden Szenen aus dem Jüngsten Gericht dargestellt. Die Skulpturen an den Portalpfosten wurden von Viollet-le-Duc* eingesetzt. Auch der Skulpturenschmuck des *Marienportals* (1210–1220) links verdankt viel dem 19. Jh. Das älteste Portal (rechts), das *Annenportal,* ist umgearbeitet worden. Die meisten Skulpturen wurden um 1170 gearbeitet (einige sind Kopien). Wie die Skulpturen am Marienportal stammen seine schmiedeeisernen Angelbänder aus dem 13. Jh. Die Figuren der Königsgalerie wie die der Balustrade, der sog. Mariengalerie, sind neu. Die große Rosette wurde um 1220 geschaffen. Die beiden Türme unterscheiden sich nur wenig. Im Nordturm befindet sich die Treppe zu einer Terrasse mit Rundblick. Im Südturm hängt eine 13 t schwere Glocke (1400, zur Zeit Ludwigs XIV. umgegossen). – *Nordportal:* Das sog. Klosterportal (13. Jh.) geht auf die Rue du Cloître-Notre-Dame hinaus und zeigt am Portalpfeiler eine überaus feine *Mariendarstellung.* Daneben die reizvolle *Porte rouge,* von Pierre* de Montreuil entworfen. – *Südportal:* Das Stephanusportal auf der Seine-Seite wurde im Jahre 1257 von Jean de Chelles* begonnen und von Pierre* de Montreuil zu Ende geführt. Im Tympanon werden Lehre und Martyrium des Hl. Stephanus geschildert. Am Chorhaupt ist Notre-Dame von außerordentlich leicht wirkendem *Strebewerk* aus dem 14. Jh. geschmückt.

Inneres: Die Länge des fünfschiffigen Innenraums mit seinen weiträumigen Galerien beträgt 130 m, die Breite 48 m; die Gewölbe erheben sich zu einer Höhe von 35 m. 29 Kapellen mit Gemälden, den sog. *Maigaben* (von den Goldschmieden zwischen 1630 und 1707 jeweils am 1. Mai gestiftet), geschmückt, umlaufen Chorumgang und Seitenschiffe. An der Innenseite der W-Fassade die Orgel von François Thierry (1730–33; mehrmals erneuert, u.a. von Fr. Clicquot). Im Westen, Norden und Süden durchbrechen drei große Rosenfenster die Wände, z.T. mit Glasfenstern aus dem 13. Jh. (Querschiff). Der von Ludwig XIV. veränderte Chor wurde im 19. Jh. restauriert. In ihm befinden sich besonders schöne Holzvertäfelungen und ein Chorgestühl aus dem 18. Jh. wie auch bemerkenswerte *Skulpturen:* eine Pieta von Nicolas Coustou* in der Mitte, Bildnisse Ludwigs XIII. und Ludwigs XIV., eine Grabfigur des 14. Jh. Die Flachreliefs der ehem. Einfassung (14. Jh.) wurden von Viollet-le-Duc* restauriert. Die Axialkapelle birgt die knienden Gestalten (17. Jh.) von Albert de Gondi, dem Herzog von Retz, und von Kardinal de Gondi sowie ein Fresko (14. Jh.). Rechts vom Chor enthält die Kapelle des Hl. Wilhelm ein Grabmal aus dem 15. Jh. und ein Mitte des 18. Jh. von Pigalle* ausgeführtes Mausoleum.

Schatzkammer: In der Sakristei (19. Jh.) befindet sich ein prachtvoller Kirchenschatz. Das *Palatinische Kreuz,* das ein Partikel des echten

Sainte-Chapelle, Glasfenster

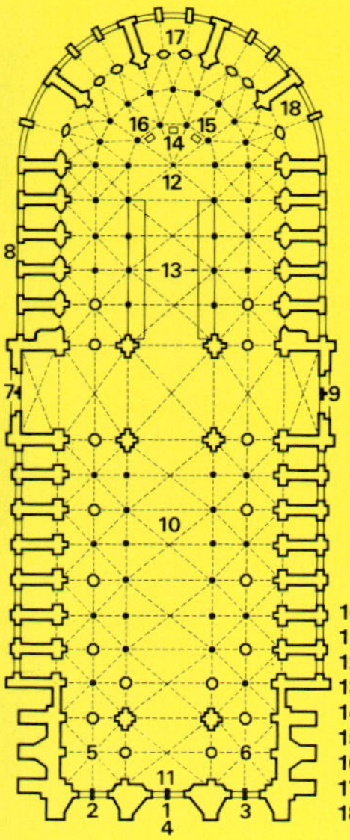

Paris Notre-Dame
1 Portail du Jugement Dernier
2 Portail de la Vierge
3 Portail Sainte-Anne
4 Königsgalerie
5 Nordturm
6 Südturm
7 Portal zum Kreuzgang
8 Porte Rouge
9 Portail Saint-Étienne
10 Langhaus
11 Orgel
12 Chor
13 Chorgestühl
14 Madonnenstatue
15 Statue Ludwigs XIII.
16 Statue Ludwigs XIV.
17 Apsiskapelle
18 Kapelle Saint-Guillaume

Basilika Sacre-Cœur

Kreuzes enthalten soll, gehörte im 12. Jh. einem byzantinischen Kaiser. Aufbewahrt werden ferner kirchliche Goldschmiedekunst, Manuskripte, Kameen mit Abbildungen von Päpsten.

Sainte-Chapelle: Dieses heute vom Komplex des Justizpalastes umschlossene, immer noch von seinen zauberhaften *Glasfenstern* erleuchtete Juwel gotischer Kunst wurde auf Anordnung des Hl. Ludwig zwischen 1243 und 1248 wohl von Pierre* de Montreuil erbaut. Der aus einer Unterkapelle (Fresken, 13. Jh.) und einer lichten Oberkapelle bestehende Bau wurde im 19. Jh. restauriert. Die herrlichen Glasfenster (13. Jh.) sind im wesentlichen erhalten geblieben: Die Szenen des Alten und Neuen Testaments erstrahlen in tiefen Blau- und Rottönen (ursprünglich 720 Darstellungen). Die Fassadenrosette aus dem 15. Jh. illustriert die Apokalypse.

Île Saint-Louis
Saint-Louis-en-Île (21 Rue Saint-Louis-en-Île): Diese von Le* Vau 1664 begonnene und 1726 vollendete Kirche in nüchternem, klassizistischem Stil birgt zahlreiche Kunstwerke. Gemälde, Fayencen und Emailarbeiten kamen in der 2. Hälfte des 19. Jh. aus der Sammlung eines Pfarrers hinzu.

Rechtes Seine-Ufer (alphabetisch)
Église de l'Assomption (263 bis Rue Saint-Honoré): Rundbau von Charles Errard*, zwischen 1670 und 1676 errichtet.

Église du Dôme → Profan- und Militärbauten, Invalides

Église de la Madeleine: Die Madeleine mit ihrer Tempelfassade, die der Fassade der Abgeordnetenkammer jenseits des Concorde-Platzes gegenübersteht, wurde auf Anordnung Napoleons begonnen und 1840 fertiggestellt.

Kirche de la Madeleine

Das einschiffige Innere wird von Kuppeln gedeckt. F. Rude* schuf die *Taufe Christi.*

Sacré-Cœur: Die von ihren Verächtern als »großes, weißes Zuckerbackzeug« gelästerte Basilika beherrscht die »Butte« (Hügel) Montmartre durch ihre ungewöhnliche Silhouette. Diese romano-byzantinische Nachbildung wird von einer hohen Kuppel überwölbt. Der Kampanile ist 94 m hoch.

Saint-Augustin: Die steinverkleidete Stahlkonstruktion wurde um 1860 vom Architekten der ehem. »Hallen«, Baltard*, erbaut.

Saint-Eustache: Der turmlose Bau, stilistisch zwischen Gotik und Renaissance stehend, überragt auch das neue Hallenviertel und besticht durch seine weiträumige und edle Gesamtanlage (Länge des Mittelschiffs ca. 100 m; gleiche Gewölbehöhe wie Notre-Dame). In der Apsis schöne Glasfenster, 17. Jh. In den Kapellen befinden sich zahlreiche Kunstwerke, darunter ein Gemälde von Rubens* *Die Emmausjünger;* über einem Fassadenportal das Bild *Martyrium des Hl. Eustachius* von Simon Vouet*. Die Kirche war und wird immer noch von Musikern geschätzt: Berlioz dirigierte hier erstmals (1855) sein *Te Deum,* Liszt spielte auf der berühmten Orgel, heute werden Orgel- und Chorkonzerte veranstaltet.

Saint-Germain-l'Auxerrois: Die ehem. gegenüber den berühmten Kolonnaden liegende Kirche des Louvre hat viel unter Umbauten gelitten. Schöne spätgotische (15. Jh.), im 18. Jh. etwas entstellte Vorhalle. Die von einem romanischen Turm am südlichen Chor überragte Kirche enthält eine feine *Madonnenfigur* (14. Jh.), die Statue des Hl. Germanus, eine Sta-

Saint-Germain-l'Auxerrois

tue der *Maria von Ägypten* (15. Jh.), ein *Retabel* (15. Jh.) und ein *Triptychon* (16. Jh.).

Saint-Germain-Saint-Protais: Die bewundernswert gegliederte klassizistische Fassade der Kirche erhebt sich hinter dem Hôtel de ville. Das schöne spätgotische Schiff wird von Sterngewölben überdacht. Das Nebeneinander der Stile macht die lange Bauzeit deutlich: Beginn 1494, mit der Fassade wurde erst 1616 unter Ludwig XIII. begonnen. Schönes Chorgestühl (16. Jh.), am Hochaltar von Soufflot* entworfene Kerzenleuchter, Holzfiguren des Hl. Gervasius und Hl. Protasius (17. Jh.), eine restaurierte Mariendarstellung »Notre-Dame-de-la-Souffrance« (14. Jh.). In der mittleren Marienkapelle hängt ein sehr schöner *Schlußstein* (1517).

Saint-Merri (78 Rue Saint-Martin): Diese zum Teil von Häusern umschlossene, ein Gegengewicht zum nahegelegenen Centre Georges-Pompidou bildende Kirche wurde während der Hochrenaissance (1515–1552) im spätgotischen Stil erbaut. Umarbeitungen des 18. Jh. haben Pfeiler und Arkaden mit Stuck verkleidet. Interessanter Orgelprospekt (17. Jh.), schöne Kanzel (18. Jh.).

Saint-Nicolas-des-Champs (254 Rue Saint-Martin): Die im Stil von Gotik und Renaissance erbaute Kirche (15. Jh.) wurde im 16. Jh. vergrößert. Philibert Delorme* gab die Anregung für das herrliche *Seitenportal* zur Rue Cunin-Gridaine hin. Die ersten Joche des langen Kirchenschiffs reichen ins 15. Jh. zurück, die letzten stammen aus dem 16. Jh. Glatte Säulen und Spitzbogen stehen in Kontrast zu kannelierten Säulen und Rundbogen. Ausgezeichnete Orgel von Clicquot* (1773), Gemälde von Simon Vouet* am Hochaltar, in der Mittelkapelle *Anbetung der Hirten* von Coypel*.

Saint-Paul-Saint-Louis: Der von einer kaum sichtbaren Kuppel gedeckte und mit einer Barockfassade versehene Bau wurde der Kirche Il Gesù in Rom nachgebildet. Im Inneren vor allem ein allegorisches Gemälde von Simon Vouet* *Ludwig XIII. bringt dem Hl. Ludwig das Modell der Kirche dar* und ein Marmorwerk von Germain Pilon* *Schmerzensreiche Mutter,* 1586 (in einer Seitenkapelle, links), von Delacroix* *Christus am Ölberg* (Querschiff, links).

Saint-Pierre-de-Montmartre (Nähe Place du Tertre): Die unaufdringliche im Schatten von Sacré-Cœur stehende Kirche geht, abgesehen von einem romanischen Teil, in die Frühgotik zurück. Sie enthält einige verzierte Kapitelle des 12. Jh. und vier wahrscheinlich aus einer Kirche des 7. Jh. stammende wiederverwendete Säulen.

Saint-Roch (296 Rue Saint-Honoré): Diese klassizistische Kirche mit ihrer langen Bauzeit (1642–1740) ist von Jacques Lemerçier* entworfen worden

Saint-Étienne-du-Mont, Portalvorbau

Saint-Germain-des-Prés

(Robert de Cotte* und sein Sohn überwachten die Arbeiten). Der nicht geostete, eigenartig durch drei in einer Linie angeordnete Kapellen verlängerte Bau verfügt über zahlreiche Kunstwerke, insbesondere: *Taufe Christi*, eine Marmorgruppe von Vater und Sohn Lemoyne*, die Büste Mignards von Lemoyne* jun., die Büste Lenôtres von Coysevox*. In der Rundkapelle von Hardouin Mansart* steht die *Geburt Christi* und eine Figurengruppe von Michel Anguier*.

Église de la Trinité: Ein Bauwerk des 19. Jh. im Stil der italienischen Renaissance; eine der vier äußeren Skulpturengruppen ist von Carpeaux*.

Linkes Seineufer (alphabetisch)
Panthéon → Profan- und Militärbauten

Saint-Étienne-du-Mont (Place du Panthéon): Diese eigenartige Kirche, welche den Schrein der Hl. Genoveva (Patronin von Paris) enthält, zeugt von der Entwicklung der religiösen Architektur zwischen 1492 (Beginn des Chors) und 1626 (Kirchweihe). Von Baltard* im 19. Jh. restauriert, ist sie im wesentlichen gotisch, wenn auch von Stilmerkmalen der Renaissance geprägt. Der einzige *Lettner* in Paris wurde zwischen 1521 und 1545 errichtet: Ein außerordentlich kunstfertiges Werk aus der Spätgotik. Die Galerien des ehem. Beinhauses am Chorhaupt sind von sehr schönen *Fenstern* des 17. Jh. erhellt.

Saint-Germain-des-Prés: Die an einer der belebtesten Kreuzungen liegende Kirche ist die ehem. Abteikirche eines bedeutenden benediktinischen Konvents, einer »Klosterstadt«, die im 7. Jh. ihre Blütezeit hatte und während der Revolution zugrunde ging. Der herb und streng wirkende Turm am Place Saint-Germain-des-Prés stammt

Kirche Saint-Sulpice

aus dem 11. Jh. mit Ausnahme des letzten Geschosses (12. Jh., im 19. Jh. erneuert). Vor das romanische Portal wurde Anfang des 17. Jh. eine Vorhalle gesetzt. Von den seitlichen Türmen existieren nur noch die Fundamente an den beiden Enden des Querschiffs (vom Boulevard Saint-Germain aus sichtbar; die Fassade des südlichen Querschiffs ist im 17. Jh. umgestaltet worden). Während im Chor die beginnende Gotik vorherrscht, sind im Schiff romanische Spuren erhalten geblieben. Die Malereien von Hippolyte Flandrin* wirken etwas unpassend; die meisten Kapitelle sind Kopien der im Cluny-Museum aufbewahrten Originale. Im nördlichen Querschiff befindet sich das Grabmal eines polnischen Königs von den Gebrüdern Marsy* (17. Jh.) und eine Statue des Hl. Franz Xaver (1723) von Coustou*.

Saint-Julien-le-Pauvre (Quai de Montebello): Die schiefe Kirche ist in der Frühgotik entstanden (1170–1240). Die Fassade wurde im 17. Jh. verstümmelt und die Kirche im Innern durch eine mit Ikonen geschmückte Zwischenwand unterteilt.

Saint-Séverin (1 Rue des Prêtres-Saint-Séverin): Die spätgotische Kirche in der Nähe von Saint-Julien, in einem mittelalterlichen Viertel (heute Fußgängerzone) gelegen, gehört zu den anziehendsten kirchlichen Bauwerken. Sie stammt im wesentlichen aus dem 13. (die ersten Joche auf zylindrischen Pfeilern) und 14. Jh. und ist im 17. Jh. um eine von Hardouin Mansart* geschaffene elliptische Kapelle erweitert worden. Der sehr elegante und leicht wirkende *doppelte Chorumgang* wurde zwischen 1489 und 1494 erbaut. Die den herrlichen *Mittelpfeiler* (das Werk eines virtuosen Architekten) spiralig umlaufenden Rippen setzen sich ins Gewölbe fort. Abstrakte Fenster (1966) von Jean Bazaine*.

Saint-Sulpice: Die weite, kalt wirkende und in ihren Ausmaßen an Notre-Dame erinnernde Kirche wurde 1646 begonnen, aber in der Mitte des folgenden Jahrhunderts nicht mehr fortgesetzt. An dem strengen Bau, der außen unvollendet blieb, arbeiteten Servandoni* und Chalgrin* mit. Ein ausladender und mächtiger Orgelprospekt beherrscht das lichte Kirchenschiff mit seinen schweren Arkaden. Am Eingang der Seitenschiffe befinden sich zwei riesige als Weihwasserbecken dienende Muscheln auf Sockeln von Pigalle*. Die *Engelkapelle*, rechts, enthält pompöse Fresken (1853–1863) von Delacroix*: *Heliodor wird aus dem Tempel vertrieben, Jakob ringt mit dem Engel* und in der Wölbung *St. Michaels Kampf mit dem Drachen.* Die ungewöhnliche *Marienkapelle* am Chorhaupt (18. Jh.) ist barock ausgeschmückt. Hier steht eine eigenartig beleuchtete *Marienstatue mit dem Kind* von Pigalle*; an den Wänden Gemälde von Carle Van* Loo.

Saint-Denis → Umgebung

Stadtplan von Paris

1 Notre-Dame **2** Sainte-Chapelle **3** Conciergerie **4** Place Dauphine **5** Pont-Neuf **6** Pont Saint-Louis **7** Eglise Saint-Louis-en-Ile **8** Triumphbogen **9** Grand-Palais **10** Petit-Palais **11** Pont Alexandre III **12** Elysée-Palast **13** Place de la Concorde **14** Pont de la Concorde **15** Tuilerien **16** Jeu de Paume **17** Orangerie **18** Louvre **19** Palais-Royal **20** Eglise Saint-Roch **21** Nationalbibliothek **22** Oper **23** Eglise de la Trinité **24** Porte Saint-Denis **25** Porte Saint-Martin **26** Sacré-Coeur **27** Eglise Saint-Pierre de Montmartre **28** Parc Monceau **29** Eglise Saint-Augustin **30** Madeleine **31** Eglise de l'Assomption **32** Börse **33** Eglise Saint-Eustache **34** Eglise Saint-Germain-l'Auxerrois **35** Centre Georges-Pompidou **36** Eglise Saint-Merri **37** Eglise Saint-Nicolas-des-Champs **38** Tour Saint-Jacques **39** Rathaus **40** Eglise Saint-Gervais-Saint-Protais **41** Place des Vosges **42** Eglise Saint-Paul-Saint-Louis **43** Hôtel Lamoignon **44** Hôtel Carnavalet (Historisches Museum der Stadt Paris) **45** Friedhof Père-Lachaise **46** Eiffelturm **47** Palais de Chaillot **48** Ecole militaire **49** UNESCO **50** Invalides **51** Palais-Bourbon **52** Institut de France **53** Hôtel de la Monnaie **54** Eglise Saint-Germain-des Près **55** Eglise Saint-Séverin **56** Eglise Saint-Julien-le-Pauvre **57** Musée de Cluny **58** Sorbonne **59** Eglise Saint-Etiénne-du-Mont **60** Panthéon **61** Place de la Contrescarpe **62** Val-de-Grâce **63** Observatorium **64** Odéon **65** Palais du Luxembourg **66** Eglise Saint-Sulpice **67** Katakomben, Eingang **68** Jardin des Plantes (Naturkundemuseum) **69** Thermen **70** Hôpital de la Salpêtrière **71** Gobelin-Manufaktur

PROFANBAUTEN
UND MILITÄRBAUTEN

Île de la Cité: Die schiffsähnliche Insel (Türme und Spitzen von Notre-Dame und von der Sainte-Chapelle wirken wie das Mastwerk) trägt den schweren Ballast der riesigen Baukomplexe von Justizpalast und Polizeipräfektur. Seit Baron Haussmann* im vergangenen Jahrhundert rücksichtslos neue Straßenzüge anlegte, ging ihr mittelalterlicher Charakter verloren. – Die *Conciergerie* mit ihrer auf den Quai de l'Horloge gerichteten neugotischen Fassade und den Türmen enthält noch Spuren des 14. Jh. (Salle des Gardes, die herrliche Salle des gens d'armes, Küche). Die ehem. Residenz des königlichen Concierge diente dem Ancien Régime (vor 1789) und vor allem während der Revolutionszeit als Gefängnis: Charlotte Corday, André Chénier, Königin Marie-Antoinette und Robespierre wurden von hier aus aufs Schafott geführt. Der *Tour de l'Horloge* an der Ecke des Boulevard du Palais verdankt seinen Namen einer Uhr aus dem 14. Jh., die im 16. Jh. von Germain Pilon* verziert wurde (erneuert). Die Anfang des 17. Jh. zu Ehren des Dauphin (nachmals Ludwig XIII.) geschaffene, harmonisch angelegte *Place Dauphine* wirkt trotz einiger Verunstaltungen immer noch reizvoll. Überquert man die Seine-Arme, gelangt man, inselabwärts, zum *Pont-Neuf,* einer Brücke, die bis in die Anfänge des 17. Jh. zurückreicht, aber oft restauriert wurde. Heinrich III. legte 1578 den Grundstein. Heinrich IV. überquerte sie 1607 zu Pferd. Die gegenwärtige Statue des Vert Galant (1818) ersetzt die in der Revolutionszeit eingeschmolzene ältere Figur. Auf der stromabwärts gerichteten Spitze der Île de la Cité steht das schlichte und schöne *Denkmal zu Ehren der Deportierten* (ein Werk des Architekten Henri Pingusson*).

Île Saint-Louis: Durch die Brücke Saint-Louis mit der Cité verbunden, bildet diese im 17. Jh. durch den Zusammenschluß zweier kleinerer Inseln entstandene Île Saint-Louis ein abgeschlossenes Gebiet innerhalb von Paris. In diesem Viertel stehen viele schöne Adelspaläste des 17. und 18. Jh. (beachtliche Fassaden am Quai de Bourbon). Bemerkenswert auch das außerordentlich elegante, zwischen 1650 und 1658 von Le* Vau errichtete *Hôtel de Lauzun* mit seiner herrlichen Innenausstattung. Théophile Gautier und Baudelaire wohnten hier im 19. Jh. Auch das *Hôtel Lambert* (1640) an der Ecke des Quai d'Anjou und dem Ende der Rue Saint-Louis-en-l'Île verdankt Le* Vau seine Anlage: die Ausstattung übernahmen Le* Brun und Le* Sueur; als Gäste hielten sich hier Voltaire und Jean-Jacques Rousseau auf.

Rechtes Seine-Ufer

Arc de Triomphe, Champs-Élysées: Der Arc de Triomphe verbindet die großen modernen Komplexe der Défense mit den Champs Élysées und beherrscht den Platz Charles-de-Gaulle, »*Étoile*« für die Pariser (12 Avenuen gehen von ihm aus). Der grandiose Bogen des Denkmals wölbt sich über dem *Grab des Unbekannten Soldaten,* eines Opfers des Ersten Weltkriegs. Napoleon, der dem Ruhm seiner Armeen ein Denkmal setzen wollte, stimmte dem Entwurf Chalgrins* zu. Die 1806 begonnenen, durch die Ereignisse verzögerten Arbeiten wurden erst 1836 abgeschlossen, wobei der obere Teil ohne Bekrönung blieb. Der Triumphbogen ist mit bedeutenden Skulpturen geschmückt. Die bekannteste Gruppe (rechts, zu den Champs-Elysées hin): *Aufbruch der Freiwilligen von 1792* von Rude*, auch unter der Bezeichnung *La Marseillaise* bekannt. Über den Figurengruppen läuft ein Fries, das an die französischen Siege erinnert und von Rude* in Zusammenarbeit mit anderen Bildhauern ausgeführt wurde. Die breiten und prächtigen *Champs-Élysées* verlaufen als die für die Pariser schönste Promenade der Welt in 2 km Länge geradewegs auf den Concorde zu. Die vorwiegend im 19. Jh. angelegte, heute

Arc de Triomphe

Place de la Concorde

von zahlreichen Neubauten gesäumte Avenue durchquert in ihrem unteren Teil Gärten, die seit der Belle Epoque unverändert geblieben sind. Zwischen der Grünanlage und der Seine zeugen der *Petit Palais* und der *Grand Palais* vom Baugeschmack der Jahrhundertwende (→ Museen). Symmetrisch dazu öffnet sich jenseits der Gärten der *Élysée-Palast* auf die elegante *Rue du Faubourg-Saint-Honoré* mit ihren Luxusgeschäften. Dieses Palais entstand 1718 und war seit 1873 Sitz des Präsidenten.

Place de la Concorde: Der prachtvoll am Schnittpunkt von zwei großen Straßen angelegte, strenge und elegante Platz wurde unter Ludwig XV. von Jacques Ange Gabriel* entworfen. Die großen Säulenfassaden, die ihn rechts und links der Rue Royale abschließen, wurden von 1760 bis 1775 errichtet. Am Eingang zu den Champs-Élysées die *Pferde von Marly,* ein Werk von Coustou*, das 1795 hierher gebracht worden war. Die Statuen der *Ruhmesgöttin* und des *Merkur* von Coysevox* schmücken – ebenfalls von Schloß Marly kommend – den Eingang zu den Tuilerien. In der Mitte des Platzes erhebt sich der *Obelisk von Luxor* mit etwa 23 m Höhe über zwei große Brunnen des 19. Jh. Der rosafarbene Monolith, ein Geschenk Ägyptens an Frankreich 1831, verherrlicht auf seinen vier Seiten Ramses II. in Hieroglyphenschrift, der ihn im 13. Jh. v. Chr. errichten ließ. – Der verbreiterte und während der Restauration mit großen Statuen geschmückte *Pont de la Concorde* wurde kurz vor der Revolution von Perronet* erbaut.

Jardin des Tuileries, Carrousel: Der vornehme, von zahllosen Figuren geschmückte Garten wurde im 17. Jh. von Le* Nôtre entworfen. In der Nähe des Place de la Concorde befinden sich das *Jeu de Paume* (Ballspielhaus) und

Obelisk von Luxor

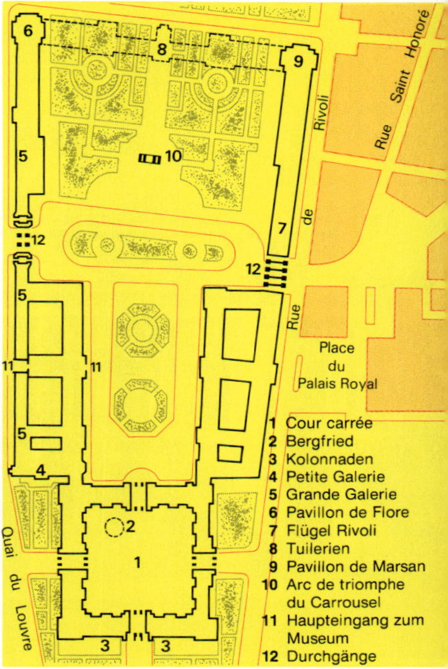

Paris, Louvre

die *Orangerie* (→ Museen). Die lange, parallel neben dem gerade ausgerichteten Garten bis zum Louvre weiter verlaufende Rue de Rivoli ist von majestätischen Häusern des 19. Jh. mit Arkadengängen gesäumt. Auf dem *Arc de Triomphe du Carrousel* (die freie Nachbildung eines römischen Denkmals) aus dem Beginn des 19. Jh. stehen Soldaten des Kaiserreichs und eine Bronzegruppe (die Restauration auf einem Wagen). Die Rasenflächen des Place du Carrousel schmücken 18 sinnenfrohe *Statuen* von Maillol*.

Palais du Louvre (auch → Museen): Der gigantische Louvre-Palast mit seinen überaus langen Flügelbauten birgt das berühmte Museum in seinen Mauern und erinnert an eine im 12. Jh. beginnende geschichtliche Tradition: Philippe Auguste ordnete 1190 den Bau eines Donjon (abgerissen) an. André Malraux ließ 1965 die Gräben ausheben, welche die Kolonnaden freilegten. Der Grundriß des Louvre ist komplex, da das Schloß immer wieder erweitert und umgebaut wurde. Im Zentrum des beachtlichen Komplexes nimmt der *Cour Carrée* die Stelle der ehemaligen Festung Philippe Augustes ein (die Pflasterung zeichnet den Grundriß des Turms nach). Die anliegenden Bauten entstanden in der Renaissance unter Leitung von Pierre Lescot* und im 17. Jh. (Lemercier*, Le* Vau, Perrault*), wurden im 19. Jh. jedoch verändert. Am Westflügel (links) schöne Skulpturen von Jean Goujon*. Die lange und hohe *Kolonnade* – ein Werk von François d'Orbay* und vor allem von Claude Perrault* – des Louvre-Platzes wurde in der 2. Hälfte des 17. Jh. vor die Bauten von Le* Vau gesetzt und im 19. Jh. mit einem Standbild versehen.

Senkrecht zum Quai verbindet die *Kleine Galerie* (Baubeginn 1566) die Gebäude des Cour Carrée mit der langen *Großen Galerie,* die sich auf 470 m

Oper (Palais Garnier)

entlang der Seine erstreckt (bis zum *Pavillon Flore,* eine Rekonstruktion des 19. Jh.). Der endlose Bau, auch Galerie am Uferrand genannt, eint alle Stile vom 16. bis zum 19. Jh. Symmetrisch dazu verläuft der »Rivoli«-Flügel (19. Jh.). Der von Aufrührern 1871 verbrannte Tuilerienpalast schloß das Geviert des Louvre ab.

Palais-Royal: Der prächtige Komplex in der Nähe des Louvre umschließt Gartenanlagen des ausgehenden 18. Jh. In diesem Geviert befindet sich das *Théâtre Français.* Das eigentliche Palastgebäude auf dem Place du Palais-Royal entstand um 1760. Die Gartengalerien wurden vor der Revolution von Philippe d'Orléans errichtet. Vom Kardinalspalast, der prunkvollen Residenz Richelieus, sind nur wenig Spuren erhalten geblieben.

Nationalbibliothek (58 Rue de Richelieu): Sie umfaßt einen Komplex aus dem 17. Jh. (Galerien von Mansart*) und bewahrt eine gigantische Sammlung von Büchern, Zeitungen und Zeitschriften auf. Der Lesesaal (1868) ist ein schönes Beispiel für den Eisenbau.

Oper: Die etwa 700 m lange, im 19. Jh. angelegte Avenue de l'Opéra beginnt am Place du Théâtre-Français und entspricht der majestätischen, von Charles Garnier* zwischen 1862 und 1875 errichteten Oper: Napoleon III. erteilte den Auftrag für das mächtige Gebäude der Académie Nationale de Musique et de Danse. Als größtes Theaterhaus der Welt erfuhr die Oper (Gesangskunst und Ballett) einen verschwenderischen Außen- und Innendekor. Die berühmte Tanzgruppe an der Fassade (rechts) ist eine Kopie von Paul Belmondo* für das im Louvre stehende Original von Carpeaux*. Die Decke des großen, in Goldtönen gehaltenen Zuschauerraums wurde mit einem Gemälde von Chagall* geschmückt (1964).

Grands Boulevards: Mit dieser Bezeichnung meinen die Pariser die von der Oper ausgehenden großen und belebten Verkehrsadern. Im Osten führen die Boulevards zu zwei Triumphbögen des 17. Jh. zu Ehren Ludwigs XIV. und seiner Heere: die *Porte Saint-Denis* und die *Porte Saint-Martin.* Der Boulevard Saint-Martin führt zur Place de la République, der im vergangenen Jahrhundert um das pompöse Denkmal der Republik (1883) gestaltet wurde.

Parc Monceau: In dem einst wie ein Zaubergarten angelegten Park des 18. Jh. sind noch vereinzelt Spuren dieser Märchenphantasie zu sehen: Grotte, kleine Pyramide, das von einer Kolonnade umgebene Bassin. Auf dem Boulevard de Courcelles der *Pavillon* von Ledoux* (18. Jh.).

Montmartre: Auf der »butte« (Hügel) Montmartre, die den Sockel für Sacré-Cœur und die bescheidene Kirche Saint-Pierre bildet, befindet sich heute an der Stelle eines Dorfes, das François Villon bereits als »moult ancien« (sehr alt) bezeichnete, ein höchst eigenwilliges Stadtviertel. Der während der Hochsaison von Touristen überflutete Montmartre mit seinem dichten Gewirr von engen Straßen, Treppen und kleinen Plätzen hat seinen pittoresken Reiz bewahrt (herrliche Aussichtspunkte). Die Siedlung leitet ihren Namen von *Mons Mercurii* (Berg des Merkur) oder *Mons Martyrum* (Berg der Märtyrer) ab; sie dehnte sich um ein merowingisches Heiligtum, später um eine Abtei aus. Im 19. Jh. und zu Beginn des 20. Jh. zog sie viele Künstler an: Renoir*, Suzanne Valadon*, Utrillo*, Émile Bernard*, Gauguin*, Dufy*, Poulbot* (den Zeichner der Gassenkinder von Montmartre), Othon Friesz*, Juan Gris*, Picasso*, Van Dongen*. Am Fuß von Montmartre, auf der *Place Blanche* und der *Place Pigalle* spielt sich das Nachtleben in Bars und Cabarets ab.

Centre Georges-Pompidou

Das neue Quartier des Halles, Plateau Beaubourg: Wo sich einst vor Saint-Eustache die Obst- und Gemüsesteigen der Händler stapelten, die nachts lebten und arbeiteten, befand sich der »Bauch von Paris«. Nach der Verlegung des Großmarkts nach Rungis und dem Abbruch der von Baltard* erbauten Pavillons war das Gebiet acht Jahre lang ein riesiges Baugelände: »das Hallenloch« im Pariser Jargon. Verschiedene Einrichtungen, darunter das halb in der Erde liegende *Forum* (Geschäfte, Restaurants), entstanden über dem riesigen unterirdischen Bahnhof der Metro und des R. E. R. – Der Rundbau der Handelsbörse trägt einen feinen, kannelierten Turm des 16. Jh. Gegenüber, in der Nähe der »heißen« Rue Saint-Denis, steht die *Fontaine des Innocents* an der Stelle eines im 18. Jh. entfernten Beinhauses. Dieses außerordentlich reizvolle Renaissance-Werk von Jean Goujon* (1549) wurde 1788 umgearbeitet. An der

Rathaus

Südseite des Hallenviertels verläuft die von alten Häusern gesäumte *Rue Saint-Honoré* mit einer alten Kapelle (17. Jh.), die protestantischer *Tempel der Oratorianer* wurde, und der *Fontaine du Trahoir,* ein kleines Bauwerk aus der Zeit Franz' I., das in ein von Soufflot* 1775 rekonstruiertes Haus (Ecke Rue de l'Arbre-Sec) einbezogen war. Der *Boulevard de Sébastopol* trennt die Hallen vom *Plateau Beaubourg* mit dem *Kunst- und Kulturzentrum Georges Pompidou.* Die auf einem belebten Platz errichtete riesige Glas- und Metallkonstruktion bildet einen starken Kontrast zur Umgebung und zur Kirche *Saint-Merri.* In den alten, renovierten Häusern sind Kunstgalerien, Antiquitätenläden und Restaurants untergebracht. Vor dem Centre und dem rekonstruierten Atelier des Bildhauers Brancusi*, an der Ecke der Rue Aubry-le-Boucher, steht eine Ventilation, die durch eine Malerei von Fabio Rieti* kaschiert worden ist und so einen klassischen Bau vortäuscht. Die früher von Prostituierten bevölkerte, alte *Rue Quincampoix* hat mit ihrer Restaurierung auch ihren alten Charme wiedergewonnen.

Place du Châtelet, Tour Saint-Jacques: Der Platz gegenüber der Cité ist um einen Brunnen des 19. Jh. angelegt und wird von zwei Theatern, dem Châtelet und dem Théâtre de la Ville eingefaßt. – Der restaurierte Turm (16. Jh.) gehörte zu einer während der Revolution zerstörten Kirche.

Hôtel-de-Ville: Der ehem. Strandplatz (der Boden fiel gegen die Seine zu ab) und heutige Rathausplatz hat seine Gestalt im 18. und 19. Jh. erhalten. Er erlebte Hinrichtungen, war Treffpunkt von Arbeitslosen und wird jetzt von dem imposanten Rathaus (1882) mit seinem überladenen Renaissance-Stil umsäumt.

Marais: Dieses im letzten Augenblick durch umfangreiche Restaurationen gerettete Viertel wird von der Rue Saint-Antoine, die einem römischen Straßenzug folgt, durchschnitten. Es erscheint wie ein Freilichtmuseum der Profanarchitektur des 17. Jh. Das bis vor kurzem noch vom Verfall gezeichnete Marais leitet seinen Namen von dem damaligen Sumpfgebiet her, auf dem im frühen Mittelalter nur einige kirchliche Niederlassungen bestanden. Das Viertel dehnte sich zur Seine hin aus, rund um das Hôtel Saint-Paul, das zerstörte königliche Palais. Heinrich IV. unternahm umfangreiche städtebauliche Veränderungen im Norden des Marais, wo sich eigentlich nur das Hôtel Carnavalet und das Hôtel Lamoignon befanden. Er legte den Place Royale an (heute Place des Vosges) und plante den Bau der Paläste. Das im 17. Jh. noch aristokratische und großbürgerliche Viertel verlor diesen Akzent im 18. Jh. und verfiel. Erst das Gesetz aus dem Jahr 1962 rettete und bewahrte somit das historische und künstlerische Erbe. Das Marais erstreckt sich in etwa vom Hôtel de Ville bis zur Bastille, von den Quais bis zum Boulevard Beaumarchais. Der südliche Teil mit seinen engen Straßen zwischen der Rue Saint-Antoine und der Seine läßt den zerstückelten Straßenplan des Mittelalters hervortreten. Das stark restaurierte *Hôtel de Sens* an der Seine (Quai des Célestins, Rue du Figuier) geht bis ins 15. Jh. zurück; in ihm befindet sich die Forney-Bibliothek. Das *Hôtel Fieubet* am Ende des Quais verdankt seine Anlage Hardouin Mansart* (17. Jh.). Hinter der Front de Seine, wo sich der nichtssagende moderne Bau der Cité des Arts erhebt, säumen sehr alte, mehr oder weniger veränderte Adelshäuser die kleinen Straßen. In der *Rue François-Miron* stehen altehrwürdige Fachwerkhäuser und das im 17. Jh. von Antoine Le* Pautre erbaute *Hôtel de Beauvais.* Das *Hôtel Aumont* an der Ecke der Rue de Jouy und der Rue Nonains-d'Hyères ist ein schlichter Bau von Louis Le* Vau (1648), den François Mansart* umgebaut hat. An der lebhaften Geschäftsstraße Rue Saint-Antoine liegen der *Temple Sainte-Marie* von François Mansart* (Nr. 17), die Kirche *Saint-Paul-Saint-Louis* und einige interessante Adelshöfe. Das bis zum Place des Vosges gehende, hervorragend restaurierte *Hôtel de Sully* (Nr. 62) entstand 1634; hier befindet sich jetzt das Amt für Denkmalpflege.

Place des Vosges: Der monumentale und älteste Platz von Paris bildete das Zentrum im Marais des 17. Jh.; er gruppiert sich heute um eine armselige, von Gittern umzäunte Grünanlage. Dieser nach der Ermordung Heinrichs IV. eröffnete, sehr ausgewogene Platz mit seinen Arkaden wurde Mittelpunkt der Preziosenwelt des 17. Jh. und Schauplatz von Festen und Duellen.

Rue des Francs-Bourgeois, Quartier Carnavalet: Dieses Gebiet des Marais

Hôtel de Rohan

verdient besonderes Interesse. Das *Hôtel Lamoignon* an der Ecke der Rue des Francs-Bourgeois und der Rue Pavée ist einer der schönsten und ältesten Privatpaläste des Viertels (1584–1585); hier ist die historische Bibliothek der Stadt Paris untergebracht. – Das *Hôtel Carnavalet* (Eingang Rue de Sévigné) stellt einen beachtlichen Renaissancebau dar, der im 17. Jh. von François Mansart* erweitert und ausgeschmückt wurde; er beherbergt das *Historische Museum der Stadt Paris.* Das *Hôtel Le Peletier* (29 Rue de Sévigné) geht auf das Jahr 1686 zurück. Einige Paläste befinden sich in der kurzen Rue du Parc-Royal. In der Nähe erbaute der Architekt Libéral Bruant ein harmonisches und schlichtes *Palais* (1 Rue de la Perle).

Archives, Temple: In der langen Rue des Archives, im Osten des Marais, liegt die *Kirche der Billettes* (18. Jh.), daneben ein mittelalterlicher Kreuzgang (Nr. 22). An der Ecke der Rue des Francs-Bourgeois steht das *Hôtel de Soubise* mit einem prachtvollen Ehrenhof; hier befindet sich das Depot des Nationalarchivs und ein kleines *Museum der Geschichte Frankreichs.* Das *Hôtel Guénégaud* (17. Jh.), ein Werk von François Mansart* (an der Ecke der Rue des Quatre-Fils), enthält das Jagdmuseum *Maison de la Chasse et de la Nature* (Jagddarstellungen auf Waffen und Kunstwerken). An die Stelle eines in der Revolution als Gefängnis benutzten Klosters (die königliche Familie wurde hier eingekerkert) ist der friedliche Square du Temple getreten. In der Rue *Vieille-du-Temple* stehen interessante Adelshäuser wie das *Hôtel de Rohan* (Nr. 87) und vor allem das *Hôtel Amelot de Bisseuil,* auch *Hôtel des Ambassadeurs de Hollande* genannt (Nr. 47), mit einem schönen Portal (um 1650).

Bastille, Nation: Der runde Platz nimmt die Stelle des berühmten Festungsgefängnisses ein, das von den Aufrührern am 14. Juli 1789 gestürmt und abgebrochen wurde (die Umrisse sind durch eine Pflasterung kenntlich gemacht). In der Mitte des Platzes erhebt sich die schlanke *Bastillesäule* mit dem Genius der Freiheit (19. Jh.). Die lange Rue Saint-Antoine führt zum Place de la Nation, an dem zwei hohe *Säulen* und zwei *Pavillons* von Ledoux* den Pariser Zoll kennzeichnen (Überreste des Generalpächterwalls).

Cimetière du Père-Lachaise: Dieser Park-Friedhof, in dem viele berühmte Persönlichkeiten wie Beaumarchais, Colette, Édith Piaf begraben liegen, ist zugleich ein erstaunliches Freilichtmuseum für Skulpturen.

Linkes Seine-Ufer

Tour Eiffel: Der Turm – Guillaume Apollinaire nannte ihn »Wolkenhirtin« – wurde von Gustave Eiffel anläßlich der Weltausstellung 1889 errichtet. Die kühne, ohne Fernsehanlage 300 m hohe Metallkonstruktion, die

Eiffelturm und Pont d'Iéna

Hôtel des Invalides und Kirche Saint-Louis

im 19. Jh. die Geisteswelt erregte, ist heute ein Symbol von Paris. Der 7000 t schwere, in Rekordzeit erbaute (1887–1889) Turm überragt das *Champ-de-Mars,* die im 18. Jh. angelegte Manöver- und Paradeanlage. Das auf der anderen Seite der Seine liegende, ausgedehnte *Palais de Chaillot* wurde für eine andere Ausstellung (1937) gebaut.

École Militaire, UNESCO: Die von Jacques Ange Gabriel entworfene Kriegsakademie (Baubeginn 1751) schließt mit einer imposanten Fassade (nach dem Tod von Gabriel Vollendung der Seitenflügel durch Brongniart*) die Perspektive des Marsfeldes ab. Der auf den Place de Fontenoy gehende Ehrenhof wird von der harmonischen und monumentalen Anlage der Hauptfassade umschlossen. Der herrliche klassische Komplex steht in Kontrast zum Haus der UNESCO (aus den fünfziger Jahren). Der von dem Amerikaner Marcel Breuer*, den Franzosen Zehrfuss* und dem Italiener Nervi* entworfene Komplex ist von internationalen Künstlern ausgeschmückt worden (Calder*: Mobile; Miro*: Keramikwand; Bazaine*: Mosaiken).

Hôtel des Invalides (→ Museen: Armee-Museum): Das gigantische und komplex auf einem Areal von ca. 127 000 m² angelegte Meisterwerk des 17. Jh. schließt die Esplanade ab. Diesen »Hospital-Palast« hatte Ludwig XIV. für seine verwundeten Soldaten bestimmt. Die Bauarbeiten unter Libéral Bruant*, dann unter Hardouin-Mansart* (der an den Kirchen arbeitete), dauerten von 1671 bis zum Ende des 17. Jh. Das herrliche, von einem Flachrelief gezierte (von Coustou* erneuert) *Portal* im mittleren Vorbau führt in einen großen, von gleichartigen Gebäudeteilen umschlossenen Ehrenhof. Die Kirche *Saint-Louis des In* valides, auch *Soldatenkapelle* genannt (vorwiegend von Hardouin-Mansart* erbaut), ist mit dem *Invalidendom* durch den Chor verbunden. Hier befand sich einst ein doppelseitiger Altar (heute trennen ein Portikus und ein Fenster die beiden Gebäude). Die Napoleonskapelle birgt die Reste des Grabmals von St. Helena und den bei der Überführung des toten Kaisers benutzten Sarkophag. Der 1677 von Hardouin-Mansart* begonnene und von Robert de Cotte* vollendete Invalidendom umschließt das pompöse *Grab Napoleons* (nach den Entwürfen von Visconti* ausgeführt). Die berühmte, mit vergoldeten Bleiplatten gedeckte *Kuppel* ist 105 m hoch.

Faubourg Saint-Germain: Im 18. Jh. war die Vorstadt Saint-Germain in ihrer kühlen, aristokratischen Eleganz, mit ihren Ministerien und Botschaften das vornehme Residenzviertel des 18. Jh. In dieser Zeit entstanden die meisten seiner vornehmen und luxuriösen Paläste. An der Ecke der Rue de Varenne und des Boulevard des Invalides bildet das *Hôtel de Biron* (1728–1731) mit seinem Garten den großartigen Rahmen für das *Rodin-Museum.* Das *Hôtel de Matignon* (57 Rue de Varenne) ist heute Amtssitz des Ministerpräsidenten. Der vom Architekten Jean Courtonne* 1721 begonnene Bau wurde nach einem seiner ersten Besitzer benannt. In der langen und interessanten *Rue de Grenelle* steht der hübsche Brunnen *Fontaine des Quatre-Saisons* (1749), Nr. 57–59. In der *Rue Saint-Dominique* befinden sich das ehem. Kloster, in das sich Madame de Montespan zurückzog – heute dort das Verteidigungsministerium –, und das schöne *Hôtel de Brienne* (Nr. 14). Das *Palais Bourbon* mit seinen korinthischen Säulen und einem auf die Rue de l'Université gehenden Ehrenhof war zunächst ein Adelssitz, der seit dem 18. Jh. vielen Veränderungen unterworfen war. Der ausladende Komplex ist heute Sitz der Nationalversammlung (Sitzungssaal, 19. Jh.; Bibliothek, von Delacroix* ausgeschmückt). Das *Hôtel de Lassay* wurde von 1722 an als Dependance zum Palais Bourbon gebaut. Der *Gare d'Orsay,* ein riesiger Eisenbau der Jahrhundertwende, wäre beinahe abgerissen worden. In absehbarer Zeit soll hier ein *Museum für das 19. Jh.* eingerichtet werden. Nebenan das 1878 restaurierte Hôtel de Salm mit dem kleinen *Museum der Ehrenlegion* (Geschichte der großen Verdienstorden und Auszeichnungen).

Place de Furstenberg

Saint-Germain-des-Prés, Montparnasse: Das Viertel Saint-Germain-des-Prés erstreckt sich auf dem ehem. Gebiet einer mächtigen Abtei und gruppiert sich um deren einstige Abteikirche Saint-Germain (hinter dieser noch einige Klosterbauten). Trotz der Eingriffe im 19. Jh. durch die Anlage breiter Straßen und durch Begradigungen sind kleine malerische Sträßchen erhalten geblieben wie die *Rue de Furstenberg,* die sich zu einem reizvollen Platz erweitert, auf dem sich das einsti-

Panthéon

ge *Atelier von Delacroix** befindet, die engen Straßen *Rue de l'Échaudé, Bernard-Palissy, du Sabot, du Dragon, Visconti.* Schöne Paläste des 17. und 18. Jh. liegen vor allem an der *Rue Jacob* und der *Rue des Saints-Pères.* Saint-Germain-des-Prés war lange ein bürgerliches, ruhiges Viertel. Die »Pfarrei« wurde nach der Befreiung, zur Zeit des Jazz und der »Existentialisten«, berühmt. Restaurants und Diskotheken sind in großer Zahl entstanden, Schaufensterdekorationen verwandeln die Erdgeschosse reicher Häuser. Vom romanischen Turm führt die Rue de Rennes geradenwegs zum schlanken Turm des wuchtigen Komplexes Maine-Montparnasse (in den sechziger Jahren erbaut) und zum *Montparnasse*-Viertel. Auch als Nachtviertel bekannt, wurde es während der Belle Epoque und der dreißiger Jahre Treffpunkt von Künstlern, Schriftstellern und Intellektuellen: Modigliani*, Kandinsky*, Picasso*, Klee*, Matisse*, Chagall*, Rouault*, Miller und Hemingway wurden Stammgäste der dortigen Cafés. An der Kreuzung des Boulevard du Montparnasse und des Boulevard Raspail steht die von Rodin* geschaffene *Statue Balzacs.*

Institut de France, Hôtel de la Monnaie, Quai de Conti: Das harmonische Palais des von einer Kuppel gekrönten Institut de France verdankt Le* Vau seine rassige Eleganz, der die allgemeine Anlage schuf, aber vor der Vollendung (1688) starb. Das Institut, eine Stiftung Mazarins, besteht heute mit der von Richelieu 1634 gegründeten *Académie Française* aus fünf wissenschaftlichen Akademien. – Im vornehmen, neoklassizistischen, von Jacques Denis Antoine (1771–1777) erbauten *Hôtel de la Monnaie* befinden sich die Werkstätten und Ausstellungsräume der Münze, die den Guß von Münzen und Medaillen vornimmt.

Palais du Luxembourg

Quartier Saint-Séverin, Quartier Latin: Das kleine Geviert zwischen Seine und Boulevard Saint-Germain ist Fußgängerzone geworden. Die engen Straßen rund um die Kirche *Saint-Séverin* verraten noch die mittelalterliche Anlage. Zahlreiche Häuser des 17. und 18. Jh. sind heute von Restaurants eingenommen. Das nahegelegene, ebenfalls alte *Viertel Maubert* ist weniger belebt (in der Rue de Poissy der mittelalterliche *Vorratskeller* des Bernhardinerklosters). Der im 19. Jh. angelegte *Boulevard Saint-Michel* stellt die Achse des seit Jahrhunderten von Studenten bevölkerten Quartier Latin dar. An der Kreuzung mit dem Boulevard Saint-Germain liegen die beeindruckenden Ruinen *gallo-römischer Thermen* (Ende 2. Jh./Anfang 3. Jh.). Daneben befindet sich das prachtvolle *Hôtel de Cluny,* eine kirchliche, gegen Ende der Gotik zwischen 1485 und 1498 erbaute Anlage mit seinem *Museum.* – Die gewaltige *Sorbonne,* trotz der Dezentralisation immer noch Symbol für die Universität, wurde im 19. Jh. umgestaltet und vergrößert. Sie trägt den Namen von Robert de Sorbon, der dort zur Zeit Ludwigs des Heiligen lehrte, und umschließt als Nachfolgerin eines mittelalterlichen Kollegs eine von Jacques Lemercier* 1635 erbaute *Kirche* (Grabmal von Kardinal Richelieu, ein Werk von Girardon*; Gemälde von Philippe de Champaigne*).

Panthéon, Contrescarpe: Auf dem höchsten Punkt des linken Seine-Ufers birgt das riesige Panthéon die Grabstätten berühmter Persönlichkeiten. Soufflot* erbaute ab 1755 den von einer großen Kuppel überwölbten, kalt wirkenden, majestätischen Bau dieser ehem. Kirche. Im Innern Fresken von Gros* (Kuppel) und Puvis* de Chavannes, Gemälde von J.-P. Laurens* und Bonnat*. In den Galerien der *Krypta* das Grabdenkmal von Rousseau, die Grabmäler von Voltaire, Hugo, Zola, Jaurès und von zahlreichen Persönlichkeiten der französischen Geschichte. – Eine interessante Stahlkonstruktion (1844–1850) ist die beim Panthéon gelegene *Bibliothek Sainte-Geneviève.* – Das Lycée Henri IV., eine Schule, weist noch Spuren einer alten Abtei auf. In den malerischen, belebten und betont altertümlichen Vierteln *Montagne-Sainte-Geneviève* und *Contrescarpe* treffen sich Touristen, Studenten und Außenseiter. Der reizvolle *Place de la Contrescarpe* ist Mittelpunkt dieser Gegend und wurde im 19. Jh. geschaffen. Die stark belebte Geschäftsstraße *Rue Mouffetard* (Ekke Rue du Pot-de-Fer: Brunnen, 17. Jh.) führt zur uneinheitlichen Kirche *Saint-Médard,* deren älteste Teile aus dem 17. Jh. stammen.

Val-de-Grâce, Observatorium: Das Militärhospital Val-de-Grâce ist mit seinem kleinen *Museum für das Gesundheitswesen* in den Gebäuden eines von Anna von Österreich gegründeten Klosters eingerichtet. Den Komplex überragt die höchste Kuppel von Paris: Sie gehört zu der nach den Plänen von François Mansart* erbauten Kirche (Baubeginn 1654). Im Innern: Kuppelgemälde mit einer Vielzahl von Figuren von Mignard* (*Die Seligen im Himmel*), zahlreiche Skulpturen von Michel Anguier*. Hochaltar mit monumentalem Baldachin. – Der nüchterne Bau des Observatoriums mit seinen Beobachtungskuppeln (19. Jh.) wurde von Claude Perrault* errichtet (1668–1692). Zu seiner Erstellung durften weder Holz noch Eisen verwendet werden, um die Ablenkung der Magnetnadeln und Brandgefahren auszuschalten. In den 27 m tief liegenden Kellern befindet sich die berühmte »sprechende Uhr«.

Odéon, Luxembourg: Die Rue de l'Odéon ist – wie unweit auch die Rue Monsieur-le-Prince – von schönen Häusern aus dem 18. Jh. gesäumt. Das *Théâtre de l'Odéon* mit seinen Bogengängen entstand zwischen 1779 und 1782. Die Saaldecke malte 1965 André Masson* aus. Vier harmonische Bauten des 18. Jh. bilden einen halbkreisförmigen Platz. – Da Maria von Medici den Louvre für zu unbequem hielt, ließ sie Salomon de Brosse* von 1615 an das *Palais du Luxembourg* errichten. Der mit schönen Gemälden von Delacroix* und Jordaens* geschmückte und im 19. Jh. erweiterte Palast ist Sitz des Senats, der auch über die Eigentumsrechte des Jardin du Luxembourg verfügt. Die *Fontaine de Médicis* zwischen dem Palais und der Rue Médicis stammt vielleicht von Salomon de Brosse* und ist von Jean Chalgrin* umgestaltet worden. In den Gärten der Avenue de l'Observatoire, welche den Jardin du Luxembourg fortsetzen, steht ein sehr schöner, von Davioud* gestalteter *Brunnen* (1875), den Schildkröten (Frémiet*) und die *Gruppe der vier Erdteile* mit einem Planetarium schmücken.

Denfert-Rochereau, Catacombes: Die Nachbildung des Löwen von Belfort (Bartholdi*) beherrscht den Place Denfert-Rochereau, an dessen Rand zwei *Zollpavillons* von Ledoux* (1784) aus der Umfassungsmauer der Generalpächter stehen. In den *Katakomben,* einst Steinbrüche, liegen die Gebeine von Millionen im 18. Jh. aus dem alten Cimetière des Innocents ausgehobenen Skeletten.

Jardin des Plantes, Salpêtrière: Der von dem berühmten Botaniker Buffon erweiterte und prächtig angelegte Botanische Garten im französischen Stil enthält ein Labyrinth und ein Alpinum. Er wird von den großen Galerien und den Gebäuden des *Naturkundemuseums* begrenzt. Das *Hôpital de la Salpêtrière* (47 Boulevard de l'Hôpital) wurde Ende des 17. Jh. von Le* Vau erbaut und vom Architekten Libéral Bruant* mit einer Kirche (1670–1677) ausgestattet.

Manufacture des Gobelins: Hinter der Fassade verbergen sich alte klosterähnliche Anlagen. Der von Hein

Luxembourg, Medicibrunnen

Picasso, Musée d'Art moderne

rich IV. geschaffenen königlichen Gobelinweberei wurde die Teppichmanufaktur der Savonnerie angeschlossen. Im 20. Jh. kam die Manufaktur von Beauvais hinzu.

Museen: *Musée de l'affiche* (16 Rue de Paradis, 10e): Alte und moderne Plakatkunst in einem ehem., beachtlich ausgeschmückten Keramikgeschäft. – *Musée de l'Armée* (Hôtel des Invalides, 7e): Heeresgeschichte, reichhaltige Waffen- und Rüstungssammlung, Zinnsoldaten, Uniformen. – *Musée des Arts africains et océaniens* (296 Avenue Daumesnil, 12e): Kunst und Kultur Nordafrikas, Schwarz-Afrikas und Australiens. Großes Aquarium im Untergeschoß. – *Musée des Arts Décoratifs* (Kunstgewerbemuseum; 107 Rue de Rivoli, 1er): Das hochinteressante Museum mit etwa 50000 Ausstellungsobjekten zeigt Schmuckgegenstände vom Mittelalter bis zur Belle Epoque. Die Geschichte des französischen, europäischen, mohammedanischen und orientalischen Kunstgewerbes wird chronologisch vermittelt (Möbel, Holzschnitzerei, Wandteppiche, profane und kirchliche Goldschmiedekunst, Keramik). – *Musée d'Art moderne de la ville de Paris* (11 Avenue du Président-Wilson, 16e): Wechselausstellungen für Werke des 20. Jh. – *Musée des Arts et traditions populaires* (Volkskundemuseum; 6 Route du Mahatma-Gandhi, Bois du Boulogne): Sammlung der vorindustriellen Zivilisation. Gegenstände des Ackerbaus und der Viehzucht, der kunsthandwerklichen Techniken, des häuslichen Lebens, der religiösen Verehrung und des Brauchtums; Kraft- und Geschicklichkeitsspiele, Volkstheater, Volkskunst, Geschichte des Puppentheaters. – *Musée de Baccarat* (30 bis Rue de Paradis, 10e): Kristallwaren und Glaskunst. Alte und in schillernden Farben leuchtende Stücke des 200 Jahre alten Kristallwarengeschäftes Baccarat. – *Musée Balzac* (47 Rue Raynouard, 16e): Das kleine Haus »la cabanne de Passy«, das Balzac von 1840 bis 1847 bewohnte, befindet sich in einem Garten. – *Musée Bourdelle* (16 Rue Antoine-Bourdelle, 15e): In den ineinandergehenden Ateliers und Innenhöfen wohnte der Bildhauer Antoine Bourdelle von 1884 bis 1929. Zeichnungen, Gouachen, Gemälde, Skulpturen, Original-Gipsabgüsse. – *Musée Carnavalet/Musée de l'histoire de Paris* (23 Rue de Sévigné, 3e): In dem bemerkenswerten Palais des 16. Jh. veranschaulicht eine reiche Sammlung die Geschichte des Pariser Alltagslebens von Heinrich II. bis heute: zahlreiche Dokumente, Modelle, Handwerkszeichen, schöne Möbel aus der Zeit Ludwigs XIV., der Régence und Ludwigs XV., Gemälde und Stiche der Hauptstadt aus allen Jahrhunderten. – *Musée de céramique de Sèvres* (Place de la manufacture, Sèvres [nahegelegener Vorort im Westen]): Herrliche Porzellansammlung aus allen Epochen und Ländern. – *Musée Cernuschi/Musée d'art chinois de la ville de Paris* (7 Avenue Velasquez, 8e): Herrliche chinesische

Musée de Cluny, Dame mit dem Einhorn (Wandteppich)

Kunstwerke; insbesondere Gegenstände aus dem 16. Jh. v. Chr., Grabfiguren der Han- (3. Jh. v. Chr.) und der T'ang- (8. Jh.) Epoche, Buddha-Figuren, Seidenmalerei des 8. Jh. – *Musée du cinéma/Cinémathèque française* (Palais de Chaillot, 16e): Entwicklungsgeschichte des Films von Émile Reynaud und den Brüdern Lumière bis zu den zeitgenössischen Regisseuren. – *Musée Georges-Clémenceau* (8 Rue Franklin, 16e): Das Haus, in dem Georges Clémenceau 34 Jahre lebte, bewahrt Erinnerungen an den großen Staatsmann auf, der auch ein Liebhaber alter Kunst und moderner Malerei war. – *Musée de Cluny* (6 Place Paul Painlevé, 5e): Im gotischen Stadthaus der Äbte von Cluny befinden sich hervorragende Sammlungen der Kunst und des Kunsthandwerks im Mittelalter: Skulpturen, Mobiliar, Goldschmiedearbeiten, Waffenschmiedekunst, Kunstschmiedearbeiten, Keramik, Spiele. Sehr schöne Tapisserien, darunter vor allem die zarte Szenenfolge der *Dame mit dem Einhorn* (Ende 15. Jh.). Das Museum stellt auch einen die gallo-römischen Thermenruinen neben dem Palais überragenden Pfeiler aus, den sog. *autel des Nautes* (1. Jh.), den die Schiffer dem Jupiter weihten. – *Musée Cognacq-Jay* (25 Boulevard des Capucines, 2e): Das vor allem wegen seiner Ambiance interessante Museum entstand aus einem reichen Palais des ausgehenden 18. Jh. Die eklektische Sammlung enthält zahlreiche wertvolle Objekte, Gemälde und Skulpturen (*Die Eselin von Balaam* von Rembrandt*, Werke von Greuze*, Boucher*, Chardin*, Quentin de La* Tour, Watteau*, Fragonard*, Tiepolo*, Guardi*, Lemoyne* und Clodion*). – *Palais de la Découverte* (Avenue Franklin-D.-Roosevelt, 8e): Das Museum bietet eine Darstellung naturwissenschaftlicher Gebiete in allgemeinverständlicher Form mit Versuchsanordnungen. Das *Planeta-*

rium mit den beschleunigten Bewegungen der Gestirne war eine besondere Attraktion der Weltausstellung 1937. – *Musée Delacroix* (6 Rue Fürstenberg, 6e): Wohnräume und Atelier erinnern an das Wirken des Malers Delacroix. – *Centre Georges-Pompidou* (Plateau Beaubourg, 3e): Dieses von Georges Pompidou angeregte und von den Architekten Renzo Piano* und Richard Rogers* ausgeführte Gebäude erhebt sich – transparent und futuristisch konzipiert – fremdartig aus der Umgebung des alten Paris. Während es bei seiner Eröffnung 1977 auf große Ablehnung stieß, ist es heute ein ebenso großer Anziehungspunkt geworden. Wenn Beaubourg auch über eine bedeutende Kollektion moderner und zeitgenössischer Kunst verfügt, ist hier doch mehr als ein Museum entworfen worden: ein Ort der Begegnung, der Arbeit und des kulturellen Austauschs. Die riesige Stahl- und Glaskonstruktion mit den entsprechenden Ausmaßen in der Eingangshalle (»Op«-Porträt von Georges Pompidou, Vasarely*) enthält vor allem eine öffentliche Informationsbibliothek mit audiovisuellen Hilfsmitteln, das Institut für akustisch-musikalische Forschung unter Leitung von Pierre Boulez und das Zentrum für industrielle Formgebung. Außerdem zahlreiche und bedeutende temporäre Ausstellungen. – *Musée Grevin* (10 Boulevard Montmartre, 9e): Wachsfigurenkabinett historischer Persönlichkeiten, optische Täuschungen durch Spiegel. – *Musée Guimet* (6 Place d'Iena, 16e): Pracht und Raffinement des Orients. Das unerhört reiche Museum mit seinen etwa 55000 Objekten (von großen Buddhastatuen bis zum Schmuck, vom Porzellan bis zu Lackarbeiten) ist der Kunst Indiens, Indochinas, der malaiischen Inselwelt, Zentralasiens, Tibets, Chinas und Japans gewidmet. – *Musée Gustave-Moreau** (14 Rue de la Rochefoucauld, 9e): Zahlreiche Werke des nicht leicht zugänglichen symbolistischen Malers. – *Musée d'histoire naturelle* (Jardins des Plantes, 5e): Hervorragende Mineralogische Sammlung: großartige entomologische Kollektion (45 Rue Buffon). – *Musée de l'Homme* (Palais de Chaillot, 16e): Diese bedeutende völkerkundliche Dependance des Museums führt die Entwicklung des Menschen und seiner Kulturen vor. Eine lehrreiche und unterhaltsame Kollektion (reiche prähistorische Abteilung, herrliche afrikanische Masken und Skulpturen, reizvolle Volkskunst, Karnevalsfiguren). – *Musée Jacquemart-André* (58 Boulevard Haussmann, 8e): Das einstige Privatpalais des 19. Jh. ist voll von Kunstschätzen: Gemälde, Skulpturen, Tapisserien, Möbel und Kleinkunst aus der Renaissance und dem 18. Jh. in Frankreich. Werke von Tintoretto* und Tiepolo*, Botticelli*, Carpaccio*, Mantegna*, Uccello*, Van* Dyck, Rembrandt*, Rubens*, Hubert Robert*, Watteau* und verschiedenen Bildhauern.

Louvre, Carpeaux, La Danse

Musée du Louvre: Der Louvre stellt seine immensen Schätze auf einem kilometerlangen Areal von Galerien, Sälen und Treppen aus. Dieses in einem Palast untergebrachte Museum hat sich seit 1791 unablässig durch Neuer

Louvre, Mona Lisa

werbungen und Neuorganisationen verändert. Es enthält als Grundstock die ehem. königlichen Sammlungen. – *Griechische und römische Altertümer:* Terrakotta-Friese, Schmuckgefäße, ebenso reiche wie verschiedengestaltige Kollektionen. *Nike von Samothrake,* hellenistisches Meisterwerk (3. oder 2. Jh. v. Chr.); *Venus von Milo* (2. Jh. v. Chr.), Fries des Parthénon (Fragment) mit dem Panathenäenzug (5. Jh. v. Chr.). – *Orientalische Altertümer:* aus den Grabungsfunden im Nahen Orient. *Statue des königlichen Oberaufsehers Ebihil,* Mesopotamien (3000 v. Chr.); *Fries der Bogenschützen,* glasierte Ziegel (6. Jh. v. Chr.); *Codex Hammurabi,* Basaltblock mit Inschriften (2. Jahrtausend). – *Ägyptische Altertümer:* Diese von Champollion geschaffene, von Mariette erweiterte Abteilung enthält große Kunstwerke und reiche Schätze an Kleinkunst (aus thinitischer Zeit vom 4. Jahrtausend an bis zur Spätzeit). Kolossalstatue der *Sphinx* aus Granit, wahrscheinlich aus dem Alten Reich (3. Jahrtausend); *Mastaba,* kleiner Bau mit Szenen aus dem täglichen Leben (Mitte des 3. Jahrtausends), Stelen aus rosa Granit (5. Dynastie), *Hockender Schreiber* aus dem Alten Reich, Sarkophage, Grabbeigaben, Schmuck. *Kunsthandwerk und Möbel:* Die Abteilung enthält Kunstschätze vom Mittelalter bis zum 19. Jh.; Emailarbeiten, Bronzen aus der Renaissance, sehr schöne Möbel von Charles-André Boulle*, hervorragende Sammlung von Dosen und Tabatieren; Toilettennecessaire (Silber vergoldet) von Maria Leszczynska. Der berühmte Diamant *Der Regent* (137 Karat) und die prunkvollen *Kronjuwelen* befinden sich in der *Galerie d'Apollon,* im ersten Stock der kleinen Galerie (Deckengemälde von Delacroix*). – *Gemälde:* Die wichtige, unermeßlich reiche Abteilung ist auf viele Räume und die *Große Galerie* verteilt. Die fast lückenlosen Sammlungen enthalten Werke vom 15. Jh. bis zum Impressionismus. Einen besonderen Anziehungspunkt für viele bildet die legendenumwobene *Mona Lisa* mit ihrem verhaltenen Lächeln. Dieses hinter Panzerglas geschützte Gemälde wurde von Franz I. gekauft und ist das einzige Leonardo* da Vinci sicher zugeschriebene Werk; bei der Dargestellten soll es sich um Mona Lisa Gherardini, die junge Frau eines Florentiner Arztes, gehandelt haben. Weitere Gemälde von Leonardo* da Vinci: *Hl. Anna Selbdritt* und die *Felsenmadonna.* Die *italienischen Schulen* sind besonders gut vertreten, vor allem durch Cimabue*, Giotto*, Simone Martini*, Fra Angelico*, Paolo Uccello*, Sandro Botticelli*, Vittore Carpaccio*, Andrea Mantegna*, Perugini*, Veronese*, Tintoretto*, Correggio*, Raffael*, G.-B. Tiepolo*, Francesco Guardi* und Domenico Tiepolo*. – Auch zahlreiche *französische Gemälde:* vom *Porträt Johanns des Guten* (um 1360) bis zu Delacroix*, Corot* und Courbet* (sehr schöne Werke der Schule von Fontainebleau aus dem 17. und 18. Jh.). Bedeutende Kollektion der *Niederländischen Malerei:* große, für das Palais du Luxembourg bestimmte Gemäldezyklen von Rubens*, Werke von Rembrandt*, die berühmte *Spitzenklöpplerin* von Vermeer*. – Die *Graphische Abteilung* ist eine der reichsten der Welt (Wechselausstellungen). – *Skulpturen:* von der Romanik durch alle Stilepochen bis in die zweite Hälfte des 19. Jh. Vor allem Donatello*, Jean Goujon*, Germain Pilon*, Michelangelo*.

Musée de la Marine (Palais de Chaillot, 16e): Alle Arten von Schiffsmodellen, Geschichte des Marinewesens, Kunstwerke, Gemälde, spektakuläre Maquetten und Geräte. – *Musée Marmottan* (2 Rue Louis-Boilly, 16e): Herrliche, farbenprächtige Gemälde von Monet*, gute Vermittlung des impressionistischen Stils, verschiedene andere Kunstwerke. – *Musée des Monuments français* (Palais de Chaillot 16e): Detailgetreue Nachahmungen von bedeutenden Bauten und berühmten Skulpturen Frankreichs. – *Musée Nissim-de-Camondo* (63 Rue de Monceau, 8e): Das Palais stellt die prunkvolle Imitation eines Kunstliebhaber

Petit Palais

Musée Rodin, Der Kuß

im Stil des 18. Jh. dar. – *Musée de l'Orangerie* (Place de la Concorde, Eingang Tuilerien, 1er): Zwei riesige Gemäldekompositionen von Monet* *Seerosen* (1890–1921), Wechselausstellungen. – *Musée d'Orsay* (ehemaliger Bahnhof Orsay, Rue de Lille 62): Malerei, Plastik, Kunsthandwerk und Architektur des 19. Jh. Hier hat auch die berühmte Sammlung impressionistischer Malerei des Musée de l'Impressionisme (Jeu de Paume) ihren Platz gefunden. Neben Hauptexponenten wie Monet, Sisley und Pissarro stehen die Werke der Vor- und Nachimpressionisten. – *Musée du Petit-Palais* (Avenue Winston-Churchill, 8e): Schöne, eklektische Sammlung mit vorwiegend französischen Gemälden des 19. Jh. (Ingres*, Géricault*, Courbet*, Bonnard*, Vuillard*, Renoir* und andere). – *Centre Pompidou* →Georges-Pompidou. – *Musée postal* (34 Rue de Vaigirard, 15e): Gesamte Geschichte des Post- und Briefmarkenwesens. – *Musée Rodin* (77 Rue de Varenne, 7e): Im schönen Palais Biron zahlreiche Skulpturen und andere Werke von Rodin, außerdem verschiedene Kunstgegenstände. – *Musée du Seita* (12 Rue Surcouf, 7e): Der Seita (Service d'exploitation industriel des tabacs et des allumettes) hat 1979 dieses Museum eröffnet, das die Geschichte des Tabaks und seiner weltweiten Verbreitung zum Thema hat. Raucherutensilien, oft erstaunlich schöne Gegenstände. – *Musée des Techniques* (292 Rue Saint-Martin, 10e): Dieses der Gewerbeschule angeschlossene, für jedermann lehrreiche Museum enthält höchst unterschiedliche Errungenschaften aus den Bereichen der Technik und Wissenschaft: von alten Getrieben bis zur Fernsehtechnik, von den Rechenmaschinen Pascals bis zum Flugwesen, Uhren, Automaten, Lokomotivmodelle, Fahrzeugentwicklung. – *Palais de Tokyo* (13 Avenue du Président-Wilson,

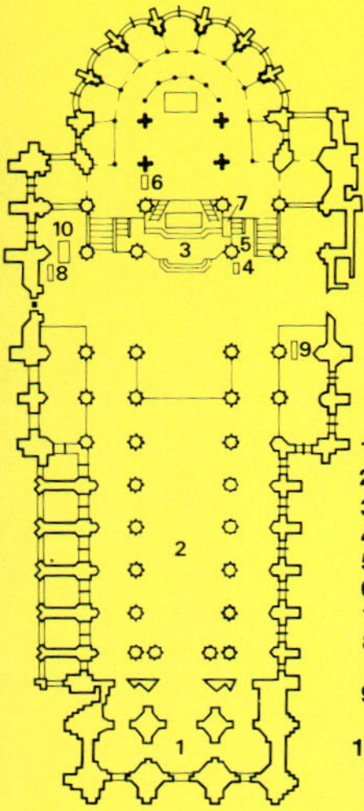

Kathedrale Saint-Denis
1 Vorhalle oder Narthex
2 Langhaus
3 Chor
4 Madonna
5 Zugang zur Krypta
6 Grabmal Chlodwigs I.
7 Grabmal Dagoberts
8 Grab-mal Ludwigs XII. und Anne de Bretagne
9 Grabmal Franz' I. und Claude de France
10 Grabmal Heinrichs II. und Katharinas von Medici

16e): Ausstellung von Nachimpressionisten und Kunstgegenständen der Belle Epoque. Braque*, Laurens*, Rouault*, Dunoyer* de Segonzac. – *Maison de Victor Hugo* (6 Place des Vosges, 4e): Literarische, politische und familiäre Erinnerungsstücke. Selbstgefertigte Möbel und Zeichnungen des Schriftstellers. – *Musée du Vieux-Montmartre* (17 Rue Saint-Vincent, 18e): Reizvolle Ausstellung über die Butte und ihre Vergangenheit.

Umgebung: Château de Vincennes: Der weite Militär- und Residenzkomplex am Rand von Paris war eine ausgesprochen königliche Stadt, wurde Gefängnis und verfiel, als das Militär einzog. Im *Tour du village* (Eingang Avenue de Paris) wohnten die Gouverneure des Mittelalters. Der herrliche, 25 m hohe, quadratische *Donjon* ist ein beachtliches Verteidigungswerk des 14. Jh. und enthält ein kleines *historisches Museum.* Die *Sainte-Chapelle* mit spätgotischer Fassade wurde um 1387 begonnen und 1525 geweiht (restaurierte Fenster des 16. Jh.), Skulpturenfries im Innern, Grabmal des Herzogs von Enghien, der 1804 in den Gräben von Vincennes erschossen wurde. Le* Vau erbaute den *Pavillon des Königs* und den *Pavillon der Königin* (1654–1661) wie auch den *Triumphbogen.*

Kathedrale Saint-Denis: An der Stelle zweier von Dagobert und Pippin dem Kurzen errichteten Kirchen verdankt sie ihre Gestalt im wesentlichen dem großen Abt Suger (12. Jh.) und Pierre de Montreuil* (13. Jh.). Der 1136 begonnene (Fassade, Anfang des Kirchenschiffs) Bau mit dem lichten Chor war das erste bedeutende Zeugnis der frühgotischen Kunst. Saint-Denis wurde nach dem desolaten Zustand gegen Ende des 18. Jh. erstmalig, aber ungeschickt restauriert. Viollet-le-Duc* nahm erneut die Arbeit daran auf und leitete sie von 1858 bis zu seinem Tod. Die 108 m lange Kathedrale mit ihrem Vorschiff zwischen den beiden Türmen diente den franz. Königen als Grabstätte. Die von Alexandre Lenoir während der Revolution nach Paris geretteten Grabdenkmäler wurden 1816 auf Anordnung Ludwigs XVIII. wieder in die Basilika gebracht. Am Chorsaum eine sehr schöne Marienstatue in bemaltem Holz. In der Krypta die Bourbonengrabstätte. Ehemalige Abteigebäude, 18. Jh. – *Musée d'art et d'histoire* (Place de la Légion-d'Honneur).

Parthenay	13040 Ew
79 Deux-Sèvres	S. 418 □ F 9

Die alte Pilgerstation auf dem Weg nach Compostela liegt an den Granithängen der Gâtine und an den Ufern des Thouet. Die einst von doppelten Wehrmauern geschützte Stadt war eine mächtige Festung. Nachdem sie Mittelpunkt eines Royalistenaufstandes geworden war, nahmen sie die Re-

Saint-Denis, Kathedrale, Mausoleum

Parthenay, Porte Saint-Jacques

Parthenay, Kirche St-Pierre

publikaner 1793 ein. Eine Brücke aus dem 13. Jh. führt zur *Porte Saint-Jacques,* dem von Zwillingstürmen mit Pechnasenkranz gefaßten Einlaßtor und zur mittelalterlichen Stadt. Die von Tausenden von Pilgern benutzte Rue de la Vau-Saint-Jacques ist mit malerischen, vorkragenden Häusern (15., 16. Jh.) gesäumt. Sie führt zum kleinen Place du 14 juillet, von dem aus die alten Wälle des 13. Jh. sichtbar werden. Die *Porte de l'Horloge,* eine mächtige, gotische Torkonstruktion, die im 15. Jh. als Wachturm diente, war der Einlaß zur Zitadelle.

Sainte-Croix (12. Jh.): Die Kirche birgt im Chor (Stil des Anjou) die Grabmäler eines Edelmanns von Parthenay und seiner Gemahlin (15. Jh.).

Notre-Dame-de-la-Couldre: Von der alten, während der Revolution als Nationalgut verkauften Kirche existiert nur mehr der untere Teil der Fassade: Die ausgesuchte Komposition und die Skulpturen des dreifachen Portals sind ein hervorragendes Beispiel für die romanische Kunst des Poitou.

Saint-Laurent: Diese Kirche des 13. Jh. wurde umgestaltet. Ein moderner Glockenturm von 75 m Höhe überragt das Bauwerk mit seinen schönen Kapitellen und einer Altarwand in vergoldetem Holz (17. Jh.).

Saint-Pierre-de-Parthenay-le-Vieux: Die Kirche (11., 12. Jh.) liegt in einem Vorort der Stadt. Ihre Fassade zeigt reinsten Stil des Poitou. Reiche Ikonographie.

Pau	85 860 Ew
64 Pyrénées-Atlantiques	S. 422 □ F 14/15

Die Stadt Heinrichs IV. bietet den Anblick eines riesigen Panoramas, das ir

Pau, Schloß

Lescar, Notre-Dame, Kapitell

der Ferne von den Gipfeln der Pyrenäen begrenzt wird. Pau dehnt sich als einst bescheidener, gallo-römischer Marktflecken im Schutze einer Burg aus, verdankt im 14. Jh. viel Gaston Phoebus, wurde 1464 Hauptstadt des Béarn und erreichte im 16. Jh. eine Blütezeit, ehe die Religionskriege das Gebiet blutig verwüsteten. Mit dem Béarn wurde die Stadt, als Ludwig XIII. dort einen Gerichtshof einsetzte, Anfang des 17. Jh. an Frankreich angeschlossen. Pau ist heute Hauptstadt des Departements.

Schloß und Museen: Das eindrucksvolle Schloß (von Architekten aus der Zeit Louis Philippes und Napoleons III. zu stark »überarbeitet«) liegt am äußersten Rand eines Felsvorsprungs über dem Pyrenäensturzbach. Von einem entstellten Schloßturm überragt (um 1370), ist es im Lauf der Jahrhunderte dauernd verändert worden, insbesondere von Gaston de Foix (15. Jh.), Henri d'Albret und Marguerite d'Angoulême (16. Jh.). Im Schloß befinden sich das *Musée national,* das *Musée Henri IV.* und ein altertümliches *Musée béarnais* (Handwerk, Geschichte, Folklore und einheimische Kunst). Bemerkenswert: schönes, im 19. Jh. zusammengestelltes Mobiliar, Gobelins und Wandteppiche aus Flandern, eine Heinrich IV. und seine Geschichte betreffende Sammlung von Bildern, ein Schildkrötenpanzer als legendäre Wiege. In der Nähe des Schlosses erhebt sich der vom weiträumigen Bau des Parlement de Navarre (18. Jh.) eingeschlossene Turm einer alten Kirche. – *Musée Bernadotte* (Rue Tran): In diesem Haus (Stil des Béarn) wird das Andenken an den 1763 dort geborenen Jean-Baptiste Bernadotte gepflegt, den späteren Marschall von Frankreich und König von Schweden. – *Musée des Beaux Arts* (Rue Mathieu-Lalanne): Gemälde mit Motiven aus der Region von Eugène Devéria*

(1865 in Pau gestorben), ein sehr schönes Bild von Degas* *Das Baumwollkontor in New Orleans* (1873), Werke vom 16. bis 20. Jh., Numismatik.

Umgebung: Lescar (7,5 km nördlich): Die kleine Stadt hoch oben am Rand eines Plateaus über dem Gave-Tal war die erste Hauptstadt der Landschaft Béarn (ursprünglich *Beneharnum*). Die alte *Kathedrale Notre-Dame* stammt vorwiegend aus dem 12. Jh., war aber vielen Veränderungen in Form von Rekonstruktionen und Restaurationen unterworfen. Der romanische Chorabschluß blieb jedoch unverändert. Die weiträumige Kirche enthält interessante Kapitelle, ein Mosaik des 12. Jh., Grabsteine (im 15. und 16. Jh. diente der Bau als fürstliche Begräbnisstätte). Chorgestühl im Renaissance-Stil.

Penmarc'h	6920 Ew
29 Finistère	S. 412 □ A 6

Als vorgeschobener Posten des Bigoudenlandes ist der Marktflecken Mittelpunkt einer weit verstreuten Gemeinde. Seine der Hl. Nonna geweihte *Kirche* ist in elegantem Flamboyant-Stil errichtet (Baubeginn 1508). Das auf einfachem Grundriß ruhende Gotteshaus mit geradem, von drei Fenstern erhelltem Chorabschluß zeigt die wesentlichen Merkmale der bretonischen Gotik: Der dreischiffige Raum mit Holzgewölbe ist von geringer Höhe und wird von einem durchbrochenen Glockenturm überragt, den zwei kleinere Seitentürme flankieren. Den imposanten, unvollendeten Turm an der Westfassade schmücken Skulpturen: Schiffe und verschiedene Fische – Zeugen eines vergangenen Wohlstands.

Notre-Dame-de-la-Joie: Unweit des 1897 in der Nähe eines kleinen befestigten Heiligtums aus dem 15. Jh. erbauten Leuchtturms Phare d'Eckmühl liegt die ihren Namen zu Recht verdienende *Kapelle Notre-Dame-de-la-Joie au Péril de la Mer* (15. Jh.). Sie richtet einen Blendgiebel gegen Westen, den ein von Rundtürmchen begleiteter Glockenturm krönt. Das Kirchenschiff enthält eine interessante Sammlung von Exvotos (Schiffsmodelle) und

Lescar, Kathedrale Notre-Dame, Mosaik im Chor

einige alte Statuen. Den Sockel des Kalvarienberges (1588) schmückt eine Pieta.

Umgebung: Saint-Guénolé (3 km westlich): Verschiedene archäologische Funde regten die 1920 erfolgte Gründung des *Musée préhistorique* von Saint-Guénolé an. Ein Komplex von Megalithen umgibt das Gebäude, in dem bedeutende Sammlungen von Werkzeugen, Waffen, Töpfereien und Schmuckgegenständen aus verschiedenen Epochen der regionalen Vorgeschichte sowie aus gallischer und gallo-römischer Zeit aufbewahrt werden.

Périgueux	37670 Ew
24 Dordogne	S. 419 □ G 11

Die von der Flußschleife der Isle umgebene schöne Silhouette der Hauptstadt des Périgord (gleichzeitig Präfektur des Departements Dordogne) wird von den berühmten Kuppeln ihrer Kirchen beherrscht. Diese Stadt, in der verschiedene Epochen zusammentreffen, trägt den abgewandelten Namen der »Gaulois Pétrocorès«, die eine bedeutende Feste auf dem linken Ufer des Flusses errichtet hatten. Obschon sie dem Vertingetorix verbündet waren, zogen sie aus der römischen Herrschaft Nutzen, indem die schöne Stadt *Vésone* ihr befestigtes Lager ersetzte. Nachdem Barbareneinfälle die aufblühende gallo-römische Stadt verwüstet hatten, wurde sie im Hochmittelalter vom Marktflecken, der sich um die nahe Abtei Saint-Front gebildet hatte, in ihrer Bedeutung verdrängt. Die beiden lange Zeit rivalisierenden Bevölkerungen schlossen sich im 13. Jh. zusammen und gelangten zu wirtschaftlicher Blüte, hatten jedoch unter dem Hundertjährigen Krieg, den Religionskriegen, den Bauernaufständen und der Fronde zu leiden. Périgueux gewann im 16. Jh. an Schönheit und wurde im 18. Jh. von dem Intendanten Tourny, dem Bordeaux so vieles verdankt, mit seiner majestätisch wirkenden Panorama-Terrasse ausgestattet. Die Stadt ließ im 19. Jh. die Befestigungsmauern einreißen.

Kathedrale Saint-Front: Als frühere Abteikirche und Stiftskirche, dann Kathedrale überragt dieser in Grundriß und Silhouette ungewöhnliche Bau die

Penmarc'h, Gemeißeltes Schiff an der Fassade der Kirche

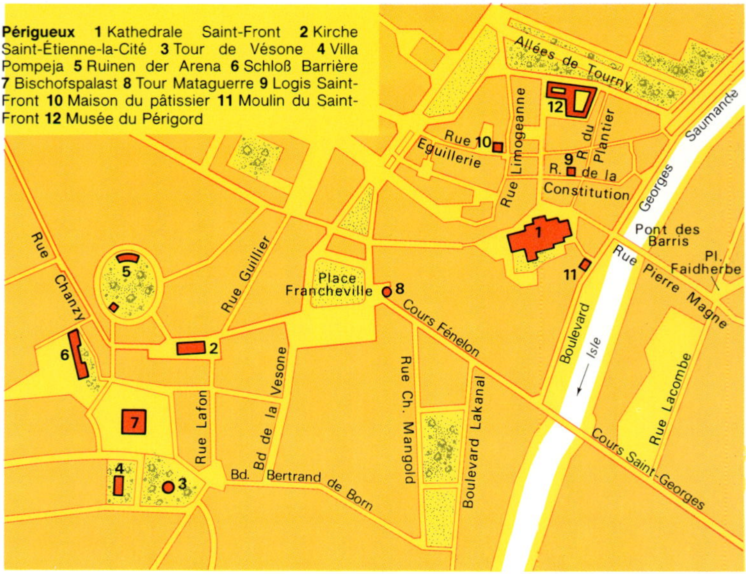

Périgueux **1** Kathedrale Saint-Front **2** Kirche Saint-Étienne-la-Cité **3** Tour de Vésone **4** Villa Pompeja **5** Ruinen der Arena **6** Schloß Barrière **7** Bischofspalast **8** Tour Mataguerre **9** Logis Saint-Front **10** Maison du pâtissier **11** Moulin du Saint-Front **12** Musée du Périgord

Isle mit seinen Kuppeln und seinem Turm: Sein »orientalisches« Gepräge wirkt erstaunlich im Périgord. Sie wurde im 11. Jh. erbaut, dem Hl. Front geweiht, der Missionar des Périgord und erster Bischof von Périgueux war, und in großartigerem Maßstab nach dem Brand von 1120 neu errichtet. Sie wurde – an San Marco von Venedig erinnernd – die erste der sich rasch im Südwesten bis nach Saintes ausbreitenden Kuppelkirchen (Der Périgord zählte ca. 250 Kuppeln; ein Viertel davon existiert nicht mehr.). Fachleute für die romanische Zeit des Périgord gestehen Saint-Front viel weniger Bedeutung zu als Saint-Étienne. Die um 1173 vollendete »byzantinische« Basilika litt viel unter den Religionskriegen und verlor ihren ursprünglichen Charakter. Ende des 19. Jh. wurde sie unter der Leitung von Paul Abadie* radikal erneuert. Der Architekt des Sacré-Cœur auf dem Montmartre unternahm mit der Restaurierung eine Neuschöpfung und fügte ohne Rücksicht auf den schönen Glockenturm des 12. Jh. 17 kleine Türme hinzu. Vor der Kathedrale, unter dem Turm, werden die Reste der ursprünglichen Kirche sichtbar (Baubeginn Ende 10. Jh.). Sie grenzen an ein reizvolles Kloster (12., 13., 14. Jh.), das einige Überreste von Steinen enthält, sowie das verwitterte Pyramidendach, das einst den Turm abschloß. Um die Kathedrale gruppiert sich die malerische Altstadt von Périgueux.

Saint-Étienne-de-la-Cité: Diese Kirche (11., 12. Jh.) in der Cité (in dem Teil von Périgueux gelegen, der das gallo-römische *Vésone* fortsetzte) diente bis 1669 als Kathedrale. Die Kirche ist archäologisch bedeutend interessanter als Saint-Front. Sie wurde 1577 zum Teil von den Hugenotten niedergerissen (starke Ausbesserungen aus dem 17. Jh.) und besaß einst vier Kuppeln sowie ein Glockenportal. Heute sind nur mehr zwei kuppelgedeckte Joche erhalten: das massive, verwitterte und düstere des Schiffs und das hohe, verzierte und helle des

Périgueux, Luftaufnahme

Périgueux, Kathedrale Saint-Front

Chors. Das Schiff scheint aus dem Ende des 11. Jh. zu stammen, der Chor aus dem 2. Viertel des 12. Jh. An der südlichen, mit Traufen gekrönten Mauer eine Ostertafel mit den Daten von Ostern zwischen 1163 und 1253. Links vom Schiff ist ein mit feinen Skulpturen versehener Bogen (12. Jh.) sichtbar, unter dem sich das Grab des Bischofs befand.

Ruinen von Vésone: Obwohl die gallo-römische Stadt den mittelalterlichen Bauherrn als Steinbruch gedient hatte, sind immer noch bedeutende Spuren erhalten geblieben. Auch der seltsame, seiner Spitze und seiner rotgrünen Marmorverkleidung beraubte *Turm von Vésone* ist weiterhin beeindruckend. Hier befindet sich auch die *Cella* eines einer Schutzgöttin geweihten Tempels. Die Reste einer naheliegenden *pompejanischen Villa* (1. Jh.) gruppieren sich nach klassischem Muster um einen Innenhof. In eine Parkanlage integriert sind die Ruinen eines Amphitheaters (1. Jh.), die ein Fassungsvermögen von etwa 20000 Personen ahnen lassen. Unweit davon erheben sich die Ruinen des *Château Barrière,* einer mittelalterlichen Befestigung mit Donjon (vermutlich 12. Jh.). Auch das Bischofspalais wurde auf den Spuren antiker Verteidigungsanlagen erbaut.

Vieux Périgueux: Die bis ins 13. Jh. mit *Vésone* rivalisierende *Cité Puy-Saint-Front* ist zum großen Teil erhalten geblieben. Die alten Stadtviertel in unmittelbarer Nachbarschaft der Kathedrale haben ihr mittelalterliches Gepräge bewahren können mit ihren engen, gepflasterten Straßen, den gewundenen Gäßchen, den mehr oder weniger vornehmen Villen und ihren Renaissance-Palästen. Der mächtige, mit Pechnasenkranz gekrönte und von Schießscharten durchbrochene *Turm Mataguerre* wurde 1477 rekonstruiert.

Périgueux, Maison de Consuls

Er gehörte zu den im 14. Jh. errichteten Befestigungsanlagen von Puy-Saint-Front. Eines der schönsten Häuser des alten Périgueux, an der Ecke der Rue de la Constitution und der Rue du Plantier ist das *Logis Saint-Front* (die Mittelbauten aus dem 15. Jh. sind durch einen eleganten Treppenturm verbunden; Flügel 16. Jh.). Schöne Renaissance-Häuser (1, 3, 5 Rue Limogeanne); in der Rue des Fargues ein Haus aus dem 12. Jh.; das sog. Maison du pâtissier (15., 16. Jh.), 17 Rue Éguillerie; der malerische Komplex der »Maisons du bord de l'eau« in der Nähe des Pont des Barris; die Mühle von Saint-Front, ein Fachwerkhaus am Quai de l'Isle.

Musée du Périgord (Allées de Tourny): Dieses in einem Prachtbau der Belle Epoque untergebrachte Museum verfügt über interessante Sammlungen auf dem Gebiet der Ethnographie, der Malerei und der Fayence-Kunst; der Schwerpunkt liegt jedoch auf der prähistorischen Kunst und der Archäologie (zahllose Funde in den prähistorischen Gesteinsschichten der Umgebung; das berühmte Skelett eines Magdalénien, 1888 in Chancelade aufgefunden, sehr schöne Mosaiken und Stelen).

Péronne

80 Somme — 9420 Ew — S. 411 □ J 3

Die benachbarten Weiher und Sümpfe verleihen dieser alten Hauptstadt des Vermandois ihr besonderes Gepräge. Diese alte, von Kriegen zwar zerstörte Festung – in der Umgebung befinden sich die Schlachtfelder der Somme – hat dennoch manche wiederhergestellte Spuren einer unruhigen Vergangenheit bewahrt. Als Gefangener Karls des Kühnen war Ludwig XI. möglicherweise in einem der vier

Perpignan, Palast der Könige von Mallorca

wuchtigen Türme des *Schlosses* (13. Jh.) festgehalten worden, das ein kolossales Bollwerk aus Ziegelstein (17. Jh.) umschließt. Von der alten Einfassung blieb auch die *Porte de Bretagne* (1602) mit ihrer Zugbrücke und den äußeren Verteidigungsanlagen erhalten. Das *Musée Danicourt* im Rathaus stellt gallo-römische und merowingische Schmuckgegenstände aus.

Pérouges

530 Ew
01 Ain
S. 421 □ M 10

Der bemerkenswerte, von der Zeit unberührte mittelalterliche Marktflecken befand sich zu Anfang des Jahrhunderts in desolatem Zustand. Eine groß angelegte Restaurierung hat den Ort zu neuem Leben erweckt, der hoch auf einem Hügel eng in seine Befestigungen zusammengedrängt ist. Die Fachwerkhäuser an den gepflasterten winkeligen Straßen und reizvollen kleinen Plätzen stammen meist aus dem 15. oder 17. Jh. An die *Porte d'En-Haut* lehnt sich die interessant befestigte Kirche aus dem 13. bis 15. Jh. (Turm 19. Jh.) an.

Perpignan

107970 Ew
66 Pyrénées-Orientales
S. 424 □ J 16

Die riesige Zitadelle mit dem Palast der Könige von Mallorca wacht immer noch über die große Stadt in der Ebene, die aus den engen Mauern ihrer Wälle getreten ist und sich nunmehr auf dem linken Ufer der Têt ausbreitet. Von katalanischem Geist beseelt verdankt die alte Hauptstadt des Roussillon ihre beachtliche Größe dem Wein-, Obst- und Gemüsehandel, den Verwaltungsorganen und der Entwicklung der Universität. Die kleine römische Stadt *Ruscino* (daher: Rous-

Perpignan, Kathedrale, Kruzifix

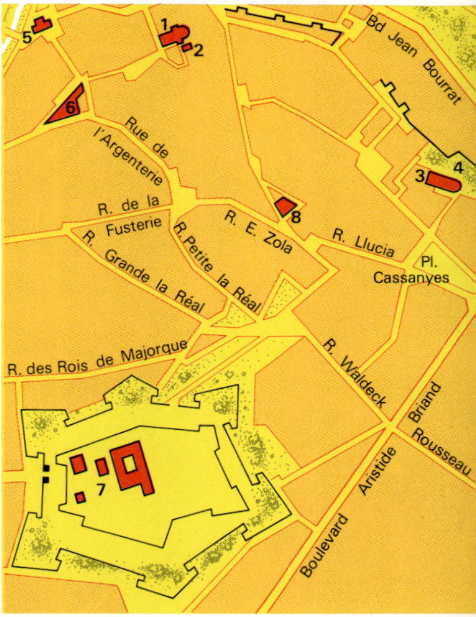

Perpignan **1** Kathedrale Saint-Jean **2** Kapelle **3** Kirche Saint-Jacques **4** Park Miranda **5** Castillet (Casa Pairal) **6** Loge de mer, Rathaus **7** Zitadelle, Palast der Könige von Mallorca **8** Musée Rigaud

sillon) war mit den Einfällen der Barbaren zugrunde gegangen. Perpignan trat im 12. Jh. in die Geschichte ein, als das Roussillon wieder zum Königreich Aragonien kam. König Jaime I. von Aragonien, der siegreich bei Palma gelandet war und den Mauren die Balearen entrissen hatte, teilte seine Besitztümer unter seine beiden Söhne auf: Perpignan wurde Hauptstadt eines hybriden Königreichs, welches Montpellier, das Roussillon und die Cerdagne sowie die Balearen-Inseln umfaßte. Das »Königreich von Mallorca« hatte zwar nur drei Könige; dennoch gelang es diesen, der Stadt ihr Gepräge zu verleihen. Nachdem sie von Ludwig XI. besetzt und von Karl VIII. an Ferdinand und Isabella, die Katholischen Könige, zurückgegeben, 1642 von Ludwig XIII. erneut eingenommen wurde, erfolgte Mitte des 17. Jh. der endgültige Anschluß Perpignans und des Roussillon an die franz. Krone. Die Geburtsstadt des großen Porträtisten Hyacinthe Rigaud* (1659) hat im 20. Jh. zahlreiche Künstler angezogen: Picasso*, Dufy*, Lurçat* . . . und Salvador Dali*, dem es einfiel, den Bahnhof von Perpignan zum Mittelpunkt der Welt zu erklären. Der Bildhauer Aristide Maillol*, der 1944 hier starb, ist mit zwei seiner schönen weiblichen Statuen vertreten: der *Méditerranée* (1905, im Hof des Hôtel de Ville) und der Venus (1928, Place de la Loge).

Saint-Jean: Den Bau begann 1324 der zweite König von Mallorca; abgeschlossen wurde er erst um 1507 (Einweihung 1509). Die im meridional-gotischen Stil errichtete Kathedrale mit ihrem weiten einschiffigen Innern, auf das hin sich die in die inneren Strebemauern eingepaßten Kapellen öffnen, mit ihrem nur wenig ausgreifenden Querschiff und seiner großen, zwischen zwei Apsidiolen liegenden Apsis besitzt eine rechteckige, von einem

Perpignan, Decke des Rathauses

quadratischen Turm flankierte Fassade (der höhere Kampanile 18. Jh.). Im Innern befinden sich sehr schöne Retabels (Ende 16. Jh. bis 17. Jh.). Die Altarwand der »Jungfrau der Hoffnung«, auch Magraña genannt (südliche Apsis), wurde von zwei katalanisch inspirierten und flämisch wie italienisch geschulten Künstlern gemalt; in der Mitte eine moderne Darstellung der Hl. Maria mit dem Kind. Das Marmorretabel am Hochaltar (1618–1630) ist das Werk des Burgunders Claude Perret* und des Katalanen Onuphre Salla*. Unter einem spätgotischen Orgelgehäuse befindet sich der Zugang zur *Chapelle de la Vierge dels Correch* (der Schluchten), dem Querarm eines romanischen Bauwerks des 11. Jh., Saint-Jean-le-Vieux. Außerhalb (Ausgang durch die rechte Seitentür) enthält eine Kapelle ein in seinem Realismus ergreifendes hölzernes Kruzifix (14. Jh., wahrscheinlich rheinischen Ursprungs).

Saint-Jacques: Die neben dem kleinen Miranda-Garten liegende Kirche (14. Jh.) birgt unter ihrer südlichen Vorhalle ein großes Schmähkreuz mit den Leidenswerkzeugen. Statuen, Altarbilder und ein monumentaler Hochaltar im Innern. Das Kirchenschiff wird nach Westen durch die Kapelle (18. Jh.) der Bruderschaft des Kostbaren Blutes fortgeführt, die seit etwa fünf Jahrhunderten jährlich eine Prozession nach Sevilla veranstaltet.

Castillet: Ein schönes Wehrtor (14. Jh.), das um 1480 in eine kleine Festung umgewandelt wurde; das »Castillet« mit Zinnen und Pechnasen war Teil der niedergerissenen Umwallung. Es enthält die *Casa Pairal,* ein katalanisches volkskundliches Museum.

Place de la Loge, Loge de Mer, Hôtel de Ville: Dieser mit rosafarbenen Marmorplatten belegte Platz, den eine Statue von Maillol* schmückt, ist das Herz und der touristische Mittelpunkt von Perpignan. Ende des 14. Jh. erbaut, gegen Westen zu im 15. Jh. erweitert, spielte die Loge de Mer dieselbe Rolle wie in Palma de Mallorca die Lonja und das Consulat de la mer: Sie diente als Börse und Handelsgericht. Das Rathaus neben der Loge weist zwar noch mittelalterliche Spuren auf, stammt aber im wesentlichen aus dem 16. und 17. Jh. Die Bronzeleuchter an der Fassade symbolisieren den Adel, die Geistlichkeit und den Dritten Stand. Neben dem Rathaus steht das ehem. Deputationsgebäude (15. Jh.), dessen Fassade durch die sorgfältig bearbeiteten Steine und das Portal mit den schweren Wölbsteinen auffällt.

Zitadelle, Palast der Könige von Mallorca: Den Palast (13., 14. Jh.) umschließen die von Vauban* veränderten Befestigungen (16. Jh.). Die Baumaterialien dieses rechtwinklig angelegten Komplexes sind Kieselstein und marmorverzierter Ziegel. Über den Bögen der westlichen Fassade des Ehrenhofes befindet sich eine hohe, un

Perpignan, Kathedrale, Retabel

gewöhnliche zweistöckige Kapelle. Ein noch romanisches Portal bildet den Zugang zu diesem gotischen Bauwerk (Anfang 14. Jh.).

Musée Rigaud*: Ehem. Universität. Zahlreiche Werke des einheimischen Künstlers; naive Kunst des Roussillon und Kataloniens; Gemälde des 17., 18. und 19. Jh.

Umgebung: Elne (14 km südöstlich): Mérimée und Viollet-le-Duc* bestach die Eleganz des fast unversehrten *Kreuzgangs* aus dem 12. (Südgalerie an der Kirche), 13. und der ersten Hälfte des 14. Jh.; die stilistische Entwicklung läßt sich nur an den Skulpturen verfolgen (z. B. Kapitelle der Nordgalerie). Die Kapitelle sind mit floralen und zoomorphen Motiven, auch mit religiösen Szenen, ausgeschmückt. – Die ehem. *Kathedrale* von Elne (Bischof und Kapitel wechselten 1602 nach Perpignan über) wurde im 11. Jh. neu erbaut und Mitte des folgenden Jahrhunderts befestigt. Der außen wie innen schmucklose Bau auf basilikalem Grundriß wirkt streng. Sein mächtiger, arkadengeschmückter Südturm wurde 1415 von dem aus Mallorca stammenden Architekten Guillaume Sagrera* befestigt. An der Südseite wurden wieder Kapellen angefügt; die erste, von Bischof Raymond Costa (gest. 1310) erbaut, bewahrt seinen Sarkophag auf. Die romanischen Kapitelle sind mit floralem Schmuck versehen; vereinzelt erscheinen menschliche Darstellungen im Blattwerk. – **Castelnou** (18 km südwestlich): Die mächtige, vom imposanten Berg Canigou überragte *Festung* des 10. Jh. wurde im 19. Jh. stark restauriert. Der insgesamt befestigte Ort drängt sich eng um das Schloß zusammen. – **Monastir del Camp** (16 km südlich): Der Legende nach soll das alte Priorat eine Gründung Karls d. Gr. sein. Es besteht aus einer einschiffigen *Kirche* aus dem 11. Jh. (schönes, romanisches Portal; Kapitelle), einem *Kloster* (Anfang 14. Jh. vollendet) und den Konventsgebäuden (vorwiegend 13., 14. Jh.). – **Salses** (16 km nördlich): Das mächtige und beeindruckende **Fort** von Salses, das Don Sancho von Kastilien im Jahre 1497 errichten ließ, besticht durch die farbliche Harmonie seines Wechselspiels aus Stein und Ziegel, mit denen es gebaut wurde.

Perpignan, Fort de Salses

Pézenas, Palais Lacoste

Pézenas

8060 Ew
34 Hérault
S. 424 □ K 14

Als Erbin einer von den Römern befestigten Stadt, *Piscenae*, gelangte der rührige Ort im Mittelalter dank seines Handels und seiner Märkte zu Reichtum und erlebte ein »Goldenes Zeitalter«, als er Regierungssitz des Languedoc wurde. Pézenas wurde Residenz des Adels, vor allem des prachtliebenden Armand de Bourbon, Prinz von Conti. Die Stadt, die sich heute auf einen großen Wein- und Spirituosenmarkt stützt, wurde besonders durch das 16. und 17. Jh. geprägt. Sie bietet ein außergewöhnlich malerisches und originelles Ensemble von Häusern, alten Patrizierwohnungen und ehrwürdigen, jetzt von Kunsthandwerkern eingenommenen kleinen Läden (zu beachten sind vor allem die Rue de la Foire, Cours Jean Jaurès, Rue Conti, Rue Saint-Jean).

Außerdem sehenswert: Das Palais Lacoste (Rue François – Oursin), stammt aus dem 15. und 16. Jh.; das *Maison consulaire* (Place Gambetta) aus der Renaissance und dem Ende des 17. Jh.; das Hôtel de Flottes-de-Sébasçan (Rue Alfred-Sabatier) besteht aus einer Stilmischung vom 14. bis ins 18. Jh. (hübsche Ecknische der Renaissance-Zeit); aus dem 17. Jh. das *Hôtel Malibran* (Rue Denfert-Rochereau) und das *Hôtel d'Alfonce,* in dem Molière spielte (Rue de Conti). Im Haus des Barbiers Gély, heute Sitz des Verkehrsvereins, hatte Molière gewohnt.
Durch die *Porte Faugères,* die Ende des 16. Jh. erbaut wurde, gelangt man in das mittelalterliche Ghetto (Rues de la Juiverie et des Litanies) des alten Pézenas.

Pézenas, Hôtel de Flottes, Detail

Kirchen: *Saint-Jean* (18. Jh.), gegenüber einer alten Ordenspfründe der Johanniter von Jerusalem aus dem 16. Jh. – Vor einem Palais des 16. Jh. die gotisierende Kirche *Sainte-Ursule,* 17. Jh.

Musée Vulliod-Saint-Germain: (Rue Albert-Paul-Alliés): Das in einem Palais des 16. und 18. Jh. untergebrachte Museum zeigt Skulpturen, Tapisserien aus Aubusson, 17. Jh., zwei beachtenswerte Schränke im Stil Ludwigs XIII., Erinnerungsstücke an Molière, Fahnen und Banner, Gemälde und Fayencen.

Pfaffenhoffen

2310 Ew
67 Bas-Rhin
S. 417 □ P 4

Der große Marktflecken im nördlichen Elsaß verdankt die Einrichtung eines bezaubernden *Musée de l'imagerie* seinem Notar. Die eklektische Sammlung besteht aus alten, in kräftigen Farben gehaltenen Hinterglasbildern, Exvotos, »canivets« (Bildchen mit feinen Ausschneidearbeiten), Heiligenbildern, Kommunions- und Totengedenken, Glückwünschen zur Taufe, kleinen handbemalten und ausgeschnittenen »Straßburger Soldaten«. Das Museum enthält auch für den Volkskundler interessante beachtliche Zeugnisse der elsässischen Volkskunst des 18. und 19. Jh.

Phalsbourg	4350 Ew
57 Moselle	S. 417 □ O 5

Dieser alte, die Straße nach Nancy beherrschende und im 19. Jh. dreimal belagerte Festungsplatz hat Reste der von Vauban* errichteten Verteidigungsanlagen bewahrt (Porte de France und Porte d'Allemagne, 17. Jahrhundert).
Das kleine *Museum* des Rathauses ist der Geschichte von Phalsbourg gewidmet.

Pierrefonds	1720 Ew
60 Oise	S. 411 □ J 4

In dem am Waldrand von Compiègne und in der Nähe eines kleinen, romantischen Sees gelegenen Marktflecken steht eine alte, stark restaurierte *Kirche* (Turm mit Renaissance-Bekrönung) ohne charakteristische Merkmale. Der Ort verdankt seinen Ruhm der mächtigen, mittelalterlichen Festung – bzw. ihrer von Viollet-le-Duc* unternommenen Rekonstruktion –: ein beeindruckendes Bauwerk, dem im 11. Jh. bereits ein befestigtes Schloß voranging.

Schloß: Das Schloß – Festung, aber auch Lustschloß –, um dessen äußere Wiederherstellung sich Viollet-le-Duc* nicht ohne Phantasie bemühte, war Ende des 14. Jh. und im ersten Jahrzehnt des 15. Jh. durch Ludwig von Orléans, den Bruder König Karls VI. und Herrn von Valois, erbaut worden. Es gehörte dem Dichterprinzen Karl von Orléans, wurde von den Engländern und der Liga besetzt und von Heinrich IV. dem Vater seiner Mätresse, der schönen Gabrielle d'Estrée, übergeben. Da ihr Bruder Partei gegen die Krone ergriffen hatte, wurde das Schloß von den Truppen Ludwigs XIII. eingenommen und alsbald geschleift. Napoleon I. kaufte die Ruinen, Napoleon III. beauftragte Viollet-le-Duc*, das Bauwerk wieder in seinem mittelalterlichen Charakter zu errichten. Der Restaurator von Notre-Dame folgte ziemlich getreu dem zerstörten Vorbild, ließ aber, was die Kapelle, die Ehrentreppe sowie die malerische und bildhauerische Ausschmückung angeht, seine persönliche Auffassung gelten. Das rekonstruierte

Pierrefonds, Schloß

Schloß, mit hohen, zweifach bekrönten und von Statuen besetzten Türmen zu beiden Seiten, ist fast quadratisch angelegt und wird von Mauern mit zwei übereinanderliegenden Rundgängen umlaufen (sie wirken besonders eindrucksvoll, wenn sie vom Fahrweg aus entlang der Wassergräben gesehen werden). Dem terrassenartig angelegten Vorhof, dem *Grandes-Lices,* schließt sich ein kleines Schlößchen an, das die Brücken und die Zisterne beschließen kann und den Zutritt zum großen *Ehrenhof* eröffnet – dessen Eingang, rechts, vom imposanten Komplex des *Schloßturms* überragt ist. Die elegante Fassade der Kapelle wird am Mittelpfeiler von einer Statue Jakobus d. Ä. geschmückt, dessen Züge auffallend denen von Viollet-le-Duc* gleichen. Vor einer majestätischen, über Eck geführten Freitreppe erhebt sich eine Statue Ludwigs von Orléans (19. Jh.). Bei der Führung können die Gemächer Napoleons III., einige Säle, darunter der sog. Heldensaal (farbige Figuren Karls d. Gr. und seiner tapferen Begleiter, Darstellungen von Heldinnen aus Ritterromanen, deren eine die Züge von Kaiserin Eugénie trägt) besichtigt werden.

Morienval, Kirche

Umgebung: Morienval (7,5 km südwestlich): Die ehem. *Abteikirche,* die als legendäre Gründung König Dagoberts gilt, ist mit ihren drei Türmen eine Rekonstruktion des 11. bis zum Beginn des 12. Jh. Das damals als hochmodern geltende Bauwerk (Spitzbogen des Chorumgangs) zählt mit Saint-Denis zu den frühesten Zeugnissen der Gotik in der Île-de-France, die zu dieser Zeit noch vom romanischen Stil geprägt war. Die Kirche wurde im 17. Jh. umgestaltet und später restauriert. Sie enthält im Innern Grabplatten von Äbtissinnen und geschnitztes Chorgestühl (15. Jh.).

Plessis-Bourré (Schloß)

49 Maine-et-Loire S. 413 □ F 7

Das einsame, in ländlicher Umgebung gelegene und seine mittelalterliche Silhouette in den breiten Wassergräben spiegelnde Schloß taucht wie eine Illustration aus dem Ritterroman auf. Es wurde anstelle einer alten Ritterburg zwischen 1468 und 1473 von Jean Bourrée, dem reichen Finanzier und Mitarbeiter Ludwigs XI. und Karls

Plessis-Bourré, Schloß

Plessis-Macé, Detail vom Balkon des Schlosses

VIII., erbaut. Teils Festung, teils Lustschloß, erscheint es wie ein Übergangswerk, das mittelalterliche Robustheit mit der Anmut der Früh-Renaissance vereint. Obschon es unter dem Gesichtspunkt der Annehmlichkeit errichtet wurde, war es auch als Verteidigungsanlage konzipiert worden: Der schmale Laufgang zwischen Mauerwerk und Wassergräben erlaubte Horizontalschüsse der Artillerie (damals neu). Aus dem hellen Stein der Gegend um Angers erbaut, begleitet von den im 18. Jh. rekonstruierten Wirtschaftsgebäuden, hat Plessis-Bourré die Jahrhunderte und die Revolution ohne großen Schaden überdauert. Es ist mit dem zurückerstatteten Mobiliar im Stil Ludwigs XV. und Ludwigs XVI. sehr geschickt wieder eingerichtet worden. Den großen Vorsaal (1. Etage) ziert eine bemalte Kassettendecke mit seltsamen szenischen Motiven, rätselhaften Allegorien und zuweilen freizügigen Darstellungen.

Plessis-Macé (Schloß) 490 Ew
49 Maine-et-Loire S. 413 □ F 7

Das von riesigen Bäumen umstandene, zudem von breiten Wassergräben, einer großteils erhaltenen Umwallung (12. Jh.) und einem verfallenen Schloßturm (15. Jh.) geschützte Schloß erscheint nur von außen wie eine Festung. Den robusten Verteidigungsanlagen entspricht die harmonische Gegenüberstellung eines schönen Adelssitzes mit dem langgestreckten Dependancegebäude, ein Komplex der im 15. Jh. von einem Günstling Ludwigs XI., Louis de Beaumont, errichtet wurde. Am Eck des eleganten Palais als ein Meisterwerk an Zartheit der in hellen Tuffstein gehauene Balkon. In den fast originalgetreu restaurierten Innenräumen sind zahlreiche Tapisserien des 17. und 18. Jh. ausgestellt. Die dem Wohntrakt angeschlossene, spätgotische Kapelle (1472 ge-

Pleyben, Kalvarienberg

weiht) enthält sehr schöne Holzschnitzereien und einen Altar (15. Jh.).

Pleyben 3480 Ew
29 Finistère S. 412 □ B 5

Der im Tal der Aulne gelegene Marktflecken gruppiert sich um seinen Platz im Ortszentrum (Place Charles-de-Gaulle), der im Norden von einem herrlichen *Pfarrbezirk* begrenzt wird, einem Komplex, an dem die Arbeit von drei Jahrhunderten sichtbar wird. Der jüngste Teil, das monumentale Triumphtor (1725), führt zum alten Friedhof. Das Beinhaus (1515), ursprünglich zur Aufbewahrung der ausgehobenen Gebeine bestimmt, ist hier ein unabhängiger spätgotischer Bau (→ *Guimiliau).*

Saint-Germain: Diese bemerkenswerte Kirche (16. Jh.) besitzt zwei Türme: Der imposante, viereckige Turm mit seiner laternenbesetzten Kuppel kontrastiert zum anderen gotischen Turm und dessen leichter Turmspitze, der durch einen schmalen Steg mit einem Ecktürmchen verbunden ist. Am südlichen Querarm setzt die schöne, von einer Laternenkuppel überwölbte Sakristei (1719) einen originellen Akzent. Auf der Südseite eine Vorhalle mit Apostelfiguren. Im Innern ruht die getäfelte Wölbung (16. Jh.) auf geschnitztem, lebhaft farbigem Holzgebälk, auf dem unbekannte Künstler ihrer Phantasie folgten (Szenen aus dem täglichen Leben, bretonische Heilige, mythologische Gestalten, Fabeltiere). Die Altarwand des Hochaltars sowie das Chorfenster mit der Darstellung der Passion Christi stammen aus dem 17. Jh.

Kalvarienberg: Der Kalvarienberg wird heute in die Zeit um 1555 datiert. Er besitzt eine eigentümliche Gesamt-

Pleyben, Enclos paroissial

Plougastel-Daoulas, Kalvarienberg

anlage mit einer Figurengruppe auf dem wie ein Triumphbogen gestalteten Sockel. Vier kleine Engel (zwei an den Füßen, zwei an den Händen) fangen das Blut Christi auf, während ein fünfter auf dem Scheitel des Kreuzes kniet. Auf den unteren Querbalken stehen Maria und Johannes. Weiter zurück ist der gute Schächer von einem Engel begleitet, den bösen bedroht ein Dämon. Auf der Plattform sind u. a. die Grablegung, die Auferstehung und der Abstieg in die Vorhölle dargestellt. Die Friese zeigen Szenen aus dem Leben Christi.

Umgebung: Brasparts (11 km nördlich): Der am Saum der Arrée-Berge liegende Ort besitzt ebenfalls einen recht bemerkenswerten Pfarrbezirk (16. Jh.). Auf dem Kalvarienberg über einer ergreifend strengen Pieta kämpft der Hl. Michael den Drachen nieder. Auf dem Beinhaus steht Ankou (der Tod). Die Kirche, deren Glockenturm mit hoher Turmspitze ausgestattet und von einem Türmchen begleitet ist, verfügt über eine Vorhalle im Renaissance-Stil mit kleinen Kuppeln. Im Innern befinden sich eine Pieta in farbigem Holz, ein schönes Passionsfenster (16. Jh.) und ein Rosenkranz-Retabel (17. Jh.).

Ploërmel	7250 Ew
56 Morbihan	S. 413 □ D 6

Um die sehenswerte Kirche Saint-Armel (15./16. Jh.) dieser alten Stadt gruppieren sich mittelalterliche Häuser. Die Kirche besitzt ein schönes Nordportal und Glasfenster aus der Renaissance. Der Bau mit einem Turm aus dem 18. Jh. beherbergt die Grabstätten der Herzöge der Bretagne.
15 km südlich liegt *Malestroit* mit Häusern aus dem 15./16. Jh. und der Kirche Saint-Gilles aus dem 15. Jh.

Daoulas, Kreuzgang der ehem. Abtei

Plombières-les-Bains 1090 Ew
88 Vosges S. 417 □ N 6

Am Ende eines engen, von einer herrlichen Waldlandschaft mit Wasserfällen umgebenen Tals liegt der berühmte Badeort. Die Römer gründeten hier das erste Thermalbad: In der Unterschicht fanden sich noch Spuren des Schwimmbeckens und der Badestuben. Später genoß der Ort die Gunst der europäischen Intelligenz und der gekrönten Häupter, darunter auch die Napoleons III. Einige schöne, vornehme Fassaden tragen zum Charme der geschmackvoll modernisierten, in sich geschlossen wirkenden kleinen Stadt bei. Interessant ist das »Damenhaus« des Stiftes von Remiremont (1733). Das *Arkadenhaus* (1761) mit schönem, schmiedeeisernem Balkon und dem Wappen von Stanislaus wirkt wie ein kleiner Palast. Unter den Arkaden die etwas kitschige Quelle vom Kruzifix, die, laut einer Inschrift, von »heilsamer Glut erfüllt« ist.

Plougastel-Daoulas 8220 Ew
29 Finistère S. 412 □ A 5

Diese Hauptortschaft einer kleinen, von reizvollen Kapellen (15. Jh.) mit ihren farbigen Holzfiguren und schönen Holzschnitzereien übersäten Halbinsel fällt durch ihren *Kalvarienberg* (1604) auf, der isoliert neben einer künstlerisch unbedeutenden Kirche steht. Nach einer Pestepidemie errichtet, gleicht er im Aufbau den Calvaires von Guimiliau und Pleyben: ein viereckiger Pfeilersockel trägt eine Figurengruppe von mehr als 150 Gestalten. An der Schauseite befindet sich der Altar, überragt von den Darstellungen des Hl. Petrus und der Hll. Sebastian und Rochus, die als Schutzheilige gegen Epidemien gelten. Das Fries

Daoulas, Abteikirche, Apostelstatuen in der Vorhalle

und die Plattform erzählen mit besonderer Eindringlichkeit das Leben Christi und Mariens.

Umgebung: Dirinon (8 km nordöstlich): Die *Kirche* wird überragt von einem schönen, in zwei mit Balkonbalustraden unterteilten Renaissance-Turm, den ein sehr spitzer Turmhelm abschließt. Die Fassade schmückt eine kleine Statue der Hl. Nonn, Patronin der Gemeinde, deren Leben die modernen Kirchenfenster im Chor darstellen. Eine benachbarte Kapelle enthält das Grabmal (16. Jh.) der Heiligen, das von einer liegenden Figur und Apostelfiguren geschmückt wird. – **Daoulas** (10 km östlich): Die kleine Stadt an der Mündung birgt eine alte *Abtei,* deren Kreuzgang (12. Jh.) ein gutes Beispiel romanischer Architektur in der Basse-Bretagne darstellt. Die 32 Arkaden werden von kleinen Säulen getragen, deren Kapitelle in zarten, geometrischen Mustern behauen sind. Ein achteckiger Brunnen ist ebenfalls mit beachtlichen romanischen Schmuckformen versehen. Daneben öffnet sich der *Pfarrbezirk* durch eine von Apostelfiguren geschmückte Vorhalle (16. Jh.). Die *Kirche* (12. Jh.) besitzt eine in einem Beinhaus des 16. Jh. eingerichtete Sakristei. Die vom Friedhof mit seinem einfachen Kalvarienberg getrennte Renaissance-Kapelle *Sainte-Anne* weist ein hübsches Portal aus dem 17. Jh. auf.

Plouha	4310 Ew
22 Côtes-du-Nord	S. 412 □ C 5

Der Marktflecken hinter einer steil abfallenden Felsenküste, an der im 6. Jh der Hl. Brieuc mit seinen Gefährten von Britannien her landete, ist ein reizvoller Ausgangspunkt für einige interessante heilige Stätten.

Umgebung: Kermaria-An-Isquit (3,5 km nordwestlich): Die ehem., mehrfach umgebaute Lehenskapelle (13. Jh.) *La Maison de Marie-Qui-Guérit* erhebt sich auf einer kleinen Grünfläche im Süden des Ortes. Der elegante Altan, auf dem der Lehnsherr das Urteil verkündete, liegt über der südlichen, von Aposteln geschmückten Vorhalle (14. Jh.). Reiche Innenausstattung: Flachreliefs in Alabaster (15. Jh.), die das Leben Mariens darstellen, eine schöne Gruppe von Holzfiguren, Wandmalereien des 15. Jh., darunter eine herrliche Totentanzfolge mit 47 Figuren (Der Reigen der Lebenden aus allen sozialen Schichten führt in den Reigen der Toten). Über dem Hochaltar eine holzgeschnitzte Christusfigur (14. Jh.). – **Lanloup** (7 km nordwestlich): Die im 15./16. Jh. erbaute Ortskirche besitzt an der Südseite eine reizvolle Vorhalle mit seitlichen, nischenversehenen Strebemauern, die von der Statue des Hl. Loup überragt wird. Im Tympanon des Portals eine Muttergottes (14. Jh.). – **Lanleff** (11 km westlich): Der kreisförmige Grundriß des »Tempels« auf dem rechten Ufer des Leff hat zahlreiche Kontroversen ausgelöst. Nachdem der Bau lange Zeit als römischer Tempel galt, nimmt man heute ein Werk des 11. Jh. nach dem Vorbild des Heiligen Grabes in Jerusalem an. Das Heiligtum umfaßt zwei durch einen Umgang getrennte Rotunden, deren eine von 12 Rundbogenarkaden durchbrochen ist. Kapitelle und Basen sind mit geometrischen oder figürlichen Motiven versehen. – **Saint-Jacques** (12 km westlich): Die Dorfkapelle enthält vor allem eine eigenartige Darstellung der Anna selbdritt.

Poissy

78 Yvelines

37710 Ew

S. 428 □ I 4

In einer Schleife der Seine liegt die ehem. königliche Residenz, in welcher der Hl. Ludwig getauft wurde und wo bis ins vergangene Jahrhundert der Viehmarkt für Paris abgehalten wurde.

Poissy, Kirche Notre-Dame

In der heute modernen Industriestadt (Autowerke) fand 1561 das »Gespräch von Poissy« statt, in dessen Verlauf Katholiken und Protestanten ihre Lehren gegeneinander abgrenzten und vergeblich die bewaffnete Auseinandersetzung zu vermeiden suchten.

Notre-Dame: Die vorwiegend romanische, ehem. Stiftskirche (12. Jh.), die vor allem im 15. Jh. umgebaut und von Viollet-le-Duc* stark restauriert wurde, verfügt über ein Glockenportal und einen Mittelturm, beide aus der Romanik. Die südliche Vorhalle (15. Jh.) mit ihrem Doppelportal ist spätgotisch; die Tympanons sind geschmückt: das eine mit Laubwerk, das andere mit einer Vase, die Lilien als jungfräuliches Symbol enthält, und einer Wolke, die Strahlen als Zeichen des Heiligen Geistes aussendet (Es handelt sich hier um eine allegorische Darstellung der Verkündigung). Das gotisch gewölbte Kirchenschiff ist an

Grignon, Schloß

den ersten beiden Jochen von der Renaissance geprägt. In einer Kapelle befindet sich der Taufstein, der bei der Taufe des Heiligen Ludwig benutzt worden sein soll.

Ehem. Abtei: Von dieser blieb nur der befestigte Eingang erhalten. Ein Park nimmt die Stelle des einstigen Gebäudes ein, in dem das »Gespräch von Poissy« stattfand. In der Grünanlage, in der Meissonier* als »Maler von Feuerwehrmännern« ein Anwesen besaß, wurde ein *Spielzeugmuseum* eingerichtet.

Villa Savoye (Parc du Lycée): Le Corbusier* errichtete diese auf Pfählen ruhende Villa zwischen 1929 und 1931 für wohlhabende Pariser. Der Bau verfiel, bis André Malraux ihn 1965 unter Denkmalschutz stellte.

Umgebung: Grignon (13,5 km südwestlich): Das ehemalige Schloß des Bankiers Law (17. Jh.) ist heute Sitz der staatlichen Hochschule für Landwirtschaft.

Poitiers	85470 Ew
86 Vienne	S. 419 □ G 9

Die alten Viertel und Bauwerke der am Eingang des Pariser Beckens gelegenen Stadt passen sich einem Vorgebirge an. Ihre zahlreichen kirchlichen und profanen Bauten zeugen von allen großen historischen und kunsthistorischen Epochen. Als gallo-römische Siedlung (*Limonum*) gelangt die Hauptstadt der piktischen Gallier zu Ansehen und wird durch den hier gebürtigen Hl. Hilarius als Bischof der Stadt ein wichtiger religiöser Mittelpunkt im 4. Jh. Als Karl Martell die Araber zurückgedrängt hatte (Schlacht von Poitiers, 732), machten sie die Karolinger zu einem bevorzug

Poitiers, Notre-Dame la Grande, Westfassade (li.) und Vierungsturm (re.)

ten Aufenthalt. Nachdem sie Hauptstadt des Herzogtums Aquitanien geworden und dank der Großzügigkeit Johanns von Berry zu Reichtum emporgestiegen war, empfing sie wiederholt den Hof Karls VII., der den Gerichtshof und 1432 eine rasch berühmte Universität gründete. Sie war geistiger Mittelpunkt während der Renaissance, wurde dann aber von blutigen Religionskriegen heimgesucht. Poitiers wurde von 1654 an Verwaltungssitz des Poitou, ist heute die Hauptstadt der Region Poitou-Charentes und Universitätszentrum.

Notre-Dame la Grande: Das die Hausdächer nur wenig überragende Bauwerk des 11. und 12. Jh. wurde »la Grande« genannt, wohl im Gegensatz zu einer anderen Kirche gleichen Namens mit dem Zusatz »la Petite«, die sich einst etwa hundert Meter entfernt erhob. Die prachtvoll verzierte Fassade spiegelt auf glanzvolle Weise Geist und Mentalität des Mittelalters. Dieses große »Bilderbuch« ist ein typisches Beispiel für die romanische Kunst des Poitou: Die von zwei Türmchen gerahmte Fassade verfügt über ein von mehrfach abgestuften Archivolten überwölbtes Portal; darüber ein Rundbogenfenster zwischen zwei Arkadenreihen. Hier entfaltet sich ein ikonographisches Programm von außerordentlichem Reichtum. Die Flachreliefs über den Bogen illustrieren wahrscheinlich ein liturgisches Spiel des 11. Jh., *Das Prophetendrama.* Der einst farbige Fries zeigt von links nach rechts: *Versuchung, Nebukadnezar, Verkündigung, Heimsuchung, Wurzel Jesse, Geburt Jesu.* In den beiden übereinanderliegenden Arkadenreihen Apostel und Heilige, im Giebel der Thronende Christus. – Das *Innere* der im 19. Jh. leider verputzten Kirche ist charakteristisch für die Romanik des Poitou (hohe Seitenschiffe begleiten das Hauptschiff). Der Chor steht auf einer mit Wandmalereien (Ende 11. Jh.) ausgestatteten Krypta. Dem gedrungenen Chorumgang und dem nördlichen Seitenschiff wurden Kapellen (15., 16. Jh.) beigefügt. Die gotische Kapelle auf der Südseite des Chors enthält eine *Grablegung* (1555).

Kathedrale Saint-Pierre: Die 1166 begonnene Kathedrale erhebt sich als kompakte, von dicken Strebepfeilern gegliederte Masse. Die Westfassade (13. Jh.) wird von ungleichen Türmen mit den für das Anjou-Gebiet charakteristischen Arkaden gerahmt und durch drei Portale geöffnet: das mittlere stellt das *Jüngste Gericht,* das linke *Tod und Krönung Mariens,* das rechte das *Leben des Hl. Thomas* dar. In den Bogenwölbungen Heilige, Propheten und Apostel. Das dreischiffige *Innere* (Plantagenêt-Stil) ist von stark gewölbten gotischen Bogen überspannt. Die zarten Arkaturen an der Mauer erinnern an die des Justizpalastes. Das schöne *Fenster* mit der Kreuzigungsdarstellung (13. Jh.) erhellt den geraden Chorabschluß. Das sehr alte Chorgestühl (13. Jh.) schmücken Handwerksszenen, Tiere und eine lächelnde Muttergottes mit Kind.

Sainte-Radegonde: Die auf einem kleinen, mit Bäumen bepflanzten Platz gelegene Kirche nahm die Stelle einer mehrmals rekonstruierten Kapelle über dem Grab der Hl. Radegundis (im 6. Jh. dort begraben) ein. Chor und Turm sind romanisch, das Schiff stammt aus der Gotik. Der schöne oktogonale Glockenturm ruht auf einem quadratischen, eine Vorhalle bildenden Turm; darunter ein spätgotisches Portal. Das vierjochige Schiff spiegelt die besonderen Merkmale des Plantagenêt-Stils wider. Der romanische Chor mit Chorumgang stammt aus dem 11. Jh. Die Säulen und die Radialkapellen gruppieren sich um die Krypta (Grab der Hl. Radegundis).

Baptistère Saint-Jean: Die im 4. Jh. erbaute Taufkapelle ist einer der ältesten Kirchenbauten Frankreichs. In den rechtwinkligen Kirchenraum münden 3 Apsiden (6., 10. Jh.) und der polygonale Narthex des 10. Jh., dem das frühchristl. Atrium mit 2 Sakristeien weichen mußte. Im Innern das oktogonale Taufbecken, das von einem römischen Aquädukt mit Wasser versorgt wurde. Die auf grauen Marmorsäulen ruhenden Bogen und die weißen

Poitiers, Kathedrale, Portale

Poitiers, Kirche Saint-Hilaire

Poitiers, Taufkapelle Saint-Jean

Marmorkapitelle verraten das antike Erbe. Romanische Fresken. Im Baptisterium ein *archäologisches Museum.*

Saint-Porchaire: Der gotischen Kirche (11. und 16. Jh.) geht ein robustes romanisches Glockenportal voraus, dessen Turm in drei Reihen von Rundbogenarkaden gegliedert ist.

Saint-Hilaire-le-Grand: Die komplexe Anlage dieser Kirche des 11. Jh. umfaßt ein Hauptschiff mit schmalen Seitenschiffen, einen ursprünglich frei stehenden Glockenturm, einen Hochaltar mit Chorumgang und Radialkapellen. Das Chorhaupt besticht durch die Harmonie seiner gekurvten Linien und seines Strebewerks. Das Schiff überwölbt eine Reihe von Kuppeln auf ungleich achteckigen Trompen. Der erhöhte Chor steht über einer Krypta mit dem Grab des Hl. Hilarius, dessen Tod auf einem Kapitell des nördlichen Querschiffs dargestellt ist. An den Pfeilern sind noch Spuren von Fresken zu erkennen (12. Jh.).

Saint-Jean-de-Montierneuf: Die gleichzeitig mit Notre-Dame la Grande erbaute Kirche wurde in der Gotik, der Renaissance und im Klassizismus umgebaut. Romanisches Chorhaupt.

Hypogée des Dunes: Diese unterirdische Kapelle des 7. Jh. steht im Zentrum einer ehemals heidnischen, später christlichen Nekropole. Sie enthält Beispiele merowingischer Skulptur.

Saint-Hilaire-de-la-Celle: Von dem Bauwerk des 12. Jh. blieben nur der Chor und die Vierung des Querschiffs mit schöner Rippenkuppel erhalten.

Palais des comtes de Poitou: Diesem Palast, der heute dem Gesamtkomplex des Justizpalastes eingegliedert ist, ging eine merowingische Residenz voraus, die von den Grafen von Poitou errichtet und von Jean de Berry als Wohnpalais umgestaltet wurde. Der Tour Maubergeon (Anfang 12. Jh.) enthält einen gotischen Saal. Der große Saal »der verlorenen Schritte« wurde Ende des 12. Jh. errichtet und später erneuert: Die Mauern sind auf drei Seiten von feinen Arkaturen belebt, eine prächtige Architekturgestaltung des 14. Jh. Ganz oben vier bemerkenswerte Figuren des Werkmeisters Guy de Dammartin*.

Außerdem sehenswert: *Hôtel Berthelot* (Rue de la Chaîne): Das schöne Renaissance-Palais, ehemals Sitz des Bürgermeisters von Poitiers, ist an der Pforte über der Treppe mit Laubwerk und Büsten geziert. – *Hôtel Fumé* (Rue Descartes): In dem spätgotischen Bau ist heute die Philosophische Fakultät eingerichtet. Wachtürmchen und Pechnasen über dem Eingang des von Fachwerkgalerien geschmückten Hofes (Ende 15./Anfang 16. Jh.). – *Hôtel Jean-Beaucé:* 16. Jh.; vom Außendekor im Renaissance-Stil hebt sich ein gotischer Treppenturm ab. – *Musée Sainte-Croix* (Rue Jean-Jaurès): Die archäologische Abteilung umfaßt gallo-römische Sammlungen; darunter vor allem die berühmte, in Poitiers entdeckte Statue der *Minerva* (1. oder 2. Jh.) aus weißem Marmor, Plastiken aus Romanik und Renaissance. Die Abteilung Schöne Künste zeigt gute Emailarbeiten aus Limoges, enthält aber vor allem eine reiche Gemäldesammlung mit Werken vom 14. bis 20. Jh.

Umgebung: Ehem. Abtei von Ligugé, Saint-Martin (8 km südlich): Vor dem Portal der Pfarrkirche und unter dem Kirchenschiff sind gallo-römische Spuren zutage getreten, ein Martyrion (4. Jh.), die Apsis einer vom Hl. Martin erbauten Basilika (4. Jh.), merowingische Sarkophage (5. und 6. Jh.). Die Kirche Saint-Martin (16. Jh.) fällt durch ihre elegante Fassade und einen spätgotischen Turm auf. – **Nouaillé-Maupertuis** (10,5 km südöstlich): Die benediktinische Abtei, die auf ein einfaches Kloster aus dem 7. Jh. folgte,

Poitiers, Hôtel Fumé

wurde oft zerstört und wiederaufgebaut (befestigter Wall und Gräben, elegantes Abteigebäude des 15. Jh. neben dem Nordeingang, mittelalterliche Baulichkeiten). *Abteikirche:* Das Glockenportal (12. Jh.) wird von einer schönen oktogonalen Kuppel abgeschlossen. Die Nordwand des Schiffs geht ins 11. Jh. zurück. Der Chor wurde im 17. Jh. neu erbaut. Chorgestühl, Lettner und Pult ergeben ein bemerkenswertes Ensemble des 17. Jh.

Poligny 4890 Ew
39 Jura S. 421 □ M/N 8

Felsen überragen diesen kleinen, ehemals befestigten Ort (einige alte Palais), der heute ein Zentrum für Landwirtschaft und Weinbau geworden ist. Die Kirche *Saint-Hippolyte* (15. Jh.) verfügt über eine beachtenswerte Sammlung burgundischer Statuen und

Pommiers, Befestigtes Dorf, von der alten Brücke aus

eine schöne holzgeschnitzte Pieta. Über der Vierung der *Kirche du Mouthier-Vieillard* erhebt sich ein romanischer Glockenturm; vier kleine Türmchen umgeben die Helmspitze. Die zweckentfremdete *Kirche der Jakobiner* (13. Jh.) besitzt ein schönes Renaissance-Portal. Das *Hospital* des 17. Jh. enthält ein Refektorium und eine Küche sowie eine prachtvolle Apotheke.

Pommiers	320 Ew
42 Loire	S. 420 □ K/L 10

Die schlichte *Kirche* des 11. Jh. verdankt ihre Schönheit einzig ihren Proportionen. Das dreischiffige Innere ist von einer langen Reihe von Kreuzpfeilern unterteilt. Der Hauptaltar ruht auf einem Steinbecken, einst Sarkophag der Hl. Pève. In der nördlichen Apsidiola stellt ein Fresko (16. Jh.) Szenen aus dem Leben Jesu dar. Das heutige Pfarrhaus war *Logis des Priors* und ist seit dem 15. Jh. unversehrt erhalten geblieben. Die restaurierten und im 17. Jh. teilweise rekonstruierten Konventsgebäude weisen noch Spuren aus dem 14. Jh. auf.

Pons	5420 Ew
17 Charente-Maritime	S. 418 □ F 10

Die alte, über dem friedlichen Tal der Seugne gelegene Stadt liegt auf einem Kalksteinfelsen und wird von der rauhen Festung der Herren von Pons beherrscht. Die Redensart »Wenn schon nicht König von Frankreich, dann Sire von Pons . . .« ist bezeichnend für die Macht dieses Geschlechts, das über mehr als 60 Orte und 600 Pfarreien herrschte.

Château des sires de Pons: Der etwa

Pons, Kirche Saint-Vivien

30 Meter hohe Donjon besteht aus einem mächtigen, von flachen Strebemauern verstärkten Viereck. Die Zinnenbekrönung wurde zu Beginn unseres Jahrhunderts ausgeführt. Im Innern liegen drei gewölbte Säle übereinander. Die anderen Gebäude stammen aus dem 15. bis zum 17. Jh. Das ehem. Herrengebäude ist jetzt Sitz des Rathauses. Im Nordosten der Umfassung, unter der Kapelle Saint-Gilles, befindet sich ein Durchgang, der durch die Befestigungsmauer des Schlosses führte; den Eingang bildet ein romanisches Tor neben einer Renaissance-Fassade.

Saint-Vivien: Die in einem Vorort der Unterstadt gelegene Kirche fällt vor allem wegen ihrer Fassade (12. Jh.) auf, die durch ein weites fünffach abgetrepptes Portal geschmückt wird. Das Mittelfenster wurde im 16. Jh. durch ein spätgotisches Fenster ersetzt.

Hospice des Pèlerins: Am Ausgang des Ortes verläuft die Straße durch eine eigenartige, gotisch gewölbte Halle. Dieser Unterstand für Reisende und Pilger gehörte zum »Neuen Hospital« mit Kirche und den Krankenhausgebäuden. In der Mitte des Durchgangs stehen sich zwei sehr schöne Portale (Ende 12. Jh.) mit verzierten Bogenläufen gegenüber. An den Mauern von Pilgern ausgeführte Sgraffitos.

Umgebung: Usson (1 km südlich): Das Schloß erhob sich einige Kilometer weiter entfernt; Stein für Stein wurde es an die heutige Stelle versetzt. Drei Bauten fassen den Hof ein; der mittlere fällt besonders durch Bogengänge und reichen Dekor aus. Im Innern feine Holzschnitzereien im Régence-Stil aus Choisy-le-Roi. – **Chadenac** (9 km östlich): Beachtenswerte *Kirche* (12. Jh.) mit reichem Fassadenschmuck, der den Kampf zwischen Gut und Böse illustriert (Kluge und

Chadenac, Kirche

Fort de Joux, Festung

Törichte Jungfrauen). – **Marignac** (8,5 km östlich): Die Apsis der kleinen *Kirche* (12. Jh.) beeindruckt durch die Vielgestaltigkeit, die qualitätvolle Ausführung und den Realismus ihres Sparrenwerks. – **Échebrune** (7,5 km östlich): Die Fassade der *Kirche* (12. Jh.) wird von einem weiten, fünffach gewölbten Portal durchbrochen. Über einem herrlichen, reich mit Sparrenköpfen gezierten Gesims steht eine Reihe hoher Arkaden. In der Mitte ein vielfach abgetreppter Bogen.

Pont-à-Mousson	15060 Ew
54 Meurthe-et-Moselle	S. 417 □ N 4

Die Industriestadt – auch Brückenkopf an der Mosel – hat schwer unter den beiden Weltkriegen gelitten. Nachdem sie von 1572 an eine Jesuitenuniversität besaß, wurde sie zu einer historisch bedeutsamen kirchlichen Bastion für die aktive Verteidigung des von der Reformation bedrohten Katholizismus. Der von rekonstruierten Bauten umgebene Ehrenhof des Jesuitenkollegs vermittelt einen prächtigen Eindruck. Die restaurierte Abtei der Prämonstratenser veranschaulicht die von Ordnung und Klarheit bestimmte Klosterarchitektur des 18. Jh.

Saint-Martin: Die Fassade der Kirche (14., 15. Jh.) wird von zwei oktogonalen, mehrgeschossigen Türmen aus der Spätgotik flankiert. Im Innern reiches Mobiliar und eine herrliche Grablegung mit 13 Figuren (15. Jh.). – Wenn auch die Fassade der Kirche **Saint-Laurent** aus dem 19. Jh. datiert, gehen doch Chor und Querschiff ins 15. und 16. Jh. zurück. Hier steht ein schönes Retabel (16. Jh.) und ein ergreifender kreuztragender Christus (Ligier Richier* zugeschrieben).

Im Zentrum der Stadt gruppieren sich

Pont-Audemer, Glasfenster der Kirche Saint-Ouen

auf der Place Duroc die arkadengeschmückten Häuser (17.), das *Haus der Sieben Todsünden* mit Karyatiden (16. Jh.), das von einem Renaissance-Türmchen flankierte Liebesschloß und das giebelverzierte Rathaus (1788) zu einem sehr schönen architektonischen Ensemble.

Pontarlier 18840 Ew
25 Doubs S. 421 □ N 8

Ein zu Ehren Ludwigs XV. errichteter *Triumphbogen* (18. Jh.) betont den Eingang zu dieser touristisch aktiven Stadt, die bei einigen der schönsten Klausen des Jura liegt. Die *Chapelle des Annonciades* (17. Jh.) stellt mit ihrem gotisch gewölbten Schiff und ihrem Renaissance-Portal ein reizvolles kleines Bauwerk dar. Die Kirche *Saint-Bénigne* (im 17. Jh. rekonstruiert) besitzt ein spätgotisches Portal; auf der rechten Seite später angefügte Fassade.

Umgebung: Fort de Joux (4 km südlich): Die in etwa 1000 m Höhe am Eingang zur Schweiz liegende Festung mit ihren in mehreren Stufen ansteigenden Umfassungsmauern ist das Ergebnis eines immer wieder umgestalteten Schlosses aus dem 10. Jh. In dem ehem. Staatsgefängnis ist heute ein *Waffenmuseum* eingerichtet.

Pont-Audemer 10010 Ew
27 Eure S. 410 □ G 4

Der dicht zusammengedrängte und von der Risle geteilte Ort verdankt seinen Ursprung und Namen einer von einem gewissen Aldomar oder Odomar errichteten merowingischen Brükke. Die 1940 und 1944 schwer bombardierte Stadt hat dennoch einen gewissen Reiz bewahrt (malerische Straßen und alte Häuser, wie z. B. die *Auberge du vieux puits,* 17. Jh.).

Saint-Ouen: Die aus Geldmangel unvollendet gebliebene Kirche stammt aus dem Ende des 11. Jh. (Chor). Arbeiten des 15. und 16. Jh. sind die Fassade mit einem unfertigen Turm und das großenteils spätgotische, aber in Einzelheiten schon von der Renaissance geprägte Schiff. Zwischen den schönen, unter Ludwig XII., Franz I. und Heinrich II. eingesetzten Fenstern befinden sich zeitgenössische Kompositionen von Max Ingrand*.

Saint-Germain: Herb und streng wirkende Kirche des Vororts Saint-Germain-Village, Ende 11. Jh.

Pont-Aven

3560 Ew

29 Finistère S. 412 □ B 6

Das kleine, im lieblichen Tal des Aven gelegene bretonische Städtchen verdankt seinen Ruf Paul Gauguin*, der sich hier mehrmals (zwischen 1886 und 1889) in Begleitung junger Maler wie Émile Bernard*, Sérusier*, Maurice Denis*, Maufra* und Meyer de Haan* aufhielt. An dem heute nach ihm benannten Platz bezeichnet eine Gedenktafel die alte Pension Gloanec, in der – manchmal umsonst – die Künstler während der Sommerfrische wohnten. In einem kleinen Annex des Rathauses veranstaltet ein kleines *Gauguin-Museum* der Schule von Pont-Aven gewidmete Wechselausstellungen.

Umgebung: Chapelle de Trémalo (1 km nordwestlich): In der *Kapelle* am Rand des von den Malern oft dargestellten Bois-d'Amour (*Der Talisman* von Sérusier*, *Magdalena im Bois d'Amour* von Émile Bernard*) steht das große, polychrome Holzkruzifix, das Gauguin* zu dem berühmten *Gelben Christus* (1889) inspiriert haben soll. – **Nizon** (2 km nordwestlich): Auf dem *Kalvarienberg* des Ortes in der Nähe einer gut restaurierten Kirche ist eine besonders eigenartige Pieta (stehende Skulptur) dargestellt, die Gauguin* als Vorwurf zu seinem Bild *Le Calvaire* (1889) gedient haben soll. – **Château de Henan** (4 km südlich): Das schöne befestigte Schloß (15. Jh.) am Ufer des Aven besitzt ein von Schießscharten durchsetztes Turmportal. Den eleganten, hexagonalen Turm mit Kegeldach schmückt eine zart durchbrochene Galerie und ein Treppentürmchen mit abgestumpften Seiten. Die anderen Teile des Schlosses stammen aus späterer, ja neuerer Zeit (linker Flügel).

Pont-Croix

1870 Ew

29 Finistère S. 412 □ A 6

In der kleinen Stadt am rechten Ufer des Goyen befinden sich in den abschüssigen Gassen einige schöne alte Häuser. Über der Kirche *Notre Dame de Roscudon* erhebt sich ein herrlicher Glockenturm (15. Jh.) mit hoher, von vier Eckhelmchen umgebener Spitze (im 19. Jh. Vorbild für den Abschluß der beiden Kathedraltürme in Quimper). Elegant wirkt das Südportal (Ende 14. Jh.) mit seinem spitzen, von Rosetten geschmückten Wimperg. Das Innere stammt in seinen ältesten Teilen aus dem 13. Jh. und verbindet auf harmonische Weise Rundbogenarkaden mit den von kleinen Säulen umgebenen Pfeilern. Die Ausstattung umfaßt vor allem eine Kanzel und ein Taufbecken (17. Jh.) mit skulptierten Feldern, Altäre (17. Jh.) und einige schöne, alte Figuren. In der Apsis schmückt eine Abendmahlsszene (17. Jh.) den unteren Teil des Altars.

Umgebung: Confort (5 km östlich): Die im 16. Jh. erbaute *Ortskirche* wird im Chorhaupt durch ein schönes Fenster mit der Darstellung der Wurzel Jesse erhellt. Im Innern befindet sich eines der letzten bretonischen Glokkenspiele. Die Figuren des Kalvarien-

Pont-Croix, Portalvorbau der Kirche

Pont du Gard, Römischer Aquädukt

bergs wurden 1870 erneuert; nur der Sockel datiert noch aus dem 16. Jh. – **Notre-Dame-de-Kérinec** (7 km nordöstlich): Der kleine, reizend gelegene *Pfarrbezirk* besteht aus einem Brunnen (16. Jh.), einem Kalvarienberg über einer runden Kanzel, deren Pult von einer Atlasfigur getragen wird, und einer Kapelle (z. T. 13. Jh.), einem Bau der Schule von Pont-Croix. – **Saint-Tugen** (11 km südwestlich): Bei einer zerklüfteten Küste liegt die hübsche, dem Hl. Tugen geweihte *Kapelle* (16. Jh.). Der Heilige soll von Tollwut und Zahnschmerz befreien: In einem kleinen seitlichen Winkel, dem »Gefängnis«, hielt man die von Tollwut Besessenen eingeschlossen. Daneben ein bemaltes Taufbecken; ein Kamin wärmte die Gläubigen bei den Totenwachen. Neben dem Schnitzwerk am Gebälk, den Retabeln (17. Jh.) und der Statue des Hl. Tugen fällt der kleine Katafalk (17. Jh.) mit den Statuetten von Adam und Eva auf. – **Cléden-Cap-Sizun** (14 km westlich): Die *Kirche* an der Wegkreuzung des Kaps weist einen schönen von einem Treppentürmchen flankierten Turm mit spitzem Helm (16. Jh.) auf.

Pont-de-l'Arche

2880 Ew
27 Eure
S. 410 □ H 4

Dieser alte Festungsplatz, einst »Schlüssel zur Normandie«, hat praktisch nichts von seinen Befestigungen bewahrt. Die Kirche *Notre-Dame-des-Arts* (16. Jh.) wird von lebhaften Farbfenstern des 16. und 17. Jh. erhellt. Im Innern ein Chorgestühl (18. Jh.) aus der alten Abtei von Bonport, einem von Richard Löwenherz 1190 gegründeten Zisterzienserkloster, von dem noch einige Gebäude (außer Kirche und Kloster, die zerstört sind) auf einem Privatgelände westlich des Orts erhalten blieben.

Pont du Gard
30 Gard — S. 425 □ L 13

Der berühmte Pont du Gard – ein Aquädukt – wurde um 19 v. Chr. auf Anordnung Agrippas, des Schwiegersohns von Augustus, erbaut. Er überquert den Gard bei Remoulins und sollte Nîmes mit Wasser versorgen. Er erhebt sich mit einer Länge von 273 m in drei übereinanderliegenden Arkadenreihen 49 m hoch über dem Wasser.

Pontécoulant (Schloß)
14 Calvados — 110 Ew — S. 413 □ F 4

Das mitten in der normannischen Schweiz, in der Hügellandschaft von Condé-sur-Noireau gelegene harmonische *Schlößchen* (16., vor allem 18. Jh., nach dem Zweiten Weltkrieg

Pontigny, Abteikirche

restauriert) spiegelt sich in einem künstlichen See. Das schöne Palais (heute Eigentum des Departements) ist reizvoll eingerichtet.

Pontigny
89 Yonne — 680 Ew — S. 415 □ K 6

Die Abtei von Pontigny, Tochterabtei von Cîteaux, wurde 1114 von einem Gefährten des Hl. Bernhard und einigen Mönchen gegründet und Mitte des 12. Jh. erweitert. Sie beherbergte drei mit der königlichen Macht verfeindete Erzbischöfe von Canterbury: den berühmten Thomas Becket, den Prediger und Universitätslehrer Étienne Langton und Edmond Rich. Die lange Zeit mächtige Zisterziensergründung verlor in den Religionskriegen immer mehr an Bedeutung; das Abteigebäude wurde während der Revolutionwirren zerstört.

Abteikirche: Die große, kreidig weiße Kirche (12. Jh.) ist 108 m lang und unter dem Gewölbe 21 m hoch. Der nach Zisterzienserart schmucklose, jedoch harmonische Bau wurde nach den Religionskriegen im Innern neu gestaltet: Ein pompöser Abschluß im Chor unterbricht die Perspektive (Chorgestühl, 17., 18. Jh.). Der von eleganten Gittern des 18. Jh. umgebene Chor überragt ein Monument des Hl. Edmond (ausgehendes Ancien régime). Der Schrein des Heiligen stammt aus dem 19. Jh. Im rechten Querschiff eine schöne und originelle Statue der Schutzmantelmadonna.

Pontivy	14320 Ew
56 Morbihan	S. 412 □ C 6

Die im 6. Jh. vom Hl. Ivy gegründete Stadt an der Kreuzung zweier begradigter Wasserläufe bietet erstaunliche Kontraste: im nördlichen Teil das Geflecht enger Straßen (Rue du Fil, Rue du Pont) mit Giebel- und Erkerhäusern (15., 16. Jh.) und alten kleinen Plätzen – im südlichen Teil die von der imposanten Place A.-Briand ausgehende geometrische, ziemlich streng wirkende Anlage aus napoleonischer Zeit.

Château des Rohan: Das Ende des 15. Jh. von Jean II. de Rohan (auch Herr von Schloß Josselin) erbaute Schloß ist eine mächtige Festung mit Rundtürmen, die von Kegeldächern abgeschlossen werden. Die hohen Mauern sind von eleganten Giebelfenstern unterbrochen, die mit kleinen Fenstern über dem Pechnasenkranz alternieren. Die jüngst restaurierten Gebäude beherbergen jetzt ein Museum mit Wechselausstellungen und eine Bibliothek.

Notre-Dame-de-la-Joie: Über der spätgotischen Kirche (16. Jh.) im Zentrum der Stadt ein Turm mit hoher Spitze, der von einem polygonalen Treppentürmchen flankiert wird. Im Innern beachtenswerte Ausstattung des 17. und 18. Jh.

Umgebung: Stival (4 km nordwestlich): Die im 16. Jh. zu Ehren des Hl. Mériadec errichtete Dorfkirche enthält schöne Fenster (16. Jh.) mit den Darstellungen des Stammbaums

Pontivy, Schloß des Rohan

Christi (Chor) und der Passion (rechtes Querschiff). – **Noyal-Pontivy** (7 km östlich): Im alten Friedhof befindet sich ein Beinhaus, das Grabmal des Hl. Mériadec und die *Kirche* (15., 16. Jh.) mit schöner südlicher Vorhalle und einem Fenster aus dem 16. Jh. – **Sainte-Noyale** (2 km nördlich): Dieser Weiler besitzt einen unter dem Schutz der Heiligen stehenden gotischen Brunnen, einen großen Kalvarienberg und ein einfaches Kreuz mit Figuren aus dem 15. Jh. Die Vorhalle der *Kapelle* wird von einem Turm mit schiefergedecktem Helm (17. Jh.) überragt. Im Innern Malereien zum Leben der Hl. Noyale. – **Quelven** (11 km südwestlich): In dem malerischen Ort abseits der großen Straßen steht die Kapelle *Notre-Dame-de-Quelven* (Ende 15. Jh.) mit einem Glockenportal, das von einer spätgotischen Rosette geziert wird und über das sich eine 70 m hohe Helmspitze erhebt. Auf der Südseite eine Vorhalle mit fein skulptierten Bogenläufen und einem vorspringenden Portal, das von einem spitz auslaufenden Treppentürmchen begleitet wird. Die Kapelle birgt ein Flachrelief in Alabaster »Krönung Mariä« und zwei Fenster des 16. Jh. mit den Darstellungen der Wurzel Jesse und der Apostel. Neben dem Chor eine Marienstatue (15. Jh.), die sich öffnen läßt und auf 12 Medaillons die Passionsgeschichte zeigt. Eine »heilige Treppe«, die am Tag des »Pardon« (15. August) benützt wird, und ein monumentaler spätgotischer Brunnen vervollständigen die Anlage. – **Saint-Nicodème** (12 km südlich): Die Kapelle (16. Jh.) im Blavet-Tal hat die Ausmaße einer Kirche. Spätgotik und Renaissance ergeben hier eine harmonische Kombination. Ein stattliches Glockenportal geht dem Schiff voran. Das Gebälk im Innern ist mit Holzschnitzereien verziert (Engel, Monster, Musiker). Die Ausstattung umfaßt vor allem Altarretabeln des 17. Jh. Einer der benachbarten heiligen Brunnen ist mit seinen drei Nischen in Form von zart skulptierten Wimpergen (16. Jh.) besonders beachtenswert. – **Melrand** (16 km südwestlich): Der Hauptanziehungspunkt des Marktfleckens besteht in seinen zahlreichen *Kalvarienbergen.* Auf der Straße nach Guemené-sur-Scorff zeigt der bedeutendste einen einzigartigen, mit Apostelköpfen versehenen Kreuzesstamm, der vom Kruzifix, Gottvater

Saint-Nicodème, Ungeheuer an der Kapelle

Pont-l'Abbé, Hafen mit Schloß

Notre-Dame-de-la-Tréminou, Kapelle

und dem Heiligen Geist überragt wird. Die Flachreliefs auf dem Sockel stellen die Leidensgeschichte dar. Auf der Standfläche Maria und Johannes.

Pont-l'Abbé	7820 Ew
29 Finistère	S. 412 □ A/B 6

Die Hauptstadt des von dem bretonischen Schriftsteller Pierre-Jakès Hélias (*Das stolze Pferd)* beschriebenen Bigoudenlandes ist ein ruhiger Mündungshafen. Das Schloß (13. und 18. Jh.) mit dem mächtigen, ovalen Turm enthält heute im Corps de logis das Rathaus und das *Musée bigouden* (Landesgeschichte, Brauchtum und regionale Kunst). Auf der gleichen Uferseite erhebt sich die Kirche *Notre-Dame-des-Carmes* (14. und 17. Jh.) mit zwei rosettengeschmückten Giebeln beidseits des weiten Schiffs, das im Innern alte Statuen enthält.

Umgebung: Chapelle Notre-Dame-de-la-Tréminou (2 km westlich): Das gedrungene Heiligtum inmitten einer ländlichen Umgebung – jährlich findet hier ein »Pardon« statt (4. Sonntag im September) – strahlt einen gewissen Reiz aus. Der durchbrochene Turm wird von einer an den Seiten mit Wimpergen verzierten steinernen Turmspitze bekrönt. Das Innere spiegelt die verschiedenen Umarbeitungen: Neben Bündelpfeilern (13. Jh.) stehen moderne Zylindersäulen im Querschiff (16. Jh.). Ein einfaches Kreuz ziert die Außenkanzel. – **Château de Kerazan** (4 km südöstlich): Das in der Flußlandschaft von Pont-l'Abbé gelegene Schloß ist seit 1929 Eigentum des Institut de France und enthält in seinen beiden rechtwinklig angelegten Flügeln (16., 18. Jh.) Sammlungen von Gemälden, Zeichnungen, Pastellen und Stichen (Flandrin*, Maurice Denis*, Cottet* u. a.). – **Loctudy** (6 km südöstlich): Der von Urlaubern gern

Notre-Dame-de-Tronoën, Kalvarienberg

besuchte Fischerort besitzt eine romanische *Kirche* (12. Jh.), die mit Ausnahme der im 18. Jh. rekonstruierten Fassade erstaunlich gut erhalten ist. Der Bau (ohne Querschiff) besteht aus einem Schiff mit fünf Jochen, die durch Kreuzpfeiler abgegrenzt sind, und aus dem Chor, den ein von Kreuzgewölben gedeckter Umgang mit drei von Halbkuppeln gedeckten Radialkapellen einrahmt. Die Kapitelle sind mit geometrischen Mustern oder Blumendekor und einige Säulenbasen mit entblößten Frauen und Männern ausgestaltet. Im Friedhof steht ein kannelierter, mit christlichen Motiven versehener kleiner Menhier. – **Notre-Dame-de-Tronoën** (9 km westlich): In einer einsamen, weiten und windbewegten Dünenlandschaft erhebt sich prachtvoll der älteste Kalvarienberg der Bretagne (1450–1470). Über einem einfachen rechtwinkligen Sockel befinden sich in zwei Etagen Darstellungen von Leben und Tod Christi. Auf der Schauseite überragen zwei Taufszenen eine Konsole, die einen Opfertisch bildet. Im Norden zeigt das untere Fries eine erstaunliche Darstellung der *Geburt Jesu:* Maria liegt mit aufgelösten Haaren und nackten Brüsten auf einem Weidenlager zwischen dem sitzenden, schlummernden Josef und dem fast schon jugendlichen Jesus. Der mittlere Stamm trägt das Kruzifix, das zwei Engel mit Kelchen für das Blut des Gemarterten umgeben. – Daneben steht die gotische Kapelle mit elegantem durchbrochenem Turm. Die von Strebemauern verstärkte Südseite besitzt zwei außerordentlich zart ornamentierte Portale.

Pont-l'Évêque	3760 Ew
14 Calvados	S. 410 □ G 4

Die 1944 stark in Mitleidenschaft gezogene kleine Stadt im Auge-Gebiet, nach der eine der berühmtesten Käsesorten der Normandie benannt wird, verfügt noch über einige alte Holzhäuser (z. T. aus dem 15. und 16. Jh.), das elegante *Hôtel de Brilly* im Stil Ludwigs XV. (Rathaus) und das *Hôtel de Montpensier* (begonnen 1624). Die spätgotische Kirche *Saint-Michel* stammt aus dem Ende des 15./Anfang des 16. Jh.

Pontoise	29 120 Ew
95 Val-d'Oise	S. 410 □ I 4

Als alte Festung des französischen Vexin vor dem Herzogtum der Normandie war die Stadt ein von den französischen Königen geschätzter Aufenthaltsort, wurde Zuflucht für Mazarin und den jungen Ludwig XIV. während der Fronde und bezauberte Pissarro*, der von 1872 bis 1884 hier lebte und Cézanne herbeizog (beide malten die Landschaft). Heute ist sie mit ihren ansteigenden gewundenen Gäßchen und den Treppen über der Oise und der Viosne ein Teil des erweiterten Vorortbereichs von Paris. Dazu gehört die »Neustadt« Cergy-Pontoise. – Außer den hohen Stützmauern ist von dem in der Revolution zerstörten Schloß nichts mehr erhalten.

Kathedrale Saint-Maclou: Sie ist eine der ersten gotischen Kirchen der Île-de-France und wurde 1140, etwas später als Saint-Denis, begonnen, jedoch erst im 16. Jh. vollendet (bedeutende Umbauten im 15. Jh.); daher das Nebeneinander von Spätgotik und Renaissance. Der größte Teil von Querschiff und Chor sowie der Chorumgang und die Apsidiolen sind – mit Ausnahme der Gewölbe (schöne romanische Kapitelle) – aus dem 12. Jh.; die Ausstattung des Chors stammt aus dem 17. Jh. In der Passionskapelle am Nordturm steht ein bemerkenswertes Heiliges Grab mit acht Figuren (Mitte 16. Jh.).

Notre-Dame: Die im 16. Jh. wiedererbaute Kirche weist noch gotische Gewölbe auf, ist aber insgesamt im Renaissance-Stil gehalten. In einer modernen Kapelle mit Exvotos an den Wänden befindet sich die Statue der Notre-Dame-de-Pontoise (10. Jh.). Im Schiff rechts unter einer Arkade das Grab des Hl. Walter (12. Jh.).

Musée Tavet-Delacour: In einem reizvollen spätgotischen Palais (Ende 15. Jh.) untergebracht (Gemälde, Zeichnungen, Skulpturen, Lokalgeschichte, Bilder von Jouy).

Abtei Maubuisson Saint-Ouen-l'Aumône: In diesem Vorort auf der anderen Flußseite stehen Reste der alten, einst prächtigen Abtei (Kapitelsaal, Zehnthaus). Die ursprünglich romanische Pfarrkirche wurde stark restauriert.

Umgebung: Auvers-sur-Oise (7 km nordöstlich): Daubigny*, Cézanne* und Pissarro* malten in der Umgebung dieses großen Marktfleckens, in dem sich van Gogh* im Juli 1890 das Leben nahm (er ruht neben seinem Bruder Theo auf dem Friedhof). Im Stadtgarten, nahe der Schule, steht ein Denkmal (Zadkine*, 1961) für ihn. – Die *Kirche* (12., 13. Jh.) war einst Kapelle einer heute zerstörten Burg. Die im 16. Jh. etwas veränderte Kirche (Marienkapelle) mit ihrem Satteltum inspirierte van Gogh* zu einem seiner berühmtesten Gemälde.

Pont-Saint-Pierre	1160 Ew
27 Eure	S. 410 □ H 4

Einige Kilometer von der aussichtsreichen Côte des Deux-Amants (bekannter Blick auf die Seine) entfernt, erstreckt sich der Ort im Tal der Andelle, an welcher der Park eines malerischen Schlosses aus dem 15. Jh. liegt. Die Kirche, deren Entstehung ins 11. und 12. Jh. zurückgeht, enthält eine interessante Ausstattung von Fontaine-Guérard.

Kirche von Auvers-s/Oise (Van Gogh)

Umgebung: Abtei Fontaine-Guérard (3,5 km östlich): Die Überreste der einst mächtigen Abtei liegen in eine bezaubernde Parklandschaft eingebettet. Die Gründung des 12. Jh. wurde während der Revolution als Nationalgut verkauft und geplündert. Übrig blieben die Kapelle Saint-Michel (15. Jh.), die noch stolz aufragenden Ruinen der 1218 geweihten Abteikirche und der Kapitelsaal (13. Jh.).

Porta (La) → Corse

Porto-Vecchio → Corse

Port-Royal-des-Champs

78 Yvelines S. 428 □ I 5

Große Bäume neigen sich über den Weg in das grüngesäumte Tal hinab, in dem der Geist des Jansenismus lebt. Die armseligen Spuren der Abtei lassen zwar kaum noch etwas ahnen, aber der natürliche Rahmen ist der gebliebene, wie ihn Mère Angélique und »jene Herren von Port-Royal«, die großen Denker des 17. Jh., gekannt haben. Das Kloster Notre-Dame de Porrois (später hieß es Port-Royal) war 1204 gegründet worden. Die ursprüngliche Strenge der Zisterzienser war bald vergessen, als die elfjährige Jacqueline Arnaud, Tochter eines Advokaten, Äbtissin wurde. Nach einer Krankheit gedachte sie ihrer Pflichten und entschied im Alter von 17 Jahren, daß die Klausur wieder eingeführt und das Kloster streng reformiert werde. Die Geschichte kennt sie als Mère Angélique – ihr Klostername. Die Ordensfrauen mußten unter ihrer Leitung nach Paris übersiedeln, in das neue Kloster von Port-Royal, heute ein großes Entbindungsheim. Die ungesunden (sumpfige Gegend) und verödeten Baulichkeiten wurden instand gesetzt und von strengen Anhängern des Jansenismus eingenommen, die, aus begüterten Schichten hervorgegangen, nun als unbeugsame und harte Moralisten lebten. Die »Einsiedler« bildeten zwar die Zielscheibe heftiger Angriffe seitens der Jesuiten und der Machthaber, machten aber Port-Royal berühmt. Als Mère Angélique mit ih-

Port-Royal mit Nonnen im Vordergrund (Ph. de Champaigne)

rer Kommunität 1648 zurückkam, zogen sie auf den Hügel, in die »Scheunen«, schufen die »Kleinen Schulen«, in denen sie eine neue Pädagogik lehrten; auch der junge Racine studierte dort. Blaise Pascal schrieb in den »Scheunen« den ersten seiner *Provinciales* (1656) mit schweren Ausfällen gegen die Jesuiten. Ludwig XIV. ließ sich gegen Port-Royal einnehmen. Die »Einsiedler« mußten gehen; 1709 wurden die Nonnen vertrieben, das Kloster bald darauf niedergerissen. Nur ein Ende des 19. Jh. an der Stelle des einstigen Chors der Abteikirche errichtetes *Museum* erinnert an die Geschichte von Port-Royal, an Mére Angélique mit ihren Ordensfrauen und an Pascal.

Musée national de Port-Royal: Es ist auf einer Anhöhe in den Gebäuden nördlich der Abtei eingerichtet, welche die »Herren von Port-Royal« Mitte des 17. Jh. erbaut haben: Dort befanden sich ihre »Kleinen Schulen«. Dieses bedeutende Museum des Jansenismus umfaßt Gemälde, Zeichnungen, Stiche und verschiedene Dokumente (Originalausgaben); es sind auch Gemälde von Philippe de Champaigne* und seiner Werkstatt ausgestellt. Vom ersten Stock sind der Wirtschaftshof erkennbar und der tiefe Brunnen, den der erfinderische Pascal mit einer Winde versehen hatte, mit der mühelos schwere Eimer heraufbefördert werden konnten.

Saint-Lambert-des-Bois (1,5 km südlich der Abtei): Bei der *Kirche* (13. Jh.) befindet sich der Friedhof mit dem Massengrab der in Port-Royal ausgehobenen Gebeine, »das Geviert von Port-Royal«.

Umgebung: Magny-les-Hameaux (3 km östlich der Scheunen): Die Pfarrkirche (12. Jh. Chor, 15. Jh. Schiff) des Klosters Port-Royal enthält Reste des zerstörten Konvents, Chorgestühl der Abtei von Vaux-de-Cernay, die Grabsteine des geschändeten Friedhofs. – Im Friedhof ein Denkmal für den Dichter Albert Samain (1900 in Magny gestorben). – **Dampierre** (5 km südöstlich): Der Backsteinbau des Schlosses mit seinem von Le Nôtre* entworfenen großen Park wurde an der Stelle eines niedergerissenen Gebäudes von Jules Hardouin-Mansart*, dem Architekten von Versailles,

Dampierre, Schloß

zwischen 1675 und 1683 (im 19. Jh. restauriert) erbaut, reich ausgestattet und möbliert. Von der Straße aus wird es durch ein sehr schönes, den Ehrenhof abschließendes Gitter (18. Jh.) sichtbar.

Pouzauges	5560 Ew
85 Vendée	S. 418 □ E 8

Im Herzen des Waldgebietes der Vendée wachen die grauen bemoosten Ruinen des alten Schlosses (12. Jh.) über die alten Viertel der Stadt. Mitten in der rechteckig angelegten Umfassungsmauer, von der noch Grundmauerreste von 10 Rundtürmen erhalten sind, erhebt sich der Donjon mit seinen abgerundeten Stützmauern. Mit ihm verhaftet bleibt das Gedächtnis des finsteren Gilles de Rais (oder Retz): Der Verbündete von Jeanne d'Arc wurde ein übler Verbrecher und regte Perrault zu seinem berühmten *Blaubart* an. – Die gedrungene, aus Granit erbaute Kirche *Saint-Jacques* (12., 15. Jh.) mit ihrem spätgotischen Chor wird von einem quadratischen Vierungsturm überragt. Auch die bezaubernde Kirche *Notre-Dame du Vieux-Pouzauges* ist aus Granitstein. Sie erhebt sich 1 km südlich inmitten des alten Friedhofs zwischen dem Triumphkreuz und den Zypressen. Sie besitzt zahlreiche Grabsteine und an der Nordwand des Schiffs schöne Fresken (12. Jh.).

Pouzauges, Ruinen des Schlosses

Umgebung: Le Boupère (7 km westlich): Die *Kirche* (13. Jh.) ist vor allem wegen ihrer im 15. Jh. angefügten Befestigungen bemerkenswert: Ein Rundgang führt um das Bauwerk; der Turm ist mit einer Wachkammer ausgestattet. – **Les Épesses** (14 km nördlich): Das *Schloß Puy-du-Fou* stammt aus dem 16. Jh. Den schönen Renaissance-Pavillon schmücken Sprossenfenster, gedeckte Galerien und hohes Dachwerk. Die rückwärtige Fassade spiegelt sich in einem Teich.

Prades	6870 Ew
66 Pyrénées-Orientales	S. 423 □ I 16

Die alte, von Obstgärten umgebene Hauptstadt des kleinen Conflent-Gebiets liegt am Fuß des mächtigen Canigou. Ihren Ruhm verdankt sie besonders dem großen Cellisten Pablo Casals (1876–1973), der hier nach dem Spanischen Bürgerkrieg im Exil lebte und ein bedeutendes Festival für Musik schuf. Die Konzerte finden in Saint-Michel-de-Cuxa statt. Prades, mit den wegen der heimischen Marmorvorkommen rosa getönten Altstadtvierteln, besitzt eine gotische *Kirche* mit romanischem Turm. Im Innern (Hochaltar) ein schöner Altaraufsatz des 17. Jh. von einem katalanischen Künstler.

Umgebung: Abtei Saint-Michel-de-Cuxa (3 km südlich): Vor dem Canigou heben sich die überaus große und schöne Abteikirche mit Zinnenturm, das rekonstruierte Kloster und die von einer Benediktinerkommunität des Klosters Montserrat bewohnten Gebäude ab. Das Kloster war seit dem Jahr 1000 das bedeutendste religiöse und künstlerische Zentrum des Roussillon. Nachdem es lange Zeit dem Niedergang verfiel, wurde es als Nationalgut während der Revolution verkauft und sowohl im 19. Jh. wie zu Beginn des 20. Jh. erbarmungslos in seine Bestandteile zerlegt (heute im Besitz des Metropolitan Museum, New York). Die im vergangenen Jahrhundert stark beschädigte *Abteikirche* weist vorromanische Elemente und solche aus dem 11. Jh. auf. Sie ist von der westgotischen Lokaltradition und vom andalusischen Islam (stark überzogene Bogen) geprägt. Die dunkle Rundkapelle der »Muttergottes zur Krippe« scheint unvollendet. Das Ringgewölbe ruht auf einem großen, runden Mittelpfeiler. Die Kapelle entging vom 11. Jh. an den Verwüstungen, die Cuxa heimsuchten. – **Corneilla-de-Conflent** (19 km südlich): Der Ort, ehemals Hauptstadt der Grafschaft Cerdagne (um 1100), zeichnet sich vor dem Berg ab und wird von einem bescheidenen Turm im lombardischen Stil überragt. Dieser gehört zu einer interessanten romanischen Kirche, die in der 2. Hälfte des 12. Jh. umgestaltet worden ist. Schönes Portal mit verziertem Tympanon,

St-Michel-de-Cuxa, Kreuzgang

Prades, Abtei St-Michel-de-Cuxa

reiche Ausstattung, drei sitzende romanische Marienfiguren, eine Madonna mit dem Kind (14. Jh.), Zeugnisse romanischer Schmiedekunst.

Prémontré	590 Ew
02 Aisne	S. 411 □ K 3

Der Hl. Norbert gründete im 12. Jh. inmitten von Wäldern das Kloster, von dem der berühmte Orden der Prämonstratenser ausging. Die im 18. Jh. rekonstruierte *Abtei* strahlt majestätischen Ernst aus. Gegenüber einem kleinen Park im französischen Stil stehen drei hufeisenförmig angelegte Bauten. Pilaster schmücken die Fassade des Hauptgebäudes mit seinem von einem Giebeldach gedeckten Vorbau. In einem der Seitengebäude eine kunstvolle oval geführte Treppe.

Provins	13 100 Ew
77 Seine-et-Marne	S. 411 □ K 5

Die inmitten von Getreidefeldern gelegene Stadt hat ihren ländlichen und malerischen Charakter bewahrt. Die friedliche, rosengeschmückte Kleinstadt besitzt reiche Spuren der Vergangenheit. Einer ihrer Lehensherren, Edmond de Lancaster (13. Jh.), machte die hier gezüchtete Rose berühmt, die damals sehr selten war. Dieser Bruder des englischen Königs erhob sie ins Wappen des Hauses Lancaster, während das Geschlecht der York die weiße Rose wählte (erst viel später wurde der Konflikt der beiden Häuser um die englische Krone »Krieg der zwei Rosen« genannt). Zwei große Jahrmärkte, die von Kaufleuten aus ganz Europa besucht wurden, machten Provins im Mittelalter zu einer lebhaften und reichen Stadt.

Ville-Haute: Sie wird vom mächtigen Tour de César überragt und drängt sich beidseits der steilen Rue Saint-Thibault (vorkragende Fachwerkhäuser) auf einem von Wällen (12., 13. Jh.) umgebenen Vorsprung zusammen. Im Zentrum gruppieren sich der alte Brunnen, das Kreuz und die alten Häuser der *Place du Châtel* zu einem malerischen Bild. *Saint-Quiriace:* Die an der Stelle eines römischen Tempels errichtete ehem. Stiftskirche blieb un-

Provins, Wälle

Saint-Agoul, Musizierender Engel

Provins, Kirche Saint-Quiriace und Tour de César

vollendet. (Das Schiff hat nur zwei Joche, vor denen sich eine Fassade des 15. Jh. erhebt). Die Vierungskuppel stammt aus dem 17. Jh. Frühgotischer Chorumgang (Ende 12. Jh.). – *Tour de César:* Dieser mächtige, 44 m hohe Donjon geht in den Anfang des 12. Jh. zurück; obere Partie und Dach, 16. Jh. Die erste Etage wird von einem Wachtsaal eingenommen, in dessen hohes Gewölbe eine Öffnung für die Versorgung der Soldaten mit Munition und Nahrung eingelassen ist. Die Türmchen dienten, mit Ausnahme des für den Gouverneur bestimmten, als Kerker. *Grange aux Dîmes:* Der nüchterne Militärbau des 12. Jh. wurde ein Stapelplatz. Er steht über einem Saal, in dem mehrere unterirdisch verzweigte Gänge zusammenlaufen. – *Porte Saint-Jean:* Das am Ende der Oberstadt gelegene mächtige Festungswerk (12., 13. Jh.) wird von zwei Türmen gerahmt; das äußere Bossenmauerwerk hielt den Anstürmen besser stand. Das Verteidigungswerk bestand aus einer Zugbrücke, einem Fallgatter und einem Tor. Die durch Türme verstärkten *Wälle* sind gut erhalten zwischen der Porte Saint-Jean und der Porte de Jouy (12. Jh.).

Ville-Basse: Während die Oberstadt als Festung diente, versammelten sich hier Händler und Volk während der Jahrmärkte (die Geldwechsler ließen sich an der Place Saint-Ayoul nieder). – *Saint-Ayoul:* Diese alte Abteikirche (12. Jh.) wurde – vornehmlich im 15. Jh. – vielfach umgestaltet und restauriert. Sie verfügt über einige romanische Stilelemente, darunter ein beschädigtes Portal mit zwei Fassadenfiguren (die Köpfe wurden abgeschlagen) und das Querschiff. Im Innern großes Retabel am Ende des Schiffs, Holzschnitzereien (17. Jh.) der Marienkapelle, kleine Marienfigur (16. Jh.). – *Klosterturm Notre-Dame-du-Val:* Hier befinden sich jetzt die

Glocken von Saint-Ayoul. Er zeugt als letzte Spur von einer Stiftskirche und einem Kloster. – *Sainte-Croix:* Die im 13. Jh. erweiterte und verschönerte Kirche sollte ein von Kreuzfahrern mitgebrachtes »echtes Kreuzpartikel« aufbewahren. Sie brannte im 15. Jh. nieder und wurde im 16. Jh. erneuert. Ein romanischer Turm mit moderner Spitze überragt sie noch immer. An der Fassade ein Renaissance-Portal, an der Nordseite, ein spätgotisches Portal. Die Taufkapelle (links vom Eingang) enthält ein skulptiertes Taufbecken (13. Jh.). Schönes Gitter im Chor (16. Jh.). Diesen umläuft ein doppelter Umgang. – *Hôtel-Dieu:* Das ehem. Palais aus dem 11. und 12. Jh. ist im wesentlichen rekonstruiert worden, hat aber noch originale alte Spuren aufzuweisen. Seine Keller stehen mit einem Netz unterirdischer Gänge in Verbindung. – *Ancien couvent des Cordeliers:* Vom ehemaligen, von Thibaud IV., dem »Sänger« und Grafen von Champagne, 1248 gegründeten Kloster sind zwei Galerien des Kreuzgangs (14., 15. Jh.), der gotisch gewölbte Kapitelsaal und die Kapelle (in einem kleinen Grabmal des 13. Jh. das Herz von Thibaud) erhalten. – Die Unterstadt ist übersät von alten Palais.

Umgebung: Saint-Loup-de-Naud (8 km südwestlich): Die malerische, auf einem Vorsprung gelegene Stadt zeigt an ihrer *Kirche* (11., 12. Jh.) die Entwicklung der romanischen Kunst bis zur Frühgotik auf. Unter der Vorhalle ein höchst bemerkenswertes Portal aus den Anfängen der Gotik, das an das Königsportal von Chartres erinnert (Thronender Christus und Evangelistensymbole im Tympanon; Maria und Apostel am Portalsturz, Statue des Hl. Loup am Mittelpfeiler, Gewändefiguren). In der rechten Apsidiola eine Marienskulptur des 14. Jh. Sehenswertes Taufbecken des 12. Jh. – **Nogent-sur-Seine** (11 km südöstlich) mit Kirche aus dem 15./16. Jh.

Punta, La (Schloß) → Corse

Provins, Saint-Ayoul, Madonna

Puy (Le)

43 Haute-Loire

29030 Ew

S. 420 □ K 11/12

Le Puy ist nicht nur eine Stadt, sondern eine Landschaft – dazu eine der bemerkenswertesten in Frankreich. Aus der weiten, von Hochplateaus umschlossenen Ebene der Limagne recken sich steile, von der Erosion geformte Vulkanfelsen auf. Die Stadt bietet ein erstaunliches Bild mit ihren roten, sich den Felsen hinaufziehenden Ziegeldächern und der riesigen, pompösen Marienstatue als oberster Bekrönung. Die schon im 12. Jh. wegen der heilenden Wirkung eines »Fiebersteins« berühmte Stadt wuchs an Bedeutung, als der Hl. Ludwig 1254 die Schwarze Madonna, wahrscheinlich vom Kreuzzug, mitgebracht hatte. Tausende von Pilgern kamen in die heilige Stadt – Station auf dem Weg nach Compostela –, um die Statue zu bewundern, die in der herrlichen,

Le Puy, Kathedrale Notre-Dame

Le Puy, Schwarze Madonna

orientalisierenden Kathedrale steht. Die Stadt verdankt ihren Ruf auch den schönen Klöppelspitzereien: sie waren seit dem 15. Jh. bekannt; im 17. Jh. vor allem entwickelte sich eine Industrie. Etwa 70000 Bäuerinnen aus dem Velay knüpften damals mit dem nadelgespickten Kissen auf den Knien geduldig und sehr geschickt ihre Fäden. Einige maschinell betriebene Spitzenfabriken zeugen noch – mehr schlecht als recht – von dieser alten Tradition.

Kathedrale Notre-Dame: Dieses Bauwerk des 11. und 12. Jh. bleibt trotz seiner Beschädigungen eines der schönsten und originellsten im Süden Frankreichs. Der deutlich vom Islam beeinflußte Bau steht auf einem Felsen und wurde in drei großen Etappen errichtet: die auf dem Felsen ruhenden Teile (Apsis, Querschiff und zwei Chorjoche) gegen Ende des 11. Jh., das dritte und vierte Joch des Schiffs Mitte des 12. Jh., die letzten auf Pfeilern stehenden gegen Ende des 12. Jh., um den bedeutenden Höhenunterschied auszugleichen. *Westfassade*. Über einer großen Treppe erhebt sie sich in fünffach gestaffelten Arkaden im polychromen Mauerwerk. Die Treppe setzt sich unter der Vorhalle bis in die Ende des 12. Jh. erbauten Joche fort. In der Höhe des zweiten Jochs schließen zwei holzgeschnitzte romanische Türen zwei Seitenkapellen ab. Die Treppe endet mit einem Absatz, auf dem sich bis ins 18. Jh. die Goldene Pforte öffnete. Von da aus führten 18 Stufen in die Mitte des Schiffs. Deshalb galt für Notre-Dame du Puy das geflügelte Wort »Man trete beim Nabel ein und gehe bei den Oh ren wieder hinaus.« Vor der Goldenen Pforte, dort, wo mit dem Bau der Kathedrale begonnen wurde, ist der »Fie berstein« ausgestellt. – Die Kathedra le besteht aus dem Mittelschiff, dessen 6 Joche von je einer auf Trompen ru-

Le Puy, Kathedrale, Westfassade

Le Puy, Kapitell im Kreuzgang

henden, achteckigen Kuppel gedeckt werden, aus dem Seitenschiff mit seinen Kreuzgewölben, einem Querschiff und einem viereckigen Chorhaupt. Die schöne Kanzel stammt aus dem 18. Jh. Auf dem Hochaltar steht die Nachbildung der berühmten Marienfigur (das Original war 1794 von Revolutionären verbrannt worden). Der Freskenschmuck der beiden unter der Nordtribüne nebeneinanderliegenden Kapellen stellt die Hll. Frauen am Grab (Mitte 12. Jh.) und das Martyrium der Hl. Katharina von Alexandrien (Mitte 13. Jh.) dar. Eine überlebensgroße, in harmonischen Farben gehaltene Michaelsfigur schmückt die Emporenwand des nördlichen Querschiffs. In der Reliquienkapelle (nördliches Seitenschiff, 3. Joch) stellt ein herrliches Fresko die Freien Künste dar (Ende 15. Jh.).

Schatzkammer: Unter den Kostbarkeiten ein Christushaupt, Kupfertreibarbeit; ein Reliquienschrein, Goldschmiedekunst, Pieta (15. Jh.), die interessante Theodulf-Bibel (9. Jh.): Mönchsarbeit von Saint-Benoît-sur-Loire.

Turm: Der 56 m hohe Kampanile ist in sieben, leicht zurückversetzten, architektonisch unterschiedlichen Etagen errichtet.

Porche du For: Der herrliche romanische Vorbau aus dem 12. Jh. besitzt das älteste gotische Gewölbe der Gegend und spiegelt arabischen Einfluß in seinen mit Wabenmustern überzogenen Säulen und seinen durchbrochenen Bogen. – *Porche Saint-Jean:* Die Vorhalle steht durch ein romanisches Portal mit dem nördlichen Querschiff in Verbindung und führt zum *Baptisterium Saint-Jean:* Zweijochiges Schiff und Apsis, in die fünf von gallo-römischen Säulen gezierte Nischen eingelassen sind.

Kreuzgang: Dieses Wunderwerk (12. Jh., im 19. Jh. restauriert) mit sei

Le Puy, Kreuzgang der Kathedrale

nen polychromen Arkaden und seinem roten, ockerfarbenen, weißen und schwarzen Rautenmosaik läßt den Einfluß des arabischen Spanien erkennen. Die im Rechteck angeordneten Arkaden – je fünf im Norden und Süden, je zehn auf den beiden anderen Seiten – ruhen auf herrlichen, von vier Säulen umstandenen Pfeilern. Der Vielfalt an Motiven auf den Kapitellen entspricht der außerordentliche Reichtum des Gesimses. Den zur Kathedrale führenden Durchgang schließt ein sehr schönes romanisches Gitter ab. *Chapelle des morts:* Der ehem. Kapitelsaal diente vom 14. Jh. an als Totenkapelle. Ein großes Wandgemälde stellt die Kreuzigung dar (13. Jh.).

Chapelle des Pénitents: Den Zugang bildet eine elegante Tür des 17. Jh. Eine bemalte Kassettendecke über dem einschiffigen Innern. Zahlreiche Gemälde von Regionalkünstlern und Prozessionsgeräte.

Le Puy, Kreuzgang

Le Puy, Spitzen aus dem Musée Crozatier

Saint-Laurent: Die ehem. Kapelle (14., 15. Jh.) eines Dominikanerklosters verfügt über ein weites Schiff und eine fünfseitige, von schmalen Fenstern durchbrochene Apsis. Unter der Liegefigur von Du Guesclin (Chor) befinden sich die Eingeweide des 1380 verstorbenen Konnetabels. Den Kapitelsaal im Norden der Kirche schließt ein gotisches, auf Pfeilern ruhendes Gewölbe ab.

Chapelle Saint-Michel d'Aiguilhe: Das auf einem 80 m hohen Vulkankegel errichtete Bauwerk (10., 11. Jh.) überragt die Stadt. Ein romanisches Portal (12. Jh.) öffnet sich auf die in Felsen gehauene Treppe, von der aus ein Rundweg um die Kirche läuft. Der orientalische Einfluß wird am Portal mit seinem dreifach abgetreppten großen Bogen sichtbar. Zwei Sirenen schmücken den Sturz. In der oberen, mosaikverzierten Fassadenpartie fünf Rundbogen. Um den im 10. Jh. ursprünglich als Oratorium dienender Bau mit der freskengeschmückten Kuppel wurden die anderen Teile angeordnet: Schiff, Chorumgang, Fassade und Turm. – *Chapelle Saint-Clair* Die tiefer gelegene, oktogonale Kapelle (12. Jh.) zeigt außen den im Velay gebräuchlichen Bogen- und Rautenschmuck.

Musée Crozatier: Das reichhaltig Provinzmuseum bewahrt Steinsammlungen und alte Malerei auf. Danebe ist ein Raum für Lokalgeschichte de Klöppelspitzenkunst vom 16. bis zur 20. Jh. gewidmet.

Alte Häuser: In der vom Tour Pannessac ausgehenden Straße liegen schön Häuser aus dem 15., 16. und 17. Jh. I dem engen Gäßchen zum sog. »Chamalenc« steht das Haus »des cornards« (17. Jh.), Treffpunkt eine fröhlichen Vereins von Le Puy; übe den beiden Fratzen Inschriften.

Q

Quesnoy (Le)

5370 Ew
59 Nord
S. 411 □ K 2

Die befestigte Stadt besteht seit dem 13. Jh. und wurde in den darauffolgenden Jahrhunderten oft zum Kriegsschauplatz. Gut erhalten sind die *Festungsmauern,* die im 17. Jh. von dem Feldherrn Vauban*, einem Meister im Bau von militärischen Anlagen, errichtet wurden. Die Anlage zeigt die Perfektion des damaligen Festungsbaues. Mauern, Gräben, ganze Bastionen – manche aus der Zeit Karls V. – bilden ein eindrucksvolles Ganzes.

Umgebung: *Schloß von Potelle:* (2 km östlich): Diese befestigte Burg ist von Wassergräben umgeben. Sie wurde 1290 erbaut und im 16. Jh. restauriert.

Quimper

60510 Ew
29 Finistère
S. 412 □ B 6

Bereits Ende des 5. Jh. war Quimper Hauptstadt der damaligen Grafschaft Cornouaille und ist heute Präfektur des Departements Finistère. Steir und Odet fließen hier zusammen und tragen zu dem hübschen Stadtbild bei. Quimper besitzt in der Altstadt viele schöne Häuser mit Erkern und reichgeschmückten Fassaden (Rue Kéréon, Rue Guéodet).

Kathedrale Saint-Corentin: Die eigenartige Kirche aus dem 13. Jh. wurde im 15. Jh. fertiggestellt und ist dem ersten Bischof von Cornouaille geweiht. Seltsam mutet die Achsverschiebung des Chores gegenüber dem Langschiff an. Man hat viele Gründe für diese bauliche Absonderlichkeit gesucht: Schwierigkeiten, die während des Baues aufgetreten sein könnten; der Wunsch, eine alte, noch bestehende Kapelle mit in das Gotteshaus zu integrieren; vielleicht auch der Gedanke, Christi geneigtes Haupt am Kreuz dadurch zu symbolisieren. Die Kathedrale besitzt hohe Türme mit Spitzen, die erst 1856 im bretonischen Stil aufgesetzt wurden, ein reichverziertes Portal in der Westfassade, wunderbare Glasfenster des 15. Jh., ein Orgelgehäuse aus dem 18. Jh., Statuen und Altaraufsätze verschiedenster Epochen und eine Kanzel mit Tafeln, die das Leben des Hl. Corentin darstellen (1679).

Bretonisches Museum: Das ehemalige *Bischöfliche Palais* (16. bis 18. Jh.) ist unmittelbar neben der Kirche gelegen und über eine hübsche Wendeltreppe aus dem 16. Jh. zugänglich. Hier befindet sich ein interessantes *Museum* mit archäologischen, geschichtlichen und völkerkundlichen Informationen, mit gallo-römischen Funden dieser Gegend sowie mit alten Möbeln, Statuen, Tafeln aus Holz, alten Trachten und Fayencen von Quimper.

Quimper, Kathedrale St-Corentin

Quimper, Kathedrale, Portal

Musée des Beaux-Arts: Nordwestlich der Kathedrale findet man das *Rathaus.* In einem Teil dieses Gebäudes ist eine bekannte *Gemäldesammlung* mit flämischen, italienischen und französischen Meisterwerken untergebracht: Gemälde aus dem 16./17. Jh. von Carrache*, Rubens*, Jordaens* und aus dem 18./19. Jh. von Boucher*, Fragonard*, Oudry*, Corot*, Chassériau*, Boudin*, außerdem Werke von Émile Bernard*, Maurice Denis*, Paul Sérusier*, Meyer* de Haan und Maxime Maufra* (Schule von Pont-Aven). Ein Saal ist dem in Quimper geborenen Dichter Max Jacob (1876–1944) gewidmet.

Kirche Notre-Dame-de-Locmaria: Am linken Ufer des Odet führen prachtvolle Alleen zu dem ehemaligen gallo-römischen Dorf Locmaria, das im 9. Jh. eine Abtei besaß, von der jedoch außer der schönen Kirche nur noch Fragmente (Hof und viereckiger Turm, 12. Jh.) erhalten sind. Die Kirche ruht auf gekreuzten Pfeilern aus dem 11. Jh. und besitzt eine Vorhalle aus dem 15. Jh.

Umgebung: *Kapelle von Kerdévot* (9 km östlich): Die hübsche Kapelle des kleinen Ortes Kerdévot-en-Ergué-Gaberic stammt aus dem 15. Jh. Einer der schönen alten Altaraufsätze, die das Kirchenschiff schmücken, ist von einem flämischen Künstler im 15. Jh. gefertigt. Er stellt auf interessante Weise das Leben Mariens dar. In der Nähe der Kapelle ist eine *Kalvariengruppe* mit spätgotischen Nischen zu finden (16. Jh.).
Quilinen (11 km nördlich): Der kleine Ort lohnt einen Besuch schon allein wegen seines bemerkenswerten *Kalvariensteines* von 1550. In interessanter Anordnung, die besonders stark die vertikale Linie hervorhebt, ist auf einem doppelten, pyramidenförmigen Sockel das Kruzifix zu sehen. Die

Rückseite zeigt die Auferstehung Christi. Darunter sind die Apostel mit ihren jeweiligen Attributen dargestellt. Das ganze Kunstwerk wird von Konsolen eingerahmt, die mit Engelsköpfen verziert sind.
Die *Kapelle* stammt aus dem 15. Jh. Sie wird durch einen spitzen Glockenturm geziert und besitzt am Mittelportal eine eindrucksvolle Madonnenfigur, die von Engeln umgeben ist. Im Inneren sind einige alte Statuen zu finden.
Saint-Vennec (16 km nördlich): Dieses Dörfchen besitzt eine *Kalvariengruppe,* die analog der Gruppe in Quilinen gestaltet ist. Das pyramidenartig aufgebaute Kunstwerk ist hier jedoch nicht ganz so differenziert, sondern etwas einfacher. Außerdem gibt es eine kleine gotische *Kapelle* mit Statuen aus dem 15. und 16. Jh. und eine mehrfarbige Steinskulptur der Hl. Gwenn mit drei Brüsten, an denen ihre drei Söhne Guénolé, Jacut und Vennec liegen.
Guengat (15 km nordwestlich): Heilige Quellen, ein Beinhaus (1557) und eine schöne gotische *Kirche* sind im »Enclos paroissial« vereint. Sehr schöne Glasfenster erhellen den Chor der Kirche. Sie stellen die Passion, die Kreuzigung, die Grablegung und die Auferstehung Christi dar.

Quimperlé	11710 Ew
29 Finistère	S. 412 □ B 6

Ellé und Isole fließen in Quimperlé zusammen. In der unteren Stadt finden sich noch alte Häuser (Rue Brémond d'Ars und Dom-Morice) und die Kirche Sainte-Croix, eines der größten Bauwerke der romanischen Architektur in der Bretagne.

Kirche Sainte-Croix: Eigenartige Rotundenkirche, die im 11. Jh. erbaut

Quimperlé, Notre-Dame-de-l'Ass.

und nach dem Einsturz des Glockenturmes im 19. Jh. restauriert wurde. Schöne Krypta; in der Apsis der Kirche bemerkenswerte Kapitelle mit Tier-, Ranken- und Blattornamenten. Ein schöner steinerner Altaraufsatz von 1541 schmückt den Eingang der Kirche.

Kirche Notre-Dame-de-l'Assomption et Saint-Michel: Schönes Bauwerk aus dem 13. und 15. Jh. mit hohem viereckigem Glockenturm ohne Spitze. Reich ausgestaltete Seiten-Vorhalle und ein Kirchenschiff aus dem 13. Jh. mit einem sehenswerten Gewölbe. Im Inneren eine zierliche Madonnenstatue auf einem der Sockel im Chor (16. Jh.).

R

Rambouillet 20050 Ew
78 Yvelines S. 410 □ I 5

Schloß: Von der ehemaligen Festung aus dem 14. Jh. ist heute nur noch ein mächtiger Rundturm erhalten, in dem Franz I. im Jahre 1547 starb. Das heutige Aussehen des Schlosses von Rambouillet ist dem Grafen von Toulouse zuzuschreiben, einem der Söhne von Ludwig XIV. und Madame de Montespan. 1706 ließ er es in der heutigen Form erbauen und auch die um 1700 angelegten Parks umgestalten. Ludwig XVI. kaufte den Besitz im Jahre 1783 und ließ zur Zerstreuung für seine Frau Marie-Antoinette eine Milchwirtschaft, die Laiterie de la Reine, und eine Schafzucht einrichten. Später wurde das Schloß zu einer der Residenzen Napoleons I. und Napoleons III. Heute dient es als Sommerresidenz des Staatspräsidenten, der hier in den umliegenden, herrlichen Wäldern Jagden veranstaltet.

Rambouillet, Laiterie de la Reine

Inneres: Das Schloß kann während der Abwesenheit des Präsidenten zum Teil besichtigt werden. Es besitzt sehr schöne Holztäfelungen aus dem 18. Jh. Das Badezimmer Napoleons I. ist besonders sehenswert. Es wurde 1807 mit Imitationen antiker Fresken ausgemalt. Dieser Baderaum stößt an das Zimmer, in dem Napoleon die Nacht vom 29. zum 30. Juni 1815 verbrachte, eine unvorhergesehene Unterbrechung auf seiner langen Reise, die ihn nach Sankt Helena bringen sollte. Der schöne Marmorsaal im Erdgeschoß war einst Teil des alten Schlosses. Er wurde 1556 im Auftrag von Charles d'Angenner, dem Marquis von Rambouillet, mit farbigem Marmor ausgelegt.

Park: Der herrliche Park wird von befahrbaren Wegen durchzogen und bietet viele Rast- und Halteplätze. In der sehr schönen Anlage gibt es viele seltene Bäume und Blumen sowie etliche Kanäle und Seen mit künstlichen Inseln, auf denen die königlichen Feste mit zahlreichen Gästen im Freien gefeiert werden konnten.

Laiterie de la Reine: Die im Jahre 1758 erbauten Milchwirtschaftsgebäude muten eher wie ein kleiner Tempelbau an: Ein marmorner Rotundenbau als Melkraum und ein großer Saal, der in einer künstlichen Grotte endet.

Bergerie Nationale: Die heutige Schafzucht hat sich aus einem Experiment Ludwigs XVI. entwickelt. Er hatte Merinoschafe aus Spanien kommen lassen, um hier in einer kleinen Farm ihre Züchtung zu erproben. Man hielt sie zunächst im Freien, baute ihnen jedoch später Unterkünfte, um ihnen das Leben in dem rauheren Klima zu erleichtern. Heute sind die »Merinos von Rambouillet« in aller Welt als erstklassige Wollespender weltbekannt.

Englischer Garten: In diesem freier gestalteten Park findet man zwischen wilden Bächen große exotische Bäume sowie einen hübschen *Muschelpavillon,* der gegen 1778 vom Herzog von Penthièvre für seine Schwiegertochter, die Prinzessin von Lamballe, erbaut wurde. Er ist ganz mit Perlmuttstücken und Muscheln ausgelegt.

Rampillon	410 Ew
77 Seine-et-Marne	S. 411 □ J 5

Das bescheidene Dörfchen, das an der Brie gelegen ist, dürfte schon wegen seiner schönen Kirche einen Besuch lohnen.

Kirche: Sie stammt aus dem 13. Jh. und weist ein bemerkenswertes Hauptportal aus der ausgehenden Frühgotik auf. Im Tympanon befinden sich Skulpturen in der bekannten Thematik des herrschenden Christus, umgeben von Engeln, der Mutter Maria und dem Hl. Johannes. Im Sturz des Portals ist die Auferstehung der Toten dargestellt. Die Türpfeiler zeigen den lehrenden Christus und die zwölf Apostel. Das Tympanon des kleineren rechten Portals stellt die Krönung der Jungfrau Maria dar. In der Kirche gibt es außerdem ein schönes Triforium

Rambouillet, Schloß

Nangis, Schloß

und einen polygonalen Chorraum. Im Inneren steht ein Altaraufsatz aus dem 16. Jh. mit einer Marienstatue aus dem 14. Jh.

Umgebung: Nangis (4,5 km nordwestlich): *Kirche* aus dem 13. Jh., heute umgebaut, sowie ein ehemaliges *Schloß,* von dem noch zwei mittelalterliche Türme erhalten sind. In einem Flügel ist heute das Rathaus untergebracht.

Redon	10760 Ew
35 Ille-et-Vilaine	S. 413 □ D 7

Durch seine günstige Lage an Land- und Wasserstraßen war Redon während mehrerer Jahrhunderte eine blühende Stadt. Geistiges Zentrum bildete damals die im 11. Jh. gegründete Abtei, von der heute nur noch die Kirche existiert.

Klosterkirche Saint-Sauveur: Sie besitzt einen bemerkenswerten *romanischen Mittelturm* (12. Jh.) in mehrfarbigem Gestein mit drei Arkadenetagen und mit abgerundeten Ecken. Ein schöner *gotischer Glockenturm* steht heute frei, nachdem durch einen Brand Ende des 18. Jh. ein Teil des romanischen Schiffes zerstört wurde. Der Chor stammt aus der Gotik. Er wurde erst gegen Ende des 13. Jh. erbaut. Im Inneren gibt es auf dem Hochaltar einen besonders schönen Altaraufsatz der aus dem Jahre 1636 stammt und von Kardinal Richelieu gestiftet wurde. Im Jahre 1950 hat man Reste romanischer Fresken in der Kirche entdeckt und sie sorgfältig freigelegt. An der Südseite der Kirche schließen sich die Gebäude eines Kollegs mit einem Kreuzgang aus dem 17. Jh. an.

Umgebung: Rochefort-en-Terre (25 km nordwestlich): Eine ehemals befestigte Trutzburg auf einem von tiefen Taleinschnitten zerklüfteten Vorgebirge gelegen. Heute findet man nur noch die spärlichen Ruinen der mittelalterlichen Festung und ihrer Umwallung. Ein Teil des späteren Schlosses (17. Jh.) wurde zu einem hübschen *Renaissance-Schloß* umgebaut. Im Ort gibt es einige sehenswerte Häuser aus dem 16. und 17. Jh. sowie einen kleinen *Kalvarienberg* aus dem 16. Jh., der in der Nähe der *Kirche Notre-Dame-de-la-Tronchaye* zu finden ist. Im Inneren der Kirche findet man einen schönen holzgeschnitzten Altar und ein Eichenchorgestühl aus dem 16. Jahrhundert, alte steinerne Altaraufsätze und die Statue der Madonna.

Reims	183610 Ew
51 Marne	S. 411 □ K 4

Reims war mit etwa 80000 Einwohnern schon zu Beginn des 3. Jh. eine der größten gallo-römischen Städte. Im Mittelalter blühte es dank seines großen Tuchhandels auf und gelangte ab dem 18./19. Jh. zu Weltruhm vor allem durch seinen ausgezeichneten Champagner.
In der Geschichte der Stadt spiegelt sich ein Teil der Geschichte Frankreichs wider: Im Jahre 496 wurde hier Chlodwig vom Erzbischof St. Remi getauft. Fast alle französischen Könige wurden in der Kathedrale von Reims gesalbt; die bekannteste Salbung dürfte die Karls VII. in Anwesenheit von Jeanne d'Arc gewesen sein. Im Ersten Weltkrieg wurde die Stadt fast völlig zerstört. Nach ihrem Wiederaufbau stellt sie heute eine moderne Metropole dar. Dennoch blieben in Reims auch zahlreiche Spuren aus der Römerzeit bis auf den heutigen Tag erhalten.
Am Nordeingang der Stadt die *Porte de Mars,* ein 33 m hoher Triumphbogen (3. Jh.); weiterhin Ausgrabungen auf der *Place du Forum* (2. Jh.), die auf ehemalige große Warenlager schließen lassen. Aus etwas neuerer Zeit sind noch mehrere schöne Gebäude zu sehen: Das gotische Haus der *Grafen der Champagne* (13. Jh.); das *Renaissance-Prachthaus* (1545) mit einem schönen Saal, »Salle à la belle façade«; das *Rathaus* (17. Jh.) mit seiner eleganten Säulenfassade und die einheitlich gestaltete *Place Royale,* an der es viele mit Arkaden geschmückte Häuser gibt.

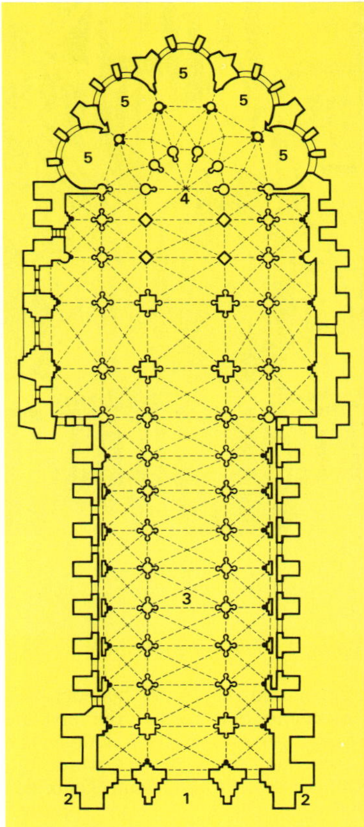

Reims, Kathedrale Notre-Dame **1** Westwerk **2** Türme **3** Langhaus **4** Chor **5** Kapellenkranz

Kathedrale Notre-Dame: Die große Kathedrale stellt ein Symbol der mittelalterlichen Frömmigkeit dar. Der Bau der Kathedrale wurde 1211 be-

Reims, Portale der Kathedrale

Reims, Kathedrale, Mittelportal, Detail ▷

gonnen und im 14. Jh. beendet, mit Ausnahme der Türme, die erst im 15. Jh. gebaut wurden. Durch die Bombenangriffe von 1914 wurde die Kathedrale sehr beschädigt. Dank der günstigen Statik und des robusten Baumaterials (Muschelkalk) stürzte der Bau jedoch nicht ganz zusammen und konnte so durch eine gründliche Restaurierung wiederhergestellt werden.

Äußeres: Besonders harmonisch und ausgewogen in der Gliederung ist die Hauptfassade auf der Westseite der Kathedrale. Sie umrahmt mit ihren zwei Türmen die Vorhallen und die dahinterliegenden Portale. Ihr Zentrum bildet die über den Vorhallen liegende prächtige Rosette und die in 50 m Höhe plazierte Galerie der Könige, eine lange Reihe steinerner Skulpturen. Ein Meisterwerk für sich ist der untere Teil dieser grandiosen Fassade: Portale mit reichem Skulpturenschmuck in den Gewölbebogen sowie in den fünf darüberliegenden Giebelfeldern.

Das *Hauptportal* verherrlicht das Leben der Jungfrau Maria. Schöne, zum Teil der griechischen Antike nachempfundene Statuen stellen Szenen dar wie die Verkündigung durch den Engel und die Heimsuchung bis hin zur Krönung Mariens.

Das *rechte Portal* zeigt Christus in der Reihe derer, die seine Ankunft prophezeihten.

Das *linke Portal* stellt die Kreuzigung Christi dar. Eine Reihe von Heiligen und Märtyrern umgibt die Kreuzigungsgruppe. An der Seite des Hl. Nicaise steht ein Schutzengel, dessen liebenswertes, lächelndes Gesicht ihm den Namen »das Lächeln von Reims« einbrachte. Er ist, ebenso wie der Engel der Verkündigungsgruppe im Hauptportal, das Werk der École Champenoise, einer Schule aus der Champagne, die im 13. Jh. besonders reizvolle Kunstwerke schuf und dabei

Reims, Kavalkade Ludwigs XV., von Martin Le Jeune (Versailles)

eigenen Stil entwickelt hatte, junge Menschen sehr schlicht, sehr fein und vor allem in fröhlicher Gelassenheit darzustellen. Notre-Dame von Reims hat den Beinamen »Kathedrale der Engel« erhalten, denn nicht nur in den Portalen, sondern überall, unter den Gewölbebogen als Säulen oder auch auf der Spitze eines kleinen Türmchens aus dem 16. Jh., sind Engelsstatuen zu finden.

Im Portal des nördlichen Querschiffes befindet sich im Tympanon eine Madonnenstatue, die im Gegensatz zu den anderen Figuren im Stil eher menschlich und mütterlich wirkt. Die Seitenfassaden sowie der ganze Komplex des Chores mit all seinen Chorkapellen sind beachtenswerte Zeugnisse der gotischen Baukunst.

Inneres: Die Ausmaße entsprechen der großen Bedeutung der Kathedrale: 150 m Länge und nahezu 38 m Höhe. Die Innenmauern sind in drei Etagen gegliedert: Über einer Reihe hoher Arkaden verläuft ein Triforium, woran sich in der Höhe eine Fensterfront anschließt. Man beachte die Feingliedrigkeit des riesigen Kirchenschiffes mit seinen Säulen, Spitzbogen und dem gotischen Gewölbe. Besonders hervorzuheben ist die Innenseite der Westfassade mit der leuchtenden Fensterrosette, die von ca. 50 in Nischen stehenden Statuen umgeben ist (Mitte 13. Jh.). Viele der anderen Fenster (13. und 14. Jh.) wurden von Jacques Simon* restauriert und durch eigene Werke bereichert (z. B. »Das Champagnerfest«, 1954). Bemerkenswert die Glasfenster von Marc Chagall.

Palais du Tau: Unmittelbar neben der Kathedrale befindet sich das ehem. Erzbischöfliche Palais, wo die Könige Frankreichs während der Krönungsfeierlichkeiten in Reims residierten.

Reims, Kathedrale, Rose (westl. Mittelportal)

Reims, Place Royale

Die eindrucksvolle *Palastkapelle* aus dem 13. Jh. erinnert den Besucher stark an die Sainte Chapelle in Paris. Sie ist in zwei Etagen erbaut.
Besonders beachtenswert ist die gotische *Salle du Tau,* die Ende des 15. Jh. erbaut wurde. Dieser Festsaal bildete den feierlichen Rahmen für die Festlichkeiten, die sich an die königliche Salbung anschlossen. Nach 1918 wurde dieser Saal wiederaufgebaut. Ein Kamin von gewaltiger Größe ist noch aus dem Jahre 1498 erhalten.
Das Erzbischöfliche Palais birgt heute das *Museum* der Kathedrale: Hier findet man verschiedene Statuen, die von der Kathedrale entfernt worden sind. Außerdem findet man aufwendige Wandteppiche aus Arras (15. Jh.), »Arrazi« genannt, die in ausdrucksvoller Darstellung die »Geschichte des starken Königs Chlodwig« erzählen. Neben verschiedenen Reliquienschreinen des 12. und 13. Jh., schöner Emailarbeiten und kostbaren Steinen ist auch das wertvolle goldene Salbungsgefäß ausgestellt.

Basilika Saint-Remi: Diese mächtige ehemalige Abteikirche wurde im Lauf des 11. und 12. Jh. auf der Grabstätte des Bischofs von Reims, des Hl. Remi, der im 6. Jh. gelebt hat und vom Volk hoch verehrt wurde, errichtet. Im Ersten Weltkrieg wurde sie stark beschädigt. Bei ihrer Restaurierung war man sehr darauf bedacht, das Originalbild der Basilika wiederherzustellen, so daß die Harmonie der beiden Baustile – Romanik und Gotik – erhalten blieb.
Äußeres: Die verschiedenen Baustile dieser Basilika werden vor allem an ihrem Äußeren erkennbar: Die mächtige *Westfassade* ist romanischen Ursprungs. Das Westportal wird von den Statuen des Hl. Remi und des Hl. Petrus eingerahmt, die auf gallo-römischen Säulen postiert sind. Zwei viereckige Türme mit schiefergedeckten

Turmspitzen überragen die Fassade. Der Südturm stammt aus dem 11. Jh. und ist der einzige noch original erhaltene Turm. Der halbkreisförmige *Chor* zeigt schon gotische Ansätze und dürfte wahrscheinlich der älteste gotische Teil der Kirche sein. Die Strebepfeiler sind sehr schlicht, fast sogar plump gehalten. Die Fassade des *südlichen Querschiffes* hingegen ist schon ganz im eleganten, ziselierten Flamboyant-Stil der französischen Spätgotik erbaut.

Inneres: Die außergewöhnliche Länge des Kirchenschiffes (fast 122 m) wird noch unterstrichen dadurch, daß es ausgesprochen schmal ist. Diese sehr wirkungsvolle Perspektive wird durch eine herrliche »Lichtkrone« hoch oben im Gewölbe noch verstärkt; 96 Lichtquellen symbolisieren die Lebensjahre des Hl. Remi. Die romanische Struktur des Schiffes ist an den Rundbogen mit den großen darüberliegenden Tribünen zu erkennen. Das Spitzbogengewölbe, das auf Säulenbündeln ruht, wurde erst im 12. Jh. erbaut. Im Chor wird die ganze Pracht und das große architektonische Können sichtbar, das die Gotik auszeichnete: Die Apsis erhebt sich in drei Etagen über dem Hauptaltar und besitzt viele Chorkapellen. Eine Reihe zierlicher Säulen trennt die Kapellen vom Chorumgang. Dieser Teil der Kirche ist besonders beeindruckend, da er durch die zahlreichen Glasfenster in leuchtend helles Licht getaucht wird. Einige von ihnen stammen noch aus dem 12. Jh. Hinter dem Hochaltar befindet sich das Mausoleum des Hl. Remi, das mit Statuen aus dem 16. Jh. geschmückt ist. In einer Kapelle des rechten Querschiffes befindet sich ein Monument des Saint-Sépulcre, bestehend aus acht sehr ausdrucksvollen Personen, aus dem Jahre 1531.

Abtei Saint-Remi: Die Klostergebäude (12./13. Jh.) schließen sich in einem sehenswerten architektonischen Komplex an die Kirche an. Sie wurden im 17. und 18. Jh. restauriert. Im *Kapitelsaal* befindet sich ein historisches *Museum,* wo u. a. schöne Kapitelle aus dem 12. Jh. und Teile des wertvollen Kirchenschatzes von Saint-Remi zu sehen sind.

Weitere sakrale Bauwerke: Hinter der Apsis von Saint-Remi liegt ein Park mit den Ruinen der einst bedeutenden Kirche *Saint-Julien.*

Die Kirche *Saint-Jacques* (1190), eines der ältesten sakralen Bauwerke von Reims, 13. bis 15. Jh. umgebaut, ist mit schönen zeitgenössischen Glasfenstern ausgestattet.

Die *Basilika Sainte-Clotilde* mit einem bemerkenswerten Kuppelaufsatz stammt aus dem 19. Jh.

Die *Kapelle Foujita,* von dem japanischen Künstler Foujita* konzipiert und ausgestaltet, ist mit schönen Glasfenstern und stilisierten Fresken, die seine Verehrung für das Christentum ausdrücken sollen, geschmückt.

Musée des Beaux-Arts: In der ehemaligen *Abtei St.-Denis* befindet sich eines der großen Museen Frankreichs mit einer eindrucksvollen *Gemäldesammlung:* Cranach*, Philippe de Champaigne*, Nicolas Poussin*, die Brüder Le Nain*, Fragonard*, Delacroix* sowie etwa 20 Bilder von Corot*, außerdem Frühimpressionisten wie Jongkind* und Boudin* sowie Impressionisten wie Pissarro*, Sisley* und Renoir*.

Musée du Vieux-Reims: Das Museum, das im *Hôtel Le Vergeur* (15. Jh.) untergebracht ist, spiegelt die architektonische Geschichte der Stadt Reims wider. Im Hof findet man einen interessanten Fries mit Darstellungen von Schlachten, im Inneren einen schönen gotischen Saal (13. Jh.), u. a. mit Kupferstichen von Dürer* (»Apokalypse« und die »Große Passion«).

Carnegie-Bibliothek: Von einem Amerikaner gestifteter, nach dem Krieg neu erstellter Bau. In dieser interessanten *Stadtbibliothek* befinden sich seltene Manuskripte (teilweise aus dem 10. und 11. Jh.), Inkunabeln, schöne Kupferstiche sowie Werke großer Karikaturisten wie z. B. Daumier*.

Remiremont

88 Vosges — 11 500 Ew — S. 417 □ N 6

Eine hübsche Stadt, auf einer waldigen Anhöhe über der Mosel gelegen. Ihre Geschichte ist geprägt von einem berühmten Frauenkapitel aus dem 11. Jh. In der Grand Rue stehen noch verschiedene sehenswerte Häuser mit Arkadenfassaden und einigen beachtenswerten Brunnen.

Kirche Notre-Dame: Der Bau der ehemaligen Abteikirche Saint-Pierre wurde um 1300 begonnen. Sie besitzt ein großes Langschiff mit einem prächtigen Hochaltar aus schwarzem Marmor und weißem Kalkstein (17. Jh.). Eine schöne holzgeschnitzte Madonnenskulptur (11. Jh.) ist hinter einem vergoldeten Holzgitter zu sehen. Unter dem Chorraum befindet sich als

Rennes, Rathaus, Fassade

Krypta eine unterirdische dreischiffige Kirche mit Gewölbe, eines der ältesten Heiligtümer der Vogesen (1049). Nahe bei der Kirche das *Palais* der Äbtissinnen mit einer Fassade aus dem 18. Jh.

Museen: Das kleine *Musée Municipal* ist der Geschichte der Stadt gewidmet. Es birgt einige schöne Gemälde, darunter zwei Bilder von Greuze*. Eine Sammlung religiöser Kunst ist im *Musée Friry* zu sehen.

Rennes

35 Ille-et-Vilaine — 205 730 Ew — S. 413 □ E 6

Die Stadt liegt am Zusammenfluß von Ille und Vilaine und wurde zum Verkehrsknotenpunkt und zum kulturellen und industriellen Zentrum. Hauptsächlich Handel und Verwaltung haben sich in der ehemaligen Hauptstadt

Rennes, Justizpalast

der Bretagne etabliert. Der Wiederaufbau nach dem Zweiten Weltkrieg ließ den Ort zu einer großen, modernen Stadt anwachsen. Rennes wurde von den Redones, einem keltischen Stamm, gegründet und im Mittelalter zu einer Festung ausgebaut. Die Herzöge der Bretagne ließen sich hier krönen. Das Parlament der Bretagne, das sich der absoluten Monarchie widersetzte, hatte hier seinen Sitz. Es war 1551 gegründet worden und residierte in Rennes ab 1561. Es verteidigte mit Erfolg die Rechte der Stadt und der Provinz, die der Bretagne in dem Vertrag von 1532 zugestanden worden waren. Dieselben Rechte versuchte es auch gegenüber der Verfassunggebenden Versammlung durchzusetzen, die in den Jahren 1789 bis 1791 neue, für alle gültige Erlasse herausgegeben hatte.

Nur wenige bauliche Zeugnisse von der großen Geschichte der Stadt Rennes sind heute noch erhalten. Ein fürchterlicher Brand, der sechs Tage lang anhielt, zerstörte 1720 den größten Teil der Innenstadt. Über 100 Menschen fielen damals den Flammen zum Opfer, und nahezu 900 Häuser wurden zerstört. Die Architekten Robelin* und Jacques Gabriel* lieferten die Pläne für den Wiederaufbau. In der Umgebung der Plätze Place du Palais, Place de la Mairie und Place de la République entstanden schnurgerade Straßen mit Wohnhäusern und Prachtgebäuden, deren Fassaden symmetrisch angelegt sind, von Arkaden und Fensterluken nach dem Stil Mansarts unterbrochen. In unmittelbarer Nähe befinden sich auch noch einige der alten Gassen, die von den Flammen verschont blieben, mit schönen säulenverzierten Häusern aus dem 16. und 17. Jh.

Justizpalast: Von 1618 bis 1655 als Sitz des bretonischen Parlamentes nach den Plänen von Salomon de

Brosse*, dem Architekten des Palais du Luxembourg in Paris, erbaut. Im 18. Jh. wurde die Fassade durch Jacques Gabriel* umgebaut: Die doppelte Freitreppe im Hof wurde durch ein ionisches Säulenportal mit zwei Flachreliefs ersetzt. Prachtvolle Innenausstattung aus dem 17. Jh. (Jouvenet*, Coypel*, Errard*); besonders sehenswert der Große Saal mit einer bemalten Kassettendecke, vergoldeten Holzverkleidungen und eleganten Loggien; sehenswert sind auch die modernen Gobelins mit Themen aus der bretonischen Geschichte.

Rathaus und Theater: Beide Gebäude sind an der Place de la Mairie zu finden. Das *Rathaus* (Hôtel de Ville) ist eines der schönsten Bauwerke aus der Zeit nach dem Wiederaufbau von 1720. Es wurde von Gabriel* errichtet und besitzt eine teilweise barocke Fassade und ein hübsches Zwiebeltürmchen. Die große Nische in der Mitte der Fassade war vor der Revolution der Ehrenplatz für eine Gruppe bronzener Statuen, die König Ludwig XV., umgeben von allegorischen Figuren, darstellte. Im Jahre 1911 stellte man, fast als Provokation, an dieser Stelle eine Gruppe auf, die die Vereinigung der Bretagne mit Frankreich symbolisieren sollte. Aber diesem Kunstwerk erging es nicht besser als seinem Vorgänger: Es wurde 1932 von Autonomisten gesprengt.
Das *Theater* ist ein Bauwerk aus dem 19. Jh. Es besitzt ein modernes Dekkengemälde von 1913, das Tänze aus der Bretagne zeigt.

Kathedrale Saint-Pierre: Eine häufig beschädigte, im 19. Jh. völlig neu erbaute Kirche mit einer reichhaltigen Innenausstattung (1880). In einer der rechten Seitenkapellen gibt es einen sehr schönen Altar der flämischen Schule (16. Jh.), der das Leben der Mutter Gottes darstellt.

Basilika Saint-Sauveur: Ganz in der Nähe der Kathedrale gelegen; im 18. Jh. erbaut, mit einem zierlichen Türmchen auf der Vierung und einer schönen Fassade. *Im Inneren* eine wunderschöne Kanzel, die 1781 von einem Kunstschmied der Stadt geschaffen wurde. Ein hoher, vergoldeter Baldachin schmückt den Hochaltar.

Saint-Germain: Ein Flamboyant-Bauwerk aus dem 15. und 16. Jh. mit schönem Doppelportal, einer Kanzel aus dem 16. Jh. und einem Orgelgehäuse aus dem 18. Jh. Die alten Glasfenster stammen ebenfalls aus dem 16. Jh., die modernen hingegen sind von Max Ingrand*.

Notre-Dame: Ehemalige Abteikirche, dem Bischof und Schutzpatron von Rennes, Saint Melaine, geweiht. Sie stammt aus dem 14. und 17. Jh., es gibt jedoch im Hauptschiff und im Querschiff noch Teile aus dem 11. Jh. Im 19. Jh. wurde der Turm durch einen achteckigen Aufsatz erhöht. In der an die Kirche anschließenden *Abtei* (17. Jh.) findet man einen sehenswerten Kreuzgang.

Toussaints: Diese Kirche (1624 bis 1651) liegt am anderen Ufer der Vilaine und gehörte vormals zu einem Jesuitenkolleg. Sie repräsentiert den Stil der Gegenreformation. Über dem *Hauptaltar* interessanter Aufsatz (17. Jh.) aus Marmor und Tuff, teilweise vergoldet, mit einem bemerkenswerten Madonnengemälde.

Palais Saint-Georges: Dieses herrschaftliche Gebäude ist im klassizistischen Stil erbaut und wirkt streng und schmucklos. Es war einst für Benediktinermönche edler Herkunft bestimmt. Die breite Fassade ist von zwei Pavillons eingerahmt und wird von einer langen Arkadenreihe geziert. In die Arkaden ist der Name der Nonne eingraviert, die dieses Palais im 17. Jh. wieder errichten ließ: Magdelaine de la Fayette.

Palais des Musées: Dieses Gebäude am Quai Émile-Zola vereint zwei große Museen: Im Erdgeschoß befindet sich das *Musée de Bretagne:* Es spie-

Rennes, Musée des Beaux-Arts, »Le Nouveau-né« von Georges de La Tour

gelt die bretonische Geschichte und die Volkskunst (schöne Sammlung von Möbeln und Nationaltrachten) wider und zeigt die wirtschaftlichen Probleme von heute auf. Im ersten Stock ist das *Musée des Beaux-Arts* untergebracht: Dieses Museum zeigt eine bemerkenswerte Gemäldesammlung der verschiedensten Epochen: Tintoretto*, Véronese*, Jordaens* (Christus am Kreuz), Louis Le Nain* (Die Jungfrau mit dem Weinglas), Le Guerchin*, Carrache* (Ruhe auf der Flucht), Rembrandt* (Die Toilette der Bethsabe), Champaigne*, Rubens* (Tiger- und Löwenjagd), Chardin*, Georges de La Tour* (Der Neugeborene, um 1630), Paul Gauguin* (Stilleben), weiterhin Werke der Schule von Pont-Aven (Émile Bernard*, Verkade*, Sérusier*), eine ansehnliche Sammlung der Impressionisten Jongkind*, Boudin*, Caillebotte*, Sisley* und moderne Gemälde von Utrillo*, Vlaminck*, Delaunay* und Picasso* sowie eine hervorragende Sammlung von Meisterzeichnungen (Vouet*, Puget*, Watteau*, Botticelli*, Leonardo da Vinci*, Dürer* und Rembrandt*). Einige Vitrinen mit französischer Keramik (17. bis 19. Jh.) sowie ägyptische, griechische und etruskische Altertümer ergänzen die Sammlungen.

Hôtel de Blossac: Das aristokratische Wohnhaus liegt in der Nähe der Kathedrale, 6 Rue du Chapitre, und blieb bei dem Großbrand verschont. Es diente den Gouverneuren der Bretagne als Residenz. Im Vestibül, das von Rundbogenarkaden eingerahmt wird, gibt es eine sehr schöne Treppe mit einem in feinster Ornamentik gearbeiteten eisernen Geländer.

Maison »de Du Guesclin«: In diesem prächtigen Gebäude soll Bertrand Du Guesclin sich aufgehalten haben. Es ist jedoch anzunehmen, daß das Haus erst später entstanden ist. Es stammt aus

Rennes, Maison »de Du Guesclin«

Rennes, Hôtel de Blossac, Treppe

dem 16. Jahrhundert und besitzt eine beachtenswerte Fassade mit sehr vielen Säulen.

Umgebung: Les Iffs (26 km nordwestlich): Die *Kirche* des Dörfchens aus dem 15. und 16. Jh. verdient Beachtung. Sie besitzt vor dem Westportal eine riesige Vorhalle im Flamboyant-Stil, im Chor einen Hochaltar des 17. Jh., wertvolle Glasfenster des 16. Jh., Holzschnitzereien sowie ein Weihwasserbecken und einen Taufstein aus dem 15. Jh. **Schloß von Montmuran** (1 km von Les Iffs): Zwei wuchtige Türme sind von der ehemaligen Festung aus dem 12. Jh. noch erhalten. Die Gebäude des anstelle der Festung erbauten Schlosses stammen aus neuerer Zeit und verbinden die Türme mit dem Eingangsschlößchen und der Zugbrücke aus dem 14. Jh. In der spätgotischen *Kapelle* sind in einem Glasfenster Szenen aus dem Leben des späteren Konnetabels Du Guesclin festgehalten, als er 1354 zum Ritter geschlagen wurde.

Réole (La)

33 Gironde — 5150 Ew — S. 422 □ F 12

La Réole liegt auf einer Anhöhe über der Garonne. Heute hat der Ort nur noch landwirtschaftliche Bedeutung; eine bewegte Geschichte liegt jedoch hinter ihm: Engländer und Franzosen umkämpften ihn wegen seiner strategisch günstigen Lage, und während der Religionskriege wurde er zur Bastion der Protestanten. La Réole besitzt noch viele alte Häuser und die Reste der mittelalterlichen befestigten Burg.

Saint-Pierre: Ehemalige *Klosterkirche* der im 10. Jh. gegründeten *Benediktinerabtei.* Die Kirche selbst wurde erst Ende des 12. bis Anfang des 13. Jh. erbaut, später von den Hugenotten

La Réole, Stadt und Garonne

schwer beschädigt und im 17. Jh. wiederhergestellt. Sie besitzt ein schönes Nordportal im Flamboyant-Stil (14. oder 15. Jh.), interessante Kapitelle und eine romanisch-gotische Apsis; im Inneren befindet sich ein Gemälde von Jean de Batse* (Hochzeit der Jungfrau, 1666) und eine Madonna mit Kind, die man Antonio Allegri Corrège* zuschreibt.

Kloster: Ein sehr schönes Gebäude, das Anfang des 18. Jh. erbaut wurde. Es dient heute profanen Zwecken. Besonders hervorzuheben sind die schmiedeeisernen Arbeiten, die einem Künstler aus dieser Gegend zu verdanken sind, sowie ein Kreuzgang von 1756, dessen schmiedeeiserne Pforte auf die Place Rigoulet führt.

Rathaus: Das alte Hôtel de Ville stammt noch aus der Zeit um 1200. Es wurde im 15. und 16. Jh. zu dem heutigen Gebäude umgebaut.

Ribeauvillé	4410 Ew
68 Haut-Rhin	S. 417 □ O 6

Ein hübsches, typisch elsässisches Städtchen, das von den Kämpfen 1944 verschont blieb und daher durch die vielen alten Häuser seinen pittoresken Charakter behalten hat. Das schönste ist die *Maison de l'Ave Maria,* die ihren Namen einer sehr schönen Holzskulptur verdankt. Das Haus beherbergt heute eine Weinstube (»Winstub«). Die Ruinen der umliegenden Schlösser und Befestigungsanlagen zeugen von der Herrschaft der mächtigen Herren von Ribeaupierre. Viele Bänkelsänger lobten deren Taten, was heute noch am »Pfiffertag«, dem traditionellen Fest des Ortes, zum Ausdruck kommt.

Kirchen: Die ehemalige *Klosterkirche* der Augustiner stammt aus dem 15. Jh. Die gotische *Gemeindekirche* wurde zwischen 1282 und 1473 erbaut.

Rathaus: Das im französischen Stil des 18. Jh. erbaute *Hôtel de Ville* birgt ein kleines *Museum* mit einer schönen Sammlung von Weinbechern, Kelchen und Humpen.

Schlösser: Die Ruinen der mittelalterlichen Burgen *Grand-Ribeaupierre* (auch *Château de Saint-Ulrich* genannt) und *Haut-Ribeaupierre* (auch *Altenkastel* genannt) blicken heute noch stolz auf Ribeauvillé herab. Ab dem 15. Jh. lebten die Herren von Ribeaupierre in dem befestigten *Schloß* (neben dem Gymnasium), von dem ebenfalls noch Reste erhalten sind.

Riceys (Les)	1530 Ew
10 Aube	S. 415 □ L 6

Drei kleine Orte bilden die Gemeinde von Les Riceys. Jeder von ihnen besitzt eine *Kirche* aus dem 16. Jh. *Ricey-Bas:* Großes Kirchengebäude mit viereckigem Hauptturm; spätgotische Züge vermischen sich mit dem typischen Renaissance-Stil von Troyes; sehr reich ausgestattetes Inneres mit einer holzgeschnitzten Christusfigur (15. Jh.), Holzschnitzereien des 18. Jh. und Glasfenstern des 16. Jh. *Ricey-Haute-Rive:* Schönes Kirchenschiff mit sehenswertem Chor; Kanzel aus der Zeit Ludwigs XV. *Ricey-Haut:* Interessante Kirche, beachtenswert sind das Weihwasserbecken und eine Statue der Hl. Brigitte, beides Werke aus dem 16. Jh.

Richelieu	2530 Ew
37 Indre-et-Loire	S. 419 □ G 9

Diese merkwürdige, geometrische Stadt mutet in ihrer Symmetrie fast unwirklich an: Der Architekt Jacques Lemercier* hat sie nach genauen Vorstellungen von Kardinal Richelieu als fast quadratische Anlage, von Wällen und Gräben umgeben, im 17. Jh. erbaut. Von dem riesigen Schloß des Kardinals sind nur noch ein Pavillon und der großartige Park erhalten. Das Zentrum der Stadt wird von zwei symmetrisch angelegten *Plätzen,* einer *Hauptstraße* mit Wohnhäusern in ein-

Ribeauvillé, Typisch elsässische Häuser

heitlichem Stil und von der *Kirche* (1625–1638 von Lemercier* erbaut) geprägt. Weiterhin sehenswert sind die hölzerne *Markthalle* und das *Rathaus* mit einem kleinen historischen *Museum.*

Riom	17 960 Ew
63 Puy-de-Dôme	S. 420 □ J 10

Die ehemalige Hauptstadt des Herzogtums Auvergne verdankt ihr heutiges Aussehen den königlichen Magistraten des 16. bis 18. Jh., die hier Recht sprachen. Sie wollten, in Konkurrenz zu Clermont-Ferrand, eine Stadt von Rang aus ihr machen. Mehrere Gebäude zeugen davon: Die *Maison des Consuls* (16. Jh.) mit reich verzierter Renaissance-Fassade, das *Hôtel Guimoneau* und das *Hôtel de Ville* mit seiner Wendeltreppe.

Kirchen: Die Kirche *Saint-Amable* verbindet Baustile des 12. Jh. (Haupt- und Querschiff), des 13. Jh. (Chor) und des 18. Jh. (Fassade). In der Sakristei sind schöne Schnitzereien aus dem 17. Jh. zu sehen. Aus dem 14. und 15. Jh. stammt die Kirche *Notre-Dame-du-Marthuret* mit schönen Glasfenstern (15. Jh.) und der Statue der bekannten *Madonna mit dem Vogel.* Das Original befindet sich im Inneren; am Portal ist eine Kopie angebracht. Vom früheren Palais de Justice (im 14. Jh. von Jean de Berry errichtet) ist nur noch die *Sainte-Chapelle* mit herrlichen Wandteppichen (17. Jh.) und Glasfenstern (16. Jh.) erhalten. Der Justizpalast selbst wurde im 19. Jh. neu erbaut.

Museen: *Musée Jeanne-d'Arc:* Es ist im Rathaus untergebracht und zeigt neben anderen Erinnerungsstücken den handschriftlich von Jeanne-d'Arc unterzeichneten Brief an die Bewohner von Riom (1429). *Musée Mandet:* In einem schönen Gebäude des 17. Jh.; es enthält eine Sammlung verschiedener Meister des 17. und 18. Jh., außerdem Gemälde von Meistern der Auvergne. *Musée Régional d'Auvergne:* Gebrauchsgegenstände, Möbel, Volkstrachten, Volkskunst der Auvergne.

Umgebung: Mozac (1 km westlich): Die *Kirche Saint-Pierre* wurde im

Richelieu, Porte des remparts

Riom, Kirche, Madonna

Mozac, Kirchenschatz von Saint-Pierre, Schrein des Hl. Calmin

12. Jh. erbaut, jedoch größtenteils durch ein Erdbeben im 15. Jh. zerstört. Gut erhalten blieb eine Reihe von romanischen Kapitellen. Es lohnt sich, die Sakristei zu besichtigen, die den Schrein des Hl. Calmin (12. Jh.) birgt. – **Ennezat** (9,5 km östlich): Das Schiff der *Kirche* (11. Jh.) ist eines der typischen Beispiele romanischer Bauweise in der Auvergne. Es besitzt einen gotischen *Chor* (13. Jh.) mit zwei Fresken des 15. Jh. und sehenswerten romanischen Kapitellen verschiedener Thematik.

Riquewihr/Reichenweier 1200 Ew
68 Haut-Rhin S. 417 □ O 6

Riquewihr liegt inmitten einer hügeligen Landschaft und ist rundum von Weinbergen umgeben. Es wirkt wie ein großes Dorf, eingeschlossen in seine doppelte Befestigungsanlage. Im Jahre 1320 schon erhielt dieses »Dorf« Stadtrecht. Es zählt zu den großen Sehenswürdigkeiten im Elsaß, da es noch drei Viertel seiner alten Wohnhäuser aufzuweisen hat, die z. T. vor 1630 erbaut wurden. Die Bewohner des Ortes wachen heute streng darüber, daß das ursprüngliche Stadtbild nicht verändert wird: Es strahlt die Harmonie und Ruhe eines Weinstädtchens des 16. und 17. Jh. aus. An der *Grand-Rue* und in den winzigen umliegenden Gassen findet man die typisch elsässischen Häuser mit ihrem hübschen Fachwerk, ihren Toren und bezaubernden Innenhöfen mit Galerien. Fast jedes Haus trägt eine Plakette mit der Inschrift seines Baujahres. Zum großen Teil bestehen auch noch die alten Verteidigungsanlagen der Stadt mit ihren Toren, der *Porte Dolder* (13. Jh.), auch Porte d'En-Haut genannt, und dem *Obertor* (16. Jh.).

Mozac, Schrein des Hl. Calmin, Detail

A
ω

Reichenweier, Detail eines Hauses

Postmuseum: Renaissance-Bau, um 1540 errichtet, gut restauriert. Das Gebäude beherbergt ein kurioses Museum der Postgeschichte von der gallorömischen Zeit bis heute.

Museum von Riquewihr: Dieses Heimatmuseum ist in der Porte Dolder untergebracht. Es zeigt Waffen, alte Schlösser, Türklopfer, Bücher, Gebrauchsgegenstände aus früherer Zeit und Erinnerungsstücke aus den zwei Weltkriegen.

Roanne	56500 Ew
42 Loire	S. 420 □ K/L 10

Die bekannte Industriestadt, zwischen Beaujolais und dem Zentralmassiv gelegen, hat durch das renommierte Restaurant der Brüder Troisgros auch gastronomisch einen guten Ruf. Der Ort hat sich aus einem gallischen Dorf entwickelt. Anfang dieses Jahrhunderts begann der in Roanne geborene Joseph Déchelette hier mit Ausgrabungen, die viele archäologische Kostbarkeiten zum Vorschein brachten. In einem nach dem Archäologen benannten *Museum* (22. Rue Anatole-France) sind diese Funde zu sehen, ebenso eine Dokumentation über den Verlauf der Ausgrabungen.

Rocamadour	710 Ew
46 Lot	S. 419 □ H 12

Die großen Jurakalk-Hochflächen, die verkarsteten Plateaux des Causses, bergen geheimnisvolle unterirdische Höhlen, Grotten (wie z. B. Gouffre de Padirac) und Flußläufe. Inmitten dieser fast unwirklich erscheinenden Landschaft liegt der Ort Rocamadour wie angeklebt an den Felsen einer hohen Klamm.
Seit dem Mittelalter schon ist dieser Ort eine Wallfahrtsstätte. Die Pilger kommen auch heute noch hierher, um die Reliquien eines legendären Eremiten, des Hl. Amadour, zu verehren. Sein Körper soll im 12. Jh., weit über tausend Jahre nach seinem Tode, unverwest entdeckt worden sein. Ludwig IX., Philipp III., Philipp der Schöne, Karl VII., Ludwig XI. sowie viele Prinzen und Prälaten kamen, um die Madonna von Rocamadour anzubeten, ebenso wie Pilgerscharen, die aus allen christlichen Ländern herbeiströmten. Vom 12. bis zum 15. Jh. erblühte der Ort, erfuhr jedoch mit dem Nachlassen der Wallfahrten im 17. und 18. Jh. und später einen jähen Niedergang. Diese heilige Stätte erhielt ihre ursprüngliche Größe und Bedeutung erst im 19. Jh. nach einer gründlichen Restaurierung wieder. Heute kann sich Rocamadour zu einer der größten geistlichen Stätten zählen.

Zivil- und Militärbauten: Viele Gebäude zeugen von der Vergangenheit des Ortes: Das restaurierte *Schloß,* das

Rocamadour, Ansich

heute den Priestern als Wohnung dient; einige mittelalterliche *Festungstore,* darunter die *Porte du Figuier* (13. oder 14. Jh.), die den Zugang zur *Grand-Rue* freigibt; viele alte Häuser in der Hauptstraße (z. T. restauriert), von denen als schönstes das nach einem Brand (1925) wiederhergestellte *Rathaus* (»La Couronnerie«) hervorgehoben werden muß. Im großen Saal des ersten Stockes befinden sich zwei bemerkenswerte Wandteppiche, die in Aubusson nach Vorlagen von Lurçat* gearbeitet wurden. Eines der für Rocamadour besonders typischen *Häuser* aus dem 13. Jh. findet man in der *Rue de la Mercerie,* der ältesten Straße des Ortes: Die *Maison de la Pomette,* deren Decke auf einem Mittelpfeiler ruht.

Wallfahrtskapellen: Die »Große Treppe«, *Via Sancta,* ist der Pilgerweg. Er führt zu einem Absatz, unter einem restaurierten Bauwerk des 14. Jh. hindurch, bis hin zu dem Platz, um den sich die Wallfahrtskapellen gruppieren.
Saint-Amadour: Sie stammt aus dem 12. Jh. und besitzt beachtenswerte moderne Gemälde, die das Leben des Hl. Amadour darstellen. Die Kapelle ist unter der Basilika Saint-Sauveur gelegen.
Basilika Saint-Sauveur: Ende des 12. Jh. erbaut, trägt diese Kirche schon frühgotische Züge. Durch hohe Pfeiler ist sie in zwei Kirchenschiffe unterteilt. Sie birgt ein großes Kruzifix aus dem 16. Jh.
Chapelle Miraculeuse: Diese Kapelle steht in Verbindung mit der Basilika Saint-Sauveur. Sie wurde im Jahre 1479 in den Felsen eingebaut, an die gleiche Stelle, wo eine andere Kapelle durch einen Erdrutsch verschüttet worden war. Hier finden sich zahlreiche Votivtafeln, außerdem als besondere Attraktion die Ketten von Gefangenen (sie sollen nach einer Wallfahrt von ihnen abgefallen sein) und eine sehr alte Glocke. Eine schlichte Statue der Jungfrau von Rocamadour (Ende des 12. Jh.) steht über dem Altar. Die Kapelle wurde im 19. Jh. umgestaltet. An der Außenwand besitzt sie ein schon fast verblichenes Fresko aus dem 15. Jh. Von der Kapelle aus gelangt man auf einen Vorplatz, den Parvis Notre-Dame, mit einem überragenden Felsen, »Rolandsschwert« genannt. Der Legende nach soll es von dem Gefährten Karls des Großen vor seinem Tod von dem Ort Ronceveaux bis zu dieser Stelle geschleudert worden sein.
Saint-Michel: Gegenüber der Chapelle Miraculeuse gelegen, hat Saint-Michel recht gut erhaltene Fresken an der Außenfassade (Verkündigung und Heimsuchung).

Rochechouart, Schloß

Rochechouart	4200 Ew
87 Haute-Vienne	S. 419 □ G 10

Der kleine Ort liegt auf einem Hügel mit schönem Blick auf die Berge des Limousin.

Schloß: Es stammt aus dem 15. Jh. und wird von einem Graben umgeben. Zwei Seiten des Ehrenhofes, der im 17. Jh. umgebaut wurde, sind mit Säulenstümpfen geschmückt. Ein *Wach-*

turm, die Tour de la Décube, ist noch aus dem 13. Jh. erhalten. Sehenswert ist das Fresko im großen Jagdsaal. Im Schloß ist heute das sehenswerte *Städtische Museum* mit zahlreichen prähistorischen und gallo-römischen Funden untergebracht.

Roche-Courbon, La (Schloß)
17 Charente-Maritime S. 418 □ F 10

Ein schönes *Schloß* aus dem 15. Jh., das im 17. Jh. umgebaut und durch Pierre Loti (1850–1923) vor dem Verfall bewahrt wurde.
Der beliebte französische Romancier lebte hier und hat die Anlage als »Dornröschen-Schloß« beschrieben.
Das Schloß besitzt noch Reste der alten Befestigung (u. a. einen Wachturm, in dem heute ein kleines *prähistorisches Museum* untergebracht ist), ein monumentales Eingangstor aus der Renaissance-Zeit, die »Porte des Lions«, und eine wunderschöne französische Gartenanlage mit einem großen Wasserbassin beim Schloß. Eine wertvolle Innenausstattung aus dem 17. Jh., mit einem Baderaum, der vollkommen mit Bildtafeln ausgeschmückt ist, geben dem Schloß die besondere Note.

Rochefort 32 880 Ew
17 Charente-Maritime S. 418 □ E 10

Rochefort ist heute Handelshafen und war lange Zeit Stützpunkt der Kriegsmarine. Es wurde unter Ludwig XIV. von Colbert nach einem systematischen Plan errichtet. Die Straßen schneiden sich im rechten Winkel. Im Zentrum der Stadt steht ein riesiger *Brunnen* aus dem 18. Jh. mit einer Skulpturengruppe, die den Ozean und die Charente symbolisiert. Das alte *Arsenal* im Osten, das schönste und größte seiner Zeit, wurde 1944 schwer beschädigt und ist nicht mehr zu besichtigen. Eine Art Triumphbogen, die *Porte du Soleil* (1830), ist noch gut erhalten und bildete damals den Haupteingang zu den Arsenalgebäuden.

Museen: Das *Marinemuseum* ist im Hôtel de Cheusse (17. Jh.) untergebracht. Es zeigt Schiffsmodelle des 17. Jh. und Dokumente über die Ge-

La Roche-Courbon, Schloß

Moëze, Temple de Moëze

Fouras, Festung

schichte der Seefahrt von Rochefort. Im *Musée des Beaux-Arts* findet man neben lokalgeschichtlichen Zeugnissen Zeichnungen von französischen und ausländischen Malern. Das *Musée Pierre-Loti* präsentiert die große private Sammlung des ehemaligen Marineoffiziers und späteren Romanschriftstellers Pierre Loti, der hier 1850 geboren wurde. Die Schlichtheit seines eigenen Arbeitszimmers steht im großen Gegensatz zu der Überfülle des exotischen Dekors der anderen Räume (Moschee, türkischer Salon, arabischer Salon u. a.).

Umgebung: Échillais (5 km südlich): Ein kleiner Ort mit romanischer *Kirche* des 12. Jh. Reich geschmückte Fassade, die wie ein Triumphbogen wirkt. Links vom Portal ein Phantasietier. **Moëze** (5 km südwestlich): Kirche mit hohem spätgotischem Glockenturm, der den Seeleuten als Seezeichen diente. Der *»Temple de Moëze«* (16. Jh.), mit einem schönen Kreuz, der »Croix hosannière«, ist wahrscheinlich ein unvollständiges Monument. **Fouras** (13 km nordwestlich): Auf einer Halbinsel gegenüber der Insel Aix gelegen; im 17. Jh. mit einer dreifachen Umwallung durch den Festungsbaumeister Vauban* umgeben; schöner *Wachturm* aus dem 15. Jh. mit einem kleinen lokalgeschichtlichen *Museum*.

Rochefoucauld (La)

3780 Ew

16 Charente

S. 419 □ G 10

Schloß: Es stammt aus dem 12. und 16. Jh. und erinnert an die Schlösser der Loire mit seinen Schieferdächern und dem weißen Gestein. Besitztum der Nachkommen des Autors der »Maximes«, François de la Rochefoucauld. Schloß mit großartiger Renaissancefassade; schöner Innenhof; drei

La Rochefoucauld, Schloß

La Rochelle, Tour de la Lanterne

Etagen mit offenen Galerien an der Hofseite. Das Schloß ist nicht zu besichtigen.

Rochelle (La)	81 880 Ew
17 Charente-Maritime	S. 418 ☐ E 9

La Rochelle, eine der malerischsten Städte der Atlantikküste, zog viele Künstler an: Joseph Vernet*, Corot*, Signac* und Marquet*; der Maler und Schriftsteller Eugène Fromentin* wurde hier 1820 geboren. Durch Salz- und Weinhandel blühte die Stadt auf. Schon im 12. Jh. wurde sie zur freien Gemeinde ernannt, die Errichtung des Hafens vergrößerte noch ihre Bedeutung (14. Jh.). Während der Reformation wurde sie zur Zufluchtsstätte der Protestanten und nahm nach der Bartholomäusnacht viele Hugenotten auf. Aufgrund des Widerstandes gegen die Belagerung durch die königliche Armee 1572 gewährte man den Calvinisten Religionsfreiheit. Doch schon 1627/28 wurde La Rochelle von Richelieu unter Ludwig XIII. erneut belagert und so isoliert, daß es nach 15 Monaten härtesten Widerstandes kapitulieren mußte. Die Stadt bekam alle ehemaligen Privilegien entzogen, konzentrierte sich nun auf den Ausbau ihrer Handelsbeziehungen mit Kanada und den Antillen und fand langsam zu ihrer vormaligen Blüte zurück. Die Stadt widmet sich heute verstärkt kulturellen Aufgaben und empfängt in ihrem Kulturzentrum jeden Sommer internationale Künstler bei dem *Treffen der Vertreter der zeitgenössischen Kunst.*

Alter Hafen: Die Einfahrt zum Hafen wird von zwei mächtigen Türmen eingerahmt. Die *Tour Saint-Nicolas* erhebt sich mit ihren 28 m Höhe am südlichen Ufer. Von hier aus wurde die Verteidigung der Hafeneinfahrt und

La Rochelle, Kirche Saint-Sauveur

eines kleinen Teiles der Stadt übernommen. Der Turm ist eine kleine Festung für sich: Die fünf Ecken sind durch Türmchen verstärkt, über der Plattform erhebt sich ein großer viereckiger Donjon. Das Bauwerk ist ein schönes Beispiel militärischer Baukunst des 14. Jh. Das Innere ist großzügig angelegt mit drei übereinanderliegenden achteckigen Sälen und zahlreichen Nebenräumen.
Aus derselben Zeit stammt die gegenüberliegende *Tour de Chaîne.* Sie verdankt ihren Namen der dicken Sperrkette, die nachts die beiden Türme miteinander verband, um die Einfahrt in den Hafen zu blockieren. Der obere Teil des Turmes wurde im 17. Jh. abgerissen. Im Inneren ist ein Modell der mittelalterlichen Stadt aufgebaut.
Auch die etwas abseits stehende *Tour de la Lanterne* (15. Jh.) diente als befestigter Verteidigungsturm und, wie der Name schon andeutet, als Leuchtturm. Der Turm läuft in eine achteckige Turmspitze, die mit kleinen Krabben verziert ist, aus.

Innenstadt: Von der *Porte de la Grosse Horloge* (13. und 18. Jh.) führt die Hauptstraße, die Rue du Palais und deren Fortsetzung, die Rue Chaudier, vom Hafengelände ins Stadtzentrum. Diese Straßen geben ein gutes Bild von der in La Rochelle üblichen Bauweise. Das Gebäude der *Handelskammer* zeigt zur Straße hin eine schöne Arkadenfassade und zum Innenhof zwei durch einen eleganten Säulengang miteinander verbundene Seitenflügel. Der *Justizpalast* stammt, wie auch das Haus der Handelskammer, aus dem 18. Jh. Er besitzt eine monumentale Fassade mit korinthischen Säulen und einem Skulpturenfries. In der Rue des Augustins befindet sich die *Maison Henri II.,* das Haus eines reichen Bürgers des 16. Jh. Loggia und Galerien schmücken die Fassade. Interessant ist noch die *Rue des Merciers* mit ihren für das 16. Jh. typischen Häusern. Schöne Fassaden, Nischen mit Büsten und allenthalben geschmückte Dachfenster.

Marktplatz: Zwei schöne alte Häuser sind hier erwähnenswert: Das eine stammt aus dem 15. Jh. und ist ein alter Fachwerkbau. Das andere ist aus Stein und stammt aus dem 16. Jh. *Rue de l'Escale:* Straße mit sehenswerten Häusern des 18. Jh. Die *Maison du Médecin Venette* (17. Jh.) wird durch eine auffallende Fassade geziert: Sie zeigt die Büsten von sechs berühmten Ärzten der Antike und des Mittelalters.

Rathaus: Im 15. und 17. Jh. erbaut, wirkt es von außen wie eine Befestigungsanlage mit Zinnen und Scharten und zwei kleinen Wachtürmen. Interessante Fassade auf der Hofseite mit einer offenen Arkadengalerie. Im oberen Geschoß große Fenster, von korinthischen Säulen umrahmt; kleine Nischen mit Statuen, die die Kardinaltugenden symbolisieren. Im Inneren des

La Rochelle, Luftaufnahme

Esnandes, Kirche

La Rochepot, Schloß

Rathauses Möbel und Erinnerungsstücke an den beliebten Bürgermeister Jean Guiton, der der Belagerung durch Richelieu so lange standgehalten hatte.

Museen: *Musée des Beaux-Arts:* Im ehemaligen Bischofspalast ist eine Galerie mit Bildern von der frühen flämischen Schule bis zu zeitgenössischen Gemälden untergebracht, darunter einige von Corot*, Fromentin* und Chassériau*.
Musée d'Orbigny-Bernon: Das Haus bietet lokalgeschichtliche Dokumente und interessante Keramik dieser Gegend.
Musée Lafaille: Meeres- und Völkerkundemuseum mit einem Kabinett für Naturgeschichte des in La Rochelle geborenen Lafaille (18. Jh.).

Kathedrale Saint-Louis: Im 18. Jh. von Jacques Gabriel* und dessen Sohn Jacques Ange erbaut; unvollendet blieb die Fassade, für die zwei Türme vorgesehen waren; in einer der Kapellen interessante Votivtafeln aus dem 17. und 18. Jh.

Kirche Saint-Sauveur: Ein beachtlicher Glockenturm aus dem 15. Jh. ist das einzige, was von der ehemals schönsten Kirche der Stadt erhalten blieb. Das heutige Schiff stammt aus dem 18. Jahrhundert.

Umgebung: Esnandes (12 km nördlich von La Rochelle): Der kleine Ort besitzt eine interessante Kirche, die für sich schon einen Besuch lohnt. Die schöne Fassade ist ein gutes Beispiel für die im Poitou ausgeprägte romanische Bauweise. Das Besondere an dieser Kirche ist jedoch, daß ihre Fassade in die Befestigungsanlagen aus dem 14. und 15. Jahrhundert eingebaut ist, inmitten von Wehrmauern mit Umgang, Zinnen, Scharten und Pechnasen.

Apremont, Schloß

Rochepot (La)	260 Ew
21 Côte d'Or	S. 420 □ L 8

Der kleine Ort hat eine bemerkenswerte romanische Kirche, die im Laufe der Jahre oft umgebaut wurde.

Schloß: Über dem Dorf erhebt sich auf einer waldigen Anhöhe das *Schloß La Rochepot,* in dem 1428 der Seneschall von Burgund, Philippe Pot, geboren wurde. Während der Revolution wurde das Gebäude stark beschädigt, war dann lange Zeit verlassen und wurde erst durch den Sohn des Präsidenten Sadi Carnot restauriert. Im Inneren werden schöne Möbel und Kunstgegenstände präsentiert.

Umgebung: Nolay (4 km westlich): In der Nähe der Kirche (17. Jh.) steht die eindrucksvolle Markthalle aus dem Mittelalter (schöne Zimmermannsarbeit).

Roche-sur-Yon (La)	48050 Ew
85 Vendée	S. 418 □ E 8

Während des Krieges zwischen der Vendée und den Republikanern wurde die Stadt in Brand gesetzt und völlig zerstört. 1804 entschloß sich Napoleon, aus ihr einen strategischen Mittelpunkt zu machen. Um die *Place Napoléon,* mit dem Reiterstandbild des Kaisers, sind die Straßen rechtwinklig angelegt. Das *Museum* zeugt von den Kämpfen jenes Vendée-Krieges und zeigt außerdem eine bemerkenswerte Sammlung gallo-römischer Funde dieser Gegend.

Umgebung: Apremont (8 km östlich): Zwei große Türme und eine Kapelle sind die einzigen Überreste des herrschaftlichen Renaissance-Schlosses (16. Jh.) von Admiral Philippe de Chabot.
Les Essarts (20 km östlich): Der Zu-

Rocroi, Luftaufnahme

Rodez, Kathedrale Notre-Dame

gang zu dieser Schloßruine (15. Jh.) wird durch eine Zugbrücke mit Fallgatter und zwei flankierende Rundtürme geschützt. Einer von ihnen, der mächtige Donjon, soll aus dem 11. Jh. stammen.

La Chabotterie (24 km nördlich): Dieser alte, befestigte Herrensitz aus dem 16. und 17. Jh. wurde durch den Anführer der Royalisten, Charette, bekannt, der hier gefangengenommen wurde.

Rocroi	2910 Ew
08 Ardennes	S. 411 □ L 3

Kleine Industriestadt, die noch heute ihre von Vauban (1691) gebaute Befestigungsanlage vorweisen kann: Fünfeckige Umwallung um die sternförmig angelegte Stadt mit insgesamt acht Hauptstraßen, die von der Place d'Armes ausgehen.

Die alte Festungsstadt bewahrt die Erinnerung an den überaus geschätzten Grand Condé: Als Herzog von Enghien gelang es ihm im Jahre 1643, einen entscheidenden Sieg über die Spanier zu erringen.

Rodez	28170 Ew
12 Aveyron	S. 424 □ J 13

Rodez liegt auf einem Hügel über dem Aveyron. Es war die Hauptstadt der ehemaligen königlichen Provinz Rouergue und im Mittelalter Streitobjekt zwischen Landgraf und Bischof. Sie teilten sich schließlich die Stadt und halbierten sie durch hohe befestigte Mauern.

Kathedrale Notre-Dame: Die große Kirche aus dem 13. und 16. Jh. befindet sich auf der Place d'Armes, im belebten Zentrum der Stadt.

Romans-sur-Isère, Kirche Saint-Barnard

Äußeres: Die rote Sandsteinfassade wird von zwei unvollendeten Türmen flankiert. Die Kirche war einst in die Befestigungsanlagen eingegliedert und wirkt auch heute noch recht abweisend. Lediglich die oberen Partien erhielten einige Ausschmückungen: Über einer Rosette im französischen Flamboyant-Stil erhebt sich eine breite Renaissance-Krone. Auch der hohe, fünf Etagen umfassende Glockenturm, der im beginnenden 16. Jh. errichtet wurde, steht in starkem Gegensatz zu der strengen Fassade: Die drei oberen Etagen tragen sehr schöne Ausschmückungen. Die abschließende kleine Laterne dient als Sockel für eine Statue der Jungfrau Maria.
Inneres: 110 m langes Kirchenschiff mit 27 Seitenkapellen, deren Ausstattung z. T. sehr kostbar ist. In der dritten Kapelle auf der rechten Seite steht hinter einer fein gearbeiteten Schranke (16. Jh.) ein Renaissance-Altar mit großem Altaraufsatz aus bemaltem Stein (Grablegung, 16. Jh.). Daneben eine Kapelle mit einem Christusaltar des 15. Jh. (Christus am Ölberg); besonders sehenswert der Lettner im südlichen Querschiff; im Chorumgang Sarkophage aus weißem Marmor (6. Jh.) und in den Chorkapellen die Grabmale der Bischöfe von Rodez; Orgelgehäuse und Chorgestühl in feinster Holzschnitzarbeit des 17. Jh.

Kirche Saint-Amans: Die im 18. Jh. umgebaute Kirche besitzt im Inneren noch ihren romanischen Charakter (12. Jh.) mit herrlichen Kapitellen und schönen Wandteppichen (16. Jh.), die Szenen aus dem Leben des Hl. Amans darstellen.

Musée Fenaille: In zwei Gebäuden untergebracht (Gotik und Renaissance); prähistorische und gallo-römische Funde (keltische Hünensteine, gallische Götterstatuen, Töpfereien aus dem 1. Jh.) sowie beachtliche Skulptu-

ren aus dem Mittelalter und der Renaissance-Zeit.

Musée des Beaux-Arts: Das Museum bietet unter anderem vor allem wertvolle Gemälde von alten und zeitgenössischen Malern sowie von Künstlern der Region.

Romans-sur-Isère	34200 Ew
26 Drôme	S. 421 □ M 11

Romans entstand nach der Gründung eines Klosters (837) durch den Mönch Barnard. Heute hat sich die Stadt zu einer namhaften Schuhmetropole entwickelt. Die pittoreske *Altstadt* im Umkreis der Kirche lohnt einen Spaziergang: Place aux Herbes; Rue des Trois-Carreaux mit dem alten Palais der Erzbischöfe von Vienne; Rue des Clercs. Der *Jaquemart,* ein Turm der früheren Befestigungsanlage (14. Jh.), ist zu einem Glockenturm umgebaut worden.

Kirche Saint-Barnard: Die ehemalige Abteikirche war das Zentrum, um welches sich nach und nach der Ort Romans entwickelte. Sie wirkt sehr schlicht mit ihrer schmucklosen Fassade, der für den romanischen Baustil typischen, etwas gedrungenen Apsis und dem großen, hoch aufragenden Glokkenturm. Auch andere Teile der Kirche stammen noch aus der Romanik: Das Portal und die unteren Partien des Kirchenschiffes sind aus dem 12. Jh., Querschiff und Chor aus dem 13. Jh. Der Glockenturm entstand im 14. Jh., die Seitenkapellen noch später. Der untere Teil des Kirchenschiffes trägt auch im Inneren noch romanische Züge, während die obere Partie mit ihren schönen Kapitellen aus der Gotik stammt. Im Gewölbe der Opferkapelle (15. Jh.) sind Wandbespannungen nach den Entwürfen eines flämischen Meisters aus dem 15. Jh. angebracht und außerdem Reste alter Fresken zu sehen.

Völkerkunde- und Schuhmuseum: Schuhmode aus vier Jahrtausenden von der Antike bis heute wird hier vorgestellt, ebenso wie Brauchtum, Land und Leute und die Geschichte dieser Region.

Umgebung: Saint-Donat-sur-l'Herbasse (12 km nordwestlich): Altes Städtchen mit einer Stiftskirche aus dem 11. und 12. Jh. Der Chor stammt aus dem 15. Jh., die Innendekoration aus dem 18. Jh. Die Kirche ist in der Gegend vor allem wegen ihrer bemerkenswerten Orgel bekannt.

Romorantin-Lanthenay	17040 Ew
41 Loir-et-Cher	S. 414 □ I 7

Eine hübsche alte Stadt, an der Sauldre gelegen, mit schönen Bauwerken aus früheren Zeiten: Reste des *königlichen Schlosses* (15./16. Jh.), wo der spätere König Franz I. seine Jugend

Romorantin, Carroir Doré

verbrachte; das Renaissance-Gebäude *Hôtel de la Chancellerie;* das *Hôtel Saint-Pol* (interessante Fassade); die *Maison du Carroir Doré* (1480), daneben ein kleines geschichtliches und *archäologisches Museum.* Im Rathaus ist das *Musée de Sologne* untergebracht. Der Besuch dieses Museums bringt dem Fremden diesen recht ausgefallenen Landstrich näher: Allgemeine Informationen über den Siedlungsraum der Sologne, über die Landwirtschaft, ihre Kunst und ihre mannigfaltigen Volkstraditionen.

Umgebung: Château du Moulin (13 km westlich): In der Nähe des Dorfes **Lassay-sur-Croisne** (Kirche des 15. Jh. mit alten Fresken) liegt dieses hübsche Schloß inmitten eines waldigen, seenreichen Geländes. Zwischen 1480 und 1502 erbaut, wurde es später restauriert und neu möbliert (sehenswert sind unter anderem schöne Wandteppiche).

Ronchamp	3090 Ew
70 Haute-Saône	S. 417 □ O 7

Ronchamp ist eine kleine, aber wichtige Industriestadt, die vor allem wegen ihrer 1955 von Le Corbusier* erbauten Kapelle *Notre-Dame-du-Haut* bekannt wurde. Der Künstler hat die Kirche mit ihren geschwungenen Linien harmonisch in die Hügellandschaft der auslaufenden Vogesen eingepaßt. Sie wirkt fast wie ein schönes, in Grau und Weiß gehaltenes Luftschiff, das von drei runden Türmen auf dem Boden festgehalten wird. Im Inneren fallen besonders die dicken Mauern auf, die von kleinen Fenstern durchbrochen werden (eigenartige Beleuchtung).

Roquebrune	11 250 Ew
06 Alpes-Maritimes	S. 426 □ P 14

Das Dorf wurde im 10. Jh. von einem Grafen von Vintimille auf einem isoliert stehenden Felsen erbaut, der sich durch ein Erdbeben vom Bergmassiv abgetrennt haben soll. Bald entwickelte sich der Ort zu einer richtigen Festung, in deren Mitte der herrschaftliche *Donjon* stand, ein Wehr- und Wachturm aus dem 12. Jh., der seit dem 15. Jh. nur noch »Das Schloß« genannt wurde. Er besitzt im dritten Stockwerk eine kleine herrschaftliche Wohnung. Schöne Aussicht von der Plattform aus. Der Ort war einst Lehensgut der Prinzen von Monaco, wurde während der Revolution den Alpes-Maritimes eingegliedert und 1814 an Monaco zurückgegeben. Nachdem Roquebrune 1848 freie Stadt wurde, suchte es freiwillig den Anschluß an Frankreich.

Roquebrune-sur-Argens	5040 Ew
83 Var	S. 426 □ O 14

Ein hoch auf einem Felsen gelegenes malerisches Dörfchen mit einer *Kirche*

Roquetaillade, Schloß

(16. Jh.), in der vier Altaraufsätze (15. und 16. Jh.) besonders sehenswert sind.
Das *Kloster Notre-Dame-de-Pitié* besitzt eine schöne Kapelle. Das bemerkenswerte Klostergebäude stammt aus dem 17. Jh.

Roquetaillade (Schloß)	
33 Gironde	S. 422 ☐ F 12

Das imponierende Schloß wurde zu Beginn des 14. Jh. von einem Kardinal, dem Neffen des Papstes Clemens V., errichtet. Roquetaillade besitzt einen mächtigen mit Zinnen versehenen Wehrturm und eine sehr alte Kapelle, die jedoch oft umgebaut wurde. Im letzten Jahrhundert wurde die gesamte Schloßanlage von Eugène Emmanuel Viollet-le-Duc*, dem großen französischen Baumeister des 19. Jahrhunderts, restauriert.

Rouen	118330 Ew
76 Seine-Maritime	S. 410 ☐ H 3/4

Rouen, die ehemalige Hauptstadt der Normandie, ist eine wichtige Handels- und Hafenstadt am rechten Seineufer. Es liegt auf dem Plateau von Caux und hat sich zu einem großen Industriezentrum ausgedehnt. Dieses »Groß-Rouen« hat sich einen wertvollen historischen Kern bewahrt und wird wegen seiner großen Zahl an Kunstschätzen auch »Museumsstadt« genannt. Obwohl die Stadt im zweiten Weltkrieg zum großen Teil abgebrannt ist, blieben noch eine Anzahl schöner Kirchen und anderer Bauwerke erhalten. In den malerischen Straßen des Stadtzentrums finden sich viele hübsche Fachwerkhäuser, das Stadtbild bezeugt die fast zweitausendjährige Geschichte von Rouen. Der gallo-römische Kern der Stadt liegt am rechten Seineufer. Schon in jener Zeit besaß die Stadt

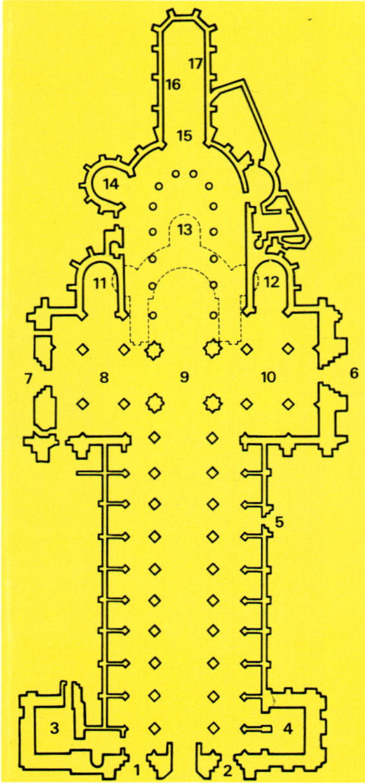

Rouen, Kathedrale Notre-Dame 1 Portail Saint-Jean **2** Portail Saint-Étienne **3** Tour Saint-Romain **4** Tour de Beurre **5** Portail des maçons **6** Portail de la Calende **7** Portail des libraires **8** Nördl. Querschiff **9** Laternenturm **10** Südl. Querschiff **11** Kapelle du Saint-Sacrament **12** Kapelle Sainte-Jeanne-d'Arc **13** Krypta **14** Kapelle Saint-Pierre et Saint-Paul **15** Kapelle de la Vierge **16** Grabmal der Brézé **17** Grabmal der Kardinäle von Amboise

einige Bedeutung, sie wurde zum Sitz der Erzbischöfe (Hl. Ouen, Hl. Romain), erlebte die Taufe des bekehrten Rollo, eines Wikingers, der im Jahre 911 der erste Herzog der Normandie wurde. Die Stadt wurde von Franzosen und Engländern hart umkämpft, sie wurde oftmals belagert und kam erst im Jahre 1449 definitiv an Frankreich. Von den Burgundern gefangengenommen und an die Engländer ausgeliefert, bekam Jeanne d'Arc, die Jungfrau von Orléans, hier ihren Prozeß gemacht. Sie wurde von einem kirchlichen Tribunal verurteilt und im Mai 1431 lebendig verbrannt. Ganz in der Nähe ihrer Hinrichtungsstätte haben die Bewohner eine moderne Kirche und eine Gedenkstätte erbaut.
Rouen kann nicht nur auf eine große historische, sondern auch auf eine literarische Vergangenheit zurückblicken: Pierre Corneille wurde hier im Jahre 1606 geboren und lebte in Rouen bis 1662. Er schrieb hier mehrere seiner Stücke, ohne jedoch seinen Beruf als Advokat zu vernachlässigen. Eine schöne Frau aus dieser Gegend inspirierte ihn zu seinem ersten Werk (»Mélite«). Der ebenfalls in Rouen geborene Neffe Corneilles, Fontenelle, publizierte hier seine Werke. Blaise Pascal verbrachte in dieser Stadt mehrere Jahre seiner Jugendzeit, entwikkelte eine Rechenmaschine, um seinem Vater bei Berechnungen zu helfen und machte seine ersten Entdekkungen über den Luftdruck, den er durch Experimente nachwies. Hier kam er auch mit der Gedankenwelt des Jansenismus in Berührung, dem er viele Schriften widmete. Gustave Flaubert, Sohn eines Chirurgen, kam im Jahre 1821 in einem Pavillon des Hôtel-Dieu zur Welt, lebte und starb in Croisset, einem nahegelegenen Vorort am Ufer der Seine. Das Leben in Rouen und der Umgegend beschreibt er in seinem Roman »Madame Bovary«.

Kathedrale Notre-Dame: Die große Kathedrale von Rouen zählt zu den schönsten und bekanntesten religiösen Bauwerken der Gotik in ganz Frankreich. Sie steht an einem Ort, der schon im 4. Jh. zur Kultstätte auserwählt worden war. Bevor die gotische Kathedrale etwa im Jahre 1170 begonnen wurde, stand hier eine alte romanische Kirche, deren Platz das heutige Gotteshaus einnimmt. In ihren wichtigsten Teilen war Notre-Dame um die Mitte des 13. Jh. fertiggestellt, wurde jedoch in den weiteren Jahrhunderten

Rouen, Kathedrale, Fassade

Rouen, N.-D., Portail de la Calende

von den Erzbischöfen und Domherren von Rouen weiter ausgebaut und verschönert. So entstanden die Seitenkapellen Ende des 13. Jh., die Marienkapelle zu Beginn des 14. Jh. und der bekannte Glockenturm »Tour de Beurre« zwischen 1485 und 1506. Die gewagte hohe Kirchturmspitze, die kilometerweit zu sehen ist, wurde erst 1825 aufgesetzt und ist vollkommen aus Gußeisen. Glücklicherweise wurden im Jahre 1939 die schönsten der Glasfenster ausgelagert (dies geschah nicht nur mit den Fenstern von Notre-Dame, sondern auch mit denen vieler anderer Kirchen in Rouen). Als die deutschen Truppen einmarschierten, brannte die Kathedrale teilweise ab (Juni 1940) und wurde im April und Juni 1944 sehr stark beschädigt. Um die Ruine nicht ganz dem Verfall auszusetzen, wurde mit einer gründlichen und sorgfältigen Restaurierung begonnen.
Zur Zeit sind die Restaurateure sehr besorgt wegen der starken Verschmutzung und Zersetzung der fein ziselierten Steinornamente am Hauptportal. Die Fassade mit diesem Portal wurde von dem großen Impressionisten Claude Monet* meisterhaft auf mehreren Bildern festgehalten: Notre-Dame zu verschiedenen Tageszeiten und bei verschiedenem Wetter. Das 137 m lange Kirchenschiff ist nach Osten hin ausgerichtet, zeigt also in klassischer Weise mit dem Chorraum zur aufgehenden Sonne und nach Jerusalem. Sein Grundriß hat die Form eines Kreuzes. Das Schiff wird durch die großen strengen Gebäude des *Erzbischöflichen Palastes* (15. und 18. Jh.) noch verlängert.
Vorplatz, Fassade und Türme: Der geräumige *Platz* vor der Kirche ist heute als Fußgängerzone ausgebaut. Hier befindet sich das ehemalige Gebäude des Finanzbüros, ein erstaunliches Bauwerk aus dem Jahre 1509, in dem heute der Verkehrsverein untergebracht ist, sowie ein nicht sehr attraktives modernes Kongreßgebäude, in welches die Reste eines Renaissance-Hauses eingebaut sind, das durch Bomben zerstört wurde. Auf dem Boden sind zwei Kreise eingezeichnet, die den Durchmesser der beiden alten Glocken, Georges d'Amboise und Jeanne d'Arc, angeben.
Die großartige *Fassade* mit den drei Portalen ist ein besonders hervorragendes steinernes Kunstwerk. Das Hauptportal wurde zu Beginn des 16. Jh. von Roulland* le Roux errichtet und wird von einem mit großen und kleinen Statuen besetzten Giebel gekrönt. Im Tympanon befindet sich eine große Wurzel Jesse, ein Werk des aus Rouen stammenden Pierre des Aubeaux. Zwei spitz zulaufende Türmchen rahmen das Portal ein, das inmitten leerer Nischen nur noch wenige Statuen besitzt. Die beiden Seitenportale stammen wahrscheinlich aus den Jahren 1170 bis 1180. Rechts das Portal des Hl. Stephan, Saint-Étienne, und links das Portal des Hl. Johannes mit einem Tympanon des 13. Jh.: Jo-

Rouen, Monet, Musée des Beaux-Arts

hannes der Evangelist und Johannes der Täufer bilden die Thematik dieses Reliefs. Das berüchtigte Fest des Herodes, bei dem Johannes der Täufer enthauptet werden sollte, wird durch die akrobatisch auf den Händen tanzende Salome dargestellt. Ende des 14. Jh., gerade zu Beginn des französischen Flamboyant, wurden die Teile der Fassade erneuert, die über den seitlichen Portalen liegen.
Zwei *Türme* flankieren die Fassade: Links die solide *Tour Saint-Romain,* deren untere Partie etwa um 1160 entstanden ist. Die oberen Teile hingegen wurden erst im 15. Jh. aufgesetzt. Die Bedachung wurde im Krieg völlig zerstört. Rechts die sehr viel feingliedrigere *Tour de Beurre* im Flamboyant-Stil des späten 15. Jh. Eine luftige Balustrade mit kleinen Pinakeln bildet den Abschluß dieses Turmes, der ein Glockenspiel mit 56 Glocken besitzt, das aus dem Jahre 1920 stammt und viele religiöse und profane Melodien spielt. Der Name »Butterturm« hat eine interessante Herkunft: Zur Fastenzeit war im allgemeinen der Verzehr von Butter und anderen Milchprodukten verboten. Durch die vorübergehende Aufhebung dieses Verbotes konnte mit den aus dem Butterverkauf erzielten Einnahmen der Bau des Glockenturmes finanziert werden.
Nordseite (Rue Saint-Romain): An der Nordwestecke der Kathedrale stößt man auf einen Hof, die *Cour d'Albane,* der seinen Namen von einem Erzbischof von Rouen erhalten hat, dem Kardinal von Albano aus Italien. Er hatte hier ein mittelalterliches Kolleg gegründet, das seinen Namen trug. Von diesem Hof aus hat man einen ausgezeichneten Blick auf den höchsten Kirchturm Frankreichs, dessen Gußeisenspitze sich bis in 151 m Höhe erhebt. Die malerische, von hübschen alten Fachwerkhäusern gesäumte *Rue Saint-Romain* führt an der Nordseite der Kirche entlang zum *nördlichen Vorportal* (15. Jh.), zum Hof *Cour des Libraires* (13. bis 15. Jh.) und schließlich zum *Portail des Libraires* (Ende des 13. Jh.). Dieses Portal verdient Beachtung. Es ist von Jean* Davy geschaffen und besitzt eine reiche Anzahl von Engelsstatuen, Aposteln und Heiligen. Die unteren Mauerpartien sind mit 150 steinernen Medaillons geschmückt, die mit lebendiger Phantasie die verschiedensten Szenen aus der biblischen Geschichte und aus mittelalterlichen Fabelerzählungen darstellen.
Südseite (Rue du Change, Place de la Calende): Die ganze rechte Seite der Kathedrale Notre-Dame hat sehr unter den Verwüstungen des Krieges gelitten. Einzig das Portal, *Portail de la Calende,* das dem Portail des Libraires ähnelt und auch zur selben Zeit entstanden ist, blieb verschont und ist noch heute eines der großen Kunstwerke der Kathedrale. Überreich mit Skulpturen ausgeschmückt (ebenfalls ein Werk von Jean* Davy), flankiert von zwei schönen Türmchen des 13. Jh., ist auch dieses Portal, wie das an der Nordseite, mit steinernen Medaillons verziert: 230 Szenen aus der Bibel und Bilder aus dem Leben der bekanntesten Erzbischöfe von Rouen sind hier dargestellt. Im Tympanon erkennt man die Passion und die Auferstehung Christi, die Gewölbebogen sind mit Statuen von Engeln, Propheten und Märtyrern besetzt.
Hauptschiff und Seitenschiffe: Das *Hauptschiff* ist im schlichten, klaren, frühgotischen Stil des 13. Jh. erbaut. Über dem Orgelgehäuse im Stil Ludwigs XV. leuchtet die große Fensterrosette der Westfassade, deren herrliche Glasfenster leider nicht mehr rechtzeitig ausgelagert werden konnten und so den Bomben zum Opfer fielen. Ein eigenartiges Bild bieten die *Seitenkapellen:* Sie wirken besonders schmal und hoch, was sich dadurch erklären läßt, daß darauf verzichtet wurde, über die Kapellen kleine Tribünen oder Emporen zu setzen. Das erklärt auch die eigentümlichen Säulenfigurationen, die von den Kapitellen aufgefangen werden. Die Basis des Turmes Saint-Romain, am Anfang des *nördlichen Seitenschiffes,* links vom Hauptportal gelegen, wurde zu einer Taufkapelle umgebaut. An diese schließen sich mehrere Kapellen an, die größtenteils sehr

Rouen, Saint-Maclou, Türflügel

Rouen, Saint-Maclou, Vorhalle

schöne Glasfenster besitzen (in der Kapelle Saint-Jean aus dem 13. Jh., in der Kapelle Saint-Sever aus der zweiten Hälfte des 15. Jh.). Am Beginn des *rechten Seitenschiffes* ist die Basis der Tour de Beurre als große Kapelle im Flamboyant-Stil eingerichtet. Da dieses südliche Seitenschiff von den Bomben beschädigt wurde, sind die Kapellen zum größten Teil modern und mit zeitgenössischen Glasfenstern versehen. In einer Kapelle, die von den Bomben nicht berührt wurde, sind verschiedene Photos, die 1944 von der Kathedrale gemacht wurden, ausgestellt: Traurige Bilder einer fast in sich zusammenfallenden Kirche.

Vierung und Querschiff: Vier mächtige Pfeiler tragen die Laterne, die sich auf der *Vierung* über der Kathedrale erhebt und als Sockel für die Spitze des Vierungsturmes dient.

Das Licht fällt dadurch senkrecht in das Innere, was eine besonders eindrucksvolle Wirkung hervorruft. Die sonst nüchternen *Querschiffe* sind an der Rückfront der Portale reich geschmückt mit Statuen, Baldachinen, Balustraden und Rosetten. Im *nördlichen Querschiff* befindet sich eine hübsche, spätgotische Treppe, die um 1480 von Guillaume Pontifs* erbaut wurde. In einer der Kapellen dieses Querschiffes steht eine ausdrucksvolle Pietà von Eustache Desplanches* (um 1590). Beide Rosetten der Querschiffe besitzen noch ihre Originalglasfenster (Nordfenster aus dem 14. Jh., Südfenster aus dem 14. Jh. und aus der Renaissance), die man nach dem Krieg wieder eingesetzt hat. Das *südliche Querschiff* birgt einen beachtenswerten Ecce-Homo aus dem 15. Jh. Hier ist noch die Kapelle Sainte-Jeanne-d'Arc erwähnenswert, vor allem wegen der zeitgenössischen Glasfenster von Max Ingrand*.

Chor und Chorumgang: Sehr schlichter *Chor* aus dem 13. Jh., dessen Restaurierung nach dem Krieg sehr gut

gelungen ist. Die Innenausstattung ist teils alt, teils auch schon modern. Aus dem 18. Jh. stammt die Christusfigur, von zwei Engeln umgeben, über dem Hochaltar.
Der *Chorumgang* verbindet viele schöne Chorkapellen, deren blau-rote Glasfenster aus dem 13. Jh. stammen. Die *Bartholomäus-Kapelle,* die auch Chapelle du Revestiaire genannt wird, weil sie den Mönchen und Kaplänen als Umkleideraum diente, ist eines der schönsten Werke des Künstlers Guillaume Pontifs* (1479). Im Chorumgang befinden sich zahlreiche Grabstätten und Grabplatten. Die *Marienkapelle,* genau hinter dem Hochaltar gelegen, ist mit ihrem Reichtum an Skulpturen und den wunderbaren Glasfenstern aus dem 14. Jh. ein wahres gotisches Kunstwerk (1302–1320). Hier findet man das gotische Grabmal des Seneschalls Pierre de Brézé, ein monumentales Mausoleum von Louis de Brézé (Mitte des 16. Jh.) und das Grabmal der Kardinäle von Amboise, ein mit Skulpturen geschmücktes Werk, das Anfang des 16. Jh. von Roulland* le Roux geschaffen wurde. Unter dem Chor befindet sich noch eine *Krypta,* die von der romanischen Kirche aus dem 11. Jh. erhalten geblieben ist. Sie birgt einen Brunnen und eine Urne mit dem Herzen Karls V.

Kirche Saint-Maclou: Eine besonders schöne Kirche im Flamboyant-Stil (1437 bis 1517), die nach dem Krieg sehr gut restauriert wurde. 82 m hoher *Turm* aus dem 19. Jh.; breite Fassade mit fünfteiliger *Vorhalle* und herrlichen *Portalen,* die z. T. Jean Goujon* zugeschrieben werden. Im Inneren ist vor allem auf die spätgotische *Wendeltreppe* hinzuweisen.

Kreuzgang Saint-Maclou: Der Aître Saint-Maclou, nördlich der Kirche in der Rue Martainville gelegen, ist ein eigenartiger Kreuzgang, dessen *Galerien* (16. Jh.) einst als Beinhaus verwendet wurden, und der um einen ehemaligen Friedhof angelegt ist. Über den Arkaden sieht man bemerkenswerte Skulpturen und interessante Holzfriese.

Kirche Saint-Ouen: Ehemalige Abteikirche des Klosters Saint-Ouen; ein Musterbeispiel gotischer Baukunst mit Ausnahme der Fassade (19. Jh.). Besonders interessant ist die äußere Südseite der Kirche: Hinter der Vorhalle das *Portail des Marmousets* mit wunderbarem Tympanon; in den Chorkapellen gut erhaltene Glasfenster mit Szenen aus dem Leben der Heiligen (14. Jh.) sowie ein zeitgenössisches Fenster von Max Ingrand*; weiterhin besitzt die Kirche eine der berühmtesten *Orgeln* Frankreichs (Orgelgehäuse von 1630), schöne *Chorschranken* aus dem 18. Jh. und eine große *Marienkapelle* mit Statuen und Grabplatten.

Weitere Kirchen: *Saint-Éloi:* Eine schon etwas baufällige Kirche mit schöner Orgel aus dem 18. Jh.
Saint-Gervais: Erbaut im 19. Jh. auf einer Krypta aus dem 4. Jh.
Saint-Godard: Ende 15. Jh. erbaut; dreischiffig mit Holzgewölbe sowie zwei beachtenswerten Fenstern aus dem 16. Jh.

Rouen, Justizpalast

Saint-Nicaise: Nach dem Krieg teilweise neu aufgebaut; Chor und Glasfenster stammen noch aus dem 16. Jh., Altaraufsatz aus dem 17. Jh.
Saint-Patrice: Erbaut im 16. Jh.; Kirche des Flamboyant-Stils mit vielfarbigen Glasfenstern (1538 bis 1625).
Saint-Roman: 17./18. Jh. erbaut; schöne Glasfenster des 16. Jh.; bemalte Kuppel und kleine, wertvolle Orgel.
Saint-Vivien: Kirche mit sehenswertem Portal; im Inneren Orgelgehäuse des späten 16. Jh., Kanzel des 18. Jh. und schöner Altaraufsatz vom Anfang des 18. Jh.
Sainte-Madeleine: Zwischen 1758 und 1780 an der Seite des Hôtel-Dieu erbaut; außen und innen befinden sich Skulpturen des in Rouen geborenen Künstlers Jaddoulle*.
Sainte-Jeanne-d'Arc: Moderne Kirche, 1979 eingeweiht; nach den Plänen von Louis Arretche* errichtet. Sie soll mit den Glasfenstern der ehemaligen Kirche Saint-Vincent ausgestattet werden.

Justizpalast: Das prachtvolle Flamboyant-Gebäude wurde zwischen 1508 und 1526 erbaut, später des öfteren umgebaut und nach den schweren Beschädigungen im letzten Krieg sorgfältig restauriert. Die *Fassade* im Ehrenhof mit feinster Bildhauerarbeit verdient besondere Beachtung. Bei den Restaurationsarbeiten entdeckte man im Jahre 1976 die Reste eines romanischen Monuments mit hebräischen Inschriften, die von einer Synagoge aus dem 11. oder 12. Jahrhundert stammen sollen.

Hôtel de Bourgtheroulde (Place de la Pucelle): Der etwas verunstaltete Platz, der trotzdem noch einige schöne Fachwerkhäuser aufzuweisen hat, birgt noch eine Besonderheit: Der Torbogen eines restaurierten Pavillons gibt den Zugang zu einem Gebäude frei, einem riesigen Privathaus, das von einem Herrn von Bourgtheroulde, Guillaume le Roux, und von seinem Sohn, dem Abt von Aumale, erbaut worden ist. Zu Beginn des 16. Jh. begann man mit den Bauarbeiten. Das rückwärtige Gebäude zeigt noch die spätgotischen Züge des Flamboyant. Die anderen Teile des Hôtel de Bourgtheroulde stammen aus der Renaissance-Zeit. Die Galerie und die Friese zur Linken stammen etwa aus dem Jahre 1520. Besonders hervorzuheben sind

Rouen, Rue Saint-Romain

Rouen, Gros-Horloge

Rouen, Musée des Beaux-Arts, Bad der Diana von Clouet

die wirklich sehenswerten Flachreliefs, die den Triumph des Plutarch darstellen, sowie die bekannte Begegnung von Franz I. mit Heinrich VIII., dem König von England.

Tour Jeanne d'Arc: Dieser ehemalige *Donjon* in der Rue du Donjon ist der einzige Überrest eines Schlosses aus dem 13. Jh. In seinem unteren Saal mit schönem Spitzbogengewölbe wurde Jeanne d'Arc verhört.

Fierte Saint-Romain (Place de la Haute-Vieille-Tour): Neben den alten, jetzt restaurierten Markthallen gelegen; *römisches Bauwerk,* das vom Krieg verschont blieb; es diente als Aufbewahrungsort für den Reliquienschrein des Hl. Romain, Schutzpatron von Rouen.

Place du Vieux-Marché und historisches Zentrum: Besonders schöner *Marktplatz* mit alten Häusern. Hier wurde Jeanne d'Arc verbrannt. Ein Denkmal und die ihr gewidmete Kirche sollen daran erinnern. An diesem Platz beginnt die *Rue du Gros-Horloge,* die mitten durch das Herz von Rouen bis zur Kathedrale führt. Sie führt unter der Arkade des *Pavillon du Gros-Horloge* hindurch. Dieses Gebäude aus Holz mit seinem hohen Glockenturm aus dem 14. Jh. und seinen mittelalterlichen Glocken wurde im Jahre 1527 erbaut und ist heute eines der Wahrzeichen der Stadt. Es lohnt sich, den historischen Stadtkern mit seinen schönen, z. T. wiederaufgebauten Fachwerkhäusern aufzusuchen (*Rue du Gros-Horloge, Rue Saint-Romain, Martainville, Damiette, Eau-de-Robec* und *Beauvoisine).*

Musée des Antiquités: Diese interessante Sammlung antiker Kostbarkeiten ist in einem alten Kloster des 17. Jh. (198 Rue Beauvoisine) untergebracht. Gallo-römische Mosaiken mittelalterliche Kunstschätze und Wandteppiche des 15. Jh. finden sich hier neben den verschiedensten religiösen Gegenständen aus Elfenbein, Alabaster und Gold.

Musée des Beaux-Arts: Die große *Gemäldegalerie* ist am Square Verdrel in einem weiträumigen Gebäude aus dem 19. Jh. untergebracht. Gemälde des 17. Jh., darunter zwei bemerkenswerte von Poussin*; Impressionisten wie Monet*, Sisley*, Renoir*; das Hauptwerk von Gérard David* (1450 bis 1523), »Madonna und die Heiligen« sowie Arbeiten des in Rouen geborenen Géricault*. Bis 1981 wird die reiche *Keramiksammlung,* die einen Überblick über die Geschichte der Keramikherstellung in Rouen vom 16. bis zum 18. Jh. mit Hunderten von wertvollen Stücken gibt, hier noch zu sehen sein. Sie wird dann im nahegelegenen *Hôtel d'Hocqueville* (17. Jh.) untergebracht.

Weitere Museen: *Musée Corneille* (4 Rue de la Pie): Geburtshaus von Corneille mit Erinnerungsstücken. Später lebte der Dichter in der Maison des Champs in *Petit-Couronne,* 8 km von Rouen entfernt. *Musée Flaubert et d'Histoire de la Médecine* (52 Rue Lecat): Persönliche Dokumente von Flaubert, der hier wohnte; Informationen über die Geschichte der Medizin; Statuen von Heiligen, die Wunderheilungen vollbracht haben sollen. In einem kleinen Pavillon im nahen Vorort *Croisset* finden sich noch einige weitere persönliche Gegenstände des Schriftstellers und Chirurgen. *Musée Jeanne d'Arc* (Place du Vieux-Marché): Wachsfigurenkabinett, das auch interessante geschichtliche Dokumente enthält. *Musée d'Histoire naturelle, d'Ethnographie et de Préhistoire* (198 Rue Beauvoisine):
Informationen und Sammlungen aus der Vorgeschichte, Geologie und Völkerkunde. *Musée Le Secq-de-Tournelles* (Rue Thiers, Rue Jacques-Villon): In der Welt bisher einzigartige Sammlung von Kunstschmiedearbeiten (Gitter der Abtei Ourscamp [13. Jh.]; Schlüssel und Schlösser aller Jahrhunderte, Tausende von beachtenswerten schmiedeeisernen Kunst- oder Gebrauchsgegenständen).

Rufach, Notre-Dame, Nordwestturm

Rouffach/Rufach	5100 Ew
68 Haut-Rhin	S. 417 □ O 6

Der malerische kleine Ort liegt unterhalb des bekannten gleichnamigen Weinbaugebietes. Er war einst im Besitz der Bischöfe von Straßburg und ist Geburtsort des Marschalls Lefebvre, des Ehemannes der berühmten »Madame Sans-Gêne«.
Rouffach besitzt noch schöne alte Häuser mit treppen- oder schneckenförmigen Giebeln. Besonders hervorzuheben ist das alte *Hôtel de Ville* neben der Kirche, das aus dem späten 16. und beginnenden 17. Jh. stammt. Auf einem Sockel aus dem 13. Jh. erhebt sich ein hoher, mächtiger Turm,

»Hexenturm« genannt. Ganz in der Nähe ist die alte *Weizenhalle* von 1569 zu finden. Von den früheren Klöstern dieses Ortes ist nur noch die *Abteikirche* der Franziskaner (15. Jh.) erhalten, die wegen ihrer Außenkanzel sehenswert ist.

Kirche **Notre-Dame:** Die Kirche vereint mehrere Stilepochen vom 11. bis zum 15. Jh. Das Querschiff und seine Kapellen sind romanisch. Im Inneren eine schöne Madonnenstatue (15. Jh.); zwei Treppen (Reste eines Lettners, 14. Jh.) umrahmen den modernen Altar; Chorgestühl aus dem 18. Jh.; Taufbecken in rosa Gestein (Ende 15. Jh.).

Rouffignac	260 Ew
24 Dordogne	S. 423 □ G 12

Kleiner, im Krieg abgebrannter Ort, der nach seinem Wiederaufbau recht nüchtern wirkt.

Kirche: Erstaunlicherweise blieb die Renaissance-Kirche des Ortes (16. Jh.) von den Flammen verschont. Sie besitzt eine eigenartige Fassade mit Glockenturm und eine sehr schön gearbeitete Vorhalle, die allerdings im Lauf der Jahrhunderte verwittert ist. Im Inneren ist die Kirche noch original erhalten: Auf runden Pfeilern ohne Kapitelle ruhen gedrehte Säulen, die das Kirchenschiff beleben. Beachtenswert ist die hübsche Empore auf der Fassadeninnenseite. Der Chor wirkt romanisch, stammt jedoch aus der heutigen Zeit.

Rouffignac, Portal der Kirche

Umgebung: Grotte von Rouffignac (4 km südlich): *Prähistorische Wandmalereien* der Altsteinzeit in unterirdischen Galerien, die mit einer kleinen Bahn besichtigt werden können. **Schloß von Herm** (4 km nördlich): Ruinen eines ehemals herrschaftlichen Schlosses aus dem 15. Jh., von Gräben umgeben. Von diesem Herrensitz stehen nur noch die Außenmauern mit den dunklen Fensteröffnungen. Er mutet unheimlich an und erinnert an legendäre Geschichten von Verbrechen und Missetaten.

Royan	18700 Ew
17 Charente-Maritime	S. 418 □ E 10

Royan ist ein Seebad an der Mündung der Gironde. Es wurde 1945 von Bomben völlig zerstört. Nach dem Krieg wurde der Ort großzügig wiederaufgebaut. Die einheitliche Gestaltung verdankt er dem Architekten Claude Ferret*, nach dessen Plänen der Wiederaufbau hauptsächlich betrieben wurde.
Besonders hervorzuheben sind die riesige Betonkuppel des *Marktes* und die elliptische, ebenfalls aus Beton erbaute Kirche *Notre-Dame.*

Umgebung: Talmont (16 km südlich): Eines der hübschesten Dörfer der Charente-Maritime, auf einem Felsen über der Gironde gelegen. Malerische Häuschen, blumengeschmückte Straßen und die kleine romanische Kirche Sainte-Radegonde verdienen Beachtung.

Royat	4490 Ew
63 Puy-de-Dôme	S. 420 □ J 10

Royat ist ein bekanntes Thermalbad im Tal der Tiretaine. Ruinen von gallo-römischen Badeanlagen mit Mosaikverzierungen zeugen davon, daß dem Ort schon zur Zeit der Antike eine enorme Bedeutung beigemessen wurde, die bis heute beibehalten werden konnte.

Kirche Saint-Léger: Die ziemlich schlichte Kirche stammt ursprünglich aus dem 11. Jh. und wurde im 13. Jh. zum erstenmal erweitert. Ihr Grundriß hat die Form eines lateinischen Kreuzes. Im 13. Jh. wurde die Kirche durch den Anbau von Strebepfeilern und durch eine Befestigung mit Schießscharten und Pechnasen verstärkt. Das Innere wird durch zwei schöne Fensterrosetten erhellt. Die Säulen des Kirchenschiffes besitzen besonders fein gearbeitete Kapitelle. Die Apsis wurde im 19. Jh. erneuert. Ein sehenswertes Netzgewölbe, das auf Säulen mit künstlerisch gestalteten Kapitellen ruht, schmückt die interessante Krypta.

Royat, Kirche Saint-Léger

Talmont, Kirche Sainte-Radegonde

Royaumont, Abtei, Luftaufnahme

Royaumont (Abtei)
95 Val-d'Oise S. 410 □ I 4

Diese im Mittelalter sehr einflußreiche *Abtei* wurde von Ludwig dem Heiligen 1228 gegründet. Mazarin und viele Prinzen zählten zu ihren Äbten. Zur Zeit der Revolution wurde vor allem die Kirche stark beschädigt, alle Einrichtungs- und Kunstgegenstände wurden verkauft und die Gebäude zu einer Manufaktur umgestaltet. Heute finden in dem teilweise restaurierten Kloster kulturelle Veranstaltungen statt.
Kloster: Die Klostergebäude stammen aus dem 13. Jh. Ein schöner Klostergarten wird von Häusern umgeben, die Galerien mit terrassenförmig gedeckten Dächern besitzen. Im gotischen *Refektorium* (13. Jh.) ist noch das Grabmal des Grafen von Harcourt zu sehen. Es ist das Werk des Künstlers Antoine Coysevox*. In den *Küchen* der Abtei, die nach mittelalterlichem Vorbild wieder eingerichtet wurden, befinden sich außerdem noch eine Anzahl von Kunstgegenständen. Einige der alten Klostergebäude werden von Gästen der Fondation Royaumont, dem Kulturzentrum, bewohnt.
Abteikirche: Die vormals reich ausgestattete Kirche hat am meisten unter den Auswirkungen der Revolution gelitten. Sie wurde ihrer Kunstgegenstände beraubt und zerstört. Die Ruinen lassen die ehemaligen Ausmaße des Gebäudes noch erahnen. In einem benachbarten Grundstück steht das kleine Palais des Abtes, »Schloß von Royaumont« genannt.

Rue 3120 Ew
80 Somme S. 410 □ I 2

Die kleine, stille Stadt besitzt ein neugotisches Rathaus mit einem Turm aus dem 15. Jh.

Lichères, Romanische Kirche Saint-Denis

Heilig-Geist-Kapelle: Die Kapelle war früher Wallfahrtsort und stammt aus dem 15. und 16. Jh. Sie ist ein besonders schönes Beispiel der französischen Spätgotik. Fein ziselierte Steinornamente und ein prachtvolles Gewölbe schmücken die Kapelle. Der sehr schöne Altaraufsatz fügt sich harmonisch in diesen Rahmen ein.

Ruffec	4670 Ew
16 Charente	S. 419 □ G 10

Die Kirche *Saint-André* von Ruffec (12. Jh.) wurde durch einen Brand fast völlig zerstört und im 15. Jh. wieder aufgebaut. Die besonders reich gegliederte *Fassade* aus dem 12. Jh. ist noch erhalten. Hohe Säulen grenzen das Portal von den seitlichen Arkaden ab.

Umgebung: Lichères (18 km südlich): Die sehenswerte Kirche *Saint-Denis* befindet sich in der Nähe von Lichères. Sie besitzt eine Apsis, die außen von Arkaden umgeben ist, sowie ein romanisches Portal mit schönen Gewölbebogen.

Rugles	2640 Ew
27 Eure	S. 410 □ H 4

Ein altes Städtchen, an der Risle gelegen, mit zwei Kirchen aus den verschiedensten Stilepochen.
Die Kirche *Saint-Germain* vereint verschiedene Stilrichtungen aus dem 13. bis 16. Jh.
Die Kirche *Notre-Dame-Outre-l'Eau* stammt wahrscheinlich aus dem 11. Jh., wurde im 16., 17. und 18. Jh. immer wieder umgebaut und besitzt als Besonderheit eine holzgeschnitzte Decke aus dem sechzehnten Jahrhundert. Sie wird heute als Kirche nicht mehr benutzt.

S

Sabres 1150 Ew
40 Landes S. 422 □ E 13

Im Herzen des Naturparks von Landes de Gascogne gelegenes Dorf, das sich in den ausgedehnten künstlich angelegten Kiefernwaldungen nahezu verliert und weitab aller Hauptverkehrswege ein stilles Dasein führt. Ein typisches Dorf der Landes mit einer Kirche mittelalterlichen Ursprungs, die im 16. Jh. und danach umgebaut wurde (schönes Renaissance-Portal). Von einer aufgelassenen Eisenbahn wird ein kleines Stück zur Versorgung des »airial« der Marquèze weiterbetrieben. Diese einst von Menschenhand geschaffene Lichtung ist als »Écomusée« eingerichtet, die das frühere Leben des waldreichen Landes in Erinnerung ruft. Dieses Freilichtmuseum enthält einen der typischen Weiler aus Holzhäusern. Ein stehengebliebener großartig ausgewogener Holzbau mit Wetterdach (19. Jh.) ist mit anderen übertragenen Bauwerken verlassener Landstriche der Umgebung vereinigt. Etwas abseits gelegen wurde eine mit Wasser betriebene Mühle mit den zugehörigen Baulichkeiten aufgebaut.

Umgebung: Luxeuil (22 km nordöstlich von Sabres) mit einem weiteren »Écomusée«, einem Museum der Harzverwertung. Hierfür wurde eine Harzdestillerie herangezogen, die von 1859 bis 1954 noch in Betrieb gewesen war. Neben alten Handwerksbetrieben mit ursprünglicher Einrichtung gibt es ein sehr schönes Haus der Landes, das einen für die Region typischen Balkon besitzt.

Saché 600 Ew
37 Indre-et-Loir S. 44 □ G 7

Der schöne, in einer einfachen Parklandschaft gelegene Herrensitz des 15. und 17. Jh. geht auf eine mittelalterliche Gründung zurück. Heute ist dort ein Balzac-Museum eingerichtet. Balzac wurde in dem nahegelegenen Tours geboren. Als Freund der Besitzer weilte der Schriftsteller des öfteren in diesem Haus, wo sein bescheidenes Arbeits-, Wohn- und Schlafzimmer originalgetreu erhalten ist. Hier in seiner »Mönchsklause« arbeitete er stundenlang (die Handlung von »Lys dans la vallée« bezieht sich auf die Gegend) teilweise im Bett, teilweise vor dem kleinen Schreibtisch als »Galeerensklave von Feder und Tinte«.

Saint-Aignan 3680 Ew
41 Loir-et-Cher S. 414 □ H 7

Auf einer Erhebung über dem Tal des Cher gelegen, wird der Ort von einem

Saint-Aignan, Krypta der Kollegiatkirche

unter Franz I. erneuerten Renaissance-Schloß beherrscht.

Kollegiatkirche Saint-Aignan (Hl. Bischof Anianus von Orléans): Gedrungener Bau mit großartigem Vierungsturm und massivem Vorhallenturm, der gegen 1080 begonnen und gegen Ende des 12. Jh. fertiggestellt wurde. Religionskriege, Revolution und eine allzu freie Restaurierung im 19. Jh. haben ihn etwas beeinträchtigt. Der Großteil der Fenster sind modern (die alten wurden 1940 durch Granaten weitgehend zerstört). Umgangschor mit drei Kapellen. Bedeutende figurale Kapitelle. *Krypta:* Bedeutender Raumkomplex. Im Grundriß wiederholt sie die Chorpartie; die drei apsidialen Kapellen sind ebenfalls mit fein gearbeiteten und originellen Kapitellen ausgestattet. Außerdem bedeutende Wandmalereien des 12. bis 15. Jh. Die ältesten, romanischen befinden sich im Gewölbe der Hauptapsis (Majestas domini mit Hll. Jakobus und Petrus), in der Mittel- und der Südkapelle. Die übrigen sind aus dem 15. Jh.

Umgebung: Thésée (9 km nordwestlich) mit den Ruinen eines gallo-römischen Bauwerkes des 2. Jh. an der Stelle der an der Römerstraße Bourges-Tours gelegenen Straßenstation Tasciaca.

Saint-Amand-les-Eaux

16950 Ew

59 Nord

S. 411 □ K 2

Am Rande eines ausgedehnten Forstes gelegen ist dieser Ort stolz darauf, einziges Thermalbad des Nord zu sein. Mit der erhaltenen Partie einer im 7. Jh. gegründeten *Benediktinerabtei* besitzt die Ortschaft ein architektonisches Kleinod. Die Vorhalle oder »Échevinage« ist ein Hauptwerk der flämischen Renaissance von überragender Eleganz. Zwei Pavillons von 1633 in oktogonaler Form sind auf hoher Sandstein-Grundmauer gebaut, mit gemeißelten Kartuschen, die das Portal schmücken, das von zwei Säulen eingefaßt wird. Das Ensemble wird durch einen reizvollen Turmbau betont. Im Inneren dekorative Freskenausstattung von Louis Watteau* (1782). Von der Abteikirche existieren nur noch die mächtige Fassade und der 82 m hohe, von zwei Türmchen flankierte Turm. Dieser zwischen 1626 und 1640 erbaute, großartige und monumentale Komplex ist trotz seiner Verstümmelung Zeugnis barocker Rauschhaftigkeit. Das der »art campanaire« (den Glockengeläuten) gewidmete Museum besitzt eine beachtenswerte Sammlung einheimischer Fayencen.

Saint-André	1020 Ew
66 Pyrénées-Orientales	S. 424 ☐ J 16

Die im 12. Jh. teilweise unter Verwendung von Partien des Vorläuferbaus erneuerte Kirche *Saint-André-de-Sorède* besitzt ein Portal mit bemerkenswertem Türsturz, von allerdings etwas roher Ausführung. Es zeigt einen Christus in der Mandorla, begleitet von zwei knienden Engeln und zwei in Arkaden untergebrachten Aposteln. Das Fenster über dem Portal ist von Skulpturen umgeben, die als Spolien eingesetzt sind. Eine am nördlichen Querschiff eingemauerte Altarplatte spiegelt die hispano-arabische Kunst des 10. Jh. wider.

Umgebung: Saint-Génis-des-Fontaines (3,5 km südwestlich) mit einer Kirche mit vorromanischen Partien, später entscheidende Veränderungen (Neuweihe im 12. Jh.). An ihrem Portal ein beachtenswerter Türsturz aus Marmor (1020), der dieselbe Thematik zeigt wie jener der Kirche von Saint-André-de-Sorède und offenbar eine Imitation ist.

Saint-Benoît-sur-Loire	1800 Ew
45 Loiret	S. 414 ☐ I 7

Ein wenig abseits von der Loire, inmitten fruchtbarer Felder, liegt die berühmte Abteikirche Saint-Benoît, die

St-André, Kirche St-André, Fassade

St-Benoît, Portalturm der Kirche

mit ihrer strengen und großartigen Silhouette die Landschaft beherrscht. Die mächtige Basilika ist noch heute mit dem benediktinischen Leben verknüpft (Auflösung des Klosters während der Franz. Revolution, 1944 wiederbesiedelt, seit 1959 wieder Rang einer Abtei). Die Gegend wurde zu dem Zeitpunkt, als eine Handvoll Benediktinermönche hier ihr Kloster gründete, nach einem gallo-römischen Grundbesitzer Fleury benannt. Das Kloster wurde zu einer Hochburg der Christenheit, nachdem die Reliquien des Ordensgründers, des Hl. Benedikt, und seiner Schwester Scholastika aus Montecassino hierher gebracht worden waren (672). Im 9. Jh. dreimal von normannischen Piraten heimgesucht, die kostbaren Reliquien aber konnten in Sicherheit gebracht werden. Wiedererrichtet und durch Mauern gesichert, erreichte das Kloster unter seinen großen Äbten, dem Hl. Abbon und Gauzlin (natürliche Söhne des Hugo Capet) im 10. und 11. Jh. seinen Höhepunkt. Durch Kardinal Richelieu begann das Kloster wieder aufzublühen. Nach einer neuerlichen Zeit des Verfalls im 18. Jh. wurde die Abtei während der Franz. Revolution verkauft und bis auf die Kirche zerstört. Der Dichter Max Jacob, ein zum Christentum konvertierter französischer Jude, fand in der großen Abteikirche seinen Seelenfrieden, ehe er dann als Deportierter im Lager von Drancy starb.

Basilika Saint-Benoît: Die großartigen Dimensionen der 112 m langen Abteikirche sind von weither als schöne grau-rosa Baumasse zu sehen. Die lange Bauzeit läßt sich in drei Bauepochen gliedern: der Vorhallenturm wurde vermutlich während der Zeit des Abtes Gauzlin (1004–1030) erbaut. Chor und Querschiff entstanden von 1067 an; das gegen 1150 angefangene Schiff wurde 1218 geweiht.
Außenbau: Nachdem Franz I. als Strafsanktion ein Geschoß des Eingangsturmes hatte abbrechen lassen (1527), bekam der Turm im 17. Jh. sein Zeltdach mit Glockenstuhl und Laterne aufgesetzt. Der Turm ist ein praktisch autonomer Baukörper vor dem dreischiffigen Langhaus. Als solcher war er ursprünglich auch konzipiert worden. Über der Vierung erhebt sich ein massiver Turm, dessen Schönheit von seiner klaren Einfachheit her-

St-Benoît, Kapitell der Basilika

Germigny-des-Prés, Kirche, Mosaik aus der Schule von Ravenna

rührt. Am Chorhaupt mit Umgang und radial angeordneten Umgangskapellen sieht man noch die untere Partie der den Chor bis zu ihrem Abbruch 1780 flankierenden Türme. Das reichgeschmückte Nordportal, das um 1200 entstanden ist, zeigt im Tympanon den thronenden Christus mit den vier Evangelisten.

Inneres: Der Westturm, nach allen vier Seiten offen geplant, ist zugleich ein Prestige- und Verteidigungsbau. Das im Grundriß quadratische Bauwerk gliedert sich im Erdgeschoß in neun mit Kreuzgratgewölben eingewölbte Joche (sehr schöne figurale und mit Blattwerk geschmückte Kapitelle). Im Obergeschoß ein höherer Saal (Kapitelle mit menschlichen Figuren), der als Kapelle dient. Schiff: Die fünf Joche des Hauptschiffes mit ihren Kreuzrippengewölben zeigen bereits den Übergang zur Gotik; die Seitenschiffe dagegen bestehen aus Kreuzgratgewölben. In der Vierung schönes Chorgestühl aus dem 15. Jh. Chor, Apsis, Querschiff. Der Langchor mit dem Chorhaupt ist ein Hauptwerk der Romanik. Erhöhte Apsis, vorgelagerter rechteckiger Raum mit Säulenstellungen. Im Boden eingelegt italienisches Mosaik, das um 1535 durch einige Ergänzungen erweitert wurde. Zeitgleich mit dem Chor und wie dieser 1108 vollendet, das Querschiff mit einer Trompenkuppel über der Vierung und dem Vierungsturm. Von der Innenausstattung hat sich nur wenig erhalten, darunter das bemerkenswerte Chorgestühl von 1413 und das Grabmal Phillips I. (gestorben 1108). Im nördlichen Querschiff Alabasterfigur der Notre-Dame de Fleury (14. Jh.). Die südliche Seite des Querschiffs ist stark restauriert (Retabel 17. Jh.). Die großartigsten der rund 550 Kapitelle an Außen- und Innenbau befinden sich an der rechten Flanke der Chorpartie. Krypta: Unter dem Chorhaupt gelegen, enthält sie heute noch die 1964 in einem neugestalteten Schrein untergebrachten Gebeine des Hl. Benedikt. Der von massigen, im Halbrund aufgestellten Pfeilern gestützte Bau stammt aus dem 11. Jh.

Umgebung: Germigny-des-Prés (5 km nordwestlich) mit einer nach außen hin bescheidenen Kirche des unscheinbares Dorfes. Die Kirche zählt zu den Hauptwerken der abendländischen Architekturgeschichte. Der Zentralbau aus 9 im Quadrat angeordneten Jochen und kreuzförmig angesetzten Halbkreisapsiden (die westliche durch den späteren Langhausanbau zerstört) wurde durch den aus Spanien stammenden Abt Theodulf von Fleury, Bischof von Orléans, Kanzler und Berater Karls des Großen, als Privatkapelle errichtet und vermutlich 806 eingeweiht. Nach schweren Zerstörungen Restaurierung im 19. Jh. (Erneuerung der Kuppel im Hauptjoch unter dem zentralen Vierungsturm). Die Reste der ursprünglichen Mosaike in der Kalotte der Hauptapsis sind der einzige Beleg dieser Kunstgattung in die karolingische Zeit.

Saint-Bertrand-de-Comminges

250 Ew

31 Haute-Garonne S. 423 □ G 15

Das Dorf an der Garonne, von der auf einem Hügel gelegenen Kathedrale beherrscht, zählt zu den malerischsten Orten Frankreichs. An der Stelle des gallo-römischen Lugdunum Covenarum (hier starben vermutlich die von Kaiser Caligula im Jahre 37 aus ihrer Heimat vertriebenen Mörder des Hl. Johannes des Täufers, Herodes Antipas und Herodias) entstand vom 12. Jh. an eine Siedlung um die von Bertrand de L'Isle-Jourdain, Bischof von Comminges, errichtete Kathedrale. Zahlreiche Häuser aus dem 15. und 16. Jh. sind erhalten. Von der gallorömischen Stadt wurden verstreut Reste der Ummauerung, Forum, Tempel, Theater und eine Basilika ausgegraben.

St-Bertrand, Kreuzgang

Kathedrale Notre-Dame: Gegen 1120 begonnener, von 1304 an fortgeführter Bau, dessen Fassade, Turm und erstes Joch noch romanisch sind. Als gotischer Bau gegen 1350 vollendet. Im 14. und 15. Jh. Kapellenanbauten, Fenster aus dem 16. Jh. Drei Flügel des angeschlossenen Kreuzganges sind romanisch, der vierte aus dem 15. und 16. Jh. (der Flügel rechts vom Eingang mit guten Kapitellen, Pfeiler mit Evangelistenfiguren).

Inneres: In der Chorpartie reiches Ensemble von Schnitzwerken (Chorschranken, Hochaltar, 66sitziges Chorgestühl mit zugehörigem Bischofsthron) aus der Renaissance (1535 fertiggestellt, von Bischof Jean de Mauléon gestiftet). Hinter dem Hochaltar das sogenannte »Mausoleum des Saint Bertrand«. Links die Marienkapelle mit dem Grabmal des Bischofs Hugues de Châtillon (gestorben 1532). Im kurzen Schiff eine Orgel aus dem 16. Jh. In einer Kapelle

Saint-Bertrand-de-Comminges, Kirche, Liegefigur von Hugues de Châtillon

Saint-Bertrand-de-Comminges, Kathedrale Notre-Dame **1** Eingang zum Kreuzgang **2** Kreuzgang **3** Galerie der Sarkophage **4** Pfeiler der vier Evangelisten **5** Lettner **6** Chorabschluß **7** Retabel **8** Chorgestühl **9** Mausoleum des Hl. Bertrand **10** Kapelle der Hl. Jungfrau **11** Orgel **12** Kirchenschatz

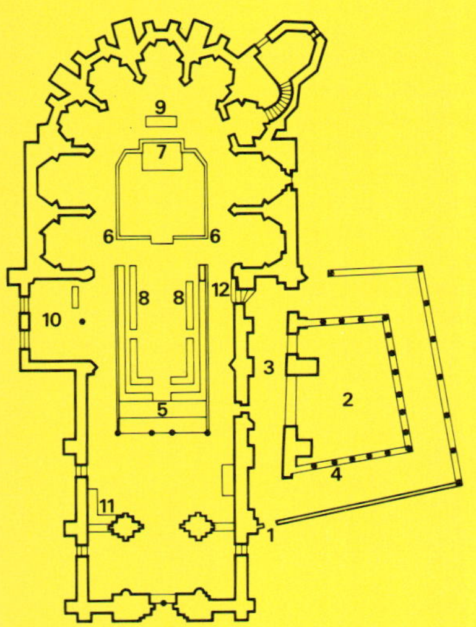

und in den Kapitelräumen sind flämische Tapisserien aus dem 16. Jh. und geistliche Ornate der Schatzkammer ausgestellt.

Galerie du trophée: In einer ehemaligen benediktinischen Kapelle nahe der Kathedrale und im Lapidarum die Statuen eines kaiserlichen Triumphmales aus dem 1. Jh.
Funde der gallo-römischen Zeit sind in dem *Musée de Comminges,* einem Gebäude aus dem 18. Jahrhundert untergebracht.

Umgebung: Valcabrère (2 km nordöstlich): Im Friedhof von Valcabrère (»Ziegental«) liegt die Kirche *Saint-Just* aus dem 11. und 12. Jh. Die ehemalige Kathedrale von Comminges mit einem schönen Seitenportal mit Säulenstatuen im nördlichen Teil des Bauwerks reicht in bestimmten Passagen bis ins Ende des 12. Jahrhunderts zurück.

Saint-Bonnet-le-Château 2210 Ew
42 Haute-Loire S. 420 □ L 11

Am Rande der Monts de Forez anmutig gelegener Ort mit Kollegiatkirche aus dem frühen 15. Jh. Ein dreischiffiger Bau mit eindrucksvollem Renaissance-Portal, ausgestattet mit achtekkigen Pfeilern ohne Kapitelle. In der Mönchsgruft luftgetrockente Leichname, vermutlich von Opfern der Religionskriege während der Eroberung des Städtchens.
In der Krypta Wandmalereien (15. Jh.) der italienischen Schule. Ihre frische Farbigkeit hat sich bis heute erhalten. Sie stellen Szenen des Neuen Testamentes dar.

Saint-Brieuc 56 280 Ew
22 Côtes-du-Nord S. 412 □ C 5

Auf einem Granitplateau zwischen den tief eingeschnittenen Tälern des Gouët und des Gouëdic gelegene Hauptstadt des Departements Côtes-du-Nord, deren Entstehung von einer durch Saint-Brieuc gegründeten Kapelle ihren Ausgang nahm. Neben der streng wirkenden Kathedrale hat sich die Stadt zudem eine ganze Reihe von alten Wohnhäusern mit schönen Erkern erhalten (Rue Fardel und Rue Gouët).

Die festungsartige *Kathedrale Saint-Étienne* mit ihren massiven und wehrhaften Türmen stammt aus dem 12. Jh., wurde jedoch im 14. und 15. Jh. stark verändert. Im südlichen Querschiff befindet sich eine schöne flamboyante Fensterrose. Zahlreiche beachtenswerte Grabdenkmäler sind zu sehen, darunter das des Saint Guillaume Pinchon (13. Jh., in einer Kapelle im Querschiff), Bischof von Saint-Brieuc und erster heiliggesprochener Bretone.

In der Rue Ruffelet ein Brunnen aus dem 15. Jh., gleich neben der Kapelle Notre-Dame-de-la-Fontaine (im 19. Jh. umgearbeitet). Von diesem Kloster aus hatten der Hl. Brieuc und seine Gefährten gegen Ende des 5. Jahrhunderts ihre Missionstätigkeit begonnen.

Umgebung: Quintin (19 km südwestlich), ein am Abhang eines Hügels, auf den hier breiter werdenden Gouët zu, gelegenes Dorf mit schönen Häusern aus dem 16. und 17. Jh. (Hauptplatz 1830, Grande-Rue, Rue Notre-Dame mit Brunnen aus dem 15. Jh.). Das Schloß mit einem Pavillon aus dem 17. Jh. und Baulichkeiten aus dem 18. Jh. blieb unvollendet. Die Basilika Notre-Dame stammt aus dem vorigen Jh. Die Statue Notre-Dame von der Erlösung, die einst besonders von schwangeren Frauen verehrt wurde, ist die Hauptattraktion des stark besuchten Gotteshauses.

Saint-Cirq-Lapopie 170 Ew
46 Lot S. 423 □ H/I 13

An eine vom Lot aufsteigende Felswand geschmiegt, zählt diese Ortschaft zu den Merkwürdigkeiten des Quercy.

St-Brieuc, Kathedrale, Liegefigur

Saint-Cirq-Lapopie, Luftaufnahme des Wehrdorfes und der Umgebung

Ein malerisches Dorf mit festungsartiger Kirche aus dem späten 15. Jh., Heimat einer von Ludwig XI. bis ins vorige Jh. reichenden Tradition des Drechslergewerbes. Den bemerkenswerten Charme seiner Urtümlichkeit verdankt das Dorf seinen erkergeschmückten Häusern (14. und 15. Jh.). Im *Maison Rignault* das *Musée La Gardette* mit einer Sammlung historischer Möbel und orientalischen Kunstgegenständen. Ruinen eines Schlosses aus dem 13. Jh.

Umgebung: Cabrerets (am rechten Ufer des Lot, Célé-Tal), ein Dorf mit Schloß aus dem 14. und 15. Jh. In der Nähe die *Sintergrotten Pech-Merle* mit prähistorischen Felsmalereien vermutlich aus dem Aurignacien (Darstellungen von Tieren wie Mammut, Bison, Pferd, menschlichen Figuren und seltsamen stilisierten Silhouetten). In einem Raum Reste eines prähistorischen Menschen und eines Kindes.

Saint-Claude

39 Jura — 14 090 Ew — S. 421 □ N 9

Auf einer schmalen, von zwei Wildbächen begrenzten Terrasse gelegen, ist dieser Ort ein Anziehungspunkt für den Fremdenverkehr, und zudem seit dem 19. Jh. ein Zentrum für die Pfeifenherstellung; in der Vergangenheit war Saint-Claude ein wichtiger Wallfahrtsort.

Kathedrale Saint-Pierre aus dem 14. und 15. Jh. mit einer Fassade aus dem 18. Jh. Apsispartie mit Türmen. Das dreischiffige Langhaus bildet in seiner Nüchternheit einen interessanten Kontrast zur reichen Ausstattung des Chores. Großartiges, von Jean* de Vitry um die Mitte des 15. Jh. geschnitztes Chorgestühl mit Apostel- und Prophetendarstellungen. An der Schiffswand schönes Retabel aus dem 16. Jh.

Saint-Dié, Petite-Église, Kreuzgang

Saint-Dié, Petite-Église, Kreuzgang

Saint-Dié	26540 Ew
88 Vosges	S. 417 □ O 6

Mit seiner zweitausendjährigen Geschichte zählt die Bischofsstadt zu den ältesten Städten der Vogesen, worauf auch die zahlreichen archäologischen Funde in der Umgebung hinweisen. Die Heimat des Jules Ferry, »Gründervater des nationalen Erziehungswesens« (geboren 1832), war von jeher Stätte kulturellen Geschehens. So entschied hier eine Gruppe lokaler Geographen, die sich zum »Gymnase vosgien« zusammenschloß, den neuentdeckten Kontinent »Amerika« zu benennen: Dieser Name taucht zum ersten Mal in ihrer »Cosmographiae introductio« auf, die 1507 in Saint-Dié gedruckt wurde und zusammen mit einem großartigen, illuminierten Graduale derselben Zeit in der Stadtbibliothek als besondere Kostbarkeit aufbewahrt wird. Beim Rückzug der deutschen Wehrmacht 1944 ging die Stadt in Flammen auf und wurde danach sehr sorgfältig wiederaufgebaut. Der rosafarbene Sandstein der kirchlichen Denkmäler gibt der Stadt den Charakter eines Kleinods.

Die *Kathedrale* mit der feierlich, aber etwas kühl wirkenden Fassade (18. Jh.) war am Ende des Krieges nicht mehr als eine Ruine. Das romanische Schiff (1155) mußte zur Gänze wiederaufgebaut werden, ebenso das Querschiff und der Chor aus dem 14. Jh. Die Glasfenster aus dem 13. Jh. und rund vierzig romanische Kapitelle geben diesem strengen Bau eine etwas phantasievollere Note. Parallel zur Kathedrale steht die wie durch ein Wunder von der Zerstörung verschont gebliebene *kleine Kirche Notre-Dame* aus dem 12. Jh., eines der schönsten Beispiele rheinischer Romanik in den Vogesen. Schlichte Fassade, vor der ein Turm eine Art Narthex bildet. Das schlichte Schiff ist kreuzgratgewölbt mit Stützenwechsel. Schöne Kalksteinfigur Notre-Dame de Galilée (14. Jh.). Die beiden romanischen Kirchen verbindet ein Kreuzgang im flamboyanten Stil (15. und 16. Jh.), an dessen einer Außenseite eine Steinkanzel aus dem 15. Jh. angebracht ist. Etwas abgelegen vom Stadtzentrum die *Kapelle Saint-Roche,* Anfang des 16. Jh. errichtet und mit einem schönen Triptychon von Claude* Bassot (17. Jh.) ausgestattet.

Saint-Émilion	3360 Ew
33 Gironde	S. 418 □ F 12

Saint-Émilion ist eines der großen Weinzentren des Bordelais. Die Stadt ist aus hellem Stein und wurzelt geradezu in ihrer halben Höhlenhaftigkeit im Kalkgestein. Schon Ausonius, den gallo-römischen Poeten, nach dem ein bedeutender Wein benannt ist, hat diese verführerische Gegend so angezogen, daß er sich hier, vermutlich in einer von Weingärten umgebenen Villa, niederließ. Der Hl. Émilion, ein herumziehender bretonischer Mönch, richtete in aller Bescheidenheit eine Grotte als Eremitage ein, vollbrachte Wunder und zog andere Gläubige an, mit denen er eine benediktinische Mönchsgemeinde gründete. Um dieses Grottenheiligtum herum wuchs die Siedlung, die den Namen »Villa da Sancto-Emiliano« annahm und bald hinter Mauern geschützt war. Während der Revolution wurde Saint-Émilion letzter Zufluchtsort der Girondisten, die schließlich doch gefangen und exekutiert wurden. Vor den Toren der Stadt, von denen eines erhalten ist, stehen die seltsamen »murs des dominicains«, Ruine eines ehemaligen Konvents, dessen Fenster heute ins Leere führen. Fragmente der alten Ummauerung, romanische und gotische Häuser existieren noch. Besonders malerisch ist der überaus reizvolle Marktplatz. Die Ruine des »Couvent des Cordeliers« mit seinem Kreuzgang aus dem 14. und 15. Jh. bildet einen bizarren und poetischen Blickpunkt.

Église monolithe (Felsenkirche): Der auf den Steilabfall hingesetzte Turm stammt noch aus dem 12., größtenteils aber aus dem 16. Jh. und scheint zu einem verschwundenen Heiligtum zu gehören. Dieses aber ist noch heute

Saint-Émilion, Kreuzgang der Kollegiatkirche (14. Jh.)

unterhalb davon erhalten: Ausgehend von kleinen Grotten wurde es im 11. und 12. Jh. in den Fels gehauen und war einst vollkommen mit Malereien ausgestattet, die man während der Revolution abkratzte, um Salpeter zu gewinnen. In einem Gewölbe sind noch heute zwei Engel mit vier Flügeln zu sehen, von denen der eine als Relief, der andere eingetieft dargestellt ist. Neben der Felsenkirche besichtigt man die beschädigte *Chapelle de Trinité* mit einer Fachwerkapsis aus dem 13. Jh., die düstere *Ermitage de Saint-Émilion* (höhlenförmige Zelle und Oratorium) und einen unterirdischen Friedhof. Ein Gäßchen führt von der Chapelle de la Trinité hinauf zu der als »Château du roi« bezeichneten Zitadelle (13. Jh.).

Kollegiatkirche: Anstelle der klobigen Felsenkirche erbauten sich die Kanoniker vom Hl. Émilion auf der Anhöhe der Stadt eine neue Kollegiatskirche, die zusammen mit den Kollegiatsgebäuden ein Ensemble bildet, das heute noch als »Doyenné« (Dekanatsbau) bezeichnet wird. Die Kirche besteht aus einem einzigen romanischen Schiff (12. Jh.) mit Eingangsturm; Chor und Querschiff sind gotisch aus dem

Saint-Émilion, Église monolithe, Portal

St-Émilion, Église monolithe

Petit-Palais, Romanische Kirche

Petit-Palais, Kirche

14.–16. Jh. Im Schiff Wandmalereien aus dem 12. Jh. (Mutter Gottes) und dem 13. Jh. (Leben der Hl. Katharina). Bedeutender gotischer Kreuzgang aus dem 14. Jh. In der bescheidenen Kapitel-Kapelle aus dem 12. Jh. ist heute ein Heimatmuseum.

Umgebung: Montagne (4 km nordöstlich) mit einer reizvollen romanischen Kirche (12. Jh.), allerdings stark restauriert (Rippenkuppel über der Vierung). – **Petit-Palais** (4,5 km nordöstlich), eine spätromanische Kirche (vermutlich Ende des 12. Jh.) mit interessanter Fassade.

Saint-Étienne	221 260 Ew
42 Loire	S. 420 □ L 11

Industriestadt, Hauptstadt des Département Loire mit einer Universität. Am Fuße der berühmten »crassiers« (Schlackenhalden) gelegen, bildet Saint-Étienne den Mittelpunkt des Steinkohlebeckens der Loire. Das durch die jüngste Wirtschaftskrise aufgerüttelte Arbeiterzentrum verdankt der »Comédie de Saint-Étienne«, einer Pioniertat im Bereich der Dezentralisierung des französischen Theaterwesens, starke intellektuelle Impulse.

Grand église: Die im 14. Jh. entstandene, durch die Hugenotten beschädigte Kirche besitzt ein schönes Hauptportal, an der Seite einen massiven Fassadenturm. Im Chor fünf Fenster mit Scheiben aus dem 19. Jh. – Das *Palais des Arts,* 1860 erbaut, beherbergt das Musée des Beaux-Arts mit Werken alter Meister (darunter Rubens*, Le* Brun, David*, Gros*) und moderner Künstler (Matisse*, Henri Michaux*), ein Waffenmuseum, eine bedeutende Textil- und Industrieabteilung (Beispiele von Seidenwebstühlen; Bergwerksstollen).

Petit-Palais, Kirche, Laibungen am Portalvorbau

Saint-Fargeau	3290 Ew
89 Yonne	S. 415 □ J 7

Die Geschichte des ausgedehnten Marktes ist unmittelbar mit der eines schönen Schlosses verbunden. Das turmbewehrte Schloß ist auf einem fünfseitigem Grundriß an der Stelle einer mittelalterlichen Burg errichtet. Trotz des mittelalterlichen Charakters durch seine massive Bauweise spürt man deutlich auch eine dem Grand Siécle (18. Jh.) eigene Prächtigkeit, die auf Umbauten durch Mlle. de Montpensier zurückzuführen sind, die »Grande Mademoiselle«, die hier von 1652 bis 1657 im Exil lebte. Der Besitz gehörte später dem Konventsmitglied Le Pelletier des Forts, der ermordet wurde, nachdem er für den Tod Ludwigs XVI. votiert hatte. Die Hauptstraße von Saint-Fargeau führt durch ein malerisches Tor aus Stein und Ziegel, das im 15. Jh. als Wehrbau errichtet worden war. Die Kirche datiert aus dem 13. und 15. Jh. (schönes Rosenfenster, polychromierte Pieta und Triptychon aus dem 15. Jh.).

Umgebung: Saint-Sauveur-en-Puisaye (12 km östlich). In der Rue des Vignes kennzeichnet eine Tafel »Maison de Claudine«. Hier verbrachte die Romanschriftstellerin Colette mit ihrer Mutter, der bescheidenen und warmherzigen Sido, ihre Kindheit (in »Le maison de Claudine et Sido« wird die Puisaye geschildert). Ein Schloß aus dem 17. Jh. mit einem mächtigen Turm aus dem 12. Jh.; eine Kirche aus dem 12. und 16. Jh.

Treigny (10 km südlich von Saint-Sauveuren-Puisaye) mit einer bedeutenden Kirche aus dem 15. und 16. Jh. und dem *Château de Ratilly* (13. und 16. Jh.), einer abseits gelegenen efeuumwucherten Burg, in der heute die heimische Töpfertradition fortgeführt wird.

Saint-Ferme 400 Ew
33 Gironde S. 423 □ G 12

Hier, an der äußersten Grenze zwischen l'Entre-Deux-Mer und Perigord liegt die Abteikirche eines ehemaligen Benediktinerklosters, ein vor allem im 17. Jh. stark veränderter romanischer Bau. Bemerkenswerte szenische Kapitelle aus dem späten 12. Jh. in der Ostpartie und an den die Fenster flankierenden Säulchen. An den Mauern zahlreiche Steinmetzzeichen.

Saint-Florent → Corse

Saint-Flour 8830 Ew
15 Cantal S. 420 □ J 12

Die um eine Kathedrale gewachsene Festungsstadt ist alter Verwaltungs- und Bischofssitz (seit 1317). Berühmt ist sie wegen ihrer schönen Lage auf einer 900 m hohen Basaltkuppe. Die verfallenen Stadtmauern umschließen ein schönes Ensemble alter Stadthäuser und malerischer Gassen.

Kathedrale Saint-Pierre-et-Saint-Flour: Die durch das dunkle Baumaterial unterstrichene Strenge wird durch den Festungscharakter der Kathedrale bewirkt. Sie steht an der Stelle einer ehemaligen Cluniazenserkirche, wurde 1396 begonnen und im 15. Jh. vollendet. Die Fassade ist mit mächtigen Türmen bewehrt, dessen rechter in seiner oberen Etage als Gefängnis diente. Fünf Schiffe ohne Querschiff geben dem Bau den Charakter der Weitläufigkeit. Zu den bemerkenswerten Ausstattungsstücken zählt ein mächtiger hölzerner Kruzifixus aus dem 15. Jh.

Die ehemalige **Kollegiatskirche Notre-Dame** wird als Markthalle verwendet. Bemerkenswert ist ihre von Fenstern durchbrochene Apsis. – Das *Maison consulaire* ist ein Renaissance-Wohnsitz mit einem hübschen Treppentürmchen in seinem Hof. Heute dient der Bau als *Musée Alfred-Douet* (Emaille aus Limoges, Möbel, holländische Gemälde und Teppiche aus Aubusson). – Im ehemaligen bischöflichen Palais (17. Jh.) ist das *Musée de la Haute-Auvergne* untergebracht. Es enthält Werke religiöser Kunst der Haute-Auvergne, außerdem gute Beispiele der Volkskunst und des Brauchtums und eine archäologische Abteilung.

Saint-Gaudens 12830 Ew
31 Haute-Garonne S. 423 □ G 15

Die Pyrenäen im Hintergrund, liegt Saint-Gaudens am Rande eines die Garonne beherrschenden Plateaus. Seinen Namen erhielt der Ort nach einem im 5. Jh. von den Westgoten enthaupteten Hirtenknaben, der die Gegend missionierte und der vor allem im Mittelalter von den Santiago-Pilgern besonders verehrt wurde. Die *Abteikirche* aus dem 11. und 12. Jh. ist von ihrer Struktur her durch das Vorbild Saint-Sernin in Toulouse bestimmt. Flamboyantes Nord-Portal. Das Hauptschiff wird von zwei steil aufsteigenden Seitenschiffen flankiert; Chorgestühl und Tapisserien aus dem 18. Jh.
Im *Museum,* das der Vorgeschichte und Geschichte der Gegend gewidmet ist, Holzskulpturen aus dem 14. und 15. Jh., Sammlung von Porträts der Generäle des Kaiserreiches, Porzellane; Werkzeuge.

Saint-Germain-en-Laye 40470 Ew
78 Yvelines S. 428 □ I 5

Am Rande eines prächtigen und wei ausgedehnten Waldes gelegene Wohn- Vorstadt von Paris, dem es angegliedert ist. Trotz eines starken Zuwachses hat sich Saint-Germain seinen ursprünglichen Stadtkern erhalten können, der von seinen schönen Stadthäu

St-Flour, St-Pierre, Kruzifixus

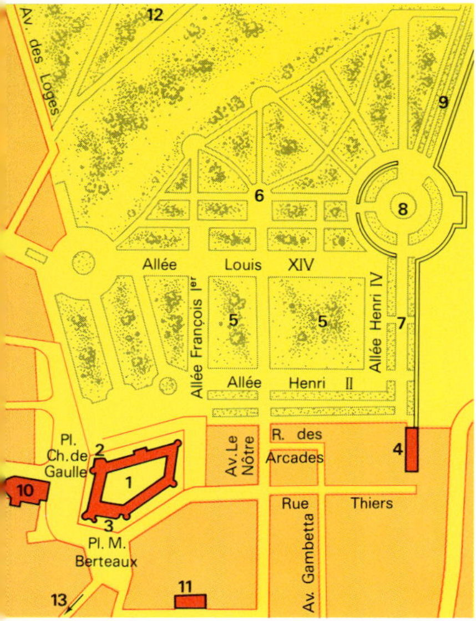

Saint-Germain-en-Laye 1 Château-Vieux **2** Bergfried **3** Sainte-Chapelle **4** Pavillon Henri IV. **5** Franz. Gärten **6** Englische Gärten **7** Petite Terrasse **8** Rondpoint du Rosarium **9** Grande Terrasse **10** Kirche Saint-Louis-Saint-Germain **11** Stadtmuseum **12** Wald von Saint-Germain **13** Kirche Saint-Léger

sern aus dem 17. und 18. Jh. geprägt wird. Stadt und Schloß haben eine gemeinsame, weit zurückreichende Geschichte. Den Anfang bildet die im 12. Jh. zur Verteidigung von Paris errichtete Festung, die später, zum Schloß umgebaut und zu einem beliebten Aufenthaltsort der Könige wurde. Ludwig XIII. und Johann II. von England, ein Stuart im Exil, starben hier. Saint-Germain ist der Geburtsort von Claude Debussy (1862) und von Maurice Denis (1870).

Schloß und Garten: Zerstört, wiedererrichtet und im Verlauf von Jahrhunderten verändert, bestand das königliche Schloß schließlich aus dem Alten Schloß (Château Vieux, Erneuerung im 16. Jh.) und aus dem Neuen Schloß (Château Neuf), das Heinrich II. als Lustschloß zu bauen begann und das unter Heinrich IV. fertiggestellt wurde. In verfallenem Zustand, wurde es noch vor der Revolution abgebrochen. Seiner Geburtsstadt verbunden, ließ Ludwig XIV., bevor er sich ganz auf den Ausbau von Versailles konzentrierte, das Château Vieux ausstatten und die Ecktürme von Hardouin-Mansart* durch Pavillonbauten ersetzen.

Saint-Germain-en-Laye, Schloß

Le* Notre beauftragte er mit der Erbauung der berühmten, 2400 m langen Terrasse (1670), mit der Gestaltung der Gärten und der Wiederaufforstung des Waldes. Vom Schloßbau blieb nur das Château Vieux, das in vernachlässigtem Zustand als Kavallerieschule und als Gefängnis diente. Unter Karl X. wurde ein Teil der Gärten parzelliert. Erst unter Napoleon III. wurde eine Restaurierung vorgenommen und der Zustand des 16. Jh. wiederhergestellt. Seit 1867 enthält das Gebäude das *Musée des Antiquités national de France.* Unter Franz I. war das Château Vieux erneuert worden, wobei von der mittelalterlichen Burg nur der Donjon und die von Ludwig dem Heiligen gestiftete reizende Sainte-Chapelle (1230–1238) erhalten blieben. Die *Sainte-Chapelle,* älter als die von Paris, ist mit ihren sehr schlanken Proportionen ein Meisterwerk der Gotik, dem allerdings der Schmuck seiner ursprünglichen Glasmalerei fehlt. Die Schlußsteine sind mit Figuren ausgestattet, von denen man annimmt, daß sie Ludwig den Heiligen, seine Gattin Blanca von Kastilien und die nähere Verwandtschaft darstellen. Die Gärten des Le* Notre wurden durch den Bau

St-Germain-en-L., Sainte-Chapelle

Saint-Germain-en-Laye, Terrasse des Schlosses

der Eisenbahn verwüstet und zerstört. Der schöne französische Schloßpark (Les Parterres) zeigt den Zustand, den er zur Zeit Ludwig XIV. aufwies. In Verlängerung davon ein hübscher englischer Garten. Beginnend beim Pavillon Heinrichs IV. (zusammen mit dem Pavillon Sully einziger Überrest des Château Neuf) setzt sich die Petite Terasse jenseits des Rosariums in der großartigen Grande Terasse fort, die in den frühen siebziger Jahren des 17. Jh. angelegt worden war. Von dort großartiger Panoramablick.

Musée des Antiquités nationales: Napoleon III. stellte den alten Zustand aus der Zeit der Renaissance wieder her (Reduzierung der Wirkung der von Hardouin-Mansart* errichteten Eckpavillons) und errichtete im Schloß ein archäologisches Museum, das heute zu den bedeutendsten der Welt zählt. Von 1960 an modernisiert, enthält es Sammlungen, die in übersichtlicher chronologischer Anordnung von der Vorgeschichte bis in die karolinische Zeit führen. Unter den Sammlungsobjekten sind besonders die Vénus von Bassempouy und das Pferd aus der Höhle von Espelugues hervorzuheben. Wichtig sind auch die Sammlungen der gallo-römischen Zeit.

Musée du Prieuré (Rue Maurice Denis 2): Werke der Symbolisten und Nabis.

Die Stadt: Die *Kirche Saint-Louis-Saint-Germain* ist ein klassizistischer Bau der Zeit um 1800 mit einer von Ludwig XIV. gestifteten Kanzel, Orgelgehäuse vom Anfang des 18. Jh., Madonna aus dem 14. Jh., Mausoleum von Johann II. Stuart. 1960–61 wurde der dreiseitige Kirchenbau *Saint-Léger* errichtet. Das *Musée municipale* in einem Stadthaus aus dem 18. Jh. besitzt als berühmtestes Werk ein Bild von Hieronymus Bosch* (der »Taschenspieler«), daneben eine reiche graphische Sammlung.

Saint-Gilles (du Gard)	9760 Ew
30 Gard	S. 425 □ L 14

Das Städtchen am Rande der Camargue leitet seinen Namen von einem um das 8. Jh. aus Griechenland gekommenen wundertätigen Eremiten her, um dessen Persönlichkeit und Grabstätte

Saint-Germain-en-Laye, Kirche Saint-Germain

sich ein Kranz von Legenden bildete. Die während der Religionskriege verwüstete und im 17. Jh. stark erneuerte *Abteikirche Saint-Gilles* behielt ihre großartige romanische Fassade. Dieses außergewöhnliche Ensemble ist das Werk zahlreicher Bildhauer (zum Teil aus Toulouse, zum Teil aus der Ile de France), die hier zwischen 1180 und 1240 arbeiteten. Die drei stark von antiken Vorbildern geprägten Portale schildern das Leben Christi. Im Tympanon des Mittelportals ein Majestas domini, begleitet von den Evangelistensymbolen. In der Unterkirche das Grab des Saint-Gilles; außerdem ein kleines Lapidarium. Die als »vis de Saint-Gilles« bezeichnete Wendeltreppe im Nordturm hat vor allem bei den Steinmetzen Berühmtheit erlangt. – Die stark restaurierte »Maison romane« ist als Geburtshaus des Papstes Clemens IV. bekannt.

Saint-Guilhem-le-Désert	270 Ew
34 Hérault	S. 424 □ K 14

In der Nähe eines 804 von einem aquitanischen Herzog gegründeten Benediktinerklosters ist am Zusammenfluß des Verdus mit dem Hérault dieses Dorf entstanden. Guilhem oder Guillaume war ein Enkel des Karl Martel und ein Jugendfreund Karls des Großen. Nachdem er beschlossen hatte, sich einem religiösen Leben zuzuwenden, erhielt er vom Kaiser eine Kreuzpartikelreliquie, die heute noch verehrt wird. Von dem bedeutenden Kloster sind nur zwei Flügel des Kreuzganges und die auf den Umbau im 12. Jh. zurückzuführende Abteikirche erhalten. Ein romanischer Altar im Inneren der Kirche ist dem Saint-Guilhem geweiht. Ein Sarkophag aus gallorömischer Zeit. Das Dorf selbst liegt im Schatten einer verfallenen Burg. Reste einer Ummauerung und stark veränderte romanische Häuser sind erhalten.

Saint-Haon-le-Châtel	410 Ew
42 Loire	S. 420 □ K 10

Dieser alte, befestigte Marktflecken weist innerhalb seiner Mauern eine Anzahl alter Bürgerhäuser auf. Nach der Porte d'Horloge (14. Jh.) erreicht

Saint-Gilles, Tympanon der Abteikirche

Saint-Haon, Maison du Cadran Solaire

Saint-Jean-d'Angély, Fontaine du Pilori

man das Hôtel de Jehan Pelletier (15. Jh.) mit einem schönen flamboyanten Portal, dessen Bogenfeld bildhauerisch gestaltet ist. Das darauffolgende Maison du Cadran Solaire stammt aus dem 16. Jh. Die bescheidene romanische Kirche (12. Jh.) mit polygonaler Apsis (17. Jh.) ist mit interessanten Möbeln ausgestattet. Am Zugang zum Chor großer Holzkruzifixus über einer barocken Bogenstellung.

Saint-Jean-Cap-Ferrat 2270 Ew
06 Alpes-Maritimes S. 426 □ P 14

Auf einer der dichtest besiedelten Halbinseln gibt es ein überaus interessantes Museum, das wenig bekannt ist. Es liegt in einem großartigen Park und ist in einer Besitzung untergebracht, die 1911–1912 gebaut wurde. Dieses Musée de l'Ile de France umfaßt die überaus reichen und verschiedenartigen Sammlungen der Béatrice Ephrussi, einer geborenen Rothschild. Besonders das 18. Jh. ist gut vertreten: Werke von Boucher*, Zeichnungen von Fragonard*, Möbel der Régence, der Zeit Ludwigs XV. und Ludwigs XVI., Porzellan, Tapisserien, Kostüme und Holzschnitzereien. Einige Gemälde der Impressionisten (Sisley*, Monet*, Renoir*).

Saint-Jean d'Angély 10320 Ew
17 Charente-Maritime S. 418 □ F 10

»Les Tours«, eine ehemalige Abteikirche, ist ein seltsamer, unvollendet gebliebener Bau, der 1741 begonnen und während der Revolution eingestellt wurde. Es steht nur die mächtige Fassade mit dem großen Eingangsbau, der von Türmen mit Kuppeln flankiert ist. Von der durch die Hugenotten 1562 zerstörten gotischen Abteikirche

St-Jean-d'Angély, Stift

St-Jean-de-Côle, Kirche

stehen nur noch zwei durch eine Balkenkonstruktion verbundene und der heutigen Pfarrkirche als Glockenturm dienende Strebepfeiler. Links der »Tours« führt ein großartiges Portal im Stil Ludwigs XV. in den Hof der ehemaligen Abtei, eines schönen Baues aus der französischen Klassik, in dem heute ein Lyzeum untergebracht ist. *Fontaine du Pilori:* Die hübsche Brunneneinfassung aus der Renaissance, die zum Brunnen des alten Schlosses von Brizambourg gehörte, wurde 1819 in der Mitte des kleinen, Canton de Pilori benannten Platzes wiederaufgestellt. *Tour de l'Horloge:* Der fünfstöckige, mit Pechnasen versehene Stadtturm aus dem beginnenden 15. Jh. ist mit einer Glocke ausgestattet, die die Nachtruhe verkündete, Feueralarm gab und zu den Waffen rief. Das *Hôtel d'Hausen* (18. Jh.) enthält eine archäologische Sammlung und Erinnerungsstücke der »Missions Citroën«.

Umgebung: Fenioux (7 km südlich): Die Kirche Notre-Dame stammt aus dem 12. Jh., läßt jedoch ihren karolingischen Ursprung erahnen. Die für die Romanik im Bereich der Saintonge typische Fassade zeigt an den Bogenläufen des mächtigen Portals die Darstellungen der Arbeiten der Monate, des Zodiaks und des Kampfes zwischen Gut und Böse. Im Friedhof eine Totenleuchte (12. Jh.).

Saint-Jean-de-Côle	320 Ew
24 Dordogne	S. 419 □ G 11

In einer sanften Hügellandschaft des Perigord, an der Côle gelegenes Dorf mit einer alten, sich im Bogen über den Fluß spannenden Brücke. Ehemaliges *Priorat* aus dem 11. und 12. Jh., dessen Kirche anstelle der ursprünglichen Kuppel im Hauptschiff heute nur noch eine einfache Decke hat. Die

St-Jean-de-Luz, Haus Ludwigs XIV.

St-Jean-de-Luz, Haus der Infantin

nach außen hin sehr grob wirkende Kirche hat einen seltsamen Grundriß, der nicht erkennen läßt, ob die Kirche unvollendet geblieben oder ein Teil des Schiffes zerstört worden ist. Von den Konventsbaulichkeiten existieren nur noch zwei Galerien.
Ein Schloß, das *Château de la Marthonie* stammt aus dem 15. Jh. und besitzt einen Flügelbau aus dem 17. Jh.

Umgebung: Thiviers (7 km nordöstlich) ist ein reizendes Dorf mit romanischer, allerdings stark veränderter Kirche. Unansehnliches Äußeres, im gewölbten Innenbau schöne romanische Kapitelle. Hinter der Kirche ein festungsartiges Haus und ein Wohnsitz aus dem 15. Jh.

Saint-Jean-de-Luz	12060 Ew
64 Pyrénées-Atlantiques	S. 422 ☐ D 14

Einst Seeräubernest und Basis der Walfischfängerei, ist das praktisch mit Ciboure zusammengewachsene Saint-Jean-de-Luz heute ein Seebad und Fischereihafen. Im Stadtkern noch zahlreiche, für die Labourde (westliches Baskenland) typische Häuser. Der spätere Sonnenkönig ließ sich hier 1660 trauen und wohnte später in einem 1643 errichteten Gebäude, das seitdem Maison de Louis XIV. genannt wird; daneben das Gemeindeamt von 1635. Das Stadthaus mit den quadratischen Türmchen, in dem Maria-Theresia abstieg, wird heute noch als Maison de l'Infante bezeichnet.

Kirche Saint-Jean-Baptiste: Im 14. und 15. Jh. im gotischen Stil erneuert, wurde der Bau 1649 vergrößert und im 18. Jh. erneut verändert. Diese große Kirche mit ihrem strengen Äußeren ist im Inneren reich ausgestattet. Das weite Schiff mit einer gemalten Holzdecke und der dreigeschossigen Galerie ist typisch für diese Region. Eine schöne Orgel aus dem 17. Jh. Der eindrucksvolle vergoldete Retabel ist mit

St-Jean-de-Luz, St-Jean, Retabel

zahlreichen Statuen aus der Zeit um 1670 ausgestattet. Ein kleinerer Retabel wurde im 18. Jh. von Restout* gearbeitet.

Ciboure ist durch eine Brücke mit Saint-Jean-de-Luz verbunden. Der Ort ist die Heimat des Komponisten Maurice Ravel, der hier 1875 in einem in holländischer Manier ausgestatteten Haus geboren wurde (Quai de la Nivelle Nr. 12). An die Festung grenzt die *Kirche Saint-Vincent;* sie ist gekennzeichnet durch einen achtseitigen Turm mit Glockentürmchen. Trotz des im Baskischen unüblichen Kirchenbautyps werden die hier traditionellen Galerien verwendet. Das große Schiff wurde 1579 vollendet und später noch vergrößert. Das unter Heinrich IV. erbaute *Fort de Socoa* wurde durch Vauban* umgestaltet.

Saint-Jean-de-Maurienne 10420 Ew
73 Savoie S. 421 □ N 11

Die ehemalige Hauptstadt der Maurienne, »Provinz des Herzogstums von Savoyen«, ist heute eine Industriestadt. Die Kathedrale ist romanischen Ursprungs und wurde im 15. Jh. (Tor aus dem 18. Jh.) umgestaltet. Geschnitzte, großartige Chorstühle und ein fein gearbeitetes Alabaster-Ziborium (15. Jh.) gehören zu den bemerkenswertesten Ausstattungsstücken. Vom eleganten Kreuzgang mit Bogenstellungen aus heimischem Alabaster führt der Eingang zur überaus alten Krypta. Der Glockenturm stammt aus dem 11. und 12. Jh.

Saint-Jean-Pied-de-Port 1890 Ew
64 Pyrénées-Atlantiques S. 423 □ E 15

Einstmals war dieser Ort eine wichtige Station auf der Pilgerroute nach Santiago de Compostela vor Roncevalles und Hauptstadt der Basse-Navarre (Region des Baskenlandes). Der im Sommer von Touristen überschwemmte Ort gliedert sich in eine malerische, mit Stadtmauern (15. Jh.) umgebene Oberstadt und in eine weniger alte, von einer Mauer aus dem 17. Jh. umgebene Siedlung. Das Tor Notre-Dame führt durch den Turm der massigen Kirche Notre-Dame-du-Pont.

Saint-Jean-Pied-de-Port, Häuser am Ufer der Nive

Durch das Tor gelangt man in die Rue de la Citadelle, die von Häusern aus dem 16. und 17. Jh. gesäumt wird. Von der Zitadelle (1668) guter Ausblick. Sie wurde durch Vauban* modernisiert, um die Verteidigungskraft der Stadt zu stärken.

Umgebung: Saint-Jean-le-Vieux (4 km östlich) war einst ein Rastplatz an einer Römerstraße (später am Pilgerweg nach Santiago gelegen); die Kirche hat eine romanische Vorhalle. – **Mendive:** (11,5 km südöstlich): Kirche mit romanischem Portal und scheibenförmige Stelen im Friedhof.

Saint-Jouin-de-Marnes

750 Ew

79 Deux-Sèvres S. 418 □ F 8

Das Dorf entfaltet sich rings um eine bedeutende, von Saint Jouin im 4. Jh. gegründete Abtei. Die Benediktiner, die den Kirchenbau erneuerten, hinterließen eines der eindrucksvollsten Monumente des Haut-Poitou. Die Abtei bildet ein eindrucksvolles Ensemble, zu dem ein mächtiges Bauwerk aus dem 17. Jh. und der noch bestehende südliche Flügel des Kreuzganges aus dem 15. Jh. gehören. Kirche: Bau aus dem 12. Jh., im 14. und 15. Jh. befestigt, mit einer in ihrer majestätischen Schlichtheit monumental wirkenden Fassade. Zwei gebündelte Strebepfeiler rahmen dieses großartige Werk romanischer Skulptur (Kapitelle, Dekor der Bogenläufe, eingefügte Reliefs, Jüngstes Gericht). Das lange Schiff, neueingewölbt mit Spitzbogengewölben (ähnlich denen in Anjou), führt zu einem Umgangschor, der mit schönem Chorgestühl und einem interessanten Lesepult aus dem 17. Jh. ausgestattet ist.

Saint-Léonard-de-Noblat

5540 Ew

87 Haute-Vienne S. 419 □ H 10

Eine reizvolle Kleinstadt, deren Häuser aus dem 13., 15. und 16. Jh. sich um die romanische Kirche Saint-Léonard gruppieren. Der für die limosaner Romanik charakteristische Bau wurde im 11. und 12. Jh. errichtet. Sein sechsgeschossiger Turm, der im Erdgeschoß eine Vorhalle auf Säulen mit reich gestalteten Kapitellen (figurale

Saint-Jouin-de-Marnes, Dekor aus den Laibungen der Kirche

Saint-Leu-d'Esserent, Kirche

Saint-Lô, Kirche Notre-Dame

und Blattwerkkapitelle) bildet, ist weithin sichtbar. Chor mit elegantem, lichterfülltem Umgang; Vierungskuppel. Bemerkenswerte Ausstattungsstücke: Chorgestühl aus Eiche (15. Jh.) und das Grab von Saint-Léonard.

Saint-Leu-d'Esserent 4400 Ew
60 Oise S. 429 □ J 4

Die an der Oise gelegene kleine Stadt wird von der großartigen Kirche Saint-Nicolas beherrscht, die durch ihre Einheitlichkeit und Stilreinheit überrascht. Der Bau kommt durch seine Lage über dem Fluß besonders zur Geltung und ist ein hervorragendes Beispiel früher Gotik, dessen Fassade aus der Zeit um 1150 sich bruchlos anfügt (Vorhalle in der Art eines Narthex). Schiff und Chor mit Chorumgang dieser querschifflosen Kirche stammen aus dem 12. Jh. Die Fenster sind modern (Chorfenster und Fensterrose von Max Ingrand*). Statue des Saint-Leu aus dem 13. Jh. in einer der Umgangskapellen. Bei der Wiederherstellung der Kirche nach der Bombardierung von 1944 fand man die Reste einer Vorläuferkapelle mit Sarkophagen. Von den Baulichkeiten des Benediktinerpriorates bestehen nur noch ein Torbau, zwei Flügel eines Kreuzgangs (12. Jh.) und ein sehr alter unterirdischer Saal.

Saint-Lizier 1310 Ew
09 Ariège S. 423 □ G 15

Dieses heute verschlafene Städtchen steht an der Stelle des gallo-römischen Lugdunum Consoranorum und war im Mittelalter Bischofssitz und Provinzhauptstadt. Interesse verdient die im 12. Jh. errichtete und im 14. Jh. umgebaute (gotisiert; der Hauptturm im Stil von Toulouse) ehemalige Kathedrale mit ihrem schönen Kreuzgang aus dem 12. Jh. Bedeutend sind auch die Reste der antiken Stadtmauer (12 Türme), die im Mittelalter unvorteilhaft verändert wurde.

Saint-Lô	25040 Ew
50 Manche	S. 413 □ E 4

Die nach einem schweren Bombardement im Juni 1944 fast vollkommen zerstörte Präfektur des Departements Manche hat, wiederaufgebaut, ihren ursprünglichen Charakter völlig verloren. Lediglich die freigelegte, teilweise gut erhaltene Stadtmauer der ehemaligen »Capitale des Ruines« ist erhalten, zusammen mit der nur knapp der völligen Vernichtung entgangenen, großartigen Kirche Notre-Dame. Sie wurde Ende des 13., Anfang des 14. Jh. errichtet und im 15. und 17. Jh. umgebaut. Ihre heutige Fassade aus grünem Schiefer ist mit drei schönen Bronzeportalen von Jean Bernard* geschmückt. An der Nordseite eine Außenkanzel. Am Chorbeginn ein großer Christus aud dem 18. Jh. und die seit dem 15. Jh. verehrte Notre-Dame du Pilier. Das Rathaus beherbergt ein Museum mit guten Tapisserien und Gemälden (Jordaens*, Corot* u. a.).

Umgebung: Torigni-sur-Vire (14 km südöstlich), eine kleine, 1944 schwer heimgesuchte Stadt, deren bis auf die Mauern zerstörtes Schloß (17. Jh.) wiedererrichtet wurde. Es enthält heute sehenswerte Möbel und Tapisserien. – **Château de l'Angotière:** (10 km südwestlich von Torigni), ein hübscher Landsitz aus dem 15. bis 19. Jh. Im Inneren bedeutende Kamine und Möbel aus dem 17. und 18. Jh. – 9 km außerhalb von Saint-Lô der deutsche Soldatenfriedhof *Marigny.*

Saint-Macaire	1680 Ew
33 Gironde	S. 422 □ F 12

Saint-Macaire ist ein reizvoller Ort mit Ausblick auf die Weinbaulandschaft der Sauternais. Von den alten Befestigungsanlagen sind heute noch die Tore erhalten. Das Labyrinth enger Gassen, die mittelalterlich anmutenden Häuser (Maison de Lanau, 13. Jh.) und malerische, von Arkaden gesäumte Plätze geben Saint-Macaire einen altertümlichen Charakter. Auf einer Anhöhe mit gutem Fernblick die *Kirche Saint-Sauveur* aus dem 12. Jh. (Apsiden), dem

Saint-Macaire, Mittelalterliche Häuser

St-Maixent, Chorgestühl der Kirche

13. Jh. (Schiff) und 14. Jh. (sechseckiger Glockenturm). Sehr schöner romanischer Chorschluß, eigentümliche Vierungskuppel. Apsisfresko aus dem 14. Jh. (restauriert).

Saint-Maixent-l'École	9620 Ew
79 Deux-Sèvres	S. 418 □ F 9

Bekannt geworden ist diese freundliche Stadt mit ihren schmalen Hauptstraßen und einigen schönen Gebäuden durch die 1880 gegründete Militärschule. Das »Hôtel de Balisy« (Renaissance), ist ein ehemaliges Apothekerhaus aus dem 15. Jh. Es trägt die Inschrift »hic valetudo« (hier ist Gesundheit). Die *Kirche Saint-Maixent* ist eine ursprünglich romanische Abteikirche, wurde nach den Religionskriegen vom normannischen Architekten Leduc, genannt Toscane*, im gotischen Stil wiedererbaut. Dabei blieben Teile des ursprünglichen Baues erhalten: der Narthex und das romanische Mauerwerk der Seitenschiffe, der gerade Chorschluß (13. Jh.) und der Glockenturm (15. Jh). Das Hauptschiff (17. Jh.) mit seinem Sterngewölbe wirkt zugleich leicht und majestätisch. Die reiche Ausstattung stammt zum Großteil aus dem 17. Jh., darunter Lettner, Chorgestühl und ein gutes Gemälde der französischen Schule. In der romanischen Krypta Sarkophage der Heiligen Maixent und Léger.

Saint-Malo	46270 Ew
35 Ille-et-Vilaine	S. 13 □ D 5

Auf einem Felsen an der Mündung der Rance gelegen, ist Saint-Malo nur durch eine enge Straße (le Sillon) mit dem Festland verbunden. Diese außergewöhnliche Lage prägte seine Bewohner und seine Geschichte. Seit dem 8. Jh. lebten die Bewohner der Siedlung Alet (Saint-Servan) auf der Insel; sie waren zunächst vor den Franken, dann vor den Normannen dorthin geflüchtet. Sie befestigten die Insel, auf der der Hl. Mönch Malo aus England im 6. Jh. gelandet sein soll, um das Evangelium zu verkünden. Die Stadt erkannte bald nur noch die lokale Oberhoheit an und war zur Verteidigung ihrer Privilegien, vor allem auch zur eigenen Verteidigung entschlossen, was ihr bis ins 18. Jh. gelang. Sie widerstand französischen und englischen Machtbestrebungen und sogar dem der Herzöge: Als Anne de Bretagne eigenmächtig das Schloß verstärken wollte, kam es zu einer Rebellion. Ende des 16. Jh. wurde das Schloß aus Anlaß der Kriege der Liga belehnt, und die Stadt wurde für vier Jahre unabhängige Republik. Durch die Entdeckungsreisen Jacques Cartiers (1491–1557) in Neufundland und dem Gebiet des Sankt-Lorenz-Stroms gelangte Saint-Malo zu Wohlstand. Im Schutz seiner mächtigen Befestigungsanlagen bauten Kaufleute und Reeder vornehme Stadthäuser und wohnten den Sommer über auf luxuriösen

Saint-Malo, Wälle

Landsitzen. Um dem feindlichen Handel, vor allem den Engländern, zu schaden, wurden Korsarenschiffe beschafft, die mit königlichen Fahrtbriefen ausgestattet waren und von wagemutigen Bewohnern der Stadt kommandiert wurden. In jahrhundertelangen Kämpfen konnte Malo nicht besiegt werden. Im letzten Weltkrieg jedoch wurde es innerhalb von einigen Tagen zerstört. Im August 1944 sanken drei Viertel der Stadt in Schutt und Asche, der größte Teil der Befestigungswälle blieb jedoch erhalten. In bewunderswerter Wiederaufbauarbeit wurde die stolze Stadt in alter Schönheit wiederhergestellt.

Das Schloß: Durch die Porte Saint-Vincent gelangt man auf die Place Chateaubriand mit dem herzöglichen, später königlichen Schloß, einem schönen befestigten Komplex aus dem 15. Jh., dem im 17. Jh. die Galerie mit vier massiven Türmen angefügt wurde. Der kleine, um 1395 erbaute Bergfried gehörte zu den Befestigungswällen. Unmittelbar daneben steht der berühmte Turm *Quiquengrogne* (oder Quic-en-Groigne), der auf Anordnung der Herzogin Anne erbaut wurde und in dem ein kleines *Wachsmuseum* mit Berühmtheiten von Malo untergebracht ist. Im großen Bergfried (1424) erinnert das Musée municipal an berühmte Persönlichkeiten (Cartier, Duguay-Trouin, La Bourdonnais, Surcouf, Chateaubriand, Lamennais), an die Stadtgeschichte, die Rolle ihrer Seeleute.

Befestigungsanlagen: Öfter umgebaut und zum großen Teil Anfang des 18. Jh. nach Plänen von Vauban* vollendet, stammen die ältesten Teile der majestätischen Wälle Saint-Malos aus dem 12. Jh. (Petits Murs, zwischen der Bastion de Hollande, 1674, und der Tour Bidouane, 1652). Auf den Bollwerken, umgeben von einem kleinen

Saint-Servan, Tour Solidor

Saint-Malo, Kathedrale, Fensterrose ▷

öffentlichen Park, stehen die Statuen von Surcouf (1903) – sein ausgestreckter Finger zeigt nach England – und von Duguay-Trouin. Im Süden stehen am Vorhafen an den Wällen einige prächtige Reederhäuser aus dem 18. Jh. Vom Wehrgang aus schöner Blick auf die Reede mit ihren Klippen und auf die von Vauban befestigten kleinen Inseln. Auf der Ile du Grand-Bé, die bei Ebbe zu Fuß zu erreichen ist und auf der die Kelten wahrscheinlich ihre Toten beerdigten, steht das schlichte und einsame Grabmal Chateaubriands, der 1768 in der Rue Chateaubriand Nr. 3 geboren wurde.

Kathedrale Saint-Vincent: Dieser vom 12. bis 17. Jh. errichtete Bau mit seinen verschiedenen Stilrichtungen, der kürzlich restauriert wurde, wird seit 1972 von einem hohen spitzen Granitturm überragt. Auf die Fassade im Stil der Renaissance und der Klassik folgt das Schiff aus dem 12. Jh. mit Kreuzgewölbe über Spitzbogen. Der tiefer gelegene Chor aus dem 13. Jh., der sich an den Felshang anschmiegt, ist mit leuchtenden Glasfenstern von Jean de Moal ausgestattet. Weitere Fenster wurden von Max Ingrand* neu geschaffen. Neben einem Weihwasserkessel mit Figuren aus dem 12. Jh., einer Madonna, die 1944 beschädigt wurde, und einem Taufbecken aus dem 18. Jh. fallen die Grabmäler von Jean de Châtillon auf (12. Jh.), dem ersten Bischof der Insel, und von Jacques Cartier.

Saint-Servan: gehört seit 1967 zusammen mit **Paramé** zur Stadt Saint-Malo. Auf einer Felsspitze steht der schöne *Tour Solidor,* der eigentlich aus drei nebeneinandergebauten Türmen mit Schießscharten und Zinnen besteht. Innen erinnert das *Musée International du Long-Cours-Cap-Hornier* an die Geschichte der Entdeckungsreisen und großen Segelschiffe. Das nahege-

Saint-Martin-de-B., Saint-Georges

legene Fort de la Cité (18. Jh.) wurde von den Deutschen im letzten Krieg zur Bastion umgebaut.

Umgebung: Zahlreiche luxuriöse Landsitze, bekannt unter dem Namen »Malounières«. Diese kleinen Schlösser wurden im 17. und 18. Jh. von reichen Reedern Saint-Malos erbaut. Die mächtige Familie der Magon de la Lande besaß vor allem **Le Bosq** (Richtung Saint-Jean-des-Guérets), **La Balue** (in Saint-Servan), in dem Chateaubriands Mutter wohnte, **Le Montmarin** (Pleurtuit) mit echtem italienischem Dach, und **La Chipaudière,** das in der Nähe von Paramé nach Plänen von Garanjeau* erbaut wurde und für das Le* Nôtre den Park entwarf. Das **Schloß von Bonaban en La Gouesnière** (11 km südöstlich von Paramé), das im 18. Jh. von dem Reeder Le Fer de la Sauldre erbaut wurde, erstaunt durch Ausmaße und Komfort der Einrichtung.

Saint-Martin de Boscherville

1190 Ew
76 Seine-Maritime — S. 410 □ H 4

Am Rand des auseinandergezogenen Dorfes liegt die helle *Kirche Saint-Georges-de-Boscherville,* einst eine große Abteikirche einer kleinen Benediktinergemeinschaft. Dieses äußerst schöne Bauwerk im romanischen Stil der Normandie stammt im wesentlichen aus der ersten Hälfte des 12. Jh. Die einfach gehaltene Fassade wird von einem Portal mit überreich verzierten Bogenläufen belebt, die Apsis ist besonders glücklich aufgeteilt. Das Schiff erstrahlt seit einer umfangreichen Restaurierung in beinahe zu leuchtendem Weiß. Auf der Außenseite jedes Querschiffarms eine offene Tribüne, die von einer Säule getragen wird; zahlreiche Kapitelle. Der große Kapitelsaal (12. Jh.) mit einem massiven Deckengewölbe wird überragt von einer Konstruktion aus dem 17. Jh.

Saint-Martin-de-Ré

2190 Ew
17 Charente-Maritime — S. 418 □ E 9

In der bezaubernden Hauptstadt dieser weißen, hellen Insel sind die von Vauban* erbauten Befestigungsanlagen erhalten. Die Wälle werden von zwei großartigen Toren (Porte Toiras und Porte des Campani) mit den königlichen Insignien im Giebelfeld unterbrochen. Die Zitadelle (17. Jh.), in der Mirabeau gefangengehalten wurde, dient seit langem als Gefängnis. Das *Hôtel de Clerjotte,* das ehemalige Arsenal in der Nähe des Hafens, ist ein ausgewogener Bau aus dem Ende der Gotik und der beginnenden Renaissance. In den von Galerien eingegrenzten Innenhof führt ein elegantes Tor im Flamboyant-Stil. In diesem Haus ist das Schiffahrtsmuseum untergebracht. Das *Hôtel des Cadets* der Marine ist ein schöner Bau aus dem ausgehenden 18. Jh. Das *Musée Ernest-Cognacq* zeigt seltene Fayencen aus Delft und geschichtliche Doku-

Saint-Martin-du-Canigou, Kreuzgang

mente über die Insel. Das *Hospiz Saint-Honoré,* das im 12. Jh. gegründet und im 17. Jh. vergrößert wurde, besitzt eine bemerkenswerte Apotheke aus dem 18. Jh.

Kirche Saint-Martin: Dieses schöne Bauwerk im Flamboyantstil aus dem 15. Jh. wurde 1692 bei der Einnahme der Insel durch die englisch-holländische Flotte zerstört. Die Westfassade und der Turm stammen aus dem 18. Jh. Die Befestigungen zum Schutz der Kirche sind noch im nördlichen Querschiff zu sehen.

Saint-Martin-du-Canigou (Abtei)

66 Pyrénées-Orientales S. 424 □ I 16

Die Kirche der Abtei Saint-Martin-du-Canigou ist über einen Weg den Hang hinauf zu erreichen; sie liegt in 1094 m Höhe und bietet einen prächtigen Rundblick. Die Benediktiner, die immer einsame, aber schön gelegene Orte aufsuchten, ließen sich im frühen 11. Jh. auf diesem Felsen nieder, unterstützt von einem Grafen von Cerdagne. Eine Kirche stand bereits oder war im Bau. Der Klosterkomplex umfaßt zwei übereinander gelagerte Ebenen. Die untere Kirche, von massiven Pfeilern aufgegliedert, wurde etwa um 1009 geweiht. Sie wurde die Krypta der etwas später gebauten Kirche, die mit ihren monolithischen, ausgebauchten Säulen, ihrem Tonnengewölbe und den kahlen Mauern mit nur winzigen Öffnungen archaisch wirkt. Der fest gebaute strenge Glockenturm im Norden des Chors wird von einer gezackten Blattform beherrscht, die nach der Zerstörung durch das Erdbeben im Jahr 1428 wieder aufgebaut wurde. Der größtenteils zerstörte Kreuzgang wurde Anfang des 20. Jh. ziemlich lieblos restauriert (in der südlichen Galerie romanische Kapitelle). Nahe

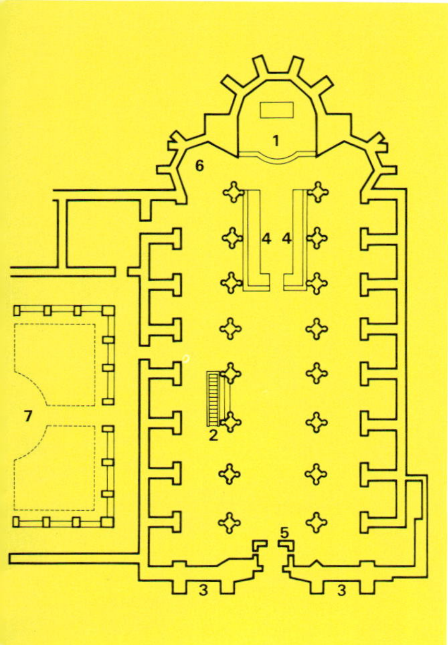

Basilika de Saint-Maximin-la-Sainte-Baume 1 Apsis **2** Krypta **3** Seitenportale **4** Chorgestühl **5** Orgel **6** Retabel mit der Leidensgeschichte **7** Kreuzgang

der Kirche ist das Grab zu sehen, das der Graf von Cerdagne zu Anfang des 11. Jh. selber in den Felsen schlug.

Saint-Maximin-La-Sainte-Baume	4030 Ew
83 Var	S. 425 □ N 14

Die kleine Stadt in der Mulde eines seit Jahrtausenden ausgetrockneten Sees zwischen der Quelle der Argens und der Arc ist in der Nachfolge einer gallo-römischen Siedlung entstanden. Berühmt wurde sie im 13. Jh., als man dort die vermutlichen Gräber des Hl. Maximin und der Hl. Magdalena entdeckte. Dominierend ragt die *Basilika* hervor in ihrem gotisch nordfranzösischen Stil, der teilweise auch von Bourges beeinflußt ist. Ohne Querschiff und Chorumgang wurde dieses äußerlich schlichte, aber imposante Bauwerk in drei Abschnitten vollendet: von 1295/96 bis 1316 die Apsis und die ersten Joche, zwischen 1404 und 1412 sechstes Joch und Kryptajoch, von 1508–1532 die westlichen Joche. Die beiden Seitenportale der Fassade sind aus dem 16. Jh. Der bei-

Saint-Maximin-La-Sainte-Baume, Basilika

nahe 73 m lange Bau mit reichem Dekor und Innenausstattung endet in einer polygonalen Apsis mit Glasfenstern, deren überladener Dekor aus dem 17. Jh. stammt. Die Kirche besitzt ein schönes Chorgestühl aus dem 17. Jh. und eine bemerkenswerte Orgel von 1772. In einer Seitenkapelle steht das Retabel mit der Passionsgeschichte, das 1520 von Antonio Ronzen* gemalt wurde. Die Krypta aus dem 15. Jh. enthält gallo-römische Sarkophage, vier gravierte Steinplatten aus der Zeit um 500 und ein Reliquiar von 1860. Das früher köngliche Kloster gleich neben der Basilika ist eines der schönsten gotischen Bauwerke der Provence.

Saint-Menoux

790 Ew
03 Allier S. 420 □ J 9

In diesem friedlichen Dorf steht eine der schönsten Kirchen der Region, Rest eines Benediktinerinnenklosters, das über dem Grab des Hl. Menoux gegründet wurde. *Kirche Saint-Menoux:* Als ein Teil der ursprünglichen Kirche aus dem 11. Jh. beherbergt die Narthex ein Museum für Steinskuplturen, dessen bedeutendstes Stück ein Flachrelief aus dem 12. Jh. mit dem siegenden Christus ist. Das Schiff (13. Jh) erinnert mit seinen eleganten und unterschiedlichen Kapitellen an Burgund. Der wunderbare romanische Chor liegt vor einer tiefen Apsis mit Chorumgang, in dem Pfeiler und kannelierte Pilaster abwechseln. Hinter dem Hauptaltar steht das Grabmal des Hl. Menoux.

Saint-Michel-de-Frigolet (Abtei)

13 Bouches-du-Rhône S. 425 □ L 14

Die Prämonstratenserkirche, die Alphonse Daudet in seiner Erzählung »L'Elixir du père Gaucher« erwähnt, liegt eingebettet in einem Tal der Montagnette mit duftenden provenzalischen Kräutern (›frigolet‹ kommt von ›frigoulo‹, Thymian). Das Kloster wurde im 10. Jh. gegründet, umgebaut und im 19. Jh. mit einem Wall umgeben; es ist heute noch ein bedeutendes Pilgerzentrum. Die *Kapelle Notre-Dame-du-Bon-Remède* (11. Jh.) dient als Apsis für ein im letzten Jh. erbautes Lang-

Saint-Michel-de-Frigolet, Abtei

schiff der reich verzierten Abteikirche. Sie ist mit vergoldeten Holzschnitzereien und mit Gemälden aus der Schule von Nicolas Mignard* ausgestattet. *Kirche Saint-Michel* (11. Jh.) mit Kreuzgang aus dem Anfang des 12. Jh.

Umgebung: Barbentane (5 km nördlich), dieses große Bauerndorf im Norden der Montagnette besitzt zwei befestigte Tore, ein ›Maison des chevaliers‹ (Herrensitz) mit Renaissance-Fassade und einen alten Wachturm (Tour Anglica). Das elegante bernsteinfarbene *Schloß* liegt über einer Folge von Terrassen. Es wurde im 18. Jh. prunkvoll dekoriert und mit schönen Möbeln im Stil Ludwigs XIV. und Ludwigs XV. eingerichtet. Es wurde für einen Marquis de Barbentane errichtet und erinnert eher an die Ile de France, doch weisen Inneneinrichtung und Parkanlagen italienische Einflüsse auf.

Saint-Nectaire

680 Ew
63 Puy-de-Dôme S. 420 □ J 11

Oberhalb des Thermalbads Saint-Nectaire-le-Bas entdeckt man in dem alten Dorf Saint-Nectaire-le-Haut eine prächtige romanische Kirche in einer der landschaftlich schönsten Gegenden der Auvergne. Auf einem Felssokkel gelegen steht bei der kleinsten der größeren Kirchen von Limagne (12. Jh.) die nüchterne Fassade im Gegensatz zu der prachtvollen Anordnung der Apsis. Die bewundernwerten Kapitelle im Chor gehören zu den vollendetsten der Auvergne überhaupt. Die zum größten Teil aus dem Alten und Neuen Testament entlehnten Themen sind ausdrucksvoll gearbeitet. Trotz ihrer Disproportion wirken die Figuren äußerst lebendig. Zum Kirchenschatz gehört die prächtige Reliquienbüste des Hl. Baudime (12. Jh).

Saint-Nicolas-de-Port

7300 Ew
54 Meurthe-et-Moselle S. 417 □ N 5

Im Zentrum dieses großen Industrieorts steht ein erstaunlicher Bau, der dem Schutzheiligen Lothringens geweiht ist. Die *Kirche Saint-Nicolas* aus dem 15. und 16. Jh. wurde im Krieg schwer beschädigt und mußte restauriert werden. Ihre Architektur

Barbentane, Schloß

weist die kühnsten Versuche im Flamboyantstil auf: große Fassade mit hohen Türmen, hohes Schiff mit hohen Säulen. Die Basilika mit prächtigen Glasfenstern aus dem 16. Jh. hat über dem Hauptportal eine wunderschöne Statue des Hl. Nikolaus (16. Jh.).

Saint-Omer	17990 Ew
62 Pas-de-Calais	S. 410 □ I 1

Zwischen Flandern und dem Artois gelegen, hat sich diese sehr alte Stadt inmitten eines fruchtbaren Sumpfgebiets um das Kloster ausgebreitet, das der Hl. Omer im 7. Jh. gründete. Ein bemerkernswert schöner Park, der innerhalb der Befestigungsanlagen aus dem 17. Jh. angelegt wurde, trägt zur Verschönerung der Stadt bei. Schöne Bürgerhäuser aus dem 18. Jh. stehen in den friedlichen Straßen. Trotz schrecklicher Kriege sind Zeugen geschichtlicher Vergangenheit erhalten geblieben: die *Kirche Saint-Denis* mit ihrem prächtigen Turm aus dem 13. Jh. und ihrer reichen Innenausstattung, die **Kirche du Saint-Sépulcre** (14. und 15. Jh.) mit einem stolzen

Saint-Nectaire, Romanische Kirche

Saint-Omer, Basilika Notre-Dame, Thronender Christus von Thérouanne

Saint-Omer, Musée Sandelin

spitzen Steinturm, die ehemalige *Kapelle der Jesuiten* mit Barockfassade aus dem 17. Jh.

Basilika Notre-Dame: Von weitem wirkt das Bauwerk ungemein reizvoll. Der gedrungene Chor stammt aus dem 13. Jh., das Langschiff aus dem 14. und 15. Jh. Ein im 14. Jh. erbauter mächtiger viereckiger Turm mit einem Netz vertikalen Bogenwerks zeigt den Altarraum an. Im Inneren kontrastiert die Klarheit des weiten und hohen Schiffs mit den prächtigen Mauerabschlüssen aus buntem Marmor an den Kapellen der Seitenschiffe (17. Jh.). Die Kirche mit ihren vielen Kunstwerken ist ein Museum für sich: die Grabmäler des Hl. Omer (13. Jh.) und des Hl. Eustachius (16. Jh.) sind von beeindruckendem Realismus, sehenswert auch die bewegend schlichte Gruppe des Thronenden Christus von Thérouanne (13. Jh.) und eine astronomische Uhr von 1558.

Musée Sandelin: Untergebracht in einem eleganten Stadthaus in klassischem Stil (1766), besitzt es einige Meisterwerke von Boilly* (1761–1845) neben Gemälden aus Flandern, Holland (17. Jh.) und Frankreich (18. Jh.). Eine ungewöhnlich schöne Keramiksammlung zeigt einheimische Produktion und bietet einen vollständigen Überblick über Delfter Fayencen. Die *Bibliothek* besitzt einige Handschriften und Inkunabeln.

Umgebung: Aire-sur-la-Lys (14 km südöstlich), eine ehemalige Befestigung, die ihr früheres Aussehen wie auch ihre Gassen mit ihrem regen Treiben und ihrem ausgewogenen Hauptplatz mit Wachturm aus dem 18. Jh. behalten hat. Eine hübsche Wache im Renaissance-Stil (Anfang 17. Jh.). Die mächtige Stiftskirche Saint-Pierre im Flamboyant-Stil (15.–17. Jh.) besitzt eine prachtvolle Orgelempore (1633).

Saint-Paterne-Racan 1720 Ew
37 Indre-et-Loir S. 414 □ G 7

Der Ort an der von Trauerweiden gesäumten Escotais besitzt eine Kirche mit einigen interessanten Kunstwerken, u. a. eine »Anbetung der Weisen« aus Terrakotta aus dem 16. Jh. mit einer reizenden Jungfrau mit Jesuskind. Etwas abseits liegt über dem Tal das *Schloß de la Roche-Racan,* das ab 1634 von einem einheimischen Handwerker erbaut wurde, einem Vorfahren der Architektenfamilie Gabriel*.

Saint-Paul-de-Vence 1980 Ew
06 Alpes-Maritimes S. 426 □ O/P 14

Großer befestigter Ort, dessen Verteidigungsanlagen im 16. Jh. auf Befehl Franz I. erneuert wurden. Sein mittelalterlicher Reiz korrespondiert mit der ultramodernen Wirkung der Fondation Maeght (s. u.), die in einem Kiefernwald liegt. Die Gebäude von Saint-Paul sind größtenteils aus dem 16. und dem 18. Jh.; ein reizvolles Panorama zeigt sich beim Rundgang durch die Rue Grande, durch die kieselsteingepflasterten Gassen, durch die auf den Befestigungen verlaufenden Wehrgänge, die seit dem Jahr 1537 von dem Ingenieur Francois* de Mandon de Saint-Rémy erbaut wurden.
Die ehemalige Stiftskirche aus dem 12. und 13. Jh. mit restauriertem Gewölbe und Glockenturm besitzt einen Kreuzgang und interessante Gemälde, u. a. eine Hl. Katharina von Alexandrien von Tintoretto*. Die Sakristei enthält Statuen, Reliquiare und Goldschmiedearbeiten.
Fondation Maeght: Die Stiftung, die von Aimé und Marguerite Maeght, berühmten Kunsthändlern, gegründet wurde, vereint beachtliche Gemälde, Skulpturen, Keramiken, Wandbehänge, Zeichnungen und graphische Werke des 20. Jh., die dem Staat vermacht wurden. Es ist zugleich ein Ort der Begegnung und Zentrum der Information. Zahlreiche Künstler haben mit

Saint-Paul-de-Vence, Stiftung Maeght

dem spanisch-amerikanischen Architekten José Luis Sert* (1902 in Barcelona geboren) zusammengearbeitet, bis ihre Werke in diesem flachen, hellen Komplex in einem Garten mit Plastiken von Miró*, Calder*, Giacometti* einen entsprechenden Platz gefunden hatten. Die ständige Ausstellung (besonders Werke von Braque*, Miró* und Chagall*) wird von aktuellen Ausstellungen ergänzt. Die Kapelle Saint-Bernard besitzt Glasfenster von Braque* und Bazaine*.

Umgebung: Vence (5 km nördlich): Diese Stadt, Nachfolgerin des antiken *Vintium,* hat ihr mittelalterliches Gepräge behalten. Die *ehem. Kathedrale* stammte teilweise aus dem 11. Jh., wurde aber im 17. Jh. stark umgebaut. Sie besitzt mehrere Kunstwerke und ein schönes Chorgestühl (15. Jh.). Die *Kapelle du Rosaire* wurde von Henri Matisse* entworfen und mit Glasfenstern und Wandmalereien versehen.

Saint-Philibert-de-Grand-Lieu, Langhaus der Abteikirche

Saint-Paul-Trois-Châteaux 4350 Ew
26 Drôme S. 425 □ M 13

Die ehemalige Hauptstadt der Tricastiner (ein Stamm, dessen Name sich in Trois Châteaux verwandelte) liegt mit ihren alten Stadtvierteln und Denkmälern aus weißem Stein auch heute noch im Schutz der Befestigungsmauern, die teilweise bis auf das 12. Jh. zurückgehen. Früher ein kleiner Bischofssitz, staffelte sich das Städtchen unterhalb der mächtigen und harmonischen Kathedrale (11. und 12. Jh.), die mit ihrer prachtvoll gegliederten Fassade zu den schönsten Beispielen romanischer Baukunst der Provence zählt (Glokkenturm aus dem 17. Jh.). Das Langschiff mit seinem Tonnengewölbe wird von Halbsäulentorsos mit Kapitellen skandiert, die in Pilaster eingefügt sind, und ist reich mit Skulpturen verziert (bemerkenswertes unvollendetes Fries). Große Rundbogen verbinden das Hauptschiff mit den schmalen Seitenschiffen. Eine im 19. Jh. erneuerte Kuppel über der Querschiffsvierung; die Mittelapsis mit Halbkuppelgewölbe ist mit korinthischen Kapitellen geschmückt. Im letzten Jh. wurde ein großes Mosaik mit einer Darstellung Jerusalems im Mittelteil entdeckt.

Umgebung: Saint-Restitut (3 km südöstlich), kleine schlichte Kirche im romanischen Stil aus dem Ende des 12. Jh., ist reich an Skulpturen. Im Süden liegt ein elegantes Portal mit Giebelfeld unter einem mächtigen Bogen. Der Turm im Westen der Kirche mit der Totenglocke soll an der Stelle des Grabmals des Hl. Restitut erbaut worden sein, dessen Reliquien von den Protestanten verbrannt wurden. Er steht frei neben der Kirche und stammt wahrscheinlich aus dem 11. Jh. Die kleine, 400 m vom Ort entfernte sechseckige Kapelle des Heiligen Grabes stammt aus dem 16. Jh.

Saint-Pierre-sur-Dives, Die Hallen

Saint-Philbert-de-Grand-Lieu

3630 Ew

44 Loire-Atlantique S. 418 □ E 8

Zwischen Loire und Vendée, im Süden eines großen, schilfbewachsenen Sees gelegen, besitzt der Ort eine der ältesten Kirchen Frankreichs. Sie wurde 836 von den Mönchen aus Noirmoutier erbaut, als sie vor den Normannen flüchteten. Sie brachten den schweren Sarkophag des Hl. Philibertus, des Gründers der Abtei, hierher und stellten ihn in der oberen Krypta auf, wo er heute noch steht. Als sie einige Jahre später erneut vertrieben wurden, gelangten die Mönche nach vielen Irrfahrten mit den Reliquien des Heiligen schließlich nach Tournus (siehe dort). Sie kehrten erst im 11. Jh. nach Grand-Lieu zurück, dem antiken Déas. Die sterblichen Überreste des Heiligen wurden dann erst 1937 wieder in den Sarkophag umgebettet.

Abteikirche: Im 11. Jh. teilweise wiederaufgebaut und Ende des 19. Jh. restauriert, nachdem sie lange unbenutzt dastand. Im Innern erscheint sie als seltenes Beispiel karolingischer Architektur (massive kreuzförmige Pfeiler, wechselweise mit Ziegel und weißem Stein). Der Chor liegt über der kleinen Krypta mit Rundbogen, die das Grabmal des Hl. Philibert aufnehmen sollte.

Saint-Pierre-sur-Dives

4310 Ew

14 Calvados S. 410 □ G 4

Dieses kleine lebendige Städtchen besitzt mit seinem bedeutenden Markt und seinem bekannten Ostermarkt ein reges Handelsleben. Bemerkenswert ist auch die schöne gotische Kirche, ehemals eine Abteikirche, mit ihrem romanischen Südturm (der Nordturm wurde im 14. Jh. erneuert); der Laternenturm über der Vierung stammt

Saint-Pol-de-Léon, Kathedrale

wahrscheinlich aus dem 13. Jh. Sie steht an der Stelle einer 1107 abgebrannten Kirche und wurde größtenteils im 13. Jh. erbaut. Von der Abtei sind nur zwei Flügel aus dem 17. Jh. erhalten. Die *Hallen* stammen aus dem 11. und 12. Jh. (nach dem Brand 1944 im alten Stil wieder aufgebaut).

Saint-Pol-de-Léon	8750 Ew
29 Finistère	S. 412 □ B 5

Hinter den Felsklippen der Küste liegt der Ort in einem für seine Artischokken und seinem Blumenkohl berühmten Gemüseanbaugebiet, dessen Felder bis an das Dorf reichen. Die ehem. Bischofsstadt, die im 6. Jh. von dem gallischen Mönch Paul-Aurélien gegründet wurde, gelangte zu Wohlstand, wovon die schönen Granithäuser mit ihren hübschen Giebeln oder ausgebauchten Erkern zeugen. Die *Chapelle municipale du Kreisker* aus dem 14. und 15. Jh. diente als Versammlungsraum für Kongresse. Ihr monumentaler Glockenturm (77 m), der Stolz der Einwohner, übertrifft an Höhe noch Saint-Pierre in Caen, die als Vorbild diente.

Kathedrale: Umgebung vom Pfründehaus aus dem 16. Jh., in dem die Kanoniker von Léon wohnten, und den ehemaligen Gebäuden der Bischofsresidenz aus dem 18. Jh., erinnert die Kathedrale von Saint-Pol-de-Léon (13.–16. Jh.) in ihrer Eleganz und einem Teil ihres Mauerwerks aus dem weißen Stein der Normandie an die von Contances. Ihre Baumeister orientierten sich an dem großen Kirchenbau des Cotentin. Die Fassade aus dem 13. Jh. mit zwei seitlichen spitzen Glockentürmen besitzt ein Portal mit einer Plattform, von der aus der Bischof seinen Segen gab; eine kleine Seitentür war für die Aussätzigen reserviert. Im Chor (15. Jh.) ein schön geschnitztes Gestühl (16. Jh.); am Hauptaltar eine ebenfalls holzgeschnitzte Palme (17. Jh.), die auf ihrem heruntergebogenen äußeren Zweig die Deckelkapsel mit der Eucharistie trug. Die Kirche besitzt neben einer fein gearbeiteten Fensterrose im rechten Arm des Querschiffs aus dem 15. Jh. und zwei Renaissance-Glasfenstern ein Orgelgehäuse aus dem 17. Jh. und einen romanischen Sarkophag, der als Weihwasserkessel benutzt wird; außerdem zahlreiche Grabmäler.

Kapelle Saint-Pierre: Angrenzend an den Friedhof befindet sich dieser Bau im Flamboyantstil aus dem 15. Jh., dessen Mauern kleine Beinhäuser enthalten. Das Totendenkmal ist ein Werk von Quillivic*.

Umgebung: Roscoff (5 km nördlich): Gegenüber der Ile de Batz stehen an den Kais dieses alten Hafens von Saint-Pol-de-Léon einige vornehme Häuser aus rosa Granit mit Ornamen-

Saint-Pol-de-L., Kathedrale, Retabel

St-Pol-de-Léon, Kapelle du Kreisker

tik (16. Jh.). Ein Wachturm an der Ekke einer Befestigungsmauer heißt Tourelle de Maria Stuart und steht neben dem Haus, in dem die zukünftige Königin als Kind 1548 gewohnt haben soll. Die *Kirche Notre-Dame-de-Croaz-Baz* fällt auf durch ihren schönen Glockenturm aus der Mitte des 16. Jh., mit Balkons, die wie die seitlichen Treppentürmchen von Laternen gekrönt sind. Die Mauern des Bauwerks, vor dem zwei Beinhäuser aus dem 17. Jh. stehen, sind mit Darstellungen von Schiffen und Kanonen bemalt. Im Innern stehen mehrere Retabeln, u. a. einer aus Alabaster vom Ende des 15. Jh. Schöne Holzschnitzereien. Das Biologische Institut von Roscoff besitzt das Aquarium Charles Perez, in dem die wichtigsten Tierarten des Ärmelkanals vertreten sind. – **Schloß von Kerouzéré** (8 km westlich): Es wurde Anfang des 15. Jh. von Jean de Kerouzéré erbaut, dessen liegende Figur in der benachbarten Kirche von Sibiril ruht. Dieser Bau besitzt eine imposante Verteidigungsanlage. – **Manoir de Tronjoly** (11 km westlich): Dieser Landsitz aus dem 16. Jh. in der Gemeinde von **Cléder** weist im Ehrenhof eine elegante Fassade mit Flamboyant- und Renaissance-Ornamentik auf, an die sich ein hoher viereckiger Turm anschließt.

Saint-Pons

Saint-Pons	3120 Ew
34 Hérault	S. 424 □ J 14

Bis zur Revolution war diese kleine Stadt Bischofssitz. Sie liegt inmitten grün bewaldeter Berge; die ehemalige Benediktinerabtei wurde Ende des 12. Jh. in eine Kathedrale umgewandelt. Ein romanisches Portal an der ursprünglichen Fassade blieb erhalten, doch wurde der Bau im 18. Jh. stark verändert und mit schönem Mobiliar ausgestattet.

Saint-Quentin, Stiftskirche

Saint-Quentin	69 150 Ew
02 Aisne	S. 411 □ J/K 3

Diese alte, an einer Schleife der Somme gelegene Stadt liegt noch in der Picardie, hat aber schon etwas Flämisches an sich. Sie litt stark unter dem letzten Krieg, in dem viele Zeugnisse ihrer reichen geschichtlichen Vergangenheit zerstört wurden.

Die **Stiftskirche Saint-Quentin**, ein massiver und prächtiger Bau (13. bis 15. Jh.) blieb von der Zerstörung nicht verschont, doch hat sie ihr stolzes Äußere bewahrt und stellt einen Triumph der Gotik dar. Auch wenn sich ihre Westfassade auf die Ausmaße eines soliden und strengen Portalturms (14. Jh.) reduziert, der auf romanischem Fundament steht, beeindruckt die Apsis mit Strebepfeilern mit dreifachem Lauf in ihrer kühnen Bauweise. Der Innenraum erstaunt durch seine Weite und die Pracht seines riesigen Chors (13. Jh.) mit bemerkenswertem Kapellenkranz. Schöne Glasfenster von 1230 und prächtiges Orgelgehäuse von Jean Berain* (1700). In der umgebauten Krypta steht das Grabmal des Hl. Quentin (4. Jh.).

Das **Rathaus**, das im 14. Jh. begonnen wurde, besitzt eine Fassade von 1509 im Flamboyantstil. Getragen von einer Säulenhalle mit Bogen, die von einer Glasfenstergalerie überragt werden, ist diese prunkvoll gearbeitete Fassade von drei dreieckigen Giebelfeldern gekrönt; ein hübscher Kampanile (18. Jh.) mit Glockenspiel vollendet das Ensemble.

Das **Museum Antoine-Lécuyer** ist dem Werk Quentins de La*Tour gewidmet, der 1704 hier in der Hauptstadt der Haute-Picardie geboren wurde.

Saint-Rambert-sur-Loire	4 560 Ew
42 Loire	S. 420 □ L 11

Zu dem alten, an einem kleinen Hügel gelegenen Ort am Eingang der Schluchten der Loire kam auf dem linken Ufer die Neustadt hinzu. In den alten Stadtvierteln sind Gebäude aus dem 15., 16. und 18. Jh. erhalten. Die Kirche ist im 11. und 12. Jh. erbaut worden. Zwei Glockentürme überragen diesen massiven Bau. Die Joche des Schiffs mit Tonnengewölbe erweitern sich vom Eingang bis zum Querschiff allmählich und verleihen dem Innenraum erstaunliche Weite. In einem Museum in den Gebäuden des ehemaligen Priorats sind Erinnerungen an die Stadtgeschichte, Kunstwerke der präkolumbianischen Zeit, Afrikas und Asiens zusammengestellt.

Saint-Rémy-de-Provence	7 970 Ew
13 Bouches-du-Rhône	S. 425 □ M 14

Das alte Saint-Rémy hat den engen und unregelmäßigen Grundriß einer

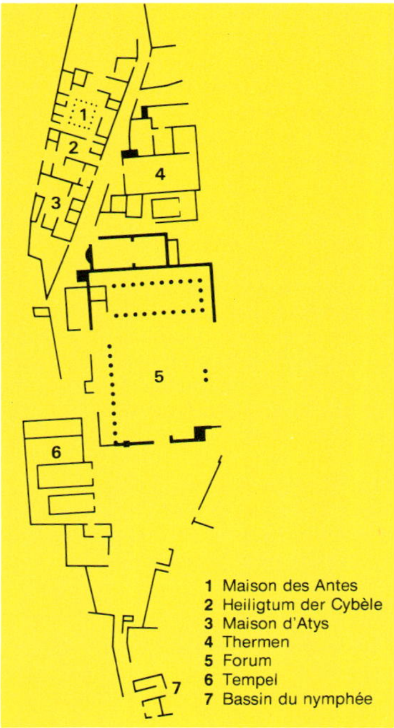

Saint-Rémy de Provence (Grabungen)

mittelalterlichen Stadt bewahrt. Die Kirche Saint-Martin, die 1827 wiederaufgebaut wurde, wird von einem Turm aus dem 14. Jh. beherrscht. Im Stadthaus Mistral de Mondragon (16. Jh.) wurde das Voralpen-Museum eingerichtet (Volkskunst, Erinnerungen an Mistral und den berühmten Astrologen Nostradamus, der hier geboren wurde). Dieses elegante Renaissance-Gebäude ist durch einen Bogengang mit dem ehemaligen Hôtel de Sade (15. und 16. Jh.) verbunden, in dem archäologische Funde ausgestellt sind: keltisch-ligurische Kunst, Steinschneiderkunst, Skulpturen (Porträts von Octavius und Julius), Schmuck und Gebrauchsgegenstände, die in Glanum gefunden wurden. In einem Saal sind die griechischen und frühchristlichen Funde aus *Saint-Blaise*, einem Grabungsort in der Nähe von Istres, ausgestellt. Sitz des Rathauses ist ein ehemaliges Kloster aus dem 17. Jh. Die Kapelle Notre-Dame-de-Pitié (15. bis 17. Jh.) besitzt eine schöne Madonna aus Marmor aus dem 18. Jh.

Umgebung: Plateau des Antiques (1 km südlich): Auf dem natürlichen Wall der Voralpen gelegener Ort von

Saint-Rémy-de-Provence, Plateaú des Antiques

großem Reiz, an dem zwei der besterhaltenen Monumente aus römischer Zeit in Frankreich stehen und die bedeutenden Ruinen von Glanum zu sehen sind. Zwischen dem 6. und 2. Jh. v. Chr. wohnten hier die hellenisierten Keltoligurer, später die Römer. Die Stadt, die in der Nähe einer heiligen Quelle entstand, war eine bedeutende Zwischenstation und ein großer Markt. *Mausoleum:* Dieser ein Vierteljahrhundert später gebaute und neben dem Arc municipal stehende, ausnehmend elegante Zenotaph scheint aus den allerersten Anfängen der christlichen Zeitrechnung zu stammen. Er mißt etwa 18 Meter und ist in drei Geschosse aufgeteilt. Der untere Teil ist mit Flachreliefs bearbeitet, auf denen Schlachtszenen und auch eine Jagdszene dargestellt sind. Die abschließende Kolonnade enthält zwei restaurierte Statuen, männliche Personen mit Toga. *Arc municipal:* Außerhalb der antiken Stadt wurde er wahrscheinlich um das 2.Jh. v. Chr. erbaut und kennzeichnet die Durchgangsstraße von Italien nach Spanien. Dieses stark beschädigte, im 15. Jh. von Mönchen restaurierte Monument zeigt eine hübsch skulptierte Arkade und Kassettendecke. Es sind nur noch zwei Drittel des ursprünglichen Monuments erhalten.

Grabungen in Glanum: Eine ausgegrabene Stadt am Fuß der zerklüfteten Voralpen. Die gallo-griechische Stadt Glanon, das spätere gallo-römische Glanum, entstand an einer heiligen Quelle – seit jeher ein bedeutender Kultort –, blieb jahrhundertelang eine blühende Stadt, die erst 270 beim Einfall der Germanen unterging. Die Grabungen legten Fundamente und Bauten aus drei Epochen frei. Die erste rein hellenistisch (vom 6. bis 2. Jh. v. Chr.), die zweite mit Spuren einer Romanisierung (um 105 v. Chr.), die dritte gallo-römisch (von 46 v. Chr. bis zum 3. Jh.). An dem äußeren Teil der Grabungen markiert das Nymphenbecken die Stelle der heiligen Quelle, die zur Gründung von Glanon veranlaßte (hellenistische Grundmauern mit römischen Bauelementen darüber). Auf dem östlichen Talhang die modernen Stufen eines Theaters mit Resten eines Theaters aus hellenistischer Zeit.

Saint-Paul-de-Mausole: Das ehemalige Priorat Saint-Paul (der Name Mau-

Glanum, Grabungsstätten

Saint-Rémy-de-Provence, Van Gogh, Straße in Saint-Rémy

sole erinnert an Mausoleum) wurde im 18. Jh. zu einer Nervenheilanstalt. In einer Parkallee erinnert eine Büste an van Gogh, der hier von 1889 bis 1890 gepflegt wurde. Hier malte er seine Bilder, die seine dramatische innere Entwicklung zeigen (2 1/2 Monate nach seiner Abreise nach Auvers-sur-Oise machte er einen Selbstmordversuch). An der romanischen Kirche aus dem 12. Jh. wurde im 18. Jh. die Fassade erneuert; die Seitenkapellen sind Anbauten aus neuerer Zeit. Der Turm an der Südseite des Schiffs zeigt sich in seiner ausgewogenen Bauweise am schönsten vom Kreuzgang aus (ebenfalls 12. Jh., schöne Kapitelle).

Saint-Riquier 1210 Ew
80 Somme S. 410 □ I 2

Das Schmuckstück dieses Orts mit seinem Wachturm aus dem 16. Jh. und das Hôtel-Dieu aus dem 18. Jh. (mit reich verzierter Kapelle) ist eine imposante gotische *Abteikirche* (15. und 16. Jh.). Sie hat das Aussehen einer Kathedrale; der viereckige Turm im Flamboyantstil bildet die Fassade und ist überreich mit Skulpturen und Statuen ausgeschmückt. Der schlicht gehaltene Innenraum besitzt prunkvolle Einzelstücke, u. a. einen Christus aus Holz von Girardon*, ein prächtiges Renaissance-Taufbecken und ergreifende Wandmalereien in dem La Trésorerie genannten Saal (16. Jh.).

Saint-Sauveur-le-Vicomte 2220 Ew
50 Manche S. 413 □ E 4

Die kleine Stadt wurde nach dem letzten Krieg wiederaufgebaut. Saint-Sauveur wirkt erhaben durch die mächtige Festung aus dem 14. Jh., die aber 1944 schwer getroffen wurde. Das Schloß

Saint-Sauveur-le-Vicomte, Schloß

beherbergt das *Museum Barbey-d'Aurevilly*, dem Autor der »Diaboliques«, der so oft das Cotentin beschrieb und 1808 hier in der Nähe geboren wurde. Die Kirche aus dem 13. und 16. Jh. wurde im letzten Jh. umgebaut und birgt eine Statue des Hl. Jakob von Compostela aus dem 15. Jh. und einen Ecce Homo von 1532. In dem außerhalb liegenden modernen Kloster ist ein Wohntrakt aus dem 18. Jh. erhalten.

Saint-Savin

86 Vienne

1 320 Ew

S. 419 □ H 9

Am Ufer der Gartempe und an der Grenze von Berry und Poitou gelegen, zeigt der riesige spitze Turm eine interessante gotische Kirche an, die die schönsten romanischen Fresken Frankreichs vereint. Die *Abteikirche* wurde der Überlieferung nach von Karl dem Großen gegründet, doch fehlen genaue Angaben über den Bau der Kirche, die wahrscheinlich im 11. Jh. errichtet wurde. Ein langes Schiff mit 9 Jochen, flankiert von Seitenschiffen, verbindet den Altarraum mit dem Turmvorbau. Kapitelle mit kraftvoll ziseliertem Blattwerk, Schnörkeln und Vierfüßern. Vier wertvolle Bilderzyklen befinden sich am Portal, auf der Tribüne, im Schiff und in der Krypta. Dieser einzigartige Freskenkomplex, ein bemerkenswertes Beispiel des Zusammenspiels von Malerei und Architektur, stammt aus dem 12. Jh. In seiner Vollkommenheit vereint er klare Farben, leichten und schwungvollen Strich mit einer starken Ausdruckskraft der Figuren. *Portalvorbau:* Die Malereien auf weißem Grund sind Illustrationen der Apokalypse. *Tribüne:* Passionsgeschichte und Auferstehung in großflächiger Darstellung. *Schiff:* Auf der linken Seite verschiedene Episoden der Schöpfungsgeschichte, auf der rechten Seite Darstellung der Genesis, der Geschichte Noahs und Josephs. Die *Krypta* ist mit Szenen aus dem Leben des Hl. Savin und des Hl. Cyprian ausgemalt.

Saint-Seine-l'Abbaye

350 Ew

21 Côte-d'Or — S. 416 □ L 7

Der Name des kleinen Ortes bezieht sich nicht auf den nahen Ursprung der Seine, sondern auf den Abt Sigo oder Seigne, der hier im 6. Jh. ein Kloster gründete. Die ehemalige *Abteikirche* im typisch gotischen Stil Burgunds wirkt einheitlich, obgleich sich die Bauzeit vom Anfang des 13. bis ins 15. Jh. hinzog. Das Chorgestühl aus dem 18. Jh. steht vor zwei Zwischenwänden aus Stein mit einer Krone im Flamboyantstil, auf deren Rückseite bemerkenswerte Malereien zu sehen sind. Der nördliche Abschluß erzählt die Geschichte des Hl. Seine (1504).

Umgebung: Ursprung der Seine (9 km nordwestlich): Die Quelle liegt in einer künstlichen, unter Napoleon III. erbauten Grotte. Bei Grabungen wurden Reste eines gallo-römischen Tempels gefunden, sowie Statuen, Statuetten und Exvotos. Die Funde sind im Archäologischen Museum in Dijon ausgestellt (die Seine wurde unter dem Namen Sequana als Göttin verehrt).

Saint-Sever

4800 Ew

40 Landes — S. 422 □ F 14

Saint-Sever beherrscht die Ebene von Amadour und entstand um eine Benediktinerabtei an der Stelle eines römischen Lagers. Die Kirche wurde ab 1008 erbaut; sie steht auf einem harmonisch angelegten Arkadenplatz mit Häusern aus dem 18. Jh. und war wohl die schönste romanische Kirche des Landes, bis die Protestanten sie 1569 verwüsteten. Sie wurde teilweise wieder aufgebaut, stark umgebaut und be-

Saint-Sever, Kirche

sitzt romanische Kapitelle mit hispanomaurischem Einfluß. Die ehemalige *Abtei des Jacobins* wurde im 17. Jh. wiederaufgebaut: Kirche mit elegantem Türmchen, ausgewogener Kreuzgang, im romanischen Stil des Languedoc nachgebaut.

Saint-Sulpice-de-Favières

260 Ew

91 Essonne — S. 410 □ I 5

Als Wallfahrtsort besitzt der bescheidene Ort eine bedeutende gotische Kirche, einen äußerst vollkommenen Bau, der 1260 begonnen und in der ersten Hälfte des 14. Jh. vollendet wurde. Der dem Hl. Sulpice geweihte Bau hat einen prachtvoll gegliederten Chor mit drei Fenstergeschossen; ein bemerkenswerter Glockenturm und ein leider sehr beschädigtes Hauptportal. Das Schiff wird von Seitenschiffen flankiert und von einer umlaufenden

Saint-Thégonnec, Kalvarienberg

Saint-Thégonnec, Kirche

Galerie über die Strebepfeiler hinweg umgeben. Mehrere Glasfenster der Kirche sind noch ursprünglich; der Chor, ebenfalls mit Galerie, liegt erhöht; hervorzuheben sind das Chorgestühl aus dem 16. Jh. und ein Retabel aus dem 17. Jh. in der Kapelle Saint-Sulpice auf der linken Seite. Eine Treppe im linken Seitenschiff führt hinunter zu einer anderen kleinen Kapelle, dem Rest einer Kirche aus dem 12. Jh., in der die Reliquien des Hl. Sulpice verehrt werden.

Saint-Thégonnec	1990 Ew
29 Finistère	S. 412 □ B 5

Dieses Dorf verdankt seine Berühmtheit dem majestätischen Kirchhofkomplex (siehe *Guimiliau*), der im 16. und 17. Jh. dem Hl. Thégonnec zu Ehren erbaut wurde, dem Begleiter des Hl. Pol, von dem nur wenig bekannt ist. Das Triumphtor von 1587 weist von Laternen gekrönte Rundbogen auf. An der einfachen Kalva (1610) mit drei Kreuzen ist die Leidensgeschichte dargestellt. Am Sockel befindet sich über einem kleinen Opfertisch eine Statue des Schutzheiligen der Pfarrei mit seinem traditionellen steinbeladenen Gespann.

Totenkapelle: 1676 erbaut, gehört sie zu den schönsten Bauwerken bretonischer Renaissance mit ihrer von korinthischen Säulen unterteilten Fassade, den Rundbogenfestern und Muschelnischen. Über der Tür ist der Hl. Pol dargestellt; er wird von zwei Karyatiden eingerahmt. Rund um den Bau verläuft ein gemeißeltes Fries. Im Innern befinden sich einige Statuen, ein Retabel aus dem 17. Jh. und der Kirchenschatz (silberne Madonna aus dem 17. Jh. und Kreuz aus feuervergoldetem Silber aus dem 18. Jh.). In der Krypta steht eine ergreifende

Grablegung aus bemaltem Holz, die 1702 von Jacques Lespaignol* aus Morlaix geschaffen wurde.

Kirche: Im 15. Jh. erbaut und im 17. und 18. Jh. in großem Stil umgebaut, steht sie mit ihrem imposanten Turmvorbau aus der Renaissance (von Pleyben beeinflußt) neben dem alten Turm von 1563. Das Portal weist nur noch vier Apostelstatuen auf (Jakobus, Thomas, Petrus und Johannes). Es wird überragt von einer Statue des Hl. Thégonnec, einer Verkündigungsgruppe und den Statuen des Hl. Johannes und Hl. Nikolaus. Im Innern sehr schöne Schnitzereien, vor allem die *Kanzel* von 1683.

Saint-Thibault	160 Ew
21 Côte-d'Or	S. 415 □ L 7

In der Nähe eines kleinen Dorfes des Auxois stehen die Ruinen einer großen Kirche, die Ende des 13. Jh. erbaut wurde, um die Reliquien des Hl. Thibault aufzunehmen, und Ende 1686 zusammenstürzte. Neben einem kühnen und hellen Chor in der Dimension einer Kathedrale sind ein schlichtes Schiff aus dem 18. Jh. sowie ein prächtiges Portal des ehemaligen Querschiffs erhalten, ein wahrhaftes Bilderbuch aus Stein. Der Tympanon stellt den Tod, die Aufnahme Mariens in den Himmel und ihre Krönung dar. Die Klugen und Törichten Jungfrauen füllen zusammen mit Figuren aus dem Alten und Neuen Testament die Bogenläufe. Die Statuen des Hl. Thibault (am Türpfeiler), von Wohltätern der Kirche und von einem Bischof aus Autun wurden Anfang des 14. Jh. hinzugefügt. Die dreißig Felder der Türflügel vom Ende des 15. Jh. erzählen das Leben des Hl. Thibault, dessen Schrein aus dem 14. Jh. in der Kapelle Saint-Gilles links vom Chor aufbewahrt wird.

Saint-Tropez	5440 Ew
83 Var	S. 426 □ O 15

Ein bezaubernder kleiner Hafen, der nach dem Krieg wiederaufgebaut wurde. Die früher unabhängige, im 15. Jh. von Genuesern wieder bevölkerte Stadt wird im Sommer von Touristen

Saint-Tropez, Bonnard, Bucht von Saint-Tropez bei Sonnenuntergang

geradezu überschwemmt. Das *Museum de l'Annonciade* in der ehemaligen Kapelle des Pénitents-Blancs besitzt bemerkenswerte neoimpressionistische Gemälde sowie Werke der Fauves und der Moderne (u. a. Signac*, Bonnard*, Matisse*, Marquet*, Dunoyer* de Segonzac). Die Zitadelle aus dem 16. und 17. Jh. beherbergt ein Marinemuseum.

Umgebung: Grimaud (10 km westlich), ein provenzalisches Dorf alter Prägung unterhalb der Ruinen eines Schlosses gelegen, mit romanischer Kirche und mittelalterlichen Häusern der Templer. – **Chartreuse de la Verne** (20 km westlich): Dieses im 12. Jh. erbaute Kloster erstand neu aus seinen Ruinen an einem prächtig gelegenen Ort. – **Collobrières.** Eine monumentale Pforte (17. Jh.) führt auf einen großen Hof mit Gebäuden aus dem 18. Jh. Schöne Reste des kleinen und großen Kreuzgangs, Ruinen einer romanischen Kapelle.

Saint-Vaast-la-Hougue

2270 Ew
50 Manche
S. 413 □ E 3

Dieser kleiner Badeort des Cotentin mit seinem Fischereihafen soll von dem Normannenherzog Rollo bevorzugt worden sein. Bis zum Ende der Religionskriege war er des öfteren feindlichen Angriffen ausgesetzt, fand Schutz hinter seinen Verteidigungsanlagen, die nach Plänen von Vauban* errichtet wurden (Fort de la Hougue, Verteidigungsanlagen der Insel de Tatihou). Die kleine *Seemannskapelle* setzt sich aus dem Chor und der Apsis einer romanischen Kirche zusammen, die im letzten Jahrhundert teilweise abgerissen wurde. Die Kirche von *Réville* verbindet Romanik und Gotik miteinander. Das *Manoir de la Crasvillerie* stammt aus dem 16. Jh.

Umgebung: Quettehou (3 km östlich) mit der schönen, massiven *Kirche Saint-Vigor* aus dem 13. Jh.; Turm aus dem 15. Jh.

Saint-Valéry-en-Caux

3350 Ew
76 Seine-Maritime
S. 410 □ H 3

Die alte Hafenstadt, die neben einem vom Hl. Valerius gegründeten Kloster entstand, wurde zum großen Teil im letzten Krieg zerstört. Aus früherer Zeit ist nur ein Renaissance-Bau mit geschnitztem Gebälk und die weniger interessante gotische Kirche von Vieux-Saint-Valéry erhalten. Die *Kapelle von Notre-Dame-du-Bon-Port* (1963) mit ihrem riesigen Schieferdach besitzt einige Originalität.

Umgebung: Cany-Barville (12 km südöstlich): *Kirche* aus dem 16. Jh. mit Glockenturm aus dem 13. Jh. Außerhalb gelegen das elegante *Schloß von Cany*, das zwischen 1640 und 1646 im Stil Ludwigs XIII. erbaut wurde.

Saint-Wandrille

1240 Ew
76 Seine-Maritime
S. 410 □ H 3

In einem Tal mit großen Laubbäumen und grünen Weideflächen liegt die noch von Benediktinermönchen be-

Saint-Wandrille, Abteikirche

wohnte Abtei von Saint-Wandrille abseits vom Lärm der modernen Zeit. Sie verdankt ihre Gründung Wandrille, einem Beamten des Königs Dagobert. Im 9. Jh. wurde sie von den Normannen verwüstet, bald wiederaufgebaut und war im Mittelalter sehr wohlhabend. Sie verfiel und wurde von den Benediktinern von Saint-Maur restauriert. In der Revolution wurde sie verkauft, einige Jahre an den Schriftsteller Maurice Maeterlinck vermietet und ist seit 1931 wieder von Mönchen bewohnt. Die Reliquien des Hl. Wandrille, die 1000 Jahre in Belgien aufbewahrt worden waren, wurden wieder zurückgegeben. Zwischen zwei Pavillons mit gemeißeltem Giebel (1757) läßt das schöne *Portal de Jarente* die Rasenflächen des Ehrenhofs und die Gebäude der verschiedenen Epochen ahnen. Von der *ehemaligen Abteikirche* aus dem 13. Jh., in der sich der Stil der Normandie und der Ile de France verbanden, stehen nur noch beeindruckende Ruinen. Die *neue Abteikirche* wurde wie die Kapelle Notre-Dame von Caillouville von den Mönchen selber gebaut. Sie verwendeten die Balken und Steine einer Scheune aus dem 13. Jh. von einem Herrensitz, der im Eure abgerissen wurde (sehr schönes Gebälk). Der Kreuzgang datiert aus dem 14. Jh. (Statue Notre-Dame de Fontenelle aus dem 14. Jh.). Die *Kapelle Saint-Saturnin* scheint auf das 10. oder 11. Jh. zurückzugehen. Die ursprünglich romanische Dorfkirche birgt in einer mit einem Gitter abgeschlossenen Kapelle die Statue der Notre-Dame de Caillouville (um 1300).

Sainte-Foy-la-Grande

3580 Ew
33 Gironde — S. 418 □ F 12

Reizvolle ehemalige Bastion aus der Mitte des 13. Jh. mit regelmäßigem Grundriß. Überreste der Befestigungswälle, Arkadenplatz, Templerturm (13. Jh.), alte Häuser. Hier wurde 1830 der berühmte Geograph Elisée Reclus geboren.

Sainte-Mère-Église

1430 Ew
50 Manche — S. 413 □ E 3

Ein stilles Dorf inmitten der Weiden des Cotentin. Es machte Geschichte im Morgengrauen des 6. Juni 1944, als bei der Invasion an der Utah Beach hier amerikanische Fallschirmjäger landeten.
Die Kirche, die durch den Film »Der längste Tag« berühmt wurde, stammt aus dem 12. Jh. (Turm und Schiff) und dem 14./15. Jh. (Chor). Sie trägt noch die Spuren der Kämpfe; auf zwei modernen Glasfenstern sind entscheidende Phasen des letzten Krieges dargestellt. Unter einem Kuppelkranz, einem riesigen Fallschirm aus Beton, ist das Luftwaffenmuseum zur Erinnerung an die Kämpfe des letzten Krieges errichtet.

Sainte-Odile (Berg)

67 Bas-Rhin — S. 417 □ P 4

Der dicht bewaldete Berg Sainte-Odile, mit einer 10 km langen frühhistorischen Mauer umgeben, ist der heilige Berg des Elsaß, von dem aus man einen wunderbaren Rundblick hat. Goethe, Taine, Barrès und Tausende von Pilgern stiegen zu dem über dem Hochwald gelegenen Kloster hinauf. Dieses ist entstanden in der Nachfolge jenes Klosters, dem die Hl. Odile, Tochter eines elsässischen Herzogs, im 7. Jh. als Äbtissin vorstand. Nach einem Großbrand im 16. Jh., der alles zerstörte, sind nur noch eine Stele aus dem 12. Jh., die Kapellen vom Kreuz Christi (11. Jh.) und der Hl. Odile (romanogotisch) erhalten. Die Klosterkirche stammt von 1687. Auf einem Weg gelangt man zu der Quelle, aus der durch das Wirken der Hl. Odile Heilwasser floß, und zum Niedermünster, das 1542 abbrannte. Von der großen romanischen Abteikirche sind nur das gewölbte Portal, die Türme und Säulen erhalten.

Saint-Odile, Kloster ▷

Saintes, Arena

Saintes	28400 Ew
17 Charente-Maritime	S. 418 □ F 10

Saintes ist die Hauptstadt der Saintonge, eine römische und romanische Stadt und lebendiges Zeugnis von zwei Jahrtausenden Geschichte. Die rosafarbenen Dächer des alten Stadtkerns liegen stufenartig am Ufer der friedlichen Charente über stillen Gärten, Mauern, Höfen mit schattenspendenden Platanen und südlichen Düften. Bei der Eroberung Galliens durch Caesar wurde die Stadt zum blühenden Zentrum des Südwestens; die römischen Ruinen von Saintes bezeugen noch heute die Bedeutung des Ortes. Im Mittelalter wurde der Ort eine bedeutende Zwischenstation auf dem Weg nach Compostela. Erst unter englischer, dann unter franz. Vorherrschaft, hatte die Stadt auch unter den Religionskriegen zu leiden. Im 17. Jh. verschönert, im 18. Jh. erneut umgestaltet, legt Saintes heute mit seinen schönen stattlichen Häusern Zeugnis ab vom klassischen Geschmack des damaligen Landadels.

Römische Ruinen: Das *Amphitheater* befindet sich seit dem 1. Jh. in einer natürlichen Bodensenke etwas außerhalb der Stadt. Die Arena, die 64 m mal 39 m mißt, faßt 20000 Zuschauer. Noch heute finden dort im Sommer Aufführungen statt. *Arc de Germanicus:* Bis Mitte des letzten Jh. stand der Triumphbogen des Germanicus am Eingang zum alten Hafen direkt an der Römerbrücke, bis er Stein für Stein an seinen heutigen Platz versetzt wurde. Im Jahr 19 zu Ehren des Tiberius errichtet, besteht er aus zwei großen Bogen, die den Architrav tragen. An den Ecken jedes Pfeilers sitzen auf kannelürten Säulen schöne korinthische Kapitelle.
Thermen von Saint-Saloine: Heute ist noch eine dicke Mauer mit nischenar-

Saintes, Arc de Germanicus

Saintes, St-Eutrope, Kapitelle

tig eingelassenen Halbtonnengewölben erhalten.

Abbaye aux Dames: Die Abtei wurde im 11. Jh. von Geoffroi Martel, einem Grafen von Anjou und Herrn der Saintonge gegründet und war ein überaus reiches Frauenkloster, von Abtissinnen geleitet, die aus den besten franz. Familien stammten. Zu den Pensionärinnen zählte auch die spätere Madame de Montespan. Nach der Revolution wurde die Abtei in eine Kaserne umgewandelt und erst 1942 wieder ihrer religiösen Bestimmung übergeben. Die Kirche ist ein schönes Beispiel romanischer Kunst im Saintonge. Die Fassade stammt aus dem 12. Jh., im Untergeschoß ein großes Portal mit Rundbogen, flankiert von zwei vorgetäuschten Türen: im ersten Geschoß ein Fenster mit großem Bogen, eingerahmt von zwei blinden Öffnungen. Das Hauptportal ist reich versehen mit Skulpturen. Der Innenraum beeindruckt durch seine prachtvolle Aufgliederung. Eine Kuppel mit Gewölbekappen erhebt sich über der Querschiffsvierung.

Die **Kirche Saint-Palais** war lange Zeit ein Nebengebäude der Abbaye aux Dames; sie ist benannt nach einem Bischof Palais oder Pallade aus Saintes aus dem 6. Jh. Das Schiff stammt aus dem 12. Jh., die Kreuzrippengewölbe aus dem 13. Jh.

Die **Kirche Saint-Eutrope** gehört mit ihrem mächtigen gotischen Turm zu den schönsten Bauten der Stadt. Anfang des 19. Jh. wurde die Kirche ihres Schiffs beraubt. In ihrem jetzigen Zustand besteht sie aus dem ehemaligen Querschiff und der Apsis des romanischen Baus, der im 15. Jh. umgebaut wurde. Im Innern sind die Kapitelle der Pfeiler, die die Kuppel tragen, mit besonders schöner Ornamentik versehen. – **Krypta:** Diese unterirdische

Saintes, Kirche Saint-Eutrope, Krypta

Kirche ist das älteste kirchliche Bauwerk der Saintonge. Sie stammt aus dem Ende des 11. oder dem Anfang des 12. Jh. und soll aus Resten der früheren Bauten errichtet worden sein. Ihr Grundriß wiederholt die Anordnung des darüberliegenden Chors. Die Gebeine des Hl. Eutropius sind in einem Reliquienschrein aus dem 4. Jh. aufbewahrt. In einer ehemaligen Kapelle befindet sich ein 45 m tiefer Brunnen, dessen Wasser für die Taufe der frühen Christen verwendet wurde; daneben steht ein Taufbecken aus dem 11. Jh.

Kirche Saint-Pierre: Diese ehemalige Kathedrale ist eines der bedeutendsten Bauwerke dieser Gegend aus dem 15. Jh. Von der romanischen Kathedrale, die 1137 von Pierre de Confolens erbaut wurde, stehen nur die Grundmauern und Querschiffkuppeln. Die Kirche wurde im 15. Jh. neu aufgebaut, im 16. Jh. waren die Bauarbeiten und Restaurierungsarbeiten vollendet. Der massive Turm, gekrönt von einer abgekanteten Kuppel und gestützt von Strebepfeilern mit Fialen, besitzt einen Portalvorbau. Das meisterhaft gearbeitete gotische Portal vereint eine Vielzahl von Figuren: Apostel, Heilige, Bischöfe. Das Schiff, wie die Seitenschiffe im 16. Jh. neugebaut, ist durch eine weite Apsis mit Kapellenkranz begrenzt. Die elegante Wendeltreppe in einem engen Türmchen führt zu den Gewölben des Langschiffs hinauf. Auf der Empore ein sehr schönes Orgelgehäuse mit Holzfiguren aus dem 17. Jh. Die Überreste des zur Kirche gehörenden Kreuzgangs wurden freigelegt und restauriert.

Jakobiner-Kapelle: Das prächtige gotische Fenster (15. Jh.) beherrscht die ganze östliche Seite und ist ein Juwel der Spitzbogenarchitektur des Südwestens.

Saintes, Kirche Saint-Pierre

Museen: Im *archäologischen Museum* unmittelbar neben dem Arc Germanicus, befinden sich die Reste des mittelalterlichen Mediolanum Santonum: Säulen, Kapitelle, Flachreliefs, Torsi. Das *Museum Dupuy-Mestreau* liegt im Hôtel Monconseil (18. Jh.); die Fassade ist zum Fluß hin mit einer schönen schmiedeeisernen Balustrade verziert. Decken und Täfelungen aus den Schlössern von Romegoux und Tonnay-Charente wurden originalgetreu übertragen. Das Haus enthält heimatgeschichtliche Sammlungen: rustikale Möbel, Kostüme und Hauben der Saintonge, Keramik, u. a. Teller von Bernard Palissy* (16. Jh.), der das Geheimnis des Emails von Saintes entdeckte. *Musée des Beaux-Arts:* Im ehemaligen Hôtel du Présidial (17. Jh.) sind Gemälde (u. a. die prächtige »Allegorie der Erde«, die Bruegel zugeschrieben wird) und Keramiken aus der Saintonge. *Musée éducatif de préhistoire:* Auf synoptischen Tafeln und Werkzeugdarstellungen wird die Frühgeschichte dargestellt.

Umgebung: Le Douhet (12 km nördlich): Das Schloß – bis zur Revolution die Residenz der Bischöfe von Saintes – stammt aus dem Ende des 17., Anfang des 18. Jh. Seine elegante klare Fassade ist auf einen schönen Park gerichtet, dessen Wasserbassins noch heute von einem römischen Aquädukt gespeist werden. – **Romanische Kirchen:** Die Saintonge ist eine an romanischen Baudenkmälern reiche französische Region. Als Durchgangsgebiet auf dem Weg nach Compostela besitzt sie Hunderte von kleinen Kirchen aus weißem Stein mit einfachem Grundriß: ein Schiff, runder oder vieleckiger Chor, von Bogenwerk unterteilte Fassade. Der ganze Reichtum und das Können der Handwerker romanischer Kunst drückt sich in den Bogenläufen der einzigartigen Portale aus, die von

Retaud, Portal der Kirche

Rioux, Kirche, Madonna mit Kind

zwei Blendbogenwerken eingerahmt werden. – **Corme-Royal** (10 km westlich): Die ehemalige Abtei, von einer Äbtissin aus Saintes am Ende des 12. Jh. erbaut, hat eine bemerkenswerte zweigeschossige Fassade mit einer Fülle von Ornamenten. – **Retaud** (12 km südwestlich): Die Kirche, aus dem 12. Jh., ist berühmt wegen ihrer von Säulenstrebepfeilern in acht Felder unterteilten Apsis; zahlreiche Skulpturen und groteske Sparrenköpfe. – **Rioux** (15 km südlich): Die Kirche, ganz ähnlich gebaut wie die in Retaud und ebenfalls im 12. Jh. erbaut, ist an ihrer achtflächigen Apsis reich mit Skulpturen versehen. An der Fassade umgibt gemeißeltes Bogenwerk eine Madonna mit Jesuskind im Glorienschein. – **Ecoyeux** (14 km nördlich): Die Kirche des Dorfes ist ein prächtiges Beispiel einer befestigten Kirche aus dem 12. Jh.; bei diesem Bauwerk ist die Fassade an den Ecken von zwei Wachtürmchen eingerahmt.

Saintes-Maries-de-la-Mer 2120 Ew
13 Bouches-du-Rhône S. 425 □ L 14

Noch heute strömen die Zigeuner im Mai zu ihrer berühmten Wallfahrt nach Saintes-Maries-de-la-Mer, um Sara, ihre Schutzheilige, und die Hl. Maria Jakobäa zu verehren, deren Reliquien hier 1448 bei Grabungen unter der Kirche gefunden wurden (der provenzalischen Überlieferung nach hatten Maria Salome und Lazarus, der Wiederauferstandene, sie um das Jahr 40 an diese Küste gebracht). Die befestigte Kirche von Saintes-Maries ist schon von weitem als Bastion Gottes zu erkennen, die über die Camargue und das Meer wacht, das seit dem Mittelalter unaufhörlich zurückgeht. Die Kirche, in der zweiten Hälfte des 12. Jh. erbaut, wurde im 14. Jh. befestigt und im 15. Jh. umgebaut. Außen ist die Kirche heute nur an der Apsis romanisch, verziert mit langobardischen Blenden. Darüber wurden die obere Kapelle für die Reliquien der beiden Hl. Marien und der Wachturm erbaut, der diese Ebene eigenartig prägt. Auf dem rechten Flügel (15. Jh.) stehen zwei Löwen von einem anderen Portal. Der Turmgiebel wurde vom Blitz zerstört und 1903 wieder aufgebaut. Das einzige, düster und streng wirkende Schiff mündet in einen hochgelegenen Chor. Im Halbtonnengewölbe tragen die Marmorsäulchen der Bogenwerke acht gemeißelte Kapitelle (Blattwerk, Masken oder Büsten von Menschen, die die Menschwerdung und Abrahams Opfer darstellen). In der nach 1448 umgestalteten Krypta ist der bemerkenswerte Reliquienschrein der Sara aufbewahrt.

Museum Baroncelli: Das Museum, im ehemaligen Rathaus untergebracht, ist nach dem Marquis Folco de Baroncelli benannt, einem der Camargue sehr tief verbundenen Gutsbesitzer und Freund des franz. Dichters Mistral. Das Museum dokumentiert das Leben in der Camargue, die Volkskunst, Fauna und Flora.

Saintes-Maries-de-la-Mer, Kirche

Salers 540 Ew
15 Cantal S. 420 □ J 11

In der mittelalterlichen Stadt, auf einem Basaltplateau in etwa 1000 m Höhe prächtig gelegen, häufen sich hinter den Stadtmauern die vornehmen Giebel- und Turmhäuser aus früheren Zeiten. Die Kirche wurde im 15. Jh. wieder aufgebaut und bekam einen bemerkenswerten Portalvorbau, der vom romanischen Bogenwerk einer vorher existierenden Kirche flankiert ist. Die Kirche enthält zahlreiche Kunstwerke, vor allem alte Wandbehänge aus Aubusson und eine bemerkenswerte Grablegung aus buntem Stuck aus dem 15. Jh. Die *Place Tyssandier-d'Escous* erweckt durch ihre basaltfarbenen Häusern mit den ausgebauten Türmchen aus dem 15. Jh. den Eindruck einer Theaterkulisse. In den Straßen reihen sich an mittelalterliche Gebäude auch eindrucksvolle

Salers, Giebel, Dächer und Türmchen alter Häuser

Renaissance-Fassaden, großartiger Häuser, so etwa das Maison du baillage, Maison de Bargues, Maison de la Ronade, Maison des Templiers.

Salon-de-Provence	35590 Ew
13 Bouches-du-Rhône	S. 425 □ M 14

Schattige Höfe umgeben dieses ehemalige Besitztum des Erzbischofs von Arles. Der alte Stadtkern war früher durch Wälle abgetrennt; heute existieren noch zwei Tore, eines aus dem 14., das andere aus dem 17. Jh. Die *Kirche Saint-Michel* stammt aus der ersten Hälfte des 13. Jh. Die gotischen Säulen des Portals sind mit einer Archivolte und einem romanischen Tympanon (12. Jh.) versehen, der viereckige Turm an der Fassade datiert aus dem 15. Jh. Der Bau birgt einen schönen vergoldeten Altar mit einem Retabel aus dem 17. Jh. Am Stadtrand gelegen, die *ehemalige Stiftskirche Saint-Laurent* (ab 1344 begonnen und 1480 vollendet). Sie enthält ein Flachrelief auf Marmor (1478) und das Grabmal von Nostradamus, dem berühmten Astrologen des 16. Jh., der in Salon starb. In seinem Haus, in der Nähe von Saint-Michel, ist zu seinem Gedenken ein kleines Museum eingerichtet.

L'Emperi: Ein großes Schloß mit Bauelementen aus dem 12. Jh. Die Eingangspforte wurde 1585 erneuert, der Wachtsaal stammt aus dem 17. Jh. Seit 1967 ist darin das *Musée national d'art et d'histoire militaire.*

Umgebung: Schloß von La Barben (12 km), eine Festung aus der Feudalzeit, die im 16. und 17. Jh. in ein Lustschloß umgebaut wurde, ist mit auserlesenem Mobiliar aus dem 17. und 18. Jh. ausgestattet.

La Barben, Schloß ▷

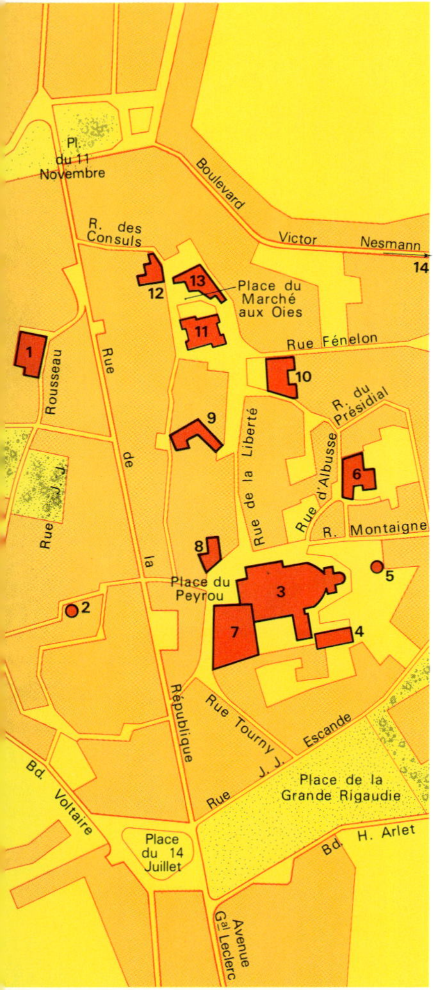

Sarlat-la-Canéda **1** Kapelle des Pénitents-blancs **2** Wachturm **3** Kathedrale Saint-Sacerdos **4** Kapelle des Pénitents-bleus **5** Lanterne des morts **6** Présidial **7** Ehemaliger Bischofssitz **8** Hôtel de La Boétie **9** Hôtel Maleville **10** Rathaus **11** Ehemalige Kirche Sainte-Marie **12** Hôtel Selve de Plamon **13** Hôtel de Gisson **14** Kapelle Notre-Dame-de-Temniac

Sarlat-la-Canéda	10880 Ew
24 Dordogne	S. 419 □ H 12

Trotz einer schnurgeraden Straße, die die Stadt völlig widersinnig durchschneidet – eine zweifelhafte Ruhmestat einer aufgeklärten Stadtverwaltung im letzten Jh. –, bleibt Sarlat eine der erstaunlichsten Städte Frankreichs, ein Freilichtmuseum der Architektur des Mittelalters, der Renaissance und des 17. Jh. Die reizvolle Stadt des Périgord bietet ein wahres Festival mit seinen Portalen, Türmchen, Arkaden und Durchgängen. Wie in Saint-Paul-de-Vence, in Perugia oder am Mont-Saint-Michel scheint die Zeit dort lange vor der Revolution stehengeblieben zu sein. Doch herrscht in der Stadt durch das Markttreiben und den Touristenbetrieb reges Leben. Die Stadt nahm unter den Karolingern an Bedeutung zu, erhielt im 13. Jh. das Recht der Selbstverwaltung, wurde 1317 zum Bischofssitz, der aber in der Revolution wieder aufgelöst wurde. Die befestigte Stadt wurde während des Hundertjährigen Krieges mehrfach angegriffen, fiel vorübergehend an die Engländer und litt unter den Religionskriegen. Im 17. und 18. Jh. gelangte Sarlat zu einigem Wohlstand dank des Kleinadels und einiger begüterter Bürger, stagnierte aber im 19. Jh. aufgrund seiner abgelegenen Lage. Die Stadt wuchs nicht, wurde auch nicht modernisiert und behielt so alle historischen Bauten. Durch das Sanierungsgesetz vom August 1962 konnten die zum Teil baufälligen Viertel in ihrer alten Schönheit wiederhergestellt werden. Es ist eine Stadt mit vielen Geschäften, berühmt für Gänseleber und Trüffel, den beiden Spezialitäten des Périgord. Sie besitzt mehrere bedeutende Einzelbauten, doch liegt ihr Reiz in der Menge der alten Gebäude, die man beiderseits der Rue de la République findet. Die kurze und breite Rue Bourgeoise, heute *Rue de la Liberté*, ist noch jetzt das Zentrum des alten Sarlat, zusammen mit der nahen *Place du Peyrou.* Auch der westliche Teil der Stadt mit der

Rue J.-J. Rousseau hat viel von seiner Ursprünglichkeit bewahrt: alte Klöster, die *Chapelle des Pénitents blancs* (1615–1628, ein kleines Museum religiöser Kunst), Stadthäuser und der *Tour du Guet* (15. Jh.). Vor allem dieses westliche Stadtviertel mit der Kathedrale und den schönen Hôtels lädt zum Spazieren ein.

Kathedrale Saint-Sacerdos: Die ehemalige, im Baustil ganz uneinheitliche Kathedrale ersetzte im 16. Jh. eine Abteikirche, von der der prächtige Fassadenturm und einige romanische Teile erhalten sind. Von mittelalterlichen, heute beschädigten Statuen überragt, führt das einfache Portal aus dem 17. Jh. auf einen Saal mit Gratgewölbe, der praktisch als Narthex dient. Der Innenraum der Kirche stammt im wesentlichen aus dem 16. Jh. (doch stammen der fünfeckige Chor und die Apsis aus früherer Zeit). Saint-Sacerdos besitzt ein Chorgestühl aus dem 17. Jh. und eine Orgelempore aus dem 18. Jh. Der ehemalige zweischiffige Kapitelsaal (Kreuzrippengewölbe aus dem 14. Jh.) beherbergt heute die Sakristei. Zwei malerische Höfe (Zugang durch das rechte Seitenschiff) stehen an der Stelle der großen Abtei, die zu Cluny gehörte. Auf den Hof der Kanoniker geht die schöne *Chapelle des Pénitents bleus*, ein romanischer Bau aus dem 12. Jh., der im 17. Jh. von einer Bußbrüderschaft umgebaut wurde. Ein Durchgang mit Treppe führt zu der eigenartigen »Lanterne des morts«, einem rätselhaften mittelalterlichen Turm, der von einem Kegel abgeschlossen wird und zu Ehren des Hl. Bernhard, der hier 1147 zu Gast war, erbaut worden sein soll. In der Nähe dieses in dieser Gegend einzigartige Monuments steht das elegante *Présidial*, der Sitz der königlichen Justiz im 16. und 17. Jh.

Maison de La Boétie, ehemaliger Bischofssitz: Die Place du Peyrou vor der Kathedrale ist umgeben von der restaurierten Fassade des ehemaligen Bischofssitzes (Renaissance-Galerie, gotische Fenster) und vom Hôtel de La

Sarlat, Haus La Boétie

Boétie, einem früheren Wohnhaus vom beginnenden 16. Jh. Hier wurde 1530 Étienne de La Boétie, zukünftiger Rat im Parlament von Bordeaux, Dichter, Philosoph und Freund Montaignes geboren. Die arkadengesäumte Rue de la Liberté führt zum bewunderungswerten Komplex der Place Maleville und der Place de la Liberté.

Hôtel Maleville: Dieses prächtige Gebäude wurde von einem Superintendenten der Finanzen unter Heinrich IV. erbaut und zeigt zur Rue de la Liberté hin eine sehr schöne Fassade (Portal) aus der Renaissance und einen hohen Turm mit einem Treppenhaus zwischen den beiden Wohntrakten. Die später erbaute Fassade, die man durch einen Gewölbegang erreicht, ist weniger eindrucksvoll.

Rathaus: Anfang des 17. Jh. erbaut; einige Teile des mittelalterlichen Hauses wurden integriert. Sein kleiner

Sarlat, Alte Häuser

Saulieu, St-Andoche, Kapitell

Wachturm überragt die schöne Place de la Liberté.

Alte Kirche Sainte-Marie: Zwischen der Place de la Liberté und der Rue des Consuls stehen die Reste dieser Pfarrkirche aus dem 14. und 15. Jh. Sie stand unbenutzt und wurde teilweise nach der Revolution zerstört.

Rue des Consuls: Eine besonders malerische Straße, gesäumt von Häusern aus dem 16. und 17. Jh., darunter auch das außerordentlich schöne *Hôtel Selve de Plamon* (14. und 15. Jh.). Das *Hôtel de Gisson* dominiert an der bezaubernden Place du Marché-aux-Oies; es wurde im 16. Jh. erbaut. Streng und elegant besteht es aus zwei Wohntrakten, die durch eine schlanke, massive sechseckige Turmtreppe verbunden sind.

Die **Chapelle Notre-Dame-de-Temniac** (2 km nördlich vom Zentrum) liegt mit ihrer romanischen Silhouette auf einem Hügel. Diese stark umgebaute Kapelle ist im Schiff von zwei Kuppeln überwölbt. Noch heute ist der Ort ein Wallfahrtsziel.

Sartène → Corse

Saulieu

3160 Ew

21 Côte-d'Or

S. 420 □ L 7

Die dem Morvan-Gebirge vorgelagerte Stadt erwarb sich früh einen gastronomischen Ruf (Mme. de Sévigné hätte hier den ersten Schwips ihres Lebens). Saulieu ist aber nicht nur eine Stadt der Tafelfreuden, sondern auch der Kunst: Ein bezauberndes kleines Museum zeigt diverse Sammlungen

Saulieu, Schloß Thoisy-la-Berchère

mit auserlesenen Kunstgegenständen aus der Umgebung.

Kirche Saint-Andoche: Erbaut im frühen 12. Jh. wurde Saint-Andoche Kollegiatkirche, als Chorherren die Mönche ablösten. Während des Hundertjährigen Krieges und der Religionskämpfe wurde sie schwer beschädigt. Verunstaltet, im 18. Jh. mit einem neuen Chor versehen, ist sie architektonisch nur von bedingtem Interesse, obgleich dem Stil von Cluny (siehe Cluny) verpflichtet. Ein Besuch lohnt sich aber wegen der phantasiereichen romanischen Kapitelle (Blattmotive, Faunsgestalt, biblische Szenen). In der Kirche der restaurierte Sarkophag des Hl. Andochus, einer der ersten Missionare in Burgund, sowie eine schöne, von Mme. de Sévigné gestiftete Jungfrau mit Kind und ein Chorgestühl aus dem späten 14. Jh.

Umgebung: Thoisy-la-Berchère (12 km südöstlich): In dem Schloß aus dem 15./16. Jh. (es wurde mehrfach restauriert) befindet sich u. a. ein Oratorium mit sehr hübschen Renaissance-Vertäfelungen.

Saumur	23600 Ew
49 Maine-et-Loire	S. 413 □ F 7

Als wäre sie dem berühmten Stundenbuch des Herzogs von Berry entstiegen, wacht eine imposante Burg über Saumur und der Loire. Zunächst war die Stadt im Besitz der Fürsten von Aquitanien und der Könige von England, fiel dann im 12. Jh. wieder an Frankreich, dem sie während des Hundertjährigen Krieges die Treue hielt. Sie schloß sich der Reformation an und wurde eine Hochburg der Hugenotten und Sitz einer berühmten protestantischen Akademie. 1623 seiner Befestigungsanlagen beraubt, stand

Saumur, Schloß der Loire

Saumur während der Fronde treu zur Krone, verlor aber viel von seinem Glanz, als die Aufhebung des Edikts von Nantes zahlreiche Protestanten vertrieb. Saumur wurde Garnisonsstadt und Sitz einer bekannten Kavallerieschule. Die Stadt, in der Balzac seinen Roman »Eugenie Grandet« ansiedelte, war 1940 Schauplatz eines erbitterten Widerstands.

Schloß: Harmonisch, aber doch wehrhaft, erhebt sich die Anlage auf einem Felsvorsprung hoch über dem Zusammenfluß von Thouet und Loire. Obwohl teilweise wiederaufgebaut, neu ausgestattet und stark restauriert, bewahrt sie die ursprüngliche Gestalt aus der zweiten Hälfte des 14. Jh. (von Herzog Ludwig I. von Anjou um 1367 erbaut auf dem Terrain einer Festungsanlage, die auf das 10. Jh. zurückgeht). An der Stelle des zerstörten Nordostflügels eine Aussichtsterrasse. Vier mächtige, mit Brustwehren versehene Türme begrenzen die Burg, die lange Zeit leerstand und dann als Gefängnis und Kaserne diente. In einem der Türme ein schöner Treppenaufgang; im Nordost- und im Südostflügel sind zwei Museen untergebracht. Das *Musée des arts décoratifs* enthält vor allem Kunstgegenstände des Mittelalters und der Renaissance, Tapisserien, Möbel, Keramik und Fayencen; ferner bedeutende gallo-römische Sammlungen. Das beachtenswerte *Musée du cheval* schildert die Geschichte der Reitkunst im Lauf der Jahrhunderte. Saumur mit seinen großartigen Reitern war lange Zeit eine »Metropole des Pferdes«.

Kirche Notre-Dame-de Nantilly: Eine Kirche romanischen Ursprungs (größtenteils aus dem 12. Jh.), die zu einer Abtei gehörte. Unter Lugwig XI. wurde das rechte Seitenschiff im spätgotischen Flamboyantstil angefügt. Die mächtige, ziemlich nüchterne Kirche

Saumur, Musée des Arts Décoratifs

birgt in einer kleinen Apsidiole an der rechten Chorseite die Holzskulptur Unserer Lieben Frau von Nantilly (12. Jh.). Prächtige Wandteppiche aus dem 15. und 16. Jh., die aus Aubusson stammen aus dem 17. Jh. Schöne Kapitelle, Orgelgehäuse aus dem späten 17. Jh.

Kirche Saint-Pierre: Die Kirche ist von alten Wohnhäusern umgeben, die Turmspitze ragt steil auf. Querschiff und Chor stammen aus dem 12. Jh., die Fassade wurde im 17. Jh. erneuert. Hübsche romanische Türe im rechten Querschiffarm. Zwei schöne Wandteppichzyklen (16. Jh.).

Kirche Notre-Dame-des-Ardilliers: Die stromaufwärts am Stadtrand gelegene Kirche aus dem 17. Jh. weist merkwürdigerweise eine Rotunde auf, deren Wölbung mit Beton ausgebessert wurde. Sie wurde von den Oratorianern mit finanzieller Hilfe von Mme. de Montespan erbaut (ihre Schwester war in Fontevraud Äbtissin). Sie hat einen monumentalen Altaraufsatz und birgt die Statue der Jungfrau, die 1454 nahe einer »wundertätigen« Quelle aufgefunden wurde. In der Sakristei findet man interessante Überreste einer alten Wallfahrtskapelle.

Unter den Profanbauten sind das einst von der Loire umspülte **Rathaus** hervorzuheben (linke Seite aus dem 16. Jh., kleine Kapelle aus dem 13. Jh.) und die **Kavallerieschule**, die aus dem 18. Jh. stammt und deren Geschichte ein Museum veranschaulicht.

Umgebung: Bagneux (2 km südöstlich): Das größte Megalithgrab Anjous, ein Ganggrab, liegt auf privatem Gelände. – **Brézé** (11 km südöstlich): Von tiefen Wassergräben umgebenes, stark restauriertes Renaissance-Schloß.

La Sauve-Majeur, Abteikirche

Sauve-Majeur (Abtei) 840 Ew
33 Gironde S. 418 □ F 12

Der einst ausgedehnte Wald inmitten des Entre-Deux-Mers – ursprünglich silva major benannt, woraus später Sauve-Majeur wurde – ist heute nur noch als kleiner Restbestand erhalten. Mönche einer berühmten, 1079 vom Hl. Gérard gegründeten Benediktinerabtei haben ihn gerodet. Die *Abteikirche* aus dem 12. und 13. Jh. wurde im 15. und 16. Jh. wieder hergestellt, später verlassen und während der Revolution ganz aufgegeben. Nur noch eine malerische Ruine, bleibt sie doch ein beredtes Zeugnis romanischer Kunst (sehenswerte Apsis, herrliche Kapitelle). Vor der geisterhaften Abteikirche erhebt sich die gotische *Kirche Saint-Pierre,* deren flacher Chorabschluß im späten 12. oder frühen 13. Jh. entstand (restaurierte Fresken aus dem 13. und 16. Jh.); ein großes romanisches Kapitell dient gegenwärtig als Weihwasserbecken.

Sauveterre-de-Béarn 1 670 Ew
64 Pyrenées-Atlantiques S. 422 □ E 14

Eine bezaubernde alte Stadt an einer Biegung des Oléron. Neben einem schlanken Wehrturm eine alte Brücke, die »pont de la légende«. Die Kirche aus dem 13. Jh. vereinigt Romanik (Pfeiler und halbkuppelförmige Nebenapsiden) und Gotik (Kreuzgewölbe); der überdachte Portikus aus dem 11. Jh. birgt ein stark restauriertes romanisches Portal. Der Wehrturm von Monréal aus dem 12. und 13. Jh. überragt die noch immer eindrucksvolle Burgruine.

Umgebung: Schloß Laas (9 km östlich): Der in einem herrlichen Park gelegene Herrensitz aus dem 17. Jh. ist architektonisch weniger interessant, hat jedoch eine prachtvolle Innenausstattung, die die Sammlungen eines reichen Kunsthistorikers und -liebhabers beherbergt (Holzschnitzereien, Möbel, zahlreiche Kunstgegenstände, Zeichnungen, Gemälde): eher das Domizil eines kultivierten Mannes als ein Museum.

Saverne/Zabern 10 430 Ew
67 Bas-Rhin S. 417 □ O 5

Saverne (Zabern), eine reizvolle Stadt mit einer Anzahl schöner alter Häuser, liegt an einem Talende am Fuß der Vogesen und war von alters her Durchgangsstation. Dort lagen drei Herbergen (tres tabernae), an die der Name der Stadt erinnert. In dieser Stadt mit ihrer Befestigungsanlage wurde im 16. Jh. der Aufstand der elsässischen Bauern durch die Söldner des Herzogs von Lothringen blutig niedergeschlagen. Saberne war vom 13. Jh. bis zur Revolution bevorzugter Aufenthalt der Bischöfe von Straßburg; sie residierten dort mehr als hun-

Saverne, Schloß

dert Jahre, bis die Reformation sie aus ihrem Bistum vertrieb. 1799 niedergebrannt, wurde das bischöfliche Schloß von dem verschwenderischen Kardinal Louis René de Rohan wieder aufgebaut, der sich bald durch seine Leichtgläubigkeit in die »Affäre um das Halsband der Königin« verstricken sollte (und dadurch in Ungnade fiel).

Schloß: Der imposante Bau aus rötlichem Sandstein – nach Goethe der »kirchliche Vorposten einer mächtigen Monarchie« – war bei Ausbruch der Revolution noch unvollendet und wurde erst unter Napoleon III. fertiggestellt. In einem herrlichen Park erhebt sich das mächtige Gebäude, dessen majestätische Fassade auf der Gartenseite von Säulen und Pilastern gegliedert ist (die andere Fassade hat unter den Eingriffen des zweiten Kaiserreichs gelitten). Im Schloß ist ein Museum für Archäologie und Geschichte untergebracht.

Pfarrkirche: Sie besitzt einen romanischen Glockenturm, stammt aber aus dem 14. und 15. Jh. und ist innen äußerst prächtig eingerichtet und verziert. In einer Grabnische befindet sich ein Christus im Grab aus dem 15. Jh. Die schöne Kanzel stammt von etwa 1490 (eine Arbeit von Jans Hanver); außerdem Gruppe mit Christus, Maria und Johannes aus weißem Marmor (16. Jh.), Grabmäler, Gemälde auf Holz aus dem 15. Jh., Pieta aus dem 16. Jh. Der Lettner aus dem 15. Jh. wird heute als Orgelgehäuse verwendet. Im Garten kann man Überreste aus der gallisch-römischen und fränkischen Zeit entdecken. – Rechts von der Kirche steht das Alte Schloß aus dem 17. Jh.

Cloître des Récollets: Diese Dependance eines Klosters dient heute als Kolleg. Ein schöner gotischer Bau aus dem frühen 14. Jh. mit Fresken aus dem 17. Jh.

Sceaux, Schloß

Umgebung: Burg Haut-Barr (4 km) südwestl.), eine Burgruine, die aufgrund ihrer Lage – 450 m hoch, auf drei von einer Mauer umschlossenen Felsen – das »Auge des Elsaß« genannt wird. Der Bau stammt aus der romanischen Zeit (Kapelle mit lombardischen Friesen). Lange Zeit war Haut-Barr Wohnsitz des Bischofs von Straßburg, Johann von Manderscheidt, der sie im 16. Jh. restaurieren ließ. Im Dreißigjährigen Krieg wurde sie wiederum stark beschädigt und während der Revolution schließlich als Staatseigentum verkauft.

Sceaux	19960 Ew
92 Hauts-de-Seine	S. 428 □ I 5

Nachdem Colbert, der Finanzminister Ludwigs XIV., das zu Anfang des 17. Jh. zerstörte Schloß und den dazugehörigen Besitz im Jahr 1670 zurückgekauft hatte, ließ der dazu von Le* Notre den herrlichen Park von Sceaux anlegen. Zwei Tiergruppen von Coysevox* bewachen die Gitter. Im Park selbst dann die schöne, von Hardouin-Mansart* angelegte Orangerie (17. Jh.), die »Großen Kaskaden« (erneuert), das Oktogon, ein herrliches Bassin, der große Kanal und zierliche Pavillons. Das ziemlich unbedeutende Schloß (neu erbaut im 19. Jh.) enthält das reiche *Musée de l'Ile-de-France,* ein Museum mit Kunstgegenständen aus Paris und seiner Umgebung (Gemälde, Zeichnungen, Plastiken, Tapisserien, Fayencen und Porzellan der ehemaligen Manufaktur von Sceaux).

Sedan	25430 Ew
08 Ardennes	S. 416 □ L 3

Die alte Festungsstadt am Ufer der Maas wurde im letzten Krieg schwer

Sedan, Palais der Prinzen von Sedan, Luftaufnahme

beschädigt. Dennoch sind in Sedan einige typische Wohnhäuser aus dem 17. und 18. Jh. erhalten.

Sehr eindrucksvoll ist das zu Beginn des 17. Jh. erbaute *Palais der Prinzen von Sedan,* das »Château-bas«. Auf einem Felsabhang gelegen und von riesigen Mauern geschützt, beherrscht der Bau die Stadt; er zählt zu den bedeutenden Festungsanlagen Europas. 1424 wurde er begonnen (aus dieser Zeit stammen die Türme am Eingang). Das Verteidigungssystem mußte in der Folge dem Wandel der Kriegskunst angepaßt werden (Bastionen aus dem 16. Jh.).

Umgebung: Bazeilles (3,5 km südöstl.): In diesem Dorf befindet sich ein imposantes Schloß aus dem 18. Jh. Den Haupttrakt überdacht ein geschmücktes, von zwei Pavillons flankiertes Giebeldreieck; ein schmiedeeisernes Gitter rundet die Anlage harmonisch ab. 1870 erlitt die französische Armee in Sedan nach hartem Kampf eine schwere Niederlage: »La Maison des dernières cartouches« (Das Haus der letzten Patronen), Motiv eines populären Gemäldes, hat Bazeilles berühmt gemacht.

Mouzon (17 km südöstlich): Ein sehr alter Ort mit Resten von Wehranlagen aus dem 14. und 15. Jh., darunter die Porte de Bourgogne. Eindrucksvolle gotische Kirche aus dem 13. Jh., die im 19. Jh. einem umfassenden Umbau unterzogen wurde. Notre-Dame, die schönste Kirche der Ardennen, gehörte früher zu einer Benediktinerabtei. Die prachtvolle Fassade wird von zwei Seitentürmen flankiert. Reizvolle Skulpturen befinden sich im Tympanon des Hauptportals (13. Jh.); ein Schiff von bemerkenswerter Höhe mit Tribünen und Triforium. Schöne Gliederung des Chores durch einen Kranz von fünf Kapellen.

Sées, Glasfenster aus der Kathedrale

Sées	5240 Ew
61 Orne	S. 410 □ G 5

Eine verträumte Kleinstadt, überragt von den hohen Türmen eines der schönsten Bauwerke der Normandie: ein bedeutendes Kirchenzentrum mit Seminaren, Kollegien und einer Abtei (die im 4. Jh. den ersten Bischof erhielt). Mehrere, in der Folge zerstörte Kirchen standen an der Stelle der *Kathedrale Notre-Dame* oder Saint-Gervais-et-Saint-Protais; Ende des 13. Jh. auf zu schwachen Fundamenten begonnen, mußte die Fassade aus dem 14. Jh. durch schweres Mauerwerk gestützt werden. Leichtes, anmutiges Schiff, schwereloser Chor. Schöne Glasfenster des ausgehenden 13. Jh. Die Kirche beeindruckt durch ihre Dimensionen: Die gesamte Priesterschaft fand darin Platz. Das ungefähr gleichzeitig mit dem Chor entstandene Querschiff besticht durch die Eleganz der aufstrebenden Linien. Im rechten Querschiff ist eine Marmormadonna aus dem 13. oder 14. Jh., ferner der »Gute Gott« (18. Jh.), gleichfalls aus Marmor.

Museen: Sées besitzt zwei Museen, eines für sakrale Kunst und ein anderes für Volkskunst. Der vornehm repräsentative frühere Bischofspalast wurde ein Jahrzehnt vor der Revolution erbaut und in deren Verlauf seiner Reichtümer beraubt. In der sehr beeinträchtigten Kirche Notre-Dame-de-la-Place befindet sich eine Orgelempore aus der Renaissance und Reliefs aus dem 16. Jh.

Umgebung: Château d'O (8 km nordwestl.): Dieses Schloß mit dem seltsamen Namen (dem eines alten Adelsgeschlechts) liegt hinter breiten Wassergräben. Der anmutige und originelle, deutlich von der Früh-Renaissance geprägte Bau wurde gegen Ende des 15. Jh. begonnen (schöner, überwiegend gotischer Pavillon). Südflügel aus dem 16. Jh., umfassende Erneuerung im 18. Jh. (Westtrakt).

Sélestat/Schlettstadt	15750 Ew
67 Bas-Rhin	S. 417 □ O 6

Die Häuser und Plätze der alten Stadt, deren Charakter sich hinter banalen Außenbezirken verbirgt, liegen dicht gedrängt um zwei Kirchen, die kaum verschiedenartiger sein könnten. Die *Kirche Sainte-Foy,* überragt von einer überaus eleganten Turmspitze, eine alte romanische Abteikirche, läßt lothringische und burgundische Einflüsse erkennen. In der zweiten Hälfte des 12. Jh. wiederaufgebaut, gegen Ende des 19. Jh. (nicht immer stilgerecht) restauriert und »ergänzt«, besticht vollendete Ausgewogenheit ihrer Architektur und die reiche Innenausstattung. An der Außenseite sind die beiden schlanken Türme (schön geschwungenes Portal) und die wohlgegliederte, skulpturengeschmückte Apsis am wenigsten versehrt. Das Ganze

Sélestat, Häuserfassaden

wird beherrscht von einem hohen, achteckigen Vierungsturm mit anmutigen Arkaden. Im Inneren reichverzierte Kapitelle (Blatt- und Banddekor). Vierung über der Krypta. Die *Kirche Saint-Georges,* der von einem hohen Turm überragte Bau, stellt Sainte-Foy die Pracht seiner Gotik entgegen. Der breite Narthex öffnet sich nach Süden durch ein schönes Portal. Ein bedeutendes Bauwerk aus dem 15. Jh., im 19. Jh. umfassend restauriert. Neben zahlreichen alten Fenstern moderne Glasarbeiten von Max Ingrand*.

Profanbauten: Ein Überrest der früheren, von Vauban* wiederhergestellten Befestigungsanlagen ist der sogenannte Hexenturm (Tour des sorcières). Das Haus Ebermünster, nahe bei Saint-Georges, gilt als frühes Zeugnis der Renaissance in dieser Region. Schlettstadt, Ende des 15. und zu Beginn des 16. Jh. ein Hort des Humanismus, besitzt die älteste Stadtbibliothek im Elsaß. Die 1452 gegründete Humanistische Bibliothek enthält kostbare Manuskripte, wie beispielsweise das merowingische Lesungsbuch (Ende des 7. Jh.) und das Liber Miraculorum Sancti Fidis (12. Jh.), ferner zwei Retabeln und einen schönen Christuskopf aus dem 15. Jh.; verschiedene Skulpturen, Fayencen. Der Uhrturm (Tour de l'horloge) stammt aus dem 14. und 17. Jh.

Selles-sur-Cher

4660 Ew

41 Loir-et-Cher

S. 414 □ H 7

Eine kleine Stadt an der Grenze zwischen Touraine, Sologne und Berry, die um eine von Saint Eusice (6. Jh.) gegründete Abtei entstand. Die *Kirche Saint-Eusice* ist romanischen Ursprungs (der größte Teil der Fassade, der Turm, das südliche Seitenschiff und die Kapitelle), wurde jedoch verändert und restauriert. Die Außenseite der Apsis schmücken zwei ungewöhnliche Friese mit Szenen aus dem Neuen Testament und dem Leben des Hl. Eusice. Kirchenschatz mit elfenbeinernem Triptychon (14. Jh.); in der Krypta das Grab des Hl. Eusice. Die ehemalige Abtei (im 17. Jh. wieder aufgebaut) birgt ein Feuerstein-Museum, das *Musée de la pierre à fusil* (die Gewinnung von Feuerstein war lange Zeit ein Industriezweig in dieser Gegend). Das *Schloß* ist von Wasser umgeben; Türme spiegeln sich in den Gewässern des Cher. Im 13. Jh. auf dem Areal einer geschleiften Festung erbaut, wurde es im 16. und 17. Jh. mit zierlichen Pavillon-Türmen versehen, die eine von Rundfenstern durchbrochene Galerie verbindet. Schöne Innenausstattung, Kassettendecken, Kamine, Möbel aus dem 16. und 17. Jh.

Semur-en-Auxois	5370 Ew
21 Côte-d'Or	S. 415 □ L 7

Die malerische Hauptstadt des Auxois, einer Region in Burgund, soll ihre Gründung Herkules verdanken ... Die Geschichte aber berichtet von den Herzögen, die Semur zu einer bedeutenden Festung machten und die Kathedrale erbauten. Die Stadtmauern, die Überreste der abgetragenen Burg und das alte Savigny-Tor (14. Jh.) geben der Stadt ein mittelalterliches Gepräge. Der schönste Blick bietet sich vom Flußufer des Armaçon, der die Stadt in tief einschneidenden Mäanderlinien umschließt. Am besten betritt man die Stadt durch die kurze, von altehrwürdigen Häusern gesäumte Rue Buffon.

Kirche Notre-Dame: Die von Herzog Robert I. im 11. Jh. gestiftete Kirche wurde im 13. und 14. Jh. umgebaut, später von Viollet-le-Duc*umfassend restauriert. Zwei viereckige Türme begrenzen die Fassade (13. Jh.), der ein großer Portikus (15. Jh.) vorgeblendet ist. An der Nordflanke die anmutige Porte des Bleds (des blés) aus dem 13. Jh.: im Tympanon die Geschichte des Hl. Thomas, außerdem zwei steinerne Schnecken, die eine Säule hochkriechen, eine Erinnerung an Zeiten, da die heute von den Wirten importierten Gastropoden reichlich vorhanden waren. *Inneres:* Trotz der Veränderungen bleibt Notre-Dame beispielhaft für die burgundische Gotik, vor allem im Chor (interessante, gerundete Kapitelle). In den Kapellen des linken Seitenschiffs (vornehmlich spätes 15. Jh.) befinden sich eine Grablegung von 1490 und schöne Fenster mit Darstellungen der Metzger- und Wollweberzunft. Nahe bei der Porte des Bleds erhebt sich ein hohes Ziborium (15. Jh.) in Form eines Obelisken, das ein reich bearbeitetes Glockentürmchen krönt.

Die tour de l'Orle d'Or (ourlée d'or), Überrest der auf Befehl Heinrichs IV. zerstörten Burg, beherbergt das kleine Museum der Gesellschaft für Geschichte und Naturgeschichte von Semur. Im ehemaligen Dominikanerkloster befindet sich ein weiteres Museum mit diversen Sammlungen, sowie eine Bibliothek mit zahlreichen wertvollen Manuskripten und Inkunabeln.

Umgebung: Château de Bourbilly (9 km südwestl.), eine frühere Befestigungsanlage, die im Besitz der Familie der Hl. Jeanne de Chantal und der Mme. de Sévigné war.

Senlis	14390 Ew
60 Oise	S. 411 □ J 4

Eine friedliche Stadt, deren Geschichte bis in gallo-römische Zeiten zurückreicht. Senlis gehörte sehr früh zur Krondomäne und war 987 Zeuge der Krönung Hugo Capets. In der Folge von den Königen als Krönungsort aufgegeben, die sich jedoch nach der Krönung in Reims hier aufhielten, führte die Stadt ein friedliches Dasein, unterbrochen nur von zwei blutigen Geiselerschießungen in den Jahren 1418 und

Semur-en-Auxois, Luftaufnahme

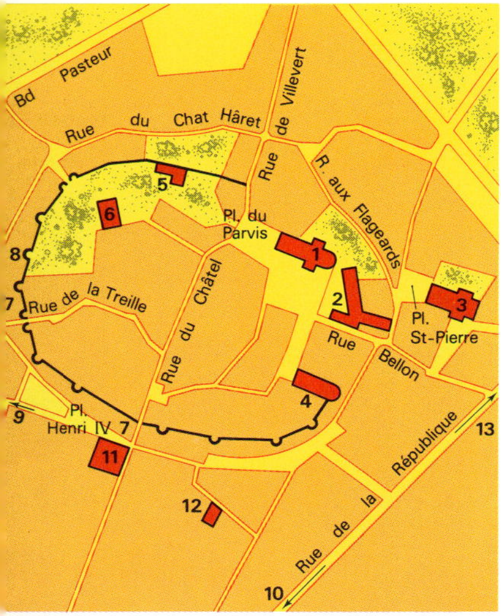

Senlis **1** Kathedrale Notre-Dame **2** Ehemaliger Bischofssitz **3** Kirche Saint-Pierre **4** Kirche Saint-Frambourg **5** Königl. Schloß **6** Jagdmuseum **7** Gallo-römischer Wall **8** Türme (gallo-römische Stadtmauer) **9** Arena **10** Kolleg Saint-Vincent **11** Rathaus **12** Musée du Haubergier **13** Abtei de la Victoire

1914. Überragt von der überaus luftigen Turmspitze seiner Kathedrale, von den Resten alter Wälle bewacht, bewahrt der historische Kern von Senlis einen gewissen Zauber, der von den Bauten ausgeht, die hier vom Mittelalter an bis zum 18. Jh. entstanden.

Kathedrale Notre-Dame: Bischofssitz bis 1790, rühmt sich Senlis einer sehr schönen alten Kathedrale von eher bescheidenen Ausmaßen. Im 12. Jh. – zehn Jahre vor Notre-Dame in Paris – begonnen, schritten Bau und Ausstattung nur langsam voran; im 16. Jh. Erneuerung nach einem Brand. Die einen stillen kleinen Platz beherrschende schlichte Fassade stammt aus dem späten 12. Jh. Auf dem rechten Turm prangt eine hohe, durchbrochene Spitze aus dem 13. Jh. Das bemerkenswerte, oft kopierte Hauptportal ist der Jungfrau geweiht (über dem Türsturz Tod und Auferstehung, im Tympanon Krönung Mariens). Eines der schönen Seitenportale zur Rechten wurde von Pierre Chambiges* geschaffen (der den Wiederaufbau im 16. Jh. leitete), ebenso eine Mariendarstellung. *Inneres:* Langes, hohes Mittelschiff, eskortiert von Seitenschiffen unter Emporen; Chorabschluß mit monolithischen Säulen, darunter zwei mit floralem Dekor. Mehrere Statuen, darunter eine Madonna und ein Hl. Ludwig aus dem 14. Jh. (im Kapellenkranz). Kapitelsaal aus dem späten 14. oder 15. Jh. (ungewöhnliche Darstellung eines Narrenfestes am Kapitell der Mittelsäule). Der ehemalige *bischöfliche Palast* aus dem 13. Jh. wurde während der Renaissance und im 17. Jh. umgestaltet. Er stützt sich auf einen Turm und die Reste der gallo-römischen Mauer. Kirche *Saint-Pierre:* Die aus dem 11. und 16. Jh. stammende Kirche mit spätgotischer Fassade im Flamboyant-Stil diente lange als Markt. Der romanische linke Turm trägt eine gotische Spitze, der Südostturm stammt aus der Renaissance. Die ehemalige Kirche *Saint-Frambourg* (Ende des 12. Jh.), als Karrosseriewerkstatt benutzt, wurde von dem berühmten Pianisten Giorgy Cziffra restauriert. Der Bau mit karolingischen Elementen ist Sitz eines Musikzentrums.

Königliches Schloß: Auf dem Gelände eines gallo-römischen castrum erbaut, vereinigt das Schloß mehrere Epochen, vor allem Romanik und Gotik; im Park befindet sich das Gebäude einer von Ludwig dem Heiligen gegründeten Priorei. Das ausschließlich der Treibjagd gewidmete *Musée de la vénérie* zeigt Jagdkostüme, Hörner, Jagdmesser, Gemälde und Stiche.

Der **gallo-römische Wall** verläuft am Fuße des Schlosses, heute teilweise in Privatgrundstücken verborgen. Er umfaßte achtundzwanzig Türme, von denen mehrere deutliche Spuren hinterlassen haben. Ein weiteres Wahrzeichen aus alter Zeit: die gallo-römischen **Arenen** aus dem 3. Jh.

Senlis, Kathedrale, Querschiffrose ▷

Senlis, Schloßpark, Jagdgöttin Diana

Das **Collège Saint-Vincent** ist in der ehemaligen königlichen Abtei von Saint-Vincent und dem früheren »Couvent de la Visitation« untergebracht; Glockenturm aus dem 12. Jh., klassischer Kreuzgang. Das Rathaus ist größtenteils eine Rekonstruktion des ausgehenden 15. Jh. Mehrere schöne Häuser (16., 17. und 18. Jh.) umgeben die längliche Place Gérard de Nerval, die nach dem Dichter benannt ist, der Senlis und seine Umgebung sehr reizvoll beschrieben hat. In der Rue Bellon das Hôtel de Saint-Simon, das der Familie des Verfassers der berühmten »Mémoires« gehörte.

Musée du Haubergier: Das in einem Bau des 16. Jh. mit hexagonalem Treppenturm untergebrachte Museum umfaßt Sammlungen aus frühgeschichtlicher, gallischer und römischer Zeit, des Mittelalters und der Renaissance. Zu seinen Schätzen zählen die Ex-Voto aus dem Tempel des Waldes von Halatte und ein Prophetenkopf (Ende 12. oder Anfang 13. Jh.).

Umgebung: Abbaye de la Victoire (3 km südöstlich): In einem Park die Ruinen einer von Philippe Auguste gestifteten Abtei. Abteischloß des 18. Jh. – **Montépilloy** (8 km östlich): Der Name kommt von mons speculatorum, Berg der Späher. Überreste einer Wehranlage aus dem 12. und 15. Jh. – **Saint-Christophe** (8 km nördlich): In dem von den Wäldern von Senlis umgebenen, hochgelegenen Dorf finden sich Reste einer mittelalterlichen Priorei mit Kirche.

Sens	27460 Ew
89 Yonne	S. 415 □ K 6

Zunächst die Hauptstadt der mächtigen senonischen Gallier, auf die der Name der Stadt zurückgeht, dann ei-

Sens, Kathedrale, Südquerhaus

ner gallo-römischen Provinz, umgab sich Sens mit Mauern und wurde ein bedeutender Erzbischofssitz: Seit dem 9. Jh. mit dem Titel Primas der Gallier und Germaniens versehen, waren die Prälaten von Sens, deren Einfluß bis Paris, Chartres, Orléans und Meaux reichte, bis 1622 sehr mächtig. Ludwig der Heilige heiratete 1234 in dieser Stadt, deren Erzbischof seinerzeit Saint-Loup war; hier wurde auch Abaelard verurteilt. Begünstigt durch seine Lage als Drehschreibe zwischen der Ile-de-France und Burgund, erlangte Sens auch wirtschaftliche Bedeutung. Die Stadt, die Spuren gallo-römischer Wälle und schöne alte Wohnhäuser (Maison Abraham, 16. Jh., Rue de la République) birgt, wird vom Turm der Kathedrale beherrscht, einem der schönsten gotischen Bauwerke Frankreichs.

Kathedrale: Fast ebenso alt wie Saint-Denis, wurde die frühere Metropolitankirche von Paris um 1130 von Erzbischof Henri Sanglier, einem Freund des Hl. Bernhard, begonnen. Der Chor war bei der Weihe (1164), das Schiff um 1175–1180 fertiggestellt. Der Baumeister Martin Chambiges* errichtete das große Querschiff Ende des 15. Jh.; im 16. und 18. Jh. wurden Kapellen angebaut. Die drei Schiffe der zu den frühesten gotischen Kathedralen gehörenden Kirche kündigen sich in der eindrucksvollen dreigeteilten Fassade an.
Portale: Das älteste Portal, links (Ende des 12. Jh.), zeigt Szenen aus dem Leben Johannes des Täufers, Gelage des Herodes mit einer zarten, in ein enges Gewand gehüllten Salome. Am Türpfeiler des Hauptportals eine großartige Skulptur des Hl. Stephanus, dessen Leben im Tympanon dargestellt ist (13. Jh.). Das rechte, vermutlich um 1300 entstandene Portal schmücken Stauen der Propheten, im Tympanon Marienszenen (Tod, Auferstehung und Himmelfahrt). Der Nordturm (Tour de plomb) aus dem späten 12. Jh., trug einen im vorigen Jahrhundert zerstörten Glockenturm. Der Südturm (Tour de pierre) stürzte nach Vollendung der Kathedrale ein und wurde erst im 16. Jh. wieder aufgebaut. Die Portale und Fassaden der Querschiffarme sind vollendete Zeugnisse des Flamboyantstils. *Inneres:* Großes Langhaus ohne Empore; unter stark gewölbten Bogen Stützenwechsel von Pfeiler und Doppelsäulen. Der Bau, ein kostbares Zeugnis der Frühgotik, wird von einer Reihe herrlicher Glasfenster aus dem späten 12. bis 17. Jh. erhellt, deren Herstellungsverfahren sehr unterschiedlich sind (die Rosetten der Vierungen zählen zu den bedeutendsten Kirchenfenstern überhaupt). Der Chor wird von prachtvollen Gittern im Stil Ludwigs XV. abgeschlossen, die der Pariser Kunstschlosser Guillaume Doré* schuf, gestiftet von Kardinal de Luynes 1762, dessen Wappen sie tragen. Der von einem Baldachin überdachte Hauptaltar wurde 1742 von Servandoni* vollendet. Chorumgang mit Kapellenkranz und zahlreichen Kunstwerken. In der Ka-

Sens, Kathedrale, Kirchenfenster

pelle der Hl. Columba (18. Jh.) das Mausoleum des Dauphin, des Sohnes von Ludwig XV., ursprünglich von Guillaume Coustou* in der Chormitte errichtet. Die blaugrundigen Fenster des verlängerten Seitenschiffs sind besonders kostbar, sie stammen aus dem 12. Jh. Die Kapitelle der ältesten, Johannes dem Täufer geweihten Kapelle, lassen noch romanischen Einfluß erkennen. *Kirchenschatz:* Trotz der Plünderungen befindet sich hier einer der bedeutendsten Frankreichs. Zu den herausragenden Stücken zählen alte Seiden, in die Reliquien gehüllt wurden, von denen einige aus dem 6. Jh. stammen. Ferner schöne Elfenbeinschnitzereien, Emaille, verschiedene sakrale Schmuckgegenstände und bemerkenswerte Wandteppiche aus dem 15. und 16. Jh.

Palais synodal (auch Officialité genannt): Das elegante Gebäude des ehemaligen Kirchengerichts aus dem 13. Jh. liegt neben der Kathedrale. Von Viollet-le-Duc* erneuert, beherbergt es das *Musée lapidaire,* ein Museum der Steinschneidekunst, und schöne Tapisserien. Im Saal der Synode ein bemerkenswertes Mausoleum mit der Liegefigur eines Bischofs aus dem 16. Jh. Rechts neben dem Palais, in der Rue de la Résistance, der Komplex des erzbischöflichen Palastes (Gebäude aus dem 16. und 17. Jh., Renaissance-Portal).

Weitere Kirchen. *Saint-Pierre-le Rond* aus dem 13. Jh. (Langhaus) und dem 16. Jh.; die frühere *Abteikirche Saint-Jean* aus dem 13. und 17. Jh. (sehenswerte Apsiskapelle). Die älteste Kirche von Sens, *Saint-Savinien,* erhebt sich an einem Champs-des-Martyres genannten Ort; Teile stammen aus dem 11. Jh.

Museum für Archäologie und Kunst: 5 Rue Rigault. Bedeutende gallo-römische Sammlungen (Mosaiken, Grabstelen, Inschriften), zahlreiche Gemälde des 17. und 18. Jh., Erinnerungsstücke an Napoleon.

Umgebung: Fleurigny (16 km nordöstlich): Das anmutige Renaissance-Schloß wurde um 1520 an der Stelle einer zerstörten Befestigungsanlage erbaut, von der noch Spuren erhalten sind. Kapelle mit Kassettendecke.

Serrabone (Priorat)

66 Pyrénées-Orientales S. 424 □ J 16

In einer wilden und schwermütigen Landschaft erhebt sich Serrabone, der »gute Berg«, auf dem sich 1082 eine Ordensgemeinschaft niederließ. Die auf das 11. Jh. zurückgehende, im 12. Jh. erweiterte, ziemlich verwitterte Kirche besitzt eine der schönsten romanischen Skulpturengruppen des Roussillon (Löwenkapitelle, feingliedriger Schmuck der Empore aus rosa Marmor).

Sens, Kathedrale, Fensterrose ▷

Serrant, Schloß

Serrant (Schloß)
49 Maine-et-Loire S. 413 □ F 7

Zwischen Wiesen erhebt sich das von breiten Wassergräben umgebene Schloß von Serrant. In seiner ziemlich strengen Eleganz vermittelt es den Eindruck von Geschlossenheit, obwohl sich der Bau vom Ende des 16. Jh. bis zum Beginn des 18. Jh. hinzog. Die sehr geglückte, systematische Verwendung von Schiefer und Tuff verleiht dem Ganzen inneren Zusammenhalt. Die nach 1700 entstandene Kapelle wird Jules Hardouin-Mansart* zugeschrieben. Sie enthält das eindrucksvolle, von Le* Brun konzipierte und von Coysevox* ausgeführte Grabmal des Marquis de Vaubrun. Sehenswert ist auch das reiche Mobiliar der verschiedenen Räume (bedeutende Bibliothek, großer Salon mit florealen Wandteppichen, sehr schöne holzgeschnitzte Decke).

Sézanne
6550 Ew
51 Marne S. 411 □ K 5

Kleine, von Landwirtschaft und Industrie lebende Stadt zwischen der Ile-de-France und der Champagne. Kirche aus dem 15. und 16. Jh. (Turm im 17. Jh. vollendet). Zu sehen sind auch Reste der alten Wehrmauern. Kapelle und Kreuzgang eines Klosters aus dem 17. Jh. sind einem Krankenhaus einverleibt.

Silvacane (Abtei)
84 Vaucluse S. 425 □ M 14

Die am Ufer der Durance liegende Abtei von Silvacane ist, zusammen mit Sénanque (s. Gordes) und Le Thoronet, eine der drei »Zisterzienser-Schwestern«. Der Name erinnert an den »Schilfrohrwald« (silva canae), der einst die Gegend überzog, auch darin Citeaux verwandt, dessen Name von cistel, Schilf, kommt. 1144 gegründet, von den Herren der Baux reich bedacht, wurde die Abtei berühmt, verlor ihren Ruf später wieder und wurde im 15. Jh. mit dem Kapitel der Kathedrale von Aix vereinigt. Während der Revolution verkauft, hätte Silvacane 1846 beinahe seine herrliche, überaus typische Zisterzienser-Abtei verloren: ihre Steine sollten dem Straßenbau dienen. Gerettet und restauriert, besticht die Kirche durch die Harmonie ihrer Proportionen (sie folgt dem Schema von Fontenay). Der schwer beschädigte Kreuzgang ist noch romanisch, während sich im Kapitelsaal der Übergang zur Gotik ankündigt. Refektorium 1420 wiederaufgebaut.

Sion-Vaudémont

54 Meurthe-et-Moselle S. 417 □ N 5

Die Architektur läßt wenig von der Größe des Ortes und den damit verbundenen Erinnerungen erkennen. Von alters her war dieser »uralte Berg« in Form eines Hufeisens, an dessen Enden die Dörfer Sion und Vaudémont liegen, ein seltsam entrücktes, mehr als 500 m hoch gelegenes Pilgerziel. Von oben erblickt man »eine weite Erden- und Himmelslandschaft« sowie die eindrucksvolle Ruine der *Burg Vaudémont,* die Geburtsstätte der Herzöge von Lothringen. Die vornehmlich im 18. Jh. erbaute *Kirche von Sion* wird von einem mächtigen Turm aus dem 19. Jh. überragt; im gotischen Chor befindet sich eine vergoldete, aus Stein gemeißelte Madonna (15. Jh.). Im benachbarten Kloster das Musée d'histoire locale. Auf dem Gipfel über Vaudémont befindet sich eine monumentale Totenlaterne zur Erinnerung an Maurice Barrès (1862 bis 1923), den bekannten lothringischen Barden.

Umgebung. Haroué (10 km nordöstlich), ein kleines Dorf, in dem ein

Sion-Vaudémont, Kirche, Madonna

prächtig gelegenes, 1720 von Boffrand* erbautes Schloß liegt, dessen Reiz die Wassergräben der ehemaligen Festung noch erhöhen. Kostbare Einrichtung aus dem 18. Jh., schöne Gemälde von Hubert Robert*.

Sisteron

7240 Ew

04 Alpes-de-Haute-Provence S. 425 □ N 13

Einst ein Bischofssitz, gehörte Sisteron (das römische Segustero) zum Königreich Burgund, ehe es im 15. Jh. wieder an Frankreich fiel. Die Türme der ehemaligen Festungsmauer aus dem 14. Jh. und die mächtige, die Stadt seit dem 11. Jh. beherrschende Zitadelle (die Befestigungen entstanden vorwiegend Ende des 16. und Anfang des 17. Jh.) bezeugen die hervorragende strategische Bedeutung der während der Religionskriege hart umkämpften Stadt.

Kirche Notre-Dame-des-Pommiers: Die frühere Kathedrale, vermutlich in der zweiten Hälfte des 12. Jh. in der Nähe einer antiken Nekropole erbaut, ist außen von eindrucksvoller Schlichtheit und bewahrt im Inneren ihren ausgeprägt romanischen Charakter. Dem Chor vorgesetzt eine oktogonale Kuppel, Gewölbebogen und Arkaden leicht spitzbogig, halbkuppelförmige Apsiden. Vom 14. bis zum 17. Jh. umgebaut, Anbau des heutigen Turms und der Kapellen.

Dominikaner-Kirche: Der im Viertel von La Baume gelegene Bau (Mitte des 13. Jh.) läßt zisterziensischen Einfluß erkennen, hat jedoch einen kleinen Glockenturm mit lombardischem Dekor nach romanischem Vorbild.

Sizun	1870 Ew
29 Finistère	S. 412 □ B 5

Sizun, in der an Kapellen und Kalvarienbergen reichen Gegend zwischen der Ebene des Élorn und den Arrée-Bergen (siehe Guimiliau) gelegen, umschließt ein *Pfarreigelände,* das besonders wegen seiner Triumphpforte von 1590 sehenswert ist: drei von Säulen mit korinthischen Kapitellen getragene Bogen; auf einer Plattform mit Balustrade und Laternen ein kleiner Altar und ein schlichter Kalvarienberg mit figürlichem Schmuck. Die Fassade des Beinhauses (Ende des 14. Jh.) beleben kleine, von Karyatiden getragene Rundbogenfenster und Apostelfiguren in Nischen. Ein Glockenturm mit achteckiger, hoher Spitze (18. Jh.) überragt die vorwiegend aus dem 17. Jh. stammende Kirche. Auf der Südseite reichverzierter Portikus aus dem 16. Jh.; Inneres ganz mit Stuck überzogen; mehrere Altäre mit Retabeln und baldachinbekröntes Taufbekken aus dem 17. Jh.

Umgebung. Locmélar (7 km nördlich): Interessante Kirche aus dem 16. und 17. Jh., Fresken mit Szenen aus dem Leben des Hl. Hervé und des Hl. Mélar, dem Patron der Pfarrei. Seitlich schlichtes Kreuz mit figürlichem Schmuck (16. Jh.) und Beinhaus aus dem 17. Jh.

Commana (10 km östlich): Auf einem kleinen Hügel erhebt sich die schöne

Sizun, Triumphportal des Enclos paroissial

Kirche aus dem 16. und 17. Jh. inmitten eines Friedhofs mit monumentaler Pforte, zwei Kreuzen und einer Beinhauskapelle. In der Nähe des mit Schnitzwerk versehenen Chores zwei eindrucksvolle polychrome Altaraufsätze von 1682, der Hl. Anna und den Fünf Wunden geweiht. Das gleichzeitig entstandene Taufbecken ziert ein Baldachin, getragen von Statuen, die die Kardinaltugenden symbolisieren.

Soissons	32 110 Ew
02 Aisne	S. 411 □ K 4

Soissons, erst Hauptstadt der keltischen Suessionen, dann römische Garnision, wurde 486 von Chlodwig erobert, womit die fränkische Ära des Ortes begann. Jedes französische Schulkind kennt die Anekdote der Vase von Soissons (Chlodwig soll einem Krieger, der mutwillig eine Vase zerbrochen hatte, die dem Bischof von Reims zurückgegeben werden sollte, den Schädel gespalten haben). Soissons wurde Hauptstadt des Königreiches Neustrien, fiel dann aber, ebenso wie die Ile-de-France, an das Gesamtreich. Durch die Invasionen der letzten Kriege schwer in Mitleidenschaft gezogen, mußte die Stadt praktisch neu wiederaufgebaut und die berühmten Bauwerke mußten stark restauriert werden. Soissons, weithin erkennbar durch die schlanken Turmspitzen von Saint-Jean-des-Vignes, ist heute ein Agrarmarkt und Industriezentrum.

Kathedrale Saint-Gervais-et-Saint-Protais: Die im 12. Jh. begonnene (südl. Querschiff) und größtenteils im 13. Jh. erbaute Kathedrale (Chor, Mittel- und Seitenschiffe) wurde erst im 14. Jh. vollendet (nördl. Querschiff und östliches Portal). Die Kirche, deren Fassade man im 18. Jh. sehr stark verändert hatte, wurde nach dem 1. Weltkrieg sorgsam restauriert und zeigt in ihrer schlichten Harmonie die Entwicklung der Gotik. Während die Wände des südlichen Querarms noch viergeschossig sind (Arkaden, Emporen, Triforiumsgang, Obergaden), hat der übrige Bau schon den hochgotischen, dreiteiligen Wandaufriß (ohne Emporenzone). *Inneres:* Die schmucklose Eleganz des Langhauses wird von hohen Doppelfenstern über dem Triforium erhellt. In dem im Jahre 1212

Soissons, Kathedrale Saint-Gervais, Luftaufnahme

Soissons, Kathedrale, Fassade

Soissons, Kathedrale, Querschiff

vollenedeten Chor treten erstmals lanzettförmige Bogen auf. Von vollendeter Harmonie ist das 1177 begonnene südliche Querhaus mit Umgang und Emporen (die Anordnung erinnert an zahlreiche rheinische Kirchen). Die an das Querhaus angesetzte, gleichzeitig entstandene Auferstehungskapelle weist zwei Geschosse auf, wobei die obere Partie mit den Emporen verbunden ist. Im nördlichen Querarm gibt es eine schöne Rose und eine *Anbetung der Hirten* von Rubens*, der Dank des Malers an die Franziskaner von Soissons für ihre Pflege.
Auf der anderen Seite der Place Fernand-Marquigny sind noch einige Reste der romanischen Kirche *Saint-Pierre au Parvis* zu sehen.

Ehemalige Abtei Saint-Léger und Museum: Die in der Mitte des 12. Jh. gegründete Abtei wurde von den Protestanten geplündert und im 1. Weltkrieg beschädigt. Die im 17. Jh. teilweise wiederaufgebaute Kirche geht auf das 13. Jh. zurück, ebenso der Kreuzgang. Der Altar erhebt sich über einer Krypta aus dem 12. mit einer Apsis aus dem 13. Jh. Die restaurierten Klostergebäude bergen das *Musée d'Archéologie et d'Art* (zahlreiche gallo-römische Funde aus der Region, u. a. eine sehr schöne Silberplatte; Werke von Houdon*, Largillière*, Courbet*, Boudin* und örtlichen Künstlern). Dort gibt es einen Kapitelsaal aus dem 13. Jh. mit Skulpturen. Das nahe gelegene Rathaus befindet sich im Palais de l'Intendance, das aus dem 18. Jh. stammt.

Ehemalige Abtei Saint-Jean-des-Vignes: Die im 11. Jh. gegründete, von Königen, Fürsten und Prälaten reich beschenkte Abtei war Opfer mehrerer Kriege, aber auch eines Bischofs, der die Abteikirche niederreißen ließ, um Material für die Restaurierung der Kathedrale (im frühen 19. Jh.) zu gewinnen. Aufgrund der allgemeinen Empörung verzichtete er schließlich auf die Zerstörung der Fassade aus dem 13./14. Jh. und der später erbauten Türme: Die verbliebene Rose und die leeren Fensteröffnungen bilden eine ungewöhnliche Kulisse. Erhalten sind außerdem noch Teile des großen und des kleinen Kreuzgangs, das schöne Refektorium aus dem 13. Jh., der darunterliegende Keller sowie die Wohnung eines Abtes aus dem 16. Jh. (dort befinden sich noch einige Skulpturen).

Ehemalige Abtei von Saint-Médard: Von dem in der Zeit der Merowinger und Karolinger bedeutenden Klosterkomplex, am rechten Ufer der Aisne gelegen, ist nur die präromanische Krypta erhalten, in der sich die Gräber des Hl. Médard und der beiden von Chlodwig abstammenden Könige Chlothar und Sigebert befanden.

Umgebung: Septmonts (7 km südöstlich): Ruinen und Wehrturm einer von hohen Bäumen umgebenen Burg, die aus dem 14. Jh. stammt, ergeben eine fast unwirkliche Szenerie.
Oulchy-le-Château (20 km südöstlich): Hier sind noch Reste der Wehranlagen eines Grafenschlosses zu sehen; die Kirche ist romanischen Ursprungs (Kapitelle).

Solignac, Abtei Saint-Pierre

Heiligen von Solesmes (15. und 16. Jh.), ein monumentales Grab Christi (1496) und eine etwas überladene Grablegung Mariens aus dem 16. Jh.

Solesmes	1000 Ew
72 Sarthe	S. 414 □ G 7

Der eindrucksvolle Granitbau der *Benediktinerabtei* aus dem 19. Jh., die dem Hl. Petrus geweiht ist, hat das Dorf an der Sarthe bekannt gemacht. Das seit langem verfallende, von der Revolution zerstörte sehr alte Kloster verdankt seine Erneuerung dem 1805 im nahen Sablé geborenen Dom Guéranger, der es zu einem religiösen Zentrum machte und zur Wiedergeburt des Gregorianischen Chorals beitrug. Die auch für die Öffentlichkeit zugängliche *Abteikirche* stammt aus dem 11., 15. und 19. Jh. (Chor). Sie birgt die herrlichen Skulpturengruppen der

Solignac	1120 Ew
87 Haute-Vienne	S. 419 □ H 10

Seit dem 7. Jh. war das vom Hl. Eligius in Solignac gegründete Kloster die Wiege der weltbekannten Emaillekunst des Limousin.

Abteikirche Saint-Pierre: Zu Beginn des 12. Jh. wieder aufgebaute Kirche mit imposantem, kuppelgekröntem Langhaus. Es sind noch Reste der Glasfenster aus dem 15. Jh. zu sehen, im Chor gibt es zahlreiche Kapitelle mit figürlichem Schmuck sowie reichgeschnitztes Chorgestühl aus dieser Zeit. Am Eingang befindet sich ein Fresko aus dem 15. Jh. mit dem Heiligen Christophorus und dem Jesusknaben.

Solutré 370 Ew
71 Saône-et-Loire S. 420 □ L 9

Der steil abfallende Kalkfelsen von Solutré wacht über den Weinbergen, in denen der weiße Pouilly-Fuissé wächst. Der 495 m hohe, natürliche Wachturm spielte eine wichtige Rolle für die Menschen in grauer Vorzeit, die sich hier geborgen fühlten und reichlich Feuerstein fanden, aus dem sie Waffen und Werkzeuge herstellten. Menge und Qualität der dort gefundenen Werkzeuge gab einer Stufe des Paläolithikums (18000–15000 v. Chr.) den Namen »Solutréen«. Die 1886 am Fuße des Felsens entdeckte weiträumige Ablagerung besteht aus einer erstaunlichen Häufung von Schichten, die auf einem Niveau aus dem mittleren Paläolithikum (»Moustérien«) ruhen. Eine Zwischenablagerung, die von 40 cm bis 2 m Tiefe reicht, besteht aus dem Staub zersplitterter Pferdeknochen. Eine These besagt, Jäger hätten vor 15000 oder 20000 Jahren Herden von Wildpferden zusammengetrieben und über den Felsabsturz gejagt. Das ist zwar nicht bewiesen, es gibt aber auch keine Erklärung, wie die Tiere sonst ums Leben gekommen sein sollten. Das *Musée des Ursulines* in Macôn (→ Macôn) zeigt die interessanten Funde.

Sorde, Abteikirche

Sorde-l'Abbaye 620 Ew
40 Landes S. 422 □ E 14

Der alte, ungewöhnlich malerische Ort am Ufer des in Sturzbächen dahineilenden Oloron bewahrt noch die Reste der Wehrmauern aus dem 13. Jh. Die ehemalige Abteikirche der Benediktiner hat im Laufe der Zeit sehr gelitten und wurde umfassend restauriert. Interessant sind die romanischen Bauelemente und die eindrucksvollen gallo-römischen Mosaikfragmente des Chors. Das in der Nähe des Chors gelegene Domizil des Abtes birgt Reste eines gallo-römischen Hauses sowie mit Mosaiken geschmückte Gräber.

Umgebung: Peyrehorade (4 km nordwestlich): Hier befindet sich das Zentrum der kleinen, von einem verfallenen Wehrturm beherrschten Heideregion von Orthe. Die Stadt liegt an den Sturzbächen, die sich hier wieder vereinigen, ebenso wie auch das etwas entstellte Schloß Montréal (Ende des 16. Jh.). – **Cagnotte** (7 km nordöstlich von Peyrehorade): Interessante, sorgsam restaurierte romanische Kirche, die einst Begräbnisstätte der Vicomtes d'Othe war (gemeinsame »Verwesungsgrube«, Kenotaph). Sehenswert auch eine Sarkophagwanne aus dem 5. oder 6. Jh. und ein ungewöhnlicher, aus einem ausgehöhlten Buchenstamm angefertigter Sarkophag.

Sospel 2160 Ew
06 Alpes-Maritimes S. 426 □ P 13

Etwa 20 km vom Mittelmeer entfernte, in den Bergen gelegene Sommerfrische, zu deren bezauberndem Aussehen eine alte Brücke mit einem Turm aus dem 11. Jh. (1944 während des Krieges schwer beschädigt, inzwischen wieder aufgebaut) und die alten Häuser zu beiden Seiten der Bévéra beitragen. An einem von mittelalterlichen Häusern mit Arkaden umgebenen Platz liegt die Kirche *Saint-Michel* aus dem 17. Jh., die ehemals Kathedrale war. Romanischer Glockenturm und Überreste eines abgetragenen Gebäudes.

Souillac	4370 Ew
46 Lot	S. 419 □ H 12

Die kleine Handelsstadt nahe der Dordogne, die um eine Benediktinerabtei in einer früheren Sumpfgegend entstand, wirkt von der Hauptstraße aus sehr unauffällig. Hinter dem Rathaus steht der alte Glockenturm, der an die Kirche Saint-Martin aus dem 16. Jh. erinnert. Der eingefügte Tympanon über dem Portal stammt aus dem 12. Jh. Erst bei einer näheren Stadtbesichtigung entdeckt man die sehenswerte Kirche, eines der schönsten sakralen Bauwerke des Périgord und des Quercy.

Kirche Sainte-Marie: Die ehemalige Abteikirche eines Klosters, dessen Gründung dem Hl. Benoît zugeschrieben wird, ist heute Pfarrkirche. Sie stammt aus dem Ende des 11. und vor allem aus dem 12. Jh. Sie überstand die Sprengungen der Protestanten, bei denen Saint-Martin zerstört wurde (1573). Während der Revolution blieb Sainte-Marie geschlossen und befand sich in äußerst baufälligem Zustand, bis sie sich jetzt, nach langen Restaurierungsarbeiten, wieder in ihrem früheren Glanze zeigt.
Außenansicht: Hinter einem gedrungenen romanischen Turm mit einem Portal aus dem 14. Jh., der im 17. Jh. aufgestockt wurde, erheben sich die Kuppeln der ehemaligen Abteikirche. Dieser Turm mit Portal wurde restauriert und untermauert und blieb teilweise in seinem karolingischen Stil erhalten. Mit ihrem grauen Stein, dem man die Restaurierung ansieht, wirkt die Kirche recht schlicht. Die Apsis beeindruckt in ihrer großartigen Klarheit. Unter dem Dach befindet sich ein Halbkuppelgewölbe. An den Apsis-

Souillac, Kirche Sainte-Marie

umgang sind drei kleine polygonale Apsiden angefügt.

Innenraum: Das helle Schiff unter den drei Kuppeln wirkt ungewöhnlich weit und hoch, obwohl seine Dimensionen im Vergleich mit der Kathedrale von Cahors, nach dessen Plänen das Langhaus erbaut wurde, kleiner sind. Die Kuppel des Vierungsturms, bedeutender als die beiden des Langhauses, beeindruckt durch ihre vollkommene Stereotomie. Mit Ausnahme des überreich verzierten Innenportals ist die Kirche sonst nur einfach ausgestattet; mit allerlei Blattwerk, aneinandergereihten Vögeln, verzierten Gegenständen.

Innenportal: Die Protestanten hatten zwar darauf verzichtet, die Kirche zu zerstören, beschädigten aber bei der Plünderung das Portal ziemlich stark. Bei Restaurierungsarbeiten im 17. Jh. wurden Teile davon am Eingang zum Langhaus entdeckt. Das wieder instand gesetzte Innenportal (5 Fragmente) ist ein von Moissac beeinflußtes Meisterwerk. Über dem Portal, das von den Statuen der Propheten Hosea und Isaias eingerahmt ist, befindet sich ein als Triptychon konzipiertes Flachrelief. Es stellt die Legende des Hl. Theophilus dar, der einen Pakt mit dem Teufel schloß, worauf ihn Gewissensbisse plagten, und dem von der Jungfrau Maria geholfen wurde. Der Mauerpfeiler, der dem Relief als Stütze dient, wird von einem fantastisch anmutenden Durcheinander wilder Ungeheuer belebt. Auf der rechten Seitenfläche des Mauerpfeilers erscheinen ein Greis und ein junger Mann; auf der gegenüberliegenden Seite ist das Opfer Abrahams dargestellt. Ein diesem Mauerpfeiler entsprechendes Teil mit Skulpturen wurde symmetrisch wieder eingesetzt; die Anordnung entspricht wohl dem ursprünglichen Zustand.

Umgebung: Schloß von La Treyne (6 km östlich): Dieses kleine Schloß hoch über der Dordogne besitzt einen wunderbaren Park aus dem 14. Jh. und aus dem 17. Jh. Es ist in den Innenräumen sehr hübsch eingerichtet und mit verschiedenen Kunstgegenständen ausgestattet.

Soulac-sur-Mer

2380 Ew
33 Gironde S. 418 □ E 11

Soulac, eine berühmte Sommerfrische an der aquitanischen Küste, ist die Nachfolgerin des antiken **Noviomagnus,** das im Ozean versank. Dieser Küstenstreifen wurde auch von einer Sandflut mit Wanderdünen heimgesucht. Daher war die Basilika *Notre-Dame-de-la-Fin-des-Terres* lange Zeit verschüttet, bis sie freigelegt und restauriert wurde. Die ehemalige Prioratskirche aus dem 11. und 12. Jh. (Chor aus dem 14. Jh.) hat Teile seines Querschiffs eingebüßt und wirkt heute nur wie ein Joch des Langhauses (um 1079 restauriert).

Umgebung: Phare du Cordouan: Dieser hohe Leuchtturm auf der Pointe de Grave (von der aus La Fayette sich 1777 nach Amerika einschiffte) verbindet einen Renaissance-Sockel (1584–1601) mit einem Turm aus dem 18. Jh. Dieser steht zwischen den beiden Fahrtrinnen der Gironde und besitzt eine Kuppelkapelle.

Souterraine (La)

5510 Ew
23 Creuse S. 419 □ H 9

Durch die schöne *Porte Saint-Jean* gelangt man in die Stadt. Dieser hohe Bau aus dem 14. Jh. (Teil der alten Befestigungsanlagen) wird von zwei Türmen mit Zinnen flankiert. **Kirche Notre-Dame-de-l'Assomption:** Mit ihrem Wiederaufbau wurde Mitte des 12. Jh. begonnen (mit den drei westlichen Jochen). Richard Löwenherz finanzierte den Bau des Querschiffs, des Chors und des Turms (13. Jh.). Im 19. Jh. wurde die Kirche von Abadie* restauriert. Am Eingangsportal werden Kapitelle mit Darstellungen der Verkündigung und der Heimsuchung von zwei Säulen getragen. Im Schiff lö-

Souvigny, Kirche Saint-Pierre

Souvigny, Musée Lapidaire

sen sich drei verschiedene Gewölbesysteme ab. Die *Krypta* wurde im 11. Jh. umgebaut und erweitert. Sie geht auf ein rätselhaftes Kellergewölbe mit antiken Granitsäulen und einem Brunnen zurück: wahrscheinlich Überreste der *Cella,* eines gallo-römischen Tempels.

Souvigny	2120 Ew
03 Allier	S. 420 □ J 9

Die Stadt mit ihren alten Gebäuden und hohen Dächern im Tal der Queune besitzt den schönsten Kirchenbau im Bourbonnais.

Kirche Saint-Pierre: Zwei Äbte aus Cluny, der Hl. Mayeul und der Hl. Odilon, die hier in Souvigny 994 bzw. 1049 starben, begründeten die Berühmtheit des Klosters. Die ursprünglich romanische Kirche, in der mehrere Herzöge von Bourbon begraben sind, wurde auch »Saint-Denis-des-Bourbon« genannt. Die heutige Fassade wurde im 15. Jh. auf die romanische Fassade aus dem 11. und 12. Jh. aufgesetzt.

Innenraum: Das riesige Längsschiff mit vier Seitenschiffen erstaunt durch seine Ausmaße. Unter den zahlreichen Kapitellen erinnert das der Münzpräger an das Privileg der Mönche von Souvigny. In der *Chapelle Vieille* mit zierlichem spätgotischem Abschluß steht das Grabmal Ludwigs II. von Bourbon und seiner Gemahlin (15. Jh.); in der *Chapelle Neuve,* ebenfalls spätgotisch, steht das prächtige Marmorgrabmal Karls I. von Bourbon und seiner Gemahlin (15. Jh.). Unter der geräumigen Sakristei aus dem 18. Jh. befindet sich in einem Saal, der in ein *Musée Lapidaire* umgebaut wurde, der *Calendrier de Pierre,* ein romanisches Werk mit der Darstellung der Tierkreiszeichen. *Kreuzgang:* Es ist

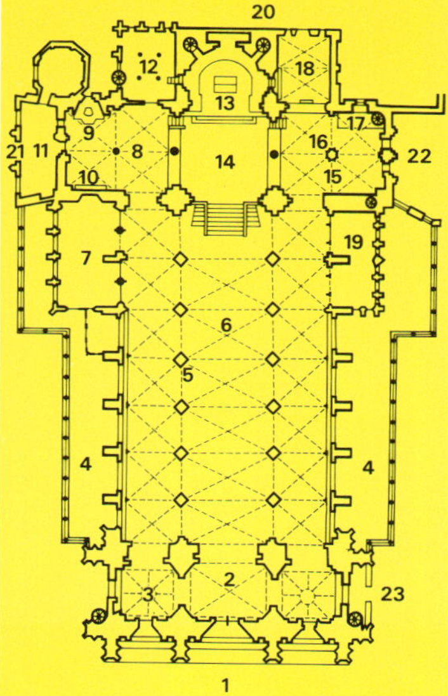

Straßburg, Münster Notre-Dame **1** Westwerk **2** Narthex (Vorhalle) **3** Spitzer Glockenturm **4** Galerie **5** Kanzel **6** Hauptschiff **7** Kapelle Saint-Laurent **8** Nördl. Querschiff **9** Taufbecken **10** Ölberg **11** Sakristei **12** Kapelle Saint-Jean **13** Chor **14** Vierung **15** Südl. Querschiff **16** Engelspfeiler (oder vom Jüngsten Gericht) **17** Astronomische Uhr **18** Kapelle Saint-André **19** Kapelle Sainte-Cathérine **20** Galerie vom Kreuzgang **21** Portail de Saint-Laurent **22** Portail de l'Horloge **23** Zugang zum Turm

nur noch eine Seite erhalten (15. Jh.), mit interessanten Gewölbesteinen, die wie eine Fünf auf einem Würfel angeordnet sind. *Ehemaliges Abthaus:* Es besitzt ein schönes Portal aus dem Ende des 17. Jh., das von Pilastern eingerahmt und von einem Turm überragt wird.

Strasbourg/Straßburg	257300 Ew
67 Bas-Rhin	S. 417 □ P 5

Als wirtschaftliches und geistiges Zentrum ist die rege Stadt von Frankreich und Europa zugleich geprägt. Sie besitzt einen bedeutenden Hafen (wichtiger Stützpunkt der Rheinflotte), eine Universität und ist Sitz des Europarats. Die Stadt hat sich weit über die Arme der Ill hinaus, zwischen denen ihr geschichtlicher Kern liegt, ausgedehnt. Am Stadtrand wurden Betonbauten errichtet, doch der alte Stadtkern blieb erhalten, wurde vorbildlich restauriert und durch Fußgängerzonen besser zugänglich gemacht.
Für Straßburg war die prächtige Kathedrale jahrhundertelang ein Symbol. Die traditionalistisch und zugleich fortschrittlich eingestellte Stadt mit ihren kulturellen und musikalischen Veranstaltungen und ihren Museen hat sich ihre malerische Individualität und die Zeugnisse ihrer geschichtlichen Vergangenheit bewahrt: Fachwerk- und Kunstschmiedearbeiten, bürgerliche und adlige Architektur. Straßburg vereint die Einflüsse des Rheins und der Ile de France, der elsässischen Renaissance, Versailles und des französischen 18. Jh., den deutschen Städtebau und sogar die Moderne nahtlos miteinander. Die Stadt lehnte Baupläne von Le* Corbusier ab, erst in neuerer Zeit wurden einige interessante Bauten (wie die neue Synagoge) errichtet, die aber nicht über die belanglosen Neubauten hinwegtäuschen, die glücklicherweise außerhalb liegen. Als bedeutender Kreuzungspunkt der natürlichen Wasser- und Landwege sind in Straßburg schon seit der Bronzezeit menschliche Ansiedlungen nachgewiesen. Die Kelten und später die Römer ließen sich hier nieder, und *Argentoratum* wurde zu einem bedeutenden Militär- und Verwaltungszentrum, das mehrmals zerstört und aufgegeben wurde. *Straiburgum,* die Stadt der Straßen, entstand in der fränkischen Zeit auf den Ruinen der antiken Stadt und ging von den Grafen an Bischöfe über. Sie entstand

Straßburg, Tympanon und Laibungen am Portal des Münsters

um eine karolingische, später romanische Kathedrale herum, empfing die Kaiser des Hl. Römischen Reiches und den Hl. Bernhard. Der Wohlstand verhalf den Bürgern zu gewissen Privilegien und Freiheiten; sie befreiten sich von der kirchlichen Vorherrschaft und übernahmen zahlreiche Machtbefugnisse des Bischofs (besonders auch die Vormundschaft über das Œuvre Notre-Dame, die Münsterbauhütte). Zuerst setzte sich eine Adelsschicht durch, die dann von Kaufleuten und Handwerkern abgelöst wurde. Straßburg bekam den Status einer freien Stadt und auch das Recht, sich wie eine Republik zu verwalten (die Zünfte wählten die Schöffen; diese bildeten die Räte). Als Zentrum des rheinischen Mystizismus im 14. Jh. sowie als Stadt, die offen für technische und geistige Neuerungen war, wurde Straßburg schnell von der Reformation erfaßt. Geschwächt von den religiösen Wirren und dem Dreißigjährigen Krieg, verlor die Stadt an Bedeutung. Sie kam zu Frankreich, wurde von Intendanten verwaltet, erreichte im 18. Jh. eine neue Blütezeit und geriet in die Wirren der Revolution (Rouget de L'Isle komponierte hier die Marseillaise). Von 1870 bis zum November 1918 gehörten Straßburg und das Elsaß zu Deutschland. 1939, nach der Evakuierung der Bevölkerung, kam es erneut zu Deutschland. Es wurde bombardiert und im November 1944 befreit. Seit 1949 Sitz des Europarats, hat es sich enorm vergrößert.

Kathedrale: Die unvergleichliche Silhouette mit ihrem spitzen Turm und ihrer filigranhaften Fassade verwirrt und vereint rheinische Tradition mit der neuen Gotik der Ile de France und eigener Ursprünglichkeit. Die grandiose Basilika aus dem 11. Jh. wurde ab dem 12. Jh. wiederaufgebaut; ab dem 13. Jh. setzt sich mit den von der Ile de France geformten Handwerkern

Straßburg, Münster, Propheten am Mittelportal

die beginnende Gotik durch. Die Westfassade, vor allem ein Werk Erwin* von Steinbachs, wurde zwischen 1277 und 1384 errichtet (Fertigstellung des Turms). Nach dem Plan des Erbauers des Ulmer Münsters wurde 1439 der spitze Turm vollendet. Im 19. Jh. unternahm Gustave Klotz* eine Restauration, die aber mißglückte. Die Finanzierung und die Unterhaltung der Kathedrale wird durch das Œuvre Notre-Dame gesichert.
Außenansicht: Westmassiv und Turm: Die Fassade wurde teilweise nach dem Plan B meisterhaft fein gearbeitet. Dieser Plan wird im Œuvre Notre-Dame aufbewahrt: Im Gegensatz zu den herkömmlichen Fassaden spiegelt sie nicht die Struktur des Baus wider, sondern wird als gesonderter Teil bearbeitet. Sie ist gekennzeichnet durch reiche Skulpturen an den Portalen, die ungewöhnlichen und leicht wirkenden, vom Mauerwerk losgelösten Bogenwerke, die die kahlen Mauern überdecken sollen, und durch die wunderbaren, sechzehnblättrigen Fensterrosen. Die Ikonographie der Portale aus dem ausgehenden 13. Jh. wird Albert dem Großen zugeschrieben. Das reich mit Statuen und Flachreliefs verschiedener Epochen verzierte Mittelportal besitzt ein Tympanon mit vier Registern (die ersten drei stammen aus dem 13. Jh., das oberste ist modern). Die Skulpturen im Bogenlauf stammen aus dem 19. Jh., da die mittelalterlichen in der Revolution zerstört wurden. Am rechten Portal wird die Geschichte der Klugen und Törichten Jungfrauen dargestellt (einige Statuen sind Kopien). Im Gewände des linken Portals werden jene Tugenden gezeigt, die die Laster besiegen (14. Jh.). Die obere Plattform, mit einem wunderbaren Panoramablick über Straßburg, trägt einen äußerst fein gearbeiteten,

Straßburg, Der Fürst der Welt (Œuvre Notre-Dame) ▷

durchbrochenen Turmhelm, der fast so hoch ist wie der von Rouen. Die Seitenschiffe sind von neugotischem Bogenwerk flankiert, die im 18. Jh. errichtet wurden, um die an die Seitenwände der Kathedrale gebauten Läden zu verdecken. Das *Portail de l'Horloge* auf der rechten Seite ist das älteste der Kirche. Es stammt aus dem 13. Jh. und setzt sich aus zwei romanischen Türen zusammen, zwischen denen eine Salomonstatue steht. Zu beiden Seiten stehen die Kopien der bewundernswerten Paare der Synagoge (mit verbundenen Augen) und der Siegenden Kirche. Im Tympanon über der linken Tür eine prachtvolle, byzantinisch gefärbte Darstellung vom Tode Mariens (um 1225). Das *Portail Saint-Laurent* auf der anderen Seitenwand stammt aus dem 15. Jh. Es wurde weitgehend restauriert und ist mit dem Martyrium des Hl. Sebastian, das im letzten Jh. wieder instand gesetzt wurde, und mit Kopien von Statuen ausgeschmückt, die im Frauenhausmuseum stehen.
Innenraum: Mit 103 m Länge in Form eines lateinischen Kreuzes beginnt die Kathedrale im Westen mit dem Massiv der den drei Feldern entsprechenden drei Portalen. Das von breiten Seitenschiffen flankierte Mittelschiff weist drei Geschosse sowie bemerkenswert schöne Glasfenster aus dem 13. und 14. Jh. auf (Kaiser und Fürsten des Hl. Römischen Reiches im nördlichen Seitenschiff). Die verschwenderisch ziselierte *Kanzel,* versehen mit Nischen und Statuen, wurde 1485 von Hans Hammer* für den großen Prediger Geiler von Kaysersberg geschaffen. Das Orgelgehäuse vom Ende des 15. Jh. ruht auf einem schwebenden Schlußstein mit beeindruckender Skulptur (man beachte die beiden Gliederpuppen, Rohraffen). Die *Kapelle Sainte-Cathérine* (um 1340) liegt auf der östlichen Außenseite des rechten Schiffs. Neben besonders schönen Glasfenstern aus dem 14. Jh. enthält sie ein Flachrelief des Todes Mariens (1480). *Rechtes Querschiff:* Im Mittelpunkt steht der *Engelspfeiler* oder Pfeiler des Jüngsten Gerichts, im unteren Teil mit Darstellungen der Propheten, Trompete blasenden Engeln und Christus als Richter. Diese prachtvolle und eigenständige Arbeit schuf ein anonymer Künstler, der ausgezeichnet über Chartres informiert gewesen sein muß. Gestützt auf die Balustrade der Kantortribüne betrachtet ein kleiner Mann aus Stein diesen unvergleichlichen Pfeiler; vielleicht handelt es sich sogar um ein Selbstporträt des Baumeisters (1495). Die *Astronomische Uhr:* Das Gehäuse stammt im wesentlichen aus dem 16. Jh., die Mechanik wurde 1838 erneuert. Sie geht eine halbe Stunde nach (Mittagsgeläut um 12.30 Uhr), besitzt einen immerwährenden Kalender und ist mit zahlreichen Figuren ausgeschmückt. Ein Glasfenster links von der Uhr aus dem 13. Jh. zeigt einen riesigen Hl. Christophorus. Das Querschiff schließt sich an die Kapelle Saint-André aus dem Ende des 12. Jh. an; von dort gelangt man in den Kreuzgang (Glasfenster aus dem 14. und 15. Jh. aus der ehemali-

Straßburg, Münster, Glasfenster

Straßburg, Münster, Rosette

gen Dominikanerkirche, Skulpturen, religiöse Gegenstände, Wandbehänge). *Chor:* Über einer Krypta, die vermutlich aus dem Anfang des 11. Jh. stammt, erbaut, trennt er die beiden Querschiffe. Bogenwerk und Dekor sind neu. In der Apsis mit Halbtonnengewölbe, ein Glasfenster von Max Ingrand*, das 1956 vom Europarat gestiftet wurde: eine Darstellung der Jungfrau, der Beschützerin Straßburgs. Auf beiden Seiten der Chortreppe Altäre mit Triptychen (16. Jh.). *Linkes Querschiff:* Der nördliche Querschiffarm wurde umgebaut und zwischen 1220 und 1225 vollendet. Einige Teile der ursprünglichen Basilika und eine monumentale Nische (um 1200) sind erhalten. In dieser steht ein prächtig skulptierter spätgotischer Taufstein von Jodoque Dotzinger* (1453). Gegenüber steht eine riesige Gruppe mit Christus am Ölberg (Ende des 15. Jh.). Dieses Querschiff schließt sich an die Kapelle Saint-Jean-Baptiste an, die 1230 erbaut wurde (moderne Skulpturen vom Engelspfeiler, Grabmal des Bischofs Konrad von Lichtenberg).

Place de la cathédrale: Vor der Kathedrale erhebt sich das bekannte Fachwerkhaus mit der *Pharmacie du Cerf* mit Erdgeschoß aus Stein (15. und 16. Jh.). Links von der Kathedrale steht das prächtige *Kammerzellhaus,* Besitz des Œuvre de Notre-Dame, mit einem Restaurant. Es trägt den Namen eines früheren Besitzers und stammt im Erdgeschoß von 1467, die übrigen Stockwerke aus dem 16. Jh. Zahlreiche Skulpturen an der Fassade, amüsante Wandmalereien in den Räumen (um 1910). In der Nähe stehen weitere alte Gebäude, vor allem in der Rue Mercière (Gebäude aus dem 16. und 17. Jh.), in der Rue du Maroquin (dies war früher der Name für Schuhmacher), Place de la Grande-Bocherie und Place du Marché-aux-cochons-de-

Straßburg, Glasfenster (Frauenhaus)

lait. Das ehemalige Jesuitenkolleg (18. Jh.) schließt die Place du château, ab, auf der das Musée de l'Œuvre Notre-Dame und das Schloßmuseum der Rohan stehen.

Œuvre Notre-Dame: Ein Besuch in diesem Museum ist von einer Besichtigung der Kathedrale nicht zu trennen, deren Bau noch heute von der Œuvre finanziert wird (diese vermögende Fabrik hat zahlreiche Besitzungen). Das ausnehmend schöne Frauenhausmuseum ist in einem Gebäudekomplex aus dem Mittelalter und der Renaissance untergebracht. Linker Teil mit *Pignon à Escalier* aus dem 14. Jh.; rechter Flügel aus dem Ende des 16. Jh. (Giebel mit Voluten), ehemaliges Hotel des Cerfs aus dem 14. Jh. und wiederaufgebaute Fachwerkhäuser. In der Eingangshalle eine echte Renaissance-Wendeltreppe. Das Museum erinnert ständig an die Kathedrale, ohne ihr ausschließlich gewidmet zu sein. Es besitzt eines der ältesten bekannten Glasfenster, die *Tête de Wissembourg* aus dem 11. Jh., schöne Glasarbeiten, Keramik, Wandbehänge, Goldschmiedearbeiten, Skulpturen des 15. Jh. (rheinischer Stil), Gemälde, ein schönes Bild von Konrad Witz* (Die Hll. Katharina und Magdalena), Miniaturen, elsässische Möbel. Ferner Originalstatuen von der Kathedrale, darunter die Synagoge und die Siegreiche Kirche (1230), der die Jungfrauen verführende Fürst der Welt vom linken Westportal sowie Entwürfe der mittelalterlichen Baumeister (z.B. der berühmte Riß B der Fassade).

Wichtigste Kirchenbauten: Kirche Saint-Thomas: Diese streng wirkende schlanke Kirche ist im wesentlichen im 13. und 14. Jh. im gotischen Stil erbaut worden. Sie beherbergt in der Apsis das Grabmal des Marschalls Moritz von Sachsen eine Arbeit von Jean-Baptiste Pigalle* (1776). In einer weiteren Kapelle steht das Grabmal des Bischofs Adeloch, der Sarkophag stammt von etwa 1130.

Kirche Saint-Pierre-le-Vieux: Von Katholiken und Protestanten gleichermaßen benutzt, datiert sie vom Anfang des 13. Jh., die Hauptarbeiten wurden im 15. Jh. vollendet. Skulptierte Felder von 1501, bemalte Flächen vom ausgehenden 15. Jh. (Passion). *Saint-Pierre-le-Jeune:* Dieser zu Anfang der Reformation von den Protestanten übernommene Bau aus gekalktem Ziegelstein stammt aus dem 12. und 13. Jh. (Chor) und 14. Jh. (Schiff). Schöner Lettner (Anfang 14. Jh.), wahrscheinlich 1620 bemalt. Moderner Kreuzgang mit Teilen aus dem 11. Jh.

Petite France und Ponts Couverts: Zwischen der Kirche Saint-Thomas und den Ponts Couverts (bedeckten Brükken) wohnten im Viertel de la Petite France die Fischer, die Gerber und die Handwerker. Es weist malerische, gut restaurierte Häuser mit elsässischer Renaissance auf. Zu den typischsten Gebäuden gehören die *Maison des*

Straßburg, Glasfenster (Frauenhaus) ▷

Straßburg, Petite-France

Tanneurs (1572; heute ein Feinschmeckerlokal; Anbauten und Instandsetzungen später). Der Name Petite France erinnert an die Syphilis, die französische Krankheit, die damals in einem städtischen Krankenhaus behandelt wurde. Die Ponts couverts (eine Folge von drei Brücken) haben zwar ihren Namen behalten, aber 1784 ihre Überdachung verloren. Sie überspannen die Ill und werden von den massiven Türmen der ehemaligen Befestigungswälle bewacht (14. Jh.). Die »barrage Vauban« oder »Grande Ecluse« mit Blick auf die Brücken wurde nach den Plänen des berühmten Militärarchitekten erbaut, beherrschte den Zugang zur Stadt und konnte deren südlichen Teil überfluten.

Place Kléber: General Kléber wurde 1753 in Straßburg geboren und am Fuß seines Standbilds begraben, einem Werk des einheimischen Steinhauers Philippe Grass* (1840). Dieser von Jacques Francois Blondel* unter Ludwig XV. konzipierte Platz wirkt heute verunstaltet. Das *Aubette* genannte Gebäude wurde ab 1765 erbaut, brannte 1870 mit den Schätzen des in ihm untergebrachten Museums ab. Der plumpe Neubau wurde innen von Théo Van Doesburg* ausgestattet: Diese abstrakten und geometrischen Kompositionen der 20er Jahre, wurden im letzten Krieg von den Nazis für entartete Kunst gehalten und zerstört.

Place Gutenberg: Das große Hôtel de la Chambre de Commerce wurde 1582 begonnen; 1867 wurde der Renaissance-Bau im Süden verlängert. Gutenbergs Standbild von David d'Angers* wurde 1840 eingeweiht. *Place Broglie:* Trägt den Namen des Marschalls Broglie, der 1740 diese Promenade anlegen ließ. Das Rathaus wurde zwischen 1730 und 1736 von Joseph Massol* erbaut (früher Adelsresidenz). Das städtische Theater stammt

Straßburg, Schloß des Rohan

aus dem 19. Jh. *Place de la République:* Der frühere Kaiserplatz, der von dem riesigen und pompösen Palais du Rhin beherrscht wird, dem ehemaligen Kaiserpalast, spiegelt die Vorstellung deutscher Städtebauer Ende des 19. Jh.

Bischofssitz: 16, Rue Brûlée – 3, Rue Parchemin (Portal). Das erste Straßburger Stadthaus mit Pariser Anklängen (um 1720). Das Gebäude, seit 1855 Bischofssitz, zeigt seine Gartenfassade zur Rue Brûlée und ist eines der interessantesten Gebäude Straßburgs aus dem 18. Jh. (schönes Hôtel du Préfet, ehemalige Intendanz, hinter einem prächtigen Portal in der Nr. 19).

Museen: Außer dem Œuvre Notre-Dame (Frauenhausmuseum) neben der Kathedrale besitzt Straßburg weitere ganz bemerkenswert gut ausgestattete Museen. Sie liegen im südlichen Teil der Altstadt nahe der Ill.

Château des Rohan, Musées des Beaux-Arts, des Arts Décoratifs et Archéologiques. An der Ill im Schatten der Kathedrale gelegen, trägt dieses prächtige Palais den Namen des ersten der vier Rohans, die vor der Revolution Bischöfe in Straßburg waren. Seit den zwanziger Jahren dient es als Museum. Die großzügige, elegante und vornehme Anlage wurde zwischen 1731 und 1742 von Joseph Massol nach Plänen von Robert de Cotte* realisiert. Das Schloß, ein großes Viereck aus Sandstein, ist um einen Ehrenhof angelegt und liegt mit seinem Hauptportal ungefähr gegenüber dem Südportal der Kathedrale. Vertikal wie horizontal äußerst gelungen gegliedert, beherbergt das ehemalige Bischofspalais auffallend luxuriös ausgestattete Räume, die den Vorstellungen eines von Versailles beeindruckten Geistlichen ensprechen, der hier Hof halten wollte. *Musée des Beaux-Arts:* Es besitzt vor allem Werke ab dem

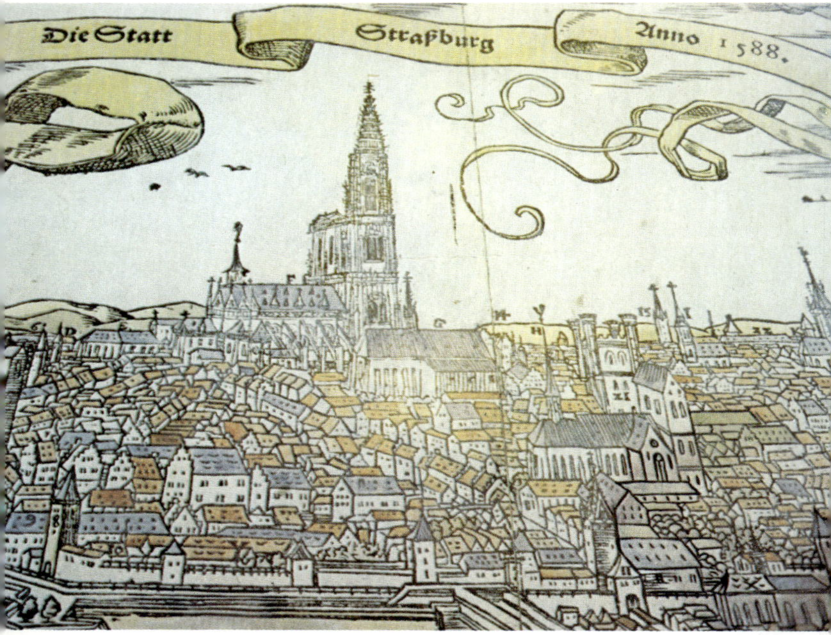

Straßburg, Wandmalerei, Rue des Bateliers

14. Jh. bis Ende des 18. Jh., neben einigen Gemälden des 19. und 20. Jh. Es zeigt vor allem italienische Malerei (Botticelli*, Filippo Lippi*, Correggio*, Tiepolo*, Guardi*), Gemälde aus Flandern und Holland (Lukas von Leyden*, Rubens, Van Dyck*, Jordaens*), französische Schulen des 17. und 18. Jh. Berühmtes Bild von Nicolas de Largillière*: Das Porträt der Belle Strasbourgeoise, datiert von 1703: Es zeigt eine Frau in einheimischer Tracht mit einem seltsamen Hut mit Hörnern. *Musée des Arts Décoratifs:* Prächtige Kunstwerke vorwiegend aus dem 18. Jh., bedeutende Keramiksammlung, schöne Einzelstücke aus der einheimischen Manufaktur von Hannong, die 1721 gegründet wurde. *Musée archéologique:* Im Untergeschoß des Schlosses sind die in Straßburg und im Elsaß gemachten Funde ausgestellt. Gegenstände aus dem Paläolithikum in der Merowingerzeit; bemerkenswerte gallo-römische Abteilung. *Musée historique:* In der Nähe der Pont du Corbeau. Es ist in dem ehemaligen Gebäude der *Grande Bocherie* untergebracht (aus dem Ende des 16. Jh.) und berichtet von der Geschichte der Stadt. Regimenter der kleinen Soldaten von Straßburg (19. Jh.), riesige Uniformsammlung, bezaubernder Saal mit mechanischem Spielzeug aus dem 19. und Anfang des 20. Jh. *Musée d'Art moderne:* Gegenüber dem historischen Museum ist es in einem Trakt der Ancienne Douane (früher Lagerhäuser) untergebracht. Gefällige Präsentation von Werken des 19. und 20. Jh., darunter auch ganz moderne Werke. Gemälde von Monet*, Sisley*, Renoir*, Boudin*, Monticelli* und Degas*, bedeutende Stükke des Straßburgers Jean Arp* und Sophie Tauber-Arp*. Werke von Magnelli*, Herbin*, Hartung* und Lindner*. Seltsame Gebilde des Elsässers Francois Rupert Carabin*, der 1932 in Straßburg starb, u. a. ein bewunderns-

Straßburg, Musée Rohan, Bruegel

Sully-sur-Loire, Schloß

werter surrealistischer Sessel, der von nackten Frauen getragen wird, mit Katzen als Armlehnen. *Musée alsacien:* Gegenüber der Ancienne Douane schließt es sich an die alten Gebäude aus dem 16. und 17. Jh. am Kai Saint-Nicolas an (u. a. das alte Restaurant A la canette d'or mit einem Erkerfenster von 1600). Es präsentiert die volkstümlichen Traditionen und Künste, die Berufe, die Arbeit der Bauern und Weinbauern, die früheren Sitten und Gebräuche. Die reichen Sammlungen passen in ihre Umgebung: Ladenschilder, Erinnerungen an Wehrdienst.

Sully-sur-Loire	5180 Ew
45 Loiret	S. 415 □ I 7

Stromaufwärts im Tal der Schlösser als Vorhut gelegen, ist Sully eine friedliche Kleinstadt am Rand der Sologne, die nach dem Krieg gelungen wiederaufgebaut wurde. Es verdankt seinen Ruhm dem klugen Minister Maximien de Béthune, der diesen Namen annahm, als Heinrich IV. ihm den Titel eines Herzogs von Sully verlieh. Er modernisierte die Stadt, ließ sie erweitern und baute die Festung über der Loire aus dem 14. Jh. um. 1940 geplündert, von Granaten getroffen, Sitz des deutschen Generalmajors und Flüchtlingsasyl, mußte das Schloß weitgehend restauriert werden. Zur Loire zeigt sich der Bau mit einer mittelalterlichen, von zwei Türmen flankierten Fassade. Der rechtwinklig dazu stehende Flügel enthält das *Petit Château,* das Sully umbauen ließ, und den Turm de Béthune errichten. Das Vieux Château enthält ein prächtiges Gebälk und einen umgestürzten Schiffskiel aus Kastanie (1363). Das Petit Château enthält das Arbeits- und Schlafzimmer Sullys (schöne bemalte Decken aus dem Anfang des 17. Jh.).

Surgères, Kirche Notre-Dame, Detail der Kranzleisten

Die *collégiale de Saint-Ythier* stammt vom 16. und Anfang des 17. Jh. und besitzt zwei schöne Glasfenster von 1590, eines davon im südlichen Seitenschiff, das zweite in der mittleren Apsis (Baum Jesse). Eine Fassadenstatue erinnert an den großen Sohn dieser Gegend, Maurice de Sully, der Notre-Dame in Paris erbaute. Im Stadtzentrum schönes Renaissance-Haus.

Surgères	6500 Ew
17 Charente-Maritime	S. 418 □ F 9/10

Im Norden der Saintonge liegt diese kleine Handelsstadt, das Zentrum der Milchindustrie der Charente. Sie war einst Lehen der Herzöge de Surgères; das Schloß war im Lauf der Zeit häufigen Angriffen ausgesetzt. Es sind nur Ruinen des Walls, ein runder Turm und die Wassergräben erhalten. *Kirche Notre-Dame:* Ihre breite Fassade, an den Ecken von zwei Säulengruppen gestützt, ist reich verziert mit Tierkreiszeichen und Arbeiten der Monate an den Konsolen der Gesimse. Sehr sorgfältig gearbeitete Bogenläufe, Nischen mit Reitern. Eigenartiger achteckiger Turm mit Laterne, Glockenturm über der Vierung des Querschiffs.

T

Talcy 230 Ew
41 Loir-et-Cher S. 414 □ H 7

Der Ort liegt an der Route de la Rose in der Beauce, der Kornkammer Frankreichs. Inmitten der Felder erhebt sich das *Schloß,* ein bemerkenswerter Bau mit einem imposanten Bergfried. Es wurde im 16. Jh. von dem reichen Florentiner Bernardo Salviati wiederaufgebaut, dessen weibliche Nachkommen die Dichter anzogen: Seine Tochter Cassandra wurde von Ronsard verehrt, seine Enkelin Diana von Agrippa d'Aubigné leidenschaftlich geliebt. Der erste Hof mit einem Brunnen mit Kuppeldach bildet eine reizvolle architektonische Einheit. Im zweiten Hof steht ein gut erhaltenes großes Taubenhaus aus dem 16. Jh. mit 1500 Nestern und Drehleitern. Das Schloß ist mit erlesenen Möbeln (aus dem 17. Jh. bis zum Direktoriumsstil) ausgestattet, deren Prunk mit den streng ausgestatteten Räumen der Feudalepoche in starkem Gegensatz steht.

Tanlay (Schloß)
89 Yonne S. 420 □ K 7

Tanlay, ein glanzvolles und eigentümliches Gedicht aus Stein, kokettiert mit seinen breiten Wassergräben und den großen Bäumen der bezaubernden Parkanlagen.
Mit dem Bau des erstaunlich nuancenreichen Märchenschlosses wurde Mitte des 16. Jh. begonnen, es wurde aber erst um 1640 von Pierre Le Muet* vollendet. Daraus erklärt sich die geschmackvolle Gegensätzlichkeit dieses Renaissance-Baues im französischen Stil, der auch klassische Züge zeigt. Tanlay zeigt nach außen das *Petit Château,* ein kleines Schloß im Stil Ludwigs XIII.
Das *Grand Château* mit einem schönen Portal, Kuppeln und spitzen Dächern besitzt eine prächtige Innenausstattung und bemerkenswerte Kunstwerke. Trotz ihres reizvollen und eleganten Aussehens erscheint diese Residenz aus weißem Gestein bizarr. Im ersten Stock ist eine riesige Galerie mit einem verblüffend echten Scheinrelief ausgeschmückt; erst aus unmittelbarer Nähe erkennt man, daß die Pfeiler, Nischen und Statuen vorgetäuscht sind. In der Kuppel der Tour de la Ligue ist ein erstaunliches Fresko aus der Schule von Francesco Primaticcio* zu sehen. Dieses rätselhafte Gemälde stellt berühmte Persönlichkeiten aus der Zeit Heinrichs IV. dar, entweder nackt, halb entblößt oder bekleidet. Katharina von Medici (in Rückenansicht), der Kardinal von Lothringen (in Vorderansicht) und einige vornehme Damen sind nackt dargestellt. Die Fachleute sind sich über die Deutung

Tanlay, Schloß

Tarascon, Schloß

dieses Gemäldes bis heute noch nicht einig geworden.

Tarascon	10670 Ew
13 Bouches-du-Rhône	S. 425 □ L 14

Tarascon – das *Tarouscôn* der griechischen Geographen – war eine Niederlassung der Massalier, bevor es Militärlager der Römer wurde. La Tarasque – der Legende nach ein schreckliches Ungeheuer, das von der Hl. Martha bezwungen wurde – ist noch heute Gegenstand eines Festes, das König René 1469 erstmals veranstaltete und bei dem ein Drache im Zug durch die Stadt getragen wird. Bekannt ist die Stadt auch durch die Figur des naiven, prahlerischen Tartarin, die der Dichter Alphonse Daudet 1872 erfand.

Schloß: Dieses mächtige, elegante Schloß über der Rhône wurde im 12. Jh. an der Stelle eines römischen *castrum* begonnen, stammt im wesentlichen aber aus dem 14. und 15. Jh. (die Bauarbeiten wurden unter König René vollendet). Von Türmen flankiert und von der Stadt durch breite Wassergräben getrennt, besteht die stolze Festung aus zwei Teilen: einem beinahe uneinnehmbaren Herrenhaus und den weniger wehrhaften Nebengebäuden der »basse cour«. Die Räume um den tiefen Ehrenhof sind mit Fenstern mit Fensterkreuz in eleganten Fassaden versehen. Die direkt über der unteren Kapelle liegende obere Kapelle enthält die dem König und der Königin vorbehaltenen Betzimmer. Vom Dach aus prächtiger Blick über die durch die Schleuse von Vallabrègues (1970 erbaut) gebändigte Rhône.

Sainte-Marthe: Die 1197 erbaute, wenig homogen wirkende Kirche besitzt ein im 14. Jh. wiederaufgebautes Schiff und einen Turm aus dem 15. Jh.

Beaucaire, Ruinen der Festung

Sie wurde vergrößert, als sie die vermutlichen Reliquien der Heiligen aufnehmen sollte, die heute verschwunden sind. Das ursprüngliche romanische Südportal mit monumentalem Bogen und seiner Säulchen- und Pfeilergalerie imitiert die römische Porte de France in Nîmes. Die Skulpturen erinnern an Saint-Trophime in Arles.

Umgebung: Beaucaire (rechtes Ufer): Die Stadt auf der gegenüberliegenden Seite, die 1271 zu Frankreich kam, verdankt ihren Wohlstand einem bis ins 19. Jh. berühmten Markt (Bonaparte hatte mit den Händlern einmal eine lange politische Diskussion, die ihn zu dem kleinen Werk *Le souper de Beaucaire* inspirierte). Die Stadt wird heute beherrscht von den Ruinen und dem dreieckigen *Bergfried* einer Festung, die im 12. und 14. Jh. geschleift wurde (schlichte Kapelle Saint-Louis, die 1254 vom Hl. Ludwig gegründet wurde). – Die Kirche *Notre-Dame des Pommiers* ist ein gelungenes harmonisches Bauwerk des 18. Jh. von Jean-Baptiste Franque*. Ein romanisches Fries mit dem Abendmahl und der Passion ist in die Außenmauer des südlichen Querschiffs eingefügt. Schöne Häuser aus dem 17. und 18. Jh. in der Rue de la République. Auf der Straße nach Fourques (1,5 km) gotisches Kreuz aus dem frühen 15. Jh.

Tarbes

57770 Ew
65 Hautes-Pyrénées
S. 422 □ F 15

Die Geschäftsstadt Tarbes ist die ehem. Hauptstadt der Grafschaft Bigorre. Die *Kathedrale,* eine ursprünglich romanische, umgebaute Kirche, besitzt eine sehenswerte Innenausstattung aus dem 18. Jh. Placide Massey*, ehem. Leiter der Orangerie in Versailles, legte im 19. Jh. die gleichnamigen Gärten an, in denen ein gotischer

Kreuzgang aufgestellt wurde. Sein Haus wurde zum Museum: Gemälde, Folklore, Erinnerungen an die Husaren und die Pferdezucht (Tarbes besitzt bedeutende Gestüte).

Tende	2060 Ew
06 Alpes-Maritimes	S. 426 □ P 13

Das alte Tende oberhalb der modernen Stadtviertel ist beherrscht von einem terrassenförmig angelegten Friedhof und den Mauern des geschleiften Schlosses der Vintimille-Lascarès. Tende kam erst 1947 nach einem Volksentscheid an Frankreich (es wurde von Nizza abgetrennt, als dieses an Frankreich kam). Die Stadt besitzt eine interessante Kirche aus dem Ende des 15./Anfang 16. Jh., die romanische Stilelemente und Renaissance verbindet.

Umgebung: Notre-Dame-des-Fontaines (über Saint-Dalmas und La Brigue): In 866 m Höhe liegt diese Pilgerkapelle in einem einsamen Tal über einem Wildbach mit zeitweilig sprudelnden Quellen. Von schlichtem Äußeren beherbergt sie sehr schöne Fresken des 15. Jh. von Jean Canavesio* (oder Canavesi) und Jean Beleison* (oder Baleisoni). – **Vallée des Merveilles** (im Massif du Bégo, über die D 91): In einer von Gletschern abgetragenen Seegegend sind die glatten Felshänge mit zahlreichen frühhistorischen Steinmalereien versehen (nach letzten Forschungen mehr als 100000 Zeichen!). Die rätselhaften Zeichen (die ältesten stammen von 1700 v. Chr.) stellen Waffen der frühen Bronzezeit dar. Spätere Zeichen stellen weitere Waffen, eigenartige Rechtecke mit Hörnern und anthropomorphe Gestalten, Schachbrettmuster und Kreise dar.

Thann, Kollegiatkirche, Chorgestühl

Thann	8520 Ew
68 Haut-Rhin	S. 417 □ O 6

Alte Stadt am Fuß der Vogesen, die in den letzten Kriegen stark beschädigt wurde. Thann wird beherrscht von den auffallenden Ruinen der 1674 zerstörten *Engelsburg:* Ein Teil des runden Bergfrieds, der seitlich einstürzte, scheint in den Himmel zu weisen, das ihm den Namen »Oeil de la sorcière« eintrug. – *Kollegiat-Saint-Thiébault:* Diese prächtige gotische Kirche, die etwas anmaßend die Sainte-Chapelle des Elsaß genannt wird, stammt im wesentlichen aus dem 14. und 15. Jh. (hoher, schlanker Kirchturm aus dem 16. Jh.). Am großen *Westportal,* das 1420 vollendet wurde, drängt sich eine Fülle von Figuren des Himmels und der Erde in den Bogenläufen, im Haupttympanon (mit der Darstellung des Lebens der Hl. Jungfrau) und in den beiden kleinen Tympana über jedem Turm und in den Türpfeilern. Das Nordportal ist ein schönes Beispiel der Spätgotik (15. Jh.). Die Kirche besitzt vor allem ein sehr schönes *Chorgestühl* (15. Jh.) mit überreicher Rankenornamentik, Blattwerk und Tierungeheuern und anderen eigenartigen Figuren. Daneben eine Kanzel aus dem 16. Jh. und die prachtvolle *Vierge de la corporation des vignerons,* eine Statue aus bemaltem Holz (Jesusknabe hält eine

Weintraube, die er lachend vor seiner Mutter versteckt) sowie eine Statue des Hl. Thiébaut aus vergoldetem Holz vom Ende des 15. Jh. Mehrere Glasfenster aus dem 15. Jh. Die ehem. Getreidehalle wurde 1519 von einem Basler Baumeister errichtet, der auch die Kirche vollendete. In ihr ist heute das *Musée des amis de Thann* untergebracht. Es zeigt zahlreiche Gegenstände über Geschichte und Tradition der im 13. Jh. gegründeten Stadt. Die Tour des Sorcières ist Überrest einer ehem. Befestigung.

Thiers

17830 Ew

63 Puy-de-Dôme

S. 420 □ K 10

Die Stadt verdankt ihre Berühmtheit der Stahlwarenindustrie, die hier seit dem 14. Jh. heimisch ist. Zahlreiche alte Fachwerk- oder Erkerhäuser wie das *Maison du Pirou* (15. Jh.) oder *Maison des sept péchés capitaux* (Haus zu den sieben Todsünden) mit seinen sieben verzierten Balken. In den Rues du Bourg, Grenette und Durolle stehen schöne Beispiele mittelalterlicher profaner Baukunst. Die *Kirche Saint-Genès* aus dem 11. Jh. wird von einer großen Kuppel in der Vierung des Querschiffs überdacht und besitzt ein sehenswertes farbiges Dekor im Giebel des südlichen Querschiffs. Im *Musée Fontenille-Mondière* sind die Geschichte der Stahlwarenindustrie und regionale Volkskunst zu sehen.

Thoiry (Schloß)

78 Yvelines

S. 428 □ I 5

Das Schloß stammt aus dem 16. Jh. und ist mit Möbeln, Wandbehängen und Gemälden (vor allem von Largillière*) und einer bedeutenden Bibliothek ausgestattet. Es ist umgeben von franz. Gärten aus dem 18. Jh., später angelegten englischen Gärten und einem großen Tierreservat, wo u. a. wilde Tiere in freier Wildbahn leben (bedeutendes »afrikanisches Reservat«).

Umgebung: Maùle (7 km nordöstlich): Kirche Saint-Nicolas (Krypta 11. Jh.) mit Renaissance-Turm.

Thonon-les-Bains

26250 Ew

74 Haute-Savoie

S. 421 □ N 9

Die Sommerfrische mit Thermalbad oberhalb des Genfer Sees ist die ehem. Hauptstadt des Chablais im Besitz des Hauses Savoyen. Die *Kirche Saint Hippolyte* ist romanischen Ursprungs (Krypta), wurde aber im 17. Jh. umgebaut und mit der *Basilique du Doctorat de Saint-François-de-Sales,* einem neugotischen Bau des 19. Jh. mit Gemälden von Maurice Denis*, verbunden. Das *Musée du Chablais* zeigt Heimatgeschichte und Volkskunst. Der Aluminium- und Glaspalast des *Maison de la culture* wurde Anfang der 60er Jahre von Maurice Novarina* erbaut. – *Château de Ripaille:* Das schöne und solide gebaute Haus mitten in den Weinbergen im savoyischen Stil diente als Kloster und erfuhr im Lauf der Jahrhunderte kleinere Umbauten. Es stammt aus dem 15. Jh., das Portal ist in klassischem Stil gehalten, eine

Thiers, Gesamtansicht

Thouars, Kirche Saint-Médard, Fries am rechten Portal

ehem. Küche ist erhalten, und es besitzt ein kleines *Museum.* Das Wort »ripaille« kommt von »Rippe«, »unfruchtbarer Ort«.

Umgebung: Château des Allinges (7,5 km südlich): Ruinen zweier feindlicher mittelalterlicher Festungen. Innerhalb der Festungsmauern des früheren Château-Neuf steht die sehr alte *Chapelle des Allinges* mit einem frühromanischen Fresko (Christkönig, Jungfrau Maria und Hl. Johannes darstellend).

Thoronet (Abtei)

83 Var S. 426 □ N 14

Die bewunderswert klare Zisterzienserabtei, eine Schwester von Sénanques (siehe Gordes) und Silvacane, liegt mitten in einem bewaldeten Tal. Das Kloster wurde 1146 auf einem Grund und Boden, der von einem Grafen von Toulouse gestiftet war, gegründet und war nur von wenigen Mönchen bewohnt: Bei Ausbruch der Revolution war es beinahe leer und wurde als Staatsbesitz verkauft. In der zweiten Hälfte des 19. Jh. und im 20. Jh. wurde es wieder instand gesetzt. Zu der Abtei gehören die große, strenge Kirche (aus der die Ornamentik aus dem 18. Jh. entfernt wurde), ein Kreuzgang und die Klostergebäude (der Komplex stammt aus dem 12. Jh.). Der Kapitelsaal mit Spitzbogengewölbe ist ein prachtvolles Beispiel burgundischer Baukunst.

Thouars

12060 Ew

79 Deux-Sèvres S. 418 □ F 8

Durch die *Porte au prévost* aus dem 13. Jh. im Norden der Altstadt schritt 1372 der Eroberer Du Guesclin. Die

Tour du Prince de Galles unweit davon erinnert an die lange Besetzung des Poitou durch die Engländer und diente während des Ancien Régime als Gefängnis (zwei Holzkäfige sind noch erhalten). Das Hôtel des Trois rois, in dem Ludwig XI. mehrmals wohnte, besitzt einen schönen loggiaartigen Vorbau über der Eingangstür. Das Hôtel du président Tyndo mit elegantem sechseckigem Türmchen.

Saint-Médard (12. Jh.): Ihre Fassade mit schönem Fries und vielfachen Bogenläufen veranschaulicht die romanische Kunst des Poitou; Fensterrose im spätgotischen Stil über dem Portal, an der Nordseite Tür mit maurischen Einflüssen.

Saint-Laon: Verbindet Romanik (Turm) und Gotik (Portal, Pfeiler, Fenster aus dem 15. Jh.) miteinander und besitzt ein schönes Retabel aus Stein aus dem 17. Jh. **Schloß:** Das noble und regelmäßig angelegte Schloß wurde im 17. Jh. im Auftrag von Marie de La Tour d'Auvergne, Gräfin von La Trémoille, erbaut; heute ist darin ein Gymnasium untergebracht. Am äußersten Ende steht eine Kapelle aus dem 16. Jh., deren gotischer Stil sich mit Renaissance-Dekor paart. **Museum:** Reiche Keramiksammlung und schöne frühhistorische und gallo-römische Sammlungen.

Umgebung: Oiron (13 km östlich): In diesem kleinen Dorf stehen zwei zu Unrecht verkannte Bauten. Das Schloß aus dem 16. und 17. Jh. besteht aus einem Mitteltrakt mit Giebel aus dem 17. Jh., einem Renaissance-Flügel mit einer mit Medaillons verzierten Arkadengalerie und einem Flügel aus dem 17. Jh. Die Innenräume sind teilweise reich möbliert, auf einer langen Galerie sind Fresken mit Darstellungen aus der *Äneis* (16. Jh.) angebracht, die Holzdecken sind bemalt. Flachreliefs und Gemälde schmücken das cabinet des Muses. Die Kirche, ehemals Schloßkapelle aus dem 16. Jh., bewahrt die Grabmäler der Familie Gouffier (16. Jh.), aus der ein Mitglied

Orion, Schloß

Gouverneur unter Franz I. wurde und das Schloß erbauen ließ.

Thury-Harcourt	1360 Ew
14 Calvados	S. 414 □ G 4

Dieses nach dem Krieg wiederaufgebaute Dorf enthält einige Überreste seiner geschichtlichen Vergangenheit: *Kirche* aus dem 12. und 13. Jh., die teilweise restauriert wurde; Reste eines *Schlosses* aus dem 17. Jh. mit einem hübschen Pavillon aus dem 18. Jh.

Tiffauges	1120 Ew
85 Vendée	S. 418 □ E 8

Romantische Ruinen erinnern an die traurige Berühmtheit des Gilles de Rais oder de Retz. Der mächtige Berg-

Tiffauges, Bergfried (12. Jh.)

fried aus dem 12. Jh. über den Resten eines Außenwerks erhebt sich neben dem zerstörten Chor der Kapelle aus dem 13. Jh. Darunter befindet sich eine prächtige Krypta aus dem 12. Jh. Die *Tour du vidame* über der Sèvre ist ein schönes Bauwerk aus dem 16. Jh.; durch die hohle Säule an der Wendeltreppe konnten die Befehle zwischen den Stockwerken schnell durchgegeben werden.

Tonnerre 6300 Ew
89 Yonne S. 415 □ K 6

Die Kirche *Saint-Pierre* aus dem 11. Jh. mit einem kleinen eingelassenen romanischen Portal erhebt sich über dem Häusermeer, das sich bis zur Armançon hinunterzieht. Die Kirche *Notre-Dame* (vor allem aus dem 15. Jh. mit Renaissance-Fassade) beherrscht das riesige Dach des Hospitals, das Marguerite de Bourgogne, Schwägerin des Hl. Ludwig, 1293 gründete. Das »*Vieil hôpital*«, das bis 1650 Kranke aufnahm und eine Zeitlang als Nekropole diente, ist ein riesiges Schiff mit bemerkenswertem Dachgebälk aus Eiche. Dieser Raum mündet in eine dreifache Apsis mit Steingewölbe, die früher von einem Lettner abgetrennt war. Das Grabmal von Marguerite de Bourgogne wurde im 19. Jh. restauriert, das Mausoleum des Duc de Louvois aus dem Ende des 17. Jh. ist eine Arbeit von Martin Desjardins*. Das Hospital besitzt eine bemalte Madonna aus dem 14. Jh. und vor allem ein bemerkenswertes Heiliges Grab (1454) mit Figuren in Originalgröße.

Hôtel d'Uzès: Das Hôtel ist heute Sitz der Sparkasse. Hier wurde 1728 der zukünftige Chevalier d'Eon, Charles de Beaumont, geboren. Das große runde Becken der Fosse Dionne wurde im 18. Jh. angelegt.

Touffou (Schloß)
86 Vienne S. 418 □ F 8

Das auf dem linken Ufer der Vienne prächtig gelegene Schloß bestand früher aus zwei Bergfriede aus dem 12. Jh. Es wurde im 15. Jh. mit Fenstern und mit einem rechteckigen Festungswall versehen, der im 17. Jh. geschleift wurde. Der Renaissance-Flügel ist mit Giebeldachluken hübsch verziert. Einer der zahlreichen Innenräume erhielt eine eigenartige Wappendekoration. Das gut möblierte Schloß besitzt zahlreiche Zeugnisse des Weidwerks.

Toul 16220 Ew
54 Meurthe-et-Moselle S. 417 □ N 5

Der ehemalige Festungsort mit seiner langen und bewegten geschichtlichen Vergangenheit wurde in den beiden Weltkriegen schwer getroffen. Doch

Toulon, Luftaufnahme

haben sich der Befestigungswall (17. Jh.) und einige alte Häuser aus dem 16. und 17. Jh. erhalten, darunter ein Renaissance-Gebäude mit Wasserspeiern. Zwei Kirchen, die sich an der nordfranz. Gotik orientieren, sind die bedeutendsten Baudenkmäler der Stadt und ihrer Vergangenheit als Bischofssitz.

Ehem. Kathedrale *Saint-Étienne:* Sie wurde im 13. und 14. Jh. erbaut und mußte nach 1944 beinahe völlig restauriert werden. Ihre Fassade aus dem 15. Jh. mit zwei achteckigen, 65 m hohen Türmen ist ein spätgotisches Meisterwerk. Im Innern schöne Glasfenster aus dem 13., 14. und 15. Jh. neben zwei reizvollen Kapellen im Renaissance-Stil zu beiden Seiten eines schlichten Hauptschiffs. Ein großer Kreuzgang (14. Jh.) mit drei Galerien und großen Öffnungen schließt sich an.

Kirche *Saint-Gengoult:* Aus dem 13.–15. Jh. An ihrer Westfassade ein äußerst zierliches gearbeitetes Portal aus dem 15. Jh. Kurzes Schiff ohne Triforium; Glasfenster aus dem 13. Jh. in den Chorkapellen. Ein zur Kirche gehörender Kreuzgang mit schönem Sternengewölbe (16. Jh.) beeindruckt durch die eleganten Formen des Flamboyant-Stils, die Verschiedenartigkeit und Feinheit seines Dekors.

Toulon	185 000 Ew
31 Var	S. 425 □ N 15

Großer Kriegshafen und Werftzentrum. Toulon liegt in einer geschützten Reede, wo in römischer Zeit eine Purpurherstellung florierte. Die Bedeutung der Stadt wuchs unter Ludwig XIII. und XIV. Nachdem die Royalisten unter den Bewohnern die Stadt den Engländern ausgeliefert hatten, eroberte Bonaparte 1793 die Stadt und ließ sie vom Nationalkonvent tadeln. Nachdem die Deutschen 1942 Vichy-Frankreich besetzt hatten, versenkte sich die franz. Flotte vor Toulon selbst, und Wrackteile blockierten lange den Hafen. Toulon wurde in den Augustkämpfen 1944 stark zerstört, aber wiederaufgebaut; der alte malerische Stadtkern blieb erhalten. Die Häuserfront zum Meer wurde durch uniforme Neubauten völlig verändert; es haben sich nur zwei prächtige Karyatiden von Pierre Puget* erhalten, die an der Fassade des modernen Musée naval angebracht wurden.

Sainte-Marie-Majeure: Die Kathedrale geht auf das 11. und 12. Jh. zurück, gehört aber großenteils ins 18. Jh. (Fassade und Turm). Ihr großes Längsschiff ist im gotischen Stil erbaut. Am Zugang zur »Petite rade« steht die *Grosse Tour de la Mitre* oder *Tour Royale* auf der Spitze der Halbinsel Mourillon. Der Turm wurde zwischen 1514 und 1524 erbaut, diente als Gefängnis und nahm 1870 den Goldschatz der Bank von Frankreich auf. Das ehem. militärische Bauwerk mit alten Kasematten und dunklen Gängen beherbergt heute Galionsfiguren und alte Kanonen.

Museen: *Musée d'Art et d'Archéologie* (Boulevard Général-Leclerc): Antiquitäten, orientalische Sammlungen, Gemälde aus dem 13. bis 20. Jh. (besonders Carrache*, Fragonard*, David*, Vuillard*, Maurice Denis*, Vlaminck* und Friesz*). – *Musée du Vieux-Toulon* (69, Cours Lafayette): Stadtgeschichte, Waffen, Schiffsmodelle, Gemälde, Kupferstiche und Zeichnungen. – *Musée naval* (Quai Stalingrad): Gekennzeichnet durch die Karyatiden von Puget* an der Außenfront, besitzt es schöne Galionsfiguren, Schiffsmodelle, zahlreiche Gemälde und Stiche von Toulon, und Exponate zur Marinegeschichte.

Musée mémorial du débarquement (auf dem prächtigen Aussichtspunkt des Mont Faron gelegen): Ein kleines Fort und seine Nebengebäude beherbergen dieses Museum mit der Dokumentation der Befreiung des Südostens durch die Alliierten.

Toulouse

383 180 Ew

31 Haute-Garonne

S. 423 □ H 14

Als Universitätsstadt, Konstruktionsort der Caravelle, Concorde und des Airbus, als Hauptstadt der Midi-Pyrénées und Nachfolgerin des antiken *Tolosa* ist Toulouse ein Freiluftmuseum, das sich schnell ausdehnt (die neue Stadt Toulouse-Le Mirail mit den Bauten von G. Candilis* gehört zu den bedeutendsten Europas).

Toulouse liegt in der Ebene an einer Biegung der Garonne: Die Existenz einer Furt bewog die Römer, diesen Standort der ursprünglich keltisch-ligurischen Stadt Vieille-Toulouse (8 km südlich) vorzuziehen. Im 5. Jh. wurde Toulouse Hauptstadt im Reich des gotischen Königs Alarich, der hier seinen berühmten Rechtserlaß verkündete. Obwohl es zum Königreich Frankreich gehörte, wurde es lange von unabhängigen Grafen regiert. Nach dem Kreuzzug gegen die Albigenser-Sekte, zu dem Papst Innozenz III. aufgerufen hatte, und den darauf folgenden sog. Albigenserkriegen (1209–1229), verlor Toulouse an Bedeutung. Auch als es an die Krone fiel, genoß es zahlreiche Privilegien und wurde von städtischen Beamten, den *capitouls*, ziemlich großzügig verwaltet. Toulouse, Sitz der 1323 gegründeten ältesten literarischen Bruderschaft, der *Compagnie du Gai Savoir,* wurde durch den Waidhandel besonders in der Renaissance wohlhabend.

Das Todesurteil gegen den Protestanten Calas, der 1762 angeklagt wurde, seinen Sohn getötet zu haben, um seinen Übertritt zum katholischen Glauben zu verhindern, erschütterte ganz Frankreich.

Toulouse ist seit Anfang dieses Jahrhunderts mit der Luftfahrt verbunden, seit dem Luftpostunternehmen, mit dessen abenteuerlichen Flügen sich die Namen von Latécoère, Daurat, Mermoz und Saint-Exupéry verbinden.

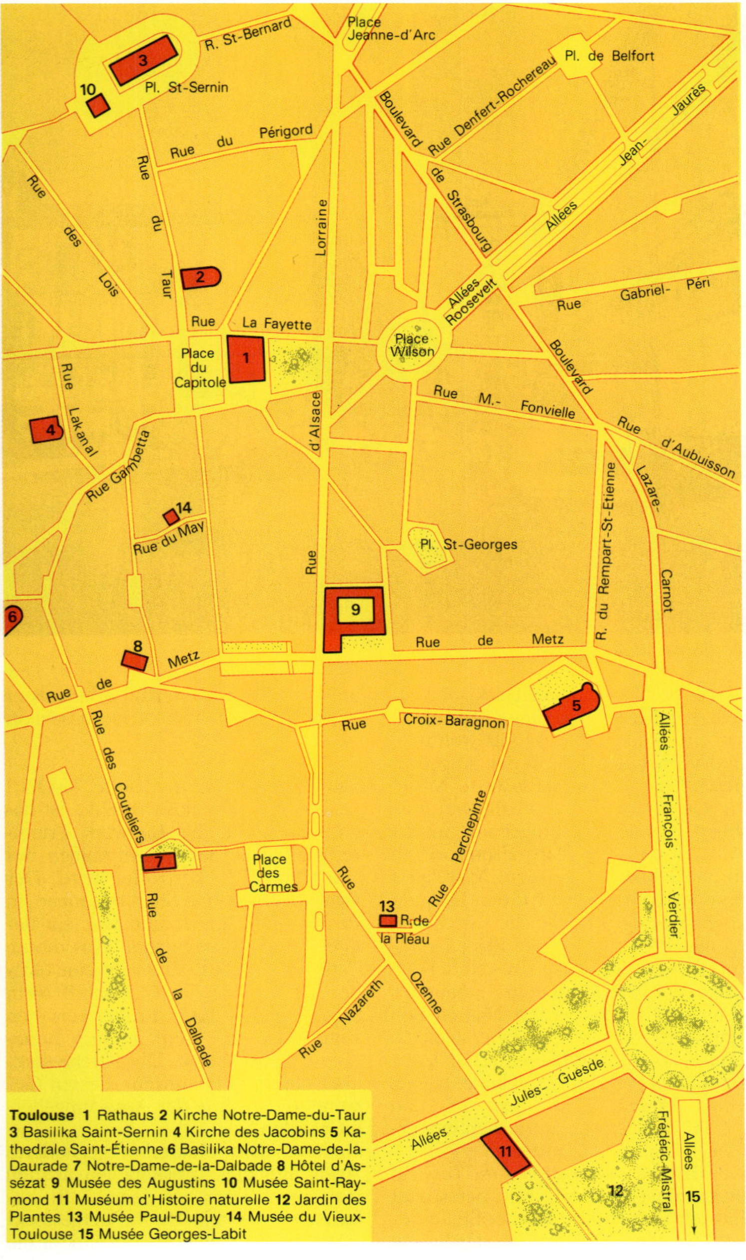

Toulouse **1** Rathaus **2** Kirche Notre-Dame-du-Taur **3** Basilika Saint-Sernin **4** Kirche des Jacobins **5** Kathedrale Saint-Étienne **6** Basilika Notre-Dame-de-la-Daurade **7** Notre-Dame-de-la-Dalbade **8** Hôtel d'Assézat **9** Musée des Augustins **10** Musée Saint-Raymond **11** Muséum d'Histoire naturelle **12** Jardin des Plantes **13** Musée Paul-Dupuy **14** Musée du Vieux-Toulouse **15** Musée Georges-Labit

Toulouse, Place du Capitole

Toulouse, die Stadt der Backsteinbauten, Kirchen, Kreuzgänge, Turmhäuser (in denen die capitouls wohnten) und vornehmen Hôtels der Abgeordneten besitzt bemerkenswerte Museen. Die ehem. Getreidehalle wurde in einen Konzertsaal umgebaut. In der Altstadt (um die Place Esquirol) mit ihren Gebäuden aus dem Mittelalter und der Renaissance wurden Fußgängerzonen angelegt (die alten Stadtviertel liegen um die belebte Place Esquirol). Der Hauptplatz ist die schöne Place du *Capitole* mit dem Rathaus aus dem 18. Jh., das seinen Namen von Kapitel (capitulum, von daher auch die capitouls) ableitet. Dieses 120 m lange Backstein- und Steingebäude besitzt einen Innenhof aus dem 16. und 17. Jh. und ist mit zahlreichen modernen Werken ausgestattet.
Die Kirche *Notre-Dame-du-Taur* in unmittelbarer Nähe, mit befestigter Fassade (14. Jh.), soll an der Stelle stehen, wo der Hl. Saturnin oder Sernin um 250 den Märtyrertod erlitt, als er durch einen Stier zu Tode geschleift wurde.

Saint-Sernin: Die von Viollet-le-Duc* restaurierte grandiose Basilika ist das größte romanische Bauwerk Frankreichs, das in seinen Ausmaßen nur von Cluny III übertroffen wird. Der Bau wurde 1080 in Stein begonnen, in Backstein vollendet und war ein bedeutendes Pilgerzentrum. Aus diesen Tatsachen erklärt sich auch seine Größe: 115 m lang, im Querschiff 64 m breit und 21 m hoch. Früher versahen Kanoniker, eine Zeitlang auch Benediktiner den Dienst. Die Kirche steht über dem Grab Saturnins, dessen Gebeine in die Mitte der Apsis umgebettet wurden.
Äußeres: Die wunderbar gegliederte Apsis und die Apsiskapellen werden von einem Turm aus dem 12. Jh. beherrscht, der im 13. Jh. aufgestockt wurde. Er galt lange als Vorbild für die

Bauweise des Languedoc. Auf der Südseite zwei bemerkenswerte Portale: die Porte Miege-ville (mieja vila: Mitte der Stadt) und die Porte des Comtes (11. Jh.) am äußeren Querschiff. Sie verdankt ihren Namen der Grabnische, in der die Sarkophage der Grafen von Toulouse beigesetzt wurden.
Inneres: Das hohe Schiff mit 12 Jochen wird von doppelten Seitenschiffen und einer darüberliegenden Empore flankiert. Der ebenfalls mit Empore versehene Chor wird von einem eindrucksvollen Umgang mit Kapellenkranz umsäumt. Der große, 1096 geweihte Hauptaltar wurde restauriert und in die Vierung des Querschiffs verlegt. Das Chorgestühl im Renaissance-Stil stammt von 1670; die Gitter wurden im 16. und 17. Jh. gearbeitet. Das Grab des Hl. Saturnin befindet sich in der Mitte der Apsis. Im Umgang sind sieben Flachreliefs aus Marmor aus dem 12. Jh. zu sehen. Bei Mauerreinigungsarbeiten entdeckte man romanische Wandmalereien, vor allem im linken Querarm des Querschiffs, das mit sehr schönen Kapitellen versehen ist (Saint-Sernin wurde von einer mit Moissac in Verbindung stehenden Steinhauerwerkstatt geschaffen).

Église des Jacobins: Äußerlich massiv und elegant, verbindet diese eigenartige und prächtige Dominikanerkirche (13. und 14. Jh.) zwei hohe Längsschiffe, die durch sieben hoch aufsteigende Pfeiler getrennt sind. Der letzte Pfeiler entfaltet sich palmenartig in einem feinrippigen Sternengewölbe.
Der Turm von 1294 ist das schönste gotische Bauwerk in Toulouse. Der große, ziemlich kalt wirkende Kreuzgang stammt aus dem beginnenden 14. Jh. Der Kapitelsaal und die Kapelle Saint-Antonin (mit leider beschädigten Fresken) bilden mit der Kirche eine prachtvolle architektonische Einheit.

Cathédrale Saint-Étienne: Diese unregelmäßige, von einem rechteckigen Turm aus dem 16. Jh. beherrschte Kirche wurde vom 11. Jh. bis zum 17. Jh.

Toulouse, Basilika Saint-Sernin

erbaut, wobei die Baumeister die jeweiligen Stilauffassungen ihrer Zeit anlegten. Das Längshaus (um 1100) und der Chor (aus dem 13. und 14. Jh.) liegen nicht auf der gleichen Achse und wirken wie zufällig nebeneinandergesetzt. Die kühnen Spitzbogengewölbe (um 1200) zeigen den Beginn der Gotik im Süden an. An der ersten Gewölbekappe ist das Wappen der Grafen von Toulouse zu sehen, das später zum Wappen des Languedoc wird: ein Kreuz mit zwölf Perlen. Wandbehänge aus dem 16. und 17. Jh. beleben das strenge Schiff. Im Chorumgang alte Glasfenster (eines in der Kapelle rechts der Achsenkapelle stellt König Karl VII. dar). Der große, schöne romanische Kreuzgang wurde während der Revolution von Truppen als Lagerplatz benutzt und im Jahre 1798 zerstört. Einige seiner unversehrt gebliebenen Skulpturen sind im Musée des Augustins (siehe Seite 756) zu sehen.

Notre-Dame-de-la-Daurade: Die Basilika mit einer Pilgermadonna Notre-Dame la Noire ist architektonisch nicht besonders interessant, doch genießt sie bei den Bewohnern große Popularität. Sie steht an der Stelle einer frühchristlichen Kirche, die aufgrund ihrer glänzenden Mosaiken den Namen »la Deaurata« trug. Mehrere beachtliche Kapitelle aus ihrem Kreuzgang sind im Musée des Augustins ausgestellt.

Notre-Dame-de-la-Dalbade: Ihr Name erinnert an das glänzende Weiß einer früheren Kirche und wurde im 16. Jh. erbaut. Als 1926 der Kirchturm einstürzte, wurde sie restauriert und bleibt mit ihrem Renaissance-Portal und dem erneuerten Tympanon ein glanzvolles Beispiel südfranz. Gotik. In der Rue de la Dalbade stehen mehrere schöne Hôtels von Parlamentariern aus dem 18. Jh. sowie ältere Häuser.

Hôtel d'Assézat: Es steht in der Rue de Metz (die zum Pont-Neuf aus dem 16. und 17. Jh. führt) und wurde im 16. Jh. von einem durch den Waidhandel reich gewordenen Beamten erbaut. Dieses vornehme und elegante Gebäude, heute Sitz mehrerer wissenschaftlicher Gesellschaften, ist ein Werk von Nicolas Bachelier*, dem größten Baumeister der Stadt zur Zeit der Renaissance. Es gehört zu den bemerkenswertesten seiner Art; daneben findet man in Toulouse aber noch weitere Häuser aus der ersten und zweiten Renaissance.

Musée des Augustins: Dieses an Gemälden reiche Museum ist in einem ehem. Augustinerkloster nahe der Place Esquirol untergebracht. Es ist vor allem wegen seiner romanischen Skulpturen berühmt, die aus zerstörten Kreuzgängen aus Toulouse stammen. Sie sind in dem ehemaligen Kapitelsaal sowie in dem großen Kreuzgang aus dem 14. Jh. und dem kleinen Kreuzgang aus dem 17. Jh. ausgestellt. (Vergleiche hierzu auch die Abbildungen auf Seite 756 und 757.)

Musée Saint-Raymond: In einem Kolleg des 16. Jh. nahe Saint-Sernin werden romanische Skulpturen ausgestellt (aus Grabungen in Toulouse und Umgebung und aus dem Languedoc) sowie antike Töpfereien und verschiede-

Toulouse, Musée des Augustins, Romanische Kapitelle

ne Gegenstände der Frühgeschichte bis zur Karolingerzeit.

Das bedeutende *Musée d'histoire naturelle* steht im Jardin des Plantes (es enthält eine reiche vorgeschichtliche Abteilung).
In der Nähe der Place des Carmes (mit Hôtel du Vieux-Raisin aus dem Jahre 1530) zeigt das *Musée Paul-Dupuy* einen Überblick über die Entwicklung der angewandten Künste vom Mittelalter bis zur Gegenwart (Fayencen, Glasarbeiten, Uhren, Münzen etc.).
In einem Hôtel aus dem 16./17. Jh. ist das *Musée du Vieux Toulouse* untergebracht. Es bietet zahlreich bemerkenswerte Exponate zu Stadtgeschichte und Volkskunst.
In einer »maurischen Villa« aus dem 19. Jh. ist das *Musée Georges-Labit* dem Orient und dem alten Ägypten gewidmet.

Umgebung: Pibrac (15 km östlich): Das Backsteinschloß aus dem 16. Jh. im Renaissance-Stil ist der schönste Bau seiner Art in der Toulouser Gegend. Die Ortskirche ist eine bedeutende moderne Pilgerbasilika (Wallfahrt am 15. Juni).

Toulouse, Musée des Augustins

Tour-du-Pin (La)

6840 Ew
38 Isère — S. 421 □ M 10/11

Sitz von Baronen, die zu den Herren der Dauphiné aufstiegen. Die kleine Stadt wird von einer neugotischen Kirche aus dem letzten Jh. beherrscht. Sie enthält ein äußerst interessantes Triptychon (um 1540) von einem Dürer-Schüler. Das Maison des Dauphins im Stil der Renaissance wurde im 16. Jh. erbaut.

Tournoël (Schloß)

63 Puy-de-Dôme — S. 420 □ J 10

An den imposanten Ruinen dieser einst mächtigen Festung, die die Romantiker inspirierten, lassen sich mehrere Bauabschnitte ablesen. Der viereckige romanische Bergfried stammt aus dem 12. Jh.; der zylindrische Turm (32 m hoch) und die massive dreieckig angelegte Festungsmauer aus dem 14. Jh. Die Wohnräume wurden großenteils im 15. Jh. umgestaltet, als aus der Festung eine Residenz gemacht werden sollte. Innerhalb der Festungsmauer, unmittelbar an den viereckigen Bergfried angebaut, steht ein Treppentürmchen mit reicher spätgotischer in Lava gemeißelter Ornamentik; es führt in den Ehrensaal und von da zur Kapelle.

Tournon

9560 Ew
07 Ardèche — S. 421 □ L/M 11

Die Stadt liegt über der Rhône vor den Weinbergen von Tain-l'Hermitage. Das *Collégiale Saint-Julien* ist im 14./15. Jh. im Flamboyant-Stil erbaut worden (Turm aus dem 17. Jh.). Es beherbergt in der Chapelle des Pénitents Fresken aus dem 15. Jh. mit Szenen aus dem Leben Jesu, eine Auferstehung aus dem 16. Jh. in der Taufkapelle und in der hinteren rechten Seitenkapelle ein Holztriptychon aus derselben Zeit. In dem *Schloß* aus dem 14./

15. Jh. ist ein kleines *Musée rhodanien* mit der Geschichte der Region eingerichtet. Das Gynmasium, in dem Stéphane Mallarmé unterrichtete, ist in einem Kolleg aus dem 16. Jh. untergebracht.

Tournus	7430 Ew
71 Saône-et-Loire	S. 421 □ M 9

Tournus liegt in unmittelbarer Nähe der N 6 auf einer Anhöhe über der Saône vor der feuchten Bresse.

Zwei ungleich hohe Türme künden Saint-Philibert an, ein interessantes und verwirrendes Bauwerk, das zu den schönsten in Burgund gehört. Früher stand hier ein römisches castrum. Die Stadt besitzt mehrere alte Häuser und ein sehenswertes *Hôtel-Dieu* aus dem 17. Jh., dessen Apotheke mit hübscher Holztäfelung prächtige Fayencen enthält.

Tournus besitzt zwei Museen. Das *Musée folklorique Perrin de Puycousin* ist in einem Haus neben der Kirche aus dem 17. Jh. eingerichtet, in dem Albert Thibaudet (1874–1936) seine Kindheit verbrachte und mehrere seiner Werke schrieb.
Das *Musée Greuze* in einem ehemaligen Nonnenkloster in der Rue du Collège zeigt Porträts und Zeichnungen von Jean-François Greuze, der 1725 hier geboren wurde. Daneben Werke früher Meister und Gemälde aus dem Impressionismus sowie diverse regionale Grabungsfunde, mittelalterliche Bildhauerkunst, orientalische Kunst etc.

Abtei Saint-Philibert: Auf der Flucht vor den Normannen wurden Mönche mit den Reliqueien des Hl. Philibert in dem Klostergebäude aufgenommen, das neben dem Grabmal des Hl. Valerian gegründet worden war. Dieser war im damaligen *trenorchium* den Märtyrertod gestorben. Der Klosterkomplex konnte nach einer schrecklichen Plünderung durch die Ungarn (937) wiederaufgebaut und befestigt werden. Die Kirche wurde Ende des 10. Jh. begonnen und 1120 geweiht; durch Unterbrechungen der Bauarbeiten zog sich ihre Fertigstellung vom Beginn bis zur Blütezeit der Romanik hin. Im Jahre 1627 konnte Saint-Philibert Kononikern übergeben werden, und wurde damit Stift. Die Revolution überstand es unversehrt und diente dann als Pfarrkirche.
Die ehemalige Abteikirche ist äußerlich von strengem Gleichmaß; an ihrer Fassade sind die für die Frühromanik typischen Blenden und Bogenwerke zu sehen. Der viereckige Glockenturm in der Vierung stammt aus dem 12. Jahrhundert.
Inneres: Der Kirchenraum ist mit einer westwerkartigen Vorkirche verbunden, deren dreischiffige Erdgeschoßhalle eine basilikale Oberkirche trägt: die Kapelle Saint-Michel, die man über eine Wendeltreppe in einem Eckturm erreicht. Diese, von einem bemerkenswerten Gewölbe überfangen, enthält eine große Arkade, die aufgrund einer Inschrift »Arc de Gerlanus« genannt wird; auf ihr wurden beeindruckende Figuren gemeißelt, z. B. eine Gestalt, die mit der rechten Hand segnet und in der linken einen Hammer hält. Das hohe helle Langhaus der Kirche beeindruckt durch die mächtigen Rundpfeiler und die ungewöhnliche, den Rhythmus der Joche betonende Wölbung durch Quertonnen, die auf gemauerten Schwibbögen ruhen. Das Querschiff und der Chor heben sich etwas vom Langhaus ab; beide wurden im 11. Jh. umgearbeitet und Ende des 11. beziehungsweise Anfang des 12. Jh. fertiggestellt. Der gedrungen wirkende Chorumgang mit Tonnengewölbe stammt aus dem 11. Jahrhundert.
Unter der Apsis liegt eine Krypta aus dem Ende des 10. Jahrhunderts, die für den Besucher vom nördlichen Querarm her zugänglich und mit bemerkenswert gut erhaltenen Kapitellen ausgeschmückt ist.

Tournus, Saint-Philibert, sogen. Notre-Dame la Brune, 12. Jh. ▷

Kreuzgang Saint-Ardain: Er schloß sich direkt an die Südseite der Kirche an. Eine erhaltene Galerie ist durch ein Portal aus dem 13. Jh. mit ihr verbunden. Der schöne Kapitelsaal mit Spitzbogengewölbe stammt aus der ersten Hälfte des 13. Jh. Am Hof des Kreuzgangs liegt auch der Weinkeller aus dem 12. Jh., zu dem senkrecht das Refektorium aus derselben Zeit steht. Am Ausgang des Kreuzgangs ist auf der Place des Arts das gotische Abtshaus, ein bezaubernder spätgotischer Bau aus dem 15. Jahrhundert, zu sehen.

Tours	146000 Ew
37 Indre-et-Loire	S. 414 □ G 7

Präfektur, Erzbischofssitz und Universitätsstadt. Die antike Stadt *Urbs Turonum* wird häufig in der Geschichte erwähnt. Das Christentum, das ab dem 3. Jh. von dem Hl. Gatien eingeführt wurde, setzte sich mit seinem berühmtem Bischof, dem Hl. Martin, durch (316 an der Donau geboren und 397 in Candes gestorben). Ein anderer Bischof, der berühmte Gregor von Tours (6. Jh.), war der Schreiber einer lateinisch abgefaßten Geschichte Frankreichs. Alkuin, Mitarbeiter Karls des Gr. und Organisator der ersten Theologie- und Philosophievorlesungen in Frankreich, war im 8. Jh. Abt von Saint-Martin. Während des ganzen Mittelalters war Tours religiöses Zentrum und Ziel von Pilgerwallfahrten.
Die meisten französischen Könige, vom Hl. Ludwig bis zu Franz I., hielten sich hier auf. Nach den Religionskriegen, unter denen es sehr zu leiden hatte, entwickelte sich Tours im 18. Jh., Straßen wurden angelegt und 1846 bekam es einen Bahnhof. Im letzten Weltkrieg wurde es zerstört, danach wieder aufgebaut und vergrößert sich seither ständig.
Tours ist Geburtsort der Maler Jean Fouquet* (um 1420) und François Clouet* (um 1515), von Honoré de Balzac (1799), der es in seinen Werken erwähnt, und von Georges Courteline (1858).

Saint-Gatien: Die Entwicklung der Gotik vom Anfang des 13. Jh. bis zur beginnenden Renaissance läßt sich sehr anschaulich an dieser Kathedrale ablesen. Der chronologische Ablauf der Stile läßt sich von der Apsis (der Chor wurde zuerst gebaut) bis zur spätgotischen Fassade verfolgen.
Fassade: Die äußerst hohe elegante Fassade zwischen zwei Türmen ist aus Tuff, einem porösen Stein der Region, der sehr leicht verwittert. Obwohl fast aller ihrer Statuen beraubt, zeigt sie sich in wunderbarem Spitzwerk aus Stein: mit Durchbrüchen, Blattwerk, Nischen und Fialen. Der Nordturm (15. Jh.) und der Südturm (16. Jh.) werden von einer eleganten Laternenkuppel aus der Zeit der Renaissance gekrönt.
Inneres: Nach dem Chor wurde das Hauptschiff mit Seitenschiffen und Seitenkapellen gebaut. Der harmonische Chor aus dem 13. Jahrhundert besitzt bemerkenswerte Glasfenster aus derselben Zeit. Die gegenüberliegenden Rosen an den beiden Außenfronten des Querschiffs stammen aus dem 14. Jh., die im Längsschiff aus dem 15. Jh. Eine Kapelle im südlichen Querschiff beherbergt das Grabmal der Söhne von Karl VIII. und Anne de Bretagne aus dem frühen 16. Jahrhundert.
Der *Kreuzgang Saint-Gatien* oder *Psalette* diente den Kanonikern der Kathedrale als überdachter Umlauf bei ihren Stundengebeten und Meditationen. Der elegante Bau aus dem 15./16. Jh. wurde zeitweilig als Wohnung benutzt. Eine Gestalt aus Balzacs *Curé de Tours* lebte dort. Im Viertel hinter Saint-Gatien sind gallo-römische Mauerreste erhalten.

Saint-Julien: Die ehem. von Chlodwig gegründete Klosterkirche, wurde im 13. Jh. umgebaut, wobei nur der Turm mit Vorhalle aus dem 11. Jh. erhalten blieb. Die Glasfenster stammen von

Tours, St-Gatien, Rosette am Südfenster ▷

Tours, Hôtel de la Croix Blanche

Tours, Tour de Guise

modernen Künstlern. Daneben haben sich Überreste der Abtei erhalten: Hof des Kreuzgangs mit einer Kelter aus dem 16. Jh.; gotischer Kapitelsaal und Weinkeller (aus dem 12. Jh.; mit Musée des vins de Touraine).

Kirche Notre-Dame-la-Riche (im westlichen Randgebiet der Altstadt): Die Kirche wurde öfter umgebaut; im Chor interessante Glasfenster aus dem 16. Jh.

Präfektur: In einem ehem. Kloster aus dem 18. Jh., dessen Kreuzgang zum Ehrenhof wurde. – *Place Foire-le-Roi:* Alte Häuser, bezauberndes *Hôtel Babou de la Bourdaisière* (Nr. 8, 16. Jh.). Vom Schloß, das früher über dem nahen Brückenkopf am Quai d'Orléans wachte, steht nur noch die *Tour de Guise* aus dem 12. Jh. – *Pont de Pierre:* Offizziell Pont Wilson genannt. Die Brücke wurde zum Teil von den Fluten der Loire weggespült. 1979 sprachen sich die Bewohner durch Abstimmung für den stilgetreuen Wiederaufbau des 1765 bis 1779 entstandenen Bauwerks aus.

Altstadt: Sie liegt parallel zur Rue Nationale und der Kathedrale. Nachdem sie äußerst baufällig war und im Krieg stark beschädigt wurde, machte man sich an Renovierungen großen Umfangs und hatte Teil davon überzeugend rekonstruiert.
Place Plummereau mit bezaubernden Giebelhäusern. Hôtel Gouin, auf romanischen Fundamenten, brannte im Jahr 1940, doch blieb die Fassade aus dem 16. Jh. erhalten.
Schöne Häuser befinden sich in der Rue Paul-Louis Courrier, du Change, Briconnet.
Von der zerstörten Klosterbasilika St-Martin (5., 11./13. Jh.) erhielten sich der restaurierte Tour-Charlemagne (ehemals am Nordquerhaus), der Tour de l'Horloge (rechter Fassaden-

Tours, Musée des Beaux-Arts, Mantegna, Kreuzigung

turm) und die Grabtumba des Hl. Martin, über der im 19. Jh. die neue Martinsbasilika in romano-byzantinischem Stil erbaut wurde: die verfallende, berühmte alte Kirche hatte Anfang 19. Jh. der Rue des Halles weichen müssen.

Museen: *Musée des Beaux-Arts:* Es ist im ehem. Bischofspalast aus dem 17./18. Jh. untergebracht, der sich an eine Mauer aus der Zeit des Hl. Martin anschließt. Es entstand aus Gemäldesammlungen, die in der Revolution beschlagnahmt wurden, und zeigt die Entwicklung der Malerei von den frühen Meistern bis zur Moderne (sehr schöner Mantegna*, *Tête de moine* von Jean Fouquet*, *Hauptmann von Kapernaum* von Jouvenet*, *Flucht nach Ägypten* von Rembrandt*, Delacroix*, Degas*). In den holzgetäfelten Sälen stehen auch Möbel und verschiedene Skulpturen.
Musée du Compagnonnage (8, Rue Nationale): Es ist – etwas ungewöhnlich – im Schlafsaal der Mönche in der ehem. Abtei *Saint-Julien* untergebracht und zeigt die Geschichte der Handwerker, ihre Techniken und Gebräuche und Meisterstücke zum Abschluß ihrer Gesellenzeit.
Musée des vins de Touraine: Im Weinkeller der Abtei unter imponierenden Spitzbogengewölben ist eine Dokumentation zum Thema Wein zusammengestellt.

Umgebung: Prieuré de Saint-Cosme, château de Plessis-lès-Tours (3 km westlich): Es lag früher auf einer Insel in der Loire, die heute versandet ist. Ronsard war Abt dieser heute teilweise verfallenen Abtei und schrieb dort einen Teil seiner *Franciade* (seine Gebeine wurden vor dem Krieg in den Ruinen der Kirche gefunden). Das Schloß von Plessis-lès-Tours, das im 15. Jh. an der Stelle einer Festung erbaut wurde, ist in seinem heutigen Zu-

Tours 1 Kathedrale Saint-Gatien 2 Kreuzgang Saint-Gatien 3 Gallo-römische Funde 4 Tour de Guise 5 Kirche Saint-Julien 6 Kirche Notre-Dame-la-Riche 7 Präfektur 8 Hôtel Babou de la Bourdaisière 9 Hôtel Gouin 10 Tour Charlemagne 11 Tour de l'horloge 12 Kreuzgang Saint-Macaire 13 Musée des Beaux-Arts 14 Ehemalige Abtei Saint-Julien 15 Priorat von Saint-Cosme 16 Schloß von Plessis-lès-Tours 17 Abtei von Marmoutier 18 Grange de Meslay

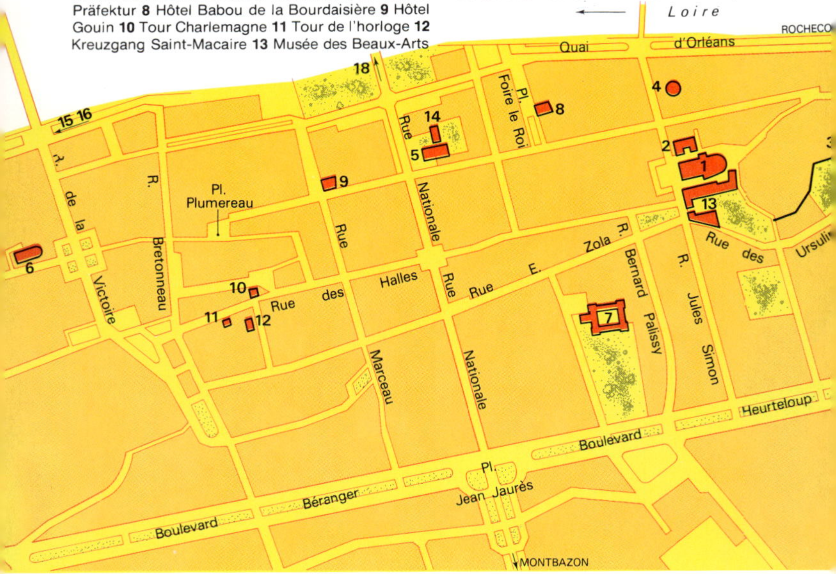

stand uninteressant, doch erinnert es an Ludwig XI., der es besonders liebte und 1483 hier starb. In dem erhaltenen Wohntrakt erinnert ein Museum an den König und die frühere hier bestimmende Seidenindustrie von Tours.

Abtei Marmoutier (4 km östlich, rechtes Ufer): Neben neuen, von Nonnen bewohnten Gebäuden finden sich Überreste des vom Hl. Martin 372 gegründeten Klosters, das im Mittelalter befestigt wurde (schönes Portal aus dem 13. Jh., Verteidigungsmauern, Reste einer Kirche, unterirdische Zellen).

Der Ort **Rochecorbon,** am Hang gelegen und mit teilweise in den Felsen gebauten Wohnungen, wird von einem hübschen Wachturm beherrscht, der sog. Lanterne.

Grange de Meslay (10 km nördlich): Ehem. Zehntstadel der Mönche von Marmoutier. Der große Saal mit prächtigem Gebälk aus Kastanienholz dient als Konzertsaal bei den jährlich stattfindenden Musiktagen der Touraine.

Montbazon (12 km südlich): Eine gigantische, völlig deplaziert wirkende Jungfrau Maria aus Kupfer wurde im letzten Jh. auf den riesigen rechteckigen Bergfried (12. Jh.) dieses Ortes gesetzt.

Tréguier	3400 Ew
22 Côtes-du-Nord	S. 412 □ C 4/5

Saint-Tugdual: Die kleine Hauptstadt des Trégor besitzt eine prächtige gotische Kathedrale aus dem 14. und 15. Jh., die dem Hl. Tugdual geweiht ist, dem Gründer der Stadt und des Bischofssitzes (in der Revolution aufgelöst). Von dem früheren Bau steht noch die romanische Tour d'Hastings am nördlichen Querschiff mit Rundbogenöffnungen. Zwei weitere Türme

Tréguier, Kathedrale

überragen das Querschiff, im südlichen hängt in der Turmspitze (18. Jh.) die Glocke. Neben dem Portalvorbau öffnen sich zwei fein verzierte Portale auf das Hauptschiff (mit hohen Fenstern mit modernen Glasmalereien, 1971) und auf das Triforium mit gemeißeltem Fries. Die Orgel stammt aus dem 17. Jh. Im Chor sind auf 46 Renaissance-Chorstühlen (1508) erbauliche Szenen aus dem Leben des Hl. Tugdal und des Hl. Yves dargestellt, dessen 1890 erneuertes Grabmal in einer Kapelle neben dem des Herzogs Jean V. der Bretagne zu sehen ist; beide wurden in der Revolution geplündert. Im rechten Querschiff mit schönen alten Glasfenstern steht eine holzgearbeitete Gruppe mit dem Hl. Yves, dem Patron der Rechtsanwälte, zwischen dem Reichen und dem Armen. – *Kreuzgang:* Er wurde im 15. Jh. an der Nordseite der Kirche erbaut und weist elegante, spätgotische Arkaden mit doppelten Öffnungen und vierblättrigen Kleeblättern auf, die die Strebepfeiler abstützen. In den verkleideten Galerien Liegefiguren aus dem 15. und 17. Jh.

Maison d'Ernest Renan: Die Fachwerkfassade des Hauses, in dem Ernest Renan 1823 geboren wurde, ist erhalten geblieben: 1947 wurde es staatliches Museum und erinnert an den Lebensweg des Philosophen, dessen Denkmal auf der Place du Martray steht (1903).

Umgebung: Minihy-Tréguier (2 km südlich): In dem kleinen Dorf, in dem Yves Heloury de Kermartin (1253–1303) geboren wurde – einer der populärsten Heiligen der Bretagne –, steht eine Kirche aus dem Ende des 15. Jh. an der Stelle einer früheren Kapelle des Familienbesitzes. Auf dem kleinen Friedhof daneben steht ein Steinaltar, an dem die Pilger bei dem berühmten Pardon de Saint Yves am 19. Mai auf Knien betend vorbeirutschen.

Triel-sur-Seine

6950 Ew
78 Yvelines
S. 428 □ I 5

Triel besitzt eine schöne, zwischen dem 13. und 16. Jh. erbaute Kirche. An der rechten Seite hübsches spätgotisches Portal aus dem 15. Jh.; gotisches Schiff; Chor aus der Renaissance mit bemerkenswerten Glasfenstern aus dem 16. Jh.

Trôo

300 Ew
41 Loir-et-Cher
S. 414 □ H 7

Eigenartiges Städtchen mit ehemaligem Stift, das mit seinen stufenförmig angelegten Häusern (oft mit hübschen Fassaden) an einem Hügel über dem Loir liegt. In dem porösen Tuffgestein verzweigen sich unterirdische Gänge, die *caforts* (oder *caves fortes*). In dem früher befestigten Ort ist noch ein Teil der mittelalterlichen Festungsmauer

La Possonnière, Landhaus, Detail

erhalten. Die Pilger von Compostela kamen lange hierher; sie wurden in dem Aussätzigenhospital beherbergt, von dem auf der Straße nach Montoire heute noch eine Mauer mit Bogenwerk zu sehen ist.

Die Kirche *Saint-Martin,* eine im 11. Jh. gegründete Stiftskirche, wurde im 12. Jh. im Stil des Anjou umgebaut und im 14. Jh. mit einem neuen Chor ausgestattet. Schöner, viereckiger Turm, eine romanische Apsis mit gotischen Fenstern und romanische Kapitelle. Das Chorgestühl und ein Kommuniontisch stammen aus dem 15., eine Statue des Hl. Mamès sicherlich aus dem 16. Jh.

Unmittelbar neben der Kirche steht der sehr alte *puits qui parle* (sprechende Brunnen) mit Schindeldach. Er ist 45 m tief und gibt auch ganz leise Töne als Echo wider.

Ungefähr 100 m daneben stehen die Reste der um 1124 erbauten *Chapelle Notre-Dame-des-Marchais* und die ehemalige Priorwohnung aus dem 16. Jh.

Auf dem anderen Loir-Ufer die Kirche *Saint-Jacques-des-Guérets* mit außergewöhnlichen Wandmalereien aus dem 12. Jh. in zum Teil noch gut erhaltenen Farben. Die bemerkenswertesten befinden sich in der Apsis (Leben und die Passion Christi).

Umgebung: Manoir de la Possonnière (13 km südöstlich, nahe Couture-sur-Loir): In diesem freundlichen, am Hang gelegenen Herrenhaus aus dem beginnenden 16. Jh. wurde 1542 Pierre Ronsard geboren. Auf den Fassaden des Herrensitzes und der Wirtschaftsräume stehen lateinische Sentenzen und Maximen. Der Giebel eines Dachfensters auf einem Türmchen ist mit dem Wappen der Ronsard geschmückt. Der Name des Hauses wurde manchmal in Poissonnière umgewandelt, da das Wappen drei Fische aufweist, doch leitet sich der Name von poisson (poinçon = Pfrieme; Stempel) ab.

Troyes

75000 Ew

10 Aube

S. 415 □ K 6

Die Hauptstadt mit bedeutender Wirkwarenindustrie ist zugleich eine bemerkenswerte Kunststadt. Ihren Aufstieg verdankt sie mehreren Faktoren: Politisch gesehen dem Wunsch der Grafen der Champagne, ihre Residenzstadt zu verschönern; in wirtschaftlicher Hinsicht wurde die zwischen Nordsee und Mittelmeer günstig gelegene Stadt mit ihrem Landwirtschaftsmarkt ein großes europäisches Handelszentrum. Auf künstlerischem Gebiet wurde die frühere Hauptstadt der Champagne durch reges Mäzenatentum zu einem nicht zu unterschätzenden Kulturzentrum. Während des ganzen 16. Jahrhunderts trafen sich hier die besten Baumeister, Steinhauer, Holzschnitzer und Glasbläser ihrer Zeit. Das trug der Stadt mit den hundert Türmen schon bald den Ruf eines »zweiten Rom« ein.

Troyes, Kathedrale

Troyes, Kathedrale, Chorhaupt

Kathedrale Saint-Pierre-et-Saint-Paul: Der Bau, der mit der Apsis begonnen wurde, dauerte über 400 Jahre (1208–1640). Diese durch ihre verschiedenen Stile uneinheitlich wirkende Kirche ist einer der Höhepunkte der kirchlichen Baukunst in der Champagne: Imposante Ausmaße, ein schwerelos wirkendes Schiff, eine prächtige Ausstattung und unvergleichlich leuchtende Glasfenster verleihen der Kathedrale eine besondere Note.

Äußeres: Die massive, schöne Fassade wurde von dem berühmten Baumeister Martin Chambiges* im 15. Jh. erbaut; ihr einziger viereckiger, 67 m hoher Turm stützt sich auf mächtige Strebepfeiler. Nichts wirkt schwer an diesem sorgfältig gearbeiteten Bau mit drei Portalen und spitzen durchbrochenen Wimpergen darüber. Die Zerstörungen der Revolution hinterließen große Lücken, doch bilden die Mauerfüllungen der großen Fensterrose und die mit Lilien verzierten Galerien am Ansatz der Wimperge eine auffallend schöne spätgotische Ornamentik. Das »Beau portail« im nördlichen Querschiff, in dessen Skulpturen sich die gesamte mittelalterliche Bildersprache ausdrückt, wird von einer wirkungsvollen Rose des 15. Jahrhunderts beherrscht.

Inneres: Das ausgewogene Langschiff ist groß und scheint doch schwerelos. Ohne Unterbrechung ziehen sich die drei Geschosse mit durchbrochenem Triforium bis zu den hohen prächtigen Gewölben. Einige der ursprünglichen Glasfenster sind durch sorgfältige Restaurierung erhalten geblieben. Die Entwicklung der Kunst des Glashandwerks läßt sich vom Baum Jesse (13. Jh.) im Chorumgang bis zum Pressoir mystique (17. Jh.) in einer Seitenkapelle ablesen: Die Komposition ist komplexer und die Linienführung sicherer geworden. In einem reizvollen Saal mit Tonnengewölbe steht

Troyes, Kathedrale, Glasfenster (vierte Kapelle, rechtes Seitenschiff)

der Kirchenschatz, unter anderem eine Elfenbeintruhe (11. Jh.) und eine bemerkenswerte Emailsammlung (12. Jh.).

Saint-Urbain: Die Kirche wurde auf Initiative Papst Urbans IV. (der aus Troyes stammt), ab 1262 erbaut und ist eines der schönsten gotischen Bauwerke der Champagne.
Äußeres: Die erst im 19. Jh. fertiggestellte Westfassade besitzt ein Portal aus dem 13. Jh. mit einer Darstellung des Jüngsten Gerichts im Tympanon. Elegante Portalvorhallen (Anfang 14. Jh.) an den Portalen des Querschiffs. Sich verjüngende Strebepfeiler, fein ziselierte Fialen, Türmchen und Wasserspeier fügen sich zu einem heiter wirkenden Ganzen. Die äußerst ausgefeilten großen Fensteröffnungen betonen zusätzlich die aufstrebende Wirkung des Baus und lassen die Helligkeit herein.
Inneres: Die Kirche wirkt wie ein prächtiges Haus aus Glas mit einem Chor, zwischen dessen Glasfenstern das Mauerwerk nur noch ein dünnes Gerüst abgibt. Die ausdrucksvollen Fenster aus dem 13. Jh. verherrlichen Christus und die Propheten. In einer Kapelle steht die *Vierge au raisin,* ein Meisterwerk der Bildhauerkunst Troyes' aus dem 16. Jh. Mit ihrem schönen ovalen Gesicht und leicht schräggestellten Augen wirkt sie äußerst anziehend.

Sainte-Madeleine: Die Kirche stammt aus der Mitte des 13. Jh. und wurde früher als alle anderen Kirchen der Stadt erbaut. Bei späteren Umbauten wurde sie mit einem gotischen Portal (1525) und einem 1560 vollendeten Renaissance-Turm ausgestattet. Über dem Zugang zum Chor schwebt wie ein Triumphbogen ein Lettner. Von Jean Gailde* zwischen 1508 und 1517 ausgeführt, wirkt er wie eine spätgotische Tapete aus Stein mit drei festo-

Troyes, Saint-Urbain

nierten Bogen und reicher Ornamentik. Seine Üppigkeit kontrastiert mit der berühmten Steinfigur der Hl. Marthe an einem Querschiffpfeiler: Dieses Werk eines anonymen Künstlers aus dem 16. Jh. wirkt ergreifend echt und schlicht. In der Apsis große Glasfenster aus dem 16. Jh., ebenfalls beredte Zeugnisse der Schule der Champagne.

Saint-Rémy: Die Kirche, die im 11. Jh. begonnen wurde, besitzt eine schöne Christusfigur von Girardon*.

Weitere Kirchen: *Saint-Jean:* Die Kirche (14. und 15. Jh.) ist stark verwittert und wird restauriert. Ihr schlanker Renaissance-Chor ist ebenso bewunderswert wie die Retabeln im Hauptaltar (1667) und die Apsiskapelle (1693). Eine Steingruppe aus dem frühen 16. Jh. stellt die Heimsuchung dar. – Im Innern von *Saint-Nicolas* (16. Jh.) befindet sich die eigenartige Chapelle du Calvaire, zu der eine imposante Treppe führt, und die sich wie eine Tribüne mit Loggia und Balustrade ausnimmt; der berühmte *Christ à la colonne* und die beiden Statuen am äußerst schönen Südportal werden dem einheimischen Bildhauer François Gentil* zugeschrieben. – Am Ende der Renaissance wurde die Kirche *Saint-Nizier* mit glasierten Ziegeldächern erbaut. Im Innern steht ein ergreifendes Heiliges Grab (Ende des 16. Jh.) und ein unendlich tragischer Ecce Homo. – Die Kirche *Saint-Pantaléon* mit etwa 60 Statuen, darunter eine reizende Barbara und eine ergreifend schlichte Barmherzigkeit, bietet einen überzeugenden Gesamtüberblick über die Bildhauerkunst in Troyes im 16. Jh.

Öffentliche Gebäude: Mittelalterliche Häuser mit Fachwerkmauern, Spitzgiebeln, Erkerbauten, Stampfbauten und Erkerecktürmchen tragen zum Reiz der Rue Champeaux oder der engen Rue des chats bei. Die Fassade des Hôtel de ville mit schönen Marmorsäulen ist in reinstem Stil Ludwigs XIII. erbaut; Gitter des Hôtel-Dieu aus dem 18. Jh.

Museen und Bibliotheken: Die *Bibliothèque municipale,* deren großer Saal mit etwa dreißig Glasfenstern von Linard Gontier* ausgestattet wurde, besitzt alte Handschriften, Inkunablen und Einbände, die von der Geschichte des Buches ab dem 7. Jh. berichten. Zu den kostbarsten Stücken gehört ein prächtiges Meßbuch aus Troyes vom 14. Jh. mit reichen Illuminationen. – Das *Musée des Beaux-Arts* zeigt neben Girardon*, der in Troyes geboren wurde, eine bemerkenswerte Sammlung monumentaler Skulpturen. Unter den Gemälden fallen Werke von Mignard*, Watteau* und Hubert Robert* auf. Das Hôtel de Vauluisant, ein architektonisches Meisterwerk aus der Mitte des 16. Jh., beherbergt das *Musée historique de Troyes et de la Champagne* und das *Musée de la bonneterie:* Skulpturen, Gebrauchsgegenstände, Strickmaschinen und Strickerzeugnisse. – Das *Hôtel de Mauroy* (1560) ist geprägt vom Glanz der Renaissance mit Fachwerk, Stein- und Backstein im für die Champagne typischen Schachbrettmuster.

Tulle	20060 Ew
19 Corrèze	S. 419 □ I 11

Notre-Dame: Die ehem. Hauptstadt des Bas-Limousin stand lange im Schatten von Brive. Die Kathedrale Notre-Dame steht mit ihrem hohen spitzen Turm im Zentrum der Stadt. Sie stammt aus dem 12. Jh. und wurde im 18. Jh., als das Querschiff und der Chor einstürzten, schwer beschädigt. Damals wurde das Schiff mit einer geraden Mauer abgeschlossen. Der elegante, 75 m hohe Turm besteht aus drei Geschossen verschiedener Epochen (12., 13. und die Granitspitze aus dem 14. Jh.). Unter der Portalvorhalle ein Portal mit Säulen im limousinischen Stil mit halbkreisförmigen Archivolten. Das Schiff mit eingelassenen Säulenpfeilern wird überdacht von einem Spitzbogengewölbe. Die Kirche bewahrt ein Gnadenbild des Hl. Jean-Baptiste, das sehr verehrt wird, sowie eine bemalte Madonna aus Stein aus dem 15. Jh. Der *Kirchenschatz* enthält zwei große Kupfer- und Silberschreine (12. und 13. Jh.). Vom Kreuzgang der ehem. Abtei sind die aus zwei Kreisbogen gebildeten Arkaden der östlichen und westlichen Galerie erhalten, die direkt an das *Musée archéologique* angrenzen (mit Kaminplatten, Waffen, Holzschnitzereien, Porzellan aus Limoges). Im Kapitelsaal aus dem 13. Jh. sind Reste von Wandmalereien erhalten. Im *alten Stadtviertel* sind interessante Bürgerhäuser aus dem Mittelalter und der Renaissance erhalten. Am bemerkenswertesten das *Maison de Loyac* (15. Jh.) mit zierlich gearbeiteten Fenstern. Charakteristisch für das alte Tulle sind die Rues de la Tour Maïsse, des portes de Chanac und Riche.

Turbie (La)	1830 Ew
06 Alpes-Maritimes	S. 426 □ P 14

La Turbie verdankt seine Gründung der bedeutenden *via Julia,* der großen römischen Straße von Genua nach Ci-

Tulle, Kathedrale Notre-Dame

La Turbie, Throphée des Alpes

miez (Nizza). Interessante Kirche aus dem 18. Jh. im barocken Stil mit zahlreichen Gemälden (Jungfrau Maria von Louis Bréa*, Heilige von Ribera*). – *Trophée des Alpes:* Die kriegerischen Wanderstämme der Alpen bedrohten nach Caesars Tod den Frieden des Römischen Reiches. Kaiser Augustus gelang ihre Unterwerfung, und der Senat würdigte seinen Sieg mit einer riesigen Trophäe, die zu seinem Ruhm errichtet wurde. Sie wurde von den Barbaren zerstört, aber wiederaufgebaut, danach in eine Festung umgewandelt, die Marmorverkleidung wurde dabei entfernt. Das majestätische Denkmal wurde teilweise wiederaufgestellt (es war ursprünglich 50 m hoch mit einer Augustusstatue an der Spitze). In der Nähe dieses Aussichtsturms steht in dem kleinen Museum ein Modell dieser Siegessäule, wie sie im 1. Jh. v. Chr. aussah.

Turenne 700 Ew
19 Corrèze S. 419 □ H 11

Der imposante Bergfried, von dem aus der Blick über das weite hügelige Land geht, liegt über den mittelalterlichen Häusern. Henri de La Tour d'Auvergne, der große Turenne, machte diese Grafschaft, die er im 17. Jh. in Abwesenheit regierte, berühmt. Die *Schloßruinen* der Vicomtes de Turenne liegen auf einem Hügel und werden von zwei Türmen flankiert. Die Tour de l'horloge, ein Bergfried mit flachen Strebepfeilern aus dem 13. und 14. Jh. und mit schönen Räumen mit Tonnengewölben; von der Tour de César aus prächtiger Rundblick. *Kirche:* Sie wurde im 16. Jh. begonnen und im 17. Jh. vollendet; in diesem etwas strengen, an den Hang gebauten Bau befindet sich ein schönes Retabel.

Turenne, Gesamtansicht

U

Ussé (Schloß)
37 Indre-et-Loire S. 419 □ G 8

Das mit seinen steilen Dächern, hohen Dachluken, Türmchen und Kaminen märchenhaft wirkende Gebäude aus weißem Stein hat verschiedene Gesichter: Auf der einen Seite fast militärische Strenge (Fassaden aus dem 16. Jh), auf der anderen Seite die Anmut der Renaissance (Wohngebäude im Ehrenhof). Das Schloß bildete einst ein vollständiges Viereck, doch wurde im 17. Jh. der Nordflügel um der Aussicht willen zerstört, und der westliche Renaissance-Flügel wurde durch einen Pavillon verlängert. Majestätische *Innentreppe* (17. Jh.) und schöne Ausstattung mit Möbeln, Gemälden, Wandteppichen und Waffensammlungen. Die im Park gelegene hübsche *Renaissance-Kapelle* enthält schönes Gestühl. Die in das Dekor einbezogenen Initialen C und L erinnern an die ehemaligen Besitzer des Schlosses, Charles d'Espinay und seine Gemahlin Lucrèce.

Ussé, Schloß und Indre

Ussel 11 150 Ew
19 Corrèze S. 419 □ I 11

Das auf einem der letzten Ausläufer der Hochebene von Millevaches gelegene alte Ussel mit seinen engen Straßen enthält noch viele alte Wohngebäude, darunter das *Hôtel de Ventadour,* ein schönes Haus aus der Renaissance. Im Süden wird die Stadt von der auf einer Anhöhe gelegenen *Kapelle Notre-Dame-de-la-Chabanne* (17. Jh.) überragt. Die Kirche stammt aus dem 12. Jh., wurde aber anschließend umgebaut. Ein in einem Oppidum ausgegrabener römischer Adler aus Granit beherrscht die Place Voltaire. Das zeitgenössische Gegenstück zu diesem antiken Kunstwerk bildet der bronzene Adler von Pierre Chieze, der gegenüber einer Schule zu finden ist.

Uzerche	3220 Ew
19 Corrèze	S. 419 □ H 11

Die reizende Stadt liegt auf einem von der Vézère umflossenen Hügel. In ihr drängen sich zahlreiche alte Häuser mit Türmchen aus dem 15. und 16. Jh., über die sich die hohen Türme von *Schloß Pontier* erheben. Von der Ringmauer aus dem 14. und 15. Jh. ist noch die befestigte Porte Bécharie erhalten.

Saint-Pierre: Die Kirche wurde im 12. und 13. Jh. über einer der ältesten Krypten des Limousin (11. Jh.) erbaut und beherrscht die alten Schieferdächer mit ihrem hohen vierstöckigen Turm. Ein anderer massiver Turm gehört zu den im 14. Jh. erbauten Verteidigungsanlagen. Inneres: Drei große Kapitelle, von denen eines mit Menschen- und Löwenköpfen geschmückt ist, wurden in Weihwasserbecken umgewandelt.

Ussel, Hôtel de Ventadour, Detail

Uzerche, Schloß Pontier

Uzès	7390 Ew
30 Gard	S. 425 □ L 13

Die interessante alte Stadt, die bis zur Revolution Bischofssitz war, ist antiken Ursprungs und war das erste französische Herzogtum. Ehrwürdige Häuser und elegante Stadtpaläste sowie ein malerischer, von Arkaden umgebener Platz *(Place de la République)* verleihen ihr einen historischen Charakter. Sie ist von Boulevards umgeben, die an Stelle der ehemaligen Stadtmauern angelegt wurden. *»Duché«:* Das alte Schloß der Herzöge von Uzès, das von einem hohen, mächtigen Wachturm aus dem 12. Jh. beherrscht wird, besitzt noch einen Turm aus dem 14. Jh., eine restaurierte gotische Kapelle und ein schönes Wohngebäude aus der Renaissance. Die ebenfalls restaurierten Gemächer sind mit Bildnissen der Familie von Uzès ausgestattet (großer Salon Ludwigs XV. mit Stukkaturen). Neben dem mittelalterlich wirkenden Schloß erhebt sich das vor der Revolution erbaute große Rathaus. Die Kirche *Saint-Étienne* ist ein feines Bauwerk aus dem 18. Jh. mit geschwungener Fassade, deren mittelalterlicher Glockenturm einst zu den Befestigungsanlagen gehörte. Die *Kathedrale Saint-Théodorit* aus dem 17. Jh. wurde im 19. Jh. mit einer neuen Fassade versehen. Im klassischen Innenraum schöne Orgel. Der romanische Glockenturm neben der Vorhalle, die *Tour Fenestrelle,* ist wegen seiner zylindrischen Form (im 12. Jh. einzigartig) hervorzuheben.
Museon di Rodo (Avenue du Maréchal-Foch): Das 1960 eröffnete »Radmuseum« zeigt alte Wagen und Modellbahnen auf einem Netz von insgesamt 400 m sowie zahlreiche Fahrräder, verschiedenartige Gegenstände mit Rädern und Plakate.

Uzès 1 Duché (Schloß) **2** Rathaus **3** Kirche Saint-Étienne **4** Kathedrale Saint-Théodorit **5** Tour Fenestrelle **6** Befestigungen

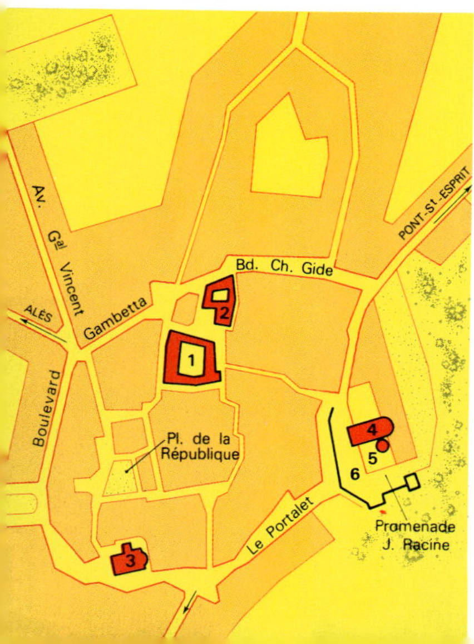

Uzès, Tour Fenestrelle

V

Vaison-la-Romaine 5210 Ew
84 Vaucluse S. 425 ☐ M 13

Die kleine Stadt hat eine lange Geschichte. Sie war Hauptstadt eines keltischen Stammes, und gelangte in der gallo-römischen Epoche *(Vasio)* zu Wohlstand. Nach den Barbareneinfällen wurden die Bischöfe Herren der Stadt, dann gelangte sie in den Besitz der Grafen von Toulouse, die Ende des 12. Jh. auf dem Hügel ihre Festung erbauten, und schließlich wurde sie Eigentum des Heiligen Stuhls. Die römischen Baudenkmäler und Ausgrabungsstätten liegen am Rande der seit dem 18. Jh. entstandenen neuen Stadt. Die mittelalterliche Oberstadt gruppiert sich am linken Ufer der Ouvèze um den Wachturm des alten Grafenschlosses. Zu ihr gelangt man über eine römische Brücke, die noch in ihrer alten Form erhalten ist.

Römische Baudenkmäler, Quartier de Puymin: Ausgrabungen haben eine bedeutende Anlage aus vier Teilen zutage gefördert. Die große *Maison des Messii,* die an die schönen Villen von Pompeji erinnert, ist wie eine römische Villa angelegt. Die *Säulenhalle des Pompejus,* deren Säulen zum Teil wieder aufgerichtet wurden, war eine Galerie für Spaziergänger. Die Archäologen haben Reste von einfachen Wohnhäusern mit Atrium, Mietwohnungen und andere Bauten entdeckt. Das gut der Stätte angepaßte moderne Museum enthält die Funde der Ausgrabungen: schöne Statuen (Kaiser in Rüstung, Marmorkopf der Venus usw.), aber auch Gebrauchsgegenstände und eine ganz Anzahl kaiserlicher Münzen. Das an der nördlichen Seite des Hügels gelegene *Theater* soll aus dem 1. Jh. stammen. Durch eine in den Fels gehauene Galerie begaben die Besucher sich in den Wandelgang. Die Säulen wurden teilweise wieder aufgerich-

Vaison-la-R., Museum, röm. Statue

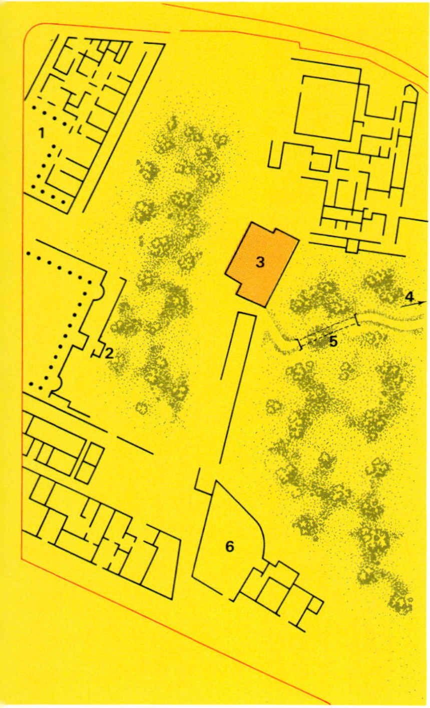

Vaison-la-Romaine, Grabungen im Viertel von Puymin **1** Maison des Messii **2** Portikus des Pompejus **3** Museum **4** Theater **5** Galerie **6** Nymphäum

tet. *Quartier de la Villasse:* Die andere Ausgrabungsstätte läßt noch Spuren einer Händlerstraße und der *Maison du Buste d'Argent* erkennen (das an dieser Stelle gefundene interessante Bildnis des Besitzers befindet sich im Museum).

Kirche Notre-Dame: Sie wurde an der Stelle eines merowingischen Gotteshauses erbaut, von dem sie noch einige Teile enthält (Apsis). Im wesentlichen stammt die ehemalige Kathedrale aus dem 11., 12. und vor allem aus dem 13. Jh. Sehenswert im Inneren ein präromanischer Hauptaltar, Bischofssitz und Gräber. Unter dem nördlichen Karnies befindet sich eine »neulateinische« Inschrift, die noch niemand übersetzen konnte. Im romanischen Kreuzgang (11. und 12. Jh.) gibt es ein kleines *Museum christlicher Kunst* (Sarkophage, synoptischer Altar, zweiseitiges Kreuz aus dem 15. Jh. mit Darstellungen Christi und der Jungfrau, Skulpturen). Die nördlich der Kathedrale etwas abseits gelegene *Kapelle Saint-Quentin* hat eine möglicherweise aus dem 12. Jh. stammende seltsame dreieckige Apsis.

Oberstadt: Alte Häuser drängen sich beiderseits der mit Kieseln gepflasterten Gäßchen. Die auf einem Hügel gelegene Stadt aus der Feudalzeit macht noch einen ganz mittelalterlichen Eindruck. In die Stadt gelangt man durch ein befestigtes Tor aus dem 14. Jh. (Wachturm aus dem 18. Jh.). Die *Kirche* aus dem 15. Jh. wurde im 17. und 18. Jh. vergrößert und umgebaut. Gekrönt wird der Fels durch das *Château des Comtes* aus dem 12. und 15. Jh. Die eindrucksvolle Ruine wird von einem Wehrturm über einem steilen Felsen überragt.

Valençay

36 Indre — 3170 Ew — S. 419 □ I 8

Der kleine Ort ist durch sein außergewöhnlich großes *Schloß* berühmt. Es liegt in einem Park, in dem es Hirsche, Lamas, Pfaue und Flamingos gibt, direkt auf den großen Terrassen über dem Tal des Nahon. Es wurde im 16. Jh. durch die reiche Familie von Étampes erbaut, doch wurden die Arbeiten im 17. Jh. und 18. Jh. fortgesetzt. Das Schloß, in dem sich elegante Formen der Renaissance und Frühklassik mischen, gehörte dem geschickten Staatsmann Talleyrand, der es zu Beginn des 19. Jh. prunkvoll ausstattete.
Ein in den Nebengebäuden untergebrachtes *Museum* erinnert an den berühmten Staatsmann.

Umgebung: Nouans-les-Fontaines (23 km westl.): Die im Inneren der Kirche aus dem 13. Jh. befindliche,

Vaison-la-Romaine, Überreste der römischen Stadt

herrliche auf Holz gemalte *Pietà de Nouans* wird der sehr geschätzten Werkstatt des Jean Fouquet* (15. Jh.) zugeschrieben.

Valence	70310 Ew
26 Drôme	S. 421 □ M 12

Zwischen der Provence, dem Vercors und dem Vivarais gelegen, war Valence Handelsstadt und Verwaltungssitz und wurde später eine bedeutende Industriestadt. Der alte Stadtkern und die Stadtviertel aus dem 19. Jh. wurden allmählich von großen modernen Bauten überschattet und durch die Autobahn von der Rhône getrennt. Valence (*Ventia, Valentia*) war eine römische Niederlassung, die schon früh zum Christentum bekehrt wurde. Der Bischofssitz (seit dem 4. Jh.) war im Mittelalter den Prälaten unterstellt, die ihre Macht mit dem König von Frankreich teilen mußten. Ludwig XI. gründete hier eine große Universität, an der Rabelais studierte. Papst Pius VI. der die zivilrechtliche Konstituierung der Geistlichkeit verurteilt hatte und die Annektierung des Comtat Venaissin durch das revolutionäre Frankreich akzeptieren mußte, starb 1799 in Valence, nachdem er einen Monat in der Zitadelle gefangengehalten worden war. Nach Absolvierung der Militärschule von Brienne vollendete der »Kadett« Bonaparte seine militärische Ausbildung an der hiesigen Artillerieschule (1785–1786).

Museum: Am Rande eines gepflasterten Hofes im Erzbischofspalast aus dem 18. Jh. untergebracht. Das Museum enthält ausgestopfte Vögel und Fische, Mineralien, Gemälde aus dem 16. bis 19. Jh. sowie zeitgenössische Werke (Dufy*, Lhote*, Friesz*). Außerdem gibt es eine schöne gallo-römische Galerie mit Mosaiken, Steinfrag-

Valence, Maison des Têtes, Detail

menten und ein riesiges, 1,30 m hohes Dolium (römisches Weingefäß). 96 Rötelzeichnungen und Skizzen veranschaulichen das Talent von Hubert Robert* (1733–1808). In der Bischofsgalerie hängen Bildnisse ehemaliger Prälaten von Valence. Das Museum zeigt außerdem Exponate zur Stadtgeschichte und sehr schöne Möbel.

Kathedrale Saint-Apollinaire: Anläßlich seines Aufrufes zum Kreuzzug weihte Urban II. 1095 die damals noch im Bau befindliche Kathedrale. Nach den Verwüstungen durch den grausamen Baron des Adrets (seine Soldaten zerstörten die Gewölbe) wurde sie 1730 im zeitgenössischen Stil wiederhergestellt. Im letzten Jahrhundert stürzte der romanische Turm ein und wurde durch einen neuromanischen Bau ersetzt. Hinter dem Tor (18. Jh.), in der Ecke des südl. Querschiffs, verbergen sich Reste eines alten Portals. Das weite Schiff wird durch die Seitenschiffe erhellt und zeigt den romanischen Stil der Auvergne. Das Querschiff ragt, was für die Gegend außergewöhnlich ist, sehr weit vor. Das *Pendentif* im Norden der Kathedrale ist ein merkwürdiger Renaissance-Bau, der wohl einem Domherren als Grabmal diente. Der Name bezieht sich auf die eigenartige Wölbung, die an den Pendentife (Zwickel) einer Kuppel erinnert.

Maison des Têtes: Das stark beschädigte, seltsame Haus aus dem Jahre 1532 hat an seinem Eingang an der Grande-Rue eine interessante Fassade im Stil der Spätgotik und Renaissance (Die Köpfe sind fein gearbeitete Medaillons und andere Darstellungen, vor allem die der vier Winde). Zu dem schönen Hof führt ein Korridor mit Kreuzgewölbe. Im Hof der *Maison Dupré-Latour* (Rue Pérollerie) verbirgt sich ein herrlicher Treppenturm aus der Renaissance, dessen Tor mit einem sehr schönen Rahmen umgeben ist. Die Kirche *Saint-Jean-Baptiste* (Place Belat) besitzt eine Vorhalle mit Turm aus dem 12. Jh., deren weicher Stein durch die starke Abnutzung die Konturen verloren hat; das geräumige Schiff stammt aus dem letzten Jahrhundert.

Valenciennes	43200 Ew
59 Nord	S. 411 □ K 2

Das einstige »Athen des Nordens« hat stark unter den letzten beiden Weltkriegen gelitten. Viele alte Bauten der ehemaligen Festung wurden völlig zerstört oder stark beschädigt. Die mit einer Fassade aus dem 19. Jh. versehene Kirche *Saint-Géry* besitzt schöne gotische Verzierungen aus dem 13. Jh., die durch neuere Restaurierungsarbeiten wieder zur Geltung gebracht wurden. Die *Maison du Prévôt* mit Türmchen und Treppengiebel bewahrt noch die Anmut des 15. Jh. Die ab 1601 erbaute Kirche *Saint-Nicolas* wurde im Verlauf der Jahrhunderte stark verändert. Im Inneren befindet sich eine herrliche Orgeltribüne im Renaissance-Stil aus Alabaster und schwarzem Marmor (17. Jh.). Die Fassade (18. Jh.) des benachbarten ehemaligen *Jesuitenkollegiums* ist schön mit Ziegeln und Steinornamenten strukturiert, die reizvollen runden Dachfenster sind von Girlanden umgeben. Im ersten Stock ein schön gewölbter großer Saal mit Wandgemälden und Eichentäfelung. Neben kostbaren Miniatur-Handschriften besitzt die *Städtische Bibliothek* die *Kantilene der Hl. Eulalia* (881), eines der ersten schriftlichen Dokumente in »französischer« Sprache. Die aus einfachen Materialien erbaute, aber formal hervorragend gestaltete *Chapelle du Carmel* (1966) ist ein schönes Zeugnis zeitgenössischer Architektur.

Museum: Im *Musée des Beaux-Arts* ist ein ganzer Saal Rubens gewidmet, darunter die berühmte *Landschaft mit Regenbogen* (1637). Daneben sind noch Werke berühmter Maler aus Valence zu sehen: Antoine Watteau* (1684–1721), dessen *Bildnis des Antoine Pater* eine weniger bekannte Arbeit des Künstlers zeigt (außerdem werden von ihm *Zusammenkunft in einem Park* und *Ländliches Konzert* gezeigt); Jean-Baptiste Carpeaux (1827–1875) ist durch einige schöne Skulpturen und eine reiche Sammlung von Zeichnungen vertreten.

Valenciennes, Museum, Watteau

Umgebung: Condé-sur-l'Escaut (13 km nordöstl.): Die alte befestigte Stadt bewahrt noch bedeutende Teile ihrer Ringmauer und schöne Bauten aus dem 18. Jh., wie beispielsweise das große Rathaus, die Wache und die Kirche *Saint-Wasnon*, deren eleganter Turm aus dem 17. Jh. stammt. Das *Schloß von Balleul*, einstiger Wohnsitz der Prinzen von Condé, hat eine herrliche, mit hübschen Türmchen verzierte Sandsteinfassade.

Vallauris

06 Alpes-Maritimes — 18 820 Ew — S. 426 □ O 14

Töpfer- und Keramikwerkstätten gab es in Vallauris schon seit dem 16. Jh. Als Picasso* sich nach dem letzten Krieg dort niederließ, brachte er das Handwerk zu neuer Blüte. Er schenkte der Stadt den bronzenen *Mann mit Hammel* (Place Paul Ismard) und das große Gemälde *Krieg und Frieden,* das in der Krypta einer romanischen Kapelle untergebracht ist.

Valognes

50 Manche — 6080 Ew — S. 413 □ E 3

Die 1944 stark zerstörte kleine Stadt galt einst als das »normannische Versailles«. Sie wurde recht geschickt wieder aufgebaut und bewahrt an manchen Stellen noch etwas von jener aristokratischen Eleganz, die den großen Schriftsteller Barbey d'Aurevilly so bezauberte. In der Vorstadt, nahe der Kirche *d'Alleaume* mit schönem Retabelaltar, zeugen noch einige gallorömische Ruinen von der reichen Vergangenheit der Stadt, die sich im 17. und 18. Jh. mit schönen Stadtpalästen und anderen Bauwerken schmückte. Die Kirche *Saint-Malo* wurde nach dem letzten Krieg zum großen Teil neu errichtet, die Betonbauten wurden den gotischen Resten angepaßt. Das eindrucksvolle, nüchterne *Hôtel de Beaumont,* im Stil Ludwigs XV. gehalten, ist reich möbliert. In einem schönen Haus aus dem 15. Jh. ist das reizvolle kleine *Musée régional du Cidre* (Apfelweinmuseum) untergebracht, mit interessanten Informationen über die Geschichte des Obstweines.

Valréas

84 Vaucluse — 8510 Ew — S. 425 □ M 13

Das auf einem Hügel gelegene Valréas, in dem sich noch ein rechteckiger Wehrturm aus dem 12. Jh. befindet, war lange Zeit ein isolierter päpstlicher Besitz im Dauphiné. In der Stadt, deren Ringmauern durch Boulevards ersetzt wurden, gibt es noch einige alte Viertel. Die größtenteils romanische Kirche *Notre-Dame* aus dem 12. Jh. hat vor der Fassade ein gotisches Por-

Valognes, Hôtel de Beaumont

tal. In dem eindrucksvollen *Schloß Simiane* aus dem 17. und 18. Jh. befindet sich heute das Rathaus der Stadt.

Umgebung: Grignan (9 km nordwestl.): Der alte Marktflecken besitzt noch Erinnerungen an Madame de Sévigné: Sie wohnte und starb in dem *Schloß* aus dem 16. Jh., dessen Besitzer der Graf von Grignan, ihr Schwiegersohn war. Ein Grabstein in der Kirche *Saint-Sauveur* (16. Jh.) kennzeichnet die letzte Ruhestätte der durch ihren Briefwechsel berühmten Frau. Das *Musée Faure-Cabrol,* das in einem Wohnhaus aus dem 17. Jh. untergebracht ist, enthält Erinnerungen an Madame de Sévigné und die Familie Grignan.

Vannes

56 Morbihan

43510 Ew

S. 412 □ C 7

Die an einem kleinen Binnenmeer, dem Golfe du Morbihan gelegene antike Stadt (Gavrinis, Er Lannic) ist jetzt ein stiller Hafen, in den Schiffe nur bei Flut einfahren können. Hier entschied sich mehrmals das Schicksal der Bretagne. Nach einer Seeschlacht brachen von hier aus die Armeen Julius Cäsars zur Eroberung der armorikanischen Halbinsel auf. Im 9. Jh. erklärte der Graf von Vannes, Nominoë, die Unabhängigkeit der Bretagne, die bis 1532 währte, als in Gegenwart der Stände die Vereinigung mit der französischen Krone ausgerufen wurde.

Kathedrale Saint-Pierre: Inmitten der von Ringmauern umgebenen Altstadt erhebt sich der von einem älteren Bau erhaltene Nordturm (13. Jh.), der von einer modernen Spitze gekrönt wird. Links eine runde Kapelle in italienischer Form, neben einigen Arkaden des alten Kreuzganges und einem schönen spätgotischen Portal mit Nischen im Renaissance-Stil. Der Innenraum wurde im Verlauf der Jahrhunderte oft umgestaltet. Zu erwähnen ist das *Grabmal des Hl. Vinzenz Ferrer* (eines 1419 in Vannes gestorbenen spanischen Predigers) in der runden *Chapelle du Saint-Sacrement.* Schöne Wandteppiche aus dem 17. Jh. stellen das Leben des Heiligen und seine Heiligsprechung dar. Der im Kapitelsaal (18. Jh.) untergebrachte *Kirchenschatz* enthält einen herrlichen Hochzeitskof-

Valréas, Kirche Notre-Dame

Vannes, Kathedrale Saint-Pierre

Vannes, Kathedrale Saint-Pierre, Grabmal des Hl. Vincent Ferrier

fer aus dem 12. Jh., auf dessen Malereien das tägliche Leben eines Adligen veranschaulicht wird.

Château-Gaillard, Archäologisches Museum (Rue Noé): Der Bau aus dem 15. Jh., in dem das Parlament der Bretagne seine Sitzungen abhielt, beherbergt heute ein archäologisches Museum mit besonders reichen Sammlungen prähistorischer Gegenstände, die in der Umgebung ausgegraben wurden. Einige Schaukästen sind der gallo-römischen Epoche sowie dem Mittelalter und der Renaissance gewidmet. Eine Abteilung für Naturgeschichte enthält Sammlungen von Vögeln und Muscheln. Ein altes Fachwerkhaus an der Straßenecke ist mit zwei grotesken Holzskulpturen geschmückt, die »Vannes und seine Frau« heißen.

Befestigungen: Die von reizenden französischen Gärten umgebenen ehemaligen Befestigungsanlagen wurden seit dem 13. Jh. oft umgebaut; heute sind nur noch drei befestigte Tore erhalten: die Porte Saint-Vincent (1625 und 1704), die Porte Poterne (1678) und die mächtige Porte Prison aus dem 15. Jh., zu der ehemals zwei Türme gehörten, in die man 1795 die Royalisten einkerkerte. In südlicher Richtung hinter der Tour Poudrière (16. Jh.) und der schönen *Tour du Connétable* (14. und 15. Jh.) umfaßt die Mauer das alte Schloß de l'Hermine, das im 14. Jh. von Herzog Johann IV. von Bretagne erbaut wurde. Am Fuße der Ringmauer folgen malerische *lavoirs* (Waschhäuser) mit Schieferdächern dem Lauf des Baches.

Place Henri-IV.: Der mit schönen Giebelhäusern aus dem 16. Jh. umstandene kleine Platz liegt neben *La Cohue,* alten Hallen der Stadt, die hauptsächlich aus dem 14. und 16. Jh. stammen. *Hôtel de Limur* (Rue

Saint-Gildas-de-Rhuys, Ehem. Abteikirche

Thiers): Das für die Architektur des 17. Jh. charakteristische Bauwerk beherbergt das Fremdenverkehrsamt und ein Austernmuseum. *Rathaus:* (Place M.-Marchais): Das an einem großen Platz gelegene, mit einer Reiterstatue des Konnetabel Richemond (1393–1458) geschmückte Rathaus (19. Jh.) hat eine Renaissance-Fassade mit Kampanile. Die monumentale Treppe wird durch Glasmalereien aus der gleichen Epoche erhellt, auf denen die Hochzeit der Anne de Bretagne mit Karl VIII. dargestellt ist.

Umgebung: Tours d'Elven (15 km nordöstl.): Die 1488 von den Truppen Karls VIII. geschleifte alte Festung von Largoët liegt an einem von Wäldern umsäumten See. Ihre eindrucksvollen Ruinen wurden im vergangenen Jahrhundert von Octave Feuillet in *Le Roman d'un jeune homme pauvre* beschrieben. Neben dem befestigten Tor (15. Jh.) und einem als Jagdpavillon umgebauten runden Turm, der von kleinen Bauten mit spitzen Dächern gekrönt wird, befindet sich ein stark verfallener, mächtiger Wachturm (14. Jh.), der einst aus sechs Stockwerken bestand.

Schloß von Suscinio (24 km südl.): Die mächtige mittelalterliche Burg verteidigt den Zugang zur Halbinsel von Rhuys. Sie wurde im 13. Jh. von Herzog Pierre de Dreux (auch Mauclere genannt) errichtet. Von ihren acht Türmen sind seit der Revolution nur noch sechs erhalten. Die Ringmauern, die von Gräben umgeben sind (die einst von den Sümpfen gespeist wurden), umschließen ein Wohngebäude mit riesigen Kaminen.

Saint-Gildas-de-Rhuys (28 km südl.): Der Name des kleinen Dorfes geht auf einen aus England stammenden Heiligen zurück, der hier im 6. Jh. ein Kloster gründete, das aber später durch Normanneneinfälle verwüstet wurde. Im 12. Jh. unternahm es der berühmte

Theologe Abaelard (1079–1142) im Auftrag des Herzogs von Bretagne, die Gemeinde zu reformieren, die, wie er in einem Brief an Heloise schrieb, »keine andere Regel kannte, als die, keine zu haben«. Die im 11. Jh. erbaute ehemalige *Abteikirche* wurde Ende des 17. Jh. weitgehend umgebaut. Sie besitzt jedoch noch einen herrlichen romanischen Chor, der das Grab des Hl. Gildas enthält. Verschiedene Kapitelle wurden abgenommen, zwei davon dienen heute als Weihwasserbekken. In der Sakristei gibt es einen der schönsten *Kirchenschätze* der Bretagne. Die Reliquien des Heiligen befinden sich in verschiedenen Reliquiaren aus gestanztem, vergoldetem Silber, die mit Nägeln verziert sind (14.–17. Jh.). Des weiteren gibt es noch zwei Schreine aus dem 14. und 18. Jh., eine gestickte Mitra und ein vergoldetes Silberkreuz (17. Jh.).

Varengeville-sur-Mer 1000 Ew
76 Seine-Maritime S. 410 □ H 3

Varengeville, dessen Häuser verstreut auf einer bewaldeten Hochebene liegen, hat von Isabey* bis Braque* viele Maler angezogen. Das in Richtung Dieppe etwas abseits gelegene reizende **Manoir d'Ango** wurde von 1530 bis 1545 von dem großen Reeder aus Dieppe, Jean Ango, erbaut. Der schöne Garten, *Parc des Moustiers,* erinnert an eine alte Probstei. Am Felsrand steht eine Kirche aus dem 12. und 16. Jh., von der ein Pfeiler mit seltsamen naiven Skulpturen versehen ist. Sie liegt inmitten eines Friedhofes, auf dem sich das Grabmal von George Braque* befindet, das mit einer Taube geschmückt ist. Der große Maler gestaltete ein blaues Glasfenster der Kirche, das andere stammt aus unserem Jahrhundert von Raoul Ubac*. Auch für die Kapelle *Saint-Dominique* schuf er Glasgemälde.

Varengeville, Braque, Glasfenster

Vaucouleurs 2550 Ew
55 Meuse S. 416 □ M 5

1429 verließ Jeanne d'Arc die kleine befestigte Stadt, um von hier aus ihren Siegeszug anzutreten. Von der *Porte de France,* durch die die bewaffnete Jungfrau zog, ist noch ein Rundbogengewölbe unter einem quadratischen Turm erhalten; einige Mauern und Türme zeugen noch von der Ringmauer aus dem 13. Jh. Von *Schloß von Baudricourt* sind nur Ruinen erhalten. 1929 wurde die Kapelle auf der schönen Krypta aus dem 13. Jh. wiederaufgebaut; sie enthält die Statue von Notre-Dame des Voûtes, vor der Jeanne betete. Die beiden Säle eines kleinen Museums sind der Erinnerung an Jeanne d'Arc und die aus Vaucouleurs stammende Madame du Barry gewidmet; außerdem ist eine herrliche Christusfigur aus der Abtei von Septfonds ausgestellt. Die Pfarrkirche (18. Jh.) zeichnet sich durch eine eindrucksvolle Fassade, in italienischem Stil bemalte Wölbungen und skulptierte Holztäfelungen aus.

Umgebung: Schloß von Gombervaux (5 km nördl.): Inmitten der Ruinen der mittelalterlichen Burg erhebt sich

Varengeville, Kirche mit Meer

ein mit Zinnen versehener sehr origineller Torturm aus dem 14. Jh.

Vaux-de-Cernay (Abtei)
78 Yvelines S. 428 □ I 5

Die Ruinen dieser alten Zisterzienserabtei liegen auf einem Privatgrundstück, wo sie mittlerweile von der Vegetation überwuchert werden. Am eindrucksvollsten sind noch die Überreste der Abteikirche aus dem 12. Jh.

Vaux-le-Vicomte (Schloß)
77 Seine-et-Marne S. 411 □ J 5

Das zauberhafte Schloß wurde gegen 1660 für den steinreichen Finanzminister Nicolas Fouquet erbaut. Man nimmt an, das Schloß von Vaux-le-Vicomte habe in Ludwig XIV. den Wunsch erweckt, Versailles zu erbauen. Das von Gräben umgebene prunkvolle Bauwerk ist das erste des »Grand Siècle«. Der große Vorhof ist von reich geschmückten Wirtschaftsbauten aus Ziegeln und Stein umrahmt. Das Schloß, dessen Giebel von Michel Anguier* skulptiert wurde, erhebt sich hinter einem Ehrenhof. Die Südfassade auf der Gartenseite hat einen Kolonnadenvorbau, der von einer Kuppel gekrönt wird. Die neu ausgestatteten, herrlich möblierten Gemächer liegen um den hohen ovalen Salon unter der Zentralkuppel. Die nach Zeichnungen von Israël Silvestre im Stil Le Nôtres* neu angelegten schönen **Gärten** sind mit Becken und Wasserspielen ausgestattet. Die Terrassen führen zu einem kleinen Fluß hinab, der als Grand Canal eingefaßt wurde.

Umgebung: Blandy-les-Tours (5 km östl.): Hier gibt es die Ruinen einer mittelalterlichen Festung, die umge-

Vaux-le-Vicomte, Schloß

baut und geschleift wurde, außerdem findet man eine romanische Krypta, Reste des Herrenhauses und der Kapelle (16. Jh.) sowie Mauern und Türme. – **Champeaux** (3 km nordöstlich von Blandy): Bemerkenswert ist die große *Kirche* mit befestigter Fassade aus dem 12. Jh., einem Querschiff aus dem 13. und 14. Jh. und skulptiertem Gestühl aus dem 16. Jh. Ferner gibt es noch einige sehenswerte Grabsteine.

Vénasque	530 Ew
84 Vaucluse	S. 425 □ M 13

Der reizende Marktflecken am Rande einer Hochebene ist noch von einem trockenen Graben und einer Ringmauer unbestimmten Datums umgeben. Die *Kirche Notre-Dame* (Anfang 13. Jh.) besitzt einen schönen Retabel aus dem 17. Jh. und eine im Jahre 1478 gemalte Kreuzigung. Das wahrscheinlich im 7. Jh. erbaute und im 11. Jh. umgebaute *Baptisterium* gehört zu den ältesten religiösen Denkmälern Frankreichs (in den Apsiden wiederverwendete antike und merowingische Kapitelle). Die 2,5 km nördl. gelegene Kapelle *Notre-Dame-de-Vie* enthält das skulptierte Grabmal des im Jahre 604 gestorbenen Bischofs Boetius.

Vendôme	18550 Ew
41 Loir-et-Cher	S. 414 □ H 7

Die sehr alte Stadt entwickelte sich nach der Gründung der Abtei de la Trinité im 11. Jh. In Vendôme fanden in der Vergangenheit viele Kämpfe statt, 1940 wurde es teilweise zerstört und im alten Zustand wieder aufgebaut.

Ehemalige Abteikirche der Trinität: Die herrliche Kirche, in der nahezu al-

le gotischen Stilepochen vertreten sind, zeichnet sich durch einen großartigen Glockenturm (12. Jh.) und eine meisterhafte spätgotische Fassade aus, die zu Beginn des 16. Jh. von Jéhan* de Beauce, einem der Baumeister von Chartres, errichtet wurde. Das Schiff stammt aus dem 14. und 15. Jh., der Chor aus dem 14. Jh. (seltsames geschnitztes Gestühl aus dem 15. Jh.). An der Vierung befinden sich romanische Säulen und Kapitelle. Die Querschiffmauern sind die einzigen Reste des Baues aus dem 11. Jh. In den Kapellen um den Chor gibt es restaurierte Glasmalereien aus dem 16. Jh., in der Mittelkapelle das kostbare Fenster der *Jungfrau mit dem Kind* aus dem 12. Jh. Durch ein Portal am Glockenturm gelangt man in den Kreuzgang, der während der Zeit, als die ehemalige Abtei als Kaserne diente, verwüstet wurde. In einem früheren Klostergebäude befindet sich ein interessantes kleines *Museum* (Vorgeschichte, Antike, Gemälde, Fayencen, Nachbildung eines Bauernhauses, Darstellungen der ansässigen Handwerke).

Kirche de la Madeleine: Die Kirche aus dem 15. Jh. ist an ihrem schlanken Glockenturm mit steinernem Helm zu erkennen, das Schiff ist mit einem Tonnengewölbe aus Holz bedeckt. Das Lyzeum, eine ehemalige *Schule der Oratorier,* bewahrt Erinnerungen an Balzac, der dort Schüler war. Die Kapelle mit Renaissance-Glockentürmchen gehörte einst zu einem Hospiz, das die Wallfahrer auf dem Wege nach Compostela beherbergte. Die *Porte Saint-Georges* an einer über einen Arm des Loir führenden Brücke gelegen, stammt aus dem 14. Jh. und wurde zu Beginn des 16. Jh. restauriert. Von dem an der Stelle eines ehemaligen Oppidums gelegenem Schloß sind nur Ruinen erhalten (Porte de Beauce aus dem 14. Jh., Tour de Poitiers, Wachturm, 15. Jh.).

Vendôme, Trinité, Madonna mit Kind

Verdun, Porte Chaussée

Verdun	26 930 Ew
55 Meuse	S. 416 □ M 4

Die sehr alte Stadt hat eine interessante strategische Lage am Maasufer. Dadurch geriet sie im Verlauf der Jahrhunderte und insbesondere im Ersten Weltkrieg oft in den Mittelpunkt bewaffneter Auseinandersetzungen. Im Verlauf zehn Monate langer Kämpfe (Februar bis Dezember 1916) wurde sie zerstört und in zehn Jahren (1919–1929) wieder aufgebaut: viele Baudenkmäler konnten nur durch intensive Restaurierungsarbeiten gerettet werden.

Religiöse Architektur: Da die Stadt seit dem 4. Jh. Bischofssitz war, nehmen sakrale Bauwerke einen vorherrschenden Rang ein. Die auf dem höchsten Punkt der Oberstadt gelegene *Kathedrale Notre-Dame* ist ein kompositer Bau. Er wurde im 11. Jh. errichtet, aber im Laufe der Zeit weitgehend umgestaltet. Der ursprüngliche Bau enthielt im Stil der rheinischen Romanik zwei Querschiffe und zwei Apsiden, die noch erhalten sind. Im 13. und 14. Jh. wurde der hölzerne Dachstuhl durch ein gotisches Kreuzgewölbe ersetzt. Im 18. Jh. ließ man die letzten romanischen Bestandteile verschwinden, indem man die Glockentürme durch zwei quadratische Türme mit Balustraden ersetzte und die Portale durch Vorbauten verdeckte (durch die Zerstörungen von 1914 bis 1918 kamen diese wieder zum Vorschein). *Außenansicht:* Die mächtigen Strebepfeiler der schönen Ostapsis sind mit Skulpturen geschmückt. Unter dem Torbogen der *Löwenpforte* (12. Jh.) befindet sich ein herrliches halbkreisförmiges Tympanon, dessen Christus in Majestas von burgundischem Einfluß zeugt. *Inneres:* Große Orgeltribüne, über dem Hauptaltar Baldachin aus Marmor und geschnitzter Eiche, schönes Gestühl aus dem 18. Jh. in der Ostapsis. In der herrlichen *Salle du Sacraire* (1250) ist das kleine *Museum* der Kathedrale untergebracht. Im Umgang der großen, restaurierten Krypta, die zu den Meisterwerken der lothringischen Romanik zählt, gibt es einige alte Kapitelle aus dem 12. Jh. Der schöne, aus drei Galerien bestehende *Kreuzgang* an der Südseite der Kirche, stammt hauptsächlich aus der Spätgotik (Anfang 16. Jh.). Der über der Maas gelegene benachbarte *Bischofspalast* zeugt von dem eleganten Stil des 18. Jh.: dem kreisförmigen Vorhof entspricht ein abgerundetes Hauptgebäude. Die hier untergebrachte städtische Bibliothek besitzt ein mit herrlichen Miniaturen verziertes *Bréviaire de Hugues de Bar* (1352).

Militärarchitektur: Seit dem Mittelalter diente die Stadt als Festung. Die an der Maas gelegene *Porte Chaussée* (14. Jh.) ähnelt mit ihren massiven zinnenbekrönten und mit Pechnasen versehenen Rundtürmen selbst einer Festung. Die Porte Châtel (15. Jh.) gehörte ebenfalls zur Ringmauer. Die von Vauban* an der Stelle der Abtei von Saint-Vanne erbaute *Zitadelle* liegt über unterirdischen Gängen, ein Turm aus dem 12. Jh. erinnert noch an das ehemalige Kloster. Das in der Stadtmitte gelegene Siegesdenkmal (1929) erinnert an die Soldaten, die um Verdun gekämpft haben.

Zivilarchitektur: Das in einem herrlichen alten Palast von 1623 untergebrachte *Rathaus* enthält auch ein *Kriegsmuseum.* Das *Städtische Museum* in dem charmanten Renaissance-Bau *Hôtel de la Princerie* enthält Sammlungen aus der Archäologie und der heimischen Volkskunst.

Umgebung: Sie war Schauplatz der berühmten Schlacht um Verdun, bei der die Franzosen im Dezember 1916 die Stützpunkte zurückeroberten, die zehn Monate zuvor den heftigen Angriffen der Deutschen zum Opfer gefallen waren. Während der zehn Monate langen Kämpfe wurden Dörfer, die seitdem

Verneuil-sur-Avre, La Madeleine

von der Landkarte verschwunden sind, bis zu zwanzigmal erobert und zurückgewonnen. Das war die »Hölle von Verdun«. **Gedenkstätte von Verdun** (10 km nördl.): Das 1967 eröffnete Gebäude enthält zahlreiche Darstellungen des Schlachtverlaufes. **Fort de Douaumont** (12 km nördl.): Neben den noch erhaltenen Befestigungsbauten ein kleines *Kriegsmuseum.* **Ossuaire de Douaumont** (11 km nördl.): Die 46 m hohe *Tour des Morts* erhebt sich über einer langen Galerie mit Grüften, die eine Art Katakombe bildet. In der Mitte eine reich ausgestattete Kapelle. Die Stätte beeindruckt durch ihre Feierlichkeit.

Verneuil-sur-Avre	6860 Ew
27 Eure	S. 410 □ H 5

Das an der Grenze des einstigen Herzogtums Normandie gelegene alte

Städtchen war eine ehemalige Festung, deren Mauern von einem Nebenarm des Iton umspült wurden. Von der einstigen Burg ist nur der massive fensterlose Turm, la Tour Grise (12. Jh.), erhalten. Die Promenaden an der Stelle der ehemaligen Umwallungen lassen noch einige Reste der früheren Befestigungen erkennen.

Madeleine-Kirche wird von ihrem hohen, spätgotischen Turm (15. bis 16. Jh.) fast erdrückt. In der Fassade ist noch das romanische Portal eines älteren Bauwerks erhalten. In dem von feinen Glasmalereien aus dem 15. und 16. Jh. erhellten Innenraum finden sich verschiedene alte Statuen, darunter eine bemalte Madonna mit Apfel aus dem 16. Jh. und ein interessantes Heiliges Grab aus der gleichen Epoche.

Notre-Dame: Die einst romanische, aber stark restaurierte Kirche Notre-Dame enthält zahlreiche Statuen aus den verschiedensten Epochen (u. a. eine hübsche Madonna aus dem 13. Jh.). Verneuil besitzt außerdem noch alte Häuser, insbesondere aus dem 15. und 18. Jahrhundert.

Vernon	23560 Ew
27 Eure	S. 410 □ H 4

Die 1870 von den Preußen beschossene und von 1940 bis 1944 schwer beschädigte Stadt bewahrt trotz des Neuaufbaus noch viel von ihrem Charme. Die Kirche *Notre-Dame* mit spätgotischer Fassade ist ein kompositer Bau aus dem 11. bis 17. Jh. (die romanischen Arkaden von Querschiff und Chor stammen aus dem ersten Bauabschnitt, das Schiff wurde erst 1617 vollendet).
Die Orgelempore ist aus dem 16. Jh., die Wandteppiche sind aus dem 17. Jh. Der schöne Hauptaltar aus dem 18. Jh. stammt aus einer alten Kartause. Die Statue der Notre-Dame de Vernon in der Apsis ist aus dem 14. Jh.

Vernonnet, ein Vorort von Vernon am rechten Seine-Ufer, hat noch das Renaissance-Portal einer alten Kirche. In der Nähe des Flusses findet man die kleine Burg, die die zerstörte alte Brücke schützte. Außerhalb der Stadt, bis zu der ein schöner, von Kaskaden belebter Park reicht, steht das *Schloß von Bizy,* ein Neubau aus dem 19. Jh.

Vernon, Schloß von Bizy

Vernon, Notre-Dame, Glasfenster ▷

als Nachahmung italienischer Palazzi. Ehrenhof aus dem 18. Jh.

Umgebung: Giverny (4,5 km, rechtes Ufer): Das friedliche Dorf am Hang eines Hügels wurde durch Claude Monet* bekannt, der hier von 1883 bis zu seinem Tode (1926) lebte. Das restaurierte Haus des Malers liegt über den herrlichen Terrassen des wiederhergestellten Gartens und dem »Jardin d'eau«, in dem viele Seerosen blühen (Monets Wohnhaus wurde 1978/79 wiederhergestellt). – **Gaillon** (14 km nordwestlich): Vom Schloß der Bischöfe von Rouen, dem »Versailles der Renaissance«, sind nur noch ein schönes Portal und einige Ruinen zu sehen.

Versailles

97140 Ew

78 Yvelines

S. 410 □ I 5

Versailles vereint den Glanz des Grand Siècle, das Raffinement und die dramatischen Geschehnisse des 18. Jh. sowie auch einige Ereignisse aus der Zeit der Republik. Die Schloßanlage beherrscht den großartig angelegten Garten und die von vornehmer Zurückhaltung geprägte Stadt. Sie gruppiert sich um den etwas eng geratenen Bau Ludwigs XIII., »das kleine Kartenhaus« (Saint-Simon), im Mittelpunkt des sich riesig ausdehnenden Palastes Ludwigs XIV. Der Sonnenkönig beauftragte ab 1661 das berühmte Trio von Vaux-le-Vicomte (Le*Nôtre, Le*Vau, Le*Brun) mit dem Umbau des väterlichen Schlosses. Das Baugelände wurde noch nach 1668 erweitert. Während Le Nôtre Gärten und Park anlegte, hatte Le Vau das bescheidene, ursprüngliche Schloß praktisch zum Verschwinden gebracht, indem er es mit mächtigen Bauten umhüllte. Nach seinem Tod nahm François d'Orbay* die Arbeit auf; dann wurde Jules Hardouin-Mansart* mit Erweiterungen beauftragt (1678): Der Hof, Minister, Beamte und Diener, Tausende von Personen mußten untergebracht werden. Auf dem Gelände waren bis zu 36000 Menschen beschäftigt. Die Arbeiten konnten im wesentlichen vor 1690 abgeschlossen werden (Hardouin-Mansart* ersetzte die Terrasse des Mittelbaus durch den Spiegelsaal, errichtete die langen Süd- und Nordflügel sowie verschiedene Nebengebäude). Robert de Cotte* vollendete noch vor dem Tod Ludwigs XIV. (1. Sept. 1715) die Kapelle. Das Schloß ist im wesentlichen ein Werk des Sonnenkönigs persönlich, der sich überall einmischte und die Arbeiten ständig überwachte; unter der Herrschaft seiner Nachfolger erfuhr es mehr oder weniger bedeutende Veränderungen. Ludwig XV. ließ vor allem die zauberhafte Oper (Gabriel*) erbauen. Zu dem bereits bestehenden Marmorschloß Trianon oder dem Großen Trianon (Ende 17. Jh.) kamen weitere, ebenfalls von Gabriel entworfene Satellitenbauten: der Kleine Trianon und der schwärmerische Hameau (Weiler), in dem Marie-Antoinette das bäuerliche Leben imitierte. Das stolze Schloß mit seiner unter Ludwig XIV. so strengen Etikette wurde im Laufe des 18. Jh. zu einer noch komfortableren Residenz. Ludwig XVI. verließ 1789, als die Revolution wütete, Versailles für immer. Die aufgebrachte Menge aus Paris hatte den Palast gestürmt und seine Rückkehr nach Paris erreicht. Das Schloß verfiel langsam, bis Louis Philippe es in ein Museum »zum Ruhme Frankreichs« umwandelte. Nach der Niederlage von 1870 ließ sich Wilhelm I. im Spiegelsaal zum deutschen Kaiser krönen. Während der Kommune war das Schloß Sitz der Nationalversammlung. Bis 1879 blieb Versailles die Hauptstadt Frankreichs. Im Schloß wurde im Juni 1919 nach der deutschen Niederlage der Versailler Vertrag unterschrieben.

Das riesige, wenn auch kleiner gewordene Areal umfaßt das Schloß, den Kleinen Park, die Orangerie, den Großen und Kleinen Trianon mit Nebengebäuden und Park, den Großen Park, die Großen und Kleinen Stallungen, den See Pièce d'Eau des Suisses, den ehemaligen Küchengarten des Königs und den Park Balby.

Versailles, Park **1** Ministerflügel (Süden) **2** Ministerflügel (Norden) **3** Südflügel **4** Nordflügel **5** Gärten **6** Orangerie **7** Pièce d'Eau des Suisses **8** Kleiner Park **9** Grand Canal **10** Petit Canal **11** Grand Trianon **12** Petit Trianon **13** Hameau **14** Grandes Ecuries **15** Petites Ecuries **16** Ehemaliger Gemüsegarten des Königs **17** Parc Balby

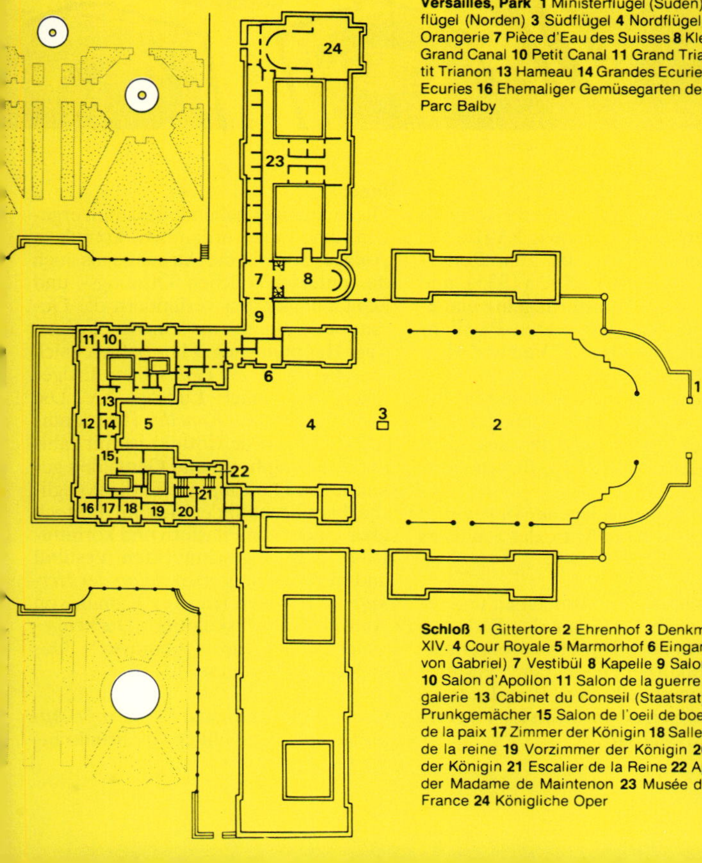

Schloß **1** Gittertore **2** Ehrenhof **3** Denkmal Ludwigs XIV. **4** Cour Royale **5** Marmorhof **6** Eingang (Vestibül von Gabriel) **7** Vestibül **8** Kapelle **9** Salon d'Hercule **10** Salon d'Apollon **11** Salon de la guerre **12** Spiegelgalerie **13** Cabinet du Conseil (Staatsrat) **14** Königl. Prunkgemächer **15** Salon de l'oeil de boeuf **16** Salon de la paix **17** Zimmer der Königin **18** Salle des Nobles de la reine **19** Vorzimmer der Königin **20** Wachsaal der Königin **21** Escalier de la Reine **22** Appartement der Madame de Maintenon **23** Musée d'histoire de France **24** Königliche Oper

Versailles, Luftaufnahme vom Schloß

Äußeres

Höfe: *Der Ehrenhof* erstreckt sich vom herrlichen, unter Ludwig XVIII. rekonstruierten Gitter bis zum Reiterstandbild Ludwigs XIV. (1835) und wird von den »Ministerflügeln« eingerahmt, den langgestreckten Pavillons der Baumeister von Le*Vau und Hardouin-Mansart*.

Der *Königshof*, der sich daran anschließt, wird von zwei mächtigen Flügeln (der linke stammt aus dem 17. Jh.; der rechte im 18. Jh. erneuert) begrenzt.

Der einst höher gelegene *Marmorhof* befindet sich in der Mitte des Schlosses von Ludwig XIII.

Westfassaden: Die vornehmen und repräsentativen Fassaden der Parkseite sind 580 m lang. Der etwas vorgerückte Mittelkörper über dem Parterre d'Eau umschließt den Bau Ludwigs XIII. und ist das Werk von Le Vau und Hardouin-Mansart.

Inneres

Die ineinander gehenden Bauten ergeben eine außerordentlich komplexe Anlage. Sowohl die Ausmaße als auch die unterschiedlichen Öffnungs- und Schließungszeiten verhindern die Gesamtbesichtigung an einem einzigen Tag. Haupteingang: Hier befindet sich das *Vestibule de Gabriel* im Erdgeschoß des Flügels Ludwigs XV. Die 1710 geweihte *Kapelle* (Hardouin-Mansart* und de Cotte*) ist mit zahlreichen Skulpturen und Gemälden geschmückt. Die Empore für die königliche Familie befindet sich im 1. Stock über einem von Pilastern und korinthischen Säulen geschmückten Vestibül und ist mit dem großen *Salon des Herkules* verbunden (riesiger Kamin, von Antoine Vassé* skulptiert; Deckengemälde von François Lemoyne*; Gemälde von Veronese*).

Große Appartements: Das *Große Appartement* – eine Flucht von Prunkräu-

Versailles, Statue Ludwigs XIV.

men – ist ein Teil der sog. Großen Appartements in der vornehmen Etage in der Schloßmitte: Gemälde vor allem von P. A. Hovasse*, Le*Brun, G. Blanchard*, Simon Vouet* und Philippe de Champaigne*, außerdem schöne Möbel (18. Jh.), Wandteppiche, Skulpturen. Der ehemalige Krönungssaal, der *Salon des Apollo,* verherrlicht den Gott, mit dem die Höflinge Ludwig XIV. zu vergleichen pflegten (Decke und Wölbungen von Ch. de Lafosse* ausgemalt). In dem von Hardouin-Mansart* entworfenen und von Le*Brun ausgeschmückten *Kriegssaal,* den Coysevox* zudem mit Flachreliefs ausgestattet hat, werden die militärischen Erfolge Ludwigs XIV. verherrlicht.

Spiegelsaal oder Große Galerie: Baumeister war Jules Hardouin-Mansart; die Ausstattung stammt von Charles Le Brun. Der majestätische Saal (73 m lang; 10,50 m breit; 12,50 m hoch) ist mit dem königlichen Appartement verbunden und öffnet sich mit 17 Fenstern, denen ebenso viele lichtreflektierende Spiegel entsprechen, zum Parterre d'Eau hin. Die Dekoration schildert die großen Ereignisse zwischen 1661 und 1678 in einer für den König schmeichelhaften Komposition. Der um alles besorgte Le Brun überwachte auch die Arbeit der Bildhauer (Puttengruppen von Coysevox im vergoldeten Stuck über der Kranzleiste). Der als Rahmen für festliche Anlässe konzipierte Saal war ursprünglich mit Prunkgegenständen aus massivem, ziseliertem Silber ausgestattet. Der nach der Befreiung in schlimmem Zustand befindliche Saal wurde umfassend restauriert.

Appartement des Königs: Im *Ratskabinett* (1755) wurde – auf dem großen, Cressent* zugeschriebenen Tisch – am 18. Juni 1919 der Vertrag von Versailles unterzeichnet. In der genauen Mit-

Versailles, Spiegelgalerie

Versailles, Salon des Herkules ▷

te des Schlosses, gen Sonnenaufgang gerichtet, liegt das *Schlafzimmer* des Königs (Einrichtung vom Anfang des 18. Jh.). Die Skulpturen des Alkovens stammen von Coustou* und Lespingola*; *Heilige Magdalena* von Dominiquin*, *Selbstporträt* und *Porträt des Marquis de Moncade* von Van* Dyck. Der in erdrückendem Luxus gehaltene Raum, in dem der Sonnenkönig auch starb, war das »Allerheiligste«, zu dem die Vorgelassenen nur in Beachtung strengster Etikette Zutritt hatten. Im *Salon de l'Œil de Bœuf* (1710) finden sich Porträts der königlichen Familie und allegorische Kompositionen von Jean Nocret* (der König als Apollo, von seiner Familie umgeben).

Appartement der Königin: Der Südteil der vornehmen Etage beginnt mit dem *Friedenssaal* als Pendant zum Kriegssaal am anderen Ende der Spiegelgalerie (Decke von Le*Brun, am Kamin Gemälde von F. Lemoyne*). *Schlafzimmer der Königin:* Gold, Grisaille, herrliche Holzschnitzereien, wunderbare Seidenstoffe aus Lyon. Das zauberhaft luxuriöse Gemach der letzten Königinnen des Ancien Régime wurde ausgezeichnet restauriert und hat sein vorrevolutionäres Aussehen zurückerhalten. Die ursprüngliche Ausstattung von Le Brun ist immer wieder verändert worden, zuerst durch die reizvollen, nach den Entwürfen von Robert de Cotte* ausgeführten *Paneele. Supraporten* von Ch.-J. Natoire* und J.-F. De*Troy; *Deckenmalerei* von F. Boucher*. Das Bett ist eine Nachbildung. Sehr schönes Schmuckkästchen von Marie-Antoinette. *Salon des Nobles de la Reine:* Deckengemälde von Michel Corneille*. *Antichambre de la Reine:* Der Salon wurde nach langjähriger Entstellung wieder instand gesetzt. *Gardesaal der Königin:* bunter Marmordekor, Gemälde von N. Coypel*. Die *Treppe der Königin,* oder *Marmortreppe,* wurde von Har-

douin-Mansart* erbaut und 1701 vergrößert.

Museum der Geschichte Frankreichs: Das auf mehrere Stockwerke im Nordflügel (18. Jh.), Mittelteil (18. Jh., Konsulat- und Kaiserzeit) und Südflügel (Schlachtengalerie) verteilte Museum wurde von Louis Philippe geschaffen und belegt die Geschichte Frankreichs von den Kreuzzügen bis zum Beginn der Dritten Republik. Dazu gehört auch das *Appartement der Madame de Maintenon* mit Sammlungen des 16. und 17. Jh.

Private Appartements: Die auf den Marmorhof und die Innenhöfe gerichteten, ruhigen und luxuriösen Appartements gehörten Fürstlichkeiten, Königinnen und Favoriten. Hier befinden sich die im 18. Jh. sehr schön geschmückten kleineren Gemächer und Salons. – *Königliches Opernhaus:* Der bezaubernde, in Gold-, Blau- und Rottönen gehaltene Saal (ein Werk Gabriels*) wurde 1770 eröffnet; erlesene Skulpturen von Pajou* (auch die Figurengruppen im Foyer).

Orangerie: Die bei Ausstellungen öffentlich zugängliche Orangerie ist in ihrer herben Schönheit ein Meisterwerk der Stereotomie von Hardouin-Mansart* (1684 bis 1686). Sie schließt den Südflügel und den Parterre du Midi ab. Dazu gehören noch das Schwimmbecken des alten Appartements der Bäder und etwa 1300 Bäume. Die 103 Stufen zählenden beiden Treppen neben der Orangerie werden auch *Treppen der hundert Stufen* genannt. Der nahe gelegene See, *Pièce d'Eau des Suisses,* wurde 1679 ausgehoben.

Gärten, Kleiner Park: Die abgezirkelten Gärten und der Kleine Park sind das Werk von André Le*Nôtre. Die Gesamtanlage nahm in den Jahren um 1680 ihre endgültige Gestalt an. Veränderungen wurden jedoch noch vorgenommen unter Ludwig XV., Ludwig XVI. und Ludwig XVIII. Der an Statuen, Brunnen und Wasserflächen reiche Park wird von zauberhaften Wasserspielen belebt. Die beiden von LeNôtre entworfenen und von Hardouin-Mansart (1683 bis 1685) ausgeführten Brunnen, in denen der Mittelbau und die Spiegelgalerie reflektiert werden, heißen auch *Parterre d'Eau.*

Versailles, Schloß, Königliche Oper

Auf der Terasse die *Kriegsvase* von Coysevox* und die *Friedensvase* von Tuby*; Bronzefiguren an den Brunnenrändern, die von den Gebrüdern Keller* ab 1687 gegossen wurden; diese Figuren von Regnaudin*, Tuby*, Coysevox* und Le*Hongre symbolisieren die *Ströme und Flüsse* Frankreichs. Den von Hardouin-Mansart entworfenen *Parterre de Latone* unter der Terrasse schmücken vergoldete Bronzeskulpturen von Marsy* und die *Gruppe der Latona mit ihren Kindern* von Balthazar Marsy*. Die riesige, mit Statuen und Vasen verzierte und abgegrenzte Rasenfläche, der *Tapis Vert,* erstreckt sich bis zum *Bassin des Apollo* (die Figurengruppe schuf Tuby* nach den Plänen von Le*Brun).

Großer Kanal: Er bildet die Hauptperspektive und wurde von 1667 bis 1680 in einer Länge von mehr als 1500 m ausgehoben. An den Kanal schließt sich der Kleine Park an; die übrigen Grünflächen gehören zu den Trianongärten und zum Großen Park.

Allée d'Eau. Bassin de Neptune: Der Orangerie entgegengesetzt befindet sich der *Parterre du Nord* (kniende

Versailles, Salon de l'Abondance

Versailles, Schloß, Salon der Venus

Venus von Coysevox*). *Die Fontaine de la Pyramide* mit ihren vier Schalen übereinander wurde von Le*Brun entworfen und von Girardon* ausgeführt. Die auch *Allée des Marmousets* genannte *Allée d'Eau* säumen kleine, mit Bronzeputten verzierte Marmorbrunnen. Das herrliche *Bassin des Neptun* (unter Ludwig XIV. von Le*Nôtre begonnen, von Gabriel* vollendet) bildet einen großen Halbkreis. Zahlreiche Figuren spiegeln sich in der schönsten Brunnenanlage von Versailles, die während der Großen Wasserspiele betätigt wird. Die großen Gärten von Versailles enthalten auch noch weitere Sehenswürdigkeiten: die *Bosketts* mit gestutzten Hecken, Statuen und Bauten.

Großer Trianon: Hardouin-Mansart* errichtete von 1687 bis 1688 den rosafarbenen, ungemein eleganten Bau mit seinen beiden durch eine Säulenhalle (Robert de Cotte*) verbundenen Seitenflügeln. Er wurde im 18. Jh. etwas vernachlässigt, bis Napoleon III. und später Louis Philippe ihn wieder instand setzten. Die Appartements des Großen Trianon bestehen aus Vorzimmern, Salons und Räumen mit manchmal etwas erdrückender Ausstattung. Der rechte Flügel, in dem sich Ludwig XIV., Madame de Maintenon sowie Napoleon I. aufhielten, zeugt von verschiedenen Stilepochen: der *Runde Salon* aus der Regierung des Sonnenkönigs, der schwer wirkende *Familiensalon* aus der Zeit Louis Philippes, das *Arbeitskabinett* und das *Schlafzimmer* aus der Ära Napoleons. Die *Große Galerie* schmücken bezaubernde Ansichten der ursprünglichen Gärten und Bosketts von Cotelle* zur Zeit Le*Nôtres. Der am Ende eines Querarms des Großen Kanals gelegene Große Trianon ist von Gärten und einem Park umgeben. Hardouin-Mansart schuf den herrlichen Marmorbrunnen, das *Buffet d'Eau* (1703). In einem Gebäude des 19. Jh. stehen die Karossen, Tragestühle und Schlitten des *Wagenmuseums*.

Kleiner Trianon, Hameau: Das elegante, von 1762 bis 1768 von Gabriel* errichtete Schloß ließ sich Madame de Pompadour von Ludwig XV. erbauen. Da die Favoritin vor der Fertigstellung starb, eröffnete es der »Vielgeliebte« mit einer anderen seiner Mätressen, der Madame du Barry. Der Bau wurde

Versailles, Schloß, Statuenreihe im Park

in neuerer Zeit einer umfangreichen Restaurierung unterzogen. Bemerkenswerte Holztäfelung im Speisesaal, schönes Mobiliar. Den reizvollen, für Marie Antoinette entworfenen *Park* des Kleinen Trianon (1775 bis 1784) schmücken zauberhafte Bauten *(Theater der Königin, Belvedere, Liebestempel)* und ein Operettendorf: Der 1783 von Mique* angelegte Hameau (Weiler) liegt an einem künstlichen See und stellt die Nachbildung eines landwirtschaftlichen Betriebes dar.

Stadt Versailles: Die harmonisch wirkende Stadt, in welcher der höfische Adel, die Angestellten der Ministerien, viele Handwerker und Händler einst wohnten, ist durch eine überlegte Stadtplanung entstanden (Beachtung der Symmetrie, die Dächer durften das damalige Niveau des Marmorhofs nicht überragen). Die schönen Paläste stammen vornehmlich aus dem 17. Jh. Die symmetrisch vor dem Schloß angelegten *Großen und Kleinen Stallungen* wurden ab 1679 von Hardouin-Mansart* erbaut. Auch der riesige *Grand Commun* (Wirtschaftsgebäude), links vom Vorhof des Schlosses, ist ein Werk von Hardouin-Mansart*

Versailles, Petit Trianon

Versailles, Grand Trianon

Versailles, Schloß, Fassade

Versailles, Venus mit der Schildkröte ▷

(1682 bis 1684). Daneben das *Hôtel de la Guerre* und das *Hôtel de la Marine et des affaires étrangères* aus dem 18. Jh. In letzterem befindet sich eine bedeutende Bibliothek mit historischen Dokumenten sowie Werke von Dunoyer* de Segonzac. Im *Jeu de Paume* wurden im Juni 1789 Abgeordnete des Tiers État empfangen: Sie schworen dort, Frankreich eine Verfassung zu geben. Rechts vom Schloß das *Hôtel de Pompadour* und das *Théatre Montansier* aus dem 18. Jh.

Kirchen: Versailles besitzt zwei interessante, symmetrisch zur Avenue de Paris stehende Kirchen. Die Straße ist als zentrale Achse auf die Höfe und die Palastmitte gerichtet. Ludwig XIV. legte 1684 den Grundstein zu *Notre-Dame,* der von Hardouin-Mansart erbauten neoklassischen Kirche. Der Enkel des Architekten, Jacques Hardouin-Mansart*, errichtete die Kathedrale *Saint-Louis* von 1743 bis 1754.

Verschiedene interessante Bauten stehen an der Avenue de Paris: *Hôtel des Menus-Plaisirs* (verfallen), *Caserne de Noailles* (Fassade von Ledoux*). *Hôtel de Madame du Barry.*

Musée Lambinet: In diesem hübschen, altertümlichen Palais (18. Jh.) befinden sich verschiedene Sammlungen: Werke von Houdon*, Waffen aus der Manufaktur von Versailles, volkstümliche Figuren (19. Jh.), Fächer, Kupferplatten für den Stoffdruck von Jouy, Andenken an General Hoche, der hier geboren wurde sowie Werke von Dunoyer* de Segonzac mit Motiven von Versailles.

Vertheuil

750 Ew
33 Gironde
S. 418 □ E 11

Der von den Weinbergen des Haut-Medoc umgebene kleine Ort besitzt

noch eine alte *Abteikirche* aus der Romanik, die befestigt und mit Kreuzgewölben versehen ist (15. und 16. Jh.) und im letzten Jahrhundert stark restauriert wurde. Schönes, zum Teil verstümmeltes Portal im Stil des Saintonge. Die Klosterbauten wurden im 18. Jh. neu errichtet.

Vervins	3260 Ew
02 Aisne	S. 411 □ K 3

Die ehemalige Hauptstadt der Thiérache hat noch hübsche gepflasterte Straßen und schiefergedeckte Häuser. Sie blickt auf eine bewegte Vergangenheit zurück; nach einem Brand im Jahre 1552 blieben von der Ringmauer aus dem 15. Jh. nur noch Ruinen übrig. Die eindrucksvolle Kirche *Notre-Dame* weist die unterschiedlichsten Stile auf: der Chor geht auf das 13. Jh. zurück, das Schiff stammt aus dem 16. Jh., Apsis aus dem Jahre 1870. Der 34 m hohe, imposante Torturm aus Stein und Ziegeln wurde 1553 angebaut. Im Inneren befindet sich ein riesiges Gemälde von Jouvenet* und eine Kanzel aus dem 18. Jh.
Das Rathaus stammt aus dem 17. Jh. In dem Hôtel de Coigny aus dem 16. Jh. unterzeichnete Heinrich IV. den Vertrag, der den Krieg mit Spanien beendete.

Umgebung: Die **Thiérache** ist eine hübsche Landschaft, in der sich Obstgärten und Weiden über die sanften Täler erstrecken. Das Grenzland wurde einst von Invasionen und Kriegen heimgesucht. Um sich gegen Räuber zu schützen, flüchteten sich die Bauern im 15. und 16. Jh. in die Kirchen: Etwa fünfzig befestigte Gotteshäuser verleihen der Umgebung ihre besondere Note.
Prisces (8 km südlich von Vervins): Ein riesiger quadratischer Glockenturm von 25 m Höhe, mit zwei Türmchen besetzt, verleiht der Kirche den Eindruck einer rheinischen Festung. Schiff und Chor stammen aus dem 12. Jh.
Burelles (6 km südlich von Vervins): Der Chor der Kirche wird von einem befestigten Querschiff verdeckt, dessen Vierung links mit Zinnen versehen ist. Der große Saal im oberen Stockwerk diente als Zuflucht, den Glokkenturm bildete ein Wachturm aus Ziegeln.
Plomion (11 km südöstlich von Vervins): Zwei runde Türme, die einen gewaltigen quadratischen Wachturm umrahmen, verleihen der schönen Kirche aus dem 16. Jh. ihre Eigenart. Vom Wachturm führt ein großer Saal mit Kamin zu den Dächern der Kirche.
Montcornet (20 km südöstl.): Der große Marktort besitzt eine herrliche Kirche aus dem 13. Jh. Der von einem flachen Chor abgeschlossene gotische Bau liegt hinter einem Renaissance-Portal. Die Vorhalle wird von zwei runden Türmchen eingerahmt, deren oberes Mauerwerk dekorativ aus roten und schwarzen Ziegeln zusammengesetzt ist.

Vesoul	20080 Ew
70 Haute-Saône	S. 417 □ N 7

Diese Industriestadt ist ein bedeutender Verkehrsknotenpunkt. Sie wird von einem kegelförmigen Hügel (La Motte) beherrscht, auf dem sich eine riesige Statue der Jungfrau an der Stelle der ehemaligen mittelalterlichen Burg erhebt. Einige alte Häuser, gotische Wohnbauten und Stadtpaläste aus dem 17. und 18. Jh. verleihen der Stadt ihren eigenen Charakter. Die dreischiffige Kirche *Saint-Georges* ist ein klassischer Bau aus der ersten Hälfte des 18. Jh. Die Innenausstattung ist aus der gleichen Epoche, darunter herrliche Täfelungen, einige Statuen aus dem 15. Jh., eine Pieta aus dem 16. Jh. sowie ein Heiliges Grab aus der Renaissance. Das in einem Hospital aus dem 17. Jh. untergebrachte Rathaus enthält ein kleines *Museum* mit Werken einheimischer Künstler, u. a. von Jean-Léon Gérôme* (1824 bis 1904) sowie alte Ansichten von Vesoul.

Vétheuil, Claude Monet, Seine bei Vétheuil

Vétheuil

690 Ew
95 Val-d'Oise
S. 410 □ I 4

Das reizende Dorf an den Ufern der Seine diente Claude Monet* 1901 als Bildmotiv. Die in der Renaissance umgebaute ehemalige *Kollegiatkirche* aus dem 12. Jh. hat eine reich detaillierte Westfassade aus dem 16. Jh. An der Südseite hinter einer Vorhalle befindet sich ein schönes Renaissance-Portal (am Mittelpfeiler eine reizende Statue der Jungfrau). Im Inneren gibt es verschiedene, meist aus dem 16. Jh stammende alte Statuen. Die von einem geschnitzten Gitter aus der Renaissance abgeschlossene Kapelle de la Confrérie de la Charité (links) ist mit zum Teil noch aus dem 16. Jh. stammenden Wandgemälden geschmückt.

Umgebung: Haute-Isle (4 km nordwestl.): Das teilweise in den Fels über der Seine gebaute Dorf (mit Höhlenwohnungen) hat eine seltsame Kirche, von der nur der winzige Glockenturm herausragt. **La Roche-Guyon** (2 km westl. von Haute-Isle): Das im 12. Jh. erstmals wiederaufgebaute Schloß (Wehrturm) wurde vom 13. bis 18. Jh. ständig umgebaut. Nach den Beschädigungen von 1944 wurde es restauriert. Auf dem Dorfplatz ein reizender Brunnen und ehemalige Markthallen (Rathaus) aus dem 18. Jh.

Vézelay

540 Ew
89 Yonne
S. 415 □ K 7

Der Hügel mit der berühmten romanischen Basilika, ein Sammelpunkt der Wallfahrer von Compostela, wurde vom Hl. Bernhard, der hier zum zweiten Kreuzzug aufrief, von Philipp August, Richard Löwenherz und dem Hl. Ludwig erklommen. Die Geschichte des Dorfes geht auf eine Abtei zurück, die im 9. Jh. von dem Fürsten Girart de Roussillon gegründet wurde. Das erst von Nonnen und später von Mönchen bewohnte Kloster wurde nach der Plünderung durch die Normannen auf den leichter zu verteidigenden Nachbarhügel verlegt. Vézelay wurde im 11. Jh. berühmt, als bekannt wurde, daß ein Mönch die Reliquien der Hl. Maria Magdalena hierher gebracht hatte. Der Zustrom währte bis zum 13. Jh. (der Wallfahrtsort verlor schließlich seine Anziehungskraft, als bekannt wurde, daß sich die »echten« heiligen Reliquien nicht in Burgund, sondern in Saint-Maximin in der Provence befanden). Die Benediktiner wurden von Stifsherren abgelöst, und schließlich fiel die Abtei den Verwüstungen der Hugenotten zum Opfer.

Basilika Sainte-Madeleine: Die originelle, sehr große Kirche auf dem alleinstehenden Hügel ist sowohl von der Hochromanik als auch der Gotik gekennzeichnet. Das berühmte, durch die Religionskriege und die Revolution verwüstete Bauwerk wurde 1819 vom Blitz getroffen und geriet anschließend völlig in Verfall, bis Prosper Mérimée die Behörden auf diesen Zustand aufmerksam machte. Als Viollet-le-Duc* sich an die Restaurierung wagte, war nicht mehr sehr viel von dem Gebäude übrig. Es gelang ihm, die Herrlichkeit des Bauwerks wieder aufleben zu lassen, und heute zählt die Basilika mit ihrem herrlichen Westportal, den Kapitellen und dem wunderbar gegliederten Schiff zu den schönsten Sehenswürdigkeiten Frankreichs. In der Basilika sind drei unterschiedliche Bauabschnitte zu erkennen: das *romanische Schiff*, das nach dem Brand von 1120, der das vorherige Gebäude verwüstet hatte, schnell errichtet wurde, der machtvolle *Narthex* mit Portalen aus der Mitte des 12. Jh. sowie der *gotische Chor*, der gegen Ende des 12. und zu Beginn des 13. Jh. erbaut wurde. Die Fassade ist nur ein Abglanz des mittelalterlichen Bauwerks, denn sie wurde von Viollet-le-Duc nach alten Vorlagen völlig neu geschaffen (das äußere Mittelportal ist eine Nachbildung). *Narthex und Portale:* Die riesige, gleich nach dem Schiff erbaute und über 20 m breite Vorhalle hat bemerkenswerte Kapitelle mit verschiedenen Darstellungen. Das berühmte *Tympanon* des Mittelportals, das nicht restauriert zu werden

Vézelay, Basilika, Langhaus

Vézelay, Narthex, rechtes Portal ▷

Vézelay, Äußeres Mittelportal (rekonstr.)

Vézelay, Basilika, Kapitell

brauchte, ist Christus gewidmet, dessen ausgestreckte Hände den Heiligen Geist auf die zwölf Apostel übertragen. Dieses Meisterwerk der burgundischen Skulptur aus dem 12. Jh. ist von zahlreichen skulptierten Szenen umgeben; am Mittelpfeiler lehnt eine Statue von Johannes dem Täufer, über dem Türsturz sieht man eine Prozession ziehen, und auf den Seitenpfeilern sind Apostel dargestellt. Das *südliche Seitenportal* ist der Kindheit Christi gewidmet, während er den Aposteln auf dem linken Portal nach der Auferstehung erscheint. *Schiff:* Der sehr hohe Bau entfernt sich vom Vorbild der Kluniazenser (kein Triforium, Betonung der Horizontalen). 62 m lang und 18 m hoch, von niedrigeren Seitenschiffen begleitet, wirkt das Schiff trotz seiner Harmonie recht streng. In den Bögen wechseln weiße und braune Steine, doch wird die Hauptaufmerksamkeit von den Kapitellen angezogen, deren Skulpturen die verschiedensten Geschichten darstellen (aus der Bibel, aus dem Leben der Heiligen und aus der Hölle, dazu kommen seltsame heidnische Darstellungen wie etwa die Erziehung Achills und die Entführung des Ganymed). *Querschiff und Chor* ersetzten im 13. Jh. die alten romanischen Bauteile. Im Schaft einer Säule im rechten Querarm befinden sich die angeblich von Maria Magdalena stammenden Reliquien. Der mit einem weiten Umgang versehene Chor ruht auf einer sehr alten, im 13. Jh. umgebauten Krypta, die Kapitelle scheinen vom vorgotischen Zisterzienserstil beeinflußt zu sein. Am rechten Querschiffarm ein *Kapitelsaal* vom Ende des 12. Jh., der zu einer wiederaufgebauten Galerie des Kreuzgangs führt.

Dorf: Vézelay ist noch von 2 km langen Mauern umgeben, die im 12. Jh. um den Hügel erbaut wurden (*Porte Neuve* aus dem 14. und 15. Jh.). Es gibt noch zahlreiche alte Häuser und das *Logis des Chanoines* (Stiftsherrenhaus) aus dem 18. Jh.

Umgebung: Saint-Père-sous-Vézelay

(2 km östl.): Das ruhige Dorf unterhalb von Vézelay besitzt eine überraschend schöne gotische Kirche, die jedoch durch ihre berühmte Nachbarin in den Schatten gestellt wird. Die aus dem 13. bis 15. Jh. stammende Kirche *Notre-Dame* wirkt außen wie eine kleine Kathedrale, der Innenraum macht jedoch eher einen intimen Eindruck. Die bemerkenswerte Fassade besitzt eine dreitorige Vorhalle, einen hübschen Giebel und einen kunstvoll gestaffelten Glockenturm. Ein sehr interessantes kleines *Museum* im alten Presbyterium aus dem 17. Jh. enthält vor allem Funde der Ausgrabungen von Fontaines-Salées. **Les Fontaines-Salées** (2 km von Saint-Père): Die außergewöhnliche archäologische Fundstätte zeugt von der Nutzung der Salzquellen, die seit dem 6. Jahrtausend v. Chr. bekannt waren. Bei Ausgrabungen wurden Spuren vorgeschichtlicher Quellfassungen, ein Graburnenfeld (900 v. Chr.), ein keltischer Kultbau und die Ruinen großer gallo-römischer Thermen entdeckt.

Vézelay, Joche im Langhaus

Vienne	28 750 Ew
38 Isère	S. 421 □ M 11

Die ehemalige Hauptstadt der Allobroger und bedeutende gallo-römische Siedlung war im Mittelalter unter der Herrschaft der Bischöfe eine berühmte Stadt. Sie besitzt antike, romanische und gotische Baudenkmäler. Beherrscht wird sie vom Mont Pipet, von den Ruinen des Schlosses de la Bâtie im Norden (es wurde im Auftrag Richelieus geschleift) und den Überresten der ehemaligen römischen Umwallung. Vienne ist eine Stadt der Künste und der Geschichte.

Vienne, Kirche Saint-Maurice

Kirche Saint-Pierre, Steinmuseum: Die einst außerhalb der Stadtmauern gelegene Kirche Saint-Pierre zählt zu den ältesten französischen Gotteshäusern. Wegen ihrer vielen Umbauten gibt sie den Archäologen Rätsel auf, die vergeblich versuchen, sich die im 9. Jh. (an der Stelle des 735 von den

Vienne, Musée lapidaire

St-Maurice, Statue des Hl. Paulus ▷

Arabern zerstörten Bauwerks) errichtete Kirche in ihrem ursprünglichen Aussehen vorzustellen. Sie wurde teilweise auf Fundamenten aus dem 4. Jh. errichtet – einige Mauern könnten auch aus dem 6. Jh. stammen –, im 12. Jh. mit einem romanischen Glokkenturm versehen, im 15. Jh. umgebaut, während der Revolution verkauft, im 19. Jh. schließlich von der öffentlichen Hand erworben und wiederhergestellt. Sie beherbergt das bedeutende Steinmuseum mit der Marmorskulptur einer Frau in drapierten Gewändern (»tutela«) aus dem 2. Jh. sowie Mosaiken, Sarkophagen, Stelen und Reliefs. Der Fußboden des Schiffes ist mit schönen *Mosaiken* bedeckt. Erwähnenswert ist auch der reich verzierte *Sarkophag* eines Bischofs aus dem 6. Jh.

Kirche Saint-Maurice: Die ehemalige Kathedrale Saint-Maurice liegt auf einer Terrasse, die von einer sehr fein gearbeiteten Balustrade umgeben ist. Sie besitzt eine elegante Fassade mit spätgotischen Portalen. Die romanische und vor allem gotische Kathedrale wurde aus einem weichen, wenig wetterfesten Kalkstein erbaut. Die zu Beginn des 12. Jh. begonnenen Bauarbeiten dauerten mehrere Jahrhunderte lang: Der Chor wurde im 13. Jh. errichtet, die romanischen Joche des Schiffes im 14. Jh. neu überwölbt, der obere Teil der Fassade erst im 16. Jh. erbaut. Nach 1560 wurde das Bauwerk von den Truppen des Baron des Adrets rücksichtslos verwüstet, der später bereits baufällige Nordturm fiel 1869 einem Brand zum Opfer. Die von zwei Türmen umrahmte *Fassade* besitzt noch drei schöne Portale, die allerdings von den Hugenotten beschädigt wurden. Die südl. Vorhalle (rechts) geht auf das 14. Jh. zurück (mit musizierenden Engeln und Propheten). Das Nordportal stammt aus dem 15. Jh. Die ersten vier Joche des

Vienne, St-Maurice, Mittelportal

Kirchenschiffes wurden als letzte erbaut, zu einer Zeit, als bereits der Spitzbogenstil vorherrschte. Danach folgen sieben Joche mit massiven Pfeilern und szenengeschmückten *Kapitellen* (1107 bis 1140), die wie die Seitenschiffe in herrlichem romanischem Stil gehalten sind. Die Kapellen wurden im 14. und 15. Jh. hinzugefügt. Der gotische Chor ist mit einem Marmorfries mit roten Einlagen versehen. Rechts vom Hauptaltar aus dem 18. Jh. befindet sich das Grabmal der zwei Prälaten, ein Werk von Michel-Ange Slodtz* (1747). Über der Stiftsherrenbank ist ein Bischofssitz aus dem 13. Jh. zu sehen. Unter den noch erhaltenen schönen Glasfenstern ist die herrliche *Anbetung der Könige* in der südlichen Chorkapelle hervorzuheben (16. Jh.). Am Nordportal, über das ein romanischer Fries neu eingesetzt wurde, gibt es drei große Marmorstatuen aus dem 12. Jh., die die Hll. Petrus, Paulus und Johannes darstellen. Im nördlichen Seitenschiff befindet sich eine beschädigte Gruppe, welche die Begegnung des Herodes mit den Hl. Königen zeigt (13. Jh.). Am Außenportal wurde ein romanisches Tympanon neu verwendet.

Place Saint-Paul: Der Platz liegt an der Stelle der abgerissenen Kreuzgänge und Kapellen; nur die Kapelle *de Virieu* aus dem 15. Jh., heute Saint-Théodore genannt, ist noch erhalten.

Place du Palais: Hier war früher ein ehemaliges *römisches Forum* gewesen; der Turm aus dem 17. Jh. diente vermutlich als Feuerwachturm.

Tempel des Augustus und der Livia: Das nach Osten ausgerichtete harmonische Bauwerk aus dem 1. Jh. wurde nach einem Brand teilweise neu errichtet. Die Römer widmeten es dem Kaiser Augustus und seiner Gemahlin Livia. Der 24 m lange, 15 m breite und 17 m hohe Tempel diente später als Kirche. In der Revolution wurde er zu einem Tempel der Göttin der Vernunft, dann diente er als Tribunal und schließlich als Museum. Im 19. Jh. wurden durch Restaurationsarbeiten die Säulen freigelegt, und das ursprüngliche Aussehen des Tempels wiederhergestellt.

Kirche, Kreuzgang und Museum von Saint-André-le-Bas: Die von einem Turm aus dem 12. und 13. Jh. beherrschte Kirche hat noch Unterbauten und eine Apsis aus dem 9. Jh., im wesentlichen stammt sie jedoch aus der romanischen Epoche (ein Pfeiler trägt den Namen des Baumeisters und das Datum 1152). Das von massiven Strebepfeilern abgestützte Kreuzgewölbe stammt aus dem ausgehenden 12. Jh., jener Epoche, in der die Gotik entstand. Im Inneren findet man schöne Marmorkapitelle mit Szenendarstellungen. Der Kreuzgang wurde im 12. Jh., als die Abtei ihren Höhepunkt erreicht hatte, auf römischen Mauern errichtet. Das romanische Meisterwerk mit sehr verschiedenartigen Kapitellen hat einen Holzplafond aus

Vienne, Kirche St-Maurice, Tympanon vom Mittelportal

dem 15. Jh. (im Norden). In der Mitte ein doppelseitiges Karolingerkreuz; in den Galerien steinerne Inschriften und Gedenksteine (8. bis 18. Jh.). Das *Museum christlicher Kunst* hinter der westlichen Galerie enthält Skulpturen zerstörter Kirchen. An der *Rue Marchande*, die im Mittelalter eine Geschäftsstraße war, stehen noch sehr alte, meist restaurierte Häuser. In der *Rue des Orfèvres* findet man noch einige interessante Bauten. An der *Place du Pilori* steht ein hübsches vorkragendes Haus mit Türmchen.

Tempel und Theater der Cybèle: Die Cybèle wurde in Vienne seit dem 2. Jh. verehrt. Der Tempel und das Mysterientheater wurden vor dem letzten Weltkrieg entdeckt, die Ausgrabungen brachten einen ganzen Bezirk zutage. Neben der Mauer des Theaters befindet sich ein römischer Portikus, außerdem wurden Ruinen von Thermen entdeckt.

Römisches Theater: Das aus sechsundvierzig Sitzreihen bestehende große Theater befindet sich am Fuße des Mont Pipet. Nachdem es durch die Barbareneinfälle verwüstet worden war, geriet es immer mehr in Verfall, bis es schließlich völlig von einer Erdschicht bedeckt wurde. Jetzt finden hier wieder Vorstellungen statt. Bei den Ausgrabungen in den Jahren ab 1970 war das Odeon wieder entdeckt worden.

Musée des Beaux Arts et d'Archéologie: Die sehr unterschiedlichen Sammlungen enthalten vorgeschichtliche Funde, Miniaturen, römische Münzen, herrliche Fayencen und bemerkenswerte alte Möbel.

Ausgrabungen von Saint-Romain: Die umfangreiche archäologische Stätte Saint Romain-en-Gal am rechten Flußufer wurde entdeckt, als man dort ein Lyzeum erbauen wollte. Ausgra-

Villandry, Luftaufnahme von Schloß und Park

bungen brachten eine ausgedehnte gallo-römische Siedlung zutage, die ein Gegenstück zu der heutigen Stadt Vienne am linken Flußufer bildet. Der alte römische Vorort *Sainte-Colombe* besitzt Ruinen prachtvoller, mit Mosaiken geschmückter Wohnbauten und Thermen, die man einst Spiegelpalast nannte. Der Turm des Philipp von Valois stammt aus dem 15. Jh. In der Kirche eine Skulpturengruppe mit der Hl. Anna und der Jungfrau (14. oder 15. Jh.).

Villandry (Schloß)	
37 Indre-et-Loire	S. 414 □ G 7

Das Schloß Villandry gehört zu den letzten großen Bauten im Loiretal. Von der alten Burg, die Jean le Breton, ein Vertrauter von Franz I., abtragen ließ, ist nur noch ein quadratischer Bergfried erhalten. Das nach 1530 (nach Chenonceau, Blois, Chambord und Azay-le-Rideau) erbaute, elegante Schloß liegt am linken Ufer des Cher, kurz vor dessen Mündung in die Loire. Die von Gräben umgebenen Bauten liegen um einen Ehrenhof. Das Innere ist ausgestattet mit Täfelungen aus dem 18. Jh., schönen alten Möbeln und zahlreichen Gemälden.

Gärten: Sie wurden in drei übereinanderliegenden Terrassen im Stil des 16. Jh. sehr reizvoll wiederhergestellt. Am südlichen Hang befindet sich ein Obstgarten, der nach den Zeichnungen von Androuet du Cerceau* angelegt wurde.

Villedieu-les-Poêles	4720 Ew
50 Manche	S. 413 □ E 4

In Villedieu ließen sich seit dem Mittelalter die Hersteller von Öfen nieder.

Das Handwerk wird auch noch heute mit modernen Techniken fortgeführt und im *Musée de la Poeslerie* veranschaulicht. Die Kirche *Notre-Dame*, ein düsteres Granitgebäude aus dem 15. und 17. Jh., besitzt eine schöne spätgotische Apsis. Die Glockengießerei führt eine bis ins 12. Jh. zurückreichende Tradition fort. Das bemerkenswerte *Musée du Meuble Normand* in der Rue du Reculé, enthält herrliche Möbel aus der Umgebung.

Villefranche 7260 Ew
06 Alpes-Maritimes S. 426 □ P 14

Die Stadt hat mit ihrer seltsamen *Rue Obscure*, die zum großen Teil überdacht ist, mit ihren Gassen, Passagen, Treppen und Häusern aus dem 17. und 18. Jh. noch ihren malerischen Charakter bewahrt. Die kleine Kapelle *Saint-Pierre* am Kai wurde restauriert und von Jean Cocteau* mit Fresken ausgemalt. Die *Zitadelle* (16. Jh.), deren Glacis zu Gärten umgestaltet wurden, ist einen Besuch wert.

Villefranche-de-Rouergue 13670 Ew
12 Aveyron S. 423 □ I 13

Die im 13. Jh. vom Bruder Ludwigs des Heiligen gegründete Stadt hat sich bis heute ihren ursprünglichen Charakter bewahrt. Ihren Mittelpunkt bildet ein reizender Laubenplatz. Die aus dem 14. und 15. Jh. stammende Kirche *Notre-Dame* besitzt einen mächtigen, befestigten Glockenturm mit Vorhalle. Das vom südgotischen Stil geprägte Bauwerk enthält schönes Chorgestühl und eine Steinkanzel, die aus dem 15. Jh. stammt.
Chapelle des Pénitents-noirs: Die Kapelle im Norden der Stadt stammt aus dem 17. Jh.

Kartäuser-Kloster Saint-Sauveur: Das alte Kloster, am gegenüberliegenden Ufer des Aveyron gelegen, dient jetzt als Hospital. Zu den gotischen Bauten des ehemaligen Klosters gehört ein großer Kreuzgang sowie ein kleinerer, der im spätgotischen Stil gehalten ist. Die Kapelle mit weiter Vorhalle enthält wertvolle Schnitzereien (Gestühl aus dem 15. Jh.).

Villefranche-sur-Saône 30700 Ew
69 Rhône S. 420 □ L 10

Die kleine Stadt, die sich beiderseits der Autobahn erstreckt, entstand einst um einen Zollturm. Mit der zunehmenden Entwicklung des Handels förderten die Herren von Beaujou die Entwicklung des Ortes zu einer Marktstadt, indem sie ihr zahlreiche Privilegien gewährten. Diese »franchises« (daher der Name Villefranche) brachten der günstig gelegenen Stadt einen gewissen Wohlstand. Sie kam zusammen mit dem Beaujolais später wieder an Frankreich zurück und wurde durch die Baumwollfabrikation zur Industriestadt (Spezialität sind blaue Arbeitsanzüge). An der Rue Nationale liegen die Kirche und verschiedene alte Häuser aus dem 15. bis 18. Jh. Die eigenartigen Häuser sind hinter schmalen Fassaden sehr weit nach hinten gebaut.

Notre-Dame-des-Marais: Im 12. Jh. wurde bei einem Fluß eine Statue der Jungfrau gefunden. Sogleich beschloß man, die Ufer trockenzulegen, um ihr dort eine Kapelle zu errichten, aus der dann die heutige Kirche entstand. Der ursprünglich romanische Bau (dieser Stil ist nur noch im oberen Teil des Chors zu erkennen) wurde im 14. Jh. vergrößert, erhielt im 15. Jh. seine spätgotische Fassade und einen Glokkenturm und im 19. Jh. den hohen Turmhelm. An der nördlichen Seite befindet sich die amüsante Skulptur eines Bocks und einer Hexe.

Umgebung: Ars-sur-Formans (9 km östl.): 1817 wurde Jean-Marie Baptiste Vianney Pfarrer von Ars. Er verbrachte sein Leben in Armut, erlangte durch seine Bekenntnisse einige Berühmtheit, schuf eine Mädchenschule und setzte im Jahre 1830 den freien Sonntag für Dienstboten durch. Da der Pfarrer schon zu seinen Lebzeiten als Heiliger galt, wurde er seit 1828 von etwa 25000 Pilgern aufgesucht (bis 1859, seinem Todesjahr, waren es 100000 Pilger). Seine sterbliche Hülle ruht in einem vergoldeten Bronzeschrein, ein Werk von Bossan*, in der modernen Basilika. Unter einer Terrasse erstreckt sich eine riesige nüchterne Krypta, die in den Jahren 1959 bis 1961 erbaut wurde. Die nahegelegene *Chapelle du Cœur* enthält ein Reliquiar mit dem Herzen des Pfarrers und seiner Statue als Betender. **Salles** (11 km nordwestl.) Das Dorf besitzt Ruinen eines größeren Klosters. Die Kirche mit einem schönen romanischen Portal geht auf das 11. und 12. Jh. zurück. Der Kreuzgang ist noch mit einer Galerie aus dem 12. Jh. ausgestaltet.

Villers-Cotterêts

8980 Ew
02 Aisne — S. 411 □ J 4

Die Geburtsstadt von Alexandre Dumas (1802) entstand einst vor einem großen, von Franz I. erbauten *Schloß*, das anschließend verschönert und unter Ludwig XIV. mit Gärten ausgestattet wurde, die LeNotre* entworfen hatte. Hinter der eleganten Renaissance-Fassade gibt es eine interessante Treppe mit Kassettenwölbung. Der schöne Fries in der Salle des Etats besteht aus verschiedenen Motiven, (Initiale und Emblem von Franz I.). Die *Kirche* von Villers-Cotterêts geht auf das 12. oder 13. Jh. zurück, sie wurde im 16. und 17. Jh. umgebaut (Portal). Das *Städtische Museum* erinnert an die Familie Dumas.

Villesavin (Schloß)

41 Loir-et-Cher — S. 414 □ H 7

Das reizvolle, an der Grenze von Sologne und Blésois gelegene Schloß erhebt seine elegante Renaissance-Silhouette (mit klassizistischen Elementen) vor einem bewaldeten Hintergrund. Es wurde 1537 vollendet und war der Wohnsitz der Intendanten von Chambord. Die sehr steilen Dächer wurden restauriert. Sehenswert ist auch die mit Fresken ausgemalte Kapelle sowie eine alte Küche, die noch das ganze Zinngeschirr enthält. Im Ehrenhof gibt es ein fein gearbeitetes, großes Marmorbecken, einen großen Taubenschlag und einen Schuppen mit alten Wagen.

Vire

13740 Ew
14 Calvados — S. 413 □ F 5

Das 1944 zerstörte Vire ist praktisch eine völlig neue Stadt. Der Haupteingang war einst die *Porte-Horloge* (13. und 15. Jh.). Die Stadt war früher von dicken Mauern umgeben, von denen noch einige Türme erhalten sind. Die restaurierte Kirche *Notre-Dame* stammt im wesentlichen aus dem 14. und 15. Jh.

Vitré

13490 Ew
35 Ille-et-Vilaine — S. 413 □ E 6

Die einst wegen ihrer Textilien berühmte, stolze Handelsstadt bewacht mit ihrer mittelalterlichen Festung die Grenze der Bretagne. Zu Füßen der Festung liegt die Altstadt mit ihrem Gewirr aus Fachwerkhäusern.

Schloß: Die Festung am äußersten Ende des Hügelvorsprungs wurde im 14. und 15. Jh. auf den Resten eines älteren Bauwerks neu errichtet. Im Osten gelangt man über eine Zugbrücke in ein hübsches Châtelet, das von zwei mit Pechnasen versehenen Türmen flankiert wird. Drei mächtige, durch Kurtinen miteinander verbundene Türme verstärken die Ecken der Umwallung. Im Norden des dreieckigen Innenhofes steht das moderne Rathaus. Ein Seitenturm gegenüber dem

Eingang hat eine elegante Renaissance-Apsis. In mehreren Sälen der Türme ist ein *Museum* untergebracht: Es enthält Sammlungen aus den Bereichen Kunst, Archäologie, Ethnographie und Naturgeschichte.

Kirche Notre-Dame: Das aus dem 15. und 16. Jh. stammende Heiligtum hat eine besonders schöne Südseite, deren Giebel von Strebepfeilern mit Spitzsäulen getrennt und von spätgotischen Fenstern durchbrochen sind. An einem der Strebepfeiler befindet sich eine fein gemeißelte steinerne Außenkanzel. In der Sakristei gibt es ein herrliches *Triptychon* aus dem 16. Jh., das mit zweiunddreißig Limoge-Emails geschmückt ist, die das Leben der Jungfrau darstellen.

Umgebung: Schloß des Rochers (7 km südöstl.): Der im 14. Jh. erbaute und im 17. Jh. umgestaltete malerische Herrensitz verdankt seinen Ruhm der Marquise von Sévigné, die sich von 1654 bis 1690 hier öfters aufhielt. Neben den rechtwinklig angeordneten beiden Wohnbauten befindet sich ein Eckturm. Die seitlich gelegene achtekkige, von einer Kuppel mit Laterne bekrönte Kapelle wurde 1671 durch den Abt von Coulanges, einem Onkel der Mme. de Sévigné, errichtet. Das Gemach der berühmten Briefschreiberin enthält einige Erinnerungen und einen mit ihren Initialen verzierten Kamin. **Champeaux** (9 km nordwestl.). Die Granithäuser des reizenden Dorfes stehen um einen Rasenplatz mit altem Brunnen. Die von den Herren von Espinay gegründete ehemalige Kollegiatkirche aus dem 14. und 15. Jh. enthält herrliches Gestühl mit Baldachin aus dem 16. Jh., ein Glasfenster mit Darstellung der Kreuzigung aus der gleichen Epoche sowie Grabmäler.

Vitteaux	1080 Ew
21 Côte-d'Or	S. 416 □ L 7

Der Marktflecken besitzt noch Burgruinen, verschiedene alte Wohnbauten

Vitré, Schloß

(wie das schöne Haus Belime aus dem 13. Jh.) und Markthallen aus dem 14. Jh. Die alte Kirche stammt aus der Gotik und der Renaissance. Das nahe gelegene *Schloß de Posanges* im Norden hat noch die massiven Formen einer mittelalterlichen Burg.

Vittel	6800 Ew
88 Vosges	S. 416 □ M 5

Das berühmte, 1854 gegründete Heilbad liegt inmitten von Wäldern und Hügeln. Park und Sportstadion laden zu Spaziergängen und Sportübungen ein. Zu empfehlen ist eine Besichtigung der Mineralwasserfabrik. Die drei gotischen Schiffe der Kirche *Saint-Rémy* (12. Jh) sind trotz folgender Umbauten im 15. und 16. Jh. noch rein gotisch. In der Taufkapelle befinden sich ein steinerner Kalvarienberg aus dem 15. Jh. und ein bemaltes

Vizille, Schloß

Holzdiptychon aus dem 17. Jh. Die Kirche *Saint-Privat* aus dem 16. Jh. enthält eine reiche Innenausstattung. In der Kapelle Saint-Eloi gibt es interessante Steinstatuen.

Viviers	3200 Ew
07 Ardèche	S. 425 □ L 11

Die alte Bischofsstadt ist rund um die *Kathedrale* entstanden. Aus der romanischen Zeit sind noch Vorhalle und Fassade erhalten. Der besonders geräumige Chor wurde mit einem schönen spätgotischen Gewölbe bedeckt. Ein freistehender *Turm* vor der Kathedrale gehörte einst zu den Verteidigungsanlagen des Schlosses. Der Unterbau stammt aus dem 11. Jh., das achteckige Oberteil aus dem 14. Jh. Heute dient er als Glockenturm. Sehenswert sind auch zahlreiche alte Häuser, darunter die »des chevaliers« (16. Jh.), nach den meisterhaften Flachreliefs der Fassade benannt; sie stellen einen Turniergang dar.

Vizille	7250 Ew
38 Isère	S. 421 □ N 11

Vizille, an der Kreuzung der Route des Grandes Alpes und der Route Napoléon gelegen, erinnert noch an die berühmte Versammlung von 1788, einem Vorspiel der Revolution, und an den Durchzug Napoléons, der hier 1815 bei seiner Rückkehr aus Elba freudig empfangen wurde. Das auf einem Felshügel gelegene *Schloß* war einst eine Residenz des Präsidenten der Republik. Von dem Bau aus dem 17. Jh. ist nur noch ein Teil erhalten, der anschließend vergrößert wurde (im 19. Jh. wurde das Schloß von zwei Bränden verwüstet). Nach seiner Wiederherstellung wurde es reich mit Möbeln aus der Zeit Ludwigs XII., Ludwigs XIV. und des Empires ausgestattet.

Volvic

3250 Ew
63 Puy-de-Dôme S. 420 □ J 10

Die Stadt ist nicht nur wegen ihrer Heilquellen, sondern auch wegen ihrer großen Lava-Steinbrüche bekannt. Aus dem vulkanischen Gestein der Nugère wurden viele Städte und Dörfer der Umgebung erbaut.

Kirche Saint-Priest: Der romanische Chor ist von einem Umgang mit Kapellenkranz umgeben. Auf zahlreichen Kapitellen sind Themen der Auvergne zu finden. Sehenswert auch ein schönes romanisches Gitter vor der Mittelkapelle sowie eine elegante Statue der Jungfrau mit Vogel, die aus dem 14. Jh. stammt.

Museum: Das in einem alten Steinbruch untergebrachte *Maison de la Pierre* zeigt die verschiedenen Vulkanschichten der Auvergne und veranschaulicht die Arbeit der Steinbrecher.

Vougeot (Clos de)

21 Côte-d'Or S. 421 □ M 8

Das berühmte »climat« (Gewächs) des Weingutes Clos de Vougeot ist jetzt unter etwa ein Dutzend Weinbauern aufgeteilt. Der besonders schmackhafte Wein wurde seit dem 12. Jh. von Zisterziensermönchen kultiviert; eine päpstliche Bulle aus jener Zeit erwähnt das »Clos de Vooget«. Das Schloß wurde im 16. Jh. von einem Abt im Renaissance-Stil erbaut. In dem noch aus der Romanik erhaltenen Keller befindet sich ein Gärraum mit mittelalterlichen Pressen. Das Schloß ist Eigentum des Ordens der Weinkenner (Chevaliers du Tastevin).

Vouvant, Kirche, Portale

Vouvant

840 Ew
85 Vendée S. 418 □ F 9

Ein ruhiger, waldumgebener Ort, dessen Burgruinen noch an die mittelalterliche Feudalmacht erinnern ... Zwei übereinanderliegende Säle in der 36 m hohen *Tour Mélusine* sind pyramidenförmig überwölbt. Die Kirche *Notre-Dame* stammt aus dem 12. Jh. Am bemerkenswertesten ist die Fassade des nördlichen Querschiffarms mit einem für Westfrankreich außergewöhnlichen Reichtum an Verzierungen. Die Bogen zweier symmetrischer Portale sind mit Blattwerk geschmückt. In dem im 14. Jh. überarbeiteten oberen Teil des Giebels befinden sich zwei große Skulpturenreihen, die Abendmahl und Himmelfahrt darstellen.

W

Wassy 3230 Ew
52 Haute-Marne S. 416 □ L/M 5

Kirche Notre-Dame: Das komposite Bauwerk wurde gegen Ende des 11. Jh. begonnen. An die alten romanischen Teile (in der Höhe des schönen Mittelturms) kamen nicht immer sehr glückliche gotische Zubauten.
Das Rathaus aus dem 18. Jh. besitzt noch eine interessante *astronomische Uhr* vom Beginn des 19. Jh.
Das Haus, in dem der Dichter Paul Claudel Ende des 19. Jh. einen Teil seiner Kindheit verbrachte, liegt gegenüber der Stelle, wo der Herzog de Guise 1562 mit dem »Gemetzel von Wassy« die Religionskriege auslöste.

Wissembourg/Weißenburg 6100 Ew
67 Bas-Rhin S. 417 □ P 4

Weißenburg ist die nördlichste Stadt des Elsaß. Sie entstand einst rund um eine sehr alte Abtei. Der Ort, in den sich Stanislaw Leszczynski 1720 flüchtete, besitzt noch zahlreiche alte Bauten und schöne Häuser (Haus Vogelsberger von 1540). Die Abteikirche *Saint-Pierre-et-Saint-Paul* mit romanischem Glockenturm stammt aus der zweiten Hälfte des 13. Jh., daneben die Galerie eines Kreuzgangs aus dem 14. Jh. In einem an der Ringmauer gelegenen Haus aus dem 16. Jh. ist das *Museum Westercamp* (es bietet vor allem Archäologie und Heimatgeschichte) untergebracht.

Wormhout 4230 Ew
59 Nord S. 411 □ J 1

Der große Marktort in der fruchtbaren, von den Flügeln alter Windmühlen belebten flandrischen Ebene besitzt eine reizvolle *Kirche* aus Ziegelstein (16. Jh.). Im Inneren befindet sich eine schöne Kanzel aus dem 17. Jh.

Y

Yeu (Insel) 4770 Ew
85 Vendée S. 418 □ D 8

Die 10 km lange und 4 km breite Insel Yeu ist von sehr unterschiedlichen Landschaften geprägt: Einerseits die den bretonischen Küsten verwandte Côte Sauvage und im Gegensatz dazu die freundlichen, für die Vendée typischen Dörfchen mit ihren weißen Häusern. *Port-Joinville*, Hauptstadt der Insel und wichtiger Fischereihafen, erinnert an Marschall Pétain, der hier am 23. Juli 1951 starb. An der zerklüfteten Côte Sauvage erheben sich die romantischen Ruinen des *Vieux Château* (11. und 16. Jh.). In der ehemaligen Hauptstadt der Insel, *Saint-Sauveur*, gibt es eine bemerkenswerte romanische Kirche, deren mit Rundziegeln bedeckter quadratischer Glockenturm an ähnliche Bauten in der Vendée erinnert.

Yquem (Schloß)
33 Gironde S. 422 □ F 12

Das inmitten des reizvollen Sauternais, einer der berühmtesten Weingegenden Frankreichs gelegene Schloß ist ein schöner Wohnsitz aus dem Mittelalter, der vom 16. bis 18. Jh. umgebaut wurde. Der Name geht auf die Familie Eyquem zurück.

Yvetot 10940 Ew
76 Seine-Maritime S. 410 □ H 3

Die hauptsächlich aus Holz gebaute Stadt fiel mehreren Bränden zum Opfer und wurde im letzten Krieg fast vollständig zerstört. Die von einem hohen quadratischen Turm beherrschte Kirche *Saint-Pierre* ist ein großer rechteckiger Bau aus dem Jahre 1956; die Wände bestehen fast ganz aus bunten Glasfenstern (Darstellungen von Max Ingrand* über das Leben normannischer Heiliger). Im kleinen *Städtischen Museum* gibt es eine reiche Sammlung von Elfenbeinarbeiten.

Yvoire 340 Ew
74 Haute-Savoie S. 421 □ N 9

Das malerische Dorf über dem Genfer See ist noch von einer Mauer aus dem 14. Jh. umgeben (befestigte Tore). Der *Wachturm* stammt aus der gleichen Epoche. Es gibt noch zahlreiche alte Wohnbauten, darunter das Haus von Beauvais (14. Jh.), außerdem eine *Kirche* aus dem 13. und 17. Jh.

Register der Fachausdrücke

Ädikula: Wandnische, die zur Aufstellung einer Büste oder Statue dient; meist mit → Giebel, → Pfeilern oder → Säulen verziert.
Akanthus: Schmuckelement, das sich vor allem am → korinthischen → Kapitell findet und aus der stilisierten Darstellung eines scharf gezackten, distelähnlichen Blattes entwickelt wurde.
Altar: Opfertisch bei Griechen und Römern. Tisch des Herrn im christlichen Glauben. In katholischen Kirchen neben dem Hauptaltar oft mehrere Nebenaltäre für verschiedene Heilige, in protestantischen Kirchen meist nur ein Altar.
Altaraufsatz: Schreinartiger Aufbau über dem Altartisch.
Altarauszug: Oberer, abgehobener Teil des → Altaraufsatzes.
Altargerät: Gefäße und Requisiten für die gottesdienstlichen Handlungen am → Altar.
Altarretabel: → Altaraufsatz.
Ambo: Pult an den Chorschranken in altchristlichen und mittelalterlichen Kirchen; Vorläufer der → Kanzel.
Andachtsbilder: Kleinere Kunstwerke mit Einzeldarstellungen, die an Nebenaltären gezeigt werden und der religiösen Erbauung dienen.
Anna selbdritt: Darstellung von Anna, Maria und dem Jesusknaben.
Antependium: Frontverkleidung des Altartisches.
Apsis: Abschluß des → Chors, meist halbkreisförmig. In der Regel Standort des → Altars.
Aquädukt: Wasserleitung, oft als über eine Bogenbrücke geführter Kanal, bei den Römern häufig zu Monumentalbauten entwickelt.
Aquamanile: Gießgefäß oder Schüssel für rituelle Waschungen bei der kath. Liturgie.
Arabeske: Ein stilisiertes Blattwerk, das als Schmuckmotiv verwendet wird.
Architrav: Steinerner Hauptbalken über den → Säulen.
Archivolte: Bogenlauf über romanischen und gotischen Portalen.
Arkade: Bogen, der von → Säulen oder → Pfeilern getragen wird. Mehrere Arkaden werden zu Bogengängen zusammengefaßt. Wenn die Arkaden keine Öffnung haben (und nur aus dekorativen Gründen verwendet werden), spricht man auch von Blendarkaden.
Atrium: Bei den Römern ein zentraler Raum mit einer Öffnung im Dach, durch die das Regenwasser einfallen konnte. In der christlichen Architektur ein Vorhof, der meist von → Säulen umgeben ist, auch Paradies genannt.
Attika: Eine (meist reich verzierte) Wand, die über das → Gesims einer Säulenreihe gemauert wird und das Dach verdecken soll.
Aufgehendes Mauerwerk: Der sichtbare (oberirdische) Teil des Mauerwerks.
Aula: Halle, Versammlungssaal.

Baldachin: Schutzdach über → Altären, Grabmalen, Statuen und Portalen.
Baluster: Kleine bauchige oder profilierte Säule.
Balustrade: Aus → Balustern gebildetes Geländer.
Barock: Stilbezeichnung für die Kunst- und Kulturepoche ab etwa 1600 bis etwa 1750. Bestimmend sind kraftvoll bewegte, ineinandergreifende Formen.
Basilika: Griechische Königshalle; im Kirchenbau Bezeichnung für eine mehrschiffige Kirche (→ Schiff), deren Satteldach über dem Hauptschiff höher ist als die Pultdächer über den Seitenschiffen. Siehe auch → Säulenbasilika und → Pfeilerbasilika.
Basis: Fuß einer → Säule oder eines → Pfeilers, meist breit auslaufend und dekorativ gestaltet.
Bauhütte: Die Werkstatt der Handwerker, die an einem Kirchenbau beteiligt waren.
Bergfried: Hauptturm einer Burg, letzte Zufluchtsstätte bei Belagerungen.
Bering: Mantelmauer einer Burg.
Beschlagwerk: Schnitzwerk der → Renaissance, das bandeisernen Zierbeschlägen nachgebildet wurde.
Blattkapitell: Gotisches → Kapitell, bei dem die Grundform von feinen Blattornamenten überzogen ist.
Blendarkade: → Arkade.
Blendmaßwerk: → Maßwerk.
Bogenformen: Der Bogen dient zur Überbrückung größerer Spannweiten im Steinbau.
Bogenfries: Ein → Fries in der Form von Rundbogen (häufig bei romanischen Bauwerken).
Boskett, *Bosquett:* Besonders in französischen Parks und Gärten angepflanzte Baum- und Sträuchergruppen (»Lustwäldchen«).
Bündelpfeiler: In der Gotik beliebte → Pfeilerform. Um Kernpfeiler gruppieren sich kleinere und größere Dreiviertelpfeiler.

Cella: Hauptraum des antiken Tempels mit dem Götterbild.
Chor: Der meist erhöhte und in der Regel östlich gelegene Abschluß des Kirchenraumes. Der Chor hat meist nicht die gleiche Breite wie das → Schiff. Er dient zur Aufnahme des → Altars. Im Mittelalter war der Chor oft durch Schranken zum übrigen Kirchenraum abgegrenzt.
Chorgestühl: Sitzreihen für die Geistlichkeit bzw. in Klosterkirchen für die Mönche und Nonnen, zu beiden Seiten des → Chors aufgestellt.
Chorumgang: Ein Gang, der durch die Fortführung der Seitenschiffe entsteht und um den → Chor herumführt.
Cosmatentechnik: Mosaikarbeiten, meist ornamental aus Marmor angefertigt.

Dachreiter: Türmchen über dem Dachstuhl.
Dienste: Dünne Säulen oder Rundstäbe, die einer Wand oder einem Pfeiler vorgelagert sind, meist zur Unterstützung des Gewölbes.
Diptychon: Zusammenklappbare zweiteilige (Altar-)Tafel.
Directoire-Stil: Französischer Kunststil während der Herrschaft des Direktoriums (1795–99), Anlehnung an die Antike.
Donjon: Befestigter Haupt- und Wohnturm mittelalterlicher französischer Burgen.
Doppelkapelle: Eine zweigeschossige Kapelle.
Dorische Säulenordnung: → Ordnung, bei der die → Säulen ohne → Basis direkt auf den Boden gesetzt sind und flache, wulstförmige → Kapitelle tragen.

Empire-Stil: Klassizistischer Kunststil in Frankreich zu Beginn des 19. Jh., mit griechisch-römischen und ägyptischen Vorbildern.
Empore: Zwischengeschoß; in der Kirche meist Galerie für Sänger und Orgel.
Enclos Paroissial: Kirchplatz (eingefriedet), in Frankreich oft mit Kalvarienberg.
Englischer Gruß: Verkündigung des Engels an Maria.
Epitaph: Gedenktafel oder Gedenkstein an Wand oder Pfeiler, oft über dem Grab des Verstorbenen.
Erker: In sich geschlossener vorspringender Anbau an die Außenwand eines Gebäudes. Oft ein Dekorationselement.
Eremitage: Pavillon in Park- und Gartenanlagen, einsam gelegenes Schloß.
Eselstreppe: Stufenloser Aufgang eines Turms, vermutlich benutzt, um Esel das Baumaterial hinauftragen zu lassen. Daher sog. Eselstürme an mittelalterlichen Domen.
Exedra: Apsis, überwölbt mit einem Kuppelausschnitt.

Fachwerk: Balken, die als tragende Teile benutzt werden, sind mit Lehm oder Ziegeln aufgefüllt.
Fassade: Haupt- oder Schauseite eines Bauwerks.
Fassung: Bemalung.
Fayence: Töpferwaren mit Glasurüberzug, benannt nach der italienischen Stadt Faënza.
Fiale: Ziertürmchen in der → Gotik; oft als Bekrönung eines → Strebepfeilers.
Figurenkapitell: Das → Kapitell einer Säule, das zu einer Figur ausgearbeitet worden ist.
Filigranwerk: Ursprünglich Goldschmiedearbeit, bei der Gold- und Silberdraht ornamentartig auf eine Metallunterlage gelötet werden. Auch auf vielfach durchbrochene Schnitzwerke und Stukkaturen übertragen.
Fischblase: Flammenförmige Ornamentform im gotischen → Maßwerk.

Flamboyant-Stil: Bezeichnung für die Stilform der englischen und französischen Spätgotik mit flammenden Ornamenten (→ Fischblase) im → Maßwerk.
Flügelaltar: Der → Altaraufsatz hat ausklappbare, meist reich geschnitzte oder bemalte Flügel.
Fresko: Auf den noch feuchten Kalkputz werden Wasserfarben ohne Bindemittel aufgetragen. Beim Trocknen des Mörtels verbinden sich die Farben besonders haltbar mit dem Putz.
Fries: Schmuckstreifen zum Abschluß oder als Untergliederung einer Wand. Der Fries kann flächig oder plastisch sein, er kann aus Figuren oder → Ornamenten bestehen.

Gaden: In der Architektur Bezeichnung für Obergeschoß.
Galerie: Ein langgestreckter Raum; oft werden → Emporen und → Arkadengänge auch Galerie genannt.
Gaube: Als Giebelhäuschen ausgebildetes Dachfenster.
Gebälk: Balkensystem eines Holzbauwerks. Im Steinbau der → Renaissance und des → Barock werden → Architrav, → Fries und → Gesims zusammen als Gebälk bezeichnet.
Gebundenes System: Quadratisches Schema eines Grundrisses (vorwiegend in romanischen Kirchen). Ausgehend von der quadratischen 6 Vierung sind jeweils gleichgroße Gewölbequadrate in allen Richtungen angefügt. In den Seitenschiffen entsprechen jeweils zwei kleinere Gewölbequadrate den größeren Quadraten des Mittelschiffes.
Gesims: Ein vorspringender Wandabschluß.
Gesprenge: Abschließende Bekrönung des → Altaraufsatzes.
Gewölbe: Bogen- oder haubenförmiger Abschluß eines Raums.
Gobelin: Bildteppich.
Gotik: Epoche der europäischen Kunst und Kultur, die von der Mitte des 12. Jh. bis ins 16. Jh. reicht.
Grisaille: Malerei in verschiedenen Grauabstimmungen.
Gurtbogen: Eine konstruktive und dekorative Unterstützung des Gewölbeabschnitts, die sich rippenartig als Bogen quer zur Längsachse spannt.

Hallenkirche: Im Gegensatz zur → Basilika sind Hauptraum und → Seitenschiffe gleich hoch; ohne → Querhaus.
Hallenchor: Ein → Chor, der aus mehreren, jedoch gleichhohen → Schiffen besteht.
Halsgraben: Künstlich geschaffener Graben, der Burgen vom Landrücken trennt. Oft auch Zugang über Zugbrücken.
Helm: Der Abschluß eines Turmes.

Ikonostasis: In der Ostkirche Bilderwand zwischen Allerheiligstem und Gemeinderaum.
Immaculata: Die Unbefleckte, Ehrenname Marias.
Intarsia: Einlegearbeit in Holz, Stuck, Stein etc.

Ionische Säulenordnung: → Ordnung, bei der die → Säulen auf einer mehrgliedrigen → Basis stehen und das → Kapitell durch zwei Schnekkenbögen charakterisiert ist.

Joch: Grundeinheit des durch → Pfeiler, → Säulen oder → Gurtbogen gegliederten Raumes.
Jugendstil: Nach der Münchner Zeitschrift »Jugend« benannte Stilrichtung, die sich gegen die Übernahme alter Formen wendet und neue, der Natur entnommene Ausdrucksformen schafft. Schwerpunkt von 1895 bis um 1905.

Kalotte: Gewölbte Kuppel in Form eines Kugelabschnitts.
Kalvarienberg, *Calvaire:* Plastische Darstellung der Kreuzigungsgruppe und des Kreuzigungsberges, oft Wallfahrtsort.
Kamee: Stein oder Edelstein mit erhaben geschnittener Darstellung.
Kampanile, *Campanile:* (meist freistehender) Glockenturm.
Kämpfer: Steinplatte zwischen → Säule bzw. → Kapitell und Bogen oder Gewölbe.
Kannelüren: Senkrechte Rillen am Schaft von Säulen oder Pfeilern.
Kanon: Regelmäßiges, wiederkehrendes Maß.
Kanzel: Erhöhter Platz in der Kirche, von dem aus die Predigt gehalten wird. Oft von einem → Baldachin oder einem → Schalldeckel überdeckt.
Kapitell: Abschließender, kopfartiger Teil einer → Säule. Die Form der Kapitelle ist ausschlaggebend für Stil oder → Ordnung.
Kapitelsaal: Versammlungsraum der Klostergemeinde.
Karner: (auch: Beinhaus): Kapellenartiges Haus auf Friedhof, in dem die Gebeine aufbewahrt werden, die bei Neubelegung von Gräbern ausgegraben werden; oft zweigeschossig und mit Totenkapelle; vor allem in den Alpenländern.
Kartusche: Zierrahmen, mit dem Wappen, Initiale oder Inschriften eingefaßt sind.
Karyatide: → Gebälk tragende Figur.
Kassettendecke: Diese in rechteckige Felder unterteilte Decke ist durch → Ornamente, Bemalung oder anderen Schmuck ausgeprägt.
Kassettengewölbe: Ein von einer rechteckigen Kassette angeschnittenes → Kloster- oder Haubengewölbe in regelmäßiger Folge.
Kenotaph: Grabdenkmal, an anderer Stelle errichtet als das tatsächliche Grab.
Klassizismus: Von klassisch-antiken Vorbildern ausgehende Stilrichtung, die zwischen etwa 1770 bis etwa 1830 ihren Höhepunkt erreichte.
Klostergewölbe: (Haubengewölbe): Ein kuppelähnliches, waagrecht gerade abschließendes Gewölbe aus Tonnenabschnitten.
Knorpelstil: Die vorbarocke Form des → Ornaments, aus dem → Beschlagwerk entwickelt, mit ohrmuschelartigen Formen.
Knospenkapitell: Abwandlung des → korinthischen Kapitells in frühgotischer Zeit.
Konche: Halbrunder, sich in einen Nebenraum öffnender Raum, besonders Halbkuppel der Apsis.
Konsole: Wandvorsprung, Balkenstütze.
Kopfreliquiar: → Reliquiar in Kopf- oder Büstenform.
Korbbogen: Flachgedrückter Rundbogen.
Korinthische Säulenordnung: Reiche Zierformen kennzeichnen bei dieser → Ordnung die → Kapitelle. Die → Basis ähnelt der → ionischen Ordnung.
Kragstein: Aus der Mauer herausragender Stein, der als Stütze, als Auflage oder auch nur als Träger für eine Büste dient.
Kreuzgang: Meist gewölbtes, nach innen durch → Arkaden geöffnetes Geviert, das als Umgang im Hof eines Klosters dient und an einer Seite an die Kirche anschließt.
Kreuzgewölbe: Ein → Gewölbe, bei dem sich zwei → Tonnengewölbe rechtwinklig kreuzen. Man unterscheidet das einfache Kreuzgratgewölbe von dem Kreuzrippengewölbe, bei welchem die Schnittkanten durch Rippen verstärkt sind.
Krypta: Unterkirche, Grabraum, meist unter dem → Chor gelegen. Oft sind Kirchen über einer alten Krypta errichtet worden.

Langhaus: Hauptteil der Kirche, für die Gemeinde bestimmt. → Chor und → Apsis werden nicht mitgemessen.
Laterne: Kleiner Turm zum Abschluß einer Kuppel, meist reich verziert.
Laubengang: Bogengang, der dem Erdgeschoß eines Baus vorgelagert ist.
Leibung: Fläche des Mauereinschnitts bei Fenstern und Türen.
Lettner: Wand oder Brüstung zwischen → Chor und → Mittelschiff, die den klerikalen Bereich vom Laienraum trennt.
Loggia: Nach außen geöffnete Säulenhalle eines Bauwerks, häufig im Obergeschoß.
Lüftlmalerei: Malerei an Hauswänden, vornehmlich im süddeutschen Raum.
Lünette: Halbkreisförmiges Feld über Türen und Fenstern, oft mit Malerei oder Plastik.

Manierismus: Kunststil zwischen → Renaissance und → Barock (ungefähr von 1530–1630). Der Manierismus vernachlässigt natürliche und »klassische« Formen zugunsten gewollter Künstlichkeit der Manier.
Mansarde: Ein abgeknicktes Dach, wobei der untere Teil steiler als der obere ist. Der gewonnene Raum wird ebenfalls Mansarde genannt und läßt sich gut für Wohnzwecke benutzen. (Benannt nach dem Franzosen F. Mansart.)
Maßwerk: Gotische geometrische Zierformen, vor allem für die Ausgestaltung von Fensterbögen oft verwendet. Liegen die Zierbogen direkt auf der Wand, spricht man von Blendmaßwerk.

Mausoleum: Ein prächtiges Grabmal, meist in der Form eines Hauses oder Tempels.

Menhir: Roh behauener, senkrecht aufgestellter Stein aus vorgeschichtlicher Zeit.

Mensa: Die Deckplatte des Altars.

Mezzanin: Halb- oder Zwischengeschoß.

Miniatur: Kleinformatiges Bild; handgemalte Bilder in alten Handschriften.

Mittelschiff: Mittleres → Schiff der → Basilika oder der mehrschiffigen → Hallenkirche.

Mönchschor: Jener Teil des → Chores, der den Mönchen vorbehalten ist, oft abgeschlossen.

Monstranz: Schmuckgerät, in dem (meist hinter Glas) die geweihte Hostie gezeigt wird.

Mosaik: Wand-, Boden- oder Gewölbeschmuck, zusammengefügt aus kleinen bunten Steinchen, Glasscherben oder anderen Materialien.

Münster: Große Klosterkirche bzw. große Stiftskirche, vor allem in Rheinnähe gebräuchlich.

Muschelwerk: Zierornamente, die dem Muschelmotiv nachempfunden sind; vor allem in der späten → Renaissance und im → Rokoko.

Narthex: Vorhalle von Basiliken und Kirchen.

Netzgewölbe: Ein → Gewölbe, bei dem sich die Rippen mehrfach kreuzen. Vor allem zur Zeit der → Gotik anzutreffen.

Neubarock: Reaktion auf den kühlen → Klassizismus. Die Wiederverwendung der Formen des → Barock entwickelte sich im letzten Drittel des 19. Jh. als ein historisierender Prunkstil mit übertriebenem plastischem Schmuck und auffälligen Farben.

Neugotik (Neogotik): Historisierender Kunststil, mit dem man im 19. Jh. die Bauformen und Schmuckornamente der → Gotik neu beleben wollte.

Nonnenchor: → Empore, auf der Nonnen dem Gottesdienst beiwohnen.

Obelisk: Freistehender Pfeiler mit quadratischem Grundriß und pyramidenartiger Spitze.

Odeon: Meist rundes Gebäude, in dem musikalische und andere musische Aufführungen stattfinden.

Oktogon: Gebäude mit achteckigem Grundriß.

Olifant: Das Wunderhorn Rolands, ein Signal- und Kriegshorn aus Elfenbein, reich geschnitzt und in Edelmetall gefaßt.

Ophistodom: Beim griechischen Tempel Raum hinter der → Cella.

Orangerie: Teil barocker Schloß- und Parkanlagen, ursprünglich für die Überwinterung der während des Sommers im Freien aufgestellten Orangenbäume und anderer südlicher Gewächse gedacht. Oft erhielten die Orangerien jedoch Festräume für große Hofgesellschaften.

Oratorium: Kleine Kapelle, die in der Regel nicht für die Öffentlichkeit zugänglich ist, oft dem → Chorraum angegliedert.

Ordensburg: Burgen des Deutschen Ritterordens, vornehmlich in Preußen und Livland. Die vierflügeligen Anlagen sind um einen Innenhof gruppiert und durch sehr starke Befestigungsanlagen geschützt. Kloster, Garnison und Verwaltung sind in den Ordensburgen gemeinsam untergebracht gewesen.

Ordnung: Architektursystem der Antike, das bestimmte Reihenfolgen vorschreibt, vor allem bei → Säulen (→ dorische, → ionische etc.).

Orgelprospekt: Schauseite einer Orgel.

Ornament: Regelmäßig sich wiederholende Zierformen. Wiederkehrende Ornamente sind oft unter anderen Begriffen zusammengefaßt (z. B. → Fries).

Ottonische Kunst: Kunst aus der Zeit der Könige Otto I., Otto II. und Otto III. (936–1002). Anreger und Finanziers dieser Kunst waren die Könige sowie Würdenträger der Kirche.

Pagode: Süd- und ostasiatischer Reliquienschrein und Tempel.

Pala: Altaraufsatz.

Palas: Wohnbau einer Burg.

Pallium: Ein mantelähnlicher Umhang der Römer, im Mittelalter Krönungsmantel für Könige und Kaiser, später auch bei Erzbischöfen.

Paneel: Brusthohe Holzvertäfelung.

Panorama: In der Kunst ein Rundgemälde, vor allem zur Darstellung von Schlachten und Städteansichten.

Pantheon: Den Göttern geweihter Tempel. Nach dem Vorbild des Pantheons in Rom (Rundbau).

Paradies: → Atrium.

Patio: Innenhof des Hauses, vor allem in Spanien.

Pavillon: Meist mehreckiger oder runder Bau in Parkanlagen. Bei Barockschlössern verbinden sehr häufig Eckpavillons den Hauptbau mit den davon abzweigenden → Galerien.

Pergola: Offener Laubengang aus einer Holzkonstruktion; an den Balken ranken sich Pflanzen empor.

Peripteros: Griech. Tempel mit einem Säulengang rundum.

Pesel: Wohnraum und Zentrum norddeutscher Bauernhäuser.

Pfalz: Wohnstatt für Könige und Kaiser, die im Mittelalter nicht an einem Ort residierten, sondern ihren Sitz regelmäßig wechselten.

Pfeiler: Stützglied wie die → Säule, doch von recht- oder mehreckigem Grundriß.

Pfeilerbasilika: Die Bogen des → Schiffes der → Basilika liegen auf → Pfeilern.

Pieta: Darstellung der trauernden Maria mit dem Leichnam des Sohnes auf dem Schoß.

Pilaster: → Pfeiler, der aus einer Wand hervortritt (Halbpfeiler), mit → Basis und → Kapitell.

Polygon: Vieleck.

Polyptychon: Ein aus mehreren Tafeln (Flügeln) zusammengesetztes (Altar-)Bild.

Portikus: Von → Pfeilern gestützte Vorhalle.

Postament: Sockel eines Standbildes.

Präraffaeliten: Von London ausgehende Kunstrichtung (um 1850), die eine Verbindung religiöser und seelischer Motive forderte und sich an der italienischen Malerei der frühen → Renaissance orientierte. Vorstufe des → Jugendstils.

Predella: Unterbau des → Altars.

Presbyterium: Ursprünglich »Raum der Priester«, heute allgemeine Bezeichnung für den → Chor bzw. die → Apsis einer Kirche.

Profan: Das Gegenteil von → sakral, also Kunst, die nicht mit dem religiösen Bereich in Verbindung steht. Zu den Profanbauten zählt man z. B. Rathäuser, Burgen, Schlösser, Bürgerhäuser etc.

Pronaos: Vorhalle des antiken Tempels (auch christliche Kirchengebäude).

Propyläen: Die Eingangshalle monumentaler Bauten. Vorbild späterer Bauten waren die Propyläen auf der Akropolis in Athen (entstanden 437 bis 432 v. Chr.).

Prothyros: Einfriedung vor der Tür des römischen Hauses.

Putten: Nackte engelhafte Kinderfiguren in der → Renaissance, im → Barock und im → Rokoko.

Pylon: Eingangstor bei griech. Tempeln und Palästen.

Quader: Behauener Block aus massivem Stein.

Quadriga: Ein vierspänniger Wagen.

Querhaus oder **Querschiff:** Raum in der Kirche, quer zum → Langhaus (→ Basilika).

Querschnitt: Ein gedachter Schnitt quer durch ein Gebäude zur Darstellung der Architektur.

Refektorium: Speiseraum in Klöstern.

Régence-Stil: Französischer Kunststil, Übergang vom Barock zum Rokoko.

Relief: Bildhauerarbeit, bei der die Figuren halbplastisch aus der Fläche herausgeschnitten (Holz) oder gemeißelt (Stein) sind. Je nach der Stärke der Erhebung spricht man von Flach-, Halb- oder Hochrelief.

Reliquiar: Behälter, in dem die Reliquien eines Heiligen aufbewahrt werden.

Remter: Speisesaal einer → Ordensburg (→ Refektorium).

Renaissance: Stilbezeichnung für die bildende Kunst ab etwa 1500 bis etwa 1600. Die Renaissance fällt zusammen mit dem Ende des mittelalterlichen Weltbilds und dem Beginn einer neuen, an der Antike orientierten Lebenshaltung (ital. rinascimento = Wiedergeburt).

Retabel: → Altarretabel.

Risalit: Aus der Fluchtlinie vortretender Teil eines Gebäudes, der dessen volle Höhe erreicht.

Rocaille: Reich gestaltete, muschelähnliche → Kartusche, die namengebend für das → Rokoko wurde.

Rokoko: Stilbezeichnung für die Zeit des ausklingenden → Barock (etwa 1720–70), mit eleganten, leichten, oft verspielten, vor allem ovalen Formen.

Rollwerk: Bandartiges Ornament, dessen sich aufrollende Enden plastisch ausgeformt sind. Motiv vieler Holzarbeiten vor allem im 16. Jh. in Flandern und Holland (→ Beschlagwerk).
Romanik: Die zusammenfassende Bezeichnung für die Kunst vom Jahr 1000 bis ins 13. Jh. In ihren Bauwerken ist die Romanik bestimmt von Rundbogen, ruhigen Ornamenten und einer insgesamt schweren Haltung.
Romantik: Kunstrichtung zu Beginn des 19. Jh., die sich vor allem in der Literatur (Märchen), Malerei und Musik ausbreitete. Sie nimmt Formen und Motive des Mittelalters wieder auf und bedeutet eine Abkehr von den rationalen Normen des → Klassizismus.
Rose: Ein stark gegliedertes Rundfenster über dem Portal mit reichem → Maßwerk, vor allem bei gotischen Kirchen.
Rotunde: Rundbau.
Rustika: Mauern aus → Quadern, deren Schauseite absichtlich unbehauen geblieben ist.

Saalkirche: Stützenfreier Kircheninnenraum, also ohne → Seitenschiff.
Sakral: Kirchlich, geistlich (im Gegensatz zu → profan).
Sakramentshäuschen: Gehäuse zur Aufbewahrung der geweihten Hostien. In der späten → Gotik entstanden zahlreiche große Sakramentshäuschen, die teilweise zu bedeutenden Kunstwerken ausgestaltet sind.
Säkularisation: Umwandlung geistlicher Besitztümer in weltliche, vor allem in der Zeit unter Napoleon (1803).
Sarkophag: Meist reich verzierter steinerner Sarg.
Satteldach: Von zwei schräg gegeneinander gestellten Flächen gebildetes Dach. Die 2 Giebel befinden sich an den Schmalseiten.
Säule: Im → Querschnitt runde, sich nach oben etwas verjüngende Stütze. Die Gliederung der Säulen wird durch die → Ordnung bestimmt (siehe dagegen → Pfeiler).
Säulenbasilika: → Basilika, die von → Säulen gestützt wird (im Gegensatz zur → Pfeilerbasilika).
Schalldeckel: → Kanzel.
Schiff: Der Raumteil einer Kirche; daraus einschiffige oder mehrschiffige Kirchen; letztere durch → Säulen oder → Pfeiler aufgeteilt.
Seitenschiff: Seitlich gelegenes → Schiff, durch → Säulen oder → Pfeiler vom Hauptraum getrennt.
Sepultur: Für Begräbnisstätten reservierter Kirchenraum.
Sgraffito: Kratzputz.
Sockel: Vorspringender unterer Teil einer Wand, eines → Pfeilers oder einer Säule.
Spiegelgewölbe: Ein langgestrecktes → Klostergewölbe, das im Scheitel mit einer waagrechten Fläche schließt.
Sprengwerk: → Gesprenge.
Stabwerk: Senkrechte Stäbe zur Gliederung gotischer Fenster und Fassaden (→ Maßwerk).
Staffelgiebel: Giebel mit treppenartiger Stufung, auch Treppen- oder Stufengiebel.
Stichkappengewölbe: Ein von dreieckigen Kugelflächen eingeschnittenes → Tonnengewölbe.
Strebepfeiler: Die in der Gotik ungewöhnlich großen Fensteröffnungen forderten eine Abstützung der Außenmauern durch → Pfeiler und Halbbögen. Dieses Strebewerk fing den Gewölbedruck auf.
Stuck: Ein leicht formbarer Werkstoff aus Gips, Kalk, Sand und Wasser, der vor allem im 17./18. Jh. zur plastischen Ausschmückung von Innenräumen gedient hat.
Synagoge: Jüdisches Gotteshaus.

Tabernakel: Altargehäuse für die Hostie.
Tabor: Befestigtes Lager, Befestigung, besonders in der Steiermark gegen Türkeneinfälle; auch Taborkirche.
Tambour: Unterbau einer Kuppel, in der Regel zylindrisch oder polygonal.
Terrakotta: Gebrannte, unglasierte Tonerde.
Thermen: Römische Warmbadeanstalten.
Tonnengewölbe: → Gewölbe, das einer Tonne gleicht, die in Längsrichtung durchgeschnitten wird.
Transenne: In die Fensteröffnungen eingefügte Holz- oder Steinplatten (Vorläufer der Fensterverglasung).
Triforium: Laufgang in der Wand unter den Fenstern von Mittelschiff, Querschiff und Chor, besonders in gotischen Kirchen.
Triptychon: Dreiteiliges Altarbild.
Triumphbogen: Geschmückter Torbogen.
Trompe l'œil: Spezielle Art der Darstellung, bei der Gegenstände so täuschend ähnlich gemalt sind, daß sie dem Auge als Wirklichkeit erscheinen.
Tudorstil: Baustil, der Elemente der → Gotik und der → Renaissance verbindet; benannt nach der englischen Familie Tudor (etwa um 1530 bis um 1600).
Tumba: Aufbau über einer Grabstelle.
Tympanon: Das Bogenfeld über dem mittelalterlichen Portal.

Verblendung: Verkleidung von Bauteilen, die nicht sichtbar sein sollen.
Vesperbild: → Pieta.
Vierung: Die Stelle, an der sich → Lang- und → Querhaus kreuzen.
Vollplastik: Allseits plastisch gearbeitetes Bildwerk (dagegen → Relief).
Volute: Spiralenförmiges → Ornament.

Wange: Seitlicher Abschluß des → Chorgestühls.
Weicher Stil: Spezifische Erscheinung in der deutschen Malerei und Plastik der Spätgotik mit fließenden Gewandfalten und zartem Gesichtsausdruck.
Welsche Haube: Geschwungenes Haubendach für Türme, Vorläufer der → Zwiebelhaube.
Westwerk: Monumentaler Westabschluß bei Kirchen aus karolingischer, ottonischer und romanischer Zeit. Als Kirche für den Herrscher vorgesehen und deshalb oft auch mit einem eigenen Altar ausgestattet.
Würfelkapitell: Aus der Durchdringung von Würfel- und Kugelform entwickeltes → Kapitell der romanischen Stilepoche.

Zackenstil (auch: Knitterstil): In der Spätgotik, sogar bereits in der Spätromanik auftretender Stil, Falten an (Schnitz-)Figuren sehr scharf (zackig, knitterig) zu gestalten.
Ziborium (auch Ciborium): Großer von Säulen getragener steinerner → Baldachin über dem → Altar.
Zopfstil: Stilrichtung aus der Zeit zwischen → Rokoko und → Klassizismus (etwa um 1760–80); geprägt von strenger Ausdrucksweise.
Zwerchhaus: Dachhäuschen mit einem Giebel, der quer zum Hauptdach steht.
Zwerggalerie: Gang in der Außenmauer unter dem Dachgesims; nach außen geöffnet und meist reich verziert.
Zwiebelhaube: Dach in der Gestalt einer Zwiebel.
Zwinger: Das Gelände zwischen den inneren und äußeren Mauern der mittelalterlichen Stadtbefestigungen. Hier wurden oft Tiere gehalten. Im → Barock errichtete man an dieser Stelle dann oft Vergnügungsstätten.

Register der bedeutendsten Künstler

Verzeichnis der Orte und der Sehenswürdigkeiten, die unter einem anderen Stichwort (→) behandelt werden